L'ALLIANCE

道教法籙的
精神内涵与授度仪式

L'ethos religieux et le rituel
de transmission du registre taoïste

陶金 著

壹

上海古籍出版社

图书在版编目（CIP）数据

盟约：道教法箓的精神内涵与授度仪式 / 陶金著
. —上海：上海古籍出版社，2023.10（2024.7 重印）
ISBN 978-7-5732-0850-7

Ⅰ．①盟… Ⅱ．①陶… Ⅲ．①五斗米道—道教史—研
究—中国 Ⅳ．①B956.2

中国国家版本馆CIP数据核字（2023）第176271号

盟约：道教法箓的精神内涵与授度仪式

陶 金 著

上海古籍出版社出版发行
（上海市闵行区号景路 159 弄 1-5 号 A 座 5F 邮政编码 201101）
（1）网址：www. guji. com. cn
（2）E-mail：guji1 @ guji. com. cn
（3）易文网网址：www. ewen. co
启东市人民印刷有限公司印刷
开本 890×1240 1/32 印张 52.25 插页 46 字数 1,038,000
2023 年 10 月第 1 版 2024 年 7 月第 4 次印刷
印数：5,051—6,150
ISBN 978-7-5732-0850-7
B·1336 定价：198.00 元
如有质量问题，请与承印公司联系

L'ALLIANCE

道教法箓的
精神内涵与授度仪式

L'ethos religieux et le rituel
de transmission du registre taoïste

陶 金 著

壹

上海古籍出版社

图书在版编目（CIP）数据

盟约：道教法箓的精神内涵与授度仪式 / 陶金著
. —上海：上海古籍出版社，2023.10（2024.7 重印）
ISBN 978 - 7 - 5732 - 0850 - 7

Ⅰ．①盟…　Ⅱ．①陶…　Ⅲ．①五斗米道—道教史—研
究—中国　Ⅳ．①B956.2

中国国家版本馆CIP数据核字（2023）第176271号

盟约：道教法箓的精神内涵与授度仪式

陶　金　著

上海古籍出版社出版发行

（上海市闵行区号景路 159 弄 1-5 号 A 座 5F　邮政编码 201101）

（1）网址：www. guji. com. cn

（2）E-mail：guji1 @ guji. com. cn

（3）易文网网址：www. ewen. co

启东市人民印刷有限公司印刷

开本 890×1240　1/32　印张 52.25　插页 46　字数 1,038,000

2023 年 10 月第 1 版　2024 年 7 月第 4 次印刷

印数：5,051—6,150

ISBN 978-7-5732-0850-7

B·1336　定价：198.00 元

如有质量问题，请与承印公司联系

谨以此书纪念

施舟人先生

本书承句容市茅山道院、上海城隍庙资助出版

特此致谢

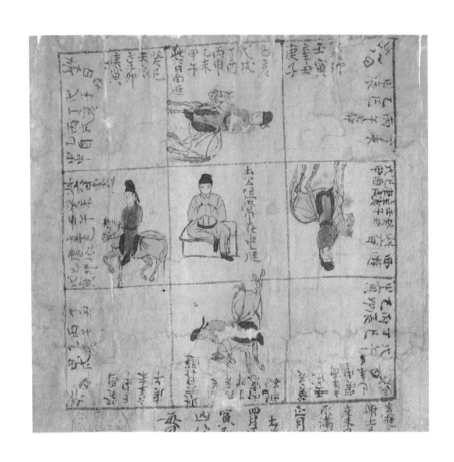

图 1　敦煌抄本 P.2964《土公出游图》

法国国家图书馆藏。其正是陆简寂先生所云："《书》是图占、冢宅、地基、堪舆、凶咎之属，须上章驱除。"

图 2 晋代"松人"解除木牍

香港中文大学藏。其随葬于墓中,作为逝者之"替身",使其免受冥界之苦、罪。

图 3　长沙马王堆汉墓出土《导引图》

其为养生家的典型作品。

图 4　马王堆汉墓出土帛画

学者们认为其表现了西汉开始流行的升仙思想。

图 5　《黄帝授书图》

明万历十九年（1591）《补遗雷公炮制便览》所载。

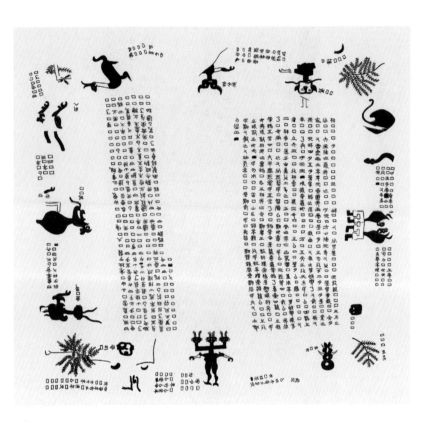

图 6　长沙子弹库出土战国楚帛书

蔡修涣摹本

图7 明仇英绘《孔子圣迹图·西狩获麟》

图 8　北宋大中祥符元年（1008）《真宗禅地祇玉册玉匮嵌片》

台北"故宫博物院"藏

图 9　玉龟甲及玉版

安徽凌家滩新石器时代遗址出土

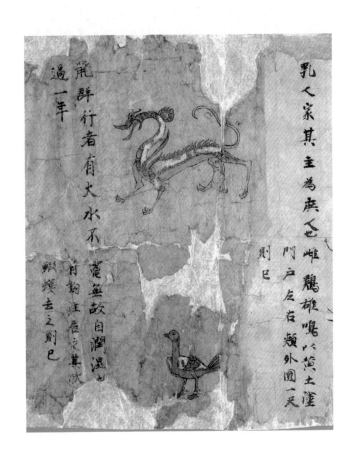

图 10　敦煌抄本 P.2682《白泽精怪图》（局部）

图 11　清道光二十一年（1841）《道光皇帝册封十一世达赖喇嘛之金册》

西藏博物馆藏

图 12-1

战国鄂君启铜节

安徽省博物馆藏

图 12-2

鄂君启铜节（细部）

图 13　驿使图画像砖

甘肃嘉峪关 5 号汉墓出土，甘肃省博物馆藏。使者手中所持应即传符。

图 14 南宋王利用绘《老君变化十世图》

美国纳尔逊—阿特金斯艺术博物馆（The Nelson-Atkins Museum of Art）藏

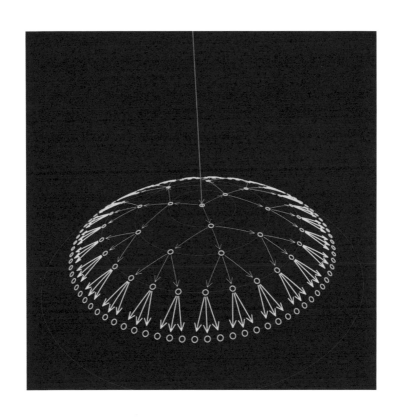

图 15　盟约的建立模型

正中红线象征着大道的下教，圆心点象征着老君与天师的盟约，然后以此
类推，逐渐向外扩散。

图 16　清早期《彩绘帝鉴图说·桑林祷雨》

法国国家图书馆藏

图 17 明余士、吴钺绘《徐显卿宦迹图册·步祷道行》

国家博物馆藏。该图描绘了明神宗自紫禁城步行（作为一种自我惩罚）至南郊天坛祷雨的场景。

图 18　南朝宋元嘉十年（433）《徐副地券》

湖南省博物馆藏。莫阳摄。

图 19　切开的胭脂红萝卜

切开处上下两面的纹理相同，循纹理而入，向上则散发于枝叶，向下则复归于深根。

刘仲宇序

陶金的《盟约》一书很好，值得一看，尤其那些对汉代宗教感兴趣的朋友。大概是前年，陶金将书稿送到我处时，还只有三十余万字，仅仅过去两年，居然以六十余万字的字数来定稿。除了卷帙厚实，其间观点还妙义迭出，所以我用了"值得"两字总括序章。

"妙义"何在？略举一二。如从第二章开始陶金打开了对"盟约"的一系列论述。这章从第五节"先秦盟约"开始，以第九节"清约"结束，用了五节的篇幅，紧扣主题，作了分析，立论是中肯的，我以为这是全书写得最好的一章。说它好是因为扣紧了宗教与时代的关系，在这一章中，作者用很大的篇幅以及热忱的笔触专门介绍了东汉至三国时期的重要教派——正一盟威道，从其名称、内在含义以及建立盟约的事件等抽丝剥茧，娓娓道来。我想学人自然会认真地阅读其中的内容，这里只想挑一件事来说说，也就是关于老君。书中指出，为了给人们确立一个信仰上的威权头目，老君被等同于老子，也即是老鬼。书中对此说得很平静，但我却认为他并不平静，而是整个信仰所在。没有这样一个人物，也就没有蜀中盟威道的一切。老鬼即老君，是一个历史的事实，即使不是历史的事实，也是当时人们的共同认识。老鬼是盟威道一系列信仰与实践的核心，也正是因为老鬼的临场，鹤鸣山盟约这件大事才得以发生。

又如，在第三章与第四章中，作者分别从"法箓"和"授度"这两个方面对所述的论题进行了破解，法箓与授度实际是一个问题的两个面，但又因为其分别具有极为丰富的内容而分作两章。从讨论的时间段来说，作者讨论"盟约"与"法箓"都围绕着东汉末至三国时期展开，而在具体"授度"的部分则放宽了时限，连着南北朝的材料一起进行了讨论（如经常提及南朝梁的陶弘景）。在书中讨论法箓位阶的时候，作者提到了正一部取代洞神部，与上清、灵宝共成三洞，但并没有对洞神部在历史中的退场做太多的交代。《法苑珠林》中的一则材料也许可以作为重要的参考：

> 至唐贞观二十年，有吉州囚人刘绍略妻王氏，有《五岳真仙图》及旧道士鲍静所造《三皇经》，合一十四纸，上云："凡诸侯有此文者，必为国王；大夫有此文者，为人父母；庶人有此文者，钱财自聚；妇人有此文者，必为皇后。"……当时朝议郎、刑部郎中纪怀业等，乃追京下清都观道士张慧元、西华观道士成武英等勘问。并款称云："此先道士鲍静等所作，妄为墨书，非今元等所造。"敕遣除毁。……宣敕旨云：《三皇经》文字既不可传，又

语涉妖妄，宜并除之。即以老子《道德经》替处。有诸道观及以百姓人间有此文者，并勒送省除毁。"（唐释道世撰:《法苑珠林》卷第五十五）

应该是从这一个时间点开始，三皇派经典及其法箓的授度从正规授箓体系中再一次被剔除了。另外，还有一个问题值得一叙。唐玄宗时，号令天下，为授职的道士晋阶，其中包含龙虎山第十代的正一盟威道的成员。但是他们当时并没有响应，这大概并不是他们不想，而是不能。这其中最可能的原因，是当时的正一盟威道的内部已经陷入了某种混乱。如此，直至五代时才见到新的记载，到宋代才有将正一与上清、灵宝并立为"三山符箓"之事。这些都能从江南上清派的历史记录中见到。如此看来，对于正一盟威道的研究还亟待进一步深化，这给陶金以及学界同仁们提出了新的要求，希望年轻一代学者们能不断有新的成果问世。

当然，全书还有很多地方写得不错，史料也运用得比较扎实，也有许多创新的地方。如，开篇陶金就用了大约十几万字的篇幅，论述了道教创立之前的"前夜"时代。本来以为他会以《后汉书·方术列传》作为讨论道教源流的材料，因为这里记载的人物与正一盟威道创始人的年代相近。但陶金没有用，相反，他特别使用了考古文献中的一些材料，这实际拓展了我们观察汉代尤其是东汉末年宗教生态的视野。陶金另一个见解独特的地方在于提出了"治疗"的问题。当时中原地区由于连年征战，瘟疫的传播十分严重，人的寿命都很短。在盟威道流传的地区，情形可能较好，但缺医少药始终是当时民众尤其是农民的一大问题。盟威道对疾病的起因有着自己独特的理解，也有着独到的治疗与控制方法，厘清这个源与流，对后世乃至今日道医的发展和研究有着积极的作用。

必须指出的是，由于此书篇幅较大，难免有一些史料考证不精，观点尚有可以商榷之处。例如陶金将东汉时代与南北朝时代放在一起讨论，而传统观点认为，这两个时代的道教样貌在许多方面是迥异的，甚至不是演进的关系。其次，陶金在书中引用了许多国外的学术成果，在开阔我们眼界的同时，也要注意"营养吸收"的均衡，有些国外学者因为立场、背景不同，得出的学术结论也值得商榷，且要注意分辨。尽管如此，我们仍旧要鼓励青年人与外部世界多交流，我一直觉得中外文化交流是未来中国道教学研究的一个重要发展趋势，道教与道教学不仅艰深奥妙，而且慈祥可爱，这些中国文明的故事和底层逻辑要通过我们的点滴努力向外部世界传播好。

是为序。

华东师范大学哲学系教授

刘仲宇

2023 年处暑

高万桑序

陶金 / 译

陶金通过这本内容极为丰富、插图十分精美的专著讨论了道教传统中用于授受神职的"法箓",不过,他还将法箓置于一更为宏大的背景之中,即人-神之间所缔结的盟约。刘仲宇、吕鹏志、劳格文(John Lagerwey)等学者已对法箓内涵的复杂历史、物质形式、具体内容以及多重的箓阶体系进行了讨论。在此之外,陶金从仪式的角度对法箓作出了重新审视,这种仪式用以确保正式、稳定、可靠且互惠的"人-神关系"。这是人类所有宗教传统的核心问题,但陶金以长篇的历史考察清晰地揭示出道教仪式为解决这种人-神关系诉求所特有的独创性。道教法箓的授度仪式为人、神双方都规定了明确且详熟的义务,这也使双方都具有了为共同利益而协作的强力驱动。在一个对凶恶无常且不羁妄为的鬼神充满恐惧的世界中,这一宗教创新曾具有极大的影响力。它的广泛意义不应只在道教仪式的语境中理解,还应从深深植根于契约文化的中国社会这一视野中来理解。法箓的授度也还为具体的救赎意图奠定了基础,这表明，人-神之间的立盟结约实际是应对了个人生存层面的深度忧患。

以如此广泛且综合的视野来考察各个时期、不同传统与诸多议题的宗教历史，并以此来审视基本的文明选择，这一研究进路是极为罕见的，至少在西方汉学中是如此。施舟人（Kristofer Schipper）曾是一位敢于以如此雄心进行写作的学者（陶金也以此书作为对他的纪念），看到陶金迈出如此的步伐，我感到十分亲切。显然，涵盖如此广的领域需要大量的资料与学术积累，陶金以优美的中文写作迎接了这一挑战，并吸收了此前学术成果中的思想与概念，其中不仅包含中文文献，还涉及了其他语言如英文与法文的学术成果。

更为具体地来说，道教学者们都了解，汉帝国（其遗产在两千年间塑形了中国的国家与社会）与天师道在实践与精神（ethos）层面都有着直接的连续性；而陶金的这本书则在新的细节与整体层面上重拾了这一问题，并从仪式角度重新论证了道教在中国文化的核心位置。因此，我相信在长时段中国文化史以及道教研究等领域，本书必将成为所有学者的参考资料。

最后但同样重要的是，陶金广阔的历史分析乃是基于对现存传统的了解以及对于仪式的观察，尤其是今天仍在举行的道教奏职授度仪式。这也是陶金所遵循的施舟人路径的关键：理解仪式及其深层的逻辑、意义，必须建立在观察性的参与之

上。因为本书中的诸多洞见及其方法论，我衷心且热忱地推荐
陶金这本佳作，并希望它能启发出更多类似的研究。

法国高等实践研究学院（EPHE）

道教史与中国宗教讲席教授

高万桑（Vincent Goossaert）

2023 年 8 月

自　序

　　2014 年冬，茅山道院授箓筹备小组成立，我有幸能够跟随李滔祥、朱海青、王琛等道友学习道教法箓的相关知识，并一同着手整理、研究法箓授度的制度与仪式。随着工作的推进，我逐渐认识到当下所流传的法箓乃是历史中不断叠加演进的结果，是两千年道教传承的结晶，但其中也存在着这样或那样的问题。同时，虽然法箓的制作、填写等仍然被完好地保存在地方传统之中，但我们对于这一道教核心活动最初的宗教内涵、实际功能都尚未完全掌握。

　　本书的写作思路来源于我在芝加哥大学留学期间对于此前所整理法箓相关资料的重新审视与思考。以法箓授度为楔子，我逐渐意识到"盟约"这一概念在道教义理中具有极为核心的位置，而"道民"这一群体则是早期道教教团的主要信徒构成。由此，在道教义理亟待重整的今天，对于法箓及其背后一系列玄义妙理的发掘、理解与阐释便显得极有必要。宗教义理的当代化阐释不是一蹴而就的工作，其需要长时间的准备、酝酿以及无数次高质量的闭门讨论，而参与讨论的各方均需秉承一定的共识。由此，本书既非纯粹宗教学意义上的学术著作，也谈不上为法箓以及相关制度给出义理层面的定论。我所希望达成的，乃是在道教庞博的知识体系中觅出一条义理叙事的脉络，并进而引发对于这一问题的关注、思考与讨论。由此，本书与其说是研究，毋宁说是为日后开展讨论所提供的一份可能的"大纲"。只有当我们以客观、理性的态度来面对传统，必要的共识才能建立；当我们以此共识为基础，开始遵循一定规则就特定问题进行反复讨论时，大道的玄义才能以人为渠道跻突而出，并相互融汇成为百谷之王。

由于我对道教的知识以及文化水平有限，这份"大纲"中所提出的一些问题、论证与思考尚不完善，学术史的梳理功夫也远远不足。读者可能会发现其中存在过于简略甚至粗糙的论述。故此，本书与其说是一份大纲，倒不如说是提与广大师友与读者们的一份问卷。我希望所有能够拨冗阅读本书的师友，就本书所论及的内容进行评判与思考，并反馈与我。可以预见，在不远的将来，本书的修订版将能够汇聚更多的智慧，更为全面、深入地阐述与法箓相关的一系列义理与实践问题。

2020 年注定将成为人类历史上被永远铭记的一页，我们一方面深切体会着由于人与自然关系失衡所带来的生存困境，另一方面也看到不同国籍、种族、性别、社会阶层乃至信仰团体之间的界限被突如其来的危机所打破。在瘟疫与死亡面前，我们实切见证了生命的平等与共通。由此，我们也更加确信，共享同一个地球的人类是相连如此紧密的有机整体，人类的生命是如此的相互依存。道教法箓背后理性、自由、平等、同命的宗教精神或可为"人类命运共同体"这一当代的世界性命题提供有益的认知方式。

陶　金

庚子年地腊日

于芝加哥大学

前　言

一、研究目的

　　法箓是道教信徒建立盟约、承天受命的文书凭证。写作本书的初始动机在于从最初的具体实践层面探求何谓"法箓"：法箓之为物究竟为何？它的源流从何而来？获授法箓的条件和标准流程是什么？获授法箓的箓生被授予哪些职责？须履行哪些相应的义务？享有怎样的权利？受何等约束？又进而拥有哪些宗教承诺？为解答上述问题，我们必须详细梳理法箓本身及其授度仪式的象征与结构，并尽量一一加以说明。

　　在着手这项工作时，笔者旋即意识到这些元素与结构所反映的，其实正是道教的根本信仰及其独特的义理体系。举例言之，《修行经》所云"生无道位，死为下鬼"[1]当如何理解？我们唯有回到道教最原初的信仰、义理乃至社会、文化环境中，方能明白法位（或言道位）代表了人与大道所缔结的类似君臣的（同时也是师徒的）盟约关系，而这一关系正是人获得最终

---

[1] 张君房.云笈七签：卷54[M]//道藏：第22册，文物出版社、上海书店、天津古籍出版社，1988: 318.本书引用《道藏》均以此版本为准。

生命超越（或云"救度"）的前提与保障；至于法箓则是立盟入道、获取法位，并被授予大道吏兵的书面凭证。所以，若仅停留在具体操作层面上，把法箓想象成俗世的毕业证或上岗资格证，不啻是对法箓与授度仪式的曲解与减值。因此，我们不得不从具体操作说明的层次，上升到宗教精神及义理阐释的层次。换言之，我们的问题层次需要提升到：法箓是如何体现道教的根本信念与独特教法的？法箓如何反映了天师立教之初心，传达出道教最初的宗教精神？其对于个体的箓生而言有什么意义？对于道教整体的教法、组织、宗教生活而言又有何意义？

众多的学术研究已经表明，道教信仰体系最初的构建，乃是建立在"神不饮食，师不受钱"的《清约》基础之上。这八个字不仅意味着仪式的变化，还实际意味着宗教精神乃至整个社会形态的变化。这一里程碑式的宗教改革也有其明确的时间节点，即东汉汉安元年（142 年）五月初一日鹤鸣山盟约的建立。由此，在我们的讨论中，也必然以《清约》为鉴，对此前的中国宗教传统进行反观；进而详述鹤鸣山盟约的宗教精神，由盟约所衍生的法箓的文化内涵与宗教功能，以及授度仪式中的重要符号象征。

二、五个研究本位

（一）人本位

宗教义理虽然包含了对于神明世界的讨论，但其立足点实则为人。故此，我们所讨论的法箓，实际是以法箓为切入点所构建起来的一个大道与人类的动态关系。人缘何寻道？道又缘何寻人？人与道又是如何通过盟约以及法箓相互关联、彼此相融的？由此，人的自身处境、忧患，尤其是汉末道民所处的历史性的政治、自然环境是我们将持续关注的对象。本书的研究从人出发，游走于人、大道与法箓三者之间，力求将这一立体且动态的机制展现给读者。此即本书研究之"人本位"。

（二）道本位

在本书中，我们需要挑战两种惯性的思维。

首先是近代以来的学术研究中以佛教义理框架解构道教的惯性。这种惯性一方面错误地将达尔文主义进化论应用于文化研究中，认为既然道教的明确出现年代晚于佛教，故而也必定受其深远之影响。这种惯性来自 19 世纪晚期、20 世纪初期一部分鼓吹"日本佛教是佛教最高级进化形态"的日本佛教僧侣的影响，他们不仅是"普及国体"意识形态的拥趸者，更是军国主义的捍卫者。[1] 日本的知识分子与宣传家借助被夸张的禅宗精神为高涨的民族主义助力，在这样的论调下，日本禅宗成为佛教发展的最高成就，中国的禅宗则被视作禅宗史上的下游，而道教则顺理成章地成为依附于中国佛教的一种本土信仰。非常自然地，日本最初的道教研究"倾向于从儒家或佛教的角度来对待道教，或将其与前两种正统观念相联系，这使得

---

[1] 罗伯特·H·夏夫（Rober H. Sharf）. 日本民族主义中的禅宗 [G]// 唐纳德·S·洛佩兹（Donald S. Lopez, Jr.），主编. 佛之主事们——殖民主义下的佛教研究. 北京：中国人民大学出版社，2018: 117-118.

道教往往以异端或世俗的形式出现"[1]。在这种普遍的惯性下，一部分西方学者甚至发明了"佛化道教"（Buddho-Taoism）这一词汇，用以形容灵宝经教与宋元道法。道教中所见因佛道交流而存在的佛教痕迹被视作一种佛教对于中国的"征服"[2]，而汉传佛教中的道教影响印迹则被视作大乘佛教的一种"随机设教"。这种双标式的态度，本书不予接受。

笔者需要挑战的惯性思维之二，乃是近世以来道教被认为是愚昧、落后的迷信、巫术集合体这一观念。施舟人（Kristofer M. Schipper，法名鼎清）先生在其《道教在近代中国的变迁》[3] 一文中已经对这一问题进行了深入的讨论。

事实上，道教与前道教时代的中国宗教甚至政治有着清晰的传承理路与脉络，通过精读道教经典文本也自然能够逐渐领会并掌握道教与佛教截然不同的世界观以及义理展开逻辑。道教独特的气论、盟约、职官、箓籍、科律、考校、复生、太平等概念自战国一直贯穿至今，非但迥异于佛教，且更在宋以降

---

[1] "Consequently, a considerable amount of research tended to treat taoism from a confucian or a buddhist standpoint or to view it in relation to the latter two orthodoxies, which made it not uncommon for taoism to appear as heretical or secular." 酒井忠夫 Tadao Sakai, 野口铁郎 Tesuro Noguchi, "Taoist Studies in Japan." In *Facets of Taoism: Essays in Chinese Religion*, ed. Holmes Welch, Anna Seidel (New Haven: Yale University Press, 1979), 269-270.

[2] 许理和（Zürcher Erik），*The Buddhist Conquest of China*, 2 vols. (Leiden: Brill, 1959).

[3] 施舟人（Kristofer M. Schipper）. 道教在近代中国的变迁 [M]// 中国文化基因库. 北京：北京大学出版社，2002：146-162.

深刻地影响了汉地佛教的义理与仪式。在这些义理的表征之下，乃是道教理性、平等、同命的宗教精神。故此，本书研究将在明确认识上述两种惯性思维的前提下，特别着眼于道教义理中一脉相承的概念与逻辑，及其独具的宗教精神，以此彰显道教自身之主体性，此即本书研究之"道本位"。

（三）师本位

师资是我们与先贤、大道的联结纽带，是鹤鸣山盟约的传递者。通过师资的口传心授，我们得以与《道藏》中艰深的经文发生实切的联结，其字句之中充满了音乐、香烟与俯仰叩拜，成为具有生命的文本。凭借着师承，我们得以逆流而上，与历代师真成为一个超越时间的生命整体，从而与大道联为一体，并从实践的层面多维度地理解经典与仪式文本。由此，笔者在爬梳各个时期的道教文献时，无时不在与师授之法诀进行对观，并尝试将其纳入实际的宗教生活之中，此即本书研究之"师本位"。

（四）民本位

宗教教团活力衰减的原因之一在于教士的阶层化（或言贵族化），由此日渐脱离最初孕育宗教的基层百姓，并最终日益内卷、僵化。如同其他宗教一样，与道教的普传相伴而来的是教团内部的阶层化、贵族化，乃至帝制化[1]。部分所谓的精

[1] 另参见葛兆光.屈服史及其他：六朝隋唐道教的思想史研究 [M].北京：三联书店，2003.

英道士一方面自认为精神贵族（或甚至被列入宗师名录）而不再着眼于基层，一方面又对"终南捷径"趋之若鹜。在这种情态下，一旦发生剧烈的社会变革，"高道"们原有的寄生阶层（如皇室、贵族等）瓦解，教团也便成为无根之木，失去自我更新的造血功能而难以恢复元气。

盟威道教团是汉末所涌现出的众多宗教团体之一，其能立足且普传的原因之一便在于其特别关注对于道民的牧化，其中所蕴含的平等主义精神是对先秦墨者的直接继承。故此，本书的研究特别着眼于道教教团内的基层信徒，此即本书研究之"民本位"。

（五）理性评判本位

宗教教团活力衰减的另一可能的原因在于其在普传的过程中不断地吸收与核心教法无关的其他文化内容，且随着日积月累，这些外部内容与固有的义理框架相互交错，甚至将其深埋，使得问道者往往被表层的附着物所吸引而无法深入其肌理之中。这其中的原因，乃是由于宗教在向外扩充式的发展中未能建立良好的、持续不断的向内省观式的宗教哲学批判。道教在长期的历史发展当中，其组织形式和相伴随的教义逐渐脱离了原先的价值，形成了一个相对而言意义混杂的主流话语机制，而让当今的我们难以认识到道教的根本层面。所以我们需以《清约》作为义理之圭臬，理性客观地评判后续的宗教发展。

宗教哲学评判建立于宗教自身固有的思考方式与世界观，并佐以辩证、理性的推导方法，这也即是上文中所言的"自省"，此即本书研究之"理性评判本位"。

三、多重解释体系

"气论"是道教信仰中一种独特的观念：无论人、神乃至万化万物，均可被理解为由大道之真气所凝结化生者。由此，道经之中的许多具象描述，道教经典文本的解读存在着多层的可能，任何拘泥于字面的单一理解都具有一定的风险。在道教义理的研究之中，为了理解文本所要传达的玄义，则需要多重层面的解读、阐释，现以"箓"字为例，将其五重要义略述于下。

第一层为词源层面的考察，即结合文本年代及上下文推究其最初之语义。"籙"（箓）字源自"録"（录），其作为动词意为记录（to record），其作为名词则为名录（register/list）之意。

第二层为历史处境层面的考察，即将文字所表达的概念置于历史环境中来考察。尤其在道教义理中，这往往涉及秦汉帝国的政治制度。"録"（录）在职官制度中有录籍之意，而录籍最初则是为了有效征调兵役而设立，因此亦有兵士花名册之意。

第三层为宗教话语层面的考察，即将历史处境中的概念置于宗教义理中来考察。在道教义理中，这往往涉及一个与阳世帝国律法制度相互镜像的以大道虚皇为君主的天廷。在道教经典中，"録"（录）亦写作"籙"（箓），进而拥有两层含意：（1）作为大道吏兵名录的"法箓"；（2）作为得道仙真名录的

"仙箓"[1]。在本书中，我们主要围绕第 1 种"法箓"展开讨论，即法箓实际是关乎大道吏兵"指挥权"之授予的一种文字凭证。我们稍后也会看到，这两套"箓"相互套嵌，将奉道弟子拔举并置入一庞大的大道职官体系与律法体系之中，并使其因此获得神圣的身份：法位。

第四层为道气层面的考察，即将表层宗教词汇所表达的具象概念置于"气"的本体论中考察。在盟威道义理中，包含法箓吏兵在内的一切仙真、官君的本质均为道气所衍化。而伴随着法箓在物质层面的授度，吏兵则以道气的形式度入弟子之身中。故此，授度法箓便是授度吏兵，也即是授度道气。

第五层为人自身形神层面的考察，即将道气层面中源自身体之外的"气"置于人的存在（being）中来考察。在道教的生命、身体观念中，大道不但是一种身外的、超越的至上存在，同时也是一种弥散的、生而有之的、内在的存在。人的形神之中自有大道真气，并不一定需要来自外界道气的"注入"。故此，法箓、吏兵、道气的授度，实际也是身中道气的"分别"或者说"点化"。

以上五层解释并不一定落实于每一处的讨论之中，但它们更像是阅读分析文本时的一种提醒，即：对于道教经典的阅读

---

[1] 神仙名录在不同道经中有多种表达形式，如："青箓白简"（《洞真太上太霄琅书》）"元阳玉匮"（《洞玄灵宝自然九天生神章经》）"仙籍"（《上清大洞真经》）"黄籍"（《上清丹天三气玉皇六辰飞纲司命大箓》）等。

永远存在着多种层面理解的可能，[1] 它们同时存在，互不矛盾。
我们阅读、理解经典文本的过程，是我们自我调适的过程，通
过一层层地深入经句之中，我们也同时完成了向上的升举以及
向内的回归。

四、比较研究方法

既然我们打算抱着自省的态度将客观、中立、切实的视角
和方法引入我们的研究之中，并以此重新估定各种知识素材的
价值，重新建立对于道教的认知，则科学、理性且具有规范的
比较研究就势在必行。在比较研究中，不同时间、空间的材料
被小心谨慎地进行对比，以充分了解其之所以"不同"的背景
为前提，"相同"之处便得以成为重点考察与分析的对象。在
本书中，我们首先关注的是实践层面的仪式与信仰层面的义理

---

[1] "话语作品作为艺术品是一种自主的对象，与作者的意图，最初的境
况（处境）以及原始的听众保持一定距离。因此，它的解释范围是无限
的……如果诠释学是克服这种距离的一种尝试，它就必须将距离化作为
障碍和手段，以便在新的话语事件中重新演说最初的话语事件，既准确
于又富有创意。"(A work of discourse, as a work of art, is an autonomous
object at a distance from the authorial intention, from its intitial situation [its
Sitz-im-Leben], and from its primitive audience. For this very reason it is open
to an infinite range of interpretations ... if hermeneutics is always an attempt
to overcome a distance, it has to use distanciation as both the obstacle and the
instrument in order to reenact the initial event of discourse in a new event of
discourse that will claim to be both faithful and creative.) 保罗·利科 Paul
Ricœur, *Figuring the Sacred: Religion, Narrative, and Imagination*, ed. Mark I.
Wallace, trans. David Pellauer (Minneapolis: Fortress Press, 1995), 38.

这两个层面，在时间与空间维度中的比较。

在时间维度中，我们较多关注先秦两汉时期的政治神学以及宗教传统：一方面，两周的盟会、秦汉的职官制度都是道教义理体系以及仪式建立的重要基础，法箓授度仪式即是对于周王（及后世皇帝）册封仪式的继承与转化；另一方面，我们将会看到道教对商周以来的宗教进行了批评与反转，虽然法箓的另一可能来源是巫者驱使神明的"名字之录"，但其本质却彻底道气化了，并意在打破巫祝阶层的特权，将其分享给每一位道民。此外，道教的籍、律等观念均援引自秦汉帝国的政治制度，并宗教化为命籍与天律。这些都足以说明，欲深刻理解盟威道之义理与仪式，商周祭祀、先秦诸子、秦汉律令、两汉经学均是需要被充分考察与比较的对象。

不同宗教的比较当然也存在于空间的维度。将不同地域、民族、文明宗教中相似的内容进行谨慎的对观、比较与分析，往往能有助于加深我们对于它们的结构性与逻辑性理解。传统上，佛教经常会被用以与道教进行对观以及相互解释。但事实上，这两个宗教对于基本问题展开的理路截然不同，因此自六朝以来的佛道辩论（除去哲学层面的比较外）常常因为这种基本结构性的差异而无法进行有效的沟通，进而处于一种分别自说自话的境地。出人意料的是，这一"死胡同"的模式却一直被部分学者沿用至今。不幸的是，正如我们上面所提到的，在这种道释对观的研究模式中，道教从始至终都被默认为是抄袭者，这种先入为主的、带有惯性的"默认"也使得理性、公允、对等的比较研究无法有效开展。因此，本书希望另辟蹊径，以历史上与道教交流较少，却在某些方面有着深层可比性的宗教——犹太教，作为对观、比较与分析的对象，其理由有三：1. 古代希伯来民族与华夏民族的生存环境、文化传统以及经济生产模式差异甚大，但却共享了"下教"（即天启，Revelation）、"盟约"、律法、集体性救度等宗教义理观念，这证明了一种基于约定与律法的普世思维逻辑；2. 因为两个民族与两个宗教在历史与地理上都不曾互相重叠并深度交流，故而几乎不存在相互影响的可能，这也就为我们独立地进行分析与比较提供了便利；3. 以此为线索，我们可以摒弃传统的以佛教作为道教参照的模式，进而转向更为宏观且平等地与亚伯拉罕宗教的相互比较。

　　与亚伯拉罕宗教的比较不可避免地会触及所谓的"西方宗教"理论。正如黄宗智教授所指出的，在中国研究的领域中存在着两种对立："一是西方化和本土化的对立，现在已经高度意识形态化和感情化，成为非此即彼的二元对立。一是与此相关的理论和经验的对立，等于是把理论和经验截然分开。"[1] 我们希望能够以法箓的研究作为契机，从文本、仪式甚至物质文化的角度进行比较，并试着消解这两种对立，为构建有关中国宗教的理论建设贡献一点有限的案例研究，使其进一步成为全人类共有的文化财富。

---

[1] 黄宗智. 认识中国：走向从实践出发的社会科学 [J]. 中国社会科学，2005，1：83-93.

五、重要概念说明

（一）法箓

"法箓"的本质是度师为弟子授予大道吏兵的书面文凭，是由绢帛或纸张写就的横卷式文书，其内容除主体为一份大道吏兵的名录外，还包含了时间、地点与求度弟子年庚、住址等信息，请法文辞，一段盟文，吏兵的图像，配套的灵符以及三师的签押（具体参见第十一节）。法箓的出现不应晚于盟威道教团的汉中自治时期。彼时道民通过与祭酒建立盟约而受度法箓，并获得箓生的神圣身份，由此得以举行朝真及上章等仪式。正式法箓与仪式之间是紧密咬合的关系，故其在早期道民的宗教生活中始终处于基础而又中心的位置，并充分体现了盟威道特有的宗教精神。在本书中，我们将会主要探讨作为最初阶法箓的《将军箓》（或名《童子箓》）。这是因为最初的法箓，即指《将军箓》而言，这种法箓最初的形态最能帮助我们理解其原初含义与功能。

（二）盟威道

"正一盟威之道""盟威清约之正教"（本书中简称为"盟威道"）即最初的道教教团。按道经所言，东汉汉安元年（142年）五月初一日，新出老君降于鹤鸣山石室中，以五斗米为信物，为天师张道陵降授了"正一盟威之道"。在东汉末年的乱世背景下，盟威道教团在今日的四川西部地区及汉中建立了长达30年（约185—215年）的稳定的地方自治，并自称"义国"（请注意，汉代的"国"并非独立的国家，而是与"郡"略相当的行政区划）。系师张鲁在汉中传播以道德为先导的、基于宗教律法的宗教教化，并推行近似原始社会主义式的生产模式，其因此被称作中国最早的理想国（Utopia）。此外，系师张鲁对于汉室的效忠及其非暴力倾向，都使其迥异于此前的太平道运动，并也因此引起了史官们的兴趣与注意。由此盟威道是世界宗教史中为数不多进入官方正史记载的宗教团体（早期基督教以及佛教的活动均不见于正史记载）。[1]

　　在当代的学术惯例中，用来指代早期道教的名词"天师道"实际是一个十分具有歧义，且含义不清的概念。最早使用该词的近代学者为陈寅恪，其在《天师道与滨海地域之关系》一文中，将汉末流行的始自山东的太平道与四川由张道陵所创立的教团都视作"天师道"[2]。在当代的学术传统中，"天师道"往往仅指四川、汉中地区的教团[3]，而与"太平道"相对。小林正美教授则更将刘宋改革前的教团称为"五斗米道"，其后的称为"天师道"。事实上，我们将会看到，张道陵所创教团的自称乃是"正一盟威之道"（在本书中简称为"盟威道"），而

[1] 祁泰履（Terry F. Kleeman），*Celestial Masters: History and Ritual in Early Daoist Communities* (Cambridge, MA.: Harvard University Asia Center, 2016), 21-62.
[2] 陈寅恪 . 天师道与滨海地域之关系 [M]// 金明馆丛稿初编 . 北京：三联书店，2001：1-46
[3] 赵益 . 六朝南方神仙道教与文学 [M]. 上海：上海古籍出版社，2006：43-45，337-341.

无论是"五斗米道"还是"天师道"[1] 都是教团外部史官对其的称谓，其中"五斗米"之称谓甚至可能带有一定的贬义[2]。由此，将盟威道称作"五斗米道""天师道"，无异乎将耆那教称作"尼乾外道""裸形外道"[3]。一些学者大费周章地考察"天师道"一词的起源，论其最早记载始自刘孝标所注《世说新语》云"郗愔及弟昙奉天师道"或云唐代修"八史"之时。以此种外部名称来理解道教义理之做法，大抵皆是缘木求鱼。本书因此使用"盟威道"一词指代自汉末至唐代以道民为信徒主体的道教教法与教团。

（三）授度

"授度"见于陆简寂（修静）先生所编订的《太上洞玄灵宝授度仪》，系传授灵宝《真文》、"二箓"以及配套法具的仪式[4]。本书此处以"授度"一词作为传授法位、法箓、经文的专有动词与名词。"授度"作为动词，有传授经文以及将法箓度入弟子身中两层含义；其作为名词，则有启蒙仪式（initiation

---

[1] "天师道"一词在道教内部出现很晚，参见：《三洞珠囊》卷一引《道学传》云："殷仲堪者，陈郡人也。为太子中庶子，少奉'天师道'，受治及正一，精心事法，不吝财贿。"即便如此，这里的"天师道"应指的是"天师的教法"，而非指代某一团体。王悬河．三洞珠囊 [M]// 道藏：第 25 册，298.
[2] 其在道经中的唯一一次出现是在《三天内解经》中，仍然带有贬低的含义。三天内解经 [M]// 道藏：第 28 册，415.
[3] 关于史官敌视道教教团的实际原因，可参见本书结尾处的"走向民众的道教"。
[4] 陆修静．太上洞玄灵宝授度仪 [M]// 道藏：第 9 册，839–57.

ceremony）之意。通过授度仪式，受度者也被纳入至一庞大的大道律法与职官体系之中。

按盟威道自身的传统，法箓之授予被称作"度箓"，其深层含义即将大道之气以吏兵的形式度入弟子身中。但在六朝的道教发展中，经文、戒、箓、法具被视作一个有机的传授体系（参见第十七节），故陆简寂先生使用"授度"一词，实际是将古老的"授书"与"度箓"两相结合，因此也更适用于自汉以来包含盟威、上清、灵宝在内的诸多道教传统，可以泛指一系列的道教入道仪式。

（四）精神

本书沿用马克思·韦伯（Max Weber）在其《新教伦理与资本主义精神》中有关"宗教精神"的概念。但是究竟什么是精神？韦伯终其全书也未给出明确的定义。韦伯的"精神"（德文"Geist"，英文"spirit"）一词与"精神气质"（ethos）一词紧密相关，意指一种与某一人群、阶级、职业或教派相关的文化识别性（cultural sensibility），它传达一种身体气质、一种感觉、一种道德形式以及文化心理元素，比意识形态或宗教教义更为弥散。也就是说，韦伯所言的"精神"是一种非正式的、偏气质的、道德的、在特定的伦理之中凝结而成的东西。[1]在本书中，法箓所体现的盟威道宗教精神主要可分为四点：理性、自由、平等、同命。

---

[1] Arjun Appadurai, *The Future as Cultural Fact: Essays on the Global Condition* (Verso Books, 2013), 234-235.

（五）义理

该词在本书中意指阐释道教信仰的知识系统。近年来，"神学"一词常常出现在与仪式相关的道教学研究之中。中国古无神学，其二字原为基督教"神学"（希腊文"θεολογία"，theologia）之意译，其词源自希腊语中的"神"（"θεός"，theos）与"话语表达"（"λογία"，logia），而"话语表达"一词则源自"逻各斯"（"λόγος"，logos），中文亦可译作"理"。由此，神学实为"神理之学"。在基督教语境中，希腊文中的"神"被引申至犹太—基督之神雅威（YHWH）以及神子耶稣基督。故此，狭义的神学专指犹太—基督教传统中关于神的论述，其主要议题包括：神、人性、世界、救赎，以及末世。按照《不列颠百科全书》的定义："神学是某一信仰的追随者描述其信仰诉诸，将其从信仰基础上（或基本原理）加以阐明的一种持续的尝试，并在所有其他世俗关系的背景下（例如自然与历史）和精神化发展中（例如理性与逻辑）为这一陈述赋予其特定的位置。"[1]可知神学是信徒们阐明信仰的一种宗教实践，因而具有一定的身份立场，且与客观的观察、分析有所不同（即如所谓的宗教

---

[1] "Theology is the attempt of adherents of a faith to represent their statements of belief consistently, to explicate them out of the basis (or fundamentals) of their faith, and to assign to such statements their specific place within the context of all other worldly relations (e.g., nature and history) and spiritual processes (e.g., reason and logic)."《不列颠百科全书》*Encyclopedia Britannica*, "Theology," Encyclopedia Britannica, accessed May 17, 2020, https://www.britannica.com/topic/theology.

学研究）。

此外，神学一词的古希腊以及基督教起源暗示着将这一概念转化入其他宗教之中可能会有潜在的危险，其在许多其他宗教中既非惯例也不充分，因此只能重新定义后，在一个非常有限度的范围内使用。[1] 具体到盟威道而言，其对于"神"的观念既非多神教，也非一神教，而属于万有神在论（panentheism，详见第十二节"太清衔"）。三天大道并不是神，而是神以及其他万物的化生之源。神虽然不是道，但是道也弥散地存在于神与万化之中。故此，在道教的语境中使用"神学"一词实际已自动地将至上的存在的"大道"摒除了。比如，当我们讨论道教的职官义理时，由道气所化生的大道仙曹吏兵的确是以近似人的"神"的概念出现进而与人类发生联系，可一旦当我们牵涉到这些仙曹在道气层面本体的讨论以及其与大道的关系，这便超出了"神理"的范畴。此外，可能更重要的是，在盟威道经典中，"神"往往与"鬼"同义，"神鬼""鬼神"一类的表述在道经中屡见不鲜，这些神需要人类不断地向其提供血食祭祀，因此属于被清约所禁绝之例。总的来说，现代汉语中的"神学"一词并不足以涵盖道教信仰的全部内容。

---

[1] 如上座部佛教实际属于某种无神论，神（deva）与人（manuṣya）都是三界众生，都服从着业报规律，各自为其行为负责。神的地位是暂时的、不稳定的，而绝非决定其它生命的主宰者。（感谢北京大学赵悠教授对于此段佛教观点的指导与帮助。）

此外，现代汉语中的"教理"（dogma）与"教义"（doctrina）二词，与"神学"一词一样，均有着近代以来的基督教背景[1]。其中，教义表示将宗教团体的信仰的原始观念（通常是经验性的或直觉性的）概念化的过程，被用以支持理性理解的信仰。教义试图以知识体系的方式在戒规、宣教和辩论等方面为宗教提供指导。而教理指组成核心信仰的一整套原则，它们往往由教义中提萃而成。[2]

事实上，"教理"（dogma）与"教义"（doctrina）二词的中文翻译借鉴了中国古代哲学中固有的"义"与"理"二字。"義"（义）本意为合宜的道德、行为或事理，有正义（justice）之意，亦延伸为"意"，有意义、含义（meaning）之意。"理"字之本意为物品的纹路、层次，进而延伸为事物的规律、道理

---

[1] 教理、教义的范畴并不一定存在于每个宗教之中，如犹太教使用"神学"一词，但并不使用"教理"（dogma）与"教义"（doctrina）这两个概念。

[2] "Doctrine in theology (Latin doctrina; Greek didaskalia, didachē) is a generic term for the theoretical component of religious experience. It signifies the process of conceptualizing the primal—often experiential or intuitive—insights of the faith of a religious community in support of rationally understood belief. Doctrines seek to provide religion with intellectual systems for guidance in the processes of instruction, discipline, propaganda, and controversy. Dogma (Latin decretum, Greek dogma) has come to have a more specific reference to the distillate of doctrines: those first (basic or axiomatic) principles at the heart of doctrinal reflection, professed as essential by all the faithful."《不列颠百科全书》 Encyclopedia Britannica, "Doctrine and Dogma | Religion," Encyclopedia Britannica, accessed July 1, 2020, https://www.britannica.com/topic/doctrine.

（reason）之意。"义"与"理"两者往往不可致诘，因此常于儒家经学之中联用，宋明理学便亦被称作"义理之学"。道经中亦有"寻明师受读，请问义理"[1]"进学正戒，通明义理"[2]之用法。

陈撄宁先生曾言："凡是一种宗教，必有一种信仰，有信仰，必有所以信仰之理由，用语言文字来说明这个理由，使人们能够了解而容易入门者，这就是宗教家所谓'教理'；某一宗教根据本教中经典著作，扼要的并概括的提出几个字或几句话作为信徒们平日思想和行动的准则，而且对于全部'教理'都可以契合，不显然发生抵触者，这就是宗教所谓'教义'。"[3]在道经中，"玄理""妙理""玄义""妙义"的使用十分普遍。玄妙之"理"意为大道所深蕴的神圣规律，以及由其所衍化的天地运行机制，是一种整体的逻辑体系。玄妙之"义"则为以上体系中所蕴含的诸多知识概念。但事实上，在许多情况下，教理与教义并没有明显的区分而常联用。由此，本书中使用"义理"一词来表示"阐释道教信仰的知识体系"这一综合性范畴概念。

六、内容概要

本书的第一章简要陈述了汉安元年（142 年）五月初一日

[1] 太极真人敷灵宝斋戒威仪诸经要诀 [M]// 道藏：第 9 册，872.
[2] 朱君绪 . 要修科仪戒律钞：卷十三 [M]// 道藏：第 6 册，984c.
[3] 陈撄宁 . 道教与养生 [M]. 北京：华文出版社，1989：80.

鹤鸣山盟约之前，中国宗教的一些基本特征。这是为了能够更好地衬托在后续章节中所呈现出的，由法箓所呈现的盟威道基本宗教精神。我们将先概览自商周至两汉时期中国宗教的集中形态，即祭祀宗教、共同宗教与秘传宗教（第一节）；然后再考察秦汉帝国的政治制度，这是因为其也被反映到了汉代宗教之中，并为盟威道所继承（第二节）。我们还将简要探索两汉时期宗教中的生命观念，具体而言，即个体生命的"死后复生"与整个天地的"终末"与"太平"；最后，我们将围绕"天命"及其象征"图箓"讨论天气、时运的交叠问题，这正是盟威道得以成立的重要义理前提。

本书的第二章将围绕"盟约"这一法箓授度的必要前提来展开，亦即以盟约作为出发点，尝试系统地总结归纳盟威道的基本义理。由此，我们需要先厘清先秦时期盟约的内涵，其在政治、社会、宗教生活中的功用，以及与其相关的一系列其他仪式，具体而言，即"先盟后授"的仪式结构（第五节）。在第六节中，我们将罗列七种年代较早、内容相对一致的有关盟威道两次盟约建立的文献，并对两者在义理层面的密切关系进行讨论，并尝试解释"盟威"二字的确切含义。以此作为基础，我们将在随后的两节中，就一系列盟威道教义进行分别讨论，其包括大道、下教、盟约、信道、归道（第七节），事道、治民、平气、种民（第八节）。最后，在第九节中，我们将结合此前所有关于盟威道义理的讨论以及第一章中的讨论，聚焦到《清约》这一点上，来考察其对此前传统宗教的批判、继承与转化。由此，我们方能实切地理解天师立教之初心，也即是道教盟约所反映出来的宗教精神，尤其是"理性"与"自由"这两点。

本书的第三章将进入对法箓的具体讨论。我先就正一部的法箓体系进行概述，理清法箓本身的历史源流以及物质形式，然后着重讨论在后世被作为"外箓"的《将军箓》，尤其是与其相关的部分制度内容，其中体现了盟威道的"平等"精神（第十节）。其后，我们将以《将军箓》为案例，详细分析其箓文中各个部分的内容，并对其所含之玄义进行发掘。最终，我们将看到，所有的一切均指向箓生个人的身体；法箓的授度无外乎是对身中尚处混沌的大道真气的"点化"（第十一节）。在第十二节中，我们将从最具体的仪式实践层面理解何谓"法箓"。首先考察盟威道仪式中所见的两个职官概念——"太清衔"与"千二百官君"，凭借这两个概念，大道得以成为一个庞大的、活态的职官体系，而盟威道的仪式，则无外乎依照律令的规程，借助法箓而与这一职官体系进行互动。其后我们还将考察"朝真仪"与"上章仪"，箓生身中的吏兵在仪式中得以与道相通。在第十三节中，我们将从天上回到人间，关心盟威道教团中由立盟与授箓所界定的三种人群：道民、箓生与祭酒。我们将分别考察与其身份相关的获得条件、义务与宗教承诺。以此为基础，我们将在之后的一节中继续以法箓为中心，在人间的层面来考察其如何被应用于"仪式化生活"之中，如何在个人的层面陶冶道民的个体生命，进而通过宗教生活延展至其家庭乃至社群层面。我们将注意到，以盟约（律法）与法箓为纽带，盟威道构建了一个立体、有机的社群集体，在个体生命神圣性得到足够彰显的同时，他们也最终得以融合为一个整体，这正是盟威道之"同命"精神（第十四节）。最后，我们将在第十五节中对灵宝与上清两部的法箓稍做考察。我们将注意到，在"三洞"的框架中，灵宝与上清两部的教法呈现愈发向内的属性，也即意味着其针对的人群愈发小众。由此，正一、灵宝、上清得以构成一个由外及内、由下及上的教法整体，其在照料基本面（道民）的同时，同时为那些对于玄修有着更高追求的人群提供了以法箓为中心的教法框架。

在第四章中，我们将进入对法箓授度仪式的讨论。首先，我们先提出了一套法箓授度的经纬体系，在这一开放性的体系中，不同阶的法箓以及与本阶法箓授度相关的内容得以被框定并审视。其中，我们将重点讨论法服的问题，其与法箓亦有着极为深刻的内在关联（第十七节）。在第十八节中，我们将对《正一法文度箓治仪》以及《太上洞玄灵宝授度仪》这两部授度仪式文本进行结构层面的分析，并对其中具体的"授度"环节进行详解。其后，以此为基础，我们得以在时间与空间的层面，从"过渡仪式"理论切入，对仪式中所蕴含的符号象征进行讨论与分析，并点明仪式本身所体现出来的宗教精神（第十九节）。在最后的第二十节中，我们将讨论与奉道者的死亡相关的问题。我们将看到，奉道者的死后升度仪式一方面与其授度仪式遥遥相对，其中的许多元素皆是对当初授度仪式的一种呼应；另一方面，升度仪式无外乎是她／他生命中另一次的授度仪式，其将助其超越大限，并最终获得死后的复生，进而与道合真。如此，法箓不仅存在于奉道者与大道的纵向空间沟通中，以及她／他与社会的横向空间沟通中，更贯彻了奉道者的生命这一时间性的维度。也正是如此，我们有足够的理由，将法箓置于道教义理研究的中心位置之中。

此外，在本书的附录中，笔者将在筹备茅山法箓授度工作中所积累的部分思考进行了梳理，其主要涵盖了自宋代以来至于当代的与法箓授度相关的内容。其中一部分关于核心箓卷的内容来自李滔祥（成祥）道长的真知灼见，另一部分则来自笔者与其他师友的探究所得。笔者设置这一部分的原因有二：一者，以本书正文中的《清约》精神做对比，可对宋以后以法箓授度为缩影的道教发展进行适当的评判；二者，尝试对当代所传承的法箓授度传统溯源，并理解其复杂体系中所包含的义理脉络。

在本书撰写之初，笔者原意是将其控制为一部短小精致的册子。但随着写作的深入，越来越多此前未曾有人深入的研究区域被发现，因此也便需要先"填坑"，再"修路"。同时又碍于笔者有限的工作时间，因此并未穷尽前贤的学术成果。由此所造成的疏忽与讹误，还请广大方家、师友提示、斧正。

目 录
Table des matières

第一章　前夜

> 　　下古委惹，淳浇朴散，三五失统，人鬼错乱。六天
> 故气称官上号，构合百精及五伤之鬼、败军死将、乱军死
> 兵。男称将军，女称夫人，导从鬼兵，军行师止，游放天
> 地，擅行威福，责人庙舍，求人飨祠，扰乱人民，宰杀三
> 牲，费用万计，倾财竭产，不蒙其佑，反受其患，枉死横
> 天，不可称数。
>
> ——《陆先生道门科略》

　　朱子曰："天不生仲尼，万古如长夜。"对奉道者而言，长
夜的破晓更多地来自自性的觉醒。鹤鸣山盟约即是人类自性
觉醒在历史中的具象表现，而所谓的"前夜"实际源自人类自
身对于未知世界的恐惧与忧患。第一章即是以汉安元年（142
年）五月一日鹤鸣山盟约为历史节点，对之前的中国政治与宗
教生态做一概览式的追溯。这一追溯是必要的，因为只有将
盟威道教法纳入当时的中国社会环境中来考察和对比，我们才
能对"正一盟威之道"的宗教精神与改革使命有一层更为深刻
的理解。为此，我们不但参考传统的先秦诸子的传世著作，更

将目光聚集在众多的考古材料: 殷墟甲骨、周原铜鼎、侯马载书、湖广竹简以及墓葬美术等, 希望借此还原一个相对全面的政治、宗教风貌。与此同时, 我们也还将特别关注秦汉时代职官制度对于两汉宗教在义理框架及某些特定观念上的影响, 这种宗教中的职官制度将在其后为盟威道所发展, 并成为内嵌法箓的动态体系。

第一节　商周两汉的宗教传统

中国古代的宗教和政治都旨在从不同的维度建立秩序。而在上古时代, 这两条缔造秩序的路径可能本是浑然一体的, 在后世的发展中才逐渐分化开来, 但这场分化一直是有限的。也就是说, 这两条路径在历史的进程中一直相互影响着彼此。我们在下面将会看到, 至迟从商代开始, 王权政治便与宗教形成了共生关系。中国的皇权政治从始至终具有神圣性, 而宗教则被认为具有浓厚的皇权色彩。在如此文化环境中所孕育的道教 (不论是创教之初, 还是近世以来), 不可避免地同时兼有两者的元素: 其 "神" 秉承黄老之道, 而 "形" 则效法东周至秦汉的政治制度 (包括律法、职官等)。故此, 要对道教有一完整的理解, 就不能仅限于研读黄老经典, 也必须参考先秦以来的祭祀、律法、户籍、职官等制度性文献。

在以往的道教研究中, 有一种具有统治力的观点, 认为道教的出现主要是被外来的佛教所诱发的。但随着最近数十年来更多青铜器铭文、帛书、简牍的不断出土和广泛研究，我们得以获得更为宽广、丰富且贴近古人生活的历史信息，古代中国的宗教生态于是日益清晰，也使我们确信道教的出现其实有着极其深厚的本土渊源。本书的主题——"道教的法箓与其授度制度"，无疑是道教之"形"植根于古华夏政治、宗教文明的关键证据。

东汉献帝汉安元年（142 年）五月初一日鹤鸣山盟约的建立是本书中重要的历史节点。在本节中，我们将鹤鸣山盟约建立之前中国社会中存在的宗教分为"祭祀宗教""共同宗教"以及"秘传宗教"三个范畴，并结合传世与出土文献分别讨论。以此为背景，我们能够看清道教在中国文化脉络中都继承了哪些内容，又创新（或言改革、反转）了哪些内容。

一、祭祀宗教

这里所谓的"祭祀宗教"（sacrificial religion）系以祭祀仪式作为核心内容的宗教实践系统。在中国古代社会中，最为重要的对于天地的祭祀皆为帝王所垄断，故祭祀宗教享有"国家宗教"（state religion）的地位。祭祀宗教拥有一定的仪式规范，但没有系统的教义和经典，更类似于一个在社会的不同阶层普遍存在的仪式实践系统，因此也具有地方以及家族的属性。祭祀宗教局限于为现实世界的生活祈求福祉，并不直接寻求生命超越[1]，

---

[1] 方士传统的求仙仪式中也包含了祭祀的内容，但极为小众。

因此在部分学者看来, "祭祀"并不等同于宗教(但这完全取决于如何定义"宗教")。

从全世界范围的考古发现来看, 旧石器时代晚期便出现了近乎祭祀的宗教行为。在一具距今一万八千年的北京山顶洞人的遗骨上洒有赤铁矿石粉末, 这或可被认为是中国境内较早的一处祭祀遗迹 [1]。在中国进入新石器时期(距今 13000—4000 年前)后, 祭祀遗存更为普遍地存在于各地的考古遗址之中, 并出现规模可观的祭祀建筑遗存 [2]。就考古发现及甲骨文所见, 祭祀仪式在商代逐渐系统化并日渐频繁, 最终在商代晚期(公元前 12 世纪—公元前 9 世纪)达到高峰, 彼时的祭祀活动已经基本具备了后世祭祀仪式的基本要素。由此, 我们将花较多的笔墨于商代这一汉字文明的起点来讨论。

(一)祭祀与王权政治

自 1928 年殷墟正式开始考古发掘后, 经过几代学者的不懈努力, 我们终于得以对商代晚期的宗教生活有了最为实质的认识。其出土的龟板、兽骨所反映出的占卜内容, 得以帮助我们最大限度地还原商人眼中的世界、神明与祖先。随着 1950 年郑州商城遗址、1959 年二里头遗址、1996 年洹北商城等一系列商前及商早、中期遗址的相继揭露, 我们也得以确信, 殷墟遗址所保存的载有甲骨文的龟板与兽骨数量最大, 也最为集

---

[1] 贾兰坡 . 山顶洞人 [M] . 上海: 龙门联合书局, 1951: 51-53.

[2] 贺辉 . 新石器时代祭祀类遗迹研究 [D] . 南京: 南京大学, 2013.

中，其甲骨文词也最为成熟。这一比较不但认定了殷墟即是汉字文化的起源之地，更说明了汉字自其形成伊始便与宗教有着紧密的联系（美索不达米亚的楔形文字以及腓尼基文字均起源于商业活动之中），这一重视且倚赖文字的传统亦为后世兴起的道教所继承[1]。传世文献、甲骨文及其他考古发掘显示，商代的宗教有如下几点特征。

1. 上帝、祖先与自然神的敬礼并存

上帝或帝，是商人祭祀系统中的至上神。在甲骨文中，凡是去世之后的商王也皆称为帝，暗示了商王、祖先与上帝之间的密切关系。从甲骨文的表述来看，上帝是一个人格化的存在，祂主宰着一系列与下方生人紧密相关的事务，如自然气象："帝令雨"、"帝令雷"、"帝令雹"、"帝令风"；如农业生产："帝令雨足年"、"帝降旱"；如城市安全："帝弗终兹邑"；如军事胜利："伐巴方，帝受我又"；如商王个人的祸福："隹帝肇王疾"[2]。商王一般极少直接向上帝献祭，通常是通过"宾礼"请祖先代达。此外，上帝如商王一般，有着自己的天廷职官组织，最为常见者为"五臣"，此外还有"帝臣"、"帝五丰神"、"帝工"、"帝史"这样的名称。由此，"五臣"有可能即是风、云、雨，或日神、四方神之类[3]。这些神不但代替上帝降

---

[1] 相较而言，婆罗门教与早期佛教则更重视口头的传诵而非文字的书写。

[2] 常玉芝. 商代宗教祭祀 [M]. 商代史：卷八. 北京：中国社会科学出版社，2010：26-61.

[3] 常玉芝. 商代宗教祭祀 [M]. 商代史：卷八. 北京：中国社会科学出版社，2010：61-68.

福，亦代替其降祸于人民，这是我们目前所知中国最早的职官系统 [1]。此外，祖先崇拜构成了商人祭祀活动的大宗，比祭祀上帝与自然神更为频繁，且多用人牲与大型牺畜 [2]。祖先不但能左右农业收成与军事，而且还是商王与上帝之间的连接纽带，以及商王王权统治合法性的来源。

2. 商王与上帝的神圣血缘

《诗经·商颂》云"天命玄鸟，降而生商"，商人对于鸟的图腾崇拜也已经是众所周知。在此之外，也有学者提出商人与神话中扶桑树上所停之十日（十鸟）的密切关系，这十日的概念被以十个天干来表达，十天自甲日至癸日，以成一旬。对应此十日，商人又将其祖先与这十日分别对应，以作为祭祀之日期，并以其日之天干称谓祖先，若"祖乙"、"武丁"等。在祖先的谱系中，年代越早的祖先，往往享有更高的地位，也就越接近上帝。由此推理，则商王与上帝之间可能也存在着一定的"血缘"关系。在这样的一个递进式的血缘关系中，商王并不直接向上帝献祭，而是以"宾礼"来向祖先献祭，再求祖先代为向上帝献祭，祖先由此成为商王与上帝之间的中介者。循着这一层逻辑，商王在死后，也将进入这一祖先的神团之中。如

---

[1] 通过这一宗教话语中的职官系统，我们得以反推彼时的商王已经拥有了十分制度化的职官制度。我们晚些会看到，道教中同样存在着这种神圣与世俗之间的相互对偶的职官制度。

[2] 常玉芝. 商代宗教祭祀 [M]. 商代史: 卷八. 北京: 中国社会科学出版社，2010: 545.

此，商代（包括周代）的至上神"上帝"并不是一位普世而公众的神，而更是一位家族的、以血缘为纽带的神。如此的血缘纽带，也正是萨满宗教的重要特质之一 [1]。

3. 商王的祭司身份

由于商王与祖先乃至上帝之间的特殊血缘，又因为上帝的臣工与祖先们直接关系着国家的命脉维系，商王也成为唯一一个具有献祭资格的人，或者说，商王垄断了祭祀的神权（这一点被后世中国帝王所继承，因此非常重要）。商王的祖先有着神秘的降生背景，并已像太阳一样居于天上，而他们也只领受自己子孙的献祭；但又因为献祭，他们得以将子孙与上帝相连接。这一逻辑也体现在萨满的子孙与附体神明的特殊关系上，同时又为周室所沿袭。自周代开始，周王便被视作天子，只有他拥有与"天"（等同于商人的"帝"）交流的权力。同时，家族血缘这一重纽带关系在周代被应用于国家的分封制度之中，祭祀与政治之间的关系被进一步绑定，并一直维系至1913 年的洪宪祭天。我们稍后会看到，随着秦汉国家政治制度的改革，原有的爵本位分封制度被新的官本位任命制度所取代；在国家祭祀宗教之外，原有的家族之神（昊天 / 上帝 / 六天故气 / 高天万丈鬼）也被新的普世之神（大道 / 三天 / 玄元始气）所取代了；原有的以血缘传递的神权也被新的以道气传递

---

[1] 米尔恰·伊利亚德（Mircea Eliade）. 萨满教——古老的入迷术 [M] . 北京: 社会科学文献出版社，2018: 10-21.

的方式分享给每一位箓生。（参见第十一节"道气"、第十八节"[C 度箓]"）

4. 人牲的使用

与其他古老文明一样，动物牺牲尤其是人牲的使用是商人祭祀宗教的核心。考古发现告诉我们，以宗教祭祀为目的的杀牲瘗埋发轫于旧石器时代晚期，我国境内的几大新石器文明诸如红山、良渚、龙山文化均以祭祀所用玉器以及宏伟的祭坛而著称。自二里头文化开始，青铜器与人牲在祭祀中的使用日渐普遍，次数日渐频繁，规范也日趋繁琐，并最终在商王武丁在位时期达到高峰，甲骨文中仅是用于表达宰杀人牲的动词便达18 种之多 [1]。（参见图 01-01、01-02 与第 18 页表）根据对殷墟所出土的甲骨文卜辞的不完全统计，仅武丁在位的 58 年间，便曾于祭祀中使用人牲 9 021 人，其中最多的一次多达 500 人 [2]。

勒内·基拉尔（René Girard）认为，祭祀在本质上是通过暴力的方式将群体内部的矛盾、怨恨、敌对转移至牺牲身上，或者说是"把普遍露头的纠纷的苗头转移在祭牲身上，通过对这些纠纷给予部分满足，献祭消除了这些纠纷"。在这样的前提下，一方面人牲的作用与动物牺牲相同，而另一方面其势必需要来自群体以外，如战俘。[3]Tatiana Schlossberg 的研

---

[1] 王平，顾彬. 甲骨文与殷商人祭 [M]. 郑州：大象出版社，2007：79-121.

[2] 王平，顾彬. 甲骨文与殷商人祭 [M]. 郑州：大象出版社，2007：79-210.

[3] 勒内·基拉尔（René Girard），著. 周莽，译. 祭牲与成神 [M]. 北京：三联书店，2022：1-21.

图 01-01　殷墟西北岗王陵人牲头骨（石璋如 / 摄）

究也表明，人祭仪式有助于建立和维护社会等级制度，固化其阶层，减少社会流动性，并有助于防止社会分裂。此外，人祭仪式还是统治者、精英和巫祝阶层宣扬自我神性，维持或巩固其权力的有用工具。[1] 总而言之，殷墟所出土的大量人祭遗存乃是其专制王权制度的直接体现。为了维持充足的祭祀"人力资源"，商王不断对邻国发动战争，并最终激发了以周人为首

[1]　Tatiana Schlossberg, "Why Some Societies Practiced Ritual Human Sacrifice ― The New York Times," *The New York Times*, April 4, 2016, sec. Science, https://www.nytimes.com/2016/04/05/science/ritual-human-sacrifice.html; Joseph Watts et al., "Ritual Human Sacrifice Promoted and Sustained the Evolution of Stratified Societies," *Nature* 532, no. 7598 (April 2016): 228‐231, https://doi.org/10.1038/nature17159.

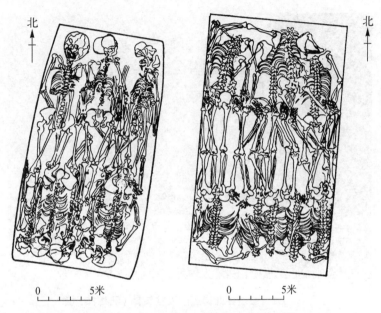

图 01-02　殷墟遗址出土的人牲残骸 [1]

的反抗。周公的"制礼作乐"（《礼记·明堂位》）不但废除了
人牲，更新了对于天命的认识，还试图以礼仪来构建起一个具
有道德伦理的文明社会（因此有别商人的原始社会）。与周人
相比，商人的宗教可谓"有祭无礼"，但周人依然延续了对于
神明、祖先的祭品的奉献，其所谓的"礼"依然是在维护一个
等级森严的社会制度。我们稍后会看到，高举反祭祀大旗的盟
威道所倡导的，正是一种与此针锋相对的、具有流动性及平等

<hr>

[1] 中国考古报告集之三：侯家庄（第二本：1001 号大墓），梁思永未完
稿，高去寻辑补，李济，石璋如，董作宾，高去寻编辑，"中研院"历
史语言研究所，1962：10.

观念的制度观念，而其背后乃是自战国晚期逐渐形成，并于两汉完备的具有极强流动性与平等主义的政治制度与社会风尚。

5. 以占卜决定祭祀时间与规格

占卜的目的在于确保祭祀的成功，也即祖先和神明能够在正确的时间，得到正确数量的祭品。这些问题以卜辞的形式刻于龟甲或牛骨之上，贞人通过烤灸所生成的裂缝来判断"是"或"否"。日期与数量表明了商代"贞人"们所具备的数量化思维，以占卜来确定数量的方式也体现了商代祭祀宗教的一种系统性、理性的思维 [1]，这表明祭祀已经高度的制度化，并被某一特定阶层所掌控，中国宗教由是得以进一步改革与发展。

（二）祭祀与社会制度

周人沿袭了商人对于天神、地祇以及人鬼（祖先）的崇拜，并将其进一步发展。商人祭祀中拟人化的"上帝"，在周人的记载中转化为了抽象的"天"，但其至上神的本质并没有变化。周王的祖先也如商王一样，与其他自然界的神明一同享受定期的祭祀。此外，上古的君王、圣贤以及地方上的英烈也被纳入公共祭祀的范畴。汉代所编纂之《礼记·祭法》曰："夫圣王之制祭祀也：法施于民，则祀之；以死勤事，则祀之；以劳定国，则祀之；能御大菑，则祀之；能捍大患，则祀

---

[1] 吉德炜（David N.Keightley），"The Religious Commitment: Shang Theology and the Genesis of Chinese Political Culture," *History of Religions* 17, no.3/4 (1978): 211-225.

之。"[1] 也就是说，原本某一家族的祖先（也就是人鬼），现在得以与地方上的山岳、河川以及其他神明一并享受一方百姓的共同祭祀与崇奉[2]。

对于自然界各类神明以及祖先的祭祀，按照一部分礼家的说法，乃是因感怀其"德"，而并非有非分之求，如《淮南子》曰：

> 故祭祀思亲不求福，飨宾修敬不思德，唯弗求者能有之。[3]

又曰：

> 今世之祭井灶、门户、箕帚、臼杵者，非以其神为能飨之也，特赖其德，烦苦之无已也。是故以时见其德，所以不忘其功也。触石而出，肤寸而合，不崇朝而雨天下者，唯太山。赤地三年而不绝流，泽及百里而润草木者，唯江、河也。是以天子秩而祭之。[4]

[1] 孙希旦. 礼记集解 [M]. 北京：中华书局，1989：1204.
[2] 武雅士（Arthur P.Wolf）. 神、鬼和祖先 [C] // 武雅士（Arthur P.Wolf）. 中国社会中的宗教与仪式. 彭泽安，邵铁峰，译. 南京：江苏人民出版社，2014：137-185.
[3] 刘安编，何宁撰. 淮南子集释 [M]. 北京：中华书局，1998：1017.
[4] 刘安编，何宁撰. 淮南子集释 [M]. 北京：中华书局，1998：984.

从崇功报德的本位出发，礼家们将为了邀福而在祀典所定的时间之外祭祀者，称作"非礼之祭"或"淫祀"（详见下文）。

到了先秦两汉时期，地方上的一些英烈或者非正常死亡的人鬼乃至山林草木之精灵逐渐形成了所谓的"房祀"之神；甚至一些成仙的隐士也拥有了自己的祠庙[1]。由此，一系列地方性的神明礼敬也以祭祀的形式出现，并与帝国的中央祭祀系统共同构建了日后中国祭祀宗教的基本模块。在古代文献中，自然界的天神、地祇、人鬼甚至物魅往往被统称为"鬼神"。在很多情况下，鬼与神并没有明确的分界，甚至有时连天神地祇也与鬼合称。鬼神们的特征之一在于血食祭祀，之二在于凭附于巫觋与人言语。人类有义务不断满足鬼神的祭祀要求，从而获得庇护，否则将受到鬼神们的攻击。

《礼记·曲礼》曰："天子祭天地，祭四方，祭山川，祭五祀，岁遍。诸侯方祀，祭山川，祭五祀，岁遍。大夫祭五祀，岁遍。士祭其先。"[2] 太史公亦曰："天子祭天下名山大川，五岳视三公，四渎视诸侯，诸侯祭其疆内名山大川。"[3] 这两段内容的时间大致相近，叠加在一起，大抵包含了两个层面：1. 天子与诸侯分别依据其政治上的地理范围来负责辖区内大山大川之祭祀；2. 五岳与四渎的祭祀规格参照现实中的贵族等级来举

[1] 施舟人（Kristofer M. Schipper）. 仙人唐公房 [M] // 中国文化基因库. 北京：北京大学出版社，2002：70-83.

[2] 郑玄，孔颖达. 礼记正义 [M]. 上海：上海古籍出版社，2008：203.

[3] 司马迁. 史记：封禅书 [M]. 北京：中华书局，1982：1357.

行，也就是说，山川之神与贵族们一样，围绕在以天子为中心的朝廷周围，形成了一套人神共融的爵秩系统。我们这里主要讨论第一层面。在这套祭祀系统中，以天子为顶点向下扩展，各级的地方诸侯、官员一直到百姓，皆有其需要负责祭祀的对象：天子承受天命，故而作为最高的祭司（大巫）而垄断对于天地的祭祀（即"绝地天通"）；诸侯、地方官因为得到了天子的册命而得以分享其天命，进而得以分祭当方山川与地方神；里社百姓则一同祭祀当方的土谷之神；至于在家庭层面，百姓则祭祀自家祖先与家堂之神。如此，通过履行不同阶层、不同身份的祭祀任务，每一个人也因此被定义了其社会身份，而由此所构成的社会体系也被称作"礼乐社会"。在这样的礼仪体系中，人与神都得以各安其位、各司其职，逝去的祖先通过定期享受子孙的献祭而得以持续他们的力量与存在，而作为子孙的天子或臣民也通过定期地举行祭祀而重复地确认与其所对应的社会地位。《周易》曰："观天之神道，而四时不忒，圣人以神道设教，而天下服矣。"[1] 通过周期性的春祈、秋报，空间性的内、外祀，各类吉、凶之礼中的祭与奠，祭祀仪式就像一张网，将不同时间、不同阶层的人群的行为纳入一个和谐的动态的整体，这便是"神道设教"。神道设教的根本目的在于构建一个阶层固化、社会流动性小、统治阶层圣化的阶级社会。

---

[1] 王弼.周易注[M].北京：中华书局，2011：110.

（三）祭祀的原理

在《希伯来圣经》中，人类的始祖亚当（Adam）与厄娃（Eva）在被逐出伊甸园之后生育了该隐（Cain）与亚伯（Abel）两兄弟，兄长以耕种为生，弟弟则放牧羊群。此后，兄弟二人向天主雅威（YHWH）奉上了人类的第一次献祭："该隐把田地的出产作祭品献给天主；同时亚伯献上自己羊群中最肥美而又是首生的羊。"（《创世纪》4：3-4)。[1] 这次祭祀的悲剧性后果暂且不提，其故事表达了《创世纪》作者的两方面认知：1. 人类已经不再生活于伊甸园中，远离了能够不断提供生命力的雅威，因此他们需要依靠自己的劳动来维持生命，而种植和畜牧业是其中两项最基本的劳动形式。2. 人类需要将自己的劳动所得，也就是维持生命的食物献给神，以此来维持人神关系。"祭"字从手、从月、从示，表达了以手将肉献于神明的内涵。子曰："夫礼之初，始诸饮食。"[2] 从战国时代开始，先贤们便将饮食的意义从维系生存扩展到增强社会秩序、加强人际关系的层面，甚至包含了提升自我道德修养的功能（参见第九节"神不饮食"）。[3]

在古代先民看来，鬼神与人相仿，同样需要饮食来维持其存在，而祭祀之所以能够与神明沟通，乃是因为其中所献祭的

---

[1] 香港思高圣经学会. 圣经[M]. 北京：中国天主教教务委员会，1992：13-14.

[2] 孙希旦. 礼记集解[M]. 中华书局，2012：586.

[3] 胡司德（Roel Sterckx）. 早期中国的食物、祭祀和圣贤[M]. 浙江大学出版社，2018：13.

食物与感官因素。据《礼记》所载，有虞氏尚气，殷人尚声，周人尚臭[1]。也就是说，三代的仪式理论之侧重各有不同，夏代的祭祀以血腥之气感合神明，商代与周代则分别倚重于音乐之声与酒的芬芳。不论这在多大程度上描述了史实，但我们至少了解到在东周时期，人们已经开始对祭祀仪式及其理论进行归纳和总结，而人的感官被认为是祭祀有效的重要衡量因素。同时，人们对于祭祀的理解开始发生深刻的改变，即强调人类最本初的质朴之"德"在仪式中的重要性，而非以浮华之"味"感合神明[2]。由此，延伸出了两个层面的宗教伦理：

1. 为了能够在祭祀中获得神明的降福，人必须在其过程中调整自己的身心，控制自己的欲望。这种思想反映在仪式开始前的"誓戒"，从而启迪了后世道教的"斋法"[3]。

2. 君主的日常德政直接关乎国家的福祉，神明不会降福给暴君和昏君。从这个角度而言，祭祀本身的"饮食"价值被消解了，取而代之以道德化的生活，即所谓"黍稷非馨，明德惟馨"（《尚书·君陈》）。

在这两点中，前者强调的是通过短暂的净化仪式来达到陶冶身心的目的，而后者则倡导一种更为持续的、如礼的生活方

---

[1] 郑玄，孔颖达.礼记正义[M].上海：上海古籍出版社，2008：1095.

[2] 胡司德（Roel Sterckx）.早期中国的食物、祭祀和圣贤[M].浙江大学出版社，2018：90-91.

[3] 王承文.汉晋道教仪式与古灵宝经研究[M].北京：中国社会科学出版社，2017：138-149.

式。具体到个体生命的层面，这一道德化的思想进一步发展为孔子的"归仁"[1]。

如上文所引《希伯来圣经》，祭祀的出现是为了建立人与神之间的一种关系（当然，同时也会建立人与人之间的关系），而这种关系是建立在祭品交换的基础之上的[2]。人们向神明献出祭品，并默认神明领受这一祭品后会回报人类以比祭祀更多的福祉。如此，祭祀犹如一个"经济杠杆"，人们会在得到神明降福之后，再次献出（投资）他们所得的一小部分，进而祈祷更多的收获。中国祭祀仪式中的"春祈"与"秋报"正是建立在这种逻辑之上。祭祀经济的杠杆机制中有两点逻辑问题：

1. 既然神能够赋予人类更多的收获，那为什么会在第一时间需要人类的那一小部分献祭？这应是因为那些因祭品而为人类提供祝福的神明不是具有创造、孕育生命能力的至上神。真正的宇宙造化者，并不需要人类的祭品。

2. 如果一道德上具有瑕疵的人向神明献祭并获得了祝福，那么神明是否也同样具有道德上的瑕疵？如此，那些因为祭品而为不义之人提供祝福之神也是不公正的，或者说是可货赂的。他们看重祭品的利益而并不重视道德伦理。

此外，现实生活中的交换往往是建立在双方平等、自愿的基础之上，而祭祀则是在神高而人卑的"阶级关系"中所发生

[1] 李泽厚. 由巫到礼，释礼归仁 [M]. 北京：三联书店，2015：117-138.
[2] Marcel Mauss, *The Gift: the Form and Reason for Exchange in Archaic Societies* (London: Norton, 2000), 3-7.

的一种一厢情愿的奉献行为，这也就意味着祭品很有可能会被拒绝[1]。为了解决这种祭品不被神明领受的焦虑，人们详细地制定并遵守仪式规范（即所谓"典"）来确保神明接受祭品，即所谓"典祀"或"典礼"。在商代的祭祀中，光是宰杀人牲的方式便多达 17 类 23 种，人牲的不同种类与宰杀方式分别针对不同的神明以及特定的诉求（见下表）。仪式规范当然也包括约束仪式举行者自身的行为的内容，且越来越成为重点，这也就解释了为什么古代中国的圣贤在讲述繁冗的"礼法"之后，转而谈论君王的仁德比祭品本身更为重要，而这些对于道德的强调，正是后世盟威道宗教改革的重要伦理基础。

殷墟甲骨文所见商代处理人牲的不同方式及相关信息 [2]

甲骨文转写	用牲方法	用牲对象	用牲目的	人牲身份
伐	用武器砍下人牲头颅	多为男性祖先神	最常见的方法	异族男牲为主
㒸	双手反缚，用钺断头颅			羌牲
卯	对剖牲体			男牲为主
𣪊	裂腹刳肠	女性祖先		仆人、羌牲

---

[1] Moshe Halbertal, *On Sacrifice* (Princeton: Princeton University Press, 2012), 3.

[2] 王平，顾彬. 甲骨文与殷商人祭 [M]. 郑州：大象出版社，2007：79-121.

续　表

甲骨文转写	用牲方法	用牲对象	用牲目的	人牲身份
敆	用棍棒击毙	男性及女性祖先		
敁	用棍棒击毙	男性及女性祖先		
晋	用武器劈砍			羌人
剐	用武器劈砍			羌人
燎	置于火上焚烧	自然神	祈雨、止洪涝	女牲
尞	置于木柴上焚烧	自然神	祈雨、祈年	女巫、羌人男牲
陷	活埋		祈雨	
沈	水溺	河神	止旱、涝	女牲
俎	全牲陈于架上			羌牲
矢	陈列祭祀	天帝		羌牲
戠	剖取内脏暴晒成脯			
䈅	剖取内脏风干以祭			羌牲
刉	杀牲取血祭祀	祖先神		男牲
胹	烹煮			

（四）淫祀

在中国古代社会中，"淫祀"泛指不合礼制的祭祀，这包括对于祀典之外神明的献祭，或者对于正神的妄滥之祭[1]。如上引《曲礼》云："非其所祭而祭之，名曰淫祀。淫祀无福。"[2] 在两汉之际，我们上述所言的"房祀"之神往往由于其不在祀典之中而被视作"淫祀"，屡屡遭受禁绝。东汉豫章太守栾巴便曾"悉毁坏房祀，剪理奸巫"[3]，由此可见，地方官及其背后的朝廷所禁绝的不仅仅是对于神明的淫祀，也包括了与其直接相关的巫者群体。类似的地方官拆毁淫祠、禁绝巫觋的行为，几乎贯穿整个中国古代历史。根据石泰安（Rolf A. Stein）先生所总结，所谓的淫祀都包含了：1. 夸大、靡费的开销；2. 祝祷、动物祭祀、乐舞；3. 巫觋之参与以及通灵；4. 解除以及疗疾之仪；5. 由次要且不入祀典之小神所组成的神明谱系[4]。其中的第一项"靡费"在当时的社会中，负面意义极大，也最受诟病。

---

[1] 历代先贤有关淫祀的论述汗牛充栋，在道教语境中对其进行详细讨论者，参见：石泰安（Rolf A. Stein），"Religious Taoism and Popular Religion from the Second to Seventh Centuries." In *Facets of Taoism: Essays in Chinese Religion*, ed. Holmes Welch, Anna Seidel (New Haven: Yale University Press, 1979), 53–81.

[2] 郑玄，孔颖达. 礼记正义 [M].上海：上海古籍出版社，2008：202–203.

[3] 范晔. 后汉书 [M].北京：中华书局，1965：1841.

[4] 石泰安（Rolf A. Stein），"Religious Taoism and Popular Religion from the Second to Seventh Centuries." In *Facets of Taoism: Essays in Chinese Religion*, ed. Holmes Welch, Anna Seidel (New Haven: Yale University Press, 1979), 57.

首先，虽然国家层面的祭祀只有君王和贵族才能参加，但是祭祀所应用的祭品与费用则是直接或间接摊派给基层百姓的。这是因为，"祭祀活动本身就是从家庭扩展至乡里、国家、帝国甚至整个天下的一种行为。与祭祀的经济活动有关的义务，在很多方面也表明了社会上大多数群体的公共存在与个体存在。"[1] 然而，这种构建共同体的祭祀行为在另外一方面也变成了靡费的行为。号称"制礼作乐"的周人，在灭商之后却屠杀了三千多头猪、羊祭祀百神[2]；到了西汉后期，祭祀的巨额花费已经成为中央到地方政府的沉重负担[3]。在民间，大多数百姓仍然十分认可以祭品交通鬼神的有效性，巫祝阶层则因此得以通过"言人祸福"而唆使祭祀，从中为自身谋求巨大的利益。大量的人力物力被消耗于"淫祀"之中，最终的结果反而与初衷相反：贵族以祭祀的名义巧取豪夺，而巫祝以祭祀的名义将百姓推向破产，此正如抱朴子所言：

> 巫祝小人，妄说祸祟，疾病危急，唯所不闻，闻辄修为，损费不訾，富室竭其财储，贫人假举倍息，田宅割裂以讫尽，箧柜倒装而无余。或偶有自差，便谓受神之赐，

[1] 胡司德（Roel Sterckx）. 早期中国的食物、祭祀和圣贤 [M]. 浙江大学出版社，2018：117.

[2] 黄怀信. 逸周书校补注译 [M]. 西安：三秦出版社，2006：202.

[3] 胡司德（Roel Sterckx）. 早期中国的食物、祭祀和圣贤 [M]. 浙江大学出版社，2018：128.

如其死亡，便谓鬼不见赦，幸而误活，财产穷罄，遂复饥寒冻饿而死，或起为劫剽，或穿窬斯滥，丧身于锋镝之端，自陷于丑恶之刑，皆此之由也。或什物尽于祭祀之费耗，谷帛沦于贪浊之师巫，既没之日，无复凶器之直，衣衾之周，使尸朽虫流，良可悼也。[1]

于是，从经济与道德层面出发对于淫祀的抨击在东汉、六朝之际达到高峰，《盐铁论》《论衡》《风俗通》以及《抱朴子》中，都充斥着对于过度祭祀无益反害的批评。甚至《太平经》还认为，汉末频发的灾异乃是来自当时人们对于鬼神的过度祭祀[2]，这些都为盟威道教团发起"神不饮食，师不受钱"的宗教改革提供了充足的情感与理论准备[3]。

二、共同宗教

"共同宗教"（common religion）这一概念包含有一种跨越社会阶层的普遍性，即泛指被社会各个阶层所共识、共有的宗教信仰与实践系统[4]。余欣教授通过分析以唐代为主的敦煌文

[1] 王明. 抱朴子内篇校释 [M]. 北京：中华书局，1985：172.

[2] 王明. 太平经合校 [M]. 北京：中华书局，1960：49-52.

[3] 亦参见：祁泰履（Terry F.Kleeman），"Licentious Cults and Bloody Victuals: Sacrifice, Reciprocity, and Violence in Traditional China," *Asia Major*, January 1, 1994, 185-211.

[4] 夏德安（Donald Harper）. 汉代共同宗教中现世与冥界的契约：公元79年序宁祷祠简 [C] // 当代西方汉学研究集萃，宗教史卷. 上海：上海古籍出版社，2016：31.

献所推导出的"民生宗教"(livelihood religion)的命名亦可与此互参 [1]。我们已经看到, 祭祀仪式普遍地存在于社会各个阶层之中, 因此"共同宗教"与"祭祀宗教"这两个范畴存在着相互重叠的部分。我们在这里将讨论共同宗教中的另外两部分内容:"巫术"与"数术", 它们可以被视作与祭祀仪式相辅相成的"巫术—宗教"(magico-religious)实践系统。与祭祀宗教相仿, 共同宗教亦无明确的教义与经典, 其目的主要在于通过附体通神、占卜而获得神启; 通过解除、压胜而化解灾厄; 通过预知并遵守时空的禁忌而趋吉避凶。自战国以来, 这些巫术—宗教实践往往被以"方技""数术"或"方术"之名来指代。其操作者可能是巫者, 抑或方士, 亦可被归属为"秘传宗教"之分类(见下文)。此外, 共同宗教的信仰内容也多反映于葬俗之中, 其将于第三节中详细讨论; 本节中我们将主要以生者为中心, 来讨论其日常生活中的巫术—宗教实践内容。

(一)巫觋之术

东周时期宗教从业者大抵有三种: 巫、祝、宗。其中巫负责通神, 祝负责仪式, 宗则负责维护庙堂。巫者又称"巫觋", 学者们常将其归属萨满教(Shamanism)之传统, 其渊源极古, 分布亦极广, 其在我国上古时期拥有着极为崇高的地位。商王很可能便是亦巫亦王的人世权威, 而负责占卜的贞人也位于王

---

[1] 余欣. 神道人心: 唐宋之际敦煌民生宗教社会史研究 [M]. 中华书局, 2006: 4-17.

朝阶级的金字塔顶端[1]。巫者的重要职能之一便是附体通神,这种巫术—宗教实践自史前文明一直传承至今，是最古老的宗教实践之一[2]。一方面, 鬼神借巫觋之口来与人沟通[3];另一方面巫觋则具有可以窥探鬼神行迹的能力[4]。这两种能力往往并非后天习得，而是与生俱来或突然感通。

我们知道，在古代社会，掌握了神明的话语，也就意味着掌握了极大的世俗话语权。因此，通神的权力也势必被统治者及其代言人所垄断（我们在唐以后龙虎山张氏的发展中还会再看到这一现象）。《国语》之中记录了上古神权交替的三个阶段，在这里值得我们稍微展开:

第一阶段:

古者，民神不杂……明神降之，在男曰觋，在女曰巫。……于是乎有天地神民类物之官，是谓五官，各司其序，不相乱也……民神异业，敬而不渎，故神降之嘉生，民以物享，祸灾不至，求用不匮。[5]

---

[1] 陈梦家.商代的神话与巫术 [J].燕京学报, 1936, 20: 485-576.

[2] 米尔恰·伊利亚德（Mircea Eliade）.萨满教: 古老的入迷术 [M].社会科学文献出版社, 2018: 11-30.

[3] 《论衡》: "鬼神用巫之口告人"。黄晖.论衡校释 [M].北京: 中华书局, 1990: 1083.

[4] 林富士.汉代的巫者 [M].台北: 稻香出版社, 1988: 56-58.

[5] 左丘明撰，徐元诰集解.国语集解 [M].北京: 中华书局, 2002: 512-514.

也就是说，上古之时的神为正神，他们只降于巫觋之身中。这时的神与人是"异业"分离的，但因为有着良好的秩序，人的祭祀与神明的降福得以有序地往来。

第二阶段：

> 及少皞之衰也，九黎乱德，民神杂糅，不可方物。夫人作享，家为巫史，无有要质。……神狎民则，不蠲其为……颛顼受之，乃命南正重司天以属神，命火正黎司地以属民，使复旧常，无相侵渎，是谓绝地天通。[1]

这里描述的是一段苗民中神、人混乱的场景，普通民人也得以自为巫事，与神明相沟通。由此，统治者颛顼命令重、黎二人"绝地天通"，即将沟通神明的神权进行垄断。这里重负责的是与神明相沟通，而黎则负责将其话语转述给人民。但我们注意到，重、黎二人都是效力于颛顼。

第三阶段：

> 其后，三苗复九黎之德，尧复育重、黎之后不忘旧者，使复典之。以至于夏、商，故重、黎氏世叙天地，而别其分主者也。[2]

[1] 左丘明撰，徐元诰集解.国语集解[M].北京：中华书局，2002：514-515.
[2] 参见徐旭生.中国古史的传说时代[M].北京：科学出版社，1960，74-85；许兆昌.重、黎绝地天通考辨二则[J].吉林大学社会科学学报，2001（02）：104-111.

此时，神权重新被纳入垄断，直至故事叙述者的年代。

《国语》这段文字中所描述的，是中国宗教史上著名的"绝地天通"事件。这不仅让我们得以管窥上古宗教风貌之一斑，更让我们了解到巫觋最开始的职能就是通神，且这种能力在后来的社会发展中是被统治者所垄断的。也就是从这时开始，巫者成为专业化、贵族化的职业，处于社会的上层。更为重要的是，这里点明了上古时代一段人神关系错乱的历史，其需要宗教家将其重新纳入秩序之中。类似的状态还曾出现于东汉末年，而这也正是盟威道创立之初的历史背景。

在通神以外，巫觋最为显著的功能当属占卜与医疗。我们在上面的讨论中已经谈及，商王及其贞人们实际上都属于掌握占卜技能的巫者。《周礼》云："筮人掌三易。以辨九筮之名，一曰连山，二曰归藏，三曰周易。九筮之名：一曰巫更，二曰巫咸，三曰巫式，四曰巫目，五曰巫易，六曰巫比，七曰巫祠，八曰巫参，九曰巫环，以辨吉凶。"[1] 这里的巫咸也被认为是尧时占卜的创始者，而"筮"字即以蓍草占卜之意，与巫的关联不言而喻。

同时，巫咸也被认为是一位医者，如《世本》曰："巫咸，尧臣也，以鸿术为帝尧之医。"[2] "醫"字也作"毉"，这便表明了医与巫在发展脉络上的同源。直至近代，传统中医中仍保存

[1] 孙诒让 . 周礼正义 [M]. 北京：中华书局，2013：1964.

[2] 王谟辑 . 世本 [M] // 宋衷注，秦嘉谟等辑 . 世本八种，北京：中华书局，2008：40.

了"祝由"等以符咒治疗的方法。古人不仅从生理的角度对疾病进行认知，也会从鬼神的角度对其进行解释。医书之中，自外部侵入体内的不良能量也被称作"邪气"，这种表述本身就带有了一层宗教意味。林富士教授在其著作中引《庄子》的一篇佚文，从生理的角度解释了巫咸所谓的驱邪，实际即是生理层面的治疗：

> 游岛问于雄黄曰："今人逐疫出魅，击鼓呼噪何也？"雄黄曰："黔首多疫，黄帝氏立巫咸，使黔首鸣鼓振铎，以动其心，劳其形，趍步以发阴阳之气，饮酒茹葱，以通五藏，击鼓呼噪，遂疫出魅，黔首不知，以为祟耳。"[1]

在这里，我们也还看到了巫者在治疗之外的另一重功能：舞傩驱邪。

随着战国以降巫者身份的日渐失落，他们也不得不以所谓的巫术来应对来自民间的各类需求，这些需求往往不只是关乎治疗，还涉及更多的生活层面。根据林富士教授总结，巫者还具有：祝移、解土、求胜、求雨、止雨、止水、咒诅、巫蛊、祈嗣、丧葬等一系列巫术—宗教职能[2]。在这众多的仪式需求中，一部分属于转嫁灾祸的邪术（或曰"黑巫术"，black

---

[1] 转引自林富士. 汉代的巫者 [M]. 台北：稻香出版社，1988：9.

[2] 林富士. 汉代的巫者 [M]. 台北：稻香出版社，1988.61-86.

magic)，如祝移；另有一部分是针对时空禁忌的压胜与解除，如解土。

（二）时空禁忌

1986 年在甘肃天水放马滩、1975 年在湖北云梦睡虎地分别出土了战国时期四个不同版本的《日书》，这些出土文献大大丰富了我们对战国时期共同宗教的理解。在《日书》的主要部分中，其依据十二地支列举了不同日、时之吉凶；另有一部分内容乃是根据要举行的事件来进行择日。熟练掌握择日之术并以此为业的人被称作"日者"，"不论是家庭或社会中的各类人际关系，如夫妻关系、朋友、上下等等，以至于日常生活的衣、食、住、行、育、乐、生、老、病、死，以及农工商业等，都可以是日者预测的对象"[1]。

在空间的层面，两汉时期丰富的墓葬考古发掘以及敦煌藏经洞写本也为我们理解"共同宗教"的空间概念提供了有益的资料，如敦煌写本 P.2964《土公出游图》，正展示了在对应的时间与空间中所存在的神煞以及与其相关的禁忌[2]（参见彩页图 1）。除了传说中"好食亡者肝脑"[3] 的魍象，我们还通过"地券"与"镇墓文"了解到冥界存在着一个庞大的职官系统，

---

[1] 蒲慕州. 追寻一己之福：中国古代的信仰世界 [M]. 上海：上海古籍出版社，2007：80.

[2] 余欣. 神道人心：唐宋之际敦煌民生宗教社会史研究 [M]. 北京：中华书局，2006：255-287.

[3] 应劭撰，王利器校注. 风俗通义校注 [M]. 北京：中华书局，1981：574.

如：冢丞冢令、主冢四司令、魂门亭长、冢中游击、丘丞、墓伯、地下二千石、东冢侯、西冢伯、地下击犆卿、蒿里伍长等。[1] 按"地券"和"镇墓文"的功能所示，为了使亡人不受土中诸神的侵扰，不仅其过错可以通过"替人"（铅或木制作的人偶）来解除 [2]（参见彩页图 2），而且这些冥官也是可以与之交易 [3]，甚至被镇压的。[4]

综述之，战国至两汉时期的大众普遍相信天地之间有无数的鬼怪与人杂处，因此人们必须依照一定的禁忌来躲避因为冒犯鬼神而带来的惩罚与灾祸。神与鬼之间没有本质上的不同，他们并不是人类道德行为的审判者，人们遭到鬼神的侵害很可能只是因为无意的冒犯。这时，其处理方式或可有：1. 通过献祭安抚鬼神，如《序宁简》所示 [5]；2. 雇佣巫者用巫术镇压驱逐 [6]。这一类的巫术不是通神，有的可以依靠后天学习而掌握，

---

[1] 《熹平二年张叔敬镇墓文》引自：余欣 . 神道人心：唐宋之际敦煌民生宗教社会史研究 [M] . 中华书局，2006：113.

[2] 姜守诚 . 出土文献与早期道教 [M] . 中国社会科学出版社，2016：315-372.

[3] 祁泰履（Terry Kleeman），"Land Contracts and Related Documents," in *Makio Ryokai Hakase Shosu Kinen Fonshu: Chugoku no Shukyo Shiso to Kagaku.Tokyo*, 1984：1-33.

[4] 索安（Anna Seidel）. 从墓葬的葬仪文书看汉代宗教的轨迹 [G] . 法国汉学，第七辑 . 北京：中华书局，1999：118-148.

[5] 夏德安（Donald Harper）. 汉代共同宗教中现世与冥界的契约：公元 79 年序宁祷祠简 [C] // 当代西方汉学研究集萃，宗教史卷 . 上海：上海古籍出版社，2016：31.

[6] 蒲慕州 . 追寻一己之福：中国古代的信仰世界 [M] . 上海：上海古籍出版社，2007：82.

它们与鬼神是相互对立并依存，存在于生活的各个层面。此外，巫术不仅可以用来驱逐鬼神，也还可以用来诅咒他人，理论上来说，其灵应与否不取决于善恶层面的赏罚，而取决于巫者对于技术的掌握熟练与否。因此巫者也与鬼神一样，被大众认为是危险的。从先秦两汉时期基层百姓的视角出发，人们大都沉浸在繁冗的生活禁忌之中，同时又对身边各类潜在不可见的鬼神充满了恐惧与忧患。与此同时，一部分巫者则鼓吹、利用这种恐惧心理妄言吉凶，促使人们祭祀鬼神、压镇神煞，以便从中获利。

三、秘传宗教

"秘传宗教"（estoric religion/estoricism）一词在本书中指自先秦两汉之际以秘密传授方术文本为特征的宗教实践系统。这些文本的传承者可能是巫觋、医士，有时被统称为方士。由于"方术"与"方士"二词具有极大的模糊性，因此我们要先对这一背景稍作梳理[1]。"方"字最初的含义之一是"方法"，也就是行医之法，由此，行医也被称作"为方"[2]，医书也被称作

---

[1] 关于本部分的讨论另可详参：夏德安（Donald John. Harper），*Early Chinese Medical Literature: The Mawangdui Medical Manuscripts*, The Sir Henry Wellcome Asian Series (London: Kegan Paul International, 1998), 42-67.

[2] "夫子之为方也，若以管窥天，以郄视文。越人之为方也，不待切脉、望色、听声、写形，言病之所在。闻病之阳，论得其阴；闻病之阴，论得其阳。"司马迁. 史记：扁鹊仓公列传 [M]. 北京：中华书局，1982: 2788.

"方书"，而这些书籍则往往被视作行业秘密，而不轻易传人，故亦曰"禁方""禁方书"[1]。与此同时，"方技"一词则泛指医术，刘歆《七略》之中便有《方技略》一部[2]。此外，与其并列的还有《数术略》一部，其内容大抵包括择日、占卜、驱邪、咒禁等术[3]。我们之前也曾提及，医术与巫术本为同源，但从公元前3世纪开始，专业的医者逐渐出现，如《史记》中所载之华佗与仓公。

　　但与此同时，随着阴阳家等思想的兴起，各个领域的知识均得以在阴阳、五行的本体论思想中贯通[4]。如此，"方"与"技"的概念也得以应用于自然哲学与玄学思想（occult thoughts）的范畴中。由此，方技不再是一个医学概念，而是一个囊括治国、修身等活动在内的宽泛概念。换言之，自战国时期开始，天地宇宙、国家、人身这些范畴，均被置于同一套

[1] "我家给富，心爱公，欲尽以我禁方书悉教公。"司马迁．史记：扁鹊仓公列传［M］．北京：中华书局，1982：2796.

[2] "方技者，皆生生之具，王官之一守也。太古有岐伯、俞拊，中世有扁鹊、秦和，盖论病以及国，原诊以知政。汉兴有仓公。"班固．汉书：艺文志［M］．北京：中华书局，1962：1780.

[3] "数术者，皆明堂羲和史卜之职也。史官之废久矣，其书既不能具，虽有其书而无其人。《易》曰：'苟非其人，道不虚行。'春秋时鲁有梓慎，郑有裨灶，晋有卜偃，宋有子韦。六国时楚有甘公，魏有石申夫。汉有唐都，庶得粗觕"。班固．汉书：艺文志［M］．北京：中华书局，1962：1775.

[4] 这也即是葛瑞汉（Angus Graham）所谓的互联式宇宙论，参见 A.C. Graham, *Yin-Yang and the Nature of Correlative Thinking* (Singapore: Institute of East Asian Philosophies, 1986).

自然哲学的框架之中，不同层面的思想与技艺的藩篱因此被打通，形成了一个有机的整体，名曰"方技"，而这一整体的内核，则是"道"。《庄子·天下》曰："天下之治方术者多矣，皆以其有为不可加矣。古之所谓道术者，果恶乎在？"[1] 如此，甚至于哲学也成为众术之一。夏德安（Donald Harper）教授因此强调："战国时代对于'技进乎道'的关注既反映了其思想'理性化'的趋势，也反映了知识日趋'专业化'的发展。"[2]

在《史记·封禅书》中，"方士"与邹衍之"阴阳家"学派被首次关联起来。但此时（公元前 3 世纪晚期）的方士已经在初期医、算、卜、巫的基础上进一步融入了养生、黄白之术，更多了一层"神仙家"的特性，而黄帝则被这些方士共同追溯为创始者[3]。太史公曰：

> 自齐威、宣之时，驺子之徒论著终始五德之运，及秦帝而齐人奏之，故始皇采用之。而宋毋忌、正伯侨、充尚、羡门高最后皆燕人，为方仙道，形解销化，依于鬼神之事。[4]

可见，神仙家的追求不仅是日常生活的平安与福祉，更有肉

---

[1] 陈鼓应. 庄子今注今译 [M]. 北京：中华书局，1983：908.

[2] Harper, *Early Chinese Medical Literature*, 47.

[3] Harper, 63.

[4] 司马迁. 史记：封禅书 [M]. 北京：中华书局，1982：1368.

体的不死以及生命的超越，汉武帝时的李少君即为此类。《史记》云：

> 少君言上曰："祠灶则致物，致物而丹沙可化为黄金，黄金成以为饮食器则益寿，益寿而海中蓬莱仙者乃可见，见之以封禅则不死，黄帝是也。"[1]

与此同时，"方士"的范畴也进一步扩大，由淮南王门下"方术之士"们所集结的《淮南鸿烈》反映出的所谓的"方士"，可以被定义为一个较为宽泛的掌握自然哲学与玄学知识、技术的人群。虽然方士们的宇宙观是一个多维度的且具有宗教性的框架，但在这一宇宙观下所整合的"众术"却并不全都属于我们今天（西方式的）所谓的"宗教"范畴，如天文、历算、医学等等（当然，彼时也未有今日之"分科治学"）。由此，我们在下面将讨论局限在与生命、身体直接相关的"道家""医家""养生家"与"神仙家"，虽然它们的知识系统与语言往往是共享的，边界也是模糊且不明确的，但我们仍希望通过它们不同的目的主旨来稍加区分，以期理清思想发展之脉络。

（一）医家、养生家、道家

巫者在中国古代社会中扮演了最早的医生的角色，而自公元前 3 世纪开始，逐渐从巫觋中分化出了专业治疗疾病的医

---

[1] 司马迁 . 史记：封禅书 [M]. 北京：中华书局，1982：1385.

者。如上所述，战国时期形成的自然哲学系统实际是一个由择日、天象、占卜以及医学等"方术"共同组成的领域，他们之间并没有完全的间隔（参见图 01-03）。医家在不同阶段结合阴阳五行等宇宙观拓展出了中国本土的生理学与病理学理论，同时医家也往往掌握占卜数术，故亦称巫医[1]。事实上，在大多数情况下，养生术的专家往往也是医者。虽然养生家与医家共享相通的生理学理论，但养生家更为关注延年益寿，强身健体，进而追求无限延长肉体的寿命，其中的典范人物便是传说中的彭祖。以导引为代表的养生术并不能治疗疾病，但是可以防止

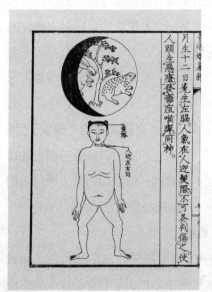

图 01-03 《黄帝虾蟆经》书影，日本文政六年（1823）敬业乐群楼刊《卫生汇编》本。该书是现存较早的针灸文献之一，其根据方士所言"月中有虾兔之说"，将人体与月亮的圆缺对应，以指导针灸之法

---

[1] Harper, *Early Chinese Medical Literature*, 9-10.

疾病，故《素问》云："圣人不治已病治未病，不治已乱治未乱，此之谓也。夫病已成而后药之，乱已成而后治之，譬犹渴而穿井，斗而铸锥，不亦晚乎！"[1] 由此，医家重在治疗，而养生家则重在延年（参见彩页图 3）。此外，广被后世所诟病的"房中术"也归属于养生家的范畴，其将女性物化的态度以及损人利己的方法论充分体现了养生家之方技并不具备道德伦理的取向。在其来看，"寿"可以通过技术的方式获得，与"德"无关。

　　针对一味追求肉体不死的养生家，道家的态度几乎是针锋相对的。在庄子看来，死亡是人类所不能避免的事实，因此人类不应该着眼于肉体的持久，而应该首先转换对于死亡的观念，正视死亡，将死亡作为一种超越。如其所言："变而之死，是相与为春秋冬夏，四时行也。人且偃然寝于巨室，而我噭噭然随而哭之，自以为不通乎命，故止也"。[2] 此外，《刻意》中，其明确开列了当时所流行的"吹呴呼吸，吐故纳新，熊经鸟申"这一类养生功法，并认为这些功法的练习者仅仅是"为寿而已矣"，是"养形之人"[3]。而庄子所崇尚的"真人"则是"性合于道也。故有而若无，实而若虚……居而无容，处而无所，其动无形，其静无体，存而若亡，生而若死，出入无

[1] 王冰. 黄帝内经素问补注释文 [M] // 道藏: 第 21 册, 12.
[2] 陈鼓应. 庄子今注今译 [M]. 北京: 中华书局, 1983: 485.
[3] 刘安编, 何宁撰. 淮南子集释 [M]. 北京: 中华书局, 1998: 527.

间。"[1] 道家的主张并非空谈，其有着一整套的实践方法论。如《管子·内业》中，便分别提出了"四正"（正形、正体、正气、正心）"修心静意""守一"等内修的观念，这直接肇启了后世道教内修的基础[2]。由此，道家所追求的"真人"境界是精神与形体的共同超越，而这一过程也是主动地将小我融入大我的过程。换言之，小我的生命需要被放弃，自我需要被消解，死亡注定要经历，方能融入大我（也就是大道），进而获得一种绝对状态中的永恒。《道德经》中将这种回归之后的状态称作"归根"（《道德经·第十六章》），体现为"死而不亡"（《道德经·第三十三章》，参见第二十节）。

有了如此的认知，我们便可看到，医家、养生家与道家都共享一整套战国以来的自然哲学体系，或者说宇宙观。在这种宇宙观中，身体被视作一个微缩的宇宙，由此得以与大宇宙相互交感。

- 在医家来看，这种共性使得外界的风邪易于侵入人的体内而致病，因此宜预防之。
- 在养生家来看，要利用这种共性来积聚能量，最终实现延年益寿。
- 而在道家来看，这种共性可以使个人重新与大道共融为一体，进而超越生与死的范畴。

---

[1] 刘安编，何宁撰.淮南子集释[M].北京：中华书局，1998：521.

[2] 罗浩（Harold Roth）.原道——《内业》与道家神秘主义的基础[M].邢文主编.北京：学苑出版社，2009：60-82.

由上可见，虽然这"三家"都分享着对于宇宙与人身的本体论知识，但是由于各自的旨趣不同而发展出完全不同的致力方向。前两者可以被视为对于自然规律的顺应与利用，而后者则是对于自然规律的利用与反转，对于存在的终极大道的返归。我们马上将会看到，在神仙家的理论中，它们最终被统合到了一起。

（二）神仙家

目前学界基本认为公元前 3 世纪屈原的《远游》是神仙家传统的早期代表，但对于其更古老的起源则众说纷纭[1]，甚至有学者将其与萨满-巫的传统相联系，但目前来看尚未有可信的证据[2]。我们可以确信的是，这一传统在两汉期间得到了长足的发展与完善，从《汉书·艺文志》中开列的"神仙十家，二百五卷"[3] 可见，神仙家已成为一家之学，文献中也出现越来越多关于神仙的记载，地方上则出现了对于神仙的礼敬与房祀，而以升仙为主题的墓葬美术也开始流行。（参见彩页图 4）实际上，在神仙家这一范畴之内，也存在着对于"神仙"的不同理解。其中一种认为神仙处于我们的平行世界之中，但位于齐鲁疆域之外的海上仙山，"诸仙人及不死之药皆在焉"[4]。另

---

[1] 虽然《庄子》中提到了藐姑射山的"神人"，但其更多是一种修辞法上的比喻，而非是对于"仙人"的崇尚，或者"升仙"的憧憬，道家的形神超越与稍晚出现的"升仙"有着不同的谱系源头。

[2] 普鸣（Michael J.Puett），*To Become a God: Cosmology, Sacrifice, and Self-Divinization in Early China* (Cambridge, Mass.: Harvard University Asia Center, 2002), 201-224.

[3] 班固. 汉书 [M]. 北京：中华书局，1962：1779.

[4] 司马迁. 史记 [M]. 北京：中华书局，1982：1370.

一种则认为神仙居于垂直上方的天界，"成仙"即意味着"升天"。有所不同的是，升仙需要通过"形解"这一步骤[1]，即通过一定的手段将物质的身形分解转化。[2] 如西汉早期之《十问》曰："长寿生于蓄积。彼生之多，上察于天，下播于地，能者必神，故能形解。"[3] 形解之后的仙人，是一种在天界逍遥的存在状态，《淮南子·齐俗训》云："今夫王乔、赤诵子，吹呴呼吸，吐故内新，遗形去智，抱素反真，以游玄眇，上通云天。"[4] 经过进一步的融合，这种天界逍遥的神仙状态也被等同于是"得道"的境界，如《庄子》中广成子所云："入无穷之门，以游无极之野。吾与日月参光，吾与天地为常。"[5] 而在屈原笔下，神仙已经不仅仅是与日月天地并肩了，而是"超无为以至清兮，与泰初而为邻"[6]，也近乎是庄子中"真人"的状态。

以上所见文献表明，至迟在战国时期，养生家的益寿延年、神仙家的不死升天，与道家的归根复命这一系列生命观念已经被贯通到一起。如此，"得道"便等同于了"成仙"。看清

---

[1] 普鸣（Puett），*To Become a God*, 201-224.

[2] 升仙的方式或可归纳为两个层面：汉代的凡人升仙至少需要满足两个条件：1. 通过炼气、服饵、丹药等方式炼化体内的精气，同时祛除浊质；2. 从主管生死的天曹的死簿中削名。见：康儒博（Robert F. Campany）. 修仙：中国古代的修行与社会记忆[M].江苏人民出版社，2019：4.

[3] 魏启鹏，胡翔骅. 马王堆汉墓医书校释（贰）：十问[M].成都：成都出版社，1992：113.

[4] 刘安编，何宁撰. 淮南子集释[M].北京：中华书局，1998：797.

[5] 陈鼓应. 庄子今注今译[M].北京：中华书局，1983：304.

[6] 洪兴祖. 楚辞补注[M].北京：中华书局，1983：175.

这一点，将有助于我们理解在后世的道教中"成仙"到底意味着什么。在这样的思路下，两种对于神仙的认识也逐渐形成：1. 游行名山、长生不死的神仙，他们的状态更接近于养生家的追求，即无限地延长此世的寿命；2. 举形升天的神仙，更接近于道家的旨趣[1]。但需要注意的是，这两类神仙都仍是从避免死亡的角度展开的，"成仙"就意味着此世寿命的无限延续，而死后通过"尸解"而成仙的概念则是在西汉时期才形成的概念（详见第三节、第二十节）。

根据康儒博（Robert F. Campany）的总结，神仙家与后世道教中的隐修传统有几点直接相关：

1. 修仙者辟谷服气，因此脱离了农业文明社会的框架。这一方面是因为远离城市（代表着堕落）意味着一种精神上的返璞归真。另一方面是因为，由于神仙不再需要饮食，因此也意味着修仙者与以饮食献祭为核心的祭祀宗教乃至整个儒家礼乐社会完全分离，甚至针锋相对。[2]

2. 尸解，即肉体在死后之复生。这种信仰圆满地解决了肉体死亡与追求永恒之间的矛盾，以至于广泛地反映在了两汉的墓葬之中。[3]

---

[1] 李丰楙.神仙三品说的原始及其演变［M］// 仙境与游历——神仙世界的想象.北京：中华书局，2010：1-46.

[2] 康儒博（Robert F.Campany）.修仙：中国古代的修行与社会记忆［M］.江苏人民出版社，2019.89-91.

[3] 康儒博（Robert F.Campany）.修仙：中国古代的修行与社会记忆［M］.江苏人民出版社，2019：1.

3. 由于修仙法诀之宝贵，故而必得谒师秘授。通常，弟子在经过老师的种种"试炼"之后获得传授资格，并与师资歃血立盟，方得授受。[1]

4. 一部分修仙的传统只讲究以技术取胜，不论是辟谷服气还是服食金丹。虽然道德品质也成为老师考察弟子的一部分内容，且在汉末也已有以道德行为作为升仙重要条件的论述，[2] 但是，仍有大量的神仙故事中不涉及任何道德伦理[3]，这尤其需要注意。

虽然"神仙家"与后世道教有着极为近似的宗教精神风貌，但事实上，两汉社会中能够掌握修仙法诀的仍然只是上层少数文化精英与贵族，因此仙传文学中也经常提及天生的"骨相"与"命"，神仙未必人人得修。[4] 从这点来看，神仙家之说依旧带有着浓重的特权阶级色彩，真正意义上将"得道成仙"的机会分享给普罗大众的情况，还要等到盟威道的出现。

（三）知识的秘传

最后，我们需要再来简要讨论师徒之间对于方技的秘密传

---

[1] 康儒博（Robert F.Campany）. 修仙：中国古代的修行与社会记忆 [M]. 江苏人民出版社，2019：100-101.

[2] 如葛洪引《玉钤经》云："立功为上，除过次之……人欲地仙，当立三百善；欲天仙，立千二百善。"王明. 抱朴子内篇校释 [M]. 北京：中华书局，1985：53. 另参见：康儒博（Robert F.Campany）. 修仙：中国古代的修行与社会记忆 [M]. 江苏人民出版社，2019：172.

[3] 如传为葛洪所著《神仙传》的部分篇目。

[4] 康儒博（Robert F.Campany）. 修仙：中国古代的修行与社会记忆 [M]. 江苏人民出版社，2019：107-108.

授，因为这与法箓的授度直接相关。夏德安教授曾指出，在战国之前，医疗、星象、占卜等实践往往在巫者家族内承袭，而真正独立的医生分工则到战国时代才出现[1]，方技才得以在非血缘关系的师徒之间开始传承。《史记》对扁鹊与仓公的叙述中保存了较早的师徒秘授的记载。其中，仙人长桑君对扁鹊云：

> 我有禁方，年老，欲传与公，公毋泄。[2]

此当即是"秘传"。与此相似，公孙光对仓公淳于意曰：

> 吾身已衰，无所复事之。是吾年少所受妙方也，悉与公，毋以教人。[3]

但是，这些仍然是停留在口头的秘传要求。就马王堆所出土的医书所见，至迟在公元前 2 世纪，师徒之间的秘传规范尚未被写入文本[4]。

　　我们目前所能见到的较早两则关于方术秘传的规则分别来自《黄帝内经》中的《素问》与《灵枢》。其《素问》云：

---

[1] Harper, *Early Chinese Medical Literature*, 46.

[2] 司马迁 . 史记 [M]. 北京：中华书局，1982：2785.

[3] 司马迁 . 史记 [M]. 北京：中华书局，1982：2815.

[4] Harper, *Early Chinese Medical Literature*, 66.

> 帝曰：余闻得其人不教，是谓失道，传非其人，慢泄天宝。[1]

首先，黄帝将方书中的教法与"道"相关联，其次，得其人不传，或者传非其人，都被认为是不恰当的。在这里，"传非其人""慢泄天宝"等语在后世道教的秘传经文中亦常有类似的表达。更为详尽的描述来自《灵枢》，其文曰：

> 雷公问于黄帝曰："……细子恐其散于后世，绝于子孙，敢问约之奈何？"黄帝曰："善乎哉问也。此先师之所禁，坐私传之也，割臂歃血之盟也，子若欲得之，何不斋乎。"雷公再拜而起曰："请闻命于是也，乃斋宿三日而请曰：敢问今日正阳，细子愿以受盟。"黄帝乃与俱入斋室，割臂歃血，黄帝亲祝曰："今日正阳，歃血传方，有敢背此言者，反受其殃。"雷公再拜曰："细子受之。"黄帝乃左握其手，右授之书曰："慎之慎之，吾为子言之……"[2]（参见彩页图 5）

在这里，我们看到了后世道教授度仪式中师徒之建立盟约的最早雏形，而盟约的内容则涉及了保密的原则。此外，预先斋宿

---

[1] 王冰. 黄帝内经素问补注释文 [M] // 道藏：第 21 册，272.
[2] 史崧. 黄帝素问灵枢集注 [M] // 道藏：第 21 册，431.

三日方才入室传授的做法，也正对应了后世道教中的"重斋"传统（详见第二十节）。

随着秘传传统的发展，我们也见到了越来越多的关于秘传仪式的记载以及传授的规定，其在现实层面仍有三重含义：1. 秘传的形式使行业的机密得以保持并延续；2. 对于一部分修习方技的文化精英，秘传的形式也凸显了方书中"道"的重要性，也即是黄帝所谓之"天宝"；3. 由于书中的"道"如此尊贵，因此秘传的形式也得以使其保持"道"的纯正与真实[1]，后世道教的授度盟誓中常说的"不得自作一法"正是此意。综上三点所见，方书秘传的传统暗示了其背后存在着一个小规模、封闭的文化精英群体[2]。（参见图01-04）

对于广义的方士们而言，方书的传授即是大道玄义妙理的传授，而对于神仙家而言，授书则直接指向生命的超越。关于神仙的礼敬兴于汉代，全国范围内出现了诸如仙人唐公房、茅君等地方性的传统。但在更为广大的地域范畴，西王母与老子分别成为汉代最为重要的神仙礼敬对象，并在西汉与东汉末年分别引发了两次群众性的救度宗教运动（详见第三节）。纬书《尚书帝验期》云："王母之国在西荒。凡得道授书者，皆朝王母于昆仑之阙。"[3] 而在西汉末年的西王母"诏筹"事件中，更

---

[1] 前两点引自夏德安教授之专著，第三点则蒙夏德安教授当面赐教，参见：Harper, *Early Chinese Medical Literature*, 66.

[2] Harper, 66.

[3] 安居香山，中村璋八. 纬书集成 [G]. 石家庄：河北人民出版社，1994：387.

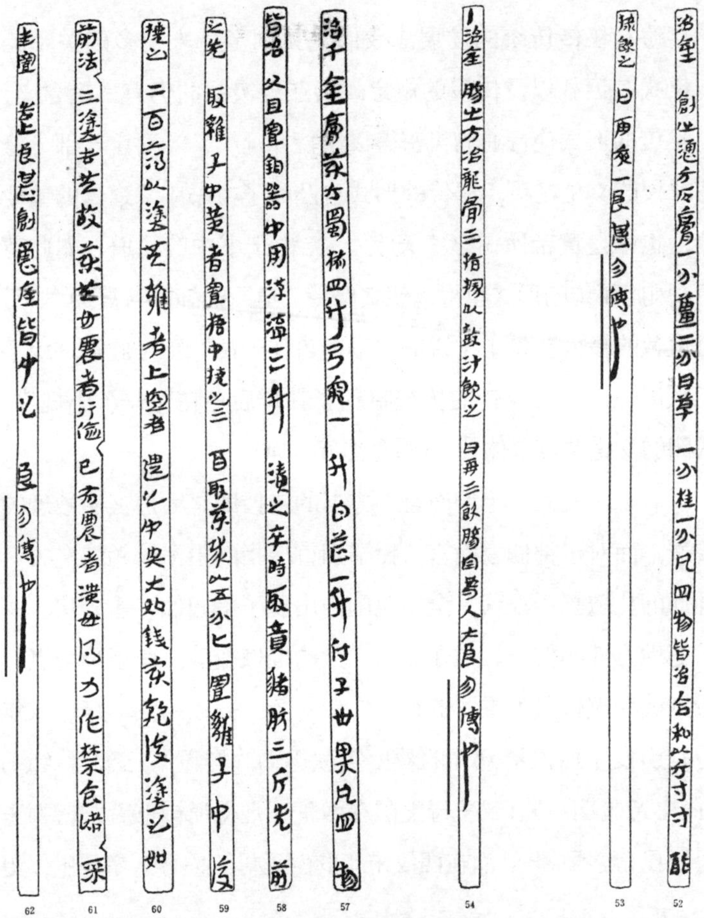

图 01-04　甘肃武威旱滩坡汉墓出土医简。此三组医简内容分别以"良甚，勿传也"、"良，勿传也"结尾（划线处），这是目前所见最早的带有秘传内容的医书实物

有了"毋告百姓，佩此书者不死"[1]的说法。由此观之，方书之
中包含有关生命超越之玄义，至迟在西汉末期便已出现了。我
们有理由将此视作后世道教对于经文、法箓这些"道"的文字
载体进行崇拜礼敬的文化发轫。由此，书卷已经成为一种文化
符号，乃是大道玄义妙理的物质表现与象征。

　　与此相应的，以"授书"为主题的图像也开始流行，其中
最著名者当为孔子向老子问道这一主题。关于这一题材的记载
自先秦时期便已出现，其中《庄子》中 8 处、《左传》中 8 处、
《礼记·曾子问》中 4 处，"李实孔师"的认知在汉代已是一个
广泛的共识。目前已知的汉画像石中"孔子见老子"大约 30
余幅[2]，主要出土于山东、江苏、陕西三省，其图像共有的特征
之一便是手持书卷的老者，姜生教授认定其乃是老子所授予孔
子之"道书"[3]。事实上，在后世的道教中，任何一位度师，都
会被认为是老子在人间的化现（参见图 01-05，第十九节）。

四、小结

　　如果说后世道教对于"祭祀宗教"与"共同宗教"的继
承更多是建立在批判的基础之上，那么道教对于先秦道家以及
"秘传宗教"中神仙家传统的继承则更为密切且直接。如前文

[1] 班固.汉书：五行志 [M].北京：中华书局，1962：1476.
[2] 郭思克.汉代"孔子见老子"画像石，何以多见于山东.澎湃新闻，2018
　　年 8 月 4 日.https://www.thepaper.cn/newsDetail_forward_2316731.
[3] 姜生.汉帝国的遗产：汉鬼考 [M].北京：科学出版社，2016：491.

图 01-05　汉画像石《孔子见于老子》

所言, 这几种范畴并非各自独立存在的, 它们在历史的动态发展中相互重叠共生, 因而无法进行精确的切割。对于这些传统的起源以及相互融摄, 学者们至今仍然难以形成共识, 我们在这里的任务并非要解决这一头绪多端的宏大课题, 而是尽量将几种较为突出的特征做一描述, 如此才能在我们讨论后世盟威道义理时, 有一更为清晰的比较、对观对象, 进而尽量客观地判断盟威道在中国宗教谱系中所处的位置。

第二节　两汉宗教的职官制度

本节中, 我们想讨论先秦两汉时期中国政治与宗教中都共享的一点重要元素: 职官制度。自战国时期逐渐形成的中国传统职官制度是人类文明史上至关重要的一项创举。顾立雅（H. G. Creel）教授曾将其与古埃及、巴比伦、亚述、印度、希腊、罗马、中世纪的拜占庭以及 11 世纪的塞尔柱突厥等帝国进行对比，发现近代欧洲的理性集中式政治制度并非源自这些西亚、地中海文明，而是中国职官制度经由 11 世纪西西里国王鲁杰罗二世传入西欧腹地诸国的结果。他还发现，近世欧洲的公务人员察举制也正是受到了中国古代选拔职官的科举制度的直接启发，因此完全吻合马克斯·韦伯（Max Weber）所言之理性的集中式行政制度[1]。除了对于世界政治制度的广泛影响，中国古代职官制度还对中国宗教产生了深层次的、结构性的影响，道教的法箓授度制度正是以此作为基本框架而形成的。因此，如果不能从根本上理解战国以来秦汉帝国的职官制度，便也无法理解法箓在道教义理体系中的特有义理逻辑及其所发挥的核心仪式与社会作用。为此，我们将在本节中专门以一半的篇幅来对秦汉国家职官制度的几点特征稍做简介，然后再进入两汉的宗教之中，具体观察其中的职官制度，以此尝试理解包含道教在内的中国宗教的职官制度。

需要说明的是，有关这一方面的讨论，此前多见于海外汉学的研究之中。在这些研究中，法文的"bureaucratie"或英文的"bureaucracy"被用于指代当时中国宗教中犹如人间政府机

---

[1] 顾立雅（H.G.Creel），"The Beginnings of Bureaucracy in China: The Origin of the Hsien," *The Journal of Asian Studies* 23, no.2 (1964): 155–184.

构的神明谱系（pantheon），它们在当代的中文翻译中常写作
"官僚制度"。首先，在传统中文史籍中，与"bureaucratie"对
等的概念常被写作"职官"，其中同时包含了"职"与"官"两
种概念，因此已经十分充分；其次，在现代汉语中，"官僚"一
词常作为贬义的形容词；第三，单独的"官僚"一词常落实于
某一具体个人身上，而"职官"一词的涵义相对抽象，且指的
是体制或职位，而非具体之人。故此，本书将使用"职官"一
词作为"官僚"之替换[1]。在道经中，常见的相关词汇约有：
"天廷""帝廷""曹局""天曹""玄曹""仙官""官君""灵
官""阴曹""鬼官"等，在此不再一一详述。

　　此外，我们应当注意，正如柏夷（Stephen R. Bokenkamp）
教授所转引 Theodore M. Ludwig 对神明谱系所作的定义，其
是"作为一种神圣群体而运行的神灵系统"[2]，那么势必存在着
另一重设定这种"运行"的制度，无论其体现在神明（作为职
官）的升迁或谪贬，或是人与神明、神明与神明之间的公文流
转。如此，在"职官制度"之外，实际还存在着另一重"律
法制度"的参与（其中包含了各类政务运行的规章制度）。但
是，我们又不得不承认，职官制度与律法制度乃是相互套嵌的

---

[1] 笔者曾就这一词汇的翻译问题与高万桑（Vincent Goossaert）以及王岗
　　（Richard G. Wang）两位教授进行探讨，并得到他们的支持与进一步的
　　开示，在此一并致谢。

[2] 柏夷（Stephen R. Bokenkamp）. 道教神系［M］// 柏夷，著，孙齐，等，
　　译. 道教研究论集. 上海：中西书局，2015：112.

一个有机整体，构成了政治制度中极为骨干的部分。故此，在本节，乃至本书中，当我们提及"职官制度"时，其实际包含了与其运行相配套的"律法制度"。我们将会看到，律法乃是大道在人间最为直接的显化（manifestation）。但现在，我们将先回到人间的朝廷政治制度中考察，然后再进入神明的维度之中。

一、秦汉帝国的政治制度

随着周室的日益衰微，战国时期的各诸侯国莫不争相变法强国，以便在群雄争霸的年代能够保全自身并争得霸主的席位。诸子百家也于此时争相奔走，力图匡扶乱世。作为结果，推行法家一系列新政的秦国最大限度地释放出了国家机器的潜在能量。秦灭六国，四海归一，"海内为郡县，法令由一统"[1]，原有的封国变为郡县，地方贵族的世袭统治被取缔，改由中央朝廷委派的职官进行管理。在此基础之上，地方官员对人民进行"编户齐民"，并以"律令"来推行政治与司法。地方上的人口、灾害、赋税等一切信息均仰仗庞大且高效的文吏群体以文书的形式经由驿传系统随时呈秉中央朝廷。如此，户籍、律令、文吏、公文这些要素将中央与地方紧密地联系起来，不仅助力了秦王之霸业，更成就了汉室四百年之基业。在相当长的时间内，这一制度一直是世界上最为先进的政治制度，并成为

---

[1] 司马迁. 史记: 秦始皇本纪 [M]. 北京: 中华书局，1982: 236.

之后3 000年中华帝国政治制度的蓝本。在这一系列的改革背后，乃是"建立一个强大精密的国家机器，它对内能令社会井井有条，对外能够取威称霸"[1]的政治目标，由此需要"通过可计算预测的、合乎逻辑的、运用合理技术的手段"[2]来付诸实现，而这也正体现了法家"理性行政"的基本精神。

下面我们想分六方面来简要介绍秦汉帝国的政治制度，显然，这些不同的制度侧面不应单独地分割讨论，它们本是一个浑然的整体，但为了更好地理解专门关乎职官的制度，对于前三种关乎整体国民的制度铺垫就成为必要的前提与基础。由于笔者绝非制度史专门家，因此也只能是从庞大的历史文献群中稍微总结出那些与盟威道义理可能存在关联的部分内容。

（一）郡县制度

"县"字本义为附属，指附属于城镇周边的田野之地，其作为行政区划单位发轫于战国时代的楚国，并经由晋文公传至北方，并最终为秦所习用[3]。秦统一六国之后，彻底取缔了贵族的分封制度，将全国分为三十六郡以统诸县。汉代采取了郡县与封国并行的双轨制，故在汉代，"郡国"这一称谓往往意指诸郡与诸国。"七王之乱"后，汉武帝大力削减了各国藩王的

[1] 阎步克. 帝国开端时期的官僚政治制度——秦汉 [G] // 吴宗国，编. 中国古代官僚政治制度研究. 北京：北京大学出版社，2004：53.

[2] 阎步克. 帝国开端时期的官僚政治制度——秦汉 [G] // 吴宗国，编. 中国古代官僚政治制度研究. 北京：北京大学出版社，2004：53.

[3] 顾立雅（H.G.Creel），"The Beginnings of Bureaucracy in China: The Origin of the Hsien," *The Journal of Asian Studies* 23, no.2 (1964): 178.

权利与实力，郡县制度得以进一步增强。[1]

西汉时期，郡国约有 103 个，东汉则为 105 个。郡之长官为太守，其下属职官有：郡丞为佐官，都尉掌兵马；其下属诸文吏有：功曹史、五官掾、督邮、主簿，以及分属诸事的诸曹掾史。其设置在职司方面与中央朝廷之诸曹彼此对口[2]，并又与县一级的诸曹对口，由此实现在专业范畴内的垂直行政。由于郡守之食禄为二千石，由此"二千石"也就成了汉代太守之别称。东汉墓葬中所出土的"买地券"中往往出现"地下二千石"之官职，即指地下世界某一疆域之主而言。

西汉时期，县约有 1 587 个，东汉则为 1 180 个。县设县令，俸禄千石，其下属职官有：县丞、县尉；诸吏有功曹、主簿及诸曹（与上一级郡国诸曹以及中央御史台之诸曹相对应）。因为一县的范围大抵有方圆百里，故而县令又被称为"百里之才"。县是由朝廷命官统领的最低一级，县以下的"乡"由民间的三老、啬夫来统领。一般而言，郡、县的主官、丞（佐官）、尉（武官）为"官"，由朝廷委命；以下功曹、主簿、诸曹为"吏"，由地方官在本地自行招募。我们稍后会看到，在盟威道的教团制度中，治职祭酒实际扮演了宗教意义上郡一级

[1] 这一制度后为明代所效仿，所谓"分封而不锡土，列爵而不临民，食禄而不治事"。张廷玉.明史［M］.北京：中华书局，1974：3659.
[2] 东汉太尉府下设西曹、东曹、户曹、奏曹、辞曹、法曹、尉曹、贼曹、诀曹、兵曹、金曹、仓曹等 12 曹。司马彪.后汉书志：百官一［M］//范晔.后汉书，北京：中华书局，1965：3621.

的"二千石"角色，而箓生自身的身体则因其所驻扎之吏兵而成为县一级的"百里之才"。

（二）户籍制度

先秦所谓分封制（或曰封建制），即以周王为中心原点向外展开，以宗法血缘为纽带关系的政治制度。通过册命的方式，周王将地方藩国的管辖权力分配给与自己血缘最近的宗亲或关系最密切的功臣。这一机制不但有氏族社会的影子，也是因为受制于当时的物质与技术条件：中央朝廷无法对地方加以组织并实施及时有效的军事防卫与政治治理。周王所分封的权力，通过血缘的关系在贵族中代代传递，平民与奴隶及其后代永远没有参与政治的资格。血缘宗法国家的管理制度还可以缩小并套用到诸侯国之中，诸侯可继续在其领地之内进行分封。由此看来，封建时代的人类群体基本是以血缘聚居而划分的不同大小的族群。周王不但是政治上的君主、宗教上的大巫，同时还相当于一名大族长（对于异姓诸侯，则通过歃血结盟的方式来建立虚拟血缘，详见第五节）。由此，整个国家的运作，实际都是大族长、族长与小族长们以血缘的关系为纽带来推动的。

但是，随着这种宗法血缘制度在东周末年的日趋崩溃，新的户籍制度将原本的"血缘"转为"地著"，即以政治区划为单位来管理人口而非血缘关系，"人民因居地而著籍，户籍便取代古往的族群联系而成为统治者动员人力的主要凭借"[1]，也

---

[1] 杜正胜. 编户齐民——传统政治社会结构之形成 [M]. 台北：联经出版事业股份有限公司，1990：34.

即是史书中谓之"编户齐民"。户籍的建立，是为了构建一整套完整、准确的"版图"（详见第四节），以便于军事上征募兵丁的"课役"。也正是因此，最初能够编入户籍的只有到达兵役年龄的男丁。汉代将编入户籍之民称作"录民"，凡为"录民"者，其法律身份一律平等，"无有贵贱"，这也便是所谓"齐民"之要义[1]。每年八月，地方官都要"案比户口，编制户籍，即所谓'八月算民。'"[2]类似的定期编户制度稍后还会在盟威道社区宗教活动中继续看到。在周代的封建社会中，人的社会关系是由与生俱来的血缘亲疏而定义的。但在秦汉以来的郡县制度下，原有的贵族也被编入户籍之中，由此与平民纳入同一个范畴之中，贵族与平民的身份就此敉平。

孟子曰："诸侯之宝三，土地、人民、政事。"（《孟子·尽心下》）除了兵役外，户籍制度与土地制度、赋税制度紧密相关。户籍是国家制定税收的最为直接的依据。同时，在土地私有化的背景下，有户籍的人才能拥有土地，没有户籍的人往往被形容为"上无通名，下无田宅"。[3]"通名"即指户籍，土地与户籍的紧密挂钩使得脱"籍"之人不但没有社会地位，甚至也没有容身之所，更谈不上国家的保护，因此也无法与"录

[1] 杜正胜.编户齐民——传统政治社会结构之形成 [M].台北：联经出版事业股份有限公司，1990：1.

[2] 阎步克.帝国开端时期的官僚政治制度——秦汉 [G] // 吴宗国，编.中国古代官僚政治制度研究.北京：北京大学出版社，2004：35.

[3] 高亨.商君书新笺，转引自：杜正胜.编户齐民——传统政治社会结构之形成 [M].台北：联经出版事业股份有限公司，1990：34.

民"同日而语, 这与古代地中海世界西塞罗 (Cicero) 所谓的
"公民" (cives/civitas) 概念有可相互比较之处。我们在稍后的
讨论会看到, "命籍"对于道民而言, 也同样象征着神圣身份、
权利与义务, 以及大道的庇护 (详见第十三节"道民")。

(三) 法律制度

在周代, 因事而立的盟约是中国古代法律的来源之一[1]。根
据出土青铜器铭文所示, 周王或诸侯会因某些特定的争讼而做
出裁断, 并通过建立盟约的方式使这一裁断产生神圣的效力,
用以约束争讼的诸方[2]。由此, 记载盟约约定内容的"盟书"便
具有了最初的法律功能 (详见第五节)。在民间层面, 盟约与
咒诅也被用于处理民事的纠纷。按照贾公彦的看法, "盟"是
面向未来之事的承诺契约, 而"诅"则是针对过往之事的确
认, [3] 此二者都要于神前起誓并自我诅咒, 如言行不一, 则为神
所谴。春秋时期的侯马盟书向我们展示了春秋时期晋国贵族阶
层因各类社会生活事项而建立盟约的社会生态 (详见第五节)。
而在一般平民层面, 带有神判性质的"咒诅"则直至今日还一
直存在于中国社会之中。[4] 要而言之, 由盟约建立的法条模式

---

[1] 滋贺秀三. 中国上古刑罚考——以盟誓为线索 [G] // 日本学者研究中国
史论著选译 [G]. 中华书局, 1992: 1-30.

[2] 王沛. 刑书与道书——大变局下的早期中国法 [M]. 北京: 法律出版社,
2018: 16.

[3] "盟, 盟将来……诅, 诅过往。"郑玄, 贾公彦. 周礼注疏 [M]. 上海:
上海古籍出版社, 2010: 991.

[4] 康豹 (Paul R.Katz). 汉人社会的神判仪式初探: 从斩鸡头说起, "中研
院"民族学研究所集刊 (88), 1999: 173-202.

体现的是一种"一对一"式的治理方式，这是因为在周代的分封制度下，每一级地方权威都具有相当的实力与独立性，而这也正是盟约所表现出的双边平行关系。此外，以盟约所建立的法条不论是其约束的对象还是所约束的事项都因特事而特立，因此不具备普遍性，其约束对象也往往是家族集体而非个人，[1] 故从法律史的角度来看，商与西周并未具备严格意义上的成文法。

在古代近东传统中，法律被认为由神所授，神圣而不容侵犯。如古代美索不达米亚的《汉谟拉比法典》即由太阳神沙玛什（Shamash）授予国王汉谟拉比，进而推行于民，而《希伯来圣经》"妥拉"（Torah/תורה）一词，除教法（teaching）外还具有法律的含义。以往的学术研究认为，形成于东周战国时期的中国古代的法律因帝王的颁布而被赋予权威性，[2] 由此并不具备其他古代文明法律的神圣（或宗教）意义，即所谓"前主所是著为律，后主所是疏为令"[3]。但是，通过结合传世文献与近年来出土的青铜器铭文来看，周王以及诸侯所颁布的"刑"皆是建立在承受"天命"的基础之上。也就是说，中国古代帝王颁布法律的权威并非来自本人，而是仍然需上溯至"天"。东

---

[1] 参见王沛. 刑书与道书——大变局下的早期中国法 [M]. 北京：法律出版社，2018：16-21.

[2] 德克·布迪（Derk Bodde），克拉伦斯·莫里斯（Clarence Morris）. 中华帝国的法律 [M]. 朱勇，译. 南京：江苏人民出版社，2008：6.

[3] 司马迁. 史记：酷吏列传 [M]. 北京：中华书局，1982：3153.

周时期，随着周室权威与力量的下降，以及法家学术的流行，地方诸侯也往往托言上承天命而颁布各国自己的刑书[1]，并由此形成了一股成文法的颁布之风[2]。这一立法的风气在东周时期引发了著名的"礼法之争"。"礼"是周王的治国之本，即以血缘为纽带，通过亲情来治理、处理邦国关系。周人一方面通过提倡"明德慎罚"（《尚书·康诰》）来改变商代重刑的风气，另一方面则也提倡礼法化的社会关系："礼不下庶人，刑不上大夫。"[3] 也就是说，刑罚的处置标准全凭处罚对象与周王的亲疏远近关系来决定，其结果便是基层百姓成为最容易被惩罚的对象，而贵族犯法则往往不受追罚[4]。如此的赏罚不公极大地阻碍了社会的发展。

东周战国时期，周室的不断衰败使得其承受天命的合法性大幅度降低，而诸如"三家分晋"、"田氏代齐"等同时期各大诸侯非礼、失德的行径也使得其自称天命的合法性大幅度降低。如此，在诸子的学说中，普世的"道"（或"天道"）逐渐取代皇室的家族神"天"（或"上帝"），成为立法的合法性溯源，"刑名之学"由此发轫而出。在黄老刑名学的理解中，存在着一位能够观察天道运转规律（谓之"常"）的

---

[1] 王沛．刑书与道书——大变局下的早期中国法 [M]．北京：法律出版社，2018：70-74.

[2] 王沛．刑书与道书——大变局下的早期中国法 [M]．北京：法律出版社，2018：114.

[3] 孙希旦．礼记集解 [M]．中华书局，2012：81-82.

[4] 徐世虹．中国法制通史：第二卷 [M]．法律出版社，1998：1-7.

"执道者"[1]，他能够因此进而辨形正名，推演出国家机构、运行制度以及社会成员的行为规范[2]，如此的过程，也被称作"道生法"[3]。由此，法律的本源不再是所谓承受天命的周王的个人意志，而是圣贤对于宇宙客观规律的观察、分析、总结，以及推导、应用。由此，自然规律取代了天命，成为立法的终极依据，而能够仰观宇宙、俯察品类的"执道者"则成为关键。我们稍后会看到，"制科律积一十六年"的天师张道陵便是执道者之一（详见第六、七节）。

与强调立法神圣性的黄老之学相比，法家虽然也以道家作为其渊薮，但更注重实用。春秋末期魏国的李悝编纂了我国第一部法典《法经》，首创"不别亲疏，不殊贵贱，一断于法"[4]的法家精神，中国本土的法律平等的思想于此发轫。至秦穆公时，商鞅将"六法"推演为"六律"。"律"字本意为音律，取义规范、稳定与普遍，它一方面详细开列各项条款与相应的惩罚，用以规范人们的日常行为[5]；另一方面又规定"王子犯法与庶民同罪"，因此具有了平等的思想[6]。在法家的谋划下，《秦

---

[1] 马王堆汉墓帛书整理小组.经法[M].北京：文物出版社，1976：3.

[2] 王沛.刑书与道书——大变局下的早期中国法[M].北京：法律出版社，2018：195-96.

[3] 马王堆汉墓帛书整理小组.经法[M].北京：文物出版社，1976：1.

[4] 司马迁.史记：太史公自序[M].北京：中华书局，1982：3291.

[5] 徐世虹.中国法制通史：第二卷[M].法律出版社，1998.64.

[6] "于是太子犯法.卫鞅曰：'法之不行，自上犯之.'将法太子.太子，君嗣也，不可施刑，刑其傅公子虔，黥其师公孙贾."司马迁.史记：商君列传[M].北京：中华书局，1982：2231.

律》的制定颇为周详，甚至到后来有了繁密之称[1]。汉代继承秦律[2]，并删繁就简，以成汉律《九章》。到了西汉中期，增衍出了皇帝因具体的时事而颁布的"令"（即"诏令"），并设立专题分类的"科"[3]来作为弥补"律"的细则[4]。由此，"律令"一词成为指代法律的专有名词，"如律令"被大量使用在政府公文中，用以强调其中所言事项的有效性与合法性。

在秦汉时期，律令代表了一种全新的帝制国家法律制度，宗法不再成为量刑标准，并被具有平等精神的律令取而代之。律令维护国家权威、社会秩序、人民财产以及道德伦理，其条款粲然明备，使得地方官吏与百姓所涉的各类行政、司法以及社会生活皆有所依止，代表了一种在当时最为先进、平等且理性的司法制度。同时，法律与户籍制度是相辅相成而不可分割的，他们共同推进了中国古代社会中的平等思想[5]。战国以来，中国古代律令制度逐步形成了"中华法系"，深刻地影响了整个东亚地区法律制度的发展，并一直沿用至 1971 年的香港。

---

[1] 汉人称"昔秦法繁于秋荼，而网密于凝脂"。参见王利器 . 盐铁论校注：刑德 [M] . 北京：中华书局，1992：565.

[2] 高敏 . 汉初法律系全部继承秦律说 [G] // 秦汉史论丛：第六辑 . 南昌：江西教育出版社，1994：167-176.

[3] "科"的本意为单项分类、条例，由此，"科"也指代法律。如科决、科案，作奸犯科等表达。

[4] 如《囚律》之下便有"登闻道辞"的科目。房玄龄等 . 晋书：刑法志 [M] . 北京：中华书局，1974：924.

[5] 但是由于后世王朝中的礼、法并举，不公平的法律待遇依旧普遍存在。

（四）职官制度

"文史"的群体通过战国、秦汉之间的政治制度变革开始在中国历史中崭露头角。在以"爵本位"为基础的周代，其职官主体为"公、卿、大夫、士"等爵列[1]，但其下还存在着一个并无爵位的胥吏阶层，负责各种事务性的工作。由于贵族政治的日渐涣散，也由于胥吏这一群体本身专业的行政职业技能以及其出身的可驾驭性（相对于贵族而言地位较低）能符合法家理性、高效的执政理念，是确保国家达到理性、高效的法家治国目的最佳助手[2]。由此，"吏"的范畴逐渐扩展延伸，最终成为后世的职官系统[3]。因此，战国、秦汉时期的政治制度变革是中国古代国家职官制度从爵本位转型到官本位的重要转折期。我们稍后将会看到，新的职官制度以及文史群体与"户籍"、"律令"等概念一样，都对中国宗教产生了深远的影响。

"文史"亦称"文法吏"[4]"文史法律之吏"[5]。从字面而论，"吏"与"史"相通，历代职官系统中以史命名的官职甚多，且不乏要职，但它们均源自文史这一范畴之中。如我们所熟知的老子曾任周王之"守藏史"，即是负责各类图籍。按荀子所

---

[1] 也就是说，能做官的只有贵族及其后代。

[2] 阎步克. 帝国开端时期的官僚政治制度——秦汉[G] // 吴宗国，编. 中国古代官僚政治制度研究. 北京：北京大学出版社，2004：53.

[3] 阎步克. 从爵本位到官本位——秦汉官僚品位结构研究[M]. 北京：三联书店，2017：219.

[4] 参见：班固. 汉书：元帝纪[M]. 北京：中华书局，1962：277.

[5] 班固. 汉书：兒宽传[M]. 北京：中华书局，1962：2628.

见，其职责为"循法则、度量、刑辟、图籍，不知其义，谨守其数，慎不敢损益也"[1]。也就是说，文吏们负责保管图籍、法典，他们处理事务并不依照自我主见，而是充分利用文书档案和相关规定，理性地推导并严格地执行。他们每日的工作便是与户籍、档案、律令、科条以及不同部门之间的案牍文书打交道，因此拥有公文制作、律令科条以及会计算数等方面的专业技能。阎步克教授论道："依现代官僚制理论，理性行政应该是'专家'政治，由严格受训的专业吏员承担。而秦汉政治恰好具有这种突出特点。当时帝国以'文法'取人、以'文史法律之吏'治天下，这与后来以儒术文辞取人、以儒生文人居官的政治形态，形成鲜明对比。"[2]

文吏与儒生这两大阵营的对立贯穿中国历史，这实际即是先秦时期法、儒二家在中国政治中的延续。此两家在历史中时有争讼，此消彼长。汉儒对于法家的批评集中于秦政，他们认为，由于法家人性本恶的预判，因此吏治往往过于苛刻残酷，再加上文吏仅依法规办事，故而对于帝王的无道之行不仅纵容，甚至助力。与此相对，汉儒提倡以礼乐道德治国，倡导以"君子"取代"酷吏"来治国。阎步克教授认为："这种'君子治国'理想，将在很大程度上改变秦式官僚政治的运行机制。这样的一点，是理解中国传统官僚政治独特性的关键

---

[1] 王先谦 . 荀子集解 [M] . 北京：中华书局，1988：59.

[2] 阎步克 . 帝国开端时期的官僚政治制度——秦汉 [G] // 吴宗国，编 . 中国古代官僚政治制度研究 . 北京：北京大学出版社，2004：40.

之一。"[1] 一方面，汉儒倡导一个贴近人情的，以道德为先导的礼乐教化，以此来构建地方层面的和谐"礼乐社会"；另一方面，他们自发地形成一个愿意承担道义以及社会教化的群体，以道德来制约帝王的权利，儒生们将"天"认定为善恶的审判者，以此来约束帝王，即所谓"屈君而伸天"[2]。由此，原本理性但缺少道德指导的皇权国家如今需要接受一个意识形态层面上的督导，儒生的谏诤特权从此成为制约皇权的重要机制。

事实上，虽然文吏与儒生这两个群体所倡导的理念不同，但在具体国家、社会管理与调适的层面却并不矛盾，王充即曰：

> 文吏以事胜，以忠负；儒生以节优，以职劣。二者长短，各有所宜；世之将相，各有所取。取儒生者，必轨德立化者也；取文吏者，必优事理乱者也。[3]

汉武帝接纳了儒术，但其在政治实践中仍然是儒法相杂[4]，尤其在经历新莽一朝的儒学狂热和惨败之后，东汉的政治更强调

[1] 阎步克.帝国开端时期的官僚政治制度——秦汉 [G] // 吴宗国，编.中国古代官僚政治制度研究.北京：北京大学出版社，2004：55.
[2] 苏舆.春秋繁露义证 [M].北京：中华书局，1992：32.
[3] 黄晖.论衡校释 [M].北京：中华书局，1990：535.
[4] 吕思勉.吕思勉读史札记 [M].上海：上海古籍出版社，1982：648.

法、儒二者之间的互相弥补与平衡，有意地引导两家的合流。一方面出现了儒生的"文吏化"（即儒生为了能够在政府中谋求职务而学习具体的公务技能）；另一方面也出现了文吏的"儒生化"。建安七子之一的王粲尝作《儒吏论》云：

> 执法之吏，不窥先王之典；搢绅之儒，不通律令之要。……先王见其如此也，是以博陈其教，辅和民性，达其所雍，祛其所蔽，吏服雅训，儒通文法，故能宽猛相济，刚柔自克也。[1]

由此可见，东汉时期的政治理想乃是要将儒之"雅训"与吏之"文法"归于一体，力求达成一种道德伦理与理性效率兼具的治国模式。礼乐为道，文法为术；道不正，术则必然步入歧途，而术不举，道则寸步难行。正如顾立雅教授所总结，这一始自公元前的专家政治（technocracy）制度具有一种"强调公正（impartiality）、无私（impersonality）的管理哲学基础。对于其中大多数的职员而言，他们在人际关系方面的修养完全近乎于一种宗教"[2]。稍后，我们将在盟威道祭酒的身上，再次看到大汉文吏的身影。

---

[1] 王粲集校注：儒吏论 [M] // 吴云主编 . 建安七子集：卷三，北京：中华书局，2005：132.

[2] 顾立雅（H.G.Creel），"The Beginnings of Bureaucracy in China: The Origin of the Hsien," *The Journal of Asian Studies* 23, no.2 (1964): 183.

（五）文书制度

与文吏制度共生的还有两套动态运转的制度：文书与拔举。文书，或言文字的书写，在传统中国政治与宗教中均扮演了极为重要的角色，"对文书和档案的利用程度，代表了官僚制度的发展水平，行政的书面化可以大大提高精密性、规范性和可靠性"[1]。《秦律》对于文书的书写、传发与保管均做有明确的规定，并规定"有事请殹，必以书，毋口请，毋羁请"[2]，这种重视文字证据的行政思维一直延续至今日的中国政治制度之中。文书的种类众多，甚至包括作为档案的"图籍""图录"，但我们在这里主要聚焦在用以维持政府运转的"公文类"文书，其因材质之故又被称作"简牍"。文吏们因为终年与简牍打交道，故而也被称作"刀笔吏"[3]（书刀用以在简牍上刮削，改正错字，见图 02-01、02-02）。就近年来出土文物所见，为了有效地维护一个中央集权的帝国的管理，秦汉时期的文书流转量十分惊人。而文书流转不外乎下行、平行与上行三种。在汉代，下行文书包括了以皇帝名义所下达到地方郡国者，包括"策／册"以封命、"制"以颁政、"诏"以晓谕、"戒敕"以告诫教化等。所谓上行文，即由基层政府上达于朝廷之文书，

---

[1] 阎步克. 帝国开端时期的官僚政治制度——秦汉 [G] // 吴宗国，编. 中国古代官僚政治制度研究. 北京：北京大学出版社，2004：48.

[2] 张政烺，日知. 秦律十八种：内史杂 [M]. 长春：吉林文史出版社，1990：82.

[3] "汤无尺寸之功，起刀笔吏，陛下幸致位三公，无以塞责。"班固. 汉书：张汤传 [M]. 北京：中华书局，1962：2645.

图 02-01　山东沂南北寨东汉元嘉元年（151）墓葬前室东、西壁画像石中的文吏形象（线描图），其右耳之上架有毛笔，手中持"刺"或简牍[1]

"章"以陈事及谢恩，"奏"以陈事，"表"以陈情，"议"以论政。一般政府部门之间的平行文，则包含"记""教""举书""檄""传""奏记"等。

此外，为了文书的流通能够高效、准确地运行，汉帝国不遗余力地建设了一整套道路与邮驿系统，并为后世奠定了基

---

[1] 山东省博物馆，编.沂南北寨汉墓画像[M].北京：文物出版社，2015：11，13.

图 02-02　一把典型的汉代书刀。在汉代，书刀是一种身份的象征而得以发展为一种"文玩"，其中不乏鎏金、错金，甚至以象牙为鞘者。在汉代，尤以蜀地广汉郡所出产的"金马书刀"最为闻名。在后世的盟威道传统中，书刀成为静室中不可或缺的极具象征性的法具之一

础与楷模。首先是其对于道路的修造，以东汉永平六年（公元 63 年）所开通的联通京师洛阳与益州的褒斜道为例，其从广汉、蜀郡、巴郡共募集民夫 2 690 人，营造桥阁 663 间、邮亭、驿置等 64 所；共耗工时 766 800 日，瓦 369 804 块，至九年四月竣工[1]，自此蜀道不再难于上青天（参见图 02-03）。这里的邮亭、驿置乃是汉代所开创的专为政府文书流通而设立的系统，其最著名的描述即是"十里一亭，五里一邮"[2]，而在这些设施的背后，则是一整套严谨的邮传制度的设立。首先，国

[1] 富谷至. 文书行政的汉帝国 [M]. 刘恒武，孔李波，译. 南京：江苏人民出版社，2013：220.

[2] 卫宏. 汉旧仪：卷下 [M]. 北京：中华书局，1985：15.

图 02-03　东汉建和二年（148 年）《汉故司隶校尉犍为杨君颂》(《石门颂》) 石刻拓片，原刻现存汉中市博物馆。所谓"石门"乃是褒斜栈道南端的一段开凿于山崖之上的人工隧道，其以火焚水激法修成，在世界交通史上占有重要地位

家花费大量的钱粮，培养并维持了一大批能够严格遵循律令的邮差与驿使，他们每日奔走在驿道之上，成为庞大帝国的气脉。地方郡国专门设置有"督邮"一职负责辖区内的邮驿，而在中央层面，则设立了"公车司马令"用以收受地方臣民的章奏（参见图 02-04）。作为一套在电子通信诞生之前最为高效的信息系统，邮驿和道路编织成的网络将庞大的帝国高效地联结起来，从某种意义上说，正是这套系统维持着国家的统一。

图 02-04　山东苍山东汉元嘉元年（151 年）墓葬前室车马画像石，兰陵县博物馆藏。车马是汉墓中极为流行的艺术主题，虽然其极可能反映的是死后灵魂的旅行，但其必然也以人世作为参照，一如图中所表现出来的车马、官吏，以及"亭"

　　日本学者富谷至认为，汉帝国"贯穿于邮书传递、谷物发放以及过关通行等活动之中的，是一种彻底的文书行政。从起始到中途再到结束，均凭借文书展开……依靠文书行政，中央政府可以对官吏实施直接的管理，进而间接控制人民"[1]。汉帝国国祚长达 400 年，其根本原因之一，即是得益于其"完备的文书行政，以及依靠文书确立起来的人员及物品流动管理检查体系"[2]，由此王充乃言"汉所以能制九州者，文书之力也"[3]。在盟威道仪式中，上章成为联结大道与道民的重要方式，时至今日，文书依然在道教科仪中扮演着核心的角色。

---

[1] 富谷至. 文书行政的汉帝国 [M]. 刘恒武，孔李波，译. 南京：江苏人民出版社，2013：352.

[2] 富谷至. 文书行政的汉帝国 [M]. 刘恒武，孔李波，译. 南京：江苏人民出版社，2013：353.

[3] 黄晖. 论衡校释 [M]. 北京：中华书局，1990：591.

（六）察举与迁转制度

"察举"是为朝廷职官选贤举能的制度；"迁转"则是职官内部的绩效考核与迁赏功劳，此二者有一点相同，即是将处于较低位置的孝者、廉吏和官员推向更高的职位，实现来自低端的人才的向上输送，以此为中央朝廷与各级政府源源不断地提供新鲜血液，保证其良性运转。

1. 察举制度

汉代的察举制度分为临时性的"制举"与常规性的"常举"。"制举"往往针对的是自然界的灾异，因此从某种层面上具有了一种救世色彩。《通典》云："汉诸帝凡日蚀、地震、山崩、川竭，天地大变，皆诏天下郡国举贤良方正极言直谏之士，率以为常。"[1] 东汉时期，制举所求人才，大抵可以分为"贤良方正"与"明阴阳灾异"两类，后者又称为"有道"。东汉时期征求"有道"的制举十分频繁，其规模仅次于"贤良方正"[2]，与之相对也正是东汉末年接连不断的自然灾害。我们稍后会看到，东汉末年的灾异还在另一层面直接催生了作为宗教的盟威道的建立。

"常举"即后世科举之前身，一般来说始于武帝，按《汉书·武帝纪》云："初，令郡国举孝廉各一人。"[3] 但陈仲安、王

---

[1] 杜佑. 通典：选举一 [M]. 北京：中华书局，1988：314.

[2] 陈仲安，王素. 汉唐职官制度研究（增订本）[M]. 上海：中西书局，2018：251-252.

[3] 班固. 汉书：武帝纪 [M]. 北京：中华书局，1962：160.

素二教授也注意到，对于"孝者"与"廉吏"的选举与奖赏实际可上溯至文帝时期。[1] 除"孝廉"外，另有对于"茂材"（后称"秀才"）的选拔，《汉书·武帝纪》云："初置刺史部十三州……其令州郡察吏民有茂材异等可为将相及使绝国者。"[2] 与孝廉不同的是，茂材的拔举为州一层，高于孝廉的郡国一层，且以能力为主而非如孝廉以德为主，并常被委以高官，而非孝廉入职以郎官为主。[3]（见图 02-05）

2. 迁转制度

迁转制度始自秦国的"军功爵制"。与依靠贵族血缘继承而来的周爵不用，秦之军功爵来自

图 02-05 清宣统"奉旨选举孝廉"匾额，北京励志堂科举匾额博物馆藏（陶金 / 摄）

---

[1] 陈仲安，王素.汉唐职官制度研究（增订本）[M].上海：中西书局，2018：244-246.

[2] 班固.汉书：武帝纪[M].北京：中华书局，1962：197.

[3] 陈仲安，王素.汉唐职官制度研究（增订本）[M].上海：中西书局，2018：255.

战功，平民由此得以通过自身的努力而改变命运，这极大地激励了秦国将士的建功积极性。如此的制度在汉代建国之初便被继承，据李开元推算，汉初约有 60 万将士因赐爵而获得田宅，军爵的受益面可达 300 万人 [1]。军功封爵的制度旋即在惠帝时援引入文官制度之中，一大批官员得以按照"年劳"而赐爵，由此而往，朝廷向"勤事吏"赐爵的制度得以保留。此外，除了在较高层面进行的赐爵外（"爵本位"），朝廷还依据官吏的"功次"作为官吏升迁的主要依据（"官本位"）。我们现在通过各地出土的汉代简牍了解到，在汉代的官署中，对于官吏的日常工作有着一整套严密的量化机制以及功劳的折算机制，"功曹"一职专司记录本署官吏的功劳簿（但后又有所延展，参见第十一节）。功劳量化的最基本单位为"算"（筭），这一概念基本与今日银行系统内的信用点数（credit）类似。汉简中出现的"得算"、"负算"便是对于平时官吏政绩考核的评分术语，如"墤户厌破不事用，负二算" [2] 等等。此外，在出土的汉简中尚存有"功"与"劳"这两种概念，根据胡平生的研究，四年之"劳"可以递进为一"功"，如："中劳三岁一月"、"功一劳一"。而达到一定的功，则可以酌情升迁官职 [3]，这亦是汉初因劳而赠爵这一概念的延续，正如董仲舒所言："累日以取贵，积久以致

[1] 转引自：阎步克. 帝国开端时期的官僚政治制度——秦汉 [G] // 吴宗国，编. 中国古代官僚政治制度研究. 北京：北京大学出版社，2004：42.

[2] 于振波. 汉简"得算""负算"考 [G] // 李学勤，主编. 简帛研究，第二辑. 北京：法律出版社，1996：324.

[3] 胡平生. 居延汉简中的"功"与"劳"[J]. 文物，1995(04)：51-55.

官。"[1]值得注意的是，关于"算"的概念也被宗教所继承并改造，功劳层面的"算"此时变为了生命意义上的"寿算"。

汉代对于官吏功绩的考察是官员获得升迁的最终一关，其由郡、国派遣"计吏"，携带记载辖区内所有生产、税收、财务、户口、刑狱之"计簿"至朝廷"上计"，接受朝廷的"考课"（另见第十二节"朝真仪"），而考课的结果将会影响地方长官的升迁。与此类似，在地方层面也有着由地方长官考课下属官吏的管理制度[2]。除了功绩的考察外，秦汉帝国也特别重视对于地方官吏的监察。除了不定期外派巡视外，还在地方设立专门的刺史（汉武帝时分全国为十三州部），其责任主要为监察地方郡守是否尊奉诏书、不恤疑狱、选署不平、子弟恃怙荣势、违比下公等（当然也包括上文提及的察举茂材）。顾炎武评论道："夫秩卑而命之尊，官小而权之重，此小大相制、内外相维之意也。"[3]由此，汉帝国的职官制度可与当代意义上的选贤政治（meritocracy）相比较[4]。我们不难在后世的道经中看到，上计、监察、功勤这些概念亦被援引至盟威道义理之中，

[1] 班固.汉书：董仲舒传[M].北京：中华书局，1962：2513.

[2] 阎步克.帝国开端时期的官僚政治制度——秦汉[G]//吴宗国，编.中国古代官僚政治制度研究.北京：北京大学出版社，2004：44.

[3] 顾炎武.日知录[M].石家庄：花山文艺出版社，1990：407.

[4] "Confucius invented the notion that those who govern should so because of merit and not inherited status, setting in motion the creation of the imperial examinations and bureaucracies open only to those who passed tests." Thomas J. Sienkewicz, Encyclopedia of the Ancient World (Hackensack: Salem Press, 2003), 434.

成为天曹判断善恶功过、施行救度的重要参考标准，也成为教团中道民身份迁转为箓生、祭酒的根本依据。

（七）总结

综上所述，秦汉帝国的职官制度一改周代原有的依凭血缘、任人唯亲的贵族政治制度。"籍"与"律"赋予了百姓平等的社会地位以及生产的积极性。作为籍、律的维护者，文吏阶层的出现大幅度提升了从朝廷到地方各级政府行政管理的专业程度。仰仗高效的文书驿传系统，法家的理性治国精神也被发挥得淋漓尽致。而通过制度性的选拔以及细密的绩效统计，德才兼备的人才被提升至能够发挥其才干的位置，新鲜的"血源"源源不断地从基层进入上层，良性的运转就此形成。通过刺史的监督，中央也对地方大员进行有效的限制。

从时间上来说，这一套政治制度前无古人，并为后来 2 000 年的中华帝国提供了坚实的体制基础；从空间上来说，秦汉帝国的四邻均未能在短时间内自行发展出能够与其相媲美的政治制度。因此，秦汉帝国的官民们对于自己的政治制度有着充足的自信，一如马克斯·韦伯所崇敬的政府公职系统。下面，还想就这一政治制度与盟威道义理相关的三点特性稍作归纳与讨论，以期理解其与宗教之间的接驳之处。

二、古代职官制度的两点特性

（一）神圣性

我们在上一节中已经提出了一个基本观念，即：上古中国的宗教与政治并无明确的区隔，政治是神圣的，宗教是世俗的，商王本人既是王也是巫，因此具有双重的身份。在后世的职官制度中，这种神圣性并不被帝王独享，作为帝王权利与职能的延伸与分形，整个朝廷职官体制都被赋予了一层神圣的含义，其较早的论述可见于《管子·五行》之中：

> 黄帝得六相而天地治，神明至。
>
> 蚩尤明乎天道，故使为当时；大常察乎地利，故使为廪者；
>
> 奢龙辩乎东方，故使为土师，祝融辩乎南方，故使为司徒；
>
> 大封辩于西方，故使为司马；后土辩乎北方，故使为李。
>
> 是故春者土师也，夏者司徒也，秋者司马也，冬者李也。[1]

在这里，官职的设定与宇宙观结合了起来，"六官"分别对应了"六合"，帝王居于中央，因此与五行的概念得以呼应。《管子》的这段记录十分重要，因为我们在《周礼》（或名《周官》）中见到了这一"六官"体系概念的细化与深化[2]，其共分

---

[1] 黎翔凤 . 管子校注 [M]. 北京：中华书局，2004：865.

[2] 汪德迈（Léon Vandermeersch），*Wangdao ou la Voie royale. 2, Structures politiques, les rites* (Paris: École française d'Extrême-Orient, 1980), 427–428, https://gallica.bnf.fr/ark:/12148/bpt6k3336456r.

六部分，即：《天官》、《地官》、《春官》、《夏官》、《秋官》与《冬官》（最后的《冬官》在汉代已经散佚，以《考工记》代之）。《周礼》绝非周室的实际职官制度，它更像是战国时代法律与行政制度变革背景下的一个理想国家制度的"模型"。按根本诚教授的统计，《周礼》六官各部各包含职官 60 员，正好对应一甲子之数，由此六官共有职官 360 员，对应周天之数[1]。此外，陆威仪 (Mark Edward Lewis) 教授观察到，这其中的每个部门都具有行政和宗教双重功能[2]，如"大宰"不但掌六典、八法、八则、八柄，而且在祭祀五帝之时，还"掌百官之誓戒，与其具脩"[3]；"大司徒"，不但掌"建邦之土地之图与其人民之数"[4]，而且在五帝的祭祀中"奉牛牲，羞其肆"[5]。故"官职"也是"神职"。

对此，陆威仪教授认为，"仪式和政府的不可分割性不仅明确地呈现于对个别官职的叙述上，更清晰地展现在文本的结构上。整本《周官》的章节布局，是按照在战国晚期流行起来的数理（numerology）法则与仪式历书来安排的。所以，《周礼》的编撰实际是一次仪式行为，意在为作为宇宙真形图（cosmic mandala）的国家注入真气，使其成为真实存在

[1] 根本诚. 上代支那法制の研究 [M]. 东京：有斐阁，1941：180-206.

[2] Mark Edward Lewis (陆威仪), *Writing and Authority in Early China* (Albany: State University of New York Press, 1999), 43.

[3] 郑玄，贾公彦. 周礼注疏 [M]. 上海：上海古籍出版社，2012：61.

[4] 郑玄，贾公彦. 周礼注疏 [M]. 上海：上海古籍出版社，2012：333.

[5] 郑玄，贾公彦. 周礼注疏 [M]. 上海：上海古籍出版社，2012：374.

之物"[1]。换言之，人世的职官制度不论其确切的实际形式如何，都是基于对于天道的效法，因而具有神圣性，不仅如此，从职能的角度来看，处理政务的"官职"也等同于举行祭典的"神职"。由此，在中国宗教的语境中，当国家职官制度被援引至宗教制度中时，我们决不能敷衍地说其是对于世俗世界拙劣的模仿，因为"国家即是宇宙的复制品"[2]。当我们认为天界职官制度乃是对于人间制度的镜像时，我们还应注意，人间制度的设立乃是建立于对于天道规律的师法之上，而这一天道规律被以职官作为象征而得以具象表达。在盟威道的义理中，我们便注意到早期教团有意地将其自身与朝廷进行关联，成为有机的整体，其曰："阴官称为箓治，阳官号为宰守。"[3]

（二）整体性

中国古代职官制度还是一个包含帝王以及低级官吏的，不可分割的有机整体，因此具有极强的"整体性"。目前我们能见到的最早的职官制度描述见于《尚书·立政》中，但《荀子·王制》中开列了更为具体的职官名录 15 种：

> 宰爵、司徒、司马、大师、司空、治田、虞师、乡师、工师、伛巫、治市、司寇、冢宰、辟公、天王。

---

[1] Lewis, *Writing and Authority in Early China*, 45.

[2] Lewis, 48.

[3] 朱君绪. 要修科仪戒律钞[M] // 道藏：第 6 册，966.

此外，《孟子·万章下》分别开列了"爵位五等"以及"官位六等"：

> 天子一位，公一位，侯一位，伯一位，子、男同一位，凡五等也。
>
> 君一位，卿一位，大夫一位，上士一位，中士一位，下士一位，凡六等。

值得注意的是，以上这三份名录均将君主（"天王""天子""君"）列为该系统的一部分，这反映了中国传统政治中极为重要的一点认识，即：帝王与他的僚属是不可分割的一个整体，帝王需要臣工来将其意志实现，而臣工也需要帝王的授命而获得其一系列的职权。帝王与臣工犹如一个身体，臣工是帝王作为首脑的延伸（汉语中的"五官"、"器官"皆从官字）。

陆威仪教授还敏锐地注意到，晚出的《周礼》中的职官体系已经不再将帝王列为其组成部分。他进而推论："《周官》中的帝王始终是无形且无为的，隐藏在可见的、有形且有为的官员形象的背后，虽然他并不呈现为其中一员，但他却弥散于全书各处，站在每个特定官员的背后。"[1] 这正如《韩非子》所形

---

[1] "... the king in he *Zhou guan* remains hidden, formless, and inactive behind the visible, formed, and active figures of the officials. Whild he does not figure as an officer, he is dispersed throughout the text, standing behind each of the specific offices." Lewis, *Writing and Authority in Early China,* 48.

容的明觉而顺乎天道的君主:"谨修所事,待命于天","因天之道,反形之理"[1]。

由此,按照我们已经看到的规律,此种职官制度的"整体性"必然也存在于中国宗教之中。比如,在艺术史的资料中,中国的神祇从不单独出现,他们在庙堂中端坐,必然由侍童、侍女、侍臣、从将夹峙簇拥,以朝班的形式来出现。同时,神明所执掌的种种神圣权柄,也往往被一一拆开,分别体现在其朝班中从神们的神格之上。如湄洲天妃的千里眼、顺风耳,又如东岳圣帝的七十二司。这些从神由此成为主神某一部分神格的分化,同时也因此成为主神神格的一部分,因此构成了一个有机整体。我们也注意到,中国传统的祠神系统更注重神的"职官"而非其个人身份[2],这一特征集中体现在祠神造像所着之官服上,这是其"职官"最为明确的体现[3]。同样,在盟威道义理中,三天大道与千二百官君是不可分割的一个整体,我们稍后将在第十节探讨"太清衔"的时候回到职官制度"整体性"这一概念上来。

(三)**流动性**

中国古代职官制度是一个不可拆分的整体,但同时又不

---

[1] 王先慎.韩非子集解[M].北京:中华书局,1998:45.

[2] 由此常有某神之职由某人接替之说。

[3] 正是因为这种弱化个人以强化职能的原因,这些造像一旦脱离原有的宗教空间(如独立地进入博物馆后),造像本身的身份便变得十分难以辨析,这是因为其已经从整体中分离出来,其个体身份的可识别性由此降低。

是铁板一块，其内部充满了流动性。随着战国以来固有宗法
分封制度的瓦解以及贵族政治的转型，趋于平等的法家政治
制度也为秦汉帝国的社会带来了流动性。首先，这种流动性体
现在行政与军事层面，发达的驿传系统以及专业的文吏群体使
得公文得以高效地上传下达，也使得军事情报与补给能力大大
提高。其次，这种流动性还体现在人事选拔的层面，一方面是
对于地方上孝者、廉吏的选举，另一方面是功次考核制度对于
基层官吏的推举，这都使得平民阶层的优秀人才得以源源不
断地进入职官体系之内成为新鲜血液。信息的高效流通以及
社会各阶层的顺畅流动，都在不同层面确保了汉家四百年之
国祚。

按照包华石（Martin Powers）教授的见地，这种职官制度
具备一种近乎机械的理性秩序以及平等精神，其源自法家的治
国精神却也包含了极强的开放性与流动性，其源自道家尤其是
黄老之学。这种弥散于政治、社会之中的道家精神，以及由
政治制度所反映出来的整个汉代的社会的流动性被以流畅的
云气的方式表现在了艺术品，尤其是与宗教相关的艺术品之
中（见图 02-06）。道气的云行雨施、上下交孚，一如德政之
下颁，一如孝廉之举迁，它们都是遵循着一定法度的流通与
运行。[1]

---

[1] Martin J.Powers, *Pattern and Person: Ornament, Society, and Self in Classical China* (Cambridge, Mass.: Harvard University Asia Center, 2006), 209, 244, 265.

图 02-06　湖南长沙马王堆 1 号西汉墓
第二重棺前部装饰及特写，其中流畅的
云气象征着亡魂的仙化，同时也是汉代
艺术的显著特征之一

三、汉代宗教中的职官制度

我们在上面已经考察了中国古代，尤其是秦汉帝国的职官制度。下面，我们想带着这些视角，来具体考察汉代宗教中的职官制度，或者更准确地说，带有职官特征的宗教象征。我们在前文已经看到，在商代的祭祀体系中，至上神"上帝"的帝廷由"五臣"组成，他们分别行使着上帝在不同方面的职能。对于这一观点的支持来自对于甲骨文的系统考察，吉德炜（David N. Keightley）教授在四十余年前写道："我相信宗教信仰与实践有着它们自己的社会真实性，宗教与社会协同地相互作用，并产生出这两个离开彼此便不能实现的结果。"[1] 在等级（hierarchical）、权威（authoritarian）、类巫术（quasi-magical）以及职官（bureaucratic）这四点商代宗教的特色中，吉德炜认为其职官制度最具代表性，乃至于"中国人的'天'（Heaven）都被他们职官化了（bureaucratized）"[2]。但是，高万桑（Vincent Goossaert）教授对这一说法持保留意见。在他看来，所谓的国家化的职官体系首先是官吏们依其能力而被察举，并被任命到各个职缺；其次这一体系需要有一个统一的法律法规系统，并

---

[1] 吉德炜（David N.Keightley），"The Religious Commitment: Shang Theology and the Genesis of Chinese Political Culture," *History of Religions* 17, no.3/4 (1978): 222.

[2] 吉德炜（David N.Keightley），"The Religious Commitment: Shang Theology and the Genesis of Chinese Political Culture," *History of Religions* 17, no.3/4 (1978): 224.

伴随着完整的公文书写与交换系统，但这几个特征至迟要到公元前5至4世纪的战国初期方才出现[1]。吉、高二位教授的不同点在于如何认定"职官制度"，但并不影响吉德炜教授"宗教与社会协同地相互作用"这一判断。同时，与政治一样，宗教的义理也保持着不断地演进。

20世纪末，索安教授（Anna Seidel）在汉代墓葬的葬仪文书中发现了一种当时的新兴宗教，其在汉安元年鹤鸣山盟约之前便已存在，且有别于"狂暴文盲的灵媒信仰和践行血祭的巫鬼崇拜"。她依据"镇墓文"中所见之文字，将其暂定名为"天帝教"，并归纳出八点特征[2]。在下面，我们将根据本书的侧重点重新将其归纳为六点，并结合墓葬文书以外的材料稍作敷演，以期窥探其中的职官式宗教象征。

（一）职官

"天帝教"拥有一个至上的天神，以及由其所统摄的管控冥、阳两界的职官体系。我们先前已经看到，自商代开始中国宗教中便存在着一个拥有自己帝廷的至上天神——"帝"，稍后更出现了五方五帝之说。至迟在战国时代，中原之外的楚地也拥有了一套宇宙观式的天神体系。1942年长沙子弹库出土的楚帛书，就展示了一个由伏羲生四季、十日、十二月，开辟

---

[1] Vincent Goossaert, *Bureaucratie et Salut: Devenir Un Dieu En Chine* (Geneva: Labor et Fides, 2017), 38-39.

[2] 索安（Anna Seidel）. 从墓葬的葬仪文书看汉代宗教的轨迹 [G] // 法国汉学，第七辑. 北京：中华书局，1999：118-148.

混沌的天神体系 [1]。（见彩页图 6）此外，在《九歌》中，我们也可以看到一个不甚完整的楚地神系，包括负责人寿的"大司命" [2]。

天文是宗教与政治职官制度之间的一个重要接驳点。很多学者已经论述，自商代开始，至上神"上帝"即是北极星 [3]。由此，中国的天文也便进化为一套职官化的星座系统。《史记·天官书》是汉以前占星学的集大成者，其将恒星分为四象、五官、二十八宿，虽然数目与后世不尽相同，但却是将星官进行系统化记录的现存最早文本 [4]。司马贞《史记索隐》曰：

> 天文有五官。官者，星官也。星座有尊卑，若人之官曹列位，故曰天官。[5]

《史记正义》引张衡曰：

> 众星列布，体生于地，精成于天，列居错峙，各有所

---

[1] 参见李零．长沙子弹库战国楚帛书研究 [M]．北京：中华书局，1985；杨宽．楚帛书的四季神像及其创世神话 [J]．文学遗产，1997（04）：4-12.

[2]《九歌·大司命》："纷总总兮九州，何寿夭兮在予。"王泗原．楚辞校释 [M]．北京：中华书局，2014：235.

[3] 艾兰（Sarah Allan）．鬼之谜——商代神话、祭祀、艺术和宇宙观研究（增订版）[M]．北京：商务印书馆，2013：231-236.

[4] 陈遵妫．中国天文学史 [M]．上海：上海人民出版社，2006：175-177.

[5] 司马迁．史记 [M]．北京：中华书局，1982：1289.

属，在野象物，在朝象官，在人象事。[1]

由此我们可以看到，至迟在西汉，占星家已经普遍认为天界星
辰与人间的国家都是以职官化的组织形式存在的，且相互对
应，因此可以通过瞻星预知人间的吉凶。与《天官书》的占卜
性质不同，《淮南子·天文训》中的天官具有赏罚人间的职司，
其曰：

> 太微者，太一之庭也。紫宫者，太一之居也。轩辕
> 者，帝妃之舍也。咸池者，水鱼之圉也。天阿者，群神之
> 阙也。四宫者，所以守司赏罚。[2]

可见这里的天界职官已经俨然近乎一种宗教性的神明存在了。

此外，在地下世界中，自汉代开始出现了死后归泰山的信
仰，蒿里、梁父与泰山一起成为地下世界的中心。墓葬文书则
揭示了一个由"地下主""地下丞""地下二千石""丘丞""墓
伯""伍长""主墓狱吏""墓门亭长"等组成的冥府职官体
系[3]。"买地券"的逻辑是通过交换的方式代替亡人向当地土地
神购买土地，并以契约的形式随葬，以保证墓主人死后不被土

---

[1] 司马迁.史记[M].北京：中华书局，1982：1289.

[2] 刘安编，何宁撰.淮南子集释[M].北京：中华书局，1998.

[3] 蒲慕州.追寻一己之福：中国古代的信仰世界[M].上海：上海古籍出
版社，2007：178-179.

神侵扰, 我们在这里看还不到任何天界神明参与其中的线索, 天廷与地府之间并不存在必然的交集。

东汉时期开始流行的"镇墓文"则大有不同, 其乃以"天帝""黄帝"或"黄神"的名义为墓主所颁发的类似"'护照'一样的保护性文件", 并对胆敢与墓主人争讼土地的地下神明降以"诛疾"之惩罚 [1], 或对干犯墓主人的百鬼进行"苛治"[2]。这说明, 天上与地下的职官系统到此时已经打通, 成为一个整体, 且天廷尊于地府, 地府职官因此不得不尊奉由天帝所颁之敕命。

(二) 录籍

天廷与地府之中都保存有生者与死者的户籍, 如公元 173 年的一份镇墓文曰:

> 黄神主五岳, 主生人录。召魂召魄, 主死人籍。[3]

死人籍中应该也包含着其阳寿之数与应死之期, 用以复核可能存在的非命而亡, 对此我们将在第三节之"复生"中具体讨论。此外一份初平四年镇墓文有云:

---

[1] 索安 (Anna Seidel). 从墓葬的葬仪文书看汉代宗教的轨迹 [G] // 法国汉学, 第七辑. 北京: 中华书局, 1999: 120.

[2] 索安 (Anna Seidel). 从墓葬的葬仪文书看汉代宗教的轨迹 [G] // 法国汉学, 第七辑. 北京: 中华书局, 1999: 129.

[3] 索安 (Anna Seidel). 从墓葬的葬仪文书看汉代宗教的轨迹 [G] // 法国汉学, 第七辑. 北京: 中华书局, 1999: 124.

谨奉黄金千两，用填（镇）冢门，地下死籍消除文。[1]

在这里，由冥府掌握的"死籍"的概念得以完整地表达。此外，"死籍"也可能被称作"鬼箓"（有别于葛洪所言掌控鬼神之《百鬼箓》），如在《三国志》中，孙策决意处死于吉，并阻止别人劝说曰：

今此子已在鬼箓，勿复费纸笔也。

（三）律令

镇墓文多以"如律令"作为结尾，有些则写为"如天帝律令""有天帝教如律令"等[2]。索安认为："在宗教背景下'如律令'这样的套语应用于地券中，则表明一种管控与冥界关系或总体鬼神秩序的律令可能已经存在。"[3] 这一点甚为重要，因

---

[1] 唐金裕.汉初平四年王氏朱书陶瓶 [J] // 文物，1980（1）：95.

[2] 索安（Anna Seidel）.从墓葬的葬仪文书看汉代宗教的轨迹 [G].法国汉学，第七辑.北京：中华书局，1999：131.

[3] 此一句原文为 "In a religious context it would mean tht the formula adopted in the grave ordinances, *ju lü-ling*, presupposes the existence of a code of law governing the relations with the nether world or with the spirit hierarchy generally." 赵宏勃将其译为"在宗教背景下'如律令'这样的套语应用于地券中，则预示着现存的法律对阴间及其诸神通同样具有效力"。其中 "the existence of a code of law"（一种法规的存在）被误译为"现存的法律"。原文所指乃是一种宗教性律令体系存在的可能，而译文则将其指向了阳世的律令。索安（Anna Seidel）.从墓葬的葬仪文书看汉代宗教的轨迹 [G].法国汉学，第七辑.北京：中华书局，1999：131.

为虽然我们手中尚未掌握"天帝教"的宗教性律令，但我们知道这一形式在后世道教义理中同样扮演着十分核心的角色。尤其是东汉永平三年（公元 60 年）的一份镇墓文，其结尾写作："□□为盟，如律令。"[1]（见图 02-07）其使我们了解到在汉安元年鹤鸣山盟约之前客观存在的另一种盟约。虽然我们并不了解其盟约的实质性内容，但其与律令连用的行文已与盟威道十分接近。

图 02-07　陕西咸阳东汉永平三年（60）墓葬镇墓文，其最后一行云："□□为盟，如律令。"

[1] 咸阳市文物考古研究所. 咸阳教育学院汉墓清理简报 [C] // 文物考古论集——咸阳文物考古研究所成立十周年纪念. 西安：三秦出版社，2000：227-235.

我们在上文中已经讨论了秦汉帝国政治制度中"户籍"与"律令"制度所体现的理性、平等精神。这两种制度是结构性的共生关系，所以，一旦"律令"的概念出现在宗教语境之中，便意味着"户籍"概念已经进入宗教义理之中，而户籍的意义正包含了国家对于臣民的保护。由此，我们或可推测，天帝教的教徒拥有明确的教民身份，因其拥有天帝所掌管的户籍，因此得以成为天民（很可能存在着某种近乎盟约的入教仪式），并进而在地府之中享有天帝对其的护佑。这种通过信仰中身份转化来获得庇护的方式（而不是通过交易、讨好或收买地府神明）恰恰是宗教理性化发展进程中的重要标志。我们稍后会看到，盟威道以盟约、律令之威力来为信徒提供免受鬼神相侵的神圣庇护（参见第七节"盟约"、第九节"神不饮食"）。

（四）赏罚

商代甲骨文中频繁出现的对于祖先与神明的献祭往往以祈求回报作为前提，其回报的内容上至战争胜利，下至治疗牙疾。由此，祭祀成为一种建立在神人"感应"基础上的交换机制[1]（参见第一节"祭祀宗教"）。周人以"德"鼎革天命，也即意味着人自身的思想、言行将会通过上天的赏罚而影响自身的命途。在《尚书》中所存文献一方面表明了上天（上帝）对于

---

[1] David N. Keightley, *Sources of Shang History: The Oracle-Bone Inscriptions of Bronze Age China* (Berkeley and Los Angeles: University of California Press, 1978), 33-35, 85-87.

"善"的褒赏，如所谓"惟上帝不常，作善降之百祥，作不善降之百殃"[1]。另一方面，其中也多次出现有"天罚"之语[2]。按《逸周书·命训解》曰：

> 天生民而成大命，命司德，正之以祸福……夫司德司义，而赐之福禄。福禄在人，能无懲乎？若懲而悔过，则度至于极。夫或司不义，而降之祸。在人，能无懲乎？若懲而悔过，则度至于极。[3]

此处明确地表示了上天命令"司德"之神来以赏罚（使人祸福）的方式规范下方生民的行为。"义"则"赐之福禄"，"不义"则"降之祸"。《国语·周语》更直接言明："观其政德而均布福焉""观其苛慝而降之祸"[4]。由此，至迟自西周时期开始，周人所信仰之"天"及其所辖之神明便已具有了监观万民与通过福祸而赏罚的职司。这一观念在《周易·坤文言》中又得到了进一步发展，其云：

---

[1] 孔颖达，孔安国.尚书正义[M].上海：上海古籍出版社，2007：307.

[2] 如《周书·泰誓》云："今商王受，狎侮五常，荒怠弗敬。自绝于天，结怨于民……上帝弗顺，祝降时丧。尔其孜孜，奉予一人，恭行天罚。"又《多士》云："多士，昔朕来自奄，予大降尔四国民命。我乃明致天罚。"又《吕刑》云："永畏惟罚，非天不中，惟人在命。天罚不极，庶民罔有令政在于天下。"孔颖达，孔安国.尚书正义[M].上海：上海古籍出版社，2007：416，625，791.

[3] 黄怀信.逸周书校补注译[M].西安：三秦出版社，2006：8-9.

[4] 左丘明撰，徐元诰集解.国语集解[M].北京：中华书局，2002：29.

　　积善之家，必有余庆；积不善之家，必有馀殃。臣弑
　　其君，子弑其父，非一朝一夕之故，其所由来者渐矣，由
　　辩之不早辩也。[1]

在这里，"善"与"不善"都成为一种可以量化积累之物，而且会顺着家庭血脉在代际之间持续积累、承递。镇墓文中也存有道德层面的关注，如类似"善者，陈氏吉昌；恶者，五世自受其殃。急"这样的表达。[2]索安认为："这意味着死者生前的道德操行，被星宫中无所不知的神明所观察，并被记录在阴间的登记簿上，存放于五岳的档案中，能够影响五代子孙的命运。"[3]

　　在两汉文献中，文昌与司命分别是对于功与过的监察之神，《白虎通·寿命》云：

　　又欲使民务仁立义，无谄天。谄天则司命举过，言则
　　用以弊之。[4]

《潜夫论·忠贵》云：

[1] 李道平.周易集解纂疏[M].北京：中华书局，1994：87.

[2] 索安（Anna Seidel）.从墓葬的葬仪文书看汉代宗教的轨迹[G].法国汉学，第七辑.北京：中华书局，1999：134.

[3] 索安（Anna Seidel）.从墓葬的葬仪文书看汉代宗教的轨迹[G].法国汉学，第七辑.北京：中华书局，1999：134.

[4] 陈立.白虎通疏证[M].北京：中华书局，1994：392.

文昌奠功，司命举过，观恶深浅，称罪降罚。[1]

此外，"司过之史" [2] "司过之士" [3] 这一职司也出现在神明之列，如《抱朴子》引《易内戒》《赤松子经》及《河图记命符》所云：

> 天地有司过之神，随人所犯轻重，以夺其算，算减则人贫耗疾病，屡逢忧患，算尽则人死，诸应夺算者有数百事，不可具论。又言身中有三尸，三尸之为物，虽无形而实魂灵鬼神之属也。欲使人早死，此尸当得作鬼，自放纵游行，享人祭酹。是以每到庚申之日，辄上天白司命，道人所为过失。又月晦之夜，灶神亦上天白人罪状。大者夺纪。纪者，三百日也。小者夺算。算者，三日也。吾亦未能审此事之有无也。[4]

此处，三尸、灶神被称作"司过之神"，他们均隶属于司命神，并由此构成了一套以人身、家庭为网络，以司命为中心的职官体系。这些均与《太平经》中所出现的系统的考察人间善恶的职官制度完全相应。由此可推论，至迟在东汉时，一套多维度的（从上天到家庭乃至人身中）职官化赏罚体系已经形成。与

---

[1] 彭铎．潜夫论笺校正 [M]．北京：中华书局，2014：149-150.

[2] 王聘珍．大戴礼记解诂 [M]．北京：中华书局，1983：52.

[3] 许维遹．吕氏春秋集释 [M]．北京：中华书局，2009：647.

[4] 王明．抱朴子内篇校释 [M]．北京，中华书局，1985：125.

此相对的是，人们已将道德层面的不良言行理解为法律意义上的"罪"，这与宗教中的"律令"观念也是共生的，正如律令与户籍是逻辑上的共生关系一样。

包筠雅（Cynthia Joanne Brokaw）教授曾指出，这一套公正的赏罚体系在汉代被进一步发展，并与"气论"相接驳。在一部分文献中，赏罚并不经由神明来完成，而是通过构成万物，且弥散于六合之中的"气"来完成的。"宇宙通过'气'的运行，自动地、如实地对人的行动做出反应。人们的行动为气的一种运动，影响或'感'了它周围的宇宙之气，引起正好适合于它自身性质和大小的'应'。"由此，在汉代，"感应"一词"是指作为一种宇宙过程的报应，这一过程是通过人与超人界域之间复杂的联通体系来运作的。"[1] 在后世道教文献中，一系列人与天地万物之间的互动均可被引申为广义的气的层面的"感应"，我们下面将会看到，在赏罚之外，法箓的授度与科仪的敷演利用的实际都是这一机制。

此外，在众多古代祭祀宗教的逻辑中，人类对于神明的享祭（饮食）负有责任，而未及履行的责任则会演化为债务。如在古代美索不达米亚神话中，人类作为为诸神服务的奴仆而被创造；[2] 而国王的责任之一便是保证神庙中神明所享用的祭品，

---

[1] 包筠雅，著. 杜正贞，张林，译. 功过格：明清时期的社会变迁与道德秩序 [M]. 上海：上海人民出版社，2021：31-32.

[2] Benjamin R. Foster, *From Distant Days: Myths, Tales, and Poetry of Ancient Mesopotamia* (Bethesda, Md.: CDL Press, 1995), 52-77.

他也以此作为名目向人民进行摊派并征收农产品[1]。换言之，不能按照要求完成献祭的人类，不能蒙受祝福，反而会得罪于神明。类似的观念也存在于汉代的宗教观念之中，人对鬼神负有祭祀的责任，这种责任近乎一种契约，对鬼神的祭祀不周则被视作对于契约的违背，并造成为人的"罪"与"债"。夏德安教授对于香港中文大学所藏东汉建初四年（公元 79 年）《序宁简》[2]所作的研究便向我们展示了这种债务式的契约关系[3]。另一方面，自然界的时间与空间维度中也充满着各类神煞，人类若不能依据日书来指导生活，则难免会有冲撞之罪，我们在第一节"共同宗教"中已经提及，此不赘述。

（五）解除

早在先秦时期，因为有"罪"而被神明惩罚，并以仪式解除的行为已经存在。其最为著名的物证便是今年出土于华山脚下的《秦骃祷病玉版》（图 02-08）。按李零先生判断，其作于公元前 256 年或 249 年后[4]。根据诸前贤的释读，我们大概知道

---

[1] 在《希伯来圣经》的《利未记》中，借耶和华之口详细开列了逾越节、荐新节、五旬节、新年节、赎罪节、帐篷节等节日所应为耶和华献上的牺牲、祭品的种类、数目以及烹制方式。香港思高圣经学会.圣经[M].北京：中国天主教教务委员会，1992：168-169.

[2] 陈松长.香港中文大学文物馆藏简牍[M].香港：香港中文大学文物馆，2001：97-108.

[3] 夏德安（Donald Harper）.汉代共同宗教中现世与冥界的契约：公元 79 年序宁祷祠简，当代西方汉学研究集萃，宗教史卷[G].上海古籍出版社，2016：29-63.

[4] 李零.中国方术续考[M].北京：中华书局，2006：354.

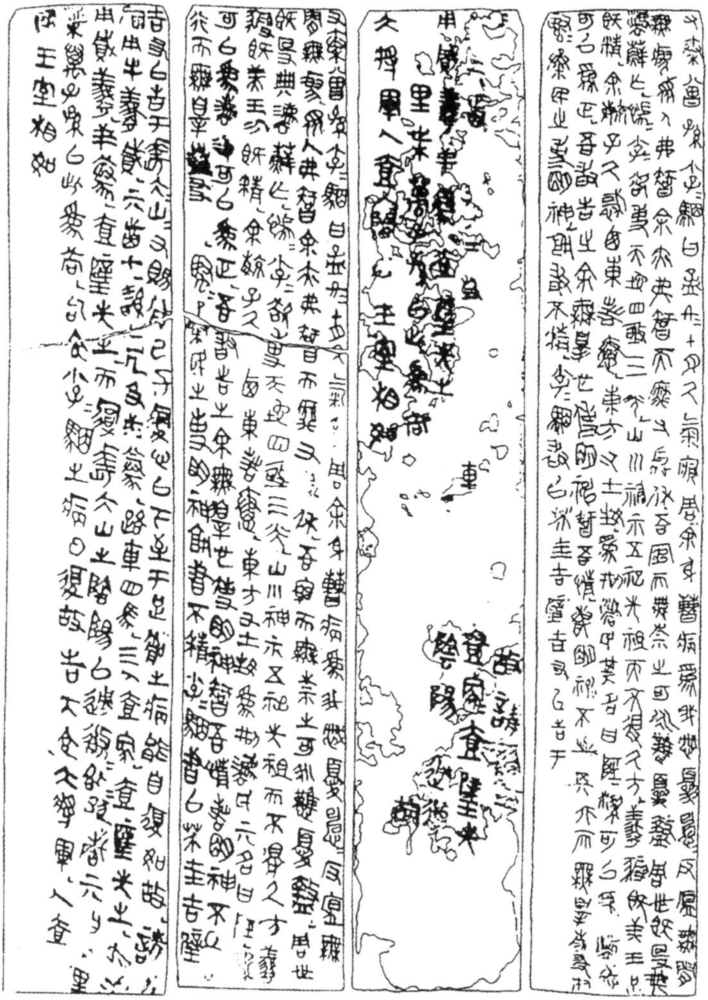

图 02-08　《秦骃祷病玉版》铭文摹本（董珊绘）[1]

---

[1] 李零.中国方术续考[M].北京：中华书局，2006：344.

其中所言是一位名为秦骃的秦国贵族，因生病不愈祷于华山之神，其曰：

> 吾敢告之：余无罪也，使明神知吾情；若明神不□其行，而无罪□宥刑，蟊螟烝民之事明神，孰敢不敬？小子骃敢以介圭、吉璧、吉绅以告于华大山。[1]

在这里，秦骃似乎并没有特别表现出对于自己有罪的发露，而是以声明的口吻告白于神明。按李零先生的看法，"而无罪□宥刑"一句似乎是说，"不加怪罪，减轻其惩罚"[2]。根据后面的文字来看，秦骃其后病愈，由此特来酬谢华山之神，并奉上了玉版。《秦骃祷病玉版》的特别之处在于，其一方面表达出了神明会因人的罪过通过疾病的方式进行惩罚，另一方面也表达出，这种惩罚可以通过仪式性的行为而得以化解。尤其是玉版这一物质形式与后世道教的三官手书、投龙简都有着直接的渊源。不过仍然需要阐明的是，按照文字的内容来分析，秦骃并没有认罪，反而通过为自己辩护以及献祭获得痊愈。这种对于罪罚的认知与后世道教有着天壤之别。

通过道德层面的自省、发露、悔过而达成的解罪仪式，在东汉时期也已经流行开来。按梁元帝萧绎所撰《金楼子》载：

---

[1] 李零. 中国方术续考 [M]. 北京：中华书局，2006：345.
[2] 李零. 中国方术续考 [M]. 北京：中华书局，2006：357.

> 刘英，交通宾客，晚节学黄老、浮屠。永平八年，诏令天下死辠皆入缣赎。英遣郎中令诣国相曰："过恶累积，欢喜大恩。奉送黄缣白纨三十匹入赎。"楚相以闻，诏书示诸国中，传曰："楚王诵黄老之微言、尚浮屠之仁祠，洁斋三月，与神为誓，何嫌？当有悔吝，还赎缣纨，以助伊塞、桑门之盛馔。"

同一事件在《魏书》之中亦有追述：

> 汉章帝（75—88 年在位）时，楚王英喜为浮屠斋戒，遣郎中令奉黄缣白纨三十四，诣国相以赎愆。诏报曰："楚王尚浮屠之仁祠，洁斋三月，与神为誓，何嫌何疑，当有悔吝。其还赎，以助伊蒲塞、桑门之盛馔。"

结合两则记录，楚王刘英为了"赎罪"（这里的罪仍然是人世法律意义上的罪）而向朝廷纳上了"黄缣白纨"。由于他兼奉道、释两教（但是这里的"浮屠之仁祠"极有可能只是一种近乎神仙的礼敬，而非系统性的佛教信仰），故而得以通过"洁斋三月"以及"与神为誓"的悔过方式来得到赦免，甚至最初赎罪的织物也被送还，用以举行"斋僧"之会（同时参见第十四节，作为赎罪仪式的"厨会"，但也需要甄别两者之不同，"斋僧"为向上布施供养，"厨会"则是平行分享）。这则材料十分重要，如果笔者的解读没有太大问题，则其实际将人、神两界的罪与赎贯通了起来，将思过洗心的"斋"与"立誓"关联了起来，这一整套机制与方法都与后世所记载的盟威道教法极为相似。楚王刘英之"赎罪"说明，在东汉中早期，至少是在贵族、精英的层面，宗教层面的忏悔便已经与人间的赎罪相互贯通，且明确与"黄老之微言"相关（佛教教法中不存在"与神为誓"的忏悔仪式）。但在民间层面，发露、自省这种以忏悔来解除罪愆的仪式内容很可能需要到东汉中晚期才逐渐出现。

现在回到"天帝教"的讨论，我们在上面已经看到，逝者的罪愆并不仅限于其个人，也将会牵连其子孙受其灾殃（《太平经》中谓之"承负"）。因此，在汉代的墓葬中常伴随有代替逝者受罪的"铅人""松人"等，以仪式的方式来解除罪愆。其文字表达往往写作"为生人除殃，为死人解谪"，"谨以铅人、金玉，为死者解谪，为生人除罪过。"[1] 按照王充所言，"解除"的仪式在汉代十分普遍，其不仅仅限于丧礼，更还与祛瘟、解厄有关，且与祭祀相对。其在《论衡·解除篇》中言：

> 世信祭祀，谓祭祀必有福；又然解除，谓解除必去凶。解除初礼，先设祭祀。比夫祭祀，若生人相宾客矣。先为宾客设膳，食已，驱以刃杖。[2]

---

[1] 索安（Anna Seidel）. 从墓葬的葬仪文书看汉代宗教的轨迹 [G]. 法国汉学，第七辑. 北京：中华书局，1999：134.
[2] 黄晖. 论衡校释 [M]. 北京，中华书局，1990：500.

可见，在两汉时期，解除类的仪式包含了饮食祭祀、武力驱赶以及替人的使用这些以巫术—宗教（magico-religious）的方式来实现解除罪过的仪式。

不过，这些仪式行为仍与后世道教以自我发露、忏悔的方式解罪十分不同，谢世维教授论道："客观来看，从东汉解注器当中，似乎已经认为死者会因生前作为而形成'罪'，并在他界接受谪罚，但并看不出有为亡者首过赎罪的具体证据，多半是透过解注器传达天帝的命令为死者解谪，或奉金银并透过铅人来为亡者解适。"[1]

（六）文书

如上文所言，文书制度与职官体系是共生的关系，口头的汇报并无效用，所有的交流内容都必须通过以官方格式写就的书面文件来实现。早在镇墓文出现前的西汉时期，墓葬中已经出现了呈递与"地下丞"的《告地策》，意即以阳官的名义向阴官汇报逝者在两个世界之间的迁徙。其文常使用格式化的官方套语，如：

> 十三年五月庚辰，江陵丞敢告地下丞：市阳五夫隧自言：与大奴良等廿八人、大婢益等十八人、轺车二乘、牛车一辆、驷马四匹、騮马二匹、骑马四匹。可令吏以从

---

[1] 谢世维．首过与忏悔：中古时期罪感文化之探讨 [J]．清华学报（台湾地区），新四十卷第四期（2010）：738.

事。敢告主。[1]

同时期还另有一种呈递给"主藏君 / 主藏郎中"的《衣物疏》，即以阳世家丞的口吻向墓中之家丞汇报随葬物品的文书，其文亦采用官方文书形式。如：

> 十二年二月乙巳朔戊辰，家丞奋移主藏朗中，移藏物一编，书到先撰。具奏主藏君。[2]

镇墓文虽然并非书写于简牍之上（常书于陶瓶上），但毋庸置疑，其是以书写的形式来达到其宗教目的，因此与"买地券"均可视作广义上的墓葬文书；与此同时，我们有理由相信，彼时天帝教内部也应有施用于其他仪式场合的文书的存在。

四、小结

本节中，我们首先对秦汉帝国的职官制度有了初步认识。在法家理性、平等、高效、专业的治国精神下，秦汉帝国得以发展出一套庞大而又精密的行政体系。律令是这一台严密机器运转的唯一依据，甚至长官 / 皇帝并不需要进行过多的干预，文吏们也能依据条例与惯例对各类事件做出理性的判断与应

---

[1] 陈直 . 关于江陵丞告地下丞 [J] . 文物，1977（12）：78.
[2] 长沙马王堆二、三号汉墓发掘简报 [J] . 文物，1974（07）：43.

对。这基本相当于近代所谓的专家政治。这一世俗的政治制度同时也具有一定的神圣性或宗教性，是一个内部充满流动性的有机整体。

此外，通过对于出土文献与文物的考察，我们也得以管窥东汉时期新兴的天帝教，人间职官制度中的几项重要概念均在其中有着相应的内容。由于缺乏更多的文物与文献支持，我们尚难以对其内部的宗教逻辑做完备、系统的梳理，但从职官制度所独具的结构逻辑出发，我们得以推理出一些并未充分显现的侧面：如教徒的宗教户籍、道德伦理层面对于罪的认知等内容。由此观之，后世道教中的职官制度并非新创，而是当时中国宗教普遍存在的具象特征。然而，我们将在稍后看到，在盟威道义理中，大道职官的本体乃是"道气"。

第三节　两汉宗教的复生观念

由于在古代中国宗教思想中，人与天地被分别视作一小一大两重同质的宇宙（microcosmos, macrocosmos），则此二者的生死便不再是互不相干的事件，而是休戚与共的。在道教义理中，对于大天地的拯救与对小天地的救度是一体之事件。由此，在本节中，我们想着重讨论鹤鸣山盟约之前两汉宗教两个十分重要的义理内容——人的死后复生与天地大灾之后的太平，以期能将宗教作为视角来理解两汉时期个体生命与社会之间的同质关系。

我们将看到，无论是通过死亡而尸解升仙，还是在灾异末世之后进入新的太平之世，都并非在历史中突然闪现而出的观念，而是从原有的一些相关的概念上逐渐发展整合而来。这两种宗教思想与宗教中的职官制度相结合，分别于西汉末年与东汉末年形成了两次群众性的宗教运动："西王母诏筹"与"太平道"。最终，它们被盟威道以清约的宗教精神继承、统摄、转化，并由此成为道教核心的义理概念。

一、复生与尸解

"复活"（resurrectionem）在当代汉语里具有亚伯拉罕宗教内涵，但这并不意味着死而复生的宗教概念不存在于中国宗教之中。实际恰恰相反，如果我们按照"复生""更生""还魂"这样的词汇脉络来探究，其概念早在先秦之际便已出现在哲学与宗教的观念之中，其中最著名的莫过于庄子与髑髅之间的这段著名对话：

> 髑髅曰："死，无君于上，无臣于下；亦无四时之事，从然以天地为春秋，虽南面王乐，不能过也。"庄子不信，曰："吾使司命复生子形，为子骨肉肌肤，反子父母、妻子、闾里、知识，子欲之乎？"髑髅深矉蹙頞曰："吾安能弃南面王乐而复为人间之劳乎！"

在这里，虽然庄子的本意是探讨一种生命本身的意义，但同时却也透露出一则重要的战国时期宗教观念，即：司命之神有能力"复生"人的身体，前提是通过在世生人的请求。这种请求能否被恩允，也存在一个前提，即"命不当死"。

（一）命不当死

在 1986 年甘肃放马滩一号墓出土的战国秦简中，记载了一则名叫"丹"的人死而复生的故事。[1] 这一套竹简本质上是一份秦昭襄王三十八年（公元前 269 年）由地方县丞向秦国御史上呈的公文，故其文书开头为"卅八年八月己巳，邸丞赤敢谒御史……"，其后曰：

> 七年，丹刺伤人垣雍里中，因自刺殹。弃之于市，三日葬之垣雍南门外。三年，丹而复生。丹所以得复生者，吾犀武舍人，犀武论其舍人□命者。以丹未当死，因告司命史公孙强。因令白狗穴掘出丹，立墓上三日，因与司命史公孙强北出赵氏，之北地柏丘之上。盈四年，乃闻犬狋鸡鸣而人食，其状类益，少糜、墨、四支不用。

在这一则故事中，丹曾在生前刺伤一人，随后自杀，其主人犀武认为丹"未当死"故而"告司命史"，司命史令白狗将丹从墓穴中掘出，经过了四年时间的休养，丹才渐渐恢复一个健康人的身体机能。夏德安教授指出，犀武与司命史的交流，必然

---

[1] 李学勤.放马滩简中的志怪故事［J］.文物，1990（04）：43-47.

是使用了类似县丞与御史之间所用的公文，"这说明在公元前 4 世纪末前后，地府已经与官制化的国家相类似，地下官吏已遵守战国官吏的标准处理事务"[1]。他进一步援引我们上面提到的"告地策"证明，通过文书（简牍）来沟通神明的方式至迟在西汉初年已经得到了考古的证实。这也就是说，在战国末期至秦汉之间，由生者向司命神拜进文书祈求死者复生的仪式很可能是一种普遍的宗教实践。

并非所有的死亡都是"未当死"，且即便"未当死"也并不代表其能够复生，因为我们并不真正能够判断一个人是否真的"当死"。索安教授在她的研究中引出东汉建和元年（公元 147 年）的一份镇墓文，墓主人为一名在 24 岁时因难产而去世的女性，其文曰：

> 筹汝名籍，或同岁月，重复勾校日死，或同日鸣，重复勾校日死。[2]

我们可以将这一段文字视作向神明祈求死者复生的文书与镇墓文的合体，且其中言明了一个问题，即地府保存有记录生死日

---

[1] 夏德安（Donald Harper）. 战国民间宗教中的复活问题 [G] // 简帛研究译丛，1，长沙：湖南出版社，1996：29.

[2] 池田温. 中国历代墓券略考 [G]. 东洋文化研究所纪要，86，1987：270-271. 关于文中"重复"一词的含义，参见黄景春."承负说"源流考——兼谈汉魏时期解除"重复"法术 [J]. 华东师范大学学报（哲学社会科学版），2009，41（06）：103-109.

期的录籍。那些在生人看来的"命不当死"事件，有可能是因为地府官吏勾校失误所造成的。由此，使其复生的方式，便是请求地府官吏重新核对其录籍。换言之，理论上来说，地府、司命神不可能使一个人复生，除非其自认是行政事故，这背后依然是法家的法制精神。夏德安教授论道："'当'这个词在睡虎地法律文书中经常出现，在那里，它是秦国法律中一种特殊的罪行当罚的法律条文，在我看来，宗教意义上的有关命运的'当'是来自法律术语中的'当'……放马滩的记载显示了公元前 4 世纪末，这种法律意味的'当'，已经扩展到宗教意味的生死判决。"[1]

在庄子与屈原的时代，司命神俨然已是十分普遍的一种神明信仰，汉代官方专门设立有司命祠祀[2]，《礼记》也将司命列为由王室贵族来祭祀的神明。[3] 但至迟在东汉时，对于司命神的敬礼业已广泛流行于民间，且其神格多了一重督查人间善恶的职能，郑玄曰：

---

[1] 夏德安（Donald Harper）.战国民间宗教中的复活问题 [G] // 简帛研究译丛，1，长沙：湖南出版社，1996: 33.

[2] 《史记·封禅书》："晋巫，祠五帝、东君、云中君、司命、巫社、巫祠、族人、先炊之属；秦巫，祠社主、巫保、族累之属；荆巫，祠堂下、巫先、司命、施糜之属。"司马迁.史记：封禅书 [M]. 北京：中华书局，1982: 1378.

[3] 《礼记·祭法》："王为群姓立七祀：曰司命，曰中溜，曰国门，曰国行，曰泰厉，曰户，曰灶。王自为立七祀。诸侯为国立五祀，曰司命，曰中溜，曰国门，曰国行，曰公厉。"孙希旦.礼记集解 [M]. 北京：中华书局，1989: 1204.

> 小神居人之间，司察小过，作谴告者尔。[1]

此外，《风俗通》更为详尽地记载了民间礼敬司命神的小型神龛：

> 今民间独祀司命耳，刻木长尺二寸为人像，行者檐箧中，居者别作小屋。[2]

如此，司命已经成为普通百姓个人生命的守护神。

在六朝道教上清派的义理中，司命神由修道者升仙之后补任，其中最著名者莫过于茅君。然而早在茅君补任东卿司命之前，他便已显示出了独特的复生能力。在《茅君传》中，茅君的父亲向其发难道："子言得道，能起死人否？"茅君对曰："人有天禄终及，积恶罪重者不可更生，其横受夭折，则可令起。"随后，茅君"发数人冢，皆遂生活"，并解释道："我昔学道，精思深山，山灵附我，因协以驱使之耳，非已自达其神，能死生于万物也。"[3]茅君的态度一方面沿袭了两汉时期使人复生的条件，"横受夭折"即是命不当死；另一方面，即便是已经成道之人也没有能力与权力使人复生，茅君依然需要调遣山灵，到掌管生死的职官中去转圜。

---

[1] 孙希旦. 礼记集解 [M]. 北京：中华书局，1989：1203.

[2] 王利器. 风俗通义校注 [M]. 北京：中华书局，1981：384.

[3] 刘大彬. 茅山志：卷五 [M] // 道藏：第 5 册，577.

（二）空棺尸解

上述的复生可进一步延伸出两点思考：1. 对于一大部分寿终正寝的人，比如高龄去世的老人，"复生"的宗教性尝试并无太大意义；2. 假使能够复活，也是原有生命的继续，也就是此世之中的（this-worldly）复生；比如在茅君的故事中，那些被他复生的死者，便是"更数十岁乃复死耳"[1]。

这种复生的方式并非宗教意义上超越性的生命救度，而更像是医学或巫术层面的救护。与此同时，我们也在上一节中看到，不论是养生家、神仙家还是道家，其所追求的延年益寿或生命超越都是以此世（当下的生命）作为依托的。理论上来说，他们必须在有限的生命中达成这项无限的事业，若其生前未能做到"白日飞升"或"与天地万化同俦"，则死后的命途便也与常人无异了。针对死亡，庄子有鼓盆而歌的兴叹，但也只是劝导世人改变对于死亡的看法（将死亡视作"偃然寝于巨室"），而非改变死亡本身。

我们目前所能见到的较早的关于人死后尸体消失并成仙的记载来自《史记》与《抱朴子》中关于李少君的记载，按《史记》云：

李少君病死，天子以为化去不死。[2]

---

[1] 刘大彬. 茅山志：卷五 [M] // 道藏：第 5 册，577.

[2] 司马迁. 史记：封禅书 [M]. 北京：中华书局，1982：1386.

《抱朴子》引《汉禁中起居注》云：

> "少君之将去也，武帝梦与之共登嵩高山，半道，有
> 使者乘龙持节，从云中下。云太乙请少君。帝觉，以语左
> 右曰，如我之梦，少君将舍我去矣。数日，而少君称病
> 死。久之，帝令人发其棺，无尸，唯衣冠在焉。"按仙经
> 云："上士举形升虚，谓之天仙。中士游于名山，谓之地
> 仙。下士先死后蜕，谓之尸解仙。"今少君必尸解者也。[1]

我们应该注意到两点：1.《史记》与《汉禁中起居注》并未言
及"尸解"二字（其三品仙之位业为《抱朴子》所引"仙经"）；
2."空棺"以及衣、物等视觉表现，也见于《列仙传》中的部
分记载[2]，如轩辕黄帝"柩空无尸，惟剑舄在焉"[3]；吕尚"无尸，
唯有《玉钤》六篇在棺中云"[4]；钩翼夫人"棺内但有丝履"[5]；
谷春"发棺，有衣无尸"[6]。换言之，"尸解"可能是对死后空棺
这一"解化"观念的后出称谓。

与其相应的，我们从战国至西汉的记录中所见的乃是"形

---

[1] 王明. 抱朴子内篇校释 [M]. 北京，中华书局，1985：19-20.
[2] 《列仙传》并非纯粹的汉代作品，但考虑到其在东汉已经流传，我们仍
　　在此将其与其他汉代文献一同考察。
[3] 王叔岷. 列仙传校笺 [M]. 北京：中华书局，2007：9.
[4] 王叔岷. 列仙传校笺 [M]. 北京：中华书局，2007：26.
[5] 王叔岷. 列仙传校笺 [M]. 北京：中华书局，2007：106.
[6] 王叔岷. 列仙传校笺 [M]. 北京：中华书局，2007：129.

解"一词。如《十问》所言：

> 长寿生于蓄积。彼生之多，上察于天，下播于地，能者必神，故能形解。[1]

《史记》又言：

> 自齐威、宣之时，驺子之徒论著终始五德之运，及秦帝而齐人奏之，故始皇采用之。而宋毋忌、正伯侨、充尚、羡门高最后皆燕人，为方仙道，形解销化，依于鬼神之事。[2]

所有这些记载并未言明其"形"即是"尸"，因此形解可能暗示着修仙者在其生时的解化，而不仅仅是死后的解化。而从文字上来看，"尸解"一词出现的时间下限应是东汉初期。王充在其《论衡》中明确地提出了这一概念，其云：

> 夫蝉之去复育，龟之解甲，蛇之脱皮，鹿之堕角，壳皮之物解壳皮，持骨肉去，可谓尸解矣。[3]

---

[1] 魏启鹏，胡翔骅.马王堆汉墓医书校释（贰）：十问 [M].成都：成都出版社，1992：113.

[2] 司马迁.史记：封禅书 [M].北京：中华书局，1982：1368.

[3] 黄晖.论衡校释 [M].北京：中华书局，1990：331-332.

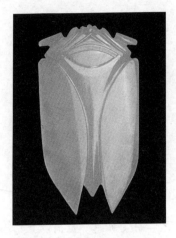

图 03-01　西汉玉蝉，长 5.7 厘米、宽 2.9 厘米，1988 年江苏省邗江县姚庄西汉墓出土，扬州博物馆藏

尸解更强调了利用死亡这一大限来获得新生的信仰，"所谓真正不死乃须要创造一个新不朽的形体而脱离肉体"[1]。此外，以"蝉之去复育"来比喻死后解化的观念应自西汉中期便已流行，大量的玉蝉出现在自西汉中期以来的墓葬之中，正是死后解化这一信仰的有力物证（见图 03-01）。

　　事实上，自西汉早期开始，大量升仙题材的器物、图像便出现在贵族阶层的墓葬之中。同时，为了确保"解化"的成功，人们对于尸体的处理也更是煞费苦心，并着重诉诸"棺"与"衣"这两项媒介（也恰恰是《列仙传》中所强调的两种视觉元素）。以棺为主者，如湖南长沙马王堆 1 号墓中所出土的軑侯夫人辛追遗体被 20 层各式衣物即织物包裹（图 03-02），并被殓于四层棺椁之中。其中，内棺（柩）以羽毛贴饰，第二重外棺通身被绘以流动优美且充实的云气，符瑞神兽隐现于云端；第三重外棺周身绘有神山，龙、鹿等神兽（巫鸿教授认为其所反映的乃是"南望昆仑，其光熊熊"的

[1] 夏德安（Donald Harper）. 战国民间宗教中的复活问题 [C] // 简帛研究译丛，1，长沙：湖南出版社，1996：38.

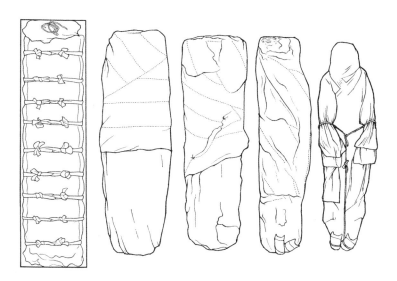

图 03-02 湖南长沙马王堆 1 号西汉墓内棺中的遗体收殓及结跗示意图

昆仑山[1]；而外棺棺盖上方所覆盖的"铭旌"实为一幅描绘轪侯夫人由龙所载升入天门的"升天图"[2]）。

河北满城中山靖王刘胜之墓则体现了另一种以衣为主的解化思路：其尸以金缕玉衣承殓，于人体的"形"之外，进一步构建了一个新的轮廓（一层新的"形"）；此外，尸体的九窍也被玉塞填满，对应了《抱朴子》所言"金玉在九窍，则死人为之不朽"的说法。[3]（见图 03-03）巫鸿教授认为："这种'玉

[1] 巫鸿.礼仪中的美术——马王堆再思[M]//礼仪中的美术——巫鸿古代美术史文编，北京：三联书店，2005：112.

[2] 孙作云.长沙马王堆一号汉墓出图画幡考释[J]//考古，1973（01）：54-61.

[3] 王明.抱朴子内篇校释[M].北京：中华书局，1985：51.

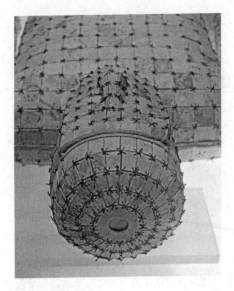

图 03-03 徐州西汉刘和墓出土之银缕玉衣，其头部有孔，似为精神之出口，徐州博物馆藏（陶金 / 摄）

衣'实际上是已转化的尸体"[1]，这一观点恰好也吻合了《列仙传》中"尸解"依靠"托形"的媒介来转化的记载（如后世所谓的剑解、杖解等，参见第十八节"太上洞玄灵宝授度仪"）。由此，衣服也就变成了另一个替身的"我"，来取代那个必死的"我"。"玉衣"正代表了蝉的"复育"，一方面通过玉的永恒的品性来保证"解化"后的永生，同时也作为遗存人间的"蜕"。在马王堆汉墓中，轪侯夫人的"形"被奇迹般地地保存了，而在金缕玉衣中的中山靖王与其夫人则几乎完全解化，这正分别呼应了王充对于尸解的两种理解："身死精神去"与

---

[1] 巫鸿 ."玉衣"或"玉人"？——满城汉墓与汉代墓葬艺术中的质料象征意义 [M] // 礼仪中的美术——巫鸿古代美术史文编，北京：三联书店，2005：140.

"身不死得免去皮肤。"[1]

虽然死后解化升仙的思想在西汉已经滥觞，但我们同时也应注意到，不论是描绘仙山、云气的花棺彩木，还是金缕玉衣，它们都无一例外出自贵族阶层的墓葬之中；而东汉时期的"买地券"以及"镇墓文"都无一例外出土于平民墓葬。贵族们翘首以待的逍遥的死后世界，对于平民而言则充满了恐惧与危险。平民阶层所能期望的超越性生命救度，还需要等到汉末盟威道的出现后方才实现。

（三）受诏升举

我们在上文中提及了神仙之三类，即：1. 游行名山，长生不死的神仙；2. 举形升天的神仙；3. 通过死亡解化的神仙。前两种生命观念分别可在养生家与道家中找到对应的思想，而第三种死后复生的思想则在神仙家系统内延续。按《神仙传》所载，阴长生乃是"周行天下，与妻子相随，举门而皆不老"的地仙。神仙马明生曾对其云：

> 汉兴以来，得仙者四十五人，连余为六矣。二十人尸解，余者白日升天焉。[2]

在这里，阴长生本人及其所列举的两类神仙一起，基本对应了抱朴子所谓"上士举形升虚，谓之天仙。中士游于名山，谓之

---

[1] 黄晖 . 论衡校释 [M] . 北京：中华书局，1990：331-332.
[2] 葛洪撰，胡守为校释 . 神仙传校释 [M] . 北京：中华书局，2010：171.

地仙。下士先死后蜕，谓之尸解仙"[1] 的概念，只不过当时尚未建立"神仙三品"的框架。[2] 如果我们对《神仙传》进一步考察，则会发现，在天仙一类的叙事中，类似李少君"使者乘龙持节，从云中下"[3] 来迎请的案例在东汉时期开始较多出现。与其他两类成仙方式相比，天仙的"升举"因为天界使者的传诏奉迎而更具有形式感，如沈羲"忽逢白鹿车一乘、青龙车一乘、白虎车一乘，从数十骑，皆是朱衣仗节，方饰带剑，辉赫满道"[4]；李阿"被昆仑山召，当去"[5]；茅君"迎官来至，文官则朱衣紫带数百人，武官则甲兵旌旗器仗耀日千余人"[6]；安期生"被玄洲召⋯⋯有乘龙虎导引⋯⋯乘羽车而升天也"[7]。出于讨论方便，我们将此种升仙方式称作"受诏升举"。

仙传中的"受诏升举"与后世道教义理的关系十分紧密。我们可以大致分为两点分论之：

1. 仙界的职官化

"受诏升举"昭示着原本与俗世阶级社会对立的"方外"

[1] 王明. 抱朴子内篇校释 [M]. 北京：中华书局，1985：19-20.
[2] 李丰楙教授认为："因此神仙三品说应该是产生于东汉中、末叶，当时品第思想已流行之后，刚好神仙说也进入另一个整理的阶段，其转变之迹就是汉末道派兴起之际，有意识地试图建立神仙学说。"参见：李丰楙. 神仙三品说的原始及其演变 [M] // 仙境与游历——神仙世界的想象. 北京：中华书局，2010：1-46.
[3] 王明. 抱朴子内篇校释 [M]. 北京：中华书局，1985：19.
[4] 葛洪撰，胡守为校释. 神仙传校释 [M]. 北京：中华书局，2010：69.
[5] 葛洪撰，胡守为校释. 神仙传校释 [M]. 北京：中华书局，2010：206.
[6] 葛洪撰，胡守为校释. 神仙传校释 [M]. 北京：中华书局，2010：183.
[7] 葛洪撰，胡守为校释. 神仙传校释 [M]. 北京：中华书局，2010：206.

神仙世界也开始了"朝廷化""职官化"的进程。也就是说，从东汉时期开始，成仙不再仅仅意味着摆脱现有的社会结构，还意味着加入一个与人世近似的仙界社会。这一社会中有着至高的天神（君主），以及它的职官僚属。作为修仙者（比如沈羲），其之所以能够成仙，乃是因为"有功于民，心不忘道，从少已来，履行无过"[1]；而登仙也便等同于领受更高的仙界官职："碧落侍郎，主吴越生死之籍"。这与汉代"选举孝廉"制度的思想完全一致。"受诏升举"的重要性在于其开创了将职官制度与生命救度并轨的先河，升仙与授职被等同了。[2]

2. 以死亡为先导的生命超越

我们在关于李少君的叙述中可以见到，通过汉武帝的梦境，"受诏升举"、"尸解"与现实世界被构建在一起，即便是通过尸解而度化的修道者，仍然得以进入这一仙界的系统之中。通过死亡、尸解、登真这一"过渡礼仪"（rite de passage）式的过程，人不再是于此世之中死而复生，而是在一种更为超越的时空与状态中复生。从比较宗教学的角度来看，犹太－基督的宗教传统中也存在着近乎一致的叙述，如按《新约》所载，在耶稣被钉死于十字架上并安葬一周后：

---

[1] 葛洪撰，胡守为校释. 神仙传校释［M］. 北京：中华书局，2010：69.

[2] 关于这一问题，高万桑教授有着精彩的论述。Vincent Goossaert, *Bureaucratie et Salut: Devenir Un Dieu En Chine* (Geneva: Labor et Fides, 2017), 61.

> 妇女们……来到坟墓那里，见石头已由墓穴滚开了。她们进去，不见了主耶稣的遗体。她们正为此事疑虑的时候，忽然有两个人……对她们说："你们为什么在死人中找活人呢？他不在这里了，他已复活了……"（路 24：1–7）[1]

在这段叙述中，所见者只有空墓（类似尸解故事中的空棺），但天使的出场昭示了耶稣已经复活，且非在人世，而是回到了天上。耶稣作为人类的"替罪羊"，通过自身的死亡实现了对于人类的救赎，而他本人也得以完成生命状态的超越性转换。我们在第十九节中将会看到，象征性的"死后复生"这一生命转换范式也被引入授度仪式的框架之中；而正是如此，生命最终的生物性死亡（biological death），也无外乎是另一场实现生命转换的授度仪式（见第二十节）。死亡，也只有作为大限的死亡，才能够被奉道者作为在此世之中实现生命超越的必由之路。

二、太平与末世

在传统中国社会中，人与天地是小大对立、关联紧密的共同体[2]，既然人能够通过死亡而得到复活，那么自然界也必然存在着同样的法则，且规模更大。或者，按照宗教史学家的看法，正是因为先贤们观察到了自然界四季交替中的生命暂歇

---

[1] 香港思高圣经学会．圣经［M］．北京：中国天主教教务委员会，1992：1634–1635.

[2] Marcel Granet, *La Pensée Chinoise* (Paris: Albin Michel, 1950), 320.

与重生，并由此援及人类自身的生命，进而推导出这样一种思想：死亡并非是生命的绝对终点，而是另一次新生命的开始[1]。随着人类社会对于自然界运行的观察以及历算的进一步发展，这一生命周期被不断推演、放大，自然界中的大型灾难被认为是一次近乎"死亡"的历程，灾后的世界则对应了重生，并进一步产生了对于未来新世界的向往。如此，我们必须要对中国两汉时期所盛行的末世概念"阳九百六"以及理想国（utopia）概念"太平"做一简要了解。

从渊源上而言，"太平"与"末世"二词原本并无关联，但在西汉与东汉末年极端的灾异条件下，此两者的因果关系被串联、打通，从而成为群众性救度宗教的重要组成部分。李约瑟（Joseph Needham）先生[2]与施舟人先生[3]都曾指出，中国宗教中存在着类似犹太-基督宗教传统的千禧年主义（millennialism）、末世论（eschatology）以及天启（apocalypse）之特性，不少前贤对此也有了较为深入的专题性学术研究。为了能够在下文中更加明确地讨论道教的宗教精神，我们将在这

---

[1] 伊利亚德（Mircea Eliade），*The Myth of the Eternal Return: Cosmos and History*, trans. Willard R. Trask, 2nd ed. (Princeton: Princeton University Press, 2005), 17–27, 51–92.

[2] 李约瑟 (Joseph Needham), *Time and Eastern Man* (London: Royal Anthropological Institute of Great Britain & Ireland, 1965), 29.

[3] 施舟人 (Kristofer M.Schipper), "Millénarismes et messianismes de la Chine ancienne", *La religion de la Chine: la tradition vivante* (Paris: Fayard, 2008), 97–125.

里对此二者的历史渊源稍作梳理，并将其置于汉末灾异频发的背景中，来审视其所独具的宗教思想。

（一）太平：理想国

"太平"一词最早见于《庄子·天道》一章中的"大平"，其文曰：

> 是故古之明大道者，先明天而道德次之，道德已明而仁义次之，仁义已明而分守次之，分守已明而形名次之，形名已明而因任次之，因任已明而原省次之，原省已明而是非次之，是非已明而赏罚次之，赏罚已明而愚知处宜，贵贱履位，仁贤不肖袭情，必分其能，必由其名。以此事上，以此畜下，以此治物，以此修身，知谋不用，必归其天，此之谓大平，治之至也。[1]

庄子此处所言，即是一种以大道来治理天下而得到的朴素、安宁、和平的社会状态，"大"与"太"相通假，文中最后的"大平"即是后世所谓的"太平"。庄子还在其他章节以不同的角度来表达其对太平的理解，如在《马蹄》一章中，他将其称作"至德之世"，其间的人类乃是"同与禽兽居，族与万物并。恶乎知君子小人"的状态[2]。这里这种"同"、"并"的概念，亦

---

[1] 陈鼓应. 庄子今注今译 [M]. 北京：中华书局，1983：370.
[2] 陈鼓应. 庄子今注今译 [M]. 北京：中华书局，1983：270.

被进一步在《大同》一章中引申为"大同"的概念，其文曰：

> 大人之教，若形之于影，声之于响。有问而应之，尽其所怀，为天下配。处乎无响，行乎无方。挈汝适复之挠挠，以游无端；出入无旁，与日无始；颂论形躯，合乎大同，大同而无己。无己，恶乎得有有！睹有者，昔之君子；睹无者，天地之友。[1]

"大同而无己"，庄子所言的太平、大同、至德之世中的人类都能够去除自我中心（self-centeredness），具有自我否定的精神，因此人人才具有最大化的"平"与"同"，也自然就没有了纷纭的竞争。"太平"的概念也被与儒家的思想相融摄，《吕氏春秋·大乐》曰："天下太平，万物安宁，皆化其上，乐乃可成。"[2]"大乐"乃是社会和谐共生的产物，与"乱世之乐"相对。自先秦时代以来，礼与乐都是儒家社会教化治民的重要载体，由此，"太平"这一理想国的理念也与儒家的礼乐社会获得了关联。

　　东汉时期的思想家王充在其《论衡》之中共使用"太平"一词多达 96 次[3]，由此促成了一个"太平"理论的小高峰。王

[1] 陈鼓应. 庄子今注今译 [M]. 北京：中华书局，1983：316.
[2] 许维遹. 吕氏春秋集释 [M]. 北京：中华书局，2009：109-110.
[3] 裴传永. 汉代"太平"社会理想的理论建构——从"太平"概念的初源谈起 [J] // 理论学刊，2016，4：141.

充认为，三皇五帝的时代是历史上曾经的太平之世，也即是大同、小康之世，如《问孔》云："五帝三王，皆致太平。"[1] 同时，他也相信，类似的"太平"也曾出现在汉代君主的统治之下，如《宣汉》云："能致太平者，圣人也，……周有三圣，文王、武王、周公并时猥出……汉之高祖、光武，周之文、武也。文帝、武帝、宣帝、孝明、今上，过周之成、康、宣王。"[2] 如此，王充将"太平"这一对于上古的追述带到了当下，并将其转化为一个具有现实意义的概念，其对于太平的评判标准，要而言之，可归纳为：

1. 国家政治制度的合理。其《明雩》曰："圣主宽明于上，百官共职于下，太平之明时也。"[3]

2. 人民得以安居乐业。其《宣汉》曰："夫太平以治定为效，百姓以安乐为符。"[4]

3. 不妄称符瑞（即祥瑞）以判定太平。其《问孔》曰："五帝三王，皆致太平，案其瑞应，不皆凤皇为必然之瑞。于太平，凤皇为未必然之应。"[5]

与先秦的道家哲学思想相比，王充的太平思想是政治性的，体现了其客观、理性的批判准则，以及对于现实生活、民

[1] 黄晖. 论衡校释 [M]. 北京：中华书局，1990：415.
[2] 黄晖. 论衡校释 [M]. 北京：中华书局，1990：821.
[3] 黄晖. 论衡校释 [M]. 北京：中华书局，1990：673.
[4] 黄晖. 论衡校释 [M]. 北京：中华书局，1990：815.
[5] 黄晖. 论衡校释 [M]. 北京：中华书局，1990：415.

本的特别关注，人民当下的福祉成为太平的首要评判标准。稍后我们会看到，在盟威道义理中，"太平"又从当下转向了遥远的未来，"太平"进而成为一个宗教性的概念。

（二）天谴：灾异论思想

《尚书·皋陶谟》曰："天命有德"，又曰"天讨有罪"。[1] 自周代开始，符瑞与灾异便被视作君王德行在自然界的直接体现，并左右着代表其王权的"天命"的合法性。凤凰、麒麟等瑞兽的出现体现了当代君王的德政，是"受命之符也"[2]；而灾异的出现，则被认为是上天之谴[3]，君王应当立即着手自省、修德并祈祷。祥瑞与灾异最大的一点不同是，前者往往得以主动地私下造作，而后者则是被动地有目共睹。自战国时代开始，"灾异"与"天命"结成了一对固定关系，影响着此后数千年的政治格局。我们在这里将主要讨论作为"天谴"的灾异，而"天命"则将在第四节以及第六节"大道"中进一步讨论。

有关灾异与王权关系的理论或解释体系可分为两种：1. 儒学的"天人感应"说，其以执政者的道德得失为先导（强调主观性）；2. 数术的"阳九百六"说，其以历算中气运之数的变化为主体（强调客观性）。此两者均与汉代经学以及流行的谶纬之学有着紧密的关联，以下分而述之。

---

[1] 孔颖达，孔安国.尚书正义[M].上海：上海古籍出版社，2007：151.

[2] 苏舆.春秋繁露义证[M].北京：中华书局，1992：157.

[3] 苏舆.春秋繁露义证[M].北京：中华书局，1992：259.

1. 天人感应说

"天人感应"之说以公羊家董仲舒为代表[1]，他在《春秋繁露》中分别从道德的层面对太平与灾异做了阐述，其曰：

> 道积聚众精以为光，圣人积聚众善以为功。故日之明，非一精之光也；圣人致太平，非一善之功也。(《考功名》)[2]
>
> 天地之物有不常之变者，谓之异，小者谓之灾。……凡灾异之本，尽生于国家之失。国家之失乃始萌芽，而天出灾害以谴告之；谴告之而不知变，乃见怪异以惊骇之；惊骇之尚不知畏恐，其殃咎乃至。以此见天意之仁而不欲陷人也。(《必仁且知》)[3]

董子之说强调上天与帝王之关系，凡有德之主，天必降以丰年与符瑞，即所谓"太平之世"；而当帝王失道时，上天则会以灾异的方式来对其进行警醒。李丰楙教授指出："在天人感应的关系中，人与天与宇宙是互为因果相互感应的，因而得出一个结论：就是凡人处于灾难即是承受一种集体性的惩罚。"[4]由于符瑞与灾异往往也与天命直接挂钩，因此自然灾害往往指向

---

[1] 盖立涛．董仲舒"太平"理想社会的理论建构 [J]．烟台大学学报（哲学社会科学版），2019（01）：1-11.

[2] 苏舆．春秋繁露义证 [M]．北京：中华书局，1992：177.

[3] 苏舆．春秋繁露义证 [M]．北京：中华书局，1992：259.

[4] 李丰楙．六朝道教的终末论——末世、阳九百六与劫运说 [G]// 道家文化研究（第九辑）．上海：上海古籍出版社，1996：84.

某一朝代皇室天命的终结，并暗示了改朝换代的可能。由此，中国古代的帝王对于灾异的深刻焦虑不仅仅是经济上的，还是文化与政治上的，两汉期间因灾异而颁布的皇帝罪己诏便多达28次。[1]

2. 阳九百六说

天人感应之说以"德"来约束王权，其在实践层面有一定的合理之处，但对于那些自认为于德无亏的执政者而言，从"术"的角度以客观存在的天道气运来解释兴衰变化则更具有说服力，或者说，有助于为其开脱。自西汉中晚期开始，以《周易》象数与天文历算相结合来解释灾异的理论逐渐开始流行，其较早的记载见于西汉成帝时谷永的奏对：

> 陛下承八世之功业，当阳数之标季，涉三七之节纪，遭《无妄》之卦运，直百六之灾厄，三难异科，杂焉同会。[2]

这里所谓"百六"，乃是指《三统历》中所推定的每 4 617 年遭遇一次的大灾。按《汉书·律历志》云[3]：

> 《易》九厄曰：初入元，百六，阳九；次三百七十四，阴九；次四百八十，阳九；次七百二十，阴七。次

[1] 吴青.灾异与汉代社会 [J].西北大学学报（哲学社科版），1995（03）：40.
[2] 班固.汉书：谷永传 [M].北京：中华书局，1962：3468.
[3] 班固.汉书：律历志 [M].北京：中华书局，1962：98.

七百二十，阳七。次六百，阴五；次六百，阳五；次
四百八十，阴三；次四百八十，阳三；凡四千六百一十七
岁，与一元终。经岁四千五百六十，灾岁五十七。

《三统历》将 4 617 年定为"一元"，每一元中共有水旱之灾九
次，总共 57 年。我们谨参考柏夷（Stephen Bokenkamp）教授
的算法[1]，将其列表于下。

经 岁	灾 岁
106 年	阳 9 年
374 年	阴 9 年
480 年	阳 9 年
720 年	阴 7 年
720 年	阳 7 年
600 年	阴 5 年
600 年	阳 5 年
480 年	阴 3 年
480 年	阳 3 年
累计 4 560 年	累计 57 年
总计 4 617 年	

---

[1] Stephen R. Bokenkamp, "Time after Time: Taoist Apocalyptic History and the Founding of the Tang Dynasty," *Asia Major*, January 1, 1994, 59‒88.

《三统历》以汉武帝太初元年即公元前 104 年为元年，以此推算，则第一次灾变当为公元前 3 年，即汉平帝元始三年。两年后，王莽代汉，西汉王朝正式完结。也就是说，王莽极有可能利用了历法上所预言的灾异之期来为其篡汉寻求合法性，他自己也曾下诏曰："予遭阳九之厄，百六之会，枯旱霜蝗，饥馑荐臻。"[1] 也许正是因为《三统历》中第一次的灾异直接对应了西汉王朝终结这样如此重大的事件，"阳九百六"一词在后世被理解为由天道气运变易所造成的天地大灾，并最终在六朝时期为道教所继承并转化，成为"末世"的代名词。正如李丰楙教授所言："天意传承具有宿命式的机械决定论意义。"[2] 在这样的一个框架下，无论是人心道德的沦丧，还是自然的灾异，都被判定为一种自然规律阴阳消长的现象，具有浓厚的宿命论色彩。从长的时间跨度来说，遇期无灾，或遇灾非期都是必然会发生之事，因此这一解释框架亦缺乏一定的说服力。

（三）两汉之群众性救度宗教

时至今日，大灾大疫面前，人类仍然是脆弱的。在灾难发生后，人们迫切地需要对这一巨大的创伤事件提供一个合理的解释：为什么如此多无辜的人会受灾，甚至死去？为什么苟活下来的是我？这一切的原因是什么？

我们在上面的讨论中看到了分别以道德和数术为基础的两

---

[1] 班固. 汉书：食货志 [M]. 北京：中华书局，1962：1145.

[2] 李丰楙. 六朝道教的终末论——末世、阳九百六与劫运说 [G] // 道家文化研究（第九辑）. 上海：上海古籍出版社，1996：84.

种对于灾异的解释，它们分别在不同的角度存在着逻辑上的漏洞，并因此缺乏说服力。此外，从"太平"的角度而言，这两种理论还未将其与灾异（末世）构建成一对必然关联的概念。这还要等到《太平经》问世后，它们才得以被纳入同一叙事框架之内，用以组成一套更具解释力度的理论。关于《太平经》降授与流传的记载从西汉成帝一直延续至东汉灵帝，按姜生教授所言，《太平经》在"200多年中，曾先后三次被献给皇帝，其中两次有文字记载的献书活动均出现在相隔三甲子（180年）的'乙巳年'"[1]。下面，我们便结合灾异的背景，以《太平经》为主线，对两汉末年的救度性宗教运动稍作概览。

1. 西汉末年的宗教运动

根据气象学的研究表明，自秦至东汉，中国的中东部地区经历了由温暖至寒冷的气温骤降，其气温谷底即东、西汉之间，比汉初之年平均温度降低了1.6℃[2]，而与此相对应的则是以农业为主的经济体系的崩溃。根据马怡研究员的总结，"约从西汉元帝时起，文献中有关灾异的记载明显增多，西汉成帝以后则愈发频数"[3]。除了农业减产所造成的饥馑之外，地震、洪水、彗星横扫、五星失行、星陨如雨、山崩河决等灾异接

---

[1] 姜生.原始道教之兴起与两汉社会秩序 [J].中国社会科学，2000（06）：180.

[2] 葛全胜等.中国历朝气候变化 [M].北京：科学出版社，2011：61-68，203-204.

[3] 马怡.西汉末年"行西王母诏筹"事件考——兼论早期的西王母形象及其演变 [J].形象史学，2016（上半年）：32.

踵而来。发生于成帝元延元年（公元前 12 年）及哀帝元寿元年（公元前 2 年）正月朔日的日食更为汉帝国的皇权笼罩上了挥之不去的梦魇[1]。如此频繁的灾异，再加上政治上的昏暗以及帝王夭折、乏嗣，整个帝国都笼罩在一种秩序即将崩塌的恐慌之中。

与此相应地，《太平经》第一次出现在历史中，正是在汉元帝（前 48—前 33 年在位）时。其时，齐人甘忠可为元帝进献《天官历》、《包元太平经》十二卷，并言：

> 汉家逢天地之大终，当更受命于天，天帝使真人赤精子下教我此道。[2]

在这短短二十九字之中的信息量极大，我们之后还会重复提及。简要而言，在这段叙述中，有三个要点需要先引起我们的注意：1. 书名"太平"，又言及"天地之大终"，即将灾异与太平置于一前一后之顺序排列；2. 提出了一种通过"更受命"而得以化解危机的方法，这一建议在汉哀帝的时候终于得以施行，其改元"太初"，并自号曰"陈圣刘太平皇帝"；3. 提及了"天帝"[3] 及其使者"赤精子"（象征汉室之火德），并言明其书

---

[1] 马怡. 西汉末年"行西王母诏筹"事件考——兼论早期的西王母形象及其演变 [J]. 形象史学，2016（上半年）：33-36.

[2] 班固. 汉书 [M]. 北京：中华书局，1962：3192.

[3] "天帝"应是一位至上神，但不确定是否与索安所言的"天帝教"有关。"天帝"至少是一种普遍流行的至上神的称谓。

乃是"下教"而得来，这是有记载以来中国的第一部具有"天启"（Revelation）特性的经典。我们稍后还会看到，"下教"的概念成为道教的立教之基。

此外，就在汉哀帝接纳《包元太平经》并"更受命"之后的第二年（公元前 3 年），发生了声势浩大的"行西王母诏筹"事件。虽然历史记载非常有限且模糊，但学者们仍认为这是中国历史上第一次集体性的宗教运动。据载，当年春季大旱，关东地区的民众奔走至长安，并聚集起来一同祭祀西王母。当时传言："西王母告百姓：佩此符者不死。不信我言，视户枢中有白发。"[1] 如此的种种迹象表明，在西汉末年种种灾异不断的末世背景下，当时的民众将他们最为尊崇的西王母视作了救世之神。如果将甘忠可进献《太平经》与"行西王母诏筹"纳入同一个历史环境中来观察，我们应可论定，至迟到西汉

图 03-04　山东微山两城东汉小石祠西壁西王母画像石

---

[1] 荀悦．汉纪：孝哀皇帝纪下 [M]．北京：中华书局，2002：504．"此符"，《汉书·五行志》作"此书"．班固．汉书 [M]．北京：中华书局，1962：1476.

末，在文化精英与基层百姓的社会群体中，都已经存在了由神明所授避灾的宗教体系（近似于《新约》之中的《启示录》，Apocalypse），所谓的末世论（eschatology）与救世主信仰（messianism）业已形成。这种宗教信仰与实践体系迥异于追寻一己之福的精英方术传统，而是面向基层百姓的集体性救度（universal reconciliation）。

2.《太平经》中的"承负"与"毁败"

《太平经》的第二次进献在东汉顺帝（125 年—144 年在位）时，有琅琊人宫崇将其师干吉所得《太平清领书》一百七十卷进献。《后汉书》的作者专门提到："后张角颇有其书焉。"[1] 这说明所谓的《太平清领书》与太平道所习《太平经》有着直接的关系。《太平经》的第三次进献是由齐人襄楷于延熹九年（166 年）献于汉桓帝，其所奏言曰：

> 臣前上琅邪宫崇受干吉神书，不合明听……臣虽至贱，诚愿赐清闲，极尽所言。……夫天子事天不孝，则日食星斗。比年日食于正朔，三光不明，五纬错戾。前者宫崇所献神书，专以奉天地顺五行为本，亦有兴国广嗣之术。其文易晓，参同经典，而顺帝不行，故国胤不兴，孝冲、孝质频世短祚。[2]

[1] 范晔. 后汉书 [M]. 北京：中华书局，1965：1084.
[2] 范晔. 后汉书 [M]. 北京：中华书局，1965：1080.

在这里，襄楷明确地表明了：1. 灾异与帝王的德行直接相关。2.《太平经》之要旨有平定天地间乖乱之气的功能，不仅能够平息灾异，还能够"致太平"。如此其教法的意义即在于将灾异频出的末世转化为太平之世。襄楷的激切之言虽然未能使桓帝接纳这一套教法，但却使我们能够明确地了解其核心主张与今天所见《太平经》的旨趣完全一致。

关于《太平经》中针对"末世"的救度，以及"太平之世"的实现，李丰楙教授认为其得以"转换此前汉人的宇宙论与拯救论而过渡为道教的终末观，这部号称由神人传授的神书……有意采用降诰的宗教形式强调神的诰语所具有的权威性、预示性，……相当程度地反映乱世中广土众民的集体意识"[1]。换言之，《太平经》是一种独创的题材，其权威性既不来自古之圣贤（如《论语》《老子》之类），也不来自易理象数（如《周易》之类），而是来自天上神人的降授，这是在中国历史上的第一次，并为后世的神授经典提供了范式。或许正是这一全新的文化权威，使得《太平经》无法得到来自上层的青睐，但却得到了基层民众的认可。《太平经》的灾异论与太平思想也是全新的，如果仔细辨析，我们首先能看到《庄子》中所追溯的上古"太平之世"。其经云：

> 夫上古之人，人人各自知真道，又其时少邪气。太上

---

[1] 李丰楙. 六朝道教的终末论——末世、阳九百六与劫运说 [G] // 道家文化研究（第九辑）. 上海：上海古籍出版社，1996：84-85.

> 中古以来，人多愚，好为浮华，不为真道，又多邪气狂精
> 殃咎，故人多卒穷天年而死亡也。（《不用大言无效诀》）[1]

在这里，《太平经》与《庄子》一样，都在追溯着一种近乎完美的"上古"，并将人的短寿与"浮华，不为真道"挂钩。类似的叙述在后世道教的经文中经常被提及，正是因为中古以来人的堕落，才使得上天屡屡下教于人间，开度万民。其次，《太平经》明确认定人类的罪愆能够引起气象层面的灾异，其曰：

> 不欲为善事，反天神。天神使风雨不调，行气转易，
> 当寒反温，当温反寒，耕种不时，田夫恨怨。（《有过死谪
> 作河梁诫》）[2]

很明显，在这里，善恶决定了气候是否平顺，并直接指向了现实层面的农业社会。再者，我们能够看到一个与《三统历》相似的线性时间观念，只不过其不言年份，而是分为"上古""中古""下古"的宏观历史区分。在这一时间轴中，前人所造的罪过会通过"承负"的机制而被积累，从而导致对于后世子孙的惩罚性灾异。这种惩罚是集体化的，共生的人类作为

---

[1] 王明．太平经合校［M］．北京：中华书局，1960：295.
[2] 王明．太平经合校［M］．北京：中华书局，1960：574.

命运共同体，一同遭受着人类所有祖先所积累的惩罚。其经曰：

> 中古以来，多失治之纲纪，遂相承负，后生者遂得其
> 流灾尤剧。[1]（《三合相通诀》）

又曰：

> 下古复承负中古小失，增剧大失之……[2]（《事死不得
> 过生法》）

这种祖先与子孙同命相联、因袭承复的观念不仅见于《太平
经》，还存在于犹太教思想中，雅威（YHWH）便曾向梅瑟
（Moses）说，自己"决不豁免惩罚，父亲的过犯向子孙追讨，
直到三代四代"[3]（《出谷纪》34：7）。

由此，在《太平经》中，全人类的"共罪"经由累代的承
负，终将引发天地间的大惩罚、大灾异，其经曰：

> 所以道战水旱疫病死尽者，人主由先王先人独积，稍
> 失道心意，积久至是际会，即自不而自度，因而灭尽矣，

---

[1] 王明．太平经合校［M］．北京：中华书局，1960：151.

[2] 王明．太平经合校［M］．北京：中华书局，1960：52.

[3] 香港思高圣经学会．圣经［M］．北京：中国天主教教务委员会，1992：127.

> 既灭尽，无余种类。夫天地人三统，相须而立，相形而
> 成。比若人有头足腹身，一统凶灭，三统反俱毁败。若人
> 无头足腹，有一亡者，便三凶矣。故人大道大毁败，天地
> 三统灭亡。[1]（《万二千国始火始气诀》）

在这里，《太平经》延续了天人感应的理论：天、地、人是相互依存的关系，人不再是《三统历》中受天道运行左右的被动客体，而是具有主观能动性的主体。人通过调整自身（小天地）的善恶，能够对大天地进行干预，从而拯救世界。晚出的盟威道《女青鬼律》完全承继了这一思想，其云："人人念善，天下太平，祸乱不作，灾害不生，岂不快乎？岂不快乎？"此外，我们在这里看到所谓的"大毁败""天地三统灭亡"已初具了后世道教所谓"庚子"[2]与"大甲申"概念的雏形[3]。但我们在《太平经》中所见，应是仍然着眼于此世范畴的救护，即通过天人感应的机制，发挥人类主观能动的自我反省、调适，由此平息自然界中的灾难，并最终"致太平"。其中，宗教家的

---

[1] 王明. 太平经合校 [M]. 北京：中华书局，1960：373.

[2] 在早期盟威道典籍中，"庚子年"被描绘为一大灾之年。《女青鬼律》曰："天下人民各顽愚，见世愦愦不知忧。寒鬼入来与子游，太白流横长六朱。老公道上更相扶，饥饿抟颊辄叩头。米谷金贵不可求，灾兵大厄庚子年。"女青鬼律 [M] // 道藏：第18册，248.

[3] 所谓"大甲申"者，即整个宇宙在大灾难及崩毁之后复归混沌，并于此中重生出全新的壬辰太平之世。参见《上清后圣道君列纪》《洞玄灵宝自然九天生神章经》。

任务则是"天使吾出书，为帝王解承负之过"[1]。

三、小 结

综上所述，在人类个体生命的层面上，"成仙"这一概念有着几种不同的路径，一为在世长年，一为受诏升举，一为死后尸解。这三种概念在汉末被整合为神仙之三品，最终死后尸解与受诏升举的概念也进一步结合，死后的复生意味着进入一个更为超越的生命状态，并于职官系统中获得位业。我们稍后将会看到，在汉末盟威道以及六朝道教的进一步发展中，死后尸解并获得仙官之职的救度观念被从秘传宗教中释放出来，并被赋予基层民众，从而实现集体的、普遍的救度。如果我们从死后复生的角度来看这一过程，则其中经历了一个从现世的复生，到死后"空棺不知所终"的复生，再到"死后被授予神仙位业"的复生的演变过程，这里存在着一个十分清晰的从"此世"到"彼世"的转变过程。

在更为宏观的天地层面，"太平"这一概念逐渐从一种哲学中的理想国观念，逐渐转变为一种对于现世政治的期许与评判之参照。在《太平经》中，"太平之世"与"灾异末世"这一对概念被关联起来，成为"三统灭亡"之后的新世界。同时，"天人感应"与"阳九百六"这两种灾异论被人类与祖先之间的集体性"承负"观念所贯通，并与太平成为一前一后的

---

[1] 王明．太平经合校 [M]．北京：中华书局，1960：165.

因果排列：重开太平之前所经历的灾异末世正如同升仙之前所必经的死亡一样。由此，《太平经》为拯救末世以及开辟新世提供了全新的视角，它不仅解答了无辜者为何会受苦的生命问题，更强调了人类能够扭转自我与天地"生命"的主观能动性。从此，"太平"得以被发展为一种宗教概念。

在以上的讨论中，我们看到，人身与天地这一小一大两重宇宙都有着"生"与"死"乃至"死后复生"的宗教范式，并在先秦两汉之际呈现出一种由"此世"逐渐向"彼世"发展的趋势，这些都为后世道教的兴起奠定了不可或缺的信仰、实践与理论基础。

第四节　先秦两汉的天命气运观念

"天"是中国宗教的至上信仰，其所包含的内容极为广泛，且发展脉络极为庞杂。"天"不仅是祭祀宗教中的最高存在，更通过"命"为政治提供合法性，即"天命"。其中"图录"便是君王承受天命的象征之一，并被进一步援引至道教之中。天也是运动的，因此与天相关的一系列概念，也都有着因时运而变的特性，如天气、天命、天帝等。这种变量一方面促成了政权的更迭，另一方面，也为全新形式宗教义理的构建带来了可能。在本节中，我们将先对"天命"及其象征物"图录"稍作讨论，这将有助于我们理解道教是怎样将本属于政治话语的天命转写为宗教意义的天命。其次，我们将对这种"天因时而变"的观念进行讨论，这将为我们在第七节中讨论盟威道"三天"的出现提供必要的历史性文化观念背景与可靠的前提。

一、天命与图箓

（一）天命的起源

从商代至 1912 年清帝退位的 3 000 余年间，"天命"的概念在中国古代政治-宗教制度中扮演了极为重要的核心角色 [1]。所谓"天命"即上天授予下土君王"治民"的命令，如《尚书·召诰》云："王厥有成命治民" [2]。在这里，天命与治民是直接关联的一对概念，我们将在后续的讨论中进一步深入（详见第八节"治民"）。按照传统，学者们常以《诗经·商颂》中"天命玄鸟，降而生商"作为天命观的较早记载。但据陈梦家先生考证，商代甲骨文中只有"帝令"而无"天命" [3]，盖因"命"与"令"两字通假（或极有可能系连绵词"mling"），西周时方才分为两个字，而"帝"与"天"则是商人与周人对至上神的不同称谓，其概念则基本相同 [4]。在殷墟出土的卜辞中，我们认识到"上帝"是一个极具人格化的存在，祂不仅能够

---

[1] 我们在这里所讨论的"天命"（Heavenly Mandate）是上天颁降给君主、圣贤治民之"命"，其与后世所发展出的"小天命"有所不同。在本书中，与天命相关的讨论大都集中于前者。

[2] 孔颖达，孔安国.尚书正义[M].上海：上海古籍出版社，2007：583.

[3] 陈梦家.尚书通论（增订本）[M].中华书局，1985：207.

[4] 艾兰（Sarah Allan）.附录：商周时期的上帝、天和天命观念的起源[M]//龟之谜——商代神话、祭祀、艺术和宇宙观研究（增订版）[M].汪涛，译.北京：商务印书馆，2013：231-281.

"令雨"，还能够"降菫"（干旱），故而陈梦家先生说："卜辞中的上帝或帝，常常发号施令，与王一样。"[1] 由此可见，抽象的"天"应兼具了"帝"的人格化，这种双重的"位格"也在后世兴起的盟威道中得到了继承（参见第七节"形名"）。

（二）天命的鼎革

对于商王而言，天命／帝令就是上天所降授与商王执行统治的"命令"或言"使命"。这一命令是世袭的，是与生俱来的，故而商王有充足的自信可以替天行道，"奉将天罚"（《尚书·胤征》）。[2] 而周作为一个"蕞尔小邦"能够战胜具有天命的商，乃是因为"商罪贯盈，天命诛之"（《尚书·泰誓上》）。[3] 在周人来看，"德"才是获得上天眷顾并给予天命的必要条件，其体现于人民的拥护。同时，人格化的"帝／天"也开始被赋予更为自然化且更抽象的解释，如《尚书·蔡仲之命》云：

> 皇天无亲，惟德是辅；民心无常，惟惠之怀。[4]

这里，象征家族的"亲"被"德"所取代。当一个王朝的德不再足以与其天命相配，其天命的所有权便将发生鼎革。陈来教授总结了西周时期的天命观念，认为周人的天命是"为宇宙和

---

[1] 陈梦家. 殷墟卜辞综述 [M]. 中华书局，1988：572.
[2] 孔颖达，孔安国. 尚书正义 [M]. 上海：上海古籍出版社，2007：275.
[3] 孔颖达，孔安国. 尚书正义 [M]. 上海：上海古籍出版社，2007：406.
[4] 孔颖达，孔安国. 尚书正义 [M]. 上海：上海古籍出版社，2007：662.

人类安排了一个必然的链条，而是根据实物的发展和人类的状况随时加以控制、干预和调整"[1]。由此，顺应民心而鼎革天命的行为被称作"革命"。《周易·革·大象传》曰：

> 天地革而四时成，汤、武革命，顺乎天而应乎人，革
> 之时大矣哉！[2]

此外，我们在上一节也看到，这种以君王之德行为中心展开的话语同时也存在于灾异的数术化阐释之中。"符瑞""灾异"象征着帝王天命的持有状态，故此，两汉时期也广泛流行着以数术、历算来解释天命鼎革的学说。其中，"皇天无亲，惟德是辅"的观念也因其道德属性而一直占据着重要的话语位置，并直接引发了盟威道"平气"的概念（详见第八节"平气"）。

（三）天命与治民

1. 君、臣之天命

先秦之际，对于天命的归属权存在着两种不同理解：第一种即帝王个人独自垄断上天之命而治民[3]，如《尚书·召诰》中召公所言：

---

[1] 陈来. 古代宗教与伦理 [M]. 北京：北京大学出版社，2017：224.

[2] 王弼. 周易注 [M]. 北京：中华书局，2011：267.

[3] 郑吉雄. 释"天"[J]. 中国文哲研究集刊，2015，第 46 期.

皇天上帝，改厥元子兹大国殷之命。惟王受命。[1]

又曰：

王厥有成命治民。[2]

第二种即族群或至少是君臣共同拥有天命，如与召公意见相左的周公在《尚书·君奭》中所言：

弗吊天降丧于殷，殷既坠厥命，我有周既受。[3]

又于《多士》中所言：

弗吊旻天，大降丧于殷，我有周佑命。[4]

这两处均是将天命与"周"或"周人"相关联，而不仅仅是"周王"。为了向召公表明自己的观点，周公列举了汤王之伊尹，太甲之保衡，太戊之伊陟、臣扈、巫咸，祖乙之巫贤，武丁之甘盘，这些协助历代商王取得丰绩的贤辅[5]；如此，则天

[1] 孔颖达，孔安国.尚书正义[M].上海：上海古籍出版社，2007：579.
[2] 孔颖达，孔安国.尚书正义[M].上海：上海古籍出版社，2007：583.
[3] 孔颖达，孔安国.尚书正义[M].上海：上海古籍出版社，2007：644.
[4] 孔颖达，孔安国.尚书正义[M].上海：上海古籍出版社，2007：618.
[5] 孔颖达，孔安国.尚书正义[M].上海：上海古籍出版社，2007：647.

命不但在王，亦在臣工。夏含夷（Edward L. Shaughnessy）教授总结说："周公将西周征服与统治视为君臣共同的天命，而大保奭（按：即召公）却认为这是仅属于君王的天命，毕竟只有君主才是'天子'；周公认为天命由努力争取而来，而大保奭却认为这是上天自由给予的；周公认为夏、商甚至是周朝祖先（如文王）的成功要归功于良相，而大保奭却在他的谈话中完全没有提到任何一位良相，甚至拒绝褒奖自己的勤勉；周公不断提及良相的德行，而大保奭则认为德行只属于君主"[1]。

如上文所引《尚书》"王厥有成命治民"[2]，天命的目的即是治民。周公的天命由君臣共享的思想在其后世一直存在，我们可以通过"治民"这一概念来从侧面来稍作求证。按《史记》所载，秦丞相李斯于狱中上书秦二世言：

> 臣为丞相治民，三十余年矣。[3]

又《白虎通·崩薨》曰：

> 臣子死，君往吊之何？亲与之共治民，恩深义重厚，

[1] 夏含夷（Edward L. Shaughnessy）.孔子之前——中国经典诞生的研究[M].黄圣松，杨济襄，周博群，译.上海：中西书局，2019：111-112.
[2] 孔颖达，孔安国.尚书正义[M].上海：上海古籍出版社，2007：583.
[3] 司马迁.史记[M].北京：中华书局，1982：2561.

欲躬见之。[1]

由此可见，在秦汉时期，帝王与臣子共同承受治民之天命是普遍的共识（至少是之一）。

然而，君王对于天命的垄断与臣工获命治民并不完全矛盾。臣工们可以通过与君王建立盟约，获得册封进而分享天命。这一种天命并非是周公所理解的由天直接获得，而是需要通过周王作为中介而进行分配，即：天降命于周王，周王再册命于诸侯、士卿，如此阶层式地向下转授。我们稍后会看到，道教通过"天"的更换，以及盟约的建立，将新的天命分享给每一位道民，这也正是一次宗教意义上的平权"革命"（详见第七节，及第十一、十三节）。通过册命分享天命的逻辑在秦统一六国之后依然被继承，只不过命官代替了诸侯，郡县代替了藩国。《前汉纪·孝惠皇帝纪》云："汉家承秦之制，郡县治民"[2]；又《史记》记载颍川太守黄霸："以宣布诏令治民"[3]；汉宣帝尝曰："庶民所以安于田里，而无怨恨太息之心者，政平讼理也。与我共此者，其惟良二千石乎。"[4] 以上这些都说明了地方命官（汉称太守为二千石）在不同形式与层面上拥有天命以治民。

---

[1] 陈立．白虎通疏证 [M]．北京：中华书局，1994：544.
[2] 荀悦．汉纪 [M]．北京：中华书局，2002：542.
[3] 司马迁．史记 [M]．北京：中华书局，1982：2688.
[4] 荀悦．汉纪 [M]．北京：中华书局，2002：303.

2. 素王之天命

除了君、臣之外，天命尚有第三种归属，即那些为匡扶乱世而行教化的圣贤。这一概念源起自《春秋公羊传》最末尾之"西狩获麟"事件（参见彩页图7），其《传》云：

> 十有四年春，西狩获麟。……麟者仁兽也。有王者则至，无王者则不至。……西狩获麟，孔子曰："吾道穷矣！"……君子曷为为《春秋》？拨乱世，反诸正，莫近诸《春秋》。[1]

历史上的今、古文公羊学家对这一事件做出了汗牛充栋的注疏，目前较为统一的看法是，作为符瑞的麒麟，象征了孔子作为"素王"的天命。"获麟是孔子受命为王的符瑞，并且孔子也是如此理解获麟的意义的，所以他在获麟之后起而行天子之权，作《春秋》以当新王之法。因此《春秋经》的性质是：孔子作此书表明周王朝之天命已被革去，自己是新天子。《春秋》是革命之王所立的新王之法。"[2] 按照朱雷博士的理解，孔子之所以悲叹"吾道穷矣"，乃是因为孔子一向坚信并维护的"德、位相配"的古典秩序瓦解了。也就是说，象征圣德的麒麟出现了，但孔子本人并未得到其所对应的王位。"孔子自身将这一

---

[1] 何休解诂，徐彦疏. 春秋公羊传注疏[M]. 上海：上海古籍出版社，2014：1187-1199.

[2] 朱雷. 获麟解：孔子的革命时刻[J]. 学衡，2020（第一辑）：79.

秩序打破，自身证明这一秩序为伪。"[1] 最终，孔子只能承担起这一天命，承担起相应的责任，即将编纂《春秋》作为一项"经世"行动。"获麟既是孔子的受命时刻，是孔子悲观与绝望、担当与勇气的顶峰时刻，也是孔子的革命时刻，是经学成立的起点。"[2]

故此，作为无冕之王的孔子，在汉代被称作"素王"[3]。《说苑·贵德》云孔子"哀道不行，德泽不洽，于是退作《春秋》，明素王之道，以示后人"[4]；《淮南子·主术训》曰："（孔子）专行教道，以成素王。"[5] 由此，通过孔子的"革命"，天命不止为圣王与良相所拥有，那些道德兼备并有济世救民之才的圣贤，皆可被视作拥有天命，但其天命并非锡土临民，而是"专行教道"。

3. 张良之天命

顺着孔子为"素王"这一逻辑，辅佐汉高祖创立汉家基业的张良也被视作具有"佐汉天命"。按照《史记》中的记载，张良的这一天命来自黄石公，他在为张良传授太公兵法时说："读此则为王者师矣。"[6] 由此，"授书"也即意味着授以辅佐帝

[1] 朱雷 . 获麟解：孔子的革命时刻 [J] . 学衡，2020（第一辑）：95.
[2] 朱雷 . 获麟解：孔子的革命时刻 [J] . 学衡，2020（第一辑）：95.
[3] "素王"首见于《庄子·天道》中，其文曰："夫虚静恬淡，寂寞无为者，万物之本也……以此处上，帝王天子之德也；以此处下，玄圣素王之道也。"陈鼓应 . 庄子今注今译 [M] . 北京：中华书局，1983：337.
[4] 刘向撰，向宗鲁校证 . 说苑校证 [M] . 北京：中华书局，1987：95.
[5] 刘安编，何宁撰 . 淮南子集释 [M] . 北京：中华书局，1998：697.
[6] 司马迁 . 史记 [M] . 北京：中华书局，1982：2034-2035.

王的天命（尤其后世认定黄石公实为老子所化）。这一观点在汉代的谶纬文献中得以长足地发展，如《诗含神雾》曰：

> 圣人受命必顺斗。张握命图授汉宝。
>
> 宋均曰：圣人谓高祖也。受天命而王，必顺旅衡法。故张良受兵钤之图命，以授汉为珍宝也。[1]

又如《易乾凿度》曰：

> 代者赤兑；黄，佐命。
>
> 宋衷曰：此赤兑者，谓汉高帝也。黄者，火之子，故佐命，张良是也。[2]

陈槃总结道："检诸他谶，言汉辅者，独数见不鲜，例如张良……或曰张良为汉'佐'，或曰为汉'辅'。"[3] 王充继承了这

---

[1] 赵在翰，钟肇鹏，萧文郁.七纬[M].北京：中华书局，2012：260.

[2] 注引《易乾凿度》，今本《易纬乾凿度》无此文。见于《易纬·通卦验》中："七九摘亡，名合晚俀，代者赤兑姓，兑姓有金，其人谋谪，明机七，杰仁出，黄佐命，苍辅术。"（注：此赤兑者，谓汉高帝也。代周苍，故为赤。赤，火色也。黄者火之子，故佐命，张良是也。苍，火之母，故辅术也。）赵在翰，钟肇鹏，萧文郁.七纬[M].北京：中华书局，2012：129.

[3] 陈槃.古谶纬研讨及其书录解题[M].上海：上海古籍出版社，2010：323.转引自：吕思静，熊铁基.汉代的道教组织——以张姓高道为线索[J].宗教学研究，2022（01）：15-16.

一观念，他在《论衡·书解》中谈道：

> 上天多文而后土多理，二气协和，圣贤禀受，法象本类，故多文彩。瑞应符命，莫非文者。晋唐叔虞、鲁成季友、惠公夫人号曰仲子，生而怪奇，文在其手。张良当贵，出与神会，老父授书，卒封留侯。河神，故出《图》；洛灵，故出《书》。[1]

由此，在王充看来，人生而具有"文彩"者，便是具有"符命"之瑞应。其中所开列之叔虞、季友等曾建立有大功之贵族，虽然并非天子，但其"生而怪奇，文在其手"。他进而由此引出了张良，其"老父授书"成为"卒封留侯"的前提。由此，王充更为细致地解释了张良的天命与他自身之文采有着紧密的关联。我们稍后将会看到，自称"张辅汉"的汉天师张道陵，明确地追溯了其与张良之间的道统关系（甚至血统关系），通过老君的"授气"，天师得以领受"治民"的天命，以及"代天宣化、助国扶命"的职责（详见第八节"治民"）。

4. 天命与祭祀

中国古代的政治与宗教往往并不分立，天命对于帝王而言不仅仅意味着政治上的责任与权威，更有着相应的宗教含义。为了延续上天与帝王的天命授受关系，帝王必须如期地对上天

---

[1] 张宗祥.论衡校注[M].上海：上海古籍出版社，2010：555.

进行祭祀，如此更新与延续他的统治合法性，故曰："国之大事在祀与戎。"[1] 相应地，因为天命只授予帝王一人，故而对于上天的祭祀也为帝王所垄断。从这一点来看，所谓的古代中国，不但是一个政治体，更是一个通过祭祀系统来界定的仪式体系。在这一体系中，帝王位于金字塔的顶端，负责每年如期地祭祀天地，在皇帝之下，是层层的诸侯、命官，他们分别负责祭祀封国或辖区内的名山、大川，故曰："天子祭天地，诸侯祭社稷，大夫祭五祀。天子祭天下名山大川……诸侯祭名山大川之在其地者。"[2] 通过祭祀，人与人之间的关系被定义，阶层与阶层之间的权利也被重申。民众因为不具备王命故不享有祭祀神明的权利（除自家祖先外），但却有为祭祀提供物资的义务。我们稍后会看到，道教不仅赋予道民以平权的天命，还将与天相通的神权分享给道民，盟威道的建立实际是一次关乎神权的革命（道教对于天命的继承与转化，详见第七节"道之形名"）。

（四）符瑞与图箓

1. 受符之命

祥瑞是君王承受天命的象征，其具体体现在与日常生活迥异的天象、气候、动物与植物。祥瑞与灾异可以被视作含义相反的一对概念：帝王有道，上承天命则祥瑞至；王室运衰，失其天命则灾异至。祥瑞又被称作"符瑞""瑞应""符命""符

---

[1] 杨伯峻 . 春秋左传注 [M] . 北京：中华书局，2018：737.

[2] 孙希旦 . 礼记集解 [M] . 中华书局，北京：中华书局，1989：347.

应"，[1] 其所谓"符""应"均是指"天"与"王"之间的交感、契合，是体现于自然界中的，帝王领受天命的契约凭证（或可被视作载书的高阶版本）。"符"本意为君臣之间的信物，代表了契约的关系。[2] 正如索安（Anna Seidel）所言，在战国—秦汉时期，君王通过符瑞来"验证他与上天的契约"[3]，故曰："君子上达，与天合符。"[4] 故此，祥瑞为君王"受命之符也"[5]。（参见第五节"契约的发展"）

祥瑞观念起源的确切时间难以确考，在《尚书·舜典》的记载中，尧王禅位，舜王受命，但仍恐其德不合，故而"在璇玑玉衡，以齐七政"[6]。也即是利用观测天象的仪器来检测北斗七星是否依然正常地运行。虽然北斗的正常运度并非祥瑞，但舜王乃是以其来验证自己承受天命的合法性，因此可以理解以灾异的存否验证天命的授予[7]。以动物为祥瑞的记载见于与《舜

[1] 对记载祥瑞的"符应图书"的最新研究可参见余欣.符应图书的知识谱系——敦煌文献与日本写本的综合考察 [G] // 荣新江，朱玉麒.丝绸之路新探索：考古、文献与学术史，南京：凤凰出版社，2020：158-179.

[2] 皇甫谧.高士传：荣启期 [M].上海：商务印书馆，1937：32.

[3] 索安（Anna Seidel）.国之重宝与道教秘宝——谶纬所见道教的渊源 [G]，法国汉学，第四辑.北京：清华大学出版社，1997：56.

[4] 安居香山，中村璋八.纬书集成 [G].石家庄：河北人民出版社，1994：1065.

[5] 班固.汉书 [M].北京：中华书局，1962：1301，2500.

[6] 孔颖达，孔安国.尚书正义 [M].上海：上海古籍出版社，2007：76.

[7] 在占星学中，有北斗七星"建四时，均五行，移节度，定诸纪"之说。司马迁.史记 [M].北京：中华书局，1982：1291."（北斗）其星明、大则天下太平，贤人在位，不然，反是也。"司马迁.史记 [M].北京：中华书局，1982：1292，注 4.

典》大致同时期的《国语·周语》，其曰："周之兴也，鸑鷟鸣于岐山。"[1]孔子亦曰："凤鸟不至，河不出图，吾已矣夫！"（《论语·子罕》）。在这里，"河图"被孔子（或其弟子）视作与凤鸟（鸑鷟）比肩的祥瑞，其在《宋书·祥瑞志》中甚至被列为诸般祥瑞之首。

此外，祥瑞还进一步体现为载有帝王治世所依凭的天道准则的"图书"，《周易·系辞》托孔子之口曰：

> 是故天生神物，圣人则之；天地变化，圣人效之；天垂象，见吉凶，圣人象之；河出《图》，洛出《书》，圣人则之。[2]

可见，至迟在东周时期，作为符瑞的《河图》《洛书》也是上天所显现与帝王的天道、宇宙规律，圣王因此得以对其研学、领会并效仿，进而施行统治。《图》《书》由此被视作象征帝王天命的神器、重宝。[3]

2. 谶纬图录

《河图》在两汉政治神学以及道教义理中所扮演的角色更

[1] 左丘明撰，徐元诰集解.国语集解[M].北京：中华书局，2002：28.

[2] 王弼.周易注[M].北京：中华书局，2011：358.

[3] 有关《河图》与道教法箓的研究，可重点参阅索安（Anna Seidel）.国之重宝与道教秘宝——谶纬所见道教的渊源[G]，法国汉学，第四辑.北京：清华大学出版社，1997：42-127.

为显著。其较早的记载见于《尚书·顾命》中周成王丧礼上所陈设的先王所宝之物[1]。除上引《系辞》外，《墨子》亦曰："赤鸟衔圭，降周之岐社曰：'天命周文王伐殷有国。'泰颠来宾，河出绿图，地出乘黄。"[2] 在《淮南子·俶真训》中，《河图》明确地与"至德之世"（或言"太平之世"）直接关联起来，其云：

> 古者至德之世……当此之时，风雨不毁折，草木不天，九鼎重味，珠玉润泽，洛出丹书，河出绿图。[3]

事实上，《河图》的确切形式与内容是无法确定的，索安引陈槃之研究认为："图上的'文'，未必是文字，更像是纹理，如标记、条纹图形、几何图形。'图''文''书'和'字'，在描述河图和洛书上的标记时，是用来描绘龙的鳞甲类型和龟甲自然条纹的。圣人能理解这些符号并把它们转换成文字。"[4]

西汉末年，由于政权危机所引来的谶纬思潮促使了天命概念的转化，《河图》形式与内容的不确定性使得谶纬学家们进而将符瑞的内涵进一步推衍，神符、图录开始大量出现在汉

---

[1] "陈宝：赤刀、大训、弘璧、琬琰、在西序。大玉、夷玉、天球、河图，在东序。"孔安国传曰："又陈先王所宝之物。"孔颖达，孔安国. 尚书正义 [M]. 上海：上海古籍出版社，2007：730.

[2] 吴毓江. 墨子校注 [M]. 北京：中华书局，2006：217.

[3] 刘安编，何宁撰. 淮南子集释 [M]. 北京：中华书局，1998：156-157.

[4] 索安（Anna Seidel）. 国之重宝与道教秘宝——谶纬所见道教的渊源 [G]，法国汉学，第四辑. 北京：清华大学出版社，1997：61.

代的纬书之中。"谶"即暗藏于古代经典中的有关政治的语言，而"纬"则是对于"经"的诠释与推衍，其要旨也是为刘汉皇室的政治服务，以经典及祥瑞来论证其对于天命的承受。谶纬之学在董仲舒等汉儒的倡导下在东汉时期达到鼎盛："包括皇帝在内的每个人都热衷于研究、搜集并讨论图谶、河图，就这样生成了一整套的图录文献。"[1]

对于谶纬家来说，"图"或《河图》是历史中曾多次发生的"神启"事件，如《河图玉版》所载仓颉之"灵龟负书，丹甲青文"[2]；《龙鱼河图》所载伏羲之"神龙负图出于黄河"[3]，黄帝之"黄龙附图，鳞甲成字，从河中出"[4]等等。所谓"图"乃是神龟或鱼龙背上所浮现的舆图，"图有江河海水、山川邱泽之形，及州县之分，天子圣人所兴起"[5]；其在思想甚至语言上都与《山海经》一脉相承。如《河图括地象》言：

> 昆仑之弱水中，非乘龙不得至。有三足神鸟，为西王

---

[1] 索安（Anna Seidel）. 国之重宝与道教秘宝——谶纬所见道教的渊源 [G]，法国汉学，第四辑. 北京：清华大学出版社，1997：53.

[2] 安居香山，中村璋八. 纬书集成 [M]. 石家庄：河北人民出版社，1994：1146.

[3] 安居香山，中村璋八. 纬书集成 [M]. 石家庄：河北人民出版社，1994：1149.

[4] 安居香山，中村璋八. 纬书集成 [M]. 石家庄：河北人民出版社，1994：1150.

[5] 见敦煌残卷《瑞图》中叙述《河图》的部分。索安（Anna Seidel）转引自陈槃. 史语所集刊 [J].12：57.

母取食。[1]

由《河图》所衍生的内容也包括占星学，如《河图稽耀钩》
《河图帝览嬉》[2] 等。总而言之，在谶纬家来看，圣王掌握了
《河图》也便掌握了宇宙运行的奥妙，自然也就可以统御于天
地之间，即所谓"河出《图》，洛出《书》，圣人则之"[3]。

不同的谶纬学家对于《河图》的样式、材质有着不同的
样式描述，如在《春秋运斗枢》中，舜王受命，有黄龙负
《图》出：

图以黄玉为匣如柜，长三尺，广八寸，厚一寸，四
合而连，有户、白玉检、黄金绳，芝为泥，封两段。章
曰：天黄帝符玺五字，广袤各三寸，深四分，鸟文。……
《图》玄色而绨状，可舒卷，长三十二尺，广九寸，中有
七十二帝地形之制，天文官位度之差。[4]

此处的描述很容易使我们联想到《仪礼·觐礼》中对于"方

---

[1] 安居香山，中村璋八. 纬书集成 [M]. 石家庄：河北人民出版社，1994：
　　1092.
[2] 安居香山，中村璋八. 纬书集成 [M]. 石家庄：河北人民出版社，1994：
　　1110-1143.
[3] 王弼. 周易注 [M]. 北京：中华书局，2011：358.
[4] 安居香山，中村璋八. 纬书集成 [M]. 石家庄：河北人民出版社，1994：
　　711.

明"的描述，[1] 以及东汉光武帝封禅之玉牒之制，[2] 类似的后世遗存可见于宋真宗大中祥符元年（公元 1008 年）于泰山禅地的玉册及玉匮嵌片（参见彩页图 8）。此外，河图往往由灵龟背负由水中而出，因此《河图》也被认为是龟背的样子，如《尚书中侯》曰：

　　　尧时，龙马衔甲，赤文绿色，临坛上。甲似龟背，广

---

[1] "诸侯觐于天子，为宫方三百步，四门，坛十有二寻、深四尺，加方明于其上。方明者，木也，方四尺，设六色，东方青，南方赤，西方白，北方黑，上玄，下黄。设六玉，上圭，下璧，南方璋，西方琥，北方璜，东方圭。上介皆奉其君之旗，置于宫，尚左。公、侯、伯、子、男，皆就其旗而立。四传摈。天子乘龙，载大旗，象日月、升龙、降龙；出，拜日于东门之外，反祀方明。礼日于南门外，礼月与四渎于北门外，礼山川丘陵于西门外。"郑玄，贾公彦 . 仪礼注疏 [M]. 上海：上海古籍出版社，2008：844. 参见 Julius N. Tsai, "Opening up the Ritual Casket: Patterns of Concealment and Disclosure in Early and Medieval Chinese Religion," *Material Religion* 2, no.1 (March 1, 2006): 38‒66.

[2] 《后汉书・祭祀志上》："有司奏当用方石再累置坛中，皆方五尺，厚一尺，用玉牒书藏方石。牒厚五寸，长尺三寸，广五寸，有玉检。又用石检十枚，列于石傍，东西各三，南北各二，皆长三尺，广一尺，厚七寸。检中刻三处，深四寸，方五寸，有盖。检用金镂五周，以水银和金以为泥。王玺一方寸二分，一枚方五寸。方石四角又有距石，皆再累。枚长一丈，厚一尺，广二尺，皆在圆坛上。其下用距石十八枚，皆高三尺，厚一尺，广二尺，如小碑，环坛立之，去坛三步。距石下皆有石跗，入地四尺。又用石碑，高九尺，广三尺五寸，厚尺二寸，立坛丙地，去坛三丈以上，以刻书。"司马彪 . 后汉书志 [M] // 范晔 . 后汉书，北京：中华书局，1965：3164. 参见 Édouard Émmannuel Chavannes (沙畹), *Le T'ai chan; essai de monographie d'un culte chinois. Appendice: Le dieu du sol dans la Chine antique.*, vol. t. 21, Annales du Musée Guimet. Bibliothèque d'études, (Paris: E. Leroux, 1910), 22‒26, 162‒163.

> 衰九尺，圆理平上，五色文，有列星之分，斗正之度，帝王录纪，兴亡之数。[1]

神龟与神圣的图形的关系极有可能源自上古龟卜的传统[2]，而将神圣图表以龟甲的形式展现也绝非谶纬家之空想。1985 年在安徽省含山县凌家滩新石器时代遗址出土了一组玉器，刻有几何纹饰的玉版夹放于两片玉龟甲之中，虽然我们很难将其与后世的谶纬文献直接关联，但这种与龟甲紧密相关的知识图表为我们理解中华文化中的隐藏脉络提供了有益的参考（参见彩页图 9）。

　　"录"与"图"并列。据《史记·秦始皇本纪》所载，燕人卢生入海求得"录图"，其上有关于秦朝国运的谶文曰："亡秦者胡也。"[3] 由此，"录图"也是一种记载天命交替、帝王世系的预言，这与上引《尚书中侯》所言"帝王录纪，兴亡之数"[4] 可能都类似于太史公所谓的"天运之数"[5]。在本书中，我们更关心带有巫术—宗教特性，记录鬼神形象、名号的"图"与"录"。

---

[1] 安居香山，中村璋八.纬书集成［M］.石家庄：河北人民出版社，1994：401.

[2] 李零.中国方术续考［M］.北京：中华书局，2006：222-227.

[3] 司马迁.史记［M］.北京：中华书局，1982：252.

[4] 安居香山，中村璋八.纬书集成［M］.石家庄：河北人民出版社，1994：401.

[5] 司马迁.史记［M］.北京：中华书局，1982：1343-1344.

公元前 606 年，楚人北伐陆浑戎至于雒，遂"问鼎"于周王，使者王孙满描述这一神器曰：

> 昔夏之方有德也，远方图物，贡金九牧，铸鼎象物，百物而为之备，使民知神奸，故民入川泽山林，不逢不若，螭魅罔两，莫能逢之，用能协于上下，以承天休。[1]

这里所谓的"百物"即川泽、山林中的鬼神，大禹将其形象铸于鼎上，使民得以分辨，得以自我保护，这实际谈及的是人类对于自然的认识、掌控与利用的问题。根据部分后世学者的意见，《山海经》中的部分内容以及中古时期流行的《白泽图》即源自九鼎的神话传说[2]。《渊鉴类函》"白泽"条引《山海经》佚文及《黄帝内传》曰：

> 《山海经》曰：东望山有兽名曰"白泽"，能言语，王者有德，明照幽远，则至。
>
> 《黄帝内传》曰：帝巡狩东至海，登桓山，于海滨得白泽神兽，能言，达于万物之情。因问天下鬼神之事，自

---

[1] 杨伯峻.春秋左传注 [M].北京：中华书局，2018：572-573.

[2] 参见毕沅、洪亮吉等人之注疏.杨伯峻.春秋左传注 [M].北京：中华书局，2018：572-573.索安也提到《山海经》与九鼎的关系，参见索安（Anna Seidel）.国之重宝与道教秘宝——谶纬所见道教的渊源 [G]，法国汉学，第四辑.北京：清华大学出版社，1997：62.

古及今，精气为物，游魂为变者，凡万一千五百二十种。白泽言之，帝令以图写之，以示天下，乃作辟邪之文以记之。[1]

在这里，白泽乃是某种祥瑞，且具有了为帝王授道的职能。其黄帝"以图写之"《白泽图》（见彩页图 10）的叙述明显承袭了大禹"铸鼎象物"的脉络。晚出的《抱朴子·登涉》将由大禹九鼎叙事所衍生出的《九鼎记》和《白泽图》与《百鬼录》相提并论，其文曰：

道士常带《天水符》及《上皇竹使符》《老子左契》及守真一思三部将军者，鬼不敢近人也。其次则论《百鬼录》，知天下鬼之名字，及《白泽图》《九鼎记》，则众鬼自却。[2]

在葛洪来看，《百鬼录》之所以能够辟邪乃是因为人类能够通过其记载了解到鬼神的名号，甚至进一步控制它们[3]。综上所言，《白泽图》与《百鬼录》实际是通过掌握鬼神的"形"与

[1] 张英，王士桢等 . 渊鉴类函：第 18 册 [M] . 北京：中国书店，1985：81.

[2] 王明 . 抱朴子内篇校释 [M] . 北京，中华书局，1985：308.

[3] "上士入山，持《三皇内文》及《五岳真形图》所在召山神，及按《鬼录》召州社及山卿、宅尉问之，则木石之怪，山川之精，不敢来试人。" 王明 . 抱朴子内篇校释 [M] . 北京，中华书局，1985：300.

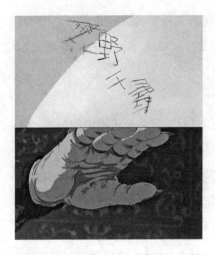

图 04-01　在《千与千寻》中，汤婆婆通过魔法将主人公"荻野千寻"名字中的"荻""野""寻"三字从工作契约上收入掌中，将其改名为"千"，从而成为其主人，并实现掌控与支配

"名"来达到了解鬼神并控制鬼神的目的。这种通过了解并掌握某人、鬼神的名字而实现对其的巫术性掌控，是存在于人类各文明中的一种普遍现象。在宫崎骏动画《千与千寻》中，汤婆婆便通过魔咒使人忘记自己的姓名，并通过赋予其新的名字而对其施行控制（图 04-01）；而在另一部动画《夏目友人帐》中，主人公则持有一本写有各种鬼神精怪名字的簿录，并因此控制着他们。

在《河图》纬书中，记录有鬼神名号的"录"也得以从中推衍而出，《尚书纬》谓："河洛之符，名字之录。"[1] 残存的《龙鱼河图》分别保存有五岳、四海、黄河 [2] 乃至身体面部诸神的名录 [3]（参见下表）。与《抱朴子》不同，谶纬学中的鬼神名

[1] 安居香山，中村璋八 . 纬书集成 [M] . 石家庄：河北人民出版社，1994：392.

[2] 安居香山，中村璋八 . 纬书集成 [M] . 石家庄：河北人民出版社，1994：1151–1152.

[3] 安居香山，中村璋八 . 纬书集成 [M] . 石家庄：河北人民出版社，1994：1153.

录乃专属于皇帝一人，即《龙鱼河图》所谓：

> 高皇摄正总万庭，四海归咏治武明。文德道治承天经，元祚兴隆协圣灵。[1]

这里是在追述高祖刘邦承受天命之后，通过协理号令鬼神（圣灵）而平治的事迹。在经学家们的渲染下，《图》与《录》相互依托，被塑造成为历代君王承受天命不可缺少的重要象征符号。《易纬乾凿度》托孔子之口言及周文王之承受天命曰：

> 改正朔，布王号于天下，受《箓》应《河图》。[2]

张衡《东京赋》明显受到《乾凿度》之影响，将周文王故事转嫁于汉高祖，其曰：

> 高祖膺《箓》受《图》，顺天行诛，杖朱旗而建大号。所推必亡，所存必固。

由此，坐拥《图》《箓》的帝王一方面掌握了时空运行的规律，能够熟悉地掌握人间土地，并能够观察并正确认识日月星

---

[1] 安居香山，中村璋八．纬书集成［M］．石家庄：河北人民出版社，1994：1152.

[2] 赵在翰，钟肇鹏，萧文郁．七纬［M］．北京：中华书局，2012：49-50.

辰的运度；另一方面他还能洞悉鬼神的名号，因此得以役使鬼神，成为众神之主。谶纬之学彻底将天命转变为一种通过知识可以掌握的神权，也即是"享受所有这些凌驾天地和时空的权利"[1]。我们稍后会看到，后世道教基于谶纬对于天命的推衍，继承了"箓"与"图"的象征意义。正如刘仲宇教授所言，道教的法箓"犹如天兵天将的花名册"[2]。

纬书《龙鱼河图》中所见诸神名号及其巫术—宗教功能

神之位号	神之姓名	神之功能
东方泰山君神	姓圆名常龙	
南方衡山君神	姓丹名灵峙	
西方华山君神	姓浩名郁狩	呼之令人不病。
北方恒山君神	姓登名僧	
中央嵩山君神	姓寿名逸群	
东方太山将军	姓唐名臣	
南方霍山将军	姓朱名丹	
西岳华阴将军	姓邹名尚	恒存之，却百邪。
北岳恒山将军	姓莫名惠	
中岳嵩高山将军	姓石名玄	

[1] 索安（Anna Seidel）. 国之重宝与道教秘宝 —— 谶纬所见道教的渊源 [G]，法国汉学，第四辑. 北京：清华大学出版社，1997: 64.
[2] 刘仲宇. 道教授箓制度研究 [M]. 中国社会科学出版社，2014: 35.

续　表

神之位号	神之姓名	神之功能
东海君	姓冯名修青，夫人姓朱名隐娥	有四海河神名，并可请之呼之，却鬼气。
南海君	姓视名赤，夫人姓翳名逸寥	
西海君	姓勾大名丘首，夫人姓灵名素简	
北海君	姓是名禹帐里，夫人姓结名连翘	
河伯	姓吕名公子，夫人姓冯名夷	
发神	名寿长	夜卧三呼之，有患亦便呼之九过，恶鬼自却。
耳神	名娇女	
目神	名珠殃	
鼻神	名勇庐	
齿神	名丹朱	

3. 版图籍录

谶纬传统中所强调的"图"与"录"也许并非一开始就是纯粹的政治神学概念，其在政治制度中的原型也值得我们稍加探究。按照《希伯来圣经》的记载，在以色列人出离埃及后的第二年，雅威命梅瑟普查以色列子民的人口："你要按以色列全会众的家室、宗族，人名的数目，计算所有的男丁。凡以色列中，从二十岁以外，能出去打仗的，你和亚伦（Aaron）要照他们的军队数点。"（《户籍纪》1：2-3）[1] 统计人口、编订户籍乃是为了课役，而掌握户籍则意味着掌握权力，这一点古今中外皆然 [2]。在中国古代，"版""图"二字往往联用，意指某处的人民与土地，最后演化成泛指国家疆域的现代汉语词汇。"版"字意指户籍，《周礼》中专门设立"司士"一职负责管理士卒的名籍，[3] 而"图"则意指舆图。名籍与舆图，一为文字，一为图像，直观地反映了君主的职权与范围，故而在后世被直接指代为君主权威的物质象征，张仪便曾对秦惠王说：

据九鼎，安图籍，挟天子以令天下，天下莫敢不听，此王业也。[4]

自汉代起，"籍""录"二字又常常连用，意指户口的登记簿册。严师古注《汉书》言："籍谓名录。"[5] 如此，"图录"与"版图"意义相同，是行政制度中君主实质权利的载体与象征，其与来自上天的"图录"遥遥相对，互为印证。拥有土地与民

---

[1] 香港思高圣经学会．圣经 [M]．北京：中国天主教教务委员会，1992：179.

[2] 按照汉代律法，男子以二十岁成丁，从而成为被课役的对象。司马迁．史记：孝景本纪 [M]．北京：中华书局，1982：439.

[3] 郑玄，贾公彦．周礼注疏 [M]．上海古籍出版社，2010：1185.

[4] 何建章．战国策注释 [M]．北京，中华书局，1990：102.

[5] 班固．汉书 [M]．北京：中华书局，1962：531.

户是拥有天命的最佳证明，而对于天命的拥有则赋予了君王治土临民的权利。正如我们一再强调的，在中国古代，政治与宗教之间并不存在绝对的边界。

二、天气与时运

（一）天与时间的紧密关联

"天"，除了作为国家祭祀中的至上神外，抽象的"天"同时也还是时间的来源，人类通过观察天体的运行而对时间进行划分，使得时间不再混沌。《尚书·尧典》曰：

> （帝尧）乃命羲、和，钦若昊天，历象日月星辰，敬授人时。[1]

这句话的意思是，尧王授命于羲氏与和氏，让他们敬顺"昊天"的运转规律来掌管时间，这也就是后世帝王观象授时之始。此处之"昊天"也在后世的国家祭祀中被奉为至上的存在，称作"昊天上帝"。《诗传》云："元气广大，则称昊天。"[2]但除昊天外，《诗经》中还有其他对于天的称谓，《尔雅·释天》云："春为'苍天'，夏为'昊天'，秋为'旻天'，冬为'上天'。"[3]由此可知：天不仅仅是时间的来源，其某种存在

---

[1] 孔颖达，孔安国.尚书正义［M］.上海：上海古籍出版社，2007：38.

[2] 毛亨传，郑玄笺.毛诗传笺［M］.北京，中华书局，2018：95.

[3] 郭璞，邢昺.尔雅注疏［M］.上海：上海古籍出版社，2007：290-291.

形式也因时而变。此外，在《尔雅》成书的战国至西汉时期，"天"及其衍生物"气""德"因时转换，并由此形成"运"的思想，逐渐流行起来。

（二）天与气的紧密关联

上引《诗传》云："元气广大，则称昊天"，则知"天"与"气"有着紧密的关联：天蕴含着气，故而也有了"天气"一词。在战国乃至西汉的典籍中，"天气"往往与"地气"成对出现，如《礼记·月令》云：

> （孟春之月）天气下降，地气上腾，天地和同，草木萌动。[1]

又云：

> （孟冬之月）天气上腾，地气下降，天地不通，闭塞而成冬。[2]

在这里，天气与地气应是指自然界中肉眼即可观察到的在天地之间运动的水分子，云行雨施皆由其来。许慎对于"气"（氣字的偏旁）的解释即是"云氣也。象形。凡氣之属皆从气"。

---

[1] 孙希旦. 礼记集解 [M]. 北京：中华书局，1989：417.

[2] 孙希旦. 礼记集解 [M]. 北京：中华书局，1989：488.

同时，"天地之气"似乎又暗示着近似于天地之本体，同是《礼记》篇章的《郊特牲》云：

> 天子大社必受霜露风雨，以达天地之气也。[1]

这里似乎要表达的意思是，社礼只有露天举行才能与自然界中的"霜露风雨"（气的具象体现）相联通，而只有与气相通，才能与天地相通。

然而至迟到了西汉中期，"天地之气"已经不再局限于水蒸气这样的具体物质了，它们被进一步抽象化，成为二元的自然力量，如《淮南子·俶真训》云：

> 天气始下，地气始上，阴阳错合，相与优游竞畅于宇宙之间，被德含和，缤纷茏苁。[2]

《史记·乐书》亦云：

> 地气上跻，天气下降，阴阳相摩，天地相荡，鼓之以雷霆，奋之以风雨，动之以四时，暖之以日月，而百〔物〕化兴焉，如此则乐者天地之和也。[3]

---

[1] 孙希旦.礼记集解[M].北京：中华书局，1989：685.

[2] 刘安编，何宁撰.淮南子集释[M].北京：中华书局，1998：92.

[3] 司马迁.史记[M].北京：中华书局，1982：1195.

由此，天地之气已经全不再是水分子的不同形态，而被等同于阴阳论中的"先天之气"。

然而，也几乎是在同时，在儒家的等级尊卑观念的影响下，地被从属于天，如董子云：

> 地出云为雨，起气为风。风雨者，地之所为。地不敢有其功名，必上之于天。命若从天气者，故曰天风天雨也，莫曰地风地雨也。勤劳在地，名一归于天，非至有义，其孰能行此？故下事上，如地事天也，可谓大忠矣。[1]

由此，"天气"开始成为自然界真气的一种统称，天也等同于气，并逐渐在东汉时期成为一切万化禀赋之来源。王充于《论衡·谈天》引儒者论曰："天，气也，故其去人不远"[2]，其又于《论衡·无形》中多次重复："人禀元气于天，各受寿夭之命，以立长短之形"[3]；"……天之正气，人所受之真性也"[4]；"人受正气"[5]；"人禀气于天，气成而形立"[6]。由此可知，在王充看来，天即是气，天气即是元气、正气，是孕育一切的源泉，这与王符在《潜夫论·本训》中所描述的"道气"几乎是完全一

---

[1] 苏舆.春秋繁露义证 [M].北京：中华书局，1992：316.
[2] 张宗祥.论衡校注 [M].上海：上海古籍出版社，2010：220.
[3] 张宗祥.论衡校注 [M].上海：上海古籍出版社，2010：30.
[4] 张宗祥.论衡校注 [M].上海：上海古籍出版社，2010：32.
[5] 张宗祥.论衡校注 [M].上海：上海古籍出版社，2010：32.
[6] 张宗祥.论衡校注 [M].上海：上海古籍出版社，2010：33.

致的 [1]，这为后世盟威道将"三天"与"大道"对等提供了理论基础。

（三）天气因时而变易

既然天因时而易，则天之气亦因时而变易，由此延伸，现代汉语中"天气"一词有短时间内的"气候"（climate/weather）之意。《大戴礼记·少闲》曰：

> 时天之气，用地之财，以生杀于民。[2]

即是强调人的行为当与自然气候相顺应 [3]。这种时间层面的变易被认为是天气按照自身的规律来运行，而运行的数理周期则被称为"气数""天运""气运"，这些观念基本都成型于两汉之际。与天的观念一样，"气数"的观念起自对于天象的观察。《素问·六节藏象论》中黄帝曰：

> 天度者，所以制日月之行也；气数者，所以纪化生之用也。[4]

---

[1] 王符曰："是故，道德之用，莫大于气。道者，气之根也。气者，道之使也。必有其根，其气乃生；必有其使，变化乃成。是故道之为物也，至神至妙；其为功也，至强以大。"彭铎.潜夫论笺校正 [M].北京：中华书局，2014：479-480.

[2] 王聘珍.大戴礼记解诂 [M].北京：中华书局，1983：222.

[3] 王聘珍解曰："天有六气，阴阳风雨晦明。"王聘珍.大戴礼记解诂 [M].北京：中华书局，1983：222.

[4] 王冰.黄帝内经素问补注释文 [M] // 道藏：第21册，45.

岐伯又曰：

> 五日谓之候，三候谓之气，六气谓之时，四时谓之
> 岁，而各从其主治焉。[1]

可以看到，此处所言的"气"是十五日一易的二十四气（与
"候"相配），反映了天地、人身阴阳之消长，这与我们稍后将
会提到的盟威道二十四治有着直接的关联（参见第十三节）。

　　虽然"气数"一词在后世也意指某一王朝的国祚，但在两
汉时期，国祚这一概念则被称作"天运"。按《越绝书》中范
蠡所言：

> 三王则三皇之苗裔也，五伯乃五帝之末世也。天运
> 历纪，千岁一至。黄帝之元，执辰破巳。霸王之气，见于
> 地户。[2]

这里所言的地户即是以某一中心点（可能为中原）为参照的东
南方位，由此可见，天运不但是一个时间概念，更有着空间方
位的性质，而这个方位似乎是随着时间的推移而运转的。于是
范蠡又言："吴越二邦，同气共俗，地户之位，非吴则越。"[3] 对

---

[1] 王冰 . 黄帝内经素问补注释文 [M] // 道藏：第 21 册，47.

[2] 袁康撰，李步嘉校释 . 越绝书校释 [M] . 北京：中华书局，2013：12.

[3] 袁康撰，李步嘉校释 . 越绝书校释 [M] . 北京：中华书局，2013：173.

于天运更为详尽的解释见于《史记·天官书》：

> 夫天运，三十岁一小变，百年中变，五百载大变；三大变一纪，三纪而大备：此其大数也。[1]

在这里，天运的大、中、小变实际是指"天变"，即天象显现出诸如日食、彗星、流星等异象，这些在汉代被认为是人间灾难的前兆，也意味着改朝换代。上引《尚书·舜典》所云"在璇玑玉衡，以齐七政"，即舜王在接受尧王的禅位前，观测天象是否有异变，以此来确认自己是否具有受禅的资格；换言之，天象昭示着天命。虽然太史公对于天运年数的推算模型与范蠡略有不同，但其主旨基本一致，即通过天运来推导王朝的兴衰之期，即所谓：

> 为国者必贵三五。上下各千岁，然后天人之际续备。[2]

"天人之际"即天与人的关系[3]，具体而言即是人世间王朝之更迭。这也就是说，"天变"是能够被推算的，且同时伴随着气

---

[1] 司马迁.史记[M].北京：中华书局，1982：1344.
[2] 司马迁.史记[M].北京：中华书局，1982：1344.
[3] "天人之际"亦见于太史公《报任安书》中，其言："亦欲以究天人之际，通古今之变，成一家之言。"汉书：司马迁传[M].北京：中华书局，1962：2375.

的运转，而这两点都意味着当政王室天命的鼎革[1]。因为天即是气，故而"天运"也可被视作"气运"。东汉晚期的王符将日蚀、月蚀、彗星、地震等灾异，以及麒麟、龙凤等符瑞统归为"气运感动"，这当然涉及帝王与王朝的天命。

（四）天命因气运而变易

天气随着时间而运转，由此影响着人间帝王天命的更迭，这实际与我们在第三节中所谈及的"阳九百六"都属于数术、历算层面的理论。关于天命（天气）运转的数术理论出现得更早，始见于战国时期邹衍著名的"五德终始"之说。关于"五德终始"，前贤所述尽备，其中顾颉刚先生于 1930 年发表的《五德终始说下的政治和历史》[2] 是这一议题的重要奠基。要而言之：邹子认为，天地之间有金、木、水、火、土之五行依时运转，而这也可以被理解为作为整体的天气被一分为五，进而运行轮转。《白虎通·五行》曰：

> 五行者，何谓也？谓金、木、水、火、土也。言行者，欲言为天行气之义也。[3]

如时运在火德，则有与火德相应之王室显示出符合火德的符瑞

---

[1] 参见：章启群.星空与帝国——秦汉思想史与占星学 [M].北京：商务印书馆，2013：295-300.

[2] 顾颉刚.五德终始说下的政治和历史 [J].清华大学学报（自然科学版），1930（01）：71-268.

[3] 陈立.白虎通疏证 [M].北京：中华书局，1994：166.

（如汉高祖刘邦被认为曾斩白蛇，此即对应火德之符瑞），以此来承受天命；由此，整个国家的政治制度，也秉承五行中"火"的特性来建立，这其中包括各个层面的数字模型以及舆服之颜色。邹子将这一模型上溯至黄帝，并下降至他所处的周代（战国）。虽然邹子之文早佚，但《吕氏春秋·有始览》大抵记录了这一模型要义，其明显比同时期其他的气运之说更为系统且完备，其文曰：

> 凡帝王者之将兴也，天必先见祥乎下民。
>
> 黄帝之时，天先见大螾大蝼，黄帝曰"土气胜"，土气胜，故其色尚黄，其事则土。
>
> 及禹之时，天先见草木秋冬不杀，禹曰"木气胜"，木气胜，故其色尚青，其事则木。
>
> 及汤之时，天先见金刃生于水，汤曰"金气胜"，金气胜，故其色尚白，其事则金。
>
> 及文王之时，天先见火，赤乌衔丹书集于周社，文王曰"火气胜"，火气胜，故其色尚赤，其事则火。
>
> 代火者必将水，天且先见水气胜，水气胜，故其色尚黑，其事则水。[1]

邹子之说，立意在于劝诫那些争夺霸权的诸侯，未得符瑞者即

---

[1] 许维遹.吕氏春秋集释[M].北京：中华书局，2009：284.

无天命，因此也不必妄求王位，如此各安其分，则天下太平。然而正如顾先生所洞见者："他的学术的结果是很坏的……反使一般方士可以利用了他的学说以为阿谀苟合的资料。这是他想不到的。"[1] 据《史记·封禅书》所载：

> 自齐威、宣之时，驺子之徒论著终始五德之运，及秦帝而齐人奏之，故始皇采用之。[2]

又按《史记·秦始皇本纪》载：

> 始皇推终始五德之传，以为周得火德，秦代周德，从所不胜。方今水德之始，改年始，朝贺皆自十月朔。衣服旄旌节旗皆上黑。数以六为纪，符、法冠皆六寸，而舆六尺，六尺为步，乘六马。更名河曰德水，以为水德之始。刚毅戾深，事皆决于法，刻削毋仁恩和义，然后合五德之数。于是急法，久者不赦。[3]

由此，秦始皇借用了邹子的五德之说，自认是继承周室的"水德"，并正式应用了五德的体系来建立政治制度，以此来支持

---

[1] 顾颉刚. 五德终始说下的政治和历史 [J]. 清华大学学报（自然科学版），1930（01）：82.

[2] 司马迁. 史记 [M]. 北京：中华书局，1368-1369.

[3] 司马迁. 史记 [M]. 北京：中华书局，237-238.

自己的政权合法性。但矛盾的是，秦始皇一方面强调秦的政权"至于万世，传之无穷"[1]，一方面又接受了"五德终始"这样一套"皇帝轮流坐"的理论，这也就为后世几千年间每一次天命、朝代的更迭提供了取之不竭的理论支持，而这些更迭往往是在混乱之中通过暴力来达成的。

（五）天帝因时而变易

早在汉高祖立国之初，便因"天有五帝"而建立黑帝之祠以健全五方五帝祀典[2]。《潜夫论·卜列》云：

> 古有阴阳，然后有五行。五帝右［各］据行气，以生
> 人民。[3]

由此可知五行不仅是一种抽象的气态的存在，也可以是人格化的帝王般的存在。在东汉纬学之中，五帝进一步有了确切的名字，并与王室有了更为确切的血脉关联，东汉大儒郑玄引纬书《春秋文耀钩》[4]曰：

> 王者之先祖皆感太微五帝之精以生，苍则灵威仰，赤
> 则赤熛怒，黄则含枢纽，白则白招拒，黑则汁光纪。[5]

---

[1] 司马迁.史记 [M].北京：中华书局，236.
[2] 司马迁.史记 [M].北京：中华书局，237-238.
[3] 彭铎.潜夫论笺校正 [M].北京：中华书局，2014：386.
[4] 彭铎.潜夫论笺校正 [M].北京：中华书局，2014：387 注 4.
[5] 郑玄，孔颖达.礼记正义 [M].上海：上海古籍出版社，2008：1349.

此即"感生帝"之理论。同时，郑玄又将五气、五帝的理念向前推进了一步，唐儒孔颖达疏《礼记·郊特牲》曰：

> 郑氏（按：郑玄）谓天有六天，天为至极之尊，其体只应是一。而郑氏以为六者，指其尊极清虚之体其实是一，论其五时生育之功则别有五。以五配一，以为六天。[1]

由此可见，五帝、五气也拥有着"天"的身份，这与我们上文所言的天、气实为一体的逻辑是一致的：五行"为天行气"，"五帝各据行气"，五气即是一气，五帝即是一帝，他们之间是一而五、五而一的关系，故郑玄曰"清虚之体其实是一"[2]。

既然五气即是五帝，五帝即是五天，则在五德终始、五帝行气的逻辑下，不仅天命会因时而鼎革，天也会因时而变易。如此的推论应非空穴来风，其一重要的证据便来自汉末黄巾起义时的著名口号：

> 苍天已死，黄天当立。岁在甲子，万事大吉。[3]

东汉末年（也包括西汉末年），人们观察到自然界中的各种灾

---

[1] 郑玄，孔颖达.礼记正义[M].上海：上海古籍出版社，2008：1024.

[2] 关于郑玄六天思想的讨论，参见：褚叶儿.郑玄的六天说与阴阳五行[J].中国哲学史，2020（4）：83-90.

[3] 范晔.后汉书[M].北京：中华书局，1965：2299.

异之象，并结合历算与谶纬之学得出汉家"赤德气尽……黄德当兴"[1]，"汉行气尽，黄家当兴"[2]等种种推论，这些无不是建立在"五德终始"的理论之上。先贤诸如贺昌群[3]、熊德基[4]、刘序琦[5]、刘九生[6]都对这一口号的确切含义有了较多讨论，虽然诸家对于此十六字的疏解大相径庭，但却无一例外地同意"苍天"与"黄天"的更替是气运、天命的鼎革。由此，我们或许可以论定，气运的改变也意味着天的转变，而这对于两汉间的人士而言，无异于宇宙规律以及社会秩序的全面、整体改变。直至近代，"变天""改天换地"也被用来指称社会随着时代的进步而发生的巨大变化[7]。

三、小结

天命是上天给予君王之治民的命令，也意味着对于天地祭祀的垄断。但随着理论的进一步发展，天命也被赋予臣工，乃

[1] 班固 . 汉书［M］. 北京：中华书局，1962：4108-4109.

[2] 陈寿撰，裴松之注 . 三国志［M］. 北京：中华书局，1982：53.

[3] 贺昌群 . 论黄巾农民起义的口号［J］. 历史研究，1959（6）：33-40.

[4] 熊德基 .《太平经》的作者和思想及其与黄巾和天师道的关系［J］. 历史研究，1962（4）：8-25.

[5] 刘序琦 . 谈"苍天已死，黄天当立"［J］. 江西师范大学学报，1985（3）：77-81.

[6] 刘九生 . 黄巾口号之谜［J］. 陕西师大学报（哲学社会科学版），1985（2）：3-20.

[7] 如丁玲小说《杜晚香》中言："这个新的小山沟如今就是她全部的世界，外边的惊天动地，改天换地，并没有震动过这偏僻的山沟。"丁玲 . 丁玲女性小说［M］. 上海：上海文艺出版社，2018：184.

至教化民众的圣贤，他们分别在不同的层面，以不同的方式"治民"。与此同时，图、录等神圣符号也成为帝王拥有天命的象征，拥有图录便意味着拥有天命。以上这两点，均被后世的盟威道所继承，成为赋予祭酒与道民天命的重要方式。

此外，自然界中的天是时间的神圣来源，而形而上的天、天气、天命、天帝这些观念则又因"五德终始"之规律而改易。不同的朝代尊奉不同之"德"，其制度的各方面均对应其所属之"德"。故此，天命、气运的改变，也意味着深层次的社会变革。这为后世盟威道信仰的建立提供了重要的语境与接口，对此我们将在第七节中详细讨论。

第二章　盟约

> 道以汉安元年五月一日，于蜀郡临邛县渠停赤石城，
> 造出正一盟威之道，与天地券要，立二十四治，分布玄元
> 始气治民。
>
> ——《大道家令戒》

汉安元年的盟约是盟威道建立的标志，在了解其所处的先秦两汉时期政治、宗教背景后，本章将具体围绕"盟约"这一概念展开。老君与天师盟约的建立，具有极为深远的"改天换地"式的宗教、历史意义，也是后世道教一切义理的基础。由此，我们首先需要再次利用古代文献与出土文物、文献，来重新认识盟约在"前盟约"时代的意义，进而理解其被援引至宗教内的逻辑，以及其所引发的一系列变革。我们将尝试从义理的角度，对早期盟威道的一些基本概念、宗教精神进行解析，发现其相互关联，以此拼接、重构一个能够自洽的盟威道义理体系，而这也将成为我们在第三章中理解道教法箓所必需的讨论基础。

第五节　先秦时期的盟约仪式

在本节中，我们将先对先秦两汉时期盟约制度的大致含义与分类稍作概述，然后再对其所包含的几点重要概念分别进行讨论。最后，我们将讨论由盟约延伸而出的中国古代契约文化，以此作为我们理解后世盟威道义理、法箓文本与授度仪式的重要基础。为了更好地理解盟约这一普遍存在于人类社会中的文化现象，我们也将适当援引《希伯来圣经》中的部分内容（以及古代近东地区政治与宗教传统）作为对观，以期更好地理解中国自身盟约传统的结构与意义。

一、盟约的基本概念

（一）主要功能

"盟约"是全人类普遍共享的一种文化、社会现象。在大的社会范围中，盟约的建立旨在建立一"同盟"群体，进而区别于未结盟者。在这一群体内部，尤其具体在政治与宗教层面中，盟约的建立乃是一次"权、责"与"约束"的交换，并常伴之以一定的"承诺"[1]。在盟约这一交换的过程中，"信"是其关键，只有结盟的双（各）方能够互相取信，交换才得以有效完成。为了彼此取信，在神明面前一同起誓成为立盟仪式的核

---

[1] 感谢杨德睿教授对这一点的重要开示。

心仪式环节。其中，同盟者主动地承诺，一旦违约，甘愿接受证盟神明及其他同盟者的殛谴与惩罚[1]。在古代社会中，出于对于神明威力的洞慑，人们由此得以建立彼此之间的信任关系。具体在本书中，我们将特别关注由盟约所引出的以"信"为基础的权责与约束的交换，并关注其最终的承诺（尤其将体现于第三章中）。

在汉语中，"盟誓""誓约"等词与"盟约"含义相近，在本书中将主要使用后者。"盟约"一词包含了"盟"与"约"两部分。"盟"字最早出现于殷墟甲骨文中，其于金文中，上半部分常写作"朙"，即明神；下半部分写作"皿"，意即盛血的盘子（参见图 05-01）。因此"盟"作为名词（covenant），在商代意指一种向神明献祭动物牺牲的血祭仪式[2]，并至迟在周

图 05-01 左：甲骨文"盟"字，《甲骨文合集材料来源表》/ 右：金文"盟"字，《冉父丁罍》，西周早期，《殷周金文集成引得》

---

[1] 中田薰 . 起请文杂考，《法制史论集》（岩波书店，1943 年）第 3 卷 26：959 页，引自吕静 . 中国古代盟誓功能性原理的考察——以盟誓祭仪仪式的讨论为中心 [J] . 史林，2006（1）：83.

[2] 如甲骨文中可写作"辛亥…饮御…百宰…盟三宰"（存二、二八二）。徐中舒，编 . 甲骨文字典 [M] . 成都：四川辞书出版社，2014：749. 另参见：吕静 . 中国古代盟誓功能性原理的考察——以盟誓祭仪仪式的讨论为中心 [J] . 史林，2006（1）：88.

代已经有了今天所理解的"盟约"的文字意义。"盟"又可作为动词，即向神明立盟宣誓（to swear）遵守约定义务，违反者不但将承受被同盟者的诛伐，更要承受因为失去诚信而来自神明的殛谴。

"约"字（通假字为"要"）从丝，本意为动词，以绳索缠束之意（to tie），由此引申为名词"约束"之意（constrain/restrain），以及人群之间所达成的具有建立紧密关系的"约定"（bond）。约定的内容被以文字一式多份地记录于金、石、兽骨、简牍或纸帛之上，由立约者共同收执，从而成为具有法律（或近乎法律）效力的文字凭证，谓之盟书、载书。后世更出现了能够相互对称，且能够拼合为一的文书形式，谓之为"契约"。"盟"与"约"是一个有机的整体，建立盟誓并立下契约意味着建立一种彼此的信任，故子产云：

> 昔我先君桓公与商人皆出自周……世有盟誓，以相信也。[1]

在信任的前提下，人们才能结成紧密的伙伴关系，相互交换，进而联为一体，谓之"同盟""盟友"。由此，盟约的核心精神在于建立彼此的信任，进而通过交换结成某种社会共同体。

---

[1] 杨伯峻. 春秋左传注［M］. 北京：中华书局，2018：1201.

（二）盟与誓

向神明起誓是建立盟约的核心内容，或者说赋予了盟约神圣的力量。"誓"字从言，意指口头上的约定，目前记录在《尚书》之中的几篇战争"誓文"是我们所知关于盟誓的较早记载。其中，《汤誓》为商汤号召众人共同勠力讨伐夏桀的誓师之文，在誓文末尾，汤王除了许诺事成之后给予盟友们奖赏，还警告立誓者"尔不从誓言，予则孥戮汝，罔有攸赦"（《尚书·汤誓》）[1]，这里明确陈述了对于"违约"的"告诫"，以及"履约"的"承诺"。《礼记》云："约信曰誓，莅牲曰盟"[2]；此处"盟"与"誓"所指虽不同，但却关系密切：立誓意指建立约信，而立盟则专指与立誓相配的宰牲血祭仪式，两者是一个有机的整体。故此，"盟"与"誓"二字在先秦两汉及道教文献中常常作为意义相近的字使用，"盟誓"的意义与"盟约"基本相当，[3] 前者强调仪式过程，后者强调约定内容。

在《希伯来圣经》中，"誓"（Oath, Shevuah, שבועה）也单独出现，用以表达相对简单的起誓[4]，也可以与"盟"（Covenant,

---

[1]《尚书·汤誓》据陈梦家先生判言："此篇大约孟子以前宋人所作，今本则有秦人改削之迹。"虽然《汤誓》可能是商人后代追溯前代之作，而非直接档案，但其逻辑清晰完整，是我们了解先秦盟约制度的重要材料。陈梦家. 尚书通论（增订本）[M]. 北京：中华书局，1985：193.

[2] 孙希旦. 礼记集解[M]. 北京：中华书局，2012：140.

[3] 田兆元. 盟誓史[M]. 南宁：广西民族出版社，2000：22-33.

[4] "约纳堂由于爱达味，再向他起了誓（To Swear/ L'hishava, להישבע）。"（《撒慕尔纪上》20：17）香港思高圣经学会. 圣经[M]. 北京：中国天主教教务委员会，1992：396.

Brit, ברית) [1] 成组出现或相互替代。尤其是在《申命纪》中，"起誓"成为"盟约"的前缀动词 [2]。梅纳海姆·哈兰（Menahem Haran）教授认为："两者的组合也许表明'誓'最初曾是'盟'的核心，虽然它也可以在'盟'的框架外建立。这两个概念之间的基本关联似乎是古代近东的一个普遍现象。"[3] 正如我们在上文中所见，这种"盟"与"誓"之间的普遍联系也存在于古代的中国。

（三）仪式流程

建立盟约的仪式，一般依次包含如下几项内容 [4]：

1. 委质：在册封一类盟约（包括道教授度仪式）举行之前，身份较低的受封一方要向身份较高一方委质，即呈纳信物，表达自己的诚信。以此作为权利、责任被赋予的前提，也即是交换中的第一步。

---

[1] G. Johannes. Botterweck, Helmer Ringgren, and Heinz-Josef Fabry, eds., *Theological Dictionary of the Old Testament*, Rev. ed. (Grand Rapids: Eerdmans, 1977), 253-279.

[2] 如"也不会忘却他起誓（Swear, Nishba, נשבע）与你祖先所立的盟约（Covenant, Brit, ב ברית）。"（《申命纪》4：31）香港思高圣经学会. 圣经 [M]. 北京：中国天主教教务委员会，1992：241.

[3] Menahem Haran, "The Berit 'Covenant': Its Nature and Ceremonial Background." In *Tehillah le Moshe: biblical and Judaic studies in honor of Moshe Greenberg*, ed. Mordechai Cogan, Barry L. Eichler, and Jeffrey H. Tigay (Winona Lake, Ind.: Eisenbrauns), 207.

[4] 笔者参考吕静教授的观点，并将其扩充为五点，详见：吕静. 中国古代盟誓功能性原理的考察——以盟誓祭仪仪式的讨论为中心 [J]. 史林，2006（1）：83-84.

2. 证盟：降神于立盟坛所，并请求神明担任证盟者，在绝大多数情况下，这些神明都是自然界的日、月、山、川乃至天、地。

3. 宣读盟书：将事先约定好的盟文于同盟者及神明之前宣读，明确需要履行的职责与义务（需要做之事），被赋予的权利，以及需要遵守的约束（禁止做之事）。盟书往往一式多份，由同盟者收执，以作为建立盟约的凭证，此可被视作交换的第二步。

4. 立誓：在神明与证盟者前做出自我诅咒，保证自己若一旦违践盟约，甘愿接受证盟神明和其他同盟者的惩罚。后世道教的"盟威"，正是建立在三官见证授度盟约的基础之上。

5. 宰牲歃血：当众宰杀牺牲，以动物的死亡作为违背盟约下场的警戒，并向神明奉献牺牲。屠宰动物所得之血由同盟者一同饮下，由此建立虚拟的血缘，形成共同体。后世道教授度仪式中的"饮丹"即是对此的继承与改造。

建立盟约便意味着做出了诚信的承诺。在互相信任的前提下，盟约得以成为联结社会群体的纽带，同盟者之间得以形成一个共享的身份认同群体，并将未参与盟约者排除在信任圈外。诚信是盟约的核心，故《春秋》曰："苟信不继，盟无益也。"[1]

---

[1] 杨伯峻.春秋左传注[M].北京：中华书局，2018：114.

二、盟约的基本类别

盟约有着多种不同的分类。田兆元教授将上古秦汉时期的中国的盟约因历史发展及目的分为：因氏族通婚而定立的上古"婚盟"，君王巡狩过程中与诸侯定立的"联盟"，战斗开始前鼓舞士气的"誓师"，周王延续宗亲之谊的"宗盟"，以及巩固霸主地位的东周"会盟"[1]。梁彦民与雒有仓教授将周代的盟约制度分为"册封盟约"与"朝聘盟约"两大类。其中，分封的盟约又可通过同盟者身份不同分为四种：1. 周王初次分封诸侯、王臣；2. 诸侯与其所属"宗氏""分族"等缔结上下隶属关系；3. 承袭爵位的诸侯后代再次受到当代周王的册封；4. 诸侯、王臣册封其僚属。"朝聘会盟"是指周王与诸侯的定期盟会，其目的在于通过盟约来巩固以血缘亲情结成的纽带，进而加强这一封建制国家的向心凝聚力。[2] 从结构上来说，"册封盟约"是一种自上而下的盟约，其由周王向诸侯、王臣分享自身的政治、宗教权利以及治民的职责，也即是"天命"，并发出诰戒；其主要目的在于赋予并保证处于下方的诸侯、王臣的利益。"朝聘盟约"则是一种自下而上的盟约，其目的在于定期加强分封在外的诸侯与周王的亲属关系，进而保证处于上方的周王的利益（对其效忠）。这一上一下两种盟约制度的制度性

---

[1] 田兆元 . 盟誓史 [M] . 南宁：广西民族出版社，2000：76-89.

[2] 雒有仓，梁彦民 . 论商周时代盟誓习俗的发展与演变 [J] . 陕西师范大学学报（哲学社会科学版），2007，36（4）：41-42.

持续举行构成了"周"作为一个早期国家的最基本政治形态。

　　同样，神与人、人与人之间的各种盟约也频繁地出现在《希伯来圣经》的经句之中，莫西·温菲尔德（Moshe Weinfeld）教授对其进行了深入的分析后，认为《希伯来圣经》中出现的盟约基本可以分为"封赠式"（grant）与"条约式"（treaty）两种（即与上文所言"册封""朝聘"相呼应），它们都有着更为古老的政治起源。封赠式盟约最早可见于公元前 2000 年左右古巴比伦时期赫梯帝国（Hittite empire）与叙利亚-巴勒斯坦地区所遗存的界碑（kudurru）之上，由君主向忠于自己的封臣颁赐，旨在明确其臣仆的义务，并保护封臣的权利。《希伯来圣经》中雅威（YHWH）赐予亚巴郎（Abraham）与达味（David）"应许之地"的盟约即属此例。条约式盟约最早也见于赫梯帝国境内所出土的文书之中，其旨在明确封臣对于君主、宗主国的义务，并保护宗主的权益。《希伯来圣经》中雅威与由梅瑟所代表的以色列人于西奈山／曷勒布山顶定立的盟约即属此例，其"十诫"的内容特别强调以色列人对于雅威的忠诚 [1]，并包含了其他的约束。由此可见，无论道教还是犹太教，其盟约的观念均源自古代的政治制度，不同类型的盟约也被巧妙地施用于不同的宗教义理叙述之中，用以明确神与人的关联。但并非所有的宗教中都具备盟约的观念，这大概与其

---

[1] Moshe Weinfeld, "The Covenant of Grant in the Old Testament and in the Ancient near East," *Journal of the American Oriental Society* 90, no.2 (1970): 184-203.

发轫时期所处的政治制度环境有着极大的关联。在以往的研究中，有的学者认为"希伯来人的盟誓与中国盟誓的最大区别，是神也发誓……神坚定表示履行自己的诺言，让人感到神真的与人同在。这一点，中国盟誓无法做到。"[1] 我们在稍后有关盟威道义理的讨论中将会看到，这种论断的误判乃是研究者对于道教义理的漠视造成的。

事实上，犹太教盟约与道教盟约最大的不同，便是后者的义理中还存在着一层人类与鬼神（六天故气）之间的平等关系盟约（参见第六节）。这种"平等盟约"始自东周时期，即在诸侯混战的历史背景中，国与国之间所定立的盟约，其内容往往包括：结成战略伙伴关系、互不侵犯、相互支持。此种盟约既不从宗主出发（虽然依然有"盟主"的存在），也不从封臣出发，而是强调平等互助的"同盟"关系，其一方面用于化解双边或多边关系中的纠纷，同时也用来圈定一个社会群体（以盟主所领导的同盟国）。在道教法箓授度制度中，受度弟子从度师处领受记载仙官吏兵的法箓，这是对于"册封盟约"的直接继承；但与此同时，道民又得以与自然界中的鬼神互不侵犯，这则是"平等盟约"在义理中的直接施用。下面我们就对这两种盟约再稍作讨论。

（一）册封盟约

"天命"即上天授予君王"治民"的命令，拥有天命即意

---

[1] 田兆元. 盟誓史 [M]. 南宁：广西民族出版社，2000：46.

味着拥有了治民的职责与权利。周王通过与诸侯、王臣建立盟约以及举行册封，将"天命"转化为"王命"，进而将其与诸侯、王臣分享，从而构建起一套分工协作、权责相应的政治制度。立盟册封制度既是"天命"所代表的抽象、朦胧的君权天授观念的具体落实，同时也是君王借分封诸侯、设立职官以构建国家治理体系的标准操作程序。就其最终归本于上天，并涉及以神明证盟的仪式内容而言，这套层级化的礼仪体系无疑是宗教性的，但就其作为构建国家的手段以及治理国家的机制而言，它同时又体现了理性的政治文明。

制度化的盟约仪式始自西周[1]。周代的政治体制与作为原始社会的商代地方氏族"方国联盟"不同，其核心政治体制是以血缘亲属关系为基础的"宗法联盟"，周王既是政治、军事领袖，又是姬姓的族长，他按照血缘亲疏远近的次序将其宗亲分封到各地担任诸侯以安镇天下、屏藩中央。所以，诸侯能够效忠于周王，既是基于过去主仆一同平定天下的情感纽带，也是基于血缘关系的纽带。然而，这套"宗法联盟"制度有着先天的缺陷。首先，并非所有封国皆由姬姓宗亲占有，周朝自立国之初便封有异姓诸侯（如齐国国君先为姜姓后为田姓，宋国则为殷商之遗民）。其次，随着世代更替，诸侯与在位周王的血缘关系也越来越疏远，建立于情感上的忠诚度也随之降低。那

---

[1] 关于商代尚无完备的"盟誓"仪式，参见雒有仓，梁彦民.论商周时代盟誓习俗的发展与演变[J].陕西师范大学学报（哲学社会科学版），2007, 36（4）: 40-46.

么，如何在不违背血缘亲属关系为本的"宗法联盟"这一根本理则的前提下克服这两个缺陷呢？诉诸神圣的力量或许是最直截了当的答案。盟约制度旨在以一套神圣的、具有强烈宗教性的仪式来"创建"并"更新"周王与诸侯、贵族之间的血缘纽带（详见下文"歃血"），并以此构建彼此的信任，由此结成共同体：国家。在《希伯来圣经》中，雅威与人类盟约的建立也伴随着土地的应许。雅威与亚巴郎立约说："我要赐给你后裔的这土地，是从埃及河直到幼发拉的河，就是刻尼人、刻纳次人、卡德摩尼人、赫特人、培黎齐人、勒法因人、阿摩黎人、客纳罕人、基尔加士人和耶步斯人的土地。"（《创世纪》15:18–21）[1]

西周金文中有关册命的铭文很多，但大多只言及册文内容，而忽略了其他重要信息。难能可贵的是，1986 年北京房山琉璃河商周遗址出土的"克罍""克盉"（见图 05-02）的铭文弥补了这一缺失，其铭文曰：

> 王曰："太保，隹（唯）乃明（盟）乃鬯，亯（享）于乃辟。余大对，乃亯（享），令（命）克侯于匽（燕），（事）羌、马、叡、雩、驭、微……"[2]

---

[1] 香港思高圣经学会 . 圣经 [M] . 北京：中国天主教教务委员会，1992：26.

[2] 陈平 . 克罍、克盉铭文及其有关问题 [J] . 考古，1991（9）：843–854. 杜廼松 . 克罍克盉铭文新释 [J] . 故宫博物院院刊，1998（01）：61.

图 05-02　克盉（左）、克罍（中）及其铭文（右）

这里的大意是，周王说："太保，我们既已作过了盟誓，又已做过了禋祭，你又为我献上享宴。我很感激献享，命克作为燕侯，管理羌等六族之人……"这里的"太保"即我们此前所曾提及的周初重臣召公（大保奭），克即其长子，也即是初代燕侯。从这短短的一句话来看，我们得以推论出西周初年册封仪式所具备的四个环节：1. 立盟，2. 祭祀，3. 享宴，4. 册命（也即是铭文所记录的场景）。其中，前三个环节因为动物牺牲的使用而串联（仪式中所斩杀的牺牲被作为祭品献于神明，并同时在祭祀之后的享宴中被食用）；同时，第 1 个环节"立盟"也作为第 4 个环节"册命"的必要前提。

　　1965 年山西侯马所出土的五千余片晋国玉、石、骨质盟书，为我们揭示了周代金文中所不详载的立盟仪式[1]（参见图

---

[1]　关于侯马盟书的基本信息，参见张颔，陶正刚，张守中. 侯马盟书 [M]. 太原：三晋出版社，2016.

趙尼及其孫趫疾之孫趫直及其孫趫
定宮平時之命而敢或鼓改勛及內甲不守二宮者丕
敢不闌其腹心以事其宗而敢不盡從嘉之明

饂之孫史觀及其孫于晉邦之地者及　群虖明者虖
君其明巫殹之麻奏非是

图 05-03　侯马盟书

05-03)。在可明确辨识文字的盟书中，"宗盟类"的 514 篇与"委质类"的 75 篇均指向唯一的盟主：晋国世卿赵鞅[1]。此两类盟书常在同一瘗埋坑中出土，由此可知它们应是在同一背景、同一时间内所立的盟约，而其不同之处在于前者为赵姓同宗与宗主赵鞅所立，而后者则为家族外异姓者与其主所立。其宗盟类盟书中的标志性语句为：

> （某人）敢不剖其腹心，以事其宗，而敢不尽从嘉之盟……[2]

委质类盟书中的标志性语句为

> （某人）自誓于君所……[3]

这些出土文献都很明确地表达出了不同身份的人群（宗亲与非宗亲）对于同一主公的效忠。盟书出土于当时晋国的首都新田城外正东浍河之阳，而非宗庙，且瘗埋坑中皆有牺牲兽骨，委质类盟书中又常出现有"巫觋祝史，荐绥绎之皇君之所"[4] 等

---

[1] 张颔，陶正刚，张守中. 侯马盟书 [M]. 太原：三晋出版社，2016：75-80.

[2] 张颔，陶正刚，张守中. 侯马盟书 [M]. 太原：三晋出版社，2016：43.

[3] 张颔，陶正刚，张守中. 侯马盟书 [M]. 太原：三晋出版社，2016：49. 关于"誓"字的考证另参见孙常叙. 释誓申唐说质誓——读《侯马盟书》"自质于君所"献疑 [G] // 高智. 侯马盟书研究论文集. 太原：三晋出版社，2017：484-503.

[4] 张颔，陶正刚，张守中. 侯马盟书 [M]. 太原：三晋出版社，2016：49.

语。由此可推论，立盟、坎牲、瘗埋盟书与在宗庙中举行的册封仪式应是不同时间、不同空间分别举行的两场仪式。我们虽然无法明确赵鞅是否在浍河之阳的盟约仪式后择日为其宗亲与臣属专门举行了封命仪式，但从赵鞅所推行的一系列变法与军事活动来看，这是非常可能的。我们需要注意的是，此处盟文的第一人称是地位较低的一方（家臣）向较高的一方来宣誓。以此为前提，稍后举行的册命则是由地位较高的一方向较低一方的授予。

册命仪式的核心为命书的授受，即周王（或贵族）授予任命诸侯、王臣（或家臣）的书面凭证。命书一般写于竹简上，因此难以保存，但自周代以来，贵族们开始将命书的内容节选，连同授受过程一同作为铭文铸于青铜器上，以此作为家族的荣耀，"子子孙孙永宝之"，我们在上文中所提及的"克器"即是此类。这种青铜器铭文的书体也就是后世所谓的"金文"，其文字内容多记录册封仪式之过程（见图 05-04）。陈汉平先生根据西周时期青铜器金文将册封的仪式流程大致归纳为：1. 拜手稽首；2. 受册命，佩以出；3. 返入觐璋；4. 对扬王休[1]。由此，其仪式可分为两部分，先是在周王在宗庙的庭院中为诸侯授册命；其次，受命者退出宗庙后再次进入宗庙，行朝觐之礼（详见下文"委质"），并赞扬周王。以此推测，仪式的第一部分是由上向下的授予册命，也即是仪式的核心，而第二部分

---

[1] 陈汉平. 西周册命制度研究 [M]. 学林出版社，1986：305-311.

图 05-04　上海博物馆藏西周晚期颂鼎（左）及其铭文拓片（右）。颂鼎是周宣王时代的史官名颂者所作，其内壁有铭文 14 行 152 字，为最完整的一篇记录西周册命礼仪的铭文。其文曰："唯三年五月既死霸甲戌，王在周康邵宫。旦，王格大室，即位。宰引佑颂入门立中廷。尹氏授王命书，王呼史虢生册命颂。王曰：'颂，命汝官成周贾廿家，监新造贾用宫御。赐汝玄衣黹纯、赤、朱、黄、銮、旂、攸勒。用事。'颂拜，稽首。受命册，佩以出，反入覲璋。颂敢对扬天子，丕显鲁休，用作朕皇考龚叔、皇母龚姒宝尊鼎。用追孝，祈介康纯佑，通禄永命。颂其万年眉寿，畯臣天子灵终，子子孙孙宝用。"

则是由下向上的"委质"之礼。

综上所述，周代的册封仪式至少由"盟"与"授"两个重要的仪式环节组成。前者由位卑者奉纳信物（委质）宣誓效忠，后者由位尊者授予权利与责任，此两者一同构成了将邦国政治体制持续黏合起来的关键机制。对于笃信神明的古人而言，这种伴随着血祭的盟约具有强大的心理力量：同盟者接受神明的监察，任何对于盟约的违背都会遭到神明的殛谴。同时，周王的统治合法性与权利也通过这套仪式体系被层层转授，并传递到了最基层的士人身上，使其分享到了一定的责任与权利以及神圣身份，并同时接受约束。稍后我们将会看到，这种通过册书（亦曰"命书"）来赋予责、权的做法在盟威道中被继承，其"契券"与"法箓"的文书组合完全对应了册命制度中"盟书"与"命书"的组合，意在将由天命所出的责、权赋予道民。

（二）平等盟约

无论是"册封盟约"还是"朝聘盟约"，都有着明确的高低阶级之分，宗主与封臣的上下身份之别十分明确，其权利与义务也并不对等。但在东周时期出现的诸侯与诸侯之间的盟约，却体现了极为平等、互助的政治精神。如鲁成公十二年（公元前 579 年）晋国与楚国之间所立的第一次弭兵会盟，其盟文曰：

> 凡晋、楚无相加戎，好恶同之，同恤灾危，备救凶

患。若有害楚，则晋伐之；在晋，楚亦如之。交贽往来，道路无壅，谋其不协，而讨不庭。有渝此盟，明神殛之，俾队其师，无克胙国。[1]

这里的文意十分明白，晋、楚两国结为同盟，承诺互不交战，共同应对外部的战略风险，并互相救助、预备可能的自然灾害。同盟国在战略上相互驰援，打击任何侵害一方的敌国，同时保障两国之间商贸交通的畅通，并一同打击叛乱。最后，如果有任何一方违背这一盟约，则会遭受神明的殛谴，覆灭其军事力量，并丧失政权。由此可见，春秋时期国与国之间所结成的同盟已经非常近似于当代意义上的战略伙伴关系，缔约方不但互相不动用武力，还共同承担风险，并有意地在经济上成为共同体。

平等盟约的同盟者也可以是多方。至迟在西汉时期，地方社会中开始出现由民众共同定立的"乡约"[2]（此有别于晚期带有道德训导性质的"乡约"），其参与者的身份与权益均互相平等，其内容也多为共谋福祉与杜绝争讼。1973 年出土于河南偃师的东汉《侍廷里父老僤买田约束石券》[3]（下称《买田券》，参见图 05-05）为我们具体展示了平等互助的"盟约"

[1] 杨伯峻.春秋左传注 [M].北京：中华书局，2018：399.
[2] 西汉南阳太守召信臣"为民作均水约束，刻石立于田畔，以防分争"。班固.汉书 [M].北京：中华书局，1962：3642.
[3] 黄士斌.河南偃师县发现汉代买田约束石券 [J].文物，1982（12）：17-20.

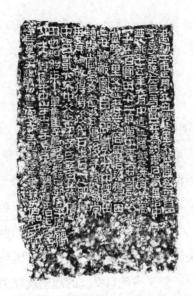

图 05-05　河南省偃师商城博物馆藏，东汉建初二年（304）《侍廷里父老僤买田约束石券》拓片。其文曰："建初二年正月十五日，侍廷里父老僤祭尊于季、主疏左巨等廿五人共为约束石券。里治中乃以永平十五年六月中造起僤，敛钱共有六万一千五百，买田八十二亩。僤中其有訾次当给为里父老者，共以客田借与，得收田上毛物谷食自给。即訾下不中，还田转与当为父老者，传后子孙以为常。其有物故，得传后代户者一人。即僤中皆訾下不中，父老季、巨等共假赁田也，如约束。单侯、单子阳、尹伯通、琦中都、周平、周兰、父老周伟、于中山、于中程、于季、于孝卿、于程、于伯先、于孝、左巨、单力、于稚、琦初卿、左中文、于王思、琦季卿、尹太孙、于伯和、尹明功。"

精神在基层社会中的具体体现。《买田券》石刻自称为"券"，又于文中明确表达了"约束"的概念，其修辞明确体现了其同盟约定的特质。按"僤"即汉代常见的民间社团组织，类似"会""社"。"父老僤"则是一为解决本里"父老"（即"三老"）花费而共同集资购买田亩所结成的团体。事实上，我们知道，恰恰是这里的"三老"或"父老"在乡约的制定中发挥了极大的作用[1]，他们大抵对应了东周时期诸侯国"盟主"的角色，而所有参与到约定中的乡民，则对应了诸"同盟国"。父老僤由本里居民代表二十五人组成，这暗示着"秦汉以降，以井田制为基础的农村公社已趋于瓦解，继而以地缘关系为基础的乡里组织取而代之"[2]，这种情况与东周时期日益瓦解的宗亲分封政治遥遥呼应，每当旧有制度趋于动荡之时，人们便本能地结成同盟，用以互助协作，生产自救。此正如增渊龙夫教授所论："进入春秋中晚期以后，我们看到了社会上更多同样性质（按：门客）的人际结合关系……下级武士对其主的关系，跟当时上层社会君主与世族之间摇摇欲坠的关系，形成鲜明的对照。"[3] 稍后我们将会看到，盟威道的《清约》，不仅达成了人类与自然力量之间的互不侵扰，更在灾异频现的东汉末年构建了具有公社性质的地方社群。

三、立盟、授册的仪式要点

为了在本书后续的章节中更好地理解道教法箓授度制度与古代盟约、册封制度的渊源，我们在这里仍需要将几点仪式中的重要概念稍作讨论。我们将会看到，这些仪式概念相互关

---

[1] 增渊龙夫．中国古代的社会与国家［M］．上海：上海古籍出版社，2017：138-139.

[2] 宁可．关于《汉侍廷里父老僤买田约束石券》［J］．文物，1982（12）：21-27.

[3] 增渊龙夫．中国古代的社会与国家［M］．上海：上海古籍出版社，2017：150.

联，使得盟约得以通过仪式的举行而拥有神圣的效力，天命也因此得以被转授、分享。

（一）牺牲

在立盟的仪式中，尤其是周代的政治性立盟仪式中，动物牺牲的宰杀是仪式必需的组成部分[1]。牺牲一方面是献祭给临坛证盟诸神的飨祭，另一方面也是对于背弃盟约者可能遭受之下场的一种预警或自我诅咒[2]。立盟仪式中献祭牺牲,并宰杀动物作为诅咒的行为最早可见于公元前3世纪（距今约5 000年前）阿卡德国王纳拉姆辛（Naram-Sin）与埃兰人（Elamites），以及亚述尼拉里五世 (Ashur-nirari V) 与其藩国之间的立盟仪式[3]。在《希伯来圣经》的记载中，作为名词的"盟约"（Covenant, Brit, ברית）[4] 常与具有切割含义的动词相配，"建立盟约"即"切割盟约"（这一含义也引申至割损礼之中），这对应了牺牲的宰杀以及与之相伴的自我诅咒。如在《创世纪》中，亚巴郎将每样祭品都从中剖开[5]；此外，在雅威与以色列人所定立的解

---

[1] 田兆元．盟誓史 [M]．南宁：广西民族出版社，2000：39-50.

[2] 参见：康豹（Paul R.Katz）．汉人社会的神判仪式初探：从斩鸡头说起 [J]．"中研院"民族学研究所集刊 (88), 1999：173-202.

[3] Weinfeld, "The Covenant of Grant in the Old Testament and in the Ancient near East," 197.

[4] Botterweck, Ringgren, and Fabry, *Theological Dictionary of the Old Testament*, 253-279.

[5] 亚巴郎按照耶和华的要求献出 "一只三岁的母牛，一只三岁的母山羊，一只三岁的公绵羊，一只斑鸠和一只雏鸽"，"每样从中剖开，将一半与另一半相对排列"（《创世纪》15：9-10）。香港思高圣经学会．圣经 [M]．北京：中国天主教务委员会，1992：26.

放奴隶的盟约中，祂说：

> 凡违犯我盟约，即凡不履行剖开牛犊，由两半中间
> 走过，在我面前所立的盟约誓词的人……我必将他们悉
> 数交在他们的敌人和图谋他们性命者的手中，使他们的
> 尸首成为天上飞鸟和地上走兽的食物。(《耶肋米亚》34：
> 18-20）[1]

弗雷泽爵士（Sir James G. Frazer）总结了诸多文明与社会中
的类似仪式："杀死并劈碎牺牲动物，象征着破坏和约或违背
誓言的人将受到惩罚；他会像那只动物一样落得个惨死的下
场。"[2] 如此，这一解释也正对应了中国春秋时期盟会中所言的
"有渝此盟，明神殛之"[3]，"有渝此盟，俾坠其命"[4]。

后世道教禁绝血祭，受度弟子遂改用"法信"（如柴薪、
朱砂、稻米等）来表达自身的诚信，以自我之献祭（质心）替
代动物之献祭（详见第七节）。同时，在授度仪式中，伴随有
极为明显的"象征性死亡"元素，其依然可被视为对牺牲、死
亡的反复强调（详见第十九节），足见后世道教对于这一上古

[1] 香港思高圣经学会.圣经［M］.北京：中国天主教教务委员会，1992：
1268.
[2] 弗雷泽（Sir James G. Frazer）.《旧约》中的民俗［M］.上海：复旦大学
出版社，2011：190.
[3] 杨伯峻.春秋左传注［M］.北京：中华书局，2018：399.
[4] 范晔.后汉书［M］.北京：中华书局，1965：1886.

元素的继承与改革（或言"反转"）。

（二）歃血

在立盟仪式中，同盟者同饮牺牲之血（或以手指将血涂于嘴唇上），谓之歃血。《国语·吴语》曰："前盟口血未干，足以结信矣"[1]，即是以歃血之未干来形容新定盟约的有效性。近代以来，同饮血酒也成为一种习俗中常见的立盟方式。歃血有两重含义，其一在于"给予"，即将象征自己生命的血液献出，用以与同盟者进行分享；其二在于"同化"，即通过同盟者共同饮用彼此的血液，来实现将同盟者的生命"同质化"，进而结成"血亲""同胞兄弟/姊妹"。换言之，在以血缘宗法为核心的社会中，歃血的意义在于打破异姓血缘的藩篱，使原本分属不同血缘氏族的人们成为"血亲"。"立约双方真的通过把各自少量的鲜血混合在一起，人为地制造出一种血缘关系。"[2] 虽然对于饮用血液的禁忌普遍存在于其他地区的文化之中，但血液的分享总是立盟仪式中的重要组成部分。根据《希伯来圣经》的记载，梅瑟在与雅威的立约仪式中宰杀了一头牛犊作为献祭，又将其血"取了另一半血洒在祭坛上"，另一半则"洒在百姓身上"，并说："看，这是盟约的血，是上主本着这一切话同你们订立的约。"（《出谷纪》24：5-8）[3] 这很明确地表达了

---

[1] 左丘明撰，徐元诰集解.国语集解［M］.北京：中华书局，2002：540.

[2] 弗雷泽（Sir James G. Frazer）.《旧约》中的民俗［M］.上海：复旦大学出版社，2011：196-197.

[3] 香港思高圣经学会.圣经［M］.北京：中国天主教务委员会，1992：112-113.

通过血液（牺牲之血代替了众人之血）将雅威（以祭坛作为象征）与他的子民联为一体的仪式意象。

盟威道教法弃绝血祭，但授度仪式依然继承了这种打破身体界限，将人类通过盟约联为一体的思想，其中，"道气"以"丹水"的形式得以分享，由此结成了"虚拟"的血缘，是为道脉，道教教团得以通过不断重复地建立盟约而得以形成（详见第二十节）。

（三）质信

在建立盟约的仪式中，除了在神前立"誓"之外，往往还必须伴随有信物"质"的呈递。换言之，实物层面的"质"与口头的"誓"相辅相成，人类往往需要通过某些重要物品的抵押才能够对同盟完全地信赖。如此，在不同的类型的盟约中，质的使用方法也不尽相同。下面要而言之。

1. 由下至上的"委质"

在具有上下关系的册封盟约中，臣仆为了表达对于君主、宗主的效忠，除去立誓之外，还需要"委质"，或云"置质""奠质"。《管子·四称》云：

> 昔者有道之臣，委质为臣，不宾事左右。[1]

《韩非子·有度》亦云：

---

[1] 黎翔凤. 管子校注 [M]. 中华书局，2004：619.

　　　　贤者之为人臣，北面委质，无有二心。[1]

由此可知，臣仆的委质，除了守信之外，还表达了一层忠心的含义，他也得以被登入君主的名录之中，获得殊荣的身份。《国语·晋语》曰：

　　　　委质为臣，无有二心，委质而策死，古之法也。[2]

这也就是说，委质即等于列入"策"。此"策"并非是受封的命书，而是君主臣僚的名录[3]，这与道教中作为仙籍的"箓"完全对应。在后世盟威道的法箓授度制度中，道民在委质于大道之后不但能够得授法箓，同时也得以"名刊玉简，字录帝房"[4]（参见第八节）。

　　按"质（質）"字通假于"贽""挚"，《仪礼·士相见礼》曰："始见于君执挚，至下，容弥蹙"[5]，意思是说，在初次面见君主的时候，把"质"置之于地，委之而退，以物品作为抵押而取信于主上。依据不同的身份，"质"所指的物品也有所不

---

[1] 王先慎. 韩非子集解 [M]. 北京：中华书局，1998：34.

[2] 左丘明撰，徐元诰集解. 国语集解 [M]. 北京：中华书局，2002：445.

[3] 服虔认为"策"指投名之"刺"，其曰："古者始仕，必先书其名于策，委死之质于君，然后为臣，示必死节于其君也。"《史记索隐》引《服虔注左氏》，引自司马迁. 史记 [M]. 北京：中华书局，1982：2191.

[4] 元始天尊说十一曜大消灾神咒经 [M] // 道藏：第 1 册，869.

[5] 郑玄，贾公彦. 仪礼注疏 [M]. 上海：上海古籍出版社，2008：176.

同，韦昭注《国语·周语》云：

> 贽，六贽也。谓孤执皮帛，卿执羔，大夫执雁，士
> 执雉，庶人执鹜，工商执鸡。币，六币也。圭以马，璋以
> 皮，璧以帛，琮以锦，琥以绣，璜以黼也。[1]

事实上，这种面见君主并委质的仪式正是我们上面所言册封仪式中的"返入觐章"。从整体的册封仪式结构来看，这属于受封之后的谢恩环节；但就其仪式自身的性质来看，则实际是一次"朝觐"仪式。

朝觐是诸侯定期与天子会盟的仪式，其中，诸侯要依据自身的等级手持玉质的圭或璋作为"质"，献上周王，即《仪礼》所谓的"侯氏坐取圭，升致命。王受之玉"[2]。可见，"圭是最贵重的符信，故多对地位尊贵者或地位尊贵者本身所执用……觐见天子时，执玉为贽的制度，却是含有'委质为臣'的意义"[3]。作为对诸侯、王臣委质的反馈，周王则"赐侯氏以车服……诸公奉箧服，加命书于其上"[4]。

此外，我们必须特别说明，"委质"这一概念在战国时代已经从君臣关系的确立引申到了师徒关系的确立。如《吕氏春

---

[1] 左丘明撰，徐元诰集解.国语集解 [M].北京：中华书局，2002：33.

[2] 郑玄，贾公彦.仪礼注疏 [M].上海：上海古籍出版社，2008：828.

[3] 陈汉平转引张光裕语.参见陈汉平.西周册命制度研究 [M].学林出版社，1986：308.

[4] 郑玄，贾公彦.仪礼注疏 [M].上海：上海古籍出版社，2008：839.

秋》云：

> 孔子周流海内，……委质为弟子者三千人，达徒七
> 十人。[1]

太史公亦云：

> 孔子设礼稍诱子路，子路后儒服委质，因门人请为
> 弟子。[2]

事实上，我们不难发现，这里所谓的"委质"实际就是孔子自
己所言的"束脩"，子曰：

> 自行束脩以上，吾未尝无诲焉。(《论语·述而》)

意思是，只要缴纳了"十条腊肉"，我便"有教无类"。由此可
见，在周室衰微、诸家并起的战国时代，"委质"这一政治概
念最终得以延展至学术团体之中，拥有"获麟"天命的孔子
（在汉代被誉为"素王"）便率先享有了这一语汇。弟子委质于
圣贤，一方面是对于先师的忠信，更是对于先师教化（一种主

---

[1] 许维遹．吕氏春秋集释 [M]．北京：中华书局，2009：341.
[2] 司马迁．史记 [M]．北京：中华书局，1982：2191.

义）的忠信。这些都为"委质"这一概念最终在盟威道教法中转化为一宗教义理概念奠定了必要的概念基础（参见第七节"归道"）。

2. 平等相互的"交质"

在诸侯与诸侯的平等盟约中，由于任何一方都不具备比他人更高的身份，因此"质"不再是单方面的奉献式的"委质"，而变成了双方的交换式的"交质"[1]。但在战国时期剧烈的政治、军事变革中，诸侯之间的猜忌与不信任日益加重，以玉器作为象征的"质"很明显不再能换取同盟的信任。在这种情况下，以对方君主的子嗣作为"人质"的做法日渐流行[2]。人质的出现，意味着严重的信任与道德危机，即所谓"唯不信，故质其子"[3]。东周时期，随着诸侯中五霸、七雄的日渐崛起，诸侯之间处理纠纷的会盟日渐增多，即"国有疑则盟"[4]，到了战国末年，诸侯之间的"无质之盟"越来越多，盟约的神圣性被大幅削弱，并最终走向了法律（详见第二节）。

需要一提的是，"质"的概念被后世道教所继承，谓之"贽信"或"法信"。"质心效信"成为建立盟约的重要物质前提，其意味着"归道"（详见第七节）。

---

[1] 在委质的情况下，周王收下圭璋之后并不返还同类的物品，而是赐予册封。

[2] 田兆元.盟誓史[M].上海文艺出版社，2000：33.

[3] 杨伯峻.春秋左传注[M].北京：中华书局，2018：1232.

[4] 孙希旦.礼记集解[M].中华书局，2012：140.

（四）盟书

具体在文字书写层面上，"盟""授"两个仪式单元分别对应了"盟书"（或曰"载书"）与"命书"，此两者具有同等重要的政治与文化意义。陈梦家先生总结道："周王与诸侯的命书与载书是构成古代公文档案的两大组成部分。"[1] 在后世道教的授度仪式之中，"契券"与"法箓"则分别呼应了"盟书"与"命书"。

盟书的材质有玉、石、兽骨等，后世亦有以金属、纸帛为之者。其一式两份或多份，一份在立盟仪式结束后与动物牺牲一同瘗埋，以示呈给神明，其他各份则由同盟者收执，此即所谓"既盟，则贰之"[2]。在上文中，我们已经提到了山西侯马所发现的五千余片盟书，其以硃、墨书写于兽骨、玉石之上，经鉴定为晋定公十五年到二十三年（前497—前489）晋国世卿赵鞅同卿大夫们举行盟约的盟书。这些盟书不但是目前已知中国最为古老的毛笔书迹，更是我国最早文字契约的物证。考古发掘表明，盟书与动物牺牲骸骨同时出现于瘗埋坑内，这正印证了孔颖达所注《礼记》"约信曰誓，莅牲曰盟"之文，其曰：

> 盟之为法：先凿地为方坎，杀牲于坎上，割牲左耳，盛以珠盘，又取血盛以玉敦，用血为盟。书成，乃歃血而

[1] 陈梦家. 东周盟誓与出土载书 [J]. 考古, 1966（5）: 59-69, 88.

[2] 郑玄, 贾公彦. 周礼注疏 [M]. 上海: 上海古籍出版社, 2010: 1387.

读书。[1]

按《周礼·秋官》中，列有司约、司盟之职，负责邦国与民间盟约文书的收存 [2]。其中，司盟专门负责邦国之间盟文之管理，其收藏地点谓之"天府"。《周礼》云：

> 凡邦之大盟约，莅其盟书而登之于天府；大史、内史、司会及六官皆受其贰而藏之。[3]

天府类似朝廷最高级别的档案馆，其同时还保存记载户籍书目的"版"与刑讼记录。由此可见，盟文之重要性几乎等同于法律条款。通过盟书的记载，转瞬即逝的口头宣誓被凝固为更为恒久的、可以传递和查证的文字契约，使盟约所缔结成的社会群体与秩序更加稳固。事实上，盟以及下文中将要提到的契约同属一类，后世道教法箓的授度仪式中的"分环剖契"正是"置质剖符" [4] 的延续（详见第二十节、附录一）。

（五）命书

"命书"，或简称为"册"（"策"），亦被称作"书""令

[1] 郑玄，孔颖达.礼记正义 [M].上海：上海古籍出版社，2008：190.
[2] 郑玄，贾公彦.周礼注疏 [M].上海：上海古籍出版社，2010：1383-1389.
[3] 郑玄，贾公彦.周礼注疏 [M].上海：上海古籍出版社，2010：1325-1326.
[4] 司马迁.史记 [M].北京：中华书局，1982：685.

（命）书""令（命）册""诰""策书"等，后世与其相当者称为"告身""官告""诰敕"（参见附录四）。根据陈汉平先生的总结，西周青铜器上镌刻的册命内容"一般先直呼受命者之名，然后叙述册命原由，或加以诰戒。继而宣布：兹命汝就任某官，职司某事。锡汝祭酒、舆服、车饰、马饰、旗帜、兵器、土地、臣民、取征及其他，并嘱以敬夙夜用事，勿废朕命"[1]。同时在仪式中，周王也还要向诸侯训诫，扶持周室，永不为害[2]。由于命书由竹简组成，故而难以长久保存。按照蔡邕的记载，其由长二尺的竹简编成，其内容"起年月日，称皇帝曰，以命诸侯王三公"[3]。由于命书象征了君主从其天命中所分享并赋予诸侯、王臣的权利，因此又被称作"王命"[4]，并常被受封者作为重宝置于专门容器中收存。

命书由专门的史官负责制作，并在仪式中代表君主授受。根据陈汉平先生的总结，文献中参与册命的史官有"史""内史""尹氏"等，《周礼》中所载的"大史""小史""内史""外史""御史"皆与命书的制作、宣读、颁授与保管有关[5]。可以推论，上述的"司约""司盟"也从属于史官群体；因此，命书应当也与盟书一样，在君主的"天府"中留有备份

---

[1] 陈汉平. 西周册命制度研究 [M]. 学林出版社，1986：132.

[2] 雒有仓，梁彦民. 论商周时代盟誓习俗的发展与演变 [J]. 陕西师范大学学报（哲学社会科学版），2007，36（4）：40-46.

[3] 蔡邕. 独断 [M]. 上海：上海古籍出版社，1990：3.

[4] 在后世的政治制度中，王命与印信共同成为官员的身份象征。

[5] 陈汉平. 西周册命制度研究 [M]. 学林出版社，1986：116-122.

存底。在《尚书·金滕》的叙述中，周公将祈祷武王病愈的"册"纳于"金滕之匮"[1]，虽然此册非册命之册，但亦可管窥周王室对类似文书的收纳方式。《仪礼·觐礼》曰：

> 天子赐侯氏以车服……诸公奉箧服，加命书于其上。[2]

由此可知，作为天命的承载物，命册与命服均被视作至宝而存放于专属的容器之中，其同属于一整套授受物品（参见第十七节）。

由于命书具有极强的代表天命的象征意趣，其在中国传统社会中逐渐成为一种独特的符号意象（参见《附录三》所云"告身崇拜"及彩页图 11）。在一些有关明清地方社会求雨的传说中，道士、僧人往往要将地方官员的"王命"请上坛后，才能如愿祈得甘霖。而这正是孕育了道教法箓制度的文化氛围。

四、契约的发展

"契约"，古代又称"约剂""傅别""契券""券书""判书""书契""合同""券要（约）""质要（约）"。"契"或"栔"字从"丰"，从"刀"，从"木"，其本意为通过"刻"（to

---

[1] 孔颖达，孔安国.尚书正义 [M].上海：上海古籍出版社，2007：498.
[2] 郑玄，贾公彦.仪礼注疏 [M].上海：上海古籍出版社，2008：839.

carve）来记录信息。《系辞》曰：

> 上古结绳而治，后世圣人易之以书契。[1]

"契"进一步还引申为在木材上以刀进行雕刻（根据一些物品的数目来确定刀痕切口），并最终从中劈开，木材上两边的刀痕切口由此能够符合为一（参见图 05-06）。由此，"契"成为双方对某一物品数量共识的一种信物。刘云生教授在他的《中国古代契约法》中总结，古代"契约"之名义包含三层含义：

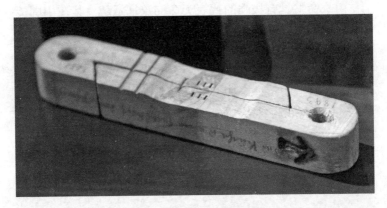

图 05-06 英国中世纪防伪记货木签，信息体现于横贯于两半木签上的切线。两者合同为一以辨伪 [2]

---

[1] 王弼 . 周易注 [M] . 北京：中华书局，2011：364.

[2] Rain Noe, "A Medieval British Anti-Counterfeiting System: Split Tally Sticks — When Woodgrain Was Used as an Authentication Factor," Core77, July 17, 2017, https://www.core77.com/posts/67600/A-Medieval-British-Anti-Counterfeiting-System-Split-Tally-Sticks.

一为刻于金、木或书于纸帛的物质载体，二为立契缔约的行为，三为朴素的契约理念[1]。同时，他还认为，在文字学的阐释角度，尚有两种契约理念：一是"相互约束"，二是"立约不悔"[2]。所以，虽然"契"本身有着独立的起源，但契约的的确确就是对盟约所含诚信精神的直接物质表达，以及在法律框架中的具体体现。其物质形式更从另一个角度表达了盟约的"共同体"精神。我们上面所提及的由多方同盟各执一份的盟书，虽然并非是从中剖开、各执一半的契券，但其从功能上已经与同时期的"约剂""傅别"无大差别了。除政治外，书面的契约也普遍应用于日常的经济、军事甚至宗教活动中[3]，我们下面将对战国、秦汉时期的几种契约稍作讨论，以期能够更好地理解其在后世道教中的应用。

（一）政治

《荀子·君道》云：

> 合符节、别契卷（券）者，所以为信也。[4]

---

[1] 刘云生.中国古代契约法［M］.重庆：西南师范大学出版社，2000：31.

[2] 刘云生.中国古代契约法［M］.重庆：西南师范大学出版社，2000：31-32.

[3] 另外在政治制度中，还出现了"丹书铁券"的概念。《周礼·秋官·司约》云"书于丹图"，《汉书》中则记载了汉高祖与他的开国功臣们"剖符作誓，丹书铁契"。铁券或铁契分为两部分，一半颁给功臣，另一半则藏于宗庙，作为皇帝与大臣之间盟约的物证及荣誉象征，因其文字以朱砂写就，故称丹书。南北朝时，铁券也被当做赦免功臣及其后代犯罪的凭证，由此，盟约也多了一层对于罪人的额外庇护之义。

[4] 王先谦.荀子集解［M］.北京：中华书局，1988：230.

一式两份的信物在中国古代军事、政治系统中被大量使用，其中一些还以金属铸造方式来表现。首先是使者及官员通关所使用之"节"，《周礼·秋官·小行人》云：

> 达天下之六节，山国用虎节，土国用人节，泽国用龙节，皆以金为之。道路用旌节，门关用符节，都鄙用管节，皆以竹为之。[1]

自战国开始，出现了所谓"合节"之说，《说文解字》云：

> 节，象相合之形。[2]

此时的"节"与后世传承中状若幡幢的节不同，其更接近于其初始的状态：竹节。1957 年安徽省寿县城东丘家花园出土了战国时代楚国"鄂君启铜节"一组（见彩页图 12），其中车节 3 件、舟节 2 件。这些铜节的造型均仿竹片，横剖面呈弧形，满布错金铭文。其铭文记载了公元前 323 年，楚怀王为鄂君启颁发车节与舟节的过程，并详细规定了鄂君启水路、陆路交通运输的路线、运载额、运输种类和纳税情况。

秦汉时期，用于交通的信物被称作"传"或"棨"，至南

---

[1] 郑玄，贾公彦.周礼注疏[M].上海：上海古籍出版社，2010：1461.
[2] 节，象相合之形.许慎.说文解字[M].北京：中华书局，2020：289.

北朝时期又出现所谓的"传符"应用于邮驿与遣使（参见彩页图 13）。这在隋唐时期被发展为众所周知的"鱼符"与"龟符"。根据高移东的研究，目前出土的鱼（龟）符按铭文可分为四类：1. 门禁性质，2. 传佩性质，3. 军事性质，4. 官名性质。[1] 他总结说："身鱼符则不须著姓名，这两类鱼符皆有鱼袋装盛。从目前发现的鱼符来看，隋唐时期的鱼（龟）符均分为左右二符，左右二符的鱼（龟）头部均有一圆形系孔，内侧头部处均刻有'同'字。阳刻为左符，阴刻为右符。出土的鱼符尺寸长度为 4~5.6 厘米，宽约 2 厘米，厚约 0.5 厘米。"[2]（参见图 05-07）由此可见，这些鱼（龟）符都需要或可以在特定的情况下加以验证，由此成为其官员正式身份的一种象征，这尤

图 05-07　唐碎叶故城出土"石沙陁龟符"（左）与鱼符（右）

---

[1] 高移东 . 鱼符、鱼袋研究［M］. 文博学刊，2020 (2): 36.

[2] 高移东 . 鱼符、鱼袋研究［M］. 文博学刊，2020 (2): 37.

其体现在第四种类型中（其最后在明清时代发展为腰牌）。这种身份象征后来被以盛放鱼符的腰间所系"鱼袋"所代表。换言之，官员们在领受其"命书"的同时，也还会同时被授予与其相配的"符"作为身份的凭信（以及印）来行使权利。这些成套的身份、权利象征均为后世道教所继承。

（二）军事

正如上面所见，符契很早便被广泛应用于"门禁"，而用于调遣军队的"兵符"至迟在东周时代也已经出现，《战国策·秦策》云：

> 穰侯使者，操王之重，决裂诸侯，剖符于天下，征敌伐国，莫敢不听。[1]

传世所见的虎符由金属铸造，可分成两半：一半交与将领，另一半则存于君主之处。君主调动兵马时，须发遣符使传递至将领处"合符"，"符合"之后，方能发兵。兵符在汉代发展出铜质虎符的形式，按《史记》所载，汉文帝曾"与郡国守相为铜虎符、竹使符"[2]。1973 年在西安郊区山门口公社发现的"杜虎符"铸于秦代（参见图 05-08），虎身有错金铭文 9 行 50 字，绝大部分是小篆，其曰：

---

[1] 何建章 . 战国策注释 [M] . 北京，中华书局，1990：181.
[2] 司马迁 . 史记 [M] . 北京：中华书局，1982：424.

图 05-08　陕西省历史博物馆藏秦杜虎符

　　兵甲之符，右在君，左在杜。凡兴士披甲，用兵五十人以上，必会君符，乃敢行之。燔燧之事，虽毋会符，行也。

这里的大概意思是说，用于调动兵甲的"符"有两份，右半符存于君王，左半符存于杜地之军事长官。凡要调动杜地驻军五十人以上者，必须要持有君王之"右符"（烽火台所报相关军情不在此列）。由此可知，虎符乃是君王与杜地驻军长官之间的君臣信物，其手中"左符"必然得于授予兵权的仪式之中。

　　（三）经济

　　根据《周礼》之记载，日常契约大概可分为傅别、书契与质剂三种。别、剂两字都有着从中破开、一式两份的含义。其中，前两种主要为民间借贷的契约，后一种则为田产交易的契约，因土地事关税负故而需在官方留存备份。《周礼·秋官》即云：

> 凡民有约剂者，其贰在司盟。[1]

《周礼》的作者还认为，民间的各种诉讼案件是因为失信所致，故而首先提倡通过普及契约的使用来"止讼"，故曰："以质剂信而止讼。"[2] 与此同时，契约也是用来公平审判的重要依据，"凡以财狱讼者，正以傅别、约剂"[3]。当世俗的法律在战国末期出现后，契约便成为其中重要的组成部分，并进而演化为秦、汉帝国行政系统中的"符契"。敦煌与吐鲁番出土的契约文书显示，至少在当时，"和同"一词已经被广泛地应用于契约文书之中。但事实上，"合同"的写法可能至迟在六朝便已出现于道门内部的授度券契之中，其作为盟约书面凭证一直被沿用至今日的授度仪式之中。

（四）宗教

1. 地券

契约的另一个发展趋势是其在宗教仪式中的使用。一方

---

[1] 郑玄，贾公彦. 周礼注疏 [M]. 上海：上海古籍出版社，2010：1388.

[2] 郑玄，贾公彦. 周礼注疏 [M]. 上海：上海古籍出版社，2010：517.

[3] 郑玄，贾公彦. 周礼注疏 [M]. 上海：上海古籍出版社，2010：1352.

面，我们看到，随着战国时期井田制度的崩溃以及随之而来的土地的私有化，"地契"开始被广泛地使用，其结果是至迟到东汉时期，墓葬中开始大量出现"地券"的使用。墓中的地券是阳世地契的镜像，产权转让方为土地神，产权所有者即墓主本人[1]。另一方面，在新疆阿斯塔那唐咸亨四年（673 年）的放贷人墓中出土了 15 份完整的真实的阳世契约，有学者认为这些契约应是死者希望带入阴司继续诉讼讨债的凭证[2]，这也从另一个角度证明了中古时期"冢讼"概念的深入人心。

2. 债券

除了地券与账簿外，一式两份的契券文书形式也被进一步用于向神明祈祷的仪式中。香港中文大学所藏的六支东汉章帝建初四年（公元 79 年）"序宁简"，反映了东汉社会公共宗教中对于契券的使用。根据夏德安教授的解读，其每支简上都写有"生人不负债，死人毋谪"的字样，这表明了汉代民众普遍认为生人具有向神明献祭的义务，若缺少献祭就会被认为是欠下了神的债，逝者则可能因此在死后受到神明的处罚（详见第一节。这种焦虑也正是后世道教初创时所要解决的宗教问题，参见第九节）。此外，更为关键的是，每支简上也同时写有"序宁持去天公所对"以及"券书明白"的字样。这表明，

[1] 祁泰履（Terry Kleeman），"Land Contracts and Related Documents," in *Makio Ryokai Hakase Shosu Kinen Fonshu: Chugoku no Shukyo Shiso to Kagaku. Tokyo*, 1984: 1-33.

[2] 韩森（Valerie Hansen）. 传统中国日常生活中的协商：中古契约研究 [M]. 江苏人民出版社，2008: 210.

这些竹简的本质是家属以死者（一位名为"序宁"的女性）名义向诸神举行偿赎性的祭祀后一同随葬的还债凭证（契券）。契券的一半可能已经随着祭品瘗埋于别处，由此预先送达到了神明手中，而另一半则交于死者，以便能够带到另一个世界与"天公所对"。[1] 如果这一推断能够成立，则与神明建立契约的仪式行为至迟在东汉初期便已出现，人们确信人与神之间能够通过契约的方式来建立联系。

3. 符命

我们在第四节中已经对"天命""祥瑞""图录"之间的关系做了大致梳理，并也看到两汉时期谶纬家通过演绎《河图》为帝王所赋予的洞观宇宙、号令鬼神的至上神权。"图""录"作为体现帝王所承天命的象征，同时也具有神奇的力量，而这种力量来自帝王与上天之间的符契。"符""契"这些原本应用于政治、军事、经济契约的术语此时用来作为描述天人紧密关系的修辞。[2]

我们一直在不断强调，古代中国宗教与政治在义理层面共享许多概念或象征。在《太平经》中，图录亦被称作"券书"，其曰："河洛为其出应文图，以为券书。"[3] 而我们在上引《抱朴

---

[1] 夏德安（Donald Harper）. 汉代共同宗教中现世与冥界的契约：公元 79 年序宁祷祠简 [G] // 当代西方汉学研究集萃，宗教史卷. 上海：上海古籍出版社，2016：29-63.

[2] 参见：刘仲宇. 符箓平话 [M]. 北京：宗教文化出版社，2013：21-41.

[3] 王明. 太平经合校 [M]. 北京：中华书局，1960：147.

子·登涉》中也看到，通过授受《鬼录》（也包括《五岳真形图》等"图"），方士得以获得与帝王相似的，用以召遣鬼神的"天命"或言"符命"。在两汉文献中，"符命"一词一方面拥有与"符瑞""符应"类似的概念，但其更强调其背后所代表所承受的天命，如王充所言：

> 上天多文而后土多理，二气协和，圣贤禀受，法象本类，故多文彩。瑞应符命，莫非文者。[1]

另一方面，"符命"指由帝王所颁布的"册命"。这两种"符命"的集中表达体现在以复古为旗帜的王莽的历史叙述中。一方面，王莽利用井中所出白石上的丹书"告安汉公莽为皇帝"为符命，[2] 代汉受命；另一方面，他又遣"五威将奉符命，赍印绶，王侯以下及吏官名更者，外及匈奴、西域，徼外蛮夷，皆即授新室印绶，因收故汉印绶。"[3] 由此，符命不但成为君主承受天命的象征，也成为其分享天命册封臣工、藩国的信物。

在宗教语境中，"符命"一词见于六朝江南方士传统的经典中。如《灵宝五符序》中之"五符"实为夏禹所传五方《灵宝符命》（大禹乃是上古圣王，天命的承受者）。方士通过醮祭

---

[1] 张宗祥 . 论衡校注 [M] . 上海：上海古籍出版社，2010：555.

[2] 班固 . 汉书 [M] . 北京：中华书局，1962：4078-4079.

[3] 班固 . 汉书 [M] . 北京：中华书局，1962：4114.

五方仙官，并立盟，得以被授以此神符，并获得使用神符的权限：

> 当令某所向无前，金破石开，采药不得隐匿，纵天横地，从心所欲，山精顿伏，虎狼逃窜，令使役鬼神，长生久视，灵气卫护，妖邪亡命，疫疠不彰，魍魉远逊。[1]

这一逻辑与上述皇权政治中符命所具的使用逻辑完全一致：其前者为通过符契承受天命，后者为通过授度符契而使用其所含神圣权利（天命之体现）。

索安依据《抱朴子·登涉》中所开列的诸神符推论，方术及道教传统中"符"的灵力"来自传授它们的神灵所保存的另一半图符"[2]。换言之，有文字或图像所组成的"神符"与秦汉将军手中的"虎符"在逻辑上并无差异。虎符之所以能够调动兵士，乃是因为将军与帝王之间通过盟誓、委质所建立的契约关系。同样，方士、道士之所以能够召唤神鬼或大道吏兵，乃是因为其在授度仪式中通过建立盟誓而被授予了天命，以及其所关联之"神符"。换言之，神符本身的灵力来自人与大道之间因盟约而得到的"符契"，也即是道经所谓"契道"。符就是

---

[1] 灵宝五符序[M]// 道藏：第6册，337.

[2] 索安（Anna Seidel）. 国之重宝与道教秘宝——谶纬所见道教的渊源[G]，法国汉学，第四辑. 北京：清华大学出版社，1997：59.

契，就是券[1]；然而，盟约之要义如前所言，在于"信"，失信（未遵守盟约）之人，其符命（天命）则自然消散。隋唐之际的《洞玄灵宝玄门大义》对"神符"的本质从另一个方向作出了论述，其曰：

> 神符者，即龙章凤篆之文、灵迹符书之字是也。神以不测为义，符以符契为名。谓此灵迹神用无方，利益众生，信若符契。[2]

五、小结

本节中，我们首先简要梳理了先秦以来的盟约制度。我们看到，盟约的核心精神在于诚信，而其根本功能在于构建社会层面的"共同体"。在由上至下的盟约中，盟约伴随着册封，成为周王天命及权利得以向下传递、分享的有效方式，而随着天命的层层下传，君臣关系也得以确立，一个等级鲜明的封建国家也因此形成。臣仆通过委质来表达自己对于君主的诚信与效忠，这一模式最终被援引至儒门弟子投师问学的语境之中，成为忠于老师与其主张的象征。在平等的盟约中，同盟的诸侯们通过自我诅咒、共享血脉，甚至人质的交换抵押来获取彼此

---

[1] "《九天太玄阳生符》，老君受之于太上丈人，丹书白素，方五寸。清斋百日，入室而吞之，使人无死，延年长存。浊气于口，即符出而死矣。一名《真券》，一名《八龙书》。"灵宝五符序 [M] // 道藏：第 6 册，339.

[2] 洞玄灵宝玄门大义 [M] // 道藏：第 24 册，734.

的信任，但这些繁琐的程序反而说明了战国末期伦理的全面垮塌。

在仪式与书写层面，立盟的盟书与册封的命书成为最为重要的两种书面证明，前者等同于契约，旨在确立人际间的信任与组织关系，而后者则是以此为前提的权利赋予。从盟书这一支线索继续拓展，我们考察了先秦两汉时期行政制度中的几种"契券"种类，以及其所代表的权利。最终，我们回归到宗教的层面，证明契券被作为象征符号，很早便已经应用于宗教仪式之中。而方士乃至道教传统中的"神符"，其神圣力量实际正来自使用者被授符之初所立之盟约，而其中真正赋能的因素，乃是受度者本人对于约定内容之"信"。我们稍后将会看到，盟威道继承了天命、盟约、契约、册封、符命等这些古代政治仪式中的概念，并将其反转为以生命超越为指向的救度性的义理，"契券"与"法箓"此时成为最为重要的两类文书。

第六节　汉末道教盟约的建立

东汉汉安元年（142 年）五月一日"正一盟威之道"的降授，伴随着道教第一次盟约的建立。在后世不断重复举行的立盟授度仪式中，鹤鸣山立盟事件被不断地赞扬，并重演。由此，虚无的"道"才得通过贯穿盟约之中的"信"而被赋予重量，而成为人间的"教"，"道教"才得以成立并延续。在《希伯来圣经》中，雅威与梅瑟建立盟约的叙述来自历史中多个版本拼缀与多次改写[1]。同样，道经之中对于天师立教的过程也存在着多种不同的叙述，甚至与《希伯来圣经》一样，存在着相互不一之处。因此，我们首要的任务，是尝试撇开后世对于天师立教神话层层叠加式的敷演[2]，回到几部年代较早的文本记叙中，并对它们进行细读、对比、关联、分析，并尝试理清其核心内容、关键概念，由此尝试理解其所表达出来的义理盟约建立的逻辑。

天师创教并非是一次性完成的事件，其盟约的建立经历了鹤鸣山与鹿堂山前后两次；其前者为体，后者为用；其内在的义理相互对应并联结。诚然，大道"周行而不殆"，其始终处于永恒的运转状态，道教的形态也因此变易并维新。所以，我们在《北斗经》《南斗经》等道经中看到，大道还曾多次下降巴蜀福地，不断丰富并完善着鹤鸣山的初次降授，其也以同样的方式下教于东吴之句容福地，为杨、葛二氏降授上清、灵宝经教。但在本书中，我们的目的在于尝试管窥道教创教之初的精神风貌，并以此探寻天师立教之初心，故此，我们仍将视野局限于有关最初的鹤鸣山盟约与鹿堂山盟约的叙述之中。

---

[1] 此处所言，乃是圣经学中关于《梅瑟五经》J、E、P、D四种来源的问题。参见：Richard Elliott Friedman, *The Bible with Sources Revealed: A New View into the Five Books of Moses*, 1st ed. (New York: HarperCollins, 2005).

[2] 道教仙传文学中相似的叠加问题，可参见：吴真. 为神性加注：唐宋叶法善崇拜的造成史 [M]. 北京：中国社会科学出版社，2012：254-264.

一、文本记载

在现存早期道经有关天师立教、建立盟约的叙述中，其内容能够相对协调一致或互补者约有 7 种，按其年代大抵排序为：

1.《阳平治》，收入《正一法文天师教戒科经》中，其文以汉天师第一人称陈述，虽然不排除后代追述的可能，但亦属于现存盟威道年代较早的文献之一，其中的义理内容可与《大道家令戒》互参。

2.《大道家令戒》，亦收入《正一法文天师教戒科经》中，其基本年代可以确定为曹魏时期（约公元 255 年）前后。按柏夷教授之见，《大道家令戒》是一篇以正一系师张鲁的口吻写出的讲道之文，因此也较能代表盟威道汉中时期的义理。[1]

3.《三天内解经》，成书于刘宋（公元 420—479 年）时期，其一部分主旨表达了盟威道教团希求获得皇室支持，同时又试图在当时教派竞争的背景中获得主动的努力。在经文中，关于天师立教的传统叙述与刘宋时期的添加内容被编织到了一起。[2]

---

[1] Stephen R.Bokenkamp and Peter S.Nickerson, *Early Daoist Scriptures* (Berkeley, CA.: University of California Press, 1999), 152.

[2] Stephen R.Bokenkamp and Peter S.Nickerson, *Early Daoist Scriptures* (Berkeley, CA.: University of California Press, 1999), 186-187.

4.《陆先生道门科略》，亦成书于刘宋时期，根据其名称，应归属于六朝高道陆简寂先生（公元406—477年）。此份文本特别重视盟威道的教团制度问题，在开篇简要地叙述了天师立教与《清约》之后，转而详细论述了宅录、厨会、命信、静室、法服、授度以及各种与《清约》相悖的宗教实践。[1]

5.《太真科》，现已散佚，其中部分内容收入《要修科仪戒律钞》中，其编订者朱法满为盛唐时期道士。就目前《太真科》中诸多条目来看，多有上清经之影响穿插其中，故大渊忍尔认为其当有两个版本[2]。即便如此，《要修科仪戒律钞》中的一部分转引内容应真实反映了汉末及六朝时期盟威道社团宗教生活的风貌，因此其编订年代应约在刘宋时期。

6.《赤松子章历》，此是一部经过长期修订而成的文本，施舟人先生认为其中的部分仪式内容可直接上溯至汉中时期，但其最终版本的定型应不会早于晚唐。其第一卷以"谨按《太真科》"起始，以天师立教作为引子，带出了《章历》的传授（与此相似者还有《女青鬼律》）。[3]

7.《无上秘要》卷二十三所引《正一炁治图》。按《无上秘要》修订于北周武帝灭齐之后（公元578年），《正一炁治图》

[1] Kristofer M. Schipper and Franciscus. Verellen, *The Taoist Canon: A Historical Companion to the Daozang* (Chicago: University of Chicago Press, 2004), 126-127.

[2] 大渊忍尔. 道教とその经典——道教史の研究其の二 [M]. 东京：创文社，1997：456-463.

[3] Schipper and Verellen, *The Taoist Canon*, 126-127.

中分别开列了天师、嗣师、系师于汉安元年（公元 142 年）、建安二年（公元 197 年）、太元二年（公元 252 年）分别建立的四十四个治区，故而推测其编订时间当在魏晋之间。

为了方便比较分析，我们现将此七种文本中与天师立教相关的文字节选、罗列于下：

《阳平治》

吾以汉安元年五月一日，从"汉始皇帝王神气"受道，以五斗米为信，欲令可仙之士皆得升度。[1]

《大道家令戒》

汉世既定，末嗣纵横，民人趣利，强弱忿争，道伤民命，一去难还，故使天授气治民，曰"新出老君"。

……

道以汉安元年五月一日，于蜀郡临邛县渠停赤石城造出"正一盟威之道"，与天地券要，立二十四治，分布玄元始气治民。[2]

《三天内解经》

太上以汉顺帝时选择中使，平正六天之治，分别真

---

[1] 正一法文天师教戒科经 [M] // 道藏：第 18 册，238.
[2] 正一法文天师教戒科经 [M] // 道藏：第 18 册，236.

伪，显明上三天之气。以汉安元年壬午岁五月一日，老君于蜀郡渠亭山石室中，与道士张道陵将诣昆仑大治，新出太上。太上谓世人不畏真正而畏邪鬼，因自号为新出老君。即拜张为"太玄都正一平气三天之师"，付张"正一明威之道"，"新出老君之制"：罢废六天三道时事，平正三天，洗除浮华，纳朴还真。

承受太上真经，制科律积一十六年。到永寿三年岁在丁酉，与汉帝朝臣以白马血为盟，丹书铁券为信，与天地水三官、太岁将军共约：永用三天正法，不得禁固天民。民不妄淫祀他鬼神，使鬼不饮食，师不受钱；不得淫盗，治病疗疾，不得饮酒食肉。民人唯听五腊吉日祠家亲宗祖父母，二月八月祠祀社、灶。自非三天正法，诸天真道，皆为故气。疾病者，但令从年七岁有识以来，首谢所犯罪过，立诸跪仪章符，救疗久病困疾，医所不能治者，归首则差。立二十四治，置男女官祭酒，统领三天正法，化民受户，以五斗米为信。化民百日，万户人来如云。制作科条章文万通，付子孙传世为国师。

　　……

自奉道不操五斗米者，便非"三天正一盟威之道"也。五斗米正以奉五帝，知民欲奉道之心。圣人与气合，终始无穷，故圣人不死。世人与米合命，人无米谷，则应饿死。以其所珍，奉上幽冥，非欲须此米也。

　　……

自光武之后，汉世渐衰，太上愍之，故取张良玄孙道陵显明道气，以助汉世，使作洛北邙山，立大法，帝王公臣以下，莫不归宗。当此之时，正气遍布。汉世前后帝王，凡四百二十五年之中，百姓民人得道者甚多。汉室骄豪息慢，不能升玄，故民人得之。[1]

《陆先生道门科略》

太上患其若此，故授天师"正一盟威之道"，禁戒、律科，检示万民逆顺、祸福、功过，令知好恶。置二十四治、三十六靖庐，内外道士二千四百人，下《千二百官章文》万通，诛符伐庙，杀鬼生人，荡涤宇宙，明正三五，周天匝地，不得复有淫邪之鬼。罢诸禁心，清约治民，神不饮食，师不受钱。使民内修慈孝，外行敬让，佐时理化，助国扶命。唯天子祭天，三公祭五岳，诸侯祭山川，民人五腊吉日祠先人、二月八月祭社灶，自此以外，不得有所祭。若非五腊吉日而祠先人，非春秋社日而祭社灶，皆犯淫祠。若疾病之人不胜汤药针灸，惟服符饮水，及首生年以来所犯罪过，罪应死者皆为原赦，积疾困病莫不生全。故上德神仙，中德倍寿，下德延年。

……

《盟威法》：师不受钱，神不饮食，谓之《清约》。治

---

[1] 三天内解经 [M] // 道藏：第 28 册，415.

病不针灸汤药，唯服符饮水，首罪改行，章奏而已。居宅安冢，移徙动止，百事不卜日问时，任心而行，无所避就，谓"约"。千精万灵，一切神祇，皆所废弃，临奉老君三师，谓之"正教"。[1]

《太真科》

一日，于鹤鸣山授张道陵"正一盟威之经"九百三十卷、"符图"七十卷，合一千卷，付授天师《大洞真经》二十一卷，授于已成真人。[2]

《赤松子章历》

谨按《太真科》及《赤松子历》，汉代人鬼交杂，精邪遍行，太上垂慈，下降鹤鸣山，授张天师"正一盟威符箓一百二十阶"，及《千二百官仪》《三百大章》，"法文秘要"，救治人物。天师遂迁二十四治，敷行正一章符，领户化民，广行阴德。[3]

《正一炁治图》

鹿堂治，上应亢宿，治在，上有仙台，古人度世之处。昔永寿元年，太上老君将张天师于此治，与四镇太岁

---

[1] 陆修静 . 陆先生道门科略 [M] // 道藏：第 24 册，779.

[2] 朱君绪 . 要修科仪戒律钞 [M] // 道藏：第 6 册，922.

[3] 赤松子章历 [M] // 道藏：第 11 册，173.

大将军、川庙百鬼共折石为约，皆从"正一盟威之道"。[1]

二、鹤鸣山盟约

（一）时间与地点

关于鹤鸣山盟约建立的时间，《阳平治》《大道家令戒》《太真科》《三天内解经》均作汉安元年（公元 142 年），距今 1881 年，其中前三者均将时间精确至五月一日。由此可以确认，汉安元年五月一日是老君与天师建立盟约、传授"正一盟威之道"之日，在早期道教教团中是一种共识，也是道教的历史起点。

---

[1] 云笈七签 [M] // 道藏：第 22 册，205. 此外，《正一炁治图》也记叙了汉安元年初次盟约的情况，其曰："张天师，沛国丰县人也，讳道陵，字辅汉。禀性严直，经明行修，学道有方。永平二年，汉帝诏书，就拜巴郡江州令。以延和元年三月十日辛丑，诏书拜为司空，封食冀县侯。以芝草、图经、历神仙为事，任采延年药饵金液丹。以汉安元年丁丑，诏书迁改，不拜，遂解官入益州部界。以其年于蜀郡临邛县渠亭山赤石城中，静思精至，五月一日夜半时，有千乘万骑来下至赤石城前，金车羽盖，步从龙虎鬼兵，不可称数。有五人，一人自言：'吾是周时柱下史也'；一人自言：'吾是新出太上老君也'；一人云：'吾是太上高皇帝中黄真君也'；一人言：'吾是汉师张良子房也'；一人言：'吾是佐汉子渊天师外祖也'；"子骨法合道，当承老君忠臣之后。今授子鬼号传世，子孙为国师，无[抚]民无期。"于是道陵方亲受太上质敕，当步纲蹑纪，统承三天，佐国扶命，养育群生，整理鬼气，传为国师。依其度数，开立二十四治、十九静庐，授以'正一盟威之道'，伐诛邪伪，与天下万神分付为盟，悉承'正一之道'也。"云笈七签 [M] // 道藏：第 22 册，204. 由于该段文献的问题较为复杂，故而暂不列入考察对象，但将在本书的其他地方再次引用。参见：陈国符. 道藏源流考，下册 [M]. 北京：中华书局，1963: 330.

关于鹤鸣山盟约建立的地点，《大道家令戒》与《三天内解经》均言蜀郡渠亭（停），而《太真科》则言鹤鸣山。关于此两地的问题向来颇多讨论，一说在青城山侧之天国山[1]，一说即今大邑县之鹤鸣山[2]。其中天国山位于成都之西偏北约50公里处，鹤鸣山则位于成都之正西约70公里处，两山之间的距离约50公里。也就是说，我们将天师立盟之所概述为成都"西山"之中，大抵是不错的。总体来看，此两山均位于成都之西，即将进入横断山山区之过渡地区，也即是宗教地理学意义上以成都或川西平原为参照的"边缘地区"。由于后世道教经典多沿用"鹤鸣山"一名，故在本书中，我们将继续这一传统，并指代"成都西山"，并不对其具体位置进行裁定。事实上，一山多名，或一名多山的情况在中国宗教地理中经常出现，即便在犹太教传统中，梅瑟领受十戒之处亦有"西乃山"（Mount Sinai，《出埃及记》19：1–20）[3]与"曷勒布山"（Mount Horeb，《申命纪》5：2）[4]两说。如果我们将这一问题带入个人内在的信仰层面，鹤鸣山抑或渠亭山之地点并不重要，盖因盟约的本质乃是人类心神之中一点灵光的闪现，其不仅显现于天

[1] 王纯五. 天师道二十四治考 [M]. 成都：四川大学出版社，1996：107–128.

[2] Stephen R.Bokenkamp and Peter S.Nickerson, *Early Daoist Scriptures* (Berkeley: University of California Press, 1999), 183.

[3] 香港思高圣经学会. 圣经 [M]. 北京：中国天主教教务委员会，1992：106.

[4] 香港思高圣经学会. 圣经 [M]. 北京：中国天主教教务委员会，1992：242.

师的心神之中，且还可重复迸发于我们后人的心神之中。这种形而上的解释也可以通过一些其他线索来得以证实。

在《三天内解经》的叙述中，汉安元年五月一日鹤鸣山之后又出现了另一处看似语义不甚通顺，略有重复且矛盾的地点叙述，其曰：

> （老君）与道士张道陵将诣昆仑大治新出太上。

"将"字在此处似应做"偕同"之意，而"昆仑大治"则亦见于《升玄经》所载：

> 太上于昆仑治中，进登天首大治七宝道德观中，召道陵而告之。[1]

《老君音诵诫经》中，也有类似的表述，其云：

> 吾（老君）治在昆仑山，山上台观众楼，殿堂宫室，连接相次。[2]

由此可见，贯通天地的昆仑山顶，乃是老君自己的"治堂"。

---

[1] 无上秘要 [M] // 道藏：第 25 册，295.
[2] 老君音诵诫经 [M] // 道藏：第 18 册，212.

《女青鬼律》亦曰：

> 得见太平神仙君，五帝主者传秘言。
> 三五七九道炁尊，治在清微昆仑山。
> 近见三天入人身，解脱网罗拜老君。

太平圣君即是未来太平之世重降之老君，而这一昆仑顶的"大治"当时相对于人间的"二十四治"而言，应是人间所有盟威道道治之"总部"，或即"玄都"（参见第七节"大道"）。由此，我们似乎也可将老君理解为人间所有祭酒之共主"大祭酒"。这一"大治"当时相对于人间的"二十四治"而言，应是人间所有盟威道道治之"总部"，或即"玄都"（参见第七节）。此外，《玄都律》中也有类似的表述：

> 天师……于是攀天柱，据天门，新出正一盟威之道。[1]

天柱即是昆仑，这在石泰安先生的论述中已经有了很明确的表述[2]。如此来看，《三天内解经》所存在的对于老君为天师授道地点的双重叙述，以及存在的语义不通很可能是因为不同时

---

[1] 玄都律［M］// 道藏：第 3 册，462.

[2] Stein A. Rolf, *Le monde en petit: Jardins en miniature et habitations dans la pensée religieuse d'Extrême-Orient*, Collection Idées et recherches (Paris: Flammarion, 1987), 207.

期、不同来源的经句叠加的结果。其中，前一部分着重描述具体的人间山岳的石室，后者则将这一地点升入了位于天中的昆仑极顶。我们在第十九节"空间象征"与第二十节"五炼生尸斋"中将会看到，山峰与洞穴这一"阳"一"阴"两种自然地理空间，实际都具有了一种与俗世隔绝的"过渡仪式"（rite de passage）空间的特性。按石室即是山洞，仙人居石室是汉代流行的一种宗教观念[1]，而山洞被视作一处"启度空间"（initiation space）甚至有着更为古老的史前传统[2]。就目前所能确认位置的古天师治堂地理来看，也的确多与天然岩洞相连[3]，这也当即是六朝时期"洞天"思想的源头之一。按照上清家的理解，洞天不仅存在于山岳之中，更存在于人身之中[4]。由此，老君与天师的立盟授度无论是在嵯峨的昆仑山顶，还是在杳冥的洞室之中举行，实际都象征着一种纯粹心神（psychic）层面的启悟体验，其既可以发生于天界，也可以发生于人间，但究其根本，乃是发生于方寸的人心之中。攀登至昆仑天柱之顶，即等于进入洞

---

[1] 大形彻.从洞天福地看《列仙传》的仙人与山[C].// 吕舟，编.2019年第一届洞天福地研究与保护国际研讨会论文集.北京，科学出版社，2021：20-32.

[2] Stein A. Rolf, *Grottes-matrices et lieux saints de la déesse en Asie orientale* (Paris: Ecole française d'Extrême-Orient, 1988).

[3] 感谢蔡林波教授向笔者开示这一田野考察之发现。

[4] "真人曰：天无谓之空，山无谓之洞，人无谓之房也。山腹中空虚，是为洞庭。人头中空虚，是为洞房。是以真人处天，处山、处人，入无间，以黍米容蓬莱山，包括六合，天地不能载焉。"紫阳真人内传[M]// 道藏：第5册，546.

室最为幽隐之处，也即是心神层面的"致虚极，守静笃"（《道德经·第十六章》）。也正因为如此，《正一炁治图》曰："（天师）于蜀郡临邛县渠亭山赤石城中，静思精至，五月一日夜半时，有千乘万骑来下至赤石城前……"

图 06-01　四川简阳《汉逍遥山石窟题字》墨拓本

无独有偶，就在老君为天师立盟授道前十二天，位于成都东南约80公里处的简阳逍遥山，也举行了一次宗教集会活动。这次活动应该也十分隆重，或至少对于参会者意义重大，以至于他们将该此事件铭刻于山中岩洞石壁之上以为纪念。这便是著名的《汉逍遥山石窟题字》[1]（见图 06-01），其铭文十分简洁，只有十二字：

汉安元年四月十八日会仙友

虽然这一摩崖石刻的内容无法直接与鹤鸣山盟约的时间与空间直接关联，但其在时空中的相近性（前后相距 12 天，东西

---

[1]　参见：王家葵．玉吅读碑：碑帖故事与考证 [M]．成都：四川文艺出版社，2016：35-37．

相距 150 公里）都为我们提供了当时、当地的宗教生态背景，即：求"仙"已经不再是个人化的行为，群体性的"会"开始出现，盟威道教法中的"三会"当与此性质相近。

（二）盟约的内容

鹤鸣山是天师所经历的前后两次盟约的第一次，其核心为大道/老君为天师降布三天之气，传授"正一盟威之道"。《阳平治》与《大道家令戒》，分别站在老君与天师的不同角度对同一事件进行了描述，前者是当事人天师的自述，而后者则是天师后代继任者的追述。笔者注意到，这两份叙述之间存在着某种形式上的对应结构。为了看清两者之间的对应关系，我们谨将这些内容罗列对照于下表之中 [1]。将两者综合起来阅读，我

《阳平治》与《大道家令戒》有关鹤鸣山盟约部分内容之对照表

	《阳平治》	《大道家令戒》
同盟者	吾（按：天师）以	道（按：老君）以
立盟时间	汉安元年五月一日，	汉安元年五月一日，
立盟地点		于蜀郡临邛县渠停赤石城，
立盟原因	从"汉始皇帝王神气"受道，	造出"正一盟威之道"，
立盟仪式	以五斗米为信，	与天地券要，
约定内容	欲令可仙之士皆得升度。	立二十四治，分布玄元始气治民。

---

[1] 仔细比对这两个叙述，我们甚至怀疑其可能是从同一个叙事之中依据不同人称拆出的两部分。

们得以总结出一个相对完整的故事叙述：汉安元年五月初一日，在蜀地渠停山赤石城，天师以五斗米投诚委质于大道（老君/王神气），在天地的见证下通过裂券立盟，授受"正一盟威之道"，约定建立二十四治，分布三天道气治民，以使可仙之士皆得升度（见图06-02）。为了更好地理解其所要表达的含义，下面谨对几个重点稍作讨论。

图 06-02 《鹤鸣山立盟授道图》(王琛、陶金 / 绘)

1. 以五斗米为信

所谓的"以五斗米为信"实际便是为了在求道、求学的前提下表明自己的诚信而向师资奉纳的信物，也即是像子路与孔子那样，作为束脩，确立一种师徒之间的关系；其同样也近似于周代立盟册封仪式中的"委质"（参见上节及第七节"归道"）。在《阳平治》中，以"五斗米为信"既可以理解为老君与天师之间立盟授道之法信，亦可理解为天师与百姓间立盟授道的法信，此两者本无区别，盖因鹤鸣山盟约本身便是一个可以被重复建立的盟约。至于以米作为信物的原因，按《三天内解经》云："世人与米合命，人无米谷，则应饿死。以其所珍，奉上幽冥，非欲须此米也。"[1] 可见，奉纳米作为信物，即是以自己之"命"作为信物抵押，以换取至为宝贵的大道。这种以命换道的概念，我们将会在第十九节《灵宝授度仪》中再次看到头发、血液等类似的符号象征。

2. 与天地券要

在《大道家令戒》的叙述中，文中首字"道"即老君，"造出正一盟威之道"对应《阳平治》所言之"受道"。后半句中的"券要"即是"券约"，郑玄曰："契，券要也。"[2] 在古代的立盟仪式中，往往是天地、日月、山川等自然神被请降至坛场，作为第三方见证立盟。结合上文中已有"大道"，下文

---

[1] 三天内解经 [M] // 道藏：第 28 册，415.
[2] 郑玄，孔颖达. 礼记正义 [M]. 上海：上海古籍出版社，2008：88.

中"立二十四治，分布玄元始气治民"者当指天师，故而推论"与天地券要"是指在天地的鉴证下，老君与天师分券立约，而这也正好呼应了《阳平治》中所言的"以五斗米为信"。我们从早期盟威道金石遗存《祭酒张普碑》中可以看到，立盟授受的传统自其创立的初期便已实行。这是早期盟威道存世的重要文献，其碑文曰：

> 熹平二年（173 年）三月一日，天卒鬼兵胡九□□，仙历道成，玄施延命，道正一元，布于伯气，定召祭酒张普，萌（盟）生赵广、王盛、黄长、杨奉等，诣受"微经"十二卷。祭酒约施天师道法无极耳。[1]

通过盟生的称谓可推知，盟威道最初的授度仪式已经包含了立盟、分布道气，以及传授经典。最后一句"祭酒约施天师道法无极耳"正对应了上述文本中的"券要（约）""治民"以及"欲令可仙之士皆得升度"。

3. 正一盟威之道

"正一盟威之道"是老君授予天师的教法。汉末以来，以"道"为名是当时社会上众多宗教团体的惯例，如"李家道""帛家道""太平道""清水道"等。按《魏传诀》曰：

---

[1] 陈垣 . 道家金石略［M］. 北京：文物出版社，1988：6.

> 愿得正一三气，灌养形神。[1]

又按《盟威经》云:

> 正以治邪，一以统万。[2]

以此来看，"正一"即是大道，或者说是对于大道的形容（以形容词作为代名词）。这种对于大道的表述实际针对了汉末普遍流行的房祀血食之神: 这些鬼神向人类索要祭祀，是为"邪"; 其在各地又为数众多，是为"万"（《正一治炁图》称他们为"川庙百鬼"）。"盟威"是大道与人类所立盟约所产生的神圣力量，详见本节中之"盟威与三官"。

在以上几种文献中，"正一盟威之道"又被称之以别号，如"三天正一盟威之道""三天正法""盟威清约之正教""盟威法"等。这些均指代天师在鹤鸣山石室中（或昆仑山顶）所获得的玄义妙理。其中的"盟威"与"清约"应属于修辞意义上的复合词（kenning）[3]，其意义相近，前后重复。我们甚至可以按这一复合形式进一步扩展，将其罗列成为:"三天正一盟

---

[1] 陶隐居注曰"正一之气，以师为本"，意思是说其由天师及历代祭酒传递而降于弟子本人。王家葵.登真隐诀辑校[M].北京: 中华书局，2011: 69.

[2] 张君房.云笈七签[M].北京: 中华书局，2003: 98-99.

[3] 施舟人（Kristopher M.Schipper）.道教的清约[G].法国汉学，第八辑，北京: 中华书局，2002: 154.

威清约之道"或"三天正一盟威清约正教之法"。

其中"盟威法"三字绝非后世所理解的"法术"（magic）。其首先可以理解为律法，即由盟约神威而生效的律法，也即是包含了《玄都律》《女青律》在内的一个集约法律概念。其次，"盟威法"也可以理解为"教法""教化之法"（methods of teaching），即教义、实践方法与准则，这其中当然包含了律法，六朝盟威道教典集合《正一法文》当属此列。

4. 授气、治民、天命

《阳平治》以天师的第一人称讲述了他从"汉始皇帝王神气"受道的事件，以及其承诺："令可仙之士皆得升度。"这里所谓"汉始皇帝王神气"也在后世写作"新出老君太上高皇帝王神气"[1]，也即道气。根据姜生教授的最新研究，"汉始皇帝王神气"与政治神学的术语之中王莽所言之"汉高皇帝之灵"（《汉书·王莽传上》）有着紧密的关系，是"君权更替天命转移之合法性的终极认定者"。对此我们将在下文中继续深入探讨。在《大道家令戒》中，对这一"从气受道"的事件分别进行三次叙述，第一次曰："故（道）使天授气治民"，第二次曰："分布玄元始气治民"，第三次曰："道使末嗣分气治民"。所谓"玄元始气"即三天之气，也即是大道之气。按《大道家令戒》云：

---

[1] 太上正一盟威法箓 [M] // 道藏：第 28 册，466.

> 道授以微气，其色有三，玄元始气是也……自天地以
> 下，无不受此气而生者也。[1]

《三天内解经》云：

> 太上以汉顺帝时选择中使，平正六天之治，分别真
> 伪，显明上三天之气……（老君）即拜张为"太玄都正
> 一平气三天之师"，付张"正一明威之道"，"新出老君之
> 制"。罢废六天三道时事，平正三天，洗除浮华，纳朴
> 还真……太上愍之，故取张良玄孙道陵显明道气，以助
> 汉世。[2]

可见，老君传授天师三天之气的意图在于取代六天，通过分气
来匡扶汉末近乎崩溃的天道与人心，此即"授气治民"。

这里的关键问题是："分布玄元始气"与"治民"之间到
底是怎样的逻辑关系。如果说，在更为传统的语境中，治民
是天命的目的，天命是治民的先决条件，那么"玄元始气"与
"天命"是怎样的一种关联？

首先，按姜生教授的见解，"汉始皇帝王神气"源自"汉
高皇帝之灵"。按《汉书》所载王莽诏书曰：

---

[1] 正一法文天师教戒科经：大道家令戒 [M] // 道藏：第 18 册，235.
[2] 三天内解经 [M] // 道藏：第 28 册，415.

> 予以不德……皇天上帝隆显大佑，成命统序，符契
> 图文，金匮策书，神明诏告，属予以天下兆民。赤帝汉氏
> 高皇帝之灵，承天命，传国金策之书，予甚祗畏，敢不
> 钦受！

很明确，"赤帝汉氏高皇帝之灵"就是"天命"传授的主体，如此，依照姜生教授的见地，则"汉始皇帝王神气"便也是传授天命者。

在盟威道义理中，人类的道德堕落以及罪愆的积累会产生故气、逆气，进而引发灾异。由此，拯救日益崩坏的世界的方法即是通过教化人心来进行"平气"。首先，从文本叙述来看，传授"正一盟威之道"/"三天正法"即是传授大道之真气；所以，在人间宣扬道化，传授盟威道教法，便等于是在"显明""分布"道气。其次，由于故气、逆气形成的根本在于人类社会道德的沦丧，故此，通过正一盟威之道来医治人心，也即等同于分布道气。再次，在盟威道义理中，朝真、拜章、请官等仪式也具有推动大道之气在三界之间运转，并度化逆气的功能。"治民"的前提是拥有天命，在如此的逻辑下，"授气治民"这一概念的提出相当于进一步丰富了天命的含义："授气"即是"授命"，其使命在于布散道气，以期达到治民的目的。这从《三天内解经》所云"取张良玄孙道陵显明道气，以助汉世"以及"拜张为'太玄都正一平气三天之师'"的叙述中也可以得到印证（详见第七节"三天"）。与此同时，"治民"这

一概念本身也从现实世界的政治语境中转嫁到了宗教之中，进而有着更为宏大的目的，即"改心为善，行仁义，则善矣。可见太平，度脱厄难之中，为后世种民"[1]；"欲令可仙之士皆得升度"。关于治民的更多讨论，请参见第八节"治民"。

5. 立二十四治

二十四治即天师所立的二十四处教区（dioecesis）。在《大道家令戒》中，"立二十四治"这一空间权利的表述紧随"券约"之后，这正呼应了周王与诸侯间的册封制度，其天命与权利的赋予最终落实于对于某一区域即人民的治理之上。诸侯不但得到土地，同时还得到其土地上的人民。版图作为其权利的象征，实际即是辖区内的户籍与舆图[2]。与此同时，在《大道家令戒》的文本中，"立二十四治"也成为分布道气"治民"的直接前提。在秦汉帝国的制度中，地方官的"治民"不但意味着管理辖区人民，还意味着承担牧化其民的义务，即所谓"郡县治民"[3]、"郡国治民"[4]（参见第七节"三天"，第十三节

---

[1] 正一法文天师教戒科经：大道家令戒 [M] // 道藏：第 18 册，237.

[2] 在《希伯来圣经》中，耶和华赐予亚巴郎土地时，还赐予他无数的子孙，此两点彼此相关成为一体："'请你仰观苍天，数点星辰，你能够数清吗？'继而对他说：'你的后裔也将这样。'"（《创世纪》15：5）香港思高圣经学会．圣经 [M]．北京：中国天主教务委员会，1992：26.

[3] 荀悦．汉纪 [M]．北京：中华书局，2002：542.

[4] "凡州所监都为京都，置尹一人，二千石，丞一人。每郡置太守一人，二千石，丞一人。郡当边戍者，丞为长史。王国之相亦如之。每属国置都尉一人，比二千石，丞一人。本注曰：凡郡国皆掌治民，进贤劝功，决讼检奸。"司马彪．后汉书志 [M] // 范晔．后汉书，北京：中华书局，1965：3621.

"祭酒")。我们稍后还会提到，二十四治，尤其是治堂的设立，在理论上打破了巫祝对于神权的垄断，房祀之所得以被取代，新的、更为宽广的神圣空间维度得以被打开。也正是因循着这一逻辑，当道民受度法箓后，她／他也便拥有了在家中建立靖室的权利。换言之，政治制度中空间权利的分享，被借鉴成为宗教符号。

　　二十四治以及后来所发展出来的二十八治是由天师及其继任者所创立的独特圣地学概念，其理念上承《禹贡》之"九州"，以及太平道之"三十六方"，即以数理（numerology）式的宇宙观来划分"天下"。所不同的是，二十四所对应的节气以及二十八所对应的星宿同时也还是在汉代已经十分流行的时间观念，而时间源自上天 [1]。这也就是说，通过构建二十四或二十八治教区系统，天师建立了一个虽然位于地上，但却源自天上的圣域。

　　建立二十四治圣域的目的则是在于"分布玄元始气治民"，治堂乃是天师、祭酒的"治民"之所。考"治"字意为汉代基层政府的所在地，即"治所"之意。每一治区设有"治职祭酒"负责"领户化民"，主持基本教务工作。在第八节中，我

---

[1] Franciscus Verellen, "The Twenty-four Dioceses and Zhang Daoling: The Spatio-Liturgical Organization of Early Heavenly Master Taoism." In *Pilgrims, Patrons, and Place : Localizing Sanctity in Asian Religions*, ed. Phyllis Granoff, and Koichi Shinohara (Vancouver: UBC Press, 2003), 15-67.

们将会看到，盟威道意图扶助朝廷，以赞"治民"之功，故《太真科》曰：

> 男女祭酒二千四百人，各领户化民。"阴官"称为"箓治"，"阳官"号为"宰守"。[1]

盟威道希望通过其在宗教范畴内的"平气"来实现"助国扶命"[2]。在治职祭酒之下，每一治又有散气祭酒以及箓吏若干，负责日常的仪式活动，其核心职责在于"辅助天师，宣扬正化，救治百姓，料理人鬼"[3]，"布演道祟，助国扶命"[4]，以及"按行民间，选索种民"[5]。（详见第十三节"祭酒"）。

（三）盟约的玄义

1. 从政治到宗教的转换

如果我们顺着两汉谶纬义理的逻辑来思考：三天取代六天，是上天气运之改换。这种极具创意性的思维从何而来呢？西汉末年，齐人甘忠可曾对汉元帝言："汉家逢天地之大终，当更受命于天，天帝使真人赤精子下教我此道。"[6] 在这里，宗教启示通过"更受命"的方式来扭转西汉末年的"末世灾难"，

---

[1] 要修科仪戒律钞 [M] // 道藏：第6册，966.

[2] 正一法文天师教戒科经：阳平治 [M] // 道藏：第18册，237.

[3] 太上金书玉牒宝章仪 [M] // 道藏：第18册，319.

[4] 太上宣慈助化章 [M] // 道藏：第11册，319.

[5] 正一法文天师教戒科经：阳平治 [M] // 道藏：第18册，238.

[6] 班固. 汉书 [M]. 北京：中华书局，1962：192.

这与鹤鸣山盟约的东汉末年处境十分近似。只不过，与《太平经》的追随者不同的是，盟威道的教法并不直接参与到政治之中，而是期望在"更受命"的逻辑下，重新开始一套与皇权政治保持距离的宗教话语。由此，从六天过渡到三天，天的本质发生了变化，则天命的性质也必然发生变化（参见第七节"三天"）。《阳平治》言"从'汉始皇帝王神气'受道……欲令可仙之士皆得升度"。这里的大道是一个具有意志的至上神，祂下降人间建立盟约的意图不仅仅是为天师授予秘传法诀（这一脉络来自两汉秘传宗教的师徒关系），更是为天师授予一个新的天命（或言道命 / 道令）。"三天大道"取代了"六天故气"（故《女青鬼律》言："不得祠祭故炁。"），二十四治取代了分封建国，大道之令取代了上天之命。盟威道借用并转换了一整套政治概念，并将其援引至宗教的语境之中。与周王承受天命统治万民不同，天师之治民非是帝王之治民，乃是通过分布道气而治理人心，乃是以教戒劝化百姓而分别善恶，进而平气、度人，由此"为后世种民"（参见第八节"种民"）。由此，鹤鸣山盟约一方面在形式上呼应了师徒相授的传统，更糅合了政治制度中通过盟约赋予天命的传统，并最终超于两种盟约之上，成为一种脱离政治的宗教盟约。正所谓"凯撒的就应归还凯撒；天主的就应归还天主"（《玛窦福音》22：21）[1]。

---

[1] 香港思高圣经学会.圣经［M］.北京：中国天主教教务委员会，1992：1542.

2. 以伦理为先导的救度

我们在第八节中将会看到，种民的概念包含了神仙的含义，故此《阳平治》中也提出了"可仙之士皆得升度"的承诺。这一概念在《天师教戒科经》与《陆先生道门科略》中得到了进一步的诠释，即"上德者神仙，中德者倍寿，下德者增年"。这种上、中、下三段式的论述似乎是继承了《道德经》上、中、下三士的修辞法，但从本质上而言，是其对《阳平治》中所言"欲令可仙之士皆得升度"的进一步细化诠释："正一盟威之道"并非以方技而求仙，乃是以"行道奉戒"的宗教伦理为先导。由此，不论是贵族还是平民都被赋予了获得生命超越的平等机会，我们在第八、九节中还会着重强调这一点。

3. 盟约知识的内在来源

鹤鸣山盟约伴随着"正一盟威之道"传授，但几种文本中"正一盟威之道"的确切内容却不尽相同。虽然它们皆以"正一盟威之道"或"正一盟威"作为起始，但随着文本时代的推移，其所包含的内容也愈发丰富，尤其《太真科》中所言《大洞真经》显系后世添入。为方便起见，我们谨将不同版本"正一盟威之道"的内容罗列对比于下表中。

不同文本中"正一盟威之道"所含内容对比

文　本	授度内容
《阳平治》	仅言"受道"。
《大道家令戒》	正一盟威之道。

续　表

文　本	授度内容
《三天内解经》	正一明威之道，新出老君之制。
《陆先生道门科略》	正一盟威之道，禁戒，律科。
《赤松子章历》	正一盟威符箓一百二十阶，及《千二百官仪》《三百大章》，法文秘要。
《太真科》	正一盟威之经九百三十卷、符图七十卷，合一千卷；付授天师《大洞真经》二十一卷。

我们应该如何理解这些前后不一的内容描述呢？按《三天内解经》所云"（天师）承受太上真经，制科律积一十六年"一句良有深意，或许能为我们理解这一现象提供有益的视角与思路。从历史发展的角度来说，天师最初的教法可能十分简约，其传道授业的过程一定也包括了不甚成功的经历，故此也必然经历了不断自我完善教法的过程。天师意识到了人的本性中不仅存在美好的"善"，也存在着来自生存忧患的"恶"。"禁戒、律科"如此便成为规范行为进而通往生命救度的重要途径[1]。从更为内在的角度而言，鹤鸣山盟约并非发生于身外，是天师心神中的一次灵光的闪耀，而这种难以名状的密契体验需要领会，并转化为人类可以理解的信息（详见第七节"盟约"）。《希伯来圣经》记载了梅瑟西奈山盟约的经历：

---

[1] 笔者特别感谢喻晓先生所提出的历史性理解观点。

> 上主的荣耀在以色列子民眼前，好像烈火出现在山
> 顶上。梅瑟进入云彩中，上了山；梅瑟在山上停留了四十
> 天、四十夜。……上主在西乃山上向梅瑟说完了话，交给
> 他两块约版，即天主用手指所写的石版。（《出谷纪》24：
> 17–18，31：18）[1]

按照犹太教神学的阐释，西奈山顶云中的四十昼夜，正是梅瑟
将雅威不可见的密契传授转化为人类语言的过程，梅瑟从西奈
山顶带回的约版是雅威的智慧，更是梅瑟心神中所闪现的智
慧[2]。西奈山盟约被后世拉比们公认为犹太教神学的原点。不仅
是《希伯来圣经》中所记载的"十诫"与律法，后世形成的口
传律法《哈拉卡》（Halakha）也被认为实际早已包含于西奈山
天启的智慧之中。换言之，对于道教与犹太教而言，盟约都是
一处源头活水，其永恒不断地向外涌出，进而成为符合特定时
代与地区背景的教法。

先秦以来的黄老刑名之学特别强调"道生法"的概念，
"法"是通过"执道者"仰观俯察天道而得来[3]。由此，律令、
戒命都是大道所蕴含的玄义经由"执道者"的解读与阐释而

---

[1] 香港思高圣经学会. 圣经 [M]. 北京：中国天主教教务委员会，1992：
113，123.

[2] Michael A.Fishbane, *Sacred Attunement: A Jewish Theology* (Chicago:
University of Chicago Press, 2008), 54–60.

[3] 马王堆汉墓帛书整理小组. 经法 [M]. 北京：文物出版社，1976：1–3.

成，立法的过程也恰恰是大道杳冥的玄义向外次第展开的过程，是宗教意义上的天启（revelation）。中国传统法律因此也从本质上具备神圣性（虽非神授，但由道而出）。回到鹤鸣山的盟约，天师在石室中经历心神启悟之后，便也成为这样一名"执道者"，只不过，此时他所要阐发的并非人世间之律令，而是关乎生命救度的道门科律。如果说所谓的"太上真经"实际是天师心神中的一次灵光的闪耀，是终极真理自内而外的显现，那么科律的创制则是对于心神层面"太上真经"的转译。只有将内心的抽象感悟落实于具象的科律条文之中，进而为民众提供具体的生活指导，社会意义上的教团组织才得以建立。事实上，在汉人的理解中，天师绝非如此制定法律的第一人。汉代古文经学家相信，孔子之"获麟"一为"周王之征"，一为"汉兴之瑞"[1]。由此，孔子之获麟，乃是获得了为汉作法之天命，何休言："孔子仰推天命，俯察时变，却观未来，豫解无穷，知'汉'当继大乱之后，故作拨乱之法以授之。"[2] 而这里所谓孔子所作之"法"，即是《春秋经》[3]。在这里，孔子的"仰推""俯察"以及"作法"都明确指向了"道法"思想的重点——执道者，在汉人来看，他与天师都肩负了"兴汉"

---

[1] 何休解诂，徐彦疏．春秋公羊传注疏［M］．上海：上海古籍出版社，2014：1199.

[2] 何休解诂，徐彦疏．春秋公羊传注疏［M］．上海：上海古籍出版社，2014：1195.

[3] 纬书《春秋演孔图》云："获麟而作《春秋》，九月书成。"何休解诂，徐彦疏．春秋公羊传注疏［M］．上海：上海古籍出版社，2014：1196.

之天命。盟威道经典中追述兴汉四百年之留侯张良，其意正在于此。

后世贤人以天师的经诀科律为梯航，亦有其各自的道心开发，如此，他们则于天师旧"经"之上再加演新"传"，并如此循环套叠，犹如滚雪球一般，逐渐形成今日所见之道教教法[1]。《道德尊经想尔戒》便可视作这一套叠的典范代表，其《戒》从《想尔注》中析出，《注》则从《道德经》中发衍（详见第十三节"箓生"），而这正是大道玄义的向外的次第展开。总而言之，关于"正一盟威之道"所包含教法内容的不同叙述从义理的角度来说并不相互矛盾，反而是相互补充，我们将在第七节"盟约"中进一步展开讨论。

三、鹿堂山盟约

鹤鸣山盟约是大道 / 老君与天师之间的"一对一"传授，这仍然是延续了汉代秘传宗教的传统。如果我们将宗教定义为一具有社会性质的概念，则鹤鸣山盟约尚不能作为道教教团正式创立的历史节点，不论是《太上真经》还是"心神感悟"都仍需进一步通过《清约》落实于群体之中，如此，鹿堂山第二次盟约的建立就成为必要。

（一）时间与地点

《三天内解经》与《正一炁治图》中均记载了天师所参与

---

[1] 这也正如汉代以来的刑名学家们采用儒家章句之学来解释律条的方法。

的第二次盟约，但时间不一，前者为永寿三年（公元 157 年），后者为永寿元年（公元 155 年）。其中，《三天内解经》提供了天师自初次盟约之后"承受太上真经，制科律积一十六年"的记载，与其所言永寿三年相互对应。但是，《三天内解经》却未言及第二次盟约的发生地点，如结合其上下文阅读，极容易误解为鹤鸣山（或这正是作者想表达的意思）。但《正一炁治图》则明确地交代了发生地点位于鹿堂山。按鹿堂山为二十四治中最上三治之一，位于成都正北约 80 公里处 [1]，亦即今绵竹县西北。鹿堂治与天师亲临的阳平治以及鹤鸣治共为上三治，这或许也是因为其为盟约的建立之地。[2]

（二）盟约的内容

天师的第二次鹿堂山盟约将第一次于鹤鸣山所降授的"正一盟威之道"具体应用于群体之中。即所谓"与四镇太岁大将军、川庙百鬼共折石为约，皆从正一盟威之道"。更为确切地说，即在人与自然力量（太岁将军、鬼神）之间建立一个"互不干犯的条款"，也即是所谓的《清约》。我们在此主要以《三天内解经》这一文本作为主要考察线索进行讨论（参见图 06-03）。

---

[1] 请参考此前所言鹤鸣山的两处可能位置以及简阳逍遥山的位置。它们都处于距离成都 100 公里以内的区域。

[2] 《云笈七签》卷二八《二十八宿要诀》：第一角宿，上治无极虚无无形，下治阳平山。第二亢宿，上治无极虚无自然，下治鹿堂山。第三氐宿，上治无极玄元无为，下治鹤鸣山此三治主辰生。云笈七签 [M] // 道藏：第 22 册，209.

图 06-03 《鹿堂山折石立约图》(王琛、陶金／绘)

1. 新出老鬼

在《三天内解经》的叙述中，有一句明显前后不一的经句需要我们首先处理，即：

> 太上谓：世人不畏真正，而畏邪鬼，因自号为"新出老君"。

此处"新出老君"明显有误，应作"新出老鬼"。类似的说法在《大道家令戒》中亦有提及：

> 曰"新出老君"，言鬼者何？人但畏鬼不信道。

我们在第一节中已经言及，两汉时期的鬼与神往往联用，并相互等同，鬼即神，神即鬼；如《三天内解经》所云"鬼不饮食"即等同于陆简寂先生所言"神不饮食"。大道下降成为老君，最初乃是借用汉代百姓能够产生敬畏的鬼号来宣行其教法。而文本中的叙述，一方面解释了名号的由来，同时更是进一步强化了盟威道与巫鬼祭祀宗教的针锋相对。或言，道之于巫，乃是一种建立在批判对立中的承继关系。

此外，以"鬼"为号这一现象与佛教密宗中佛、菩萨的"忿怒相"十分接近，其意在以令人畏惧的强势压制来教化顽愚的人类。一旦慈眉善目的循循善诱不能有效地引导，便以令人畏惧的形象来迫使人类回归正途。因此，"鬼号""忿怒相"并非是宗教家的"装神弄鬼"，而恰恰是大道广行救度的"老婆心切"，威迫即是善导。此正是鲁道夫·奥托所言神圣中之"令人畏惧的神秘"（mysterium tremendum）[1]。与此类似，我们将在下文中看到"盟威"之中所具有的令人畏惧的内涵。

2. 白马之盟

在《三天内解经》的叙述中，鹿堂山第二次盟约的同盟人员有：汉帝朝臣、三官以及太岁将军；而在《正一炁治图》中则有：老君、天师、四镇太岁、川庙百鬼，汉帝朝臣在此处缺席。如果仔细阅读"与汉帝朝臣以白马血为盟，丹书铁券为信"一句，其疑点有三：

第一，"刑白马"[2]之盟以及"丹书铁券"[3]来自汉初高祖刘邦与开国之臣所订立的盟约，是为了稳定君主与诸侯、大臣之间的尊卑关系，本身并不处于宗教语境之中。

第二，以动物牺牲建立盟约，旨在定立"使鬼不饮食"的《清约》，这是以血盟反制血祭，自相矛盾。《正一炁治图》中"折石为约"的说法显得更为合理。

第三，结合下文天师与鬼神所定之约，汉帝朝臣出席在这

---

[1] 鲁道夫·奥托（Rudolf Otto）. 论"神圣"[M]. 成都：四川人民出版社，1995：15.

[2]《史记·吕太后本纪》："高帝刑白马，盟曰'非刘氏而王，天下共击之.'"司马迁. 史记[M]. 北京：中华书局，1982：400.

[3]《汉书·高帝纪》："又与功臣剖符作誓，丹书铁契，金匮石室，藏之宗庙."班固. 汉书[M]. 北京：中华书局，1962：81.

场盟会中并无任何实质意义。如果说汉帝朝臣是作为证盟者，则三官已经临坛，似无必要。所以，其唯一的可能便是为这场盟约的订立赋予皇权政治的色彩。

由此，我们有理由推论，这一叙述极可能是南朝时期道教教团为了调和道教与祭祀之间的矛盾而增衍的内容，意在通过皇权代表的临场赋予这种反祭祀意识形态以皇权的合法性[1]。但是，一旦脱离了经文的原始历史社会背景，如此的衍文则使得对于文本的解读更加扑朔迷离。

3. 同盟人员

《正一炁治图》言"太上老君将张天师于此治"，"将"有偕同之意；但在《三天内解经》中，其为：

> 与天地水三官、太岁将军共约。

在这里，老君并未出席这次盟会。老君即是大道，祂亲自参加了鹤鸣山的第一次盟约，建立了大道与人类的"纵向"联结；而鹿堂山盟约是人类与自然界各类力量的"横向"联结，因此并不具备"纵向"的属性。虽然老君并不直接参与鹿堂山盟约之中，但两次盟约的建立却皆包含于老君下教的意图之内。此外，这一句表述缺省了主语，而主语当为代表人类一方的天

---

[1] 对于这一句经文的理解得益于 2020 年 1 月 15 日与张超然教授、祁泰履教授（Terry Kleeman）的一次极富启发的讨论，笔者在此特别表示感谢，推论有任何失当之处，责任在笔者。

师，即：天师与三官、太岁立盟。又按《正一炁治图》云：

> 与四镇太岁大将军、川庙百鬼共折石为约，皆从正一
> 盟威之道。

如此则知，太岁神与百鬼乃是作为一个整体参与盟约的建立。
而三官在这里的意义，一如在其他立盟授度的仪式之中，当是
作为证盟之神而出现。《太真科》曰：

> 太上告张陵天师曰："内外法契，与天地水三官折石
> 饮丹为誓也。"[1]

这里立，"天地水三官"即是立盟的见证之神。综述之，天师
代表人类与太岁、百鬼所代表的自然界力量在三官的证盟之下
定立了遵从"正一盟威之道"的盟约。

4. 折石立誓

上引《太真科》的师徒授度仪式中提及了与鹿堂山盟约中
相似的折石立誓环节。青城山今日所保存的"三岛石"与"掷
笔槽"极有可能是对天师与百鬼立誓这一神话事件的呼应。除
了破坏性的"折石"为盟外，刻石为盟的行为更普遍见于古代
社会之中，其中最早者当为秦昭王与板楯蛮之间的"刻石盟
要"，其盟曰：

---

[1] 李昉. 太平御览: 第7册[M]. 上海: 上海古籍出版社, 2008: 168.

秦犯夷，输黄龙一双；夷犯秦，输清酒一锺。[1]

在这里，盟约的缔结双方存在着相对平等的身份，其内容主旨为互不侵犯，这从形式与内容上均与《清约》十分接近。至西汉时期，南阳太守召信臣"为民作均水约束，刻石立于田畔，以防分争"[2]，这可能是中国最早有关乡约的记载。与此相似，东汉庐江太守王景劝导农耕，亦"铭石刻誓，令民知常禁。又训令蚕织，为作法制，皆著于乡亭"[3]。上文提及的河南偃师东汉《侍廷里父老僤买田约束石券》[4]则是基层乡约石刻为数不多的实物证据，这些记载均为我们展示两汉时期，"公约"这种特殊的法律形式在基层社会中所发挥出的积极作用。以此作为背景，我们便更能理解熹平二年的《祭酒张普碑》中"诣受'微经'十二卷……约施天师道法无极耳"[5]等文字作为摩崖石刻的物质特性。正如我们一直所提及的，盟威道教法中的元素往往能在政治制度中找到其对应部分。

事实上，"立石为盟"这一行为广泛存在于人类各文明与社会中。在《希伯来圣经》中，先知若苏厄（Joshua）所立的巨石成为以色列人遵守雅威法律盟约的见证（此为纵向的神与人之盟约，参见图 06-04），他说：

---

[1] 范晔. 后汉书 [M]. 北京：中华书局，1965：2842.

[2] 班固. 汉书 [M]. 北京：中华书局，1962：3624.

[3] 范晔. 后汉书 [M]. 北京：中华书局，1965：2466.

[4] 黄士斌. 河南偃师县发现汉代买田约束石券 [J]. 文物，1982（12）：17-20.

[5] 陈垣. 道家金石略 [M]. 北京：文物出版社，1988：6.

图 06-04　巴勒斯坦古城舍根（Shechem）的一处人工堆砌的巨石，圣经考古学家认为其为若苏厄代表雅威与以色列人定立盟约时所立

　　这块石头将作我们的见证，因为这块石头听见了上主对我们所说的一切话。这块石头也将作你们的见证，以免你们背弃你们的天主。（《若苏厄书》24：27）[1]

雅各伯（Jacob）所立的石柱则是其与拉班之间互不侵扰盟约的见证（此为人与人之间横向的盟约），其盟文曰：

　　这石柱是见证，我决不越过这堆石头去妨害你，你

---

[1] 香港思高圣经学会．圣经 [M]．北京：中国天主教教务委员会，1992：318.

也不要越过这堆石头和这石柱来妨害我。(《创世纪》31：52）[1]

与《清约》所不同的是，犹太教神学中并不存在与鬼神所定立的互不干犯的横向盟约内容，对于独一神雅威的敬礼，并不建立在约束其他神祇的前提之下。弗雷泽爵士认为，这些行为可能表明了人们的两种认识：

第一，石头被"看做是某个人物、是威力强大的精灵或神灵，它能够全神贯注地注视缔约双方，并敦促他们遵守契约……因为它既是鉴察者，又是见证者"[2]。

第二，"石头坚固不朽的质地会以某种方式传给宣誓人并确保会遵守誓言。"[3]

在第一点中，石头明确扮演了证盟之神的角色，而第二点则更能解释为何古代中国会将盟文刻于石上，盖以其坚固而求不朽也。但是，以上的解释似乎并不能为"折石为约"进行有效的解释。我们在第五节中已经看到，在立盟仪式中宰杀动物牺牲实际包含有警戒的作用（类似的做法还有折木立誓，甚至是筷子）。不过，如果结合《太真科》所言"内外法契，与天

---

[1] 香港思高圣经学会. 圣经 [M]. 北京：中国天主教教务委员会，1992：51.

[2] 弗雷泽（Sir James G. Frazer）.《旧约》中的民俗 [M]. 上海：复旦大学出版社，2011：295.

[3] 弗雷泽（Sir James G. Frazer）.《旧约》中的民俗 [M]. 上海：复旦大学出版社，2011：297.

地水三官折石饮丹为誓"[1]，则在鹿堂山立盟所折之石也不排除具有"契券""信物"的含义。通过将石头一折两半，立盟双方各执一半以为凭信，又因为石头坚固、永久的特性，盟誓中所约定的内容也享有了永恒有效的品质。

（三）盟约的玄义

1. 太岁

"太岁将军"是汉代共同宗教中流行的数术化避忌对象。在数术义理中，自然界中运行着对于人类施加各种影响的神煞，在空间或时间的维度，人类往往在不自知觉的情况下冲撞神煞，由此带来厄运、疾病甚至死亡。随着数术的发展，逐渐总结出"日书"与"图占"来作为参考，帮助人们在时、空维度规避对于神煞的冲撞，此二者逐渐发展成为后世的择日与堪舆之学。两汉时期普通民众的日常生活、工作实际被各种对于时空的禁忌所制约，或者是，被对于自然界未知力量的恐惧所桎梏（详见第九节"罢诸禁心"）。

2. 百鬼

川庙百鬼即当时四川境内所流行的祠庙鬼神，如我们在第一节中所言，他们会向人民"索取"各种献祭（通常为贵族与巫祝假托鬼神之意），并对不完成献祭者实施报复。由此，两汉时期的普通民众常常被巫祝之流盅惑，因为祭祀而倾家荡产者不计其数，两汉先贤对此之控诉已多，兹不详述（详见第九

---

[1] 李昉. 太平御览：第 7 册[M]. 上海：上海古籍出版社，2008：168.

节"神不饮食")。

3. 医疗

按《三天内解经》与《陆先生道门科略》都特别强调了以章奏、首过为途径的医疗方式，而这些方式的前提则是"若疾病之人不胜汤药针灸"，"医所不能治者"。医疗是天师立教之初的特别着眼点之一，其所对应的是东汉末年普遍流行的瘟疫。对于医疗的看重还特别体现在受箓的盟文之中，其曰：

> 即日听署之后，要（约）当扶助天师，医治百姓疾病。[1]

事实上，盟威道对于医疗的关注也与其对于祭祀的反对一样，旨在废除既有的巫祝阶层。医与巫本质上是出自同一源头的实践体系，中国传统医学的疾病治疗之中一直存在着大量的巫术内容。虽然巫与医自战国时期便开始出现分工的趋势，但两汉时期基层社会中的治疗者应仍然存在着大量巫医不分的现象。由上所见，盟威道团体不仅具有极强的社会责任感，同时还力求在祭祀之外的日常领域废除并取代固有的巫祝阶层，并强调"罪"对于人身健康所发挥的重要性。

4.《清约》

综上所述，数术禁忌与鬼神祭祀引出了鹿堂山盟约的核心内容："永用三天正法"，或者说"皆从正一盟威之道"。我们

---

[1] 太上正一盟威法箓 [M] // 道藏：第 28 册，466.

在上文已经讨论过，"正一盟威之道"（或云"三天正法"）仍然是一个十分抽象的概念，其针对不同的情境可以生成不同的显化形式。具体到鹿堂山盟约中，《三天内解经》将其概括为：

> 不得禁固天民。民不妄淫祀他鬼神，使鬼不饮食，师不受钱。

与此相近的内容，被陆简寂先生概括为八个字：

> 《盟威法》：师不受钱，神不饮食，谓之《清约》。

由此，鹿堂山折石立盟所定立之约定内容，即是《清约》。《三天内解经》所谓的"天民"即指归命于大道的"道民"；"禁固"即时间、空间层面的各类数术禁忌。《清约》的定立旨在将人类从对于时空禁忌的持续恐惧以及无休止的祭祀浪费中解放出来。只有如此，才能进一步建立一个完全以道德伦理为先导、生命超越为指归的教法体系（详见第九节）。

5. 统一

"民不妄淫祀他鬼神"意味着对于大道的一心敬礼，这与"委质为臣，无有二心"是完全对应的宗教信条。由此，鹿堂山盟约意在统合民间纷杂的地方性崇拜，将其归纳于大道这一极具包容性的整体之中（详见第十二节"千二百官君"）。通过信仰、崇敬同一真理（或言"至上神"），盟威道意在将汉末业已散乱的人心凝聚到一处。这与祭祀中以"天"凌驾于"诸神"的做法是不同的，因为在祭祀体系中，基层人民并不具备与天直接沟通的权利，神权是被层层垄断的。然而在汉末，这一严密的阶级社会却趋于崩塌。盟威道通过立盟授箓，赋予全人类与大道直接密契交流的途径，无数个体生命得以直接统合于"一"的周围，进而通过整齐人心来匡扶乱世。故此，鹿堂山盟约不再是个人层面秘传的"私约"，而是为了建立道德伦理、生活方式以及地方社群而缔结的"公约"。

6. 调和

在《三天内解经》中，"民人唯听五腊吉日祠家亲宗祖父母，二月八月祠祀社、灶"[1]一句，与《清约》之间存在着极为暧昧的逻辑关系。石泰安先生曾对三会、三元、五腊、八节等道教节日之间的内在关联进行了深入的考订，并推定其是道教对于民间祭祀的宽容所致[2]。事实上，既然"神"已被废除了"饮食"，则无所谓祭祀与否，更无所谓"淫"与否。由此，这一句话的出现当系对于《清约》的一种调和与折衷，而这种折衷牺牲了盟威道义理的精准表达与严密逻辑。从文本的年代出发，这极有可能是南朝刘宋时期道教为了获得皇权的支

---

[1] 三天内解经 [M] // 道藏：第 28 册，414. 类似者还见于《太上正一盟威法箓》的盟文之中。太上正一盟威法箓 [M] // 道藏：第 28 册，466.

[2] Rolf A. Stein, "Religious Taoism and Popular Religion from the Second to Seventh Centuries." In *Facets of Taoism: Essays in Chinese Religion*, ed. Holmes Welch, Anna Seidel (New Haven: Yale University Press, 1979), 68–71.

持，尝试调和道教与朝廷、家庭祭祀的矛盾而提出的一种折衷方案。[1]

四、两次盟约的内在联系

鹤鸣山与鹿堂山的两次盟约，前者是"正一盟威之道"的授受，后者是"正一盟威之道"的施用，也即是使太岁、百鬼不再干犯人类的《清约》。前者是体，后者是用。如果将《三天内解经》（以下简称《内解经》）与《陆先生道门科略》（以下简称《科略》）这两份文本中关于鹤鸣山"正一盟威之道"以及鹿堂山《清约》（及其延展内容）的内容稍微切割重组，我们不难发现，关于这两次盟约的叙述中，存在着相互对应的现象。换言之，鹤鸣山盟约中所提出的使命，均于《清约》之中得到了义理层面的实现。我们谨将其中部分叙述分别截取，列于下表之中，以供对观。

	正一盟威之道（公元 142 年）	《清约》（公元 157 年）
明确信仰	正一明威之道，新出老君之制，罢废六天三道时事，平正三天，洗除浮华，纳朴还真。（《内解经》）	千精万灵，一切神祇，皆所废弃，临奉老君三师，谓之正教。（《科略》）
改革旧制	正一盟威之道，禁戒、律科。（《科略》）	师不受钱，神不饮食，谓之清约。（《科略》）

---

[1] 感谢张超然教授在这一问题上对笔者的开示。

续　表

	正一盟威之道（公元 142 年）	《清约》（公元 157 年）
解放意志	下千二百官章文万通，诛符伐庙，杀鬼生人，荡涤宇宙，明正三五，周天匝地，不得复有淫邪之鬼。（《科略》）	治病不针灸汤药，唯服符饮水，首罪改行，章奏而已。居宅安冢，移徙动止，百事不卜日问时，任心而行，无所避就，谓约。（《科略》）
化民向善	立二十四治，置男、女官祭酒，统领三天正法，化民受户。（《内解经》）	罢诸禁心，清约治民……使民内修慈孝，外行敬让，佐时理化，助国扶命。（《科略》）

- 第一对叙述："正一盟威之道"与"新出老君之制"同义，但是"制"字本身具有规章制度的含义，因此更强调了其强制的特性。其强制的内容，即以清正的三天平正六天故气，道民不再事奉俗神而独奉大道，故《清约》日"千精万灵，一切神祇，皆所废弃"。这一对叙述主要在于明确对于大道的独一信仰。

- 第二对叙述："禁戒、律科"是"正一盟威之道"的重要组成部分，其不但约束人类，也约束鬼神。例如《女青鬼律》，便是老君授予天师"使敕鬼神，不得妄转东西南北"[1]之法典。通过一系列禁戒、律科的颁授，天师才得以迫使太岁、百鬼与其立盟共守《清约》。约束鬼神不再索祭与打破巫祝对于祭祀的垄断是同一事之两面，故而这一

---

[1]　女青鬼律 [M] // 道藏：第 18 册，239.

对叙述主要在于强调对于旧有宗教实践乃至社会制度的打破，人人均具有神圣的属性。

- 第三对叙述："千二百官章文"可理解为相互关联的"千二百官仪"与"章仪"（详见第十二节），其根本目的是通过上章来解决由鬼神所引起的疾病与灾厄。如果说"禁戒、律科"是对于人类的保护，那么上章之仪则是对于鬼神的杀伐；前者为被动性，后者为主动性。正因为有了双重的保护，人类不再对看似混沌无序的世界充满恐惧，也不再被时空禁忌所奴役，因此才能如《清约》所言"任心而行，无所避就"。这一对叙述主要在于提出在大道的庇护下道民主观能动性的解放。

- 第四对叙述：我们前文已述，"立二十四治"与"治民"（或言"化民"）是为一体。男官、女官祭酒是受命者，负责维护"禁戒、律科"，并举行"章仪"，但他们更是老君、天师教化的宣布者。道治与祭酒制度的设立首先在于维护清约所规定的人鬼关系，在对于鬼神的恐惧得以化解后，祭酒以此为基础劝化百姓，最终"令可仙之士皆得升度"。

综上所述，鹤鸣山盟约所授受的"正一盟威之道"与鹿堂山盟约所定立的《清约》是紧密相连、环环相扣的同一事件的两个方面。第一次盟约是神明与人类一对一式的"私约"，第二次是普及群体的"公约"。这种两段式的安排也并非偶然，而是大道玄义妙理得以作用人间的必要程序。在《希伯来圣经》中，梅瑟在西奈山顶从雅威领受了"十诫"（《出谷纪》20：1-17）[1]之后，方才下山建立祭坛、石柱，并宰牲"歃"血，与全体以色列人立盟（《出谷纪》24：1-8）[2]。这种两段式的盟约是创立教团的一种必然，这是因为一对一的盟约（或密契体验）无法形成一种群体性的共识，因此也就无法建立群体。迈克尔·费施贝恩（Michael Fishbane）教授认为，"梅瑟的第一次经历仅提供了一个模型，可以从神学上思考盟约式生活在个人生命中的初始性。只有通过梅瑟的第二次经历，我们才得以管窥到，盟约之道能够建立一种'以神为中心的生活'的社会结构。"[3]

五、盟威与三官

（一）"盟"与"威"

在本节的最后还想稍微探讨一下"盟威"二字的确切含义。首先，我们需要重提古代盟约所具有的自我咒诅性质。按

---

[1] 香港思高圣经学会. 圣经 [M]. 北京：中国天主教教务委员会，1992：113,107-108.

[2] 香港思高圣经学会. 圣经 [M]. 北京：中国天主教教务委员会，1992：113,112-113.

[3] "Hence the first experience of Moses only provides a model for theological reflection about the primariness of covenant living in one's personal life; and it is only with Moses's second experience that we can derive some insight into the way a covenant may also establish a social structure for God-centered living." Michael A.Fishbane, *Sacred Attunement: A Jewish Theology* (Chicago: University of Chicago Press, 2008), 54-55.

《周礼·秋官》曰：

> 盟约……其礼仪。北面诏明神，既盟，则贰之。盟万民之犯命者。诅其不信者，亦如之。凡民之有约剂者，其贰在司盟。有狱讼者，则使之盟诅。[1]

又按《周礼·春官》曰：

> 诅祝掌盟、诅……之祝号。作盟、诅之载辞，以叙国之信用，以质邦国之剂信。[2]

综上所述，"盟"与"诅"是近义词，贾公彦《疏》云：

> 盟，盟将来；诅，诅过往。[3]

这也就是说，"盟"是通过自我诅咒的方式为将来之事做出担保，而"诅"则是对过去已发生之事做担保。如此，盟字实际尚有一重动词"诅咒"（to curse）的含义。诅咒的力量来自神，这是因为同盟者所行之事在过去或未来违背了盟言，从而唤起

---

[1] 郑玄，贾公彦. 周礼注疏 [M]. 上海：上海古籍出版社，2010：1386-1389.

[2] 郑玄，贾公彦. 周礼注疏 [M]. 上海：上海古籍出版社，2010：1386.

[3] 郑玄，贾公彦. 周礼注疏 [M]. 上海：上海古籍出版社，2010：991.

了证盟神明，并对其进行殛谴。时至今日，"轻易发誓容易带来报应"的思想依然普遍存在于我们的文化之中。

"威"字通"畏"，《释名》曰："威，畏也，可畏惧也。"《诗·小雅·常棣》云："死丧之威，兄弟孔怀"[1]；《庄子·渔父篇》云："未尝见夫子遇人如此其威也。"[2] 则知，"威"字有动词的"恐惧"（to fear），名词的"可怕之物"（terrible thing），以及形容词"震惊的"（frightened）等含义。由此反观"威"字本身，其有"威力""威风"（might, power）之意，应是指某些因为令人惊恐、畏惧的特性而产生的力量。这不得不让我们联想到上文中所提及的"太上老鬼"一词。针对人们对于自然力量的恐惧，盟威道的教法似乎采取了一种通过恐惧而化解恐惧的策略。如此，老君、盟威，毋宁说是"老鬼"与"盟畏"。一如鲁道夫·奥托（Rudolf Otto）所言，神圣的内在存在着畏惧[3]。

（二）《诅楚文》

这一推论是否合理呢？北宋嘉祐、治平年间出土于甘肃平凉的重要战国石刻《诅楚文》为我们理解"盟"与"威"的确切含义提供了重要的实例。《诅楚文》石刻共三块，其内容为秦王使宗祝在巫咸、大沈厥湫、亚驼这三位大神之前咒诅楚王并祈求"克剂楚师"的祝文。祝文为一式三份，仅所致之神名

[1] 毛亨传，郑玄笺.毛诗传笺 [M].北京，中华书局，2018：211.

[2] 陈鼓应.庄子今注今译 [M].北京：中华书局，1983：875.

[3] 鲁道夫·奥托（Rudolf Otto）.论"神圣"[M].成都：四川人民出版社，1995：15.

不同，分别沉埋于三处（参见图 06-05）。这种通过沉、埋使文书抵达神明的祈祷方式我们已在第五节中见于侯马盟书。按其文中所言，所谓"诅楚"的原因乃是楚王率先"变输盟约"，"不畏皇天上帝及丕显大神巫咸之光列威神，而兼倍十八世之诅盟"，"倍盟犯诅"。

由此可以逆推，秦、楚二国曾于此前建立过盟约，且应该也有三份盟文分别沉埋于三地以致三神。此时楚国"变输盟言"，秦国则需要重新书写盟文（或诅文）于三地重新启告三神，唤起三神作为证盟者的神威，以公正的裁决与惩罚帮助秦国战胜楚国。故其文末言明：

> 敢数楚王熊相之倍盟犯诅，箸诸石章，以盟大神之威神。

在这里，"以盟大神"不等同于初次立盟的"诅咒"之义，而似乎是以第一次盟约作为对应的"履行诅咒""令诅咒真实发生"的含义。结合最后的"之威（畏）神"，这一"盟"字之用法当近似于《周礼》所言"盟万民之犯命者"，可作为"唤起"之意。其唤起的前提在于前次盟约的建立，以及同盟的违约。由此，以上这一句文字或可翻译为："我（秦王）已将楚王熊相违背盟诅的事情列数于上，并作为文书刻于石上，希望以此唤起大神您令人生畏的力量。"（to evoke the terrible mighty power of Thou the great deity）"大神之威神"的确是可畏的，因为其意味着对违背盟言者致命的"殛谴"。也正是因为这一层畏惧的因素，盟约才得以拥有约束之威力，此即"盟威"。

图 06-05 《诅楚文·告巫咸文》拓本

附：《告巫咸文》

又秦嗣王，敢用吉玉宣璧，使其宗祝邵鼛，布憝告于丕显大神巫咸，以底楚王熊相之多罪。昔我先君穆公及楚成王，是勠力同心，两邦若壹，绊以婚姻，祢以斋盟，曰叶万子孙，毋相为不利。亲即丕显大神巫咸而誓焉。今楚王熊相，康回无道，淫此甚乱，宣参竞从，变输盟约。内之则虣虐不辜，刑戮孕妇，幽剌嫔戚，拘围其叔父，寘者冥室椟棺之中。外之则冒改厥心，不畏皇天上帝及丕显大神巫咸之光列威神，而兼倍十八世之诅盟，率者侯之兵以临加我，欲划伐我社稷，伐威我百姓，求蔑法皇天上帝及丕显大神巫咸之恤祠、圭玉、羲牲，述取偌边城新隍及淤、嫁，偌不敢曰可。今有悉兴其众，张矜㥄怒，饰甲底兵，奋士师，以倍偌边竟，将欲复其凶遂。唯是，秦邦之赢众敝赋，鞞輸栈舆，礼傻介老，将之以自救殴。亦应受皇天上帝及丕显大神巫咸几灵德赐，克剂楚师，且复略我边城。敢数楚王熊相之倍盟犯诅，箸者石章，以盟大神之威神。

（三）三官

按照一些学者的看法，巫咸、大沈厥湫、亚驼这三位大神分别代表了天、地、水三界，他们还依据《诅楚文》《秦骃祷病玉版》等仪式文书来论证道教天地水三官信仰以及三官手书的起源问题。[1] 古人建立盟约，大都祈请天地、日月、山川等

[1] 李零. 中国方术续考 [M]. 北京：中华书局，2006：348-350. 吴郁芳.《诅楚文》三神考 [J]. 文博，1987(4)：41-58. 刘昭瑞. 考古发现与早期道教研究 [M]. 北京：文物出版社，2007：262-270.

自然神作为证盟人与仲裁人，虽然目前并无确凿的证据表明三官信仰一定是从自然神的信仰而来，但天、地、水三元大抵表达了其对上古自然崇拜的继承。黎志添教授极富洞见地总结了三官的职司：1. 考校人之善恶，2. 依善恶而赏罚，3. 一人之赏罚会波及祖先与子孙。而从我们以上的考察中，我们可以总结出三官最为根本的职司乃是盟约的守护者。在鹿堂山盟约中，三官作为证盟之神，其角色的确与早期立盟仪式中的自然神相同。我们或可将逻辑再往前推导一步，即：道教"盟威"二字的深刻含义实际应从永寿三年（157 年）鹿堂山盟约来理解。盟约的双方是天师与太岁、百鬼，他们都因盟约的建立而慑服于三官的神威之下。

　　在上一章中，我们已经了解到法律与盟约有着密切的关系。在盟威道叙事中，天师在鹤鸣山盟约之后，还从老君处领受了《女青鬼律》，用以作为天师制约百鬼的保障。类似的逻辑也见于古代近东地区君主封赠封臣的盟约之中，其中的咒诅内容指向任何侵犯封臣利益的人群（在此处即为干犯人类的鬼神）[1]。《女青鬼律》一方面赋予了天师制约鬼神的权利，另一方面又敕三官主者"纪别鬼名……制御邪魅"。由此，三官不仅是盟约的见证者，更被《鬼律》赋予了维护盟约及《鬼律》的神圣职司。换言之，在道教科仪中诵念"一如玄科律令"[2]"一

---

[1] Weinfeld, "The Covenant of Grant in the Old Testament and in the Ancient near East," 185.

[2] 太上三五正一盟威箓 [M] // 道藏：第 28 册，457.

如盟科律令"[1]的功能，与"盟大神之威神"如出一辙，其意在唤起三官之"盟威"，用以执行相应的科律。

此外，除了作为盟约的见证者与科律维护者外，他们还负责监管、考校人的善恶并登记造册。由此，作为最为终极的职司，他们还负责奉道者死后的审判以及复生。由此，在为奉道者举行祈求死后复生仙化的仪式中，仍需在祈请之后诵念"悉如《元始盟真旧典女青文》"之辞（参见第二十节"死后复生的义理"）。由此，三官乃成为盟威道教法中极为重要的一组神明，其自大道衍化而出，却又扮演着相对独立的司法职能。

六、小结

鹤鸣山与鹿堂山的两次盟约相互依托，一里一表，一体一用。前者为纵向的神人密契的"私约"，后者为横向的社会层面的群体"公约"。两次盟约合于一体，则构成了"正一盟威之道"的基本义。故而其虽然分为两次举行，但实则为一。凭借三官的盟威，人类得以屏蔽自然界中诸多力量的干扰，并由此从恐惧的奴役中解放出来，进而通过"奉道守戒"而日臻于道。

事实上，后世道教一切关乎生命救度的骨干性玄义妙理皆依凭这两次盟约得以展开。时至今日，我们仍然会在授度仪式中吟诵"太上传符箓，初因过鹤鸣"，所有的授度仪式均是

---

[1] 上清洞真天宝大洞三景宝箓 [M] // 道藏：第 34 册，101.

对于鹤鸣山盟约的历史性追溯与实切地重复。而当道士升坛行道，持诵"一如律令"时，则是在召唤鹿堂山盟约的神威。因为只要盟约一直通过授度仪式得以延续，三官的盟威便永远强而有力。两次盟约绝不仅仅是停留在神话或历史中的"旧事"，而是实实在在具有生命力，且不断重演并演化的"新事"。

第七节 盟威道基本义理概念 1

在简要了解鹤鸣山与鹿堂山两次盟约的创立事件后，笔者希望能再用两节的篇幅对盟威道的一些基本义理概念进行梳理，以此作为深入理解法箓的必要基础。通过对于经典文本的细读，我们发现盟威道经典中的叙事往往都始自对于大道本体的描述，但最终都归于人类生命护佑与救度的最终目的。故此，关于道教义理的任何层面的讨论都不能脱离"人"来进行，盟威道义理虽然自其初始看似为"道学"，实为"人学"。

以此作为思考的起点，我们将延续鹤鸣山与鹿堂山盟约中的两个轴线来展开对于义理概念的探讨。前者为纵向的层面，所叙述的是大道与人的联系，这包括大道自身的"形名""下教"，与人类的"盟约"，以及人类追寻大道的"信道"与"归道"。后者为横向层面，即道民在日常生活中不同层面的"事道"，进而到更为群体性的"治民""平气"以及大道生命救度的最终承诺"种民"。通过讨论这两个轴线上的义理概念，笔者期望能够粗略地建立起一个认识盟威道基本义理的框架体系，并进一步理解法箓。

在本节中，我们先讨论第一种纵向层面的义理概念。

一、大道

（一）形名

1. 物质世界的"形名"

东周末年，随着周室的日渐衰微，周王权威背后的天命已经不能为诸子百家立论提供足够的合法性支持，更具普世性的"道"遂将"天"取而代之，老庄道家学说也便成为诸家学说之宗主。由此，"道"从老子、庄子所谓的自然规律逐渐演化成为一种近似天/上帝/昊天上帝的，可以被礼敬至上的信仰对象[1]。然而，大道杳冥而难寻，其高度的抽象性使大众难以认知、理解并掌握，正所谓"微妙玄通，深不可识"（《道德经·十五章》）。如何将大道引入公众可以认知的范畴？老子提出了"常"的概念："复命曰常，知常曰明"（《道德经·第十六章》），也即是通过观察大道周而复始的运转进而推演出其不变之准则，也即所谓的"仰观天地"与"俯察品类"。"知常容"，才能"没身不殆"。"常"可以被理解为一种规则，但并没有确切的描述，"道常无名"即不可以语言符号来认知"常"，也难以通过"常"而入"道"。正因为如此，《道德经》中的哲学并不能构成一个能够完全落地实践的宗教义理体系。

---

[1] 王沛．刑书与道书——大变局下的早期中国法 [M]．北京：法律出版社，2018：161．

古人对此多有认知，白居易即曰："何况玄元圣祖五千言，不言药，不言仙，不言白日升青天。"[1]

虚无自然的大道如何能被认知、理解、掌握并付诸实践之中？黄老道家通过提出"形（刑）名之学"[2]向前更进了一步，马王堆帛书《黄帝书》云[3]：

> 见知之道，唯虚无有。虚无有，秋毫成之，必有形名。形名立，则黑白之分已。故执道者之观于天下也，无执也，无处也，无为也，无私也。

作者首先肯定了"无中生有"这一道化万物的过程，以及在"有"的层面上"形"与"名"成立的必然。所谓"形"指物之形、状、实体；"名"指物之名、义、概念。"形名之学"即是讨论物之实体内容与其名称、概念的关系。只有在形、名兼具的情况下，"执道者"才得以建立一张认识论（epistemology）意义上的网，将天下万化之秩序囊括其中[4]。在黄老道家形名之学的推动下，大道最终得以落地，成为可以被人类所感知、认

---

[1] 白居易撰，谢思炜校注.白居易诗集校注 [M].北京：中华书局，2006：289.

[2] "形名"也作"刑名"，意指立法之学，道家与法家在本体论与认识论上的渊源由此亦可见一斑。

[3] 马王堆汉墓帛书整理小组.经法 [M].北京：文物出版社，1976：1-2.

[4] 王沛.刑书与道书——大变局下的早期中国法 [M].北京：法律出版社，2018：160.

识的对象，这种认识的媒介即是以语言文字所表达的由大道所发生的规律。由这种规律所生成的最典型人类社会产物便是法律，故太史公曰："（法家）本于黄老而主刑名。"[1] 换言之，大道在人间的最直接的显化之物即是法律，而法律的本源即是大道。由此我们也不难理解，犹太教将"律法"（Torah/תּוֹרָה）[2] 供奉于圣殿与会堂正中，作为象征雅威的显圣物。（详见第十一节"科律"）。

形名之学固然精妙，但其所关注的实际对象乃是大道所化生的万物，并以此为界面尝试理解大道。从某种方面来说，这里的存在的运动是从上至下的，即：大道将自己的一小部分展现给人类。但对于宗教而言，自下而上的运动是不可缺少的，也即是人类尝试突破物质世界的"障眼法"，向上寻求杳冥大道的行为。但在这里，特别需要避免将"障眼"之物等同于大道本体。盟威道义理特别对这种认识进行了批评，如《大道家令戒》云：

> 道，不欲指形而名之，贤者见一知万，譬如识音者。道在一身之中，岂在他人乎。[3]

按照柏夷教授的翻译，这句话的意思大致是说：你不应将任何

---

[1] 司马迁．史记 [M]．北京：中华书局，1982：2146.

[2] 即《希伯来圣经》中的《梅瑟五书》。

[3] 正一法文天师教戒科经：大道家令戒 [M] // 道藏：第 18 册，237.

具象的"形"名之为"道"。因为道存在于万物之中，贤者只需要管窥其中一部分，便可知道其更多的存在形式。这便如同伯牙与钟子期的"知音"关系。大道就在你自己的身中，为什么还要向外求索呢？[1] 如果笔者没有误解，这里首先所谈的，仍然是通过认识论来理清大道的概念，即：任何有形之物皆非大道，但触目所见者，可为知"道"之媒介，但非大道本体。最后一句甚为重要，其实际与盟威道出官的仪式，以及反偶像崇拜的主张均有关系（详见第十二节）。《想尔注》亦有与此相对的内容，其云：

> 道至尊，微而隐，无状貌形像也。但可从其戒，不可见知也。今世间伪伎，指形名道，令有服色名字状貌长短，非也。悉耶（邪）伪耳。[2]

这里首先言明了大道"无状貌形像"，以及"指形名道，令有服色名字状貌长短"；很明显，这些乃是针对民间的房祀之神以及佛教传统而言。有了身体，便以为需要饮食，而这正是盟

---

[1] "As for the Dao, you should not point to any shape and call it the Dao, but the wise, having seen one part, will know it in all its multiplicity. They are just like one who understands another through his music. The Dao is to be found in your whole body. Why seek to find it in others?" Stephen R. Bokenkamp and Peter S. Nickerson, *Early Daoist Scriptures* (Berkeley: University of California Press, 1997), 175–176.

[2] 饶宗颐. 老子想尔注校证 [M]. 香港：中华书局，2015：23.

威道极力反对的。进而，其提出"但可从其戒，不可见知也"，正呼应了我们上文所谈及的法律问题。法律乃是从对于大道规律的观察中总结而来，用以维持现世的秩序。但在盟威道教法中，科律虽然也由道而生发，且有着现世世界的意义，但遵守教诫、科律乃是体验大道的重要方式之一，其根本目的在于用来调适道民之自我，进而返还大道。如此，道门科律是大道所衍化之物，亦是求道之梯航。

2. 宗教意象中的"形名"

盟威道义理的一大创新之处在于其对于"形名之学"进行了逆向的运用。大道本体虚无自然，这一超验的特性势必需要被赋予人类经验中所能理解、感知的形名符号，以利用于人类求索大道的宗教实践过程中。换言之，盟威道义理反对将物质层面的"形名"作为大道来崇拜，但其依然鼓励道民在存思的意念中为大道赋予"形名"，以此与其相符契。按照王承文教授的讨论，"《太平经》奠定了汉晋道教尊崇'大道'的思想基础，并且在从先秦道家哲学观念的'道'，向早期道教作为人格化至上神的'大道'转变过程中，发挥了极其重要的作用。"[1] 以此为基础，《想尔注》"第一次出现了人格化的'道'，即神化后的老子，又称太上老君"[2]，其曰：

---

[1] 王承文.汉晋道教仪式与古灵宝经研究 [M].北京：中国社会科学出版社，2017：658.

[2] 不过，王承文教授只关心了大道作为太上老君的人格化，却尚未提及其作为慈母、良师、虚皇的其他人格化（形名）。王承文.汉晋道教仪式与古灵宝经研究 [M].北京：中国社会科学出版社，2017：663.

> "一"者，道也。……"一"在天地外，入在天地
> 间。……"一"散形为气，聚形为"太上老君"，常治昆
> 仑。或言虚无，或言自然，或言无名，皆同一耳。[1]

这里所言之"一"即是道，道气聚而有"形"有"名"，为昆仑山顶所端坐的太上老君。这一太上老君也可以是无形之"虚无"，也可以"无名"，"皆同一耳"。很明确，这里的太上老君的确有其非常具象的形象，但其只存在于意念之中，或者甚至可以说，在自己的形神之中。其即是以意念中之"形名"辅助道民，引导其宗教情感的"意象"。这是对"形名学"的反向应用，而这种应用是超越性的。

除了可以理解为"师"的太上老君外，盟威道教法还在意象的层面借用了"天""母""王"等概念来作为认识大道某一方面特质的"形名"，在不同的义理与仪式中帮助人类来认知、理解、追寻"深不可识"的大道。换言之，对于盟威道信徒而言，大道因其虚无，而实际兼具了多重的"形名"，其可因具体之处境而有不同的感通形式。由此，这些"形名"成为盟威道信仰与实践体系中的重要概念，也是探索其中玄义妙理的重要关键词，下面将分别对其进行讨论。

（二）三天

我们在第四节中曾深入讨论了"天""气""天命""天

---

[1] 饶宗颐 . 老子想尔注校证 [M] . 香港：中华书局，2015：18.

运""天帝"等概念因时而变的特性。在两汉之际，人们普遍相信"天"会因时而变，但天气/气运/天运的周期性交替也意味着宇宙规律以及社会秩序的整体改变，更重要的是"天命"的改变。郑玄所谓的"六天"正是这一周期变化的天在不同时期和状态的称谓。以此为线索，我们希望能对盟威道以"三天"取代"六天"这一叙述背后的根本意图稍作探求。

在《大道家令戒》的开篇，有一段关于大道以及道气的精彩叙述，表达了盟威道义理中有别于传统宗教的一种全新的至上存在、至高信仰：

> 大道者，包囊天地，系养群生，御万机者也。无形无像，混混沌沌，然生百千万种，非人所能名。自天地以下，皆道所生杀也。道授以微气，其色有三，玄元始气是也。玄青为天，始黄为地，元白为道也。三气之中，制上下，为万物父母，故为至尊至神，自天地以下，无不受此气而生者也。诸长久之物，皆能守道含气，有精神，乃能呼吸阴阳。道生天，天生地，地生人，皆三气而生。[1]

据上言，化生天地人三才的"玄、元、始"三气自大道发散而出，这里的"道"实际与传统的化生万物的"天"基本相当。类似的思想在汉儒的著作中已见端倪，如王符《潜夫论·本

---

[1] 正一法文天师教戒科经：大道家令戒 [M] // 道藏：第 18 册，235.

训》曰：

> 道者，气之根也。气者，道之使也。必有其根，其
> 气乃生；必有其使，变化乃成。是故道之为物也，至神至
> 妙；其为功也，至强以大。天之以动，地之以静，日之以
> 光，月之以明，四时五行，鬼神人民，亿兆丑类，变异吉
> 凶，何非气然？[1]

此外，"道生天，天生地，地生人"实际也对应了《道德
经·第四十二章》中的"道生一，一生二，而生三，三生万物"
的表述。"一、二、三"的生成过程在宇宙中的各个层面被无
限地重复着（其玄义亦见于《洞玄灵宝自然九天生神章经》），
而这也是大道不间断地向外打开、延展的无限过程。

"三天之气"的思想原型起于两汉之间的谶纬神学。东汉
初年所出《白虎通·天地》云：

> 始起先有太初，然后有太始，形兆既成，名曰太素。[2]

《乾凿度》稍有不同，其在最初又加有"太易"：

---

[1] 王符撰，汪继培笺，彭铎校正. 潜夫论笺校正 [M]. 北京：中华书局，
2014：367.
[2] 陈立. 白虎通疏证 [M]. 北京：中华书局，1994：421.

> 太易者未见气也，太初者气之始也，太始者形之始
> 也，太素者质之始也。[1]

户川芳郎在《气的思想》中将太初、太始、太素视作三气[2]，但更为精确的表达似乎应是气在化生万物的过程中的三个运行阶段。正如我们在上文所见，气的不同运行阶段也可被视作相互独立的气或天，而它们的本质是统一的。

那么"玄、元、始气"与"太初、太始、太素"之气有关联吗？笔者认为是有的。首先，这两组"三气"的本质都是起于混沌之中而彼此相联，《白虎通》曰：

> （三气）混沌相连，视之不见，听之不闻，然后剖判清浊。既分，精曜出布，度物施生，精者为三光，号者为五行。[3]

《诗纬》引《推度灾》亦云：

> 三气未分，号曰浑沦。……上清下浊，号曰天地。[4]

---

[1] 赵在翰，钟肇鹏，萧文郁. 七纬[M]. 北京：中华书局，2012: 33-34.

[2] 小野泽精一，福永光司，山井涌，编. 气的思想——中国自然观与人的观念的发展[C]. 李庆，译. 上海：上海人民出版社，2014.

[3] 陈立. 白虎通疏证[M]. 北京：中华书局，1994: 421.

[4] 陈立. 白虎通疏证[M]. 北京：中华书局，1994: 421.

可见太初、太始、太素之气同源同体，出于混沌，并进一步开辟阴阳，生成天地、群品。这与《三天内解经》中对于"玄元始"三气的描述十分接近，其文曰：

> 老君布散玄元始气，清浊不分，混沌状如鸡子中黄，因而分散，玄气清淳，上升为天；始气浓浊，凝下为地；元气轻微，通流为水。日月星辰于此列布。老君因冲和气化为九国，置九人，三男六女。[1]

类似的观点在六朝被进一步发展，《九天生神章经》云：

> 此三号（按：天宝君、灵宝君、神宝君）虽年殊号异，本同一也。分为玄元始三炁，而治三宝，皆三器炁之尊神，号生三炁，三号合生九炁，九炁出乎太空之先，隐乎空洞之中。无光无象，无形无名，无色无绪，无音无声，道运御世，开辟玄通，三色混沌，乍存乍亡。运推数极，三炁开光。炁清高澄，积阳成天。炁结凝滓，积滞成地。九炁列正，日月星宿，阴阳五行，人民品物，并受生成。[2]

---

[1] 三天内解经 [M] // 道藏：第 28 册，413.

[2] 灵宝自然九天生神三宝大有金书 [M] // 道藏：第 3 册，266.

在上面所引用的几种文本都把"三气"生成之前比喻为一种无光无形的混沌状态，而在三气之后则有了日、月、星之三光（时间），并划分出天地（空间）。也就是说，光是化生万物的首要标志，但光也是由气所生。类似的观念也存在于《希伯来圣经》中，其《创世纪》曰：

> 在起初天主创造了天地。大地还是混沌空虚，深渊上还是一团黑暗，天主的神在水面上运行。天主说："有光！"就有了光。天主见光好，就将光与黑暗分开。天主称光为"昼"，称黑暗为"夜"。过了晚上，过了早晨，这是第一天。（《创世纪》1：1-5）[1]

在这里，所谓天主的"神"在希伯来文中写作"רוח"（Ruach），意为气、风或呼吸之意，而"在水面运行"一句在希伯来文中意当为震动、击打水面（vibrating over surfaces of the water）。由此，其本意当为天主之气与水激荡，而后有光。古代希伯来文明深受古希腊思想的影响，也将由至上存在所发的气视作万物化生之源。但更为重要的是：在《希伯来圣经》中，光的出现是日与夜的起点，也就是时间的起点，这与汉语中以"日"来称谓一天（a day）的逻辑完全相同。如此，玄、元、始三气应是独立于时间之外的存在，虽然它们之间存在着时间性的

---

[1] 香港思高圣经学会.圣经 [M].北京：中国天主教务委员会，1992：9.

排序，但这种排序应是超越于时间之外的。类似的概念也可见于后出的古灵宝经《九天生神章》所云："此三号虽年殊号异，本同一也；分为玄元始三炁，而治三宝，皆三炁之尊神，号生三炁。"[1]

我们已经言明，气即是天，天即是气。《三天内解经》中所言："显明上三天之气。"对应了《大道家令戒》所云："分布玄元始气治民"。故此，三气即是三天。三天与六天的本质截然不同，前者是先于时间而存在的原生之气，而后者乃是能够通过历法来计算运行规律的后天之气。站在三天叙述的本位来看：六天所秉的五行之气应是由三天之气所运化而成的，三天是六天之根本。三天就是大道。

在盟威道经典的叙述中，"三天"不仅仅作为万化之源而存在，更有取代、更替"六天"的特殊角色。我们在第四节中已经谈及，天的更替也便意味着天命的鼎革，革命往往意味着政权的更替，如"汤武革命"，即是分别指商汤鼎革夏之天命，

---

[1] 洞玄灵宝自然九天生神章经[M] // 道藏：第5册，843. 董思靖认为，三宝君所属之"年""号"之别是同一本体之"迹"之别，其曰："自无而有，有亦强名。从一而三，三不离一。虽三元之号异，本一致以同归。……号之以年，名之以炁，岂非迹之可名者乎？然迹未尝离体，而体亦未尝异迹也。分为玄元始三炁而治。"董思靖. 洞玄灵宝自然九天生神章经解义[M] // 道藏：第6册，393. 王希巢进一步指出，三气之先并不存在时间的概念，其所分别者当为空间层面的距离，但其本质是一体，其曰："尔时未有岁月，每以一气相去九万九千九百九十一万里，为一岁。当其出于太空之先，隐乎空洞之中，迎之不见其首，随之不见其后，无光像、形名、色绪、音声，人孰得而识之，故曰道法自然。"王希巢. 洞玄灵宝自然九天生神玉章经解[M] // 道藏：第6册，428.

及周武鼎革商之天命的历史事件。与前者不同的是，盟威道将革命这一概念从政治语境引向了宗教，并赋予了天命完全不同的含义，我们因此将这一次对于天的鼎革称之为"清约革命"。我们先来具体看一下《三天内解经》中与三天取代六天相关的部分：

> 至伏羲女娲时，各作姓名，因出三道，以教天民。
>
> 伏羲时号为郁华子，祝融时号为广寿子，神农时号为大成子，黄帝时号为广成子，颛顼时号为赤精子，帝喾时号为录图子，帝尧时再出号务成子，帝舜时号尹寿子，夏禹时号为真行子，殷汤时号锡则子……此时六天治兴，三道教行，老子帝帝出为国师。[1]
>
> ……
>
> 下古僭薄，妖恶转兴，酹祭巫鬼，真伪不分。太上于琅琊以《太平道经》付干吉、蜀郡李微等，使助六天，检正邪气。微等复不能使六天气正，反至汉世群邪滋盛，六天气勃，三道交错，疠气纵横。医巫滋彰，皆弃真从伪。弦歌鼓舞，烹杀六畜，酹祭邪鬼，天民天横，暴死狼藉。太上遣真人及王方平、东方朔，欲辅助汉世，使游观汉国，看视人情。汉帝不信，以为妖惑。是故汉室衰破，王莽执治。刘氏汉帝乃是龙精之子，大圣遗体，应传

---

[1] 三天内解经[M] // 道藏：第28册，413.

二十四君，四百余年。帝胤难绝，故令光武中兴。其间中绝帝业者，皆由不信真正，无有辅翼，故群妖乱作，没于鬼官。[1]

……

太上以汉顺帝时选择中使，平正六天之治，分别真伪，显明上三天之气。以汉安元年壬午岁五月一日，老君于蜀郡渠亭山石室中，与道士张道陵将诣昆仑大治，新出太上。太上谓世人不畏真正而畏邪鬼，因自号为新出老君。即拜张为太玄都正一平气三天之师，付张正一明威之道，新出老君之制，罢废六天三道时事，平正三天，洗除浮华，纳朴还真。[2]

从上面的文字可以看到，六天本是大道教化的一部分，六天气运所蕴含的宇宙规律、社会秩序是老君在三皇五帝时代下教内容的重要组成部分（如启迪民智，开化文明）。在这一时期，政治与宗教的界限并不存在，因此王宗昱教授说："老君虽千变万化重现人间，但在汉末以前，他一直是和世俗的官方政治协调的。这个俗世的政治就叫做'六天'。"[3] 唐代经学家孔颖达总结汉儒郑玄的观点云：

---

[1] 三天内解经 [M] // 道藏：第 28 册，414.
[2] 三天内解经 [M] // 道藏：第 28 册，414.
[3] 王宗昱. 道教的"六天"说. 道教文化研究，第十六辑. 北京：三联书店，1999：27.

> 郑氏谓天有六天，天为至极之尊，其体只应是一。而
> 郑氏以为六者，指其尊极清虚之体其实是一，论其五时生
> 育之功则别有五。以五配一，故为六天。[1]

王宗昱教授以此认为"六天"即指汉代以来国家祭祀中的"太
一"及其辅佐五方"五帝"[2]，同时也是"至少自周代以来的血
食牺牲的祭祀制度，而这个制度恰恰是中国官方政治制度乃至
意识形态的基础。"[3] 王教授将六天视作世俗政治是妥帖的，但
我们想补充的是：这一世俗政治同时具有神圣性，一方面来自
其自我叙事中的天命，另一方面来自道教叙事中圣贤的辅佐
（老君作为帝师）。

　　由于下古的气运之数变得"儳薄"，由此"妖恶转兴"，人
们便开始"酌祭巫鬼，真伪不分"。我们在第三节中已经看到，
在汉代的灾异理论以及天人感应理论中，人与自然、神明是息
息相关的共同体，下古的堕落不仅是气运使然，更是人类承负

---

[1] 郑玄，孔颖达. 礼记正义 [M]. 上海：上海古籍出版社，2008：1024.

[2] 王宗昱. 道教的"六天"说. 道教文化研究，第十六辑. 北京：三联
书店，1999：22-49. 亦请参见小林正美. 六朝道教史 [M]. 成都：四
川人民出版社，2001.Terry Kleeman, "Exorcising the Six Heavens: The
Role of Traditional State Deities in the Demon Statutes of Lady Blue,"
*Reiter, Florian C., Ed.Exorcism in Daoism: A Berlin Symposium.Wiesbaden:
Harrassowitz Verlag, 2011.vi, 300p.*(Asien- Und Afrika-Studien Der
Humboldt-Universität Zu Berlin, Bd.36), January 1, 2011, 89-104.

[3] 王宗昱. 道教的"六天"说. 道家文化研究，第十六辑. 北京：三联书
店，1999：27.

的积累，救世必先救人。为此，老君曾下教于琅琊，授干吉、李微等人《太平经》，"使助六天，检正邪气"。然而《太平经》的信徒辜负了使命，"反至汉世群邪滋盛，六天气勃，三道交错，疠气纵横，医巫滋彰，皆弃真从伪，弦歌鼓舞，烹杀六畜，酌祭邪鬼，天民夭横，暴死狼藉。"[1]《女青鬼律》中也生动地描绘了东汉末年的末日景象：

> 五方逆杀，疫气渐兴，虎狼万兽，受气长大，百虫蛇魅，与日滋甚。天有六十日，日有一神。神直一日，日有千鬼飞行，不可禁止。[2]

至此，六天之气已经彻底变质、散乱，且无法补救了。如果六天代表了"五德终始"观念下的世俗政治，则六天的散乱不仅意味着汉家的国祚将终，更意味着整个以"天命"作为统治合法性的政治制度已经走到了尽头。

结合我们上文所讨论的天、气、天命等概念，"罢废六天三道时事，平正三天"，或者说以三天取代六天的革命可能有如下几点潜在的含义：

1. 匡扶汉家国祚

《三天内解经》中多次重复了汉室气运与老君之间的密切

---

[1] 三天内解经 [M] // 道藏：第 28 册，414.

[2] 女青鬼律 [M] // 道藏：第 18 册，239.

联系，汉室的衰落不止是因为气运日趋短促，更是因为汉帝一再拒绝老君的教化。其曰：

> 汉帝不信，以为妖惑。是故汉室衰破，王莽执治。

又云：

> 其间中绝帝业者，皆由不信真正，无有辅翼。

由此，清约革命旨在以新出老君的"正一盟威之道"协助汉家维系其国祚、气运，这与西汉时期甘忠可所提出的"更受命"的逻辑是完全一致的。再者，我们在上一节的讨论中看到，"汉始皇帝王神气"当延续了"赤帝汉氏高皇帝之灵"的政治神学，这本身便是以汉室祖先为核心的一种崇拜。天师从汉室祖先之气受命、受道，意在匡扶汉家之气运。此外，天师称"师"而非"王"，这是绍续了自伊尹、周公以来，圣王当有贤人"辅翼"的道统，而其追述张良（子房），正暗示着两者之间共享的"兴汉"使命[1]。这种协助汉家延续气运的"师"的定位并非新创，我们已经在此前的讨论看到，被汉人誉为"素王"的孔子，他因获麟所得的"天命"便是要为汉家立法，

---

[1] 夏含夷（Edward L. Shaughnessy）．孔子之前——中国经典诞生的研究 [M]．黄圣松，杨济襄，周博群，译．上海：中西书局，2019：91-120.

"拨乱反正"。祁泰履教授在其专著中已经提及了一系列史料，均证明盟威道的地方自治始终忠于汉室。[1] 正如《剑桥中国秦汉史》所言："张鲁的目的不是要取代帝国的权力制度，而是要改良它。"[2]

2. 终结五德终始

《三天内解经》的作者将自身置于董仲舒、甘忠可、贺良这些热衷解释气运并忠于汉室，致力延续其天命者的行列；与他们相对的则是那些声称"赤德气尽……黄德当兴"[3]"汉行气尽，黄家当兴"[4] 的"窃国"之辈。但是，只要"五德终始"这一学说存在，这种妄言祥瑞、气数的篡权话语就永远不会停止。如此，不但汉家的国祚无法延续，后世仍然会以五德气运为名，兴起无妄的灾祸。如此，则三天取代六天似乎传达出一个具有革命性的含义，即：五德终始的轮转就此废止了。正如我们在上文中言及，三天是万物的造化之源，更是时间的起点，由此，三天是一种超越时间的至上存在。六天实为代表了五行之气的五天、五帝，五行因时而运行，因此五天、五帝也具有了时间层面的属性。

我们在上文已经提到，五德终始之说是战国晚期邹衍的

---

[1] Kleeman, *Celestial Masters*, 43-51.
[2] 崔瑞德（Denis Twitchett），鲁惟一（Michael Loewe）编. 剑桥中国秦汉史：公元前 221—公元 220 年 [M]. 北京：中国社会科学出版社，1992：878.
[3] 班固. 汉书 [M]. 北京：中华书局，1962：4108-4109.
[4] 陈寿撰，裴松之注. 三国志 [M]. 北京：中华书局，1982：53.

理论，而其所言的符瑞往往并不能被客观地验证。由此，五德终始与其说是一种客观的自然规律描述，倒不如说是一种主观地认识世界的模型，其诚如顾颉刚先生所言："他（按：邹衍）的学术的结果是很坏的……反使一般方士可以利用了他的学说以为阿谀苟合的资料。这是他想不到的。"[1] 无论是西汉末年还是东汉末年，意欲巧借五德终始之说而窃国者此起彼伏，邹子意欲使人不妄求王位的理论，不仅适得其反，甚至助纣为虐。五德终始并不能带来新的圣王，只能不断带来血腥的权利的游戏。

如此，为了结束这种混乱的局面，最好的方法就是提出一套更为超越的信仰体系将其取而代之。三天的提出让人们的眼光不再局限于五行轮转的现实世界，反而投向高居天外的、本初的、超越五行的万化之源。以此为中心，其一切的教法均有别于以六天为中心的世俗政治体系[2]。由此，盟威道首次将关注现世的政治神学、谶纬神学转化为追求生命超越的宗教义理，并以此实现从宗教层面治民、平气，进而匡扶汉室的目的。

3. 赋予天命新义

"天命玄鸟，降而生商"，商王统治的天命来自其祖先，而其祖先则由天所生。因此，商王的天命（或曰"帝令"）父子

---

[1] 顾颉刚 . 五德终始说下的政治和历史 [J] . 清华大学学报（自然科学版），1930（1）：82.

[2] 虽然这个万化之源也蕴含在万化之中，但在"天"的语境下，祂依然是高于六天的。

相承，在商人的逻辑中，其他家族绝无奉天承命的可能。周人认为，其作为"蕞尔小邦"能够颠覆拥有天命的商人，乃是因为天命因"德"而变易的特性。就此，"天命"便不再成为万世一系的家族垄断。按照我们在第四节"天命"中的讨论，天命可以通过建立盟约的方式分享给予君王一同治民的贤良宰辅乃至地方太守。同时，由于天命"惟德"的特性，其也存在于圣贤的身上，比如作为素王的孔子。与此同时，作为开汉四百年基业的张良，也被认为承受有辅佐汉室的天命，黄石公为其授书，实际便是授予了这一天命。君王、臣工、圣贤、国师，他们都承受了"瑞应""符命"。在这样的语境下，象征天命的《图》与《书》得以被授予不同的人群，并不一定是帝胄。（详见第四节"祥瑞与图录"）在历史的推演中，因为"天"会因时而变，故而"天命"也因时而鼎革，这在五德终始的学说中尤其明显。

盟威道的教法将至上信仰对象名之为"天"，又意欲为汉家延续国祚，则其背后必然存在着对于天命的独特理解。目前最早的关于张陵受命成为天师的明确记载见于六朝时期所辑《太真科》中[1]。但在年代相对较早的《大道家令戒》《阳平

---

[1] 其一曰："太上告张陵天师曰：'内外法契与天地水三官，折石饮丹为誓也。张陵受命为天师，命弟子扶翼为嗣师，上崇虚之堂，登白虚之坛，醮奏太一传授口诀，传命嗣师承代基业，行教天人。'"李昉. 太平御览：第 7 册 [M].上海：上海古籍出版社，2008：168. 其二曰："学久德积，受命为天师。"要修科仪戒律钞 [M] // 道藏：第 6 册，966.

治》与《内解经》中，均不直言"受命"或"天命"二字[1]，如在第六节中，我们已经看到传授天命者"赤帝汉氏高皇帝之灵"变为了"汉始皇帝王神气"，作为治民前提的"命"，被转为了"气"，故有"授气治民""分布玄元始气治民"之说，道气与天命一样，都以人之品德作为其所流动的方向（参见第十节"正一箓体系"）。

但无论是"授气"还是"授命"，其都以治民的使命作为根本目的，但这一使命本身便也随天命的不断诠释而变化，并隐藏于其叙述之中。在《大道家令戒》中，有"道乃世世为帝王师"之语，《三天内解经》对此一说进行了扩充，其曰：

老子帝帝出为国师：伏羲时号为郁华子，祝融时号为广寿子，神农时号为大成子，黄帝时号为广成子，颛顼

[1] 虽然早期盟威道经典不言"天命"，但自六朝开始，天命（上天之"命令"而非天所赐之"命算"）的表达开始出现在道经之中，尤其是对于神仙或道民授度的语境之中。《茅君传》云："我今此去，权停江水之东、句曲之山，此山内有灵府，众洞相通，穴岫长连，真洞仙馆也。昔与圣师期，宜先于此以自清励，恭伺天命，然后镇彼大霍，居于赤城矣。"刘大彬.茅山志[M]//道藏：第5册，577.又《正一法文法箓部仪》云："某素以胎生肉人，千载有幸，得在道门，户属师主某甲治，以系天命，昔蒙明时，得参中秘黄图赤箓、三一真一，太一回车毕券之诀。"正一法文法箓部仪[M]//道藏：第32册，199.《三洞群仙录》引《续仙传》云："叶千韶事西山道士，学十二真君之衍，隐居深山，遇神将带剑佩龙虎符，有黄衣、绿衣二人，执簿书前拜曰：天命授君此簿，神将吏兵充备役使，以救世人。千韶授天书，阅之若人问之兵籍也，有事呼召即至。自后凡有邪祟，闻千韶之名自愈，得符者终身不病，人皆以为神。"三洞群仙录[M]//道藏：第32册，295.

时号为赤精子，帝喾时号为录图子，帝尧时再出号务成子，帝舜时号尹寿子，夏禹时号为真行子，殷汤时号锡则子。[1]

此处有关君王的编排继承了汉代所通认的"三皇五帝"[2]，并增加了夏禹与商汤；而与圣王相配的"老君十世"（参见彩页图14）则很明显绍续了《尚书·君奭》中周公所开举的伊尹、保衡、伊陟、臣扈、巫咸、巫贤、甘盘等历代商王贤辅的意象。[3] 我们在此前已经援引夏含夷教授之研究表明，周公认为：圣明的商王也需要贤辅来治民，天命为君臣所共享。而在《大道家令戒》与《三天内解经》中，其明确地言明：即便是三皇五帝，亦需要贤辅来完成天命，而这些贤辅往往乃是由大道所降化（或者说是上承天命而下教，详见下文"下教"）的帝王之师。事实上，根据曹峰教授的研究，先秦、秦汉时期出现了大量明君向贤臣问道的"帝师"类文献，这些问题往往关乎重大的问题，如：如何获取天下，如何长治久安，如何获得军事胜利，如何养生长生，且往往与"天道"相关联。根据他的推测，"这类文献有可能产生于春秋战国社会大变动之际，是地理大开发、经济大开发、文化大交流、军事大提高的产物。一方面各国君主地位上升，开始考虑全局的、重大的问题，同时

[1] 三天内解经 [M] // 道藏: 第 28 册, 413.

[2] 王利器. 风俗通义校注 [M]. 北京: 中华书局, 2010: 2-3.

[3] 孔颖达, 孔安国. 尚书正义 [M]. 上海: 上海古籍出版社, 2007: 647.

开始礼贤下士，寻求上能把握天道、下能治国理政，掌握极为
丰富知识的特殊人才。另一方面，社会上特殊人才，如精通军
事、天文、医疗、养生的方术之士，也利用'帝师'类文献来
抬高自己的身份，兜售自己的技能"。[1] 同时，曹教授也认为，
汉代以降的"谶纬和道教可能对'帝师'类文献的内容和形式
作出了继承和转化"[2]，而这正体现在早期盟威道的文献之中，
我们将看到，"帝师"原本的政治属性被转化为了宗教属性。

在《大道家令戒》的叙述中，其以历史中的列位帝师作为
铺垫，进而引出了极为重要的角色：张良。其曰："五霸世衰，
赤汉承天，道佐代乱，出黄石之书以授张良。"对此，《内解
经》亦有其发衍，其曰："自光武之后，汉世渐衰，太上愍之，
故取张良玄孙道陵显明道气，以助汉世。"非常明确，这里乃
是以天师张道陵作为张良后嗣，以绍续其佐汉之天命（亦参见
第四节"天命与治民"）。事实上，作为军师的张良正是汉朝的
第一位"国师""帝师"。按《史记·留侯世家》，张良自言：

> 今以三寸舌为帝者师，封万户，位列侯，此布衣之
> 极，于良足矣。愿弃人间事，欲从赤松子游耳。[3]

---

[1] 曹峰．道家"帝师"类文献初探 [J]．哲学论集，2018（49）：57．亦参
    见：吕思静，熊铁基．汉代的道教组织——以张姓高道为线索 [J]．宗教
    学研究，2022（01）：14-22．
[2] 曹峰．道家"帝师"类文献初探 [J]．哲学论集，2018（49）：58．
[3] 司马迁．史记 [M]．北京：中华书局，1982：2049．

"帝者师"这一角色具有至少两重意味，其一为类似"素王"的圣贤特质，这上承了东周时期诸多思想家积极协助诸侯治国的传统；其二为类似"方士"的神秘主义特质。在汉代历史中，实现这两种身份和谐统一的，正是有"相国神仙"之称的留侯张良。由于留侯在两汉之际声誉极隆，"帝师"一词在后世逐渐具有了几分神秘的神仙家色彩，并成为一个固定的角色，出现在每一代开国君主的身旁[1]。故此，以留侯张良作为接驳点，政治意义上辅佐君王的治民，转化为在哲学、数术乃至宗教层面上辅佐君王的治民，这为后世盟威道的天命观念提供了接驳点。

如上所见，在盟威道经典中，追述留侯成为汉末天师立教的重要合法性依据，《大道家令戒》与《三天内解经》的叙述尤其值得同时互参：[2]

● 《大道家令戒》：五霸世衰，赤汉承天，道佐代乱[3]，出黄

---

[1] 在后世传说与文学中，帝王之军师往往都是亦官亦道式的身份设定。如梁武帝之陶隐居，唐太宗之徐茂公、袁天罡、李淳风，宋太祖之苗训，元世祖之刘秉忠，明太祖之刘伯温，乃至成祖之姚广孝（道衍禅师），莫不是开一代社稷之帝师，且都具有深厚的道教背景。《三国演义》第三十七回："司马徽再荐名士 刘玄德三顾草庐"中，作者借司马徽之口，将诸葛武侯比作"兴周八百年之姜子牙、旺汉四百年之张良"。罗贯中. 三国演义（注评本）[M]. 上海：上海古籍出版社，2015: 356.

[2] 正一法文天师教戒科经：大道家令戒 [M] // 道藏：第18册，236. 三天内解经 [M] // 道藏：第28册，415.

[3] 关于"道佐代乱"的理解参见柏夷（Stephen R. Bokenkamp）教授之翻译："The Dao aided them in restoring order from chaos." Bokenkamp and Nickerson, *Early Daoist Scriptures*, 1997, 170.

　　　　石之书以授张良。

- 《三天内解经》：至光武时与王莽争治，有黄河之难，命
  危丝发。太上立化以助光武。六月盛暑，使河水生冰，
  得度军马，以济其难。汉祚天授应图，甘露降庭，真人
  驾御，神凤来仪，日回影再，中三足乌、九尾狐，灵瑞
  萬焕，众圣辅翼，正道助之。自光武之后，汉世渐衰，
  太上愍之，故取张良玄孙道陵显明道气，以助汉世。

以上这两段内容都强调了汉家气运的问题。《大道家令戒》所谓 "赤汉" 乃是汉家应火德的五德终始学说，其后言明大道辅佐汉家，结束了自战国以来的混乱局面，而其具体方式乃是通过张良，其曾被大道授予 "黄石之书"（黄石公也被认为是老君的一次下教化身）。汉成帝时，甘忠可献上《天官历》《包元太平经》，并言："汉家逢天地之大终，当更受命于天，天帝使真人赤精子，下教我此道。" [1] 结合我们上面的讨论，则赤精子下教《太平经》为汉家 "再受命" 的叙述，实际是黄石公为张良授书平治天下这一逻辑的延续性发展，甘忠可明确地将天帝之 "下教" 与汉家的 "天命" "气运" 紧密地关联了起来。

　　我们再来看《内解经》的叙述，其主要聚焦在东汉时期，首先言明 "太上" 曾屡次协助光武帝重拾汉家山河，甚至包括

---

[1] 班固. 汉书 [M]. 北京：中华书局，1962：192.

"六月盛暑，使河水生冰，得度军马"[1]。此外，大道还为东汉皇室降下了众多的符瑞，这都是在政治神学中表明君主上承天命的象征。但是，光武帝之后，汉家的气运又再度逐渐衰弱。大道为此选取了张良之玄孙，即天师张道陵来协助汉家。在《内解经》中，其使用了"拜"字作为委任张道陵为"太玄都正一平气三天之师"的动词，而这一词汇实际在汉代即等同于"册命""任命"，其同样具有了传递、分享天命的内涵[2]。但与先前所有天命都不同的是，张道陵匡扶汉家气运的方式不是通过兵书，也不是通过"再受命"，而是通过"授气""显明上三天之气"，或言"分布玄元始气"。

如上所见，与"治民"的含义被一步步转化一样，我们可以看到天命的内涵被渐次转化，逐渐从政治语境被引向宗教之中。由"天"所委派的"使命"已经不仅仅力图在天下大乱的三国时期辅佐汉家延续国祚，将纷乱的社会带回秩序之中，以期构建人世层面的和谐统一（也即是所谓的"助国扶命"），更着重对于个体生命的救度，此即《阳平治》所云"欲令可仙之士皆得升度"。

---

[1] 这与《希伯来圣经》中耶和华为梅瑟与以色列人分开红海的叙述可谓如出一辙："梅瑟向海伸手，上主就用极强的东风，一夜之间把海水刮退，使海底成为干地。水分开以后，以色列子民便在海中干地上走过，水在他们左右好像墙壁。"（《出谷纪》14：15-31）香港思高圣经学会. 圣经 [M]. 北京：中国天主教教务委员会，1992：99.

[2] 如《汉书·高帝纪上》云："于是汉王齐戒设坛场，拜信为大将军，问以计策。"

4. 由帝制转入宗教

通过以上三点的讨论，我们认识到盟威道教法以三天取代六天，有如下几方面的意义：

第一，以三天取代六天，意味着切断了由五德终始学说所带来的恶性循环，并期望通过一种不同于儒家政治的宗教方式来达到治民的目的，以此延续汉家的气运。事实上，不论是吕不韦编撰《吕氏春秋》，还是淮南王刘安编撰《淮南鸿烈》，他们都试图以"道"为宗主，构建起一套不同于儒家的政治哲学叙事体系。我们稍后会看到，盟威道更将这一道统做了进一步的发展，"民"发展成为"道民"或"天民"，并拥有了人人平等、人人皆圣的内涵。以此为基础，盟威道教团构建起了毛泽东所言中国历史上第一个"原始社会主义"的理想国[1]。

第二，以三天取代六天，也即是与旧有祭祀宗教的决裂，而在当时的语境中，祭祀宗教与皇权政治紧密绑定。与需要动物祭祀的"六天"不同，"三天之气"是清正的万化之源，因此并不需要血食的祭祀（盖因万物皆由其所化生）。我们稍后会看到，这一仪式实践层面的转化，实际也意味着宗教伦理层面上的转化（详见第九节"神不饮食"）。动物的献祭被代之以仁、善、义的道德考量，并最终指向个体的生命超越／救度。

总而言之，盟威道"三天"的提出，实现了中国宗教史上

---

[1] 毛泽东. 毛泽东读文史古籍批语集 [M]. 北京：中央文献出版社，1993：142-147.

的一次重大转折，其宗教理想以平治汉末乱世作为主要目的，继承并发展了当时广泛流行的经学、谶纬思想，脱胎于传统政治神学的语境之中。而其中最为核心者，便是对于传统天命观念的继承与改造。盟威道经典追述历代帝师的目的，在于将天师自身纳入这一宏大的叙事之中。大道永恒流动，天师亦"其命维新"；由此，以三天取代六天不仅可以被视作一次宗教革命，也许更可以被视作中国文化语境中政治、宗教分离之发轫。盟威道由此建立了具有平等主义精神的理想国，并赋予广大基层民众以平等的生命意义与救度机会。

在道教义理的发展中，三天一直作为大道的另一种表达方式而被作为至高信仰，并逐渐形成了一些其他的不同称谓。如在《洞玄灵宝自然九天生神章》中，玄元始三气化生为人格化的"天宝君""灵宝君"与"神宝君"，进而又与道、经、师三宝、三清三境天尊等概念贯通。但不论以何名号来称谓，祂们都具有一而三、三而一的特质。三天之气层层流衍，化生出上圣高真、无鞅圣众，但祂们在本质上均是三天大道的"百千万重道气"所化（详见第十二节"大道衔"）。

如果大道以"三天"这一抽象的形名鼎革气数与天命；那么大道还在具象的人格化层面兼具了"慈母"、"良师"与"虚皇"这三重形名，用以分别对应大道下教、救度的不同侧面。最终，形、名兼具的大道得以落脚于人间，成为宗教中的至高信仰。大道不再无形无名，人类得以通过意念中的"形名"来理解并追寻大道。

（三）慈母

《道德经》中已经言明，大道的真理不可能以人类的智识来理解，但老子仍强而为之，以拟人的"名"来帮助我们来理解道之形、质（道体）。其中，最为显著的比喻当为"万物之母"。太上曰：

> 名，可名，非常名。无名，天地之始，有名，万物之母。（《道德经·第一章》）
>
> 谷神不死，是谓玄牝。玄牝之门，是谓天地根。（《道德经·第六章》）
>
> 有物混成，先天地生。寂兮寥兮，独立不改，周行而不殆，可以为天地母。（《道德经·第二十五章》）

在《道德经》中，大道具有性别，其不仅是人类的母亲，还是宇宙、天地、万物所共同的母亲，"万物之母"便是其首要之名。事实上，将至上真理、终极造物者视作女性并非道家所特有，心理学家埃里希·诺依曼（Erich Neumann）将"大母神"（the Great Mother）这一普遍存在于人类文明中的宗教现象视作一种心理学意义上的"原型"（archetype），"这一原型的动力和作用表现于心理内部的生动进程，这些进程既发生于无意识之中，也发生于无意识和意识之间"[1]。在他来看，以女性的形象

----

[1] 埃里希·诺依曼（Erich Neumann）. 大母神：原型分析 [M]. 北京：东方出版社，1998：3.

来认知神明，表达了对于生命的创造、滋养、保护乃至重生的人类普遍诉求。施舟人先生已在《道体论》中对于道体的母性的问题进行了详尽的讨论，他总结说："我们现在可以确信在这个世界上，大道之体即是一个女性之体、雌性之体、妊娠母亲之体，是唯一的真正的完整的身体，是唯一一具能够完成大道'变化'之工的身体。"[1]

此外《道德经》中还包含了对于女性特征的崇尚与效仿，如："知其雄，守其雌，为天下溪。常德不离，复归于婴儿。"[2]类似的效仿一直存在于后世道教的内观修行之中。值得注意的是，大道这一尚柔、守雌的特性，使得道教极具包容的宗教气质，由此与一些至上神为父性的宗教迥然不同。人类以及动物行为学研究已经向我们展示了父系社会中紧张的对立、竞争关系以及母系社会中舒缓的偕同、合作关系[3]，因此我们也不难设想，大道处柔、守雌的精神可能为文明日益对立的当下人类社会[4]带来的积极意义。

大道与人类的关系，一如所有母亲与其子女的关系。所有

[1] 笔者译自施舟人（Kristofer Marinus Schipper），*The Taoist Body* (Berkeley, CA.: University of California Press, 1993), 127–129.

[2] 王卡. 老子道德经河上公章句 [M]. 北京：中华书局，1993：113.

[3] 弗朗斯·德瓦尔（Frans de Waal）. 猿形毕露：从猩猩看人类的权力暴力爱与性 *Chimpanzee Politics: Power and Sex Among Apes* [M]. 陈信宏，译. 北京：三联书店，2015.

[4] 参见塞缪尔·亨廷顿（Samuel P. Huntington）. 文明的冲突 [M]. 北京：新华出版社，2013.

的子女，自从其降生伊始，便处于一种日渐远离母亲的过程，这也正如同由大道所化生的万物。但作为母亲，则当然会惦念远离自己的子女，并期盼着他们的回归。"回家"一词对于人类而言，具有多重的意义与感情色彩，但无一不是积极且正面的。作为慈母的大道也期盼着万化的回归，这同时也意味着对于宇宙初始秩序的返归，也即是所谓"归根复命"。发于树梢的果实在成熟之后坠入母性的大地土壤之中，重新生根发芽，绽放出新的生命（详见第八节"事道"）。

"慈母"作为大道的一重形名，其意义在于使我们能够确切地认识并感知自己的来处与归处，并进而确立大道与人类之间的"母子关系"，进而踏上回家之路，正所谓"种民在天见母亲"[1]。

（四）良师

复归大道并非是大道的一厢情愿所能促成，这需要人类自身的主观意愿与决心。由此，为了使人类能够"浪子回头"，大道必须巧借"良师"之形名来下教人间。按《三天内解经》所云：

> 老子帝帝出为国师：伏羲时号为郁华子，祝融时号为广寿子，神农时号为大成子，黄帝时号为广成子，颛顼时号为赤精子，帝喾时号为录图子，帝尧时再出，号务成

---

[1] 女青鬼律[M]//道藏：第18册，248.

子，帝舜时号尹寿子，夏禹时号为真行子，殷汤时号锡则子。[1]

《大道家令戒》亦云：

> 道乃世世为帝王师。[2]

此两处所言之师，即我们上文所提及的帝师。盟威道将中华文明的真正开端归于大道；此时的大道是三皇五帝之师，其思路在于度一人而度众生。其后，大道又分别在周末与汉末这两次乱世分别下教，前一次化为老子流传《五千言》，谓之"无为大道"；后一次即为干吉传授《太平经》，谓之"清约大道"。汉安元年五月又降于鹤鸣山，号"新出老君"，授汉天师"正一盟威之道"。此时的大道，是万民百姓之师，而不仅仅是帝王之师，其意在"欲令可仙之士皆得升度"。盟威道不再关心对于帝王一人的教化，而更关注集体性的救度。

从文化的角度而言，大道作为良师而下教，与战国以来诸子学派的兴起以及方士秘授传统有着直接的关联；但从哲学的层面而言，其更突出了大道的一种主动、积极接近人类的态度。无论是《想尔注》中的"道戒"还是《度人经》首的"道

---

[1] 三天内解经 [M] // 道藏：第 28 册，413.
[2] 正一法文天师教戒科经：大道家令戒 [M] // 道藏：第 18 册，236.

言"都表明了大道的这种自我矛的属性：道常无名，何以名之？大道不言，何以言之？天道无亲，何故亲之？大道不是自然神论（deism）中完成创世之后便撒手不管的至上神。相反，她作为慈母，时时牵挂着形而下的世界，并随气数、时运而屡屡下教，以良师之形名接近并教化群生，救护众生。其正如《长生益算妙经》所云：

道能覆爱，道能救护，道能生成，道能育养。[1]

值得玩味的是，"帝帝之师"与"新出老君"这两种修辞都表明作为良师的大道在时间维度中的永恒存在及持续变易，尤其是后者：大道既然永恒，何言"新出"？老君既"老"，又何以言"新"？这些看似自我矛盾的表述实际正反映出了大道的本质：太易。按《易纬·乾凿度》云，易者，"虚无感动，清净炤哲"，郑玄云："夫惟虚无也，故能感天下之动。惟清净也，故能炤天下之明。"[2] 这也就是说，汉儒认为，万化之源之所以能够与万化随时保持明确、动态的感应与互动，是因为祂虚无的本体。太易在太初阴阳分判之先，但却又是永恒流动的。这便是大道虽"老"，却又屡屡"新出"之理。

"良师"之形名，一方面在于其孜孜不倦地对于人类的下

---

[1] 太上老君说长生益算妙经 [M] // 道藏：第 11 册，411.

[2] 赵在翰，钟肇鹏，萧文郁 . 七纬 [M]. 北京：中华书局，2018：30.

教、劝诫，另一方面在于使我们能够通过语言、文字等媒介，以理性来理解并掌握由大道所散发的玄义妙理。这些玄义妙理的本质是不可言说的，但经由良师的转译与授受，使其不仅能够形成人类群体能够共同享有的知识、理念与信仰，更能使其得以践行（详见下文"盟约"）。故此，良师这一形名不仅仅指那些由大道所化的神师，更包括了诸如天师张道陵这样能够敷演大道妙理的人师。我们所须做的，便是将自满的内心清空，静下心来倾听良师们的教旨，并通过度师进一步确立与大道之间的"师徒关系"。

（五）虚皇

慈母的形名确立了大道救度的原点，良师的形名使得大道的教化得以下教于人间。但是，反过来说，站在人类的角度，大道也并不是一蹴而就便可寻得的，需要人类主观地与大道之间建立极为深切且持久的符契关系，如此便需要将大道视作"虚皇"，以此作为求道之对象。按《三天内解经》云：

> 道源本起，出于无先，淇津鸿蒙，无有所因，虚生自然，变化生成……因此而有太清玄元无上三天无极大道、太上老君、太上丈人、天帝君、九老仙都君、九气丈人等，百千万重道气，千二百官君，太清玉陛下。[1]

---

[1] 三天内解经[M]//道藏：第28册，413.

这一长串圣号又被称作"太清衔"[1]、"太清衔位"[2]、"太清阶"[3]或"太清号"[4]。所谓"衔"、"阶"、"位"均指职官制度中某一职位级别之称谓，类似"头衔"、"官阶"、"品位"，而并非是本人的"名"或"字"。

如此，太清衔首先具有了一层职官的色彩，并也预示着其与由大道所衍生的庞大的职官体系之间不可分割的关系。其次，太清衔也是一个综合的名号，包括太上老君与千二百官君等盟威道重要神明。但是，太清衔的最后以"太清玉陛下"收尾，这是以帝王化的尊称将此前所列的万万千千由道所生的神明总而括之。以此观之，太清衔是一个一而万、万而一的圣号。我们在第二节中已经看到，中国古代的职官体系是一个包含帝王以及官吏的有机整体，其理想的运行机制则近乎无为之大道，"帝王始终是无形且无为的，隐藏在可见的、有形且有为的官员形象的背后，虽然他并不呈现为一位官员，但他却弥散于全书各处，站在每个特定官员的背后"[5]。由此，太清衔所表达的似乎正是这样一种弥散性的存在（参见第二节"整体性"），祂既超越又普遍；祂既是独一的帝王，又是无处不在的大道职官（详见第十二节"太清衔"）。事实上，自商代以来，

---

[1] 道门定制 [M] // 道藏: 第 31 册, 659.

[2] 太上洞玄灵宝授度仪 [M] // 道藏: 第 9 册, 856.

[3] 灵宝无量度人上经大法 [M] // 道藏: 第 3 册, 844.

[4] 灵宝玉鉴 [M] // 道藏: 第 10 册, 281.

[5] Lewis, *Writing and Authority in Early China*, 48.

中国宗教中的至上神便拥有这样一重帝王般的形象，其中抽象的天祭于坛上，而人格化的帝则祭于屋下[1]。道经之中，又将大道尊为"虚皇"[2]，亦是秉承了这一思想[3]。虚皇是"一"，也是"万"，而这万万千千之中又包含着无数的"一"，这与法王路易十四（Louis XIV）的独裁名言"朕即国家"（L'État, c'est moi.）绝非同一概念。

我们在上文中已经言明，中国古代的政治与宗教一直保持着独特的紧密关系，政治兼具神圣性，而宗教却又兼具世俗性，此二者之间在最初并无绝对的界限。职官制度的背后，是法家在道家的启发下，由总结自然规律而来的一套自然法机制，其神圣性与合法性均来自对于具有普世性的天道的观察，并因此迥异于商周时期对于家族性天命的承奉，"道生法"[4]是其最为响彻的口号。当具有神圣性的职官制度被援引入盟威道教法后，盟威道也因此具有了一层世俗性（这一

---

[1] 朱子谓："祭之于坛谓之天，祭之屋下谓之帝"。张廷玉．明史[M]．北京：中华书局，1974：1247.

[2] 虽然盟威道经典中并未出现"虚皇"一词，但其至迟在六朝时期已经出现，并作为至上存在的称号。如《真灵位业图》所载："玉清三元宫，上第一中位：上合虚皇道君应号元始天尊。"参见陶弘景，闾丘方远，王家葵．真灵位业图校理[M]．北京：中华书局，2013：7. 虽然不同经派的道经之中，有关至上神号的表达有不同的形式，且往往将不同道派的圣号更加以横向的比较。但是我们此处使用"虚皇"更倾向于表达一种宽泛的概念，而非某一经派的确切称谓。

[3] 儒门至圣谓之素王，释门大雄则谓之空王，此皆是以王者之位而喻其尊，但不若太清衔更具有制度性。

[4] 马王堆汉墓帛书整理小组．经法[M]．北京：文物出版社，1976：1.

重世俗性具有神圣性的内核）。具体而言，盟威道最具特色的两种仪式均取法于朝廷仪典（朝真仪）与行政制度（上章仪）。在朝真仪中，太清衔被作为最为尊贵的主神名号而被称念、朝礼 [1]；在上章仪中，则被作为章文的接收者而书于章文的结尾 [2]。也就是说，在道教的仪式中，大道被视作一位至高至上的帝王而被奉事。事君者必须先委质为臣，立盟剖符，授度法箓，进而被赋予朝觐、上奏的权限（详见下文"事道"）。如此，大道与人类之间得以确立平行于"母子""师徒"的"君臣关系"。

职官化、帝王化的大道形名有两点深意：

第一，在秦汉祭祀宗教中，上帝是君王的远祖，对上帝的祭祀也被垄断在君王手中。君王受五方五帝之感而受生，因此六天是君王的家族神，并非全人类所共有的神。以三天取代六天也不仅仅是气数、天命的鼎革，更是至上神信仰的鼎革。大道虚皇之形名并不对应宗族化的，独裁专断、任人唯亲的商周君王（私），而是对应职官化的，遵依律法、秉公行事的秦汉皇帝（公），一如《封建论》所言："秦之所以革之者，其为制，公之大者也。"[3] 这个帝王与他所统御的庞大职官体系是一个有机的整体，依照神圣的律法理性地、和谐地运转。正是因为至上神从家族神转变为了天下的公神，盟威道才得以通过宗

---

[1] 登真隐诀 [M] // 道藏：第 6 册，620.

[2] 赤松子章历 [M] // 道藏：第 11 册，212.

[3] 柳宗元 . 柳宗元集 [M] . 北京：中华书局，1979：74.

教化的职官制度来将神权平均地分享给每一位箓生（详见第十三节）。换言之，盟威道宗教化的职官制度背后，是其所处的崇尚律法的秦汉帝国。

第二，帝王化的大道所衬托的是人类的渺小与卑微，这所表现的恰恰是从人出发寻求大道过程的一种映射。人类寻求大道，就如同臣仆事奉帝王，不仅需要严格遵行由大道所发的律科、禁戒，更需要委质于道，无有二心，进而秉持极大的谦卑与敬畏之心。我们此前已经提及了顾立雅教授所总结的秦汉专家政治制度，其具有一种"强调公正、无私的管理哲学基础。对于其中大多数的职员而言，他们在人际关系方面的修养完全近乎于一种宗教"[1]。事实上，盟威道的祭酒也是如此，他们需要去除私心地事奉大道虚皇，在日复一日的仪式实践中摒除自我，如此日久积功，方能举职迁转，日进于道。

虚皇所处的都邑宫阙，谓之"玄都"。在盟威道教法中，由大道／老君所颁布的律法谓之《玄都律》[2]《玄都鬼律》[3]。盟威祭酒，皆受职于玄都，是为大道的臣仆，在上章的仪式中，祭酒法位写作"太清玄都正一平炁係天師某治炁祭酒臣某"[4]，这

---

[1] 顾立雅（H.G.Creel），"The Beginnings of Bureaucracy in China: The Origin of the Hsien," *The Journal of Asian Studies* 23, no.2 (1964): 183.

[2] 玄都律文 [M] // 道藏：第 3 册，456.

[3] 按《女青鬼律》云："吾（天师）受太上教敕严切，令以示天民，令知禁忌，不犯鬼神灵书《女青玄都鬼律》。"女青鬼律 [M] // 道藏：第 18 册，244.

[4] 登真隐诀 [M] // 道藏：第 6 册，620.

与太清衔的"太清玄元无上三天无极大道"遥相对应[1]。玄都的概念在道经中一直延续，并被理解为近似"天堂"的概念，《三启颂》赞曰"巍峨玄都室，但见仙人房"[2]。在稍早的文本中，玄都往往与昆仑山指代同一地点，如《汉武帝内传》云："阿母必能致女于玄都之墟，迎女于崑阙之中。"[3] 以此为发展，昆仑又被目之为盟威道二十四（八）治位于天上的"首治"，若《升玄内教经》云："太上于昆仑治中，进登天首大治七宝道德观中。"[4] 此处所言"昆仑治"与"天首大治"为同山之异名（亦名玉京山）[5]，也即是《三天内解经》所言"昆仑大治"[6]。

---

[1] 换言之，法位代表了祭酒本人在寻道过程中的"名"（详见第10、14节）。

[2] 三洞赞颂灵章 [M] // 道藏：第 5 册，791.

[3] 《汉武帝内传》沿袭汉代主流传统，将昆仑山看作西王母的居所，但这一文化传统可能被盟威道整合了，如果我们进一步考虑老君所具有的"母"、"师"的双重特质，我们也许可以揣测盟威道道民心中的大道人格化形象应十分接近于西王母。汉武帝内传 [M] // 道藏：第 5 册，51.

[4] 无上秘要 [M] // 道藏：第 25 册，295.

[5] "天首山"即"太玄都玉京太上山"，见《洞玄灵宝升玄步虚章序疏》："（玄都玉京山）山有十号，号法体。既有十名，一义耳。一名盖天首山。其山法性真空，罗于今古，为万物之元首也，故曰天首。二名弥玄上山。其山无边可寻，无上无下可至，故曰弥玄。三名罗玄洞虚山。其山无所不在，所在皆无，故曰罗玄。四名高上真元山。其山为万圣宗，故曰高上。五名众宝幽劫刃山。其山法法是宝，探浅并见，故曰众宝。六名无色大觉山。其山妙觉无相，故曰无色。七名周观洞玄山。其山大明无际，故曰周观。八名景华太真山。其山一体，华光液液，故曰景华。九名不思议山。其山真空，非思虑所到，故曰不思议。十名太玄都玉京太上山。其山人法不二，以净为体，故曰太玄。山者，身也，亦太上身也。然知此名下旨，自与法同，名体俱合，故入仙录也。"洞玄灵宝升玄步虚章序疏 [M] // 道藏：第 11 册，169.

[6] 三天内解经 [M] // 道藏：第 28 册，414.

由此，玄都不仅是一处具有政治统治色彩的帝乡，更是一处具有宗教化意味的"道治"，是全体道民的"天空之城"（参见第十三节）。故《三启颂》赞曰："吾师天中尊，超超无上皇"[1]，大道一方面是个体层面的"吾师"，另一方面也是集体层面的"无上皇"。

（六）天地君亲师

"天地君亲师"是明清以来中国汉族及部分少数民族传统民居中堂所供奉的祭拜对象（图07-01）。此五字高度概括了中国传统社会中至尊至重的五个神圣对象，是敬天法祖、孝亲顺长、忠君爱国、尊师重教等价值观的集中体现。"天地君亲师"之雏形最早见于《国语·晋语》中之父、师、君，其曰：

图 07-01　西安交通大学博物馆藏秦绣"天地君亲师"绣片

> 民生于三，事之如一。父生之，师教之，君食之。非父不生，非食不长，非教不知。生之族也，故一事之。[2]

[1] 三洞赞颂灵章［M］// 道藏：第 5 册，791.

[2] 左丘明撰，徐元诰集解 . 国语集解［M］. 北京：中华书局，2002：248.

更为完整且系统的论述见于《荀子·礼论》，其曰：

> 天地者，生之本也；先祖者，类之本也；君师者，治
> 之本也。无天地恶生？无先祖恶出？无君师恶治？三者偏
> 亡，则无安人。故礼，上事天，下事地，尊先祖而隆君
> 师，是礼之三本也。[1]

如此的思想也出现在《太平经》中，其曰：

> 太上中古以来，人益愚，日多财，为其邪行，反自言
> 有功于天、地、君、父、师，此即大逆不达理之人也。[2]

由此可见，在先秦思想中，类似"天地君亲师"的概念基本已
经形成，且被认为是所有人类生存所依赖之根本。至迟在东
汉，"天地君亲师"的文字表达已经基本定型，且成为可以为
其"建功"的对象；换言之，"天地君亲师"已经成为某种宗
教化的超越性存在。

　　反观我们上述的大道的四重形名中，"三天"乃是万化之
源，对应了"天地"（且超越于天地）；"慈母"虽然非父，但
也对应了"亲"；"良师"与"虚皇"分别对应了"师"与
"君"。也就是说，在盟威道教法的表述中，大道在不同层面兼

---

[1] 王先谦. 荀子集解 [M]. 北京：中华书局，1988：349.

[2] 王明. 太平经合校 [M]. 北京：中华书局，1960：135.

具了"天地君亲师"的所有属性；通过这些属性（及其形名），
杳冥的大道得以被认识、了解、掌握并沟通，进而成为宗教奉
事的对象。以此为起点，一整套具象的宗教义理得以展开，并
最终体现在道教的哲学、义理、仪式与物质文化中。

二、下教

（一）下教是文化权威的转变

大道不忍见人类在下古之世转见世利，日益僭薄，遂以良
师之形名屡屡"下教"于人间，这一重大道与人的"师徒"关
系是我们理解道教一切教法来源的基础。"下教"一词的最初
语境含义可以通过两则史书记载来稍作了解。

最早一则见于《史记·田单列传》，记载了齐襄王五年
（公元前 279 年）战国末期燕人围攻齐之即墨，守城的田单通
过构建飞鸟盘旋的"祥瑞"佯称有神人"下教"于他，田单进
而以兵士假扮神师，编造了一系列神人口谕，通过扰乱燕人的
方式增强了守城军民的决心，最终解围。其文曰：

> 田单乃令城中人食必祭其先祖于庭，飞鸟悉翔舞城中
> 下食。燕人怪之。田单因宣言曰："神来下教我。"乃令城
> 中人曰："当有神人为我师。"……因师之。每出约束，必
> 称神师。[1]

---

[1] 司马迁.史记[M].北京：中华书局，1982：2454.

太史公的叙述有三点值得玩味：其一，神人的出现必须通过"祥瑞"来证实，而几乎与此同时，孔子的生命便已与祥瑞"获麟"发生了一定关联。可见，战国末期，至少在东方的齐鲁地区，祥瑞已非帝王所特有，其已经与贤者（神师）发生了关联。其二，神师的出现，是为了达成"下教"的目的。在此之前，祥瑞同时也是天下得治的象征，而此时则成为某一宗教教法传播的象征。由此，贤者自身便拥有了一定的文化"权威"而与君王比肩；这一现象与将孔子称为"素王"应是一理。虽然田单所谓的神师只是佯称，但这恰恰说明了在公元前3世纪晚期，"神师下教"这一观念至少已在东方的齐国深入人心，且北方的燕人对此也有一定的了解。[1] 其三，我们应注意，以"下教"为前提，神师颁布了若干"约束"，这也正是我们此前所一直谈论的"约"。

　　第二则关于"下教"的叙述来自《汉书》，记载了齐人甘忠可为汉元帝（前48—前33年在位）进献《天官历》《包元太平经》的事件。其曰：

> 汉家逢天地之大终，当更受命于天，天帝使真人赤精子下教我此道。[2]

---

[1] 参见：陈寅恪. 天师道与滨海地域之关系 [M] // 金明馆丛稿初编. 北京：三联书店，2001：1-46

[2] 班固. 汉书 [M]. 北京：中华书局，1962：192.

我们在上文已经讨论，甘忠可这句话中，包含了几层丰富的政治信息，然而从文化的角度而言，李丰楙教授认为："这部号称由神人传授的神书……有意采用'降诰'的宗教形式强调神的诰语所具有的权威性、预示性，……相当程度地反映乱世中广土众民的集体意识。"[1] 此外，笔者希望能够重申其中的逻辑，即：因为汉室失去了天命，故而灾异频发（所谓"天地之大终"），为了弭灾，汉室需要更新天命。更新天命的方法（道），已经由天帝的使者赤精子"下教"于甘忠可。由此，甘忠可亦为"神师"。

综合上面的两则记载，我们可以看到，这种由上天派遣神仙下降人间，广行教化的概念，迥异于先秦时期的君王与诸子学派。其巧妙地绕过了此前传统的文化权威：既非君王也非圣贤，而是来自神人的降授[2]。这种权威的变易从客观上使得来自民间基层神师的主张、智慧拥有了话语权，并因此具有了更为超越的权威来源：天帝 / 大道。由此中国宗教中"下教"的概念十分接近亚伯拉罕宗教中的"天启"（revelation）。

（二）下教是持续的天人互动

如我们上文所讨论的，大道因为下方世界的天数、气运的更替而下教，故有"老子帝帝出为国师"之说。上言的赤精子

---

[1] 李丰楙 . 六朝道教的终末论——末世、阳九百六与劫运说 [G] // 道家文化研究（第九辑）. 上海：上海古籍出版社，1996：84-85.

[2] 虽然先秦诸子在后世也被进一步神化，但至少在当时人们仍将其视作人，而非神。诸子开学授业，也仅仅是人间层面的行教，而非下教。

便被认为是大道屡次下降并教化人间之化身的仙真之一[1]，上清家更在六朝时期发展出"太平下教二十四真人"的义理概念。《上清后圣道君列纪》云：

> （后圣金阙圣君）令遣下教于骨命，及精心学仙守诚者，遣马明、张陵、阴生、王褒、墨翟、司马季主，及洞台清虚天七真人、八老先生，凡二十四人，或名隐名见，改易姓字，实难分别也。……后圣君命王君总司二十四真人，决下教之功。二十四真人皆受事于方诸青童，受所教之徒于王君，王君亦先告可成者于二十四真人，真人然后受事，乃教之也。[2]

按上清家之义理，后圣金阙圣君即是壬辰太平世降于人间的老君，是未来的老君。圣君之所以假名易号，隐圣显凡，屡屡下降人间，乃是为未来的太平之世拣选善种，开大有之民。如此来说，下教便同时拥有了化解当下世界混乱与引度未来世界善种的双重功能（此世与彼世实为一体）。这里所谓"八老先生"即"淮南八公"[3]，其同为淮南王幕宾，但在不同的地方分别降生。也就是说，"太平下教二十四真人"之说一方面继承了

---

[1] 三天内解经 [M] // 道藏：第 28 册，413. 太上老君开天经 [M] // 道藏：第 34 册，618-620.

[2] 上清后圣道君列纪 [M] // 道藏：第 6 册，746.

[3] 无上秘要 [M] // 道藏：第 25 册，242.

"帝帝出为国师"在时间层面重复的观念，更将下教的地理空间打开了。大道的下教不仅超越时间，亦超越了空间的限定。

又如在《三天内解经》中，佛道也被视作大道的教法之一，其云：

> 盖三道同根而异支者，无为大道、清约大道、佛道，此三道同是太上老君之法，而教化不同，大归于真道。[1]

在这里，作者从自身的义理逻辑出发，将佛教视为与自己平行的大道"下教"之一。则"道教"便存在了广义与狭义之两种定义，其广义之道教乃是人间所有的圣贤教法，盖因大道乃是普及一切的准则，无处不在，无处不显；狭义的道教则是天师于鹤鸣山中所受的"正一盟威之道"，以及以此为基础的其他后续下教、盟约（如上清、灵宝等经教）。换言之，如若天师的后继者再次辜负大道之天命，违背与大道之盟约，则狭义的道教也终将如太平道一样被废弃，新的下教将再次出现，将其鼎革。

（三）下教是大道的老婆心切

按《大道家令戒》云：

> 下古世薄，多愚浅，但爱色之乐，淫于邪伪，以成耳目，淫溢女色，精神勃乱，贪惜货赂，沴气发上，自生百病。[2]

---

[1] 三天内解经 [M] // 道藏：第 28 册，415.
[2] 正一法文天师教戒科经 [M] // 道藏：第 18 册，235-236.

以此人类的逐渐堕落为前提，他又进一步追述"道"的屡屡下教人间，以及鹤鸣山的盟约，接着稍作总结道：

> 新故民户，见世知变，便能改心为善，行仁义，则善矣。可见太平，度脱厄难之中，为后世种民，虽有兵病水害之灾，临危无咎，故曰道也。[1]

这是一位苦口婆心劝诫子女的母亲的形象：她生育了众多的子女，但随着子女的长大成人，他们的自我意识也越来越强，越来越希望独立自主。子女们的疏远是对"浮华"的奢求，逐渐背离大道。可母亲依然希望孩子们能够"洗除浮华"，"纳朴还真"，进而回到她的身边。与索求祭祀的鬼神不同，大道是万物之母，她对于自己的子女们并无物质上的索求，只有不厌其烦地谆谆善诱；她所唯一希冀的只是他们能够"以道为家"[2]，"在天见母亲"[3]。

在盟威道经典中，大道的下教救度也常被表述为"选索种民"[4]"搜选种民"[5]。在这一语境中，大道乃成为一位思贤心切的君王，期望通过教法的传播以职官选举制度而诏求更多的贤者、孝廉来到他的身旁（详见第八节"种民"）。

---

[1] 正一法文天师教戒科经 [M] // 道藏：第 18 册，236.
[2] 女青鬼律 [M] // 道藏：第 18 册，249.
[3] 女青鬼律 [M] // 道藏：第 18 册，248.
[4] 正一法文天师教戒科经：阳平治 [M] // 道藏：第 18 册，238.
[5] 太上正一阅箓仪 [M] // 道藏：第 18 册，286.

由此，大道屡屡下教、重重"丁宁"[1]，其所传授给人类的，就是这样的一条回家之"道"，这正体现了《道德经》中所言：

> 是以圣人常善救人，故无弃人；常善救物，故无弃物。(《道德经·二十七章》)

宋代茅山蒋融庵先生赞此章句曰：

> 妙处初非由造作，为人亲切老婆心。师资密意谁人会，独对东风恼杀人。[2]

（四）下教是人类的道心开发

盟威道将历史中老子传授《五千言》的事件纳入其宏大的"下教"叙事之中，并与人类早期文明的启蒙、《太平经》以及"正一盟威之道"的降授相并列。在这样的叙事下，道教最初的发生，乃是大道主动地屈尊下降来接近于人类，人类作为大道的施教对象，需要的是虚其心，仔细谛听大道的教诲，并积极地回应大道的劝导。故此，我们已经在上文谈及，盟威道近似于所谓的"天启宗教"。然而，传统的天启宗教基本等同于一神论的亚伯拉罕宗教，其圣与凡之间存在着明确的对立与

---

[1] 正一法文天师教戒科经：大道家令戒 [M] // 道藏：第 18 册，232.
[2] 蒋融庵. 道德真经颂 [M] // 道藏：第 19 册，845.

边界，故而其所降授经典、教法也被认为是来自人类外部的某一独立存在的终极客体存在。但是，道教本身具有"万有神在论"（panentheism）的特质（详见第十二节"太清衔"），大道不仅是超越的、至上的，更是内在的，存在于人类及万化之中的。由此，"下教"一词也绝不应只从字面上理解为自天而下的教授。正如我们在先前所言，天师于鹤鸣山石室内的一系列心神层面的活动，是天师形神之中的一点灵光的闪现。在外部世界混乱、人民涂炭的大背景下，下教同时也是被恐惧与忧患所奴役的人类在寻求解放与救度过程中的觉醒，即所谓"道心开发""心开意悟"。为了能使这一瞬间性的、微妙的、个体的心神觉醒（psychic awakeness）能够得到巩固并以教法的形式流传世间，盟约的建立就成为必要。

三、盟约

我们在第六节中已经对于道教盟约的文本叙述进行了初步分析，在本节中，我们将对盟约更深层次的几点玄义做进一步的分析与讨论。

（一）盟约是道与人的联结

道，大而无外，微而无内，故而绝大部分人类对于道的观察与认识是抽象与乏力的，更何谈建立密契之关系？由此，大道以良师之形名下降，与代表人类的天师建立盟约，传授"正一盟威之道"。在中国文化中，盟约自其伊始便具有了宗教的属性（祭祀、盟约等），而契约也被应用于宗教仪式之中，但通过盟约而与至上神建立稳定的、垂直式的一对一关系，并将这一关系延伸至"下教"，目前来看则是首创[1]。张清都（万福）天师曾对道教盟约之实质做相当深刻的解读，其曰：

> 盟，明也。彼此未信，对神以相明也。神者无形，官冥不测，莫睹其端。若违盟约，必致殃考，是其验耳。依盟崇约，福亦无忒。但以凡心易动，神理难明，故须立约以契之，必令通神合道也。[2]

可见，正是因为"神者"的"无形"，所以才特别需要"立约以契之"，以此"通神合道"。盟约是神明在人世的显现，是救度与承诺的实在载体，这种神人之间一对一式的盟约也见于《希伯来圣经》中所记载的雅威与诺厄（Noah）[3]、亚巴

---

[1] 我们已经在此前有关镇墓文的讨论中看到，陕西咸阳出土东汉永平三年（公元60年）镇墓文，其最后一行云："□□为盟，如律令。"也就是说，在东汉时期的"天帝教"或其他相似的宗教传统中，已经有了宗教性盟约与律法观念的存在。可惜的是，这些教法的经典文献并未见有文献保留。故而，就目前来说，盟威道所建立的神人之间关乎生命救度的盟约依然是历史中所见的第一次。

[2] 传授三洞经戒法箓略说[M]//道藏：第32册，196.

[3] "天主对诺厄和他的儿子们说：'看，我现在与你们和你们未来的后裔立约，并与同你们在一起的一切生物：飞鸟、牲畜和一切地上野兽，即凡由方舟出来的一切地上生物立约。我与你们立约：凡有血肉的，以后决不再受洪水湮灭，再没有洪水来毁灭大地。'天主说：'这是我在我与你们以及同你们在一起的一切生物之间立约的永远标记：我把虹霓放在云间，作我与大地之间立约的标记。几时我兴云遮盖大地，云中要出现虹霓，那时我便想起我与你们以及各种属血肉的生物之间（转下页）

郎 [1]（《创世纪》9：8-17；15：7-21）的盟约，尤其是与梅瑟的西奈山盟约 [2]（《出谷纪》19：1-24：18）被视作犹太教的起

（接上页）所立的盟约：这样水就不会再成为洪水，毁灭一切血肉的生物。几时虹霓在云间出现，我一看见，就想起在天主与地上各种属血肉的生物之间所立的永远盟约。'天主对诺厄说：'这就是我在我与地上一切有血肉的生物之间，所立的盟约的标记。'"香港思高圣经学会 . 圣经 [M] . 北京：中国天主教教务委员会，1992：18-19.

[1] "这些事以后，有上主的话在神视中对亚巴郎说：'亚巴郎，你不要怕，我是你的盾牌；你得的报酬必很丰厚！'亚巴郎说：'我主上主！你能给我什么？我一直没有儿子；继承我家业的是大马士革人厄里则尔。'亚巴郎又说：'你既没有赐给我后裔，那么只有一个家仆来作我的承继人。'有上主的话答覆他说：'这人决不会是你的承继人，而是你亲生的要做你的承继人。'上主遂领他到外面说：'请你仰观苍天，数点星辰，你能够数清吗？'继而对他说：'你的后裔也将这样。'亚巴郎相信了上主，上主就以此算为他的正义。上主又对他说：'我是上主，我从加色丁人的乌尔领你出来，是为将这地赐给你作为产业。'亚巴郎：'我主上主！我如何知道我要占有此地为产业？'上主对他说：'你给我拿来一只三岁的母牛，一只三岁的母山羊，一只三岁的公绵羊，一只斑鸠和一只雏鸽。'亚巴郎便把这一切拿了来，每样从中剖开，将一半与另一半相对排列，只有飞鸟没有剖开。有鸷鸟落在兽尸上，亚巴郎就把它们赶走。太阳快要西落时，亚巴郎昏沉地睡去，忽觉阴森万分，遂害怕起来。上主对亚巴郎说：'你当知道，你的后裔必要寄居在异邦，受人奴役虐待四百年之久。但是，我要亲自惩罚他们所要服事的民族；如此你的后裔必要带着丰富的财物由那里出来。至于你，你要享受高寿，以后平安回到你列祖那里，被人埋葬。到了第四代，他们必要回到这里，因为阿摩黎人的罪恶至今尚未满贯。'当日落天黑的时候，看，有冒烟的火炉和燃着的火炬，由那些肉块间经过。在这一天，上主与亚巴郎立约说：'我要赐给你后裔的这土地，是从埃及河直到幼发拉的河，就是刻尼人、刻纳次人、卡德摩尼人、赫特人、培黎齐人、勒法因人、阿摩黎人、客纳罕人、基尔加士人和耶步斯人的土地。'"香港思高圣经学会 . 圣经 [M] . 北京：中国天主教教务委员会，1992：18-26.

[2] 香港思高圣经学会 . 圣经 [M] . 北京：中国天主教教务委员会，1992：106-113.

点（但是这些盟约并不涉及有关生命超越的宗教承诺，此与鹤鸣山盟约尤其不同）。

无论是鹤鸣山盟约还是西奈山盟约，它们都特别突出了一种在相对平等的前提下进行交换的思想。天师作为人类的代表，以命米作为质信，将其奉纳与新出老君（三天大道），作为交换，老君则为张道陵授三天大道玄元始之气，这也就意味着对于道气的拥有、控制以及使用的权利。这一使用道气的权利乃是用以完成"分布玄元始气治民""令可仙之士皆得升度"之职责（即"使命""天命"）。通过与奉纳信物相配合的誓言（包含自我诅咒等元素）的建立，交换得以正式完成，与此同时，张道陵也被授予了与其权、责相应的新的身份"太玄都正一平气三天之师"。通过这一制度意义上的交换，双方也由此得以被联结成为一体。张道陵与梅瑟都是被上天所拣选的"代天宣化"之师（在犹太教中，梅瑟被尊为"Moshe Rabbenu"，意为"梅瑟我等之师"），他们因为与大道、雅威建立盟约而成为其臣仆，并获得了天师、先知[1]的尊位。

在大道的"下教史"中，天师并非是大道玄义的第一位转译者，也绝不是最后一位"封印"，但天师却代表人类第一次通过建立盟约的方式而与大道捆绑为一体者。以这一神圣事件为原点，今日之道教得以流衍而出。通过建立盟约，大道与人

---

[1] 希伯来文中先知 prophet 一词写作 nāvi// נָבִיא，意为发言人、代言人 spokesperson。此与天师"代天宣化"的身份一致。

类被紧密地联系到了一起，以往的神人分离的关系被改变，皇权、巫祝不再对其进行垄断，传统祭祀宗教的交换关系亦被打破，人与神之间不再是利益交换关系，反而成为同盟关系、师徒关系、母子关系、君臣关系。神明不再向人类索求祭品，或为人类制造各种生活禁忌，相反，祂带来的是关乎天地人身的玄义妙理以及对于生命的救度。

（二）盟约是人与人的联结

神人之间这种垂直式的、一对一的盟约仅仅局限于某一圣贤（天师或梅瑟），这是因为至上的真理的最初显现往往是个人心神层面的一点灵光闪耀，而如何将这一点闪耀而又飘移的智慧捕捉、固化并转译为具有公众意义的文字性教法，并进一步将其普传，从而实现道气的布散，则是圣贤的天命。在盟威道义理中，为了实现这一目的，仍然需要建立鹤鸣山盟约以外的另外两次盟约，其中的第二次即是我们在第六节中已经讨论过的鹿堂山盟约，其中具体的约定内容名曰《清约》（参见第九节）。从本质而言，鹤鸣、鹿堂盟约，前者为体，后者为用，实为一体之两面。祭酒（师资）与道民（弟子）立盟授度命籍或法箓的仪式可被视作结构意义上的第三次盟约。这一授度盟约首先是鹤鸣山盟约的重演，其将老君（大道）与天师（人类）之间的师徒授受关系，投影至每一对当代的师资与弟子身上，因此也实际具有了相同的交换关系，即弟子奉纳质信、立誓取义将自身的性命交于师资，以换取大道；师资则授予弟子由大道所衍化之宗教权利、义务、玄义妙理（经典等）以及与其相应的神圣身份及约束。由此，其也是师徒之间的一次关系构建。其次，作为对于权利的约束，这第三次盟约中也还包括了对于鹿堂山《清约》以及其他科律、道戒的遵守（详见第十一节"盟约"），而其中实际也包含了制度性的道门与道民之间的交换，如命米、厨会、婚姻等。所以，这里实际也体现了《清约》背后，汉代基层社会的"乡约"的特性。通过立盟授度中的交换，道民不但得以建立其与祭酒之间的关系，并可通过祭酒的传承而与大道建立盟约关系；与此同时，通过由这一盟约所规定的制度性交换，道民也得以与其他道民之间构建成为一共同体。

如果说，鹿堂山盟约将"正一盟威之道"从天师这一原点，在空间的维度扩散到了鬼神与道民，是整个新出老君"下教"的完结，则其仍需要另一时空维度的盟约，如此才能将"正一盟威之道"一直延续下去，也即是上言祭酒与道民之间的盟约。如此，三次盟约分别在三个维度，将最为抽象的个人心神觉醒次第拓展：从最开始的灵光一点，拓展到平行的空间之中（同代人之中），并进一步拓展到其他地点与未来的时间之中。第三次盟约实际是一个集约概念，即指后世道门内师徒之间所重复举行的立盟授度仪式。按《太真科》曰："太上告张陵天师曰：'内外法契，与天地水三官折石饮丹为誓也。'"[1]这里即是以老君的口吻对天师建立盟约的仪式进行指导与要

---

[1] 李昉. 太平御览：第 7 册 [M]. 上海：上海古籍出版社，2008：168.

求，其内容包含了"契券""立誓"以及三官的"证盟"。以此为准，后世道门师徒之间的授度都以鹤鸣山盟约作为追溯的原点，"太上传符箓，初因过鹤鸣"[1]被反复歌颂；"度师不敢隐真出伪，弟子不敢叛道背师。分环永不渝盟，裂券永不负誓"[2]的盟言至今仍在一直重复。通过师徒之间的授度仪式，人类与大道之间的盟约得以在不同的时空被一代代地传衍下去，并成为人与人之间的盟约，进而联结人类。前文已述，周代同盟关系的宗教核心是依靠"歃血"，只有通过共享血脉，成为亲属，才能在宗法社会中将原本已经疏远的血缘（或异姓诸侯）构建起紧密的联系。在盟威道的义理中，天师通过建立盟约从老君处领受了三天大道之气，并通过立盟仪式中的"丹水"来分布道气。换言之，大道将"自己"（或自己的一部分）传授给了天师，并由天师分享给人类[3]。由此，道气的分享取代了血液的分享，将原本各自独立的人类生命联结到了一起。天师成为大道联结人类的媒介或中枢，他通过重复地举行建立盟约的仪式，将其身中的道气传递与其弟子，再由这些弟子们通过盟约传递给全人类（见彩页图 15）。如果我们换一个论述方式，则：在师与弟子建立盟约的场景中，师因其身中所业已具有的道气，得以扮演老君的角色，弟子则扮演着天师的角色。由此，弟子与度师立盟，即等同于与大道立盟，而这也正是道气得以

---

[1] 三洞赞颂灵章 [M] // 道藏：第 5 册，784.
[2] 金允中．上清灵宝大法 [M] // 道藏：第 31 册，644.
[3] 这种分享同时也是身中道气的点化，详见第十一节。

通过盟约重复地建立而得以传递的原因。

这种以道气贯通人类的想法并非臆断，其来源可谓久矣。《周易·文言传·乾》（作于战国晚期）曰：

> 同声相应，同气相求。水流湿，火就燥，云从龙，风从虎，圣人作而万物睹。本乎天者亲上，本乎地者亲下，则各从其类也。[1]

此即是从气论的层面，解释了物与物之间相互应和、符契的原理。《淮南子·本经训》又曰：

> 天地之合和，阴阳之陶化万物，皆乘人气者也。是故上下离心，气乃上蒸，君臣不和，五谷不为。……故圣人者，由近知远，而万殊为一。古之人同气于天地，与一世而优游。

此即是将天地与人伦视作可以相互"同气"者，而且"人气"平逆与否，直接关乎了天地之间气之运行，此也即是"三统"之思想。与此类似者，还见于《太平经》中，其云：

> 故道使天地人本同忧同事，故能迭相生成也……相忧

---

[1] 李道平.周易集解纂疏［M］.北京：中华书局，1994：51-54.

相利也, 故道德连之使同命。[1]

在这里,《太平经》将天人感应的原因"同气"推衍至最终的结果"同命", 换言之, 因为天地与人同气, 所以才能够"同命"(参见第三节"太平与末世")。从天地人三才之间的同气、同命进一步推衍, 人与人之间, 也得以凭借伦理而同气, 如《论衡·感虚篇》言:

> 曾子之孝, 与母同气……盖以至孝与父母同气, 体有疾病, 精神辄感。[2]

《太平经》又在此基础上进一步发展, 其云:

> 故天之法, 常使君臣民都同, 命同, 吉凶同; 一职一事失正, 即为大凶矣。中古以来, 多失治之纲纪, 遂相承负, 后生者遂得其流灾尤剧, 实由君臣民失计, 不知深思念善, 相爱相通, 并力同心, 反更相愁苦。[3]

在这里, 在"天"(即"道")的运转法则中, 君、臣、民被视作一个整体的生命体, 维护这一共同体的方式便是"深思

---

[1] 王明. 太平经合校 [M]. 北京: 中华书局, 1960: 374.

[2] 张宗祥. 论衡校注 [M]. 上海: 上海古籍出版社, 2010: 117.

[3] 王明. 太平经合校 [M]. 北京: 中华书局, 1960: 151.

念善，相爱相通，并力同心"，此正是对墨子"兼相爱，交相利"[1] 精神的继承与发展（详见第八节"治民"及第十四节"厨会"）。由此，盟约不但将大道与人相联结，更将人与人相联结，通过分享三天大道之气，人类便联结成为命运的共同体，同爱、同利。也正是因为如此，在后世道教中，同道之人被称作"同气"[2] 或"同契"[3]。

以上我们所推论的以"三段式盟约"来建立"神人关系"，约束人群、建立教团的义理逻辑也见于犹太教中。在《希伯来圣经》的记载中，梅瑟与雅威在西奈山山顶的一对一的降授可视作盟约的第一部分。梅瑟下山后建立祭坛，宰杀一牛犊作为献祭，将一半的血洒在祭坛上，然后诵念《约书》，又将另一半血洒在百姓身上。（《出谷纪》24：5-8）[4] 此可被视为盟约的第二部分，其将盟约从梅瑟一人拓展至整个以色列族群。盟约的第三部分即雅威与以色列人始祖亚巴郎所定立的"割损礼"，雅威对亚巴郎说：

> 你和你的后裔，世世代代应遵守我的约。这就是你们应遵守的，在我与你们以及你的后裔之间所立的约：你们

---

[1] 吴毓江. 墨子校注 [M]. 北京：中华书局，2006：289.

[2] 如《灵宝无量度人上品妙经》云："凡有此灾，同气皆当齐心修斋。"灵宝无量度人上品妙经 [M] // 道藏：第 1 册，6.

[3] 洞玄灵宝道学科仪 [M] // 道藏：第 24 册，768.

[4] 香港思高圣经学会. 圣经 [M]. 北京：中国天主教教务委员会，1992：112-113.

中所有的男子都应受割损。你们都应割去肉体上的包皮，作为我与你们之间的盟约的标记。你们中世世代代所有的男子，在生后八日都应受割损。(《创世纪》17：9-12）[1]

"割损礼"（Brit Milah/ מילה ברית）在希伯来文中本身便具有"盟约"之意，这也就意味着每一个犹太男孩，都在其降生后八天内与雅威建立盟约。犹太教对于割损礼（个人的盟约）不仅仅局限于肉体的标记，《希伯来圣经》中还一再强调"心要受割损"（《申命纪》10：16）。[2]

与犹太教不同的是，道教的盟约并不局限于历史中的某一族群，更不局限于男性；相反，其意图正在于突破商周以来的血缘与阶层的限制[3]。通过重复建立一对一的盟约，道气被分享给不分族群、阶层、性别的每一个人。通过这三次盟约的次第展开、发衍以及重复，大道精微的玄义得以展开，制度化的教团得以建立，并传衍不衰，一个具有社会性的救度宗教教团得以形成。

（三）盟约是大道玄义的转译

道经中对于老君与天师建立盟约过程的描述十分简略，如我们在上节中所见，不同经典所包含的"正一盟威之道"内容

---

[1] 香港思高圣经学会. 圣经 [M]. 北京：中国天主教教务委员会，1992：28.

[2] 香港思高圣经学会. 圣经 [M]. 北京：中国天主教教务委员会，1992：250.

[3] 与道教有所不同的是，犹太教的"割损礼"乃是对于耶和华与亚巴郎之间盟约的追溯，而非梅瑟的西奈山盟约，所以其定义族群的意象更为明显，而非西奈山所降授的"十诫"等教法；相反，道教的三次盟约都是初次鹤鸣山盟约在不同层面的外扩与发衍。

也不尽相同。大道向天师所降授教法的本质实际等同于三天道气所包含的一切玄义妙理，其与人类的理解力以及语言文字的表达力之间存在着巨大的落差。由此，鹤鸣山石室内所发生的事件虽然可以被称作"建立盟约"与"传授道法"，但其内在实质则是天师在冥通之中所获得的全身心的感知与领悟，所谓的老君、道气，与其说来自身外，倒不如说缘自身中一种极为内在的宗教体验。在《希伯来圣经》中，这一传授过程被描述为：

> 梅瑟遂开始说话，天主借雷霆答复他。(《出谷纪》19：19) [1]

费施贝恩教授阐释道："这不是任何一种人类交流（暂时还不是）；更确切地说，其使得猛烈的巨大力量凭借'自我'(self)，成为令人敬畏的神圣真理。梅瑟在真正成为能够讲授生命与信仰的老师前，他的身形之中必然先充溢以一种至上的'存在'(Being)，其超越所有社会价值。" [2]

大道的玄义妙理超出常人的智识与认知之外，而天师的天命便是"代天宣化"，即尽其最大的努力，使大道的玄义妙理

---

[1] 香港思高圣经学会．圣经 [M]．北京：中国天主教务委员会，1992：106.

[2] "This is not any kind of human communication — not yet; it rather lets the violent vastness pass through the self as an awesome divine truth. Moses must first embody something of the fullness of Being (God's "Shall-Be"), beyond all social value, before he can speak truly as a teacher for life and godliness." Fishbane, *Sacred Attunement*, 58.

能够被常人所能理解、掌握并实践。我们在第六节中已经讨论过《三天内解经》所言的天师"制科律积一十六年"之玄义：天师近乎形名学所谓之"执道者"，他以无执、无处、无为、无私的状态静观大道，并将其所领悟的形而上的真理敷演为语言文字所可表述的法则[1]，也即是常人所能够认知、领会并践行的教法[2]。也就是说，后世所流传的天师盟威教法并不仅仅来自他与大道之间的一念感通，更来自他在感通之后不断利用这一源泉所进行的阐释、应用以及不断的调适。这便是玄义妙理经天师口笔的"转译"。

这种转译也体现在多种体裁文字的创制。自战国时期以来，抽象的宇宙规律"天道"便已经逐渐被认为是人间的规律与行为准则的神圣源头，甚至囊括了由先王所作之"礼"。子产曰：

> 夫礼，天之经也，地之义也，民之行也。[3]

《管子·枢言》曰：

> 法出于礼，礼出于治，治礼道也，万物待治礼而后定。[4]

---

[1] 道即是规律，即是法，即是戒。《想尔注》言"行道奉戒"正是将此两者等同为一。

[2] 也正因为如此，鹤鸣山并不能仅仅理解为具象的神人与凡人面对面的教法传授。

[3] 杨伯峻. 春秋左传注[M]. 北京：中华书局，2018：1271.

[4] 陈鼓应. 管子四篇诠释——稷下道家代表作解析[M]. 北京：商务印书馆，2006：282.

子产与黄老道家通过将"礼"上升到大道（天）的层面，将看似分歧的"礼"与"法"有机地协调了起来（为了节约篇幅，我们不再展开去介绍儒家与法家之间的"礼法之争"）；虽然"礼"重视感性的伦理，"法"重视理性的规律，但都是从同一元点的大道所衍化而来的。在盟威道的教法之中，不论是法箓、经典、教戒、科律还是仪范，它们都是大道玄义妙理与天师共同感合所转译、衍生的作品。在这一转译、衍生的过程中，天师利用既已习得的政治、哲学、文化语言建立起一整套话语体系，用以转译其所感知的极精、极微的玄义妙理，并进而对其发衍，使其成为能够用以指导日常生活并导向生命超越的教法与制度。

（四）盟约是精神力量的觉醒

太上曰："吾所以有大患者，为吾有身，及吾无身，吾有何患？"[1] 身即是命，即是人之存在（being）。随着人类不断地探索外部世界，不断地拓展自身的存在感，人类越发意识到自己在时间、空间维度中的渺小与无助。人类的客观存在无法超越时间，生命历程也许是带有不公的偶然，但死亡绝对是公平的必然；人类也无法战胜空间：分身乏术，有心无力已经成为当代都市人每日生活的困扰。我们囤积食品、抢购药品、努力存款、多处置业、争强好胜、猜疑嫉妒，这些无一不是出于安身立命之忧患（existential anxiety）。食品也许足够食用，存款

---

[1] 王卡. 老子道德经河上公章句 [M]. 北京：中华书局，1993：48.

可能根本花不完，我们之所以仍然会那样去做，乃是因为我们的思维被忧患所奴役了。解决忧患的根本在于消解自我中心（self-centredness），并逐渐复归大我，故太上曰：

> 后其身而身先，外其身而身存。（《道德经·第七章》）

《三天内解经》亦云：

> 忘身者，一切之物都尽忘之。忘之者，是不爱物。既不爱物，唯无是爱。无以养见，不以身为身。悠悠吾子，处有无之间，不有忧患也。[1]

但在宗教实践中，消解人类心中忧患的奴役并非易事。我们已在第一节中看到，在两汉时期基层百姓的忧患被投影在对于鬼神以及命运的想象中；由此也便造成了无度的祭祀、禁忌与占卜。人们为了祈求利益用饮食来与鬼神进行交易，人们出于对于自然界的恐惧被时空禁忌所桎梏，人们出于对于命运的未知被占卜的结果所左右。由此，在永寿三年（157年）的鹿堂山盟约中，天师与代表了时空禁忌的太岁将军、代表祠祀的鬼神建立了"神不饮食,师不受钱"的"清约"[2]。在犹太教中，

---

[1] 三天内解经 [M] // 道藏：第 28 册，416.
[2] 三天内解经 [M] // 道藏：第 28 册，413.

梅瑟将以色列人从埃及法老的奴役下解放出来，以使其能够崇敬自己的神（《出谷纪》）；而天师则是将人们从忧患与恐惧的奴役中解放出来，以使其能够追寻大道（详见第九节）。

大道的下教是天师心神之中瞬间性的、微妙的觉醒，鹤鸣山与鹿堂山盟约是这一觉醒的转译。但心神的觉醒绝不只是一种意识层面的活动，而是一种具有实质强度的精神力量，这种精神力量同样也有着一定外在形式的展现。如果我们将自己与心中的觉醒紧密绑定，由此成为坚定的信念，大道的盟威就会自然地从心神之中迸发而出；内在恐惧将被克服，外在的邪气也因缺乏内应而无法干犯。生存焦虑的一大部分原因来自对自我的不了解，人类往往并不能认识到自己身中所蕴含的巨大力量，而往往被外部世界的因素所桎梏。对于那些拥有坚定信念的人，其秉持大道之正气，死亡犹不足惧，鬼神谈何惧哉？正一盟威来自三官，但更是这种由内心觉醒以及坚定信念所带来的强大精神力量。

（五）盟约是道与人的交换

无论是大道玄义妙理的下教，还是人类自身精神力量的觉醒，这些都最终被体现为一种神圣的宗教权利。这种权利赋予的目的，也即是义务与职责，在于协助大道实现集体性的生命救度。具体而言，宗教权利体现在大道真气的赋予（其过程包括了上文中的转译），而道气的使用体现在盟威道仪式的各个层面中，如命籍、法箓、厨会等等（参见第十四节）。通过这些道气的仪式化敷用，天师与其祭酒才得以"罢废六天""平正三天""分布玄元始气治民"并"欲令可仙之士皆得升度"。我们在下一节中将会看到，以上这些义务，实际正是天师所领受的天命，而天命的本质即是一种责任。这种权、责的赋予，在后世的立盟授度仪式中，将会被特别放大，成为道教历代传承的核心要素，道教的教团由此而来。

但是，权、责的授予并非单方向的，作为被授予方的天师与人类，其自身也需要具有与权、责相应的品德与能力（德才兼备），才能承担。故此，老君在下教鹤鸣山之前，必然也对天师进行了长时间的考察。其次，权、则的授予中存在着交换的机制，作为被授予方的人类，同时也需要向大道提供一定形式的法信，作为自身取信于大道的象征，或"抵押"（参见第五节"质信"）。我们稍后会在第十九节中看到，其中一部分信物包含了弟子的头发，甚至血液，这些具有生命象征性的物品的呈纳，象征着将自身的性命抵押于大道之处，也即以"命"换"命"（新的生命，以及天命）。与此同时，作为权、责赋予的制度性保障，弟子也被授予一定的约束（科律、道戒）。我们在此需要点明一点，即：大道对于奉道者的权、责赋予，实际建立在一整套职官制度的符号语言之中，其将大道视作一位君主，而奉道者则为臣民。臣民向君王输捐、委质，由此得以立盟，宣誓遵守约束，并通过册封获得权利与责任。

在大道的职官制度中，奉道者的权利被置于科律的框架之中而得以施行，并同时又受到约束。这是因为，道门科律乃由盟约阐发而出，是盟约的具体显现。"一如盟科律令"一方面在仪式中的祈使词句后被唤起，以促成神圣的效力，另一方面尾随于授度仪式中的自我诅咒之后，以使自己屈从于大道盟约科律的约束之下，并进而由此取信于大道。也就是说，权利与约束决不能独立存在，其总是相互配合而得以成立。

此外，法位、法箓的位阶越高，其所承担的权、责也就越大，也即意味着更为严密的约束，这具体体现在了随着法位而逐次递增的道戒条目数量之中。道戒与科律相互弥补，构成了对于奉道者的全方位约束，并以此确保其如法地使用权利，进而完成使命（详见第八节"科、律、戒"），而这也就意味着终极生命救度承诺的实现。

（六）盟约是生命救度的承诺

作为人类圆满完成义务（通过有约束的权利施用）的回馈，大道也在盟约中赋予人类生命状态的迁转，或者说终极的生命救度的宗教承诺，此亦属于大道与人类交换关系中的一环，也是最为终极的一环。通过实现生命救度的承诺，人类最终得以与大道永恒地团圆到一处，"以道为家"。但在盟威道义理中，这种生命救度的承诺得以被赋予普罗大众，从而实现集体性的生命救度。

从文化角度而言，关乎生命救度的思想与方技在先秦时期业已发轫，且不断地被传递、整合（诸如神仙家、养生家等）。但直至汉末，这些知识均在文化精英圈子内部秘传，他们并不希望这些信息能够被共享，并努力地将其控制在一个小的范围之内。其师徒之间授度盟约的核心内容便是不轻泄其秘诀。平民阶层因此根本无缘于这些有关生命救度的知识与技术。如此的分别也可以通过两汉时期的墓葬考古而得知：有关憧憬死后尸解升仙的艺术主题只存在于贵族的墓室之中，而大多数平民的墓葬中则配之以对未知地下世界充满恐惧的买地券或镇墓文。

盟威道开启了宗教的平民化改革。师徒授受的盟约仪式被保留，但盟约内容则代之以普传性质的"分气治民"及"欲令可仙之士皆得升度"[1]；这是盟威道对汉代神仙家传统的一次颠覆。"以五斗米为信"是对君臣"委质"、神仙家"法信"，甚至是孔门"束脩"的继承，但不再是玉璧、金环等贵重之物，[2]而代之以农业劳动的直接产品。很明显，"以五斗米为信"的目的在于将生命救度的承诺分享给平民阶层，使每一个人都有能力接触到大道的教化。原本贵族的、精英的、个人主义的生命救度在此时转变为了平等的、集体的、面向大多数劳动阶层的救度。道气被分享给每一位道民，这不仅意味着生命本体的平等，更意在促成人类的生命共同体（如上文所言之"兼相爱，交相利"）。

盟威道将自身设定于下古人心浇漓的处境之中，又特别强调集体性的救度，由此也必然需要面对人心不齐这一既定事实。不同的人群对于大道教化的态度可能截然不同，故太上有云：

---

[1] 正一法文天师教戒科经 [M] // 道藏：第 18 册，238.

[2] 黄帝九鼎神丹经诀 [M] // 道藏：第 18 册，804.

> 上士闻道，勤而行之；中士闻道，若存若亡；下士闻道，大笑之。（《道德经·四十一章》）

这种上、中、下士三段式的叙事方式被援引至对于公众的救度的承诺中，按《天师教戒科经》曰：

> 天师设教施戒，奉道明诀，上德者神仙，中德者倍寿，下德者增年。[1]

又曰：

> 上备者神仙，中备者地仙，下备者增年。[2]

在这里，所谓的上、中、下并非社会阶层，而是其对于"德"的具备程度。由此，盟威道教法不仅面对大众，而且针对不同人群设有阶次，并因材施教，以此在不同层面上获得最大"公约数"。

盟威道的救度承诺包含了此世的"增年"（养生家）以及超越性的"升度"（神仙家、道家），是一个由此世福祉延伸至彼世救度的系统方案，各人所得之"位业"并非由其所掌握的技术、社会地位或财产所决定，而是因其"德"而定。这也就

---

[1] 正一法文天师教戒科经 [M] // 道藏：第 18 册，232.
[2] 正一法文天师教戒科经 [M] // 道藏：第 18 册，234.

涉及盟威道改革的另一层面，即：确立了一系列以道德为先导的"禁戒、律科"[1]（包含了一系列的社会责任与义务），用以取代秘传宗教中以技术为先导的宗教实践（如黄白、吐纳、祭祀等）。需要注意的是，盟威道并不否定与排斥身体化的修行，但强调应以道德伦理作为先导；《黄庭经》《妙真经》《老子中经》等内修经典皆被纳入至盟威道的教法之中[2]，用以满足中、上士更为内在的宗教生活实践之需求。

对于大部分的基层道民而言，遵守盟威科律[3]意味着将原本世俗的生活反转为具有神圣意义的仪式化生活；通过日复一日的"行道奉戒"，其形神日臻于道，最终获得生命的超越（参见第十四节）。在犹太教传统中，雅威在西奈山顶同时降授了《十诫》与"律法"，这些与口传的律法《哈拉卡》（也被认为包含在西奈山的降授之中）共同构成了犹太教社群生活与集体救度的基础。其意在通过肢体上恪守梅瑟律法达到精神上的提升，并由此成为犹太教宗教实践十分重要的一个方面[4]。对于律法一丝不苟的尊奉（law observance）甚至成为旁人对犹太民族的刻板印象之一[5]。

---

[1] 陆先生道门科略 [M] // 道藏：第 24 册，779.

[2] 正一法文天师教戒科经：大道家令戒 [M] // 道藏：第 18 册，237.

[3] 如《玄都律》《女青鬼律》《想尔戒》《太真科》等。

[4] Joseph B.Soloveitchik, *The Halakhic Mind: An Essay on Jewish Tradition and Modern Thought* (Ardmore, PA: Seth Press, 1986), 85‐102.

[5] Wolfgang Schluchter, *Rationalism, Religion, and Domination: A Weberian Perspective* (Berkeley: University of California Press, 1989), 201.

（七）无盟之契

最后我们仍想说明一点，即：道教极具包容性的教法框架并不以盟约作为生命救度唯一且绝对的前提。高道们承认人群中的确存在有许多未立盟约便能与大道密契的上士，也即是所谓"宿有仙骨"者。这也就意味着，在大道的盟约之外，客观存在着一定数量的自度之人，故张清都天师云：

> 夫上士闻道，勤能行之，不须盟誓，以自契也。[1]

这里所着重的也是天人之间一种自然而然的相契。由此，我们甚至可以说，在道教的包容性义理框架内，不仅道教之外的其他传统宗教均可被视作广义上的"道"之教，且在这些宗教之外，还存在着不须依凭盟威便能自契大道之人。道教不是唯一的"道之教"，甚至宗教也不是唯一的救度之路，对于至上真理大道的追寻实际不受任何范畴的局限。《抱朴子·畅玄》中更进一步描述了此种自契者的状态，其云：

> 含醇守朴，无欲无忧，全真虚器，居平味澹，恢恢荡荡，与浑成等其自然；浩浩茫茫，与造化钧其符契。[2]

但是，我们同时需要承认，"无盟自契"虽然是玄妙高超的境

---

[1] 传授三洞经戒法箓略说 [M] // 道藏：第 32 册，196.
[2] 王明. 抱朴子内篇校释 [M]. 北京，中华书局，1985：3.

界，然而能够体证这一境界的"上士"毕竟是凤毛麟角。因此，对于基层民众而言，通过盟约而得度，便显得尤为重要。盟约并非唯一的救度之道，但盟约却是最为实在、有效、能够普惠不同人群的修真之径。

四、信道

我们在上文中讨论了大道作为良师下教人世的形名，也讨论了联结大道与人类的盟约。建立盟约的场合是师徒之间的授度仪式，而通过授度关系结成的"同盟"构成了道教教团，也即是一个"同盟群体"（covenantal community），并为大道持续着"选索种民"的工作。我们在第五节中已经言明，先秦时期建立盟约所包含的精神在于"信"或"诚信"。只有相互诚信，才能相互相信，进而相互契合，成为共同体。在盟威道教法中，盟约的建立，意味着个体生命与大道之间在形与神上的紧密契合，这种契合在道经中最直白的表达便是"信道"。《老子想尔注》与《大道家令戒》中，反复地重复着下古末世之人"贪纵口腹，放恣耳目，不信道，死者万数"[1]，"俗人虽畏死，端不信道，好为恶事，奈何未央脱死乎？"[2] 在这里，"不信道"者指那些面对大道的谆谆善诱而置若罔闻者。既然如此，究竟何谓"信道"？

---

[1] 正一法文天师教戒科经：大道家令戒 [M] // 道藏：第 18 册，236.

[2] 饶宗颐. 老子想尔注校证 [M]. 香港：中华书局，2015：25.

在汉语中，"信"字作为动词有"信任"（to trust）与"相信"（to believe）这两重含义，后者又被引申为"信仰"、"信奉"（某一观念或宗教），作为名词与形容词则有"诚信"（honesty/honest）之意。在《想尔注》中，"信道"常与"守戒"相关联，其文曰：

> 仙士畏死，信道守戒，故与生合也。[1]

又曰：

> 欲求仙寿天福，要在信道，守戒守信，不为贰过。[2]

实际上，《想尔注》中常将"信道守戒"与"奉道戒"[3]"行道奉戒"[4]"奉行道戒"[5]"尊道行戒"[6]"行戒守道"[7]等修辞互换使用，由此我们大抵可推论两点：

第一，"戒"是"道"的具体展现，"信道"落实在行动上便是"守戒"。这是因为"戒"本身便是盟约的一部分，守戒

---

[1] 饶宗颐 . 老子想尔注校证［M］. 香港：中华书局，2015：32.
[2] 饶宗颐 . 老子想尔注校证［M］. 香港：中华书局，2015：38.
[3] 饶宗颐 . 老子想尔注校证［M］. 香港：中华书局，2015：22.
[4] 饶宗颐 . 老子想尔注校证［M］. 香港：中华书局，2015：24.
[5] 饶宗颐 . 老子想尔注校证［M］. 香港：中华书局，2015：41.
[6] 饶宗颐 . 老子想尔注校证［M］. 香港：中华书局，2015：49.
[7] 饶宗颐 . 老子想尔注校证［M］. 香港：中华书局，2015：54.

即等于遵守盟约，是"诚信"（honesty）的表现。人取信于道，方才能与道相契。

第二，"信道"即等同于"奉道"。故此，盟威道中的"道"是一个可以被信奉／信仰的对象。这种"信"可能一开始是一种"信任"（to trust），即相信大道能够履行盟约中的承诺（因为自身已经诚信地守戒）。进而，其可能是一种"信仰"（faith），即认可由道所发的一整套的义理与教法。如此，盟威道本身则可被称为一种信仰（faith）。

以上的辨析于今日看似顺理成章或甚至多此一举，但在东汉末年，人们对于血食鬼神以及天神地祇完全谈不上"信仰"，他们之间存在的是物质利益的交换关系或是一种社会责任，神和人之间的关系是紧张而充满张力的，而绝非是建立在诚信之上的信任，更遑论信仰。

五、归道

道民对于大道的信奉首先是一种心念上的投入，这种投入通过大道"虚皇"之形名而得以展开。在早期盟威道及其他六朝经典中，对于大道的信奉常借用对于帝王"忠诚"（loyalty）的修辞方法来表达，如"委质""投诚""丹心"等。我们在第五节中已经稍微提及了"质"的含义，乃是为了获取对方信任而提交的抵押物，本身具有一种契约的含义。此正所谓：

> 古者始仕，必先书其名于策，委死之质于君，然后为

臣。示必死节于其君也。[1]

这便是以"质"取信于君，然后结成君臣的盟约关系。

盟威道以君臣之间的"委质"关系比拟道民与大道之间的关系，但类似的概念肇始自战国以来的方士传统。按《抱朴子·遐览》云：

> 余闻郑君言，道书之重者，莫过于《三皇内文》《五岳真形图》也。……受之四十年一传，传之歃血而盟，委质为约。……有此书，常置清洁之处。每有所为，必先白之，如奉君父。[2]

由于方士传统并未禁绝血祭，因此这里仍保存有前盟约时代的"歃血"仪式，但同时也要单独进行"委质"的环节，这与我们在第五节中所见的周王册命典仪如出一辙。此外，方士将真文、符图视作大道的具象体现，因此其也便成为仪式中关启的对象，并以"君父"之形名事之。在后世道经中，"委质"的使用不胜枚举，如《三洞赞颂灵章》云："微香陈素悃，委质表丹诚。"[3]《元气论》云："委质自然，归心大道。"[4] 在这里，信

---

[1] 《史记索隐》引《服虔注左氏》，引自司马迁. 史记 [M]. 北京：中华书局，1982：2191.

[2] 王明. 抱朴子内篇校释 [M]. 北京，中华书局，1985：336.

[3] 三洞赞颂灵章 [M] // 道藏：第 5 册，784.

[4] 云笈七签 [M] // 道藏：第 22 册，383.

仰大道（归心）被等同于委质君王，以此建立出一套臣仆忠信于君王的盟约关系。而在这一关系中，归附于大道者自称为"臣"。

在中国传统社会中，存在着"忠臣不事二主"[1]的观念。由此，当盟威道以虚皇之形名强调"信道"的同时，相当于同时要求其信徒放弃对于血食之神的礼敬。《陆先生道门科略》云：

千精万灵，一切神祇，皆所废弃，临奉老君、三师，谓之正教。[2]

尊奉"三天大道"即意味着对于大道虚皇的一心诚信与专一礼敬，奉道之臣没有义务也不应崇奉任何其他的鬼神[3]。与此相应的，归道，也即是入道的仪式，实际便是以五斗米作为"委质"，成为大道之民，即道民。道民的身份，通过其与大道之间"君"与"民"的相对关系而来。如此，则"杂事信俗"[4]，"杀生淫祀"[5]，则被视为"叛道"[6]，这些修辞全部是从政治话语

---

[1] 魏收.魏书：邓渊传 [M].北京：中华书局，1974：634.

[2] 陆先生道门科略 [M] // 道藏：第 24 册，782.

[3] 在这里，老君与三师实际上也不是神，前者是大道或三天之气下降人间的应化，后者则是代替老君教化百姓的正一天师、嗣师、系师，他们实际也早已契入玄玄的大道之中。

[4] 正一法文太上外箓仪 [M] // 道藏：第 32 册，209.

[5] 无上秘要 [M] // 道藏：第 25 册，62.

[6] 正一法文太上外箓仪 [M] // 道藏：第 32 册，209.

中转借而来。故《玄都律》曰：

> 奉道之民，誓心至死归道，不得两心犹豫，违背道德。[1]

但是，我们也应该明确地理解，这种独奉大道的义理绝非是亚伯拉罕宗教中的一神论，若雅威所言：

> 我是上主、你的天主，是我领你出了埃及地、奴隶之所。除我之外，你不可有别的神。（《出谷纪》20：2-3）[2]

在这里，雅威承认别的神的存在，并强调与他们的区隔，这意味着某种"平行"的存在；但大道却不同，她包含并超越了天神、地祇，但与此同时还存在于他们之中。因此，对于俗神的奉事并非"不可以"，乃是"不需要"；对于大道的归心委质并非是"排他"，而是以"忠君"的话语劝引人类认识到诸神并非生命的本源，而对大道的崇奉则实际超越了诸神。若从另一重形名来看，大道亦是慈母，如此的归道则也可被理解为归家，或"以道为家"[3]。如此，一心事道，不仅可以避免祭祀神明而耗费的资源与精力，更在于可以通过惟精惟一的信念与天地之本源更有效地沟通，并由此获得根本意义上的生命超越。

---

[1] 玄都律文 [M] // 道藏：第 3 册，461.

[2] 香港思高圣经学会 . 圣经 [M] . 北京：中国天主教务委员会，1992：107.

[3] 女青鬼律 [M] // 道藏：第 18 册，249.

除了如君王一般的投诚归奉外，"归道"也可在更为抽象的道气层面进行理解。如我们在上文"盟约"中所言，归道的过程，实际也是被他人（祭酒）分享以道气的过程。由此，"归道"实际也就意味着"入吾（道）生炁""来入吾（道）炁"。

在《太上老君戒经》中，"归道"又被进一步发展，并被细化为"三归"之玄义，其文曰：

> 归身大道，归神大道，归命大道。

疏曰：

> 此三归者，谓身有善恶，神有恐怖，命有寿夭，盖一切众生之必有也。今以此三悉归于道者，谓受行法戒：一则生死常善，不堕恶缘；二则神明强正，不畏邪魔；三则见世长寿，不遭横夭。归虽有三，其实一也。[1]

在这里：

- "归身大道"即是身形层面的"行戒、守戒"，"以我此七尺之身，归凭大道也"[2]，即所谓的"外业"。

---

[1] 太上老君戒经 [M] // 道藏：第 18 册，207.
[2] 洞玄灵宝左玄论 [M] // 道藏：第 24 册，931.

- "归神大道"即是心神层面的"信道、奉道","以此心神归凭于道也"[1]，也即是所谓的"内业"。以上两者是内外兼修、形神俱妙的空间维度。
- "归命大道"则以空间维度的内外混融为前提，强调时间维度的延续不断，"以此连持之命，归凭大道也"。[2]

身、神、命归道的目的直指生命超越的"归根复命"[3]，也即是"以道为家"[4]。为了达到这一状态，身形与心神，外业与内业，必然在生命中的每一个瞬间同作而并举；盟威道教法既非"因信称义"（sola fide）[5]，亦非"但行好事，莫问前程"[6]。因为正如康德（Immanuel Kant）所言，"至善"（summun bonun）必须通过信仰而实现，而非自由意志。

---

[1] 洞玄灵宝左玄论 [M] // 道藏：第 24 册，931.

[2] 洞玄灵宝左玄论 [M] // 道藏：第 24 册，931.

[3] 王卡. 老子道德经河上公章句 [M]. 北京：中华书局，1993：63.

[4] 女青鬼律 [M] // 道藏：第 18 册，249.

[5] 马丁·路德（Martin Luther）对《罗马书》3：19-24 之阐释，其原文曰："我们知道：凡法律所说的，都是对那些属于法律的人说的，为杜塞众人的口，并使全世界都在天主前承认己罪，因为没有一个人能因遵守法律，而在他前成义；因为法律只能使人认识罪过。但是如今，天主的正义，在法律之外已显示出来；法律和先知也为此作证；就是天主的正义，因对耶稣基督的信德，毫无区别地，赐给了凡信仰的人，因为所有的人都犯了罪，都失掉了天主的光荣，所以众人都因天主白白施给的恩宠，在耶稣基督内蒙救赎，成为义人。"香港思高圣经学会. 圣经 [M]. 北京：中国天主教务委员会，1992：1742-1743.

[6] 增广贤文 [M]. 郑州：河南科学技术出版社，2013：39.

六、小结

我们在本节中对盟威道的义理体系做了一从上至下的纵轴概览。大道杳冥，需以形名相求，在盟威道义理中，大道的不同形名表达了其义理的不同侧面。以三天取代六天，不仅是对五德终始学说的废止，更是新天命的赋予，也是从政治转入宗教的重要结点。大道也因此兼具另外三重形名：慈母、良师、虚皇。慈母思念子女，由此化作良师降圣，下教人间，并与天师所代表的人类建立盟约，由此将三天玄元始之气分布人间。盟约是大道玄义在人间的转译，也是群众性救度的承诺。人能归心委质于虚皇，立盟授度，成为大道臣民，则可在归身、归神、归命于道的同时，对大道产生坚定的信念，并由此弃绝巫术、祭祀与时空祭祀，并从宿命论与忧患恐惧中解放出来，彻底释放自身的主观能动性。而这一脱离了忧患的"主观能动性"正为进一步在横轴上的"事道"奠定了坚实的基础。

第八节　盟威道基本义理概念 2

在本节中，我们将继续讨论大道玄义妙理在人间的延展，也即是以奉道者为出发点的横向轴线："他—我"关系（事道、治民、平气），以及时间层面的结果（太平、种民）。此外，道门科律、道戒的存在，客观上使得人与人之间的宗教关系得以更加明确，义务与约束更为明晰，由此，我们需要先对其进行讨论。

一、科律、道戒

上节言及，所谓"归道"，即通过委质的方式立盟，由此成为道民。我们此前曾言及"民"意味着"籍"，而"籍"的概念乃是与"律"相辅相成。故此，委质成为道民，也即意味着将人与大道的关系纳入了"法制"的轨道。如此，盟威道的教法并不仅仅关注"信道"，同时也关注通过遵守道门的"科律""道戒"来"行道"。

（一）科律

1. 神圣起源

首先，我们在之前的章节中已经重复地提到，在黄老道家以及法家的立法理念中，道是宇宙规律的源头，"道生法"[1]，即法由大道所生；《韩非子》曰："道者，万物之所然也，万理之所稽也。"[2]"执道者"通过客观地仰观俯察大道之运行，进而总结出形而上的规律"常"，又进一步将"常"落实于语言，成为形而下的"形（刑）"与"名"，"刑名"即立法之基础。马王堆帛书《道法》曰：

> 是故天下有事，无不自为形名声号矣。形名已立，声

---

[1] 马王堆汉墓帛书整理小组.经法[M].北京：文物出版社，1976：1.

[2] 王先慎.韩非子集解[M].北京：中华书局，1998：147.

> 号已建，则无所逃迹匿正矣。[1]

由此，中国传统法律以天道作为立法根源，并因此拥有了神圣性。《唐律疏议》曰：

> 夫三才肇位，万象斯分。禀气含灵，人为称首。莫不凭黎元而树司宰，因政教而施刑法。[2]

其又引《易传》云：

> "天垂象，圣人则之"。观雷电而制威刑，睹秋霜而有肃杀，惩其未犯而防其未然，平其徽纆而存乎博爱，盖圣王不获已而用之。[3]

此处，其以"道"为体立法的脉络清晰可见。故此，法律自身也便得以视作大道可以被理性认知的存在形式，通过对法的遵守，人类也得以进入天道的和谐秩序之中，进而归根复命。宗教与法律、政治均旨在不同维度上建立秩序，故此都特别重视对于行为乃至思想的规范，此即《道法》所曰："名形已定，

---

[1] 马王堆汉墓帛书整理小组.经法 [M].北京：文物出版社，1976：3.

[2] 长孙无忌，等.故唐律疏议：卷一 [M] // 四部丛刊三编：史部，上海：商务印书馆，1935：1.

[3] 长孙无忌，等.故唐律疏议：卷一 [M] // 四部丛刊三编：史部，上海：商务印书馆，1935：4.

物自为正。"[1] 故此，结合上言的"道生法"概念，科律成为盟威道教法的重要组成部分，与其说是对于世俗法律的"模拟"，倒不如说是回到了世俗法律的神圣本源。

按《内解经》所言，天师"承受太上真经，制科律积一十六年"，此即天师作为"执道者"，据鹤鸣山盟约玄义妙理所进行的转译与阐发。故此，在盟威道教法中，盟约与科律是一体之两面。盟约是科律精神的根源，而科律又是盟约的细化成文表达。

2. 界定范畴

天师"制科律积一十六年"之后，方才于鹿堂山与川庙百鬼、太岁将军第二次建立盟约，定立《清约》。如此，《清约》实际是盟威科律的最为集中的体现；就其实际内容而言，《道门科略》中有其最为精要之总结，其曰：

> 盟威法：师不受钱，神不饮食，谓之《清约》。
>
> 千精万灵，一切神祇，皆所废弃，临奉老君、三师，谓之"正教"。

关于《清约》，我们在下一节中还会有更进一步的讨论。但就目前来看，以上的内容实际明确划定了盟威道信仰的主体（摒弃一切血食神祇，仅奉大道），这一如梅瑟于西奈山所受之

---

[1] 马王堆汉墓帛书整理小组.经法 [M].北京：文物出版社，1976: 3.

《十诫》（也即是盟约之约束）：

> 我是上主、你的天主，是我领你出了埃及地、奴隶之所。除我之外，你不可有别的神。（《出谷纪》20：2-3）[1]

其次，《清约》的主要内容还指定了最为基本的仪式（废弃了血食祭祀，由此强调德行以祈福、发露以赎罪）与教团制度（废弃了巫祝阶层，建立非职业化的祭酒队伍）。类似的内容，普遍见于各类的道门科、律之中，成为最为基本的条文。由此，《清约》以及与其相应的科律实际界定了盟威道最为基本的信仰，以及教条。

目前《道藏》中所存与盟威道相关的科律主要有《女青鬼律》《玄都律》以及《太真科》。以此为原点，后世更传有《洞玄灵宝千真科》[2]《洞玄灵宝长夜之府九幽玉匮明真科》[3]《太上九真明科》[4]《高上太真玉帝四极明科》[5]《太上混洞赤文女青诏书天律》[6]《上清骨髓灵文鬼律》[7]。所有这些文献的年代，可能都无法完全上溯至东汉末年，但《女青鬼律》《玄都律》以及《太真

---

[1] 香港思高圣经学会. 圣经 [M]. 北京：中国天主教教务委员会，1992：107.

[2] 洞玄灵宝千真科 [M] // 道藏：第 34 册.

[3] 洞玄灵宝长夜之府九幽玉匮明真科 [M] // 道藏：第 34 册.

[4] 太上九真明科 [M] // 道藏：第 34 册.

[5] 洞真太上太霄琅书 [M] // 道藏：第 33 册.

[6] 道法会元：卷 251-252 [M] // 道藏：第 30 册.

[7] 上清骨髓灵文鬼律 [M] // 道藏：第 6 册.

科》中一些条文极可能有其三国时期之渊源，这是因为其中都有特别关注道民社群生活层面宗教实践的律条、科条。犹太学者罗伯特·塞尔茨（Robert M. Seltzer）认为："律法是一种自愿接受宗教义务的制度，这些宗教义务把民众束为一体，尊奉律法与否决定着其将来的祸福。"[1]此说也适用于初期之盟威道，尊奉大道科律不仅仅能够为道民带来现世的救护与后世的救度，更在于界定出一个道民的群体；正是因为这一群体，"道"方才得以成为"教"。有关道民社群宗教生活的讨论，可详见第十四节。

3. 约束三界

盟约的建立从来都是对立约双方（或多方）的约束，在鹿堂山《清约》中，三官是证盟者，立约的一方是太岁将军（及川庙百鬼），另一方是由天师所代表的"天民"。由此，《清约》不仅是对巫术禁忌的制约，也是对人类行为的引导。在这里，天师之所以能迫使太岁、百鬼尊奉《清约》，应离不开其所掌握的制鬼之术（东汉栾巴之所以能禁绝淫祀，也是因其"素有道术，能役鬼神"[2]）。由此，永寿二年（156 年）所降的《女青鬼律》似乎是促成永寿三年（157 年）鹿堂山清约的重要前提。《女青鬼律》云：

---

[1] 罗伯特·塞尔茨（Robert M. Seltzer），著. 赵立行等，译. 犹太教的思想 [M]. 上海：上海三联书店，1994：74.
[2] 范晔. 后汉书志 [M]. 北京：中华书局，1965：1841.

> （永寿）二年七月七日中时，下此鬼律八卷，纪天下
> 鬼神姓名吉凶之术，以敕天师张道陵，使敕鬼神，不得妄
> 转东西南北。[1]

《女青鬼律》降授的时间正好处于鹤鸣山盟约之后的"制科律积一十六年"之中，则《女青鬼律》《清约》均可被视作是鹤鸣山盟约在不同层面的彰显与应用。

目前《正统道藏》所收的《女青鬼律》共有六卷，其中一部分为老君传于天师的制鬼之法，另一部分则包含了针对"天民"（道民）的二十二条"道律禁忌"。我们同意黎志添教授的看法，现存所见的《女青鬼律》并非用于死后的救度仪式，而是用以规范信徒的行为，并赋予天师与祭酒制鬼的能力[2]。由此，《女青鬼律》乃是与《清约》基础思想相契，通行于人、鬼神两界的律法，而这也恰恰正吻合了"律"字本身所含有的普世规律之内涵。《女青鬼律》的这种冥阳双行的特质直接体现在了后出的《太上混洞赤文女青诏书天律》以及《北阴酆都太玄制魔黑律》之中。道教史中最后一位精于科律之学的高道是清初姑苏穹窿山施铁竹（名道渊，字亮生）真人，他作为"执道者"对《赤文天律》进行了合乎时宜的编订，并将其收

---

[1] 女青鬼律［M］// 道藏：第 18 册，293.

[2] 黎志添，《女青鬼律》与早期天师道地下世界的官僚化问题，收入 黎志添编《道教研究与中国宗教文化》（香港：中华书局，2003）.

入《穹窿山志》之中。[1]

4. 量化惩罚

《女青鬼律》曰：

> 太清玄元上三天太上，《律》敕天地水官主者：皇天
> 初生，唯神为尊。今世愦愦，邪乱纷纷，不见真神，唯鬼
> 乱人。今当纪别鬼名，定立三五神以治鬼。[2]

如此则三官不仅是鹿堂山盟约的证盟者，也是《鬼律》的司法者；其所谓的"盟神之威"实际转化为了更为系统的《鬼律》的力量。道民通过在三会日投词、缴纳命米、建立盟约、更新命籍，也便进入了由三官所维护的科律的庇护与约束之下。故此，在盟文中"一旦违犯，坐见中伤"的自我诅誓之后，紧随以"一如盟科律令"。盟约与科律在此处被并置，对于科律的重申，即是唤起三官"盟神之威"，以此来赋予以上盟约以神圣效力。随着这一自我诅誓的生效，受度弟子本人也随即获得了执掌箓中吏兵的权柄，但同时也随时为天曹所稽查。盟约、科律一方面赋予其权利，另一方面又施加约束，乃是一对共生的关系。一如应劭所言：

---

[1] 施道渊. 穹窿山志：卷三 [M] // 故宫博物院编. 故宫珍本丛刊：第 267
　　册，海口：海南出版社，2001：124-130.
[2] 女青鬼律 [M] // 道藏：第 18 册，242.

夫吏者，治也。当先自正，然后正人。故文书下"如
律令"，言当承宪履绳，动不失律令也。[1]

此言对于箓生、祭酒同样有效，其在奉行道法，诵念"如律
令"之时，仍需时刻内省身心；若身心不正者，非但其律令不
行，且亦为律令所绳。

按《四极明科》曰："律以制罪，科以检非。"[2] 盟威科律具
有惩罚的性质，这首先体现在违犯者自身寿算的减除（灾异、
瘟疫、战乱等也被认为是天道惩罚人类的方式），如罪过积深
则殃及违反者之后世子孙。《玄都律》曰：

人身中常有神，随时上天曹白人善恶。

人满百二十过为一病；病者，令人多凶少利。

百八十过为一耗；耗者，六畜不蕃。

一百九十过为一漏；漏者，善致疾病。

五百三十过为一凶；凶者，破胎伤子。

七百二十过为一吹；吹者，无男多女。

九百二十过为一殃；殃者，喑哑聋盲。

千八觔十过为一祸，祸者，暴夭死亡。

千二百过为一残，残者，出逆乱之人。

[1] 应劭，王利器.风俗通义校注 [M].北京：中华书局，1981：584.

[2] 太真玉帝四极明科经：卷五 [M] // 道藏：第 3 册，443.

千二百六十过为一咎；咎者，绝嗣无子侄。

千四百过为一基；基者，殃流于五世。

千六百二十过为一谪；谪者，断无后嗣。

千八百过为一患；患者，主为奴婢。

千九百八十过为一横；横者，出颠病狂痴。

二千一百七十过为一暴；暴者，家出兵刃逆死。

二千三百四十过为一虐；虐者，家出反逆，父子兄弟
自相攻伐。

二千五百二十过为一曾；曾者，家出死肥恶病。

二千七百过为一害；害者，家出男觋女巫。

二千八百过为一灾；灾者，家出骨肉中内乱淫悖。

二千九百二十过为一暴；暴者，家出癃残。

三千四十过为一变；变者，家出讼狱死，门户诛族。

三千四百二十过为一悖；悖者，家出都市乞丐，人既
死，骸骨弃捐。

三千六百过却为一病；病者，满定应死者也。[1]

如此可见，盟威道的科律也秉承了《太平经》中的"承负"观念，其一如《周易》所言：

积善之家，必有余庆；积不善之家，必有余殃。臣弑

---

[1] 至言总：卷五[M] // 道藏：第 22 册，868–869.

> 其君，子弑其父，非一朝一夕之故，其所由来者渐矣，由
> 辩之不早辩也。[1]

在历史上，这种行善增寿益家、行恶减寿损家的观念，第一次
以依托科律条目的方式，量化地、细致地开列出来。故盟威科
律不仅是禁鬼之法，更是道民宗教生活的准则。成文法形式的
书面表达使得基层祭酒与道民们皆有所依止。再以《玄都律》
为例，其又曰：

> 律曰：道士、女官、主者，诛罚邪伪，清宁四海，受
> 民以礼，养育群生，三会吉日，质对天官，教化愚俗，布
> 散功德，使人鬼相应。而比者众官烹杀畜生，以供厨会，
> 不合冥法。杀生求生，去生远矣。犯者殃及后世，主者罚
> 算一纪。
>
> 律曰：男官、女官主者、箓生，安靖于天德者，甲乙
> 丙丁地。治有品第：民家靖广八尺，长一丈；中治广一丈
> 二尺，长一丈四尺；大治广一丈六尺，长一丈八尺。面户
> 向东，炉安中央。违治则罚算一纪，按如盟威律论法也。[2]

这两条律文以"律曰"起始，以"罚算"结尾。前一条言明
了盟威道的根本精神，并由此提出了举行厨会不应杀生食肉

---

[1] 王弼. 周易注 [M]. 北京：中华书局，2011：19.

[2] 玄都律文 [M] // 道藏：第 3 册，460.

（因古时聚餐食肉往往是祭祀之后的宴饮，详见第十四节"厨会"），这是澄清义理之律条。后一条则明确地对祭酒与道民所拥有的神圣空间营造做出了规定，这是从统一教团制度角度出发的律条。第二条结尾之"按如盟威律论法也"亦在别条中写作"一如盟约信受奉行"[1]"修持如法，生死俱仙，一如盟科律令"[2]"一如盟文天官律令"[3]等等，它们都表达了同一个精神，即"诸所禁戒，皆如盟文"[4]。

（二）道戒

1. 戒与律之别

道门科律源自法家精神的律令，其自然也继承法家重罚的实践道路，故曰"行失次第，动入罪乡"[5]。按《洞玄灵宝玄门大义》云：

> 律者，终出戒中，无更别目，多论罪报宪法之科，如天师老君《玄都律》《女青》等律是也。斯则戒主于因，律主于果；戒论防恶，律论与罪故也。[6]

如此，则"戒"与"律"之本质相同，只不过"戒"倾向于

---

[1] 高上大洞文昌司禄紫阳宝箓 [M] // 道藏：第 28 册，511.
[2] 上清洞真天宝大洞三景宝箓 [M] // 道藏：第 34 册，101.
[3] 上清大洞三景玉清隐书诀箓 [M] // 道藏：第 34 册，127.
[4] 洞真太上太霄琅书 [M] // 道藏：第 33 册，658.
[5] 太真玉帝四极明科经：卷五 [M] // 道藏：第 3 册，443.
[6] 洞玄灵宝玄门大义 [M] // 道藏：第 24 册，738.

在"因"的层面杜绝恶性, 而"律"则偏重于"罚"(或依据"罚"的威慑来杜绝"因")。相比科律的"惩罚性", 道戒则更具有"教育性"。

2. 神圣起源

按"戒"通"诫",《说文解字》曰:"戒, 敕也"[1]; 其最初见于周王册封典礼中的"诫命", 乃是赋予权、责的重要附加条件, 也即是对于权利的一种约束。此外, 在《尚书》中,"戒"也被作为圣贤或君王的告诫, 如《大禹谟》云:

> 禹曰:"惠迪吉, 从逆凶, 惟影响。"
>
> 益曰:"吁! 戒哉! 儆戒无虞, 罔失法度。罔游于逸, 罔淫于乐。任贤勿贰, 去邪勿疑, 疑谋勿成, 百志惟熙。罔违道以干百姓之誉, 罔咈百姓以从己之欲。无怠无荒, 四夷来王。"[2]

此处, 大禹向舜王的精炼陈述, 被伯益扩展为以"罔"与"勿"为起始的八条告诫。同样的内容在《五子之歌》中被以"皇祖有训""训有之"[3]带出, 则知"戒 / 诫"与"训"之义相近。与此同时, 我们也见到,"戒"在东周时期, 也可以是圣

---

[1] 许慎. 说文解字 [M]. 北京: 中华书局, 2020: 76.

[2] 孔颖达, 孔安国. 尚书正义 [M]. 上海: 上海古籍出版社, 2007: 125.

[3] 孔颖达, 孔安国. 尚书正义 [M]. 上海: 上海古籍出版社, 2007: 264-265.

贤对于当权者的劝诫。子曰:

> 君子有三戒:"少之时,血气未定,戒之在色;及其
> 壮也,血气方刚,戒之在斗;及其老也,血气既衰,戒之
> 在得。"(《论语·季氏》)

在《季氏》中,"三戒"与"三愆""三畏""九思"相平行,孔子最后指出"不学诗,无以言""不学礼,无以立"。如此,"戒"的范畴也从"治国"延展到了"修身",这与后世道教中的戒已经非常相近了[1]。正是由于这些特性,佛教传入后,更将其毗奈耶(vinaya)翻译为"戒",用以融汇中土固有的"训诫""告诫""诫敕"观念。

从较宽的角度来说,盟威道之"戒"与"律"相仿,也起源于鹤鸣山之盟约,盖因其乃是自"经"中推衍而出。我们此前在对于盟约的讨论中,曾经提及,盟约是大道的玄义妙理日夜不断向外涌出的源头,而随着其逐渐向外流出,玄义妙理也以不同的形式次第延展、打开,成为能够被人类所理解的话语,以及落实于日常生活中之准则。早在《祭酒张普石刻》[2]中,授度仪式便以祭酒向盟生传授"微经十二卷"为主要形

---

[1] 类似者还有秦彭之"四戒",以及"女戒七篇"。参见《后汉书·循吏列传》《后汉书·列女传》。

[2] 《祭酒张普石刻》:熹平二年(173年)三月一日,天卒鬼兵胡九□□,仙历道成,玄施延命,道正一元,布于伯气,定召祭酒张普,萌生赵广、王盛、黄长、杨奉等,诣受微经十二卷。祭酒约施天师道法无极耳。

式，如《典略》所云："主以《老子五千文》，使都习。"[1]《内解经》亦言：天师"承受太上真经，制科律积一十六年"（从这个角度来看，科律也可以系经中所得）。至迟在汉中时期，《道德经》所衍发的《想尔注》成为盟威道教法中的核心经典[2]；根据学界共识，《想尔注》中所言道戒即《想尔戒》[3]，故而《注》又衍生出了《想尔戒》。由此，经、注、戒，次第展开[4]，大道的玄义妙理也由此得以落实于对于行为的实际指导之中。故饶选堂先生言："（《想尔戒》）既与《想尔经注》吻合，且行戒词句简质，今与写卷相较，亦具了然。则此'行戒'与《想尔经注》当具为一事。"[5] 由此，戒出于经，经因与大道立盟而传授；总而言之，道戒之源头，不过是大道因凭盟约之显化。

饶选堂先生又言："（《想尔戒》）乃天师道早期之戒条，即自《道德经》摄取要义而成，尚无渗入佛家戒律之痕迹。"[6] 有

---

[1] 陈寿．三国志［M］．卷八，页 264.

[2] 饶宗颐．老子想尔注校证［M］．香港：中华书局，2015：8.

[3] 参见：饶宗颐．老子想尔注校证［M］．中华书局（香港），2015：123-125. 以及：祁泰履（Terry F.Kleeman），*Celestial Masters: History and Ritual in Early Daoist Communities* (Cambridge, Massachusetts: Harvard University Asia Center, 2016), 91.

[4] 谭世骧先生认为《注》从《戒》而出，饶宗颐先生则认为《注》《戒》同自《经》出，当是。饶宗颐．老子想尔注校证［M］．香港：中华书局，2015：125.

[5] 饶宗颐先生引谭世骧先生语。饶宗颐．老子想尔注校证［M］．中华书局（香港），2015：124-125.

[6] 饶宗颐先生引谭世骧先生语。饶宗颐．老子想尔注校证［M］．中华书局（香港），2015：125.

鉴于此，我们先谨就《想尔戒》之要义稍作讨论。

3.《想尔戒》中的"戒"与"行"

我们在第八节中已经提及，谢罪、行善是祈求福佑与生命超越的重要前提。但是，虽然说行善并不困难，但应以什么样的标准来行善，又如何去不做那些恶事呢？止恶与行善，又该如何更系统地来实践呢？《想尔戒》共三十六条，其分为《想尔九戒》与《想尔二十七戒》两组。所谓《九戒》乃是"九行"，即积极的"应做"之事，《二十七戒》则为消极的"不应做"之事。它们"彰显了天地之间的顺正与邪逆、福报与祸端、功绩与过错之间的分际，好让道民能够清楚地分辨并且加以遵循"[1]。另一方面，也是更重要的，就是建立一套全新的价值观与生活方式。由此，"信道守戒"就成为一名道民、箓生宗教生活的核心。在《想尔注》的残卷中，关于"戒"的论述多达 45 处，我们稍微列举几例，用以理解"戒"在盟威道教法中的定位：

- 道至尊，微而隐，无状貌形像也。但可从其戒，不可见知也。(《十四章》)
- 人欲举动，勿违道戒，不可得伤王气。(《第八章》)
- 诚为渊，道犹水，人犹鱼，鱼失渊去水则死；人不行诚守道，道去则死。(《三十六章》)

---

[1] 张超然 . 正一盟威：天师道基本信仰及教条 . 道教科仪教材 . 未刊稿 .

● 欲求仙寿天福，要在信道、守诚、守信，不为贰过。（《二十四章》）

由上所见，"戒"是得以感知、体会、把握、顺从乃至返回大道的重要方式，这一点与"律"相似，均是大道玄义妙理之向外显化（《十四章》）。其次，在身体层面，守戒等同于守道，违反道戒就会使得大道离开人的身体，并导致死亡，是为失道（《第八章》《三十六章》）。最后，也最为重要的是，守戒被视作追求现世生命幸福与生命超越的方式（《二十四章》）。

4.《想尔戒》"一正三反"的戒条结构

我们通过仔细比对上述两组戒文的内容，基本可以确定它们是由"行善"与"止恶"两组完全对应的内容组成，《二十七戒》中每三条"勿"对应《九戒》中的一条"行"（详见下表）。因此，两组戒文最后的总结都能够与我们上文所言的三段式对照，即："上、中、下士"，对应"神仙、倍寿、不横夭"。这一正三反的两组戒文，基本将一位普通道民的生活进行了全面的覆盖，道民则能够利用这种三段式对自己的宗教生活状态时时进行评估与反省（从这一点看，近似于《功过格》）。谨就道教的戒律来看，如同《想尔戒》一般系统且严整的戒律仅此一种，其背后的结构性与条理性都表明，盟威道拥有自圆、自洽且充足的一整套教法。

《想尔戒》中重复地强调"尊卑通行""尊卑同科"，我们在这背后看到了"不分贵贱，一断于法"的法家精神，而在其深处则是老庄的道家精神。正是通过将尊卑纳入同一道德化的戒律体系中，盟威道才得以完成其平等、普世的集体性生命救度。这与"礼不下庶人，刑不上大夫"[1] 的儒家礼法针锋相对。

从另一方面来说，以戒律指导日常的道德伦理生活也是与儒家"人性本善"的对立，其实也便是"礼"与"法"之间的对立，是"人性恶"与"人性善"的对立。但盟威道的态度是中和的，这从"一正三反"的戒条结构中便可管窥："行"的部分对应了人性中的善，而其"戒"则对应了恶，这里实际暗含了道家哲学中阴阳相互制衡的玄妙意趣。盟约的意义便是扬善抑恶。道德即是盟约的本体内涵，而盟约则是道德的外在展现 [2]。

《道德尊经想尔戒》三十六条

《想尔二十七戒》 此二十七戒，二篇共合为道渊，尊卑通行。上备者神仙；持十八戒倍寿；九戒者增年不横夭。		《想尔九戒》 此九行，二篇八十一章，集会为道舍，尊卑同科。备上行者神仙；六行者倍寿；三行者增年不横夭。	
此上最九戒	戒勿喜邪　喜与怒同	行无为	此上最三行
	戒勿费用精气		
	戒勿伤王气		
	戒勿食含血之物　乐其美味	行柔弱	
	戒勿慕功名		
	戒勿为伪彼　指形名道		

---

[1] 孙希旦 . 礼记集解 [M]. 北京：中华书局，1989：81-82.

[2] 刘云生 . 中国古代契约法 [M]. 西南师范大学出版社，2000：8-9.

续　表

<table>
<tr><th colspan="2">《想尔二十七戒》</th><th colspan="2">《想尔九戒》</th></tr>
<tr><td rowspan="3">此上最九戒</td><td>戒勿忘道法</td><td rowspan="3">行守雌　勿先动</td><td rowspan="3">此上最三行</td></tr>
<tr><td>戒勿为试动</td></tr>
<tr><td>戒勿杀言杀</td></tr>
<tr><td rowspan="9">此中最九戒</td><td>戒勿学邪文</td><td rowspan="3">行无名</td><td rowspan="9">此中最三行</td></tr>
<tr><td>戒勿贪高荣强求</td></tr>
<tr><td>戒勿求名誉</td></tr>
<tr><td>戒勿为耳目口所误</td><td rowspan="3">行清静</td></tr>
<tr><td>戒常当处谦下</td></tr>
<tr><td>戒勿轻躁</td></tr>
<tr><td>戒举事当详　心勿惚恫</td><td rowspan="3">行诸善</td></tr>
<tr><td>戒勿恣身　好衣美食</td></tr>
<tr><td>戒勿盈溢</td></tr>
<tr><td rowspan="9">此下最九戒</td><td>戒勿以贫贱强求富贵</td><td rowspan="3">行无欲</td><td rowspan="9">此下最三行</td></tr>
<tr><td>戒勿为诸恶</td></tr>
<tr><td>戒勿多忌讳</td></tr>
<tr><td>戒勿祷祀鬼神</td><td rowspan="3">行知止足</td></tr>
<tr><td>戒勿强梁</td></tr>
<tr><td>戒勿自是</td></tr>
<tr><td>戒勿与人争曲直
得诤先避之</td><td rowspan="3">行推让</td></tr>
<tr><td>戒勿称圣名大</td></tr>
<tr><td>戒勿乐兵</td></tr>
</table>

二、事道

（一）词意

人类通过归心委质于道而得以进入盟约之中，并逐渐从对自然的恐惧中解放，"以道为家"[1]，这也便是"事道"的起点。在道经中"事道"与"奉道"几乎同义，但后者往往更容易在当代语境中理解为"信奉"而非体现在心理与行为两个层面的"事奉"。故此，在本书中，笔者选择使用"事道"一词。按照增渊龙夫教授的总结，"'事'表示所有的通过劳作自己的身体做工作的事，也包含了作为职业的每日营生。"[2]《论语·颜渊篇》云：

> 樊迟从游于舞雩之下，曰："敢问崇德、修慝、辨惑。"子曰："善哉问！先事后得，非崇德与？……"

这里的意思是：樊迟请问孔子如何"修德"，孔子说："先奉献，后收获，这不就是提高品德吗？"事实上，孔子所言非虚，这也正是事道者在立盟之初所得到的宗教承诺。也即是孔安国所注曰："先事劳，然后得报。"我们稍后还会看到，生产劳动乃是盟威道特有的"事道"方式。劳动，只有劳动才是事道的必由之路。

---

[1] 女青鬼律 [M] // 道藏：第 18 册，249.

[2] 增渊龙夫 . 中国古代的社会与国家 [M] . 上海：上海古籍出版社，2017：98.

在早期道经中，"事道"有宽泛与具象两种理解方式：其
一，在宽泛的层面，"事道"泛指祭酒、箓生日常的宗教实践，
其近似于职业。如《老君音诵戒经》云：

> 世间有承先父祖事道，自作一法，家宅香火。[1]

其二，在具象层面，"事道"借用了"事君"的修辞方法。如
《洞真太上太霄琅书》云：

> 或奉神不精，事道不专，杂信魔俗，邪气相缠；或争
> 事俗神，烹宰杀害……[2]

则知"事"为动词，为事奉、服侍（to serve）之意，事道即
是将大道视作君主，也即是"虚皇"而臣事之。由此，"事道"
与"委质"等概念相互关联，构建了一整套以"虚皇"为中心
的，带有职官色彩的词汇群。按《礼记·礼运》曰：

> 仕于公曰"臣"，仕于家曰"仆"。[3]

在道教科仪中，事道者以"臣"自称，既是以"公仆"之姿态

---

[1] 老君音诵戒经 [M] // 道藏：第 18 册，214.

[2] 洞真太上太霄琅书 [M] // 道藏：第 33 册，679.

[3] 孙希旦. 礼记集解 [M]. 北京：中华书局，1989：601.

臣事虚皇[1]，也代表了对于大道的依附。

大道虚无自然，是万化之源，故此，"事道"绝非是像事奉俗神那般奉献酒食、乐舞（一如生人的需求）。作为慈母，大道对于人类唯一的需求便是其能够返本还原，归根复命。因此，所谓"事道"实际并不关乎"道"，而关乎"己"，事道即是事人，正如《大道家令戒》所言：

> 道在一身之中。[2]

如果我们以上的推论可靠，则宽泛层面上的"事道"可被理解为一切与寻求生命超越相关的宗教实践，基本等同于"修行"。由此，"事道"也便包含了多种不同层面的内容。大致来看，也许可以分为"内业"与"外业"之别[3]。下面，我们将文本的考察范围稍微延展至六朝上清、灵宝经籍[4]，以更多角度地理解"事道"的含义。

（二）事道之内业

1. 内业最初层面：首过

在内业的最初层面，"事道"即是悔过。按《太清真人络

---

[1] 大道至公，绝无家臣，宋元雷法之"家书"乃以法派祖师为中心。

[2] 正一法文天师教戒科经: 大道家令戒 [M] // 道藏: 第 18 册, 237.

[3] "内业"之称见于《管子》，专指先秦道家内修之法。"外业"见于《洞玄灵宝道学科仪》："修理外业，以兼外礼"。笔者在此处借用这两个词汇来称谓心神与身形两个层面的道教宗教实践。

[4] 近年来的道教学研究已经充分表明，上清、灵宝两大经派皆以盟威道作为其宗教信仰、义理以及实践的基础，因此共享大量的概念与词汇。

命诀》云：

> 夫欲事道之法，当先首服罪过，当启白赦除，悔过自
> 正，改恶从善。[1]

首过谢罪是入道之基，道门内所有的斋法无不是以谢罪作为其
仪式核心，故《敷斋颂》曰："道以斋为先，勤行登金阙"。[2]
有关谢罪、修斋之法，我们将在第十四、二十节中具体探讨，
兹不展开。

2. 内业第二层面：念道

在内业的第二层面，"事道"并非一时一地之事，而是意
味着人在心念层面与大道所保持的时时刻刻的联结（符契），
由此，事道隐含了一层对于大道之爱慕的深义。大道是万化之
慈母，她殷切地期盼人类的复归。反观人类，往往只会在遭受
打击、威胁与惊慌时为了寻求一时之庇护而逃回家中，家更
像是一个来来往往的旅店。但是，大道同时也是赏罚分明的
君王，有着坚定的奖惩原则，她只对那些真心实意回头的子
女敞开大门，她所希望的是人类全身心的、永恒的回归与团
聚，即"归命大道"。[3] 由此，离家在外的子女要与母亲时刻
保持联系，慢慢调转人生，由此开启回家的旅程；这种全身心

---

[1] 太清真人络命诀 [M] // 道藏：第 2 册，871.
[2] 玉音法事 [M] // 道藏：第 11 册，141.
[3] 太上老君戒经 [M] // 道藏：第 18 册，207.

的联系（符契）在道经中被称为"念道"或"思道"。《大道家令戒》云：

> 子念道，道念子；子不念道，道不念子也……念为真正，道即爱子，子不念道，道即远子，卒近灾害，慎无复悔。[1]

又《神仙图》曰：

> 子常念道，道亦念子。忧患思道，疾病思道，贫贱思道，穷困思道，富贵思道，饮食思道，入山泽思道，涉河海思道，外起思道，常行思道，道与子并。[2]

此外，在《老子中经》中，其也有"如母念子，子亦念母"[3]的表述。在《女青鬼律》中，"念"与"信"被平行使用，其曰：

> 天师曰："视天下男女，日用不忠，行善不报，灾害日兴。天考鬼贼，五毒流行，皆生于不信不念。"

此处的"不信"应对应了《大道家令戒》中频繁出现的"不信道"，如其曰：

[1] 正一法文天师教戒科经：大道家令戒 [M] // 道藏：第 18 册，236.
[2] 显道经 [M] // 道藏：第 18 册，649.
[3] 老子中经 [M] // 道藏：第 27 册，143.

> 日一日，月一月，岁一岁，贪纵口腹，放恣耳目，不
> 信道，死者万数，可不痛哉！

可见，"念道"乃是"信道"的进一步延伸，是一种心神层面
的实践。

在中国古代文学中，"思""念"实有爱慕之意。由此可
见，对于大道的奉事必以"爱道"为前提，正是出于这种爱，
我们才能够有真诚的意志开启归根复命之路。此正如《定志通
微经》所云：

> 能爱道者，道亦爱之。得道爱者，始是返真。[1]

这种在举手投足之间与万物造化之母共生共存的思想在上清经
中也被进一步详细扩充，这尤其体现在《洞真高上玉帝大洞雌
一玉检五老宝经》所载《玄母八间》，也即是八条祈愿类型的
祝文，其分别以"生""存""保""食""饮""息""寝""游"
等八个方面表达了与"玄母"（即"大道"）融为一体的祈愿。
其简要篇目曰：

> 愿玄母：
> 与我俱生于生炁之间，

---

[1] 太上洞玄灵宝智慧定志通微经 [M] // 道藏：第 5 册，889.

> 与我俱存于日月之间，
>
> 与我俱保于九天之间，
>
> 与我俱食于自然之间，
>
> 与我俱饮于鲍河之间，
>
> 与我俱息于玉真之间，
>
> 与我俱寝于仙堂之间，
>
> 与我俱游于三玄之间。[1]

上清家在其呼吸坐卧之间持续地诵念这一祝文，而通过这一仪式行为，她/他的生命、生活的每一个瞬间便也得以被圣化，并与大道（玄母）所共享，进而两者融合为一共同体。由此，"念道"实际也即等于"存道"，人们在念及大道之时，便实际与大道同存于一处，融合于一处。

灵宝经中的"念道"明确具有"愿念"的含义，如在《元始五老赤书玉篇真文天书经》中，"愿念"与"念道"具有近似的含义，均与奉行灵宝斋有关，其曰：

> 其日有修奉灵宝真经，烧香行道，斋戒愿念，不犯禁忌，则司命、长生司马，注上生簿，延算益命，勑下地官营卫佑护，列为善民。
>
> 其日……能修斋奉戒，思仙念道，为太一所举言，书

---

[1] 洞真高上玉帝大洞雌一玉检五老宝经 [M] // 道藏：第 33 册，387-388.

名仙簿，得为真人。

结合本经下文来看，这里的"念道"除了宽泛的"思道""爱道"外，很有可能也即是所谓的"一十二念"，其曰：

> 众真修斋奉戒，朝礼天文，有一十二念：
>
> 一念精进苦行，不犯经戒，每事尊法。
>
> ……
>
> 十二念使鬼役神，收摄邪奸，天人无害，普离众恶，三灾九厄，十苦八难，克获上仙，白日升天，仙度之后，与道念同。

这里出现了一种有趣的文字游戏，一方面"十二念"本身与后世常见的"十二愿"十分类似，具有一种"祈祷"的含义，因此被称作"愿念"。但另一方面，"念道"的最终内容实际是"与道念同"（如果文本本身无误的话），这又再一次指向了与大道相融合。

如果以上有关"念道"的讨论可靠的话，则"念道"这一概念至少在六朝时期便具有了较为多元的理解可能，其可能是思道、爱道、存道，也可能是向大道祈求最终相契。

3. 内业第三层面：契道

如果说第一层面"谢罪"旨在发现自己心中"负面"的"恶"；第二层面"念道"旨在升起心中"正面"的"爱"；那

么第三层面则是更为内化且抽象的修炼，旨在灭去有善、恶之别的"心"。盟威道自初期便提倡《黄庭经》《妙真经》等内修经法[1]。诚然，其与后世的"思神炼液""回光返照"是不同方式的内修之法，但其宗旨均在于收摄形神，近乎忘我又忘无可忘之境。故徽宗曰：

> 事道者，忘心于道。[2]

王雱亦曰"事无事"即"事道也"。[3]"忘心于道"是事道的最高层面，也是最内层面，其意味着将自我融入终极的大道，也即是盟约的最高体现：与大道相符契，即"契道"。董思靖曰：

> 息心而契道。[4]

《大道论》亦曰：

> 习道之士，灭心则契道。[5]

---

[1] 正一法文天师教戒科经：大道家令戒 [M] // 道藏：第 18 册，237.

[2] 宋徽宗道德真经解义 [M] // 道藏：第 11 册，907.

[3] 道德真经集注 [M] // 道藏：第 13 册，85.

[4] 洞玄灵宝自然九天生神章经解义 [M] // 道藏：第 6 册，398.

[5] 周固朴．大道论 [M] // 道藏：第 22 册，903.

在这里，"息心"与"灭心"都可以被视作一种象征意义上的"死亡"（参见第十节"死后复生"）。事道者通过将自己的心息灭而使自我得以融入大道之中，并以此作为对于大道的事奉。如果回到最初的仪式层面，《清约》旨在废除动物的献祭，并引导事道者将自我献与至大至高至玄的大道。这种自我献祭在"母子"的象征中，也被视作归家之路。

（三）事道之外业

1. 外业最初层面：奉戒

盟威道教法不仅仅依靠精神上的信仰，事道也包含着更为外在的身体层面的实践方式，我们此处将其谓之"外业"。在外业的最初层面，"事道"即是守戒。在《想尔注》中，"信道""奉道"常与"守戒""奉戒"联用，则知守戒亦为奉（事）道之法。奉（守）戒亦有狭义与广义两解。首先，狭义的守戒当然指的是"止恶"，这恰恰与内业的最初层面"首过"之法相呼应，形成一对有机的整体。

在广义的层面，奉戒也意味着行善。我们将在第十三节中看到，盟威道的基本戒律《道德尊经想尔戒》实际包含了"止恶""行善"两部分。按《天师教戒科经》所言：

> 奉道但当积修功德，谦让行仁义，柔弱行诸善，清正无为。[1]

---

[1] 正一法文天师教戒科经：大道家令戒 [M] // 道藏：第 18 册，235.

以行善来祈福、求仙的观念，在天师立教之前就已经出现 [1]，但将其具体落实为可以被逐条认知并遵守的教戒，则应当是盟威道之首创（此指在中国文化传统内）[2]。

2. 外业第二层面：朝真

外业的第二层面，即是以"臣"的身份，通过仪式来事道。在盟威道教法中，道民每日入靖的"朝真仪"均系从帝制职官制度转化、提升而来。所不同的是，首先，盟威道所事者为虚皇，而非皇帝；其次，盟威道仪式的功能在于宗教意义上的修身、平气，而非传统的政治神学范畴（我们将在第十二节中详细剖析）。我们此处还应注意，朝真仪是道民每日晨、昏所必行的"功课"，这实际意味着道民得以通过有节律的仪式来使得自己始终与大道保持关联、符契；这恰恰与内业第二层面之"念道"相互呼应。

3. 外业第三层面：事民

外业的第三层面，即是在生活中广泛地参与由天师所倡导的"平气"与"治民"。正如我们在上一节所讨论的，盟威道的"治民"不同于传统政治话语中的治民，其目的是在于"布散道德""广行救度"，而这其中包含了大量的社会性公共责

---

[1] 饶宗颐. 老子想尔注校证 [M]. 香港：中华书局，2015：65-66.

[2] 许多学者曾认为道教的戒律深受佛教的影响，但随着对于早期道教研究的深入，大家已经意识到道教最早的戒与佛教的戒并无关联。饶选堂（宗颐）先生言："《想尔·九戒》乃天师道早期之戒条，即自《道德经》摄取要义而成，尚无渗入佛家戒律之痕迹。"饶宗颐. 老子想尔注校证 [M]. 香港：中华书局，2015：125.

任。简言之，大道欲令天师分气治民，而道民（尤其是道民中的祭酒、箓生）的责任便是一方面积极地参与集体的公共性仪式生活，另一方面"扶助天师""拯拔一切"（详见下文"治民"）。从这一层面来看，外业"治民"也与内业"契道"一样，以自我牺牲、自我奉献作为最高之境界。所不同的是，所谓的"治民"乃是"事民"，而非"事己"。但是，正如我们之前所说，"道在一身之中"，因此道也在万民之中，事民即是事道。将自己通过奉献的方式向外融入万民之中，这与身中之道的内在性相契看似南辕北辙，实则殊途同归。我们在第十四节中将会看到，事道者通过不断内化的"去自我中心"（息心），得以调整自身与家庭、群体乃至于自然的对立关系，最终与包罗天地的造物者同俦。由此，雷锋所言："把有限的生命投入到无限的为人民服务之中"[1]，诚为事民契道之言。

（四）信行并举、内外混融

在《想尔注》中，"信道"与"行道""守道"常常互文，这些看似平行又随机的替换使用实际说明了一个深刻的问题，即："信"与"行"之间，并没有本质的区别，所谓的"信"必须依托"行"来实现，而所谓的"行"也必须以"信"作为引导。所以"信道"除了心理上的认同、确信与依赖，更还有行为上的实践意义，即"行道"。这也就是"三归"中所谓的

---

[1] 雷锋.雷锋日记（1959-1962）[M].北京：解放军文艺出版社，1963：04，59.

"归神""归身"。"归神"与"归身"同时存在于"内业"与"外业"的每一层面之中。换言之，"事道"需要道民的神、形在"信""行"双层面的符契。

我们已经在上文中看到，事道的内业与外业拥有三层递进式的对应关系，前者步步向内，后者层层向外，但却又紧密相扣（见下表）。通过这种内业、外业的并举，身形与身心被统一、混融到了一起，时时刻刻与大道相联，道民的生活也因此被圣化，从原来的"从手到口"的世俗生活，转化为仪式化、宗教化的神圣生活。我们将在第十四节进一步地展开这一问题。

事道内业、外业三个层面内容对照表

	内　业	外　业
第一层面	首过：反省恶念	守戒：修善止恶
第二层面	念道：情感关联	朝真：晨昏功课
第三层面	契道：忘心于道	事民：奉献集体

三、治民

（一）词意

"治民"是盟威道义理中至为重要的概念，我们曾在之前的几节中多次提及其与"天命""太平""分气"等观念的紧密关联。"治"作为动词有管理（to govern）之意，作为名词与形容词则有安定、和谐（peace, harmony）之意而与"乱"

（turbulence, chaotic）相对。在中国古代政治中，"天命"与"治民"紧密关联，而盟威道对于"治民"含义的重新赋予直接将其从政治语境中分离，并指向更为形而上的宗教目的：以"分气"为前提的"平气"。治民与平气是同一事件的不同层面，为了更好地理解这一对观念，我们有必要先对中国古代政治与哲学中的治民概念做一梳理。

（二）儒者之治民

在东汉末年盟威道兴起之前，治民一直是政治话语中的核心概念。召公曾言：

> 王厥有成命治民。[1]

此即将天命与治民这一对观念紧密关联起来，但并未言明确切的施治方法。《左传·隐公十一年》云：

> 政以治民，刑以正邪，既无德政，又无威刑，是以及邪。[2]

此即将治民与德政相关联，由此赋予了一层道德伦理的含义。这一倾向在后来的发展中愈发明显，"礼"与"德"逐渐成为

---

[1] 孔颖达，孔安国 . 尚书正义 [M] . 上海：上海古籍出版社，2007：583.
[2] 杨伯峻 . 春秋左传注 [M] . 北京：中华书局，2018：65.

治民之要，《孝经·广要道》曰：

> 移风易俗，莫善于乐。安上治民，莫善于礼。礼者，
> 敬而已矣。[1]

唐明皇注曰：

> 礼所以正君臣、父子之别，明男女、长幼之序，故可
> 以安上化下也。[2]

如此来看，儒家的以"礼"治民，从另一个角度来说就是通过意识形态来稳定一个等级分明的社会。又，《大戴礼记·主言》曰：

> 上敬老则下益孝，上顺齿则下益悌，上乐施则下益
> 谅，上亲贤则下择友，上好德则下不隐，上恶贪则下耻
> 争，上强果则下廉耻，民皆有别，则贞、则正，亦不劳
> 矣，此谓七教。七教者，治民之本也，教定是正矣。[3]

这里所言之"七教"即是《孝经》所言之"礼"，也就是明确

---

[1] 李隆基，邢昺.孝经注疏 [M].上海：上海古籍出版社，2009：62.
[2] 李隆基，邢昺.孝经注疏 [M].上海：上海古籍出版社，2009：62.
[3] 王聘珍.大戴礼记解诂 [M].北京：中华书局，1983：3-4.

"上下"之别。类似的表述还见于《汉书》中王莽所言：

> 伏念圣德纯茂（按：指汉平帝），承天当古，制礼以
> 治民，作乐以移风。[1]

王莽在这里实际为《孝经》做了脚注。由此可见，汉儒所谓的
治民，即是以"礼乐"教化人民。

此外，董仲舒也从反面论证了治民的道德属性，其曰：

> 天道大者，在于阴阳。阳为德，阴为刑。……天之
> 任德不任刑也。……王者承天意以从事，故务德教而省刑
> 罚。刑罚不可任以治世，犹阴之不可任以成岁也。今废先
> 王之德教，独用执法之吏治民，而欲德化被四海，故难成
> 也。是故古之王者莫不以教化为大务，立大学以教于国，
> 设庠序以化于邑。教化已明，习俗已成，天下尝无一人之
> 狱矣。[2]

一方面，董子呼应了《左传》所云"政以治民，刑以正邪"的
二元对立；另一方面，道德与法律被宇宙观化了，成为阳与阴
之对立，并强调以"阳"之德政统摄"阴"之刑法，以道德教

---

[1] 班固．汉书[M]．北京：中华书局，1962：4070.
[2] 班固．汉书[M]．北京：中华书局，1962：1031-1032.

化作为治民的先导。由此，在"礼"的形式之下，乃是"德"在发挥着其核心作用。

（三）墨者之治民

以上先秦两汉儒者所谓之"治民"，要而言之，不外乎"君君，臣臣，父父，子子"（《论语·颜渊》），即通过礼乐加强人民对于阶级社会中自我身份的认同，各安其分，天下乃治。《庄子》提出了与儒家礼乐治民截然不同的观点，即"无为而治"，其《应帝王》曰：

> 游心于淡，合气于漠，顺物自然，而无容私焉，而天下治矣。[1]

《刻意》曰：

> 无仁义而修，无功名而治。[2]

虽然庄子对于治民的思路乃从大道清静无为的本质出发，与儒者的仁义、功名针锋相对，但其叙述的角度乃是秉承了圣人治天下的"自上而下"的角度，至于基层人民如何得"治"，并未过多谈及。若欲考察从基层出发的使民得"治"的论述，我

---

[1] 陈鼓应.庄子今注今译[M].北京：中华书局，1983：215.
[2] 陈鼓应.庄子今注今译[M].北京：中华书局，1983：393.

们势必考察先秦时期唯一一位非贵族出身的思想家墨子及其追随者们的思想。

《墨子·兼爱》中首先提出，圣人如果不能了解天下混乱的原因，便无从使其得治，而乱之真正的起因，是人们"不相爱"[1]。由此，《墨子·兼爱上》曰：

> 故圣人以治天下为事者，恶得不禁恶而劝爱？故天下兼相爱则治，交相恶则乱。故子墨子曰："不可以不劝爱人者，此也。"[2]

天命在于治民，若治民之法在于"兼相爱"，则"兼相爱"即为上天之意愿。故其《天志》又言：

> 顺天意者，兼相爱，交相利，必得赏。反天意者，别相恶，交相贼，必得罚。[3]

由此，墨者的逻辑已经十分清晰，上天拥有令人们"兼相爱，交相利"的意志，而这意志便也是其"命"。承受天命的圣人，也务必以此来履行"治民"的责任。与墨者的观点近似，稷下

---

[1] "不知乱之所自起，则不能治……当察乱何自起？起不相爱。"吴毓江. 墨子校注 [M]. 北京：中华书局，2006：151-152.

[2] 吴毓江. 墨子校注 [M]. 北京：中华书局，2006：152.

[3] 吴毓江. 墨子校注 [M]. 北京：中华书局，2006：289.

道家也提出：

> 爱之、利之、益之、安之，四者道之出。帝王者用之
> 而天下治矣。(《管子·枢言》)[1]

由此，"兼相爱，交相利"的著名口号实际即是墨者为治民而
提出的解决方案，而这也正是后世道教"齐同慈爱，异骨成
亲"[2]的思想根源。

众所周知，墨者的思想向来为儒者所诟病，这种诟病反而
能使我们清楚地了解两家思路之差异，其最著名的批判莫过于
孟子所言：

> 杨氏为我，是无君也；墨氏兼爱，是无父也。无父无
> 君，是禽兽也。[3]

孟子之所以对杨子、墨子如此抗拒，乃是因为此二人分别从个
体与群体的层面打破了儒家所提倡的"礼乐教化"及寓于其中
的家庭、社会观念。孟子所谓"兼爱无父"，并不是因为墨子
反人伦，而是因为其消解了以血缘为纽带的家国关系（对应当

---

[1] 陈鼓应.管子四篇诠释——稷下道家代表作解析[M].北京：商务印书
馆，2006：276.
[2] 灵宝无量度人上品妙经[M]//道藏：第1册，2.
[3] 焦循.孟子正义[M].北京：中华书局，1987：456.

时的周室礼法制度），而这一纽带正是儒家一切价值观建立的基础。但墨者并非没有亲情观念，其所谓"兼爱"乃是将天下之人均当做父亲、兄弟、姊妹一般相爱相亲。如此一来，儒家所希求建立的以血缘为纽带、家族为单位的阶级社会体系被代之以一个推崇平等，相互尊重，互爱互助的社会。

不乏发扬墨者之精神者，《吕氏春秋》中多次且重复地提及了相爱相利的治民哲学，并有意地将其与其他诸子之学相互打通、融合。如《有始览·听言》曰：

> 善不善本于义，［本］于爱，爱利之为道大矣。[1]

这是将互爱互利上升到"道"的层面（《墨子》中"天志"之"天"更接近于具象的"天"，而非抽象的"天道"）。《离俗览·适威》又曰：

> 古之君民者，仁义以治之，爱利以安之，忠信以导之，务除其灾，思致其福。[2]

在这里，儒家的"仁义"被与"爱利"相提并论了。"爱利之心"同时也是君威的凭借，《离俗览·用民》云：

---

[1] 许维遹 . 吕氏春秋集释 [M] . 北京：中华书局，2009：292.
[2] 许维遹 . 吕氏春秋集释 [M] . 北京：中华书局，2009：528.

（威）必有所托，然后可行。恶乎托？托于爱利。爱
利之心谕，威乃可行。威太甚则爱利之心息，爱利之心息
而徒疾行威，身必咎矣，此殷、夏之所以绝也。[1]

也即是说，君威的行使，必以"爱利之心"的彰显作为前提，
且不可过度；否则，因为"爱利之心"消散，他也将失去天
命。由此，《吕氏春秋》似乎是在对墨子将"爱利"等同天命
的暗示进行修正，并非常审慎地补入了威权。以"恩威并重"
的方式履行天命。我们已在此前看到，对于三官盟威的敬重，
正是盟威道的立足之本。

《吕氏春秋》以及后来的《淮南鸿烈》被后世称为"杂
家"，其均意在以"道"贯通诸子，并提出一套有别于儒家，
兼容并蓄的政治哲学。后来的《太平经》以及盟威道均绍续了
这种以"道"统摄"诸子"的治民之道。

（四）《太平经》之治民

虽然墨者突破了血缘与阶级的局限，并提出了"兼相爱，
交相利"的口号，但他只从外部言明此是"天志"，至于人类
因何能够互爱互利，则并未给出根本性的、本体论意义的解
释。其进一步的发展可见于《太平经》中。在《万二千国始火
始气诀》中，录有一段十分重要的陈述，其曰：

---

[1] 许维遹. 吕氏春秋集释[M].北京：中华书局，2009：526.

> 夫道德与人，正天之心也，比若人有心矣，人心善守
> 道，则常与吉；人心恶不守道，则常衰凶矣；心神去，则
> 死亡矣。是故要道与德绝，人死亡，天地亦乱毁矣。故道
> 使天地人本同忧同事，故能迭相生成也；如不得同忧同事，
> 不肯迭相生成也，相忧相利也。故道德连之使同命。是故
> 天地睹人有道德为善，则大喜；见人为恶，则大怒忿忿。[1]

此段经句之玄义甚为丰富，虽然其围绕"三统"的观念展开，
但仍然有必要在此进行进一步阐释。现谨将相关者分条罗列
于下：

第一句言明，"道德"对于人的生命而言，犹如人心一般
重要，故此"心神去，则死亡矣"。这与《想尔注》所云"心
者，规也，中有吉凶善恶。腹者，道囊，气常欲实。心为凶
恶，道去囊空。空者耶入，便煞人。虚去心中凶恶，道来归
之，腹则实矣"[2] 如出一辙。以《想尔注》的角度来理解，"道
德"似乎具有了某种本体论层面的意义，是人生命重要的组成
部分，我们也许可以将其理解为"道气"。

第二句所言，乃是人与外部天地秩序的共生关系，我们将
在下一段"平气"中具体展开（亦参见第三节"天谴"中三统
之说）。

---

[1] 王明.太平经合校 [M].北京：中华书局，1960：374.

[2] 饶宗颐.老子想尔注校证 [M].香港：中华书局，2015：10.

第三、四句是为重点，其言道的存在使得天、地、人成为一个命运共同体，乃"同忧同事"、"迭相生成"。如此，"道德连之使同命"乃是核心思想之所在。由此我们或可推论，《太平经》中所言之"相爱相治"不仅包含了墨者所言人类的"兼相爱，交相利"，更包含了天地层面更宏大的宇宙秩序。因为在《太平经》来看，人间的混乱不仅为祸自身，亦会殃及天地。人与人，人与天地，均是同命相联。为了天地的福祉，人亦需要为善止恶。[1]

既然纵向的天、地、人三才均为同命，那么人群之中的人与人之间，更当是同命。在这里，《太平经》中另外三处内容可做支持：

> 故天之法，常使君、臣、民都同，命同，吉凶同；一职一事失正，即为大凶矣。中古以来，多失治之纲纪，遂相承负，后生者遂得其流灾尤剧，实由君臣民失计，不知深思念善，相爱相通，并力同心，反更相愁苦。(《三合相通诀》)[2]
>
> 天下共一心，无敢复相憎恶者，皆且相爱利，若同父母而生。(《守一人室知神戒》)[3]

---

[1] 在最后一句中，其天地因人之善恶而大喜大怒的想法，直接继承了《墨子·天志》中所言"交得利，必得赏"，"别相恶，必得罚"。但是，《太平经》中给出了天地喜怒的更为内在的原因。

[2] 王明.太平经合校[M].北京：中华书局，1960：151.

[3] 王明.太平经合校[M].北京：中华书局，1960：422.

> 考天地阴阳万物，上下相爱相治，立功成名，使心治
> 一家，使人不复相憎恶，常乐合心同志。(《胞胎阴阳规矩
> 正行消恶图》)[1]

如此来看，正是因为"道气"的共享与贯穿，人类不分阶层皆
为同一父母所生，即是大道。如此，天下之人便似一家之人，
乃是同一命运之共同体。即所谓"命同，吉凶同"。如此，只
有当人类认识到同气、同命之后，才能真正意义上"相爱相
治""合心同志"。

综上所述，墨者超越了儒者的宗族血缘，《太平经》则超
越了人间世界，将天地人三才贯通到了一起，"天人合一"的
思想在这里通过本体论上的探讨得到了进一步的内化，并从帝
王专属延展至每一个人。有了这样的基础，我们才能顺利地理
解盟威道义理中"治民"的确切所指。

（五）盟威道之治民

盟威道起于汉末，然而其治民之思想一方面继承了《太平
经》，另一方面又有了深广的发展。为了方便讨论，我们再选
取部分重要经句罗列于下：

> 《大道家令戒》：道以汉安元年五月一日，于蜀郡临邛
> 县渠停赤石城造出正一盟威之道，与天地券要，立二十四

---

[1] 王明. 太平经合校 [M]. 北京：中华书局，1960：216.

治，分布玄元始气治民。……道使末嗣分气治民。

《阳平治》：吾以汉安元年五月一日，从汉始皇帝王神气受道，以五斗米为信，欲令可仙之士皆得升度。

《三天内解经》：太上以汉顺帝时选择中使，平正六天之治，分别真伪，显明上三天之气。以汉安元年壬午岁五月一日，老君于蜀郡渠亭山石室中……拜张为太玄都正一平气三天之师，付张正一明威之道，新出老君之制，罢废六天三道时事。

1. 社会层面

首先，老君／大道与天师之间所发生的是一次立盟授度的事件，这与两汉时期的秘传宗教的立盟授度的形式是一样的。其次，与先前秘传宗教有所不同的是，授度的内容从授书转变为了授气，且贵重的法信转变成了易得的五斗米（参见第六节）。由此，"分气"的含义应至少包含了入道仪式中道气的授予[1]，其代表便是授箓（参见第十八节"正一法文度箓治仪"）。通过在不同时空的授度仪式中重复老君／大道与天师间的盟约，三天道气也被从天师身中分化至各治祭酒身中，又从祭酒身中分化至道民身中。如此重复，道气在时间与空间的层面经由天师这一原点向外扩散，三天之气也由此被分享给人类，"使同命"（参见第七节图2）。此外我们当然不应遗漏两方面因素：

---

[1] 当然，朝真仪、上章仪中也包含了分布道气的功能，详见第十二节。

（1）正如《太平经》中的思想，盟威道教法也同样认为天地亦与人同气同命。《三天内解经》云："人事错乱于下，则灾应灭算在上，则日月勃蚀，星辰倒错，皆由人事不正，以致斯变。"[1] 正说明了天地之崩坏始于人心之崩坏。

（2）为了平正天地之气，盟威道之仪式因此也具有分气之功能，具体论述详见下文"平气"。

由此可见，在社会层面上，盟威道首先接续了儒者以道德伦理治民的理念，又上承了墨者超越血缘的"兼相爱，交相利"之精神，以及《太平经》同命相联的本体论思想。人类因为分享至公至大之道气，故而互为父母兄妹，认识到这一点才能拥有真正的仁义、慈孝，人类彼此接纳，彼此相爱，天下也由此得治。

需要指出的是，《陆先生道门科律》还有"清约治民"[2] 的表述。正如我们在第六节中所述，《清约》是"正一盟威之道"在民间的敷用，其"神不饮食，师不受钱""罢诸禁心"与"分气治民"是同一事件从不同维度的叙述，我们将在第九节中具体进行讨论。

2. 个体层面

在个人层面上，盟威道又将生命之超越与治民关联起来。《阳平治》所言："以五斗米为信，欲令可仙之士皆得升度"意

---

[1] 三天内解经 [M] // 道藏: 第 28 册, 413.

[2] 陆先生道门科略 [M] // 道藏: 第 24 册, 779.

味着道气的分享与升仙有着必然的联系。《三天内解经》又云:

> 自光武之后,汉世渐衰,太上愍之,故取张良玄孙道
> 陵显明道气,以助汉世……当此之时,正气遐布。汉世前
> 后帝王,凡四百二十五年之中,百姓民人得道者甚多:汉
> 室骄豪息慢,不能升玄,故民人得之。[1]

这一段内容首先上承张良承天命辅助高祖建立汉家基业的叙
事,然后又将这一治民之天命转接到天师身上,话锋进而一
转,进入帝王与人民得道升玄的问题上来。为何分布道气与升
仙有着必然联系呢?《大道家令戒》云:

> 能改心为善,行仁义,则善矣,可见太平,度脱厄难
> 之中,为后世种民。[2]

在盟威道的教法中,道德是成仙的先导与必要条件(种民与仙的
问题详见下文"种民")。如我们上文所言,这种道德并非儒者所
谓之"仁义",而是"兼相爱,交相利",其源自道气分享所结成
的命运共同体。而道气则来自天师与祭酒,但也同时存在于身
中,而祭酒所做的不外乎"点化"之功。按《想尔注》云:

---

[1] 三天内解经 [M] // 道藏:第 28 册,415.
[2] 正一法文天师教戒科经:大道家令戒 [M] // 道藏:第 18 册,236.

> 心者，规也，中有吉凶善恶。腹者，道囊，气常欲实。心为凶恶，道去囊空。空者耶（邪）入，便煞人。虚去心中凶恶，道来归之，腹则实矣。[1]

由此可知，通过分享道气而培育道德是一个方面，而通过培育道德来凝聚道气则是另一方面，此两者互为因果，且两种因果关系同时存在。故此，"分布玄元始气治民"即是"布散道气"[2]，"布散道德"[3]，也就是"使天下道气宣布"，即通过传播教化的方式来助长民众之德行，由此传播道气。在盟威道义理中，道德备足者方能升玄，正所谓：

> 大道含弘，乃愍人命短促，故教人修善。上备者神仙，中备者地仙，下备者增年。[4]

通过这一精妙的转述，"治民"这一本来应用于政治中的概念被转入宗教语境之中，并具有了个体的意义，成为救度的途径，治民即是"治心"，治民即是"度民"。

由于天地人三才同命相联，故而布散道德便拥有调和天地间业已紊乱的气序之功，如此我们则不得不再进入对于"平

---

[1] 饶宗颐. 老子想尔注校证 [M]. 香港：中华书局，2015：10.
[2] 太上大道玉清经 [M] // 道藏：第 33 册，284.
[3] 赤松子章历 [M] // 道藏：第 11 册，192.
[4] 正一法文天师教戒科经：大道家令戒 [M] // 道藏：第 18 册，234.

气"这一概念的讨论。

四、平气

（一）词意

《三天内解经》云：

> 太上以汉顺帝时选择中使，平正六天之治，分别真
> 伪，显明上三天之气。……拜张为太玄都正一平气三天
> 之师。[1]

此处的前后两句是明确的对应之关系。我们在第六节已经讨论
过，"正一"即是大道之意，或是对于大道的形容，而"三天"
则是大道的一重形名。结合这两点认识，"平"字可有两解：
1. 作为动词，有平顺（to smooth）、矫正（to correct）、修整
（to recondition）之意[2]，则"平气"相当于动名词，可理解为对
气进行平顺、修整（smoothing/reconditioning the pneuma）之含
义，"正一平气"即是以清正、真一的大道之气来平顺业已勃
逆的六天故气。2. 作为形容词，有均平的（even）、有秩序的

---

[1] 三天内解经 [M] // 道藏：第 28 册，414.

[2] 柏夷（Stephen R.Bokenkamp）教授将"平正"一词翻译为"to subdue"，
有征服、抑制、减轻等含义，乃是针对"六天"之宾语而言；然若以更
为宽泛之"气数"作为宾语论之，则译为"平顺"、"修整"当亦不失其
本意。参见：Stephen R.Bokenkamp and Peter S.Nickerson, *Early Daoist
Scriptures* (Berkeley, CA.: University of California Press, 1999), 215.

（ordered）之含义，则"平气"可理解为名词，"正一平气"即是大道清正之气（the even/ordered pneuma of Tao）。

在《真诰》中，"正一平气"的概念被陶隐居进一步引申为盟威道教法，其经云：

> 气入体鬼填胸次，其将回惑于邪正，必不能奉"正一"于"平气"耶。

陶隐居注：

> "正一平气"，即天师、祭酒之化也。[1]

一方面《真诰》的作者认为如果人被邪气所侵，则无法秉承清正之气来奉道，另一方面，"正一平气"也被陶隐居引申为盟威道之教法（参见第六节，道气与盟威教法实为一体）。

此外，作为名词的"平气"常与"逆气"相对。逆气是引发天地间灾异的力量，对于平气的彰显则表明了人类具有能够改变天地气数的主观能动性，而这种想法实际很早便出现在了中国古代的政治哲学中：人世的治、乱与自然界中的气，以及由气所生的符瑞、灾异紧密相关，"治平"方能"气和"。下面

---

[1] 吉川忠夫，麦谷邦夫. 真诰校注 [M]. 北京：中国社会科学出版社，2006：256.

我们就对前盟约时代政治与修身语境中的"平气"稍作梳理，并对《太平经》中的"太平气"稍作考察。

（二）政治：平气即顺时修德

按《史记·周本纪》云：

> 幽王二年，西周三川皆震。伯阳甫曰："周将亡矣。夫天地之气，不失其序；若过其序，民乱之也。"[1]

我们很难确定"天地之气"是伯阳甫抑或太史公的想法，但我们可以肯定的是，至迟到西汉中期《史记》编纂时，人们已经明确地认为天地之气的紊乱会造成自然灾害，进而引发民乱。但是天、地与人的关系绝不仅仅是影响与被影响的关系，正如我们上面所讨论过的，三才同命，人的状态也同样会影响天地，一如《越绝书》中越王勾践所言：

> 寒暑不时，治在于人。[2]

类似的思想还被系统地记录在《礼记·月令》之中。通观《月令》全篇，其言论具有极浓之阴阳家色彩，如四季之变化实乃阴、阳气之消长，而四季则分别对应木、火、金、水之"盛

---

[1] 司马迁. 史记 [M]. 北京：中华书局，1982：145.
[2] 袁康撰，李步嘉校释. 越绝书校释 [M]. 北京：中华书局，2013：173.

德"[1]，而人类的行为，则必须参照这一套规律在此时空框架内举行，如不然，则会引起自然界气之紊乱。在仪式层面，天子须按照五行所对应之空间方位于"立春"、"立夏"、"立秋"、"立冬"之节气出迎四季；不依节令行事，或违背这一规律（如孟春万物萌动之时举行杀伐之战争）则必然导致"天殃"[2]，故曰：

> 毋变天之道，毋绝地之理，毋乱人之纪。[3]

郑玄分别将这种在三才层面的反规则行为称作"以阴政犯阳"，"易刚柔之宜"，"仁之时而举义事"[4]；在他来看，这些都是"逆生气"[5]之事。"逆生气"者即是"逆气"，与"顺生气""顺气"相对。荀子曰：

> 凡奸声感人而逆气应之，逆气成象而乱生焉；正声感人而顺气应之，顺气成象而治生焉。[6]。

---

[1] "某日立春，盛德在木。"郑玄，孔颖达. 礼记正义 [M]. 上海：上海古籍出版社，2008：615.

[2] 郑玄，孔颖达. 礼记正义 [M]. 上海：上海古籍出版社，2008：624.

[3] 郑玄，孔颖达. 礼记正义 [M]. 上海：上海古籍出版社，2008：624.

[4] 郑玄，孔颖达. 礼记正义 [M]. 上海：上海古籍出版社，2008：624-625.

[5] 郑玄，孔颖达. 礼记正义 [M]. 上海：上海古籍出版社，2008：624. 此外，逆生气的行为还包括"仲春行秋令，则寒气总至……行冬令，则阳气不胜……行夏令，则……暖气早来。"郑玄，孔颖达. 礼记正义 [M]. 上海：上海古籍出版社，2008：638-639.

[6] 王先谦. 荀子集解 [M]. 北京：中华书局，1988：381.

人类具有配合天地之运转来导迎天地阴阳五行之气的主观能动性与责任，如天子率诸侯出迎四季，即是通过仪式之方式来确保节气中阴阳相交之顺遂。又如"夏至"与"冬至"之时，是"阴阳争"之时，人类必须在这一关键时刻斋戒、掩身、去声色、节嗜欲，定心气、安形性，"以定晏阴之所成"[1]，"以待阴阳之所定"[2]。《白虎通》对此论曰：

> 冬至……此日阳气微弱。王者承天理物，故率天下静，不复行役，扶助微气成万物也。[3]

可见，节气为阴阳气所交之时，人类于此时主动地举行某些特定的仪式不仅仅是顺应天时，更能够起到辅助自然界天气运行之功。古代美索不达米亚之苏美尔人（Sumer）要于春分之夜为国王与大地女神伊士塔尔（Ishtar）举行神婚（Hieros gamos）的仪式以求丰产；春分之时日夜均等，其追求二元平衡的思想清晰可见。值得注意的是，《月令》之中在黄道节气举行顺天时、助造化仪式的思想直接为后世灵宝经教之"八节斋"所继承。[4]

---

[1] 郑玄，孔颖达.礼记正义[M].上海：上海古籍出版社，2008: 669-670.

[2] 郑玄，孔颖达.礼记正义[M].上海：上海古籍出版社，2008: 732.

[3] 陈立.白虎通疏证[M].北京：中华书局，1994: 219.

[4] 王承文.汉晋道教仪式与古灵宝经研究[M].北京：中国社会科学出版社，2017: 234-237.

　　以仪式助顺时气的思想在董子《春秋繁露》中得到了进一步的提升。此时，时空之中的历算、象数已不再重要，君主之品德被列为首位，其曰：

　　　　王正则元气和顺、风雨时、景星见、黄龙下。王不正则上变天，贼气并见。[1]

在"天人感应"框架下，品德被提升成为影响天气的重要条件。又如其《必仁且知》曰：

　　　　凡灾异之本，尽生于国家之失。[2]

《天地阴阳》曰：

　　　　人，下长万物，上参天地。故其治乱之故，动静顺逆之气，乃损益阴阳之化，而摇荡四海之内。[3]

由此，人君行德政与在特定节气之时举行仪式，都具有助顺天气的同等功能。《人副天数》曰：

---

[1] 苏舆．春秋繁露义证[M]．北京：中华书局，1992：101.

[2] 苏舆．春秋繁露义证[M]．北京：中华书局，1992：259.

[3] 苏舆．春秋繁露义证[M]．北京：中华书局，1992：466.

> 天德施，地德化，人德义。天气上，地气下，人气在
> 其间。[1]

很显然，"德"与"气"被紧密地关联到了一起。

后汉学者王充在其《论衡》中将自然界气候之平和视作符
瑞之一种，其曰：

> 夫帝王瑞应，前后不同，虽无物瑞，百姓宁集，风气
> 调和，是亦瑞也。何以明之？帝王治平，升封太山，告安
> 也。秦始皇升封太山，遭雷雨之变，治未平，气未和。光
> 武皇帝升封，天晏然无云，太平之应也，治平气应。光武
> 之时，气和人安，物瑞等至。[2]

在这里，王充先后举了秦始皇与汉光武帝登泰山封禅的案例，
以其时之天气来作为上天显现与天子的符瑞，并直接将"治
平"与"气和"关联了起来：帝王以德政治国，其时和岁安便
是上天嘉奖帝王的最大的祥瑞，"平气"即是太平之象。[3]

（三）身体：平气即静心调息

在古代中国的哲学与宗教中，身体与自然从来被认为是同

---

[1] 苏舆. 春秋繁露义证 [M]. 北京：中华书局，1992：354.

[2] 张宗祥. 论衡校注 [M]. 上海：上海古籍出版社，2010：388.

[3] 王符亦云："天呈其兆，人序其勋，《书》故曰：'天功、人其代之。'如
　　盖理其政以和天气，以臻其功。"彭铎. 潜夫论笺校正 [M]. 北京：中华
　　书局，2014：478.

源同质且相互交感的一个有机整体。在两汉的文献中，"平气"二字更多地出现在对于身体的叙述中，用以描述形神和谐之后所达到的身中之气的和谐平顺。《庄子·庚桑楚》曰：

> 欲静则平气，欲神则顺心。[1]

如此，则知庄学将"气"之平与"心"、"静"等观念关联。类似的想法也见于《管子·内业》中，其曰：

> 善心安爱，心静气理，道乃可止。[2]

由此，除了心与静外，《内业》更将"善""爱"等道德观念与气相关联，对于这一重因素我们将稍后再进一步讨论。

除了内修之外，"平气"作为一个动态的过程也见于医学之中。在《黄帝内经》中，"平气"即意味平调病气之意，《素问·至真要大论》中：

> 黄帝问曰："平气何如？"岐伯曰："谨察阴阳所在而调之，以平为期。正者正治，反者反治。"[3]

---

[1] 陈鼓应.庄子今注今译[M].北京：中华书局，1983：622.

[2] 陈鼓应.管子四篇诠释——稷下道家代表作解析[M].北京：商务印书馆，2006：97.

[3] 王冰.黄帝内经素问补注释文[M]//道藏：第21册，47.

作为具体的方法，针灸即可用以平气，《灵枢·根结》曰：

> 用针之要，在于知调阴与阳。调阴与阳，精气乃光，
> 合形与气，使神内藏。故曰：上工平气，中工乱脉，下工
> 绝气危生。[1]

与此对应，"逆气"也是医家之惯用词汇，用以描述病态的气息运行，如《素问·着至教论篇》曰：

> 厥气上行，满脉去形。

王冰注曰：

> 厥，气逆也。逆气上行，满于经络，则神气惮散，去
> 离形骸矣。[2]

综上所述，"平气"这一概念在政治与身体中的共享说明了汉代自然哲学中独特的"气论"思想具有非常的延展性及内在性。由于人身与万物都由气所生成，故而也都受气数运行之影响。如此，本体与客体之前的间隔也得以被消解，这为六朝上

---

[1] 史崧 . 黄帝素问灵枢集注 [M] // 道藏：第 21 册，395.
[2] 王冰 . 黄帝内经素问补注释文 [M] // 道藏：第 21 册，341.

清家以及宋元法官通过内修来实现对世界的救护奠定了本体论的基础。

（四）《太平经》：平气即约束神鬼

《太平经》之出世，即以治民、平气、息灾作为目的，按《后汉书》中襄楷所言：

> 夫天子事天不孝，则日食星斗。比年日食于正朔，三光不明，五纬错庚。前者宫崇所献神书，专以奉天地顺五行为本，亦有兴国广嗣之术。[1]

《太平经》中提出了"太平气"这一概念（名词性质），但同时也有极多的衍生写法，如："太皇天上平气""上皇太平气""洞极上平气""上皇洞平气""皇平气""上平气""上皇平气""上良善平气"。其"平气"二字皆为固定不变易者，则："太""上""洞""皇"等字大概都是对于"平气"之修辞形容。其《三合相通诀》有一段关于"太平气"之注解，有助于我们理解"太平气"之含义：

> 太者，大也，乃言其积大行如天，凡事大也，无复大于天者也。
> 平者，乃言其治太平均，凡事悉理，无复奸私也。平

---

[1] 范晔.后汉书[M].北京：中华书局，1965：1081.

者比若地居下，主执平也。地之执平也，比若人种善得善，种恶得恶，人与之善用力，多其物。子好善，人与之鲜，鲜其物恶也。

气者，乃言天气悦喜下生，地气顺喜上养。气之法，行于天下地上，阴阳相得，交而为和，与中和气三合，共养凡物，三气相爱相通，无复有害者。

太者大也，平者正也，气者主养以通和也。得此以治，太平而和，且大正也，故言太平气至也。[1]

由上所见，"太平气"除了和顺之外，还有一重公正、正义的含义。"太平气至"之时，也就意味着一个公正世界的来临，即"太平气来，邪伪去，奸猾绝灭"[2]。但同时，太平气也具有生成万物的"和顺之气"的意思，其经云：

天喜太平气出，无不生成。天恨形罚之气出，莫不杀伤万物，莫不被其毒。[3]

可见，"太平气"与"形（刑）罚气"的对立关系，也就等同于"平气"与"逆气"的对立关系（只不过在《太平经》中，它们同时都是上天意志的体现，另可参见《墨子·天志》）。这

[1] 王明.太平经合校[M].北京：中华书局，1960：148.
[2] 太平经钞：丙部[M]//道藏：第24册，325.
[3] 太平经钞：癸部[M]//道藏：第24册，380.

还可见于：

> 中和者人，主之四时五行共治焉。人当调和而行之，
> 人失道不能顺，怨之，故四时逆气，五行战斗，故使人自
> 相攻击也。[1]

由此，所谓之"刑（形）罚气"也即是上言之"逆气"。

更有深意的是，在《太平经》中，对于鬼神的过度祭祀也
会引发"逆气"，并引发神明世界的紊乱，从而造成自然界中
的灾异，其经曰：

> 生人，阳也。死人，阴也。事阴不得过阳。阳，君
> 也。阴，臣也。事臣不得过君。事阴反过阳，则致逆气，
> 事小过则致小逆，大过则致大逆，名为逆气，名为逆政。
> 其害使阴气胜阳，下欺其上，鬼神邪物大兴，共乘人道，
> 多昼行不避人也。今使疾病不得绝，列鬼行不止也。[2]

《太平经》此处的论述十分重要，其使气之平、逆与宗教祭祀
活动直接发生了关联；进而言之，神明世界与人类世界的秩序
都与自然界的气运息息相关，任何一方的紊乱均可进而引起灾

---

[1] 王明．太平经合校［M］．北京：中华书局，1960：371–372.
[2] 王明．太平经合校［M］．北京：中华书局，1960：49.

异。由此，盟威道"神不饮食"的《清约》的思想脉络已经十分明晰，但其较《太平经》更为决绝。由此，对于鬼神世界的约束与治民、修身一同成为平顺气运的方式。

（五）盟威道：平气即多重兼治

细读盟威道经典，则可以发现新出老君下教的原因实有三层：

第一，人类道德的败坏；

第二，由道德败坏所造成的自然界"逆气干天"以及灾异；

第三，由于逆气所带来的神鬼世界的错乱。

可以说，盟威道对于"平气"的观点继承并融摄了先秦两汉时期的诸家之说，并以此形成了盟威道所独具的"平气"观念，现谨分述于下。

1. 治民

盟威道也认定人伦道德的衰败会造成"逆气"并引起灾异；其《大道家令戒》云：

> 汉嗣末世，豪杰纵横，强弱相陵，人民诡黠，男女轻淫，政不能济，家不相禁，抄盗城市，怨枉小人，更相仆役，蚕食万民，民怨思乱，逆气干天，故令五星失度，彗孛上扫，火星失辅，强臣分争，群奸相将，百有余年。[1]

---

[1] 正一法文天师教戒科经：大道家令戒 [M] // 道藏：第 18 册，237.

《女青鬼律》亦曰：

> 天师曰：自顷年以来，阴阳不调，水旱不适，灾变屡见者，皆由人事失理使其然也。

由此，为了匡扶天地之气运，也即所谓"平正六天之治，显明上三天之气"，祭酒需要在社会教化的层面"代天宣化""分气治民""为道尽节，劝化百姓""使天下道气宣布"，由此使得人类能够尽可能地"相爱相利"。如果人人都能够归道修身，则天下之逆气也便自然消散，一如《女青鬼律》所云：

> 人人念善，天下太平，祸乱不作，灾害不生，岂不快乎？岂不快乎？

2. 修身

身中之气也可以通过内化的修持来达到平治。《管子·内业》云：

> 夫道者所以充形也，而人不能固。……凡道无所，善心安爱，心静气理，道乃可止。[1]

---

[1] 陈鼓应.管子四篇诠释——稷下道家代表作解析[M].北京：商务印书馆，2006：97.

这言明了道气常流转于人身，但人类需要通过善行与静心来使其常驻人身。《想尔注》则云：

> 心者，规也，中有吉凶善恶。腹者，道囊，气常欲实。心为凶恶，道去囊空。……虚去心中凶恶，道来归之，腹则实矣。

又云：

> 常清静为务，晨暮露上下，人身气亦布至。[1]

这些无不是对《内业》的继承与发展。关于修身的具体讨论，请详见第十二节"朝真仪"。

3. 仪式

由于人类罪愆的积累所造成的逆气也存在于鬼神世界之中，按《女青鬼律》云：

> 自后天皇元年以来，转生百巧，不信大道，五方逆杀，疫气渐兴……天有六十日，日有一神。神直一日，日有千鬼飞行，不可禁止。[2]

---

[1] 饶宗颐. 老子想尔注校证 [M]. 香港：中华书局，2015：25.
[2] 女青鬼律 [M] // 道藏：第 18 册，239.

《三天内解经》亦云：

> 今下古民人，年命夭横，尸骨狼藉，不终年寿，皆由
> 所修失本，婚姻非类，混气乱浊，信邪废真，本道乖错，
> 群愚纷纭，莫知祸之所由。或烹杀六畜，祷请虚无，谣歌
> 鼓舞，酒肉是求，求生反死，邪道使然。[1]

天师既被老君授为"正一平气三天之师"，其职责便是通过
"显明上三天之气"来管理、约束原有的六天鬼神，也即所谓
"平正六天之治"、"罢废六天三道时事，平正三天"[2]。那么，天
师、祭酒是如何通过三天之气来平正六天故气鬼神的呢？如此
我们就势必需要来对盟威道的上章仪以及祭酒职衔稍作考察。

4.《天旱章》

作为典型盟威道仪式的"上章"，即是通过召出身中之吏
兵（在法箓授度之时以道气的形式获得），将祈祷之词上呈大
道，延请大道降下官君将吏（以道气的形式下降），将灾异或
鬼神（逆气）解除、平顺、并重新整合（招安），使其融入三
天正气之中。我们将在第十二节中对"上章仪"做更系统的讨
论，但为了能够对盟威道义理中之"平气"能有一初步之了
解，此处先截取《赤松子章历》所收《天旱章》之部分内容来

---

[1] 三天内解经 [M] // 道藏：第 28 册，413.
[2] 三天内解经 [M] // 道藏：第 28 册，414.

稍作考察与讨论，部分重要内容以下划线标明。

（1）具法位，上言：谨按文书，某以下愚，遭逢道会，得睹圣世，因绿幸遇，染在大法。……臣受法之日，约当虔奉师门，布散道德，助国扶命，拯拔一切，救物为先。

（2）自顷已来，天地运否，阴阳相刑，四时失度，国境亢旱，禾稼不登，虑以祅灾竞起，纯阳在上，凝阴在下，二气不交，玄泽不降，旱风烈日，万姓熬然，稼穑焦枯，涸鱼惧日。良由帝王受天禅祚，君临万邦，三才台辅，伯牧股肱，宰长首吏等，不能俯仰理物，治功不逮。臣某等受道重任，宣化无方，不能理正允中，调和气序，致使五行失度，天灾所冲。伏寻科法，道气广覆，洽润生灵。

（3）臣某伏闻，乾知泰始，坤作成物，天地交泰而品物咸亨。春生夏长，秋收冬藏，阴阳和顺，草木滋荣，五谷成熟。太阴主雨，立春之日，男以农种，女以桑麻，冀以秋冬得资赋税，承天受地，品类以生。立春二月始种五谷，雨水和均，五谷以益，和气蓄结。某时炎旱若干日，甘雨不降，阳气兴盛，天无行云之癃，地无津液之润，臣窃不自揆，谨依天师科法，触冒汤火，谨以上闻，诚惶诚恐，顿首死罪。伏愿：太上无极大道，三师君、夫人，好生恶死，特垂大道之化。

（4）愿：上官典者为分别五行，驱处律吕，罗列八卦，标明节月，使阳不侵境，阴不退度，五来镇一，水自润下，五来升二，火自炎上，五来乘三，木自曲直，五来除四，金结从革，五来自偶，法滋稼穑，须五而成，而无不生，然后使鹑火收焰，玄枵吐津，箕宿倾舌，毕宿动根，五岳犒石，四渎腾泉。

（5）伏乞：天恩哀愍，谨请灵台宫中汉明君各一人，官将百二十人，主摄天雷等。元名宫中小玄明君一人，官将百二十人，主摄河伯吕公子、三十六水帝、十二溪女、九江水帝、河平侯掾吏、中部水神，兴云下雨。河天宫中九海北玄君一人，官将百二十人，主下水气，出风雷。太山宫中泗州九谷君，官将百二十人，主起水气。又请泗州九海君水帝，又请浮云使者等，官将百一十人，一合来下，与某州县邑下地主明大社神，名山大泽、源谷山川之灵，古今卿士大夫，有功于民，以配庙食者，及诸村乡亭里域真官，注气营传，符庙司舍，一切诸神君降下，同心尽力，辅助天道，以行神灵，兴云降雨，洪泽沛濡，旱苗蒙膏润之荣，万民有来苏之命。

（6）功成事立，言功举迁，风伯雨师，亦同升三天，预酬劳苦。愿天曹告下，速使旱魃之鬼应《章》消灭。

第一部分主要叙述了大道之教行于天下，以及祭酒小臣本人在昔授度法箓之初所曾立下的盟言，重申盟约意味着举行仪式的合法性与有效性，是后续所有仪式环节的必要前提。

第二部分首先言明了旱灾的原因是因为"二气不交",又言明了这是因为帝王、百官等"不能俯仰理物,治功不逮",最后又强调祭酒们"受道重任,宣化无方,不能理正允中,调和气序"因此对旱灾也负有一定的责任[1]。最后章文提出,大道之科法能够使"道气广覆",以此解决阴阳不调带来的旱灾。

第三部分花费了大量的笔墨来描述人类与天地之间相互依存的密切联系,并以节气导入,描绘了一幅中国古代农业社会男耕女织的美好图景。由此话锋一转,向大道、三师、女师(也是"朝真仪"中的主要敬礼对象)发出了恳求。

第四部分乃是恳请"上官典者"(即大道玄都中之官吏)能够"分别五行"、"标明节月,使阳不侵境,阴不退度",此即是在阴阳五行之维度为旱灾之事进行调理。

第五部分即是所谓之"请官",其中开列了与兴云布雨有关的官君(详见第十节"千二百官君"),请其与下方的符庙鬼神、真官土地等一并"兴云下雨""起水气"。

第六部分承诺功成之后的"言功举迁",其对象不但包含千二百官君、下界鬼神、土地,还包含了属于自然神范畴的"风伯雨师"等"同升三天"。章文最后,又将先前所言"二气不交"称作"旱魃之鬼",可见在盟威道义理中,没有鬼神不能通过"气"来理解。故而消除旱魃之鬼,并不是通过具象的

---

[1] 因为祭酒的职责之一便是要通过教化人心来达到调和气序,宗教对现世也负有责任,这种与阳官宰守的排比实际也言明了祭酒的社会地位。

斩杀鬼神的方式，乃是通过流布道气之方式。

综上所述，祭酒上章请官之流程，实际便是一次道气上升下降的循环过程。其始自祭酒本人的发炉与出官，将自身通过授箓所得之道气从身中发出，由此上达大道，并与其相感合，千二百官君得以下降，以其清正之气将下方之阴阳不和之逆气（或具象的旱魃之鬼）修整、转化为平气（也即是纳入"千二百官君"之中）。最后，通过言功的方式，大道官君以及下界鬼神也得以通过为大道建功而在职官制度的象征体系中，实现向上的逐步迁转，得为清正之神，并最终融入大道。简而言之，《天旱章》及为我们描绘了上章仪中道气一升、一降、再一升的运行轨迹；源自秦汉职官制度的公文流通，此时被转化为促使道气循环，平顺逆气的仪式。

值得一提的是，并非所有的"鬼"都是绝对的"逆气"，如《女青鬼律》所云：

> 今遣五主，各领万鬼，分布天下，诛除凶恶。被诛不得称狂，察之不得妄救。鬼若滥误，谬加善人，主者解释，佑而护之。鬼若不去，严加收治。赏善罚恶，明遵道科。

在这里，五方之"鬼主"乃是代表大道"恭行天罚"的某种较低等级的"官君"。他们一方面依据人之恶性来进行"诛除"，但又听从祭酒（主者）的解释。所有一切，悉皆遵依"科"之规定来进行。

5.《玄都职治律》

《三洞珠囊·卷七》引《玄都职治律》，开列有盟威道教团内部所设定的"二十四职品"（实为二十五品）。[1] 这些法职的称谓及其描述有助于我们进一步理解盟威道义理中"气"的含义，以及"平气"的意义。在这二十五职品中，有11品以"气"字命名，6品在其职司责任的描述中执掌与"气"相关的事务。我们现谨将这些职品有关的内容罗列于下，以便进一步考察[2]。

（1）贡气职，主选择男女官，正一师考察身体疮癥，形残跛躄，务得端严质素。

（2）大都攻职，主天下屯聚符庙，秦、胡、氐、羌、蛮、夷、戎、狄、楚、越。攻击不正气，恶人逆鬼，尽当分明考录。

（3）领神职，主选择贤良，贬退伪恶，对会诸气，诸有犯违，尽主之也。

（4）察气职，主察四方诸气，符瑞征应。

---

[1] 王悬河.三洞珠囊[M]//道藏：第25册，335.

[2] 需要说明的是，这并不是说其他未列入下文的祭酒职衔与"气"无关，我们所收录者仅仅是为了方便考察与讨论，故而有所取舍。另参见：姜伯勤.《玄都律》年代及所见道官制度[G]//武汉大学历史系魏晋南北朝隋唐史研究室编.魏晋南北朝隋唐史资料：第11辑，武汉：武汉大学出版社，1991：50-58.

（5）平气职，主质天下之气，平均四方八极气候主之也。

（6）上气职，主收万鬼，分别正气邪精。

（7）都气职，主三会吏民请乞治救，分别年纪、郡县乡邑，所受官号。

（8）领气职，主领五色之气，知其变异气候，并领知气职也（一本无领气职）。

（9）领决职，主鬼气，男女被气传语领决教，分别秦、夷、胡、戎、狄、氐、羌真伪。

（10）四气职，主诸治投言文书对会，诸治户籍口数，出死入生。

（11）行神职，主布气宣化，显明道教。

（12）道气职，主劝化凶逆，化恶为善。

（13）圣气职，主质对文书，岁终功限，谓状言上者。

（14）承气职，主承治医疗，著功之勋。

（15）典气职，主典诸职高下次第。

由上所见：

- "贡气职"中所谓"贡气"当取自"贡举"，即地方向上级推荐人才。这应是将男女诸生视为阴阳之气，向大道虚皇举贡也。按《阳平治》云："吾从太上老君周行八极，按行民间，选索种民。"[1] 此即汉家天子诏令郡国举贡孝廉之

---

[1] 正一法文天师教戒科经：阳平治 [M] // 道藏：第 18 册，238.

意象，只不过优秀人才此时被视作精纯之气。[1]

- "大都攻职"乃是将"恶人逆鬼"视作"不正之气"。

- "领神职"是分别真善与伪恶之气。

- "察气职"是登楼望气，仰观俯察，辨析灾异与符瑞。

- "平气职"之描述较为笼统，这一方面可能包括所有与平正逆气相关的仪式工作；另一方面《玄都律》曰："诤讼田宅忿斗，考属平气令也。"[2] 则其或亦掌裁决之事，即公平地裁决民间之怨忿之气（参见上引"太平气"之内容）。

- "上气职"是将人间之万鬼作为收摄之对象，收摄招安之后，其将改邪归正，成为大道官君，从而成为百千万重道气之一部分，故曰上气（详见第十二节"千二百官君"）。

- "都气职"，即将道民"请乞治救"作为气来执掌，换言之，豕讼、妖邪、疾病、旱涝等事，均是逆气在不同层面的表现。

- "领气职"近似于"察气职"。

- "领决职"所谓"被气传语"具体所指不详，有学者认为是神明附体一类，但很明显这种萨满-巫的宗教实践与盟威道理性的宗教精神是矛盾的，其具体所指待考。

- "四气职"即以人口之增减作为气来执掌。

- "行神职"则是将讲说大道教化作为分布道气之方式，此

---

[1] 按后世道教法箓授度中有《红黑贡箬》之券，二十四治中亦有"左右贡箬"。此与祭酒职衔是否有一定的联系仍然需要进一步考察。

[2] 要修科仪戒律钞［M］// 道藏：第 6 册，981.

处"神"与"气"或可互相等同转换，则行神即是行气。

- "道气职"即"導"（导）气也，即劝善之职，其将人之善心视作善气来引导。
- "圣气职"或应是通过检校簿录，通过"言功"的方式将祭酒、道民之气圣化之意。
- "承气职"应是上承大道之气下降，治疗道民疾病之职。
- "典气职"则应是类似于人事档案之工作，其将各阶治职视作不同级别之"气"来管理。

综上所述，盟威道教团将对人员之选拔、迁举、登记，对鬼神的杀伐、收摄，对灾异、符瑞的观察，对百姓疾病、灾害之拯救，对民间善恶之劝化、引导，以及对纠纷的仲裁均视作在"气"的层面的各种工作，它们均被"气化"了。以此来说，其又可总结为秉承"正一平气"的天师、祭酒与道民们对于下界逆气的观察、甄别、修整、转化、融摄与提升，这些工作最终得以反映在世道人心之秩序，以及自然之气的和谐运行之上，所谓"平均四方八极气候"即是"平气"。

盟威道"平气"之概念建立在人类道德堕落的前提之下，无论是自然界的灾异还是鬼神世界的错乱均是由于人心所引发的逆气所造成。故此，在盟威道义理中，治民即是平气。"分气治民"也因此有了更为深入的解释：盟威道继承了《太平经》"同命"思想，立盟授度便是道气的分布，但诸如朝真、上章乃至厨会都有着协助道气流通的功能，同样可被视作分气。在汉末灾异迭出的末世背景下，大道以清正三天之气取代陈故的六天之气，也即是以真气降于人间，用以平顺、转化并融摄业已舛逆之气，由此实现一次宇宙秩序的"新陈代谢"。子曰："人能弘道，非道弘人"（《论语·卫灵公》），自然界中气的逆乱皆由人发，虽然"平气"的意志来自三天大道，但解铃还须系铃人，其具体的施行工作仍还需要由人类自身来完成。由此，陶隐居所言"正一平气，即天师、祭酒之化也"[1]，也可以被理解为：天师与祭酒奉行道德教化的根本目的，乃是为了推进大道真气之流行。

五、种民

（一）词意

1. 民亦有种

与先秦、两汉时期的所有宗教相比，"种民"可能是盟威道最独特也最有创建性的义理概念。"种"即种籽之意，意即未来太平之世善民之种。与"种"与"民"二字相对应的文字表达可在先秦两汉诸家著述中得一管窥。《吕氏春秋·离俗览·用民》云：

> 夫种麦而得麦，种稷而得稷，人不怪也。用民亦有
> · · · ·

---

[1] 吉川忠夫，麦谷邦夫.真诰校注[M].北京：中国社会科学出版社，2006：256.

种，不审其种，而祈民之用，惑莫大焉。[1]

这句话的上下文是，君主若想能够调动起人民为国家服务的积极性就必须理解用民之道，而用民之道则主要包括两点："赏罚皆有充实"以及君威"托于爱利"[2]（后者参见上文"治民"）。能够为国家所用者，即"有种之民"，其需要治民者的用心培护，一者为赏罚有道，二者为以"爱利"治民并稍加君威。"民亦有种"的概念在《潜夫论》中被进一步明晰地表达出来，其《德化》曰：

> 《诗》云："民之秉夷，好是懿德。"故民有心也，犹为种之有园也。遭和气则秀茂而成实，遇水旱则枯槁而生孽。民蒙善化，则有士君子之心；被恶政，则人有怀奸乱之虑。[3]

在这里，"民心"被比喻为"栽种"，好的教化（善化）犹如和顺的天气，能使民如"秀茂成实"一般拥有"君子之心"。换言之，人民的"心"需要好的君主当做"种籽"来以德善化。这与我们上文所讨论的"治民""平气"是完全关联、互通的概念。这与"种民"的概念已经十分接近了。

---

[1] 许维遹. 吕氏春秋集释 [M]. 北京：中华书局，2009：523.

[2] 许维遹. 吕氏春秋集释 [M]. 北京：中华书局，2009：523-527.

[3] 彭铎. 潜夫论笺校正 [M]. 北京：中华书局，2014：492.

2. 善民之种

在早期道教经典中，"种民"的观念一方面与"善化""治民"相关，是"善"的体现，另一方面则直接指向物种的繁衍，类似的表述还有"种人"[1]"人种"[2]。按《云笈七签》所收六朝时期《上清三天正法经》所描述之天地崩坏劫运曰：

> 当此之时，万恶绝种，鬼魔灭迹，八荒四极，万不遗一。……当此之时，凶秽灭种，善民存焉。[3]

又按六朝仙传《上清后圣道君列纪》云：

> 甲申之岁，已前已后，种善人，除残民，疫水交其上，兵火绕其下，恶恶并灭，凶凶皆没。[4]

由此可见，在早期道经中，"种"有善、恶之分，恶人为罪种，善人为善种。在天地终末的大灾之中，唯独善民能够存活（或者说在洪灾之后复生），成为未来太平之世的"善种"[5]，故"种民"即"善民"。

---

[1] 女青鬼律 [M] // 道藏：第 18 册，249.

[2] 正一法文天师教戒科经：阳平治 [M] // 道藏：第 18 册，238.

[3] 张君房.云笈七签 [M].北京：中华书局，2003：21.

[4] 上清后圣道君列纪 [M] // 道藏：第 6 册，745.

[5] 参见小林正美.六朝道教史研究 [M].成都：四川人民出版社，2001：442.

类似"种民"的观念还见于《希伯来圣经》中著名的诺厄方舟（Tevat Noaḥ/ נחתיבת）的故事（见图 08-01）：

> 上主见人在地上的罪恶重大，人心天天所思念的无非是邪恶……于是说："我要将我所造的人，连人带野兽、爬虫和天空的飞鸟，都由地面上消灭，因为我后悔造了他们。"惟有诺厄……是他同时代惟一正义齐全的人……天主遂对诺厄说："我已决定要结果一切有血肉的人，因为他们使大地充满了强暴，我要将他们由大地上消灭。……但我要与你立约，你以及你的儿子、妻子和儿媳，要与你一同进入方舟。你要由一切有血肉的生物中，各带一对，即一公一母，进入方舟，与你一同生活；各种飞鸟、各种牲畜、地上所有的各种爬虫，皆取一对同你进去，得以保

图 08-01　梵蒂冈西斯廷礼拜堂（Sacellum Sixtinum, Roma）壁画《创世纪》"大洪水"局部，米开朗基罗（Michelangelo di Lodovico Buonarroti Simoni）/ 绘

存生命。"(《创世纪》6：5-20）[1]

在这里，诺厄夫妻，三个儿子及儿媳（三对夫妻）是大洪水之后所遗存下来的唯一人类，"人类就是由这三人分布天下"[2]，他们与其所保存动物物种的"一公一母"相对，是新世界生物的"基因库"。

事实上，"种民"的概念在古代中国有着极为深厚的渊源。在南方楚地各民族的创始神话中，人类因为罪过触怒上天，引发荡涤人世的大洪水。作为兄妹的伏羲、女娲作为最后幸存的人类在天神的旨意下结为夫妻，成为人类共同的始祖。前贤对于伏羲、女娲的论述已备[3]，现已基本可以证明，伏羲、女娲作为人类始祖的神话很早便随着周、楚两地的交流北上，进而成为古代汉族神话中的重要组成部分，并与大禹治水的神话平行存在[4]，分别成为我国大洪水神话中的重要题材。在汉唐之际的墓葬美术中，伏羲、女娲双蛇缠绕的图像频繁地出现，表明其在汉族社会中的深入人心（见图08-02）。而"种民"这一概念便正是基于"留存人种"这一大洪水神话主题，并结合了其

---

[1] 香港思高圣经学会 . 圣经 [M]. 北京：中国天主教教务委员会，1992：16.

[2] 香港思高圣经学会 . 圣经 [M]. 北京：中国天主教教务委员会，1992：19.

[3] 闻一多 . 伏羲考 [M]. 上海：上海古籍出版社，2006；马长寿 . 苗瑶之起源神话 [J]. 民族学研究集刊 .1940，(2). 芮逸夫 . 苗族洪水故事与伏羲女娲的传说 [J]. 人类学集刊 .1938，1(1).

[4] 参见石朝江 . 苗族创世神话：洪水故事与兄妹结婚 [J]. 贵州大学学报（社会科学版），2011，29（06）：103-111.

图 08-02　山东临沂西张官庄出土汉代伏羲女娲画像石（左），表现了"交尾"的繁殖意象；山东沂南北寨汉墓墓门东侧支柱画像石（右），画面中伏羲与女娲分别手执规、矩，高禖处于两者正中，寓意两性之结合。其下方为端坐于仙山之上的东王公，其两侧被捣药仙人夹峙

他本土政治、宗教、哲学思想才逐渐形成[1]。

（二）种民是大道选民

1. 选索种民

在盟威道义理中，种民是人类生命超越 / 救度的结果，因此有别于现世中的"道民"。做好一名道民是成为种民的必要条件。道民之所以能够成为种民，乃是因为大道之"下教"，

---

[1]　上清黄书过度仪 [M] // 道藏：第 32 册，737.

有教化与选拔两重目的，也就是在广行教化之后，使那些愿意归道的"好道乐真"者获得生命的超越。这种超越并非人人可得，其需要经过大道、三官及其仙曹僚属的严格考察，方能择取，此即《女青鬼律》所云：

> 三官主者择种民。[1]

或所谓"选索种民"[2]"搜选种民"[3]"搜索忠贤"[4]。

六朝时期后出的道经中也明确继承了类似的概念，如《元始五老赤书玉篇真文天书经》曰：

> 元始天尊方凝真遐想，抚几高抗，命召五帝，论定阴阳，推数劫会，移校河源，检录天度，选择种人，指拈太无，啸朗九玄，永无开听于陈辞，乃闭阖于求真之路。

作为天地之间的自然秩序，三官、五帝乃是大道意志的执行者，表现了大道为救度人类所做出的积极主动的姿态。这种主动的姿态同时又有着极强的原则性，具体而言，"三五"的秩序具体表现为了道门选拔贤才的"科"与"格"。

---

[1] 女青鬼律 [M] // 道藏：第 18 册，248.
[2] 正一法文天师教戒科经：阳平治 [M] // 道藏：第 18 册，238.
[3] 太上洞神三皇传授仪 [M] // 道藏：第 32 册，647.
[4] 女青鬼律 [M] // 道藏：第 18 册，249.

在盟威道经典中，对于选择种民的叙事的表达，兼用了秦汉帝国的巡狩和选贤制度作为修辞比喻。在汉代，帝王离开都城巡狩各地，其除了有祭祀名山大川的仪式功能外，还具有考察民情的用意[1]。但与此同时，对于民间孝者、廉吏的迁赏往往通过更为制度化的察举来完成（详见第二节）。类似巡狩的表述首先见于《阳平治》中，其云：

> 吾（按：天师）从太上老君周行八极，按行民间，选索种民，了不可得。百姓，汝曹无有应人种者也！[2]

更为细节化的描述来自上清家之《后圣道君列纪》，其云：

> 到壬辰之年三月六日，圣君来下，光临于兆民矣。当是时也，圣君发自青城西山，出陇南云北，察龙烛之外，西旋九流之关，东之扶林晨落，南视朱山云中，乘三素飞舆，从虎辇万龙，天光总照，神鉴三辰。于焉灭恶人已，于水火存慈善已，为种民学始者为仙使，得道者为仙官。[3]

---

[1] 《白虎通·巡狩》曰："王者所以巡狩者何？巡者，循也。狩者，牧也。为天下巡行守牧民也。道德太平，恐远近不同化，幽隐不得所者……考礼义，正法度，同律历，叶时月，皆为民也。"又引《尚书大传》云："见诸侯，问百年，太师陈诗，以观民风俗；命市纳贾，以观民好恶。"陈立. 白虎通疏证 [M]. 北京：中华书局，1994：289.

[2] 正一法文天师教戒科经：阳平治 [M] // 道藏：第 18 册，238.

[3] 上清后圣道君列纪 [M] // 道藏：第 6 册，745.

不可否认，我们在这一极具诗意的描述中窥探到了《楚辞·远游》的文学品味，但与《远游》中的登天目的不同，此处后圣帝君乃是为了选拔"为种民学始者为仙使，得道者为仙官"。

2. 种民即仙

在盟威道的义理中，种民这一概念也等同于仙人。首先是在《阳平治》中，其先提及"以五斗米为信，欲令可仙之士皆得升度"，方才转入"选索种民"[1]。又见《天师教》云：

> 不见人种但尸民，从心恣意劳精神。
>
> ……
>
> 思而改悔从吾言，可得升度为仙人。[2]

由此可见，盟威道的教法将其特有的"种民"这一新出概念与传统的"仙人"相对等，成为种民也就意味着自我实现（self-realization），生命的超越与救度。此外，支持这一推论的证据还来自与种民、仙人紧密相关的死后复生的概念（参见第三节"复生与尸解"，以及第二十节"死后复生"）。

（三）种民是太平之民

1. 太平度世

盟威道对于世界与生命的双重救度体现在道民能够在"太

---

[1] 正一法文天师教戒科经：阳平治 [M] // 道藏：第 18 册，238.

[2] 正一法文天师教戒科经：天师教 [M] // 道藏：第 18 册，238.

平之世"中复生，成为新天地之人种。按《大道家令戒》云：

> 弃往日之恶，从今日之善行，灾消无病，得为后世
> 种民。[1]

《女青鬼律》亦云："太平度世为种民。"[2] 在这些经句中，种民被与"后世""太平"以及"度世"相关联。由此可知，种民所生活的世界，并非是当下的世界，而是一个与现实世界相隔断的未来太平之世。

又按《天师教》言：

> 天地混籍气如烟，四时五行转相因。
> 天地合会无人民，星辰倒错为人先。
> 二十八宿毕参辰，荧惑太白出其间。
> 若有改变垂象先，太平之基不能眠。[3]

很明显，此处诗句所描述的，正是我们在第三节中所讨论的末世的景象，五行与天象的错乱，正是"谶纬"学说中的"阳九百六"之灾。但是，这里需要特别注意的是，传统意义上的"阳九百六"之灾是发生在现实世界的、人类可以观察的"枯

---

[1] 正一法文天师教戒科经：大道家令戒 [M] // 道藏：第 18 册，237.

[2] 女青鬼律 [M] // 道藏：第 18 册，248.

[3] 正一法文天师教戒科经：天师教 [M] // 道藏：第 18 册，238.

旱霜蝗，饥馑荐臻"[1]，但《天师教》中所描述的，则是更为毁灭性的世界末日。所谓"天地合会"当即是"天塌地陷"之意，在上引六朝道经《三天正法经》中，我们看到，"天地合会"这一灾难概念得到了进一步的发展，其曰：

> 大劫交，则天地翻覆，河海涌决，人沦山没，金玉化消，六合冥一。白尸飘于无涯，孤爽悲于洪波……当此之时，万恶绝种，鬼魔灭迹，八荒四极，万不遗一。至于"天地之会"，自非"高上三天"所不能禳，自无《青箓白简》所不能脱也。[2]

我们可以有把握地推论，《阳平治》之"天地合会"当即是此处之"天地之会"，也即是起始所言"天地翻覆"。如此的情况，人类当然无法幸存，故其言"白尸飘于无涯，孤爽悲于洪波"，这也即是《阳平治》所言："天地合会无人民"。天地毁灭之后的混沌是漫长的，在《阳平治》的叙述中，经过漫长的等待，未来的太平之世将被唤醒（"太平之基不能眠"）。而在这全新的世界，只有奉道之善人能够复生，故《三天正法经》云："自非高上三天所不能禳"，而这里六朝上清家所谓的《青箓白简》，即是《仙籍》，也就是那些通过考校能够复生

---

[1] 班固. 汉书 [M]. 北京：中华书局，1962：1145.

[2] 张君房. 云笈七签 [M]. 北京：中华书局，2003：20-21.

的种民、仙官的名录。由此，盟威道的义理，将末世的概念推向了一个全新的层面，一个宗教意义上的"彼世"。如此，汉代"仙人"的含义也被"种民"扩大了，有了更为丰富的宗教含义。

2. 死后复生

在《盟威道》义理中，种民在此世的死亡只是暂死，盖因其需要通过死亡之大限而复生，由此过渡到太平之世。按《想尔注》云：

> 道人行备，道神归之，避世托死，过太阴中复生，去为不亡，故寿也。[1]

又云：

> 太阴道积，练形之宫也。世有不可处，贤者避去，托死过太阴中，而复一边生像，没而不殆也。俗人不能积善行，死便真死，属地官去也。[2]

也就是说，两汉时期"此世"的尸解成仙信仰在这里被拓展成为"彼世"种民的复生。我们在第三节中曾专门探讨了汉代宗

---

[1] 饶宗颐. 老子想尔注校证 [M]. 香港：中华书局，2015：51.

[2] 饶宗颐. 老子想尔注校证 [M]. 香港：中华书局，2015：27-28.

教中的"复生"与"太平"的概念，盟威道秉承了其谶纬五行理论，并将其又往前拓展："尸解复生"成为"仙人"与"种民"这两个概念的联结点，而人的复甦又与世界的重生被关联到了一起。

唯一遗憾的是，我们并不了解《想尔注》中"过太阴"的具体详情（虽然后出道经中对此有所讨论）。但如果我们将身体看做小天地，则身体的死亡也便等同于大天地的死亡（末世）。换言之，所谓的末世也许并非一定是物质世界的大毁灭（比如彗星撞击地球），而也可以被理解为个体生命的死亡。故此，末世并不发生在某一个具体的时间，[1] 也无法准确推测，正如同死亡无法预测一样。如此，所谓的太平之世则有可能发生在每次个体生命的死亡之后。道民为了确保自己能够在死后"度世"，便需要行道奉戒、思道念道、奉道事道。正如《大道家令戒》所云："能改心为善，行仁义，则善矣；可见太平，度脱厄难之中，为后世种民。"[2]

在先秦两汉诸家思想中，"治民"是与"致太平"直接关联的一对概念，其直接反映便是风调雨顺，物阜民安。由此，盟威道义理将"太平之世"转移至天地崩坏的后世，也便意味着其治民、平气之目的具有了一层朝向未来的意图：立足于此世，构建后世。虽然，对于盟威道而言，治民、平气可以化解

---

[1]　正如万物的化生也并非发生在一个确切的时间点。

[2]　正一法文天师教戒科经: 大道家令戒 [M] // 道藏: 第 18 册, 236.

现世的灾异，接续汉家气数，但这绝非其主要目的。盖因真正的宗教家，其义理的出发点必然源自人之自身，用以解决生死之忧患，也即是着眼于"欲令可仙之士皆得升度"。这样，我们可以看到至少两条文化线索在这里被汇聚：

（1）两汉神仙家注重技术的生命救度现在被纳入信仰与道德的范畴之下，并旨在实现于后世之中的复活，而非此世之中。

（2）以道德治民的目的不再只是关注此世，更有了构建未来太平之世的宗教性质。

3. 归根发芽

"种民"一词具有特别的植物学属性，如果我们将这一植物意象与汉代墓葬中入土而后升仙的尸解思想相关联，再结合《道德经》中所言的"归根"，以及六朝《生神章》中"荣旧苗"的表达，我们可以看到一个以植物生命周期作为修辞意象的对于生命转化之叙述的次第继承与发展。它们都是以植物的周期性生命现象来比喻人的死亡与复生。对于道民而言，死后"入土"是其得以获得第二次生命的唯一方式，这正如草本植物在隆冬时节将其精气驻存于土中之根。待到春暖之时，新的枝叶重新发出，并开花、结果进而散播种籽。《生神章》云：

> 稽首恭劫年，庆此荣旧苗。
>
> ……
>
> 游爽赴期归，炁炁返故根。

董思靖注云："所谓返故根者，犹荣旧苗之意。"[1] 由此，"种民"之"种"（种籽）与蝉之复育（蜕）一样，是某种从土中升发之象。这似乎正对应了盟威道经典中所谓的"过太阴"之玄义。由于目前尚缺乏足够的资料对此进行论证，笔者暂时还不能在阐释的路上走得太远。但我们不能否认，当汉代的古人凝视着春季田野中从解冻的土壤中所迸发的生机时，他们也一定会如我们一样不禁想到已经逝去的亲人，并暗中思索他们是否能也如庭前垂柳一样在春风中再次焕发生命。

（四）种民是箓籍之民

一如人间的百姓有其户籍，道民有其命籍，种民亦有其籍，而辖其籍者，是大道虚皇，或云后圣帝君。按《女青鬼律》云：

> 诸欲著名《生录》为种民者，按此文书，随病呼之。[2]

这里的《生录》即是种民之名单，与其相对应的则为尸人之《死录》或《死籍》，如《赤松子章历》所云：

> 却《死籍》，移名《青录长生之簿》，永为后世种民。[3]

---

[1] 董思靖. 洞玄灵宝自然九天生神章经解义 [M] // 道藏：第 6 册，412.

[2] 女青鬼律 [M] // 道藏：第 18 册，250.

[3] 赤松子章历 [M] // 道藏：第 11 册，205.

很明显，盟威道将生命的救度与汉代宗教中职官制度挂了钩，上言《三天正法经》之《青箓白简》也即是此。大道虚皇的天廷之中有三官之天曹负责考校人间的善恶，如《想尔注》云：

> 欲求仙寿天福，要在信道，守戒守信，不为贰过。罪成结在天曹，《右契》无到而穷，不复在馀也。

又云：

> 道甚广大，处柔弱，不与俗人争，教人以戒，慎者宜《左契》，不戒慎者置《右契》。[1]

这种《生死籍》《善恶簿》的观念，在中国宗教中一直占据着极为重要的地位，而对其较为详细且较早的论述，集中见于《太平经》中，如其《不忘戒长得福诀》云：

> 神仙之录在北极，相连昆仑，昆仑之墟有真人，上下有常。真人主有《录籍》之人，姓名相次。高明得高，中得中，下得下……中有圣智，求索神仙。《簿书录籍》，姓名有焉。当复上为天之吏，案行民间，调和风雨，使得安政……故当作善，有益于天……善辄疏上，恶亡

---

[1] 原文系"不戒慎者置《左契》"。与前句重复，依照语义修改。

其名……[1]

此处,《太平经》的救度观念与盟威道有两点不完全相同:

(1)盟威道所追求的是人类普世的救度,因此"种民"这一概念一如"编户齐民",反映出的是平等的救度机会,而《太平经》似乎仍然是关照着某一更为小众的宗教团体,且依其个人修行之"高明"程度而判定其位业,由此具有一定的阶级性。

(2)升仙得度者随即被授予天界的职位,成为"天之吏",而非民。由此,生命的救度由一整套天曹文吏制度来考察并完成,救度对象随之进入了这一套职官体系,成为其中之一员[2],高万桑(Vincent Goossaert)教授将其称为中国宗教救度的第二次革命[3]。值得注意的是,在稍后的上清经教中,这种救度的阶级化差异再一次被体现出来,修习上清经法者不仅仅期望能够成为种民,更期待能够记名于《金箓白简》,成为辅佐后圣金阙老君统领未来太平之世的"种臣"。

但是,我们一定不能被这些复杂的职官制度所障眼,生命救度的本质是复归于大道,是"炁入玄玄"。此正如施舟人

---

[1]　王明 . 太平经合校 [M] . 北京: 中华书局, 1960: 599-600.

[2]　盟威道之选校亦由天曹完成, 但所有能够度世者, 皆成为相互平等的"民", 而非"官"。按照六朝上清家的理论框架, 在仙界之中亦有层层向上之选拔升迁。种民或许因此也得以向上升举。

[3]　Vincent Goossaert, *Bureaucratie et Salut: Devenir Un Dieu En Chine* (Geneva: Labor et Fides, 2017), 48-60.

先生所言："这一（自我）完善的过程将通往与宇宙秩序越来越紧密的融合，这将导致个体身份的逐渐丧失（机能凌驾于个体之上）直至完全融入在宏大的实质的宇宙运动中，自然且自发。"[1]

综上所述，盟威道将汉代的谶纬学中的"阳九百六"说进一步发展为与古代近东宗教末世（eschatology）以及千禧年主义（millennialism）十分相近的观念[2]：在现实世界彻底毁灭之后，将迎来一个新的世界，登记在册的善人们将在这一新的世界全部复甦，享受太平的生活。这种否定现世、期待来世的观念，往往也与当时所处的灾难性的历史环境紧密相关。公元前4世纪至公元前2世纪的200年间，以色列先后被巴比伦、波斯、希腊、埃及以及叙利亚等帝国占领，并遭受宗教迫害与屠杀，先知达尼尔（Daniel the Prophet）在他的先知书中写道：

> 那时保佑你国家子民的伟大护守天使弥额尔必要起来；那将是一个灾难的时期，是自开国以来，直到那时从未有过的；那时，你的人民，凡是名录在那书上的，都必得救。许多长眠于尘土中的人，要醒起来：有的要入于永

[1] 施舟人 Kristofer M.Schipper, "Millénarismes et messianismes de la Chine ancienne", *La religion de la Chine: la tradition vivante* (Paris: Fayard, 2008), 97–120.

[2] 施舟人 Kristofer M.Schipper, "Millénarismes et messianismes de la Chine ancienne", *La religion de la Chine: la tradition vivante* (Paris: Fayard, 2008), 97–125.

生，有的要永远蒙羞受辱。贤明之士要发光有如穹苍的光
辉；那些引导多人归于正义的人，要永远发光如同星辰。
（《达尼尔》12：1-3）[1]

六、小结

在信道、入道之后，道民需要时时刻刻"念道""事道"，
在"信"与"行"的双重层面日臻于道。事道不仅仅是独善其
身，更是兼济天下。天师以"兼相爱、交相利"的道德伦理治
民劝善，道民的命运共同体也因此得以创立。如此，人心得以
齐整，天地也得以清宁。此外，祭酒们还通过日常的仪式实践
来助力道气之运行，也即是所谓"平气"。对于道民而言，其
所有的宗教实践都可以被归入"使气平正"的概念之下，"平
气"即是拯救世界，也是救度自我。

道民的行为由天曹随时记录，并根据其信、行来决定是否
能够将其列入种民的箓籍。当天地之大灾过后，被选为种民的
人们得以死后复生，由此成为太平之世的善种，生命的救度也
就此完成。人类必以谦卑身份将大道视为帝王而事之，以此对
应她作为良师的屈尊，并由此回归到慈母之怀抱，即生命救度
的终点。

---

[1] 香港思高圣经学会．圣经［M］．北京：中国天主教教务委员会，1992：
1411．类似的概念还可参见《出埃及记》32：33："谁犯罪得罪我，我就
把谁从我的册子上抹去"。香港思高圣经学会．圣经［M］．北京：中国天
主教教务委员会，1992：125.

综上所述，我们会发现天之观念、虚皇之形名、盟约之建立、信道之委质、事道之臣仆、治民之教化、平气之息灾乃至太平之实现都各有其在先秦两汉政治、哲学、神学中之渊薮。盟威道义理继承了它们，又将其巧妙地转化为救度性宗教之内涵。也正是由于这种渊源关系，盟威道从未放弃对于现世之救护：求仙度世必以教治民心为前提，在构建未来太平之世的工作中，现实世界的苦难也同时得以抚平，这尤其体现在道民团体的构建与维护之中。

第九节 《清约》的三重宗教精神

我们在第六节中已经看到，鹿堂山与鹤鸣山两次盟约有着精密的、相互对应的逻辑关系，鹿堂山所定立的《清约》是鹤鸣山所授"正一盟威之道"的具体应用，用以打破人类心中为自然与命运所奴役的枷锁，是人类主观能动性与自由意志的解放。天师清楚地知道，意欲在大众的层面广行救度，就必须先将汉代宗教中那个充满恐惧与禁忌的，且由巫祝垄断神权的"旧天地"砸碎，方能逐步建立一个以道德伦理为导向，生命终极救度为指归的"新天地"。在《陆先生道门科略》中，有关《清约》的内容先后两次出现，我们现将其摘录于下：

- 太上患其若此，故授天师"正一盟威之道"，禁戒律科，检示万民逆顺、祸福、功过，令知好恶；置二十四治、三十六靖庐，内外道士二千四百人；下《千二百官章文》万通，诛符伐庙，杀鬼生人；荡涤宇宙，明正三五，周天匝地，不得复有淫邪之鬼；罢诸禁心，《清约》治民，神不饮食，师不受钱；使民内修慈孝，外行敬让；佐时理化，助国扶命。[1]

- 盟威法：师不受钱，神不饮食，谓之《清约》。[2]

结合上下两段的内容（尤其是加点的部分），我们基本可以明确，所谓《清约》的内容可以用"神不饮食，师不受钱"来概括。但是我们还需要考虑到第二段的部分后续文字，其曰：

居宅安家，移徙动止，百事不卜日问时，任心而行，无所避就，谓"约"。[3]

从加点内容来看，《清约》的内容与第一段中的"罢诸禁心"正相互对应，乃是从择日一类的数术之中解放而出，获得"自由"。而这一项并未包含在"神不饮食，师不受钱"的内容之中。以此类推，则第一段中的"《清约》治民"包含了"神不饮食"、"师不受钱"与"罢诸禁心"。这一十二字分别对应了由神人关系转变所带来的具有"理性精神"的"宗教生活变

---

[1] 陆修静．陆先生道门科略 [M] // 道藏：第 24 册，779.
[2] 陆修静．陆先生道门科略 [M] // 道藏：第 24 册，782.
[3] 陆修静．陆先生道门科略 [M] // 道藏：第 24 册，782.

革"，由信徒与神职关系转变所带来的具有"平等精神"的"宗教权利的革命"，以及由人与命运关系转变所带来的具有"自由精神"的"自由意志解放"。这三种精神，与我们将在第十四节中讨论的"同命精神"一同构成了盟威道的基本宗教精神。

施舟人先生曾以《清约》为题，撰有论文两篇[1]，其已经各有侧重地对《清约》的精神做了粲然明备的阐述。由此，本节仅是对贤者高屋建瓴的妙旨所做的一番注解与发衍。以此为基础，我们才能在下一章中更为深入地理解法箓所具备的宗教精神及其在盟威道宗教生活中所扮演的核心角色。我们会首先考察《清约》三项内容中每一项内容表述所具有的字面含义，然后将其代入先秦两汉原有的宗教历史处境，以此来理解其对传统祭祀宗教、共同宗教的继承、批判与反转，并最终得以对其所蕴含的宗教精神做一阐释。其中，理解此处的"反转"，是理解盟威道乃至整个后世道教的核心立足点，正是在对于两汉宗教的"继承"与"反转"间，我们才得以洞窥其特有的宗教精神。

一、清约的内容

按"清"字在盟威道经典中常用以形容三天大道，且与"正"相近，与"邪"相反；"约"即建立盟约所要遵守的约定

---

[1] Kristofer M.Schipper, *La religion de la Chine: la tradition vivante* (Paris: Fayard, 2008), 127–160. 施舟人（Kristopher M.Schipper）. 道教的清约 [G]. 法国汉学，第八辑，北京：中华书局，2002：149–167.

内容，上文已揭其"乡约"的社会、历史背景[1]。目前《道藏》中所保存的关于《清约》的详细记载见于《三天内解经》（下称《内解经》）与《陆先生道门科略》（首尾两段，下称《道门科略》）。通过相互比对，笔者将三组文字中有关《清约》的细节内容化约、归纳为大致 8 点内容，即：1. 教法名称，2. 至高崇拜，3. 废除祭祀，4. 废除特权，5. 打破禁忌，6. 以德治民，7. 谢罪治病，8. 厨会规约。现谨依照此 8 点将三组内容拆分、对比于下页表之中。

按此前的论述，在以上 8 条中，第 1、2 两条乃是确立教法之"名"，以及至高崇拜（详见第七、八节）；第 3、4、5 条即《清约》的核心内容；而第 6、7、8 条则可被视作对于《清约》内容的延伸与具体说明，由此将会被纳入以上三条的讨论之中。

二、神不饮食：人类与神明关系的转变

（一）字面文义

《道门科略》之"神不饮食"，《内解经》作"鬼不饮食"，此处"神"与"鬼"同意，即传统的飨祭对象，也就是由各类横死夭亡的人鬼以及自然界精灵所构成的集合概念。鬼神需要通过定期从人类所奉献的食品（包含动物与农作物）中获取维

---

[1] 施舟人（Kristopher M.Schipper）. 道教的清约 [G]. 法国汉学，第八辑，北京：中华书局，2002：150-151.

	《三天内解经》	《道门科略》首段	《道门科略》尾段
1. 教法名称	三天正法	正一盟威之道	盟威清约之正教/盟威法
2. 至高崇拜			千精万灵，一切神祇，皆所废弃，临奉老君三师，谓之"正教"。
3. 废除祭祀/调适祭祀	使鬼不饮食	神不饮食	神不饮食
	民不妄祭祀他鬼神	唯天子祭天、三公祭五岳、诸侯祭山川，民人五腊吉日祠先人，二月八月祭社灶，自此以外，不得有所祭。若非五腊吉日而祠先人，非春秋社日而祭社灶，皆犯淫祠。	向邪僻祆巫之倒法。祭祀鬼神，祈求福祚，谓之邪。
4. 废除特权	师不受钱	师不受钱	师不受钱
5. 打破禁忌	不得禁固天民	罢诸禁心	居宅安冢，移徙动止，百事不卜日问时，任心而行，无所避就，谓"约"。

续　表

	《三天内解经》	《道门科略》首段	《道门科略》尾段
	不得淫盗		(1) 称鬼神语，占察吉凶，谓之"祆"。 (2) 非师老科教而妄作总讳，谓之"巫"。 (3) 书是图占、地基、堪与、凶咎之属，须上章"驱除"。 (4) 乃复有历，拣日择时，愚辟转甚，正科所明，永不肯从，法之所禁，而竞尊用，背真向伪，谓之"倒"也。
6. 以德治民		使民内修慈孝，外行敬让；佐时理化，助国扶命。	
7. 谢罪治病	（不得）治病疗疾	若疾病之人不胜汤药针灸，惟服符饮水，及首生年以来所犯罪过，罪应死者皆为原赦，积疾困病莫不生全。	治病不针灸汤药，唯服符饮水，草姜而已。首罪改行
8. 厨会规约	不得饮酒食肉		

持其自身存在的精气，并报之以形而上的护佑（或仅仅是免于
骚扰）。[1]

需要特别说明的是，"神不饮食"是对当时中国传统文化
价值的挑战，这是因为，其四字之组合，十分鲜明地针对着
《诗经》中所言之"神嗜饮食"。按《小雅·楚茨》曰：

> 苾芬孝祀，神嗜饮食。
> 卜尔百福，如几如式。
> ……
> 既醉既饱，小大稽首。
> 神嗜饮食，使君寿考。

《诗经》是汉代经学教育的核心经典，"神嗜饮食"是汉代文士
阶层所共享的宗教知识，代表着不可置疑、不可撼动的价值观
念。故此，当盟威道针锋相对地将这一诗句改写为"神不饮
食"的《清约》条文时，可视作对掌控祭祀权利的贵族以及巫
祝阶层进行鼎革的"檄文"，其在认知上对公众的撼动也是可

---

[1] 以祭祀取悦神是人类古代社会的普遍现象，在《希伯来圣经》中，大
洪水退后，诺亚为耶和华"筑了一座祭坛，拿各种洁净的牲畜和洁净
的飞禽，献在祭坛上，作了全燔祭。上主闻到了馨香，心里说：'我再
不为人的缘故咒骂大地……我也再不照我所作的打击一切圣物了，只
愿大地存在之日，稼穑寒暑，冬夏昼夜，循环不息。'"（《创世记》8:
20—22）香港思高圣经学会.圣经[M].北京：中国天主教教务委员会，
1992：18.

想而知的。

（二）对于祭祀的批判

1. 道教与礼乐的对立

子曰："夫礼之初，始诸饮食。"（《礼记·礼运》）[1] 但是，《清约》却言"神不饮食"。施舟人先生以此敏锐地观察到儒与道的分立，他说："道教不但没有'礼'的概念，根本也不用这个字，《道藏经》所有的书都很少用到'礼'字。"[2] 这种有意识地自我区别体现在盟威道的各个层面：从命名法、仪式到神圣空间等等，它们都表明了盟威道意图从根本逻辑上对以往儒家礼法系统的改革（或言反转），更不必提我们在上文中已经言及的以"三天"取代"六天"的天命鼎革。由此，从"礼乐"的角度尝试理解道教也终将是徒劳无功的，道教的仪式化生活虽然落脚于此世中的社会，但却以"奉戒行道"作为根本依托，并着眼于自我实现与生命超越的终点（参见第十四节）。

2. 淫祀与故气

正如石泰安先生在其研究中所曾观察到的，道教对于民间的淫祀抱有与朝廷、儒生一样的反对态度，但道教却构建了一套与儒家迥然不同的"淫祀"观念。对于道教而言，淫祀的本源是"六天故气"，而六天故气的背后实际指代的是整个祭祀制度以及与其紧密相关的皇权政治（详见第七节"三天"）。既

---

[1] 孙希旦. 礼记集解 [M]. 北京：中华书局，2012：586.

[2] 施舟人（Kristopher M.Schipper）. 道教的清约 [G]. 法国汉学，第八辑，北京：中华书局，2002：159.

然道教以《清约》取缔了所有的祭祀，则便无所谓"淫祀"与否了。我们看到，六朝时期的道教为了调和这一与皇权政治之间的矛盾，也因此采用了"淫祀"一词（参见第六节"鹿堂山盟约"）。如《道典论》引《正一真人演千明科经》云：

> 祭非其鬼，名为淫祀，陷坠群邪。[1]

对于道教而言，祭祀房祀鬼神不再仅仅是以往被诟病的"淫祀"，更是一种"罪"，而其之所以能够成为"罪"，乃是在于其违反了《清约》"神不饮食"之规定。如《女青鬼律》便直接言明："不得祠祭故炁。"换一个方向思考，此时道教所默许的祭祀，乃是《淮南子》中所言的"思亲不求福"[2]的祭祀，盖取其"以时见其德，所以不忘其功"[3]之意。同时，我们也已经看到，在《太平经》中，对于鬼神的过度祭祀乃是导致天地不和的重要原因之一。

3. 以德代味

对于祭祀的质疑发轫自东周时期。我们在第一节中已经提及，商、周祭祀的特点本来是重视气味与音乐这类感官特征，如《管子·五行》所言：

---

[1] 道典论 [M] // 道藏：第 24 册，850.

[2] 刘安编，何宁撰. 淮南子集释 [M]. 北京：中华书局，1998：1017.

[3] 刘安编，何宁撰. 淮南子集释 [M]. 北京：中华书局，1998：984.

> 鬼神飨其气焉，君子食其味焉。[1]

但从东周开始，人们对于祭祀的理解也开始发生深刻的改变，祭祀所献之食物越来越被"去物质化"，即强调神明所好尚者为人类所最本初、质朴之"德"，而非浮华之"味"。[2] 如《吕氏春秋·适音》云：

> 大飨之礼，上玄尊而俎生鱼，大羹不和，有进乎味者也。故先王之制礼乐也，非特以欢耳目、极口腹之欲也，将以教民平好恶、行理义也。

在这里，"玄尊"即是"玄酒"，也即是清水。"大羹"也是口味清淡的食物，王充曰："大羹必有淡味"[3]。由此，祭祀之中，对于"平好恶、行理义"之"德"的强调被上升到新的高度，成为祭祀是否能够有效的标准。故云：

> 黍稷非馨，明德惟馨。(《尚书·君陈》)[4]

---

[1] 黎翔凤.管子校注 [M].北京：中华书局，2004：876.

[2] 胡司德（Roel Sterckx）.早期中国的食物、祭祀和圣贤 [M].杭州：浙江大学出版社，2018：90-91.

[3] 《论衡·自纪》云："大羹必有澹味。"王充著，张宗祥校注.论衡校注 [M].上海：上海古籍出版社，2010：1200.

[4] 孔颖达，孔安国.尚书正义 [M].上海：上海古籍出版社，2007：714.

在这两点中，前者强调的是通过短暂的净化仪式来达到陶冶神心的目的，而后者则倡导一种更为持续的、如礼的生活方式。具体到个体生命的层面，这一道德化的思想进一步发展为孔子的"归仁"[1]。

在《太平经》中，祭祀被进一步界定，其《有过死谪作河梁诫》云：

> 常言人无贵无贱，皆天所生，但《录籍》相命不存耳。爱之慎之念之，慎勿加所不当为而枉人，侵克非有。是天所不报，地所不养，凶神随之，不得久生乐生。念自令自忽者勿望生，殊无《长生之籍》，强入神仙斋家。所有祠祭神灵，求蒙仙度，仙神案《簿籍》，子无生名，祷祭神不享食也。[2]

在这里，我们可以看到，在太平道的教法中，"仙度"仍然包含有"祠祭神灵"，此是其鼎革之妥协之处。但与此同时，其祭祀的有效与否，则取决于献祭者是否已经被登入《长生之籍》，而登入的条件并非依照"贵贱"而是依据人之德行，此亦是其革新之处。

4. 圣贤的批判

此外，除了专门的祭祀，不少圣贤也对节日中的公众祭祀

---

[1] 李泽厚. 由巫到礼，释礼归仁 [M]. 北京：三联书店，2015：117-138.
[2] 王明. 太平经合校 [M]. 北京：中华书局，1960：576.

活动持负面看法，如老子便以"我独泊兮"回应"众人熙熙，如春登台，如享太牢"[1]。到了东汉，王充更大胆地质疑祭祀功能的真实性：

> 论之以为人死无知，其精不能为鬼。假使有之，与人异食。异食则不肯食人之食，不肯食人之食，则无求于人。无求于人，则不能为人祸福矣。[2]

类似的批判在欧洲古典时代更为普遍，公元 2 世纪的希腊语文豪琉善（Lucian of Samosata）讽刺了节日的祭祀与巡游的愚蠢，贫者无力购买祭品，以及祭司在音乐中将动物割喉血洒祭坛的残忍情景。公元 3 世纪的希腊哲学家普菲力欧斯（Porphyry of Tyre）将祭祀的概念巧妙地转化并内化，他认为哲学家才是真正的祭司，他因节欲与自制而拥有洁净的肉体与灵魂，因此能够接近神明，而真正的神庙则是圣贤的思想，圣贤将心转换为祭坛，以此供奉神明的真像，即：圣贤的智识。他进一步将哲学与禁欲相关联，并提出素食的概念，以此逃避社区公共的祭祀仪式[3]，而这恰恰也正是早期道教禁止饮酒食肉的直接原

---

[1] 王卡.老子道德经河上公章句 [M].北京：中华书局，1993：79-80.

[2] 张宗祥.论衡校注 [M].上海：上海古籍出版社，2010：513.

[3] 参见 Guy G.Stroumsa, *The End of Sacrifice: Religious Transformations in Late Antiquity*, [American ed.] .(Chicago: University of Chicago Press, 2009). 58-61.

因——以此区分道民与尸人（俗民），即《想尔注》所云：

> 有道者不处祭餟祷祠之间也。[1]

总而言之，不论是东方的圣贤还是西方的哲人们，其对于祭祀的批判主要都来自其深层内化意义以及道德取向的缺失。

5. 祭祀的浪费

对于祭祀的另一重批判来自经济方面，我们在第一节中已经提到了汉末祭祀仪式的靡费，以及其对百姓的压榨。类似的批判也在道教内部得到了印证，《道门科略》曰：

> 宰杀三牲，费用万计，倾财竭产，不蒙其佑，反受其患，枉死横夭，不可称数。

可见，祭祀经济所带来的严重社会负面影响乃是汉末精英阶层对于祭祀的批判的重要出发点。

由上所见，在前盟约时代，先贤们对于祭祀的看法一直在发生变化，其最初是强调祭祀者本身的德行，而非饮食；其次是对其本身是否具有实际功能而进行质疑；乃至对其所造成的浪费以及压迫进行批判。所有这些质疑与批判积聚到汉末，终于引来了盟威道对于祭祀的全面否定，一如《想尔注》所云：

---

[1] 饶宗颐. 老子想尔注校证 [M]. 香港：中华书局，2015：39.

　　行道者生，失道者死；天之正法，不在祭餽祷祠也。
道故禁祭餽祷祠，与之重罚。祭餽与耶（邪）通同，故有
余食器物，道人终不欲食用之也。[1]

6. 祭祀与社会

　　盟威道对于祭祀的反对并非只是道德、经济层面的人文
关怀，其在本质上乃是对于由祭祀所代表的封建等级社会的批
判。芝加哥大学的布鲁斯·林肯教授（Bruce Lincoln）以印欧
宗教为例对其进行了评判，他说：

　　宗教意识形态的宇宙方面和社会方面，一如它们在
神话和仪式中所表现的那样，一如它们在社会和组织中所
实践的那样，乃是同一个体系的两个组成部分。人们也不
能将精心构造的思想，同社会的等级制度和剥削制度的残
酷事实割裂开来：正是，而且经常是前者使得后者成为可
能。……亨利·于贝特和莫利斯·毛斯在其经典之作《献
祭论》（按：Henri Hubert, Marcel Mauss, Essai sur la nature
et la fonction du sacrifice）中论证道，一切社会生活本质上
就是一种献祭方式，其中个人为着共同利益作出自己的贡
献，结果在社会生活中收获极大的报偿。然而，这些社会
学学派的大师们……都不曾认识到，社会中的一些成员被

---

[1]　饶宗颐.老子想尔注校证［M］.香港：中华书局，2015：39.

要求贡献出比其他成员多得多的祭品，而那些被要求贡献最多的成员往往正是那些得到报偿最少的成员。（按：即将人作为祭品）[1]

林肯教授所言非虚，我们在西门豹治邺的故事中看到，当巫祝及三老这些以河伯娶亲为名"赋敛百姓"的人被投入河中之后，河伯便也"不再要求"娶亲了，献祭的负担自然便也消解了。[2] 我们稍后也将看到，盟威道一手废除了祭祀，另一手则构建了二十四处"民夷便乐"的法郎吉（Falange）。

（三）对于罪愆的认识

在中国古代社会，祭祀的目的十分多样化，但主流的看法基本将其作为"把人与人之间的求索酬报关系推广到人与神之间而产生的活动。所以祭祀的具体表现就是用礼物向神灵祈祷（求福曰祈，除灾叫祷）或致敬"[3]。但事实上，我们在上文中有关盟誓的讨论中已经看到，祭祀的功用绝不仅仅是用以一般意义的求索酬报。此外，更为重要的是，中国古人往往将灾异视作上天对于下界人类罪过的惩罚，因此所谓的除灾常带有谢罪的内涵，文献中的汤王的"桑林之祷"，以及华山出土的《秦

---

[1] 布鲁斯·林肯（Bruce Lincoln），著. 晏可佳，译. 死亡、战争与献祭 [M]. 上海：上海人民出版社，2018：288-289.

[2] 司马迁. 史记 [M]. 北京：中华书局，1982：3211-3213.

[3] 詹鄞鑫. 神灵与祭祀——中国传统宗教综论 [M]. 南京：江苏古籍出版社，2000：172.

骊祷病玉版》便是极有代表性的案例。而每遇天灾由皇帝所下的"罪己诏"更是不胜枚举。由此，我们在这里特别关注于如何解谢罪愆的具体方法。

1. 无法货赂的大道

按《道门科略》云：

> 千精万灵，一切神祇，皆所废弃，临奉老君三师，谓之"正教"。

此句所言，即是将大道与三师（即第一代天师、第二代嗣师、第三代系师，亦可理解为广义上的历代师资）作为其礼敬的对象，而弃绝对于其他鬼神的献祭。大道不同于鬼神，祂作为至上的真理，万化之源头，不以出身、财富取人，更不需要来自人类的奉献，因此无法被"收买"；要而言之，祂只以"善恶"这一最为普通的标准来作为对人类的判定标准。因此，人类不无法像对鬼神那样，通过馈赠礼物的方式来对其进行讨好，此即《道德经》所言："天道无亲，常与善人。"（《道德经·七十九章》）

由于人类无法利用祭品的利益杠杆来与大道建立求索酬报的关系，则能够得到大道护佑的方式便是诚心向道、守戒止恶与行善积功，故《教戒科经》云：

> 若愿欲者，实不用金帛货赂，不用人事求请，不用酒

> 肉祭祷，直归心于道，无为而自得。

其又曰：

> 教戒者，欲令人劝进，长生全身，保命无穷。人皆能奉法不倦，何但保命，乃有延年无穷之福。此非富贵者货赂求请所能得通也，亦非酒肉祭祷鬼神所降致也。

其又曰：

> 以道人常欲有好心，善施惠故也，天道授福。[1]

从相反的方向看，人类之所以不能得到福佑，甚至受到惩罚的原因，乃是因为其不对自身的行为进行约束，并造作了罪愆。《清约》废除了通过祭祀来祈福的方式，进而将遵守道戒、行善积功作为趋吉避凶的唯一门径（详见第十三、十四节）。由此，我们值得注意，原有的祭祀宗教的逻辑乃是以宴乐之礼与神明进行交换，而盟威道则是借用了秦汉帝国依功勤受赏制度的逻辑来进行交换。在这一全新的制度中，"功勤"与"罪过"经过公正的考察（由祭酒与天曹在两个层面共同完成），在"命"（寿命 life、命运 fate）的层面被具体转化为"算"。正因

---

[1] 正一法文天师教戒科经：大道家令戒 [M] // 道藏：第 18 册，235.

为如此，"事道"便包含了建立善功与解除罪过两层重要的宗教实践。

2. 早期王权与罪愆

早在道教兴起之前，中国传统宗教中便已经有了对于"罪"的认知。在《吕氏春秋·顺民》的记载中[1]（见彩页图16），汤王在取得天下、代替夏朝之后，遭遇了数年的干旱，他因此在桑林中祷告曰：

> 余一人有罪，无及万夫。万夫有罪，在余一人。无以一人之不敏，使上帝鬼神伤民之命。[2]

在这则故事中，我们至少可以总结出以下几点：

（1）有一个至上的神明监视着人们在生活中的过失与罪行。

（2）一部分罪过可能会得到人间权威的惩罚，但那些不被人间的权威发觉的罪过，则还可能会遭到天神的惩罚。惩罚的方式有很多种，其中自然灾害与疾病是上帝奉行天罚的重要媒介。

（3）对于那些敢于面对自己罪过，主动坦白，并以一定的方式来赎罪的人，他们有可能会得到上帝的谅解，进而免除

---

[1] 又见于《尚书·汤诰》，其曰："凡我造邦，无从匪彝，无即慆淫，各守尔典，以承天休。尔有善，朕弗敢蔽；罪当朕躬，弗敢自赦，惟简在上帝之心。其尔万方有罪，在予一人；予一人有罪，无以尔万方。"孔颖达，孔安国. 尚书正义 [M]. 上海：上海古籍出版社，2007：299.

[2] 许维遹. 吕氏春秋集释 [M]. 北京：中华书局，2009：200–201.

天灾或疾病。在这里，赎罪的方式乃是将自己作为替罪之牺牲（此可以与立盟仪式中的宰牲相类比），通过折损头发与指甲这些象征生命的肢体来实现象征性之死亡（参见第十九节"象征性死亡与复生"）。由此，在先秦时代的中国宗教中，已经存在了类似犹太教"替罪羊"（Scapegoat, Azazel/ עזאזל）之观念。

（4）君主，作为中国古代社会中的大巫，承担着为天下万民谢罪的职能。从某些意义来说，在如此的义理框架中，普通的"民"并不具有宗教意义上独立的人格，因此其甚至不必为自己所犯的罪过而负责，因此更谈不上自己为自己所做的罪过来祈求解谢。这与前盟约时代古代中国民众普遍缺少宗教身份是相互对应之事实。"罪己诏"是最为常见的一种形式，因循汤王之道而步祷、禁食祈雨者也是不胜枚举，近者若明神宗（见彩页图 17）、清世宗[1] 等。

3. 汉代宗教中的罪愆思想

我们在第二节中已经对汉代宗教中考察善恶的职官体系以及解除仪式稍微进行了介绍。就有限的材料来看，战国末期的平民阶层虽然已经有了"罪"与"除罪"的认知[2]，但其实际

---

[1] 陶金，喻晓 . 九州清晏：清世宗全国龙神祠庙系统的创立 [J] . 道教研究学报：宗教、历史与社会 .2020/21, 12/13：187-188.

[2] 甘肃天水放马滩秦简《日书》（甲种）始见"除罪"之义，其言："除日，逃亡不得，瘴疾死，可以治啬夫，可以瘛言，君子除罪。"参见：姜守诚 . 香港所藏"松人"解除木牍与汉晋墓葬之禁忌风俗 [J] . 成大历史学报，2006（31）：1-64. 另参见：李零 . 中国方术续考 [M] . 北京：中华书局，2006：343-361.

的解除方法似乎仍然倾向于宗教—巫术性的仪式行为，而非从个人的道德层面去理解。甚至于似乎对于个人化的罪愆在宗教层面的深刻讨论也并不多见。曾子所言的"三省"也只停留在个人道德伦理层面，而并非宗教层面。这一现象也许与皇帝以及巫祝对于神权的垄断有关。汤王的故事告诉我们，至迟在战国时期，的确存在着对由罪所引起的灾害的认识。但汤王所言"其尔万方有罪，在予一人；予一人有罪，无以尔万方"[1] 似乎意味着君王承担着所有臣民集体的在宗教意义上的"罪"，正如同其对祭天权利的垄断。这当然不是说先秦时代的平民阶层没有对于"罪"的认知，但从宗教角度而言，这似乎还并不是十分的明晰 [2]。

　　但是，从东汉时期开始，"罪愆"、"殃咎下及"等语汇开始频繁地出现于镇墓文中。在《太平经》中，关于善恶、功过，以及对于功过的考校的论述开始大量出现，如"罚谪随考者轻重"[3] 等语。"罪"与"罚"的概念在道教义理中意义颇为重大，按照后世的阐述，大道所赐予人类的寿命为 120 年，但又有天曹对人之轻重罪过进行考校，进行与夺。如《太上洞玄灵宝业报因缘经》卷八云：

[1] 孔颖达，孔安国 . 尚书正义 [M] . 上海：上海古籍出版社，2007, 299.

[2] 参见：Pei-Yi Wu, "Self-Examination and Confession of Sins in Traditional China," *Harvard Journal of Asiatic Studies* 39, no.1 (1979): 5-38.

[3] 王明 . 太平经合校 [M] . 北京：中华书局，1960: 579.

夫人不生则无，已生则备天地之象，含阴吐阳，悬命由天；天与其算四万三千二百日，凡一百二十年，算主一日，记在诸天。吾（按：太上道君）常敕诸天帝，命召五帝、三界、四司、南斗北斗、十天将军、九土使者、七神童子、八部天神一切神灵，游行人间，检较罪福，男女吉凶。又遣上圣高尊妙行真人、天仙飞仙、神仙地仙、五岳四渎、日月星辰、三官九府二万四千灵司，建节持幡，飞空步虚，执符把箓，较勘巡行；三日一言，七日一奏，百日一结，不辍须史。[1]

又如张清都天师《传授三洞经戒法箓略说》云：

人受生，天与四万三千二百算，为一百二十年，而不满此者，皆犯天地、日月、星辰，违盟负约，背道叛师，不从经戒，为三官夺减算命所致也。[2]

由此，按照以上所言之逻辑，则几乎没有人是完全无罪的。换言之，人人都需要随时解谢罪过。由于盟威道对于祭祀仪式的全面禁止，则"解除"的仪式必然需要进行革新，以其他方式来达成。下面就想来具体考察这一时期对于以赎罪为目的的献祭仪式所作出的转化与构建，并结合犹太教传统对其内在的转

---

[1] 太上洞玄灵宝业报因缘经 [M] // 道藏：第 6 册，118.
[2] 传授三洞经戒法箓略说 [M] // 道藏：第 32 册，195.

变逻辑做一尝试性勾勒。

（四）献祭仪式的转化

按《希伯来圣经》的记载，雅威与大祭司亚郎（Aaron）定立了用牛与羊作为牺牲为人赎罪的仪式以及赎罪日（《肋未纪》1-7）[1]。依照传统犹太教教法的规定，耶路撒冷是雅威所选择的居所，因此每年的逾越节以及一切对于雅威的献祭，只能在耶路撒冷的圣殿举行（《申命纪》16：2）[2]。在耶路撒冷的圣殿，还有雅威专门拣选的祭司家族负责祭祀，他们为来自全以色列的百姓举行祈求平安与赎罪的献祭仪式（《出谷纪》28：1-2）[3]。东汉永平十三年（公元70年）罗马帝国军队攻占耶路撒冷，并拆毁了由希律王所营建的圣殿，以此报复以色列人的"叛乱"（图09-01）。在此后的数千年间，这座圣殿再未能复建。宗教史学家认为，耶路撒冷圣殿的拆毁直接导致了传统犹太教在两个方向上的转型，并由此催生出了两个新的宗教，即拉比犹太教（Rabbinic Judaism）与基督教（Christianity）。这是因为，唯一能够举行献祭的圣殿已被拆毁，按照原有的规定，祭礼便无法如法地举行，于是祭司家族（Cohen, כוהן）便因此被边缘化了。同时，原本活跃在会堂（Synagogue, Beit

---

[1] 香港思高圣经学会. 圣经 [M]. 北京：中国天主教教务委员会，1992：139-146.

[2] 香港思高圣经学会. 圣经 [M]. 北京：中国天主教教务委员会，1992：256-257.

[3] 香港思高圣经学会. 圣经 [M]. 北京：中国天主教教务委员会，1992：118.

图 09-01 提图斯凯旋门（Arcus Titi）浮雕，公元 1 世纪，意大利罗马。该浮雕描绘了罗马人拆除耶路撒冷圣殿的场景，其中圣殿内"至圣所"中的神器"七枝灯台"被作为战利品缴获

Ha'Knesset, בית הכנסת）中的法利赛人（Pharisees, Perushim, פרושים）也即是拉比（Rabbi, Rav, רב, 意为"导师"）便成为唯一的宗教权威[1]。在拉比们的引导下，传统犹太教从一个重献祭仪式的宗教转型为一个更重道德教化的宗教，其神学立足于对罪与赎罪的认知之上，以解决人类自身的生存忧患为指归[2]。在《希伯来圣经》中，详细记载了古代以色列人在"赎罪祭"中，

---

[1] 耶稣生前便是法利赛人，在《思高本》中，他既被称作"师傅"（《和合本》作"夫子"[teacher], Διδάσκαλε/ Didaskale.《玛窦福音》8: 19,《马尔谷福音》4: 38），亦被称作"拉比"（rabbi, Ραββί/ Rhabbi, Ραββουνι/ Rabbouni.《马尔谷福音》9: 5, 10: 51）。

[2] 本节中关于古典时代晚期犹太教的转型问题主要参考 Guy G.Stroumsa, *The End of Sacrifice: Religious Transformations in Late Antiquity* (Chicago: University of Chicago Press, 2009).

对于"替罪羊"的使用，两只羔羊作为替罪者被分别宰杀，放逐于荒野（《肋未纪》16：16-22）[1]。在基督教神学中，"替罪羊"这一概念被引申到为了救赎人类而献祭自己的耶稣基督身上，耶稣因此也被称作"天主的羔羊"[2]（Agnus Dei.《若望福音》1：29）。从代替人子受罪的公羊，再到代替公羊受罪的神子，耶稣的自我献祭从理论上彻底结束了所有以动物赎罪的仪式[3]，而这种极具跨越性的神学革新也使其脱离犹太教，而成为独立的另一支宗教传统。在犹太教内部，由于圣殿的拆毁，也发生了极具革新意义的变化，而这些革新正有助于我们反观盟威道的《清约》革命。故此，为了方便讨论，我们将在下文中，主要考察赎罪仪式在犹太教内部的转化。

根据斯特鲁沙（Guy G. Stroumsa）教授的分析，耶路撒冷圣殿被拆毁后，犹太教的"赎罪祭"仪式被以三种方式进行转化：1. 祈祷（praying），2. 禁食（fasting），3. 施舍（charity）[4]。基于斯特鲁沙的历史性观察总结，哈珀特尔（Moshe Halbertal）通过进一步分析，推导出以上三种方式的内部转换机制分别为屈服（submission）、受苦（suffering）以及交换（giving and

---

[1] 香港思高圣经学会. 圣经 [M]. 北京：中国天主教教务委员会，1992：159.

[2] 香港思高圣经学会. 圣经 [M]. 北京：中国天主教教务委员会，1992：1640.

[3] 在后世的基督教教堂中，以无酵饼与酒作为耶稣的肉与酒的侍奉圣礼则被不断地重复。可以说，耶稣的自我献祭一方面终止了献祭，一方面又开启了一个可以被不断重复的献祭。

[4] Stroumsa, *The End of Sacrifice*. 68.

receiving）[1]。按照他的理解，无论是犹太教还是基督教，都未能彻底地将"献祭"这一符号概念完全消除，人们实际是以被转化的行为方式来委婉地表达"献祭"[2]。将犹太教的祭祀转化作为参照，我们在考察盟威道的义理与仪式的过程中，分别观察到"公益"、"饭贤"、"自搏"、"思过"与"上章"等六种与谢罪相关的仪式化行为。下面便想对这些仪式化的谢罪行为分别进行考察，以期理解其转化祭祀仪式的内在逻辑。

1. 思过

通过对于"罪过"的反思而治疗疾病，在盟威道教法中扮演了重要的角色，其也成为各类历史文献大都记录的事实。在鱼豢所作《典略》中，其有这样的记载：

> 太平道者，师持九节杖为符祝，教病人叩头思过，因以符水引之。……（张）修法略与（张）角同，加施静室，使病者处其中思过。[3]

静室是奉道之家必备的神圣空间，我们将在第十二节中看到，随着由法箓所象征的天命的授予，对于神圣空间的使用权利也被赋予普通的箓生、"奉道之家"（参见第十二节"朝真仪"）。

---

[1] Moshe Halbertal, *On Sacrifice* (Princeton: Princeton University Press, 2012), 37–62.

[2] Halbertal, 7.

[3] 陈寿撰，裴松之注. 三国志 [M]. 北京：中华书局，1982：264.

由此，静室实际构成了道民宗教生活的中心，每日晨昏两次的入静朝真不但利于自我的悔过，更是解罪的时机，即在独立的时空中向内寻找罪过的原点，痛彻改悔，并辅之以自搏。按《南齐书》云：孔稚珪"于禹井山立馆，事道精笃，吉日于静屋四向朝拜，涕泗滂沲。"[1] 此正是道民于静室中思过、悔过的真实写照，一如文中所言，思过即是"事道"。

事实上，静室中的思过也配合着《三官手书》的撰写与使用。鱼豢继续写道：

> 请祷之法，书病人姓名，说服罪之意。作三通，其一上之天，著山上，其一埋之地，其一沉之水，谓之《三官手书》。[2]

与此内容相对应者，亦见于《太平广记》中所收葛洪《神仙传》中对于天师张道陵的记载：

> 陵又欲以廉耻治人，不喜施罚刑，乃立条制：使有疾病者，皆疏记生身已来所犯之罪，乃手书投水中，与神明共盟约，不得复犯法，当以身死为约。于是百姓计愈，避远疾病，辄当首过，一则得愈，二使羞惭，不敢重犯。且

---

[1] 萧子显. 南齐书 [M]. 北京：中华书局，1972：835.
[2] 陈寿撰，裴松之注. 三国志 [M]. 北京：中华书局，1982：265.

畏天地而改。从此之后，所违犯者，皆改为善矣。[1]

首先，以书写文字表达思过、谢罪的仪式形式已被众多学者所讨论，尤其是以我们此前所提及的一式三份的《诅楚文》，以及为自己辩护无罪而祷病的《秦驷祷病玉版》为重要物证，后世"灵宝斋"中的"投龙简"[2]仪式为其历史延续。在黎志添教授的研究中，他极有洞见地指出，《三官手书》的背后乃是一个"有关天界、人间、死后世界（鬼界）三者互动影响的宗教救赎观"[3]。根据黎教授的总结，这一救赎观由一组具有逻辑关系的观念组成，笔者将其表达于图 09-02 之中：

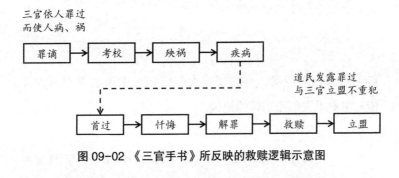

图 09-02 《三官手书》所反映的救赎逻辑示意图

---

[1] 李昉. 太平广记: 神仙八 [M]. 北京: 中华书局, 1961: 56.

[2] 关于"投龙简"的较近的专题研究可参见: 易宏. 金龙驿传, 上达九天——道教投龙简仪源流略考 [G] // 王卡, 汪桂平, 编. 中国本土宗教研究, 第 1 辑. 北京: 社会科学文献出版社, 2018: 132-173.

[3] 黎志添. 天地水三官信仰与早期道教治病解罪仪式 [J]. 台湾宗教研究, 2002, 2(1): 19. 事实上，"灵宝自然斋"也正是以"三官手书"作为解除罪愆的基本仪式逻辑，并进一步与平息灾异、祈求福祉、超度先亡等目的相关联。

　　据上图可见，在整个救赎体系中，先是人的罪谪被三官所记录，再由三官降祸、降病。而在《三官手书》的仪式中，通过认罪、悔罪并建立不再重犯的盟言，而使三官得以将其赦免，由此病消祸散。这里的盟约不再是领受天命、授受经箓的盟约，而是一种对于未来可能发生的罪行的"保证"，并以性命作为担保，从而与大道、三官实现和解。

　　《三官手书》的核心内容是首过、忏悔，也即是认罪、悔罪。其中，"使有疾病者，皆疏记生身已来所犯之罪"实际就是一次痛彻的思过、悔过，是罪人对于大道的全面自首与屈服，是悔罪之心的自我献祭。在道门仪文中，我们经常读到诸如"五情震惶，肝心破裂"[1]，"沥胆披肝，首愆谢过"[2]，"披露丹心，启求度脱"[3] 等悔过之语，这种"血腥"的修辞，实际所要表达的是悔过者在精神层面将自己开膛破肚，毫无保留地把心肝中所深藏的不可告人的过错、邪念甚至怨恨全部掏出，具陈于大道之前。因此，严肃且认真的首过对于自我内心的拷问远比肉体的折磨更为深刻。事实上，人们往往有勇气经受皮肉之苦，但却无勇气直视自我的内心。也正是由此，悔过可以被视作一种将自我作为祭品的奉献，其要在内心的最深处对自我进行否定与拷问，不啻为一次精神上的自决，而这也正是南朝文豪孔稚圭所以"涕泗滂沱"之原因。未怀悔罪之心者，必

---

[1] 赤松子章历 [M] // 道藏：第 11 册，197.
[2] 太上慈悲九幽拔罪忏 [M] // 道藏：第 10 册，118.
[3] 正一法文法箓部仪 [M] // 道藏：第 32 册，201.

然不能得到大道、三官之赦免；同样，不具有悔过之心的一切解罪行为（比如单纯依靠巫术与祭祀），在义理层面也都是无效的。[1]

值得注意的是，"披肝沥胆"这一类的修辞最初来自政治语境中所表达的臣下对于君主毫无保留的忠信之心[2]。正如我们在第七节中所讨论的，"事道"这一修辞源自事君，大道正如同君主，是律法的颁布者与裁判者。故此，在盟威道的教法中，与罪相关的义理观念，以及思过、悔罪的仪式行为，均被纳入职官制度中来进行理解与实践。

2. 公益

通过践行社会公益而解谢罪愆的仪式化行为是汉末盟威道宗教生活的一大特色，由此得以为史家所记载。按鱼豢《典略》云：

> 又教使自隐，有小过者，当治道百步，则罪除。[3]

葛洪《神仙传》亦云：

---

[1] 犹太教神学家也认为，悔过是解除一切罪的必要条件。"According to Rabbi Ishmael, repentance is a necessary condition for atonement for all sins from the light to the grave." Moshe Halbertal, *On Sacrifice* (Princeton: Princeton University Press, 2012), 44.

[2] 如《汉书·贾邹枚路传》所言之霍光："故大将军受命武帝，股肱汉国，披肝胆，决大计，黜亡义，立有德，辅天而行，然后宗庙以安，天下咸宁。"班固. 汉书 [M]. 北京：中华书局，1962：2368.

[3] 陈寿撰，裴松之注. 三国志 [M]. 北京：中华书局，1982：265.

> 领人修复道路，不修复者，皆使疾病。县有应治桥
> 道，于是百姓斩草除溷，无所不为，皆出其意。[1]

以上两种材料实际是同一事实的两面描述，即：社会公益的实践与道民的生命救度息息相关：一方面，奉献义工具有赎罪之功能，近似于"将功补过"；其次，集体性的义工也成为道民宗教义务的一部分（这里可以参见世俗政治中的徭役）。如果进一步推导，则奉献义工，践行社会公益，也可以作为实现生命救度的重要方式之一。这对于东汉末年基层道民而言，实为一"方便法门"，盖因其中的大部分人应仍为文盲，无法修习经法。由此也可推论，社会公益乃是"事道"的一部分，即"外业"之中的"事民"。

这种带有公益性质的解罪方式与犹太教的施贫类似，都是建立在交换基础上的方法。其核心的观念有两点：

（1）形式灵便

公益行为不需要经过任何教士以及仪式形式，这使得其形式更为灵便。

（2）基于交换的原则

由于献祭是建立在阶层模式中的交换（人与神的地位不对等），因此祭品奉献的结果可能有两种可能：被接纳，或不被接纳（尤其是在献祭方有罪的前提下）。但是，大道作为万物

---

[1] 李昉. 太平广记：神仙八[M]. 北京：中华书局，1961：56.

之母，对于万物有着养育、护佑的责任。即所谓："道能覆爱，道能救护，道能生成，道能育养。"[1] 由此，通过个人主观意志而代替、代表大道行善功者，济贫救护者，其所行所作，必不能为大道所拒绝、否认，盖因其所行所为，本应为大道所行所为者。墨子认为，上古三代君王夏禹、商汤、周文、周武之所以能够通过顺从天意而受天赏，乃是因为：

> 其事上尊天，中事鬼神，下爱人。故天意曰："此之我所爱，兼而爱之，我所利，兼而利之。爱人者此为博焉，利人者此为厚焉。"故使贵为天子，富有天下，业万世子孙。[2]

由此，公益慈善实际是代替上天 / 大道爱其所爱之人，利其所利之人，代替其行使爱与利之职责，将资源流通至所需之处（需要帮助的贫者或需要维护的公共设施）。天道因人代其履行义务，故而对此义人亦爱之（或将其罪过赦除）。也正因为如此，慈善公益是一种不会被神明所拒绝的献祭方式；换言之，以义工的行为来解谢罪愆的方式比献祭更为"保险"且有效[3]。其将本来属于自己的资源分享与众人，实际便是一种物质层面的自我奉献。所谓"义工"即是为大道而作工，即是"事道"。

---

[1] 太上老君说长生益算妙经 [M] // 道藏：第 11 册，411.

[2] 吴毓江 . 墨子校注 [M] . 北京：中华书局，2006：289.

[3] Halbertal, *On Sacrifice*, 38–41.

3. 饭贤

先祭祀后聚餐是古代各民族普遍存在的仪式形式，人们通过祭祀与共同分享祭肉能够有效地增强情感纽带与社会关系[1]；而在中国古代社会中，宴饮同时还具有提升修养的文化意义[2]。盟威道直接继承了这一有效的仪式形式，并将其转化成为具有全新含义的"厨会"，或称"饭贤"[3]。厨会可以在多重情形下举行，如社区性的"三会"之中，或家庭性的人生礼仪之中（详见第十四节）。此外，厨会还可用于解谢罪愆，即由解罪一方家庭为本地道民提供一定量的宴饮服务，亦名"饭贤"。从食物的接受方来看，饭贤是将饮食者从神明转换为了同为道民的贤者与邻居。

为什么人能够代替神来领受食物进而解释罪愆呢？首先，饭贤也具有公益的性质，因此也是一种自我奉献，如《太玄经》所曰：

散财、饭贤，谓之为"会"。[4]

[1] W.Robertson Smith, *Lectures on the Religion of the Semites: The Fundamental Institutions*, 3d ed./, [Burnett Lectures, 1888–1889.] (London: A & C Black, 1927).

[2] 胡司德. 早期中国的食物、祭祀和圣贤 [M]. 刘丰，译. 杭州：浙江大学出版社，2018：13–102.

[3] 关于厨会的详细讨论参见：祁履泰（Terry Kleeman）. 没有食物的宴饮——道教厨会的演化 [G]. 正一道研究，第六辑. 宗教文化出版社，2016：204–226.

[4] 王悬河. 三洞珠囊 [M] // 道藏：第 25 册，325.

则此两者均有资源分享之含义。其次，道民、贤者充当了大道与人之间的中介，按《太真科》曰：

> 家有疾厄，公私设厨，名曰饭贤。可请清贤道士上、中、下，十人……不可不满十人，不足为福……贤人身中多神，故饶之；德重，故厚之。[1]

由此，正是因为大道弥散于万化之中，而贤者因其道业之深厚故而道气尤其精纯。换言之，贤者即是大道于尘世的"化身"（incarnation），由此饭贤即是"饭道"，事人即是"事道"。

4. 自搏

自我体罚即是以自我身体作为祭品的解罪方式，如汤王"桑林之祷"的故事所见，这种方式至迟在战国时代便应已经存在，但可能仅限于贵族或部分巫祝。"自搏"或云"搏颊"在《太平经》中已见记载，其云：

> 真人主有录籍之人，姓名相次。高明得高，中得中，下得下，殊无搏颊乞丐者。[2]

在这里，虽然《太平经》的作者并不赞成搏颊是有效的修行方

---

[1] 要修科仪戒律钞 [M] // 道藏：第 6 册，978.
[2] 王明. 太平经合校 [M]. 北京：中华书局，1960：583.

式，但这也从一个侧面证明"搏颊"在汉末已成为常见的一种宗教实践[1]。在盟威道的教法中，自搏并非特定的仪式，而往往成为其他一些仪式选择性的组成部分，如"思过"或"上章"等。哈珀特尔认为，自我体罚有三点象征：

（1）象征着本应受到的惩罚，尤其是在原本象征替罪的动物牺牲被取缔后；

（2）疼痛不仅象征了疾病，更象征了治疗疾病；

（3）疼痛象征了洗刷，即将过去的生命污点祛除。[2]

对于犹太教神学家而言，赎罪应至少包含了"悔悟"与"痛苦"，在构建无动物牺牲的赎罪机制时，自我的牺牲成为"替罪羊"的替代品[3]。

在后世道教科仪中，尤其是斋仪中，其对于自我体罚尤其重视，如在为祖先与自身解罪的《黄箓斋》中，需要叩头、搏颊各2205过（参见第十九节"谢罪与立盟"）。与此同时，自我体罚常常也伴随着容貌层面的自我毁容，这尤其以《旨教斋》为代表。如《洞玄灵宝五感文》之注曰：

> 法于露地立坛安拦格，斋人皆结同气，贤者悉以黄土泥额，被发系着拦格，反手自缚，口中衔璧，覆外于地，

---

[1] 而这也暗示着谢罪仪式的存在，因为自我体罚明确指向了对于自身罪愆的认识。

[2] Moshe.Halbertal, *On Sacrifice* (Princeton: Princeton University Press, 2012), 41-47.

[3] Halbertal, 46.

开两脚，相去三尺，叩头忏谢，昼三时向西，夜三时向北。

关于涂炭斋中各种动作的讨论，已见于杨联陞教授与胡适先生之往来信札，其中胡适先生提出"悬头着柱""被发系着栏格"是"自居于罪囚也"。至于"口中衔璧"，他则引《尚书·金滕》，认为是"请命之意"[1]。柏夷教授基于道教仪式的内部逻辑推论："这个动作的象征，与其说是对罪犯的模仿，倒不如说更像是对亡者的模仿。黄泥涂额，还有意义极为明显的口中衔璧，都是模仿墓葬中亡者的状态，出现在中国故事中的鬼魂也是披头散发的。"[2] 在《山东汉画像石汇编》中，收录有名为《山东画像（其九)》的出处不详的汉代画像石拓片一幅，其画面下方描绘了罪囚双手反缚接受审判，画面上方描绘了一位双手反缚，头发系于栏格之上的罪囚；其左侧四个悬挂的头颅暗示着所谓"被发系着栏格，反手自缚"实际是死囚即将受刑时的形象[3]。由此，我们不仅印证了此前诸家"罪囚"之说，更解释了"被发系着栏格"实际乃是引颈受戮的仪式场景设置（参见图09-03)。事实上，无论《涂炭斋》中参与者模仿的是罪犯还是亡者，其都是对于自己日常容貌的一种损毁，而这种自我

---

[1] 杨联陞.《道教之自搏与佛教之自扑》补论 [G] // 杨联陞. 中国语文札记——杨联陞论文集. 北京：中国人民大学出版社，2006：22.
[2] 柏夷. 姚伯多造像碑：早期灵宝经中"道—佛主义"的证据 [M] // 柏夷，著，孙齐，等，译. 道教研究论集. 上海：中西书局，2015：266-267.
[3] 傅惜华，陈志农. 山东汉画像石汇编 [M]. 山东画报出版社，2012：254-255.

图 09-03 《山东画像（其九）》（引自傅惜华、陈志农编《山东汉画像石汇编》，山东画报出版社，2012 年，第 254—255 页）

贬低式的毁容，也可被视作变相的自我体罚。此即陆简寂先生所云：

> 积旬累月，负戴霜露，足冰首泥，时值阴雨，衣裳沾濡，劲风振厉，严寒切肌，忍苦从法。[1]

5. 上章

"上章仪"是盟威道教法中最为重要，对后世影响也最大的仪式，其涵盖的祈祷功能十分多样化，其中之一便是通过解除罪愆而达到治疗疾病的目的。又因为疾病的原因来自由罪过所引发的逆气，上章治病也因此成为"平气"的一部分。以信

---

[1] 陆修静. 洞玄灵宝五感文 [M] // 道藏：第 9 册，618.

徒虔诚的悔过之心为前提, 其仪式主要分为四个阶段:

(1)"投诚"或曰"投辞", 即以书面的形式向祭酒呈递代其上章谢罪的申请, 此与上一条思过具有不可分割的关系。《玄都律文》云:

> 皆参词条, 某州县乡里、年纪、男女、大小户口、居止、所属师主, 实效审古旨列事状, 诣天师下治官祭酒、精进主领民户者。[1]

东晋书圣王羲之的家族世代为道民, 其传世手书《官奴帖》即是其孙女玉润病重时, 王羲之作为家长投递与道士许迈的投辞, 其言"民为家长, 不能克己勤修, 训化上下, 多犯科戒, 以至于此, 民唯归诚待罪而已"[2], 点明了王羲之作为祖父的深刻自省与虔诚的祝愿 (见图 09-04)。

(2)"委质"[3], 即提交上章所需的"法信"。此并非上文所言的"委质于道", 彼者乃是入道仪式之委质, 而此言"委质"为专门针对一次上章仪式之委质。投诚与委质在科仪文本

---

[1] 玄都律文·章表律 [M] // 道藏: 第 3 册, 461.

[2] 宝晋斋法帖卷三: 晋右将军王羲之书·官奴帖 [M] // 启功, 王靖宪. 中国法帖全集: 第 11 册, 武汉: 湖北美术出版社, 2002: 78. 相关讨论参见: 程乐松. 王羲之书帖中所见的"五斗米道"——中古士人道教信仰形态之一探 [J]. 四川大学学报 (哲学社会科学版), 2016 (01): 120-125.

[3] 赤松子章历 [M] // 道藏: 第 11 册, 207.

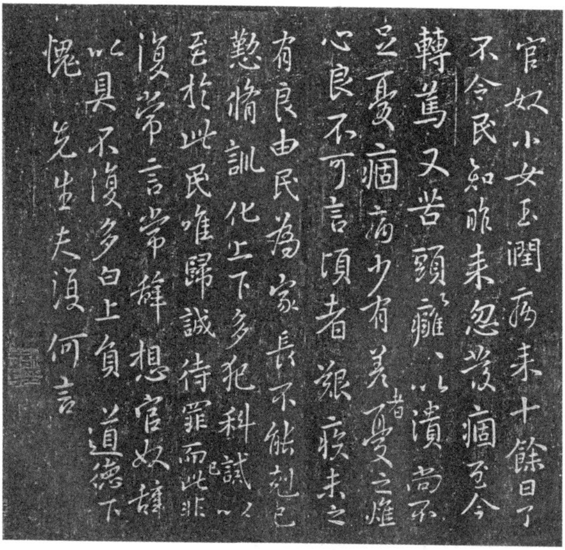

图 09-04　王羲之《官奴帖》拓本

中是一对固定的关系，悔过之心难以表达，则以"信物"（亦
写为"赆"）的方式呈现出来。在道民投诚之后，祭酒会根据
投诚之人的具体情况来确定上章所需要的"章信"或言"法
信"，即一定量的笔、墨、纸、香、米等。以《违科犯禁首谢
乞原章》为例，其所需"章信"为：

　　白素四十尺，生米一硕，油一斗，香一斤，纸百张，
　　笔二管，墨一丸，书刀一口，席二领，布巾五尺。[1]

[1] 要修科仪戒律钞 [M] // 道藏：第 6 册，973.

法信并非祭品，"信以质心"，[1] 乃是通过物质的形式来向大道及上圣高真表达自己的悔罪之心，亦云"质心效信"。以米作为法信的传统一直延续至今日拜斗的章醮仪式之中，其中每一座斗便象征一人之命，表达了斋主归命投诚之意。按前言，"质"与"信"是相互关联的物质契约概念，在中国文化中，最早也用于政治语境中，"委质为臣，无有二心"[2] 也是表达臣工对于君主的忠信。天师的教法继承了以"物"质"信"的契约概念，以其代替了固有的供神饮食的祭品，并规定了科律，以使其物资能够以公益的形式重新流通，科云：

> 章信之物，施散贫穷，宜行阴德，不可师全用之。十分为计，师可费入者三分而已。天科严峻，犯者获罪于三官，殃延九祖，永为下鬼，可不慎之！[3]

由此，祭酒并不拥有对于法信的全部占有权，这就是"师不受钱"（详见下文）。

（3）上章，即正式地举行上章仪。这首先需延请祭酒将投诚道民的悔罪之意按照一定的样本缮写为正式的章文，并在"上章仪"中通过祭酒身中吏兵呈递上天。章文的具体内容先为谢罪之意，再依据不同的事由颁请"千二百官君"中相关者

---

[1] 太上九真明科 [M] // 道藏：第 34 册，363.
[2] 左丘明撰，徐元诰集解 . 国语集解 [M] . 北京：中华书局，2002，445.
[3] 赤松子章历 [M] // 道藏：第 11 册，173.

下降，扶正治病。有关上章仪的具体讨论，详见第十二节"上章仪"。施舟人先生认为章文中的文字亦是动物牺牲的一种替代品，盖因在中国文化中，文字亦具有神圣的力量[1]。我们从春秋时代的侯马盟书也看到，将文字与祭品一同瘗埋的传统十分久远，此为中国宗教有别于其他民族宗教的一大特色，但其更为深刻的偿赎机制，尚有待我辈进一步深入分析与探讨。

（4）搏颊，也即是自搏。按《玄都律文》云：

> 奏词皆依春秋冬夏，顿首俯仰，自搏颊满数则止。[2]

又曰：

> 上章谢罪，家中大小，北向先谢三十二天。举家大小，散发交手，北向对章首过。[3]

另外，在一些章文中，亦见有"叩头自搏，首罪乞恩"[4]的表达。由此，我们可以看到，章文本身，无非只是道民家庭悔

---

[1] Kristofer M.Schipper, "An Outline of Taoist Ritual," in Anne-Marie Blondeau and Kristofer Marinus Schipper, eds., *Essais sur le rituel: colloque du centenaire de la Section des sciences religieuses de l'Ecole pratique des hautes études* (Louvain: Peeters, 1988), 115.

[2] 玄都律文 [M] // 道藏：第 3 册，461.

[3] 要修科仪戒律钞 [M] // 道藏：第 6 册，976.

[4] 正一法文太上外箓仪 [M] // 道藏：第 32 册，215.

过之心的书面表达，而促使整个上章仪式能够"有效"的根本原因，乃是奉道之家全家通过自搏来表达的谢罪诚心（即道德层面），而不取决于祭酒是否拥有高深的法术（即巫术层面）。这里的"散发交手"之表述与"涂炭斋法"中的"散发泥额礼三十二天"相似。由此，我们应可推测，当祭酒于治堂或静室中行仪之时，投诚的道民则于庭中叩拜、自搏。由此，自我体罚也是上章仪的有机组成部分，后世的灵宝斋法亦沿袭了这一传统。

通过分析上章仪的以上几点特征，我们可以看到构成其解罪的因素约有以下几点：

首先，通过章文的文字书写，道民将自己的思过、悔过之心充分地表达，此是一切之基础。

其次，章信依照科律的规定散与贫者，这一方面表达了悔过者的诚心，增强了悔过的诚意，另一方面则以公益的方式促成了资源的流通与分享。

再次，自我体罚的痛苦进一步加强了悔罪的力度。

此外，我们不难推测，道民将祭酒延请至家中上章，必然也免不了在仪式告成之后设厨饭贤，此或可为第四点。

如此看来，上章仪实际是我们上述的几种解罪方式的集大成者。我们由此也不难理解，上章之所以被认为是最为重要的解罪治病方式，正是因为其将这几种不同的解罪方式结构性地融合到了一起。虽然这其中每一种解罪方式都暗含着献祭的思维逻辑，但通过天师与祭酒们的精心设计，盟威道得以构建起了一整套完善的对于祭祀的替代方案。我们稍后在第十四节中还会看到，这一套"自我奉献"的宗教精神通过仪式化的生活方案贯穿于个人、家庭以及集体的宗教生活之中，并最终指向与大道的融合。

（五）对于道民的庇护

鹿堂山盟约乃是在太岁将军、川庙百鬼与天师所代表的人类的共同参与下定立，这也就意味着，《清约》是对人与鬼神双方的约束。正是凭借着三官证盟的盟威，鬼神才得以不再继续向人类索求祭祀。如此，《清约》或者说更为宽泛的"盟科律令"[1] 至少还包括了两重实际意义。

首先是对于道民的保护。道民通过建立盟约，委质归命于大道，便也进入了大道与人类的盟约之中，并因此受到《清约》的保护。如陶隐居在《真诰》中所记载的华侨，其家族原本"世事俗祷"，而华侨则能与神鬼相通，每每于睡梦中与鬼神对饮，醒后则"醉吐狼藉"；俗神又常提出各种要求，如果违背则报以神谴。华侨在饱受鬼神困扰后，决定入道，如此之后，"于鬼事得息"，进而有"真仙来游"[2]，如此方才开启了上清经降授之序端。换言之，只有人类摆脱了对于黑暗的恐惧，才能释放主观能动性去追寻光明，进而获得生命之超越。

其次是对于房祀鬼神的驱遣、杀伐，这在早期道教，尤其

---

[1]　太上正一盟威法箓 [M] // 道藏：第 28 册，477.

[2]　吉川忠夫，麦谷邦夫 . 真诰校注 [M] . 北京：中国社会科学出版社，2006：595.

是盟威道教法中，往往是借助上章来实现的。在《登真隐诀》中，节录了《千二百官仪》中的部分条目，其云：

> 若欲破"房庙座席祷鬼邪物"者，当请平天君官将百二十人，治天昌宫，以治之。

陶隐居注曰：

> 谓人先事妖俗，今禀王化，应毁破庙座灭除祷请事。后或逆为人患，致凶咎疾病，或所居里城有诸立食巫坛，为人祸害者。[1]

我们在第十二节中将会看到，通过上章请降三天官君收摄下方故气鬼神乃是大道"平气"的内容之一。在后世道教的发展中，"诛巫""破庙"一直是祭酒、法官们的职司，而无论其施用哪一门道法，都以"盟科律令"作为其道法施用的根本依托。[2]

---

[1] 王家葵.登真隐诀辑校[M].北京：中华书局，2011：92.

[2] 关于六朝以来道教与佛教对于地方鬼神的态度，参见：吴真.从六朝故事看道教与佛教进入地方社会的不同策略[J].河南教育学院学报（哲学社会科学版），2007（03）：6-9.关于宋元以来道教与巫者的动态关系发展，参见：Edward L. Davis, *Society and the Supernatural in Song China* (Honolulu: University of Hawai'i Press, 2001). 关于宋元以来道教对于鬼神、巫觋的仪式性对抗，参见：吉宏忠，陶金.《先天火犀荡治灭巫金科》中的道法逻辑及法师身份[C] // 刘仲宇，吉宏忠，主编.正一道教研究（第三辑），北京：宗教文化出版社，2014：214-259.

综上所述，"神不饮食"意味着对于唯一的至高至上大道的信仰与敬礼，也正因如此，盟威道对于祭祀的全面否定并非来自同类之间的相互排斥，而是因其"不必须"以及所可能所引发的罪过，正所谓"杀生求生，去生远矣"[1]。由于对于罪愆的深刻认识，"谢罪"成为祈福与解厄的先决条件，并贯彻于仪式之中，自我奉献、自我牺牲取代了祭祀的祭品

图 09-05 复文：《神不饮食》（付晓东 / 书）

"杠杆"，正所谓"天道无亲，常与善人"。通过《清约》的保护，道民才得以从祭祀的负担中解脱出来，进而追寻大道。所有这些所体现的，是《清约》的理性精神。

三、师不受钱：信徒与教士关系的转变

（一）字面文义

"师"字本义为军队，《周礼》曰："五人为伍，五伍为两，四两为卒，五卒为旅，五旅为师。"[2]"师"字亦引申为对于首领之称谓，如《周礼》中开列有"甸师"、"舞师"、"士师"等

[1] 玄都律文 [M] // 道藏：第 3 册，460.
[2] 郑玄，贾公彦 . 周礼注疏 [M] . 上海：上海古籍出版社，2010：385.

职, 由此"师"亦与"帅"字有内在之关联, 即帅领众人者, 如:"甸师, 掌帅其属而耕耨王籍"[1];"舞师, 掌教兵舞, 帅而舞山川之祀。"[2] 由此, 施舟人先生将这一"统帅"的属性归于巫 (Shaman)[3], 盖因巫觋有统帅幽冥鬼神之职司;记载鬼神名姓、形状的"名字之箓"[4] 即是方士得以号令鬼神的名单。施先生将这一逻辑代入传说中天师所统领的吏兵与百鬼战争之中, 天师之"师"即由此来。我们在第四节中也已看到, 天师志在绍续留侯张良保隆汉室之天命, 因此兼具了"国师"身份, 而国师实际便是具有神秘色彩的"军师"(若诸葛武侯、姚广孝等)。此外, 法箓之中的吏兵虽然已经不再是"名字之箓"中的鬼神, 但其统领超自然力量的逻辑的确是一脉相承的。由此, "师"字具有了"行持仪式者"的含义。虽然如此, 我们也不应忽视《周礼》之中所记载之"师氏", 其职责为"告王以善道"[5], 这实际已经具有了后代教师的含义。所以, 这里所言的师, 应也泛指由天师所传的诸治祭酒们。

如此, "师不受钱"可能具有两重互不矛盾, 且相互支持的含义: 其一, 作为师的祭酒为道民举行仪式不收取费用; 其

---

[1] 郑玄, 贾公彦. 周礼注疏 [M]. 上海: 上海古籍出版社, 2010: 133.

[2] 郑玄, 贾公彦. 周礼注疏 [M]. 上海: 上海古籍出版社, 2010: 449.

[3] Kristofer M.Schipper, *La religion de la Chine: la tradition vivante* (Paris: Fayard, 2008), 138-139.

[4] 安居香山, 中村璋八. 纬书集成 [M]. 石家庄: 河北人民出版社, 1994: 392.

[5] 郑玄, 贾公彦. 周礼注疏 [M]. 上海: 上海古籍出版社, 2010: 493.

二，以往"拿人钱财，替人消灾"的巫祝经济模式由此被废除。其中，后者的经济模式背后，常常隐藏着巨大的伦理问题，即：常行善功之人是否需要购买仪式服务才能获得上天、神明之护佑？常犯罪过之人是否能够通过购买仪式服务而获得豁免与保护？这些问题是我们在尝试理解"师不受钱"时所需要考虑到的。

（二）巫祝经济的终止

站在宗教史的角度，汉末"宰杀三牲，费用万计"的宗教生态并不一定是鬼神的要求，其原因除了百姓对于瘟疫、灾异与战争的恐惧外，更多应是源自巫祝群体利用民众的忧患而对于祭祀的鼓吹。他们宣扬侍奉鬼神以弭灾求福，通过加深人们对未知世界与个人命运的忧患而从中谋取自身的利益，不断编造出各种人生禁忌，并同时提供禳解之法，其目的无非谋财。因此，意欲匡扶气运，重整人心，必先遏制奢靡铺张的祭祀之风，而"神不饮食"的同时，也便意味着打破巫祝对于神权话语的垄断。在世界各古代文明中，祭司、巫祝往往都是社会中的特权阶层，他们一方面掌握着古老而精微的宗教知识与技术，另一方面又将交通神明的权利垄断起来。通过这种垄断，祭司、巫祝阶层得以获得：

1. 献祭物品中的一大部分。此即《希伯来圣经》所言："宰杀牛羊作献祭的人，应将前腿、两腮和胃脏给祭司。"[1]

---

[1]　香港思高圣经学会 . 圣经[M]．北京：中国天主教教务委员会，1992：259.

（《申命纪》18：3）在汉末的语境中，巫祝通过巧立各类祭祀的名目，扩大献祭的人群，由此得以谋取祭祀经济上的暴利。而通过废除祭祀的有效性，巫祝经济自然也便从理论上瓦解了。

2. 政治上的权威。因为沟通神明的权利被垄断，故而也自然形成了一个政治上的利益共同体，最典型的代表便是印度教的婆罗门，不但祭司成为一个社会阶层，甚至还成为最高的"种姓"，其所获得的特权利益远远超出祭品。在先秦两汉时代，作为天子的王乃是最高的"大巫"，但其他一部分的巫觋祝史仍然属于世袭[1]。

巫觋在中华文明历史进程中扮演了至关重要的角色，我们的书写文字、文化传统很大一部分都来自商周时期的贞人之手。商王为了维护"神权"或"神圣的知识"，禁止其他社会成员从事宗教活动，巫觋地位由此十分崇高。从东周以降，随着宗亲分封制度的日渐瓦解，巫觋失去特权，不得不以宗教技能进行服务，以此维持生计，一部分巫觋从贵族社会转入民间，成为"民巫"或"游巫"，社会地位也一落千丈。甚至到了秦汉时期，"民巫"不但倡导"淫祀"，还"欺诬细民，荧惑百姓"，"恐怖愚民"，甚至提供非道德的"巫蛊"与"咒诅"之术来实现谋杀，这一切都使得民巫成为秦汉时期从朝廷到地

---

[1] 增渊龙夫 . 中国古代的社会与国家 [M] . 上海：上海古籍出版社，2017：97.

方官吏都不断打压、禁断的对象[1]。正如贾谊所言："夫卜筮者，世俗之所贱简也。"[2] 但是政府的管控并不能从实际意义上取缔巫术，因为以祭祀礼乐作为国体的帝制国家本身就仍然依赖于同样的宗教逻辑来维护自身的统治地位。也正因为如此，《清约》对于祭祀的废除不仅仅旨在改变民间的宗教生态，也希望能够对帝制国家的儒家礼乐制度进行变革，一如王宗昱教授所言。[3]

从因果逻辑的角度来说，"神不饮食"即意味着"师不受钱"。师巫的功能被消解，无钱可受；不受钱，则巫祝阶层旋即垮塌（至少是理论上的，局部性的）。随着巫祝阶层对于神权垄断的打破，盟威道通过法箓的授予赋予普通民众以与至高大道进行个人化的亲密交流的权利，针对个体生命超越的群体性救度宗教才得以展开。这种道教与鬼神、巫者之间的张力一直贯穿道教发展的历史，甚至外来的佛教也因宗教伦理的立场而不断地在地方社会与巫觋展开话语层面的交锋。[4]

（三）人际关系的转变

《真诰》中记载有一则关于范伯慈入道的故事，特别有助

[1] 关于巫者地位的变迁，参见：林富士.巫者的世界[M].广东人民出版社，2016：55-69. 增渊龙夫.中国古代的社会与国家[M].上海：上海古籍出版社，2017：95-98.

[2] 司马迁.史记[M].北京：中华书局，1982：3216.

[3] 王宗昱.道教的"六天"说.道教文化研究 第十六辑.三联书店，1999：22-49.

[4] 吴真.从六朝故事看道教与佛教进入地方社会的不同策略[J].河南教育学院学报（哲学社会科学版），2007（03）：6-9.

于帮助我们理解"师不受钱"背后所隐藏的人际关系的转变，
其曰：

> 范伯慈者，桂阳人也。家本事俗，而忽得狂邪，因
> 成邪劳病，顿卧床席经年，迎师解事费用，家资渐尽，病
> 故不愈。闻大道《清约》无所用，于是意变。闻沈敬作道
> 士精进，理病多验，乃弃俗事之，得五十日，病疾都愈
> 云云。[1]

范伯慈的家庭本来事奉俗神，但患"邪劳病"，延请师巫无
效，家财也因此散尽（由此所见，其资产与所属社会地位均属
底层）。当他听说大道《清约》"无所用"的时候，转而归投大
道，病即痊愈。这则故事至少透露出三点信息：

1. 与汉末一样，六朝时期巫风依然盛行，"事俗"者治疗
顽疾的方法仍为延请师巫，由此导致倾家荡产者并不是少数。

2. 盟威道教法最初吸引百姓归奉的原因，至少在相当大的
程度上，应是因其"无所用"，这将他们从祭祀之"债务"中
解放出来。

3. 奉事大道不仅不需要破费，且比巫医更为灵应，灵应的
原因在于其在义理的层面直指信徒自身的生命忧患，这为盟威

---

[1] 吉川忠夫，麦谷邦夫．真诰校注 [M]．北京：中国社会科学出版社，
2006：452．

道在基层赢得了充分的话语权与合法性。

故事中所言"乃弃俗事之，得五十日"是一处有趣的情节转折。这里所谓的"事"即侍奉之意，即事道。传统的巫祝与信徒的关系属于单纯的利益交换，即所谓"拿人钱财，替人消灾"（或者祈福）。当一次仪式服务结束之后，巫祝与雇主之间的关系自动解除。也就是说，只有通过仪式服务的物品或者金钱交易，巫觋才与信徒存在着某种契约（雇佣）关系。然而，范伯慈与道士沈敬不再是这种利益交换关系，而是弟子与师的关系，是不间断的、持续终生的同盟契约关系。所谓"得五十日"应是指这种稳定的师徒关系，也即是范伯慈立盟入道的时长。他极有可能在这一段时间内，遵依沈敬的教导，进行了初步的宗教实践（如"入静朝真"等）。在此前的中国古代社会中，这种师与弟子的关系大都只存在于贵族阶层中（如孔子与他的门徒们均非劳动阶层）；除了昙花一现的墨者群体外，盟威道首次将这种局限于精英圈子中的知识传授关系大规模地带入了平民阶层。

（四）组织关系的转变

巫祝没有系统的教团组织，更没有严格的纪律，他们只是人神的媒介、通道，作为人类的代表而侍奉鬼神。巫祝没有成文的经典，没有系统的义理，更不具备以道德伦理为先导的教化与救度，其所关心的层面仅限于现世的利益。盟威道则恰恰相反，"分气治民"意味着师徒之间建立起了长久有效的关系，这种关系从最初第一对师徒关系（老君与天师）进一步发展，延伸至天师的弟子以及再传弟子，由此成为人群之间跨越时间与空间的盟约社群的建立，也便成为中国宗教历史上第一个制度化的"教会"（ecclesiae）[1]（详见第六、十三节）。

　　上文中我们看到，祭酒为道民举行"上章仪"只能保留十分之三的物品作为"工本"，假设由道民投诚请为上章的频率在教团初期并不十分频繁，那么祭酒通过提供仪式服务维持生计的可能性极小。换言之，彼时的"祭酒"只是其宗教层面的职责，并非职业，更非专业的仪式专家。在盟威道制度中，祭酒系箓生受推举迁转而来，箓生本质上仍是道民。道民在成为祭酒、箓生之前已拥有各自的立命之业，由此并不需要以"事道"作为谋生手段。直至近代，居于村镇百姓之中的祭酒道士们也从未因家族世代事道而肥家润身，务农是其"本"，事道是其"分"。根据笔者业师吾世荣谈，旧时苏州乡村中之道士世家也须务农耕田，这正是因为其所得经资不足以养家。换言之，对于传统社会中的祭酒世家而言，为本地民众提供仪式服务乃是其"祖业"，是其从祖先处所继承的责任（参见图09-06）。无劳动，不《清约》，正是祭酒的"非职业化"属性，成就了其在宗教意义上的美德与善功（参见图09-07）。此外，道民每年需要缴纳的五斗信米也并非是祭酒的薪水，我们将在第十四节中具体讨论。

---

[1] 关于将盟威道教团称为"教会"的论述参见：祁泰履 Terry F.Kleeman, *Celestial Masters: History and Ritual in Early Daoist Communities* (Cambridge, MA.: Harvard University Asia Center, 2016), 5.

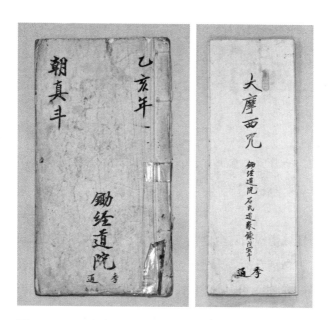

图 09-06 上海嘉定石季通先生生前所藏经书。其道院以"锄经"为号，充分体现了江南乡村祭酒世家诵经、耕田并举的家风（上海道教科仪数字化保存项目组／供图）

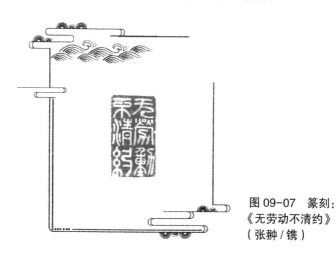

图 09-07 篆刻：
《无劳动不清约》
（张翀／镌）

首先，祭酒不以仪式服务作为"主业"并不代表着其在宗教知识、技能上的"不专业"。恰恰相反，这是因为所有得受法箓的道民，也就是箓生，均拥有上章的权利，此即《玄都律文》所云：

> 一月听三贡上章表，自改悔罪过，断绝复连，消除灾害、疾病。[1]

其次，盟威道提倡对全体人类无差别、无歧视地传授法箓，这其中不但包括女性，甚至还包括当时尚未脱离奴籍者以及不具备民籍的外夷[2]（详见第十节"外箓"）；而所有参受《将军箓》的道民，均具备了向大道称臣、拜进章表的权利。此非笔者臆想，实为陶隐居之断语，事见《登真隐诀》中[3]。结合以上两点（全民皆拥有受箓、上章之权利），则在盟威道教团中，每位箓生均具有与道相通的神圣身份，其所要建立的，实际是一个打破种族、性别、阶层分化的全民皆圣的教团。在《希伯来圣经》的记载中，当梅瑟带领以色列人离开埃及后，雅威训示以色列人遵守盟约，并建立"司祭的国家，圣洁的国民"（《出谷

---

[1] 玄都律文 [M] // 道藏：第 3 册，462.

[2] 正一法文太上外箓仪：下人四夷受要箓 [M] // 道藏：第 32 册，207.

[3] "又出官之仪，本出汉中旧法，今治病杂事，及诸章奏，止得出所佩仙灵箓上功曹吏兵，及土地真官正神耳。世人皆用《黄赤内箓》中章将吏兵，此岂得相关耶？唯以多召为威，能不料越职之为谴，愚迷相承，遂成仪格，深可悼矣。"王家葵. 登真隐诀辑校 [M]. 北京：中华书局，2011：77.

纪》19：6）。[1] 换言之，只要以
色列人遵守雅威的盟约，则人人
皆可圣洁，于是人人皆为司祭，
由此得以与雅威直接沟通。

正是因为箓生们因立盟授
度而普遍分享了与大道直接交流
的神圣权利，祭酒因此并无更多
的特权，他们也只是道民中的一
员，而并不比别人更为"神圣"。
相反，他们更像是为集体义务服

图 09-08　复文：《师不受钱》
（付晓东 / 书）

务的社工（social worker），"为
道尽节，劝化百姓"[2]。故此，祭酒是导师、义工，而非司祭、
巫祝，她 / 他们没有特权，只有义务，这所体现的，乃是《清
约》的平等精神。

四、罢诸禁心：人类与命运关系的转变

（一）字面文义

"罢诸禁心"者，意为将诸多禁锢自由心意的忌讳悉数罢
除。此处之"禁"字与《内解经》之"永用三天正法，不得禁

---

[1] "现在你们若真听我的话，遵守我的盟约，你们在万民中将成为我的特
　　殊产业。的确，普世全属于我，但你们为我应成为司祭的国家，圣洁的
　　国民。"香港思高圣经学会 . 圣经 [M] . 北京：中国天主教教务委员会，
　　1992：106.
[2] 正一法文天师教戒科经：阳平治 [M] // 道藏：第 18 册，238.

固天民"为同义。此处"天民"一词亦见于《太平经》与《女青鬼律》，当即奉道之民的别称。禁锢自由意志之事物首先包括了上面所提到的鬼神，其次则包括了数术。数术或又可分为三种。一者为滥觞于殷商的"占卜"，其依据方式又可分为通过烧灼龟甲或兽骨而预知吉凶的"卜"，通过推演蓍草"大衍之数"的"爻""卦"，以及参考《周易》判断吉凶的"筮"。祭祀与占卜在古代的关系十分紧密，不但祭祀的日子需要占卜，祭祀之后鬼神是否满意并赐福也需要占卜。一旦占得祭祀结果无效，人们则马上进入一个再祭祀、再占卜、再祭祀、再占卜的逻辑怪圈之中而不能自拔。我们单从河南殷墟所出土的层层叠叠的龟甲便可知道，商人每逢十日便要占卜一次[1]，用以确定十日之内的吉凶，其对于生命的主观态度已经几乎转化为了对于"神意"的完全依赖，而在这一层依赖之下更是对于不可知未来的恐惧，以及自我决断能力的缺失。

第二种数术以"日书"为代表。我们在第一节中已经有所讨论，其根据时间所具的数理特征来判定在这一时间范围内从事某事是否有利，其在当代的"黄历"之中依然保存一席之地。第三种为将数理落于空间的堪舆之术，其在建筑选址以及对自然地貌进行修整、改造的过程中常被用以参考，当代的风水之术正属此类。

数术首先将人之命运视作一种必然，并在时间、空间中设

---

[1] 张光直. 商文明 [M]. 北京：三联书店，2019.

置了无数禁忌之区；由此，数术自身内部也产生了矛盾，即：如果命运的必然不可改变，那么时空禁忌是否无论如何也无法避免？若能够通过参考数术以趋吉避凶，则命运并非必然；若不得避免，则时空禁忌实际也并无任何意义。在命运与禁忌的左右权衡之中，人们最终在理论上丧失了对于自我生命把控的主观能动性，而在汉末的基层社会中，更是如此。

（二）对于数术的批判

对于数术的理性认知与批判早在《清约》之前便已存在，而盟威道所做的，只是将这些批判综合吸收，并提升至宗教信仰层面。早在先秦时期，先贤们便强调"卜筮"并不能作为决策的指导，而仅仅只能作为客观理性分析的最为次要的补充。《尚书·洪范》曰：

> 汝则有大疑，谋及乃心，谋及卿士，谋及庶人，谋及卜筮。

可见，先贤首先崇尚的是自我主观意愿的"心"，之后是不同人群的外部意见，最后才求助于占卜。孔子虽然重视《周易》并经常实践，推演易数，但也强调道德的先导性：

> 子曰：是故蓍之德圆而神，卦之德方以知。[1]

---

[1] 王弼.周易注[M].北京：中华书局，2011：355.

东周时期，当巫觋阶层开始逐渐与民间广泛接触，祭祀与占卜这两项宗教活动便开始在基层民间滥觞。知识阶层也开始对由巫祝所主导的"淫祀"与"滥卜"提出了强烈的抨击，并在两汉时期达到一个高峰。王符《潜夫论》曰：

> （圣人）甚敬祭祀，非礼之祈，亦不为也。故曰："圣人不烦卜筮"，"敬鬼神而远之"。夫鬼神与人殊气异务；非有事故，何奈于我？故孔子善楚昭之不祀河，而恶季氏之旅泰山。今俗人筮于卜筮，而祭非其鬼，岂不惑哉！ [1]

《盐铁论·散不足》秉承孔子重德的思想，对于不修道德而妄图通过祭祀与占卜求福者进行了批评：

> 古者，德行求福，故祭祀而宽。仁义求吉，故卜筮而希。今世俗宽于行而求于鬼，怠于礼而笃于祭。嫚亲而贵势，至妄而信日，听诋言而幸得，出实物而享虚福。 [2]

在所有的批评中，以先秦的韩非子与东晋的抱朴子的措辞最为激切。韩非子列举亡国之君的征兆曰：

---

[1] 彭铎．潜夫论笺校正［M］．北京：中华书局，2014：385.
[2] 桓宽撰集，王利器校注．盐铁论校注［M］．北京，中华书局，1992：352.

用时日，事鬼神，信卜筮，而好祭祀者，可亡也。[1]

抱朴子曰：

俗所谓道，率皆妖伪，转相诳惑，久而弥甚，既不能修疗病之术，又不能返其大迷，不务药石之救，惟专祝祭之谬，祈祷无已，问卜不倦。巫祝小人，妄说祸祟，疾病危急，唯所不闻，闻辄修为，损费不訾，富室竭其财储，贫人假举倍息，田宅割裂以讫尽，箧柜倒装而无余。[2]

在这里，韩非子关心的是数术与祭祀在政治、军事层面的非理性风险，而葛洪则指出了祭祀与占卜所形成的逻辑怪圈，更揭发了"巫祝小人"利用人民的恐惧危言耸听，导致贫苦人民家财破产的历史真相，此与陆简寂先生所描述的"费用万计，倾财竭产"如出一辙。

站在盟威道的立场，陆先生还针对当时流行的各种祭祀与数术做了细节的描述与逐一的批判，并将其分为"邪""祅""巫""倒"四大类：

● 祭祀鬼神，祈求福祚，谓之"邪"。

---

[1] 王先慎. 韩非子集解[M]. 北京：中华书局，1998：109.

[2] 王明. 抱朴子内篇校释[M]. 北京，中华书局，1985：172.

- 称鬼神语，占察吉凶，谓之"祆"。
- 非师老科教而妄作忌讳，谓之"巫"。
- 乃复有"历"，拣日择时，愚僻转甚，正科所明，永不肯从，法之所禁，而竟尊用，背真向伪，谓之"倒"也。[1]

以《清约》的精神作为起点，禁止道士修习数术便成为道教戒律的重要条款，如《祭酒百八十戒》曰：

> 第七十七戒者，不得为人图山，立冢宅，起屋。
> 第七十八戒者，不得上知星文，卜相天时。[2]

《上清洞真智慧观身大戒文》云：

> 道学不得干知天时指论星宿。
> 道学不得教人干知天时指论星宿。
> ……
> 道学不得为人图山立宅。
> 道学不得占知世间吉凶。

---

[1] 陆修静. 陆先生道门科略 [M] // 道藏：第 24 册，782.

[2] 《祭酒百八十戒》有可能传自太平道，但就《三天内解经》来看，太平道也曾被称作"清约大道"。张君房. 云笈七签 [M]. 北京：中华书局，2003：854.

道学不得教人占知世间吉凶。[1]

《洞玄灵宝道学科仪》曰:

> 凡是道学……
> 不得行邪禁咒术。
> 不得医卜取钱。[2]

基本上来说，道教主流对于数术的批评与排斥是一以贯之的，这与其本身的宗教精神是有机的一体。

(三)生命的主观能动性

以上列举了诸家对于数术占卜以及祭祀的批判，事实上，在所有这些讨论的背后，都包含着另一重更为本质的大讨论，即:"人的命运是否具有主观能动性? 抑或命由天定，人所应做的只是认识并顺应某种既定的天命?"

占卜所反映出来的命途带有浓厚的宿命论色彩，与其相近似的是儒家的天命说。子曰:

> 君子有三畏: 畏天命，畏大人，畏圣人之言。(《论语·季氏》)

---

[1] 上清洞真智慧观身大戒文 [M] // 道藏: 第 33 册, 799.
[2] 洞玄灵宝道学科仪 [M] // 道藏: 第 24 册, 769.

又曰：

> 五十而知天命。（《论语·为政》）。

在这里，天命的"命"已经从原意的"命令"（mandate）被引申为"命途"（destiny）之意[1]。"死生有命，富贵在天"（《论语·颜渊》），则表达了命无法改变的先天必然性。孔子还曾言：

> 道之将行也与，命也。道之将废也与，命也。（《论语·宪问》）

---

[1] 此外，"命"字尚有寿命（life）之意，《大戴礼记》曰："分于道谓之命，形于一谓之性，化于阴阳，象形而发谓之生，化穷数尽谓之死。"由此，我们想提出另一个推论，用以抛砖引玉："天命"即"天年"。在早期道经中普遍存在着人的天年为三千六百算、一百二十年的概念，如《赤松子中戒经》《太平经》等。天年一词，也与天命相通，《太平经钞》云："天受人命，自有格法……天命上寿百二十为度，地寿百岁为度，人寿八十岁为度，霸寿六十岁为度，仵寿五十岁为度。"（《太平经钞·己部卷之六》）。此外，天命也指代是否能够保持应有的生命以及超越天年的可能，《太平经》云："有天命者，可学之，必得大度，中贤学之亦可得大寿，下愚为之可得小寿"（《太平经·卷之七十一》）。这一说法也被盟威道所继承，即"上德神仙，中德倍寿，下德延年"（《陆先生道门科略》），"欲令可仙之士皆得升度"（《阳平治》）。换言之，天命，至少是被援引至道教中的天命，乃是对于生命超越的一种承诺。需要注意的是，这种基于寿命与超越寿命的承诺在盟威道中还被转化为"太平度世为种民"（《女青鬼律·卷四》）的死后复活概念，而正是这种立足于彼世的指向，使得盟威道得以与太平道区分开来。盟威道所关注的，不单单是现世的秩序，更是死后的超越，因此道民也被写作天民，是大道所主宰的玄都之民。王聘珍. 大戴礼记解诂 [M]. 北京：中华书局，1983：250-251.

这将个人化的命运引申为了人类集体的命运。

与孔子针锋相对的看法来自墨子，他将孔子这种命由天定的看法称之为"有命"，并认为其令人意志懈怠，是害人的懒汉哲学。其在《非命》中言：

> 昔上世之穷民，贪于饮食，惰于从事……必曰："我命固且贫。"昔上世暴王，不忍其耳目之淫，心涂之辟……必曰："吾命固失之。"[1]

墨子由此主张运用自身力量努力而改变现状，提倡积极的人定胜天、事在人为的生存态度，其《非命》有云：

> 彼以为强必贵，不强必贱；强必荣，不强必辱，故不敢怠倦。……彼以为强必富，不强必贫；强必饱，不强必饥，故不敢怠倦……[2]

墨子的命运观明确地鼓励着生活于基层的民众敢于、勇于改变自身的命运，而非把一切归为命运使然。

在孔子天命观的基础上，子思又提出"天命之谓性"，天命在这里不再是命运，而是每个人在降生之时便已具有的一

---

[1] 吴毓江. 墨子校注 [M]. 北京：中华书局，2006：396.

[2] 吴毓江. 墨子校注 [M]. 北京：中华书局，2006：418.

种"禀赋""自性"，并被后世学者谓之"小天命"，而与帝王的"大天命"相对 [1]（此非《逸周书·命训》之大、小命 [2]）。人的本性在儒者看来是善的，故而子思进而又言"率性之谓道"，这种惟善且宿命的天命观也在后世遭到了批判。王充一方面认定人的"性"与"命"的确是受自然禀赋而成 [3]，但一方面又认定并非皆善：

> 凡人受命，在父母施气之时，已得吉凶矣。夫性与命异，或性善而命凶，或性恶而命吉。[4]

在这一点上，王充与墨子并不相同，他将话题带入了一种人性生而本恶且无可奈何的境地。

关于人性本善还是本恶的讨论，贯穿古今中外，一部分心理学家以及精神病学家甚至试图通过分析、解剖纳粹战犯的大脑来探索人性中恶意的生物来源 [5]。通过《想尔三十六戒》中扬善"九行"、止恶"二十七戒"的观察（参见第十三节），我们

---

[1] 郑吉雄 . 论天文历法与天命 [G]. 安平秋主编 . 中国典籍与文化论丛：第 20 辑，江苏凤凰出版社，2018：206-235.

[2] 黄怀信 . 逸周书校补注译 [M]. 西安：三秦出版社，2006：8-17.

[3] "人生性命当富贵者，初禀自然之气，养育长大，富贵之命效矣。"张宗祥 . 论衡校注 [M]. 上海：上海古籍出版社，2010：61.

[4] 张宗祥 . 论衡校注 [M]. 上海：上海古籍出版社，2010：26.

[5] 乔尔·迪姆斯戴尔（Joel E. Dimsdale）. 天生恶魔？纽伦堡审判与罗夏墨迹测验 [M]. 史先涛，译 . 北京：三联书店，2019.

发现，盟威道义理承认人类同时兼具善与恶，并相信通过信仰与实践能够对人自身的天命进行后天的引导与调和，并达到无所谓善、恶的"至善"。我们也看到，在盟威道的教法中，道民通过立盟受箓得以拥有与大道直接交流的权利，并以此为所缘，事道奉道。"行戒"与"奉道"本为一事之两面，它们都会对人类命运与自性发生直接的干预与改变，性与命不再是生来注定的，而是得以依靠人的主观能动性而改变的。

在盟威道义理中，顺从或改变性、命都已不再重要，盖因此种性、命乃是后天之性、命，并非本初的、根本的性命原点：大道。由此，真正重要的，乃是人需要调动自身的主观能动性来对性、命进行超越。这种改变的终极意义并非是改变现世的生存现状，而是通向生命的终极超越，也即是归根复命。正是因为如此，人的本性与命途都不再重要，重要的是能够"听到"大道的"召命"，并身体力行，返璞归真，此正如抱朴子所言："我命在我不在天。"[1]

（四）打破对于自然世界的恐惧

在公元 157 年的鹿堂山盟约中，天师与太岁、百鬼定立盟约，"罢诸禁心"，使其不得"禁固天民"。通过这一次盟约的义理建构，基层百姓得以通过归命大道而从数术禁忌以及对鬼神的祭祀债务中彻底解放出来，心神的力量得以觉醒并展开。这种解放不仅仅是经济上以及行动自由上的，而是内心中对于

---

[1] 王明. 抱朴子内篇校释［M］. 北京，中华书局，1985：287.

未知世界的恐惧的一种解放，这种恐惧毋宁说是一种"桎梏"。上古时代，囿于认知的局限，先民对于陌生且变幻无常的世界的恐惧时时刻刻充斥着内心，并试图寻找规律或以贿赂收买的方式来使自己出离恐惧，但结果却往往陷入更深的恐惧之中。正是出于这种对于外部世界的无助与恐惧，大大激发了人性之中黑暗的一面：人们开始为了保护自己的生命，以及加强自身的存在感而变得贪婪、巧诈甚至残暴。天师不是巫觋，他并不通过收买或驱赶鬼神来为百姓祈福弭灾，因为这些巫术并不能从根本上解决恐惧，只是一种"头痛医头，脚痛医脚"的临时解决方案。《清约》《鬼律》的设立，乃是一种"釜底抽薪"式的解决方案，其通过三官的"盟神之威"在理论上彻底征服鬼神与时空禁忌，由此也彻底征服人类心中的恐惧。

1977 年在长沙出土的《徐副地券》（事实上文中自称为"板"）是将人类从命途恐惧中解放出来的最佳物证（参见彩页图 18）[1]，其中"新出老君""祭酒""神归三天""太上诸君丈人道法"等词汇的使用充分证明，这是一份盟威道的文书，而非此前常见之"买地券"。在这份文书中，我们不再看到"买地券"中所表现出来的对于地下世界的恐惧；相反，此时的地府变成了一处尊奉盟威《清约》的"法制社会"。一方面，地下的丘墓之神被《清约》与《女青律》所震慑、弹压，而不能为害逝者，原本的神煞此时也被"招安"至大道之中，墓室从

---

[1] 王育成 . 徐副地券中天师道史料考释 [J] . 考古，1993（06）：551-555.

可怖的地府转化为了道民"暂过太阴"的"炼形之所"[1]；另一方面，文中所提及的"丘丞"等前盟约时代便已出现的地府官曹现在被纳入三天大道的职官系统中，他们也如道民、祭酒、千二百官君一样，将会随其功行而升迁，日臻于道。

所以，人们只有在消除内心对于未知世界的恐惧之后，才能逐渐地改变看待世界的方式。走出黑暗的世界之后，才能进入神圣的世界，并实现归根复命、与道合真。通过《徐副地券》，我们可以看到盟威道对既有神明谱系的继承、融摄与转化：整个冥界职官系统，已经全部被"招安"，并纳入大道职官体系之中。奉道者死后的命途不再令人恐惧，反之，它被转化为生命救度的有机组成部分，成为道民终其一生所积极预备之事，一种值得期待的重要时刻。死亡不再是终点，而是新的起点，通过超越大限，奉道者得以死后复生，冺入玄玄。这也即是我们上文所言的"改变看待世界的方式"。

（五）道教与数术之分野

盟威道与数术的宇宙论、本体论有着极为相似的模式，但却各具截然不同的视角与指归。这种在相似性之中的对立，往往造成我们认识盟威道（作为一种宗教）的障碍，因此特别需要进行讨论与澄清。

对于巫祝、卜者而言，他们观察天道的运度，五行的交替，以及人身的阴阳，进而通过经验总结出一套完整的知识休

---

[1] 饶宗颐. 老子想尔注校证 [M]. 香港：中华书局，2015：27-28.

系，并尝试以之调整外部世界，进而达到适用于人类自身生存、发展的状态。也就是说，巫术、数术所要解决的问题，均为"此世"的问题，其议题无外乎是温饱与繁衍。至于时、空禁忌虽然不是主动地改变外部世界，但也系从个人祸福的角度着眼，与前者是一体之两面。道教虽然继承了这一套古代科学，但又对其进行了转化，或者说是反转了整套系统的旨趣。

道士的仰观俯察乃是为了理解大道与自身的关系，由此所体悟的玄义妙理指向与大道的协调、融入乃至合真。也就是说，道教的旨趣是以生命超越为指归的。其中虽然包含了治病、祈雨等现世的祈祷内容，但其均与人之道德、功过相挂钩，而这实际也决定了人是否能最终获得生命之提升转化。

由此，盟威与巫祝所用，实为完全不同的两个方向：一者乃顺应大道流衍万物之方向，向外而行，其结果便是止于纷纭的万物与现实生活之中；另一者乃是逆向运行，其目标在于返回大道杳冥的"天地之根"，其结果则是止于万化本始之一元。在此一顺一逆之中，其所资凭者皆为阴阳、五气（即上言之相似模式），然其所成之功则迥异（指归不同）。"术"的视野向外分散于芸芸万物之中，而"道"的视野则向上聚焦在精一湛然的大道；同样的下手之处，不同的指归，则是本末之别。（参见彩页图 19）[1]

---

[1] 关于宗教、科学与巫术的知识修习可参见 William C.Chittick, *Science of the Cosmos, Science of the Soul: The Pertinence of Islamic Cosmology in the Modern World* (Oxford: Oneworld, 2007).

事实上，历代高道都力求区分这一对向上与向下的关系，如上清第十二代宗师司马贞一（承祯）先生的一段公案：

> 睿宗问阴阳术数之事，承祯对曰："《老子》经云：'损之又损，以至于无为。'且心目所见知，每损之尚未能己，岂复攻乎异端，而增智虑哉。"[1]

在贞一先生来看，"为道日损"才能达于无为，而"阴阳数术"是与"损之又损"相对的"异端"。这里所谓的"异端"，当是指与"本根"相反的，数目众多的"末端"所言，也即是上文所言"纷纭的万物"。关注于"末端"的结果在于徒增智虑；此与老子所言"为学日益"相对应（《道德经·四十八章》）。由此，则阴阳数术去道远矣。正是在这样极具超越性的视角下，学道之人不再需要拘泥于尘世层面的占卜，万事随心而行，故《淮南子·本经训》曰：

> 太清之始也，和顺以寂漠，质真而素朴，闲静而不躁，推移而无故。在内而合乎道，出外而调于义，发动而成于文，行快而便于物。其言略而循理，其行悦而顺情，其心愉而不伪，其事素而不饰。是以不择时日，不占卦

---

[1] 沈汾.续仙传 [M] // 道藏：第 5 册，91.

兆。不谋所始，不议所终。[1]
· · · · · · · · ·

既然择日的"历"已被废止，那《道藏》之中又何来《赤松子章历》呢？所谓"章历"即用以选择举行上章仪式时间的手册，其看似与择日之"日书"似乎并无不同。然而，究其本质而言，上章祈祷乃是通过首过谢罪，其方式则是遣出身中吏兵将章文上呈大道，而吏兵之本质实是身中之道气（详见第十一、十八节）。在上章仪中，吏兵上达于玄都朝奏的仪法，在后世又被称作"运神会道"。很明显，上章仪是对于身中道气的一种运化，其运行的轨迹指向对于大道的回归，这与《日书》趋吉避凶的旨趣完全不同。此外，灵宝经中所定"八节斋法"，其时间观念起自《周礼·月令》，原本为在阴阳相争之时，协理天道，以定阴阳之所成[2]。然而在灵宝斋法中，八节之日已经从自然的节气提升为三官、五老对人间善恶的考察之时。此时修斋行道、朝礼谢罪，并不是为了祈求神贶，增崇俗世之福祉，而是为了洗清罪过，从而能够"与道合真"。在道教文献中，这种阴阳五行的逆向应用思维比比皆是，此即所谓：

> 五行顺兮，常道有生有灭；
>
> 五行逆兮，丹体常灵常存。[3]

---

[1] 刘安编，何宁撰.淮南子集释[M].北京：中华书局，1998：556.

[2] 郑玄，孔颖达.礼记正义[M].上海：上海古籍出版社，2008：669-670.

[3] 翁渊明注.悟真篇注释[M]//道藏：第3册，30.

此即是"术"与"道"之分野。

综上所述，《清约》的定立旨在将东汉末年的基层民众从对于命途的忧患与时空禁忌中解放出来，引导人们克服对于黑暗的恐惧，勇敢地走向光明。在柏拉图的《理想国》中（Πολιτεία）记述了其导师苏格拉底著名的洞窟寓言。在苏格拉底的洞窟中，背对火光的囚犯只能看到石壁上的木偶投影，

图 09-09　复文:《罢诸禁心》（付晓东／书）

这是比喻人类有限的感官认知所能捕捉到的真实世界的只鳞片羽。他们误以为石壁上的阴影即是真相，这是因为他们从未能够转身看到背后的世界。这里的火光与木偶都是人为所设的认知障碍（参见图 09-10）。只有哲学家在理性（reason）的帮助下，才能走出认知的洞窟，看到光明与真实的世界。对苏格拉底而言，追寻真理的过程，也即是在理性的帮助下走出洞窟的过程。[1] 在盟威道语境中，具有理性精神的《清约》正是意在促成人类脱离认知黑穴并探寻光明世界与自我真相的自由意志，这即是《清约》的自由精神。

[1] 柏拉图. 理想国 [M]. 郭斌和，张竹明，译. 北京: 商务印书馆，1986: 272-276.

图 09-10 苏格拉底的洞窟

五、其他内容

《清约》中还提及了"不得治病疗疾"以及"不得饮酒食肉"这两则条文。我们需要站在《清约》的角度对其稍作解释。

（一）不得治病疗疾

"（不得）治病疗疾"一条有可能困扰当代的读者，看似具有盲目反智的嫌疑。但是，为了理解这句话的实际所指，我们需要将东汉时期频发的瘟疫纳入考量。在经过多年的瘟疫后，东汉帝国的人口从汉灵帝时期的一千万户缩减到了汉末建安时期的三百万户，近三分之二的人口死于瘟疫与战争。当时的医疗水平与条件根本无力挽回大多数人的生命，与医学同源的巫术便因此大行其道。虽然自公元前 2 世纪以来，医生这一行业便逐渐从方士、巫师中独立出来；但事实上，汉帝国的基层社会分工绝非那么明确（直至近代祝由科仍被归为中医之一科），相当一部分的疾病治疗应仍是以巫术的方式来处理，尤其是在医术罔效的情况下。因此，《清约》所反对的，是非理性的巫术治疗，而其所提出的取代方式则是"首过"与"上章"之法，即将巫术治疗转化为对于罪的认识与忏谢。《清约》并非反对医学的治疗方法，在《道门科略》中，"首过"、"上章"的前提是"若疾病之人不胜汤药针灸"。换言之，对于治"形"的医家而言，盟威道更关注于"神"（或者说心理）层面的治疗，且反对巫术。时至今日，宗教对于瘟疫的解读及其在形、神双层的治疗依然至为重要。

（二）不得饮酒食肉

按"不得饮酒食肉"在《太上老君百八十戒》中被列为"第二十四戒"，[1] 这看似是一条素食主义的宣言，但实际也与"神 / 鬼不饮食"直接相关。在中国古代的基层社会，为数不多饮酒并同时食肉的日子只出现在节日的祭祀之后。故此，"不得饮酒食肉"意味着不参与任何与血食祭祀相关的活动。更为严厉的规定还见于《玄都律文》，其曰：

> 诸职治道士女官，及散民新民，皆不得与狼戾祭祀家饮食。狼戾之家更相请呼，饮酒食肉，男女合会，小大语

---

[1] 太上老君经律 [M] // 道藏：第 18 册，219.

笑，从心快意，吾之所禁。勿为口腹所误，令人故气来往
不绝，以致灾祸。宜当节度身中吏兵，皆受不清之名，豫
为作备。若见中伤，勿得咎怨也。[1]

这里，事奉俗神的人家被称作"狼戾之家"，其所谓的"饮食"
乃是祭祀所用酒肉，故云"故气来往不绝"，由此又会使得自
己身中吏兵（即身中道气）受到"不清之名"。但因为身中吏
兵即是自身之道气，由此，食用祭祀之酒肉将会引发"中伤"。
通过"气"的解释，盟威道教法也无形中将道民与俗民相隔
绝。这是因为公餐本身具有极强的社会性，而区别饮食，无异
于划定一明确的信徒群体边界，即"道民"。

六、小结

按《内解经》云："永用三天正法，不得禁固天民。民不
妄淫祀他鬼神，使鬼不饮食，师不受钱。"这一叙述明确地表
达了《清约》的内在逻辑顺序，即"罢诸禁心"→"神不饮
食"→"师不受钱"。天师代表人类，通过与太岁、鬼神定立
盟约，由此得以：

1. 将人类从最为基本的生存焦虑中解放出来，并释放其自
身的主观能动性，对于真理的追寻由此成为可能。原有的数术
系统被转化为宗教目的，人类的目光从"改变生活"转为"改

---

[1] 玄都律文 [M] // 道藏：第 3 册，462-463.

变对生活的态度"。此为由"人与命运关系"之转变所带来的自由意志解放，它反转了传统的受桎梏的思想与行为，代之以自信与自由的生活状态。此为《清约》之"自由精神"。

2. 由于鬼神不再干扰人类，人类也不必再向鬼神献祭，原有的六天鬼神不再被礼敬，取而代之的是新的"三天大道"。大道并不接受人类的饮食祭祀，因此也无法被货赂、收买。由此，动物的献祭转换以反省罪过、建立善功为基础的自我献祭（self-sacrifice）。此为由"神人关系"之转变所带来的道德化的生活，它反转了传统的利益交换性质的祭祀"杠杆"，代之以自律、自省的生活态度。此为《清约》之"理性精神"。

3. 由于祭祀经济被终止，传统的巫祝阶层亦随之在理论上瓦解。这最终造成了两个方面的结果：一者，以盟约为中心的由祭酒组成的教团得以建立，并最终发展成为一个组织严谨、纪律严明且非营利性的教团；二者，祭酒并非神权垄断者，得受法箓的道民也同样拥有举行事道仪式的权利，神权被公平地分享了。此为由"信徒与教士关系"之转变所带来的平等的宗教救度，这一方面反转了商周以来祭祀宗教中的阶级性，另一方面反转了战国以来秘传宗教中的小众性，代之以一个面向基层大众的救度性宗教。此为《清约》之"平等精神"。

在苏格拉底洞穴故事的结尾，弟子发问道："如果他又回到地穴中坐在他原来的位置上，你认为会怎么样呢？"，这位古希腊哲人告诉弟子，那位已经走出洞外，已经拥抱光明并接触到真理的人不应再回到洞窟中，这是因为其他犯人限于他们的认知，将无法理解并怀疑他所说的真相，甚至会将他杀死[1]。而在我们此时的语境中，天师即是东汉末年的那位敢于走出洞穴的人。他进而又敢于冒天下之大不韪，勇敢地回到"洞穴"之中，将他所见闻的大道玄义妙理用以启迪民智。因此，《清约》革命不但是一次有关光明的启蒙，更是一次在汉末混乱、黑暗的时局下的一次伟大的英雄主义"逆行"，是"是知其不可而为之"（《论语·宪问》），其所宣扬的自由、平等、理性的宗教精神，在今天看来依然"其命维新"。

---

[1] 柏拉图.理想国[M].郭斌和，张竹明，译.北京：商务印书馆，1986：272-276.

L'ALLIANCE

道教法箓的
精神内涵与授度仪式

L'ethos religieux et le rituel
de transmission du registre taoïste

陶金 著

贰

上海古籍出版社

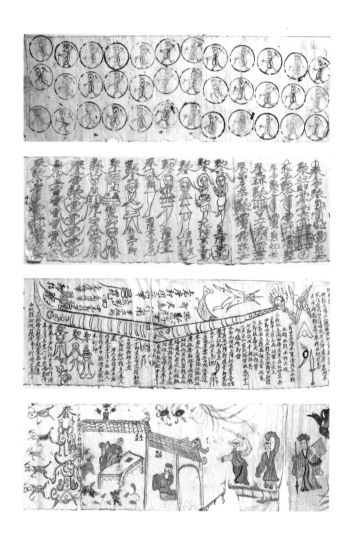

图 1　清光绪十六年（1890）尹法河抛牌所受《鬼名经》

私人收藏。范华（Patrice Fava）摄。

图 2　近代《童子簶》文书

《1923年梅玉宝受簶附卷》第26号文书《解十二命关·硬卷》及整部文书封皮标签。私人收藏。

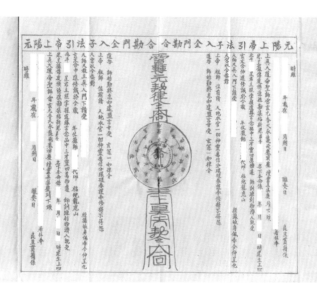

图 3　江西修水戴氏所传《元皇勘合》（当代）

图 4　东汉永初五年（111）直符木牍

2010 年于湖南长沙五一广场出土

图 5 陕西小吃饦饦馍"掰""撕""掐"的步骤过程

无论是一整个馍,还是被掐成黄豆粒大小碎块的馍,其本质仍然是由面粉发酵、烙制而成的馍,且总量不变。类似的观念也可用于理解"太清街"中所反映出的"大道"一而万、万而一的形态。陶金摄。

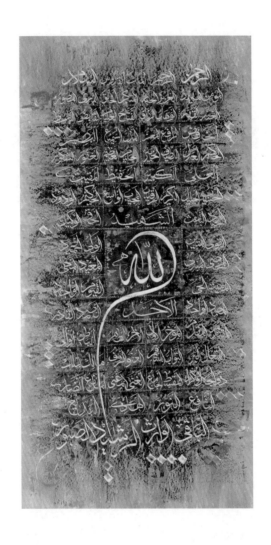

图6 当代阿拉伯文书法《真主的九十九尊名》

Abdullah Bbulum 绘

图 7　2017 年武当山第四届国际道教论坛，李成祥道长演示入静朝真仪，
其前设方几，上安博山炉

陶金摄

图 8　出官图

王琛、陶金据出官仪文想象绘制

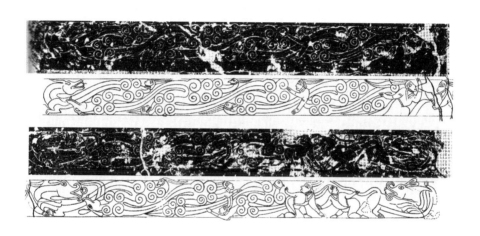

图 9　汉代画像石中所展现出的云气的循环流动，其中的仙人与异兽均被
表现为具有云气的特性，并与云气一同流动

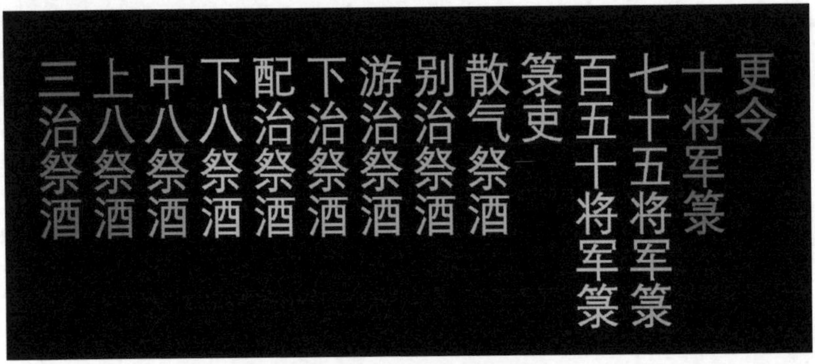

图 10 《道门科略》描述的从道民到祭酒的渐次迁转，以光谱的形式表现

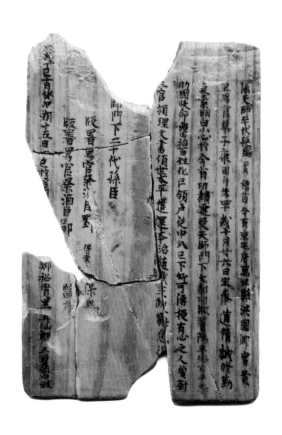

图 11　江苏扬州市秋实路五代至宋代墓葬所出《都功版》

长 14.2、宽 10、厚 0.2 厘米

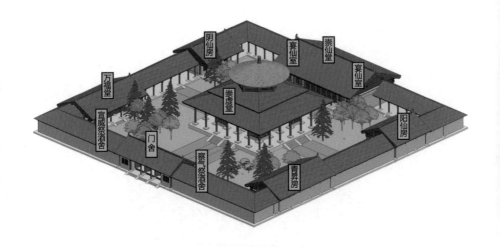

图 12　盟威治堂主殿"崇虚堂"复原图

陶金绘

图 13　盟威治堂建筑群复原剖面图

陶金绘

图 14　三部教法受众基数示意图

第三章 法箓

太清之气感化无方，虽云无极大道百千万重，犹未臻其限，故总言之，亦各相接引，不徒然空立，可以理得，难用言详，其"仙灵官将"，皆此类也。

——《登真隐诀》

在上一章中，我们讨论了盟威道对先秦两汉以来宗教传统的继承与改革，也了解到了盟约这一古老的政治仪式概念在盟威道全新宗教话语中扮演了怎样的至关重要的角色。以此作为框架背景，在本章中，我们将把法箓置于这一全新的宗教体系之中，并将其所含之玄义妙理次第展开。法箓是盟约的进一步延伸，是盟约的多重转化。法箓赋予每一位箓生以神圣的生命与身份，并由此构成一个以道相通的、具有神圣性的生命共同体。我们将先结合前贤之论述着重考察所谓的"外箓"体系，盖因其实为后世一切法箓之起源；并对这一体系中的《七十五将军箓》进行较为细致的文本考察，将其带入盟威道的仪式实践中考察其职官制度中的义理。

法箓意味着盟约，也意味着身份，由此我们也将考察凭借盟约与法箓所赋予的道民、箓生与祭酒这三种不同身份的权利、责任与承诺。进而，我们能够以法箓为中心，以箓生为原点，观察在层层外扩的社会层面中世俗生活的"仪式化"；此亦为在外向层面上对法箓的考察。在本章的最后，我们将对上清、灵宝这两个系统的法箓稍作介绍与分析，以期管窥上清、灵宝经法所表现出的奉道者宗教生活的层层内化；此是在向内层面上对法箓的考察。通过对上清、灵宝法箓的考察，我们也得以论定，"正一盟威"乃是整个道教义理与实践体系之磐石。

第十节　正一部法箓之体系

虽然关于法箓的研究并非显学，但经过几代学者的努力，我们已对其基本情况有了从制度到文本的较为立体的认识。刘仲宇教授的《道教授箓制度研究》[1]是目前唯一一部关于道教法箓的专著，其对法箓的起源、形成、发展、演变乃至其在道教宗教生活中的意义都做了大跨度的追溯以及深层次的剖析。索安的《国之重宝与道教秘宝——谶纬所见的道教渊源》[2]是对于道教法箓起源的最早也最重要的研究。其后，施舟人先生结

---

[1] 刘仲宇 . 道教授箓制度研究 [M] . 北京: 中国社会科学出版社, 2014.

[2] Anna Seidel, "Imperial Treasures and Taoist Sacraments: Taoist Roots in the Apocrypha in Tantric and Taoist Studies in Honour of R. A. Stein, II," *Mélanges Chinois et Bouddhiques Bruxelles*, 1983, 291. 中文翻译参见: 索安 . 国之重宝与道教秘宝——谶纬所见道教的渊源 [G], 法国汉学, 第四辑 . 北京: 清华大学出版社, 1997: 42-127.

合敦煌所出的 S.203 号写本与道藏文献，对中古时期道士的授职品阶进行了框架性的分析 [1]。吴受琚教授也以道藏中的唐代文献为基础，对正一、三皇、高玄、升玄、灵宝、上清诸部法箓的主要内容进行了梳理 [2]。更为细致的研究来自劳格文（John Lagerwey）教授对正一系统法箓制度的深入考察，他极富洞见地提出：如果唐代的道教仍然是以"天师道"为基础，那么法箓便成为理解道教体系发展的关键节点 [3]。此外，丸山宏教授亦以 S.203 号写本为基础，具体考察了在授箓过程中所使用的仪式文书，这与其在台湾地区田野调查基础上所作的文书研究相得益彰 [4]。吕鹏志教授仍以这一敦煌写本为基础，进一步细致且深入探究了其中所涉及的《仙灵箓》的授度仪式与文书，并推论该文本应为《正一法文度箓度治仪》之局部 [5]。祁泰履教授在他的专著中，回到了地方教团的概念性场景中，系统地讨论了

[1] 施舟人 Kristofer Marinus Schipper, "Taoist Ordination Ranks in the Tunhuang Manuscripts," in *Religion Und Philosophie in Ostasien: Festschrift Für Hans Steininger Zum 65 Geburtstag* (Würzburg, 1985), 127-148.

[2] 吴受琚. 唐代道教法箓传授 [G] // 任继愈，主编. 中国道教史，上. 北京：中国社会科学出版社，2001：410-462.

[3] 劳格文 John Lagerwey, "Zhengyi Registers," *Institute of Chinese Studies Visiting Professor Lecture Series (I)* = *Zhongguo Wen Hua Yan Jiu Suo Fang Wen Jiao Shou Jiang Zuo Xi Lie, 1.Hong Kong: Chinese University of Hong Kong, Institute of Chinese Studies, 2005.171p.*(Journal of Chinese Studies Special Issue), January 1, 2005, 35-88.

[4] 丸山宏. 受籙の章について——章本の研究（三）[G] // 道教儀禮文書の歴史的研究. 東京：汲古書院，2005：103-136.

[5] 吕鹏志. 天师道授箓科仪——敦煌写本 S203 考论 [J]. "中研院"历史语言研究所集刊，2006，77（1）：79-166.

道民、箓生、祭酒的不同身份, 以及法箓、治职的迁转机制 [1]。田禾博士仍从 S.203 号写本切入, 结合《正一法文太上外箓仪》以及外部历史文献探讨了以法箓为纽带的东晋时期的流民教团 [2]。

在本节中, 我们将对法箓本身的物质形式、文字以及宗教内涵稍作辨析, 然后结合前贤的学术成果, 尤其是劳格文教授所开拓的《将军箓》研究, 以"外箓"为中心, 具体探究其所包含的不同箓阶, 与其相应的授度体系, 如: 道民的受度资格, 其在人生礼仪中的升受过程, 乃至于惩罚性的"夺箓", 以及改悔后的"更复"。以外箓作为参照, 我们也将对"内箓"这一概念稍作探究, 以期说明"外箓"实为内箓之本。

一、法箓概述

(一)法箓的物质形式

"箓"(籙)字通"录"(録)字, "录"字作为动词有记录(to record)之意, 其作为名词则有名录(register/list)之意。道教的法箓, 乃是驻扎于箓生身中的吏兵之名录, 其具体形式, 乃是一种由文字、图像、神符组成, 由朱、墨写于布帛(或纸张)之上的横卷。《正一修真略仪》云:

---

[1] 祁泰履Terry F.Kleeman, *Celestial Masters: History and Ritual in Early Daoist Communities* (Cambridge, Massachusetts: Harvard University Asia Center, 2016).

[2] 田禾. 晋宋流民与正一教团——以敦煌文书 S.203 所见仙灵箓为线索 [J]. 宗教研究, 2014 (02): 244-266.

> 箓卷上下长九寸，以法太阳之大数。栏头上下朱郭凡
> 九分，上法九天，下法九地。[1]

近世以来，在龙虎山与各地民间的法箓授度传统中，法箓以及其他配套文书常以刻板印刷的方式制作，布帛被代之以纸张。但其总体形式基本延续了手卷的形式（而不是像经文那样演化为"经折装"）。按中古以来的规约，法箓往往随奉道者随身入葬（详见第二十节）。在近世的授度制度中，法箓则与其他仪式文书于授度仪式中焚化而"上缴"。这两种处理方式都使得传世或出土法箓文物极为稀少。除《永乐大典》《正统道藏》等文献收有文本外，仅有部分清代、民国时期的法箓原件留存于世。而部分国外博物馆的藏品只能被视作授箓凭证，而非法箓本体（参见附录三）。我们稍后将会看到，这种不欲久存的"流动性"正是法箓之真实本义。

按目前《道藏》中所收录的文本所见，法箓的箓文内容常以授度师徒双方的姓名、弟子乡贯年庚、授度盟文作为起始，随后开列一组或若干组"吏兵"的名录，并配有图像或神符，并以"三师"（保举师、监度师与度师）之签署押尾。在诸阶法箓之中，盟威道所传《将军箓》在各个方面均表现出最为简单与"原始"的特性，换言之，所有其他诸阶法箓应是以《将军箓》作为基本原型，增益发展而成。法箓的授度必然伴

---

[1] 正一修真略仪 [M] // 道藏：第 32 册，181.

随着盟约的建立，由此，立盟时所分剖之契券也成为授度仪式中的重要文书之一。此外，正如我们在第七节"盟约"中所讨论的，鹤鸣山盟约所降授的玄义妙理被以多种不同的方式所表现，法箓仅是其中之一种。故此，除法箓外，更为广义的"授度"范畴还包含了经典、戒律、符图，科仪乃至法服、法具（详见第十七节）。这些内容有时又与法箓本体有着十分紧密的咬合关系，由此成为一个整体。

按《洞玄灵宝玄门大义》云：

> 录者，条别神明，位次名讳。[1]

可见箓就是记载有神明名讳的"名录"，刘仲宇教授将其比喻为："天兵天将的花名册。"[2] 换言之，所谓的法箓授度，实际是箓中吏兵的授度，也即是获得了一种"兵权"。此亦可由敦煌 S.203 写本所证实，其中所收求授法箓状文云："今求请上仙或上灵十将军吏兵"[3]，而非"求请《十将军箓》"。这些箓中的吏兵，其对于受度弟子而言，功能有二：一者在于听其节制、调遣，以此来完成诸如上章、朝真等仪式；二者在于护持受度弟子免受鬼神之侵扰[4]。理论上来说，吏兵的名号存于箓卷之中，

[1] 洞玄灵宝玄门大义 [M] // 道藏：第 24 册，738.

[2] 刘仲宇. 道教授箓制度研究 [M]. 北京：中国社会科学出版社，2014: 35.

[3] 吕鹏志. 天师道授箓科仪——敦煌写本 S203 考论 [J]. "中研院"历史语言研究所集刊，2006，77（1）：141.

[4] 刘仲宇. 道教授箓制度研究 [M]. 北京：中国社会科学出版社，2014: 12.

但其本体却驻扎于箓生的身中；只要箓生能够谨慎地尊奉大道的"盟科律令"，"奉道专心"，法箓（吏兵）便是"既授之后乃终生奉佩"[1]。法箓的授度必以盟约的建立作为前提，因此法箓与契券一样，皆为弟子入道、受度的信物，也是其"经过修行进入仙界的证明"[2]。

（二）**法箓的原型**

道教法箓或有两种原型，其一为册命制度中军士之"录籍"，其二为巫祝、方士之"鬼录"，但总而言之，其都是一种控制力量的权利的象征，其可以控制兵士或鬼神。

1. 录籍

首先，在建立盟约之后授度象征权利的文书，这一做法很明显上承了周代以来君主封赠诸侯、廷臣的册命制度。我们在第五节中已经提及，周王通过册命封赠的内容包括了祭酒、舆服、车饰、马饰、旗帜、兵器、土地、臣民、取征等项。其中土地与臣民对应了"图"与"版"，前者是为疆域地图，后者是为男丁之录籍，也象征了税赋与军队。和平时期，男丁于土地耕种，便有所"取"；战争时期，男丁入伍，则有所"征"。彼时未有职业化的军士，兵器与人民的赐予，便意味着军队的赐予。按《左传·僖公二十八年》（公元前 632 年）所载：

> （周王）命晋侯为侯伯，赐之大辂之服，戎辂之服，

---

[1] 刘仲宇. 道教授箓制度研究 [M]. 北京：中国社会科学出版社，2014：12.

[2] 刘仲宇. 符箓平话 [M]. 北京：宗教文化出版社，2013：44.

> 彤弓一，彤矢百，玈弓矢千，秬鬯一卣，虎贲三百人。[1]

这便是在兵器之外，又有军士的赐赠（有趣的是，"虎贲"这一勇士之号也被道教所继承，成为大道官君、吏兵的称号，详见第十一节"吏兵"）。由此，我们不难推测，作为册命所含的配套物品之一，虎贲军士的名录也在当时被作为命书的附件一同赐予晋伯。顺着这一逻辑，盟威道的法箓即是周代以来册命制度的延伸。进而言之，盟威道乃是"借用"了其中的"命书"与"录籍"的元素，并将其援引至宗教之中，作为授予道气与神权的象征。

2. 鬼录

其次，另一种有关"名录"的概念来自古代宗教之中。我们在第四节中提到了铸有鬼神图像的九鼎同时也象征了帝王的天命，以及由《山海经》所延伸而出的《白泽图》与记载鬼神名姓、形状的"名字之箓"[2]。总而言之，这种由上古传承而来的巫术观念无外乎是以了解、掌握精怪鬼神的"形"与"名"而实现对其的掌控与节制。这也即是葛洪所言：

> 《百鬼录》，知天下鬼之名字，及《白泽图》《九鼎记》，则众鬼自却。[3]

---

[1] 杨伯峻．春秋左传注 [M]．北京：中华书局，2018：397.
[2] 安居香山，中村璋八．纬书集成 [M]．石家庄：河北人民出版社，1994：392.
[3] 葛洪，王明．抱朴子内篇校释 [M]．北京，中华书局，1985：308.

以及：

> 及按《鬼录》，召州社及山卿宅尉问之，则木石之怪、
> 山川之精，不敢来试人。[1]

通过掌握鬼神的名字，了解精怪的形状，巫觋、方士们便拥有了驾驭它们的能力。我们目前对于这一种"鬼神名录"的信息掌握尚不充足，因此无法更为系统地对其进行了解，但葛洪明确地将《百鬼录》与《天水符》《上皇竹使符》《老子左契》这些方士传统的符契相并列，则其在彼时江南的方士传统中也应需要经由立盟方得承受。事实上，至今仍传承于湖南地区师公之中的《鬼名经》（参见彩页图 1），乃至福建闾山法之《法把》，也许正可为我们想象汉晋之际南方方士传统之"鬼录"，提供极为生动的参考。

与"录籍"相比，"鬼神名录"似乎更为接近盟威道概念中的法箓。但是我们需要特别注意这只是一种形式上的承继关系，道教对其所做的思想上的"转化"甚至大于"承继"（详见下文关于法箓本体的讨论）。

3. 法箓的形成

由以上两点所见，道教的法箓到底是对政治制度的"借用"还是对于传统宗教的承继、转化呢？笔者认为此两者同时

---

[1] 葛洪，王明. 抱朴子内篇校释 [M]. 北京，中华书局，1985：300.

存在。这是因为，以上两种"名录"分别对应了中国古代君主亦巫亦王的两面。前贤索安的大作已经揭示，至迟在汉代，君王不但拥有政治意义上治民的天命，还拥有了从大禹所传递下来的控制鬼神的天命[1]，而这两种天命实际是一体之两面，且惟有德者方能承受。所以，虽然自东汉以来的道书之中极少言及"天命"二字，但通过立盟授度的方式分享天命（道气）的行为却处处可见。也正因为如此，法箓的授度也一如帝王承天受命一般神圣庄严，故《玄都律文》曰：

> 男官、女官、主者，受法箓、治职之号，譬如王位，至于选补，皆由天台。[2]

此外，在我们上言的广义授度范畴中，"符图"一类实际源自《河图》这一神圣图示传统（也即是谶纬传统中"图录"之"图"），其同时也对应了政治制度中"版图"之"图"。《五岳真形图》甚至"洞天福地"体系均系由此一脉传承而出。无论是法箓还是符图的授度，都以建立盟约作为前提，而作为盟约承载的"契券"实际便对应了册命制度中的"盟书"。

（三）法箓的本体

盟威法箓与"鬼神名录"的根本差异，在于其中吏兵与鬼

---

[1] 索安（Anna Seidel）. 国之重宝与道教秘宝——谶纬所见道教的渊源 [G]，法国汉学，第四辑. 北京：清华大学出版社，1997：42-127.
[2] 玄都律文 [M] // 道藏：第 3 册，460.

神的本体。《鬼录》中所开列者，多是山川草木的精气，或是败军死将的鬼魂；而法箓中所开列的吏兵，则是大道三天正气的显化。由此，箓中的"吏兵"，实际是一种符号象征，其本质为大道真气。按《登真隐诀》所录《魏传诀》云：

> 官将及吏兵人数者，是道家三气应事所感化也，非天地之生人也。此精诚发洞，因物致洞耳，所以化气而成此吏兵也。

陶隐居注曰：

> 太清之气感化无方，虽云"无极大道百千万重"，犹未臻其限，故总言之，亦各相接引，不徒然空立，可以理得，难用言详。其"仙灵官将"，皆此类也。[1]

张清都亦云：

> 其天丁甲卒、仙官吏兵，盖道一分灵，凝神布炁，外光妙用，内发精明，虚映既彰，真官斯应，可以神会，难用虑思。[2]

---

[1] 王家葵. 登真隐诀辑校 [M]. 北京：中华书局，2011：94.

[2] 传授三洞经戒法箓略说 [M] // 道藏：第32册，108.

此处，我们看到南朝与盛唐道门两代宗匠思想的高度统一，陶隐居所云"可以理得，难用言详"与张清都所言"可以神会，难用虑思"实是一贯之表述。大道之真气无形无相，难以用语言描述，也难以思维。由此，通过赋予道气以"官将、吏兵"的"名"与"形"，则人类得以通过理性的认知，通过存神来与其相感合。换言之，官将吏兵是道气之符号象征，这一象征最初的成立则源自鹤鸣山洞窟之中的盟约、授受。

按《想尔注》言：

> "一"在天地外，入在天地间，但往来人身中耳。都皮里悉是，非独一处。"一"散形为气，聚形为太上老君，常治昆仑。[1]

由此，"皮里"之吏兵，与昆仑上之太上老君，其皆为"一"也就是大道之气。我们在第十二节中将会看到，箓生在上章仪中，通过存思吏兵之"形"，诵念吏兵之"名"，得以将身中之气召出，上达于天阙，也即是与宏观之大道相合。也即是说，通过"形名"之法，我们得以在"气"的层面"以此合于彼"，"以我合于道"。

此外，我们还注意到，与法箓相近的符图一类圣物也被视作是大道真气的衍化，如《正一修真略仪》云：

---

[1] 饶宗颐. 老子想尔注校证 [M]. 香港：中华书局，2015: 18.

> 夫神符、宝箓，其出自然，故于元始赤明浩劫之初、浑茫之际，空中自结飞玄妙气，成龙篆之章，乃元始神尊化灵应气然也。是以生天立地，万化明分，皆因道气与灵文也。[1]

由此，我们不难意识到，原本象征帝王天命的具象的"图"与"录"此时都被"道气化"了。它们从原本（理论上的）实切存在的祥瑞之物而被赋予了更为形而上的来源。如此，通过立盟授度赋予天命的行为，也实际上成为对于大道真气的分享，也便成为"分气治民"的一部分。我们马上将会看到，人"皮里"的道气，乃与天命相似，其与人的关系均不是稳固的，而是流动的。衪们从无德者流向有德之人，无道、失德也便意味着失去天命／道气。

然而，既然道气在"皮里"，则道气亦不完全需要依靠"分享"才能得到。在一卷本《太上正一盟威法箓》中，"（某）素被'新出老君太上高皇帝王神气'在身，不能自分别"一句成为请受法箓的缘由而重复出现在多份箓文之中。由此可见，所谓"分气治民"之道气并非只是来自无上三天，其实也存在于人身中；法箓吏兵的授度因此并不仅仅是由外向内的"授予"，实际也是由内向外的"点化"（详见第十一节）。以此观之，在更为内在的层面上，法箓的授度实际意味着道气的身体

---

[1] 正一修真略仪 [M] // 道藏：第 32 册，175.

化，或人类自身特质的"觉醒"。如果说，《鬼录》旨在通过形名来控制"身外"的后天自然力量，则盟威法箓旨在通过形名来控制自己"身中"的先天之气。在这由"外"向"内"的转向中，"名录"这一符号象征在"承继"中被"转化"、"内化"并"提升"了。

（四）法箓的创立

盟约不仅是天师立教的核心事件，而且还在授度仪式中不断重复，这已被熹平二年（173 年）《祭酒张普石刻》所证实[1]。但与此同时，该石刻并未提及法箓授度的问题；而在第六节中所引用的六种有关天师立教的早期叙述中，也只有较晚出的《赤松子章历》言及了"正一盟威符箓一百二十阶"，其他五种均未谈及法箓[2]。

那么，到底是何人在何时、何地创制了道教的法箓制度呢？刘仲宇教授认为，这一问题很难得到确切的答案，但他通过各类仪式文本所载法位中的"系天师"三字，将更多的可能性留给第三代正一系师张鲁[3]。笔者认为刘教授洞见确乎合理，因为法箓的使用至少说明两个层面的制度性问题：

---

[1]《祭酒张普石刻》：熹平二年（173 年）三月一日，天卒鬼兵胡九□□，仙历道成，玄施延命，道正一元，布于伯气，定召祭酒张普，萌生赵广、王盛、黄长、杨奉等，诣受微经十二卷。祭酒约施天师道法无极耳。陈垣 . 道家金石略 [M]. 北京：文物出版社，1988：6.

[2]《陆先生道门科略》的确包含了关于法箓的讨论，但并不在立教的叙述之中。

[3] 刘仲宇 . 道教授箓制度研究 [M]. 中国社会科学出版社，2014：44.

第一，神圣空间体系的完备。这包括家庭层面靖室与社区层面治堂的设立。我们在上文已经提及，法箓制度借鉴了册命制度，因此也包含着对某一地理空间的管理权限。这种空间概念落实在宗教层面，即是对于不同级别神圣空间的使用权限。奉道之家有靖室，箓生于其中将身中吏兵召出以朝真；治堂则与治箓相对应，祭酒于其中出官上章，领户化民。也就是说，法箓被应用于仪式之中，而仪式则必须有相配套的特定仪式空间方能举行。这对于宗教改革之初的盟威道尤其重要。此外，二十四治系统的形成时间目前尚无定论，因为目前所见所有相关文献均系晚出[1]；换言之，与法箓相对应的大、小套叠的神圣空间制度也绝非一蹴而就，其需要一定的时间来逐渐完善。

第二，上章仪式的完备。这是因为上章仪的重要节次为"出官""请官"，这一方面需要来自上界的"官君"，另一方面需要通过法箓度入弟子身中的"吏兵"，[2] 尤其以法箓中的"刚风骑置吏""驿马上章吏"最为重要。陶隐居曰："出官之仪，本出汉中旧法"[3]，这便意味着至迟在汉中时代，应已出现了授

---

[1] 参见：Gil Raz, "Daoist Sacred Geography." In *Early Chinese Religion, Part Two: The Period of Division (220-589 AD)*, ed. John Lagerwey and Lü Pengzhi (Leiden: Brill, 2009), 1423-1424, 1426-1427.

[2] 对于这一点的开示，我们再次对祁泰履（Terry Kleeman）与张超然教授表示谢意。

[3] 王家葵. 登真隐诀辑校 [M]. 北京：中华书局，2011：77.

箓的行为，吕鹏志教授亦持此论 [1]。上章仪的背后，是对汉帝国职官制度的系统性借鉴、融摄以及转化，文书自下而上的流动此时被用以作为箓生身中道气自下而上流动的符号象征，而其更为宏观的制度框架则是将治堂、静室分别视作郡、县的区划，将治职祭酒与箓生视作"千二百石"与"百里之才"（参见第二节"郡县制度"、第十一节"吏兵"）。换言之，上章仪法之完备与治堂、静室空间制度之完备是同质、同时的，它们往往都需要一个逐渐完善的过程与相应的时间。

综上两点可见，汉中"义国"的自治时期，因其有着独立于周围政权的宗教化治理体制，因此也最有可能产生完备且系统的圣地体系与职官制度，也最有可能是法箓制度的创立时期。当然，其形式与思想之渊源早已存在于先秦两汉的政治与宗教传统之中。

（五）四种"箓"

在我们进入对盟威法箓的正式讨论之前，我们仍想就道教文献中，尤其是早期道教文献中经常出现的几种"录""箓"的用法稍作甄别，以此来帮助我们明确概念。

1. 宅录

陆简寂先生云：

> 道科宅录，此是民之副籍。男女口数，悉应注上。守

---

[1] 吕鹏志 . 唐前道教仪式史纲 [M] . 北京：中华书局，2008：25.

宅之官，以之为正，人口动止，皆当营卫。……若口数增
减，皆应改籍。……<u>籍主皆赍宅录诣本治，更相承录，以
注正命籍</u>。[1]

如此，则"宅录"是奉道之家的户主登记自家人口的名单，类似
户口簿，其需要随人口变动而向治职祭酒汇报，用以更新"命
籍"。此处将其称之为"副籍"，可能有两种解释，一种是相对于
地方官户曹手中所掌握的"录籍"而言，一种是相对于天曹手
中所掌握的"命籍"而言。但无论哪种，"宅箓"应都系其副本。
"守宅之官"乃是道民家宅的守护者，祭酒根据道民所奉上的信
米，每年为其誊奏大道。天曹、官君因执掌有道民家宅之处所，
故而能对其进行护佑，免受血食鬼神之侵扰。换言之，大道官
君的"守宅"，乃是道民通过上缴信米获得命籍后所得到的承诺，
是道民之气与大道之符契。大道守护道民，一如皇帝守护皇民。

如果我们结合上文有关契券之讨论，则三会之日，道民
缴纳信米，被祭酒登上命籍（治堂与天曹两份），并应有一定
形式的契券交与道民收执。则是否有可能，所谓的"宅录"即
是这份契券的左边一半呢？如此的推测也是因为，如果只是一
份如"户口簿"一样的物品，很难具有神圣的效力使得"守宅
之官"莅临。但如果其为契券，则一切便都更能说得通了：大
道官君翊卫兹宅，乃是因其曾与大道立盟。正是大道三官之盟

---

[1] 陆先生道门科略 [M] // 道藏：第 24 册，780.

威，使得神明守护此土。如此，或许存于治职祭酒手中的右边一半被汇集成册，则成一治道民之总命籍？囿于材料的缺失笔者不敢妄言，但为了此项研究，我们仍有必要继续探寻东汉及六朝时期的户籍管理制度。

2. 命籍

按《玄都律文》曰：

> 制：男官、女官、箓生、道民，天租米是天之重宝，命籍之大信，不可轻脱，祸福所因，皆由此也。[1]

如此，对于盟威道教团而言，"命籍"才是由大道仙曹所执掌的"正籍"。上言"守宅之官，以之为正"，或许亦可理解为，大道官君依"宅录"作为其守护道民的"正籍"。故陆先生又云：

> 奉道之科，师以命籍为本，道民以信为主。师为列上三天，请守宅之官依籍口保护，禳灾却祸。虽一年三会，大限以十月五日赍信一到治。……若命信不到，则命籍不上。[2]

从这一角度来看，祭酒手中实际也持有一份"命籍"，正因如此，陆先生又说某些道民"治无命籍，家无宅箓"[3]。可见，这

---

[1] 玄都律文 [M] // 道藏：第 3 册，459.
[2] 陆先生道门科略 [M] // 道藏：第 24 册，780.
[3] 陆先生道门科略 [M] // 道藏：第 24 册，782.

两份文件是相互对应的。

除了对道民家宅在现世中的守护外，天曹所掌握的命籍还关乎道民的死后救度。道经中对此多有论述，如《太上洞玄灵宝诚业本行上品妙经》云：

> 夫天人有知其章，拔度存亡滞苦，斋而诵之者，诸天降下，即度兆"生死命籍"迁上长存之福堂矣。[1]

由此，天曹处之命籍实际是获得生命救度的必要基础。由其引申，则又有一层"不死之录"的含义。

3. 不死之录

在《太平经》中，见有"不死之籍"[2]"不死之录"[3]，此与

[1] 太上洞玄灵宝诚业本行上品妙经 [M] // 道藏：第 6 册，166.

[2] "惟太上善人之为行也，乃表知天地当行之事，各有所主，各有其辞，各修其事，各成其神，各名其功，各行其忠，各理其文，各布施于人，各道其进，各得天地腹心，各不失四时五行之生成。乃应太上善之人，是天之信，地所保，皆得中和之心腹，知人情出入内外，承令而行，不敢失大圣之人意，下不敢犯诸神所禁。常念成人，使乐为善人。令得天心地意，从表定裹，成功于身，使得长生，在不死之籍，得与大神从事对职。却知是非，忠诚于天，照见日月星宿，不失法度，不失志意。常生贪活，思奉承天化，复知地理。心乃欢喜，复知吉凶之籍，存亡之事，欲与自然同其路。行少恶贪，见大神之戒，闵伤未知，照其不逮，使及长生之录，见天君蒙其生活，久在不死之籍。"王明. 太平经合校 [M]. 北京：中华书局，1960：554.

[3] "有文书常入之籍，恶者付下曹，善者白善，恶者白恶，吉凶之神，各各自随所入，恶能自悔，转名在善曹中。善为恶，复移在恶曹，何有解息？地上之生人中，有胎未生，名姓在不死之录。"王明. 太平经合校 [M]. 北京：中华书局，1960：552.

《生神章》所言"元阳玉匮"[1]、《太霄琅书》所言"青箓白简"[2]皆是一义。故此，道经中也常有"名刊玉简，录字帝房"一类的祝文，因为这直接等同于获得生命的救度。正如康儒博（Robert F. Campany）[3] 与高万桑（Vincent Goossaert）[4] 两位教授所总结，在中国宗教中，升仙、救度需要以职官制度的形式来实现，而其标志性事件便是将奉道者的名字登入"仙籍"之中。[5]

旁观其他文明与宗教，生命救度与获救者名单之间也有着紧密的联系，在《希伯来圣经》中，雅威因以色列人造作偶像而对梅瑟（Moses）言：

> 谁犯罪得罪我，我就把谁从我的册子上抹去。（《出谷

---

[1] "自赤明以来，至上皇元年，依元阳玉匮，受度者应二十四万人。开皇以后，数至甲申，诸天选序，仙曹空废，官僚不充，游散职司，皆应选人。依元阳玉历，当于三代，更料有心积善建功，为三界所举，五帝所保，名在上天者，取十万人以充其任。又当别举一十二万人，以充储官。"洞玄灵宝自然九天生神章经 [M] // 道藏：第 5 册，844.

[2] "凡有玄名，青箓白简，皆自思道，愿奉愿崇，愿学愿得，不忘须臾。"洞真太上太霄琅书 [M] // 道藏：第 33 册，661.

[3] 康儒博（Robert F.Campany）. 修仙：中国古代的修行与社会记忆 [M]. 江苏人民出版社，2019：4.

[4] 高万桑 Vincent Goossaert, *Bureaucratie et Salut: Devenir Un Dieu En Chine* (Geneva: Labor et Fides, 2017), 61.

[5] 另可参见：李丰楙. 王母、王公与昆仑、东华：六朝上清经派的方位神话 [M] // 仙境与游历：神仙世界的想象. 北京：中华书局，2010：156-165.

纪》32：33）[1]

此处所言之册，便是未来之世能够复活者的名单，先知达尼尔云：

> 那时，你的人民，凡是名录在那书上的，都必得救。许多长眠于尘土中的人，要醒起来：有的要入于永生，有的要永远蒙羞受辱。（《达尼尔》12：1-3）[2]

于是，名录或名单往往因其对命运改变的意义甚大，以至于成为被礼敬、赞扬的对象，正如托马斯·肯尼利（Thomas Keneally）所描述的辛德勒名单（Schindler's List）：

> 这份名单就是绝对的善。这份名单就是生命。那几张薄薄的纸页内外就是生死之别。[3]

与道教略有不同的是，犹太教并未将这一名录的概念嵌入一职官化的义理框架之中。

---

[1] 香港思高圣经学会.圣经 [M].北京：中国天主教教务委员会，1992：125.

[2] 香港思高圣经学会.圣经 [M].北京：中国天主教教务委员会，1992：1411.

[3] 托马斯·肯尼利（Thomas Keneally）.辛德勒的名单 [M].冯涛，译.上海：上海译文出版社，2011：340-341.

4. 法箓: 吏兵名录

最后一种名录, 即"法箓", 也便是载有大道吏兵的名录, 是祭酒/箓生神权与神圣身份的象征。

道民受箓成为箓生, 进而署职成为祭酒, 这便意味着她/他被命籍与法箓这大小两重名单所框定。这两种"录"寓意着箓生自身生命的双重属性: 一方面其名在天曹, 由此隶属于他人(即大道虚皇); 另一方面她/他还掌握了一众听从于自己的吏兵。在这种"控"与"被控"的微妙关系中所体现的, 是箓生的权利与义务; 他们因此才得以拥有"臣"的身份(臣一方面意味着侍奉君主的责任, 一方面分享了君主的权利), 并被牢牢地套嵌在庞大的职官架构之中。或者说, 在更形而上的层面中, 她/他也因此得以被完全浸入于宏大而又精微的"百千万重道气"之中, 并成为其中的一部分, 进而归根复命, 与道合真(详见第十二节"言功"以及第十四节)。

二、正一箓体系

(一) 二十四阶法箓

《赤松子章历》序言云:

> 谨按《太真科》及《赤松子历》, 汉代人鬼交杂, 精邪遍行, 太上垂慈, 下降鹤鸣山, 授张天师《正一盟威符箓》一百二十阶, 及《千二百官仪》, "三百大章", 法文秘要, 救治人物。天师遂迁二十四治, 敷行正一章符, 领

户化民，广行阴德。[1]

这里所谓的"一百二十阶"，即一百二十种，当是虚数，泛指盟威教法中神符、法箓品目之众多，也是对于道气不断向外展开所产生的无限可能性的一种描述。但是，这同时揭示了一个重要的概念，即：法箓并非只是一个孤立的存在，其以"阶"为单位，乃是一个集合概念。正如我们前文所言，大道玄义的转译是一项持续的工作。就我们目前所掌握的文献来看，并没有对汉中时期法箓最初情况的直接叙述。自中古时期以来，天师所传"正一箓"由二十四阶组成的观念逐渐形成普遍的共识。由此，"正一箓"也指一个复合的法箓体系，并与"灵宝箓""上清箓"等复合概念相对应。劳格文教授（John Lagerwey）通过比较《赤松子章历》《太上正一阅箓仪》《太上三五正一盟威阅箓醮仪》以及《醮三洞真文五法正一盟威箓立成仪》得出了一个已经定型的二十四阶法箓目录[2]。根据他的看法，这一份法箓目录是从六朝到唐中期，由不同地域传统之间交互影响而逐渐形成的一个综合性共识。这一重要的论断为我们进一步的讨论奠定了重要的基础。

　　《道藏》中现存《太上正一盟威法箓》一卷（下称《一卷本》），含法箓十四阶；《太上三五正一盟威经箓》六卷（下称

---

[1]　赤松子章历 [M] // 道藏：第 11 册，173.
[2]　Lagerwey, "Zhengyi Registers." 38.

《六卷本》)，含法箓二十四阶。《永乐大典》中现存《正一盟威秘箓》中之法箓十四阶，与《六卷本》基本对应，当为残本。其中，《六卷本》与劳格文教授所言"二十四阶法箓目录"的组成完全相同，而通过下表中的对比，则可以看出《一卷本》与另外几份目录的内容除了所谓《将军箓》之外，差异较大，重叠的内容很少，而这种差异其实正好说明了所谓的"二十四阶法箓"是一个由少至多、逐步形成的结果。按照施舟人先生的推测，《一卷本》或应是一份唐代的版本[1]（这也许是因为箓文开头有"某州县乡里某宫观"的字样）。但我们同时也发现，《一卷本》各阶法箓中屡屡出现"新出老君"的称谓，以及与《内解经》《道门科略》高度重叠的《清约》内容。如此，《一卷本》中的部分内容应可上溯至六朝时期。现存《六卷本》中，见有宋代"怀安军"之地名，则应为宋代重新编订之成果[2]。《永乐大典》所收《正一盟威秘箓》与《六卷本》内容并不完全一致，但相对而言较为接近。总体来看，在下表中，《一卷本》中所开列的十四阶法箓与其他三种目录出入最大，年代也更为古早。

---

[1] Kristofer M.Schipper and Franciscus Verellen, *The Taoist Canon: A Historical Companion to the Daozang* (Chicago: University of Chicago Press, 2004), 475.

[2] Kristofer M.Schipper and Franciscus Verellen, *The Taoist Canon: A Historical Companion to the Daozang* (Chicago: University of Chicago Press, 2004), 971-972.

诸本正一箓目录之比较

一卷本（非原始排序）	六卷本	永乐大典本	二十四阶法箓目录
太上一官童子箓	太上正一童子一将军箓		太上正一一将军箓
太上十官童子箓	太上正一童子十将军箓		太上正一十将军箓
太上百五十将军男仙灵箓	太上正一百五十将军箓		太上正一百五十将军箓
	太上正一三将军箓		太上正一三将军箓
	太上正一上灵百鬼召箓		太上正一右上灵召百鬼箓
	太上正一元命混沌赤箓		太上正一混沌元命赤箓
	太上正一上仙百鬼召箓		太上正一上仙召百鬼箓
	太上正一九州社令箓		太上正一九州社令箓
	太上正一星纲五斗箓		太上正一星纲五斗箓
太上九一河图宝箓	太上正一河图保命箓	太上正一河图保命箓	太上正一河图保命箓
	太上正一解六害神符箓	太上正一解六害神符箓	太上正一解六害神符箓
太上凤凰解秽妙箓	太上正一九凤破秽箓	太上正一九凤破秽箓	太上正一九凤破秽箓
	太上正一都章毕印箓	太上正一都章毕印箓	太上正一都章毕印箓
	太上正一斩邪华盖箓	太上正一斩邪华盖箓	太上正一华盖大箓
	太上正一九天兵符箓	太上正一九天兵符箓	太上正一九天兵符箓

续 表

一卷本（非原始排序）	六卷本	永乐大典本	二十四阶法箓目录
	太上正一九宫捍厄箓	太上正一九宫捍厄箓	太上正一九宫捍厄箓
	太上正一八卦护身箓	太上正一八卦护身箓	太上正一八卦护身箓
	太上正一三五考召箓	太上正一三五考召箓	太上正一三五考召箓
太上三五赤官斩邪箓	太上正一斩邪赤箓	太上正一斩邪赤箓	太上正一龙虎斩邪妙箓
	太上正一辟邪大箓	太上正一辟邪大箓	太上正一辟邪妙箓
	太上正一四部禁炁箓	太上正一四部禁炁箓	太上正一四部禁炁箓
	太上正一斩河邪箓	太上正一斩河邪箓	太上正一大斩河邪箓
	太上正一五功曹箓	太上正一五功曹箓	太上正一五功曹箓
太上保命长生箓	太上正一延生保命箓	太上正一长生保命箓	太上正一保命长生箓
太上七十五官童子箓			
太上护身将军箓			
太上二十四治炁箓			
太上护身延年解一切灾厄箓			
太上五解妨害宝符妙箓			
太上老君授徒甲延生保命箓			
太上招财镇宝妙箓			

(二)《将军箓》之种类

事实上,《一卷本》的十四阶法箓目录也并非"正一箓"的最初形态。根据劳格文教授推定,为普通道民所授的《将军箓》当是法箓的最初形态。无论是后来的其余诸阶正一箓,还是上清、灵宝法箓,其皆以《将军箓》为根本来源发展而成。然而《将军箓》也并非只是一个单一的存在,其自身便是一组小的法箓体系。

在《太真科》中,开列有道民自幼及长所应受的《更令》(两种)、《童子一将军箓》《成人十将军箓》《七十五将军箓》《百五十将军箓》等符、箓,并云:

右六条,名"外箓"。[1]

由此可知,所谓的"外箓"的主要组成部分,即是诸阶之《将军箓》。其中,从《一将军箓》至《七十五将军箓》又依据所受弟子之男女而分为"阳仙"与"阴灵"两个版本。此三阶法箓中所开列的吏兵名录、种类,乃是呈现一种渐次递进的增长关系(详见第十一节),而《百五十将军箓》则是仙、灵两个版本《七十五将军箓》之合并。因此,《将军箓》这一集约概念又可以被理解为内容各异的七阶法箓,其关系可见下表。此外,需要特别指出的是,所谓的《三将军箓》实际是基于三元

---

[1] 要修科仪戒律钞 [M] // 道藏: 第 6 册, 967.

唐、葛、周三将军的法箓，其源自另一脉络，因此并不归属于
《将军箓》的范畴之中。

《将军箓》系统之构成

仙　箓	灵　箓
上仙童子一将军箓	上灵童子一将军箓
上仙童子十将军箓	上灵童子十将军箓
上仙童子七十五将军箓	上灵童子七十五将军箓
上仙上灵二官百五十将军箓	

以上劳格文教授关于《将军箓》的论证极富洞见。一方
面，诸阶《将军箓》所开列的吏兵的种类与数量都极为简要，
这与其他法箓中动辄数以百、千、万计的吏兵数目形成了鲜明
的对比，且同时又符合了客观的由简到繁的发展规律。其次，
正如笔者在第九节中所强调的，盟威道在其创立之初，乃意在
通过简单划一的法箓授度实现普遍的生命圣化，由此建立一个
具有平等精神，人人皆可与道相通的宗教团体，由此实现集体
性的生命救度。而反观《将军箓》以外的诸阶"内箓"，其繁
杂的吏兵名录构建，以及其对自身某一专属灵力的强调，实际
反映出的是道教朝向一个阶层化、固化、法术化的教团逐渐内
卷的转变过程。

道民，只有道民，才是盟威道教团成员的主体构成，而非
道士（参见第十三节）。所以我们在本书中也只关心法箓对于普

通"道民"的宗教意义，所有与法箓相关的讨论，也均以基层道民（或者说"箓生"，即受过法箓的道民）作为出发点展开，并由此尝试建立一套自下而上的道教义理叙述[1]。由此，本书将以《将军箓》作为我们法箓讨论的主要考察对象。下面，我们将着重考察四阶《将军箓》的授度、迁转机制以及其佩奉的制度，由此也得以管窥法箓在道民人生礼仪中所扮演的重要角色。

（三）外箓

法箓以"阶"而论，表明了一种循序渐进式的授度过程，而实际上，这一过程在四阶《将军箓》的授度过程中体现得更为系统且明确。故此，厘清这种循序渐进的机制，就成为理解《将军箓》乃至所有法箓所含宗教精神的必需条件。根据我们目前所能见到的线索，入道与受箓可分为童子与成人两种情况。

1. 童子受箓

童子，也即是儿童入道、受箓的情况一般发生于已经归化的"奉道之家"中，即儿童的父母均为道民，且生活在有祭酒负责"领户化民"的社群之中。现谨将与童子受度法箓的几种不同文献罗列于下：

> 《太真科》曰：儿童受《一将军》及署《更令》"九种吏兵"；此系名天曹，自得从入靖治，向省礼三拜，告急乞恩。

---

[1] 也就是说，其余诸如上清、灵宝等更为小众、精英的教法的讨论，应基于以道民为朝向的教法，以层层递进的视角来进行理解。

　　《科》曰：第一，《更令》，明其经，禀真气，顺命施行。生出多厄，父母代受，平常七岁受此官也。第二，《更令》，奉前有违，罪考疾厄，或去失所受，今自改悔，谢罪请恩。更受后旨教令丁宁，舍恶从善，此不来年。第三，《童子一将军箓》，男女八岁至十九，皆为童子，动而蒙昧，渐染玄风。第四，《成人十将军箓》，男女年二十为成人，尪病愚痴，未堪受化，随时参详，量细诱进。第五，《七十五将军箓》，七十五箓，有仙有灵，阴气仙，阳气灵，灵主地，仙主天，天主文，地主武，武主内，文主外。若弘在师门内，伏膺左右，先受灵；在师门外，去来咨禀，先受仙。受仙后，进受灵，受灵后，进受仙，足前为百五十，箓满足也。第六，《百五十将军箓》，若犹是前师，不重输信，若前师授《七十五》后，别师进七十五（按：进授《百五十》），应输薪、米、纸、笔、墨、书刀、朱、素如法。若未受一、十、七十五而德高者，并受百五十。[1]

　　"男生"、"女生"，七岁、八岁受《更令》，《一将军箓》，得加此号。"箓生"，十岁已上，受《三将军符箓》《十将军符箓》、三归、五戒，得加此号。

　　《三洞奉道科戒营始》:《童子一将军箓》《三将军箓》《十将军箓》《箓生三戒文》《正一戒文》，七岁、八岁或十

---

[1] 要修科仪戒律钞 [M] // 道藏：第 6 册，967.

岁已上受，称"正一箓生弟子"。[1]

凡受《更令》，五年得进《一将军》，四年《十将军》，三年《七十五将军》，二年《百五十将军》。一年若志行庸愚无长进者，悉又倍年，三倍无功，不知建德直置而已，都不合迁，其中聪明才智秀异，功德超群，不计年限。[2]

按劳格文教授的理解，《更令》当是一种护身符，用以在正式参受法箓前保童护身。如上所见，《将军箓》与《童子箓》的称谓常常联用或彼此替代，或专指《一将军箓》。通过法箓的授度，大道之气也得以分布于童子身中，使他们拥有自己的守护吏兵。我们在敦煌 S.203 号写本中看到，"（父母）恐（子女）为故炁所见中伤，今求请'上仙（或上灵）童子一将军吏兵'，以自防护"[3]。虽然以上科条的细节叙述各有差异，但它们均在男童、女童七岁、八岁参受法箓这一观念上具有共识，而这一年龄实际也正是儿童启蒙的年龄。由此，法箓的授度实际可能还意味着开始学习、接受大道的教化，故《太真科》曰：

此系名天曹，自得从入靖治，向省礼三拜，告急乞恩。

---

[1] 洞玄灵宝三洞奉道科戒营始 [M] // 道藏：第 24 册，757.
[2] 正一法文太上外箓仪 [M] // 道藏：第 32 册，209.
[3] 吕鹏志 . 天师道授箓科仪——敦煌写本 S203 考论 .142.

我们会在第十节中看到，随着《将军箓》的升授，其所包含的吏兵也从单纯的护身功能转向朝礼大道以及拜进章表等仪式功能。这也就是说，法箓的逐阶升授制度，将道民的生命护佑与生命的超越有机地、循序渐进地结合到了一起。

如果我们将童子受度《将军箓》置入道民群体的社会背景中，则不难想象，道民的子女自幼便在奉道之家的宗教氛围中熏陶染习，他们随父母长辈参加诸如三会、厨会等公共仪式，并有机会瞻礼科教，聆听讲道。更有可能的是，治职祭酒甚至可能还会举办义学，而其教学纲要也必然迥异于儒家私塾中的"君君臣臣父父子子"。所有这些经历都使得儿童们在其成长过程中习得最为基础的文化知识、道德规范以及天师旨教，正所谓"动而蒙昧，渐染玄风"。

童子的修习通过其平日的言行得以表现，法箓的逐步升授则与这些日常表现直接相关。升授者不但要接受祭酒的日常考察，还要接受三天仙曹的考召，一如今日学校的期末升级考试。虽然入道的童子不似成人一样沾染着后天的习气，但因每个人的禀赋与心性不同，又不可一概而论，这就要求作为老师的祭酒能够"随时参详，量细诱进"。更为重要的是，童子受度法箓意味着，在盟威道义理中，对于道气的承受并不受年龄的局限，但其的确遵循了循序渐进的客观规律。

此外，我们还不应忘记，童子通过受度法箓来获得其正式的箓生身份，这本身是对传统儒家礼乐社会中男孩"冠礼"、女孩"笄礼"的继承以及转化。《礼记·冠义》云：

> 冠者，礼之始也。[1]

通过"冠带"礼服，幼童得以获得正式的社会身份，步入成年人的群体，而在礼乐社会中，这一身份本身便象征着参加仪式的资格。故其《昏义》曰：

> 夫礼始于冠，本于昏，重于丧祭，尊于朝聘，和于射乡，此礼之大体也 [2]

这与通过受度法箓"得从入靖治"，进而与大道密契的想法是一致的。近世以来，随着道民社群的逐渐涣散，童子受箓逐渐成为一种保童过关的祈福行为（参见彩页图 2），但其仍是法箓授度体系中至为重要的一阶。

2. 成人受箓

童子受箓的前提是其父母均为道民，但对于新入化的道民而言，以成人的身份入道是唯一的方式。在这种情况下，奉道者因自身的信仰而谒师求度，由此归入道门。现谨罗列叙述成人受度法箓的科条二则如下：

> 凡为道民，便受《护身符》，及三戒，进五戒、八戒，

---

[1] 郑玄，孔颖达. 礼记正义 [M]. 上海：上海古籍出版社，2008：2270.
[2] 郑玄，孔颖达. 礼记正义 [M]. 上海：上海古籍出版社，2008：2277.

然后受箓……[1]

　　民有三勤为一功，三功为一德。民有三德则与凡异，
听得署箓。受箓之后，须有功更迁，从《十将军箓》，阶
至《百五十》。[2]

　　以上两则看似并不相互关联，但它们实际描述了成人受
度法箓的一体两面。一方面，当一位成年人意欲入道时，祭
酒会先向他授予《护身符》。这得以将其从鬼神与禁忌的世界
中解放出来。我们从第五节中已经看到，“符”的本意即是契
券，是一种建立盟约的凭信。由此，彼时所言“受护身符”
者，都必然以建立盟约作为前提。正如我们上文所引《正一
威仪经》云：“初入道门，诣师奉受券契。不受券契，土地山
川守界真官，不上道名，治官障碍稽留，难为成道。”[3] 我们在
上文中也讨论了《宅录》作为契券之一种的可能，如此，则
无论《宅录》还是《护身符》，盟约都是贯穿于入道仪式中的
核心精神。只有依凭盟约的建立，道民才得以能进入三天正
气之中，并由此获得庇护，我们在下文中还会回到这一问题
上来。

　　成年道民在受符之后次第受戒，其在控制自己言行（“止
恶”）的同时，还要积极主动地建立功勤。陆先生此处所言的

[1] 正一法文太上外箓仪 [M] // 道藏：第 32 册，209.
[2] 陆先生道门科略 [M] // 道藏：第 24 册，781.
[3] 正一威仪经 [M] // 道藏：第 18 册，252.

"勤"与"功"恰恰对应了我们在第二节中所讨论的汉代职官制度中的功次迁转机制;一如其他的政治概念,功次迁转也被盟威道义理继承并转化了。成年人由于后天所养成的习气等原因未达受度法箓之格,因此必须通过循序渐进地持戒来调整自己的身心、言行。我们在第十三节中将会看到,"戒"实际同时包含了止恶与建善两个方面。此两方面必须同时奉行,否则便会一直停留在不断建功又不断犯过的"拆东墙、补西墙"的窘境,其功勤不可能有所积累。"事道"是内业与外业,信仰与实践的混融,而这种混融也是受度法箓、领受天命的必要前提。与童子受箓的谆谆善诱、逐次劝导不同,成人受度法箓是审慎且严肃的事件。这是因为法箓的授予,意味着三天玄元始气的分享,更是天命的分享,盖因天命"惟德是辅"。我们将在第十一、十九节中继续讨论有关受度法箓资格的"考"。

3. 女性、奴婢、四夷受箓

通过上述关于童子、成人入道的讨论,我们可以看到盟威道教法将法箓视若重宝,一如汉家天子将天降图录视作国之重宝。法箓的授度乃是极为严肃且神圣的事件,其对受度者德行的要求亦十分严格,相应的考察又是慎之又慎。如此看来,似乎法箓并不应是一种人人得受的普及之物,但事实并非如此。《正一法文太上外箓仪》(以下简称《外箓仪》)对五种女性谒师请授法箓的"投词"分别提供了写式,也即未婚、出家、已婚、寡居以及居住娘家的五种女性,这实际是通过婚姻关系的线索包含了几乎所有的女性。田禾博士认为，这五种《投词》所反映的是盟威道教团对于女性户籍变更的关注[1]，此固其一也。笔者认为，除此之外，《外箓仪》所真正想要表达的要点仍需结合其下文中的其他内容来综合考察。

在交代完五种女性请受法箓的《投词》后，《外箓仪》又转而开列了"下人"与"四夷"请受法箓的《投词》。尤其在论述下人请受法箓时引用了《太平经》中有关奴婢学道的大段佚文，其曰：

> 奴婢顺从君主，学善能贤，免为善人良民；良民善人学不止，成贤人；贤人学不止，成圣人；圣人学不止，成道人；道人学不止，成仙人；仙人学不止，成真人；真人学不止，成大神人；大神人学不止，成委炁神人。此九品人，上极入道。

换言之，奴婢这一古代特殊的阶层，只要其具有善良、贤惠的品德，即应将其解放，转为正式的"良民"，即脱离"奴籍"转入"民籍"。学道的过程是道德层面循序渐进的过程，如此，则奴婢享有与良民同等的机会。由此，《外箓仪》话锋一转，进而言之：

---

[1] 田禾.晋宋流民与正一教团——以敦煌文书 S.203 所见仙灵箓为线索[J].宗教研究，2014（02）：249-251.

　　　　"道"教愚下，下人得学；"学"依善人，受录如法。[1]

　　诚然，大道的教法是真正意义上的"有教无类"。"礼不下庶人"的礼法思维，被盟约的平等思想所打破。

　　沿着田禾博士的思路，我们需要承认，《外箓仪》的论述中的确一直包含有对于"籍"的考虑。除了女性的户籍变更外，下人受箓之后也要"别立白籍"，且"得预会观听"；甚至"有功德者，善人放之，依良民也"[2]。这里所谓的"白籍"即是东晋时期流寓江南的北方移民的户籍，有别于江南本土居民的"黄籍"。从身份的角度而言，白籍与黄籍都意味着良民的身份而有别于"奴籍""贱籍"。换言之，至少在盟威道教法的角度来看，立盟入道便意味着解放，意味着其在帝制等级社会中身份的彻底翻身。类似的情况也存在于四夷之例，《外箓仪》中所言"夷狄羌戎"都是自化外流寓中土者，对于中土朝廷而言，他们不但是王化之外的"蛮夷"，当然也是无籍之人。通过立盟入道，盟威道为他们提供了宗教团体层面的"命籍"，也即是一重身份。站在汉族地区教团的立场，他们也因此得以凭借道民的身份融入多民族的大家庭之中。与此同时，我们应该说，盟威道的教法与传统的儒家礼法制度绝不相同，其中并不真正存在一个世俗层面"日下"的"王化"中心，或者说以

---

[1] 正一法文太上外箓仪 [M] // 道藏：第 32 册，207.
[2] 正一法文太上外箓仪 [M] // 道藏：第 32 册，207.

汉人为中心的民族本位。相反，真正的"道化"中心并不处于人间，而是位于昆仑山顶的"玄都大治"[1]。

然而，《外箓仪》真的只是在关心户籍制度么？笔者认为绝对不是。或者说，户籍的讨论只是《外箓仪》所想表达义理的一种外层包装。如果我们将"女性""奴隶""四夷"放在一起，作为社会群体来观察，会发现这里缺失了中国传统社会中地位最为显著的"男性汉族成年平民"。与此相对比，孔子所谓的"君子"不是儿童，不是女性，不是奴隶，更不能是边夷，其一定是一位男性汉族良民（如果能是贵族那就更好了）。在传统儒家的观念中，女性被认为是难以教养者，蛮夷是无礼乐者，奴仆则基本不进入讨论范畴。在宗教层面，社会中的各类祭祀礼仪也只有"男性平民"能够参加。宗教与政治权利在彼时乃是同一体之两面。由此，盟威道的命籍与法箓授度制度，不仅分享了象征平等的"籍"，更将与三天大道相通的权利赋予每一位道民。通过受度法箓，原本处于社会边缘的三类人群（若加上儿童则为四类）不仅获得了三天正一之气的分享，更被赐予了神圣的天命，即参与至"平气""治民"的事业之中。由此，盟威道从至公、普世的大道出发，彻底地打破了所谓"礼乐社会"中性别、阶级与种族（甚至年龄）的藩

---

[1] 葛思康（Lennert Gesterkamp）博士从宗教地理学的角度，颇有建树地提出了儒生与方士属两支截然不同的政治制度体系。参见：葛思康 .《山海经》与洞天福地的原型 [C] // 吕舟，崔光海，编 .2019 年第一届洞天福地研究与保护国际研讨会论文集 . 北京：科学出版社，2021：3-19.

篱；人与人，不仅在身份上是平等的，且皆能成圣。这是中国宗教史与社会史上最具转折性的一次革命（可惜长期处于被忽视的状态）。

由上所见，法箓虽然贵若天宝，但却是人人得以佩受之物，这里的"人人"，乃是生物学意义上的每一个人。但与此同时，法箓又是唯有德者方能承受。由此，盟威道教法摒弃了一切原生身份的限制（性别、阶级、种族，甚至年龄），转向基于自由意志的善行、品德并以此作为法箓授度资格的唯一考察与评判标准。

如在《女青鬼律》中，其针对祭酒向上天呈报堪为"种人"（种民）的名录时，言辞激烈地说道：

> 人无尊卑，不遵贵贱。唯恶为（唯）真，不得私饰。所举参错，不直之人，此者坐之，无望久活。

此外，《洞渊神咒经》曰：

> 生人无"大箓"者，亦可受《十将军》，奉佩《天玄黄书契令》，便可受《三洞》耳。来者与之，不问卑贱。何以故？大道如海，海何有逆于秽恶哉。大法无边，大人无异。道士化人，慎勿相妬。[1]

---

[1] 太上洞渊神咒经 [M] // 道藏：第 6 册，74.

4. 受箓法信

此外，我们仍需要说明的是，虽然《清约》之中严格规定了"师不受钱"，但作为诚信的委质，法箓的授予仍需要以一定程度的法信作为前提。按前引《太真科》云："若前师授《七十五》后，别师进〔《百五十》〕，应输薪、米、纸、笔、墨、书刀、朱、素如法。"又按《外箓仪》所言失箓者重受，当罚薪、朱，并饭贤若干（见下文）。在《授箓次第法信仪》中，其开列有"初受道法信"一条，结合其后一条为"受四部禁气（箓）法信"，则可大致推定其为授度《将军箓》所用，其曰：

> 银镮一双，细纸一百张，刀一口，笔两管，朱砂一两，墨一挺，青丝五两，细席一领，薪十束，米一硕二斗，绢一百二十尺，锦囊一（盛箓）。[1]

这里的银环为当时立盟所用，其有晚出的可能。除此与命米之外，我们可以看到，普通道民求受《将军箓》之法信，皆系祭酒日常举行仪式所必备之物，乃是一种"工本"。且这些物品与上清、灵宝授度《真文》、法箓的信金比起来，可谓九牛一毛，其"民本"的考虑，不言而喻（参见第十六节"法信数目"）。

5. 二箓相契

在诸阶《将军箓》中，《七十五将军箓》与《百五十将军

---

[1] 授箓次第法信仪 [M] // 道藏: 第 32 册, 216.

箓》之关系较为特别，且各个版本的阐述不尽相同。目前，施
舟人、劳格文、吕鹏志等学者的基本共识是：《一将军箓》《十
将军箓》以及《七十五将军箓》这三阶箓，分别依所授弟子之
男、女性别各有仙（阳）、灵（阴）两个版本，故亦名《仙灵
箓》。而《百五十将军箓》并非一阶单独存在的法箓，其实际
是在男、女两名箓生的婚姻中，由夫妻二人所分别佩奉的仙、
灵两个版本的《七十五将军箓》契合而成。如果我们仔细检视
《六卷本》所收《百五十将军箓》，便能够印证这一推论（详见
第十一节）。

　　仙、灵二箓的契合首先意味着婚姻中男、女双方在宗教意
义上的绝对平等，一如自然界中阴阳二仪的平等。其次，如前
所述，法箓的授度以立盟为前提，而所有的师徒立盟仪式，实
际都是鹤鸣山盟约的重演，因此可以被视作人与大道之间盟约
的建立。如此，由仙、灵两个版本《七十五将军箓》契合而成
的《百五十将军箓》，其实际也可被视作妻子与丈夫之间的一
种盟约，或者说"契券"。我们将在第十四节中对此中玄义做
进一步的探讨。[1]

---

[1] 此外，《太真科》对于仙、灵二箓的描述代表了另一种理解，其云：
"《七十五箓》，有仙有灵。阴气仙，阳气灵；灵主地，仙主天；天主文，
地主武；武主内，文主外。若弘在师门内，伏膺左右，先受灵；在师门
外，去来咨禀，先受仙。受仙后，进受灵；受灵后，进受仙，足前为
《百五十箓》满足也。"很明显，这种复杂冗繁的解释不但牵强，且远不
如上一种仙、灵相合的解释有说服力，但这也说明了不同时期或不同地
域的传统对于道民婚姻以及法箓迁转的不同理解。要修科仪戒律钞：卷
十 [M] // 道藏：第 6 册，967.

6. 法箓的格夺

一如朝廷职官制度中的"赏罚分明"，在盟威道的教法中，除了正面的法箓迁授机制外，还存在因箓生犯过而生的法箓"格夺"机制（亦称"夺箓"），以及诚心赎罪（或因不慎遗失）之后申请"更复"的机制。《外箓仪》与敦煌 S.203 号写本为我们提供了这两种机制在具体执行层面的一些具体情态。首先，我们先来看一段《外箓仪》中针对"夺箓"的具体描述：

> 凡违戒者，背负鞠言，协道信邪，杂事信俗，此为不专，中心怀二，愚迷犹豫，惑障缠深。师三诲之，必能改革，守一不惑，召神有效。三诲不悛，是为叛道，乖逆师尊，法应夺录。违真奉俗，及无所事，师慈愍之，不追咎责，怨对事他，弃本逐末，虽名奉道，实犯正科，师移诸官，不得容受。积久知悔，更立殊功，乞还听许，依德升迁。若瞋志委遁，不输录符，师勿苦求，但移而已。

> 又外犯阳官，死罪从刑，即是负道，皆应夺录。鞭笞赎罚，章奏解之。刑而枉者，启告勿夺。

> 又内犯阴官，师友谏喻，苟作不从，皆宜格夺。轻重详量，师朋评议，令法取允，幽显贵知。破戒谬滥，师资格同。罪夺之后，首悔立功，随宜进署，依科遵行。[1]

在这一段科文中我们看到三种"法应夺箓"的事由：

---

[1] 正一法文太上外箓仪 [M] // 道藏：第 32 册，210.

（1）杂事大道以外的俗神，"是为叛道"。对此我们在第八节"事道"中已有讨论。在盟威道义理中，大道犹如君主，对于帝王的忠信被引申为对于信仰的虔诚。人世间之大罪莫过于叛国，而冥司之重罪莫过于"叛道"。从信仰层面来说，"杂事信俗"也意味着信仰上的不够坚定，由此特别需要精神层面之关注。

（2）违反国家律法。我们在第二节中业已有过讨论，古代中国的立法理论上承黄老，乃是"执道者"仰观、俯察大道的运行秩序所得来。由此，国家法律不但具有神圣性，是大道在人间的规则体现，更由此与天师所制定的"盟科律令"并行不悖。人间的律法与天律都是大道的化现。故此，违反国法即等于"负道"。

（3）违反教内科律。这里所言，即是天师在鹤鸣山盟约之后所逐渐创制之盟威科律、禁戒，其与上一条相互对应。

值得注意的是，在以上文本中，我们可以看到祭酒作为"师"的谆谆善诱，以及夺箓之后，重新建功便可更复的补赎机制。此正所谓"是以圣人常善救人，故无弃人；常善救物，故无弃物"（《道德经·二十七章》）。

除了以上三点之外，祁泰履教授还特别指出了在夺箓以及赎免过程中作为"师"的祭酒所具备的权威以及教团与朝廷的关系[1]。要而言之，有如下五点：

---

[1] 祁泰履 Terry Kleeman, "Authority and Discipline in the Early Daoist Church 早期道教团内的权威与惩罚," 道教研究学报：宗教、历史与社会 *Daoism: Religion, History and Society*, 2010, 37–63.

首先，所谓的"夺箓"并非是祭酒将法箓从道民手中夺回，也并非其他一些宗教的公开诅咒，而是通过仪式的方式将吏兵从道民身中移去，由此，"神圣的法箓变成一卷毫无意义的绢帛并将犯过者暴露于各类超自然力量的攻击下"[1]。

其次，对于违犯教内科律者，对其之处罚需经过公开、集体之决议，并非祭酒一人独断之事，而是集体的决议。即所谓："轻重详量，师朋评议，令法取允，幽显贵知。"

第三，祭酒扮演了宗教科律执行者的角色，具体负责"夺箓"之事。但与严酷的法家思想所不同的是，盟威道教团秉承了独特的"三原"、"三诲"制度。道民犯同样的过错可以得到三次原谅的机会，并伴随以祭酒的三次教诲。这一近乎宽宏仁慈的处置方式并非只是停留在字面，《三国志》《魏书》等正史都记载了这一在外部社会看似"奇特"的法规制度。

第四，祭酒作为执法与监督者同时受到科律的约束，即所谓"破戒谬滥，师资格同"。按"谬滥"犹言伪冒，《传授经戒仪注诀》曰：

> 受经之时……师为解说……依按本文，勿妄增损。不可改易参差，前后谬滥。[2]

---

[1] Terry Kleeman, "Authority and Discipline in the Early Daoist Church", *Daoism: Religion, History and Society*, 2010, 46.

[2] 传授经戒仪注诀 [M] // 道藏：第 32 册, 171.

可知，祭酒对于其所传授、宣讲的盟威义理负有绝对的责任。

第五，教内科律与朝廷法律并行不悖且从属于朝廷法律。故此在"负道"的情况下，无需召开"师朋"之会便可直接夺箓。但同时，盟威科律亦超越于人间律法：一方面，体罚与章奏可以作为赎罪、解罪的措施；另一方面对于那些"刑而枉者"，祭酒则可以启告大道，不使其被天曹格夺法箓。

综上所述，我们或可洞察到非常重要的一点：法箓（或言吏兵、道气）与箓生之间的关系是动态的，非永久性的。一方面，盟约的建立意味着道气的分享，法箓便以道气的形式留驻道民身中。一方面，法箓授度的前提是道民建立有功与德；另一方面，道气又因道民自身的德行而自行去来，这一道气与人身的"感应"机制一如《想尔注》所言：

> 腹者，道囊，气常欲实。心为凶恶，道去囊空。空者耶（邪）入，便煞人。虚去心中凶恶，道来归之，腹则实矣。[1]

由此，我们可以论定，本质为大道真气的法箓，其与所佩奉箓生的关系一如天命与君王的动态关系，其中的关键因素乃是承受者自身之德行。道气与天命一样，一如周公所言："皇天无亲，惟德是辅。"[2] 而在这动态的关系中，作为"师资"与"执

---

[1] 饶宗颐.老子想尔注校证 [M].香港：中华书局，2015：10.

[2] 孔颖达，孔安国.尚书正义 [M].上海：上海古籍出版社，2007：662.

法者"的祭酒的作用是巨大的，他不仅代表大道负责宣化，更还以他的名义进行惩处，"恭行天罚"。在这一关系中，道律与王法是绝对一致、协调的关系，盖因其源同一也。

7. 法箓的更复

夺箓的后果是可怕的，因为道民不但失去了与大道交流的途径，还因为脱离盟约而使自己暴露在自然界鬼神的攻击之下。夺箓的原因是因为犯过者自身的德行不足以匹配大道之真气以及天命，同时也带有一定的惩戒功能。[1] 只要犯过者诚心改悔，立功赎罪，就可以重新受度。《外箓仪》曰：

> 积久知悔，更立殊功，乞还听许，依德升迁。

又曰：

> 首悔立功，随宜进署。

《太真科》曰：

> 去后反悔，重求受科，先立功德，效力输财，然后依法受之如初也。[2]

---

[1] 类似的观念也见于天主教会中的绝罚（Excommunication）。

[2] 王悬河. 三洞珠囊 [M] // 道藏：第 25 册，325.

我们在先前也曾介绍过上天通过祥瑞与灾异来对人间的功过进行赏罚，而人间的帝王（如汤王）则可以通过自我惩罚的方式来偿赎罪愆。一如我们在第二节中引《逸周书·命训解》所言，上天赏罚的目的在于"度至于极"，也即是劝诫人类。以此为前提，则惩戒只是方法而非目的，这种宽大的精神正彰显了大道之慈爱，"是以圣人常善救人，故无弃人。常善救物，故无弃物"（《道德经·二十七章》）。

虽然法箓的本体是道气，但物质层面法箓长卷的遗失也被视为一种过失（对于这一方面的讨论说明至少一部分道民在日常生活中将法箓随身佩奉），但依然能够通过补赎的方法而更复。按《外箓仪》云：

> 失箓者：
> 《更令》，罚薪五束，朱三两，饭贤三人。
> 失《一将军》，罚薪半束，朱四两，饭贤五人。
> 失《十将军》，罚薪一束，朱五两，饭贤十人。
> 失《七十五将军》，罚薪十束，朱七两，饭贤五十人。
> 失《百五十将军》，罚薪三十束，朱九两，饭贤百人。
> 凡输罚毕，得重受也。

又，其《失录首谢乞恩迁考章》云：

> ［某］年月日时，于家（或在某处），遭公私逼迫，水

> 火盗贼（依实言之），不知所佩箓何在，寻检不得，或恐
> 烧没，凶人将去（随事言之），依法自谪，输薪［如干］
> 车，设厨［如干］人，以赎除罪过，得受更令。臣／妾不
> 胜，见肉人元元，谨为拜章以闻……

此外，在敦煌 S.203 号抄本中，收录了因为失箓请求更复的状
文，其文曰：

> 右一人先佩《［厶］官［如干］将军录》，从来积年，
> ［甲］素无状多违，佩不谨慎。［厶］年月日零失所佩录，
> 思愚自责，推求不得。今辄依《科》，输饭贤、罚薪如法，
> 诣臣／妾求更复如先。请给。谨状。[1]

由上所见，盟威道因为弃绝了祭祀，故而丢失法箓的赎罪之法
从动物牺牲转变为了公益性的劳动与饭贤，其中的"薪"是通
过自身劳力所能获取之物，朱砂则往往需要购买。这两者应都
是祭酒所负责管理的治堂平时的应用之物，前者可应用于厨
会，后者则应用于上章仪式，以及法箓的重新制作。此外，在
盟威道社团中，法箓是一名箓生重要的身份象征，也是联结其
与其他箓生的纽带（我们在第十四节中还会提及）。故此，法

---

[1] 吕鹏志．天师道授箓科仪——敦煌写本 S203 考论［J］．"中研院"历史语
言研究所集刊，2006，77（1）：142.

箓格夺、遗失与更复也不仅仅是个人的问题，更是社群性的事务。通过"饭贤"这种自罚式的补赎，曾经犯过之人得以通过共享食物的仪式方式而被道民群体重新接纳，成为他们中的一员。换言之，正是有了盟威道的宽厚义理与制度保障，那些希望自新的人们才能拥有这一正式的机会，为社会所重新接纳，实现"更生"。

8. 总结

综上所述，面向广大道民授度的"外箓"，具有严谨的系统框架，以及精致的内部结构。其授予对象不拘性别、阶级、种族甚至年龄，具有极强的平等精神，但同时又特别看重受度者自身的品德，因此有着严格的资格考察制度。与此同时，箓生的身份也非"一得永得"，一旦犯有严重的罪过则依然有被夺箓的可能。这一行为又往往伴随着宽宏的赦免姿态。法箓的授度不仅将人类与大道相联通，更将夫妻相互结合。如此精致、巧妙且富于人道主义精神的制度设计，被最终引向面对世界的"平气"，以及生命的超越。

（四）内箓

1. 内外箓之别

既然《将军箓》被视作"外箓"，则必有内箓与其相对。然而在《道藏》中，却几乎没有关于"内箓"范畴的确切记载。其中，如《三皇内箓》与《黄赤内箓》，仅为单阶法箓之名称，并非集成概念。我们如果按照以上所总结的盟威道义理来看，其意欲通过授度《将军箓》来建立一个神权平等的箓生、道民团体，那么就不应该再设有所谓的"内""外"之别。换言之，"内箓""外箓"之说，实际违背了盟威道教团最初的平等主义的宗教精神。

由此，"内箓"的出现，应该在一定程度反映出了六朝时期，教团内部的日渐阶层化，以及祭酒的职业化。新的"内箓"应运而出，被置于"外箓"之上，旨在赋予祭酒更高的神权与身份。因此，所谓的内、外法箓之别，实际是少数的祭酒用以将自身凌驾于多数道民的一种途径。通过授度内箓，一部分箓生成为"士"而与"民"相对；"道士""道民"的分野自此而出。

关于内箓范畴含糊的现象，可能说明以下两点问题：

（1）最初把《将军箓》划分为"外箓"时，人们对于"内箓"实际所包含的内容并不确定，因为在六朝道教大发展的背景下，新的"内箓"不断"内卷"而出。甚至上清、灵宝、三皇诸家也以正一箓作为基础，开始建立自身的法箓授度体系。我们或可推论，现存《正一盟威法箓》中之二十四阶，除《将军箓》外的二十一阶均可被视作"内箓"范畴。这些新出"内箓"的大量涌现，也可能是"流徙"之后，分散在不同地区的盟威道教团独立发展的结果。[1]

（2）随着法箓系统在唐代的整合，不同地域教团的传统得以被整合，并最终系统化为"二十四阶法箓"。劳格文教授认

---

[1] Lagerwey, "Zhengyi Registers," 85-86.

为，正一系师张鲁迁居中原之后，道教仍然存在着一个中心，这一精神上的中心要比当时纷乱的政治更为稳固。[1]

2. 内箓之组成

在《三洞奉道科戒营始·卷四》所收《法次仪》中，其以法次（法位）为纲，开列各类法箓、符契、经戒多组，现谨将其中隶属正一部者六组罗列于下：

（1）《童子一将军箓》《三将军箓》《十将军箓》《箓生三戒文》《正一戒文》，七岁、八岁，或十岁已上受，称：正一箓生弟子。

（2）《七十五将军箓》《百五十将军箓》《正一真卷》《二十四治》《正一朝仪》《正一八戒文》，受，称：某治气男官、女官。

（3）《黄赤券契》《黄书契令》《五色契令》《八生九宫契令》《真天六甲券令》《真天三一契令》《五道八券》，受，称：三一弟子赤阳真人。

（4）《九天破殗》《九宫扞厄》《都章毕印》《四部禁气》《六宫神符》《九天都统》《斩邪大符》《九州社令》《天灵赤官》《三五契》《三元将军箓》，受，称：［某］治气正一盟威弟子。

（5）《阳平治都功版》《九天真符》《九天兵符》《上

灵召》《仙灵召》《七星箓》《二十八宿箓》《元命箓》，受，
称：阳平治太上中气领二十四生气行正一盟威弟子元命
真人。

（6）《逐天地鬼神箓》《紫台秘箓》《金刚八牒仙箓》
《飞步天刚箓》《统天箓》《万丈鬼箓》《青甲、赤甲箓》
《赤丙箓》《太一无终箓》《天地箓》《三元宅箓》《六壬式
箓》《式真神箓》《太玄禁气》《千二百大章》《三百六十
章》《正一经》二十七卷、《老君一百八十戒》《正一斋仪》
《老子三部神符》，受，称：太玄都正一平气系天师阳平治
太上中气二十四生气督察二十四治三五大都功行正一盟威
元命真人。[1]

以上所列第一、二组即我们上文所讨论的外箓范畴。第三组为
配合《黄书》一系举行"黄赤过度仪"所授度的券契。第四组
与第五组中的大部分均被四种不同的隋唐文本提及，并最后并
入了"二十四阶法箓"。第六组应代表了另一支法箓传统，劳
格文教授指出其中多有与敦煌写本 P.2394 "阅箓仪"所相符
者。对于笔者而言，这份繁杂的授度清单代表了晋、唐之际，
诸多不同法脉传承呈"井喷状"出世的事实。但从某种层面来
说，这些现象仅局限于祭酒、道士的小范围阶层之内，作为信
众主体的道民阶层，其入道、受符、受《将军箓》的规约并未

---

[1] 洞玄灵宝三洞奉道科戒营始：卷四[M] // 道藏：第 24 册，727.

出现太大的变化。

下面，我们将以晚唐杜广成先生《太上正一阅箓仪》中所开列之"外箓"与"内箓"作为基础，将其与以上的《法次仪》、朱法满《要修科仪戒律钞》、张清都《传授三洞经戒法箓略说》以及《正一威仪经》中所开列的"正一箓"目录内容在下表之中做一比较[1]。在表中，几份目录中的"外箓"高度一致，而"内箓"的内容却各有不同。事实上，没有一份名单中的内箓是完全一致的。由此，正一法箓二十四阶这一观念，大抵经历了一个逐渐形成的过程，并最终在张清都、杜广成二位先生的"阅箓仪"中固定了下来，并也直接反映在了《六卷本》的构成之中。这二十四阶法箓在后世又因为某些目的而被进一步重组，形成了后世的《三五都功经箓》与《正一盟威经箓》(参见《附录三》)。

此外，诸版"内箓"目录互不统一，其功用也多有相互重叠，这不仅说明了其年代与来源各不相同，更说明了每一阶法箓之间，都缺少功能性、结构性的必然关系。这与结构性、逻辑性以及功能协同性极强的"外箓"形成了鲜明的对比。种种迹象均表明，"外箓"的背后具有一个极为明确的指导精神，出自统一设计。而诸阶"内箓"则是在不同环境下分别形成，其整体性远不及"外箓"。

---

[1] 劳格文教授亦在其研究中对多个版本的正一箓目录做了细致的比对。Lagerwey, "Zhengyi Registers."

《太上正一阅箓仪》所开"正一箓"目录与其他版本之对比

《太上正一阅箓仪》	《法次仪》	《要修科仪戒律钞》	《传授三洞经戒法箓略说》	《正一威仪经》
太上正一一将军箓	●	●	●	●
太上正一十将军箓	●	●	●	●
太上正一百五十将军箓	●	●	●	●
太上正一三将军箓	●			
太上正一右上灵召百鬼箓		●		
太上正一混沌元命赤箓	●	●	●	●
太上正一上仙召百鬼箓				
太上正一九州岛社令箓	●	●	●	●
太上正一星纲五斗箓				
太上正一河图保命箓		●		
太上正一解六害神符箓	●		●	●
太上正一九凤破秽箓	●	●		
太上正一都章毕印箓	●		●	●
太上正一华盖大箓				
太上正一九天兵符箓	●		●	●
太上正一九宫捍厄箓	●		●	●
太上正一八卦护身箓				
太上正一三五考召箓				
太上正一龙虎斩邪箓	●	●		●

《太上正一阅箓仪》	《法次仪》	《要修科仪戒律钞》	《传授三洞经戒法箓略说》	《正一威仪经》
太上正一辟邪妙箓				
太上正一四部禁炁箓	●	●	●	●
太上正一大斩河邪箓				
太上正一三五功曹箓				
太上正一保命长生箓				

3. 内箓的义理含义

每一阶"内箓"都有着独立的宗教功能与意义，这与"外箓"所具有的结构性的协同功能不同（详见第十一节"吏兵"）。将它们汇集到一起，并行授度，意在增强祭酒在不同方面的神权（虽然有所重叠），进而塑造出一个更为神圣的集约化身份。杜广成先生《太上正一阅箓仪》以及《正一威仪经》都难能可贵地开列出了几乎每一阶内箓的宗教功能。在下表中，我们谨依据这两份文献，对"内箓"赋予每一名祭酒道士的神圣权利稍作浏览（"外箓"之考察详见下节）。简要言之，这些"内箓"的功能实际指向三点明确的特性：

（1）防卫性：使祭酒能够免于遭受自然界中神煞、精邪的袭击。

（2）攻击性：使祭酒拥有召唤、驱遣斩邪吏兵的权利。

（3）超越性：使祭酒在完成人世间的功行之后，能够实现生命的超越。

关于"正一箓"中"内箓"的考察，也需要结合田野调查中所得之资料，并进行更为深入的文献与文化爬梳。此非本书目前的主旨，留待日后再行深入。

《太上正一阅箓仪》《正一威仪经》所见诸阶正一箓之功用

	《太上正一阅箓仪》：为臣……	《正一威仪经》：不受之者……
《一将军箓》	助国行化，翦灭凶恶，使至道兴弘。	摄召不降，神不营卫，宣奏不达。有所谨按，神不流行，三界五帝不敬其形。受此符箓，斋戒启奏，伏鬼除魔，先当使之。
《十将军箓》	斩恶赏善，万愿随心。	
《百五十将军箓》	辟斥四方不正人鬼，祸害永消。	
《三将军箓》	修生养炁，增延寿禄，所向安宁。	
《右上灵召百鬼箓》	收斩身中及天下魑魅魍魉，无害于人。	
《混沌元命赤箓》	消灭血食浮游侵人之鬼，一切荡除。	
《上仙召百鬼箓》	杀灭身上三灾九厄，一切无侵。	
《九州社令箓》	于九州、十二国分野之内，制伏邪精，行神布炁，所向之地，随逐司迎拥护臣身，克登仙品。	游行九州，所在山川土地神灵，辄见稽留，道路不通。受此符箓，鬼神敬奉，不属地司魔王卫形。

续　表

	《太上正一阅箓仪》: 为臣……	《正一威仪经》: 不受之者……
《星纲五斗箓》	行纲布禁，遏截凶邪，一切精祟	
《河图保命箓》	保身护命，应臣召请，悉令效验。	
《解六害神符箓》	驱逐妖祥，解除灾害，千精万鬼，并令摄伏。	九厄六害，复犯子形，六天凶鬼，得肆其威。受之者，万灾不干，百邪避之，三界五帝，奉子身形。
《九宫捍厄箓》	助国救人，应于所召。	
《九凤破秽箓》	涤荡不系籍之神，皆令灭除。	
《都章毕印箓》	斩灭万邪灾祸，不侵于人。	奏章行符，禁制方术，神炁不从，关启不闻。受之者，符章禁祝，莫不如言。
《四部禁炁箓》	跳星蹑斗，步纪存神，应于本心勿生疾患。	
《华盖大箓》	诛斩恶逆，消灭奸伪。	
《九天兵符箓》	守固所居，呼召立到。	三五神兵，不随子东西，出入人间，不来侍卫。受之者，三五神兵，随子束西，出入侍卫，万邪不干，役召神灵，敢不敬从，一切鬼神，皆惮其威。

	《太上正一阅箓仪》：为臣……	《正一威仪经》：不受之者……
《八卦护身箓》	尺置一兵，里置一营，按剑持戟，斩绝邪精。	
《三五考召箓》	招星落斗，缠络身形，凶神恶人，并令摄伏。	
《龙虎斩邪箓》	抒精邪，存念立应。	天神地祇，不降尔身，真官散乱，身神飞扬。受之者，天地兵马，随尔所须，身中吏兵，缠绕其形，坐卧安和，梦想不惊。魔精鬼祆，横见干犯，兵病所侵。受之者，诛邪伏凶，万神潜藏，土地山川侍卫送迎。
《大斩河邪箓》	飞戈轮刀，搜索精邪，营卫居止，皆令安稳。	
《辟邪妙箓》	镇压天神祇，只害于物者，魍魉精魅，永不害人。	
《三五功曹箓》	内守三宫，外治三界，所有天神地祇坏道邪魔，悉令荡除，思念立应。	
《保命长生箓》	内治五藏，外却众邪，使三尸殄灭，百关调畅，功成行满，白日升天，仰荷玄泽。	

此外，我们还必须说明，"内箓"中实际还包含了更为古老的宗教文化基因。比如《九凤破秽箓》中之"九凤"图像即为所谓"九头鸟"，其明显可上溯至《山海经·大荒北经》以及后世诸多传说中不祥的"九首之凤"。又如《九州社令箓》中所收之河伯、太山、山川、社君、五方兵马、先祖鬼等鬼神，则非常明确代表了仰仗三天盟威所招安的血祀鬼神。再如《星纲五斗箓》与《河图保命箓》则包含了五星、五斗以及四海、九江等自然神。此外值得注意的是，在两部《阅箓仪》中，都在"出箓中吏兵"之后再次召出包含"高天万丈大鬼百鬼中王各万二千人、吏兵六十万人"[1] 的"诸部将军兵马"，这实际也就对应了我们此前所讨论的，被《清约》所革除祭祀的"六天故气"。也就是说，盟威道通过进一步扩展法箓的范畴，进一步将《清约》进行了延续，即将传统宗教中的血祭之神以及不祥的妖精纳入其中，成为为三天大道虚皇效力的法箓吏兵，由此也得以为盟威祭酒所承受、调遣（类似观念参见第十二节之"千二百官君"）。从这一点来说，作为一个集约整体的"盟威箓"以及盟威道教法实际也是中国本土宗教传统的一次"自我革命"。

三、小结

以上我们考察了盟威道最早的法箓《将军箓》，也考察了

---

[1] 太上三五正一盟威阅箓醮仪 [M] // 道藏：第 18 册，283. 太上正一阅箓仪 [M] // 道藏：第 18 册，288.

六朝至唐代逐渐形成的"二十四阶法箓"。由于篇幅限制我们还无法对每一阶法箓的文本与图像做进一步的分析考察，但我们仍可以清晰地分析出所谓的"外箓"与"内箓"的两条完全不同的发展线索：

1. 《将军箓》，即"外箓"的循序授度，实际也是对请法弟子德行的持续考察，盖因法箓既是道气，也是天命。道民佩箓之后，接受祭酒与师朋之监督，如遇"叛道"、"负道"以及违犯教规之例，则有被夺箓的可能。夺箓或法箓遗失后，亦有悔过偿赎之机制以救度。盟威道法箓的最初立意乃是人人皆可受箓，由此将道气与天命普及给每一位基层民众。这一方面是一种集体性的救度，同时也是意在构建一个具有平等主义特质的教团。

2. "内箓"首先不是一个明确的范畴。其最为准确的定义应是"除去《将军箓》之外的所有法箓"。有关"内箓"宗教功能的描写，着重渲染其中所具的神圣威力与权柄。很明显，这些法箓是六朝时期为已经逐步走向职业化的祭酒们所专门设置的，而这也正印证同时期陆简寂先生的批判：

> 佩箓惟多，受治惟多，受治惟大，争先竞胜，更相高上。[1]

由此可见，从六朝时期开始，盟威道内部的阶层化、内卷

---

[1] 陆先生道门科略 [M] // 道藏：第 24 册，781.

化发展日趋明显。通过不断地将仪式与法箓复杂化、精密化，道士这一新兴的教士阶层，终于取代了传统的巫祝，成为新一代的神权垄断者。

第十一节　契券与法箓之内容

为了深入理解法箓自身的仪式功能与义理逻辑，我们必须要对常与法箓一同授度的契券稍作讨论。盖因契券乃是盟誓约定的实在载体，同时也是盟约所赋予的责、权的具象体现。具体而言，契券一方面是盟约中"交换"的凭信，另一方面也言明了受度者的责任、权利、约束以及宗教承诺。而法箓，则是其中宗教权利的具体表达以及应用。所以，契券相较于法箓更为重要，且具有更广的受众（甚至可能包含了道民的"命籍"）。故而，在本节中，我们将先对道门内部授度所用契券的一些义理稍作梳理，并尝试使用多种仪式文本勾勒出与其相关的"誓状"以及科仪中对于"前盟"的重申。通过理清这些仪文的内在关系，我们得以更加深入地理解鹤鸣山盟约的"落地"与"实践"，并为对法箓箓卷内容的考察提供基础。

刘仲宇教授在《道教授箓制度研究》中系统地介绍了"正一箓"之"内箓"所一一对应的科仪道法，为我们理解正一法箓打开了重要的思路[1]。在本节中，我们则希望能够对作为"外

---

[1] 刘仲宇.道教授箓制度研究 [M].中国社会科学出版社，2014：296-316.

箓"的《将军箓》的文本与图像内容做一较为深入的内容考察与分析，并由此探究其宗教功能。为了方便讨论，我们将选取《一卷本》所收《七十五将军箓》作为主要考察对象，大致浏览箓卷本身的构成以及简要内容，再依据箓文的行文顺序将其中的几点重要概念拈出，进行着重的考察、分析与阐释，庶几能对整卷法箓所含之玄义有一逻辑性的认识。

一、契券概述

契券作为盟约的书面、物质载体，与法箓共同构成了一个完整的"责、权"体系，是盟约自身交换性质的一种体现。契券中不仅确切地反映了受度者所应承担的义务，所被委任的责任，还陈述与其相配的权利（如法箓吏兵的授予），以及对于权利的约束（科律、道戒），与此同时，契券的最后，往往还对义务、职责圆满完成后的迁赏做出承诺（即超越性的生命救度）。关于早期道教立盟分契的研究，可参见吕鹏志教授的两篇论文，但其大抵囿于文本考据，而疏于义理之贯通[1]，而这也是作者于此所要着重解决的问题。但是，从有关《将军箓》的文献来看，其似乎并不一定是伴随着契券一同授度的，这极可能是因为普通道民在每年缴纳命米之时已经建立盟约，分剖符契（参见第十节）。由此，我们将选用一份近世授度法职的契

---

[1] 吕鹏志.天师道登坛告盟仪——《正一法文法箓部仪》考论[J].宗教学研究，2011（2）：8-24.吕鹏志.天师道黄赤券契考[C].// 程恭让，编.天问（丁亥卷）.南京：江苏人民出版社，2008：173-195.

券作为案例，稍作表述（治职祭酒与箓生、道民的身份区别可详见第十三节）。

（一）契券的含义与使用

我们在第五节中，已经看到了与盟约紧密关联的契约的发展，以及作为盟约、契约载体的各类契券、符契。我们也一再强调，在周王举行正式的册封仪式之前，其必然先与诸侯举行立盟的仪式，并制作相应的盟书。正因为他们之间所约定的内容（也即是交换）凭借盟誓而具有有效性，册命才能举行。换言之，即先明确义务与职责，之后方才赋予权利（以及相应的约束）。由此，"盟书"与"命书"乃是并行且不可偏废的一整套文书组合体系，且相互关联。一分为二的契券可以作为授度仪式的信物而单独使用[1]，而并不一定必须与法箓配套，比如敦煌 S.203 写本中，只含有法箓授度，并无契券；又如陆简寂先生所订《灵宝授度仪》，其中有立盟饮丹之环节而无破券，但与此同时，《思维定志券》又被纳入《太上洞玄灵宝二部传授仪》中授度，同时也作为"大盟"授度的重要组成部分。总而言之，盟约是道教一切授度仪式（包含入道仪式）的必要前提，分剖契券这一仪式行为可能有多重不同的表达，但其中的契约精神是必须的。

我们在第八节中已经看到，"契"的概念是如此的深入

---

[1] 抱朴子曰："受真一口诀，皆有明文，歃白牲之血，以王相之日受之，以白绢白银为约，克金契而分之，轻说妄传，其神不行也。"王明 . 抱朴子内篇校释 [M] . 北京，中华书局，1985：324-325.

人心，以至于其常被作为与大道相合的修辞，如"契道"。在《周氏冥通记》中，定录茅中君在告知周子良即将充任"保晨司"时，乃称其"冥符宿契"[1]。与此相应的，非但充任仙官需要符契，人间之入道亦须立盟剖符，建立契券。《太真科》曰：

> 三会吉日，并赴言名籍，……此日，奏上众章，授度箓契，男女众官，行德修功，消灾散祸，悉不禁制。[2]

三会日是道民奉上命信，更新命籍之日。按照科文所言，此日亦是授度"箓""契"之吉日。如上所言，法箓作为命书的延续，其必然需要与作为盟书的契券一同授度。但笔者在此仍想再做出多一重的推测，即：三会之日，对于那些未曾得受法箓的道民而言，他们在缴纳命米之后，治职祭酒不但将其名填入命籍，更还会为其提供一份契券作为盟约之凭信，作为其道民身份的一种凭证，一如我们所提及的"龟符""鱼符"。当然，这一契券具有时效性，在来年下会之日前，道民仍须通过再次缴纳命米来更新这一契券。《正一威仪经》云：

> 正一受道威仪：初入道门，诣师奉受券契。不受券契，土地山川守界真官不上道名，治官障碍稽留，难为成道。受此券契，天地门户，不敢稽留。

---

[1] 周氏冥通记 [M] // 道藏：第 5 册，532.
[2] 要修科仪戒律钞 [M] // 道藏：第 6 册，976.

> 　　正一受道威仪：次当诣师奉受治箓、三归五戒。不受之者，则治司不书，土地不明，不摄五炁，不关四司。受此治箓，则魔王拜伏，自称下官。[1]

在这里，"券契"（与"契券"同）的授予先于法箓。其中一个重要的原因在于，无此券契（也即意味着未曾建立盟约），则不但不能被自然界中的诸多力量所认知，同时无法获得死后的救度。对此，张清都天师有着极为细致的论述，其曰：

> 　　（券契）义曰：受道之日，关奏天曹地府、四司五帝、一切神仙，以为监证，所以召七祖以监临，对五帝而结券。若后违盟犯约，背道轻师，则勘契合券，以自证验。亦犹世之交易，各执券契，以相信也。亦曰《升天券》，得道之日，过天门、地户，魔王主司，以相按验，乃至神仙洞府，诸天曹局，悉皆勘会，如世之公验也。[2]

在这里，我们注意到张清都所用措辞"各执券契，以相信也"明显承继了《左传》中的"世有盟誓，以相信也"[3]。很明确，盟约的本质即是建立相互的信任，而相互的信任建立在对于约定内容的守信之上。故契券不但代表了奉道者的个体身份，更

---

[1] 正一威仪经 [M] // 道藏：第 18 册，252.

[2] 传授三洞经戒法箓略说 [M] // 道藏：第 32 册，195.

[3] 杨伯峻. 春秋左传注 [M]. 北京：中华书局，2018：1201.

还意味着其毕生言行所积累的信誉。这些信誉将在身殁之后由三官、天曹"悉皆勘会"，以此来获得生命之救度，故曰《升天券》。由此，我们可以推论，在信道、归道的过程中，契券（盟约）的重要性要大于法箓（虽然其也被作为授度法箓的配套文书）。

（二）契券的形式

自六朝时期以来的道书中，开列有众多的契券种类，张清都便曾开列有《正一真券》《五色券》《八道券》《三五券》《洞神券》《升玄券》《自然券》《上清七券》《正一黄契》《三五契》《三十六部尊经契》《上清四契》等等[1]。从一方面来说，契券的多样性甚至大于法箓，但从另一个角度来说，契券的文书形式也极为统一，其文字左右相互对称（即分别从两边向中央书写），并于中缝处写有"合同"二字（或意义相同之"合同符"）。由于符契是盟约的载体，故其中会比法箓更为明确地开列盟约中的交换内容，具体来说，也即是弟子呈与师资的法信，以及被授予的责任、权利、约束、承诺、神圣身份以及相关的物品（文本、法具、法服等）。由于传世文献不足，我们今天已经很难了解盟威道早期道民入道的契券的样式。由此，笔者另辟蹊径，以自己从度师苏州吾武润先生"拜法"（即"传度"）时所受之《正一传度宝券》（参见图 11-01）作为切入点，稍作考证。很明显，这一契券乃是后世奉道者领受法职所

---

[1] 传授三洞经戒法箓略说 [M] // 道藏: 第 32 册, 195.

用，其与中古时期道民入化之契券在内容上必然有着较大的差异，但其大体的文书形式，以及其中所开列的内容事项则是大体相通的。

苏州地区正一道教所传承的《正一传度宝券》与清顺治十五年（1658 年）由苏州高道施铁竹（道渊）真人所刊刻之《正一天坛玉格》[1]（参见《附录二》）中所收录之《传度券》完全一致（参见图 11-02），这首先证明了自清初以来 300 余年间苏州地区正一道教的传承有序。如果我们再往前上溯，则以上两份契券与王契真（约生于 12 世纪初）《上清灵宝大法·卷二十九》[2] 所收录之《合同券式》以及《环式》[3] 基本一致（参见图 11-03）。我们将在《附录三》中看到更为早期的部分契券，更多的上溯已不再必要。

通过对比三份契券，我们可以观察到其所共享的明显特色：内容相同的两份文字分别从两边向中间行文，会于中央的"合同符"。在立盟仪式中，契券从中裁开，其中右侧的一部分（即正常行文方向者），由师收执，或焚缴归天，左侧的一部分则由弟子收执，百年之后用以由天曹勘验。原本单独存在的"环"被作为一种神符而列于中缝，成为"合同符"的一

---

[1] 刘仲宇教授曾对该版在上海地区的手抄本进行了全文整理。参见：袁志鸿，刘仲宇，整理. 正乙天坛玉格 [G] // 刘仲宇，吉宏忠，主编. 正一道教研究，第二辑. 北京：宗教文化出版社，2013：319-353.

[2] 关于王契真其人以及《上清灵宝大法》的专门研究，参见：陈文龙. 王契真《上清灵宝大法》研究 [M]. 济南：齐鲁书社，2015：52-56.

[3] 王契真. 上清灵宝大法 [M] // 道藏：第 30 册，924.

部分。在当代江西修水戴氏所传承的法箓授度传统中，圆环形状的"勘合"被视为极为重要的仪式文书，需以极为复杂的内秘（仅其口诀便有诗 16 首）进行填写（参见彩页图 3）。据戴祥柳（法名宣道）道长介绍，在过去甚至曾有专门以"挂勘"为主业的道士。但从王契真的叙述来看，至少在宋代，这一圆环仍以银制，"中开一窍"并以"青丝结之"[1]。银环是立盟信物"金钮"的延续，而青丝则象征了弟子的头发（即生命，详见第十九节"谢罪与立盟"）。此外，其云以"黄绢袋盛之"，不禁令我们联想其隋代以来官员受命的重要身份象征"鱼符"，以及作为其视觉表现的"鱼袋"（参见第五节"契约的发展"）。此外，无论是从中缝裁开的"合同符"，还是两侧文字之上的符文，都进一步呼应了以"符"来验"契"的传统观念。

总而言之，我们可以看到，传统意义中建立盟约的各种符号表达经历了不同的"编织""重组"以及重新表达，通过逐渐简化的形式传递至今。

（三）契券的文字内容

在这里，我们仍有必要对契券的文字内容稍作浏览。首先是苏州的两份年代较近的版本（以清代《正一天坛玉格》为准）：

维［某］年［某］月［某］日，［乡贯］居住嗣法弟子［某］，即日谨赍法信，恭依《科格》，拜授："清微灵

---

[1] 王契真.上清灵宝大法［M］// 道藏：第 30 册，923.

宝大法符图印诀"一宗、"灵文"。誓愿：佐天行化，助国救民，济生度死，永依三宝。今对天尊前，盟约而传度：师不敢隐真出伪，弟子不敢怨道咎师。如负盟言，甘依冥谴，其道不成，一依科条律令。

〔合同符位〕

（左侧内容相同，故略）

其后是王契真《上清灵宝大法》所收录者：

维〔某〕年太岁〔某某〕月〔某〕朔〔某〕日〔某〕辰，〔某〕府〔某〕县嗣法弟子〔某〕，即日谨赍法信，恭依《科格》，拜授："灵宝大法符诀"一宗。誓愿：代天宣化，助国救民，济生度死，永依三宝。今对道前，盟约而传：师不敢隐真出伪，弟子不敢怨道咎师。如有违盟，并依冥谴，其道不成，一依玄科律令。

〔合同符位〕

（左侧内容相同，故略）

此两份券文内容大略相同，承继关系因此也较为明显，其首先言明了事件发生的时间与地点，弟子姓名[1]。其次，其言明

---

[1] 这里并未言及度师姓名，但在其他一些契券中，度师姓名法位仍然需要被明确写出。

了"交换"的第一步，即弟子"谨赍法信"。其后又强调了整个仪式举行的合法性，即遵照了《科》（《四极明科》之类）与《格》（近似于《天坛玉格》之类），进而言明了立盟之后所授度之内容，也即是"交换"的第二步。按文中所示，其所授予的"灵宝大法"或"清微灵宝大法"均系宋元以来之新出道法（参见《附录一》）。最后是盟文部分，也是至为核心的部分。

通过比较，我们很清楚地可以看出盟文又可分为两部分。第一部分可视作"所赋予的义务"（duties vested），由"誓愿"引出，即：

1. 代天宣化（《正一天坛玉格》作"佐天行化"）。

2. 助国救民。

3. 济生度死。

4. 永依三宝。

第 1 条可被视作弟子所承受天命的总括，也即等同了"显明上三天之气"。第 2 条言明了尘世中之职责（贯穿了集体与个体）。第 3 条言明了生命救度中之职责（贯穿了此世与彼世）。第 4 条言明了一切信仰与实践的根本所秉：大道，因此也可被视作是《清约》的进一步改写。要言之，以上 4 条所言明之义务皆涉及公共层面之事务，我们由此将其暂称为"义务约定"。

第二部分乃是关乎"义务的赋予"（vesting of duties），由"今对道（天尊）前，盟约而传［度］"引出，详明了师与弟子之间关于交换的约定：

1. 师不敢隐真出伪。

2. 弟子不敢怨道咎师。

第1条，一如我们此前关于秘传宗教的讨论所言，意在保持其知识系统传承的真实性与纯正性。第2条，实际对应了"怨天尤人"。子曰："不怨天，不尤人。下学而上达，知我者其天乎。"（《论语·宪问》）对于孔子来说，礼乐的修习可以上达于天，故不应"怨天尤人"。而对于奉道者而言，奉行教戒则使他们能够归根复命；而对于违反盟约所引起的冥谴或夺箓，其所应做的首先是思过谢罪，而不是动摇对于大道的信念以及师资的敬诺。要言之，以上2条约定涉及弟子将来再次授度之事务，我们由此将其暂称为"授度约定"。总体而言，第二部分的这两条约定与前道教时期的秘传宗教传统有着一定的承继关系。我们在第六节、第七节中已经一再强调，师徒之间的立盟授度乃是对于鹤鸣山盟约的真实的重复。通过一位师资不断地为不同的弟子授度，道气得以在空间层面延展开来，而通过弟子们一代一代的重复授度，则道气得以在时间的层面延展。如此，也便形成了一个依托盟约，以道气贯通的，跨越时空的"同命"团体。由此，同道之人，亦谓之"同气"或"同契"[1]。

（四）盟文的对应结构

在有关契券讨论的最后，我们必须来对自盟威道以来，一

---

[1] 在《洞玄灵宝道学科仪》中，"同契"常与"同学"联用。洞玄灵宝道学科仪［M］// 道藏：第24册，768.

直存在于道教宗教实践体系中的盟约体系稍作梳理。如果我们以盟约、盟誓作为线索，我们会发现这一观念以及相应的实践，首先体现在弟子求度之初的"投状""投词"或曰"誓状"之中。其次，弟子需于立盟仪式之中，亲口诵读其中的盟誓文词，而作为信物，写有盟文的券契将被从中分剖，与经、箓、戒、法物等交与弟子收执。与此对应，每当日后奉道弟子于仪式与道法中施用法箓（身中吏兵）时，也会重申这一受法的盟约，以作为合法性支持（参见图 11-04）。以下便对"寻盟求度"与"重申盟约"稍作分述。

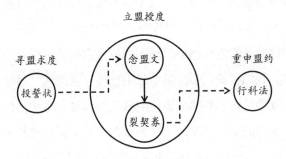

图 11-04　以盟约为线索的道教仪式实践

1. 寻盟求度

我们在第六、第七节中也已经言明，鹤鸣山盟约是大道"下教"所成，其代表了"道寻人"的自上而下的过程。但与此同时，人类并不能因此"躺平"，坐等救度。人类的主观能动性必然需要被激发，由此乃有"人寻道"之过程。"投状"由此可被视作"寻盟求度"这一"寻道"过程的标志性起点。

按陆简寂先生云：

> 今人奉道，或初化一人，至子孙不改。三会之日又不
> 投状……[1]

其又云：

> 虽一年三会，大限以十月五日赍信一到治。……若命
> 信不到，则命籍不上。[2]

又见《太真科》云：

> 三会吉日，并赴言名籍，……此日，奏上众章，授度
> 箓契，男女众官，行德修功，消灾散祸，悉不禁制。[3]

由此，我们可以大致总结，道民需要每年三会之日，前往治堂
投状，上缴命米，并以此获得命籍。其中所投递的"状文"，
应当是表述道民归道之意愿（每年一度地），并请求登记成为
道民。相应地，祭酒也应同时授予道民一契券，作为其道民身
份之凭信。这一入道成为道民之盟约，亦反映于请授法箓的

---

[1] 陆先生道门科略 [M] // 道藏：第 24 册，780.
[2] 陆先生道门科略 [M] // 道藏：第 24 册，780.
[3] 要修科仪戒律钞 [M] // 道藏：第 6 册，976.

状文之中。如《太上三五正一盟威箓》所收《太上正一上仙百五十将军录》中，附有请箓《词文》曰：

> ［某］法录弟子［某乙］，命属北斗［某］星君，奉法以来，专勤不替，在道日新，领太上高皇帝王神黑不能自分别，诣臣自实悉言，被元下九老北中狄君召，即日听署，修行有功，求受《太上正一上仙百五十将军录》。要当：扶助（天师），一依《科》《约》，不敢有违。请给。谨词。

这里的"要当：扶助（天师），一依《科》《约》，不敢有违"，在《一将军箓》与《十将军箓》中分别写作"一如科法修行""一如科约"[1]，也即是天师所立科律与《清约》等道民在入道之初所盟誓遵守的事项。

回到我们上文所谈及的王契真《上清灵宝大法》，其中收有一份专为传度所用的《三代出身立盟誓状》（与上文《合同券式》相互呼应），其文曰：

> 具弟子位姓某。
>
> 今开具三代出身乡贯等于后。
>
> 一、本贯某州某县某乡某保某靖焚修。

---

[1] 太上三五正一盟威箓［M］// 道藏：第28册，426、427. 另可参见《正一法文太上外箓仪》中之《投辞》数种。

一、高祖某具生死年月　日　时，有官、受录，并依实具列。

……

一、某今来乞传授灵宝大法，受持之后，誓愿：代天行化，修斋立功，普济幽明，保安家国。不敢叛道背师，始勤终怠，轻泄秘典，妄传非人，及不忠不孝，不仁不义，傲忽至真，违越科禁。如有似此等罪，甘以身谢三官，祸延七祖，一如玄科令。

一、某今请到：保举师［某人］、监度师［某人］。

右谨具如前，如有异同，甘俟天宪。谨状。

年　月　日具位［姓某］状。

很明显，此处《誓状》的内容与《合同券式》遥遥相对，我们不妨将它们再稍微比对：

- 誓愿：代天行化，修斋立功，普济幽明，保安家国。不敢叛道背师，始勤终怠，轻泄秘典，妄传非人，及不忠不孝，不仁不义；傲忽至真，违越科禁。如有似此等罪，甘以身谢三官，祸延七祖，一如玄科令。(《三代出身立盟誓状》)

- 誓愿：代天宣化，助国救民，济生度死，永依三宝。今对道前，盟约而传：师不敢隐真出伪，弟子不敢怨道咎师。如有违盟，并依冥谴，其道不成，一依玄科律令。

(《合同券式》)

由上所见，除《誓状》稍微多出了"轻泄秘典，妄传非人"的约定外，两则文字之间基本相互对应（也就是对师徒授受的部分稍微进行了详明）。此外，其还对违背盟约的"冥谴"后果做了细节描述，即"以身谢三官，祸延七祖"。如此来看，"投词"或"誓状"中盟文的出现，乃是在于表示弟子对于建立盟约这一事件神圣性的充分认识，以及对于违背盟约的严重性的充分了解。

2. 重申盟约

弟子在授度仪式中建立盟约，分环破券，并被授予法箓。由此，她／他被授予的义务、职责、权利，以及所应遵守的规约，和所享有的承诺，均得以在契券中得以明确。而她／他的权利，则通过法箓得以施行。于此，我们不但在科仪中能够看到与法箓相对的"发炉""出官"等仪法节次（详见第十二节），也能看到法师在说文之中，对于自己在立盟仪式中所领受职责的重申。在这些仪文中，授度仪式中所立之盟约，被称作"前盟"或"前约"。总体来看，这些对于前盟的重申，也即是对奉道者"天命"的重申，其基本分为两类。一者即对于师徒间授受约定的重申，也即是"授度约定"，我们下面分别选择几份仪文稍作概览。

今有宿命因缘，从虚无中来，［某］郡县乡里男女官

［某甲］，年［如干］岁。［甲］等素染玄教，练备真文，奉
受众契，修行真秘，虽备上法，未破玄誓，今相攘率操，
资法仪束骸，诣臣求受太一登坛三盟生死处仙大券黄素证
誓。臣昔从大洞真人［某］奉受，约当传授后贤，察［甲］
等，专诚乐道，在可成就……(《正一法文法箓部仪》) [1]

　　臣受法之日，要当宣通法音，赞扬大化，传授后学，
开度天人。今有［某］郡县乡里男女生［某］甲，洁己清
行，志求神仙……(《太上洞玄灵宝二部传授仪》) [2]

由上所见，在师徒秘传的传统中，"授度约定"不但包含了不
得"妄授"，也还包含了不得"不授"，盖因此事关道教自身之
传承与存亡。由此，我们可以说，祭酒、道士的天命之一在于
传承、延续大道之气脉。

　　二者乃是对于一系列社会性更强的"义务约定"的重申，
也即是涉及一切科仪、道法以及宗教活动的行持，其不外乎
"代天宣化，助国救民，济生度死"。以下几份仪文可资参考。

　　　　臣受法之日，约当：虔奉师门，布散道德，助国扶
命，拯拔一切，救物为先。(《赤松子章历·天旱章》) [3]
　　　　臣以凡陋，……受法之日，引五保七证，上谒三天皇

[1] 正一法文法箓部仪 [M] // 道藏：第 32 册，202.
[2] 太上洞玄灵宝二部传授仪 [M] // 道藏：第 32 册，744.
[3] 赤松子章历 [M] // 道藏：第 11 册，192.

老玄尊，中明十方，下与万灵为契。师真要言，约当：佐天理炁，助国扶命，救生度死，为一切桥梁。(《元辰章醮立成仪·卷上》)[1]

臣等亿劫良因，生值大化。玄真启拔，得处玄门。三师盟授，三宝真经，法应度人九万九千位。……但受法之初，盟告三界，约当：度人济物，立功为先。凡所归依，理宜关奏。今奉词旨，敢不上闻。(《太上黄箓斋仪·卷之一》)[2]

伏念臣某恭参宝箓，叨克治官，告盟之初，约当：敷扬妙道，拯护群生。凡有投诚，宁容寝绝。(《道门定制·卷二·九皇请状》)[3]

综合来看，其包括了三大类义务，即：

(1) 承事"三天"，布散道气，也即是通过平顺人心的方式来平顺道气，如："布散道德""佐天理炁""敷扬妙道"，上文所言"代天宣化"即是此例。

(2) 空间层面，对于集体与个体的帮扶，如："助国扶命"，此也即是元妙宗所言"助国救民"。与强调集体的孔子以及强调个体的庄子都不同，天师的教法将两者兼而顾之。

(3) 时间层面，对于生与死的济度，如："救生度死""度

---

[1] 元辰章醮立成仪 [M] // 道藏：第 32 册，709.

[2] 太上黄箓斋仪 [M] // 道藏：第 9 册，183.

[3] 道门定制 [M] // 道藏：第 31 册，669.

人济物""为一切桥梁"。也即是说，受度者不但承付着对于此世的责任，同时更担负着为大道"选索种民"的任务。

上文《上清灵宝大法》《合同券》中所见到的盟约"代天宣化，助国救民，济生度死"也与此完全对应。

二、箓卷构成

为了完成"义务约定"，受度者也需被赋予一定的权利，法箓便是这种权利的具体体现之一（此外还有神符、宝经以及法具等）。我们已经看到，老君为天师授"道"的实质乃是授"气"，换言之乃是使用"气"之权利，即所谓"授气治民""分布玄元始气治民""显明上三天之气"。我们也将看到，法箓的授予，即是吏兵的授予，而吏兵的本体则即是道气。换言之，授予法箓，也即意味着授予了分布道气的权利，用以完成"代天宣化，助国救民，济生度死"之义务。

下面仅以《一卷本》所收《太上七十五将军箓》（见图11-05）为例，稍作考察，其文本与图像内容可大致分为7部分。

（一）时间、地点与箓生信息：

维［某］年［某］月［某］日，［某］州县乡里，［某］宫观受［某］法箓［姓某］。

（二）请法

素被"新出老君太上高皇帝王神气"在身，不能自分别。今赍信，诣三洞法师臣［某］，请受《太上七十五官童子箓》，自实悉言，被君召。

（三）盟约

即日听署之后，约当：［扶助天师，医治百姓疾病。不得轻泄淫盗，㾕戾嫉妒，行不正之事，自作一法，诽笑师主者，此魔鬼所嫉。但当：］[1] 慈仁育孝，敬老爱少，父母兄弟更相承奉。常以五腊吉日于堂上祀家亲九祖父母，二月、八月同日祀社、灶，其余不得私祀他鬼神。一旦违犯，坐见中伤，不得怨道咎师。一如太上老君律令。

（四）玉女图像一副

（五）吏兵名录

上灵官直使功曹二人，

上灵官郎吏虎贲二百四十人，

上灵官正一功曹二人，

上灵官察奸钩骑二百四十人，

上灵官治病功曹二人，

上灵官三官仆射二百四十人，

上灵官左官使者二人，

上灵官天丁力士二百四十人，

上灵官右官使者二人，

上灵官收气食气吏二百四十人，

上灵官阳神决吏二人，

---

[1] 括号内语句似有脱漏，根据《一卷本》中其他阶法箓内容补全。

上灵官收鬼食鬼吏二百四十人，

上灵官阴神决吏二人，

上灵官科车赤符吏二百四十人，

上灵官阳官太医吏二人，

上灵官刚风骑置吏二百四十人，

上灵官阴官太医吏二人，

上灵官驿马上章吏二百四十人，

上灵官候神将军二人，

上灵官候都神将军二人，

上灵官候左都神将军二人，

上灵官候右都神将军二人，

上灵官候仕将军二人。

（六）神符一道

（七）三师签押

保举师、监度师、度师。

第 1 部分首字"维"与传统祭仪中的"祝文"以及皇室"册文"一致，且不见于其他版本箓文之中，这虽然并不能作为其年代较早的直接证据，但至少说明其更接近传统仪式文书之行文风格。

接下来第 2 部分的"请法"主要陈述了法箓的重要玄义：道气与人身的关系。

紧随其后的第 3 部分是受箓之"盟约"，其中大段内容几乎与《道门科略》《内解经》所载之《清约》对应。

第 4 部分的图像因为没有款题，无法确定身份，但根据后续所开列的吏兵均以"上灵"开头，故而推测其为这一众"阴性"吏兵的集约化图像表达。[1]

第 5 部分的"吏兵名录"应被视作法箓的主体。我们在第十五节中将会看到，后出的灵宝与上清两家法箓也正是对这一"吏兵名录"形式的有意继承。

第 6 部分的神符押于名录之后，表明了其功能当与"虎符"相似，即是代表兵权授受契约的兵符。

最后的第 7 部分为三师签押，乃是用以证明这份箓卷乃是在合乎法度的科仪中立盟授度的，箓卷因此才得以具有神圣效力。需要说明的是，"三师"这一概念或是六朝所出，而最初的法箓应如何签押，目前仍缺少确信的材料。但扬州所出土的《大都功版》实物或可提供另一角度的参考[2]。

《一卷本》所收的《将军箓》应是我们目前能见到的年代最早的法箓文本，它同时也成为后世所出诸阶法箓所共同享有并继承的一种基本原型。具体而言，这一原型的所被继承的特征可归纳为 5 点：

1. 横卷（手卷）的文书形式。后世法箓亦以横卷的形式呈

---

[1] 旁参《六卷本》，其中并非所有的《将军箓》都配有吏兵图像，结合早期盟威道有关形名的义理，或许最初的《将军箓》本来就不包含吏兵图像。

[2] 白照杰. 扬州新出土晚唐龙虎山天师道大都功版初研 [J]. 宗教学研究，2018（4）：9-16.

现，古代常用绢、帛等织物手书，至近代则以雕版纸印。

2. 盟文。盟约的内容在后世法箓中常被有意突出在师徒间之盟约，如"师不得隐真出伪，弟子不敢怨道咎师"等，不再特别重申《清约》。

3. 图像。吏兵的图像在后世的法箓中被极大地发展，甚至成为《仙简》的重要组成内容，并进而被分解为众多独立的"附卷"（如《金符箓祖》及其他旌封，参见《附录三》）。这也使得箓卷具有极高的图像学、美学价值。

4. 名录。作为法箓的核心主体，吏兵的名录部分在后世的法箓中被极大地扩展了。在上清与灵宝两家法箓中，吏兵的人数甚至被发展到几千几万之众。

5. 神符。作为兵权的象征，神符在诸多"内箓"中被极大发展，甚至成为一些法箓的主体部分（如《斩邪赤箓》《斩河邪箓》）。此外，在"灵宝箓"中，符图、灵文被作为广义"法箓"的一部分而一同授受。

在下面的讨论中，我们将以《七十五将军箓》这样一份经典的法箓为底本，选择其中五点重要的义理概念进行详细的讨论，以期了解其中所含玄义及其内在逻辑。

三、道气

箓文第 2 部分"请法"云：

（弟子某）素被"新出老君太上高皇帝王神气"在身，

不能自分别。

类似固定表达除在《一卷本》所收十四阶法箓中重复出现外，还频繁地出现在其他版本的正一箓中，如《六卷本》之《百五十将军箓》亦云：

领"太上高皇帝王神气"，不能自分别。[1]

其《太上正一延生保命箓》云：

［某］素以"太上高皇帝王神气在身"，不能自分别。[2]

《永乐大典》所收《正一盟威秘箓》十四阶法箓云：

素以"太上虚皇真王神气"在身，不能自分别。[3]

此外，当代江西修水戴氏所传《太上三五都功版券职箓》写作：

"太上高皇帝王神气"在身，不能自分别。（见《附录三》）

---

[1] 太上三五正一盟威箓 [M] // 道藏: 第28册，428.

[2] 太上正一延生保命箓 [M] // 道藏: 第28册，528.

[3] 永乐大典: 卷一九九三一 [M] // 解缙，等. 永乐大典（影印本）: 第8册，北京: 中华书局，2012: 7492.

与《道藏》诸本高度一致。根据我们在第七节中对《阳平治》"从'汉始皇帝王神气'受道"以及《大道家令戒》"分布玄元始气"的讨论，这里所谓"新出老君太上高皇帝王神气"当与以上两种表达同义，也是出自三天的"玄元始气"，即道气的拟人化、君王化、形名化的表达。类似的表达，实际在此之前已见于《太平经》中所谓的"上皇气""上皇太平气"。为了方便比对，我们谨将这几种不同版本的道气表达录于下表之中。

不同文献中对于"王神气"的不同表达

文　本	道气的表达
《阳平治》	从"汉始皇帝王神气"受道。
《一卷本》诸箓	素被"新出老君太上高皇帝王神气"在身，不能自分别。
《六卷本·百五十将军箓》	领"太上高皇帝王神气"，不能自分别。
《六卷本·延生保命箓》	素以"太上高皇帝王神气"在身，不能自分别。
《永乐大典》诸箓	素以"太上虚皇真王神气"在身，不能自分别。
戴氏传《都功版券职箓》	"太上高皇帝王神气"在身，不能自分别。

在这其中，"不能自分别"五字良有深意。因人类与万化皆由大道所生，故人人都于身中具备了先天的道气。但由于人身中的"先天清气"与"后天浊气"杂糅在一体，并随着人的

各种后天思虑与行为逐渐"清消浊长"，故而即便身中具有道气，也难以将其分别、解析而出。换言之，有一重"真正的自我"被深深地禁锢住了，亟待解放。由此，我们所说的"事道"，无外乎便是通过积极地行善与处静，将身中清轻道气分化而出，或言提取、炼化。换言之，即自我解放。

如果我们将这一逻辑与《阳平治》所言"从'汉始皇帝王神气'受道"相互比对，则知法箓的授度实际包含了"自外而内""自内而外"两个维度。从前一个维度来看，法箓的授度即是"自外而内"的道气授予，是三天平气的分享。但从后者来看，法箓的授度，乃是要将身中原本具备的道气进行"自内而外"的"点化"（或者说"解放"）。站在盟威道义理的角度来看，所有的人类都具备了"仙根"，但浑然不知；直到其遇到恰当的外部因素，经过方家之指点，方才得以"开窍"，犹如"卤水点豆腐"一般。如此来看，法箓的授度不啻模具之使用，其将道民身中的道气以吏兵的形名进行框定，使人类能够对其进行感知、并加以理性的控制。故张清都曰：

> 道一分灵，凝神布炁，外光妙用，内发精明，虚映既彰，真官斯应。[1]

由此，法箓的授度以及在事道中的敷用，乃是重新认识自我，

---

[1] 传授三洞经戒法箓略说 [M] // 道藏：第 32 册，186.

控制自我，实现自我的历程。通过法箓的授度，每一个人形神之中此前被封固的道气得以被释放，进而与大道相联通，与万化圆融一体。

四、被君召

（一）诏求

第 2 部分"请法"的最后，由"自实悉言"（完整如实地自报）带出三字"被君召"，其意初看不甚明了，但却意义重大。首先，"被君召"三字重复出现于《一卷本》所收四阶《将军箓》中。类似的语句表达还见于《六卷本》所收七阶法箓之中，诸如：

- 被五炁神童君召。(《太上正一童子一将军箓》) [1]
- 夙被五气神童君召。(《太上正一童子十将军箓》) [2]
- 被无下九老北中狄君召。(《太上正一上仙百五十将军录》《太上正一上仙百鬼召箓》) [3]
- 素被太元三气君召。(《太上正一三将军箓》) [4]
- 素被君中狄［按：中狄君］召。(《太上正一元命混沌赤箓》) [5]

---

[1] 太上三五正一盟威箓 [M] // 道藏：第 28 册，426.
[2] 太上三五正一盟威箓 [M] // 道藏：第 28 册，427.
[3] 太上三五正一盟威箓 [M] // 道藏：第 28 册，428、438.
[4] 太上三五正一盟威箓 [M] // 道藏：第 28 册，429.
[5] 太上三五正一盟威箓 [M] // 道藏：第 28 册，433.

- 言被中皇直使司命无形君召。(《太上正一斩邪华盖箓》)[1]

此外,《道藏》所收《太上正一延生保命箓》云：

　　言被三炁君召。[2]

《永乐大典》所收《正一盟威秘箓》写作：

　　被太上三气君召。[3]

此外，当代江西修水戴氏所传《太上三五都功版券职箓》写作：

　　被［　］天［　］炁君［　］宫［　］帝降生三炁君召。
（见《附录三》）

　　修水传世文本为我们提供了极为重要的线索，即：这些"被某某君召"的文字实际是需要依据弟子自身的生辰所来推定，而非定式。在《道藏》所存《正一法文十箓召仪》《洞玄灵宝课中法》《受箓次第法信仪》以及敦煌 S.203 号写本中均

---

[1] 太上三五正一盟威箓 [M] // 道藏：第 28 册，452.
[2] 太上正一延生保命箓 [M] // 道藏：第 28 册，528.
[3] 永乐大典：卷一九九三一 [M] // 解缙，等 . 永乐大典（影印本）：第 8
　　册，北京：中华书局，2012: 7489.

见有不同版本的"录召仪"，即用于通过受度弟子出生月份来判定其应被哪位天君所"召"。由于不同系统法箓所使用的推定方法各有不同，所以这些仪文也往往是多套法箓系统的合编[1]。劳格文教授将《六卷本》中所见的若干天君称谓与《正一法文十箓召仪》进行了比对，认定其属于同一授度系统，并总结云："在授度仪式中，受箓弟子学习到召他的神明的新名号，这一位新的神明还使他了解到一个新的历法系统。"同时劳格文教授相信，《十箓召仪》所反映的一整套与历法结合的授度系统是一个更为古老的系统，其在《六卷本》的箓文中只是保存了一些遗存而已。[2] 如上引江西修水戴氏所传法箓内容，这种通过受度弟子的命造来填写法箓的做法在后世法箓的授度中一直得以继承，度师首先需要依授度弟子之命造推定所对应的北斗本命星君（亦见于《正一法文十箓召仪》与《洞玄灵宝课中法》），然后再推定其他内容（详见《附录三》）。

　　上文所引劳格文教授对于"被某君召"的判定当然可以作为理解方式之一。但这仍不妨我们从中国古代职官制度中来探求其中所可能包含的一些玄义。按"召"字有动词召唤（to call, to summon）之意；《说文》云：

---

[1] 敦煌 S.203 号写本则单独收录了与正一部《将军箓》相关的"录召仪"。

[2] John Lagerwey, "Zhengyi Registers," *Institute of Chinese Studies Visiting Professor Lecture Series (I) = Zhongguo Wen Hua Yan Jiu Suo Fang Wen Jiao Shou Jiang Zuo Xi Lie, 1.Hong Kong: Chinese University of Hong Kong, Institute of Chinese Studies, 2005.171p.*(Journal of Chinese Studies Special Issue), January 1, 2005, 78-79.

召，呼也。从口，刀声。以言曰召，以手曰招。[1]

"召"亦通"诏"字，有诏求、诏征、诏选、诏用等延伸含义，与古代政治中的察举制度直接相关（参见第二节）。《论语·乡党》曰：

君召使摈。

即鲁君召孔子为迎宾之使。《淮南子·人间训》曰：

鲁君召子贡，授之将军之印。[2]

《玉藻》曰：

凡君召，以三节，二节以走，一节以趋。[3]

此即是召贤所用之符信（参见第五节"契约之发展"）。如此，帝王求贤选举的职官制度在中国传统宗教的修仙传统中被得以继承，"受诏"升迁是仙传文学重要的情节之一，而此"诏"往往也以"册命"的形式出现。如《茅君传》云：

---

[1] 朱骏声．说文通训定声 [M]．武汉古籍书店，1983：321.

[2] 何宁．淮南子集释 [M]．北京：中华书局，1998：1302.

[3] 孙希旦．礼记集解 [M]．北京：中华书局，1989：818.

> 五帝君各乘方面色车，从官来下，衔大帝之命，授君《九锡册文》，位为司命东卿上真君，文以紫玉为版，黄金刻之。君伏受书，署，再拜毕，灵官上真五帝各去。[1]

我们已经引了康儒博（Robert F. Campany）[2] 与高万桑（Vincent Goossaert）[3] 两位教授的观点：在中国宗教中，升仙 / 救度需要以职官制度的形式来实现。成仙（也就是生命的超越）就意味着在三界职官体系中获得一个职位，而授箓即是为生人提供这样一个位置，用以保证（必要非充分条件）死后的复生，正所谓"生无道位，死为下鬼"[4]。

如此，我们须回到箓卷的第 3 部分"盟约"来看"被某君召"可能的含义。按箓文曰：

> （弟子某）请受《太上七十五官童子箓》，自实悉言，被君召。即日听署之后，约当扶助天师，医治百姓疾病……

按"署"字于盟威道语境中即位授职之意，如《大道家令戒》

---

[1] 刘大彬. 茅山志［M］// 道藏：第 5 册，579.

[2] 康儒博（Robert F.Campany）. 修仙：中国古代的修行与社会记忆［M］. 南京：江苏人民出版社，2019：4.

[3] 高万桑 Vincent Goossaert, *Bureaucratie et Salut: Devenir Un Dieu En Chine* (Geneva: Labor et Fides, 2017), 61.

[4] 张君房. 云笈七签［M］. 北京：中华书局，2003：1006.

云"诸职男女官，昔所拜署"，《老君百八十戒》云"拜署男女祭酒"等（亦参见上引《茅君传》）。成为箓生或祭酒就意味着拥有了不同的道位，而这一道位不仅仅意味着自身生命的救度，更意味着为了实现救度而需要履行的职责。"约当"二字引出箓生 / 祭酒所应尽之职责。箓生、祭酒的职责并不止于医治疾病，更在于"使天下道气宣布，邪逆宾伏"；"布散道德，助国扶命"[1]；"为道尽节，劝化百姓"[2]（详见下文"契券"）。故此，"被君召"当即意味着被大道虚皇所诏求，并委以天命。

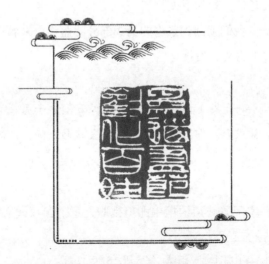

图 11-06　篆刻：《为道尽节劝化百姓》（杨大昊 / 镌）

---

[1] 赤松子章历 [M] // 道藏：第 11 册，192.
[2] 正一法文天师教戒科经：阳平治 [M] // 道藏：第 18 册，238.

现在仍然有一个疑问需要被解答，即为何"箓召仪"要依据受度弟子出生时间分列不同的神君？解答这个问题，我们需先关注一下《受箓次第法信仪》中所开列的"命系气籍"一组内容。"命系气籍"实际也是一份不同传统"箓召仪"的摘抄汇编，其中第一组、第二组如下：

- 正月、二月生，命系九气天君、青天领籍。
- 四月、五月生，命系三气天君、丹天领籍（一云赤天）。
- 七月、八月生，命系七气天君、素天领籍。
- 十月、十一月生，命系五气天君、玄天领籍（一云黑天）。
- 三月、六月、九月、十二月生，命系一气天君、黄天领籍（一云梵气天君）。[1]

  ……

- 寅卯生人，青帝领籍。
- 巳午生人，赤帝领籍。
- 申酉生人，白帝领籍。
- 亥子生人，黑帝领籍。
- 辰戌、丑未生人，黄帝领籍。

第一组文字以弟子所生月份对应五方之"某天领籍"，出自古灵宝经之《诸天内音自然玉字》[2]；第二组以弟子出生日地支对

---

[1] 授箓次第法信仪 [M] // 道藏：第 32 册，218.
[2] 太上灵宝诸天内音自然玉字 [M] // 道藏：第 2 册，536.

应五方"某帝领籍"，出自《二十四生图经》[1]；而这两部经典也正是灵宝箓所谓《真文》"二箓"后者。据此，我们可以了解，灵宝箓系统认定一切人类的生命都有其神圣的本源，其皆有命籍于天上，受领于五方之天帝，而五气之源头则为大道。通过这种以命籍为"符号"的关联，无形的大道得以通过空间方位（五方）与人类的生命时间（生辰）对应。也就是说，事实上，每一位生物学意义上的人，都有其"天籍"，其生命本身便具有了神圣的属性。这一观念与我们上面所言"身有'道气'不能自分别"可以说是同一事实的不同符号表达。

如此，灵宝箓的授度体系有助于帮助我们反观正一箓授度中的观念。现谨录《受箓次第法信仪》所收"仙召""灵召"[2]于下表中，以供更好的讨论。所谓"仙召""灵召"当即是"仙箓"与"灵箓"所依据的不同推算方法，其中"仙召"中的部分内容，与敦煌 S.203 写本所收"录召仪"十分相近。但在 S.203 写本中，其明确写明："右，男女所受灵官录召法。"[3]由此，《受箓次第法信仪》所收"仙召""灵召"极有可能系从两支不同的法箓授度体系中汇集而来[4]。换言之，这两套不同仙

[1] 洞玄灵宝二十四生图经 [M] // 道藏：第 34 册，343.

[2] 授箓次第法信仪 [M] // 道藏：第 32 册，219.

[3] 吕鹏志. 天师道授箓科仪——敦煌写本 S203 考论 [J]."中研院"历史语言研究所集刊，2006，77（1）：141.

[4] 一如"仙召"所言，其与《金刚童子箓》通用。另外，在《洞玄灵宝课中法》中，这两套名号又分别隶属于"百五十将军箓科生月召"以及"上灵官箓召"。

君名号实际可能蕴含着相似的义理概念。由下表所见，"仙召"中所开列之仙君着重突出了其"气"的内涵，而"灵召"中，仙君的名号则以地理空间上的"东夷、北狄、西戎、南蛮"论之。如此，出生时间、空间方位、道气的不同化现，被由此统合。原本出身条件千差万别的人类被通过"时间"这一维度，平等地重新组合，并与相应的道气所接驳。

《受箓次第法信仪》所收"仙召""灵召"

出生时间	仙 召	灵 召
正月生，被：	微清气君召	东上夷君召
二月生，被：	玉理通气君召	东中夷君召
三月生，被：	中玄曜气君召	东下夷君召
四月生，被：	下玄微明化气君召	南上蛮君召
五月生，被：	左官历气君召	南中蛮君召
六月生，被：	中官左历气君召	南下蛮君召
七月生，被：	左官历气君召	西上戎君召
八月生，被：	中夷化气君召	西中戎君召
九月生，被：	中辟万道气君召	西下戎君召
十月生，被：	上始明历气君召	北上狄君召
十一月生，被：	上始明历气君召	北中狄君召
十二月生，被：	（上）始明道气君召	北下狄君召
	右件召，与《金刚童子箓》通用。	右件召气，诸治并同用。

综览上述的几点信息，如果我们将他们联同考察，则不难发现这其中实际隐藏着汉代帝王下诏求贤的"选举制度"的线索。我们可以分以下几点试论之：

1. 无论是四夷之君还是五帝，他们的这种空间属性实际都暗示了更高的存在，也即是虚皇大道。祂与四夷、五帝之间的关系，恰如与皇帝同治天下的州牧、太守的关系。《礼记·曲礼下》曰：

> 九州之长入天子之国，曰"牧"。天子同姓，谓之"叔父"，异姓谓之"叔舅"。于外曰"侯"，于其国曰"君"。其在东夷、北狄、西戎、南蛮，虽大曰"子"，于内自称曰"不谷"，于外自称曰"王老"。[1]

按郑玄所言，九州之中，每一州皆由天子"选诸侯之贤者以为之'牧'也"[2]。与此同时，四方之蛮夷"天子亦选其诸侯之贤者以为之'子'，'子'犹'牧'也"[3]。由此，四夷仙君当是一方之主者，其与汉代的州牧、郡太守相仿。汉宣帝有曰："庶民所以安于田里，而无怨恨太息之心者，政平讼理也。与我共此者，其惟良二千石乎。"[4]

---

[1] 孙希旦.礼记集解[M].北京：中华书局，1989：135–136.

[2] 孙希旦.礼记集解[M].北京：中华书局，1989：135.

[3] 孙希旦.礼记集解[M].北京：中华书局，1989：136.

[4] 荀悦.汉纪[M].北京：中华书局，2002：303.

2. 所有人类的在天之"籍"由五帝或四夷之君统领，而并不是由虚皇大道统揽。结合上文州牧、太守之譬喻，我们不难推测出此中所暗示的，正是古代政治中属地管理的户籍制度，也即是所谓的"郡国治民"[1]。与此同时，我们在第二节中也看到，地方郡国之设不止用于治民，也用以求贤，此即《汉书》所云"令郡国举孝廉"[2]之意。所以，所谓求法弟子"被某君召"，实际便意味着某一州郡之孝者、廉吏，经由地方太守为皇帝所诏求，其意在选贤举能。

3. 早期道经中类似"选举"的观念有两种具体的含义。一方面意为对于种民的拣选，如《阳平治》所云：

> 周行八极，按行民间，选索种民。[3]

《九天生神章》所云：

> 四宫选举，以充种民。[4]

---

[1] "凡州所监都为京都，置尹一人，二千石，丞一人。每郡置太守一人，二千石，丞一人。郡当边戍者，丞为长史。王国之相亦如之。每属国置都尉一人，比二千石，丞一人。本注曰：凡郡国皆掌治民，进贤劝功，决讼检奸。"司马彪. 后汉书志 [M]. 北京：中华书局，1965：3621.

[2] 班固. 汉书 [M]. 北京：中华书局，1962：160.

[3] 正一法文天师教戒科经：阳平治 [M] // 道藏：第18册，238.

[4] 洞玄灵宝自然九天生神章经 [M] // 道藏：第5册，845.

另一方面，"选举"也应用于盟威道教团内部，如《大道家令戒》将确定祭酒署职的过程称作"选举"[1]；《外箓仪》中特别开列了"选贤荐德"[2]一段文字，论述如何选取有德之人，为其授箓成为箓吏，并进一步署职成为祭酒。教团内部祭酒、箓生的选举与神明世界种民的拣选实际是一事之两面。能被道民选举成为箓生、祭酒者，因事道之功勤，死后必然更容易为老君、三官所拣选。

如果我们将受度弟子的请法之词与"被君召"结合到一起来看，则其中分别表达了来自弟子与大道的两层意志。其中，前者是作为人类希求向上的"人志"，后者则是大道自上而下的"天志"。这一上一下两层意志勾勒出一位求贤若渴的帝王，其希望州牧、郡太守能够认真地代表他将各地的孝廉向上选举；《潜夫论·求贤》中，便描绘了这样的一位帝王，其曰：

> 夫治世不得真贤，譬犹治疾不得良医也……人君求贤，下应以鄙，与真不以枉。[3]

通过将选举制度引入救度义理之中，盟威道教法巧妙地将虚皇、慈母这两重大道形名相重叠：通过职官制度中的选举，慈母为子女们铺设了一条归家之路。

---

[1] 正一法文天师教戒科经：大道家令戒［M］// 道藏：第18册，273.

[2] 正一法文太上外箓仪［M］// 道藏：第32册，211.

[3] 彭铎．潜夫论笺校正［M］．北京：中华书局，2014：104.

在这一选贤的机制中，人志与天志的"符合"成为促进人才向上流动的关键条件。一方面，并不是所有的受度弟子都能被天君所召，她／他必须满足大道选贤举能的"品格"。求度弟子在正式受度之前，必须经过人与神双层的察勘（详见下文"考召"）。由此，在法籙授予的场合中，"被某君召"也即意味着弟子已经顺利通过了考核。"被召"实际便意味着道民的德行"符合"与君主建立契约关系的《科格》。毕竟在中国历史中，"屡试不第"者可谓汗牛充栋。另一方面，并非所有人类都拥有奉事大道的意愿（也即是人类寻求真理与生命超越的自由意志），因为这意味着非同寻常的屈从与奉献。毕竟在传统社会中，"屡诏不仕"者往往能够得以摆脱繁杂的社会责任。故此，"被君召"的使用，确立了法籙授度的必要前提：天人之间的意志契合。

我们在第八节中已经看到，"平气"的概念涵盖了盟威道众多的仪式行为，这其中当然包括了度人。将德才兼备的道民源源不断地向上选举，也即是协助正一之气在人间的循环运转（另请参见第二节"流动性"所引包华石教授之研究），或许这就是"贡炁"二字之所指。同样，天志与人志之间的相互"符契"，乃是促成"平气"的首要前提。

（二）考召

为了深入理解"天志"与"人志"之间的符契，我们希望再稍微拓展一下另一个与"召"紧密相关的概念："考召"。虽然"考召"一词至迟在六朝晚期已经具有了"驱邪"

(exorcism) 的含义 [1]，但我们不能排除或忽视其最初与"选举"相关的意义。我们在第二节中已经讨论了汉代职官制度中朝廷对于地方官员的功次记录以及考课、上计制度。此外，汉代对于地方所举之孝廉也进行严格的考试制度以确保其合乎朝廷的用人标准，由此也就形成了［下官保举→朝廷考察→帝王诏命］的操作流程。"考召"也就包含在"朝廷考察"这一环节之中，由此成为"选举"过程中检验人才是否"符合"（请注意这里"符"字的使用）选拔品格的重要环节。《汉旧仪》简要地描述了选举的整个过程和参与人员，其曰：

> 刺史举民有"茂材"，移名丞相。
>
> 丞相考召，取"明经"一科，"明律令"一科，"能治剧"一科，各一人。
>
> 诏选谏大夫、议郎、博士、诸侯王傅、仆射、郎中令，取"明经"。
>
> 选廷尉正，监、平，案章取"明律令"。
>
> 选能治剧，长安、三辅令，取"治剧"。[2]

在这里，民间的"茂材"（后避光武帝讳为"秀才"）通过地方州一级的刺史上报给丞相，这也即是《汉书·武帝纪》所云：

---

[1] 《金锁流珠引》卷四引《正一考召仪》曰："夫考召法，是考鬼召神也。"李淳风. 金锁流珠引 [M] // 道藏：第 20 册，370.

[2] 卫宏，孙星衍. 汉旧仪，附补遗 [M]. 北京：中华书局，1990：68.

初置刺史部十三州……其令州郡察吏民有茂材异等可
为将相及使绝国者。[1]

州刺史、郡太守不仅负责治民，还负责选贤举能。在这里，
"丞相考召"意味着其在整个选举过程中的核心地位。他一方
面汇总地方所呈报的名单，一方面将其分为经学、法律与政务
三科，分配给各有司的相关官员进行考查、取用。

在盟威道教法中，"考召"被援引至对于请法求度弟子资
格的审查之中，如《外箓仪》所收《童子超受十诫及七十五将
军录谢恩章》云：

今月某日男、女师姓名，依科考召，授［某某］官
［某］将军箓。[2]

这种考召一方面当然来自道民社团内部长期观察的"人考"
（参见第十节"外箓"），但同时也来自三天仙曹的"神考"，也
即是在授度法箓的前一日，由祭酒拜进《箓刺》，请功曹、使
者、考召君、考召吏一干神明来对候选人进行考察。为理解其
中逻辑，特将刺文三种分列如下：

1. 上言如牒，男、女生［某］，前受［某］官［若干］

---

[1] 班固. 汉书[M]. 北京: 中华书局, 1962: 197.
[2] 正一法文太上外箓仪［M］// 道藏: 第32册, 208.

将军吏兵录, 奉法精修, 堪任进授, 今求迁署, 请 [某] 官 [若干] 将军吏兵录, 谨条行状, 州郡县乡里姓名年纪, 所迁请将军种数, 所属天师主者, 并保举人姓名如牒。谨遣功曹、使者, 考召君、吏, 考穷肉人, 审知情实, 某应良选, 及时当下。肉人元元, 须待拜署, 谒言上官, 谨以剌言。臣 [某] 诚惶诚恐, 稽首再拜。诣考召。臣姓 [某]（白剌）四君。(《外箓仪·进箓剌章》) [1]

2. 谨牒县乡里（姓名年纪、说清将军种数并保举人名姓如右）。辄遣功曹、使者与考召君、吏, 知肉人情实, 应选用与不应选用者, 愿及时下将军吏兵。[甲] 若未合法气者, 当重为考正, 趣令合选。肉人元元, 须待拜署谒言。甲诚惶诚恐, 稽首再拜。白剌, 诣考召。……臣 / 妾 [甲] 今于 [厶] 郡县里中白剌四君。(《度仙灵箓仪·箓剌》) [2]

3. 今有 [某] 洞男、女官保举 [某] 郡县乡里王甲, 年若干岁, 诣臣求受都功版署职。[某] 既奉道勤诚, 有心于法, 请依科给受者。右具, 所受如前。伏乞治中灵官吏兵, 考召君、吏, 一合考正 [某] 合法以不。如未合法气, 即为考正, 要令合法, 臣须特拜署。臣 [某] 诚惶诚恐, 死罪死罪, 稽首再拜。诣考召。……臣 [某] 白剌四

---

[1] 正一法文太上外箓仪 [M] // 道藏: 第 32 册, 209.

[2] 吕鹏志. 天师道授箓科仪——敦煌写本 S203 考论 [J]. "中研院" 历史语言研究所集刊, 2006, 77 (1): 142.

　　君。(《正一法文传都功版仪·白刺》) [1]

综上所述，"神考"特别关注求度弟子是否"应良选"取决于其是否合乎"法气"[2]；《上清洞天三五金刚玄箓仪》所载《刺文》亦云：

　　　　白刺上诣"太元上元九天金阙玉帝"考召"清真正气"。[3]

《上清金真玉皇上元九天真灵三百六十五部元箓》亦曰：

　　　　上诣"太元上九天金阙玉帝"考召"清真正气"。[4]

"法气""清真正气"，其所言者皆是道气。换言之，在仪式的内在层面，求度者的德行，乃是通过身中的道气所表现的。这一理论正是基于《想尔注》中关于善恶与道气的观念：

---

[1] 正一法文传都功版仪 [M] // 道藏：第 28 册，491.
[2] 按《玄都律》云："上章之时，家中大小，不得历乱，高声大语，惊鸡动犬，则法气不安。"则"法气"近乎"道气"，但更落实于物质之层面，不仅存于身中，亦普遍存在于身外。要修科仪戒律钞 [M] // 道藏：第 6 册，977.
[3] 上清洞天三五金刚玄箓仪 [M] // 道藏：第 34 册，160.
[4] 上清金真玉皇上元九天真灵三百六十五部元箓 [M] // 道藏：第 34 册，143.

> 腹者，道囊，气常欲实。心为凶恶，道去囊空。空
> 者耶（邪）入，便煞人。虚去心中凶恶，道来归之，腹则
> 实矣。[1]

可见，人之德行最终会以身中道气的损益而呈现出来，而这对于三天仙曹而言是无法隐瞒的。盖因考召君、吏等一众仙曹本即道气所化，故所谓之"考召"实是以大道之真气与身中之法气相格也。

此外，上言"白刺'四君'"极有可能即是《金锁流珠引》所言：

> 考召四君：一君主考召，一君主正一，一君主心，皆
> 考召君都管三一者也。[2]

其又云：

> 上古号考召君，今天曹四君是也。[3]

类似的观念也存在于灵宝经中，如《元始五老赤书玉篇真文天书经》有云：

---

[1] 饶宗颐．老子想尔注校证 [M]．香港：中华书局，2015：10.
[2] 李淳风．金锁流珠引 [M]∥道藏：第 20 册，476.
[3] 李淳风．金锁流珠引 [M]∥道藏：第 20 册，477.

> 右上始天光文……道士命属东岳，青书绛缯佩身……
> 勿不精，有考吏。

又云：

> 元始灵宝西北天大圣众……常以月一日，上会灵宝玄
> 都西北玉山紫微上宫，奉斋朝天文，校地上人鬼功过。其
> 日敕北斗下，与三官考召、四部刺奸，周行天下，纠察兆
> 民，条列善恶，轻重上言。

此处的"考吏"当与"三官考召"相似，是天界考察人间修道
者之仙曹。但与此同时，我们在上面已经提到，在《金锁流珠
引》中，"考召"已经具有了一层"驱邪"的含义，但这也许并
非没有缘由。在上面所引的两份《刺文》中，我们看到其中还
曾提及"［甲］若未合法气者，当重为考正，趣令合选""如未
合法气，即为考正，要令合法"。如果笔者的推论可靠，在这
里，考召君实际还具有了一重"治病""驱邪""净心"的职能。
这也许正是其后逐渐成为"驱邪"之法的发展脉络之一。[1]

---

[1]《赤松子章历·收除虎灾章》云："重请：九夷、八蛮、六戎、五狄、三
秦君，各随方位，春夏秋冬……勤加营护……"又如《无上秘要·涂炭
斋品》仪文云："关启：及道上二玄、三元、四始、四面方位、风气注
气、甲子诸官将吏、考召君、东九夷胡老君、南八蛮越老君、西六戎
氏老君、北五狄羌老君、中央三秦伧老君、五岳四渎丘沼君……"结合
此前他们曾在"箓召仪"中集体出现，这不由得使我们怀疑，（转下页）

五、盟约

（一）天命

回到我们的《七十五将军箓》中，其第 3 部分包含了授度法箓时候所建立的盟文。盟约的建立是法箓授度的先决条件，有了这一盟约，箓卷中稍后展开的吏兵名录以及神符才得以生效。盟约的内容由"约当"[1] 二字起始，首先言明了道民受度法箓之后的义务："扶助天师，医治百姓疾病。"虽然箓文中出现了"听署"这·词汇，但并非"署职"成为祭酒而只是"署箓"成为箓生，也因此并不拥有"治民"的权利。由此，其"事道"的最佳方式之一，便是协助祭酒、天师来履行她／他们"代天宣化""分气治民"的职责，"虔奉师门"也即当为此意[2]（详见第十三节"箓生"）。这些义务乃是"事道"之外业，但同时具有超越性与此世性两个层面，它们在道民的宗教生活中实际是圆融一体的：尘世中功勤的建立，直接与后世的生命救

（接上页）除了中央三秦君外的四位，实际也具有考召的职能。晚出的《太上说玄天大圣真武本传神咒妙经注》中，注"飞天神王"曰："飞天神王者，乃采访功过之都使也。号曰：东胡老君，西氏老君，南越老君，北羌老君，中伧老君。阙署五方，为万神之宗，总司飞行掾吏玉童玉女妙行真人等，计一千二百四十万众。游观太空，每遇五腊节日，仍校勘世人，予夺祸福。"从这一点来看，似乎四夷神君也具有某种考召之职能。赤松子章历 [M] // 道藏：第 11 册，194；周作明，点校．无上秘要 [M]．北京：中华书局，2016：805；太上说玄天大圣真武本传神咒妙经注 [M] // 道藏：第 17 册，96.

[1] "约当"在其他法箓中也写作"要当"，盖"约""要"两字相通假也。

[2] 赤松子章历 [M] // 道藏：第 11 册，192.

度紧密关联。

（二）约束

在明确了箓生的义务之后，盟文又高度概括了"不做"与"要做"之事，即约束，其中绝大部分是道德层面的引导，仪式上的守则以及家庭关系的维护。我们在第八节已经言明，"信道"与"守戒"是相互关联的一体两面，而盟威道的"守戒"并非是避世的独身自修，而是体现在构建和谐世界秩序上的共建（详见第十四节）。

盟文中特别强调了"不得自作一法，诽笑师主者"。这一方面是为了维护盟威教法的纯正与真实，另一方面则是为了维护教团权威的声望，以此维持道民团体的和谐与稳定。此后的一段盟文与《陆先生道门科略》《三天内解经》中与《清约》相关联的部分内容高度一致，其曰：

> 使民内修慈孝，外行敬让……民人五腊吉日祠先人，二月、八月祭社、灶，自此以外，不得有所祭。[1]

与此相似的是《上元真灵玄录》（上清家版本之《将军箓》）中的一段盟文，其曰：

> ［某］自受《录》之日，不得违《科》犯《约》，淫祀

---

[1] 陆先生道门科略［M］//道藏：第 24 册，779.

> 六天鬼神，无辜杀害，唯得依《太真正典》，祠家先人。若有犯淫盗不，背真入伪，为将军兵士将吏所伺。《札》过之日，［某］及七祖长充风刀，万劫无原，一如真明敕令。[1]

这里所谓的《科》即《太真科》，而《约》当即是与《清约》相关的一系列约束。这为我们提供了一个极好的案例：《清约》在法箓的授度过程中，被不断地重申，而这也从根本上界定了盟威道对于"三天大道"的基本信仰。

（三）**誓言**

"一旦违犯，坐见中伤"也就是建立盟约所必需的自我诅咒。按我们在第六节中曾提到，三官是道门盟约的证盟者，后世授度仪式无不启请三官降临坛所，证盟授度。箓生恪守盟约，则可得到三官的护佑以及大道的救度，违背盟约则意味着自己与祖先将要遭受三官的惩罚。

结尾处的不得"怨道咎师"几乎出现在所有的授度盟文中。子曰：

> 不怨天，不尤人。下学而上达，知我者其天乎。（《论语·宪问》）

从儒家的价值观看来，下学人事便是上达天理，但求合乎天

---

[1] 上清金真玉皇上元九天真灵三百六十五部元箓[M]//道藏：第34册，138.

命，不必怨天尤人。而对于道民而言，对于"道"与"师"的怨咎更与义理逻辑不合，这是因为奉行教戒便能够使道民"归根复命"；冥谴或夺箓往往是因为道民违反盟约在先，理当通过思过、谢罪来补救，而不是将责任甩给大道及师资。大道对人类无所亏欠、无有偏私，人类清贫时不宜妄自索求、苦恼时不应兀自怨咎。故《想尔注》曰："岂可怨道乎？！"[1]

（四）神符

我们在此需要将箓文第 6 部分的神符在此一并讨论。一如周代的册封制度，盟约是其前提，而册封则提供了行政、军事、土地、赋税等权利。具体于军事方面，除册命外，仍需有一式两份的"虎符"以为信物才得以调动兵将。开列于吏兵名录之后的神符，应即是箓生、祭酒调授兵之符信。这与六朝时期在一些道法中所单独授受的"神策"应是一理（参见第十八节"灵宝授度仪"）。与此同时，这一神符也可被视作箓中吏兵的另一种集约化符号体现，这在诸阶"内箓"之中还可见到更为淋漓尽致的演绎。

故此，授度法箓的本质即是差拨兵马。没有盟约建立，兵符不具备效力，此即古代帝王"拜将"之理[2]。

---

[1] 饶宗颐. 老子想尔注校证 [M]. 香港：中华书局，2015：14.

[2] 我们在这里所探讨的，是前盟约时期宗教以及盟威道神符所含的义理逻辑。不可否认，神符在后世的发展中，呈现出多种不同的义理侧重与演绎方式，乃至宋元时期，则有"雷咒无句读，雷符无散形"之说。道法会元卷九十五：雷霆飞捷使者大法 [M] // 道藏：第 30 册，404.

（五）三师

箓文的结尾写有"保举师、监度师、度师"三师之称[1]。按
"三师"之称在各种授度类文献中尚有另一种组合，即："证盟
师、监度师、度师"。按《传授经戒仪注诀》云：

> 第一曰三师，以三人为之。其一人为正师，一人为监
> 度师，一人为证盟师。[2]

在以上包含"证盟师"的组合中，其往往还在三师之外另添
"五保"。从文献来看，至少是在灵宝经体系中，"三师五保"
均为已经得受法箓之灵宝法师，故陆简寂先生于其《灵宝授度
仪》中云："三师五保，严装法服"[3]。

《受箓次第法信仪》亦曰：

> 右三师五保，皆是师之同学、高德、亲知，或上足

---

[1] 如果参考扬州所出土之《康周都功版》，则其具体的行文可写作："版署
    男 / 女官祭酒［姓某某］保举（监度）。"在这里"版署祭酒"可被理解为
    祭酒之"署职"，再加上姓名之"签押"，这实际也就构成了古代公文结
    尾惯例的"签署"（详见《附录四》）。三师之签署与盟文也有着紧密的
    对应关系。保举师的角色举足轻重。在一些法箓中，结尾签押处之"保
    举师"亦被"证盟师"所替代，保举师之名则出现于宗坛所出给的《词
    文》之中（详见《附录四》）。参见：白照杰 . 扬州新出土晚唐龙虎山天
    师道大都功版初研［J］. 宗教学研究，2018（04）：9-16.
[2] 传授经戒仪注诀［M］// 道藏：第 32 册，171.
[3] 陆修静 . 太上洞玄灵宝授度仪［M］// 道藏：第 9 册，842.

> 弟子、后彦英才，同为署辟，更相奖劝，敬之如师，号曰
> 三师。[1]

又《正一威仪经》曰：

> 　　正一受道威仪：登坛，皆须立三师、五保，监临授
> 度，检察得失，用对三天、五帝之司。[2]

基本来看，以上文献中，"三师五保"构成了一个代表"教团"的团体，或者说具有授度权限的"机构"。其中，度师是为弟子授度法箓之师，保举师即保人，是弟子受度法箓资格的担保者。证盟、监度二师则是整个授箓仪式的公证与监度人。[3]

　　"三师五保"之所以能作为一个有效的权威机构，乃是因其内部各位的权力相互约束，具体也就反映在了整个授度的流程之中，即：[保举→立盟授度←公证、监察]。其中，求度弟子本人的受度资格被 5 位不同的人所认可，并一同向度师保举，这首先从人的层面确保了受度者的资格。其次，在授度过程中，证盟师与监度师分别对应了授度仪式的两个重要环节：立盟与授度（详见图 11-07）。在他们的证明与监度下，仪式流

---

[1] 授箓次第法信仪 [M] // 道藏：第 32 册，221.

[2] 正一威仪经 [M] // 道藏：第 18 册，253.

[3] 在《附录四》的研究中我们将看到，在宋代，这一教团被以"金箓大斋坛"的名号来称呼，并随着神权的垄断而发展为最后的"万法宗坛"。而宗坛所颁发的《词文》也以保举师的名讳作为起始。

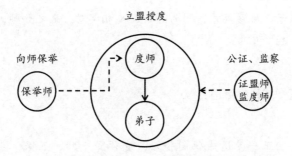

图 11-07 三师五保于法箓授度流程中之职司

程被赋予了真正意义的合法性，而非道经中所明令禁止的"私相传度"[1]"私相拜署"[2]。

回到盟威道教法关于《将军箓》的授度制度中，因其法箓本身的佩奉者即属于道民阶层，故也不一定必须由"高贵的"灵宝法师来作为保举，理论而言，其社群内部已受箓的道民（箓生）便都具有保举的资格。如《外箓仪》所收《进录刺章》云：

> ［某］州郡县乡里男、女生［姓名］［年岁］，被［某］官召，户属男、女主者［姓名］，治男、女［姓名］，保举：右牒男、女生［某］，前受《禁官［若干］将军吏兵箓》，奉法修真，堪任进授，今求迁署，请《某官若干将军吏兵录》如法。请给。[3]

---

[1] 要修科仪戒律钞 [M] // 道藏：第 6 册，923.

[2] 玄都律文 [M] // 道藏：第 3 册，460.

[3] 正一法文太上外箓仪 [M] // 道藏：第 32 册，208.

又如《送罚迁考后受九官刺》云：

> ［某］州郡县乡里，男、女［姓名］年岁，字［某］，
> 户属男、女主者［姓名］，治男、女生［姓名］，保举：右
> 牒男女生［某］，［某］年月日时，从臣（或：男、女官祭
> 酒［姓名］、天师如干世男子孙张［某］），受《如干将军
> 录》，奉法违科，致招考罚，［某］年月日时，于［某］处
> 为［某］事，或无故不觉去失……，［某］今改往修来，
> 依科输罚，洗心款到，迁考乞恩请署《更令》"九官吏兵"
> 如法。请给。[1]

在这里，"户属男、女主者"即是求度弟子命籍所属治区的治
职祭酒，而"治男、女生"当即是同治之箓生（受箓之道民）。
按照《外箓仪》所载《过度散化章》所载，保举的人数为"五
人"[2]，由此也与上言之"五保"对应。总而言之，对于道民而
言，其是否能够得受法箓，来自同一社群中群众的认可与推
荐。我们已经强调，在盟威道教法中，个体与群体乃是和谐一
致的存在，个人的法箓授度，也是集体之中的一大喜事，此即
《度人经》所云：

---

[1] 正一法文太上外箓仪［M］// 道藏：第 32 册，215.
[2] 正一法文太上外箓仪［M］// 道藏：第 32 册，212.

元始即于宝珠之内，说经都竟，众真监度，以授于我（太上道君），当此之时，喜庆难言。[1]

六、科律

（一）如律令

第4部分之盟文以"一如太上老君律令"结尾，在《一卷本》其他诸阶法箓中亦写作"一如律令"[2]，或"一如太上老君盟科律令"。[3] 按"盟""科""律""令"四字皆良有深意。其中"盟"源自周代以来的政治制度，并为法律的最早源头；而"科""律""令"则皆是秦汉以来不同法律条文的种类（详见第二节"法律制度"）。

对于科律的重申，实际即是对于盟约的重申。科律乃是盟约最为直接、具象的化现。由此，在盟威的最后，对于科律的重申意味着此前的自我诅咒将具有法律意义而生效。在盟约、律令的框架下，箓生得以履行责任，其权利亦得到保障，但同时因为潜在的神谴而受其约束。

（二）依《科格》授度

最后，回到立盟授度的问题中来，在诸多授度仪文中，皆见有"具依科格"[4]或"仪格"之文词（并参见第十节中所引契

---

[1] 灵宝无量度人上品妙经 [M] // 道藏：第 1 册，118.
[2] 太上正一盟威法箓：太上一官童子箓 [M] // 道藏：第 28 册，466.
[3] 太上正一盟威法箓：太上招财镇宝妙箓 [M] // 道藏：第 28 册，477.
[4] 传授三洞经戒法箓略说 [M] // 道藏：第 32 册，197.

券内容）。这里所谓的"科格"当指的是诸如《四极明科》一类开列有明确传法规范的科律。换言之，如果"三师五保"未能按照这些科格来如法授度，则他们也将收到三官之刑考，此即《洞玄灵宝太上真人问疾经》所云："传经不究仪格，是我大病。"[1]

七、吏兵

（一）名录

第 5 部分为法箓所含吏兵之名录，其中开列"上灵官"吏兵 23 位。吏兵名录是法箓最为核心的主体部分，而吏兵名号所隐含的诸项职司，则反映了法箓最为核心的复合功能。为了厘清箓中吏兵的职司，我们须先将《一卷本》中所收三阶《将军箓》中的吏兵在下表之中做一比对。需要说明的是，通过与《六卷本》所收《将军箓》对比发现，我们发现《一卷本》《将军箓》的名录中，存在着文、武吏兵交错罗列的书写方式，其具体原因尚未明详。但为了易于观察、分析，在下表中谨参依《六卷本》之名录排列顺序中对其文、武吏兵进行重新分组排列。此外，我们又参考《太上正一阅箓仪》中对于吏兵职司的描述以及其他信息，将吏兵们分为文吏、武吏、畏兽、驿吏与将军五类。

---

[1] 洞玄灵宝太上真人问疾经 [M] // 道藏：第 24 册，675.

《一卷本》所收三阶《将军箓》之吏兵名录（名录排列顺序参依《六卷本》之《将军箓》）

	《一将军箓》	《十将军箓》	《七十五将军箓》
文吏	北一上官直使功曹二人	上仙都直使功曹二人	上灵官直使功曹二人
	北一上官正一功曹二人	上仙都正一功曹二人	上灵官正一功曹二人
	北一上官治病功曹二人	上仙都治病功曹二人	上灵官治病功曹二人
	北一上官左官使者二人	上仙都左官使者二人	上灵官左官使者二人
	北一上官右官使者二人	上仙都右官使者二人	上灵官右官使者二人
	北一上官阴、阳神决吏二人	上仙都阴、阳神决吏二人	上灵官阳神决吏二人
			上灵官阴神决吏二人
		上仙都阴、阳官太医吏二人	上灵官阳官太医吏二人
			上灵官阴官太医吏二人
武吏	北一上官郎吏虎贲百二十人	上仙都郎吏虎贲二百四十人	上灵官郎吏虎贲二百四十人
	北一上官察奸钩骑百二十人	上仙都察奸钩骑二百四十人	上灵官察奸钩骑二百四十人
	北一上官三官仆射百二十人	上仙都三官仆射二百四十人	上灵官三官仆射二百四十人
煞鬼吏	北一上官天驺甲卒百二十人	上仙都天驺甲卒二百四十人	（此处空阙疑为脱漏）
	北一上官天丁力士百二十人	上仙都天丁力士二百四十人	上灵官天丁力士二百四十人

续　表

	《一将军箓》	《十将军箓》	《七十五将军箓》
煞鬼吏	北一上官收气食气吏百二十人	上仙都收气食气吏二百四十人	上灵官收气食气吏二百四十人
			上灵官收鬼食鬼吏二百四十人
			上灵官科车赤符吏二百四十人
		上仙都刚风骑置 [吏二百四十人]	上灵官刚风骑置二百四十人
驿吏		[上仙都] 驿马上章吏二百四十人	上灵官驿马上章吏二百四十人
		赤天历旗刚风官驿将军二人	
	赤天历旗刚风将军百二十人	赤天历旗刚风官左官驿将军二人	
		赤天历旗刚风官右官驿将军二人	
将军	赤天历旗左、右将军百二十人	赤天历旗刚风官左将军二人	
		赤天历旗刚风官右将军二人	
			上灵官候神将军二人
			上灵官候都神将军二人
			上灵官候左都神将军二人
			上灵官候右都神将军二人
			上灵官候仕将军二人

第一组文吏：其中《十将军箓》比《一将军箓》多出"阴阳官太医吏"一项，而在《七十五将军箓》中，"阴阳官太医吏"与"阴阳神决吏"这两项神吏均依其阴阳之性质又各自细分为两组。

第二组武吏：三部法箓之名录完全一致。

第三组畏兽：其中《七十五将军箓》比前两阶箓多出"收鬼食鬼吏"一项。

第四组驿吏：其中《一将军箓》中不存任何驿吏，《七十五将军箓》比《十将军箓》则多出"科车赤符吏"一项。

第五组将军：其中《十将军箓》与《一将军箓》相比，原有的"赤天历旗刚风将军"与"赤天历旗左右将军"被分得更为详细，增至五项。在《七十五将军箓》中，所有的将军均为"侯神将军"而非"赤天历旗"。查看六卷本之《百五十将军箓》（实际为仙灵两份《七十五将军箓》之合并），反而存有"赤天历旗"类将军14项。由此推测，《一卷本》之《七十五将军箓》可能脱漏了所有的"赤天历旗"将军。但由于法箓的研究才刚刚起步，这些问题还有待进一步的探索，我们在这里并不适合做过多的文本细节考证。

综上所述，从《一将军箓》至《七十五将军箓》，其明确的趋势在于吏兵职司种类与总数的逐步增加以及精细划分。但是，无论以何种方式计算，三阶法箓所开列的吏兵数目都与其名称中的数目（一、十、七十五）不符，这一问题有待进一步研究。

（二）职司

法箓的授予意在通过具有不同职司吏兵的赋予构建起箓生的神圣身份以及多重的权利与责任。如此，笔者特别关心的是，这些吏兵都各自承担起了怎样的职司？他们之间的关联又是如何的？晚唐杜广成先生所编订的《太上正一阅箓仪》为我们详细地叙述了诸阶法箓中各类吏兵的职司[1]，虽然其距离法箓，尤其是《将军箓》之初创年代稍久，仅能代表晚唐时期的义理观念，但其仍不失为帮助我们推论更为古早义理的重要捷径。现谨据仪文，将《将军箓》中诸吏兵之职司开于下表之中。

《太上正一阅箓仪》所开列的吏兵职司

	吏 兵	职 司
文吏	直使功曹	主为臣执使，主将司察东西南北。
	正一功曹	正定诸炁。
	治病功曹	消除百病。
	左、右官使者	主将送东西南北，辟斥三灾九厄，五刑六害之考；都主吏兵主领左右，无令前后错互。
	阴、阳神决吏	主为臣和正阴阳，决定生籍，安神养性，使合真仙。
	阴、阳治病功曹 阴、阳治病天医吏	主为臣调理阴阳，察侯五藏神仙妙药，却病消灾。

---

[1] 太上正一阅箓仪 [M] // 道藏：第 18 册.

续 表

	吏 兵	职 司
武吏	郎吏虎贲	主为臣屯守所居，营卫左右，随逐东西南北，去身百步兵刃，外向讨捕凶逆，执捉奸邪，并令绝灭，不得纵逸，常当保护臣身。
	察奸钩骑	
	三官仆射	
畏兽	天驺甲卒	主为臣随遂东西南北，所有呼召应声而集。
	天丁力士	
	收炁食炁吏	主为臣收食天下毒疫鬼炁，妖精邪神，伤寒疟疠，毒疰瘟邪，虫兽强殃，皆收而食之，悉令荡散。
	收鬼食鬼吏	
驿吏	科车赤符吏	主为臣收捕奸邪鬼贼不正之炁，呈章奏表，速令上达。
	刚风骑置吏	
	驿马上章吏	
将军	将军等	主领官将吏兵士卒，围绕臣身周匝三重，无令空缺。

（三）功曹

第一组文吏中的前三位均谓之“功曹”。按秦、汉两代将地方分为郡、县两层，均由长官、佐官统领属吏进行管理。其中，功曹作为一个行政部门，其最初的职司在于为官吏纪功，以资迁转，而功曹的主者，谓之功曹史，后世亦略称为功曹。《后汉书》云：

> 功曹从事，主州选署及众事。[1]

又云：

> 有功曹史，主选署功劳。[2]

在后来的发展中，功曹也还是群吏之首，"分管选举、刑罚，总司列曹众务，在郡国属吏中最为尊显"[3]，甚至有学者将功曹之于长官比作宰相之于皇帝[4]。

反观箓中吏兵之功曹，其概念显然被泛化了，功曹已不仅指代功曹史一人，而似乎还指代法箓吏兵中的高级文吏。按《洞渊神咒经》曰：

> 道士自有吏兵侍卫，不得一旦一夕有违，吏兵当告人愆过，天使吏兵违人夜去。[5]

此处的表述应还有另一半未说出，即"吏兵不但为人言过，也还为人言功"。如此，则这里所谓的"吏兵"的职司与府衙之

---

[1] 范晔. 后汉书志 [M]. 北京：中华书局，1965：3614.

[2] 范晔. 后汉书志 [M]. 北京：中华书局，1965：3621.

[3] 陈仲安，王素. 汉唐职官制度研究（增订本）[M]. 上海：中西书局，2018：163.

[4] 沈约. 宋书 [M]. 北京：中华书局，1974：1817.

[5] 太上洞渊神咒经 [M] // 道藏：第 6 册，79.

中功曹考察功过的职司相当；正如同功曹其手中的"功过簿"乃是所有官员、属吏升迁的最基本依据，箓生的一言一行，也被驻扎在身中的吏兵记录并报告于天曹，并决定着其命途。

此外，我们通过各类上章仪中的出官仪文得以看到，文吏中的"直使功曹""正一功曹""左、右官使者"乃是上天朝参大道、拜进章奏的主要代表成员（详见第十二节"出官仪"）。

1. 直使功曹

文吏第一位名曰"直使功曹"。从字面来看，"直使"二字应含有"当值使者"的含义。如《战国策·齐策》云：

> 孟尝君出行［五］国，至楚，［楚］献象床。郢之登徒，直（使）送之，不欲行。见孟尝君门人公孙戌曰："臣，郢之登徒也，直送象床。"[1]

东汉高诱注曰："直，当日直使也，登徒直使，不欲行，送象床也。"[2] 按"登徒"系官名，该其当值，履行使者之职责。从这一点来看，至迟在东汉末期已有"直使"这一表达，结合其他相关研究，我们应可推测其也可被称作"直符使者"或"直符使"。由此，《将军箓》中的"直使"也即等同于其他法箓中的"直符使者"。

---

[1] 何建章.战国策注释 [M].北京，中华书局，1990: 369.

[2] 何建章.战国策注释 [M].北京，中华书局，1990: 370.

　　根据马增荣博士之研究，"直"为当值义，"符"即符信义（参见第五节"契约的发展"），"直符史"即执符值班之文吏。在汉代郡、县府衙中，"直符史"由府内诸曹史及该曹书佐定期当值，其主要任务为在当值时间内巡行视察府衙内收贮钱财的仓库，确认门户紧闭，并无水火盗贼等非常之事。当值约六七日或十日一轮，时间为一日一夜；其第二日清晨，直符史将"直符"交接与接班的同僚，并依式缮写值班报告[1]。由此来看，直符史的职责具有空间与时间两重防御特性。在空间层面，直符史通过巡行，确保府衙上下均能免于水火盗贼；从时间层面，由于其为值期为 24 小时，且由各曹轮值，故而得以确保府衙每日的安全保障。2010 年于湖南长沙五一广场出土的东汉永初五年（111 年）长沙郡临湘县简牍档案中，留存有县衙直符史的当值档案，为我们了解真实的直符制度提供了鲜活的物证（参见彩页图 4）。

　　从宗教的角度来看，将直符史（直使）置于吏兵之首位，必然也在强调其对于府衙与长官（也即是箓生之"形"与"神"）全方位、全天候的护卫，广成先生其所言"司察东西南北"或即当为此意。此外，就零星的文献记载所见，直符史还有在当值期间随时听候长官差遣的义务，"为臣执使"当也即为此意。在新近的学术发表中，姜守诚教授同样也观察到汉代数术与宗教层面"直符"观念的神秘化，而道教神明体系内的

---

[1]　马增荣 . 汉代地方行政中的直符制度 [J] . 简帛，2018（01）：253-277.

"直符使者"正是这一背景下的产物，但又有所演进[1]。在另一篇关于宋元道教科仪"直符"神的研究中，他对"五帝直符"以及与其相配套的召遣"密咒"（实际即是"发炉"）进行了讨论，但并未谈及这些"直符"实际应是首先载于《太上灵宝诸天内音自然玉字》，并通过授度仪式而度与弟子，由此得以在修诵《度人经》中得以敷用，其中《经》与《箓》通过仪式相互咬合。（参见第十五节"洞玄部《灵宝中盟箓》"）[2]

2. 治病功曹

《洞渊神咒经》又曰：

> 吏兵还自诛人，亦令人疾病；病人久考，令人不健；诸色梦寐不吉，吏兵为之也。[3]

我们已经了解到，在盟威道义理中，疾病的发生乃是因为罪愆，而对于疾病的最为根本的医治在于思过、谢罪。既然吏兵一方面纪录功过，一方面又负责实施处罚，使人生病，那么谢罪之后对于身中疾病的治疗当然也应由吏兵来完成。"治病功曹"之称谓当即由此而来。

---

[1] 姜守诚. 汉代"直符"观念的神秘化[J]. 贵州社会科学，2022（03）：64-69.

[2] 姜守诚. 宋元道教科仪中的"直符"神[J]. 中国本土宗教研究，2022（00）：161-177. 此外，"三界直符""四直功曹"在法箓中的体现，可参见《附录三》。

[3] 太上洞渊神咒经[M] // 道藏：第 6 册，79.

3. 正一功曹

在上章仪的出官仪文中，吏兵们被从箓生身中召出，并以九宫式的阵列排布（详见第十二节"上章仪"）。"正一功曹"居于九宫格的正中，位于箓生身体之正上方，其"腰带虎符,赍持谒簿"[1]的形象不仅明显迥异于其他所有成对或双数出现的吏兵，更说明其拥有一定的兵权（虎符）以及直接对越朝觐（此处的"谒簿"或当作"谒简"理解）的权限。在汉代基层政府中，功曹实际的权位极大，位居诸曹之首。郡国一级的功曹，还常能代表郡太守参与朝廷中的"上计"，拥有"对越"的职权（参见第十二节"朝真仪"）。从某种意义上来说，功曹之于长官，犹如宰相之于皇帝[2]，其中一位典型的代表，便是系师张镇南之功曹阎圃[3]。他因为善于进谏良言而被汉献帝封侯。

结合"正一功曹"位居中央的空间关系以及其形象描述，再结合其"正一"之名，我们或可推论正一功曹实际是身中所有吏兵之主，也是她/他们的集合体。或者说，所有吏兵实际都由正一功曹分形而出，其"正一"之名等同于"道"，也即是"平气"，实际也就是箓生内在的道气化自我。只有如此，我们才能理解杜广成先生所言之"正定诸炁"，乃即是"正一平气"的另一重表达而已。

---

[1] 吕鹏志.天师道授箓科仪——敦煌写本S203考论[J]."中研院"历史语言研究所集刊，2006，77（1）：137-138.

[2] 载湛云："今世宰相何难，此政当我南阳郡汉世功曹耳。"沈约.宋书[M].北京：中华书局，1974：1817.

[3] 陈寿撰，裴松之注.三国志：张鲁传[M].北京：中华书局，1982：263.

由此，我们不妨推测，所谓"都功"者，即是祭酒身中"正一功曹"人格的外化，而其所辅佐者，则是作为"阳官"的太守。若将此观点放大，则"正一盟威之道"在整个历史、社会中的定位，即是"正一功曹""都功祭酒"，其用以在人间与天上两个层面辅佐皇帝与大道，而天师则是诸功曹[1]之首。

4. 左右官使者

使者与外出访问相关，这一点可以再一次通过出官仪文来得到确认，其曰：

> 左官使者持幢在前，右官使者建节在后。[2]

在中国古代仪仗制度中，"节"是使臣的象征，汉使苏武"杖汉节牧羊，卧起操持，节旄尽落"[3]的佳话已是家喻户晓。"幢"实际是罩以织物的"节"，马端临《文献通考》曰："幢，制如节而五层，韬以袋。"[4]此当即是杜广成先生所谓之"主将送东西南北"。按"将送"有护送物品之意[5]，又有遣送人员

---

[1] 我们也注意到，《大道家令戒》中，叙述者乃称呼诸道民、祭酒为"汝曹"。正一法文天师教戒科经：大道家令戒 [M] // 道藏：第 18 册，263.

[2] 吕鹏志. 天师道授箓科仪——敦煌写本 S203 考论 [J]. "中研院"历史语言研究所集刊，2006，77（1）：137-38.

[3] 班固. 汉书 [M]. 北京：中华书局，1962：2463.

[4] 转引自：允禄. 皇朝礼器图示 [M]. 扬州：广陵书社，2005：466.

[5] 如《后汉书·南匈奴列传》所云："汉乃遣单于使，令谒者将送，赐彩缯千匹，锦四端，金十斤。"范晔. 后汉书 [M]. 北京：中华书局，1965：2944.

之意[1]，但无论如何都意味着代表主事者外出执行事务。又按出官仪文所示，左、右官使者实际是整个朝参队列的领头与殿后，控制着整个队伍行进的阵型与节奏，如此也便对应了杜广成先生所言："无令前后错互"。

5. 阴阳神决吏

"决吏"当即是"决曹史"之义，其职司为决断法律案件。《后汉书·百官志》云：

> 决曹，主罪法事。[2]

前文已述，科律在盟威道教法中具有至关重要的地位。由此，对于罪愆的认定与决断就显得至为重要。而作为箓生、祭酒，他们不但要对自己的所思、所行、所言有明确的反省，更要依据科律对道民的行为进行合理的判断。出官仪文所言"阳神决吏立左，阴神决吏立右"勾勒出了长官左右两侧的各执青簿与黑簿的两位文吏的形象；所谓的阳神、阴神，即是阳气、阴气，也就是注生功曹与注死功曹之意（或可理解为"阴、阳二律"[3]，也即是王法与天律）。故杜广成先生曰："和正阴阳，决定生籍，安神养性，使合真仙。"

---

[1] 《梁书·武帝纪中》："自今逋谪之家及罪应质作，若年有老小，可停将送。"姚思廉. 梁书 [M]. 北京：中华书局，1973：52.

[2] 范晔. 后汉书志 [M]. 北京：中华书局，1965：3559.

[3] 正一出官章仪 [M] // 道藏：第18册，277.

6. 治病功曹、天医吏

顾名思义，"阴、阳治病功曹""阴、阳治病天医吏"即是在决断善恶、阴阳之气的基础上，通过调理人身中的阴阳之气来达到治病目的的吏兵。其职司应与"治病功曹"相近，但更强调了人体健康状况与"气"之间的紧密关系，故杜广成先生言："调理阴阳，察侯五藏神仙妙药，却病消灾。"

（四）武吏

1. 郎吏虎贲

第二组武吏，其中第一位名曰"郎吏虎贲"。"虎贲"意即"虎奔"，取义"猛怒如虎之奔赴也"[1]，以比喻勇士。按《周礼·夏官》云：

> 虎贲氏：掌先、后王而趋以卒伍。……王在国，则守王宫。国有大故，则守王门。[2]

由此则知，虎贲即是周王之亲军，负责王宫之武力守卫。我们在第十节中曾提及周王赐予晋伯的"虎贲三百人"[3]，这大概便是周王将自己的亲信人马赐予了晋伯。秦代皇帝的近卫军"郎"又分为"议郎、中郎、侍郎、郎中"[4]。汉武帝时设虎贲校

[1] 应劭撰，王利器校注. 风俗通义校注 [M]. 北京：中华书局，1981: 15.
[2] 郑玄，贾公彦. 周礼注疏 [M]. 上海：上海古籍出版社，2010: 1203-1204.
[3] 杨伯峻. 春秋左传注 [M]. 北京：中华书局，2018: 397.
[4] 班固. 汉书 [M]. 北京：中华书局，1962: 727.

尉[1]，平帝时改为"虎贲郎，置中郎将，秩比二千石"[2]。由此，法箓中所言"郎吏虎贲"，实际即是箓生的近身武官护卫，也即杜广成先生所言："屯守所居，营卫左右"。

2. 察奸钩骑

"钩骑"一职暂阙考于文献，但见于山东嘉祥所出一汉画像石之铭文（参见图11-08）[3]。在该画像石中，分上下列描绘有行旅车马列队两组，其中上列四位骑行人物旁以隶字刻榜题曰"钩骑四人"。通过细读图像，可见骑兵头戴武弁，当即是军士。其中前两人明显肩扛一钩状长柄兵器。由此，所言"钩骑"者，当为汉代的一种骑兵，甚至也可能是贵族、官员外出时卤簿中的一部分，此当即杜广成先生所言："随逐东西南北"。此外，"奸"字在早期文献与道经中常用以形容不正之鬼神，如大禹九鼎之功用，便是"使民知神奸"[4]；《太上正一咒鬼经》云"血祀诸奸神"[5]。由此，所谓之"察奸"当即察捕房祀鬼神之义，故杜广成先生曰"执捉奸邪"。

3. 三官仆射

"仆射"之职原指善于射术之士，《汉书》云：

[1] 班固. 汉书 [M]. 北京：中华书局，1962：738.

[2] 班固. 汉书 [M]. 北京：中华书局，1962：727.

[3] 傅惜华，陈志农，编. 山东汉画像石汇编 [M]. 山东画报出版社，济南：2012：199.

[4] 杨伯峻. 宣公三年 [M] // 春秋左传注，北京：中华书局，2018：572-573.

[5] 太上正一咒鬼经 [M] // 道藏：第28册，367.

图 11-08 《钩骑四人画像》拓本及线描图，潘祖荫旧藏，瑞典博物院藏（陈志农 / 绘图，陶金 / 补绘）[1]

> 古者重武官，有主射以督课之，军屯吏、驺、宰、永巷宫人皆有，取其领事之号。[2]

从秦代开始，仆射开始成为各类部门都有的类似主管、领事的职务，"侍中、尚书、博士、郎皆有"[3]。东汉时期，虎贲中郎将

---

[1] 傅惜华，陈志农，编 . 山东汉画像石选编 [M] . 济南：山东画报出版社，2012：199.

[2] 班固 . 汉书 [M] . 北京：中华书局，1962：728.

[3] 班固 . 汉书 [M] . 北京：中华书局，1962：728.

便配有"左右仆射、左右陛长各一人"[1]。按箓中所列"三官仆射百二十人"来看，此处所谓并非是主事官之意，而是弓箭军士之原义。故杜广成先生曰："去身百步兵刃"。此外，此处所言"三官"，当指其亦受事于三官主者，承秉盟神之威。这一命名法也许与"正一功曹"有相似之处，即：正一（大道）是本，功曹是用。而仆射以三官盟威为体，则得"外向讨捕凶逆"之用。

（五）煞鬼吏

1.《天蓬咒》

第三组煞鬼吏，由四位吏兵组成，其中前两位"天驺""天丁"继续延续了前组武吏的军事逻辑，有着兵马的含义。但是，考其来源，则本组四位吏兵均出自《天蓬咒》中，并与"畏兽"有关。按《真诰·协昌期》中，录有名为"北帝煞鬼之法"的祝文一宗，也便是后世常用镇鬼科法之《天蓬咒》，其文曰：

> 天蓬天蓬，九元煞童。五丁都司，高刁北公。
>
> 七政八灵，太上浩凶。长颅巨兽，手把帝钟。
>
> 素枭三晨，严驾夔龙。威剑神王，斩邪灭踪。
>
> 紫气乘天，丹霞赫冲。吞魔食鬼，横身饮风。
>
> 苍舌绿齿，四目老翁。天丁力士，威南御凶。
>
> 天驺激戾，威北衔锋。三十万兵，卫我九重。
>
> 辟尸千里，去却不祥。敢有小鬼，欲来见状。

---

[1] 范晔.后汉书志[M].北京：中华书局，1965：3575.

　　　　攫天大斧，斩鬼五形。炎帝裂血，北斗燃骨。
　　　　四明破骸，天猷灭类。神刀一下，万鬼自溃。

《天蓬咒》之玄义晦奥艰深，大略而言，除"天驷"与"天丁"
外，其中还开列了以天蓬为首的一众辟邪神明及神兽，如"四
目老翁""素枭""夔龙""长颅巨兽"以及"攫天"等。其中，
"攫天"成为我们理解这一组神异存在的钥匙（参见图11-09，
11-10）。

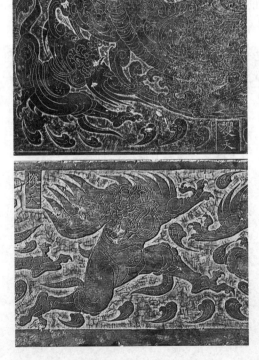

图11-09　北魏《冯
邕妻元氏墓志》浮雕
"攫天"图像两种，波
士顿艺术博物馆藏

图11-10　山东沂南北寨东汉元嘉元年（151）墓葬画像石中的畏兽形象，其手举大斧，或可被视作"攫天大斧"之某种图像源头[1]

2. 畏兽

得益于孙博博士的研究，我们现在知道，"攫天"明确的图像见于1926年出土于洛阳的北魏"辅国将军长乐冯邕妻元氏墓志"，现藏于波士顿艺术博物馆（Museum of Fine Arts Boston）。根据孙博博士的调查，该墓志周身环刻具有榜题的神兽十八位，其包括：攫天（重复两次）、唅螭、拓仰、拓远、挠撮、掣电、欢喜、寿福、乌攫、礔电、攫撮、回光、捅远、长舌、飞廉、挟石、发走、啮石等[2]。从图像学的角度，与此类

---

[1]　山东省博物馆，编. 沂南北寨汉墓画像 [M]. 北京：文物出版社，2015：121.

[2]　孙博."畏兽"四题 [J]. 艺术收藏与鉴赏，2020（04）：170. 关于墓葬中的"辟非""四灵"等神兽与道教墓葬之关联，还可参见：沈睿文. 何处是归乡——陶弘景墓所见葬式及其佛教影响 [J]. 华林国际佛学学刊，第四卷，第一期（2021）：95-121.

似之怪兽还见于美国纳尔逊-埃金斯博物馆（The Nelson-Atkins Museum Of Art）所藏北朝石床的围屏，日本学者长广敏雄借用郭璞《山海经注》将其命名为"畏兽"。

郭璞所谓"畏兽"者有四种，一为"嚣"，"状如禺而长臂，善投"[1]；二为"駮"，"状如马而白身黑尾，一角，虎牙爪，音如鼓……是食虎豹，可以御兵"[2]；三为"孟槐"，"其状如貆而赤毫，其音如榴榴……可以御凶"[3]；四为"疆良"，"衔蛇操蛇""虎首人身，四蹄长肘"[4]。可见，畏兽除了具有动物的特征外，还具有"辟凶邪之气"之功能。饶宗颐先生也认为"兽""狩""守"三字相通，畏兽乃"威猛之兽，可以辟除邪魅，祓去不祥"[5]。此外，畏兽之所以能够抵御凶气，往往是因为其强大的咬食功能。孙博博士便注意到上述十八畏兽的名字中的"啮石""唅螭"都具有咬食的含义，并引孔令伟之研究[6]，推定其当源自汉代大傩仪中的"十二兽"。按《后汉书·仪礼志》所载，其大傩仪逐疫仪文曰：

> 甲作食疭，胇胃食虎，雄伯食魅，腾简食不祥，揽诸食咎，伯奇食梦，强梁、祖明共食磔死寄生，委随食观，

---

[1] 袁珂. 山海经校注 [M]. 北京：北京联合出版公司，2014: 24.
[2] 袁珂. 山海经校注 [M]. 北京：北京联合出版公司，2014: 56.
[3] 袁珂. 山海经校注 [M]. 北京：北京联合出版公司，2014: 62.
[4] 袁珂. 山海经校注 [M]. 北京：北京联合出版公司，2014: 359.
[5] 饶宗颐. 畏兽画说 [M] // 澄心论萃. 上海：上海文艺出版社，1996: 265.
[6] 孙博. "畏兽"四题 [J]. 艺术收藏与鉴赏，2020（04）: 185.

> 错断食巨，穷奇、腾根共食蛊。凡使十二神追恶凶，赫女（汝）躯，拉女（汝）干，节解女（汝）肉，抽女（汝）肺肠。女（汝）不急去，后者为粮！[1]

此处清晰可见，十二兽的驱邪功能都是通过其对邪气恶鬼的咬食得以体现的，且无一例外。这段仪文同时也告诉我们，至迟在东汉，能够食鬼的畏兽已经被纳入宗教仪式之中，成为能够协助人类驱遣妖邪的对象。

3. 职官化

在了解过食鬼的畏兽后，我们便能对《天蓬咒》中的"吞魔食鬼，横身饮风"一句拥有更为深入的理解。如果将风理解为气，则这一句正对应了吏兵名录中的"收炁食炁吏""收鬼食鬼吏"。如此，则"天骀""天丁""食炁""食鬼"四吏均出自"北帝煞鬼法"中，或至少是与其享有共通的来源。笔者也因"北帝煞鬼法"之名，将这一组吏兵称作"煞鬼吏"。与高度制度化的文吏、武吏相比，畏兽这一"种群"不但外形粗犷，其内部关系也十分松散（无确切的合作或隶属关系），因此实际更接近于前盟约时代的师巫、方士传统，而非盟威道自身的传统。因此，我们甚至可以大胆推测，这四种吏兵实际反映出了隐藏在正一箓中的更为古老的"箓"，它或许与葛洪所言的《百鬼录》有着一定的关联，也即是《尚书纬》所云"名

---

[1] 范晔.后汉书志[M].北京：中华书局，1965：3127-3128.

字之录"[1]的范畴。但与此同时, 按照孙博的见解, 畏兽这一图像系统在经历了汉代的孕育之后, 在北朝时期突然高度流行了起来, 而这也正能大抵与《真诰》的年代(东晋)相对应。故此, 我们也不排除该组吏兵系六朝时期将畏兽进行道教化之后才添入的可能。

在正一箓中, 煞鬼吏们原本怪谐的名称被更为职官化的"收炁食炁吏""收鬼食鬼吏"所取代, 后者说"职官化", 这便好像是将游勇编入了王师, 每一个人都拥有了正式的军衔。此外, "鬼"与"气"的修辞并列表达出盟威道义理中, 将鬼与神均视作气的本体论思想。如此, 则"收摄、咬食邪鬼"也就与"平气"(to subdue the disordered pneuma)这一核心义理概念对接了起来。在其他法箓中, 这一对"收食吏"又被拓展为"收神食神吏""收鬼食鬼吏""收精食精吏""收毒食毒吏""收邪食邪吏"甚至"诛符破庙吏"[2]。

(六)驿吏

第四组驿吏, 由"科车赤符吏""刚风骑置吏""驿马上章吏"三类吏兵组成。由三者名称可知, 其分别职掌车、马与公文的呈送[3], 而其所对应者, 正是秦汉帝国庞大发达的公文邮驿

---

[1] 安居香山, 中村璋八.纬书集成[M].石家庄: 河北人民出版社, 1994: 392.

[2] 太上洞玄灵宝授度仪[M]//道藏: 第9册, 481.

[3] 参见: 张超然.天师道祭酒亲自上天呈章?[G]程恭让, 主编.天问: 传统文化与现代社会, 南京: 江苏人民出版社, 2010: 171-189.

系统以及文书制度[1]（参见第二节"文书制度"）。在宗教的话语中，此一组驿吏实际代表着人与大道之间意愿的传达，也即是身中道气吏兵的向上朝谒。

1. 科车赤符吏

按《宋书·礼志》曰："车无盖者曰科车"[2]。科车既然无盖，则其级别不高。又按《神仙传》之记载，神仙刘根被郡太守史祈要求"召鬼"，以证明其"有道"。刘根书符行法后：

> 须臾，厅前南壁忽开数丈，见四赤衣吏，传呼避道，赤衣兵数十人，操持刀剑，将一科车直从坏壁中入到厅前。……上有一老公一老姥，反缚囚系……乃祈亡父母也。……父母亦泣，责骂祈："……汝何为犯忤神仙尊官，使我被收束囚辱如此？"[3]

故事中，子女（太守）的罪过被报在其已经过世的父母身上，这是典型的承负思想。其次，"科车"乃是囚车，由"赤衣兵"将使，而这恰恰又对应了"赤符"。

杜广成先生于在《太上正一阅箓仪》中，对《三五赤箓》吏兵的一段描述可为我们提供，其曰：

---

[1] 富谷至. 文书行政的汉帝国 [M]. 刘恒武，孔李波，译. 南京：江苏人民出版社，2013.

[2] 沈约. 宋书 [M]. 北京：中华书局，1974：501.

[3] 葛洪撰，胡守为校释. 神仙传校释 [M]. 北京：中华书局，2010：299.

出太上神明上灵官中宫乘日三五"科车赤符吏",乘
月"科车捕鬼使者"各百二十万人,出为臣诛翦凶逆,讨
捕精邪,赤符追摄,并令殄灭。[1]

此处"科车赤符吏"与"科车捕鬼使者"共成一组,而其职
司便是"讨捕精邪,赤符追摄";虽然"捕鬼使者"未列入
《七十五将军箓》中,但我们可以将其视作"科车赤符吏"职
司的进一步演化。由此,所谓的"赤符"即是由三天所颁,
"讨捕精邪"的军符命令。

从盟威道义理的角度来看,"平气"可有多重的含义,一
方面包括对于下方逆气(房祀鬼神)的收摄,另一方面也还包
括了对于逆气的转化(招安),并逐渐将其转化、升举为更为
精纯的道气。所以,在法箓中,盟威道教法实际乃是以郡县中
职掌"卒徒转运"的"尉曹"[2]来象征这一由下自上的"平气"
过程。鬼神之气的转化与输送,正是促进三天之气取代六天故
气的重要仪式内容之一。故杜广成先生曰:"收捕奸邪鬼贼不
正之炁"。

2. 刚风骑置吏

道经之中的"刚风"又写作"罡风",意指高天之中阻断
人与上天之间交流的强风,在晚出道经中又与"浩气"联用。

---

[1] 太上正一阅箓仪 [M] // 道藏: 第 18 册, 290.
[2] 范晔. 后汉书志 [M]. 北京: 中华书局, 1965: 3559.

元代《大洞仙经注》曰:

> 三界之中刚风浩炁,五帝大魔统领诸天魔鬼,把截
> 要路。[1]

"骑置"即邮驿之义,颜师古注《汉书·李陵传》云:"骑置,谓驿骑也"[2]。由此,则"刚风骑置吏"负责实现冲破尘世自然力量约束的"地天通",其本质则为确保人之意志(由章表所代表的)与大道相契的超越力量。

3. 驿马上章吏

"驿马上章吏"与前者"刚风骑置吏"所不同的地方在于其突出了对于章文的呈送。前者在于冲破刚风,后者在于呈递文书。很明显,"驿马上章"之名充分体现了"以文书御天下"[3]的汉帝国邮传体系。关于文书的呈递,详见第十二节中。

(七)将军

1. 候神将军

第五组将军,开列"候神将军"五类。目前所见正一箓中,"候神将军"仅存于《一卷本》《七十五将军箓》中,其确切所指不详,有待于进一步考察。综考其他法箓,则"赤天历旗刚风官驿将军"属于常见于法箓中的"将军"之属,如《十

---

[1] 玉清无极总真文昌大洞仙经注 [M] // 道藏: 第 2 册, 689.

[2] 班固. 汉书 [M]. 北京: 中华书局, 1962: 2452.

[3] 王充, 黄晖. 论衡校释 [M]. 北京: 中华书局, 1990: 591.

将军箓》开列的五类。

2. 赤天历旗刚风官驿将军

盟威道教法中的官君、吏兵常有以"赤天"冠名者，如"赤天食炁君"[1]"赤天万灵君"[2]，以及上言之"赤符"。所谓"赤天"或即"大赤天"，《三洞珠囊》引《洞玄经》云：

> 三元以三气置立三天。三天者，始气为清微天，元气为禹余天，玄气为大赤天。[3]

其以"三天"冠，应是为了彰显官君、吏兵的三天之源。

在中国古代军事中，"旌旗"与"金鼓"分别是视觉与听觉上指挥军队的重要媒介。孙子曰：

> 夫金鼓、旌旗者，所以一人之耳目也。[4]

吴子曰：

> 教战之令，短者持矛戟，长者持弓弩，强者持旌旗，勇者持金鼓……一鼓整兵，二鼓习陈，三鼓趋食，四鼓严

---

[1] 正一法文经章官品 [M] // 道藏：第 28 册，535.
[2] 正一法文经章官品 [M] // 道藏：第 28 册，548.
[3] 王悬河. 三洞珠囊 [M] // 道藏：第 25 册，334.
[4] 李零. 孙子译注 [M]. 北京：中华书局，2009：69.

辨，五鼓就行。闻鼓声合，然后举旗。[1]

又曰：

> 凡战之法，昼以旌旗旛麾为节，夜以金鼓笳笛为节。[2]

对于白起而言，主将与旌旗可视作一体，其曰：

> 将专主旗鼓尔，临难决疑，挥兵指刃，此将事也。[3]

"歷旗"在其他法箓中也写作"曆旗"。就其文义而言，"歷"有排行列队之义（如"历历在目"）。则"歷旗"有排旗、排兵、布阵之义。

由此，"赤天历旗"与"刚风官驿"可以被理解为两个不同的职司。其后者与第四组驿吏略有重叠，乃是冲破天人阻隔的超越力量；而其前者则代表大道统领佩箓弟子身中的吏兵，故杜广成先生曰："主领官将吏兵士卒，围绕臣身周匝三重，无令空缺。"

---

[1] 吴起. 吴子：治兵[M] // 刘寅. 武经七书直解，长沙：岳麓书社，1992：143.

[2] 吴起. 吴子：应变[M] // 刘寅. 武经七书直解，长沙：岳麓书社，1992：151.

[3] 尉缭子：武议[M] // 刘寅. 武经七书直解，长沙：岳麓书社，1992：312.

（八）总结

以上对《七十五将军箓》中的吏兵职司稍作了考察，我们可以初步看到，文吏、武吏、驿吏都与汉代官制有着较近的关联。煞鬼吏源自对于巫祝、方士传统的转化，可视作招安之部。唯将军一类，其既不同于文、武吏，也即是很难看出其与汉代官制之具体联系，又不同于煞鬼吏，即其巫术、方士色彩亦不甚强烈。其唯一突出之处在于，其名为"将军"，此乃与法箓本身名称相符之处，但，与此同时，其数目又与"七十五"不符。更重要的是，法箓乃是与仪式密切咬合的一对概念，我们在朝真仪、出官仪中，都能看到文吏、驿吏的频繁呼召、驱使，但几乎从未见到在仪式中对这些将军进行召遣。这些问题，都有待于未来的进一步探索与讨论。

八、吏兵与箓生的关系

我们在上面对于吏兵的讨论，始终徘徊在汉代职官制度与盟威道平气的义理之间。作为具有"形名"的吏兵，她/他们职司着各种具体的拟人化的，具有流动性的职司；而作为抽象的道气，它们实际起到了布散大道真气，平顺逆气的功能。由此，吏兵与箓生之间的关系，也在这两个层面之间并行不悖。下面想就吏兵与箓生的关系先具体讨论三点（具体的探讨还可参见本章后续诸节）。

（一）箓生的身体、权利与国家

箓生身中驻扎吏兵，这使得道民的身体得以成为一级行政单位，大约对应汉代的县（治堂则相当于郡一级行政单位）。这一过程可分两方面来讨论。其一，箓生自己成为一众神明的首领，这得以以职官制度作为象征，赋予她/他以多种不同的宗教权利：护卫自己、与道相通、为他人治病、驱赶邪气等等。这些权利能够帮助箓生完成自己在立盟时所承诺担当的责任。换言之，箓生一人所承担的职责，被以不同吏兵的方式分别表达，并施行。这也对应了中国传统宗教的一种观念，即：神明或主事者的权利，必然需要通过以她/他为中心的一个集约群体来表现，我们在第二节讨论中国传统职官制度的"整体性"时已经谈到了这一点。所以，吏兵的授度，实际是将现实中的整体性框架逆向赋予到了个体之中，强行地将箓生的形神拆散成为同时又是有机整体的若干员吏兵。

其二，通过将箓生的身体"体制化"，箓生也自然成为"国家"的一部分，这一国家以玄都为首都，以大道为君主，且与阳世国家互呈镜像。从这一点来看，法箓这一宗教制度以及义理观念，必须是在一个"大一统"的国家、社会环境下才可能形成，尤其是在这一"大一统"的国家面临危机之时（意欲匡扶汉室）。这种身体与国家的譬喻自然上承了更为古老的政治哲学传统，但其在此处意在设立一个集体性救度（collective salvation）框架，个体与集体绝非对立存在，而是一体。

（二）吏兵对于箓生言行举止的监察

我们上面已经言明，吏兵当中的"功曹"即是记录功过的曹吏，其正如《洞渊神咒经》所云："道士自有吏兵侍卫，不得一旦一夕有违。吏兵当告人愆过，天使吏兵违人。夜去身中吏兵，还自诛人。亦令人疾病，病人久考，令人不健。"[1] 由此，箓生身中的吏兵不仅仅负责守卫与通信，还负责对箓生言行、功过的监察，以及执行天曹所决议的殛谴。由此观之，吏兵似乎是某种箓生身中的"客体"存在。

但是，正如我们先前所见，吏兵实际乃是身中道炁由"点化"而来，如此，吏兵并非"客体"，而是"主体"。按敦煌 S.203 写本《度仙灵箓仪》所言：

> 从度吏兵之后，付授肉人身中。不犯恶为非，一旦违科犯约，坐见中伤，吏兵先坐。[2]

这也就意味着，吏兵一旦"度入"箓生身中之后（或者说被点化而出后），她／他们与箓生本人便形成了命运的共同体。若箓生违反盟约科律理应受罚的时候，吏兵也与箓生一同"连坐"[3]，但当吏兵们建功"各加其秩"且返回箓生身体"各还本官"后，箓生则得以"心明意解，动静合真"[4]。我们将在稍后

---

[1] 太上洞渊神咒经 [M] // 道藏：第 6 册，79.

[2] 吕鹏志. 天师道授箓科仪——敦煌写本 S203 考论 [J]. "中研院"历史语言研究所集刊，2006,77 (1).

[3] 换一个角度来理解，也就是说，一旦箓生违犯了盟约科律，他所佩箓中的吏兵因为"连坐"而降低其神圣的力量，若数罪并加，则自然相当于"夺箓"了。

[4] 正一法文太上外箓仪 [M] // 道藏：第 32 册，208.

的讨论中看到，箓生对于吏兵言功，实际即是为自己所做的言功。吏兵的升迁，也就意味着自己道业的进步以及身中真气的提升（见第十二节"言功"）。

（三）吏兵对箓生身中真气的掌控

通过分析五组吏兵的职司，并比较三阶《将军箓》中吏兵名录之损益，我们得以看到盟威道教法以对于法箓的逐步迁授，呼应了一位道民自幼及长的成长过程。通过授度《一将军箓》，年幼的道民几乎获得了全部的文吏、武吏与煞鬼吏，这使其不再受到外界鬼神世界的干扰。通过授度《十将军箓》，箓生获得了为人平气治病（阴、阳官太医吏）以及呈递章表（刚风骑置吏、驿马上章吏）的职司。"赤天历旗"将军员数的增加意味着其对于自己身中道气更为熟稔且细化的掌控。在《七十五将军箓》中，"科车赤符吏"添入，其意在赋予箓生收摄下方邪气，将其向上"解送"，以利道气运转的职司（详见第十二节"千二百官君"）。

我们应再次注意的是，吏兵的授度实为箓生身中道气自内而外的点化、分别与塑形，这实际也即大道"无中生有"之过程在人身中的重演。故此，《将军箓》的逐阶迁授（包括通过婚姻所获得的完整版《百五十将军箓》）的过程，并不应当只看作是吏兵种类与数量上的增加，而更应被看作是随着奉道者身体与精神上的成长，其身中"素被"之道气的逐步精炼与提纯。这种提纯实际意味着佩箓弟子对于自己形、神之气的更为细致且完备的控制；而正是由于这种对于自我的良好掌控，其身中所蕴含的力量也被次第唤醒并增强。换言之，吏兵的初次授予与增授，乃是通过一定的次第来效仿大道无中生有，进而分判阴阳，并逐步化生万品之过程。这象征着奉道者身体中另一重自我的诞生与成长。

九、小结

（一）法箓

本节中，我们以《一卷本》所收《七十五将军箓》为中心，对法箓代表性内容进行了考察，并从中理出几条义理概念的线索，要而言之有以下几点：

1. 法箓的授度是道民身中道气的分别与点化。由此，道民的生命本体得以被圣化，并凭借法箓中的吏兵与大道相通。

2. 吏兵的名录的递增实则为道民身中道气的逐步炼化。所以法箓的授度以及升授实际意味着对于自我的重新认识，以及不断改变、提升、重塑自我的生命历程。这一过程也可以被视作一重小天地从无至有的化生万物过程。

3. 吏兵是箓生的另一重"自我"。他们一方面保护道民不受禁忌与鬼神的缠扰，并使得道民与大道之间的沟通成为可能，甚至时刻监察着箓生的行为。另一方面，吏兵也与箓生同赏同罚。吏兵的升迁，也即意味着箓生自身道业的进步。

4. 法箓的授度是大道对于道民的诏命。由此，道民得以被赋予"代天行化"的神圣使命。但这一诏命也建立在求贤的"天志"与事道的"人志"相互符契的前提之下。

5. 法箓的授度是盟约的建立（或者说以盟约的建立为前提）。这一新的盟约一方面是对鹤鸣山师徒授受的真实重复，另一方面也是对于鹿堂山《清约》的重申。

6. 法箓的授度意味着获得科律的保护与约束，并引导道民朝向一个道德化的节律化的宗教生活（下文将会详叙）。

7. 吏兵中的"文吏""武吏"以及"驿吏"均与汉代官制有着密切的呼应关系。通过吏兵们的衬托，箓生实际被定义成了一位统领县域的"百里之才"。由此，箓生的身体被制度化，同时又被嵌入另一个更为宏大的制度之中。这一切的前提，均建立在大一统汉帝国的背景之下。

8. 第四组吏兵与《天蓬咒》同源，且与六朝时期的畏兽有着密切的关系，其有可能是《百鬼录》的一种遗存，但被"职官化"了。这也从一定的层面说明了箓中吏兵的多源化，这在其他"内箓"中还可进一步探索。

此外，还有一些尚未解决的问题。比如，无论将军与文、武诸吏，其数量都与名称（一、十、七十五）不符，那么《将军箓》的名称到底该如何得来？还有，既然箓生是县令可以指挥吏兵，那么将军的功能到底在什么地方？还是说我们今天看到的其实是几组不同箓的拼接、合并？这些都有待于进一步的研究。

此外，我们还注意到，《六卷本》中的箓文不再对《清约》的内容进行重申。笔者大胆地推测，这有可能意味着宋代的道教教团已对构建以道民为主体的社群失去了兴趣，教团人员结构日趋专业化，道、俗之别日益明显（参见第十五节）。

（二）契券

通过对契券的简要研究，我们得以结合鹤鸣山盟约中的"分布玄元始气治民"来理解"授度约定"层面上的细节内容。换言之，即每一位奉道者，在其受度之时，与道气所一同赋予的"天命"，或言"天职"，或言"使命"，或言"义务"。

一方面，奉道者有义务与责任将鹤鸣山盟约在时间与空间中进行"重演"，通过重演，"代天宣化"的根本使命才真正成为可能，道教作为一个具有生命的"文化体系"才得以延续。这即是通过盟约进行"权利（天命）的赋予"。

另一方面，所有的奉道者也皆有义务"代天宣化"，也即是代表三天大道来传播道化，这也即是"平气"与"治民"的确切含义，也即是通过盟约"赋予（天命）的权利"。在此之上，奉道在现实世界的层面不仅对个体的"民"负有责任，更对集体的"国"负有责任。在中国传统哲学与观念中，"国"与"家"，"君"与"民"可以被理解为一个整体（当然，也存在着其他更为集体主义的思想）。我们不应忘记，天师乃以留侯之后裔自居，意欲匡扶汉室。以此为基础，我们才能理解"济生度死"的真实含义：道教所谓的救度，包含了当下的"护世"与未来的"度世"，但这两个概念不仅仅是个体化的，更还是集体化的；奉道者有义务在"当下"与"未来"开启为全人类所造设的"太平之世"。为了使这一宏大的宗教目标成为可能，盟约中所授予的权利仍需要在更为具象的实践层面得以敷用，由此，在接下来的一节中，我们便需要通过仪式的敷演来考察《将军箓》中所包含的职官制度。

第十二节 将军箓之职官义理

在上一节中，我们考察了《一卷本》《七十五将军箓》的具体内容以及诸多义理，也由此对其所代表的，最初的道教法箓内涵有了初步的了解。但法箓的授度不同于护身符，并非仅仅用于防护，也赋予了箓生以天命（职责）以及权利（对吏兵的掌控，以及与大道的交流）。由此，通过法箓的授度，箓生也得以被纳入一个宏大的、动态的职官体系之中。通过加入这一体系，她／他还将获得终极的生命超越。

在第二节中，我们已经了解到了迥异于周代宗族分封制的秦汉帝国职官制度。我们也提及了包华石教授的见地，即这一制度与同时期的图像系统一样，均呈现出一种极强的流动性。如此，在盟威道教法中，不同社会阶层之间人才（孝者、廉吏）的流动，被作为道气流通与运行的一种象征。[1] 事实上，正如索安所指出，这一宗教中的职官制度也非盟威道之原创，其至晚已在东汉中晚期"天帝教"中有所体现，道教乃是"继

---

[1] 包华石 Martin J.Powers, *Pattern and Person: Ornament, Society, and Self in Classical China* (Cambridge, Mass.: Harvard University Asia Center, 2006), 209, 244, 265.

承了这一信仰的全部特色"[1]。

故此，在本节中，我们将把法箓置入这一套周弥六合的三天职官体系之中，并从法箓的仪式功能来入手，对法箓做进一步的考察。正是通过仪式，人与大道以及天曹职官之间实现了一如秦汉职官制度的流动性的互动。由此，我们才得以对法箓在道教义理中所处的核心位置有所认识，并以此出发，进而理解整个道教科仪所蕴含的义理。

在本节中，我们需要先对"太清衔"所反映的，大道作为虚皇的"形名"做一分析讨论。因为"太清衔"的多元含义，道教仪式中的"天人"感应才能得以实现。其次我们会将太清衔中的"千二百官君"拈出做进一步讨论，因为他们是在仪式中实现"正一平气"的重要媒介。然后我们会进而分别讨论"朝真""上章""言功""阅箓"这四种仪式，依次考察法箓在其中犹如钥匙一般的核心作用。

一、太清衔

（一）君王之形名

我们已经在第七节中讨论了大道的三种形名：群生万化之慈母、累世下教之良师以及昆仑玄都之虚皇。"慈母"之形名体现于大道持续不断向外展开化生万物的过程之中，"良师"

---

[1] 索安 Anna Seidel. 从墓葬的葬仪文书看汉代宗教的轨迹 [G]. 法国汉学，第七辑. 北京：中华书局，1999: 138.

之形名体现于大道对于人类锲而不舍的谆谆善诱之中，而"虚皇"之形名则象征了天地之间一切自然秩序的平衡与掌控，其同时也体现于人类求道、归道、事道过程中的至上存在。换言之，大道屈尊于人乃体现为师徒相授；授度之后人的归命大道乃是将大道目之为一君王，进而委质身心，臣而事之。慈母期盼子女归家，一如明君之求贤若渴；由此，臣仆能够通过"事道"而积功，并因功迁转，由此日进于道，并最终受诏登真，归根复命。

我们在第八节中已经提及，大道与俗神迥异，故"事道"也包含了多重层面的含义。但总而言之，除了最高阶层的"事无事"之外，无论是内业还是外业，往往均通过仪式的方式体现，而这些仪式中的义理逻辑以及符号象征，又往往取自先秦两汉的国家、宫廷仪典之中。诸如"稽首再拜""执简当心"等仪式行为，莫不如此。由此，我们才断言，大道具有"君王"一层之形名。一如人间帝王有其"陛下"之称谓，则大道亦须有其名号。有了名号，奉道者才能在仪式中通过相应的仪式行为与其相"契"相"合"。正如我们在第七节中所言，作为天地之始的大道"常无名"，但以人作为出发点来求道，则必然需要通过理性才能够认识、理解进而感合（符契）的对象，这也是整个盟威道职官体系的立足基础；由此，盟威道才得以废弃传统的血食祭祀。

（二）"太清衔"的版本与内容

"太清衔"是盟威道仪式中大道的"名号"，其在盟威道仪式中的使用主要有两处：其一在朝真仪中，"太清衔"乃是"东向"叩拜的尊神的名号。又因为静室的朝向为东向，取意"生气"之所，则知"太清衔"乃是四方朝拜之"神明"中最为尊贵者。其二在上章仪中，"太清衔"被写于章文结尾"以闻"之后，也即是章文的启阅者。目前所见《道藏》中不同文本所录之"太清衔"的内容、字数并不完全一致，大略而言，约有 48 字、49 字、52 字、56 字三个版本[1]。我们现将这四种排列罗列于下表之中[2]。

---

[1] 关于"太清衔"之讨论课见于以下文献之中：《道门定制·卷之一》："<议太清衔>：太清衔，五十二字迭成二寸四分，须令字画分晓可读，不得以字入字。或有促作一寸二分，无异涂抹。或则字数疏长，有违法度。凡司章奏，须在谨严，令齐整精密，不可苟简。斋法中，惟朱章科禁最重。按三洞法师朱洞微旨要云：填太清衔，不隔时在。欲行事之时，书填入匣，以候行事。其谨严如此，可不勉之"。《灵宝玉鉴卷之十八》："太清阶五十六字，紧迭细字，上度三寸六分，中度四寸五分，下度五寸，不得过此。此乃出赤松子历古科。四十八字，三寸书之。若修真旨要，只去金阙七宝四字，亦是五十四字。既不同，宜考"。《无上黄箓大斋立成仪卷之十》"据科令云，太清四十八字，三寸书之。今太清阶，乃五十六字，比古科多八字。若修真旨要去金阙七宝四字，亦是五十二字，与科不同。当考"。此外，"太清衔"还在其他晚出经典中（如《元始五老赤书玉篇真文天书经》）存在更为复杂的增衍版本，我们在此，谨将讨论范围局限于早期盟威道（或与其较为一致的）文献之中。道门定制 [M] // 道藏：第 31 册，669；灵宝玉鉴 [M] // 道藏：第 10 册，276；无上黄箓大斋立成仪 [M] // 道藏：第 9 册，433. 元始五老赤书玉篇真文天书经 [M] // 道藏：第 1 册，795.

[2] 我们上引《三天内解经》实为 48 字版，因为行文而多一"等字"。三天内解经 [M] // 道藏：第 28 册，413.

诸本"太清衔"之比对[1]

五十六字		五十二字		四十九字		四十八字	
道	太	道	太	道	太	道	太
炁	清	炁	清	炁	清	炁	清
千	玄	千	玄	千	玄	千	玄
二	元	二	元	二	元	二	元
百	无	百	无	百	无	百	无
官	上	官	上	官	上	官	上
君	三	君	三	君	三	君	三
太	天	太	天	太	天	太	天
清	无	清	无	清	无	清	无
金	极		极		极		极
阙	大		大		大		大
七	道		道		道		道
宝	太		太		太		太
玉	上	玉	上	玉	上	玉	上
陛	老	陛	老	陛	老	陛	老
下	君	下	君	下	君	下	君

[1] 四十八字版见于《正一出官章仪》、《太上宣慈助化章》卷一,四十九字版见于《三天内解经》卷上、《无上秘要》卷之五十五《太真下元斋品》,五十二字版见于《登真隐诀》卷下、《太上三五正一盟威阅箓醮仪》,五十六字版见于《赤松子章历》卷之四、《无上黄箓大斋立成仪》卷之二十二。

续　表

五十六字	五十二字	四十九字	四十八字
太	太	太	太
上	上	上	上
丈	丈	丈	丈
人	人	人	人
天	天	天	天
帝	帝	帝	帝
君	君	君	君
天	天		
帝	帝		
丈	丈		
人	人		
九	九	九	九
老	老	老	老
仙	仙	仙	仙
都	都	都	都
君	君	君	君
九	九	九	九
炁	炁	炁	炁
丈	丈	丈	丈
人	人	人	人
		等	

续　表

五十六字	五十二字	四十九字	四十八字
百	百	百	百
千	千	千	千
万	万	万	万
重	重	重	重

将56字版与52字版相比较，前者于"玉陛下"前多"金阙七宝"四字，应为后世之增益。又，48字版则较52字版少"天帝丈人"四字。《道门定制·卷一》"释'太清衔'上真并戊戌戊辰"条云：

近有谓无"天帝丈人"，故释之……按《玄都律》《赤松子章历》并《戒律钞》《登真隐诀》诸处所载云：

戊戌、戊辰，其日：

太上丈人诣太上老君，对校天下男女，应生者注《玉历》；

九炁丈人诣九老仙都君，对校天下男女，应死者注《死籍》；

天帝丈人诣天帝君，对校天下男女为罪过者，度着《右契》。[1]

---

[1]《道门定制·卷一》这一段文字与目前保存于《三洞珠囊·卷六》中的一段基本相同。王悬河.三洞珠囊 [M] // 道藏：第25册，327.

由此可知，天帝丈人乃是天帝君考察天下善恶之僚属，同时又考虑到 1."诸君、丈人"在道经中是一对固定的组合；2.《登真隐诀》与《赤松子章历》均具此四字且年代较早，故我们在本书中谨选取 52 字版太清衔作为讨论之基础，即：

> 太清玄元无上三天无极大道太上老君太上丈人天帝君天帝丈人九老仙都君九炁丈人百千万重道炁千二百官君太清玉陛下

但值得一提的是，正如我们所一直强调的，大道是一个源源不断向外涌出玄义妙理的灵泉，其以文字所能表达的方式与具体内容更可以是千差万别。故此，"太清衔"也不应是一个绝对静止的概念。比如，"太清衔"这一圣号在灵宝经中得以进一步发衍，如《元始五老赤书玉篇真文天书经》所载 783 字增广版本云：

> 元始灵宝上元天大圣众、至真尊神、无极大道上下中央四面八方太上无为大道诸君丈人、最大至尊、无上无巅无极无穷普照普察无量洞明最上正真无鞅数道气、无先寥廓无端混沌无形虚无自然太上、无根冥寂玄通大智慧原、正一盟威太上无为大道、道中之道、神明君、无上元初万万亿亿数无鞅数道德诸君丈人、太上道德君、道德丈人、无上万生君、万生丈人、无上万气君、万气丈人、无上万元君、万元丈人、无上万福君、万福丈人、鸿保天神

诸君丈人、玄元老君、太清玄元上三天元极大道、元上丈人、太上三气君、太上老君、太上丈人、太清君、太清丈人、太玄上一君、太玄丈人、中黄正一君、中黄丈人、太元君、太元丈人、太始君、太始丈人、太初君、太初丈人、太素君、太素丈人、太虚君、太虚丈人、太一君、太一丈人、太仪君、太仪丈人、太平君、太平丈人、太渊君、太渊丈人、天帝君、天帝丈人、九老仙都君、九老丈人、玉历君、玉历丈人、九气君、九气丈人等，百千万亿亿亿万万数元鞅数万重道气君、道气丈人、千二百君、千二百官丈人、太清玉陛下、太上玉真君、玉真丈人、五仙君、五仙丈人、九灵君、九灵丈人、太清十二真君、十二真丈人、二十四神人君、二十四神人丈人、太清三十六真君、三十六真丈人、五气君、五气丈人、阴阳生炁君、生炁丈人、上上太乙君、太乙丈人、皇天太上帝、无极太上元君、太上元君丈人、太元一君、太元一君丈人、神宝君、神宝丈人、真宝君、真宝丈人、天宝君、天宝丈人、灵宝君、灵宝丈人、元神君、元神丈人、元真君、元真丈人、元灵君、元灵丈人、天皇老君、天皇丈人、南极老君、南极丈人、黄神老君、黄神丈人、黄老君、黄老丈人、太和君、太和丈人、太上皇真道君、皇真丈人、上古天师君、天师丈人、万道父母、万德父母、天地父母、神仙所出、神仙所聚、东王公、西王母、日君、月后、五星真君、五星皇妃、璇玑玉衡星真君、众仙天官大神等。[1]

如此"万万亿亿"版的太清衔，不可谓不夸张，但却说明了"太清玉陛下"是一个包含无限的整体概念，其中数字的增加实际意味着同一整体向内的细分，而非向外的增长，其本体并不发生变化（这与诸阶《将军箓》中吏兵数目之渐增同义）。

（三）句读与理解

"太清衔"之 52 字可句读为七组义字，而这七组义字又同时具有两种相互矛盾，但又相互协调的理解方式。而这两种"并行不悖"的理解，则为我们揭示了这一名号背后所包含的精微玄义。按第一种理解方法，"太清衔"之七组可按照由上而下的顺序来排列组合，如图 12-01 所示。

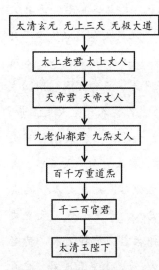

太清玄元 无上三天 无极大道

太上老君 太上丈人

天帝君 天帝丈人

九老仙都君 九炁丈人

百千万重道炁

千二百官君

太清玉陛下

图 12-01 "太清衔"内部义理逻辑示意图之一

按左图所示，第一组三天大道为至上无形的终极存在，第二、第三、第四组皆为人格化的"诸君、丈人"，但他们地位

---

[1] 元始五老赤书玉篇真文天书经 [M] // 道藏：第 1 册，795.

较高，属于上真^[1]；第五组为向下的进一步推衍，即非人格化的道气，或也可以理解为道气向下推衍过程中"由一而万"的过程形态；第六组"千二百官君"是协助祭酒"助国扶命"的天兵。从以上名号来看，这一种具有阶层性的义理解读符合我们一般的逻辑认知，即自上而下，由少而多的金字塔层级。

但是，矛盾出现在关于第七组"太清玉陛下"的理解。按"陛下"乃是臣民对于君王奏事之时的称谓，按《汉官仪》曰：

> 天子称尊号曰皇帝，言曰制，补制言曰诏，称民有言有辞曰陛下。^[2]

故而"陛下"为"一人"^[3]之尊称，不可能是一个群体范畴（即不可能出现一组的"陛下"）。如此，又该如何解释"陛下"出现在复数的"千二百官君"之后呢？按此，除上述纵向的由上至下的阶层化排列外，"太清衔"之七组文字应还可以有横向的，具有平等性的排列组合，如图12-02所示。

---

[1] 这里值得注意的是天帝君，她是否是索安 Anna Seidel 所谓的"天帝教"的天帝呢？我们无法推断，天帝与天帝君在年代上应是重叠的。如果他们之间果然有对等的关系的话，那么也许可以推测盟威道将旧有天帝教的至上神归入其至上神太上老君之下，并通过纳入太清衔而将其"道化"了。

[2] 应劭.汉官仪[M] // 孙星衍.汉官六种，北京：中华书局，1990：124-125.

[3] "一人"乃是君王的另一种称谓。《礼记·曲礼下》曰："君天下，曰'天子'。朝诸侯，分职授政任功，曰'予一人'。"孙希旦.礼记集解[M].北京：中华书局，1989：126.

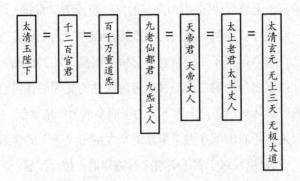

图 12-02 "太清衔"内部义理逻辑示意图之二

按上图所示，这一排列表达了七组圣号相互等同的性质，"三天大道"（同时，"天"即是"道"）即是"老君"，即是"天帝"，即是"九老仙都君"，即是"百千万重道炁"，即是"千二百官君"，即是"太清玉陛下"。在这里，"太清玄元"与"太清玉陛下"前后相应，表明了其独一的、整体的状态，而两者之间的五组名号则是这一整体在不同情态下之"形名"（分形、化名），因此互相等同。《混元圣记》云：

> 故（老君）在天为众圣之尊，在世为万教之主，谓之
> "老子"者，道之形也。应既不一，号亦无量。或三十六
> 号，或七十二名……或号金阙后圣君，或号九老仙都君，
> 或号九炁丈人，或号太上丈人，或号千二百官君。[1]

---

[1] 谢守灏. 混元圣纪 [M] // 道藏：第 17 册，795.

上引 783 字增广版本亦云："神仙所出、神仙所聚"。可知，"太清衔"所表达的乃是一种状态极为多样化，且随时变化的多元共合体。气（或云神仙）的一聚一散，也正是大道橐龠般的一呼一吸。

正如我们在第二节中言及的中国古代职官制度所特有的"整体性"，在盟威道义理中，大道作为独一的君主也可以是"一组神"，而不仅仅只是一簇不可名状的"道炁"。但是，"神"与"气"的概念是同时并存的：大道是道气，是一神，也是众神，其自身同时拥有多种状态、多重形名；祂也由此包含了一组庞大的天界职官体系（参见彩页图 5）。大道就像陆威仪教授所描述的《周礼》中的职官制度："帝王始终是无形且无为的，隐藏在可见的、有形且有为的官员形象的背后，虽然他并不呈现为一位官员，但他却弥散于全书各处，站在每个特定官员的背后。"[1] 事实上，大道虚皇也正是如此。

在《希伯来圣经》中，"万军的雅威"（YHWH of Hosts, YHWH Tzva'ot, צבאות יהוה ）这一圣号总共出现了 284 次之多 [2]。由雅威所统领的天军不但协助以色列人占领了耶里哥城

[1] 陆威仪 Mark Edward Lewis, *Writing and Authority in Early China* (Albany: State University of New York Press, 1999), 48.
[2] 较早的一次出现见于《撒慕尔纪》1：3，其曰："这人每年从本城上史罗去朝拜祭献万军的上主。那里有厄里的两个儿子曷弗尼和丕乃哈斯做上主的司祭。"香港思高圣经学会. 圣经 [M]. 北京：中国天主教教务委员会，1992：365.

（Jericho，《若苏厄书》6: 13-21）[1]，还在《新约》中与撒旦进行交战（《默示录》19: 14，19: 19）[2]。在亚伯拉罕宗教一神论的基本前提下，无论是屠龙的大天使圣弥额尔（St. Michael the Archangel）还是所谓的万军，都不可能具有独立存在的"神格"，而只能作为依附于雅威的存在。为了理清太清衔所反映出的独特的弥散性的"道体"观念，下面想再以亚伯拉罕宗教中的两种"圣号"观念为对比，探讨"太清衔"所隐含的"万有神在论"特质。

（四）万有神在论

在犹太教传统中，雅威（Jehovah）之名源自对于声母"YHWH"（יהוה）的拼读，但确切发音已经无法知晓，这是因为雅威的"十诫"之一便是"不可妄呼上主你天主的名；因为凡妄呼他名的人，上主决不让他们免受惩罚"（《出谷纪》20: 7）。[3] 故此，"YHWH"这四个字母的组合又被称作四字神名（Tetragrammaton），因其为神讳，不可称呼，便又可在某种意义上视作"无名之名"。这一方面体现了雅威的尊贵、崇高乃至莫测，另一方面又与"道常无名"实为一理（"太清衔"也仅仅是名衔，而非真名）。

---

[1] 香港思高圣经学会．圣经［M］．北京：中国天主教教务委员会，1992: 291.

[2] 香港思高圣经学会．圣经［M］．北京：中国天主教教务委员会，1992: 1971.

[3] 香港思高圣经学会．圣经［M］．北京：中国天主教教务委员会，1992: 107.

　　《古兰经》中，曾前后至少三次提到真主有"许多最美的名号"（《古兰经》20：8，以及7：180，59：24）[1]，先知穆罕默德说："真主有九十九个尊名，一百只缺一个，谁统计这些尊名，谁就进入乐园。"[2] 真主的"九十九尊名"（Al Asma Ul Husna）表达了伊斯兰信仰中真主的多重面貌，如："造化之主""善于裁决之主""监视的主""有求必应的主""至爱之主""至刚之主""永生之主""超绝万物之主""治疗之主"等等（参见彩页图6）。由于真主是无限，故其圣名也绝非九十九个，"九十九尊名"也因此可理解为真主的无数名号，这不但体现了祂的无限与超越，更揭示了真主的亲近与易知[3]。由此言之，这亦与"百千万重道气"所彰显出的大道的四处弥散，无处不在，是为一理。

　　"四字神名"与"九十九尊名"分别表达了亚伯拉罕宗教中至上神的一体两面，而对于这位至上神唯一、独一的崇拜，则表明了其一神论宗教（monotheism）的特性，并与"太清衔"有着本质上的区别。从盟威道的义理出发，大道可以等同于诸君、丈人或千二百官君中的任何一位，或者说他们也都可以被视作一位独立存在的"神"，其拥有独立的"存在"，但同

[1] 马坚，译. 古兰经[M]. 中国社会科学出版社，2013：157, 85, 283.

[2] 《布哈里圣训实录》第2763段；《穆斯林圣训实录》第2677段。

[3] 穆斯林终其一生便是去探索真主的第一百个尊名。参见：谢赫·萨勒曼·本·法赫德奥德. 真主的尊名与属性[M]. 祁学义，译. 北京：宗教文化出版社，2013.

时又与其他仙君、丈人、官君共同构成了大道。因此大道是一而万、万而一的存在。从这一角度来看，多神论（polytheism）的概念无法施用于道教。这是因为，所谓的多神论宗教乃是亚伯拉罕宗教信徒眼中古代近东及地中海地区的巴比伦、埃及、希腊、罗马等文明中的祭祀宗教，其所奉之神包括伊什塔尔（Ishtar）、荷鲁斯（Horus）、宙斯（Zeus）、阿波罗（Apollo）等神明之类。这些神明兼具爱慕、仇恨、嫉妒甚至凶残的品格，并需要定期的献祭才能与人类维持和平友好的关系；他们为献祭者降福，为不献祭者降祸。这些都与中国的房祀血食鬼神并无不同，因此也绝非至高的超越性存在，也与由大道所显化的官君、吏兵截然不同（他们处于职官体系之中，遵守严格的制度，并依照科律行事）。

大道是万物之母，而万物包含了作为祭品的猪、牛、羊乃至人类，因此大道并不需要任何的献祭，故而也不能因此被讨好或收买，我们在《清约》一节中已经对此多有讨论。所以，以"多神论"来理解道教不但是错误的，更是危险的。在当代语境中，尤其是西方传统的视角下，"太清衔"所反映出来的这种兼具"整体"与"个体"，"至上"且"弥散"的存在也许更接近所谓的"万有神在论"（panentheism）。[1]

与"泛神论"（pantheism）一切万物皆神的观念仍有不同，"万有神在论"仍认为存在着一个至上的、终极的、超越万物

---

[1] "Pantheism," Encyclopedia Britannica, accessed May 15, 2020, https://www.britannica.com/topic/pantheism.

的存在。但由于至上神的精气蕴含于万物之中，因此万物因之而各具独立之存在属性；但是，由于其所分享的神性与至上神相同，因此万物与至上存在仍同属一个整体[1]。

综上所述，"太清衔"之玄义，至杳至深，五十二字之内，实乃惟精惟一之黍珠；其又至广至博，七段文词之中，别是包罗万有之一处壶天。正是基于这一本体论意义上的（ontological）特性，我们才得以通过大道所显化出的诸多不同的相近的形名，而与这一至为杳冥的"虚无"相符契。

二、千二百官君

（一）仪文内容

"太清衔"中的"千二百官君"对应了《千二百官仪》，后者乃是鹤鸣山盟约中，老君所降授的"正一盟威之道"的重要组成部分[2]。所谓《千二百官仪》乃是一辅助祭酒上章请官的指导手册，其中开列由道气所化生的"千二百官君"名录，以及其所对应的解厄救患的职司。正如我们所一再强调的，这些官君的本质是道气，由此，请求他们帮助捍厄扶衰也应被视作"平气"之一部分。

按照目前的学术共识，《道藏》中现存的《正一法文经章官品》（下称《章官品》）中，保存了《千二百官仪》的部分内

[1] 类似的概念也存在与犹太教神秘主义（Kabalah）与伊斯兰教神秘主义（Sufism）传统之中。

[2] 赤松子章历 [M] // 道藏：第 11 册，173.

容。此外，《登真隐诀》《赤松子章历》及《要修科仪戒律钞》中也收有据称出自该仪的部分文字内容。总体来看，这些仪文均以条目的形式出现，每一条目之内容大抵分为三部分：1. 官君之名号，2. 所职司的疾病、灾祸之事，3. 所治宫室，4. 章信仪格（道民所需委质的财物）。在实际生活中，道民由于疾病或灾祸投词于祭酒，请其代为上章解救，祭酒便依据其具体事由（诸如治病、解厄、谢罪、命过等等）参考仪文，选出"对症"者，将其填入章文中的"请官"部分。此外，章文的外封还需写明"太上某曹治某宫"[1]，使得章文得以准确传达。同时，道民还需向祭酒缴纳章信，往往是纸、笔、朱砂等应用之物，并非祭祀之牺牲（参见第九节"师不受钱"）。现谨选录仪文七条于下，以便下文讨论。

1. 北都君官将一百二十人，主收太岁将军、饮食之鬼。[2]

2. 北上君官将一百二十人，治天留室北斗七星精，共时十二杀。[3]

3. 南山白虎将吏，主收除宅内群鼠犯害驱离，无令留停。[4]

---

[1] 如：《赤松子章历·卷四》所收《谢五墓章》。赤松子章历 [M] // 道藏：第 11 册，204.

[2] 正一法文经章官品 [M] // 道藏：第 28 册，548.

[3] 正一法文经章官品 [M] // 道藏：第 28 册，548.

[4] 正一法文经章官品 [M] // 道藏：第 28 册，544.

（以上三条出《正一法文经章官品》）

4.《仪》云：吸吐不下饮食，气引腹中，请天官五衡君官将百二十人，治太平宫，赂：谷米衣，给使纸笔。[1]

5.《仪》云：头面目身体生疮痈疽，请王法君五人，官将百二十人，治五姓宫；又请九侯君一人，官将百二十人，治先王宫，赂：杂衣物米谷纸笔。[2]

6.《仪》云：飞注入腹，着人胸胁背，请南上君官将百二十人，治仓果宫，主开生门，益寿命，今病者三日差，除殃去注。赂：钱绢。[3]

7.《仪》云：平天君官将百二十人，治天昌宫，主发军兵收符庙、五狱营逆气饮食之鬼。[4]

（以上四条出《登真隐诀》）

（二）神明的转换

王宗昱教授[5]与蔡雾溪（Ursula-Angelika Cedzich）教授[6]均曾以《登真隐诀》以及《章官品》作为参照，对《千二百官

[1] 王家葵.登真隐诀辑校[M].北京：中华书局，2011：83.
[2] 王家葵.登真隐诀辑校[M].北京：中华书局，2011：86.
[3] 王家葵.登真隐诀辑校[M].北京：中华书局，2011：87.
[4] 王家葵.登真隐诀辑校[M].北京：中华书局，2011：93.
[5] 王宗昱.《登真隐诀》所反映的天师道[M].李四龙，周学农，主编.哲学、宗教与人文.北京：商务印书馆，2004：185-202.
[6] 蔡雾溪 Ursula-Angelika Cedzich, "The Organon of the Twelve Hundred Officials and Its Gods《千二百官仪》及其神祇," 道教研究学报：宗教、历史与社会 Daoism: Religion, History and Society, 2009, 1-91.

仪》进行了较为深入的研究。王宗昱教授颇具洞见地指出，由
《登真隐诀》所收"魏传诀"可见盟威道与儒教对立的宗教立
场：盟威道不仅反对祭祀，更强调对其的终止，而《千二百
官仪》正是辅助祭酒上章请官之所用。蔡雾溪教授则建设性
地提出，诸本所收请官之名单均有不同程度之出入，究其原
因乃是因为所谓的《千二百官仪》只是一个虚数的概念，历
史上从未出现过一本真正拥有 1 200 位官君的仪式手册，一
如陶隐居所云："太清之气感化无方，虽云无极大道百千万
重，犹未臻其限"。[1] 由此，蔡教授进一步推论，大道玄义之
显化（revelation）是一个持续的过程，其内容在祭酒们的仪式
实践中得到不断完善与丰富。故此，鹤鸣山盟约中降授天师的
《千二百官仪》并非是一个特定的内容，且经历了逐步的形成
过程 [2]。值得注意的是，蔡教授这一推论也正好与我们在第六节
中提出的"正一盟威符箓一百二十阶"是虚数表达之推论多相
互佐证（由此，所谓的"三百大章"亦为虚数）。大道的玄义
妙理是一套动态的秩序；不仅《千二百官仪》是一个动态的、
开放式的文本，《道藏》亦然。

　　蔡雾溪教授在其研究中还敏锐地观察到了"千二百官君"
的名录中，包含了两种类型的官君，第一种为先天道气的衍

---

[1] 王家葵 . 登真隐诀辑校 [M]. 北京：中华书局，2011：94.

[2] 蔡雾溪 Ursula-Angelika Cedzich, "The Organon of the Twelve Hundred Officials and Its Gods《千二百官仪》及其神祇," 道教研究学报：宗教、历史与社会 *Daoism: Religion, History and Society*, 2009, 17.

化，如上面引文中的"北都君"、"天官五衡君"、"平天君"之类。第二种则实际囊括了汉末六朝时期的"俗神"，如上面引文中的"南山白虎将吏"含有来自汉代"白虎"崇拜的影子，但很可能与巴人有着密切的关系[1]。《山海经》《淮南子》中的"穷奇"在汉代已经成为宫廷傩舞神之一，而在《章官品》中，穷奇则成为"使瞰怪鬼消除"[2]的官君（同时旁参我们在第十一节中所提及的"畏兽"）。另，《章官品》中有"白蚕君"，于《女青鬼律》写作"马姑"，其文曰："马姑来我宅中，使蚕大得千万倍次田亩。"[3]蔡教授由此推定，此马姑当即为《搜神记》中所言之"蚕女"[4]。以上这些神明在当时应都是享有祠祭的房祀之神，他们究竟是如何进入了盟威道千二百官君的名录已不可得知，但从结果上来看，这些血食之神被"招安"了，且进一步成为《清约》的捍卫者。

蔡雾溪教授在其研究中将"五营"这一概念特别提取了出来，用以讨论鬼神被纳入道教神系中的过程。在《道藏》中，"东九夷、南八蛮、西六戎、北五狄、中央三秦"这一神明系

---

[1] 按《后汉书》载，巴人之祖廪君死后："魂魄世为白虎。巴氏以虎饮人血，遂以人祠焉。"此外居于"南山"（巴岭）的板楯蛮与白虎也有密切的关系。板楯蛮为巴人之一支，其部落祖先于秦昭襄王时曾作"白竹之弩"射杀害命千余人的白虎，由此得以与秦刻石盟约："秦犯夷，输黄龙一双；夷犯秦，输清酒一钟。"范晔. 后汉书[M]. 北京：中华书局，1965：2840、2842.

[2] 正一法文经章官品[M] // 道藏：第28册，535.

[3] 女青鬼律[M] // 道藏：第18册，247.

[4] 干宝撰，李剑国辑校. 搜神记辑校[M]. 北京：中华书局，2019：335.

统重复出现于盟威道相关的典籍中，《赤松子章历》所收《言功章》将其概括名曰"五方驱除君将吏"[1]。但情况并非这么简单，按《三洞珠囊》云：

> 大都攻职，主天下屯聚符庙：秦、胡、氐、羌、蛮、夷、戎、狄、楚、越，攻击不正气，恶人逆鬼，尽当分明考录。[2]

谓之"符庙"即房祀之神，此句可理解为盟威道不仅仅意在革除汉人的祭祀宗教，更意欲匡扶全世界各民族之信仰。又按上引《登真隐诀》之文曰："平天君……主发军兵收符庙五狱营逆气饮食之鬼。"则知符庙、五狱营（或五营）即是"东九夷、南八蛮、西六戎、北五狄、中央三秦"。

由此可见，至少在历史上的某一个阶段，五营之神是被三天官君收摄的对象。但这种收摄并非是囚禁或斩杀，而是招安。我们也看到，夷夏五营之神不仅成为"无上中宫五营校尉"，负责"主收捕陆梁精邪、狂歌叫唤、兴妖之鬼"，[3] 甚至进入法箓吏兵名录之中成为解诅咒之神[4]，并成为受度弟子的领籍之神（参见第十一节"被君召"）。[5]

---

[1] 赤松子章历 [M] // 道藏：第 11 册，213.

[2] 王悬河 . 三洞珠囊 [M] // 道藏：第 25 册，335.

[3] 太上济度章赦 [M] // 道藏：第 5 册，826.

[4] 太上正一解五音咒诅秘箓 [M] // 道藏：第 28 册，532.

[5] 太上三五正一盟威箓 [M] // 道藏：第 28 册，426.

（三）转换之玄义

在汉代的宫廷大傩仪中，"穷奇"与"五营骑士"均由少年戴面具来装扮，他们正是我们在第十一节中所曾提及的"畏兽"[1]，也便是《天蓬咒》中所描述的"吞魔食鬼，横身饮风"，并被整入《将军箓》中成为"收鬼食鬼吏""收气食气吏"。所以，早在这些神祇被编入三天官君、法箓吏兵名录之前，他们实际早已被祭酒与道民们所熟悉。由此，这种对"俗神"的整合、融摄不仅仅可以通过《清约》的道德伦理层面来理解，更还有至少两层阐释空间，略述于下。

1. 神权层面的整合

中国传统的祭祀宗教虽然以天作为至高之主神，但因为神权被帝王、巫祝所垄断，所以民间所崇拜的房祀之神便呈现出一种群龙无首的无序状态。官方对于房祠的禁止难以在乱世实

---

[1]《后汉书·礼仪志中》："先腊一日，大傩，谓之逐疫。其仪：选中黄门子弟年十岁以上，十二以下，百二十人为侲子。皆赤帻皂制，执大鼗。方相氏黄金四目，蒙熊皮，玄衣朱裳，执戈扬盾。十二兽有衣毛角。中黄门行之，冗从仆射将之，以逐恶鬼于禁中。夜漏上水，朝臣会，侍中、尚书、御史、谒者、虎贲、羽林郎将执事，皆赤帻陛卫。乘舆御前殿。黄门令奏曰："侲子备，请逐疫。"于是中黄门倡，侲子和，曰："甲作食㐀，胇胃食虎，雄伯食魅，腾简食不详，揽诸食咎，伯奇食梦，强梁、祖明共食磔死寄生，委随食观，错断食巨、穷奇、腾根共食蛊。凡使十二神追恶凶，赫女躯，拉女干，节解女肉，抽女肺肠。女不急去，后者为粮！'因作方相与十二兽儛。欢呼，周遍前后省三过，持炬火，送疫出端门；门外驺骑传炬出宫，司马阙门外五营骑士传火弃雒水中。百官官府各以木面兽能为傩人师讫，设桃梗、郁櫑、苇茭毕，执事陛者罢。苇戟、桃杖以赐公、卿、将军、特侯、诸侯云。"范晔. 后汉书 [M]. 北京：中华书局，1965：3127-3128.

现，因此淫祀难以禁绝。这种神明世界的混乱实际来自人心的混乱。盟威道既然意欲收拾人心，则以大道"太清玉陛下"作为诸神之共主，以此将诸神的礼敬凝聚于一点。被纳入千二百官君的鬼神，不仅有了体制的约束，更还享受体制的福利，即随功迁转，由此最终与道合真。由此，盟威道对于神权的整合实际是对混乱社会秩序的整合与更新。我们在第十八节中还会看到类似的事件在宋代再次发生，玉皇上帝被赵宋皇室抬出，并最终成为各地敕额神明的共主。

2. 道气层面的流衍

对于鬼神招安、融摄的过程还可以被理解为道气的流衍过程。按上文所引《登真隐诀》曰："平天君……主发军兵收符庙、五狱营逆气饮食之鬼。"此处的夷夏五营诸神被视作"逆气"，而平天君则实际是代表"正真生气"的"平气之君"。以"平气"收摄"逆气"，这并非是摧毁，而是转化、调摄。我们在第七、第八节中已经看到，盟威道的救度义理以官制作为其逻辑性的象征，在本体上则落实于对于"气"的控制。"分布玄元始气" [1] "显明上三天之气" [2]，这些其实都是相对于下界所流行的"故气""逆气"所言。"正一平气"之号 [3] 乃是表达了天师为此所领受的天命。《章官品》中所开列"和气君""察气君""化气君""督气君""运气解厄君""收气出气君""省

---

[1] 正一法文天师教戒科经：大道家令戒 [M] // 道藏：第 18 册，236.
[2] 三天内解经 [M] // 道藏：第 28 册，414.
[3] 三天内解经 [M] // 道藏：第 28 册，414.

气君""起气君""阳气君""述气君""激气君""监气君"实
际与《二十四职品》中所开列的"贡气职""察气职""平气
职""上气职""都气职""领气职""四气职""道气职""圣气
职""承气职""典气职"诸品祭酒完全对应（详见第八节"平
气"）。在人间祭酒与千二百官君的相互符契之中，大道的正一
平气得以在世间运转流通，调和五气，平顺人心，匡扶乱世。
经过这一过程，自然界中的故气、逆气转为正气、真气，并也
由此融入了大道真气之中，道气也因此得以流通。

通过祭酒的上章、请官，道气得以"下降"（详见下文
"上章"）。当逆气被转化、融摄之后，又得以作为新"加盟"
的千二百官君而因功迁转"上升"（详见本节下文"言功"）。
这一降一升恰犹如橐龠之一呼一吸，伴随着一呼一吸，并存于
人身与世间的杂乱悖逆之气也得以被燮理、调泰，并最终归根
复命。由此，千二百官君是"一团和气"，也是一个极具包容
性、开放性的整体。

三、朝真仪

"朝真仪"与"上章仪"是我们所知盟威道教法中最为重
要的两种日常仪式，且都以职官制度作为其表层象征，以道气
的上下交孚为本质，并以箓生以及法箓作为其仪式功能的主要
驱动。下面，先来讨论"朝真仪"，但为了能够先从最外在的
象征层面对其进行理解，我们需要先对中国古代制度中的"朝
仪"先做一了解。

（一）朝仪概述

在《三礼》文献中（以周代为背景），诸侯定期的与周王的会面谓之"朝觐"。按《礼记·王制》云：

> 诸侯之于天子也……五年一朝。

又曰：

> 天子无事与诸侯相见曰"朝"，考礼，正刑，一德，以尊于天子。[1]

朝仪的目的在于巩固诸侯与周王的君臣关系，为此诸侯要在仪式中向周王奉献璧、帛等信物，周王也会回赐给诸侯以诸多礼物，所以朝觐之礼一方面是周王与诸侯之间盟约的履行，同时也实际是中国古代制度性的物资交换（也即是所谓的"朝贡"）。除经济功能外，诸侯同时也需要向周王汇报其封国的治理情况，以便周王对整个国家的动态有所掌握。此外，朝觐之仪都以宴会作为结尾，故而又被称作"朝会"。汉代的朝会自武帝改朔之后，便于每年正月元旦举行，以当日"夜漏未尽七刻"鸣钟，诸侯及百官按照其俸禄级别分执不同之质信（璧、羔、雁、雉之属）入宫，为皇帝朝贺新岁，之后百官赐宴[2]。按

---

[1] 孙希旦. 礼记集解 [M]. 北京：中华书局，1989：326.
[2] 范晔. 后汉书 [M]. 北京：中华书局，1965：3130.

照卫宏《汉旧仪》的记载：

> 公卿以下每月常朝，先帝以其频，故省。[1]

但是，总而言之，朝会具有固定的周期以及固定的举行地点，其仪式之起始以鸣钟作为召唤百官趋朝的信号。南朝时期皇宫景阳楼上的"景阳钟"[2]甚至成为朝钟的代名词。

参与朝会的人员除诸侯、百官外，还有作为地方郡国代表的"上计吏"。"上计"是自战国晚期以来职官制度中重要的政务活动，其功能即地方政府派遣专员向朝廷汇报当地的社会、经济与财政收支的基本情况，以作为朝廷经国之信息。按蔡质《汉仪》曰：

> 正月旦，天子幸德阳殿，临轩。公、卿、将、大夫、百官各陪朝贺……蛮、貊、胡、羌朝贡毕，见属郡计吏，皆陛觐。[3]

所谓上计吏并非专属的职官，而往往最初是由郡国之中的丞、长史充任，但自东汉以来，多有以"郡功曹"担任"计掾"或

---

[1] 范晔. 后汉书 [M]. 北京：中华书局，1965：3131，注 5.

[2] 《南史》卷十一《后妃传上·武穆裴皇后传》："宫内深隐，不闻端门鼓漏声，置钟于景阳楼上，应五鼓及三鼓。宫人闻钟声，早起装饰。"李延寿. 南史 [M]. 北京：中华书局，1975：330.

[3] 范晔. 后汉书志 [M]. 北京：中华书局，1965：3131，注 4.

"计吏"者。正如我们在上文所言明，功曹史是郡县之中群吏之首，其虽然身为吏，但实际近乎太守、县令之佐官。且又因为功曹史"主选署功劳"，故而又被称作"主吏""郡之极位"，因此最能代表一郡一国，趋朝上计。这样，出身寒微的基层文吏拥有了直接与朝廷枢机对话的机会，成为朝廷与地方下情上达的重要渠道。对于我们来说，这种"上情下达"则正是我们所特别关注的。

"上计"的概念直接出现在了《太平经》的"明堂朝仪"之中，其文曰：

> 上皇神人之尊者，自名委气之公，一名大神，常在天君左侧，主为理明堂文之书，使可分别，曲领大职。……大神为上，主领群神，各有所部，宜服明之，勿使有疑。令寿命长籍，宜当谛之。圣明有心，宜以白日所有生。复而以簿书筹算相明，可在"计曹"，主领钱数珍宝之物。诸当上计之者，悉先时告白，并"计曹"者，正谓奏司农。当大月三十日，小月二十九日，集上大神明堂，勿失期，如天君教，皆不得失平旦三刻之间也。明堂大神，上承五刻集奏，如天君旧令从事。[1]

这里所谓的"计曹"应与"上计之者"相对，是朝廷中负责统

---

[1] 王明. 太平经合校 [M]. 北京：中华书局，1960：710.

计的部门，所谓的大神对应了宰相，若隐若现的天君即是皇帝。朝会、上计是大神协助天君掌握民间善恶、施与奖惩的重要渠道，这一概念被盟威道教法在朝真仪中所继承。[1]

（二）仪式空间

朝真仪在不同文本中又被称作"入静法""朝静法""入治朝静法""入靖朝真"等。所谓"静"即"静室"，又称"靖室"，而所谓的"真"当即是指仪文中所朝礼的由大道所衍化的"众真"。我们稍后也会看到，"静"与"真"实际也具有更为内在的含义，即道民形神层面的"清静"，以及大道"真气"。陆简寂先生云：

> 奉道之家，静室是致诚之所。其外别绝，不连他屋；其中清虚，不杂余物。开闭门户，不妄触突。洒扫精肃，常若神居。唯置香炉、香灯、章案、书刀四物而已。必其素净，政可堪百余钱耳。[2]

按照天师教戒，靖室以木材与茅草独立搭建，远离牲畜棚圈，坐西向东。其内部只陈设"一方机，一香炉，一香奁"[3]。这里是奉道之家仪式生活化的中心，是箓生每日朝真、思过的圣

---

[1] 关于朝仪的起源，请特别参见：王承文. 汉晋道教仪式与古灵宝经研究 [M]. 北京：中国社会科学出版社，2017：223-285.

[2] 陆先生道门科略 [M] // 道藏：第 24 册，780.

[3] 王家葵. 登真隐诀辑校 [M]. 北京：中华书局，2011：69.

域，也是延请祭酒上章的所在。

静室并非鬼神之房祠，其言"常若神居"便实际言明了其并非鬼神的居所。静室在盟威道教法中具有极为核心的位置，其作为仪式空间实际构成了《清约》革命的重要一环，即对于神圣空间使用权的革命，正所谓"道民入化，家家各立靖室"[1]。静室之制度的确切外部记载可见于鱼豢《典略》之中，其云：

> ……施静室，使病者处其中思过。[2]

由此可知，静室仪式空间的重要功能之一在于内向性的思过、谢罪这种以伦理道德为先导的治疗疾病方法，而非外向性的献供、祭祀。

关于静室的起源，吉川忠夫教授曾论其起源于汉代具有请罪性质的"请室"，他结合应劭等人之记载论道："请室是忏悔自己罪过的'请罪之室'，静室也是忏悔自己罪过的场所。……由于忏悔的罪行内容，从刑法上的改变为道德上的、宗教上的，由世俗的改变为神圣的，因此，虽同用静室一词，其内容则由世俗的转变为神圣的，并增添了新的内涵。"[3] 王承文教授则认为盟威道的"静室"乃是以国家祭祀礼制中"专门用于

---

[1] 要修科仪戒律钞 [M] // 道藏：第 6 册，967.

[2] 陈寿撰，裴松之注．三国志 [M]．北京：中华书局，1982：264.

[3] 吉川忠夫，撰．许洋主，译．静室考 [G] // 刘俊文，主编．日本学者研究中国史论选译：第七卷，北京：中华书局，1993：470, 472.

斋戒的'斋宫''斋室'和'静室'等为基础发展而来的"[1]。但是，虽然王承文教授提到了"斋齐"是"交于神明"的必要前提，但斋宫却并非是与神明相交的主要仪式场所（斋宫之外另有坛墠以备仙真之降陟），这与盟威道静室通真达灵的功能并不对应。陈铮教授也综合了多家文献指出："静室也是茅茨，故而又叫'茅屋'。"[2] 这一点洞见十分重要，盖因《真诰》有云：

> 所谓静室者，一曰茅屋，二曰方溜室，三曰环堵。[3]

除第一种顾名思义外，所谓"方溜"大抵是形容室内具有方形"中霤"（"霤"与"溜"通假），其一方面是庭院中心排水的孔穴，另一方面也因其露天与下漏的特质而与"屋漏"都成为沟通天地的重要仪式空间[4]。施舟人曾不止一次向笔者谈及，"环堵"作为道教神圣空间的重要性。按《庄子·让王》曰：

> 环堵之室，茨以生草，蓬户不完，桑以为枢；而瓮牖二室，褐以为塞；上漏下湿……[5]

---

[1] 王承文. 汉晋道教仪式与古灵宝经研究 [M]. 北京：中国社会科学出版社，2017：13.
[2] 陈铮. 茅茨：一种道教信仰符号的传播与适应 [J]. 民族艺术，2013（04）：109.
[3] 吉川忠夫，麦谷邦夫. 真诰校注 [M]. 北京：中国社会科学出版社，2006：550.
[4] 石泰安 Rolf, *Le monde en petit*, 207.
[5] 陈鼓应. 庄子今注今译 [M]. 北京：中华书局，1983：757, 592.

可见，环堵实际也是一种茅屋，其不仅门窗残破，且还因为简陋而与天地之气相通（雨水与潮气都得以进入其中），这一特性使其与"方溜"大略相同。综上，静室虽然在字面上近似"请室"，并与"斋宫"相同，但其沟通天地的仪式功能实际也源自方士、隐士传统中的极具"透气性"的茅屋、环堵。

（三）仪式结构

现存最为完整也最早的朝真仪仪文收录于陶隐居《登真隐诀》之中，其载有不同版本的朝真仪两种，即："魏传诀"之《入静法》（下称《入静法》）[1]，以及《汉中入治朝静法》（下称《汉中法》）[2]。根据陶隐居的解释，朝真仪是一种早、晚"心存拜静"的功夫，而且治病上章，也是以此作为仪式框架（详见下文"上章仪"）[3]。对于上言的这两种版本，陶隐居认为其内容差别不大，"唯前后祝炉，应小回易其辞耳"[4]；也许正是因此，陶隐居对于《汉中法》的记录中缺省了"祝炉"之文。[5] 既然

---

[1] 王家葵. 登真隐诀辑校 [M]. 北京：中华书局，2011：66-72.

[2] 王家葵. 登真隐诀辑校 [M]. 北京：中华书局，2011：73.

[3] "此文都不显入静之意，寻其后云，依常旦夕可不事尔者，当是旦夕朝拜，或伏请乞跪，启及章奏，治病之时，先当如此，然后可为诸事也。"王家葵. 登真隐诀辑校 [M]. 北京：中华书局，2011：66.

[4] 王家葵. 登真隐诀辑校 [M]. 北京：中华书局，2011：73.

[5] 吕鹏志教授认为：两个版本差别较大，具体体现在旋行方向和祈请之辞方面；另外"入静户"以及"后祝炉"也皆系江南方士影响下所产生的变化。但是，首先从仪式结构的角度来看，两者并无任何差异。其次，其祝祷之文辞本来也都并非定式（此是道士之常识），甚至可以因人而异，故陶隐居曰："所思随意也。"而且，两个版本的祈愿事项同多而异少，主旨基本一脉相承。第三，"后祝炉"所谓"芝草"者，（转下页）

如此，我们下面就选取《入静法》作为主要考察对象，以便更
为完整地了解朝真仪所含之玄义。

　　按《入静法》仪文质朴简约，陶隐居之注不仅有助于我们
对于仪式的理解，更将其完美地划分为五个段落，其结构语法
以"四方拜祝"为中心，呈现出前后对称的结构语法（syntax，
参见图 12-03）[1]。其中 [A 入户] 与 [A* 出户] 相对（其具体操作
不载于仪文，但见于陶注），前后两次"祝炉"[B]、[B*] 相对
（这在后出道教仪式中被发展为"发炉"与"复炉"）。为了更
为清楚地考察《入静仪》的内容，我们谨于下表之中将其仪文
细分为 8 个节次，分栏罗列。

图 12-03 《入静法》仪式结构语法分析图

　　（接上页）典出《史记·封禅书》中，是真气下降之符瑞，与"炼丹服
药"毫无关联。所以，我们认为此两者的差别并不甚大，陶隐居乃保留
了两份版本乃是出于其对于版本学的重视（《真诰》的编辑中已经多次体
现了他的这一习惯）。参见：吕鹏志.唐前道教仪式史纲 [M].北京：中华
书局，2008：101-105.

[1] 本书中所有对于仪式结构语法（syntax）之分析，均受益于施舟人先生
之开拓，参见：Kristofer Marinus Schipper, "An Outline of Taoist Ritual,"
in *Essais sur le rituel III: colloque du centenaire de la Section des sciences
religieuses de l'Ecole pratique des hautes études*, ed.Anne-Marie Blondeau
and Kristofer Marinus Schipper (Louvain: Peeters, 1988), 97-126.

《入静法》仪文分列

节 次	仪 文
A 入户	初入静户之时，
B 祝炉	当目视香炉，而先心祝曰："太上玄元五灵老君，当召功曹、使者、左右龙虎君、捧香使者，三炁正神，急上关启：三天太上玄元道君。[某] 正尔烧香，入静朝神，乞得八方正气，来入[某]身，所启速闻径达帝前。"毕，乃烧香行事。
C 四方拜祝 1 西向	烧香毕，初向再拜。"谨关启：天师、女师、系师三师、门下典者君吏，愿得正一三炁，灌养形神，使五藏生华，六府宣通，为消四方之灾祸，解七世之殃患，长生久视，得为飞仙。"毕又再拜。
C 四方拜祝 2 北向	次北向再拜讫，三自搏，曰："谨关启：上皇太上北上大道君，[某]以胎生肉人，枯骨子孙，愿得除七世以来，下及某身，千罪万过，阴伏匿恶，考犯三官者，皆令消解，当令福生五方，祸灭九阴，邪精百鬼，莫敢当向，存思神仙，玉女来降，长生久视，寿同三光。"毕，又再拜。
C 四方拜祝 3 东向	次东向再拜，讫三自搏，曰："谨关启：太清玄元无上三天无极大道、太上老君、太上丈人、天帝君、天帝丈人、九老仙都君、九炁丈人，百千万重道炁，千二百官君，太清玉陛下，当令某心开意悟，耳目聪明，万仙会议，赐以玉丹，消灾却祸，遂获神仙，世宦高贵，金车入门，口舌恶祸，千殃万患，一时灭绝，记在三官，被受三天丈人之恩。"毕又再拜。
C 四方拜祝 4 南向	次南向再拜讫，三自搏曰："谨关启：南上大道君，乞得书名神仙玉籍，告诸司命，以长生为定。又敕三天万福君，令致四方财宝，八方之谷帛，富积巍巍，施行功德，所向所欲，万事成克，如心所愿，如手所指，长生神仙，寿同天地。"毕，又再拜，都讫。

续 表

节　次	仪　文
C 四方拜祝 4 南向	或四向叩头者，却祸来福，所思随意也。叩头例，施于有急疾患之时，依常旦夕可不事尔。
B* 祝炉	临出静户，正向香炉而微祝曰："香官使者，左右龙虎君，当令静室忽有芝草，金液丹精。百灵交会在此香火前，使[张甲]得道之气，获长生神仙，举家万福，大小受恩。守静四面玉女，并侍卫火烟，书记[某]所言，径入三天门玉帝几前。"
A* 出户	乃出户。都毕。 若疾急，他有所陈，自随事续后而言之任意也。皆当微言，勿令声大。

（四）入户出户

[A 入户]与[A* 出户]并无专门仪文叙述，但在当时应是普遍知晓的口传仪范内容，其主旨在于通过一定的规范来约束身心，以利于"入静"（可同时理解为空间层面的"静室"以及心理层面的"清静"）。故陶隐居对其略作讨论之后，自撰"入静次第立成之法"云：

> 先盥澡束带，刷头理发，裙褐整事，巾履斋洁，两手执笏，不得以纸缠裹，既至户外，嗽口三遍，仍闭气，举右足入户，次进左足，使并进前平立。[1]

---

[1] 王家葵.登真隐诀辑校[M].北京：中华书局，2011：68.

同样，在［A*出户］仪文后，陶隐居注曰：

> 于户内仍漱口，先举左足出，乃次右足，勿反顾。[1]

总体来看，洁净、气息与步伐是［A 入户］与［A*出户］最为需要关注的事项。在后出道门仪范中，这一对节次还被配以专门的"入户咒"与"出户咒"。不论其内容被如何增衍，这一对与出入空间相关的节次一直被保留并作为道教斋仪行持的正式起始与结束。

（五）前后祝炉

"祝炉"即是伴随燃香过程的祝祷之辞，其有道气、形神、职官三重玄义，分述于下。[2]

1. 道气之玄义

按陶隐居言，静室之中别无他物，仅于其中央

> 安一方机，一香炉，一香匮。[3]

又云：

[1] 王家葵．登真隐诀辑校 [M]．北京：中华书局，2011：72.

[2] 关于"祝炉"（或"发炉"）的研究，还可参见：广濑直记．发炉与治箓——正一发炉与灵宝发炉的比较 [J]．人文中国学报，2017，（25）：259-284.

[3] 王家葵．登真隐诀辑校 [M]．北京：中华书局，2011：69.

其烧香之炉，无言其形范者。古人多用博山及三
足也。[1]

故此可见，静室之中无偶像之设，所谓之"朝真"，则仅是向
博山炉中涌出之香烟朝礼；而香烟之中，亦有道气上下交孚之
玄理。按烧香之法起于古礼，《礼记·祭法》曰：

燔柴于泰坛，祭天也。[2]

焚烧动物脂肪的香气谓之"馨香"，所谓"殷人尚声，周人尚
臭"，即以音乐与气味感动神明[3]。盟威道革除祭礼，焚香不再
用于献祭，而是以其香烟与天相接，以其香气感合神明。故陶
隐居有言：

香者，天真用兹以通感，地祇缘斯以达言。是以祈念
存注，必烧之于左右，特以此烟能照玄达意。[4]

由此，至少是在盟威道教法中，香之燃烧，乃是作为沟通之媒

---

[1] 此系收于《三洞珠囊·卷四》之《登真隐诀》佚文。王家葵.登真隐诀
辑校 [M].北京：中华书局，2011：207.
[2] 孙希旦.礼记集解 [M].北京：中华书局，1989：1194.
[3] 孙希旦.礼记集解 [M].北京：中华书局，1989：1194.
[4] 此系收于《要修科仪戒律钞·卷之八》之《登真隐诀》佚文。王家
葵.登真隐诀辑校 [M].北京：中华书局，2011：206.

介，而非"供养"[1]。

正如我们在千二百官君的讨论中所见，人与大道之间的感合绝不是单方向的，其有上通者，则必有下传。[B 祝炉] 仪文曰：

> ［某］正尔烧香，入静朝神，乞得八方正气，来入某身。

与此对应的是 [B* 祝炉] 仪文曰：

> 使［张甲］得道之气，获长生神仙，举家万福，大小受恩。

由此可见，香烟在仪式中起到了一种道气管道的功用，"烧香"对用了"乞得八方正气""得道之气"实现了道民与大道之间的联通。如果我们结合静室的空间来考察，正中的方形几案正象征着了一座位于宇宙正中的坛台，而方几正中所安奉的博山炉本身便即象征了位于天地正中、贯通三界的昆仑山；昆仑山顶，正是"太清玉陛下"的玄都天首大治[2]。故此，每当香烟燃起，静室便成为一处联通三天大道的天梯（参见彩页图 7）。施舟人先生曾论到：

---

[1] 参见：张泽洪．论道教斋醮焚香的象征意义 [J]．中华文化论坛，2001（01）：102-106．较为新近的研究可参见：张红志．道教烧香考源 [J]．宗教学研究，2021（04）：22-28．

[2] 正一法文法箓部仪 [M] // 道藏：第 32 册，200．

（博山炉）也是存思神游的焦点。它代表着仙界，昆仑。香烟从盖子上的开口中袅袅升起（就像中国洞穴生云的概念），然后化为身生双翼的飞龙，其作为信使将祝愿呈送至天阙。此处，山即在静室之内，在我们眼前。向它趋近也就意味着向内归敛。[1]

施先生对于博山炉的论断与我们马上将要在下文中所讨论的朝真功夫一样：看似向外飘散的香烟、召出的吏兵，实际都意味着心神层面向最内层的回归，因为"道"即在身中。

人的祈愿可以顺随香烟上达大道，而大道之气也得以顺随香烟下降人寰，这也正是《烧香颂》所表达出来的意象，其曰：

烧香归太上，真气杂烟馨。[2]

在这里，冉冉升起的香篆成为向上归神、归命大道的途径，而

---

[1] 本书作者自译，原文为："... servait également de suppon pour la méditation, randonnée extatique. Elle représentait le monde des Immortels, le K'ouen-louen. Par les ouvenures du couvercle, la fumée s'échappait en longues volutes (comme les cavernes qui, dans les conceptions chinoises, donnent naissance aux nuages) qui se transforment en dragons, messagers ailés qui ponent les prières aux guichets du Ciel! là, la montagne se situe *dans* la chambre pure: elle se trouve *sous* les regards. Se déplacer vers elle, c'est effectuer un mouvement vers l'intérieur. " Kristofer M. Schipper, *Le Corps Taoïste: Corps Physique — Corps Social* (Paris: Librairie Arthème Fayard, 1982), 126.

[2] 玉音法事 [M] // 道藏：第 11 册，141.

大道向下所降之真气，又隐现于"烟馨"之中。由此，香烟便也成为虚无自然大道真气的载体，并由此成为一种视觉符号。此时，朝礼香烟，也即意味着朝礼大道。由此，在道气的层面，祝炉烧香一方面意味着与道相通的联结，另一方面也同时可被视作大道无形的视觉符号。

2. 形神之玄义

"入静"一词可有两种理解：1. 进入静室之中，2. 进入清静的状态。前者是空间上的，后者为形神（身心）上的。由此，"入静朝神，乞得八方正气，来入某身"也可以被理解为于形神清静的状态中感合大道真气，使其进入身体之中。《想尔注》中对于"清静"与身中道气的关系有着颇为详尽的讨论，细分之，又可分为"道戒"（行为）与心理两层。所谓"道戒"者，即以《想尔戒》为代表的盟威道戒律。《想尔注》所言"人行道奉戒，微气归之"[1]，乃是说奉道者能够在日常生活中遵循戒律，即可与道气感合。何以故？这是因为行为乃是心理状态的直接外显。

《想尔注》也特别重视心理状态与道气的关系，其曰：

> 心者，规也，中有吉凶善恶。腹者，道囊，气常欲实。心为凶恶，道去囊空。空者耶（邪）入，便煞人。虚去心中凶恶，道来归之，腹则实矣。[2]

---

[1] 饶宗颐. 老子想尔注校证 [M]. 香港：中华书局，2015：24.
[2] 饶宗颐. 老子想尔注校证 [M]. 香港：中华书局，2015：10.

这也就是说，道气在主观上意欲进入人身，但人却因自身的恶念将其拒之身外。其又曰：

> 内自清明，不欲于俗，清静大要，道微所乐。天地湛然，则云起露吐，万物滋润；迅雷风趣，则汉燥物疼，道气隐藏，常不周处。人法天地，故不得燥处。常清静为务，晨暮露上下，人身气亦布至。师设晨暮清静为大要。[1]

按"道微"，即道之微气，则心神层面的"清明""清静"与道德行为上的"善""虚去心中凶恶"一样，同是大道之气所喜者。故此，盟威道教法特别重视道民能够在每日的早晚"常清静"，早、晚入静朝真正是"晨暮清静为大要"思想的实践，从而使得"人身气亦布至"[2]。

虽然《入静法》的仪文中只字未提清静之意，然其对于仪式动作的规定，对于呼吸的控制，对于意念的引导，无一不是将人的行为意念相关联，通过约束人的行为而将人引入清静的状态之中。故《真诰》曰：

---

[1] 饶宗颐. 老子想尔注校证 [M]. 香港：中华书局，2015：25.

[2] 参见：普鸣 Michael Puett, "Forming Spirits for the Way: The Cosmology of the Xiang'er Commentary to the Laozi," in *Journal of Chinese Religions*, 32 (2004): 1–27.

> 凡入室烧香，皆当对席心拜，叩齿阴祝，随意所陈，
> 唯使精专，必获灵感（陶隐居注：此亦朝静之例也）。[1]

由此，每日早、晚入静的朝真仪是道民在形与神、身与心的层面最基本的修行，故而其又有"朝修"[2] 之称。

3. 职官之玄义

我们已经在上文中再次强调了由"太清衔"所表现的大道虚皇之形名，有了这一名号，虚无自然的大道便得以通过人类的意念来寻求。故此，《入静法》又名"朝真仪"，其将早、晚入静视作每日两次朝觐君王，此即是以职官制度框架作为其外在符号意象以及逻辑框架结构，由此将感通道气的修行纳入其中。这一框架的应用又具体现于两点，现谨略述于下。

4. 箓中吏兵的使用

大道一如汉家天子，遥不可及，朝觐大道因此需要借助于道民所受法箓中之吏兵代为行之。按 [B 祝炉] 仪文曰：

> 当目视香炉，而先心祝曰："太上玄元五灵老君，当
> 召功曹使者，左右龙虎君，捧香使者，三炁正神，急上关
> 启三天太上玄元道君。某正尔烧香，入静朝神，乞得八方

---

[1] 吉川忠夫，麦谷邦夫.真诰校注 [M].北京：中国社会科学出版社，2006：336.

[2]《玄都律文》曰："宽和忠孝，恭敬朝修，淡泊慈仁，畜孝笃信，思义所行。不如律，罚算七纪。"玄都律文 [M] // 道藏：第 3 册，457.灵宝斋法亦沿用"朝修"之名。

正气，来入某身，所启速闻径达帝前。"毕，乃烧香行事。

此一段仪文后世谓之"发炉"，按照陶隐居所注，其念诵之前应先存思：

> 正心临目，存：直使、正一功曹、左右官使者四人，并在户内两边侧立，又龙君在左，虎君在右，捧香使者二人，侠侍香炉，守静玉女侠侍案几。[1]

其中，位于户内两侧的一组即《将军箓》中排列最为靠前的直使功曹、正一功曹、左右官使者（参见第十一节）。另一组之龙、虎君、捧香使者、守静玉女并非箓中吏兵，当是"静中吏司"[2]。这一组吏兵的出现，证明了朝真仪的举行势必需要以法箓的受度作为必要的先决条件。

张超然教授曾在其研究中根据陶隐居这一段存思注文推论："'朝静'仪中的'祝炉'仪节并不召出法箓中的功曹吏兵，而是请求'太上玄元五灵老君'召出侠侍于静户、香炉、案几旁的功曹、使者、左右龙虎君、捧香使者、守静玉女等。关于这一点，也可以从上述'静中吏司'有些并不见于法箓中的情形得到印证（按：脚注云：如'左右龙虎君''捧香使

---

[1] 王家葵. 登真隐诀辑校 [M]. 北京：中华书局，2011: 68.

[2] 王家葵. 登真隐诀辑校 [M]. 北京：中华书局，2011: 68.

者'并不见于《太上三五正一盟威箓》……所列法箓之神灵名单）。"[1] 但是，就我们上述的考察，[B 祝炉] 节次中上达于大道者有两组，分别为"箓中吏兵"与"静中吏司"。故《入静法》仍与法箓有不可分割的关系。静室是奉道之家的通真圣域，亦有吏兵守护，按《周氏冥通记》中载，保命府赵丞告周子良曰：

> 勿令小儿辈逼坛靖，靖中有真经。前失火处大屋基，今犹有吏兵防护，莫轻洿慢。[2]

由此可见，静室拥有着一套独立的吏兵系统，常驻于其空间内，即便建筑不存，其吏兵犹在。这就好比中国传统的庙宇在毁坏之后，人们仍会在遗址上叩拜焚香，盖因其真气未散也。由此可见，箓生的身体中，以及其静室中，各有一套吏兵驻守其中。而朝真仪的顺利施行，乃是形神与外部空间乃至更为宏观之大道的相互符契感合。

从宗教史的角度来观察，对于神圣空间的使用权限和与神明沟通的权利往往是配套共存的，这同时也意味着一定的社会身份（参见第九节中犹太司祭与耶路撒冷圣殿的关系）。静室

---

[1] 张超然.天师道祭酒亲自上天呈章？[G]程恭让，主编.天问：传统文化与现代社会，南京：江苏人民出版社，2010：173.

[2] 周氏冥通记 [M] // 道藏：第 5 册，302. 笔者感谢张超然教授提醒笔者这一条文献之出处。

与法箓是互相依存的一个有机整体，当一位道民被授予箓中吏兵的时候，他也便获得了与大道相通的神圣权利，这一权利必须通过仪式得以运用，而仪式的举行需要特定的圣域。故此，静室中之吏兵与箓中吏兵的授予实际是同步的。我们可在近代授箓传统中看到，弟子行法之"坛"、修真之"靖"的名号也是与法箓在仪式中一同被授予的，与其相应的还有弟子的法位，即社会身份。

实际上，如果我们把法箓理解为道气的身体化表达，那么静室所赋予的，乃是与这一重道气化身体相应的外部道气化的宇宙空间。笔者的这一推论还可见于一些其他的类似观念，如"法帔"与"拜坛"的对应关系（参见第十七节"法位与法服制度"）。如果将这几项元素放在一起，做现象层面的分析，则箓中吏兵、法帔、拜坛、静中吏司分别呈现了一种身体自内向外的次第延展 [1]，它们从空间的维度上将身中的道气与身外的道气交融到了一起。回到《周氏冥通记》的故事中，物质层面的静室失火并不会造成道气的散逸，其仅仅类似于"失箓"，而非"夺箓"。

5. 吏兵与大道的关系

在 [B 祝炉] 仪文我们再一次遇见了"召"字，其文曰："太上玄元五灵老君，当召功曹、使者、左右龙虎君、捧香使者、三炁正神，急上关启三天太上玄元道君。"在这一句话中，

---

[1] 事实上，"拜坛"即来自对于"坛"的微缩，而灵宝斋仪中的"斋坛"（非血食之"祭坛"）与"道静"实际拥有十分相近的性质与功能。

"当召"与"关启"相对，箓生祈求"太上玄元五灵老君"召出自己身中的吏兵，去参谒"三天太上玄元道君"。这里，"三天太上玄元道君"即是大道，而"太上玄元五灵老君"[1]的身份不甚明了，通过其名号来看，似乎是从属于大道之下的某一神君，其中不排除我们在"箓召仪"中所讨论过的五方"五狱营"之君，他们也具有"老君"之称，若《太上洞玄灵宝二部传授仪》所云：

> 东九夷胡老君、南八蛮越老君、西六戎氐老君、北五狄羌老君、中央三秦伧老君。[2]

换言之，受度弟子在受箓过程中受五方之神所召，在其受箓之后，其身中之吏兵亦为其所召。不过这其中的确切关联尚有待于进一步讨论。[3]

---

[1] 南宋蒋叔舆在《无上黄箓大斋立成仪》中依不同经法派系开列有不同的"发炉"神："如'上元五灵五老神真'云为上清发炉；'太上灵宝无上元尊'云为自然发炉；'传言玉女上奏皇君'云为洞神发炉；'太上玄元五灵老君'云为正一发炉。"无上黄箓大斋立成仪 [M] // 道藏：第 9 册，571.

[2] 太上洞玄灵宝二部传授仪 [M] // 道藏：第 32 册，744.

[3] 如果我们将这段仪文中"召"的逻辑代入汉代政治制度中的朝仪来看，则"五灵老君"很有可能类似主持上计会议的宰相，也正是《太平经》中的"大神"。但与此同时，我们在第十一节"被君召"的讨论中也已经看到，大道需要经过类似地方太守的五方之神来对于弟子发出诏求。所以，到底五方之神是太守，还是宰相，笔者尚无确切答案，或者说，也许其并不一定需要与人世之职官严格对应。相关的研究仍有待于进一步展开。

朝廷的朝会是由律法、典章所规定的，在固定的周期内重复举行的事件，所以，上计吏乃是由朝廷所召出（钟声可以被视作召集朝会的象征）。也就是说，这种年度性的人员、信息流动已经被设定成为朝廷制度性运转的有机部分，并不需要郡太守刻意列为专事来安排。如此，我们也就能理解了为什么朝真仪中，吏兵需要经由太上玄元五灵老君"召出"，而不是被箓生所"遣出"。首先，每日晨昏举行朝真仪的时间是被设定好的，一如每年正月元旦的朝会也是被设定好的，从某种意义上来说是客观的"天律"。由此，吏兵每日晨昏被从箓生身中召出，并不是出于箓生自己的意志，而是天道运行的规律，是一种自发的、自然的行为（spontaneous action）。我们前引《洞渊神咒经》中所云：

> 吏兵当告人愆过，天使吏兵违人，夜去身中吏兵，还自诛人。[1]

在这里，这种"告人愆过"的行为与"上计"十分相似，虽然其并非指朝真仪，但都表明了吏兵朝参大道，并不一定需要箓生的具体主观意愿支配。由此，在朝真仪中，我们见到，箓生所应做的只是遵守朝仪的时间，通过在静室中焚香，为吏兵上朝大道提供必需的通道。

---

[1] 太上洞渊神咒经 [M] // 道藏：第 6 册, 335.

正如我们所一再强调的，在盟威道教法中，职官制度总是一种表象的比喻，或者符号，其本质实乃为道气层面的流通。在《将军箓》的箓文中，我们看到受度弟子被大道所诏求，实际表达了大道对于人类归根复命的期待。那么，朝真仪中，箓生身中吏兵的受召朝觐，则表明了大道之气意欲下注人身的意志，也即是道气的上下交孚，其论据有三：

（1）吏兵与道气一直是一对互相对应的概念，比如法箓中吏兵的授予，实际也意味着道气的授予，也更意味着自身道气自内而外的点化。朝真仪实际也是这一过程的日常化重复。

（2）朝廷的朝会不仅是基层民意的上传，更意味着朝廷所颁赐物资、政策的"上情下达"，因此朝仪、上计本身便具有了联通、交换的含义。

（3）作为帝王的大道希望获得由功曹所汇报的地方政务情况，但作为真气的大道则希望注入、充满人的身形。《想尔注》所云"腹者，道囊，气常欲实"[1] 即是此意。同时，每日的醒来之后与入睡之前，都是人进入清静状态，进而获得道气的最佳时机，而早晚的朝仪，正是基于这一人类自身规律而创设的教法，故曰："常清静为务，晨暮露上下，人身气亦布至。师设晨暮清静为大要。"[2]

基于以上三点，我们可以推论：箓生需要借用每日晨昏的

---

[1] 饶宗颐. 老子想尔注校证 [M]. 香港：中华书局，2015: 10.
[2] 饶宗颐. 老子想尔注校证 [M]. 香港：中华书局，2015: 25.

时机，进入静室之中，在内外具静的状态中，她／他身中吏兵（也就是身中的道气），才能顺利地通过香烟被大道所召出，上达于玄都帝阙之中。而这一"向上的"动态过程的背后，乃是箓生因为清静所获得的大道真气的"向下的"注入。这一上一下的两个方向运动是同时、同步的，无所谓孰先孰后。此外，我们还必须强调，在这一"上下"维度之外，我们不应忽视箓生身体中的"内外"维度。道气的注入就好像吏兵的授予，其本质是箓生身中最为内在的真气的"点化"，因此其也可被理解为真气的"释放"，或者"唤醒"。[1] 而在朝真仪中，这一身中真气释放的契机，乃是囿于"清静"之中。

在朝真仪中，是奉道者身中吏兵的朝觐虚皇，使得道气得以上下交孚；或者说，乃是在"清静"之中，奉道者身中之气与大道之气得以相互"符契"，而这一符契所带来的，同时也还有奉道者自身之中大道真气之绽放。随着箓生日复一日的与大道的两次独处，入静朝真，身中之道气亦日渐充盈，日进于道，最终与道合真，归根复命。

6. 芝草

[B 祝炉] 在后世道门科仪中被称作"发炉"，而 [B* 祝炉]

---

[1] 在不同的宗教传统中，都存在着"上下"与"内外"两重关于神圣性的比喻系统。我们常将神明视作居于头顶，但通常又将追寻神明的过程理解为向内探寻自己的内心。同时，神圣力量的向下注入，也被认为是自己身中力量的向外释放、觉醒。参见：Arthur Green, *Radical Judaism: Rethinking God and Tradition* (Yale University Press, 2010), 34–36.

则被称作"复炉"。复炉一方面是对于发炉祈愿部分的重复，另一方面则将先前所出之吏兵收还身中。"香官使者、左右龙虎君，当令静室忽有芝草，金液丹精"一句祝文表达了两重的含义：1. 吏兵以道气的形式还回静室。2. 芝草、金液、丹精均是道气下降之符瑞显化。故此我们更能确信发炉部分中吏兵"径入三天门"与道民"得道之气"是同一事件之一体两面。

按《史记·封禅书》所载，汉武帝从方士公孙卿言，招致神仙，于甘泉宫之延寿观建通天台并前殿，至元封二年：

> 有芝生殿房内中……乃下诏："甘泉房中生芝九茎……"[1]

由此可见，建筑内生出芝草乃是神明（真气）下降所呈现的瑞兆，其早在西汉时期的北方便已出现[2]。类似的认知在道门内一直传承，如茅山上清宗师李玄靖先生"为国修斋，数感甘露、灵芝之瑞"[3]；宋宁宗皇后从宗师薛冲玄先生参受大洞毕法、修罗天醮，"甘露降，灵芝生，白鹤彩云，嘉瑞非一"[4]。如此所见，这些身外自然环境中的祥瑞，实际所真正反映的，乃是奉

---

[1] 司马迁. 史记 [M]. 北京：中华书局，1982：1400.
[2] 笔者特别感谢张超然教授在一次对谈中就"复炉"的问题向笔者提及《史记》中的这段记载。
[3] 刘大彬. 茅山志 [M] // 道藏：第 5 册，602.
[4] 刘大彬. 茅山志 [M] // 道藏：第 5 册，607.

道者身中的道气充盈。而正是因为在这一"小天地"中的阴阳调泰，使得"大天地"中的"故气"得以转化为"平气"，并呈现为视觉上的"祥瑞"。

（六）四方拜祝

[C 四方拜祝]由平行的四部分组成，即朝向西、北、东、南四个方向的分别拜祝。按仪文所见，这四次拜祝都遵行着同样的流程，只是其所朝拜的神明名号以及祈祝的内容逐次更替。现谨按照《入静法》仪文及陶注，将其单次拜祝之流程列于图 12-04 之中。

图 12-04　拜祝次序流程示意图

下面，我们便依据这一流程，结合《汉中法》的记述，对《入静法》的仪式内涵，进行进一步考察。

1. 再拜

按仪文，每一方的拜祝都以"再拜"起始，意为执笏两拜，并于每一拜结束起立。按《登真隐诀》佚文《再拜诀》曰：

> 夫再拜者，两拜是也。别起更坐，勿因拜便坐也。拜坐止一拜，全非再拜也。[1]

---

[1] 王家葵.登真隐诀辑校[M].北京：中华书局，2011：204.

2. 三自搏

陶隐居注云:

> （再拜）毕，跪，故笏于前，两手自搏。[1]

"自搏"亦曰搏颊，《老君音诵戒经》亦云:

> 道官、箓生、男女民，烧香求愿法: 入靖东向恳，三
> 上香讫，八拜，便脱巾帽，九叩头，三搏颊。[2]

自搏、搏颊即是今日所谓之"自掴"（参见第九节"神不饮
食"），其作为中国文化中一种典型的自我体罚形式一直在习俗
中传衍至今。盟威道教法将自搏纳入每日的朝真仪之中，意在
特别强调箓生日常性的思过、谢罪的重要性。陶隐居亦注曰:

> 四向叩头者，当先朝启一方竟，仍叩头，又自搏，言
> 今所乞，亦可脱巾悲泣，在事之缓急耳。[3]

可见，自搏的本质便是悔罪，其情感密度可因时、因事而各有
不同。南朝道民孔稚珪"于禹井山立馆，事道精笃，吉日于静

---

[1] 王家葵.登真隐诀辑校 [M].北京: 中华书局，2011: 69.
[2] 老君音诵戒经 [M] // 道藏: 第 18 册，214.
[3] 王家葵.登真隐诀辑校 [M].北京: 中华书局，2011: 71.

屋四向朝拜，涕泗滂沱"[1]，这却充分地表述出了朝真仪所具有的自我反省特质。此外，《入静法》将"自搏"置于拜祝开始之处，也即是祈愿之前，也反映出了先赎罪、后求福的义理逻辑，盖因"天道无亲，常与善人"，戴罪之人，必不能蒙受天佑。

此外，朝真仪这种注重忏悔的特质还被涂炭斋等斋法所发衍[2]，在这些斋仪中，自我体罚以赎罪的力度被成倍地增加。事实上，"斋"字之本义即有修省、洗心之义，灵宝、上清两家也莫不以斋仪作为其入道之基础修行[3]；故《敷斋颂》云：

> 道以斋为先，勤行登金阙。[4]

3. 称男女姓名

此处称名者，非仅是姓名，而是自称"法位"及姓名。就《道藏》所收文献来看，箓生的法位依男、女而称为"男生""女生"，如在《魏传诀》所收"二朝法"中，其云：

> 粪土小兆男生［某］，谨稽首再拜……

---

[1] 萧子显. 南齐书 [M]. 北京：中华书局，1972：835.

[2] 斋仪的仪式结构也系由朝真仪发展而来，其保留了入户、出户、发炉、复炉的对称结构，并将四方朝增衍至十方乃至更多方位的朝礼。参见：吕鹏志. 唐前道教仪式史纲 [M]. 北京：中华书局，2008：140-161.

[3] 上清家之谢罪法可参见上清洞真解过诀 [M] // 道藏：第6册，633-638.

[4] 玉音法事 [M] // 道藏：第11册，141.

此当即是箓生自称之法位。若是祭酒自称法位者，则如《度仙灵箓仪》所云：

太玄都正一平炁系天师厶治炁祭酒臣 / 妾 [厶]。[1]

其余法位因所授箓、契之不同而多样，不再展开。

"法位"是箓生、祭酒神圣身份的表达，而神圣身份则建立在盟约之上，故箓生、祭酒在每一次拜祝时重复地称念法位，实际便是在重申她/他所曾建立的盟约，自己与大道的盟约关系，以及其后一切仪式行为的合法性。正是盟约的建立与法箓的授予赋予了弟子使用静室的权利、身中的吏兵/道气、奉行朝真仪的权限，以及奉道与大道之间的符契关系。所以，在弟子秉明法位之后，仪文马上转入对神明的关启。这些神明并非俗神，而是大道之真气。所以，未尝立盟者，便也无法与祂们进行有效的联系。这就好比是一名 A 国公民向 B 国大使馆申请护照，这必然不会得到受理，因为他们之间并不"相契"。

由此，道教科仪的奉行乃是奉道者与大道之间盟约的不断重申。盟约、法箓、科仪，此三者相互符契，实为一体、一理。

---

[1] 吕鹏志.天师道授箓科仪——敦煌写本 S203 考论 [J]."中研院" 历史语言研究所集刊，2006，77（1）：143.

4. 关启、祝愿

关启与祝愿是两个版本的朝真仪区别最大之处，这具体体现在三方面，下面分别论之。

（1）拜祝方向的次序

《入静法》的顺序为顺时针，即自西始，经北、东而终于南，是为左行；《汉中法》则为逆时针，即自东始，经北、西而终于南，陶隐居谓之右行（参见图 12-05）。对于这两种方向的不同，笔者尚未找到充足的解释，但《正一指教斋仪》[1] 与《入静法》同为左行。从空间的角度来考虑，《入静法》中所记录的静室应是向东开门，进入静室之后便意味着面朝西方，自此方开始拜祝最为便宜。

（2）关启之神明

为了方便对比，我们谨将两种仪文中神明名号以及其所对应的方位列于下表中。由表所见，在两份仪文中，东向与西向的神明基本相同，即太清衔与天师（参见下段）。先向西拜祝，蕴含着"启师"的意味，此即陶隐居所云：

> 正一之气，以师为本，故先拜请。[2]

《太真科》亦云：

---

[1] 正一指教斋仪 [M] // 道藏：第 18 册，291-293.

[2] 王家葵．登真隐诀辑校 [M]．北京：中华书局，2011：69.

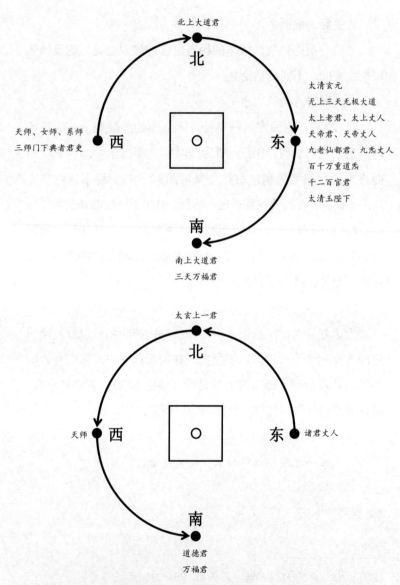

图 12-05 《入静法》（上）与《汉中法》（下）四方朝向示意图

> 天师为道治之主，入靖，先向西香火存师。[1]

《汉中法》东向的"诸君丈人"应即是太清衔。若先向东拜祝，则进入静室后，需先绕至方几之后，转身，重新朝向静室门户。这一流程亦有其合理之处，盖因东向所朝者为至尊之"太清玉陛下"，有别于其他三方。陶隐居曰：

> 此太清诸官君，三天之正任，主掌兆民祸福所由。[2]

在南、北向轴线上，两个版本呈现出较多差异。其中《入静法》的北上、南上两位大道君呈对称之势，而万福君则都出现于两个版本之中，如下表中所开列者。关于南北方向所朝之诸君，详见下文。

两个版本朝真仪中不同方位拜祝神明的名号

	《入静法》	《汉中法》
东向	太清玄元无上三天无极大道、太上老君、太上丈人、天帝君、天帝丈人、九老仙都君、九炁丈人，百千万重道炁，千二百官君，太清玉陛下	诸君丈人

---

[1] 要修科仪戒律钞 [M] // 道藏：第 6 册，967.

[2] 王家葵．登真隐诀辑校 [M]．北京：中华书局，2011：70.

	《入静法》	《汉中法》
南向	南上大道君、三天万福君	道德君、万福君
西向	天师、女师、系师，三师门下典者君吏	天师
北向	上皇太上北上大道君	太玄上一君

（3）祝愿之内容

【东向】在朝真仪中，不同方位的神明对应着不同的祝愿内容。东向所列太清衔对应了最为终极的生命救度。《入静法》写作：

　　万仙会议，赐以玉丹，消灾却祸，遂获神仙。

《汉中法》写作：

　　长存久视，延年益寿，得为种民，与天地相守。

其中前者的"金丹"具有方士传统意趣，后者的"种民"更具盟威道自身的特征。

【西向】西向面对天师、三师的祝愿内容主要对应了道气的获取与现世身体之康健。《入静法》写作：

愿得正一三炁，灌养形神，使五藏生华，六府宣通。

《汉中法》写作：

心开意解，耳目聪明，百病消除，身体轻强。

前者更为明确地交代了大道真气与身体健康之间的关系，而后者还强调了心性方面的提升。

【北向】虽然两个版本中北向的神明的名号有所不同，但其大抵都对应了解除罪过的祝愿内容。《入静法》写作：

千罪万过，阴伏匿恶，考犯三官者，皆令消解。

《汉中法》写作：

原赦罪过，解除基谪，度脱灾难，辟斥县官。

【南向】两个版本南向的第一位神明名号也不相同，但大抵都对应了延生增寿之祝愿内容。《入静法》写作：

告诸司命，以长生为定。

《汉中法》写作：

　　　　恩润之气布施骨体，使道气流行，[甲]身咸蒙慈恩，
众病消除。

此外，两个版本南向敬礼者同为万福君，其祈愿目的为求财，
由此贴近道民日常生产生活之诉诸。

　　综上所述，在两个版本的朝真仪中，其东、西向的敬礼对
象为大道与天师，而其南、北向所拜祝、关启的神明实际都出
自"千二百官君"之中，且基本都能与《章官品》中所开列之
职司对应。其中北上君"治天留室北斗七星精"[1]，南上君"开
天门益人寿命"[2]，因此极有可能即是北、南二斗星君。太玄上
一君当即"太玄君"，主"收冢葬送逆顺鬼冢讼之鬼"[3]；万福
君即"无上万福君"，"主求五利金银布帛，所思者得，所愿者
成。"[4] 较为特别者为道德君，唯见于《三洞珠囊》之引文，职
司"对校天下男女为功德者"[5]，这似乎是祈求"道德君"，以奉
道者所行之善功，来助使其身体康泰。

　　总而言之，朝真仪分别向四方拜祝的，看起来像是向多位
神明进行祝祷，但其本源皆出自大道之中，并展示了大道的不
同侧面。一如箓生身中的吏兵象，其与箓生本人作为一个整体

[1] 正一法文经章官品 [M] // 道藏：第 28 册，548.
[2] 正一法文经章官品 [M] // 道藏：第 28 册，538.
[3] 正一法文经章官品 [M] // 道藏：第 28 册，550.
[4] 正一法文经章官品 [M] // 道藏：第 28 册，541.
[5] 王悬河. 三洞珠囊 [M] // 道藏：第 25 册，327.

象征着一处府衙，则朝真仪中的四方神明与"太清玉陛下"便象征着一处中央朝廷，不同的仙君实际只代表了大道众多形名之某一小的侧面，也是大道万有职司之一小侧面。

四、上章仪

与朝真仪不同，上章仪并非是按照固定周期举行的常规性自修，而是在一时、一事的特定条件下所举行的祈祷仪式。其目的可以为祈恩、谢罪、求福，或更常见的是奏请千二百官君下降，以"平气"的方式解厄救患。我们在第十一节中已经看到，在《将军箓》中授度的"刚风骑置吏""驿马上章吏"便赋予了普通箓生以上章的资格。但由于上章需要更多特定的知识与参考手册（如《千二百官仪》及各种章文写式等），故由祭酒代为上章的情况在后来的发展中成为主体。在以往关于盟威道的研究中，上章仪一直都被当作重点之一来研究。在这里，我们并不想过多重复前贤已做出的结论，只想以法箓作为出发点来稍作讨论。

按照《女青鬼律》的叙述，鹤鸣山盟约的下教内容包含："正一盟威符箓一百二十阶及《千二百官仪》、'三百大章'、法文秘要。"[1] 值得注意的是，这其中的前三者虽然都以虚数命名，但其从功能的角度实则为相互关联的一个整体。法箓中的吏兵负责呈送章表，章表的撰写过程参考了《千二百官仪》，并包

---

[1] 赤松子章历 [M] // 道藏：第 11 册，173.

含了与某一官君专门相应的神符，由此得以将千二百官君颁请下界，平顺逆气。箓生的吏兵、天上之官君、章表，三者相互咬合的仪式过程，实际也正是大道真气上下交孚的运动过程。

（一）仪式结构

目前年代较早的上章仪仪文，可见于东晋时期的《上清黄书过度仪》，唐代的《正一出官章仪》，以及敦煌写本 S.203《度仙灵箓仪》之中；这三种文本中所见上章仪的仪式结构基本相当 [1]。通过分析这几份仪文，我们得以确认，上章仪乃是继承并扩充朝真的仪式结构而得以构成的，其"出官""纳官"两个节次分别加于前后祝炉（发炉、复炉）节次之间，"操章"则取代四方拜祝而居于仪式之中心，由此，上章仪依然保持了朝真仪"中心对称式"的结构语法。陶隐居亦言：

> （朝真仪）当是旦夕朝拜，或欲请乞跪启及章奏治病之时，先当如此，然后可为诸事也。[2]

可见对于朝真仪与上章仪之间的相似性之认知一直都是明确的。我们可在图 12-06 中将两者的结构进行比对。由图所见，[C 出官] 与 [C* 纳官] 为新添入之对称性结构，其中心则为新增入之仪式中心 [D 操章]。

---

[1] 张超然．天师道祭酒亲自上天呈章？［G］程恭让，主编．天问：传统文化与现代社会，南京：江苏人民出版社，2010：171-189.

[2] 王家葵．登真隐诀辑校［M］．北京：中华书局，2011：66.

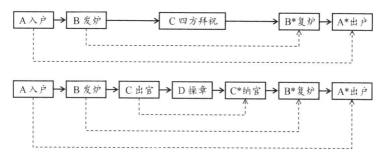

图 12-06　朝真仪（上）与上章仪（下）仪式句法之比较

（二）出官纳官

"出官"之于上章仪，类似"发炉"之于朝真仪，其目的皆为将借由法箓度入身中的吏兵召出，为箓生、祭酒通传祈祝之辞。在上章仪中，[B 发炉] 结束之后便转入 [C 出官] 的节次，现谨依吕鹏志教授校订复原的敦煌 P.2394 写本中的上剌（章）仪，将其"出官"仪文分为五段，分录于下并讨论之。

上剌入静，先三上香，叩齿三通。

次"太上玄元"如法（按：即祝炉之法）。

谨出臣身中五体真官功曹吏，臣身中仙、灵直使、正一功曹、治病功曹、左右官使者、阴阳神决吏、科车赤符吏、刚风骑置吏，驿马上章吏官，各二人出。

出者严装显服，正其威仪。直使功曹，弁朱阳之帻，戴通天之冠，衣皂纳单衣，带龙头之剑，持谒簿；正一功曹，着朱阳之帻，衣绛章单衣，腰带虎符，赍持谒簿。左、右官使者，冠九德之冠，腰带明光之剑，持幢执节。

直使功曹住立四方，正一功曹住立中央，[治病功曹营卫臣身][1]，左官使者持幢在前，右官使者建节在后。阳神决吏立左，阴神决吏立右。科车赤符吏，刚风骑置吏，驿马上章吏，尽出此军，在臣前后左右。

冠带事讫，擎持玉案，衔受臣口中辞语，分别关启：此间[厶]州县里中真官、注气监察考召君将吏、左右都平君、左右都候君、左右虎贲将、中宫谒者、周天八极君、天皇执法吏、甲子诸官君、四部司隶、都官从事、左君历关、右吏次启、诸君历第，皆以次分别。

谨上启：天师、嗣师、系师、女师君夫人门下君将吏等，阳平、鹿堂廿四治官君将吏。[2]

按第一段为所出吏兵之名录及人数，其中包括了除"阴、阳官太医吏"外仙灵箓中的所有文吏、驿吏（分类参见第十一节"吏兵"）。按照每一种功曹二人又各有仙、灵两类来计算，共计 40 位（见下表）。我们在第十一节中已经看到，文吏自《一将军箓》中便已授度与箓生，驿吏则于《十将军箓》中度与箓生，但完整的吏兵名录则需要等到"仙""灵"二箓合璧之后方可获得。

---

[1] 前言出官有治病功曹，但文中不存对其之空间方位安排，故据《太上洞玄灵宝二部传授仪》补入。

[2] 吕鹏志．天师道授箓科仪——敦煌写本 S203 考论[J]．"中研院"历史语言研究所集刊，2006，77（1）：137-138.

P.2394写本上章仪所见仙灵二箓吏兵种类及数目

上仙官		上灵官	
直使功曹	2人	直使功曹	2人
正一功曹	2人	正一功曹	2人
治病功曹	2人	治病功曹	2人
左官使者	2人	左官使者	2人
右官使者	2人	右官使者	2人
阴神决吏	2人	阴神决吏	2人
阳神决吏	2人	阳神决吏	2人
科车赤符吏	2人	科车赤符吏	2人
刚风骑置吏	2人	刚风骑置吏	2人
驿马上章吏	2人	驿马上章吏	2人
仙箓人数：20人		灵箓人数：20人	
总出官人数：40人			

　　第二段为吏兵之服色威仪，其中所见的帻与冠之搭配，具有典型的两汉、魏晋时期官吏服制特色，其职官特征明显。第三段为吏兵召出之后的阵型布排。以箓生、祭酒的身体为中心，手捧谒簿、腰带虎符、持幢执节，列队成一军阵（参见彩页图8，详见第十一节"吏兵"）。第四段为差遣身中吏兵出发，将所启之事关启本境及上级的大道官君。这一流程背后有着明确的属地管理的概念，本境正神应对本境所发生的一切事务负有责任，并详尽考察。因此，在不同祈祷事由的上章仪

中，其所关启的对象亦有一定的变动。第五段为所有的官君将吏代表箓生、祭酒上启天师及三师门下官君将吏，与第四段一样，此处所开列的关启圣号也会因不同的事由而增益不同的神明名号。如在《太上洞玄灵宝二部传授仪》中，官君将吏所关启的对象则为"太上无极大道、太上大道君、太上老君、太上丈人、无上玄老、十方无极大道道德众圣天尊、至真大帝、天帝、天师君、灵宝监斋大法师、诸官君"[1]。

　　按照丸山宏教授的看法，以上五段仪文中所开列的所有神明，可分为三组，即：a. 自身中召出者，b. 关启者，即本境上级神明，c. 上启者，即大道、三师等。[2] 故此，祭酒上章也犹如阳世职官制度中的公文上呈，需要经过一级一级地传达。而通过这种章文的层层递进的过程，它实际将一切与该事项相关的神明都关联了进来。章文就好似一把钥匙，通过将其转动，整部庞大的机器得以被激活并运作起来，而转动这把钥匙的最初力量则来自法箓（吏兵），以及其背后的盟约。同时，我们也看到，祭酒仅需从身中召出《将军箓》中的部分吏兵，缮写一份章文，便可完成祝祷上达的任务。如此，一名具有一定识字能力的箓生于自己家中静室即可举行上章之仪，如《隋书》所载之梁武帝：

[1] 太上洞玄灵宝二部传授仪 [M] // 道藏：第 32 册，744.
[2] 丸山宏. 道教礼仪の出官启事に关する诸问题 [G] // 中国思想における身体、自然、信仰——坂出祥伸先生退休记念论集. 东京：东方书店，2004：443-447.

> 武帝弱年好事，先受道法，及即位，犹自上章，朝士
> 受道者众。[1]

梁武帝虽然贵为皇帝，但其应无暇署职祭酒，故只是一名普通的箓生，这也就是为什么文中强调"自"上章。此外，王羲之之次子王凝之曾在孙恩进攻会稽之际入静室请官，《资治通鉴》云：

> 会稽内史王凝之，羲之之子也，世奉天师道，不出
> 兵，亦不设备，日于道室稽颡跪咒。官属请出兵讨恩，凝
> 之曰："我已请大道，借鬼兵守诸津要，各数万，贼不足
> 忧也。"[2]

虽然史书在此处略带讽刺地描述了王凝之的"愚信"，但其中所言的"入静室""稽颡"[3]"借鬼兵"等语，很明确对应了上章请官之仪法。正是因为箓生拥有"自上章"的权利，故而我们才能称盟威道乃是一门具有平等精神之宗教。

但是，随着法箓与科仪的演进，尤其是所谓"内箓"的发

---

[1] 魏征，令狐德棻.隋书: 经籍志 [M].北京: 中华书局，1973: 1093.

[2] 司马光.资治通鉴 [M].北京: 中华书局，1956: 3497.

[3] "稽颡"本意为叩头，但在汉代已引申带有谢罪的性质，如《汉书·李广传》曰："夫报忿除害，捐残去杀，朕之所图于将军也。若乃免冠徒跣，稽颡请罪，岂朕之指哉？"班固.汉书 [M].北京: 中华书局，1962: 2444.

展，上章所需的官将也越来越多，种类也越来越复杂（甚至在灵宝、上清两家的法箓中，可出的官将数以千、万计）。陶隐居在《登真隐诀》中对这一趋势进行了批判，其云：

> 又"出官"之仪，本出汉中旧法，今治病杂事，及诸章奏，止得出所佩《仙灵箓》上功曹、吏兵，及土地真官正神耳。世人皆用《黄赤内箓》中章将吏兵，此岂得相关耶？唯以多召为威能，不料越职之为谴，愚迷相承，遂成仪格，深可悼矣。[1]

时至今日，道教在举行上章进表科仪时，高功法师仍须长跪于香炉之前，凝神存思，"检阅吏兵，运神行事，出官如法"，这也即是所谓之"运神会道"功夫，即运我之神吏，与大道会合之意。在后世道教的章表科仪的发展中，"运神会道"与"飞神谒帝"功夫融合共通，一起施用，高功法师默运自己元神，过三关，出顶门，跨鹤升天，恭谒帝阙，拜进表章，张超然教授已在其研究中对此备述[2]。

[C* 纳官]（又称"复官"）之节次与 [C 出官] 相对，即是将此前所出的身中法箓吏兵召回，其概念与"复炉"相似。在敦煌 S.203 写本中，此段仪文仅以"复炉"二字简化，盖其

---

[1] 王家葵 . 登真隐诀辑校 [M]. 北京：中华书局，2011：77.

[2] 张超然 . 天师道祭酒亲自上天呈章？[G] 程恭让，主编 . 天问：传统文化与现代社会，南京：江苏人民出版社，2010：171-189.

为常行之法，祭酒皆能够详熟于心。参照其他文本，其仪文
应为：

> 臣上表事竟，所出臣身中功曹、使者，一切灵童官吏，
> 各从众妙门而入，在左还左，在右还右。直使功曹，主领
> 检押，复于宫室，毋令差互，后召复到，一如故事。[1]

由此，上章仪与朝真仪相同，其过程从本质上而言即是道气上
升、下降的流通过程。其不同处在于，一方面朝真仪乃是日常
性的自修仪式，道气仅仅降布于弟子身中及静室左右；另一方
面，上章仪往往因事而行，且其意在调动更为强大的大道真
气（千二百官君）下降，平顺、转化下方的勃逆之气（其也许
是他人之疾病，抑或地区性之蝗、旱），并进而将其纳入道气
之中。

（三）章文

科仪文书是理解道教仪式所含玄义、妙理的重要入口，仪
式中的许多重要义理观念，均是依托文书才得以表达，并发挥
功用的。现谨以《正一出官章仪》所录《开牢狱章》[2] 为样本，
就其中之义理逻辑稍作讨论，以求洞悉其中之职官义理。按此
章为应对紧急事件之朱章，以朱笔书就，大体分为五部分。第

---

[1] 太上三洞传授道德经紫虚箓拜表仪 [M] // 道藏：第 18 册，333.
[2] 正一出官章仪 [M] // 道藏：第 18 册，277.

一部分为祭酒法位：

> 泰玄都正一平气系天师阳平治左平炁臣［某］

一如我们之前所言，法位不但是祭酒的神圣身份，更是盟约之表达，且与章文最后的"太清衔"遥遥相对，无此法位则后续章文皆属虚文，此犹阳间官员上章于帝王，必先具其官职。

第二部分首先包含祭酒代为上章之道民的身份、年龄、居所："谨按文书某州县，某乡里，某年若干岁若干人，某处住止。"

第三部分具体描述了道民某人因为冤情被收执关押，恳求祭酒为其解救的事由，并且论述了可能造成冤狱的义理原因：

> 人鬼治罪各有所属，鬼刑绕右诣狱，人刑绕左诣狱，难出显异一统，刑罪参同。请为［某］推案阴、阳二律，恐［某］前身今身犯阴、阳过，考属左官，死犯行诣狱。

此处论述正与第十节中所引夺箓之"外犯阳官""内犯阴官"[1]呼应，言明无论触发何种法律，不论轻重，均有可能造成现世的无妄之灾。由此祭酒"以理救度"，并且因为"［某］今被刑狱飙急，事留生变，不宜稽停"，故而"辄为冒汤火，露出中

---

[1] 正一法文太上外箓仪［M］// 道藏：第32册，209-210.

庭太阳之下，拜单章急开"，此即对应了《外箓仪》所云："外犯阳官……章奏解之"。[1]

章文的第四部分即为请官。在本章中，祭酒为道民共请官君六组，即：1. 十方飞天仙官骑乘。2. 三开南门主者。3. 司过君。4. 回化逆化君。5. 迥迷吏官。6. 五方大额君。这些官君职司不同，但总而言之，乃是为道民解除目前的牢狱之灾。此外，章文还言明"当为所请天官，言功报劳，不负效信"，也就是说，所请官君在圆满完成祈请之事后需由祭酒再为其上章表功，即所谓"言功"者（详见下文）。

第五部分即结尾，除"诚惶诚恐"等套语外，需在章文末尾书具"太清衔"，其不仅是整篇章奏的启阅者、省览者，更是祭酒法位的结盟者，以及章文中所请各位官君之君主，也是本体。我们尤其需要注意的是，章文的开头与结尾分别是遥遥相对的祭酒法位与大道衔，以及为救护道民所请的各位官君，这一精心设计的文书格式不但是对职官制度的借鉴，更体现了我们上文所言明的法箓（吏兵）、官君、章表三者相互咬合的仪式机制，也是大道真气上下交孚的运动过程。

与朝真仪相比，上章仪的祈祷内容更为宽泛，这不仅体现在章文的祈愿目的（如各类天灾、人祸）、代祷对象（一位或多位道民），更体现在箓中吏兵所要关启的地方神明。故此，经由上章所请下的大道官君（或言道气）并不降于祭酒身中，

---

[1] 正一法文太上外箓仪[M] // 道藏：第32册，209.

而是降布于请法的道民及其家庭，乃至一个区域之中。

五、言功

"言功"有两种，一者为"上章仪"所请下的三天官君言功，一者为祭酒、箓生所佩箓中官将吏兵上言其功勤，下面分而述之。

（一）为上界官君言功

如我们上文所引，上界千二百官君们因祭酒所请之事下赴人间，平气收治。在所祈事项圆满之后，祭酒将会在"三会之日"为这些官君拜上《言功都章》，也即是向大道"太清玉陛下"表其勋绩，言其功勤。这就如同我们在第二章中已经讨论过的汉代官吏的因功迁转。按《赤松子章历》言：

> 三会日：正月五日上会、七月七日中会、十月五日下会。右此日宜上章言功。[1]

又如《生算度厄章》所云：

> 所请天官君将吏兵有功勤者，随臣三会《都章》，言功举迁，不负信誓。[2]

---

[1] 赤松子章历 [M] // 道藏：第 11 册，183.
[2] 太上宣慈助化章 [M] // 道藏：第 11 册，327.

我们在上文中已经对千二百官君的特质做了讨论，他们其中一部分实际来自那些先前被收摄的俗神之中。作为本为"逆气"的鬼神，他们在被"招安"之后便需要通过作为官君的功勤积累来逐步地迁转。对于他们而言，应祭酒所上章文，下界平顺逆气，解厄救患，便是最为有效的积功方式，也即相当于他们自身的一种"事道"或"修行"。由此，在完成任务之后，他们也就特别需要祭酒对其工作的认可。对于这些大道官君而言，祭酒书面的言功便意味着其自身在大道职官体系中位业的提升迁转，也即是其自身真气的提升，并意味着更进一步的归根复命。由此，为千二百官君言功，实际也是"平气"中至为重要的一环，也即是推动道气的流通。

（二）为法箓吏兵言功

箓生、祭酒不但要为上界官君言功，也需为自己所佩法箓中的吏兵言功。按《外箓仪》所载《七十五进百五十录谢恩章》言：

> 某先所受《[某]官七十五将军录》，吏兵营护有勤，今谒为言功举迁，各加其秩。[1]

如此，对于身中吏兵的言功也带来了一定的困惑，即：身中吏兵并非来自房祀鬼神，其如何需要言功？

---

[1] 正一法文太上外箓仪 [M] // 道藏：第 32 册，207.

首先，吏兵是箓生、祭酒身中道气经由立盟、授度点化而来，由此，吏兵与佩箓弟子之间，是一种既对立又统一的关系。一方面，吏兵的确源自自己身中，确为本体；另一方面，吏兵们有着自己的形名，能够在仪式中被召出，并履行各种箓生自己无法完成的任务，此实为客体。但在这种若即若离的关系中，我们也得以发现，吏兵与佩箓弟子实际是一对命运的共同体。此正如《度仙灵箓仪》所云："（受箓之后）不犯恶为非，一旦违科犯约，坐见中伤，吏兵先坐。"[1] 这就是说箓生本人犯罪，吏兵也会遭受"连坐"的惩处。由此逆向反推，吏兵们也同时与箓生共享功勤的积累以及迁转，箓生与吏兵乃是一荣俱荣、一损俱损的生命共同体关系。

由此，我们也许可以大胆推论：为自己身中的吏兵言功，也就意味着为自己言功，因为吏兵们的善功实与箓生自身的行为同步，也即是箓生自身信仰、品德、功勤的直接展现。我们在第十节中已经看到，法箓吏兵与箓生之间实际是一种相对流动的关系，失德即意味着失箓、失道气、失吏兵、失天命，这些都是道气与人之间的相互"感应"。同时，吏兵们位业的升迁，其实也就意味着箓生自己身中真气的提升。这一过程看似是对客体的吏兵的处置，但实际所达成的则是对自我本体的提升，箓生与吏兵实为一体。

---

[1] 吕鹏志. 天师道授箓科仪——敦煌写本 S203 考论 [J]."中研院"历史语言研究所集刊，2006，77（1）：141.

另外，更为重要的是，箓生、祭酒阶段性地为自己所佩法箓吏兵言功，这实际也是对自己阶段性事道之业（内业与外业）的总结。这种阶段性的总结甚为必要，因为箓生、祭酒通过吏兵所达成的，无外乎盟约之中所授予之职责，这些善行、义举并非"举手之劳"或"随意为之"，而是在一极为崇高的信仰指引下，以奉道者的自由意志所完成者。由此，箓生、祭酒一如盟言，履行职责之后，通过"言功"这一仪式性的确认，她/他们也将获得盟约所给予的承诺，即"令可仙之士皆得升度"。

六、阅箓

按《外箓仪》所载：

> 事箓之法，恒存其官，忆识位次，人数少多，文武所主，有急呼之。[1]

如此，道民就好像一名长官，要对手下的吏兵以及编制了然于胸，因此才能在危急关头，立即调遣。这一"事箓"之法亦被称作"阅箓"。《道藏》中现收有"阅箓"仪法三种，分别为盛唐张清都天师之《醮三洞真文五法正一盟威箓立成仪》及晚唐杜广成先生之《太上三五正一盟威阅箓醮仪》《太上正一阅箓

---

[1] 正一法文太上外箓仪 [M] // 道藏：第 32 册，209.

仪》。需要指出的是，这三种仪文均反映出了对于箓中吏兵的
"醮祭"之义，此当系中古以来灵宝醮祭真文符图传统之影响。
若如《正一修真略仪》所见，则《阅箓仪》《醮箓仪》本为二
法[1]。故以上所言三种仪文，当是两者相互融合之结果。将"阅
箓"与"醮"相连，显示出了对于吏兵的犒赏。但是，一如我
们一贯坚持的理性精神，这些大道吏兵是否是出于犒赏才为箓
生、祭酒所奔走呢？如果我们所讨论的吏兵乃是"太清玉陛
下"之王师，则非但其犒赏权不在箓生、祭酒，且对于祂们而
言，为其言功已可被视作是最大的谢意了。

按杜广成先生云：

> 凡受正一法箓，常以甲子、庚申、本命、三元、三
> 会、五腊、八节、晦朔等日。是日乃天气告生，阳明消
> 暗，万善惟新，天神尽下，地神尽出，水神悉到，太一在
> 位，搜选种民，考算功过，掇死定生，列名金阙。道士及
> 种民，其日须清斋入靖，以卯酉时焚香……先展舒法箓于
> 几案之上，着新冷衣服，澡浴盥漱毕，然后入户上香存
> 注，一一如法，不可阙也。[2]

如此，和朝真仪一样，阅箓也是箓生、祭酒需要在固定的时间

---

[1] 正一修真略仪 [M] // 道藏：第32册，718.
[2] 太上正一阅箓仪 [M] // 道藏：第18册，286.

周期重复举行的仪式实践，因此"事箓"也可以被理解为一种"事道"，即修行。从仪式结构来说，《阅箓仪》近似于上章仪，即箓生在入户、发炉之后，以出官的方法将所佩法箓中的官将一一召出（名），存思其形象（形），并按照吏兵不同的职司对他们重新一一叮嘱。此后再行纳官、复炉如法并出户。

《阅箓仪》的核心形式应借鉴了中国古代之"阅兵"。阅兵又称阅武、观兵、阅军、阅阵。先秦时期，阅兵主要于诸侯会盟之时举行，以耀武而加强盟约之约束。此外，在战斗开始之前的誓师也伴随有阅兵的内容。很明显，此二者都与盟约有着一定的联系，或者说在中国古代盟约自一开始便与军事有着紧密的联系。阅兵在汉代正式形成制度，于每年秋天（即定时）在京师与郡国两个层面分别举行，即所谓"沙场秋点兵"。与先秦不同，汉代的阅兵旨在军事考核，即通过定期检查的方式使军士勤于操练，以此保持军队的战斗能力 [1]。

在阅箓仪中，箓中吏兵的职司被再次叮嘱，这似乎的确是建立在阅兵的形式之上。但实际上，仪式真正的目的在于使箓生、祭酒能够通过定期地在形（存思）、名（呼名）两个层面的双重演习，来加深其对于自己身中道气的掌控能力。只有当箓生对这一掌握身中道气的方法熟稔之后，才能做到"有急呼之"。由此，阅箓仪实际也是借助箓中吏兵的形、名，来加深

---

[1] 田义祥 . 中国阅兵史话 [J] . 军事历史，1999（04）：24-26. 刘开生 . 中国古代的阅兵 [J] . 文史博览，2009（08）：13.

箓生与自己身中道气的"符契"程度。一个对于自身法箓疏于理解与记忆的箓生，必然也与她／他的另一个自我相疏远，其状态无异于夺箓。此正如《想尔注》所言：

> 失道意，道即去之，自然如此。[1]

对《阅箓仪》的讨论更加使我们确信了此前对箓生与吏兵关系的推论：吏兵是箓生身中道气的客体化拟人表现，其目的在于帮助箓生通过掌控"他者"而得以控制"自我"，进而发挥出自己所具有的强大潜能（即身中自有之道气）。如此，则阅箓无异于一种定期性的直面自我的契机。此外，就心理层面而言，《阅箓仪》还得以使箓生、祭酒对其所能行使的神权得到一次重新的确认，并由此加强其对立盟时所领受的神圣职责的记忆与认识。故此，阅箓绝不仅仅意味着定期训练控制自我身中道气的能力，更意味着对盟言、信仰、使命的再次确认。

七、小结：法箓之职官义理

（一）传统的继承

在上文的讨论中，我们通过法箓与仪式的关系探索了盟威道特有的职官义理。正如索安（Anna Seidel）教授所言，道教继承了汉代天帝教已现端倪的职官特征。《太平经》中便已

---

[1] 饶宗颐. 老子想尔注校证 [M]. 香港：中华书局，2015: 38.

经出现了天君、明堂、司命、上计、计曹、善曹、恶曹、寿曹、法曹、录籍、长生之录、死籍、承负、除算等完备的职官义理概念，这些观念均在盟威道教法中有直接或间接地继承。但是，盟威道并非完全照搬了天帝教与《太平经》之义理：一方面，这一庞大且精密的职官体系被"气化"了；另一方面，"盟约"的义理与"法箓"的应用被套嵌在仪式实践之中，由此形成一个庞大的，可由人类推动的道气流动系统。

（二）道气的流动

结合本节中的讨论，我们约可根据大道职官的运转勾勒出一幅大道真气上下交孚、云行雨施的壮丽场景：

- 首先，大道拥有使所有万化回归本源的意志，如果造化的过程是道气的发散，则回归的过程便是气的反向运动（向上，或者说向内）。这一意志首先通过职官化的语言表达，此便是"太清玉陛下"对于道民的"诏求"。

- 其次，人类自身具有的希求回归大道、归根复命的意志。这一意志得到大道回应的前提是：道民要接受来自本治祭酒以及本境考召君、吏的察试。这两种人、神层面的察试不以性别、种族、阶层为前提，而纯粹只是基于请度弟子的德、行。尤其值得说明的是，考召君、吏对于德行考察的本质实际是对于道气的考核，这是因为在盟威道义理中，身中人的德行直接决定了其身中之气的状态。

- 第三，道民通过察试后，获得建立盟约、授度法箓的资格。授箓的意象源自周王之册命，然而天职、神权所给予的实质乃是道气的分享。事实上，分享道气的方式并不来自身外，而是对于自身道气的点化与开发，也即所谓"道心开发"。由此箓生不仅在职官制度拥有了"道位"，更还拥有了推动道气流通的职能。这是因为，此时她／他本人便已经通过身中道气的点化，成为"百千万重道气"的有机组成部分。

- 第四，箓生每日早晚两次通过入静、焚香，而得以使自己的吏兵受召上天、朝觐三天，而在吏兵上天的同时，道气也源源不断地下降流入箓生的身中。道气的上升下降是自然而然的周期性流通，一如朝会的举行也是周期性的；箓生的入静朝真，实际是在配合这一自发性的流通，通过进入清静的状态，以此不断地使清盈的道气灌注于身。以箓生之形神作为出发点，这种客体层面道气的下降，实际也是通过清静的状态向身中求索之后，自身真气的散发。

- 第五，箓生、祭酒通过上章请官的形式为道民解厄救患，这也意味着通过身中的真气（受箓所得吏兵）的上升来感合身外的真气（千二百官君），并促成真气的下降。请官的过程，实际是箓生、祭酒盟约的重申，也是内外真气的符契。与朝真仪不同，上章仪并非是身内身外道气的自发运行，而是人的有意为之。章文犹如钥匙，箓生、祭酒身中的吏兵真气，以及箓生、祭酒自身的自由意志乃是转动钥匙的核心动力，其最终得以促使道气的下降。

- 第六，下界精邪鬼神、疫疬、旱魃等逆气被千二百官君平顺、转化，并收摄进入千二百官君之列，此犹如王师对于叛军之招安。由此，箓生、祭酒所请降的真气在平气的过程中实际完成了道气的进一步扩充与流通。

- 第七，在千二百官君的序列中，被"招安"的鬼神得以通过积功的方式逐渐迁转位业，由此日进于道。而功勤之积累则需仰仗人间的箓生、祭酒为其言功，而言功亦需要凭借上章的方式。如此，箓生、祭酒又以身中之真气促进了业已入编的大道官君在职官制度上的位业升举，也促进了其向更为精纯之道气的进一步上升、流通。

- 第八，箓生为身中吏兵言功实则为自己言功。吏兵与箓生是一而二、二而一的身份关系，既是客体，也是本体。为吏兵受赏升迁，实际也意味着自我身中道气的提升、转精，并最终指向终极的归根复命。与此同时，在盟约的层面，言功更意味着履行盟约所赋予的职责的总结汇报，其与盟约中所包含的箓生身后的终极宗教承诺——生命的救度息息相关。

- 第九，箓生定期地举行阅箓，是对自身授箓时盟约的重申，是对吏兵职责的叮嘱，更是通过吏兵之形名进一步调控、掌握自我身中道气的演习途径。通过定期的阅箓，天命、道气都得以获得维系、巩固，甚至加强。

大道是"元"也是"源"，她像是一眼昼夜涌动的灵泉，源源不断地向外涌动，滋养并生成着一切，也弥散地存于万化之中。但这并不意味着万化之中都充满着精纯的真气。在万化的末端，故气、逆气时有存在，且时而强势。以法箓为基础的盟威道教法，正是要以身中道气职官之形名来实现对于大道真气的"感应"，并促进、引导其运行。大道真气经行之处，一切故逆之气悉皆调泰，天清地宁，风和雨顺，是谓"正一平气"。（参见彩页图 9）

从两套名录的角度出发，一方面箓生被列入天曹录籍之中，另一方面其身中又包含了另一条吏兵的名录。这两套名录还分别对应了两个"召"的含义：一方面箓生作为贤才被大道所诏求，其意味着职责与权利的授予，也即是道气得以注入箓生身中（或点化）；另一方面，吏兵作为上计吏被大道所召，其也意味着道气的下降、注入或散发。前者乃是一次性的事件，意味着最初的开启（initiation），后者则是周期性的事件，意味着日常的维护。由此，箓生本人也被置入大道真气的循环之中，并与大道真气日渐深入密契，并最终实现生命的超越：归根复命，与道合真。

第十三节　道民、箓生与祭酒

在上节中，我们通过法箓在仪式中的功用看到了法箓在大道之气上下交孚的过程中的关键作用，通过推动道气在三界之中的运转，其也将人类与大道联通到了一起；这或也可以被理解为纵向、垂直维度中的一种关联。在接下来的两节中，我们将以盟约与法箓为中心，观察其在盟威道信徒群体中所发挥的功用以及相关义理；这项工作也可以被视作横向、平行维度中的考察。

在本节中，我们将先着重考察借由盟约建立的三种盟威道信徒身份：道民、箓生、祭酒。不同的宗教身份，在道教义理中谓之"法位"，即其于教团内部之自我称谓。比如普通的道民，称为"男人""女人"，其中登名于命籍的一家之主，谓之"户长"，箓生得称"男生""女生"或"箓生"，受治职的祭酒则称"某治气男官""某治气女官"[1]。这三种身份并非相互独立的三种阶层，而是逐次从属的范畴关系。道民群体≥箓生群体≥祭酒群体，换言之，道民中包含了箓生，箓生中又包含了祭酒，如图13-01所示。祁泰履（Terry Kleeman）教授在他的重要研究中，特别关心了这三个群体之间的关联与属性，并对他们分别做了立体、详尽的考察与讨论[2]，本节中所涉及的内容实际并未超出他所讨论的范围，但只是将视角聚焦在他们分别借由盟约的建立、法箓的传度以及治职

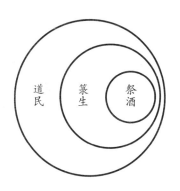

图13-01　道民、箓生、祭酒关系图

---

[1] 洞玄灵宝三洞奉道科戒营始[M] // 道藏：第24册，757.

[2] Terry F.Kleeman, *Celestial Masters: History and Ritual in Early Daoist Communities* (Cambridge, MA.: Harvard University Asia Center, 2016), 240-387.

的授予所获得的神圣身份。基于这几层不同的宗教身份，她 / 他们也得以分别享有不同的权利、义务、职责，以及与其相应的约束，乃至终极宗教的承诺（亦参见第七节"盟约"）。我们在此将关注盟威道教团内部道民、箓生、祭酒三者宗教身份（或言法位）的：

1. 获取方式之异同。

2. 所授义务、职责之异同。

3. 遵守约束之异同。

4. 享有承诺之异同。

一、道民

所有的盟威道信徒均称作"道民"，即奉道之民，亦称"天民"[1]。为了更深地理解"道民"二字所包含的至关重要的"平等"精神，我们需要先稍微回顾一下历史语境中有关"民"的概念，以及与其关联的"籍"。

（一）"民"与"籍"

在中国古代的政治哲学中，"民"是与"君"相互对立、相互依存的一对概念。民为君所治，而君的天命也随着民心所向而转移。虽然孟子提出了"民为贵，社稷次之，君为轻"[2]的思想，但是，这里的"民"是一个集体概念，"民意"只有

---

[1] 见《女青鬼律·卷一》《女青鬼律·卷三》《三天内解经》《老君音诵戒经》《赤松子章历·卷三·言功安宅章》等。

[2] 焦循. 孟子正义 [M]. 北京：中华书局，1987：973.

在集体的形式下才有意义，个体之"民"则仅为草芥。此正如白乐日（Étienne Balazs）先生所言："儒家学说被用来保护士绅阶级的利益，这一巧妙做法即使不算伪善，至少也欺骗了它的众多诠释者。儒家坚持的斗争只是为了'贵族内部的民主'……当他们谈及'民'时，他们的真意是'百姓'，即'一百个家族'。"[1] 此外，一如我们此前所言，普通的"民"的宗教权利也十分有限，在礼法的框架中，只有君王拥有与至上存在沟通的权利。

虽然如此，随着战国以来贵族政治被"编户齐民"政策的打破，贵族与平民均通过编入"籍"而被赋予以平等的"民"的身份，其制度性保障主要倚靠"不分贵贱"的法律。所以我们此前一直强调，"籍"与"律"是一对共生关系。"籍"象征着身份，"律"则赋予了"民"以"权利"与"义务"，并对"权利"进行保护。故此，虽然民与君之间存在着本质上的差异，但民与民之间（至少在理论层面）则是相对平等的（由于礼与法之间的制度折衷，绝对的平等依然从未实现）。

在这样的认知下，盟威道在汉末乱世的思想争鸣中[2]，将"律"与"籍"引入义理之中，并使其成为整个生命救度的基础。奉道之民通过委质信米、建立盟约而获得命籍，成为道民。

---

[1] 白乐日（Étienne Balazs），著. 佘振华，译. 天朝的封建官僚机制：古代中国经济和社会研究 [M]. 桂林：广西师范大学出版社，2021：8.

[2] 白乐日（Étienne Balazs），著. 佘振华，译. 天朝的封建官僚机制：古代中国经济和社会研究 [M]. 桂林：广西师范大学出版社，2021：73.

（二）"道民"与"命籍"

"道民"与世俗之"民"不同。世俗之民并没有与天沟通的宗教途径，因为"天"是君王的远祖，只有当代君王享有向祂献祭、与其沟通的权利，这是周代以来礼法制度的遗产。与私人化的"天"不同，"道"是普世、至公且弥散的。万物万化皆由道所生，一切"存在"（being）皆含灵道气，道是万物（包含了生物以外的山川日月）之"共祖"。故此，从理论上来说，人人生而得以为圣，人人皆可与道相通，惟其不自知觉，不能分别也。

一方面，"道民"的概念继承并发展了"民"的"平等性"，这种平等性不仅仅来自本体论的层面，更还体现在"命籍"这一极具象征性的概念之上。经过祭酒之手，道民被不分阶层贫富而一并登录，并上呈天曹。道民一方面忠于自己的国家（我们已经多次讨论了汉天师匡扶汉室的初心），一方面又臣服于具有君主形名的大道"太清玉陛下"。对于大道而言，人类无论阶层均一律平等，这种平等是绝对的，是伟大的法家改革者们在人世间从未成功实现的平等。故此《想尔戒》一再强调戒律的遵守应"尊卑同行"[1]。另一方面，"民"的概念又得以延伸，这是因为大道的弥散式特性使道民更具有了一种"主体性"。人人皆是一处小的天地造化，由此人人皆得以与大的天地造化乃至先天地而存在的大道相通，这也正是先秦道家思

---

[1] 太上经戒 [M] // 道藏：第 18 册，228.

想，尤其是庄子所凸显的个人主义的体现。然而，我们在下一节中将会看到，盟威道一方面致力于道民平等且独立的身份构建，另一方面也更注重社群集体精神的营造，也即群体性的救度。《道德经》曰："夫物芸芸，各复归其根"（《道德经·十六章》），一棵大树的枝叶虽繁，其根本一，故而归道之路，人人皆为同路之人，且势必归为一体。如此，作为道民"命籍"的延伸，种民"仙籍"，或言"黄箓白简"（或"青箓白简"，抑或"元阳玉匮"）则是得度者的集体性表达，意味着全人类共享的救度机会，以及其有限度的，以道德为基础的有限救度人群。我们在第十四节中将会看到，在盟威道义理中，个体的独特性与实切存在通过一系列的实践得以确立，但她 / 他必先与众人相融合，方能进而与大道相融合，这里所体现的是道民的社群集体主义。换言之，通过"道民"这一身份的赋予，盟威道义理完美地将"个人主义"与"集体主义"相调适到了一体。

（三）道民身份的获得

1. 入道初盟

我们在第十节中曾言明，道民之入道，乃是通过在三会之日缴纳命米，进而获得"命籍"。命米并非是用于供奉鬼神食用之物，而是信物。换言之，道民之入道，也是一次立盟的仪式[1]。现谨将与信米、命籍相关的文献分列于下，以便讨论。

---

[1] 特别感谢张超然教授对此的开示。

- 吾以汉安元年五月一日，从汉始皇帝王神气受道，以五斗米为信，欲令可仙之士皆得升度。(《阳平治》)[1]

- 制：男官、女官、箓生、道民，天租米是天之重宝，命籍之大信，不可轻脱，祸福所因，皆由此也。七月七日为上功，八月为中功，九月为下功，十月五日输者无功无过，皆输送本治。违法则命籍不上吏守人，上延七祖，下流后代，家长罚算二百日，户口皆各罚二纪。(《玄都律文·制度律》)[2]

- 科曰：家家立靖崇仰，信米五斗，以立造化，和五性之气。家口命籍，系之于米，年年依会。十月一日，同集天师治，付天仓及五十里亭中，以防凶年饥民往来之乏。(《太真科》)[3]

- 科曰：三会吉日，并赴言名籍，不避日辰禁忌，并会如故。此日一切大圣俱下，同会治堂，分形布影，万里之外，响应齐同。此日，奏上众章，授度箓契，男女众官，行德修功，消灾散祸，悉不禁制。(《太真科》)[4]

- 立二十四治，置男女官祭酒，统领三天正法，化民受户，以五斗米为信。化民百日，万户人来如云。(《三天内解经》)[5]

---

[1] 正一法文天师教戒科经：阳平治 [M] // 道藏：第18册，238.
[2] 玄都律文 [M] // 道藏：第3册，459.
[3] 要修科仪戒律钞 [M] // 道藏：第6册，966.
[4] 要修科仪戒律钞 [M] // 道藏：第6册，976.
[5] 三天内解经 [M] // 道藏：第28册，414.

- 天师立治置职，犹阳官郡县城府治理民物，奉道者皆编户著籍，各有所属。令以正月七日、七月七日、十月五日，一年三会，民各投集本治师，当改治录籍，落死上生，隐实口数。……道科宅录，此是民之副籍。男女口数，悉应注上。守宅之官，以之为正，人口动止，皆当营卫，三时迁言，事有常典。……奉道之科，师以命籍为本，道民以信为主。师为列上三天，请守宅之官依籍口保护，禳灾却祸。……若命信不到，则命籍不上。……故教云：千金虽贵，未若本宝之信命。奉道之家不赍命信，动积年岁，如此三天削落名籍，守宅之官还天曹，道气不复覆盖，鬼贼所伤害，致丧疾天横。轗轲之家，永不自觉，反咎师怨道，可不衰哉。(《陆先生道门科略》)[1]

结合我们在第十节"契券"与"四种箓"中的讨论，道民缴纳命米，所获得的命籍，一份被通过章奏上呈天曹，一份则由祭酒保存。与此同时，道民还会拥有一份《宅录》，其中开列本户"户长"与其他的"箓生"及"男人""女人"。我们也曾推测，这份《宅箓》有可能是一份契券式样的文书（有可能即是《外箓仪》所言"护身符"[2]，或至少是与其相配者），其中另外

---

[1] 陆先生道门科略 [M] // 道藏：第 24 册，780.
[2] 《外箓仪》曰："凡为道民，便受护身符。"正一法文太上外箓仪 [M] // 道藏：第 32 册，209.

一份保留在祭酒手中（或上呈天曹）。凭借这契券所具有的盟约力量，道民的宅舍得以被官将所守护。

虽然我们目前对汉末六朝时期道民三会之日缴纳命米并获得命籍的具体仪式仍知之甚少，但我们可以明确地从《太真科》与《三天内解经》等文献中看出，道民入道的五斗米命信与老君为天师授道时之命信完全相同。换言之，缴纳命米、建立命籍的仪式是道民入道时作为基础的盟约。无论道民日后是否受箓成为箓生，署职成为祭酒，乃至承受《中盟》《大洞》等法信更为高昂的法箓，命籍之盟乃是一切之基础。由此，我们或可借用灵宝经法中的次第概念，将其称作盟威道教法中之"初盟"。

2. 道气流动

按上引《道门科略》所见，一年三会，正月七日、七月七日、十月五日，道民向治职祭酒汇报家庭成员户籍变更，为更新命籍之时。治职祭酒将根据更新的命籍缮写《都章》，将人口之变动呈秉天曹，以此更新天曹处之命籍。按《太上金书玉牒宝章仪》所载《言功都章》仪文云：

> 又有男官［某］等，奉情真诚，以先对令条，牒臣民户数，所属州县乡里，名籍户口年纪，始上关籍。[1]

---

[1] 太上金书玉牒宝章仪[M]//道藏：第18册，320.

也就是说，三会实则是一次祭酒汇总人间户籍，向大道"太清玉陛下"、天曹汇报辖区工作的"朝会"（参见第十二节"朝真仪"）。她/他不仅要为官君吏兵言功，使其日进于道，更要为道民上命籍，使得其为天曹/道气所覆护。

这种人与天曹之间频繁的、定期的密切互动实际反映出了人与大道（或者说道气）之间关系的某种流动性、不稳定性特质。这说明，道民的身份并非一得永得，通过信米的交换（或者说"委质"），人与大道之间的关系是一种动态的维护以及定期的重复确认。这就如同古代周王与诸侯定期举行的朝会、盟会。通过周期性地建立盟誓，共享血缘（歃血），诸侯与周王之间的关系才得以巩固。在战国时期，小国往往为了得到大国（盟主）的庇护而定期地主动"寻盟"，道民每岁信米的缴纳也正暗含了这一层含义。

我们在第十一节中有关夺箓的讨论也已经见到了道气（法箓吏兵）与人身之间因善恶而变化的动态关系。但在更为基础的层面，道民与大道真气之间的关系更是依靠道民对于大道的归命投诚而得以稳固的。换言之，如果道民失去了对于大道的信念，则道气亦难以持续地聚集于身中，正所谓："子念道，道念子；子不念道，道不念子也……念为真正，道即爱子，子不念道，道即远子，卒近灾害。"[1] 大道是流动、周行的秩序与真气，故而人与道的关系也是流动的。虽然人身中皆有道气，

---

[1] 正一法文天师教戒科经[M]//道藏：第18册，236.

但道气也会随着人自身的状态而改变。由此，信米制度的设定并不是因为大道需要"饮食"，而是对于道民思道、念道的特别强调。通过周期性、物质性的"质心效信"，道民得以实切表达其对于大道持续不断的从属（归依）意愿，以及对于大道的笃定与坚信，而正是这种笃信，乃是道民获得生命救度的根本前提。由此，这种看似是趋于"外业"的仪式行为，实际具有信仰层面"内业"的属性。

（四）道民的义务

"命籍"赋予信徒以道民的身份。为了维持道民的神圣身份，以期能够成为"后世种民"，"科律"明确规定了道民需要履行的义务，这便是缴纳被称作"天租米"的命米。

很明显，此是以国家的土地、户籍与赋税（粮食）制度作为象征，用以表达道民与大道持续符契的宗教精神。通过一些外部文献，我们也看到类似"徭役"的义工也被赋予宗教层面的内涵[1]，但就道内的文献所及，命米的缴纳应仍是道民的首要义务。在以农耕为要主要生产方式的古代中国社会中，"民"的义务便是通过纳粮来缴纳赋税，这一观念十分根深蒂固，以至于在《白鹿原》中，当鹿子霖听说清帝退位时的第一反应便是问："皇粮还纳不纳呢？"[2] 由此，对于基层百姓而言，将其

---

[1] 《太平广记》卷八引《神仙传》云："领人修复道路，不修复者，皆使疾病。县有应治桥道，于是百姓斩草除溷，无所不为，皆出其意。"李昉. 太平广记 [M]. 北京：中华书局，1961：56.

[2] 陈忠实. 白鹿原 [M]. 北京：人民文学出版社，1997：82.

转入宗教实践之中，作为一种道民依附大道"太清玉陛下"的象征，也是顺理成章，且易于民众理解之事。

按《太真科》所言，"家家立靖崇仰，信米五斗"，则道民之入道乃是以家庭为单位，由此信米的交纳也是因户而论（故有"户长"之称谓）。如果我们的推论不错的话，每一户人家，不论其人丁口数，其信米皆为五斗，故其曰："家口命籍，系之于米。"自战国以来，户籍制度所对应者一为征兵，一为赋税；而赋税的计算又有两种，一为以土地计算，一为以人口计算，后者谓之"人口税"，多用于东汉时期。朝廷、地方长官、户曹通过查阅户籍档案，得以快速掌握辖区之内可征得的兵丁人数以及人口税粮；掌握了户籍便得以掌握赋税。

信米以家庭为单位上缴，用以续录命籍，又被称作"天租米"，又因为道民命籍掌握在天曹手中，故亦曰"天民"。由此可以非常清楚地看到，这一方面借鉴了人口税的征收模式（虽然并未精确至男丁之人头），但另一方面则是对赋税制度的"反用"。在赋税制度中，人民因名在户籍而纳税，但道教制度则与其相反，道民因命米而得以续录命籍[1]。在这一制度性的反转的背后，我们或许能够看到两点：

1. 与强制性的赋税不同，天租的缴纳所依托的是自由、自愿的前提，其背后是人类希求真理与生命超越的自由意志。由此，按《玄都律文·制度律》所言，道民按期缴纳信米乃是有

---

[1] 在赋税过重的情况下，则有农民因为逃离户籍所在地而"脱籍"的情况，但并不在因为拖欠赋税而削除户籍的情况。

"功"；而逾期不上信米的家庭，其守宅官将（道气）将会散去，道民由此暴露在了鬼神的攻击以及禁忌的桎梏之下，这也即是律文中将其称作"罚算"的原因。

2. 人口税在后世受到诟病是因为其背后所隐含的不公，即多田富足之家所应缴纳的赋税往往与贫者相当，由此往往造成贫富差距的拉大。但是反向来看，人口税的背后有将每个独立个人平等对待的含义，而当其被置入宗教语境中的时候，便有赋予每一个人（家庭）平等的庇护、救度的意味。

按《汉书·食货志》所载：

> 今一夫挟五口，治田百亩，岁收亩一石半，为粟百五十石。[1]

东汉时期四川盆地内的水利灌溉系统已成熟，产量可以达到较高水平，可在全国平均水平之上；若仍以每户一百五十石（即一千五百斗）来保守估计，则其每年所收获的粮食为 9 000 市斤 [2]，即 4 500 千克（汉代一石约合今天 60 市斤，即 30 千克）。盟威道之信米以户为单位缴纳，定额为五斗，则其实际相当于

---

[1] 班固. 汉书 [M]. 北京：中华书局，1962：1125.

[2] 从农产品（稻谷）到可食用粮食（米）之间还有约 60% 的加工折损率，则 9 000 市斤稻谷可转化为 5 400 市斤（2 700 千克）净米。此处的问题在于如何理解"信米"。从信米要纳入"天仓"储存的角度来看，当时所缴纳者大概率当为稻谷而非净米，这是因为未脱壳的稻谷更适宜长期保存。参见：要修科仪戒律钞 [M] // 道藏：第 6 册，966.

全家全年粮食收获的 1/300, 也即是"三百税一"[1]。考虑到当时
普遍通行的税率在"十税一"与"三十税一"之间, 则信米五
斗绝非现实意义上的税收。所以, 信米除了作为义舍、三会、
救荒等实质性的社区公益功能外, 其象征性意义远大于实际的
租税。由此, 信米更接近于后世社团之会费, 其目的一方面在
于通过定期缴纳会费确认会员的身份 (信道、思道、念道、契
道之物质层面表达), 另一方面则为社团的公共活动提供物质
基础 (详见下一节中)。

如果我们将信米五斗从赋税制度的"投影"转入既有的宗
教传统中来看, 则盟威道以米为信物的做法在当时并不多见。
在方士传统中, 师徒之间的授度需以重金作为盟信, 如《黄帝
九鼎神丹经诀》所云:

> 传受之法, 具以金人一枚重九两, 金鱼一枚重三两,
> 投东流水为誓, 金人及鱼皆出于受道者也。[2]

以五斗米为信, 意味着平民阶层也可受度入道, 并拥有了"升
仙"或者说获得生命超越的权利, 甚至"贫无信物, 师代出

---

[1] 在此特别感谢笔者的同事李晶博士在东汉四川地区产粮数量上的推算。
她的主要参考为: 郭声波. 四川历史农业地理概论 [J]. 中国历史地理论
丛, 1989 (03): 111-125. 郭声波. 四川历史农业地理 [M]. 四川人民出
版社, 1993.
[2] 黄帝九鼎神丹经诀 [M] // 道藏: 第 18 册, 795.

之"[1]。通过将入道之法信与赋税的概念挂钩，盟威道义理巧妙地将宗教语境中的入道、授度与制度化的命籍关联了起来。道民通过命籍而被纳入至宏大的大道体系之中，也即百千万重道气之中。由此，他便也得以获得来自大道的庇护。

（五）道民的权利

科律赋予了道民以特定的权利，并为其提供保护。

根据高万桑教授的研究，时至今日在江南地区（尤其苏州地区）仍传承着正月初九"解天饷"的信俗，其即善信们在玄妙观、穹窿山等地仗道修建清醮一坛，并于其中缴纳赋税（焚化锡箔元宝），以此使其自身、家庭与玉皇之间维系臣民关系，并进而获得来自上天的护佑[2]。事实上，这也正是中国古代社会中民众与君主的关系的写照，即通过缴纳赋税获得国家对其人身、财产安全的庇护，以及参政的资格（通过选举制度）。既然我们已经看到了命米的缴纳等同于"天租"，则我们也完全可以直接推导出，以上所言的三项权利，也在道民的身份上有所对应。这分别体现在：1. 大道对于道民的庇护，2. 祭酒为道民所提供的仪式援助（具体体现于科律的使用），3. 道民被选举成为箓生乃至祭酒的机会。在这里，第 1 项具体体现为天曹对道民宅舍的日常守护；第 2 项往往体现于道民因具体事项延

---

[1] 正一法文太上外箓仪 [M] // 道藏：第 32 册，206.

[2] 高万桑 Vincent Goossaert, "Bureaucratie, taxation et justice. Taoïsme et construction de l'État au Jiangnan (Chine), XVIIe-XIXe siècles, " *Annales Histoire, Sciences Sociales*, no. 4(2010): 999-1027.

请祭酒上章谢罪，请求赦宥开恩的情况中，我们此前已有讨论；第3项则实际引出本节中的第二部分"箓生"。我们在这里主要讨论第1项。

在我们上面关于命米的讨论中，一直存在着两条线索，一方面其以政治制度中的赋税作为符号象征，另一方面，其又继承了方士传统中传道的法信（或者孔子所谓束脩）的概念。这两条线索的交汇融合，意味着道民阖家户口被登上天曹命籍的同时，大道之真气（以守宅之官的形名）便也下注其家宅、眷属之中。一如我们此前所言，所有这些都表明，道民命米的缴纳过程，实际是一次立盟的仪式，并伴随有契券（可能与护身符、宅录等相关，或等同）的签署。

按《道门科略》中陆简寂先生所言："道科宅录，此是民之副籍。男女口数，悉应注上。守宅之官，以之为正，人口动止，皆当营卫。"由此观之，守宅之官虽然视"家"为基本单位，但其具体的庇护仍落实于个人。这种对家庭的护卫在实质上仍然是道气的护卫。按陆先生所言，道民如果不及时上缴信米，则"三天削落名籍，守宅之官还天曹，道气不复覆盖，鬼贼所伤害，致丧疾夭横"。所以，守宅之官与箓中吏兵、千二百官君一样，其均是道气在不同维度、处境中针对不同对象的回应。总而言之，是大道之一气也。

（六）道民的约束

1.《三归》

科律赋予了道民以权利、义务，也对道民进行一定程度的约束。这首先体现于道民入道盟誓的约定之中。当然，如上所言，我们对这一仪式过程的细节尚不甚明朗。但我们也同样知道，天师于鹿堂山与百鬼、太岁将军所定立的《清约》乃是道民群体与自然世界之间的一种共同遵守的约定。按我们在第九节中的讨论，人类一方应遵守"神不饮食"的约定，这也就同时意味着对于至上的大道的一心奉事，故《玄都律文》曰：

> 奉道之民，誓心至死归道，不得两心犹豫，违背道德，悔道还俗。此罪不轻，祸至灭门。亦不得淫祀邪鬼。[1]

如此，则道民建立盟誓，弃绝对俗神的祭祀，转而遵循《清约》，此即是"归道"。事实上，我们看到，此处所言的"誓心至死归道"当即是其每年缴纳命米时所需要重复建立的盟言，而这种带有浓厚感情色彩的表述，也让我们容易想到人世之中，臣仆对于君主的宣誓效忠。此即是以事君之道作为一种符号，转入"事道"之中，此处的大道，拥有了"太清玉陛下"之形名。

"誓心至死归道"的约束，经过进一步的义理阐释，也发展成为对于大道的"三归"，此即《太上老君戒经》所云：

- 归身大道。
- 归神大道。

---

[1] 玄都律文 [M] // 道藏：第 3 册，461.

● 归命大道。

此三归者，谓身有善恶，神有恐怖，命有寿夭，盖一切众生之必有也。今以此三悉归于道者，谓受行法戒，一则生死常善，不堕恶缘；二则神明强正，不畏邪魔；三则见世长寿，不遭横夭。归虽有三，其实一也。

与此"三归"内容相同者尚见于《正一指教斋清旦行道仪》中。此处的"三归"强调在内外的形、神层面，以及整个生命的时间尺度中"以道为家"。对此我们已经在第七节"归道"中对其内容进行了简要讨论，兹不重复。对于今天的奉道者而言，这一组"三归"既熟悉又陌生，这是因为这里的"归身""归神""归命"的表述也与"道经师"三宝相结合，如在《三洞众戒文》中所收之《三归戒》曰：

● 第一戒者，归身太上无极大道
● 第二戒者，归神三十六部尊经
● 第三戒者，归命玄中大法师 [1]

最早的"道经师"三宝见于《金箓仪》之"三礼" [2]，经陆简寂

---

[1] 张万福 . 三洞众戒文 [M] // 道藏：第 3 册，397.
[2]《金箓仪》之"三礼"云："至心稽首太上无极大道；至心稽首三十六部尊经；至心稽首玄中大法师"。周作明，点校 . 无上秘要 [M]. 北京：中华书局，2016：555.

先生之编排，称念"三礼"的仪式节次被固定在"步虚"、"三启颂"之后，成为灵宝斋固定的仪式流程。

按《道教义枢》所言：

> 戒律者，戒，止也，法善也。止者，止恶心口，为誓不作恶也。[1]

如此，则受戒之时，亦有盟誓。或者说，从盟约的角度而言，道戒实为其有机的组成部分。与此相应的，道书中也的确将《三戒》《三归》或《三归戒》作为道民初入道所应尊奉者[2]。如此来看，"三归"所"戒"者，乃是止其"淫祀邪鬼"，使其能够法于"归道"。

2.科律

"民"的身份与"籍""律"是共生的，三者相互定义、相互依存。我们以上已经言明了由科律所带来的道民的权利与义务。但与此同时，科律还同时包含了一系列约束道民的条文。按"律"字本身出自音律之概念，有普世皆准的含义。所以，以《女青鬼律》为代表的道家科律不但绳鬼，也还绳人（如其中之《道律禁忌》）[3]，这一特征在后代所出《太上混洞赤文女青

---

[1] 孟安排. 道教义枢 [M] // 道藏：第 24 册，818.

[2]《道教义枢》有"道民三戒"之语。孟安排. 道教义枢 [M] // 道藏：第 24 册，818.

[3] 参见黎志添.《女青鬼律》与早期天师道地下世界的官僚化问题 [G] // 黎志添. 道教研究与中国宗教文化. 香港：中华书局，2003.

诏书天律》[1] 中亦有体现。此外,《玄都律》以及《太真科》中,则收录有更为侧重日常生活以及教团制度的规定。一如我们在第七节中所曾讨论的,汉天师曾于鹤鸣山盟约之后,积一十六年制"科律"。道律的司法者为三官,其同时也是鹿堂山盟约的证盟之神。由此,科律亦是盟约的外向展开。

故而,我们可以推论,盟威道的教法中,亦存在着科律、命籍、道民这样一组相互依存、相互定义的概念,其根本意图是在尘世中营造一个有序的道民社群,而非精英化的小众修道团体(如上清、灵宝二家)。这一信仰团体的宗教实践并不脱离日常生活与生产劳动,这是因为道门科律本身即是大道在人世的显化,遵守科律,便也意味着事道修行 [2]。

在犹太教神学中,律法(Halakha, הלכה)被视作梅瑟与雅威盟约的有机组成部分,具有着极为崇高且神圣的地位,被世代遵守且小心地维护着。拉比索洛维奇克(Rabbi Joseph Ber Soloveitchik)在论述犹太教律法时指出,其宗教功能主要是通过法律条文中的"客观化"(objectification)而得以实现的,常以定量的标准来运行。它不仅试图客观化宗教信仰,而且试图对其进行量化。在律法条文中,诸多的日常行为、祝祷之词、仪式都被客观地量化了,无形的神圣得以通过规矩方圆而求

---

[1] 道法会元 [M] // 道藏: 第 30 册, 537-555.
[2] 关于道教与法律的讨论还见于康豹(Paul R.Katz). 精魂拘闭, 谁之过乎? ——道教与中国法律文化的建构初探 [J]. 温州大学学报·社会科学版, 2010(4).

得，而正是从大量的客体化构建中，潜在的主观意识得以逐步重塑，进而指向生命的超越[1]。

与盟威道相同，犹太教的律法要求的是全民的遵守，这种遵守实际便成为一种拥有最大公约数的，普遍的教化。律法（Halakah）、科律犹如一张大网，将尘世包罗并进而圣化为一盟约的世界，于此当中，每日的日常生活都被转化为了具有盟约意义的宗教实践，并由此实现生命的终极回归。除此个体化的照顾之外，通过共同遵守同一律法（Halakah）、科律，犹太教与盟威道也将信徒整合了起来，形成命运的共同体。

（七）道民的承诺

道民通过在人世中履行义务，遵守科律之约束，她/他们不但能获得现世的一系列权利，同时还拥有最终获得生命超越的宗教承诺，也即人人皆可升仙。具体来看，为了实现这一承诺，盟威道的教法框架被构建为一多层级的体系，应对不同的人群。与此同时，更为重要的是，获得救度的必要前提被框定为单一的道德导向，此前方士传统中的各类方技大部分被排除在外（仅有少部分诸如《黄庭经》的内修之法被作为非必要元素）。下面分而论之。

1. 令可仙之士皆得升度

按《阳平治》言："以五斗米为信，欲令可仙之士皆得升度。"[2] 这里的前半句我们已经言及，乃是道民之义务，而后半

---

[1] Soloveitchik, *The Halakhic Mind*, 85–91.

[2] 正一法文天师教戒科经 [M] // 道藏：第 18 册，238.

句则为履行科律所规定义务，遵守科律约束后之承诺，即实现生命的超越。正如我们在上文中所言，盟威道的事道之法并不特别强调完全脱离生产、生活，而更多的是强调过好尊奉盟约、科律的日常生活。只有如此，基层民众的生命救度才能得到保障。盟威道并非仅仅是为一小部分人所设的救度之门。《教戒科经》云：

> 天师设教施戒，奉道明诀，上德者神仙，中德者倍寿，下德者增年，不横天也。[1]

这里依照上、中、下三阶分别列出了不同的救度承诺，而这种三段式的叙述很明显上承并转化了《道德经》上、中、下三士的表达[2]；《道德经》似乎又是借鉴了"周室爵禄"上、中、下三士爵位之表达，事见《孟子·万章》《礼记·王制》中。《道德经》将爵位之概念转入个人心智层面对于道的认知，而《教戒科经》又将其转入个人"德"的品行层面。其又曰：

> 大道含弘，乃悯人命短促，故教人修善。上备者神仙，

---

[1] 正一法文天师教戒科经 [M] // 道藏：第 18 册，232《陆先生道门科略》亦云："故上德神仙，中德倍寿，下德延年"。陆先生道门科略 [M] // 道藏：第 24 册，780.

[2] "上士闻道，勤而行之。中士闻道，若存若亡。下士闻道，大笑之，不笑不足以为道"（《道德经·四十一章》）王卡. 老子道德经河上公章句 [M]. 北京：中华书局，1993：163.

中备者地仙，下备者增年。道尊巍巍，何求于人。人不能
感存道恩，精勤修善，虽不能及中德之行，下德当备也。[1]

所以很明确了，《教戒科经》中的上、中、下士绝不是一种社
会阶层化的表达，而是以"德"作为考量标准的范畴观念。盟
威道义理将"修善"视作一切救度的最为基础的前提，而"修
善"所靠的并非是原生的家族、社会背景，而是人类向善的自
由意志。通过这种最为简约、质朴且易行的宗教实践方式，人
与人之间形成了一种以道德品质为评判标准的阶层，而不再是
通过家族血缘而区分的阶层。换言之，无论出身如何，也无
论是否掌握某种修行技术，只要道民一心向善，则必将与道
合真。

2. 为道者当先立功德

自战国以来，秘传宗教（方士传统）中的"修仙"主要
流传于贵族与精英阶层，其不论是呼吸、导引，还是服食、黄
白，都需要充足的时间与财力来支持，这对于每日忙于生计的
平民几无可能。也就是在这一时期，我们也看到了修仙者对道
德修养的逐渐重视，这其中实际包含了一个重要的伦理问题，
即：恶人如果得到了正确的修仙方法，是否也能获得生命的超
越（升仙）？《抱朴子》虽然晚于汉代，但其中的一段问答最
能代表方士传统中的这一"伦理转向"，其曰：

---

[1] 正一法文天师教戒科经 [M] // 道藏：第 18 册，234.

或问曰：为道者当先立功德，审然否？

抱朴子答曰：有之。按《玉钤经》中篇云："立功为上，除过次之。"为道者以"救人危使免祸，护人疾病，令不枉死"为上功也。欲求仙者，要当以忠孝、和顺、仁信为本，若德行不修，而但务方术，皆不得长生也。行恶事大者，司命夺纪，小过夺算，随所犯轻重，故所夺有多少也。凡人之受命得寿，自有本数，数本多者，则纪算难尽而迟死；若所禀本少，而所犯者多，则纪算速尽而早死。又云："人欲地仙，当立三百善；欲天仙，立千二百善。若有千一百九十九善，而忽复中行一恶，则尽失前善，乃当复更起善数耳"。故善不在大，恶不在小也。虽不作恶事，而口及所行之事，及责求布施之报，便复失此一事之善，但不尽失耳。又云："积善事未满，虽服仙药，亦无益也。若不服仙药，并行好事，虽未便得仙，亦可无卒死之祸矣"。吾更疑彭祖之辈，善功未足，故不能升天耳。[1]

在这里我们看到，葛洪特别强调了道德与寿命之间的关系，"若德行不修，而但务方术，皆不得长生也"。其次他又强调了"建善""止恶"与"修仙"之间的关联。善功的数量与仙品被直接关联起来。最后他点明："若不服仙药，并行好事，虽未

---

[1] 葛洪撰，王明校释.抱朴子内篇校释[M].北京，中华书局，1985：53.

便得仙，亦可无卒死之祸矣。"虽然葛洪的局限性在于，他仍然认为丹药是升仙的必要非充分条件，但他已经将善功视作成仙的必要前提。同时，他甚至与庄子一样，将养生家的代表彭祖作为批判对象，并认定其不以道德为先导的修行是导致其不能升天的直接原因。

盟威道是平民大众的宗教，其将度世、升仙的承诺不分贵贱地分享给每一个人。《教戒科经》中将善功的"上备""中备""下备"与仙品直接关联了起来，这必然也是基于《想尔注》中心中善恶与腹中道气密切关联的观念。这种以善作为道气前导的本体论思想从根本上扭转了修行的观念与方法（当然，《想尔注》中也涉及对于"静"的重视，见下一节）。这种将身中道气与善恶挂钩的阐释超越了此前所有的修仙理论，其将宇宙论、身体论与道德伦理挂钩，赋予了平民大众人人皆得仙度（即与道合真）的可能。

特别需要说明的是，最初的"道家"与"神仙家"实际是两支传统（参见第一节"秘传宗教"）。"道家"所追求的与道相合的状态比"神仙家"更为宏大。此两者在两汉之际呈现出了一种融合的趋势，老子本人也被视作神仙之一。故而在盟威道义理中，大道的长存与神仙（以及种民）得以被关联，正是因为大道的"无为、长存"，真人才能成为神仙，但是这种神仙的状态并非长生不死，而是像大道一样"无死亦能无生"[1]。

---

[1] 太上虚皇保生神咒经 [M] // 道藏：第 6 册，309.

二、箓生

箓生，即是佩奉法箓的道民。理论上而言，道民皆可受度法箓，但并非所有道民都佩奉法箓。法箓的授度资格第一方面取决于道民自身的品德、功行是否备足；第二方面可能也包含其才学，比如是否拥有识字阅读的能力。这乃是因为箓生一方面是祭酒的助手，另一方面也是祭酒的储备力量。

（一）"生"与"吏"

在本书的语境中，作为名词的"生"字，应是"学生"（student）"学徒"（apprentice）之义，也即是正在学习过程中的人。在汉代的教育制度中，中央与各地官学中的学生，皆谓之"生"，如"郡学生""太学生"，即"郡学"之"生"与"太学"之"生"。"生"的身份意味着未来可能获得的官职，这在盟威道制度中对应了"祭酒"。即便不署任官职，"生"也是"民"之中具有出众学识、能力与品德之人。"生"的身份可能是终身的，或至少不应被视作狭隘的"年轻人"的含义。比如，我们在《后汉书》中，便看到了当时的太学中，存在着百余位年纪在六十岁以上的"太学生"[1]。

此外，我们将会看到，一部分箓生将会领受在治堂协助祭酒的职务，而称作"文吏"。文献中重复出现的"箓吏"一词，

---

[1] "试太学生年六十以上百余人，除郎中、太子舍人至王家郎、郡国文学吏。"范晔. 后汉书［M］. 北京：中华书局，1965：338.

当指的便是这些充当文吏的箓生。按"吏"字与"史"相通，其在象形文字中为一持笔之手。由此，史、吏皆有记录员、书写员（scribe）之义。我们在第二节中已经谈及，文吏乃是法家以律法治国的基层骨干力量，在《韩非子》中，文吏因其熟悉国家律令，而被推崇为"师"，其云：

> 无书简之文，以法为教；无先王之语，以吏为师……[1]

正是一批训练有素、高效的文吏，与邮驿系统一道，维系了庞大的秦汉帝国的有效治理。由此，文吏虽然地位低于"官"，但他们也分享了宏大的治民天命。故《汉书·惠帝纪》又曰：

> 吏，所以治民也。[2]

在盟威道制度中，箓吏受命于祭酒，而祭酒则被视作"阴官"，与作为"阳官"的宰守相对[3]。

（二）箓生身份的获得

我们上文已经提及，道民所拥有的权利之一，便是向上迁转、参与教务的权利。这其中的第一步，便是成为箓生。我们在前文中已经多次言明，在理论上，秦汉帝国的职官政治体制

---

[1] 王先慎. 韩非子集解 [M]. 北京：中华书局，1998：452.

[2] 班固. 汉书 [M]. 北京：中华书局，1962：85.

[3] 要修科仪戒律钞 [M] // 道藏：第 6 册，966.

是一套流动、开放的选贤政治（meritocracy）。由州、郡的刺史、太守负责，地方上的孝者、廉吏被依科选举。优秀的人才不断地被吸纳至这一开放的系统中，成为新鲜血液。这一理性的机制也被借鉴到盟威道的教法之中，我们在第十一节中的已经看到，受箓弟子的另一重身份是被大道虚皇所诏求的贤才，并通过近乎册封制度的立盟以及法箓授度被赋予天命、道气以及法位。值得注意的是，盟威道教法中的许多概念从来不是单一层面的，它们既是现世层面的，也是神明层面的。就授箓而言，其一方面是授予大道职官体系中一个职位，同时也是授予道民社群中一份职责；我们在上文中所讨论的"考召"亦是如此。

道民之受度法箓，成为箓生，一如"察举"制度中基层百姓被举为孝廉。由此，道民自身的品德与功行，就成为其受度法箓所特别被重视的条件。如《道门科略》云：

> 民有三勤为一功，三功为一德。民有三德则与凡异，听得署箓。[1]

这里很明显参考了人事的"迁转"制度（参见第二节），并将其转入了宗教信仰的实践层面，并带有以道德伦理为先导的特质。《太上科令》云：

---

[1] 陆先生道门科略 [M] // 道藏：第 24 册，781.

- 教人改三过，可为一勤；

- 劝化三户，可为一勤；

- 跻施路穷孤寡三人，亦为一勤；

- 推护财帛、有瞋不争，满三亦为一勤；

- 忧罪疚、疗治三人，可为一勤。

- 凡如此等，以类求之。[1]

此外，在《外箓仪·立功求进》中还给出了更为系统的"九功五德"：

  凡能志学，皆应从师，如戒修行，立功建德，德者五德也，功者九功也。

- 一曰仁，好生恶杀；

- 二曰礼，敬慎和柔；

- 三曰信，忠直不妄；

- 四曰义，明断无邪；

- 五曰智，清正通达。

- 一曰理元气，愿念无形；

- 二曰理上天，志存大神；

- 三曰理下地，守静思真；

- 四曰理四时，随顺仙化；

---

[1] 要修科仪戒律钞[M]//道藏：第6册，982.

- 五曰理五行，宣扬大道；
- 六曰理阴阳，系续圣种；
- 七曰理文书，赞弘道法；
- 八曰理草谷，摄延凡命；
- 九曰理财货，利下通上。

此九与五具在经中谙识文字，咨受口诀，依案施行，坚固精进，誓无退转，是为立功，功被于外，德充于内，内外虽殊，功德合也。有德立功，听求进业，辞随时宜，大略如左。[1]

由上所见，道民受箓的先决条件在于道德品质以及一些相关的实际才能，与其出身贵贱无关。此即《女青鬼律》所云："人无尊卑，不遵贵贱。"这一思想很明确地来自汉代选举孝廉的制度之中，其孝者、廉吏之分乃是对于"德""才"的双重重视。

我们在这里仍然需要强调的是，道民的德、才是箓生选举仅有的标准。我们在《外箓仪》中已经看到，通过授箓的方式而分享道气的机会是人人平等的。通过建立盟约，授度法箓，天师也将神圣且平等的身份赋予了儿童、女性、蛮夷与奴仆，这几乎与儒家针锋相对。虽然孔子尝言"有教无类"（《论语·卫灵公》），但实际的儒家教法中充满了长幼之别、男女之别、纲常之别、华夷之别。而在盟威道义理中，万事万物都是

---

[1] 正一法文太上外箓仪 [M] // 道藏：第 32 册，210.

大道所化生，无有出身贵贱之别，只有德、行高下之分。德行备足者，自然得受法箓。故《洞渊神咒经》云：

> 生人无大箓者，亦可受《十将军》，奉佩《天玄黄书契令》，便可受《三洞》耳。来者与之，不问卑贱。何以故？大道如海，海何有逆于秽恶哉。大法无边，大人无异。道士化人，慎勿相妒。[1]

盟威道通过"气"的分享而打破了巫祝阶层的家族垄断与族群边界。又因凭这种以道气横贯的授度形式，每一个原本各自独立的个体被道气相连，成为可以互相融合的个体，最终形成生命的共同体，谓之"同命"[2]（详见第十四节"社团层面"）。如此，箓生的身份不仅仅在于其自身的生命救度，更在于其乃是一个真正意义上超越年龄、性别、种族与阶级的，具有平等主义精神的"大道之家"的有机组成部分，也即是群体性救度的有机组成部分。

（三）箓生的义务

首先，箓生作为道民之一员，其也负有与道民相同的义务，具体而言便是每年信米的缴纳。从这一角度来看，假使箓

---

[1] 太上洞渊神咒经 [M] // 道藏：第 6 册，74.
[2] 《太平经》卷九二："故道使天地人，本同忧同事，故能迭相生成也。如不得同忧同事，不肯迭相生成也。相忧相利也，故道德连之，使同命"。王明. 太平经合校 [M]. 北京：中华书局，1960：386.

生不能按时缴纳信米，其不但失去命籍，其法箓也将自动失效，或经师友商议，予以"夺箓"。故南北朝时期之《太霄琅书》曰：

> 箓生道民，必应送租，租不送者，不得"治箓"。[1]

在《将军箓》中，其盟约所规定的义务还包括有"扶助天师"，此也略等同于"虔奉师门"，即协助祭酒，共同参与善功。具体而言，箓生可尽之义务因其才能之不同，而可以非常之多样化。《外箓仪·选贤荐德》云：

> 师量弟子，计功补过，小愆可恕，大德宜嘉。凡立功德，五九相和，九经三卫，各有所长。修此业者，又有洪纤：
>
> - 小弱卑微，拟门驱使，负薪汲水，随力效勤。
> - 中人侍卫，拂拭左右，洒扫庭内，端正香灯，摩研点笔，传译语言。
> - 大者富贵势力，赞扬圣化，化恶为善，导归师门。
>
> 必此功勤，感动幽显。未敢求进，师当荐之，迁录不依年限随次，或超受，兼自案前仪，消息刺语。若必贤

---

[1] 洞真太上太霄琅书[M]//道藏：第33册，1352.按此处之"治箓"当与《将军箓》意近，参考下文中所引《上清金真玉皇上元九天真灵三百六十五部元箓》。

能，堪执刀笔，荐为书吏。[1]

在这段仪文中，再次出现了三段式的人员分类：其大、中、小的分类对应了上、中、下三士，意指箓生自身的文化修养以及才干。这也实际反映出盟威道教团内部箓生人群构成的多元性，以及受箓惟德的价值取向。对于箓生来说，参与治堂的事务是其义务，但也是积累功勤的绝好机会。换言之，事道之功实际不拘形式，"负薪汲水"是事道，"洒扫庭内"是事道，"赞扬圣化"亦是事道，此皆为大道所赞许之善功，而无有高下贵贱之别也。

（四）箓吏的职责

上文所引《外箓仪》最后云"若必贤能，堪执刀笔，荐为书吏"。此处之文吏当亦被称作"箓吏"。按《道门科略》云："若箓吏中有忠良质朴，小心畏慎，好道翘勤，温故知新，堪任宣化，可署'散气道士'。"[2] 这里的"散气道士"即"散气祭酒"，即未授予任何治职的祭酒（未被委任直接管理一处治堂）。由此，"箓吏"乃是祭酒与箓生之间的一个特殊群体，所谓"吏"乃与官相对，即相对于祭酒而言。"吏"与"生"不同，她／他们不但具有义务，更被委任以诸如"书吏"之职责，需要祭酒为其上章署授。所谓书吏又称刀笔吏，其职责包含了协助祭酒处理各类章表、文书、宅录、功簿。《外箓仪》中所

---

[1] 正一法文太上外箓仪 [M] // 道藏：第 32 册，211.

[2] 陆先生道门科略 [M] // 道藏：第 24 册，781.

收《署书吏章》为我们提供了重要的信息：

　　若必贤能，堪执刀笔，荐为书吏，其文如左。

　　……再拜上言：谨案文书，前状［某］奉法精修，弘道进德，立功勤款，宜蒙显署，已被仙官吏兵，以自防卫。［某］不以微贱，贪生乐活，愿慕清化，习学方术，书画并精，才识朗达，求为书吏，助时理气。

　　……师法：领户十以上，署书吏一人，五十户以上署二人，三百户以上署四人，五百户以上署八人，千户以上署十二人，二千户以上，依此为率。臣［某］今领户［如干］，依科应署书吏［如干］人，识真者稀，堪事者少，今搜索忠贤，随能署置。

　　……臣某当与［某］并心尽力，为太上驱驰，不致通懈。省［某］情行，自誓年满，堪为民主，当别腾言署为祭酒。拜授之日，自更刺章。[1]

如上所见：

1. 章文中第一段开头所言之"贤能""刀笔""书吏"都在阳官制度中有其出处，其所言"已被仙官吏兵"意味着该道民已经受度了法箓，是为箓生。这位箓生已经掌握了医方、道术，尤其是书、画并精，这些都在辅助祭酒的工作中甚为重

―――――――――――

[1]　正一法文太上外箓仪［M］//道藏：第32册，211.

要。她／他由此希望能够进一步获得更多的职责，即成为一名书吏，进而能够"助时理气"（"平气"）。

2. 第二段阐明了盟威教团的制度，祭酒负责"领户化民"，其所辖书吏也随领户之数量递增，这为我们理解六朝时期的治堂人员制度提供了重要线索。由此，章文中言明，"依《科》应署书吏［如干］人……今搜索忠贤，随能署置"。

3. 在章文第三段中，祭酒又言明了，新署书吏与祭酒共同的职责，即："并心尽力，为太上驱驰"，这也就对应了《阳平治》所言："为道尽节，劝化百姓。"而书吏在其年满之后（虽然我们尚不清楚其年限几何），如果"堪为民主"，则祭酒将为其重新上章，保举她／他署职成为"祭酒"。

在这份《署书吏章》中，我们看到了一名箓生如何被拣选成为箓吏，进而又如何被选举为祭酒的过程。她／他们作为祭酒的助手，不但参与治堂、社群宗教事务，也在工作之中积累了一定的化民的经验，由此也成为储备人才，拥有进一步迁转成为祭酒的可能。更为重要的是，箓生的职责也被清晰地表达出来，即辅佐治职祭酒"助时理气""并心尽力，为太上驱驰"[1] 以及"为道尽节，劝化百姓"[2]。

（五）箓生的权利

箓生的权利大概可分为三点：1. 大道（身中吏兵）对于自

---

[1] 正一法文太上外箓仪［M］//道藏：第32册，211.
[2] 正一法文天师教戒科经［M］//道藏：第18册，238.

己的守护；2. 与大道所进行的沟通（包含了时间、空间与箓中
吏兵的使用权利）；3. 迁转成为祭酒的机会。

在这里，第 1 项已于第十一节"吏兵"中有所讨论，第
2 点此前也多次反复讨论。随着清约口号"神不饮食，师不受
钱"的提出，固有的神权制度的金字塔也被撼动，帝王、巫祝
的神权垄断被得以废除（至少是理论上的）。盟威道的法箓授
度制度将与新的"天"（"三天"）的交流权利分享给了每一位
箓生。从内在的角度来说，大道并不在高远的苍穹，而就在自
己的形神之中，他所需要的只是沉心静意，以内向的方式与大
道沟通，向它倾诉、祈愿。

同时，神圣空间的使用权限也被打开了。从犹太教的案例
我们看到，由于圣殿的拆除，举行仪式的空间反而扩张且更加
民主化了 [1]。同样，《太真科》曰：

> 道民入化，家家各立靖室。[2]

陆简寂先生亦曰：

> 奉道之家，靖室是致诚之所。[3]

---

[1] Guy G.Stroumsa, *The End of Sacrifice: Religious Transformations in Late Antiquity*, [American ed.] .(Chicago: University of Chicago Press, 2009), 65.
[2] 要修科仪戒律钞 [M] // 道藏：第 6 册，967.
[3] 陆先生道门科略 [M] // 道藏：第 24 册，780.

事实上，通过在自己家中建立静室，不仅空间的权限被打开，时间的权限也被彻底解放了。原本礼敬神明的坛庙，现在被转化，甚至处于自己家中；原本只于春秋两季举行的祭典，现在被转化为朝真入静之仪，而得以日日早晚行之。如此，每一位箓生，每一天都可以在自己家中与至高的大道进行节律性的交流，这是在传统祭祀宗教中所不存在的。

（六）箓生的约束

1. 科律

箓生作为道民，首先需要遵守所有道民层面的科律内容，这当然也包含了《清约》的内容。其次，由于箓生也参与治堂以及社群宗教生活的具体工作，故其也必须遵守这些工作相关的科条、律令，其中可能包括公文的书写规范，以及命籍、信米的管理等等。

2.《五戒》

对于箓生来说，在佩箓的同时，道戒的遵守也十分重要。按《外箓仪》云：

> 凡为道民，便受护身符，及《三戒》，进《五戒》《八戒》，然后受录。受录之前未受者，受箓之后，依次受之，诵习通利，恒存思行持忆不谬忘，则不犯科。未受箓之时，无所呼召。受箓已后，动静呼神。不行戒者，呼之不至。破戒之人，吏兵远身。还上天曹，考官便逮。致诸厄

疾，公私灾横，轗轲衰否，所作不成。[1]

《外箓仪》当为六朝时期文献，其将"箓"与"戒"并论的说法在唐代已经成为一种定论，进而有经、箓、戒三者相互配套之说（参见第十七节）。按照这里的表达，对于"戒"的遵守，能够保证箓生不犯"科"，后者带有一定程度的惩罚性质；更重要的是，其还能帮助箓生维持其由受箓所得来的神权，如其所谓："破戒之人，吏兵远身。"这里的义理逻辑正是我们此前反复强调的心中"善恶"与腹中"道气"的关联。《想尔注》亦云：

> 人举事不惧畏道戒。失道意，道即去之，自然如此。[2]

笔者想再次强调，这里，吏兵的授予代表了一种天命的分享，而吏兵的本质又是道气。所以，身中道气与天命一样，"惟德是辅"[3]。如此，道戒的目的在于帮助人们止恶行善，并由此来维持自己与道气之间的动态关系。这与此前我们所讨论的"夺箓""阅箓""命籍"等概念相似。

这里提及了《三戒》《五戒》《八戒》，当即《道教义枢》所云"道民三戒，录生五戒，祭酒八戒，想尔九戒"[4]之属。

---

[1] 张君房. 云笈七签 [M]. 北京：中华书局，2003：879.

[2] 饶宗颐. 老子想尔注校证 [M]. 香港：中华书局，2015：38.

[3] 孔颖达，孔安国. 尚书正义 [M]. 上海：上海古籍出版社，2007：662.

[4] 孟安排. 道教义枢 [M] // 道藏：第24册，818.

《三洞奉道科戒营始》亦曰：

> 箓生，十岁已上，受《三将军符箓》《十将军符箓》
> 《三归》《五戒》，得加此号。[1]

这里的《三归》如我们以上所见，即对于大道（三宝）的归奉，而所谓《五戒》者，目前《道藏》所见，至少有四个不同的版本，其一者，也即是目前所通行的"杀盗淫妄酒"之戒。此五者亦见于佛典，但在道经中被以五行之观念进行了阐释[2]。又《无上秘要》中收有《正一五戒》，此以"目、耳、鼻、口、身"作为出发点[3]，与《洞神五戒》[4]《升玄五戒》[5]相类同。但略有不同的是，《正一五戒》内，又附有与"五常"相对应的

---

[1] 洞玄灵宝三洞奉道科戒营始[M]// 道藏：第 24 册，757.

[2] 《老君说五戒》张君房. 云笈七签[M]. 北京：中华书局，2003：864-866.

[3] 周作明，点校. 无上秘要[M]. 北京：中华书局，2016：745-746.

[4] 《洞神五戒》。黄帝曰：人不持戒，吏兵不附其身，所得无验，徒劳用心。若不信至道承事师，若欲使吏兵防身护命，却死来生，禳疾延寿，为人消灾，救治厄患，存思求微，克期取验者，受五戒：第一戒者，目不贪五色，誓正教学长生。第二戒者，耳不贪五音，愿闻善从无惑。第三戒者，鼻不贪五气，用法香遣臭秽。第四戒者，口不贪五味，习胎息绝恶言。第五戒者，身不贪五彩，履勤劳以顺道。是为五戒，五老帝君各遣一十五神，防护受持者身。周作明，点校. 无上秘要[M]. 北京：中华书局，2016：743.

[5] "'升玄'又有《五戒》者：若见色利，荣华粲彩，以戒掩目；若闻好恶之言，五音之属，以戒塞耳；若有八珍之馔，甘香之美，以戒杜口；若愿想财货、七宝、奇珍，放情极欲，以戒挫心；若忆奸淫，贪趣恶事，以戒折足。能行此五事者，七祖生天。"周作明，点校. 无上秘要[M]. 北京：中华书局，2016：723-728.

"五行"。谨录其文于下：

《正一五戒品》

凡存一守五神，要在正心，心正由静，静身定心，心定则识清，清明则会道，道会神符，号曰真圣。动则忘一，邪乱五神，五神纷纭，躁竞烦懑，失道陷俗，三业肆行；违善造恶，六通径塞，七觉一昏，贪欲无数。无数之欲，念念蔟生，不可胜言，大略有五：

一曰目欲观五色，色过则使魂劳。

二曰耳欲闻五音，音繁则魄苦。

三曰鼻欲嗅五香，香溢则精流。

四曰口欲甘五味，味丰则神浊。

五曰身欲恣五体，体慢则志散。

志散则脾伤而色，神浊则心乱而口爽，精流则肾虚而迷狂，魄苦则肺损而耳聋，魂劳则肝困而目盲。五者混暗则身灭命亡，五者净明则体全年永。年永在于持戒，能持五戒可以长生。

一曰行仁，慈爱不杀，放生度化，内观妙门，目久久视，肝魂相安。

二曰行义，赏善伐恶，谦让公私，不犯窃盗，耳了玄音，肺魄相给。

三曰行礼，敬老恭少，阴阳静密，贞正无淫，口盈法露，心神相和。

四曰行智，化愚学圣，节酒无昏，肾精相合。

五曰行信，守忠抱一，幽显效征，不怀疑惑，始终无忘，脾志相成。

成则名入正一，一入无复忧虑，五欲既遣，五恶自消，五灾永灭，五苦长乖，五神既定，五善自兴，三福日盛，五乐唯新。

右出《正一法文》[1]。

从年代来看，《无上秘要》与《外箓仪》年代相仿，且该段内容最后提及"右出《正一法文》"，则我们基本可以确信，六朝、隋唐时期，箓生所受之《五戒》当即是此。

与此同时，我们也可以看到，这所言的"目、耳、鼻、口、身"五戒，与盟威道初期的教法并不完全对应，显系后出。如此，另一份《五戒》文本应同时值得我们的关注，其收录于《要修科仪戒律钞·卷四》中，现谨录其文于下：

又有五戒，所谓五念：

● 思道，清静；

● 思道，离诸色欲；

● 思道，动与俗反；

---

[1] 周作明，点校.无上秘要[M].北京：中华书局，2016：745-746.

- 思道，无有禁忌；
- 思道，非形声法。

在这里，首先是从文字的形式上，其五点均以"思道"起始，这与其他所有版本《五戒》迥异，而与"归身""归神""归命"于大道略有相同之处。即"道"都作为名词宾语，位于动词谓语之后。其次，所谓"五念"对应了五种"思道"，这正对应了《大道家令戒》中所强调的"子念道，道念子"，又与《神仙图》所云"子常念道，道亦念子。……常行思道，道与子并"[1]之旨趣相符。事实上，《三归》所表达的乃是一种对于大道的明确信念，而"五念"则强调了这种信念的一种持续的、多维度的落实，正如我们此前所言，"念道"便是"事道"。由此，"五念"之戒的义理与早期盟威道典籍更为一致。

（七）箓生的承诺

我们在先前的讨论中已经深入考察了法箓所包含的承诺。一方面，通过佩奉法箓，箓生得以受到箓中吏兵的保护；另一方面，箓中吏兵赋予了箓生在更高层面事道的权利，如朝真仪、上章仪等，同时这也意味着更多的协助祭酒赞化朝廷、劝化世人的职责。故此，相对于未尝受箓的道民，箓生得以更加"亲近"于大道，且拥有更多"事道"建功的机会。换言之，在尊奉道戒，并经常谢罪、赎罪的同时，箓生得以通过法箓在

---

[1] 显道经 [M] // 道藏：第18册，649.

仪式中的应用而得以在"内业"与"外业"的双方面，确保身后得为"后世种民"。与箓生相比，普通道民因无法箓在身，故其"内业"之事道不及于箓生。

三、祭酒

祭酒即盟威道教团中的教士，自箓生中选出，其身份通过为箓生、箓吏授予《都功版》或/及《治箓》"署职"而得来。更为重要的是祭酒并非是一个阶层，他们同时也从属于于道民群体，是其中之一员。考"祭酒"一词原为"乡饮礼""乡射礼"中的祭奠环节，《礼记·乡饮酒义》曰：

> 祭荐，祭酒，敬礼也。[1]

《仪礼·乡射礼》曰：

> 获者南面坐，左执爵，祭脯醢。执爵兴，取肺，坐祭，遂祭酒。[2]

从仪式出发，"祭酒"又被引申为宴飨中酹酒祭神之尊者，《史记》云：

---

[1] 孙希旦.礼记集解 [M].北京：中华书局，1989：1427.
[2] 郑玄，贾公彦.仪礼注疏 [M].上海：上海古籍出版社，2008：839.

齐尚修列大夫之缺，而荀卿三为祭酒焉。[1]

《两湖麈谈录》云：

> 按古礼，宾客得主人馔，则老者一人举酒以祭于地，示有先也，故谓祭酒，盖尊重之称也。[2]

由于宴飨之中，宾主尽同于一席之间，由此"祭酒"又被引申为一种相对平等关系中的首领、首席，赵瓯北（名翼，字耘崧，1727—1814）先生曰：

> 祭酒本非官名，古时凡同辈之长，皆曰祭酒。[3]

此言甚是。在两汉时期，地方基层"里社"（亦谓之"单"，参见第六节"鹿堂山盟约"）的主事者亦谓之"祭酒"，宁可先生曾在其研究中 [4] 引陈直先生所录汉印"益寿单祭酒"[5] 说明这一事实。此外，"祭酒"之称也被引入职官制度，如"国子祭酒"

[1] 司马迁 . 史记 [M] . 北京：中华书局，1982：2348.

[2] 许浩 . 两湖麈谈录 [M] // 王云五主编 . 丛书集成初编：第 3962 册，北京：商务印书馆，1936：4.

[3] 赵翼，著 . 栾保群，吕宗力，校点 . 陔余丛考 [M] . 石家庄：河北人民出版社，1990：516.

[4] 宁可 . 述"社邑"[J] . 北京师院学报（社会科学版），1985(01)：17 注 2.

[5] 陈直 . 汉书新证 [M] . 天津：天津人民出版社，1979：403.

之设。总而言之，"祭酒"作为称谓，其虽有仪式属性，但绝非巫祝；其虽然看似为首领，但又与众人同享一席。

盟威道"祭酒"之称正源自此种非巫祝的宗教性，以及与百姓同席的平等性，并同时又突出了其在基层社会组织中的领导角色。这一对传统的继承与创新具体体现于祭酒在厨会中所曾可能扮演的角色中。一如我们在第九节以及下一节中所要讨论的，"厨会"的制度应源自"乡饮"之礼，其乃是道民因生子、受箓或赎罪而举行的，由贤者、道民参与的带有宗教仪式性质的聚餐。由此，厨会也必然与乡饮礼一样，需要在宴饮之初，由尊者致辞，宣白厨会所举行的原因，以及所祈求的善功（参见下节"厨会"）。这种身份设定与犹太教之拉比有异曲同工之妙。

（一）迁转

祭酒系从箓生、箓吏迁转而来。上文中我们看到，道民之授箓，犹如汉代之察举，其基本的标准均以德、才为主，并都具有某种"向上输送"的功能。正如我们在第二节中所见，与察举紧密相连的是对已经进入体制之中的官、吏进行考功，并因功迁转的制度。与迁转制度相对应，盟威道教团中也存在着"法位"的迁转制度：基层的箓生能够成为箓吏，并因其功勤逐步升为级别不同的"祭酒"。

1. 渐次迁转

在盟威道的教团制度中，道民法箓的初授、升授，祭酒职位的迁转、超授，很自然地延展至祭酒治职的迁转中。在这一渐次迁转的过程中，并不存在着一个道民与祭酒之间明确的分界，其迁转考察的标准也十分统一，即功勤与品德。这其中最有代表性的描述出自《道门科略》：

科教云：

- 民有三勤为一功，三功为一德。
- 民有三德则与凡异，听得署箓。
- 受箓之后，须有功更迁，从《十将军箓》，阶至《百五十》。
- 若箓吏中有忠良质朴，小心畏慎，好道翘勤，温故知新，堪任宣化，可署"散气道士"。
- 若散气中能有清修者，可迁"别治"职任。
- 若别治中复有精笃者，可迁署"游治"职任。
- 若游治中复有严能者，可署"下治"职任。
- 若下治中复有功称者，可迁署"配治"职任。
- 若配治中复有合法者，本治道士皆当保举，表天师子孙，迁除"三八之品"，先署"下八"之职。
- 若有伏勤于道，劝化有功，进"中八"之职。
- 若救治天下万姓，扶危济弱，能度三命，进"上八"之职。
- 能明炼道气，救济一切，消灭鬼气，使万姓归伏，便拜阳平、鹿堂、鹤鸣三气治职。[1]

---

[1] 陆先生道门科略[M] // 道藏：第24册，781.

在这里，我们看到一个普通的道民，通过勤恳事道、建立功勤来获得受箓的机会。在受箓之后，这位道民获得了更多事道建功的机会，并逐渐从箓生迁转为散气祭酒、别治祭酒、游治祭酒、下治祭酒、配治祭酒、下八治祭酒、中八治祭酒、上八治祭酒，最后成为阳平、鹿堂、鹤鸣三气大祭酒。劳格文教授注意到，[1] 此处关于祭酒迁转的描述与《旨教经》基本一致，其云：

> 坐起"五气"，上"中气"，次"正治"，次"内治"，次"别治散气"，次《百五十将军箓》，次《七十五将军箓》，次《十将军箓》，次《童子》，次《仙官》《上灵官》，次《更令》。[2]

横向比较《道门科略》与《旨教经》这两份叙述，我们在文法上看不到任何明确表示教士与信徒界限的分隔点。它们更像是渐变的光谱，道民身份在光谱上的相对位置是由其自身所建功勤所决定的（见彩页图 10），并不存在任何其他的限定因素（如家庭出身、财产数量等等）。

---

[1] John Lagerwey, "Zhengyi Registers," *Institute of Chinese Studies Visiting Professor Lecture Series (I) = Zhongguo Wen Hua Yan Jiu Suo Fang Wen Jiao Shou Jiang Zuo Xi Lie, 1.Hong Kong: Chinese University of Hong Kong, Institute of Chinese Studies, 2005.171p.*(Journal of Chinese Studies Special Issue), January 1, 2005, 44.

[2] 要修科仪戒律钞 [M] // 道藏：第 6 册，963.

2. 教化逾博

按陆简寂先生所言，箓吏转入祭酒的第一次署职，是"散气道士 / 祭酒"。散气祭酒与更高级别祭酒的区别在于，其不具备"治职"，因此不具备领户化民的责任与权利。在《外箓仪》中，散气祭酒又被称作"小师"，其云：

> 凡男女师皆立治所……其间小师未能立治，履历民间，行化自效。[1]

当散气祭酒的功勤逐渐积累之后，她 / 他才能进一步迁转为正式拥有"治职"的祭酒。按《正一法文传都功版仪》（下称《传都功版仪》）曰：

> 正一道士奉道有功，应补治职，随功举迁，不得叨妄，极于阳平。德业渐升，教化逾博。[2]

此处最后一句点明了祭酒迁转的本质，即祭酒的教化对象，随着其自身"德"与"业"的提升而扩大。也就是说，"法位"迁转的背后，实际是责任的迁转，而对于德行、功勤的不同要求，实际是为了确保祭酒能够具备与其"代天宣化"职责相匹

---

[1] 正一法文太上外箓仪 [M] // 道藏：第 32 册，206.
[2] 正一法文传都功版仪 [M] // 道藏：第 28 册，490-491.

配的品质。我们在下面对于祭酒的讨论中，将主要围绕"治职祭酒"来展开。

（二）祭酒身份的获得

按目前《道藏》中所收各类文献来看，至晚在六朝时期，署职成为祭酒，应举行仪式授予《都功版》以及《治箓》。但关于后者的记载不同文献之中呈现出一定的差异性。如在《道门科略》中，详细地描述了道民如何迁转成为祭酒，但并未具体言明《治箓》在何时授予，只在其后提及了部分祭酒"以积衅之身，佩虚伪之治箓"[1]。与对《治箓》的模糊描述不同的是，成为祭酒的过程被称作"署职"，其信物被称作《都功版》。《都功版》不仅在《道藏》中收有全套的授度仪文，还被近年来的考古发掘所证实。

1.《都功版》

《道藏》中收有《正一法文传都功版仪》[2]一种（下称《传都功版仪》），施舟人先生判其为初唐之作品，由此得以与部分六朝仪文相互综合讨论。在《传都功版仪》之开篇，其录有仪文一段云：

> 天师曰：正一道士奉道有功，应补治职，随功举迁，不得叨妄，极于阳平，德业渐升，教化逾博。奉佩符箓，昼夜勤修，驱役吏兵，拯救验效，直心守法，终始匪逾。

---

[1] 陆先生道门科略 [M] // 道藏：第 24 册，781.
[2] 正一法文传都功版仪 [M] // 道藏：第 28 册，490-492.

正念师尊，岁寒无替，而鬼神畏敬，人天信用，堪为化首，永世作师，可署都功，宜传道要。[1]

关于其中所言之"都功"一职，可参考《三洞珠囊》所收《二十四职品》曰：

都功职，主功劳，箓吏散民，脆义钱谷，金银玉帛，六畜米物，受取出入；管钥仓库府，鬼神之物，礼信及治殿作舍，桥道、楼阁、神室，尽主之也。[2]

由此可见，所谓"都功"，即为一治之主，尤其是其负责人口、物资财产以及基础设施的管理，这体现了盟威道义国时期的真实社会情态。

"版"至迟自东汉开始，便作为朝廷任命官员之公文。《后汉书·党锢列传》云范滂"投版弃官"[3]当即指此。南朝时期，"鹤头版"成为朝廷任命官员的通行文书[4]，"版署"[5]"版

---

[1] 正一法文传都功版仪 [M] // 道藏：第 28 册，490.

[2] 王悬河. 三洞珠囊 [M] // 道藏：第 25 册，335.

[3] 范晔. 后汉书 [M]. 北京：中华书局，1965：2203.

[4] 《通典》云："陈依梁制，凡年未三十，不得入仕……凡选无定时，随阙则补。官有清浊，以为升降，从浊得清，则胜于迁。若有迁授，吏部先为白牒，列数十人名……典名书其名帖鹤头板，修容整仪，送所授之家。"杜佑. 通典 [M]. 北京：中华书局，1988：326.

[5] 《通典》云："检校、试、摄、判、知之官。（摄者，言敕摄，非州府版署之命。）"杜佑. 通典 [M]. 北京：中华书局，1988：473.

授"[1] 也成为"任命"的近义词。"版"在唐代逐渐演化成为"诰"或曰"官告""告身"，其最终在宋代成为与法箓几乎同等重要的"仙简"，并最终演化为今日仍然传承的"职帖"（详见《附录四》）。站在册命制度的角度，一如我们此前所言，法箓更像是"命书"（册文）的一份附件，其中开列有兵士的花名录，而所谓的"版""诰"一类的"任命证书"才更加接近于"命册"。因为周代册封以"册""策"（由竹简组成）为凭，故而其又被称作"简命"。总而言之，册、策、简、版、告皆为授命的主要文书，法箓所对应的兵士名录，处于从属地位。换言之，至少从六朝以来，肩负有治职（或法职）的祭酒道士，其所得受之物一为"任命证书"，一为法箓。前者强调"职""责"的赋予，后者则着重于"权"之赋予。

在《传都功版仪》中，交代了某弟子求授都功治职的一系列文书，其包括弟子的《投辞》，男官、女官祭酒的《保举状》，度师（天师子孙，或某治祭酒）在授度仪式中所敷用的《白刺》以及《授都功版署纸章》。所有这一切的文书流程顺序，均与敦煌 S.203 写本《正一度箓仪》中所体现的流程完全相符（类似的流程参见第十八节）。换言之，为童子授受《将军箓》与为箓吏、道士授受治职《都功版》都必须经过申请、保举、请示、授度这四个必要的环节。在其章文之后，其有仪文一句云：

---

[1] 参见杜佑．通典[M]．北京：中华书局，1988：3351．

次弟子再拜，回礼十方，方各一拜，次师复炉毕。[1]

由此所见，《都功版》的授受仪式与授度《将军箓》一样，均是在"上章仪"的仪式框架中完成的。需要强调的是，以上这些文书的次第施用，展现了盟威道教团对"天命"授受严谨、审慎的态度。唯其文书中可能存在着一定的错简讹误之处，有待进一步校读。我们将在第十八节中对类似的流程进行进一步的考察，兹不详述。

更为重要的是，《传都功版仪》在以上文书之外还收录有《都功版》的完整内容，现谨将其誊录于下，以便讨论：

> ［某］郡县乡里，正一弟子［王甲］，年若干岁，若在道即云［某观］。宿命合道，玄名契真，禀性谦和，心通妙理，遂能幼勤道业，遐畅玄风，教化有功，信诚无替，实人神共许，远近咸闻，德济群生，功高众首，宜补阳平治门下大都功，即须亲职，千日之后，世有忠良，可宣化者，自云台治以下任便补受，如法奉行。
>
> 某国号某年太岁，［某］月日，于［某］郡县乡里观中白版，系天师如千世孙［某乙］。[2]

---

[1] 正一法文传都功版仪 [M] // 道藏：第 28 册，491.

[2]《正一法文传都功版仪》中罗列版文两种，现谨录其中第一种。正一法文传都功版仪 [M] // 道藏：第 28 册，490-491.

与此相应的一份重要文献来自2016年春于扬州出土的康周《都功版》，这是现存唯一一份《都功版》之实物（参见彩页图11）。[1] 白照杰博士已经对其版文作了细致的释读与分析，现谨依其文录其版文于下：

> 系天师二十代孙臣［谌？］具稽首，今有京兆府万年县洪固乡胄贵/
>
> 里男官弟子康周，行年四十岁，十月廿六日生。奉道精诚，修勤/
>
> 贞素，明白小心。于今有功，请迁受天师门下大都功，版署阳平治左平炁。/
>
> 助国扶命，医治百姓，化民领户。从中八已下，师可传授有心之人。质对/
>
> 三官，领理文书，须世太平，迁还本治，随职主［政？］。懈怠□……/
>
> （系天）师门下二十代孙臣［张］/
>
> 版署男官祭酒臣刘 德常 保举/
>
> 版署男官祭酒臣郑……监度/
>
> 太岁丁巳十月癸卯朔十五日丁巳于□……乡招贤里真仙观三宝前白版。[2]

---

[1] 南京大学历史学院文物考古系，扬州市文物考古研究所．江苏扬州市秋实路五代至宋代墓葬的发掘［J］．考古，2017（04）：54-64.

[2] 白照杰．扬州新出土晚唐龙虎山天师道大都功版初研［J］．宗教学研究，2018（4）：9-16.

白照杰已指出，康周《都功版》之内容可在《老君音诵戒经》谈及"蜀土盟法"的内容中找到其最早的版本（参考加着重号部分），见下：

> 道陵演出道法，初在蜀土一州之教，板署男女道官，因山川土地郡县，按吾治官靖庐亭宅，与吾共同领化民户，劝恶为善。阳平山名上配角宿，余山等同。而后人道官，不达幽冥情状，故用蜀土盟法，板署治职。《敕令文》曰：今补某乙鹤鸣、云台治，权时箓署治气，职领化民户，质对治官文书，须世太平，遣还本治。[1]

在这里，寇谦之对盟威道在魏晋时代（流徙之后）仍沿用蜀土宅治的方式进行批判，并将其视作其改革的重要对象之一。白照杰博士指出："寇谦之所给出的北魏天师道职版敕令文'须世太平，遣还本治'，恰与扬州出土大都功版版文'须世太平，迁还本治'对应，二者之间当存在继承关系"，而李滔祥道长则注意到了这也正好对应了当代修水地区道教法箓授度传统中《红黑贡炁》中所书"领世太平，遣遗本治"[2]（参见《附录三》）。

---

[1] 老君音诵戒经 [M] // 道藏：第 18 册，216-217.

[2] "（系天）师门下二十代孙臣"之后朱书当系"张"字，笔者依此校改。白照杰 . 扬州新出土晚唐龙虎山天师道大都功版初研 [J] . 宗教学研究，2018（4）：9-16.

2.《治箓》

《治箓》的文本与源流不甚清晰，由此需要先做一些考察。首先，我们看到《传都功版仪》所言：

> 右版用银木……与《治录》同处。[1]

可知《治箓》与《都功版》同为治职祭酒之身份体现。《正一威仪经》云：

> 当诣师奉受《治箓》《三归》《五戒》。不受之者，则治司不书，土地不明，不摄五炁，不关四司。受此《治箓》，则魔王拜伏，自称下官。[2]

可见《治箓》与"治司"有着直接的关联。陆简寂先生针对当时祭酒署职的乱象，批评那些"谓自受白板治"的祭酒"以积衅之身，佩虚伪之治箓"。[3] 又《玄都律》曰：

> 男官、女官、主者，受法箓、治职之号，譬如王位，至于选补，皆由天台。而顷者众官辄便私相拜署，或所受治小而加人大治，或以身所佩法以授人，此皆不合

---

[1] 正一法文传都功版仪 [M] // 道藏：第 28 册，490-491.
[2] 正一威仪经 [M] // 道藏：第 18 册，252.
[3] 陆先生道门科略 [M] // 道藏：第 24 册，781.

冥典。[1]

这些都是将《治箓》与治职相关联而并提，授度《治箓》即应是授予治职仪式的一部分。但与此同时，十分可疑的是，在《传都功版仪》所收《授都功版署纸章》中，其只言"求受都功版署"而未言及《治箓》。如此，则《治箓》之授受或当另有其仪。

事实上，我们也见到诸如"治箓童子"[2]"少参天师治箓"[3]的叙述。如在《上清金真玉皇上元九天真灵三百六十五部元箓》（下称《三百六十五部元箓》）中，收录了《上元真灵玄录》一份，此即上清家之《童子箓》，其又收有《度治录吏兵仪》的完整仪文，其流程以及文辞与《度仙灵箓仪》十分接近，唯箓中官吏之名号上清色彩较浓。这些证据至少都从侧面说明，"治箓"二字在某时、某地、某些师承中，所指的就是该传承脉络中的《将军箓》，或至少与其关系密切[4]。

事实上，除了以上可能为《童子箓》的法箓外，现存的文献中未见有完整的《治箓》的文本，但其中的部分内容散见于其他仪式文本之中。[5]其中，《醮三洞真文五法正一盟威箓立成

[1] 玄都律文 [M] // 道藏：第 3 册，460.
[2] 洞玄灵宝千真科 [M] // 道藏：第 34 册，374.
[3] 王悬河 . 三洞珠囊 [M] // 道藏：第 25 册，296.
[4] 上清金真玉皇上元九天真灵三百六十五部元箓 [M] // 道藏：第 34 册，173.
[5] 广濑直记 . 发炉与治箓——正一发炉与灵宝发炉的比较 [J] . 人文中国学报，2017，（25）：259–284.

仪》所开列的《治箓》吏兵数目最多，而这些吏兵又都基本收入《道法会元》《上清五元玉册九灵飞步章奏秘法》所开列的"治中官""章中官""章职官"三组吏兵名录中[1]。在下表中我们谨以《醮三洞真文五法正一盟威箓立成仪》为基础，将其与《赤松子章历》《太上洞玄灵宝授度仪》中所收《治箓》吏兵做一对比。

不同文献所收《治箓》吏兵之比较

《醮三洞真文五法正一盟威箓立成仪》	《赤松子章历·断章》	《太上洞玄灵宝授度仪》
谨奉请阳平治都功治箓 [2]		出臣身中治职君吏
治中虎贲威仪钤下五百将各二十四人	治中虎贲威仪钤下伍百[伯]各二人 [3]	
治中校尉百二十人	校尉十二人	
治中功曹二人	功曹（五人）	
治中主簿二人	主簿（五人）	
治中干佐十二人	干佐（五人）	

---

[1] 道法会元 [M] // 道藏：第 30 册，156.

[2] 《醮三洞真文五法正一盟威箓立成仪》有注文曰："若不受都功，不请也。言治典二十四治，治有二十四人，官有二十四职，职有二百四十军，军有二千四百将，将有二万四千吏，吏有二十四万兵，男官、女官、二十四官，男职、女职、二十四职，男气、女气、二十四气"。张万福. 醮三洞真文五法正一盟威箓立成仪 [M] // 道藏：第 28 册，497.

[3] 据《要修斋仪戒律妙卷之十一·断章法》改"百"为"伯"。

《醮三洞真文五法正一盟威箓立成仪》	《赤松子章历·断章》	《太上洞玄灵宝授度仪》
治中金刚童子十二人	金光童子（五人）	
治中小吏十二人	小吏（五人）	
治中部章督邮十二人	中部章督邮（二人）	
治中从事十二人	从事（二人）	
治中使者士二人	使者（二人）	
治中通章二人		
治中典治君十二人		
治中考召吏二十四人		
治中左右阴阳二十四生气吏		
治中建节监功大将军二十四人		某治建节监功大将军
治中前步效功吏二十四人		前部效功
治中后步效杀二十四人		后部效杀
		驿庭令
治中驿亭丞二十四人		驿亭丞
		四部监功谒者
治中监章从事二人		

续　表

《醮三洞真文五法正一盟威箓立成仪》	《赤松子章历·断章》	《太上洞玄灵宝授度仪》
治中按章从事二人		
治中录章从事二人		
治中校章从事二人		
治中呈章从事二人		
治中铃下百鬼中王二十四人		
治中定章从事二人		
治中赍章从事二人		
治中御章从事二人		

如果我们将治堂与静室理解为大小不同，层面不同，然而本质相同的两种神圣空间概念。则我们先前讨论的"静中吏司"也必然有其在治堂层面的对应部分。也就是说，每一处治堂也都是大道真气所凝和之处，并有道气所化吏兵驻守，而此真气、吏兵实际也即是治职祭酒身中道气的外化体现。虽然，箓生所佩《将军箓》中，并未将"静中吏司"列入，但《治箓》却似乎是将"治中"的吏司单独开列，由此得以成为一份法箓。将这些比静中吏兵级别更高的道气叠加于原有《将军箓》吏兵之上，其当然意在赋予治职祭酒更为强大的神权。但是，仍然有一些问题未曾解决。如在《授都功版署纸章》中，其云：

　　　　辄为拜章上闻，恩惟太上三天门下奉行文书事，以
　　时省理，原赦臣及甲千罪万过，乞下二十四治治中君将吏
　　兵士……

一方面，这里"乞下二十四治治中君将吏兵士"似乎暗示着法
箓的授予，但其章文中只言"求受都功版署"，所以署职与授
度治中吏兵到底是怎样的关系尚需讨论。其次，此处所言乃
是"二十四治"之吏兵，并非治职祭酒所负责之某治，虽然笔
者十分怀疑，但其似乎暗示着某治祭酒有权召遣全体二十四治
之吏兵。事实上，我们在《一卷本》中，也可见到一阶《太上
二十四治气箓》，其箓文云：

　　　　今有弟子应被逮召，应备法职，今辄选补二十四气。[1]

由此，我们是否可以推论，《醮三洞真文五法正一盟威箓立成
仪》所列吏兵之《治箓》与《传都功版仪》中所谓的《治箓》
实际是两种不同的法箓？（事实上，还可能存在第三种，详见
下文）

　　我们还应注意，《醮三洞真文五法正一盟威箓立成仪》中
所开列的"虎贲""功曹"等名号均见于《将军箓》中；而其
中，诸如"校尉""主簿""督邮""驿亭丞"等皆为汉代官制

---

[1] 太上正一盟威法箓 [M] // 道藏：第 28 册，470.

中"郡国"一级之职官。在这样的衬托之下，治职祭酒实际被赋予了"二千石"，也就是郡太守一层身份，此正所谓：

> 阴官称为箓治，阳官号为宰守。[1]

由此，我们也得以推论，箓生的身体实际是县一级的行政单位，对应了"百里之才"之县令（参见第十一节"小结"）。

由上所见，《治箓》的身世充满了某种不确定性，这一如我们在讨论所谓"内箓"的范畴时所遇到的无法对其严格界定的问题，其所对应的是诸家对于《将军箓》的几乎一致的记载。这两个相似的问题似乎暗示着一种可能，即：《治箓》原本并非治职祭酒受职所必需，其乃是后来教团内部祭酒人群逐渐分化为一独立阶层之后所产生之物。也即是与所谓的"内箓"的出现是一理，但《治箓》更针对治职之授予。教团初创时期，祭酒极有可能与箓生一样只佩奉《将军箓》，并加署《都功版》。笔者此论并非毫无根据。盖因陶隐居尝言：

> 又出官之仪，本出汉中旧法，今治病杂事，及诸章奏，止得出所佩《仙灵箓》上功曹吏兵，及土地真官正神耳。世人皆用《黄赤内箓》中章将吏兵，此岂得相关耶？唯以多召为威能，不料越职之为谴，愚迷相承，遂成仪

---

[1] 要修科仪戒律钞 [M] // 道藏：第 6 册，966.

格，深可悼矣。[1]

这里的《黄赤内箓》可被我们视作泛指一切所谓的"内箓"甚至"治箓"。陶隐居业已言明，《仙灵箓》（即《将军箓》）中之吏兵，已经足够完成几乎一切的仪式功能。所有在此之上所添加的吏兵，均为"以多召为威"，并将招致神谴。由此，《治箓》的出现，应从侧面证明了汉中流徙之后，原本倡导平等精神的盟威道教团，已经开始朝着阶层化的方向发展了。

（三）祭酒的义务

祭酒的义务首先包含了道民的义务，即缴纳命米，以及社群公益。我们知道祭酒的职责之一，便是依据道民所缴纳的天租米为其登上命籍。如果祭酒自身不按时缴纳命米，则无异于知法而犯法。

其次，我们在此前已经反复讨论了大道赋予天师的"天命"，天师承受天命的思想实际源自贤臣领受天命辅佐圣王的传统，而天师的远祖留侯张良正被认为是受命兴汉的国师。但与此前的政治哲学不同，天师乃是以三天清正之气，以"相爱""相利"的理念来治民，同时"令可仙之士皆得升度"。结合我们此前对于祭酒受职契券的考察，祭酒自天师、老君之处所领受的天命可被表达为"代天宣化""布散道德""为道尽节，劝化百姓"等等。以这些相对宽泛的义务为基础，通过署

---

[1] 王家葵．登真隐诀辑校［M］．北京：中华书局，2011：77.

授治职，祭酒也被授予了一系列更为具体的职责，这些职责相互关联，又各有不同，我们需要对其择要进行讨论。

（四）祭酒的职责

1. 分气治民

从最为宏观的角度而言，"治民"便是祭酒最为基本的职责，其也正是老君于鹤鸣山盟约之中所授予天师的天命。其他所有的职责，均系由这一大的天命细分而成。按《大道家令戒》云："（天师）立二十四治，分布玄元始气治民"；又言："道……使天授气治民，日新出老君""道使末嗣分气治民"。《三天内解经》又云："立二十四治，置男女官祭酒，统领三天正法，化民受户，以五斗米为信"。我们对于这几句表达，已经在此前有过讨论。总体而言，大道乃是将"治民"之天命，以道气的形式分享与天师，而天师又将其分享给了祭酒。与此同时，这里的"分气治民"还可以有进一步之解释（由此与"授气治民"而略有不同）。其中，"气"不但指道气，也可以具有地理上的意义，因为所谓的"二十四治"（也就是二十四个教区），也即是"二十四气"。由此，"分气治民"也即通过任命治气祭酒的方式来教化民众。

将其民众划区而治显然来自传统中国政治制度之中。《大戴礼记》曰：

> 昔者明主之治民有法，必别地以州之，分属而治之，
> 然后贤民无所隐，暴民无所伏。……使之哀鳏寡，养孤

独，恤贫穷，诱孝悌，选贤举能。[1]

此处"别地以州之，分属而治之"的做法我们实际已经在第四节"天命"中有过讨论，君王可以通过建立盟约的方式把天命分享给与君王一同治民的宰辅、二千石，即所谓之"郡县治民"[2]。在盟威道的义理中，的确也存在将治堂祭酒与州郡二千石相对应的比拟，如《太真科》所云：

> 学久德积，受命为天师，署男女祭酒二千四百人，各领户化民，阴官称为箓治，阳官号为宰守。[3]

这里非常明确地提出了"阴官"与"阳官"之概念，按早期道教所谓之"阴"往往指代不可见之神明世界（周子良之神启则被称作"冥通"），则知在六朝盟威道的义理框架中，受职于玄都的祭酒乃与帝王所命太守有着相互对应的关系。太守与祭酒治民之法虽然各异，但互不矛盾，且相互弥补，相互支持。

具体在某一治治堂的层面，按上引《二十四职品》所言，都功负责管理治堂的一切资产，如钱粮、仓库；同时，他也负责像功曹一样，记录箓吏、道民之"功劳"；另外，治堂的

[1] 王聘珍. 大戴礼记解诂 [M]. 北京：中华书局，1983：4.

[2] 荀悦. 汉纪 [M]. 北京：中华书局，2002：542.

[3] 要修科仪戒律钞 [M] // 道藏：第 6 册，966.

建筑与工程也"尽主之也"[1]。在《二十四职品》中, 前三项的
"督治职""贡气职""大都攻职"大抵是职位较高的教团统领,
而位居第四的"都功职", 依据其职责的描述, 正对应了具体
某一处治堂的主者。我们曾在第十一节中谈及, 汉家向有以刀
笔吏治民的传统[2]。功曹史负责登录府衙中所有官吏之功勤, 位
居诸曹史之上, 其实际职能甚至大于作为副官的郡丞、县丞。
功曹之于郡县主者, 犹如宰辅之于皇帝。由此, "都功"似乎
是盟威道教团中对于"功曹"的一种对偶。即以一种近乎文吏
的身份设定, 来作为基层教团的主者的符号象征。但在教团内
部, 相对于箓吏而言, 其身份则又等同于"官"。

2. 领户化民

《道藏》所存《都功版》版文与扬州出土的康周《都功版》
版文, 均写明祭酒的重要职责之一是为"化民领户""领化民
户", 其在《赤松子章历》中, 亦写作"领户化民"。按所谓
"化民"者, 即《大道家令戒》所言"为道尽节, 劝化百姓"[3],
也即"布散道德"[4]"教化愚俗, 布散功德"[5]。

至于"领户", 并非指户籍, 而是道民之命籍。陆简寂先
生云:"奉道之科, 师以命籍为本, 道民以信为主。"这里所言

---

[1] 王悬河. 三洞珠囊 [M] // 道藏: 第25册, 335.

[2] 班固. 汉书: 张汤传 [M]. 北京: 中华书局, 1962: 2645.

[3] 正一法文天师教戒科经: 阳平治 [M] // 道藏: 第18册, 239.

[4] 赤松子章历 [M] // 道藏: 第11册, 192.

[5] 玄都律文 [M] // 道藏: 第3册, 460.

的是祭酒与道民双方的责任。道民通过上缴命米而得以维持与大道的关联，在受到大道庇护的同时，通过建立善功而与道合真。而对于都功祭酒而言，命籍还与另一义理概念有关，即"三会吉日，质对天地水三官文书"[1]（亦作"质对三官""质对天官"[2]"质对治官文书"[3]）。按"质对"二字当作"对证""核对"理解；"文书"者则不外乎两类：1. 命籍，2. 青簿、黑簿（分别为功、过簿）。如此来看，祭酒的重要职责之一，就是负责将道民命籍之变化在三会吉日上呈三官、天曹，以此来确保天曹处之命籍能够与道民家中的《宅录》相互对应，由此来实现道气的流通，即"平气"。其次，一如我们在第十二节所曾言及，祭酒的重要职责之二便是在三会日所拜进的《都章》中，为此前协助祭酒的千二百官君言功。三官得此玄功汇报之后，将会以此作为这些官君向上迁转位业的主要依据，此亦是"平气"。

祭酒的重要职责之三，应是对其所领化的道民进行日常的功过记录。我们已经在上文所引《道门科略》[4]与《太上科令》[5]中看到了道民的功勤积累制度。而"都功"之意，便是对这些

---

[1] 《断四面口舌章》："……臣枯骨子孙，生长荒俗，不闲道仪，谬以时乏，得补治职，当质对天地水三官文书……"太上宣慈助化章 [M] // 道藏：第 11 册，318.

[2] 玄都律文 [M] // 道藏：第 3 册，460.

[3] 老君音诵戒经 [M] // 道藏：第 18 册，216.

[4] 陆先生道门科略 [M] // 道藏：第 24 册，779-782.

[5] 要修科仪戒律钞 [M] // 道藏：第 6 册，982.

功过进行登记，故其云："都功职，主功劳，箓吏散民……"[1] 按《女青鬼律》云："祭酒领录，条列上天。有劳显报，位登神仙。有不用心，惮劳回避，不肯著名，奉行善者，即还恶人，陷于驱除。直符疏记，毫分不差。"如此，则祭酒手中必然也持有一份《功过簿》[2]，且其极有可能与祭酒手中的《命籍》是为一体。这种籍、簿一体的方式应与汉代朝廷管理官吏的档案一致，其也具体体现在今天中国的人事档案制度之中。由此，我们便不难理解为什么陆先生会说"师以命籍为本"，盖因祭酒所化道民之功过，均记录、体现于其中。通过这些记录，道民的宗教生活成为一种可以被量化计算、掌握的对象，祭酒得以借此对道民的信仰生活进行及时的教化与引导。与此同时，通过命籍中的功过记录，道民也对自己的事道之业有了实时的了解，后世"功过格"之制，当即源流于此。由此进一步而言，《命籍》中所记载的功过，或许也被作为《都章》的组成部分，或单独成为《刺文》于三会日向上拜进[3]，其成为天曹检视其手中"青簿""黑簿"的重要信息来源。从这一点来

---

[1] 王悬河.三洞珠囊［M］// 道藏：第 25 册，335.

[2] 其在天曹谓之青簿、黑簿。

[3] 三会日的《都章》主要为祭酒此前上章所请千二百官君言功，但根据祭酒"都功"的职责，以及一些其他的叙述，我们也有理由相信，祭酒负责将道民、箓生所建之善功滕奏于天。如《太上金书玉牒宝章仪》云："五气君等君将吏兵，各有所典，右官历启，实记言功，正月七日，七月七日，言生定录，十月五日，都章言功，又有男官某等，奉情真诚，以先对令条牒臣民户数，所属州县乡里，名籍户口年纪，始上关籍……"太上金书玉牒宝章仪［M］// 道藏：第 18 册，320.

看，三会日也确实可以被视作"质对"，而祭酒也的确可被视作"功曹上计吏"。时至今日，在中原地区的民俗中，仍然流传着向上天汇报，且被称作"交账"的年节庙会[1]，其也可被视作盟威道"三会"日之余韵。

3. 助国扶命

"助国扶命"[2]亦写作"辅国救民"[3]"佐国救民"[4]"助国救民"[5]。结合汉末六朝的动荡社会背景来看，这首先极有可能是指现实世界中"拯拔一切，救物为先"[6]的社会公益活动。汉中时期的义舍、天仓等设施，早已为史家所称道，而这也正是"兼相爱，交相利"的"同命"精神的具体体现。

4. 济生度死

"助国救民"也可以体现于仪式的方面，也即所谓的"济生度死"（事实上，这两者之间的此世、彼世界限应该是十分模糊的）。祭酒可通过上章或修斋等方法来颁请大道之气下降，调和人身或自然界中乖乱之气序，从而达到谢罪祈恩、祈晴祷

---

[1] 目前关于九莲山"帐书"的研究较少关注其背后的宗教义理，笔者对于其"汇报"的宗教内涵得益于梁硕先生所进行的实地考察。另可参考：王明磊. 九莲山帐书探秘[J]. 寻根，2013（06）：37-46. 陈江风，曹阳，杨远. 九莲帐书——叩问苍穹的文化之旅[M]. 郑州：大象出版社，2013.

[2] 赤松子章历[M] // 道藏：第 11 册，210.

[3] 太上三洞神咒：卷四[M] // 道藏：第 2 册，75.

[4] 秦志安. 金莲正宗记：序[M] // 道藏：第 3 册，343.

[5] 灵宝领教济度金书：卷 147[M] // 道藏：第 7 册，664.

[6] 赤松子章历[M] // 道藏：第 11 册，192.

雨、驱治瘟煞等目的（也即是"平气"）。正是因为道士受职所立盟言中具有这些内容，所以在日后举行仪式的时候，她／他们才会有"臣受法之初，誓愿……"的重申（参见第十节"契券"）。需要说明的是，虽然箓生通过受度法箓已经具有了和祭酒相似的上章权利，但她／他只具备"自上章"的权利，而没有为其他道民举行仪式的职责与权利。

5. 杜子恭的故事

在《道学传》中，记载了东晋时期著名祭酒杜炅（字子恭）的事迹，其云：

> 杜炅，字子恭，及壮，识信精勤，宗事正一，少参天师治箓，以之化导，接济周普。行已（己）精洁，虚心拯物，不求信施。遂立治静，广宣救护，莫不立验也。[1]

此外，《洞仙传》亦云：

> （杜炅）章书符水，应手即验。远近道俗，归化如云。十年之内，操米户数万。[2]

由此，一个极具代表性的祭酒形象得以被勾勒出来：他不但严

---

[1] 三洞珠囊［M］// 道藏：第 25 册，296.
[2] 云笈七签［M］// 道藏：第 22 册，757.

于律己，品德精洁，而且还特别忠于自己的职责，即"虚心拯物""广宣救护"。特别值得注意的是，他对于履行这样的职责"不求信施"。正是由于这样的品德，才使其能够与大道相符契，由此所行皆"验"。我们通过之前的讨论应该已经非常清楚，这里所谓灵验并非杜子恭其人，而是在于其与大道之间的"符契"程度。正是因为他如此卓越的品行以及灵验的事迹，他反而在事实上获得了更多的"信施"，即"十年之内，操米户数万"[1]。通过杜先生的故事，我们得以管窥六朝时期地方社会中的基层祭酒，他们通过自身虔诚的信仰以及严谨的持身，来圆满完成"为道尽节"的义务与职责。

（五）祭酒的权利

祭酒首先拥有与箓生相似的权利，即：1. 箓中吏兵的守护。2. 通过吏兵与大道进行沟通的权利（包含了时间、空间的权利）。3. 迁转成为更高一级祭酒的机会。

通过署授《都功版》以及《治箓》，祭酒还拥有了：1. 日常维护命籍，登录功过的权利。2. 主持三会日仪式的权利（包含了仪式时间、治堂空间与《治箓》吏兵的使用权利）。3. 为其他道民举行上章、谢罪、祈恩或厨会等仪式的权利。4. 迁转成为更高位阶祭酒的权利。

总体来看，因为祭酒这一身份所具有的较为特殊的公共服务特性，其所具有的"责"与"权"也相对统一。

---

[1] 注意这一描写与《三天内解经》"化民百日，万户人来如云"之近似。三天内解经[M] // 道藏：第28册，414.

（六）祭酒受到的约束

1.《清约》

我们在第九节中已经讨论过了《清约》对教士阶层的限制。祭酒为道民上章只能收取一定额度的章信，或名"脆信"。脆信是道民质心效信之物，并非祭酒仪式服务的酬劳。这是因为祭酒为民上章，乃是其职责，天命所在，职责攸关。《道藏》中关于祭酒不可收人财物的科条不胜枚举，谨列举四条如下：

> 脆信当须散于道民。（《赤松子章历》）[1]

● 系天师曰：

> 章信之法，宜明各遵之。章无信，定未可用。奏章已后，其信物多可施贫者，宜行阴德，不可师全用之。十分为计，师可费入者，三分而已。《天科》甚严，犯者获罪于三官，殃及九祖，永为下鬼，慎之慎之。（《要修科仪戒律钞》）[2]

● 陶隐居曰：

> 章中无的脆奉，若口启亦然。其悬脆者，须事效即送，登即呈启所脆之物，皆分奉所禀天师，及施散山栖学士，或供道用所须，勿以自私赡衣食。三官考察，非小事也。（《登真隐诀》）[3]

[1] 赤松子章历 [M] // 道藏：第 11 册，191.

[2] 要修科仪戒律钞 [M] // 道藏：第 6 册，975.

[3] 王家葵.登真隐诀辑校 [M].北京：中华书局，2011：76-77.

● 问曰：祭酒授民箓得财，有罪不？

答曰：祭酒人中师，万民看为则。取财不施散，后师效为法。

此是罪之首，祸大殊于劫。受罪如循还，万世无休币。天门永不容，长与三恶合。(《本相经》) [1]

无论是授度法箓，还是拜进章表，祭酒为道民举行仪式所得的赆信与大道真气一样，需要进一步的流动与周行。其来自民间，经由祭酒手中，最后仍需回转至民间，这便也构成了盟威道所特有的宗教经济模式。

我们此前也曾言及，"师不受钱"指向一个重要的事实，即：祭酒并非是一种固定的职业，而是作为一种"事道"的兼职。他们通过服务道民而奉事大道。何以故？盖道不远人，道在人中，事人即是事道。"布散道德，助国扶命""为道尽节，劝化百姓"皆是大道授予祭酒之天命，是不以盈利为目的的职责，而非肥家润身之商机。故此，祭酒乃是一群最为忠实可靠、踏实勤恳的社会工作者，因为她/他深刻地相信，通过自己对于道民的奉事，其身中的道气也得以与道民相联通，并进一步与大道相联通。服务道民，意味着以有形的方式拥抱无形的大道，是最为务实且有效的修行途径。

2.《八戒》

如前所述，祭酒所应遵守的约束除了科律之外，当然包

---

[1] 要修科仪戒律钞[M]// 道藏：第6册，968.

含了《三归》与《五戒》。按《外箓仪》所云，《三戒》《五戒》
之后，复有《八戒》[1]，《道教义枢》则将此次第延展至《想尔
九戒》，并将"八戒"称为《祭酒八戒》。《洞玄灵宝玄门大义》
亦曰"《道人三戒》《录生五戒》《祭酒八戒》《想尔九戒》"，又
有"《智慧上品十戒》《明真科二十四戒》"[2]。事实上，道戒授受
的"三、五、八"以及其后更多的次第在某种层面曾经是一种
共识，如《三洞众戒文》之《八戒文》所言：

> 《三》《五》已参，宜受《八戒》。[3]

《无上秘要》所收《洞神八戒》亦云：

> 凡诸戒律，通应共行，其间缓急繁简高卑各有意义，
> 准拟玄源变化，生数皆渐相成，三五八九，十百千万，虽
> 随缘所堪，亦不可越略。[4]

由此，参照上引《无上秘要》所收《洞神戒品》，我们可发现
正一与洞神二部的戒条都以"三、五、八"为次第展开，且两
者的《五戒》基本一致。笔者目前尚未查到关于正一《祭酒八

---

[1] 正一法文太上外箓仪 [M] // 道藏：第 32 册，1243.
[2] 洞玄灵宝玄门大义 [M] // 道藏：第 24 册，738.
[3] 张万福. 三洞众戒文 [M] // 道藏：第 3 册，399.
[4] 周作明，点校. 无上秘要 [M]. 北京：中华书局，2016：744.

戒》的具体戒条内容。《洞神戒品》中之《洞神八戒》[1] 与《三洞众戒文》中所收《八戒文》[2] 内容基本一致，其内容实际出自《尚书·洪范》之"九畴"[3]，意趣与盟威道教法不甚相同，兹不详述。

3.《百八十戒》

与《祭酒八戒》相比，祭酒所受的《百八十戒》[4] 似乎更为道门宗匠们所重视。《老君百八十戒》云：

> 老君谓干君曰：吾前授汝，助人救命，忧念万民，拜署男女祭酒，广化愚人。[5]

则知《百八十戒》是专门针对祭酒的戒律。陆简寂先生曰：

> 夫受道之人，内执戒律，外持威仪，依科避禁，遵承教令。故经云："道士不受《老君百八十戒》，其身无德，

---

[1] 周作明，点校.无上秘要 [M].北京：中华书局，2016：744-745.

[2] 张万福.三洞众戒文 [M] // 道藏：第 3 册，399.

[3] "初一曰五行；次二曰敬用五事；次三曰农用八政；次四曰协用五纪；次五曰建用皇极；次六曰乂用三德；次七曰明用稽疑；次八曰念用庶征；次九曰向用五福，威用六极。"孔颖达，孔安国.尚书正义 [M].上海：上海古籍出版社，2007：449-450.

[4] 收入《太上老君经律》，以及《云笈七签·卷三十九》。太上老君经律 [M] // 道藏：第 18 册，786. 张君房.云笈七签 [M].北京：中华书局，2003：846-864.

[5] 太上老君经律 [M] // 道藏：第 18 册，786.

则非道士。"[1]

张清都云:

> 《百八十戒》、重律, 此男官、女官、正一道士所受,
> 老君授干吉者也。[2]

在祭酒《百八十戒》众多的戒条中, 我们依然能看到贯穿始终
的《清约》精神, 如以下诸条:

- 第五戒者, 不得妄取人一钱已上物。
- 第七戒者, 不得以食物掷火中。
- 第八戒者, 不得畜猪羊。
- 第九戒者, 不得邪求一切人物。
- 第十六戒者, 不得求知军国事及占吉凶。
- 第二十四戒者, 不得饮酒食肉。
- 第五十一戒者, 不得[以]厌治病。
- 第七十七戒者, 不得为人图山, 立家宅起屋。
- 第七十八戒者, 不得干知星文, 卜相天时。
- 第一百七戒者, 不得藏埋器物。

---

[1] 陆先生道门科略 [M] // 道藏: 第 24 册, 781.
[2] 传授三洞经戒法箓略说 [M] // 道藏: 第 32 册, 184.

- 第一百九戒者，不得在平地然火。

- 第一百十三戒者，不得向他鬼神礼拜。

- 第一百十四戒者，不得畜世俗占事，八神图亦不得习。

- 第一百十八戒者，不得祠祀鬼神以求侥幸。

- 第一百四十四戒者，当回向正一，勿得习俗事。[1]

这里第五戒则直接呼应了"师不受钱"。第七、八、九、二十四、一百九、一百十三、一百十八、一百四十四等戒条均为从现象的角度杜绝祭祀鬼神、妄求"侥幸"。如第七戒、第一百九戒所针对者为燔祭；第一百七戒针对瘗埋牺牲，如此等等。第十七、五十一、七十七、七十八、一百十四等戒条针对占卜、巫术、数术。

《百八十戒》中所值得讨论的点仍有很多，其中普遍反映了盟威道的理性、平等、自由、共命的宗教精神，限于篇幅我们不再于此进行讨论。

（七）祭酒获得的承诺

1. 迁还本治

祭酒承担比普通道民更多的责任，接受更为严格的约束，故而她／他们对于自己身后的生命超越也便拥有更多的信心。此即《百八十戒》所言：

---

[1] 太上老君经律［M］//道藏：第18册，219-221.

> 宁一日持戒为道而死，不犯恶而生。持戒而死，上补
> 天官，尸解升仙。[1]

换言之，祭酒获得的生命救度承诺要重于箓生与道民，这并不
是因为他们拥有特权，而是在于他们生时所做的"事道"之
功，使得其与大道更为"符契"。

在上文中引用的康周《都功版》以及《老君音诵戒经》
中，分别有两句极为相似的语句，其曰：

> 化民领户……质对三官，领理文书，须世太平，迁还
> 本治。（康周《都功版》）
> 职领化民户，质对治官文书，须世太平，遣还本治。
> （《老君音诵戒经》）

它们的前半部分都是叙述祭酒的天命职责，后半句（加着重号
部分）则是圆满履行天命之后的救度承诺。按"须"字当为等
待（to wait）之意，如"须待"，则"须世太平"即"等待太
平之世"。后半句"迁"与遣两字字形、音韵相近，从文意角
度来看，"迁转"之意似乎更为符合上下文，故当为"迁还本
治"。其中"迁"字在语境中为迁转之意，而"还"字则表达

---

[1] 转引自《要修科仪戒律钞：卷五》，此与《太上老君经律》及《云笈七
签》本略有不同。要修科仪戒律钞[M]//道藏：第6册，944.

了"归根复命"之意。那么"本治"二字当作何解？《老君音诵戒经》站在改革者的角度发难曰：

> 道陵立山川土地宅治之名耳，岂有须太平遣还本治者乎？[1]

由此，寇谦之所谓之"本治"则为祭酒受职所领之所。但寇谦之理解的一定是正确的吗？下面我们想用几份虽然年代稍晚，但义理清晰的章文来进行剖析。

首先是收入在《太上济度章赦》中的《灭度炼尸生仙章》，这是一份配合《五炼生尸斋》超度亡师的章文，它针对的受众是生前佩有灵宝法箓的灵宝法师（参见第二十节），其曰：

> 又为上请……天曹真众，各降真炁，接引先师某人，荡涤愆瑕，进升道境，复还治职，炁入玄玄，登品成真。[2]

此处我们注意到，"复还治职"与"迁还本治"具有十分相近的互文关系。结合章文中"进升道境""炁入玄玄，登品成真"的上下文来考察，则"复还治职"应指复还至天界的某处治

---

[1] 老君音诵戒经 [M] // 道藏：第 18 册，217.
[2] 太上济度章赦 [M] // 道藏：第 5 册，835.

所，以及与其相应的职位。此治所为何？《灵宝无量度人上经大法·开天玉契品》云：

> 天尊颁诏得仙之子，先赐《玉契》，以俟飞仙，得度天门，无执过者。此之《玉契》也，诸天官分，如人间官曹所治，各有拘过，安可便造？故上天立此《玉契》，以付学仙之士。或冥数已尽，身归太阴，得此《玉契》，便可径还所治。奉上天诏命，背土凌空，亦资此《契》，以度罡风，左社右稷，扶助登真之人，全凭《玉契》。自非已参身领治职，不可轻付。违者天诛。[1]

由此所见，学道者在天曹各有所治，当即是其所应归属之衙署。此外，《灵宝领教济度金书》所收《五炼生尸斋早朝行道仪》云：

> 祈亡故某，复还治职，早觐宸居，脱水火之苦轮，登阴阳之乐界。[2]

此处"复还治职"意味着"早觐宸居"。宸居即帝居，故复还治职意味着朝觐天帝，此天帝为谁？见《太上三洞表文》所收

---

[1] 灵宝无量度人上经大法：卷四十 [M] // 道藏：第 3 册，839.
[2] 灵宝领教济度金书：卷一百十八 [M] // 道藏：第 7 册，553.

《外度仙魂章》云：

> 随我学功，校勋迁赏，复还治职，炁入玄玄，克为圣
> 君金阙之臣。[1]

按金阙即后圣金阙老君，壬辰太平之主，是未来太平之世重新
降临的老君，"太清玉陛下"的另一重形名。上清教法中的金
阙后圣宸居，实际也即是盟威道经文中老君所居住的"昆仑天
首大治"，亦称"玄都"[2]。如此，"复还治职""迁还本治"之可
能包含的玄义有三：

（1）盟威道祭酒在授度治职之时，便已在天曹之处上籍挂
号，并形成了一个与尘世镜像的职缺。这一职缺要等到祭酒圆
满地完成尘世中的天命，百年身谢之后，方才得以迁转，也即
是所谓的"回天覆命"。祭酒在人世通过事人而事道，而在迁
还昆仑大治之后则回归至大道的身旁。而这也正是《将军箓》
箓文中"被君召"的进一层深刻含义，即：由基层所诏求的孝
廉贤者，能够通过其功勤迁转，最后得侍君侧。这在宗教层面
的含义，便是归根复命，与道合真。

---

[1] 太上三洞表文 [M] // 道藏：第 19 册，879.

[2] 《茅山志》卷十一：上清宗师司马子微先生于开元二十三年（735 年）
六月十八日羽化前曾谓近侍曰："吾已受职玄都，不复得住。"此即是
仙度之后于玄都玉京补任仙职。刘大彬 . 茅山志 [M] // 道藏：第 5 册，
602.

（2）所谓"复还"，非指祭酒本人，而实为祭酒身中所佩法箓之吏兵。盖因法箓授度之处，至少在一重层面上来看，吏兵乃是通过上章所请下，方才度入身中（同步对应身中道气的分别）。故祭酒身谢之后，吏兵之命亦圆满。故迁还老君所居昆仑大治。然而，正如我们先前所言，吏兵实际乃是道气化的另一个自我，故吏兵之复归大道，即是"我"的复归。吏兵之迁还，即是"我"之迁还，其理同一也。

（3）与之前所讨论的内容一样，道教职官化的义理表达总有其在道气层面所相呼应的玄义。我们已经在上述引文中重复地看到，"复还治职"即等同于"气入玄玄"，也即是小我（身中道气）与大我（大道）的终极共融、同命。此一重解释，与上一重并不矛盾，盖箓中吏兵本来即是道气，且系箓生／祭酒身中分别而来，故"气入玄玄"即是吏兵之"归队"，也即是"我"复归于玄都金阙之中。

2. 祭酒李东

除了"迁还本治"之外，《真诰》中对祭酒李东的记述也描述了祭酒身后实现生命超越（也即宗教救度承诺）的一种具体过程，其《稽神枢》云：

> 李东，曲阿人，乃领户为祭酒，今犹有其章本，亦承用鲍南海法。东才乃凡劣，而心行清直，故得为最下主者使，是许家常所使。永昌元年，先生年二十三，就其受六甲阴阳行厨符，既相关悉，聊复及之耳。其第三等地下

主者之高者，便得出入仙人之堂寝，游行神州之乡，出馆易迁、童初二府，入晏东华上台，受学化形，濯景易气。十二年气摄神魂，十五年神束藏魄，三十年棺中骨还附神气，四十年平复如生人，还游人间，五十年位补仙官，六十年得游广寒，百年得入昆盈之宫，此即主者之上者，仙人之从容矣。[1]

陶隐居《翼真检》亦云：

有云李东者，许家常所使祭酒，先生亦师之，家在曲阿东，受天师"吉阳治左领神祭酒"。[2]

陶隐居又于《登真隐诀》中云：

曲阿祭酒李东，章本辞事省宜，约而能当。……李东既祭酒之良才，故得为地下主者，初在第一等，今已迁擢，此便可依按也。其君常为许家奏章往来，故中君及之也。[3]

---

[1] 吉川忠夫，麦谷邦夫．真诰校注[M]．北京：中国社会科学出版社，2006：403.

[2] 吉川忠夫，麦谷邦夫．真诰校注[M]．北京：中国社会科学出版社，2006：595.

[3] 王家葵．登真隐诀辑校[M]．北京：中华书局，2011：78.

这里的这位祭酒李东，乃是上清宗师许长史家所系籍之祭酒。也就是说，许长史家为道民，而李东为其领户者。李东作为许家的祭酒，虽然他才学"凡劣"，但在"德""行"方面"心行清直"。与此同时，陶隐居还赞赏李东所撰写的章文"辞事省宜，约而能当"，乃是"祭酒之良才"[1]。与此同时，我们也看到，李东也曾经作为许长史的老师，为他传授道法。由此，一位致力于基层道民社群领化而中正纯良的祭酒形象跃然纸上。他因凭着他生前的功勤，得以在身殁之后被引入了茅山的华阳洞天之中，成为"地下主者"（是一种介于亡者与仙人之间的过渡状态，详见第二十节中的讨论）。洞天实际是一处生命转化的空间，地下主们于其中受教于地真，修习道法，即所谓"受学化形，濯景易气"。"易迁""童初""东华上台"均为男女学仙之居所。由此，地下主的形神经历了"十二年""十四年""三十年"之转化，终于在第四十年得以复生，在第五十年受诏登仙，并进一步于仙界之中迁转：从"广寒"得入"昆盈"。事实上，这一段描述正对应了《真诰》中有关尸解的叙述，其曰：

> 若其人暂死适太阴，权过三官者，肉既灰烂，血沉脉散者，而犹五藏自生，白骨如玉，七魄营侍，三魂守宅，

---

[1] 这里前面所言的"凡劣"当是以上清家所修经法的角度来看，但作为基层的祭酒，李东仍为"良材"。

三元权息，太神内闭，或三十年二十年，或十年三年，随
意而出。当生之时，即更收血育肉，生津成液，复质成
形，乃胜于昔未死之容也。真人炼形于太阴，易貌于三官
者，此之谓也。[1]

由此，李东的故事弥补了这一段叙述未及讨论的部分，即所谓
的"复生"其实并非是回到人间，而是进入一种更为超越的生
命状态。

　　我们将在第二十节中进一步讨论道教中"死后复生"的义
理。但在这里，我们想指出的是，上清家一方面出身为道民，
所以祭酒身殁之后，自然能够获得生命的救度，获得一定的
"位业"（虽然地下主还不能算是严格意义上的一种位业，而更
像是转型中的一种身份）。另一方面，上清家又认为，仅仅修
习盟威道教法，无法达成他们所期许的"高真"的境界。如
此，盟威道的祭酒在死后需要进入洞天，经过一段继续修炼的
过程（所修炼者当然是上清之道）之后，方才能够复生，然后
升仙。在这一现象背后，实际是教团阶层化所使然。能够修习
上清经法者，往往被认为"宿有仙骨"，其所得之位业自然高
于"行道奉戒"的道民，她/他们不仅期望成为"种民"，更期
望成为"种臣"。但从另一方面来看，上清家们也通过这种框

[1] 吉川忠夫，麦谷邦夫.真诰校注[M].北京：中国社会科学出版社，
　　2006：159.

架的构建，对于基层祭酒的事道之功进行了充分的肯定，或相当于某种程度的认可，并通过洞天的延续，赋予其获得更高层生命超越的机会。

四、小结

在本节中，我们主要考察了盟威道教团中三类人群的义务、职责、权利、约束与宗教承诺。下面我们将以这几项作为切入点，稍作回顾。

（一）义务与职责的递增

道民具有每年缴纳"天租米"即信米五斗之义务。信米的缴纳与其维系命籍也即道民的身份息息相关。当道民受箓之后，或言"署箓"之后，他便开始具有在教务活动中协助祭酒、天师的义务。此种义务不拘形式，依箓生自身的能力而各异。但其中一部分德才兼备者，会被祭酒委命为箓吏或文吏，由此获得了更为明确的协助祭酒管理、缮写文书的职责。

祭酒通过署职，进而拥有了"代天宣化"的义务，更为确切地来说，她／他被委任至某一处治堂（"分气治民"），负责管理该处道民命籍，登录功过，教化民众（"领户化民"），组织社会公益（"助国扶命"），并为道民主持各类仪式（"济生度死"）。

（二）权利的递增

作为道民，其有权受到大道天曹的庇护，尤其是针对那些鬼神与禁忌而言。与此同时，他可以寻求祭酒的仪式服务，后者须为其谢罪、祈恩。需要说明的是，祭酒并不负责为非道民举行仪式，这是因为其一切仪式举行的基础在于命籍的存在，即道民受到天律的保护。再者，德行优良的道民依其功勤有权得授法箓。

在道民受箓成为箓生后，她／他便受到自己所配箓中吏兵的保护，并被授予了与大道交流的权利，也即是对于法箓吏兵，每日早晚神圣时间，以及静室神圣空间的使用权。其得以通过每日两次的朝真仪与大道相密契，此是其"清静"之内业；同时由于箓生／箓吏得以因其特长协助祭酒服务道民，此是其"积功"之外业。通过积累功勤，德才兼备的箓生得以被迁转成为祭酒。

祭酒的权利与其职责大抵对应，首先其有权管理命籍，并登入道民功过，其次有权举行三会日之仪式，这意味着对《治箓》吏兵、治堂空间以及三会吉日的使用权。祭酒有权为道民举行仪式，这包括上章与厨会等。需要说明的是，箓生虽然得受法箓，但并未署职，因此不具备为其他道民举行仪式的权利。此外，基层祭酒也有向高层迁转的权利。

（三）约束的递增

约束随着权利的递增而递增。道民首先需要全身心的归道，此为《三归》之戒，这与其道民的身份也相互对应。除了归身、归神、归命于大道外，道民也被科律约束（同时被科律保护），须做守法之民。在《三归》的基础上，箓生需要遵守《五戒》，进而是祭酒所遵守的《八戒》或《百八十戒》。

（四）承诺的递增

获得终极的生命超越，这一奉道者于生时无法确认的目标，随着责、权、约束的递增，得以获取越来越多的保障。对于道民而言，上、中、下的三段式的人群分类为道民们提供了各自力所能及、各有所归的宗教救度承诺，其救度的着眼点在于道民的"善行"与"清静"。箓生通过每日的朝真，以及协助祭酒同立善功，并遵守戒律，得为"后世种民"。对于祭酒而言，"代天宣化"使其拥有更多积累功勤的机会，便也得以于身殁之后"迁还本治""克为圣君金阙之臣"。此即《女青鬼律》所言："生者及祭酒道士，宣化有功，功过相赎，可度天三灾九厄。"

综上所述，道民、箓生、祭酒身份的迁转，乃以功勤与德行为主要参考标准，而非社会地位或财富。层层的向上迁转，意味着责、权、约束的层层增添，而正是在这看起来的层层的束缚之中，道民得以通过事道实现内业、外业的并举，并渐次地走向自己形神的最深处，并由此得以归根复命，与道合真。与鬼神、数术禁忌的约束不同，大道的科律禁戒所指向的是光明的、绝对的自由，而非黑暗与恐惧。从本质上说，祭酒、箓生都是道民，但与此同时，祭酒、箓生又要比普通道民肩负更多的责任，接受更多的约束，而这也就意味着他们得以通过最终的"校勋迁赏"而"炁入玄玄"[1]。

---

[1] 太上济度章赦 [M] // 道藏：第 5 册，835.

（五）宗教身份的意义

2007 年，美国斯坦福大学（Stanford University）Nick Yee
与 Jeremy Bailenson 的团队通过实验发现，虚拟世界中的角色
扮演（或自我表现）在一定程度上会对扮演者（实验对象）在
现实世界的行为产生影响，研究团队将这一现象称作"普罗
透斯效应"（the Proteus Effect）。据其研究称："我们虚拟化身
（avatar）的出现塑造了我们与他人互动的方式。当我们在虚拟
环境中选择我们的自我表现时，我们的自我表现反过来会塑造
我们的行为。"[1] 由此，某一角色的人物设定有着极为现实的意
义，"我们选择成为什么样的人，这反过来也会影响我们的行
为方式。尽管角色（化身）通常被解释为我们自己选择的东西
（一种单向过程），但实际上我们的角色开始反过来改变我们的
行为方式"[2]。

---

[1] 作者自译，原文为："our self-representations have a significant and
instantaneous impact on our behavior. The appearances of our avatars shape
how we interact with others. As we choose our self-representations in virtual
environments, our self-representations shape our behaviors in turn." Nick
Yee and Jeremy Bailenson, "The Proteus Effect: The Effect of Transformed
Self-Representation on Behavior," *Human Communication Research* 33, no.3
(July 2007): 287.

[2] 作者自译，原文为："who we choose to be in turn shapes how we behave.
Although avatars are usually construed as something of our own choosing —
a one-way process — the fact is that our avatars come to change how we
behave.." Nick Yee and Jeremy Bailenson, "The Proteus Effect: The Effect
of Transformed Self-Representation on Behavior," *Human Communication
Research* 33, no.3 (July 2007): 287.

故此，宗教神圣身份的赋予也绝非只是自娱自乐式地唱戏。恰恰相反，一个从多重方面（诸如：义务、职责、权利、约束、承诺等）完美设定且契合基本义理的身份不仅具有群体意义，更有实现自我良性引导、督促的个人意义。反过来说，如果一个教团从其最基本层面的授度仪式（义务、职责、权利、约束、承诺之授予）便含糊不清，则其也无法有效地教化、引导、激励其信徒达成最终的自我实现目标，也即无法完成"大道"通过盟约所授予的天命。而其根本问题，很可能在于"盟约"自身已被漫长历史中如滚雪球一般积累的庞杂、海量的信息淹没了。

第十四节　盟威道仪式之生活化

我们在前面的讨论中一直都在试图通过对比来强调这样一个事实，即：盟威道是一个面向平民大众，试图打破年龄、性别、阶层、种族界限，以道气使人类共命的宗教信仰与实践体系，其具有以道德为先导的理性精神，以及以此赋予人类自由意志的自由精神。盟威道的教法并不与尘世中的生活脱节，但其着眼点则在于终极的生命超越。在这样的设定之下，仙人的概念被等同于种民，则先秦以来秘传宗教（方士传统）中具有贵族精英色彩的修仙之术便同时需要进行结构性的调整。盖因在这一传统中，修行之法往往提倡脱离日常的生活环境（入山）以及生产生活（离群），并特别强调技术的重要性（诸如服食、导引、黄白甚至房中等）而不以道德作为绝对的先导 [1]。

我们在本节之中，仍尝试以盟约与法箓作为出发点，考察盟威教法如何在世俗生活中构建起圣域，并进而实现一种"不脱产"的修行方式。我们将会看到，"行道奉戒"四字，高度概括了箓生的日常宗教生活，其不仅包含了被动的"戒"，更包含了主动的"行"。一方面，原本充满了禁忌的"数术化时间"被《清约》转化为了百无禁忌的"自由时间"，每日晨昏以及三会则成为与大道相密契的"神圣时间"；另一方面，一系列的仪式化行为给原有的世俗生活行为赋予了神圣的含义，不仅劳动生产具有了一层宗教色彩，甚至"饮食男女"也被赋予了特别的神圣含义。如此，平民大众不再需要脱离日常劳作与人群关系，亦能通过"行道奉戒"的"仪式生活化"而日臻其善，最终实现归根复命，与道合真。

我们在这里所谓的"仪式化"（ritualization）一词借鉴了凯瑟琳·贝尔（Catherine M. Bell）教授的定义：

> 仪式化的本质是：在任何一特定文化中，将自我与其他行为方式区分的策略（在不同程度与方法上）。在最基本的层面上，仪式化是这一区分的产品。在更复杂的层面，仪式化是一种建立特定优势对比的行为方式，意在将

---

[1] 在一些较晚的描述中，虽然弟子会在授度之前接受师资的试炼，但实际起到关键作用的仍然是技术。

其自身区分为更重要或更强大者。[1]

贝尔教授指出，在这一定义下，基督教圣餐仪式的神圣特质不再是其形式性（formality）、固定性（fixity）以及重复性（repetition），而在于其与现实生活中"家庭聚餐"的区分，这种区分得以使圣餐礼突显出其优势与能量[2]。

在本节中，我们将在［个人→家庭→社群］这一框架中的三个不同层面分别讨论盟威道教法针对世俗生活的"仪式化"，朝真仪、箓生的婚礼以及厨会将会是我们所特别关注的对象。在这一框架中，人们不再期望祭祀与法术能够改变现实的世界（也就是一种"头痛医头，脚痛医脚的"观念与方法），而是转入一种系统的、持续的自我调节（attunement）之中。这种调节不仅包括看待世界的角度，更包含了调节自己与自身、家庭成员、邻里乃至天地的关系。其每一层面均包含了"我"的逐渐否定、奉献与消解，随这种"去自我中心化"（decentration）而来的则是其主体与不同层面客体对立关系的调适与消解；此

---

[1] 本段引文为笔者自译，其原文为："… intrinsic to ritualization are strategies for differentiating itself — to various degress and in various ways — from other ways of acting within any particular culture.At a basic level, itualization is the production of this differentiation.At a more complex level, ritualization is a way of acting that specifically establishes a privileged ontrast, differing itself as more important or powerful." Catherine M.Bell, *Ritual Theory, Ritual Practice* (New York: Oxford University Press, 1992), 90.

[2] Bell, 90-93.

正老子所谓：

> 塞其兑，闭其门，挫其锐，解其纷，和其光，同其
> 尘，是谓玄同。(《道德经·第五十六章》)

随着对立的消解，我们也同时获得了"我"与各类客体在不同层面的融合。当"我"与自身、家人、邻里、自然不再一一对立，"我"也便与他们和解，进而共同融为一体，此即是"共命"。在这一层层外扩的逻辑下，其最为终极、最为外层的"共融"是"我"与大道的符契，此即是归根复命，与道合真。

一、个人层面

个人层面的仪式生活化，是整个三段式框架的基础。我们将以箓生每日晨昏都需要奉行的朝真仪作为主要考察对象。在第十二节中，我们已经针对朝真仪的仪式结构及其与法箓相关的职官义理做了讨论，本节中的讨论将着重于仪式对于个人生命观念的影响，并通过空间、时间、心理、道气、道德、生活等六个维度来展开。

（一）朝真仪

1. 空间维度

朝真仪又名"入静法"，这首先意味着进入一处神圣空间：静室。陆简寂先生云：

奉道之家，静室是致诚之所。其外别绝，不连他屋；其中清虚，不杂余物。开闭门户，不妄触突。洒扫精肃，常若神居。唯置香炉、香灯、章案、书刀四物而已。必其素净，政可堪百余钱耳。[1]

按照天师教戒，靖室以木材与茅草独立搭建，远离牲畜棚圈，坐西向东。其内部只陈设"一方机，一香炉，一香奁"[2]。这里是奉道之家仪式化生活的中心，是箓生每日朝真、思过的圣域，也是延请祭酒上章的所在。

静室并非鬼神之房祠，其言"常若神居"便实际言明了其并非如房祠一样是鬼神的居所。王承文教授认为其系从先王为祭祀天地鬼神而致斋的"斋宫"发展而来[3]，但施舟人也曾向笔者开示，《庄子》中所言至人所居的"环堵"[4]或是静室在隐修传统中的另一来源。按《庄子·让王》曰：

环堵之室，茨以生草，蓬户不完，桑以为枢；而瓮牖二室，褐以为塞；上漏下湿……[5]

[1] 陆先生道门科略 [M] // 道藏：第 24 册，780.
[2] 王家葵. 登真隐诀辑校 [M]. 北京：中华书局，2011：69.
[3] 王承文. 汉晋道教仪式与古灵宝经研究 [M]. 北京：中国社会科学出版社，2017：3-29.
[4] 陈鼓应. 庄子今注今译 [M]. 北京：中华书局，1983：592.
[5] 陈鼓应. 庄子今注今译 [M]. 北京：中华书局，1983：757.

环堵的这种质朴风貌，至少与历史记录中天师治堂的建筑风貌十分接近，其上以草覆屋，其下垒土为台，体现了"土阶茅茨"的上古之意，是天师教法去繁就简、崇尚清虚的直接体现[1]。事实上，我们也知道，家宅中的静室与治堂并没有本质的区别，只是规模缩小而已，它们都以香炉作为建筑的中心，而非偶像[2]。我们稍后还会看到，庄子所谓心斋与朝真仪之间的紧密关联。

在第九节中，我们看到，随着耶路撒冷圣殿的拆毁，司祭阶层被边缘化了，法利赛人（拉比）与会堂构成了犹太教信仰生活的中心，神圣空间的使用权反而因此得以被分享，并在数量上得以扩张[3]。同样，汉代的房祀与巫祝阶层之间具有不可分割的经济关系，"伐庙"即意味着"诛巫"，"神不饮食"即意味着"师不受钱"。由此，新的且更具平等意味的神圣空间被建立起来，并被赋予每一户"奉道之家"。由此，箓生的宗

---

[1] 参见：陈铮. 茅茨：一种道教信仰符号的传播与适应 [J]. 民族艺术，2013（04）：104-112. 陈铮. 茅茨：一种道教符号的传播与适应（续）[J]. 民族艺术，2014（06）：118-128,168.

[2] 《玄都律文》"大治广一丈六尺，长一丈八尺。面户向东，炉安中央。"玄都律文 [M] // 道藏：第 3 册，460.

[3] "An additional consequence of the destruction of the Temple of Jerusalem is the democratization and spatial explosion of Jewish worship. The Temple of Jerusalem owed its celebrity to its uniqueness. The end of sacrifices also brought the disappearance for all useful purposes of the caste of priests (kohanim) and of their Jerusalemite monopoly." Guy G.Stroumsa, *The End of Sacrifice: Religious Transformations in Late Antiquity*, [American ed.]. (Chicago: University of Chicago Press, 2009), 65.

教生活在空间维度也被打开：在家中烧香、叩拜、静坐便得以与至高至上且至公的大道相通，这种今天看起来稀松平常的事情，在当时则是一种制度上的突破，其背后乃是《清约》在义理层面的革新。

2. 时间维度

仪式空间使用权的分享，也意味着仪式时间层面的分享。由于奉道之家家家皆有静室，道民参与仪式更为便利，与之俱来的是仪式时间上的大幅度解放。陶隐居云"晨夕当心存拜静"[1]，则朝真仪乃是每日"旦夕入静"[2]之法。如此，箓生与大道直接交流的密度被大幅度提升了。

我们在第十二节中已经看到，每日晨昏两次入静朝真的本质是一种自然规律的运转：箓生身中吏兵并非由自己的意愿遣出，而是由太上玄元五灵老君召出，上谒大道"太清玉陛下"，一如汉代郡国功曹于每年元旦上计于朝廷。在后世灵宝斋法的发展中，"朝仪"一直与自然的时间运转紧密相挂钩，如《洞玄灵宝玉京山步虚经》（下称《步虚经》）所云：

> 玄都玉京山在三清之上…………为无上大罗天太上无极虚皇天尊之治也。……诸天圣帝王、高仙真人无鞅数众，一月三朝其上。[3]

---

[1] 王家葵. 登真隐诀辑校 [M]. 北京：中华书局，2011：66.

[2] 王家葵. 登真隐诀辑校 [M]. 北京：中华书局，2011：67.

[3] 洞玄灵宝玉京山步虚经 [M] // 道藏：第34册，625.

此外，《元始五老赤书玉篇真文天书经》（下称《赤书玉篇》）则继承了对于"八节"的重视："八节之日，是上天八会大庆之日也。其日，诸天大圣尊神、妙行真人，莫不上会灵宝玄都玉京山上宫。"[1]

由此，我们看到，从世俗朝会的一年一朝，到《赤书玉篇》的一年八朝，到《步虚经》的一月三朝，再到盟威道教法中的一日两朝，其均是对一个整体时间概念在不同层级的"划分"（不同经法中存在着多种划分方法，此外还有三元、十直等斋期）。在这里，箓生身中的吏兵实际与"诸天圣帝王、高仙真人、无鞅数众""诸天大圣尊神、妙行真人"一样，需要定时上谒玄都玉京。如我们一直强调的，这同时也即是身中道气的一种自然运转，而箓生所应做的，便是"入静室中，安心自定"[2]，以利道气之流通。通过早晚入静朝真，道民宗教生活的时间维度被彻底打开。对于每日需要工作以生存的人们来说，醒来时和入睡前，是每天难得的静谧时刻，而这正是与大道独处、密契的绝佳时间。

3. 心理维度

结合《玄都律》《太真科》以及《登真隐诀》中关于静室的描写，我们基本可以了解到，彼时奉道之家的静室独立于居室之外，是门向东开的单独房间，正中设一方几，方几正中安

---

[1] 元始五老赤书玉篇真文天书经 [M] // 道藏：第 1 册，797.
[2] 太上老君中经 [M] // 道藏：第 27 册，155.

一香炉，并无任何神像或供桌，这是因为盟威道从根本上反对任何形式的偶像崇拜。

根据目前能够掌握的信息，我们可以推测静室与治堂应至少在概念上是平面为正方形的空间，一部分治堂的形制为上圆下方，类似明堂 [1]，香炉应即置于圆形穹顶的正下方。举行仪式时，香烟自炉中升起，随着箓中吏兵一同升上天穹，以这一缕香烟为中轴，祭酒、箓生与道民旋绕于四方，分别向四方朝礼（参见彩页图 12）。由于四方所朝礼之仙真、官君均为大道百千万重道气所化，故而四方礼拜也即等同于沿着香烟的走向而向上天礼拜。由此，靖室、治堂并非神所居住的地方，而更像是一处通天之坛。但"坛"在彼时与血祭的仪式紧密关联，故盟威道继承了"环堵"的传统，创立了静室的制度。事实上，这两者在意象上是完全一致的，静室中的方几，实际便也等同于一处坛埠。

在传统中国宗教中，对于"偶像崇拜"的反对意见一直存在。一般来说，对于俗神的崇祀往往需要为其神偶（也就是神的身体）营造一处如同宅舍般的居所（故名房祀），并设有与起居相关的家具、陈设，再依据宴饮之礼定期上飨。与此相比，静室之设则充分体现了"见素抱朴"的审美，故陆先生云：

---

[1] 参见: 陈铮. 茅茨: 一种道教信仰符号的传播与适应 [J]. 民族艺术, 2013（04）: 104-112. 陈铮. 茅茨: 一种道教符号的传播与适应（续）[J]. 民族艺术, 2014（06）: 118-128, 168.

比杂俗之家，床座、形像、幡盖众饰，不亦有繁简之殊、华素之异耶？[1]

盟威道对偶像崇拜的反对，有着更为深刻的原因，《想尔注》云：

道至尊，微而隐，无状貌形像也。但可从其戒，不可见知也。

又云：

道明不可见知，无形像也。[2]

首先，大道的清虚妙有，无法以任何形式与材质来表现，任何对大道的具象刻画，都是以其一重之具象形名牺牲了大道的百千万重形名。而对于盟威道义理而言，大道的形名不但多重，而且流动，其因不同之处境、不同之对象而有不同之衍化。或者说，以具象的形名求道，实际大幅度降低了人与大道之间的符契程度。偶像的崇拜就好像一张滤网，其将大道众多的玄义妙理以及显现隔绝在外。故此，以任何形式的神偶、造像来与大道相感合都是"不充分"的。

---

[1] 陆先生道门科略 [M] // 道藏：第 24 册，780.
[2] 饶宗颐. 老子想尔注校证 [M]. 香港：中华书局，2015：23.

其次，也是更为重要的是，盟威道禁绝偶像崇拜的原因在于，其对于朝真仪以及其他相关仪式，有着毁灭性的分解作用。大道真气以吏兵的形式存在于箓生身中，这种具象符号的设立乃是因为人类的确很难把握一抽象的存在，尤其是身中的道气。而当箓生在存思并召唤身中吏兵时，其所有的关注焦点乃是返于自己身中，而非身外的客体化的神明。随着四方拜祝而围绕方几、博山炉旋行，一个向内的中心点得以被定义，袅袅上达于天的香烟同时也意味着对自我内心的层层深入。我们已在第十二节中讨论过了这种双重的运动：外部象征层面的向上运动，往往对应了心理层面向内探索的运动，由此，升天即意味着返回真我。偶像作为身外的聚焦对象，其功用恰恰相反，其将人的注意力全部吸引至身外的客体，从而忽略了对于自我的感知与调控，以及向内的求索；其将"向内求"的内观，轻易地瓦解为了"向外求"。由此，偶像对于朝真仪而言，不但"不必要"，反而是有害的。

4. 道气维度

"入静"不但意味着进入静室，也意味着进入一种清静的状态，这种清静乃是箓生心理层面"向内求"的一种必然结果。清静是道气得以存在并流通的必要前提，其由此与箓生个体生命的圣化紧密关联。"清"与"静"的概念在《道德经》中被一再强调，如：

清静为天下正。（第四十五章）

　　致虚极，守静笃，万物并作，吾以观复。夫物芸芸，各复归其根。归根曰静，是谓复命。（第十六章）

庄子笔下的"心斋"，将耳、目等感官的收摄视作"静"，由静所达到的形神状态为"虚"，虚乃是"道"或"气"集聚的条件：

　　若一志，无听之以耳而听之以心，无听之以心而听之以气。听止于耳，心止于符。气也者，虚而待物者也。唯道集虚。虚者，心斋也。[1]

与《道德经》几乎同时期的《管子·内业》将"道"与"气"在"静"的基础上，进一步将其与"善"关联了起来，其曰：

　　凡道无所，善心焉处。心静气理，道乃可止……修心静意，道乃可得。[2]

在这里，《内业》的作者提出了十分重要的概念，即："静"与"善"都是人与大道感通的重要条件，形神层面的自我控制与道德层面的行为同等重要，此二者一内一外，成为道家哲学构

---

[1] 陈鼓应.庄子今注今译 [M].北京：中华书局，1983：117.

[2] 黎翔凤.管子校注 [M].中华书局，2004：935.

建人与社会、天地和谐关系的重要出发点。我们将在下一小节专门论述"善"，此处仍主要探讨"清静"。

"清静"的思想在《想尔注》中被进一步发展为盟威道的基本义理，并与实际的宗教生活相结合，其云："道常无欲，乐清静。"[1] "务当重清静，奉行道戒也。"[2] 又曰："人举事不惧畏道诫。失道意，道即去之，自然如此。"[3] 由此可见，"奉道戒"的目的在于达到"清静"，并由此得道气于身中。

从这个角度而言，朝真仪虽然在职官层面意味着身中吏兵受召朝觐玄都，但其"旦夕入静"[4] 的表述则意味着人类基于自身作息规律而与道气定期符契。有以下几点玄义值得我们注意：

（1）朝真仪是箓生身中吏兵受大道之召的自发性（spontaneous）朝觐。

（2）这种自发性的行为，只有在箓生清静的状态下才能发生。《洞渊神咒经》所云"天使吏兵违人，夜去身中吏兵，还自诛人"，当即是在箓生熟睡之后发生的自发性事件。

（3）同时，吏兵的上达于天，也意味着道气的下降，也即如《入静法》所言："某正尔烧香，入静朝神，乞得八方正气，来入某身。"[5] 这似乎也是以朝贡的交换制度作为象征。

[1] 饶宗颐. 老子想尔注校证 [M]. 香港：中华书局，2015：37.
[2] 饶宗颐. 老子想尔注校证 [M]. 香港：中华书局，2015：41.
[3] 饶宗颐. 老子想尔注校证 [M]. 香港：中华书局，2015：38.
[4] 王家葵. 登真隐诀辑校 [M]. 北京：中华书局，2011：67.
[5] 王家葵. 登真隐诀辑校 [M]. 北京：中华书局，2011：68.

（4）我们已经在上文中看到，身中道气的存、去取决于人自身的形神状态是否"清静"。所以，"清静"同时也即是确保道气能够下降流润身田的必要条件。但正如我们此前所言，道气本身存在于人的形神之中。故而道气所谓的"下降"，也可以被理解为，意念深入形神之后的一种释放，或言迸发，即所谓"人身气亦布至"。

（5）醒来时和入睡前，是每天难得的静谧时刻，也即是最适于进入清静状态的时刻。所以，朝真仪所谓的"旦夕入静"[1]与《想尔注》所言"常清静为务，晨暮露上下，人身气亦布至"[2]实是一理一事。

由上所见，朝真仪乃是以宫廷朝觐之仪为形名，以清静为根本，促使身中小我之道气与外界大我之道气相互交融、上下流转的修行功夫；其也可以被理解为促使自己身中所蕴含的道气得到释放，并于身中流通的供奉。通过每日两次与大道的独处、密契，箓生得以日近于道。此即《庄子》所言：

瞻彼阕者，虚室生白，吉祥止止。[3]

此外，身中吏兵被自发地召出这一比喻，暗示了举行朝真仪实际并不需要掌握复杂的内修技巧。箓生除了焚香外，其唯一需

---

[1] 王家葵. 登真隐诀辑校 [M]. 北京：中华书局，2011：67.
[2] 饶宗颐. 老子想尔注校证 [M]. 香港：中华书局，2015：25.
[3] 陈鼓应. 庄子今注今译 [M]. 北京：中华书局，1983：117.

要注意的便是控制自身的气息、身形动作以及心神意念, 尽可能地达到"清静"的状态 [1]。

5. 道德维度

我们在上文中已经看到,《内业》的作者将"静"与"善"视作人与大道感通的同等重要的条件。《想尔注》明显继承了这一思想, 其曰:"心者, 规也, 中有吉凶善恶。腹者, 道囊, 气常欲实。心为凶恶, 道去囊空。空者耶 (邪) 入, 便煞人。虚去心中凶恶, 道来归之, 腹则实矣。" [2] 朝真仪之实践恰恰也体现了"虚去心中凶恶"的功能。

我们在第十二节中已经见到, 陶隐居所录两个版本的朝真仪均在北向的"拜祝"中强调了对罪过的解谢, 其《入静法》写作:

> 千罪万过, 阴伏匿恶, 考犯三官者, 皆令消解。 [3]

《汉中法》写作:

> 原赦罪过, 解除基谪, 度脱灾难, 辟斥县官。 [4]

---

[1] 在后世上章仪中, 元神与吏兵需要经过极其细腻、缜密的存思与体内循环方能"飞神谒帝"。笔者认为这是道教阶层化发展之后的一种产物。

[2] 饶宗颐. 老子想尔注校证 [M]. 香港: 中华书局, 2015: 10.

[3] 王家葵. 登真隐诀辑校 [M]. 北京: 中华书局, 2011: 70.

[4] 王家葵. 登真隐诀辑校 [M]. 北京: 中华书局, 2011: 73.

此外，陶隐居还特别注明：

> 四向叩头者，当先朝启一方竟，仍叩头，又自搏，言
> 今所乞，亦可脱巾悲泣，在事之缓急耳。[1]

可见，每一方的拜祝都包含了对自身进行深刻反省，然后悔过的心理运动，尤其当其与自搏结合成为一个定式之时。南朝道民孔稚珪"于静屋四向朝拜，涕泗滂沲"[2]，这正是深刻悔过的真情流露。

此外，上清、灵宝两家不但继承发展了朝真仪的结构，更还将自省思过、解谢罪愆的仪式环节进行了发展，甚至是放大，如在灵宝斋法中，其《金箓斋》共需叩头、搏颊各652过（参见第十九节）。《太上洞玄灵宝宣戒首悔众罪保护经》对于思过、谢罪、哭泣以及祈福的关系有一段极为精彩的论述，其曰：

> 故人欲消灾散暴，治病疗疾，当渐以岁月，思愆自责，改悔过罪。诚能行之，出自至心，感激恐怖，堕泣流汗，天知至诚，地神申信。行之一日，其人身中伺过之神为人上除一刻；行之百日，上除二刻；行之一岁，上除三刻；行之三年，其福自应。

---

[1] 王家葵.登真隐诀辑校 [M].北京：中华书局，2011：71.

[2] 萧子显.南齐书：孔稚珪传 [M].北京：中华书局，1972：835.

正如我们一直所强调的，诚心的内省与改悔是天曹解除罪罚的必要前提，而与这些诚心所配合的，则是形体上的自我体罚以及通过哭泣所表达的懊悔之情。

从宗教史的角度来看，自我体罚不但意味着赎罪，也还意味着自我的否定、贬低、消解甚至象征性的死亡（参见第十九节）。结合《想尔注》所言"虚去心中凶恶，道来归之，腹则实矣"来看，朝真仪的另一重功能在于通过道德维度的反省进而起到"虚心"，也就是"去自我中心"的功能。正如其所言，"虚心"使得道气得以流入我们的形神之中，通过持续的自我反省与否定，自满的内心得以消解，并将自己从自己的生命中心推移至边缘，道气由此才能下降流入身中（或者说：才得以从最内在的维度被激发、释放而出）。通过朝真仪这种"减法式"的每日自省，我们渐渐开始能够正视自己的言行，看清已经结成的罪过的根源；通过痛彻地改悔，罪过的污垢最终得以被洗清。通过叩头、自搏，后天所积累的自满、自傲被渐渐磨平，代之以谦逊与平实。在这样的状态下，内心之中由焦虑、忧患所带来的妄念以及负罪感逐渐得以被消解，形神日渐趋于清静，道气才得以流布于身中。实际上，"静"与"善"，也是"去自我中心"后我们自身所具真气的外化表现而已。也就是说，静、善与道气，是自然的、共生的、相辅相成的关系。

笔者在这里还想再提一点十分重要的观察。如果朝真仪真如陶隐居所言，日日早晚行之，则这里必然存在着箓生本人对于自己当日所做、所言、所想之事的深刻反思（这种反思甚至可能至少有两次，因为第二日的第一次朝真是在早晨）。这种每日反省自我言行得失的传统，在中国传统思想中由来已久，曾子曰：

> 吾日三省吾身：为人谋而不忠乎？与朋友交而不信乎？传不习乎？（《论语·学而》）

但是，在盟威道教法中，每日的功过将关乎其个人的命运，并决定其身后的生命救度。由盟约而推衍出的科律正是这样一种存在，通过祭酒在三会日宣讲科律，这种法家的治民手段被引入教法之中，使道民们能够知道，遵守科律将会得到奖赏，违反科律将会受到惩罚。由大道所演化的天曹"无所不在，全知全能，监视着人类的恶行"[1]。在这样的义理体系下，"积累功德是一种训练，它将培养出一贯、全面的善"[2]。如此，我们不难推测，对于一名严于律己的箓生而言，仅仅是祭酒于其命籍中登录功过是不够的，她/他需要密切地对自己的功与过进行实时性的记录。这不仅利于他每日入静的思过、谢罪，同时也能够使他对自己未来所能获得的生命超越有所预期。后世的"功过格"，正建立于这一善恶考校与得到升仙紧密挂钩的逻辑之

---

[1] 包筠雅，著.杜正贞，张林，译.功过格：明清时期的社会变迁与道德秩序 [M].上海：上海人民出版社，2021：63.

[2] 包筠雅，著.杜正贞，张林，译.功过格：明清时期的社会变迁与道德秩序 [M].上海：上海人民出版社，2021：65.

上，一如《太微仙君功过格·序》所言：

> 自记功过，一月一小比，一年一大比，自知功过多
> 寡，与上天真司考校之数，昭然相契，悉无异焉。大凡一
> 日之终，书功下笔乃易，书过下笔的难。即使聪明之士，
> 明然顿悟罪福因缘、善恶门户，知之灭半，慎之全无。依
> 此行持，远恶迁善，诚为真诚，去仙不远矣。[1]

6. 生活维度

我们此前曾经言及，《入静法》之名可以有两种理解，一
为"进入静室"，二为"进入清静的状态"。但仔细考察仪文，
我们会发现第二种理解存在着自相矛盾之处，即：其名曰"入
静"，但事实上并没有任何对于"静止"的要求，我们所看到
的是箓生在进行一系列的仪式动作，并伴随有相应的心理层面
的动态变化。除了陶隐居所注的存思吏兵外，此处没有任何打
坐、守一等内修的内容，从仪文中我们看不到任何与"清静"
相关的内容。如此的悖论事实上告诉我们，并非肢体上的静止
才是真正意义上的"清静"，朝真仪中对呼吸的控制，对意念
的引导，无一不是将人引入清静的方式。所以《真诰》亦曰：

> 凡入室烧香，皆当对席心拜，叩齿阴祝，随意所陈，

---

[1] 太微仙君功过格：序 [M] // 道藏：第 3 册，449.

　　唯使精专，必获灵感。

陶隐居注曰：

　　此亦朝静之例也。[1]

可见，在陶隐居的理解中，上清家与太清家（盟威道）的教法都以"精专"为"清静"，并以"灵感"作为体现。换言之，朝真仪所强调的恰恰不是"无为"的"静止"，而是"有为"的"流动"，即通过精神专一而促成身内身外的道气的流通，而对身中吏兵的控制则是精神得以聚焦的"主体中的客体"。

　　朝真仪通过烧香、跪拜、自搏、自省、念诵甚至悲泣这一系列仪式化的规程，通过肢体之劳将原本攀缘于外部世界的心凝引向身中。从精神层面的"质"而言，其密契程度可能不如"守一"等纯粹的内修之法，但我们也需要指出，所谓的"守一"之法实际有其方士传统的渊源。为了专修"守一"以及其他类似的内修"上道"，奉道者往往需要脱离生产、生活实践。更重要的是，这些内修之法，往往因其极为精妙的设置、复杂的实践方法而无法被基层民众所掌握。事实上，我们知道，是否能够中止心理层面的念头进而达到真正的"静"，是一道极高的门槛，其将许多人拦在了获得生命救度的门槛之外。由此，

---

[1] 吉川忠夫，麦谷邦夫．真诰校注 [M]．北京：中国社会科学出版社，2006：336.

朝真仪的优势在于，其不必脱离日常的生活，且通过日复一日的实践，箓生得以从"量"上日进于道，实现"质"变。其虽被陶隐居称作"小事"，但却照顾了箓生群体的基本面，意在受众层面获得最大公约数，事道自然是要从"小事"做起。

大道并不只存在于静室，因此静室并非房祠；大道也并不只存在于身外，因此静室实际也并非通天之所。在盟威道教法来看，人类追寻大道最为便捷的方式在于向身中探索，因为身中的道与人的关系最为亲近。静室，或言环堵，其空间意义在于屏蔽诸般外缘，最大程度减少尘世的纷扰，在日常生活的场景里营造一处与世俗时空隔离的、内向维度的"神圣时空"，或言"精神时空"，由此获得道气的流布。如此来看，朝真仪乃是针对个人身中造化的"平气"。

7. 心斋与玄同

通过日复一日的入静朝真，人性中原本的自私、冥顽逐渐消解。骄傲、固执的自我被从生命的中心移除，心乃得虚。如此，我们才能得以转过身来，消解与一切客体的对立；与众生乃至万化的交融才成为可能。如果笔者以上的推论成立的话，则朝真仪与庄子所言的"心斋"实际也正有着如此的功用，其曰：

> 夫徇耳目内通而外于心知，鬼神将来舍，而况人乎！是万物之化也。[1]

---

[1] 陈鼓应. 庄子今注今译 [M]. 北京：中华书局，1983：117.

此处，鬼神、人，都被视作"万化"中的一员，则"外于心知"（去除心机）者，自然得以与他人乃至世界相互融为一体。在老子"玄同"的思想中，"塞其兑，闭其门"也可被理解为对于言行的约束，而"挫其锐，解其纷"则可被视作"在人的心灵深处，深刻地进行自我革命，经过长期的修行，反复地磨炼自己的心性，直至自然自觉。这个过程就是'挫'与'解'的过程"[1]。这也便是老子所言"为道日损"（第四十八章）。我们在下文中将会看到，朝真仪所培养的个人层面的"去自我中心"是构建道民家庭、社群的重要基础，以此为基础，箓生才得以"和其光，同其尘"。

二、家庭层面

道民，尤其箓生的家庭关系，尤其是夫妻关系，迥异于礼法制度中"男尊女卑"的夫妻关系，这首先是基于男女、阴阳的本体论意义。为了更好地理解这其中的深刻含义，想先来看方士传统经典中有关两性关系与宇宙运行规律的一段描述。

（一）方士传统中的"神婚"

作为方士传统之地理文献，《神异经》或可为我们理解盟威道的家庭与两性观念提供另一有趣的视角，其曰：

> 昆仑之山有铜柱焉，其高入天，所谓天柱也。围三千

---

[1] 谢清果. 老子"玄同"思想体系与人类命运共同体的建构方略 [J]. 中原文化研究，2018，6（01）：36.

里，周圆如削。下有回屋焉，壁方百丈，仙人九府治所，与天地同休息。男女名曰玉人，（男即玉童，女即玉女。）无为配匹，而仙道成也。上有大鸟，名曰希有。南向，张左翼覆东王公，右翼覆西王母。背上小处无羽，一万九千里，西王母岁登翼上会东王公也。其喙赤，目黄如金。其肉苦咸，仙人甘之，与天消息；不仙者食之，其肉苦如醴。故其《柱铭》曰：

> 昆仑铜柱，其高入天。员周如削，肤体美焉。

其《鸟铭》曰：

> 有鸟稀有，喙赤煌煌。不鸣不食；东覆东王公，西覆西王母。

> 王母欲东，登之自通；阴阳相须，唯会益工。[1]

昆仑山乃是天地之中柱，八方之中央，此自不必言。其上有神鸟"希有"是东王公与西王母每年一会之所，其《鸟铭》"阴阳相须，唯会益工"揭示了王公、王母之相会有着阴阳相合，且促进世界万化生成之意，其"神婚"（Hieros gamos）的含义亦不言而喻。与此相应的是昆仑山下九府[2]之玉童、玉女，她/他们"与天地同休息"，也即是按照天地的规律来运转、歇

---

[1] 王国良. 神异经研究 [M]. 台北：文史哲出版社，1985：104.

[2] 昆仑山下之"回屋"与"曲室""曲房"等近似，皆是带有宗教仪式性质之屋室。回屋之内有"仙人九府"，后世上清家之"九宫"当即源于此说。

停，这大抵与西王母、东王公每年一会相对应。更为要妙的是，其后言及了玉童与玉女"无为配匹，而仙道成也"，其中的"配匹"无疑与王公、王母的相会一样，暗喻着两性之交合，而"无为"二字似乎良有深义。按《神异经》的注者张茂先曰"言不为夫妻也"[1]，这大抵说明了表层上的含义，即这些仙人的交合，乃不以婚约为前提。但是，"无为"的含义应也包括：这些仙人依照自然的规律（"与天地同休息""一岁一会"）而相合，是自然而然之事。如此，她／他们方能"仙道成也"。于是，《神异经》勾勒出这样一幅画面：昆仑山巅神鸟之上的王公、王母每年一度相会，这也即是天道阴阳相交、周行不殆的表述。而昆仑山下"回室"中的玉童、玉女，乃是在师法王公、王母（或天地）之运转规律，他们由此获得了生命之超越。这里的要义有二：

1. 在这里，生殖不再是性的主要功能，而是为了获得生命之延续。但获得生命延续的方式并非依靠血脉的延续，而是通过超越世俗之生命。

2. 既然两性相合的目的不在于生殖，则封建社会中以父系为主导的家庭制度便也失去了存在的意义（母系社会因女性自身的特质并不需要特定婚约来界定家庭）。

如此，凭借以上这两点要义，我们才得以进一步了解盟威道的家庭观念。

---

[1] 王国良. 神异经研究 [M]. 台北：文史哲出版社，1985: 105.

（二）"上仙"与"上灵"

我们在第十节中已经提及，《将军箓》中的最高阶《百五十将军箓》并非一阶独立的法箓，其乃男、女两位箓生各自所配上仙、上灵《七十五将军箓》"合璧"而来。按张清都天师云：

> 《一将军箓》《十将军箓》，此二件童子所受。《仙官七十五将军箓》，阳主男。《灵官七十五将军箓》，阴主女。此二箓，男女合，名《仙灵百五十将军箓》也。[1]

施舟人先生据此推论，"仙""灵"二箓的合并应是通过"黄赤合气"的仪式完成的，"合气"因此也便是早期道教信徒的婚礼仪式[2]。劳格文[3]、吕鹏志[4]、柏夷[5]诸位教授基本均持这一观

---

[1] 传授三洞经戒法箓略说［M］// 道藏：第32册，185.

[2] Kristofer M.Schipper, "Taoist Ordination Ranks in the Tunhuang Manuscripts," in *Religion Und Philosophie in Ostasien: Festschrift Für Hans Steininger Zum 65 Geburtstag* (Würzburg, 1985), 127-148.

[3] John Lagerwey, "Zhengyi Registers," *Institute of Chinese Studies Visiting Professor Lecture Series (I) = Zhongguo Wen Hua Yan Jiu Suo Fang Wen Jiao Shou Jiang Zuo Xi Lie, 1.Hong Kong: Chinese University of Hong Kong, Institute of Chinese Studies, 2005.171p.*(Journal of Chinese Studies Special Issue), January 1, 2005, 35-88.

[4] 吕鹏志．天师道授箓科仪——敦煌写本 S203 考论［J］．"中研院"历史语言研究所集刊，2006，77（1）：65.

[5] 柏夷教授在他的文中并未提及《百五十将军箓》，而是单纯地将"合气"论为道教徒的婚礼。柏夷．天师道婚礼仪式"合气"在上清、灵宝学派的演变［G］// 道家文化研究：第十六辑．三联书店，1999：241.

点。张超然教授爬梳了目前《正统道藏》中所保存的有关"合气"的文本，认为目前尚无充足证据证明"仙""灵"两套《七十五将军箓》是在"合气"的仪式中合为《百五十将军箓》的，且"合气"可能并非婚礼仪式，而近似于一种启度仪式（initiation ceremony），且很可能只是赵昇一系的教法传统，并不一定代表了天师道（盟威道）之整体[1]。

结合以上诸家之研究，则《百五十将军箓》与"黄赤"无关，其阴阳之合璧应系通过婚礼，或至少是与婚礼相结合的仪式来完成的。这一推测也可求证于中国传统礼乐制度之中。我们已经在第十节中言明，童子受度法箓的仪式实际来自对于传统礼乐中成年礼的继承与转化，即男孩的冠礼与女孩的笄礼。但我们同时也知道，冠礼事实上常与婚礼相伴举行。《礼记·乐记》云：

> 昏姻冠笄，所以别男女也。[2]

《白虎通》引《夏小正》曰：

> 冠子娶妇之时。[3]

---

[1] 张超然. 入道与行道：赵昇一系天师教团的黄赤教法 [J]. 台湾宗教研究，2004，3（1）：49-97.

[2] 郑玄，孔颖达. 礼记正义 [M]. 上海：上海古籍出版社，2008：1459.

[3] 陈立. 白虎通疏证 [M]. 北京：中华书局，1994：466.

所以，在礼乐社会中，冠、笄之礼意味着"成年"，并成为"婚姻"的前提。由此观之，男生、女生之"仙""灵"两个版本《七十五将军箓》的授度，应也意味着成年，而仙灵二箓之合璧则意味着婚姻。与世俗婚姻有所不同的是，二箓合璧这一事件背后，不仅仅是"尽孝道""繁衍子孙"的儒家婚姻、家庭观，更还具有一重更为内在、更为平等、更为超越的宗教观念。

按照《百五十将军箓》所表达出来的玄义，在道民的婚礼中，夫妻二人身中的"上仙"与"上灵"之气（即阴阳之气）被同时召出，并相互结合，组成同时存在于男、女双方身中，阴阳具足的"一团和气"。由此，男女两位箓生最为完满的神圣身份也由此正式构建完毕。与朝真仪中道气的纵向运行不同，在箓生的婚礼中，至少存在着一种横向运行的道气。吏兵（道气）从两人身中分别召出，并分别流入另外一人身中，在双向的流通之中，新郎与新娘得以被道气所拥簇，并绑定成为一体。

在目前已知的文献中，尚未见有关《百五十将军箓》合璧之仪式（或者说道民的婚礼）者。但所谓"合气"之仪文，仍保存有一些可资参考之处。

（三）《黄书过度仪》

道教的"合气"之道并非是汉代上层社会普遍流行的"房中术"。盖因"房中术"是以男性为本位的损人利己之术，而"合气"则是双方的彼此奉献与相互成就。通过分析《道藏》所收《上清黄书过度仪》之仪文，我们基本可以总结出以下几

个重要的概念:

1. 仪式的主要目的为某人"乞丐过度"(更相过度)。

2. 男女二人: 共奉行道德, 乞丐阴阳和合(阴阳之施), 生气流布, 精神专固, 两相含生。

3. 乞求: 解除三官考逮, 解脱罗网, 彻除死籍, 著名《长生玉历》, 过度九厄, 乞为后世种民。

在第一点中, "合气"的仪式被认为是一种"过度"的仪式, 意味着在举行仪式之后, 仪式的参与者获得一重新的且更高的社会、宗教身份, 基本与当代意义上的启度仪式(initiation ceremony)相当。

在第二点中, 过度的方法是通过男、女双方的阴阳和合, 互相施与, 最终达到"两相含生"的状态。所以"合气"乃是相互奉献, 相互成就。换言之, 其具有了宗教意义上的自我牺牲精神。与其相比, "房中之术"是男性对于女性身体的"物化"以及剥削, 是利己主义(egoism)的突出体现, 这与道教所倡导的"去自我中心"(decentration, de-egocentralization)乃是背道而驰。

在第三点中, 由过度而形成的身中之气的"和合"引向罪愆的解除, 并最终使参与者成为种民, 实现生命的超越。我们现在对过度仪仍有很多问题尚未解决, 比如"气的和合"与"罪愆的解除"之间的义理逻辑尚未确知。但很明确的是, "合气"仪式在义理层面有着很明确的救度功能, 其指向生命的超越, 这也绝非"房中"这一类祈求在世延年的方术可比。

（四）法箓与婚姻

1. 盟约之玄义

《黄书过度仪》中所包含的部分玄义有助于我们进一步理解《百五十将军箓》背后的宗教伦理精神。如果说仙、灵合璧的《百五十将军箓》只有通过男、女箓生之间的婚姻才能获取，那么也就意味着：大道与人之间的盟约，此时更被延展为人与人之间的盟约。或者说，此前大道与人之间的盟约并不完整，它必须通过人与人之间的盟约来获得其完整形态。进一步说，人与人之间的盟约实际是人与大道之间盟约的有机组成部分。

事实上，婚姻是人类最早的盟约形式之一，男女双方的结合往往意味着两个人群之间建立盟约。在西方传统中，"婚戒"的赋予乃是与"婚约"的缔结紧密相连的事件，法文中的婚戒被称作"*l'alliance*"，其本意即是盟约；汉语成语"秦晋之好"亦是此意：两个人的婚姻，意味着两个家族的结盟。这种建立在家族利益之上的婚盟意在成就两个家族，而非个人。但以《百五十将军箓》的合璧为中心的道民婚姻则不同，其结盟的双方是生物学意义上的个人，确切地说是个人身中的道气，而非世俗中的家庭或其他社会组织。这种个人化的盟约旨在通过阴阳之气的和合，来实现生命意义上的"两相含生"。我们必须说明，这里所谓的"阴阳之气的和合"可被视作夫妻双方在婚姻之中多种层面的互补、互助，即相互奉献。

法箓的授度必然以盟约的建立为前提。但就目前来看，我们尚未发现与《百五十将官君箓》合璧相配套之契券文献。但事实上，此时的《百五十将官君箓》本身便已经可视作夫妻婚约的信物（之一）了。而且，更为重要的是，此时的信物已经不再仅仅承载人与大道之间的盟约，而更还包含了夫妻之间的婚约。我们在第十九节中将会看到，在授度立盟的仪式环节中，弟子的头发也被视作重要的信物而呈送于师，作为其"委质"。头发被视作"生命"的象征，而"割发"则寓意为"代首"（象征性死亡），意即以自己的性命作为盟誓之担保。如此，至少站在盟威道箓生弟子的角度而言，中国传统婚礼中"夫妻结发"的仪式实际也包含了作为自我献祭的象征性死亡，即相互献出各自的生命；同时，伴随着这一死亡，凭借着对方为之献出生命的重新结合，全新的生命又于中诞生。此时，夫妻二人已经不再是相互独立的两个自然人，而是命运之共同体。唐代女诗人晁采《子夜歌》赞曰：

> 侬既剪云鬟，郎亦分丝发。
> 觅向无人处，绾作同心结。

人与大道之间的纵向盟约最终必须落实于人与人之间的横向盟约，这是因为盟威道教法并非"独善其身"的方士传统，而是群体性的救度宗教，个体的生命救度与群体的生命救度是同一事件之两面。我们在第六节中也已经看到，鹤鸣山盟约的纵向降授必须通过鹿堂山盟约来横贯于世间。

2. 家庭之玄义

箓生拥有《百五十将军箓》的神圣身份，也就意味着拥有了完整的阴阳和合之气，但同时也指向一种被圣化的家庭关系。这也就是说，通过婚礼中所含的重要信息，我们得以试着利用逻辑推导出盟威道教法中所含的家庭观念。我们将看到，这些观念与传统儒家所倡导的由男性所主导的家庭观念不同，其中饱含着盟威道的平等精神，其要而言之，可有三点：

（1）彼此奉献

夫妻双方《七十五将军箓》的合并过程，意味着夫妻二人将业已与自己生命融为一体的道气奉献出来，以补全对方另外的一半。作为双向的行为，自己也同时得以被对方所补全。法箓是吏兵，是道气，更是生命。自愿的道气奉献，也就意味着自愿地将自己的生命交予另一人。但是这种交予绝对并不是一先一后的行为，而是同时的、自发的相互交换。也就是说，在这一关系中，并不存在牺牲一人而成就另一个人的逻辑；恰恰相反，这种关系乃是两人彼此同时同步的自我牺牲与奉献，因此也即是彼此同时同步的成就。

由此，道民的婚姻摆脱了传统的父权社会的桎梏，结婚不再是"一娶一嫁"（将女性视作财产），也没有儒家所谓的"夫为妻纲"。夫妻二人彼此平等，彼此需要，彼此奉献，并彼此成就。这种成就的意义不仅仅是现世层面的家庭和合，其同时也指向了生命的超越，即"彻除死籍，著名《长生玉历》"。换言之，这种由夫妻相互奉献所达成的家庭美满，实际也预示了二人得为"后世种民"。

（2）彼此接纳

在夫妻双方《七十五将军箓》的合璧过程中，也就是双方将身中道气奉献出来的那一刻，他们实际也便成就了另一个意愿：彼此接纳。在人的生命成长过程中，随着创伤经历的积累，我们也将自己的真心层层掩埋。我们往往更乐意付出，而不是接纳，因为这意味着要将自己最内在、脆弱的一面敞开给能够相信的人。箓生的婚姻不仅在于奉献，更在于接纳，只有接纳了彼此的相互奉献，夫妻之间的盟约关系才得以实切建立，夫妻双方的生命才得以融入彼此，进而完整。

接纳对方的前提是"去自我中心"（这也即是平日朝真仪之主旨），这是因为在箓生婚姻的动态关系中，实际并不存在一个单一的中心（比如"夫为妻纲"），而是互为中心运转的阴阳两极（也就是说，并不存在一个固定的中心）。

（3）乃成一家

当夫妻双方都能主动地奉献自己，并接纳对方，二人的盟约关系才能建立，在持续地奉献与接纳的过程中，稳固的家庭关系得以建立。在这一稳固的关系中，夫妻双方渐渐走进彼此的生命，最终融入彼此的生命之中。如果说《百五十将军箓》的授度只是这一切的开始，那么夫妻双方需要此后的时日来磨合，并将其完成。

由双箓合璧所见，盟威道的婚姻观念不是家族利益的捆绑与交换，也不是"搭伙过日子"，而是夫妻二人在和谐的融合中实现的彼此成就。我们在两性关系中通过对方照见自己，反省自己，改善自己，通过履行家庭义务而日臻善境。在这里，家庭生活不再是世俗的"过日子"，而是具有神圣特性的，包含天道阴阳的微观世界。夫妻二人的和谐共融，不仅是对天道乾坤交泰的效仿，也是一种促进。也就是说，通过促进家庭内部阴阳之气的平顺，夫妻双方也参与到了宏大的"正一平气"的工作之中，为平顺家庭以外的逆气，贡献了其应做之功勤。此正如《太平经》所言：

> 夫大神不过天与地，大明不过日与月，尚皆两半共成一。夫天地各出半力，并心同欲和合，乃能发生万物。昼夜各半力，乃成一日。春夏秋冬各出半力而成一岁。月始生于西，长而东，行至十五日名为阳，过十五日消，名为阴。各出半力，乃成一月也。男女各出半力，同志和合，乃成一家。天地之道，乃一阴一阳，各出半力，合为一，乃后共成一。故君与臣合心并力，各出半力，区区思同，乃成太平之理。[1]

由此可见，夫妻家庭关系对于天下之平气如此重要，则我们不难想象，劝解夫妻矛盾，促进家庭和谐也应是祭酒的职责义务之一。但无论如何，如果"我"的"孤高我慢"不能消除，对

---

[1] 王明. 太平经合校[M]. 北京：中华书局，1960：715-716.

方便也难以进入自己的生命之中，也便无所谓神圣完整的生命。世间没有生而完美的人，人需要在与别人的关系中反观自己、反省自己、奉献自己，并与此同时完善、提升自己。

图 14-01　复文：《奉道之家》，付晓东／书

事实上，法箓（道气）与人的关系，也正像是夫妻关系，是一种需要时时留心看护、时时留心经营的关系，而这种看护和经营，归根结底，是对自我的反省与关照，是指向生命圣化与超越的修行。

三、社群层面

（一）三会

盟威道教团最初由对应二十四气的"二十四治"组成（后拓展至二十八治），每治设治堂，由署有治职的祭酒负责"领户化民"。正因为此，盟威道被宗教史学家称作中国历史上第一个真正意义上的制度化教团（Ecclesia）。我们在第十三节中已经讨论过，祭酒并非是职业化的教士，而是由箓生、箓吏中积功选贤而出，且无论祭酒还是箓生，他们的本质都是道民。如此，由道民所组成的"治"便形成了中国最早的宗教社群，近似于西方宗教中教区的概念。

早在 1958 年，毛泽东主席便于《三国志》的记载中发现了盟威道教团治堂组织的"原始社会主义性质"，并点明其中"极端贫苦农民广大阶层梦想平等、自由，摆脱贫困，丰衣足食"[1] 的史实。按照当代政治学学者的看法，盟威道"所实行的有一系列原始社会主义的政治、经济措施与道教早期经典《太平经》所倡的天地中一切财物都为社会共有；积财应'救穷周急'；强调人人自食其力，反对'强取人物'；主张人人平等、公平的平均主义原则等乌托邦思想都十分相似。同时在实践中也可以说是成功的，以至于'民夷便乐之'"[2]。

作为一个具有原始社会主义特性的宗教社群，一年三次的"三会日"是道民们一同集会的日子，也是最为隆重的节日。由此，三会日不仅在宗教实践层面上具有极为重要的意义，其在社会管理层面上亦有着极为重要的功能。其义约有五，一曰上籍、二曰言功、三曰宣律、四曰朝觐、五曰厨会，其中部分内容已于上文有过讨论，下面仅择要分别讨论。

1. 上籍

按《要修科仪戒律钞》引《圣纪经》云：

---

[1] 毛泽东 . 毛泽东读文史古籍批语集 [M] . 北京：中央文献出版社，1993：145.

[2] 赵建伟 . 析毛泽东对早期道教的原始社会主义的解读 [J] . 毛泽东思想研究，2000（04）：9. 宁可 . 五斗米道、张鲁政权和"社"[G] // 汤一介，主编 . 中国文化与中国哲学 1987 [M] . 北京：生活·读书·新知三联书店，1988：140-165.

> 正月七日，名举迁赏会；七月七日，名庆生中会；十
> 月五日，名建生大会。右三会之日，三官考核功过，依日
> 斋戒，呈章赏会，以祈景福。[1]

陆简寂先生云：

> 其日天官地神咸会师治，对校文书。[2]

我们已经在上节讨论了祭酒与三官、天曹"质对文书"的职
司。对于祭酒而言，这一天的核心工作便是呈上《都章》，向
三官、天曹汇报治区内命籍的变化（落死上生），为道民条列
善功，并为千二百官君言功，我们已在之前第十二、十三节中
有所讨论，兹不展开。

但值得一提的是，正如记录全家人姓名的《宅录》，通过
治职祭酒将所有道民的命籍进行统一的登录，其治下的道民得
以通过命籍文书的形式成为一个整体，这与通过分享信米而结
成的生命共同体是一理（详见下文）。

2. 宣律

作为宗教团体的集会，由祭酒宣讲正一盟威教戒是三会日
宗教活动的重要组成部分。《玄都律文》言：

---

[1] 要修科仪戒律钞 [M] // 道藏：第 6 册，955.
[2] 陆先生道门科略 [M] // 道藏：第 24 册，780.

> 三会吉日，质对天官，教化愚俗，布散功德，使人鬼
> 相应。[1]

陆先生亦云：

> 三宣五令，令民知法……会竟，民还家，当以闻"科
> 禁威仪"教敕大小，务共奉行。[2]

事实上，三会日祭酒的这种"布道"仪式亦有其政治制度中的
渊源，也即是中国古代对于法律的普宣。按《周礼》所载，大
司寇每年要为百姓读法：

> 正月之吉，始和，布刑于邦国、都鄙，乃县刑象之法
> 于象魏，使万民观刑象。[3]

法律的权威地位在秦代达到高峰，并推行"以法为教"[4]"以吏
为师"[5]的治国方针[6]。我们在之前的讨论中已经多次言明，先

---

[1] 玄都律文 [M] // 道藏：第 3 册，460.
[2] 陆先生道门科略 [M] // 道藏：第 24 册，780.
[3] 孙诒让. 周礼正义：秋官·大司寇 [M]. 北京：中华书局，2013：2755.
[4] 王先慎. 韩非子集解 [M]. 北京：中华书局，1998：452.
[5] 司马迁. 史记：李斯列传 [M]. 北京：中华书局，1982：2547.
[6] 段晓彦. 中国古代法律宣传和普及的历史经验 [J]. 渤海大学学报（哲学
社会科学版），2013，35（02）：36-39.

秦法家、黄老形名之学与道家均有着深刻的内在关联，法即是道在人间的秩序体现，由"执道者"仰观俯察而来。此外，祭酒负责"领户化民""领理文书"，其身份即是职官政治体制中"刀笔之吏"在宗教社团中的对应者；而《清约》甚至可能直接来自基层的"乡约"（参见第九节）。

故此，三会日"教化愚俗""令民知法"的教化内容必然包含了大量盟威科律、教戒的具体条文。科律、教戒的普及与重申，实际也是一种社群内部共识的加强，通过这种公共规则的加强，共同的价值观与信仰也得以巩固，社群的凝聚力也得以加强。

3. 朝觐

现有的文献中尚未见有三会日确切的仪式流程。但是结合已有的仪式环节包括登记命籍、拜进《都章》、宣讲科律，结合其他信息（见下），盟威道三会的仪式流程安排极有可能参照了先秦以来的"朝会"制度。我们在第十二节对朝真仪的讨论中已经对"朝会"（亦作"朝聘"）制度有了一定的介绍。朝会的仪式主要分为两部分，即"朝"与"飨"，前者为面见君王、述职汇报，后者则为宴饮之礼（也被称作"会"）。这一礼仪被后来的帝制国家继承，只不过朝觐天子的主体由诸侯变为职官，以及地方的上计吏，具体的仪式内容则改为朝贺新岁，因此也设于岁首。《后汉书》云：

> 每岁首正月，为大朝受贺。……百官贺正月。二千石

> 以上上殿称万岁。举觞御坐前。司空奉羹，大司农奉饭，
> 奏食举之乐。百官受赐宴飨，大作乐。[1]

实际上，我们现在所能看到的对于三会日仪式场景的描述，也的确非常近似于宫廷的朝会。

首先，宫廷朝会的特征体现在治堂的建筑上。对于早期盟威道的治堂建筑，陈铮教授已经抽丝剥茧地做了十分详细的论证，其表明治堂"土阶茅茨"的建筑特征不仅是追求上古质朴之意，更还有模仿明堂的建筑意向，而明堂恰恰就是古代政治神学中帝王举行朝会的所在[2]。

其次，朝会的特征也体现在整个空间的布排上，按：《太真科》云：

> 朝会天师治，列行集入治堂前，北向俱拜伏地，听堂
> 上主者，宣令科戒。[3]

按照中国传统的方位观念，君主"南面"而坐，臣工则"北向"立于庭中，则朝会于治堂，即是朝觐于君王，只不过香炉

---

[1] 范晔.后汉书 [M].北京：中华书局，1965：3130.

[2] 参见：陈铮.茅茨：一种道教信仰符号的传播与适应 [J].民族艺术，2013（04）：104-112. 陈铮.茅茨：一种道教符号的传播与适应（续）[J].民族艺术，2014（06）：118-128，168.

[3] 要修科仪戒律钞 [M] // 道藏：第 6 册，966.

以及香烟代替了大道"太清玉陛下"的身体，成为显现神圣的物质媒介。尤其需要注意的是，其直接言明了"朝会"于天师治（作为仪式的"朝会"本身为动词做名词，此处则作动词使用，但其所表达之意与作为名词的"朝会"相同）。此处，"堂上主者"当即是治职祭酒，他所宣讲之科律，或可对应朝会中帝王下诏之内容（即祭酒代表大道对道民进行勉励与劝诫）。

此外，《都章》的呈进意味着朝会的仪式实际借鉴了郡国上计吏向帝王及朝臣述职的场景。按《老君音诵戒经》云：

> 三会日，道民就师治。初上章籍时，于靖前南正北向行立定位，各八拜、九叩头、九搏颊。再拜，伏地请章籍讫，然后朝贺师。[1]

由此可见，通过上章的方式来汇报命籍的变动以及箓生的功过是朝会的核心功能之一（上章或上表朝贺也是朝会中的重要内容之一）[2]。东汉以来，朝会上计的任务往往由郡国功曹担当，所以"都功祭酒"实际所扮演的，正是功曹的角色。

综上所述，我们不难勾勒出这样一幅仪式的场景：三会日之平旦，道民云集于治堂，箓吏们此时各自分组，来登入奉道之家近期的户籍变化，并接收道民缴纳的命米，以治职祭酒的

---

[1] 老君音诵戒经[M]//道藏：第18册，214.

[2] 而其中"朝贺"这一环节实际也正是对于朝会的师法，虽然寇谦之的记述并不能完全认作是盟威道教法之原貌。

名义建立契券，作为其重新立盟之凭信。约在午前，命籍登录已毕，且已将其录入《都章》之中。此时道民们北向排班，鹄立于庭中，祭酒则整肃衣冠，登阶上堂（谓之"崇虚堂"），拜进《都章》。拜进《都章》的过程，一如祭酒为道民上章之过程，伴随着叩头、自搏等表示谢罪的仪式行为。上章毕，祭酒出于治堂廊下，面向庭中的道民，宣讲科律、道戒。这一切结束之时，时间大约已经到了正午。按照朝会先"朝"后"飨"的仪式结构，三会日道民们一同进餐的"厨会"应是安排在"朝"的仪式之后举行。但我们仍应该清楚地看到，在古代祭祀宗教中，祭祀与宴饮也往往是前后关联的一对仪式。故而无论是从国家仪典的角度，还是从对于祭祀宗教的继承与改革的角度来看，厨会都应当是三会日仪式日程的下半部分。由于聚餐与朝觐是属性完全不同的两种仪式，道民们也因此移步崇虚堂后之"宴仙室"[1] 开始聚餐（参见彩页图 13）。

（二）厨会

我们此前已经讨论过了《清约》对祭祀的废除，但是宗教史的研究也告诉我们，祭祀之后分享祭肉的聚餐是人类社会最为古老，也是最为有效地增强社群凝聚力的方式之一。一同分享祭肉或一同进餐在绝大多数的时候也划分了人类的群体[2]，所谓"打牙祭"也正是指通过每月定期的聚餐而联络人情的聚

---

[1]　上清道宝经：卷三 [M] // 道藏：第 33 册，722.

[2]　W.Robertson Smith, *Lectures on the Religion of the Semites: The Fundamental Institutions* (London: A & C Black, 1927).

餐。子曰："夫礼之初，始诸饮食。"[1] 在古代中国，祭祀与宴饮一直是前后关联的重要礼仪项目。胡司德教授（Roel Sterckx）指出，对于古代中国圣贤而言，祭祀与宴饮在自我修养方面具有独特的文化与宗教意义[2]。宗教史的观察也同时告诉我们，动物献祭的仪式可能会被新的宗教形式所终止，但以聚餐为形式的宗教仪式却不会消失，它们总能被新出的宗教以巧妙的方式转化为符合自己义理的仪式形式。如基督教的圣餐礼，也正是来源于耶稣为人类赎罪而做的自我献祭，领受圣体不仅使基督存于信徒身中，更借此将信徒紧密相连成为"一体"的教会[3]。在佛教戒律中，向神明的献祭转化为对于僧团的食物布施，而僧人本身则选择了一种自我献祭式的生活方式；通过布施僧人，信徒得以从其成佛证果的事业中分得福报，以期在来世能够拥有出家的福报，进而成佛。可见，以聚餐为形式的宗教礼仪一直存在于各个宗教之中，且牺牲以及自我牺牲的内涵也一直都存在于仪式的深层逻辑之中。

1. 厨会的宗教特征

对于遵守清约的盟威道道民而言，厨会便是他们的聚餐仪式，也是三会日日程的重要项目之一。祁泰履教授（Terry

---

[1] 孙希旦. 礼记集解 [M]. 中华书局，2012：586.

[2] 胡司德（Roel Sterckx）. 早期中国的食物、祭祀和圣贤 [M]. 浙江大学出版社，2018.

[3] 参见：马若瑟（Joseph Martos）. 圣域门槛：感恩（圣体）圣事 [M]. 上海：天主教上海教区光启社，2003.

Kleeman) 曾对"厨会"相关的历史材料与内涵进行详尽的梳理与研究 [1], 我们在此想从宗教精神与仪式生活化的角度, 对厨会再做进一步的讨论与阐释。

在盟威道教法中, 存在着两种"厨会"。第一种是家庭层面的厨会。如《玄都律》[2] 所云:

> 律曰: 生男儿, 设厨食十人, 中章纸百张, 笔一双, 墨一丸, 书刀一口。生女子, 厨食五人, 席一领, 粪箕一枚, 扫帚一枚。
>
> 律曰: 生男上厨, 生女中厨。增口益财, 求官保护, 延口, 岁中无他, 上厨之例。求度厄难, 远行, 求迁官, 厨中之例。求治疾病, 消县官口舌牢狱系闭, 下厨之例。

《太真科》曰:

> 家有疾厄, 公私设厨, 名曰饭贤。可请清贤道士上、中、下, 十人、二十四人、三十人、五十人、百人, 不可不满十人, 不足为福。贤者廉洁, 亦能不食, 食亦不多, 服饵浆药, 不须厚馔, 是世人所重献之, 崇有道耳。此时, 应须立坛。先三日清斋, 后三日言功。贤人身中, 多

---

[1] 祁履泰 (Terry Kleeman) 没有食物的宴饮——道教厨会的演化 [G]. 正一道教研究, 第六辑. 宗教文化出版社, 2016: 204-226.

[2] 玄都律文 [M] // 道藏: 第 3 册, 459.

神故饶之，德重故厚之。食以饱为度，味以适为期。供食一如斋食，不得荤秽。犯者，五刑论。客月以经三请，不可条名。贪腆之客，不可数啖天厨。其科中委细，十以上纸，今人不多为此厨事，故不具抄耳。

此外，我们此前还讨论过授度法箓、失箓补授，以及赎罪性质的厨会，兹不详述。

第二种是社区层面的厨会，也就是三会中的厨会。按《玄都律》云：

> 律曰：男官、女官、主者，三会之日，所以供厨，使布散租米。而比者众官，令使百姓以供会，此皆不合科典，违律罚算一纪。
>
> 律曰：男官、女官、主者，上厨，人酒五升，钱三百。中厨，人酒四升，钱二百五十文。下厨，人酒三升，钱一百文。
>
> 律曰：道士、女官、主者，诛罚邪伪，清宁四海，受民以礼，养育群生，三会吉日，质对天官，教化愚俗，布散功德，使人鬼相应。而比者众官烹杀畜生，以供厨会，不合冥法。杀生求生，去生远矣。犯者殃及后世，主者罚算一纪。
>
> 诸职治道士、女官，及散民、新民，皆不得与狼戾祭祀家饮食。狼戾之家更相请呼，饮酒食肉，男女合会，小

大语笑, 从心快意, 吾之所禁。勿为口腹所误, 令人故气来往不绝, 以致灾祸。宜当节度身中吏兵, 皆受不清之名, 豫为作备。若见中伤, 勿得咎怨也。

根据以上律条, 我们基本可以得知三条重要的物资信息:

(1) 厨会是以素食为主

律曰: "比者众官烹杀畜生, 以供厨会, 不合冥法。杀生求生, 去生远矣。" 由此可见, 厨会应是以素食为主。此处的素食并不是出于不杀生或避免不洁的考虑, 主要是因为盟威道社团希望通过礼仪中的饮食, 将自己区别于杀牲祭祀的传统祭祀宴饮。我们甚至在《百八十戒》中看到 "不得以食物掷火中" (第七戒), 以及 "不得饮酒食肉" (第二十四戒) 等戒条, 其用意都是禁止祭酒举行祭祀仪式, 以及祭后食用祭肉的聚餐仪式。与此同时, 科律也告诫道民:

> 皆不得与狼戾祭祀家饮食。狼戾之家更相请呼, 饮酒食肉, 男女合会, 小大语笑, 从心快意, 吾之所禁。勿为口腹所误, 令人故气来往不绝, 以致灾祸。[1]

作为偶像崇拜的鼎革者, 基督徒同样也被劝诫不可食用祭神之肉, 宗徒保禄说:

---

[1] 玄都律文 [M] // 道藏: 第 3 册, 462.

但若有人向你们说："这是祭过神的肉。"为了那指点的人，和为了良心的原故，你们就不可吃。(《格林多前书》10：28)[1]

(2) 祭酒赋予聚餐以神圣含义

律曰："上厨，人酒五升""中厨，人酒四升""下厨，人酒三升"。可见，酒仍是厨会必需之物，所以，道经中重复出现的关于"饮酒食肉"的戒条应作为"饮酒同时食肉"来理解（上引"狼戾祭祀家饮食"即被称作"饮酒食肉"）。"祭酒"这一称谓源自乡饮礼，其一方面具有相对平等的含义（参见第十三节），另一方面则揭示了其主持宴席、致祝酒文辞的职责。在《洞玄灵宝千真科》的记载中，其道观中的斋会以"座头大德"念说祝文作为起始，其曰：

> 建斋，为道真、为道种、道父、道母、真人、神人、仙人、圣人，或同为道，同共饮食，长生无极。[2]

虽然《千真科》中所记载的是在道观中举行的斋会，其情境已经与盟威道社群治堂中的厨会不完全相同，但其使我们确信：在中国古代社会中，无论是宗教还是世俗的聚餐，其都必须以

---

[1] 香港思高圣经学会. 圣经 [M]. 北京：中国天主教教务委员会，1992：1780.

[2] 洞玄灵宝千真科 [M] // 道藏：第 34 册，376.

某种近乎"祝酒"的仪式作为起始 [1]。而通过对祝酒文辞的内容进行转化与提升，聚餐仪式也被赋予了超越的特性。可资比较的是犹太教安息日（Shabbat, שבת）的聚餐，在其开始之时，主人起身执酒杯念诵祝酒文（Kiddush, קידוש），文辞常以《希伯来圣经》中《创世纪》之经句起始。如此，餐桌被祝圣成为祭坛，整个聚餐也被仪式化而区别于日常的家庭聚餐。[2]

（3）厨会所食用的是天租米

律曰：

> 三会之日，所以供厨，使布散租米。

由此，则厨会所食用的粮食来自道民的"天租米"。我们在上文已经看到：

> 天租米是天之重宝，命籍之大信，不可轻脱，祸福所因，皆由此也。[3]

《太真科》曰：

---

[1] 可参见王月峰.山东安丘、临朐等地的酒宴礼仪风俗[J].民间法，2013，12（00）：398-407.

[2] 参见：Abraham Joshua Heschel, *The Sabbath, Its Meaning for Modern Man*, Pbk. ed., FSG Classics (New York: Farrar, Straus and Giroux, 2005).

[3] 玄都律文[M]//道藏：第3册，459.

　　家家立靖崇仰，信米五斗，以立造化，和五性之气。
家口命籍，系之于米，年年依会。十月一日，同集天师
治，付天仓及五十里亭中，以防凶年饥民往来之乏。行来
之人，不裝粮也。[1]

可见，治堂内的公共仓库叫做"天仓"，是专门用来储存信米
的地方。除了厨会中聚餐的用度外，一部分信米也被用于道路
沿途的义舍之中，用以照顾汉末因战乱而造成的大量流民，事
见鱼豢《典略》中[2]。

2. 同命的宗教精神

　　当我们认识到厨会的三点特征之后，便可以小心地对其所
可能表达的宗教精神，做几点尝试性的阐述。

　　（1）道民劳动的神圣性

　　首先，结合诸多的历史记载，我们可以假设汉末、六朝
时期道民的主体应为农民。如此，每年所缴纳治堂的信米与其
他地区农民缴纳给朝廷的公粮一样，是他们平日田间劳作的产
品。但与公粮不同的是，通过奉献信米，田间耕种这项用以谋
生的工作被赋予了神圣的意义。此时，他们的工作不再仅仅是
为了满足生存，而更具有了超越性的目的：通过盟约维系自己
作为"天民"（或"道民"）的神圣身份，而这一身份不但意味

---

[1] 要修科仪戒律钞［M］//道藏：第6册，966.
[2] 《典略》曰："……教使作义舍，以米肉置其中以止行人"。陈寿撰，裴
　　松之注. 三国志［M］. 北京：中华书局，1982：264.

着来自大道的庇护，更指向了生命的救度。大道并不需要信米作为"供养"，因为大道并不饮食，信米只是道民归命于大道所委质的信物，用以取信于大道。也正因为如此，春种秋收不仅仅只是为了果腹，而更具有了神圣使命的意义：从表面看来，是作为大道之民的义务，而从内在来看，则是为了自我的生命超越。由此，这位务农的道民不再是马克思·韦伯（Max Weber）所谓生活在混沌之中的，"从手到口"（劳动只为存活）的生命，她／他所做的一切都有着明确的目的：以自己的劳动成果来取信于大道，以此求得现世的安稳，与后世的复生，得为种民。

（2）异化的劳动与流通

道民双手所收获的粮食就是她／他的创造，是她／他倾注了大量时间与体力所换得的劳动成果，也就是她／他生命的延展与复制，也因此成为另一个异化（alienated/estranged）的自己[1]，或从道教自身的角度来看，其中充满了自己的"气"。因此，信米的奉献，也就相当于将自己生命（气）的一部分奉献给了大道，"委质"的含义也基本等同于此。又按《三天内解经》所云：

> 五斗米正以奉五帝，知民欲奉道之心。圣人与气合，

---

[1] 参见卡尔·马克思（Karl Marx）关于异化劳动（alienated/estranged labour）的相关讨论。

终始无穷，故圣人不死。世人与米合命，人无米谷，则应
饿死。以其所珍，奉上幽冥，非欲须此米也。[1]

这里，"米"作为食物，也被视作是人"命"的一种象征，故
而缴纳"米"便等于质押自己的"命"。但与此同时，这里的
"米"又因为此前一句"圣人与气合"而被视作了某种与"气"
相似的物品。虽然笔者的解读与《内解经》的角度稍有不同，
但实际都是将"米"视作道民之"命"，且极有可能具有了道
民身中之"气"。但与诸侯委质周王所用的玉器不同，信米作
为粮食，又被治职祭酒以大道的名义用于公益以及治堂厨会。
这也就意味着，通过收纳、流通这些"异化的自己"，每一位
道民的个体生命得以被聚集于一处，成为一个整体，继而被分
享与社群中的其他道民，或需要救助之人。

(3) 入吾气

我们在第七节中已经提及，天地与人均为"同气"，君王
与臣民亦是"同气"，既然"同气相求"，则人与人之间在本质
上具有构建"同气""同命"共同体的可能。在厨会中，信米
被聚集，进而被分享食用。如果说信米作为劳动成果，实际属
于道民的被异化的生命，或者说"气"，则通过一同分享食用
彼此所奉献的信米，每一位道民的生命也因此融入了彼此生命
之中。我们在第十三节中已经讨论过，信米的缴纳意味着命籍

---

[1] 三天内解经 [M] // 道藏：第 28 册，415.

的获得，也即意味着道气的下降流布。但是，这种下降流布是
垂直轴线的，是大道与每一户奉道之家的直接联系。而通过聚
集、分享信米，每一户家庭得以被横向地联结。由此，在厨会
中一同食用信米，不仅仅意味着劳动产品（异化的自我）的自
我奉献以及共享，更意味着道民们凭借着食用这些异化的自
我（道气）而连成一体。他们由此形成了相互联结的"生命共
同体"。《内解经》所云"世人与米合命"，则"米"实为一重
要的介质，凭借此米（及其中众人之气），"人"与"人"亦得
以实现"合命"。这种以道气为纽带的联结与上文所言家庭层
面通过"仙""灵"二箓合璧所结成的夫妻婚约关系相似，只
是将维度进一步拓展到了社群层面：大家彼此奉献，又彼此接
纳，并通过聚餐的形式融入彼此的生命，凝聚到一起。最初通
过缴纳命米而与大道所建立的同盟关系，此时也被转入横向层
面中道民之间的融合与符契。一如《鹖冠子》所言：

> 祭祀同福，死生同爱，祸灾同忧，居处同乐。[1]

我们应当注意，这种同命、同爱的思想并非始自盟威道。
早在先秦时期，《墨子》便已经提出"天志"的观念："天"是
一个有意志的存在：

---

[1] 鹖冠子：卷中 [M] // 道藏：第 27 册，214.

　　　　顺天意者，兼相爱，交相利，必得赏。反天意者，别
　　　相恶，交相贼，必得罚。[1]

不过，《墨子》并未解释人与人之间为何要相爱、相利。《太平
经》站在更为宏观的"三统"的角度对这一问题做出了精妙的
解答，其云：

　　　　夫道德与人，正天之心也，比若人有心矣，人心
　　　善守道，则常与吉；人心恶不守道，则常衰凶矣：心神
　　　去，则死亡矣。是故要道与德绝，人死亡，天地亦乱毁
　　　矣。故道使天地人本同忧同事，故能迭相生成也；如不得
　　　同忧同事，不肯迭相生成也，相忧相利也。故道德连之使
　　　同命。[2]

按照《太平经》的框架，天、地、人三统均系道所生成，正是
因为它们之间所共通的"道"，使得三统得以"相忧相利"，并
具有"同命"的关系。以此类推，不但天、地、人三统同命，
个体的人与人之间更是天生便具有"同命"的潜质（详见第八
节"治民"）。盟威道作为一个旨在广行群众性救度的宗教团
体，其宗教精神上承先秦墨者的思想，并将《太平经》以"同

[1] 吴毓江.墨子校注［M］.北京：中华书局，2006：294.
[2] 王明.太平经合校［M］.北京：中华书局，1960：374.

气"的思想进一步发展并落实于社群仪式之中，此即盟威道之"同命"精神。我们此前曾经以《清约》为切入点，讨论了盟威道教法中"理性""平等""自由"的宗教精神，此处之"同命"是为其之第四种精神。值得一提的是，这种"同命"精神后又被灵宝经教所继承，并发展成为"齐同慈爱，异骨成亲"[1]的宣言。

四、小结：仪式生活化与共融

（一）道、儒、墨、法之融汇

清约将人类从祭祀、数术禁忌之中解放出来，虔敬的信仰通过践行教戒而体现为仪式化的生活方式，一如《教戒科经》云：

> 人能奉法不倦，何但保命，乃有延年无穷之福，此非富贵者货略求请所能得通也。[2]

事实上，盟威道的仪式生活化的解放，实际来自对于先秦诸家学派的继承、融汇与提升，这其中至少分别包含了道、儒、墨、法四家的思想精神。

早在东周时代，礼乐便已经被先贤们视作巩固社会结构

---

[1] 灵宝无量度人上品妙经 [M] // 道藏：第 1 册，2.

[2] 正一法文天师教戒科经 [M] // 道藏：第 18 册，234.

以及陶冶自我身心的重要方式。但在"礼不下庶人，刑不上大夫"[1]的宗亲社会中，礼乐始终被维持在贵族特权阶级，朝廷与地方的公共祭祀活动只有贵族与官员才能参与，普通民众只有定期缴纳祭品的义务，而无参与仪式的权利。盟威道教法进行了一系列具有积极意义的、开创性的尝试。道民通过缴纳命米而得以参与三会的公共仪式，箓生则被赋予平等的神圣身份而得以凭借法箓自行举行朝真仪与上章。与儒家构建的阶级性宗法社会旨趣不同，盟威道旨在构建一个平等的、以道为纽带的道民社会。由此我们看到：

1. 儒家用以构建社会的"礼"被分享给平民（虽然道教并不使用礼字），也具有了更为广泛的受众。而这种分享的背后是墨者对于基层大众的关注，这也是盟威道成立的基本前提，即构建一群体性的救度体系。原本"礼乐"中的"治民"观念被转化为"兼相爱、交相利"，这种平等互助思想本身便具有道家本体论的渊源（万化皆具道德）。

2. 儒家"礼"的身心陶冶仅仅指向于此世的生命。而在盟威道教法中，"祭"被转化为"谢罪"与"入静"，并由此同时具有了道德与道气的双重层面，此两者均最终指向了生命的超越。由此，盟威道教法更能应对并解决个体生命"存在性的"困境与忧患（existential predicament），这是儒者"礼乐"所无法提供的（我们看到，推崇儒学的汉武帝与儒家圣王王莽都曾

---

[1] 孙希旦. 礼记集解 [M]. 中华书局，2012：81-82.

经有求仙的经历)。

3. 法家的"籍"被用以构建道民的神圣身份，其与"律"一同，构建起了一个宏大的、贯通三界的功过体系，用以规范、指导道民的仪式生活化。虽然这两个概念均借鉴自政治制度之中，但由于法家本身所具备的道家"基因"，籍与律也很自然地被"道气化"了。由此，对于外部社会而言，盟威道教团得以被界定；对于内部社群而言，生命共同体得以加固。

东汉末年，由于社会与政治危机的日益加剧，试图匡扶秩序的思想也得以重新复兴，与战国时期的百家争鸣遥相呼应，并下启了六朝时期文人的活跃风气[1]。盟威道教法似乎是对《吕氏春秋》与《淮南鸿烈》进路的一种延续，其尝试着在大道的统摄之下，从原本相互攻讦的先秦诸家中各取其长，将之融汇于一炉，其仪式生活化有着儒家的礼乐社会框架，墨者对基层群体的关注与群体构建，法家的理性实践方法与平等精神。

（二）套叠与共融

盟威道的仪式生活化以盟约、法箓为中心，将"礼乐"之形式填充以"求真"的宗教实质，并系统地构建在【个人 → 家庭 → 社区】这一框架中。我们看到，道民在授度法箓之后，得以通过每日的入静逐步实践"去自我中心"。以这一"虚心"的个人为核心，仪式生活化层层向外套叠，家庭生活被视作对

---

[1] 白乐日 (Étienne Balazs)，著. 佘振华，译. 天朝的封建官僚机制: 古代中国经济和社会研究 [M]. 桂林: 广西师范大学出版社，2021: 73.

于天道阴阳之施的师法。通过"仙""灵"二箓的完璧，箓生夫妻得以凭借与大道的盟约而互相融入彼此，并在动态的婚约中维护着阴阳和谐的秩序。在社区层面，道民建立盟约的信米成为公共的纽带，进而转化为"乡约"；仪式化的生活将个人引向了对于社群的融入，并最终实现"兼相爱，交相利"之"同命"。

在这一仪式生活化的套叠框架中，未来的生命超越与当下的每日生活密不可分，日常的劳动、饮食、家庭生活都被转化为具有神圣意义的仪式化行为。这一套教法从最为寻常的每日生活入手，强调个人的自我反省以及与他人关系的调适，通过不断地调转自己与他人的对立，个体的存在也得以不断地通过向外融合而扩大，进而与亲人、邻里乃至大道在道气的层面相互"感应"，并最终"同气"融为一体[1]。事实上，与这一层层外扩相对应的，是道民与箓生一层层深入地向内求索，即：自我消解的程度和与外物共融的程度呈现出一内一外高度的一致性。我们将在上清、灵宝两家法箓中见到这一纵深式的阶次递进。

此外，从客观的社会角度来看，能够将这三个层面有机地整合在一起的不仅仅是宗族的血缘与行政的地缘，还有以命籍、道气为纽带的"道缘"。通过分享道气、信仰、观念、行为准则，道民社群得以以道相通，并凝聚到一起。类似这种倡

---

[1] 比如《黄庭经》之经法，便是将自身化为山水，而与天地相融。

导以气相通，从而实现集体性救度的概念也出现在早期基督教会之中。在《新约》中，所谓的"圣灵"或"圣神"是一个希腊化的神学概念，其在希腊文原文中本写作"气"（breath, pneuma/πνεῦμα）。如宗徒保禄所言，基督徒皆因"气"的分享而成为一个整体，其曰：

> 因为我们众人，不论是犹太人，或是希腊人，或是为奴的，或是自主的，都因一个圣神（按：气）受了洗，成为一个身体，又都为一个圣神（按：气）所滋润。（《格林多前书》12：12-13）[1]。

（三）仪式生活化

盟威道教法也超越了神圣与世俗的藩篱。与在山中独身修仙的隐士传统不同，盟威道教法并不提倡"生活的仪式化"，即将整个生活保持于一种迥异于日常生活的修行状态，如以闭关、禁欲、持续入定等"仪式"取代日常生活。

相反，盟威道所提倡的是"仪式的生活化"，即将日常生活中的一些重要元素赋予仪式的内涵，世俗生活由此得以被圣化（请注意，这绝不是什么所谓的宗教"世俗化"（secularization））。由此，道民、箓生的修行并非要独立于物

---

[1] 香港思高圣经学会.圣经[M].北京：中国天主教教务委员会，1992：1782.

外，而是要于红尘之中建立道业。换言之，一位个体的人首先要与自己家人、邻里和谐相融，方才能与更宏大的天地、大道相融。如果不能在朝真仪的"小事"上做足"虚心"的功夫，带着孤、高、我、慢的心态直入更为高阶的修行，则必然"其道不成"。我们在第十五节中将会看到，上清、灵宝两家经法无一不是以"太清家"（盟威道）作为其教法的立足基础。

（四）盟威道社团的非暴力性

索安教授曾极富洞见地指出了太平道与天师的盟威道的根本性区别。在她看来，太平道的教法仍然带有极强的中国古代的政治-宗教教化（politico-religious teachings）的意味，其承袭儒家的谶纬之学，欲以新的救世主皇帝（messianic emperor）来代替已经失去天命的刘汉皇室，进而进入一个新的富足安康的太平之世[1]。而对于盟威道而言，"天师"的角色则完全不同：他承受的天命实为道气，其使命乃是以"治人心"而"平气"，而并非以此谋权；他设立治区教化百姓，但不以此独立。这是因为天师着眼的并非只是眼前当下的世界，而是通过"三天之气"来建立一套全新的、脱离宗族等级制度的、追求和谐稳定的宗教生活秩序，进而将百姓度往未来的太平之世，更生度世，为"后世种民"。正如我们所曾论述的，盟威道追述张良，乃是为了绍续其兴汉之天命，天师之称与国师有着紧密的

---

[1] Anna Seidel, "Taoist Messianism," *Numen* 31, no.2 (December 1984): 161-174.

关联。此外，与奔走于帝庭与豪门的甘忠可、贺良等人不同，天师放弃所谓"更受命"的闹剧，也批判黄巾军暴力革命的罪行，他将匡扶汉家天命落实到基层的黎民百姓的"治""化"当中。既然天命以治民为目的，则回到基层、关照民生才是解决一切危机的唯一途径。

另外，通过我们在本章中对盟威道职官制度的考察，我们或可意识到，盟威道教法借鉴了大量职官制度中的形名，用以帮助人们感知、认识并掌握虚无的道气。对于道民而言，大道之运行严密、理性且高效，一如秦汉帝国的职官制度，乃是一整套精密的程序。由此，盟威道教法实际具有极为浓厚的家国观念。无论是上章、请官、朝觐、缴米、上籍，其所有的仪式与义理均以朝廷制度作为象征符号。所以，一方面来说，盟威道的义理、制度产生于两汉时期大一统王朝这一背景之下；但从另一方面来说，这一套形名符号也使得祭酒、箓生、道民对于汉室有着深刻的认同与依附感。《庄子》中那种近乎"无政府主义"的思想被精妙地转化了。

盟威道的道民们着眼于现世的道德化、社群化的宗教生活实践，而非用暴力来取代政权。在汉末的乱世之中，他们通过宗教的改革来增强地方社会的凝聚力，进而形成一片人间的理想国，而这一切的着眼点都是在于通过恢复现世的生活秩序而实现后世的生命超越。正如《剑桥中国秦汉史》所言：

> 张鲁的目的不是要取代帝国的权力制度，而是要改

良它。……这两个运动（按：太平道与盟威道）的差异是如此之大，致使某些学者把它们看作是十分不同的两个运动，其中的一个（按：盟威道）在"道教"的真正气味上更浓于另一个运动（按：太平道）。[1]

事人即是事道，则道民与人相融即是与道相融。大道对于生命的救度首先体现于个体，但同时也是普世的、集体的。由此，道民之间的相融、同命也就意味着道民与大道的相融、同命。换言之，作为集体的道民即是大道之体。由此，盟威道的"同命"精神超越了个人主义与集体主义之间的藩篱，也超越了人与大道之间的藩篱。以盟约、法箓、道气为纽带，盟威道实现了"平气"在人间这一平面上的外向性的发散、延伸，并由此成为一种社会性的宗教。

第十五节　灵宝与上清之法箓

西晋永嘉之乱（311 年）后，盟威道教团伴随着"衣冠南渡"而进一步向江南地区流徙，各种地域化的教法传统、分支也逐渐形成。这不仅体现在盟威道原有体系内所呈现的种类繁多的法箓与券契授度传统，还体现在其与江南地区原有宗教传

---

[1] 崔瑞德（Denis Twitchett），鲁惟一（Michael Loewe）编 . 剑桥中国秦汉史：公元前 221—公元 220 年，中国社会科学出版社，1992：878.

统进一步融合后所产生的诸家经教传统，要而言之，则有洞真、洞玄、洞神三部，分传上清、灵宝、三皇经教。

具体在六朝时期新出的法箓中，洞玄部与洞真部分别逐渐形成了影响较为深远的《灵宝中盟箓》与《上清大洞箓》这两个集约化的概念，一如正一部之《盟威箓》。有所不同的是，这两套后来被目之为法箓的文献群并不仅仅是法箓，还包括了与法箓相配套的宝经、神符、法具等。与其说是法箓，倒不如说是此二家对法箓概念的继承与拓展。虽然目前对灵宝经与上清经的学术研究已经十分深入，但对于此两家法箓的研究仍然处于起始阶段。自吴受琚教授的《唐代道教法箓传授》[1]之后，刘仲宇教授对于六朝时期的新出符箓做了进一步的梳理，基本确认了后续诸家效仿盟威道确立法箓制度，并继续以盟约作为授度形式的事实，同时他也提出了灵宝与上清两家法箓确切起源时间的问题[2]。笔者素非中古道教史专家，尤其对于以灵宝经为中心聚讼多年的六朝道教史所知甚少，故而我们在本节中仅希望能对这两阶（套）法箓在目录上的构成，其中部分主要法箓的核心内容以及相关的仪式实践、义理概念稍作讨论。

在开始正式的讨论前，笔者希望先明确一点基本事实，即：上清与灵宝两部经教皆于公元四世纪末出现在江南的句容。以往一些声音认为正一、灵宝、上清三家是相互对立、各

---

[1] 吴受琚. 唐代道教法箓传授 [G] // 任继愈，主编. 中国道教史，上. 北京：中国社会科学出版社，2001：410-462.
[2] 刘仲宇. 道教授箓制度研究 [M]. 中国社会科学出版社，2014：75, 79.

自独立的三支教派。事实上，笔者认为，这是以西方宗教的教派主义来对中国宗教进行歪解，其本质上是对经典的粗浅误读。根据目前学界的研究，上清经的传授者杨羲以及灵宝经的传授者葛巢甫皆为盟威道道民，他们所传之经教，乃是在各自的理路之下，对自身盟威道信仰的提升与处境化的调适。这样的设定，就意味着他们对原有盟威道的基本信仰与典型实践十分熟悉，这也势必将在他们新传教法中留下深刻的烙印。由此，笔者希望在以下的讨论中，读者能时刻将此印在脑海中，以作为理解上清、灵宝法箓的前提。关于此三家法箓之间的比较分析，详见第十七节。

一、洞玄部《灵宝中盟箓》

（一）灵宝经目

关于灵宝经的学术讨论在道教学研究中一直占有极为重要的地位，而具体关于灵宝法箓的授度情况的专门研究，迄今尚不多见。李滔祥道长之专文《赤符丹箓，永镇灵根——灵宝中盟箓的挖掘与整理》[1] 可视作一篇极好的开端之作。

今日所谓的《灵宝中盟箓》大抵应是较晚的一种称谓，即以"箓"之名来称呼一组文献群 [2]。在最初的文献中，仅以"大

---

[1] 李滔祥. 赤符丹箓，永镇灵根——灵宝中盟箓的挖掘与整理 [G] // 正一道教研究：第六辑. 宗教文化出版社，2016：227–257.
[2] "中盟箓"之称首见于五代之《三洞修道仪》，又见于宋代之《道门定制》，此后各类典籍中多建有《中盟秘箓》《中盟法箓》《中盟宝箓》《中盟经箓》者。

盟""中盟""初盟"来指授度的阶次, 如陆先生言:

> 夫受灵宝券盟, 既有梯首; 授简修刺, 必由次第; 中
> 盟、大盟, 皆投龙简。[1]

非常明确的是, 灵宝经教继承并发展了盟威道立盟授度的传
统, 如果将其"大、中、初"三盟视作对"上、中、下"三
士的因材施教, 应也不为过。由此, 既然是授度之仪, 必有
传授之物。隋唐时期的各类道门仪范与类书中, 多有关于此三
盟所传授之经目、戒律[2]、法服[3]之描述。其中"大盟"与上清
经的关联较多[4], 而"中盟"则是以"真文""二箓"以及"神
策""神杖"作为授度的主要内容, 并涵盖了《灵宝经目》中几
乎所有其他内容。由此, 我们谨将敦煌 P.2861 及 P.2256 写本中
所见陆简寂先生《灵宝经目》与《三洞奉道科戒营始》所开列
《灵宝中盟经目》开列、对比于下表之中, 并参考王承文教授
之整理, 将其所对应的现有文本一一标出[5]。

---

[1] 太上洞玄灵宝众简文 [M] // 道藏: 第 6 册, 563.

[2] 张万福. 三洞众戒文 [M] // 道藏: 第 3 册, 397.

[3] 要修科仪戒律钞: 卷十六 [M] // 道藏: 第 6 册, 999.

[4] "《灵宝大盟》,《真经》'三品'。真经, 即《上清大洞真经》也。三品是
《上清受道经》, 有三品经目, 合三十五卷。三箓: 一、《八素曲辞箓》,
二、《上皇玉箓》, 三谓《三天正法箓》; 三奔:《日奔》《月奔》《星奔》,
三奔即是三景, 受上清三奔, 登上玉清景、上清景、太清景, 今受三
奔, 得称'三景弟子。'"要修科仪戒律钞 [M] // 道藏: 第 6 册, 1000.

[5] 王承文. 敦煌古灵宝经与晋唐道教 [M]. 中华书局, 2002: 831-836.

《灵宝经目》与《灵宝中盟经目》对照表
（现存版本注于右栏中）

陆先生《灵宝经目》	《灵宝中盟经目》	《正统道藏》/敦煌抄本
太上洞玄灵宝五篇真文赤书	太上洞玄灵宝五篇真文赤书	S.5733, ДХ.1893.
太上洞玄灵宝玉诀	太上洞玄灵宝玉诀	DZ.352, ДХ.556.
太上洞玄灵宝空洞灵章	太上洞玄灵宝空洞灵章经	DZ. 阙 , P.2399, S.2915, ДХ.1870+1622+240.
太上说太玄都玉京山步虚经	太上升玄步虚章	DZ.1439.
太上洞玄灵宝自然至真九天生神章	太上洞玄灵宝九天生神章经	DZ.318, P.4659.
太上洞玄灵宝大道无极自然真一五称符上经	太上灵宝自然五胜文	DZ.671, P.2440.
太上洞玄灵宝诸天内音自然玉字	太上洞玄灵宝诸内音玉字	DZ.97, P.2431.
太上洞玄灵宝智慧罪根上古品	太上洞玄灵宝智慧上品大戒经	DZ.457.
太上洞玄灵宝智慧上品大戒威仪自然	太上洞玄灵宝上品大戒罪根经	DZ.177, P.2461, P.2358, S.6290, P.3793.
太上洞玄灵宝经金箓简文三元威仪自然真一经	灵宝上元金箓简文	DZ.530, P.3148, P.3663, ДХ.158.
	灵宝下元黄箓简文	

续　表

陆先生 《灵宝经目》	《灵宝中盟经目》	《正统道藏》/ 敦煌抄本
太上灵宝长夜九幽玉匮明真科	太上洞玄灵宝长夜府九幽玉匮明真科经	DZ.1411, P.2730, P.2442, P.2406, P.2352, P.4658, S.6312, S.7730, P.2451.
太上洞玄灵宝智慧定志通微经	太上洞玄灵宝智慧定志通微妙经	DZ.325, P.5563.
太上洞玄灵宝真文度人本行妙经	太上灵宝本业上品	DZ.345, P.3022v.
太上洞玄灵宝真一劝戒法轮妙经	太上洞玄灵宝玄一三真劝戒罪福法轮妙经	DZ.346+DZ.348+DZ.455+DZ.347, S.1605, S.1906, Ch.776v, P.4618, P.2426, P.2842v.
太上洞玄灵宝无量度人上品妙经	太上洞玄灵宝无量度人上品妙经	DZ.1, P.2606, ДХ.1946, P.2355, S.6076, S.8720, S.63, P.2446, S.3109, S.5315, P.2651, P.2458.
诸天灵书度命	太上洞玄灵宝诸天灵书度命妙经	DZ.23.
太上洞玄灵宝灭度五炼生尸妙经	太上洞玄灵宝灭度五炼生尸妙经	DZ.369, P.2865, S.298.
太上洞玄灵宝三元品戒	太上洞玄灵宝三元品戒经	DZ.456, S.6659.

陆先生 《灵宝经目》	《灵宝中盟经目》	《正统道藏》/ 敦煌抄本
太上洞玄灵宝二十四生图三部八景自然神真箓仪	太上洞玄灵宝二十四生图三部八景自然至真上经	DZ.1407, P.2256.
右《元始旧经紫微金格目》三十六卷		
太上洞玄灵宝天文五符序经	太上洞玄灵宝五符序经	DZ.388.
太上玉经太极隐注宝诀	太极隐诀	DZ.425.
太上洞玄灵宝真文要解上卷	太上洞玄灵宝真文要解经上	DZ.330.
太上太极太虚上真人演太上灵宝威仪洞玄真一自然经诀上卷	太上洞玄灵宝自然经上	DZ. 阙 , S.2356, P.2403, P.2452.
太极真人敷灵宝斋戒威仪诸经要解经诀	太上洞玄灵宝敷斋威仪经	DZ.532.
太上消魔宝真安志智慧本愿大戒上品	太上洞玄灵宝安志本愿大戒上品消魔经	DZ.344, P.2468, S.6394, P.2400.
太极左仙公请问经上	仙公请问	DZ. 阙 , S.1351.
太极左仙公请问经下		DZ.1114.
仙公请问本性因缘众难经	众圣难经	DZ.1115, P.2454, P.2724.

续　表

陆先生 《灵宝经目》	《灵宝中盟经目》	《正统道藏》/ 敦煌抄本
太极左仙公神仙本起内传		DZ. 阙.
太极左仙公起居经		DZ. 阙.
右葛仙公所受教戒诀要及说行业新经		
	灵宝朝仪 一卷	
	步虚注 一卷	DZ.614.
	灵宝修身斋仪 二卷	
	灵宝百姓斋仪 一卷	
	灵宝三元斋仪 一卷	
	灵宝明真斋仪 一卷	DZ.528-530
	灵宝黄箓斋仪 一卷	DZ.507.
	灵宝金箓斋仪 一卷	DZ.483-488, S.4652, P.4965, P.2989, S.3071.
	灵宝度自然券仪 一卷	DZ.522
	灵宝登坛告盟仪 一卷	DZ.528
	灵宝服五牙立成 一卷	
	太上智慧上品戒文 一卷	
	灵宝众简文 一卷	DZ.410.
	众经序 一卷	

　　由表所见，陆简寂先生所编订的《灵宝经目》是一个包含了经典（含真文）、法箓、科戒、仪式以及方技，且可以自我支持的完整教法体系。总体概括而言，灵宝诸经基本都是在不同的侧面描述了赤明开图、真文诞敷、出书度人的宏大叙事。灵宝经作为一个立体有机的教法体系，将这一套玄义发挥得最为完备：从经典"本文"对于度人神话的叙事，到"玉诀"对于经典的阐释与讲解，再到斋仪对于经典以及真文的仪式化敷用，乃至与其相配的戒律。灵宝经是一整套的信仰与实践系统，因此，当我们讨论灵宝法箓时，也应将其纳入这一有机的义理体系之中（一如将正一箓纳入盟威道的义理体系），再来考察其在体系中的核心功能与意义。

　　在陆简寂先生《灵宝经目》中，除了列于末尾的《太极左仙公神仙本起内传》《太极左仙公起居经》两部新经，其余悉数被列入《中盟经目》之中。也就是说，灵宝《中盟箓》的授度，实际基本等同于灵宝经教系统的整体授度，这也就将法箓授度的含义上升到了一个更高的维度：

　　1. 受度灵宝法箓所应具备的资格与考察应比《将军箓》的授度更为严格，这直接涉及求法弟子的文化水平以及宗教修养。

　　2. 求授灵宝箓所要求的法信仪格远远高于正一箓，这对求度弟子的经济条件甚至社会出身都作出了潜在的要求。

　　3. 灵宝经的宏大叙事以及《真文》在救度仪式中的敷用意味着受法弟子被赋予更多的宗教责任。受度弟子领受法箓的初衷不再仅仅是为了追求一己、一家之福，而是要将自己完全契入经教之中，承担起救世度人的职责。

4. 由此，与灵宝法箓一同授度的戒律也远比《祭酒百八十戒》要繁杂且严格，其也意味着更多的约束，以及更多的脱离日常生产生活。

5. 由此，受度弟子也得以获得死后生命超越的更高预期，即"种臣"。

相对于盟威道教法而言，灵宝经教系统中的经典、法箓、仪式、戒律被更为紧密地咬合、关联在一起，神圣权利的行使伴随着更为严格的自我约束。在第十七节中，我们将会看到灵宝法箓所具备的这种多维度的集合思想，在隋唐时期被进一步概括为"经-箓-戒"三位一体的授度系统。

此外，需要特别提及的是，陆简寂先生所编订的《太上洞玄灵宝授度仪》（下称《灵宝授度仪》）不但是现存较早的授度仪式文本，更是陆先生编订灵宝斋法的集中表现，我们在下面的讨论中将特别依赖于这一仪文。

（二）《真文》"二箓"与灵宝经教

灵宝《中盟箓》的授度核心内容为：《真文》、"二箓"、"灵策"与"神杖"。何谓《真文》？又何谓"二箓"？按陆简寂先生《太上洞玄灵宝授度仪表》云：

> 臣谨授上学道士某甲等《灵宝大法真文》、《八景》《内音》二箓、《黄素表》一通。[1]

---

[1] 陆修静. 太上洞玄灵宝授度仪 [M] // 道藏: 第 9 册, 842.

又云：

> 今有宿命某岳真人［某甲］……求受臣所佩《元始五老赤书玉篇真文》《金书紫字玉文丹章二十四真三部八景图》神仙乘骑、《诸天内音自然玉威策录八字》等文，"神杖"众事……[1]

又云：

> 求佩《灵宝元始五老赤书真文宝符》、"三部八景二十四真神官吏兵"、《诸天内音玉字》、"八威策文""神杖"众事。[2]

由此可知，所谓《真文》者即《道藏》中所收《元始五老赤书玉篇真文天书经》，也即是灵宝旧经之首经《五篇真文》；而"二箓"者，则分别为《道藏》中所收之《洞玄灵宝二十四生图经》与《太上灵宝诸天内音自然玉字》，此两者均被列为灵宝旧经，当为东晋时期所出。具体来看，"二箓"之中都包含有一部分内容，其中同时开列师徒信息、请法理由、盟文、吏兵名录以及符图，且为《灵宝经目》文献中所仅见。很明显，就我们在第十节中所见，这是一种典型的法箓文本形式，此二

---

[1] 陆修静.太上洞玄灵宝授度仪［M］//道藏：第9册，846.
[2] 陆修静.太上洞玄灵宝授度仪［M］//道藏：第9册，847.

者由此也可被视作狭义层面上的"灵宝箓"（除去了《真文》、经典、科仪与戒律）。《真文》与"二箓"均为"元始旧经"，且被作为陆简寂先生《灵宝授度仪》的核心传授内容；另外，我们在下面的考察中将会看到，灵宝经教之经文、法箓、道戒、仪法均为互相紧密相关的整体（由此，应当存在着一个系统性构建的过程）。由此，《真文》"二箓"之出书时间应早于白照杰博士所给出的"《奉道科戒》成书前不久"[1]。

一直至盛唐时期，灵宝箓以此两阶为主是普遍存在的一种共识，张清都言：

> 仙官吏兵，须是师授，即《仙灵》，"治职"，灵宝法箓"三部八景"、"三十二天玉童玉女"、"五帝直符直事"等是也。[2]

这其中第一项意指《三部八景图箓》，后两项则是指《内音玉字》之吏兵（参见第909页表）。同为张清都所作之《醮三洞真文五法正一盟威箓立成仪》出官文中，也将此两阶法箓的官将相提并论，其云：

> 出臣某身中灵宝洞玄"三部八景""诸天内音"神仙、

---

[1] 白照杰. 整合及制度化——唐前期道教研究 [M]. 格致出版社，2018：255.

[2] 道法会元：卷245 [M] // 道藏：第30册，512.

> 绣衣玉女、五帝直符……一合严装冠带，整其威仪，对立
> 臣某前。[1]

在这里，最后的"绣衣玉女""五帝直符"也确指"诸天内音"
之吏兵（参见第 909 页表），而与"三部八景"相对。下面，
我们针对《真文》与"二箓"这三份文本的核心内容以及与其
相关联的仪式、义理稍作讨论。

（三）《元始五老赤书玉篇真文》

《赤书玉篇》源自更为古老的《灵宝五符经》传统。东晋
时期，新的灵宝传统兴起，新的《五篇真文》取代了老的"灵
宝五符"。这五篇真文以及其所对应的五方五老的名录详见
下表。《赤书玉篇》讲述了灵宝经教所特有的宇宙观与真文
观，并解释了《五篇真文》神圣且强大的救世度人功能。《灵
宝经目》中的第二部《太上洞玄灵宝玉诀》[2] 乃是与《赤书玉
篇》相配套的具体"施用指南"，其上卷开列了一系列的削罪
仪式与内修方法，下卷则详细描述了一座依循五方五气宇宙观
所构建的"灵宝坛"的规制。《五篇真文》是大道五行真气的
载体，此正如柏夷教授所言，"天文（即真文）代表了隐藏力
量的'完整的'以及'功能性的'显化"[3]。因此在仪式中，《五

---

[1] 醮三洞真文五法正一盟威箓立成仪 [M] // 道藏：第 28 册，494.
[2] 即《道藏》所收《太上洞玄灵宝赤书玉诀妙经》.
[3] "…celestial writing represented a 'full' and 'functional' manifestation of hidden forces." 译自：柏夷 Stephen R. Bokenkamp, "Word as （转下页）

篇真文》需要被依法缮写，并敷露于坛上，作为圣化灵场的功用。也就是说，《五篇真文》代表了大道，成为仪式中的"显圣物"[1]，坛中除此之外，更无任何偶像、神主，一如静室。陆简寂先生根据灵宝经法编订灵宝斋科，由此，《五篇真文》的敷露遂成为灵宝斋坛的定制[2]。在后世沿袭的灵宝斋中，行道前夜《宿启朝》的重要节次便是安镇《五方真文》，谓之"五方安镇"，而在解坛的仪式中则要举行"起镇"。《五篇真文》的敷露与奉送不仅关乎一处斋坛的圣化，更标志了一场斋科的始末。

《赤书玉篇》中《五篇真文》之名称及其所对应之五方五老

五老名号	真文名号
东方安宝华林青灵始老	《九炁青天赤书玉篇真文》
南方梵宝昌阳丹灵真老	《三炁丹天赤书玉篇真文》
中央玉宝元灵元老	《一十二炁黄天赤书玉篇真文》
西方七宝金门皓皇老	《七炁白天赤书玉篇真文》
北方洞阴朔单郁绝五灵玄老	《五炁玄天赤书玉篇真文》

由此观之，《真文》实际包含并代表了来自人类身体外部

（接上页）Relic in Medieval Daoism," in *Medieval and Early Modern Devotional Objects in Global Perspective: Translations of the Sacred*, ed. Elizabeth Ann Robertson and Jennifer Jahner (New York: Palgrave Macmillan, 2010), 24.

[1] 从圣化仪式空间的角度来看，道教中的文字、真文的确也扮演了诸如基督教教堂中"圣龛"（relic）或佛教舍利的功用。参见：柏夷 Bokenkamp, "Word as Relic in Medieval Daoism."

[2] 吕鹏志. 唐前道教仪式史纲 [M]. 中华书局，2008：164-165, 182-192.

的先天道气，而非法箓这种道气的身体化表现。弟子受度《五篇真文》便是被赋予了对其敷用的权限，也即是使用灵宝斋坛的权利。正如我们前文所言，神圣空间的使用权限实际也即是神权。但在斋仪中，仅仅拥有外部空间的使用权限仍然不够，法师仍然需要在她／他的身体内部，拥有与外部世界对应的道气，而这需要授度身体化的法箓吏兵而得来。

（四）《二十四生图三部八景自然神真箓》

《二十四生图三部八景自然神真箓》（下称《三部八景图箓》）之内容大体可分为两大部分：《二十四生图》与《三部八景自然神真箓》[1]。其中，《二十四生图》中所开列的二十四组《图》之名称，与同属古灵宝经的《太上无极大道自然真一五称符上经》（下称《五称符经》）所开列的《灵宝图》二十四首[2]完全对应[3]，而按照柏夷教授之考证，这些《图》实际也都见于《抱朴子》（主要集中于《遐览》[4]）之中[5]，由此应是葛巢甫在其叔祖父葛洪之藏书中所见，并对其进行了重新编排。

1.《二十四生图》

按《二十四生图》所云，其《图》乃是元始天尊口中所吐

---

[1] 在"下部八景"神符之后，有"总三八部真炁"的《玉清七宝神仙图》图赞一段。笔者以此作为《二十四生图》之结尾。

[2] 太上无极大道自然真一五称符上经 [M] // 道藏：第 11 册，640.

[3] 柏夷 Stephen R. Bokenkamp, "Sources of the *Ling-Pao* Scriptures," ed. Michel Strickmann, *Tantric and Taoist Studies* 2 (1983): 459.

[4] 王明. 抱朴子内篇校释 [M]. 北京，中华书局，1985：333−335.

[5] 柏夷 Bokenkamp, "Sources of the Ling-Pao Scriptures," 459.

"青黄赤三色之炁"结成 [1]。目前文本中并未见有图像，甚至其也许从未以图像的形式出现过。按其文曰：

> 李君稽首请问天王，昔蒙训授天书玉字二十四图，虽得其文，未究妙章，虽有图赞，而无其像，修之菴蔼，妙理难详。

于是：

> 天王口吐《洞玄内观玉符》，以授于君，使清斋千日，五香熏体，东向服符。子形神备见，自当洞达，诸疑顿了。[2]

也就是说，后圣李君在向元始天尊拜求《图》的时候，天尊转而赐予了他《玉符》，吞服之后，向身中观看。根据这一暗示，似乎所谓的《二十四生图》根本不存在于物质世界中，乃是人身中的气化的"内景"。事实上，在《二十四生图》每一图的名称之后，都附有其所属之"真气"，当可为证。所以，《二十四生图》中每一图标题之后所列之《图赞》实际是一种存思引导，即弟子于日常修奉中所应于身中所"内观"的洞天胜景。

从体例上来看，《二十四生图》的正文分为"上部八景""中部八景""下部八景"三组，也即是所谓的"三部八景"；

---

[1] 洞玄灵宝二十四生图经 [M] // 道藏：第 34 册，337.
[2] 洞玄灵宝二十四生图经 [M] // 道藏：第 34 册，338.

每一组又分为两部分：前一组为八幅《图》的标题、图赞（由文字所描述的图景）以及与其相对应的"真气"，后一组为神符八道，以及与其相对应的身神的名、字；此当即上文所言《洞玄内观玉符》。概言之，这是二十四组图景（由文字所表达的）、气、神、符，后三者乃是为了洞观前一者的依凭。现谨将《二十四生图》之标题、身神名讳以及其所对应之气分列于下表之中。

《三部八景图箓》中所开列的二十四神名号

	《图》标题	真炁	身神名讳
上部八景	真人沐浴东井图	上部第一真炁	上真一景脑神，名觉元子，字道都。
	神仙五岳真形图	上部第二真炁	上真二景发神，名玄父华，字道衡。
	通灵诀精八史图	上部第三真炁	上真三景皮肤神，名通众仲，字道连。
	神仙六甲通灵图	上部第四真炁	上真四景目神，名虚监，字道童。
	神仙九宫紫房图	上部第五真炁	上真五景项髓神，名灵谟盖，字道周。
	元始太清图	上部第六真炁	上真六景脊神，名益历转，字道柱。
	神仙真道混成图	上部第七真炁	上真七景鼻神，名仲龙王，字道微。
	神仙西升保录图	上部第八真炁	上真八景舌神，名始梁峙，字道岐。

续 表

《图》标题	真炁	身神名讳
神仙通微灵化图	中部第一真炁	中真一景喉神，名百流放，字道通。
神仙耀灵九天图	中部第二真炁	中真二景肺神，名素灵生，字道平。
神仙九变图	中部第三真炁	中真三景心神，名焕阳昌，字道明。
神仙常存图	中部第四真炁	中真四景肝神，名开君童，字道清。
神仙守一养身图	中部第五真炁	中真五景胆神，名龙德拘，字道放。
神仙守神合景图	中部第六真炁	中真六景左肾神，名春元真，字道卿。
神仙寂嘿养精守志图	中部第七真炁	中真七景右肾神，名象他无，字道王。
芝英玉女图	中部第八真炁	中真七景右肾神，名象他无，字道王。
神仙六阴玉女图	下部第一真炁	下真一景胃神，名同来育，字道展。
神仙九元导仙图	下部第二真炁	下真二景穷肠神，名兆腾康，字道还。
神仙导引图	下部第三真炁	下真三景大小肠神，名蓬送留，字道厨。
神仙洞中洪保图	下部第四真炁	下真四景胴中神，名受厚勃，字道虚。

中部八景（rows 1–8）；下部八景（rows 9–12）

续　表

	《图》标题	真炁	身神名讳
下部八景	神仙变化隐测图	下部第五真炁	下真五景胸膈神，名广瑛宅，字道冲。
	神仙采芝开山图	下部第六真炁	下真六景两胁神，名辟假马，字道成。
	神仙明镜图	下部第七真炁	下真七景左阳神，名扶流起，字道圭。
	神仙无极太一图	下部第八真炁	下真八景右阴神，名包表明，字道生。
	玉清七宝神仙图	总三八部真炁	

从授度的角度来看，《二十四生图》的核心授度内容既不是《图》（因为根本没图），也不是气，而是二十四道《洞玄内观玉符》。我们已经在前文中一再强调，"符"即是"契"，是盟约的物质凭信。在《二十四生图》中，每一道符对应了一位身中神，也就是另一份神符的收执者；所以吞符乃是用以建立"我"与"我的身中神"之间的符契，进而得以感知、控制、掌握自我的身中之气（神也即是气），这或许即是天尊所言"形神备见，自当洞达"。

2.《三部八景自然神真箓》

（1）箓文

《二十四生图》的引文中提及了由三天之气所衍化出的二十四图、气、身神以及"千乘万骑"。这些"千乘万骑"实

际构成了《三部八景自然神真箓》（下称《三部八景箓》）中的
主要内容。如果我们结合柏夷教授所考证得来的《二十四生
图》之来源，以及《五称符经》中的对应内容，则《三部八景
自然神真箓》实际是《图》及"三部八景神"的进一步"法箓
化"或者说"吏兵化"。这种转化所含的内在逻辑并不是一种
创新，我们在第四节中已经看到，"图"与"录"一直被视作
相互关联的一对概念。由此，《二十四生图》与《三部八景箓》
实际有着密切的推衍、化生关系。《二十四生图》沿袭并发展
了汉代纬学中"图录"的概念，"录"作为"图"的衍生之物，
乃是用以求索不可见之"图"的重要凭借。只不过，此处的神
明已非方士传统中的鬼神，而是奉道者自己身中的"三部八景
之神"。

《三部八景自然神真箓》起始部分为一段箓文，其包含有
赤明元年元始天尊为太上道君授度"传度洞玄金书紫字玉文丹
章自然灵图，二十四真三部八景神、天仙飞仙、神仙地仙、兵
马乘骑"之内容。紧随其后，箓文内容从神明之间的授度转入
了师与弟子间的授度，其曰：

> 今三洞御运，灵宝下教，先度并升仙官空缺，应须
> 中贤以充诸天［某］帝真人［某］岳先生。臣［某］昔以
> ［某］年［某］月［某］日，于［某］州县［某］所，从
> ［某］岳先生［某］君……受法，应更度人。先有宿名金
> 格玉箓合真之人，以补天官，周历八极，从虚无中来。今

有宿命［某］帝真人［某］，本命［某］甲子，命属［某］天，［某］帝领籍，［某］月生，［某］天……度炁，骨命合真，应补"洞玄第二品仙"。今岁在［某］甲子［某］月［某］日，于［某］天中，依先师旧科明真大法，身登黄坛，七宝镇灵，五彩澄仙，授度：虚无自然灵宝洞玄金书紫字玉文丹章《二十四真三八部图》"神仙乘骑"。

很明确，这里首先言明了度师此前授度的"前盟"，其中所包含的内容之一，即是表述大道求贤之"应更度人"以及"以补天官"。在一系列"箓召仪"的内容之后，仪文言明，其所传授者，乃是"《二十四真三八部图》'神仙乘骑'"。毫无疑问，更兵的授度，即是法箓的授度。其后，仪文交代了对于受度弟子的约束，以及义务，其曰：

> ［某］炁齐洞玄，身登仙宫，宜遵俯仰，检口慎行，弃诸色累，断绝外想，静心夷嘿，专志在法，不得混浊，更相招引，以乱其炁。每行大慈，广度一切，国安民丰，四海宁一。

其后，当然也包含了履行义务以及遵守约束之后的宗教承诺：

> 七祖父母，皆得升度，身入光明，早生人中。大劫运终，同飞上清，逍遥金阙，七宝林中。

这一段的最后，以"授度约定"作为收尾：

> 愆盟负信，中泄灵文，生死父母，长闭幽夜，身谢五
> 道，风刀万劫，不敢有言，依科奉诚，生死同仙，众行一
> 如《明真》之文。

综上所述，虽然这段文字的风格、文词的使用，以及感情色彩与我们此前所考察的正一箓较有不同，但其从大体的结构来说，基本都反映了建立盟约，赋予责、权，告诫约束，并许以承诺的法箓授度义理。这些都反映了其与正一盟威之间的直接承继关系。

盟文之后，以神符的形式开列五方大魔之名讳，以他们作为保度。张超然教授业已在其大作中指明，"魔王保举"是灵宝所特有的义理概念，兹不详述[1]。但笔者希望指出的是，这里的"保度"也即是"保举"，其对应了奉道者请法之初，由保举师向度师举荐的授度流程。也就是说，对于奉道者而言，死亡也无外乎是另一次授度仪式，其需要面对师资的考察，并在合《格》的前提下，获得新的神圣身份（关于"死亡"详见第十八、二十节）。

（2）吏兵名录

箓文的主体，也即是官将名录部分，共开列有上、中、下

---

[1] 参见：张超然. 试观与保举：东晋南朝道教试炼传统及其发展 [J]. 中国文哲研究通讯，2013, 03 (23：1): 5-37.

三部之仙官、功曹、使者、直符等吏兵各80组，共成240组。总览这些吏兵的名号，三部之间重复性较大，其区别往往在于名号起始的"洞天上部""洞玄中部""洞玄下部"的区别。此外，每一部的吏兵，又可大体分为18组，为了方便比较，谨将"洞天上部"的吏兵名录通过简约的方式开列于下表之中，其中的"［］"内为逐条替换之内容，开列于下表之右栏。

"洞天上部"吏兵名号及其中替换内容

吏兵名号	替换内容
［］景［］真神道都神仙洞天泥丸飞天上仙官	一、二、三、四、五、六、七、八；脑府、发府、皮肤府、目府、顶髓府、膂府、鼻府、舌府（共计8位）
八景洞天飞行三五直灵神仙［］功曹	飞天度命、正一升玄、直使生炁（3位）
八景洞天飞行三五直灵神仙灵宝［］功曹	青帝、赤帝、黄帝、白帝、黑帝（5位）
八景洞天飞行自然灵宝神仙［］使者	通真度命、传事飞天、香官生炁（3位）
八景洞天飞行自然灵宝神仙洞明［］使者	青帝、赤帝、黄帝、白帝、黑帝（5位）
八景洞天飞行自然灵宝神仙［］直事	监斋、典斋（2位）
八景洞天飞行自然灵宝神仙［］书佐	传言、奉香（2位）

续　表

吏兵名号	替换内容
八景洞天飞行自然灵宝神仙［］谒者	监功、校事（2 位）
八景洞天飞行自然灵宝神仙［］	侍香玉童、散华玉女（2 位）
三十二天洞天八景飞行自然灵宝［］直符	虚无、上元、日月、传言、奏事、直斋、侍香、五帝（8 位）
三十二天洞天［］景灵宝阳宫丙寅［］飞天上真	一、二、三、四、五、六、七、八；炼脑生魂、炼发生魂、炼肤、炼目、炼髓、炼膂、炼鼻、炼舌生尸（8 位）
洞天八景自然灵宝神仙度命［］兵马	天仙、地仙、飞仙、真人、神人、日月、星宿、九宫、五帝、五岳、三河四海、诸天督仙（12 位）
洞天八景自然灵宝神仙［］兵马	灭度生尸、开度更生（2 位）
洞天八景自然灵宝神仙［］骑	金龙、飞龙、游龙、神龙、驿龙、云龙、龙虎、龙腾（8 位）
洞天八景自然灵宝神仙度命［］炁天官［］玉女	九、三、七、五、中央黄上；青牙、朱丹、明石、玄滋、灵纽（5 位）
洞天八景自然灵宝神仙［］岳［］主图飞天吏	东、南、中、西、北；青帝、赤帝、黄帝、白帝、黑帝（5 位）

由上表可见：

- 其中"功曹""使者""直事""书佐""谒者"等吏兵之职，显系汉官，即从正一箓继承而来。

- 与此同时，箓中又添入了"脑府""发府""皮肤府""目府""顶髓府""膂（lǚ）府""鼻府""舌府"等三部八景仙官，以及一组与此对应的"炼脑生魂""炼发生魂"等仙官。这两组仙官可被视作与《二十四生图》关联最为紧密的一部分吏兵，也是本箓的主要特色。

- 此外，"灭度生尸""开度更生"兵马很明确是与奉道者死后的"五炼生尸"有关，详见第二十节中。

- 在吏兵名录的最后，还列有由五方五帝所衍化出来的两组吏兵，其中"青牙""朱丹""明石""玄滋""灵纽"一组与《五方真文》以及《太上洞玄灵宝赤书玉诀妙经》（下称《赤书玉诀》）所载之服气之法有所对应。

从总体来看，《三部八景箓》中的功曹、使者、飞天上真、骑、飞天吏等吏兵称谓都表明了其具有与《将军箓》一样的朝真、上章的仪式功能。

在陆简寂先生《灵宝授度仪》的［C-e］上章出官节次中（参见第十八节），上、中、下三部之官将被逐次召出，关启天官、地神，并最终上启"无上元始太上大道、五老上帝至真大圣尊神玉陛下"[1]。从功能上来看，三部八景吏兵在灵宝斋法中（至少是作为范本的《灵宝授度仪》中）承担了《将军箓》中吏兵的一部分职司，被用于呈递章表。一如张清都所言：

---

[1] 陆修静.太上洞玄灵宝授度仪［M］// 道藏：第 9 册，846.

> 凡传言驿行，皆凭神道，庶得感通。所言神道，仙官吏兵是也。仙官吏兵，须是师授，即《仙灵》、"治职"、灵宝法箓"三部八景""三十二天玉童玉女""五帝直符直事"等是也。道士身中有此仙官，始得预斋，请出吏兵。如未受箓者，不得辄有干请。如或有违，斋亦徒设，妄费香烛，冒罔真灵，贻其罪考。谨之戒之。[1]

由此，张清都明确地表达出了法箓与仪式之间的"咬合"关系，不受度法箓，便不得"预斋"，否则其罪甚重，此千余年以来道教未尝改易之法也（这里所谓的"三十二天玉童玉女""五帝直符直事"参见下文）。又据南宋林水南先生《灵宝领教济度金书》所收《九灵飞步上章仪》之出官文亦曰：

> 谨出臣身中："玉门紫户三十九阙上真灵官""三部八景二十四真""五体真官""丹元真人""上清虚无自然左右领仙玉郎""飞仙玉虚侍郎"，各二十四人出。[2]

虽然笔者所见章表科仪仍多以正一吏兵作为出官之主体，但就以上仪文所见，在某些历史时段或某些地区，也的确存在包含

---

[1] 道法会元：卷二四五 [M] // 道藏：第 30 册，512.
[2] 灵宝领教济度金书 [M] // 道藏：第 7 册，107.

"三部八景"仙官吏兵的"灵宝系"出官仪。[1] 除此之外,"三部八景"身中神,以及二十四景内观等特征,甚至名录末尾与《五方真文》相关的吏兵,也都暗示了其可能具有一定的内修功用。

(五)《太上灵宝诸天内音自然玉字》

《诸天内音自然玉字》(下称《内音玉字》)是古灵宝经的重要经典之一,其与《元始无量度人上品妙经》(下称《度人经》)互为表里,包含了除《赤书玉篇》之外的另外一套五方真文,谓之"大梵隐语"。以此为线索,《内音玉字》《度人经》又与《太上洞玄灵宝灭度五炼生尸妙经》直接关联,应用于奉道者死后的安葬仪式之中(详见第二十节)。"大梵隐语"一直是灵宝经研究中的重点之一 [2],另一部分研究者则关注其转译者天真皇人所扮演的传经的角色 [3]。在王皓月博士的新近著作中,他对《内音玉字》的形成、结构与思想进行了较为系统的梳理,并指出了《道藏》所收本中可能存在章节前

---

[1] 同时,我们也应注意一个十分值得关切的问题,即我们今天所见到的各类上章仪(也即是所谓的"进表科仪")之出官文,实际最初并不属于固定的仪文内容。法师所出之吏兵与法师本人所承受之法箓直接关联,因此所有的出官文实际都应是"个人化"的。这些详细开列各类吏兵的出官文应只是科仪文本原始缮写者自身法箓的体现。后世参学、叨奉科事者,应根据自身所受法箓、法位来调整这些"立成"仪文中需要变通的内容。

[2] Bokenkamp, "Sources of the Ling-Pao Scriptures," 461–465.

[3] 王承文. 敦煌古灵宝经与晋唐道教 [M]. 北京:中华书局,2002:725–739.

后错乱 [1]。需要指出的是，王皓月博士将《内音玉字》第一卷中的"诸天内音自然玉字三秘篆文"视作"正文"，将"诸天五帝直符、玉童玉女等功曹之名"视作"正说"，又将"'太岁[某]年[某]月[某]甲子朔[某]日甲子'至章末"视作"诸天内音自然玉字的流通" [2]。事实上，这一部分正是《内音玉字》作为法箓的部分，其中开列了包含四方三十二天隐韵内名的"云篆"以及由四方之"天""气"所衍化而出的玉童、玉女、直符的名录，而这正对应了《度人经》中念诵四方三十二天隐韵内名配合存思的自修经法（实际也即是仪式）。在《内音玉字》其后的三卷中，是对云篆的含义以及仪式化施用方法所做的细致说明，包含了依据年节而定的吞服、服气方法。从文本关系上来说，《内音玉字》之于《度人经》，正如同《赤书玉诀》之于《五老赤书玉篇》，是"诀"与"经"之关系。所不同的是，《内音玉字》中包含着一整套完整的法箓。

1. 箓文

《道藏》所收《内音玉字》第一卷之结尾，也即是在真文与吏兵名录之后，收有一份与授度有关之文字，王皓月博士将其视作"诸天内音自然玉字的流通" [3]。这部分文字从"太

---

[1] 王皓月. 析经求真：陆修静与灵宝经关系新探 [M]. 北京：中华书局，2017: 321-356.

[2] 王皓月. 析经求真：陆修静与灵宝经关系新探 [M]. 北京：中华书局，2017: 331.

[3] 王皓月. 析经求真：陆修静与灵宝经关系新探 [M]. 北京：中华书局，2017: 331.

岁［某］年"起始，至"悉如盟文"结束。其后的一段文字以
"天真皇人"起始，直至结束，王皓月博士将其目之为"天真
皇人说《三十二天内音玉字》的授度仪"[1]。事实上，正如我们
上文所言，如果我们将第一卷中的主要内容视作一部法箓，则
上言第一段文字即是通常写于法箓卷首之箓文[2]，而"天真皇
人"所言，乃是授度之仪格。箓文中首先言明了时间、某弟子
从某师受度之信息，其中部分内容如前所言，须依《箓召仪》
填写，其曰：

> 太岁［某］年［某］月［某］甲子朔［某］日甲子，
> ［某］岳真人，本命［某］甲子［某］月生，［某］天领籍
> 炁系［某］炁天君，今于［某］炁天中，从师［某］岳先
> 生道士［某］君，受文佩身。七宝镇灵，金、缯誓心，告
> 灵盟天，约为身宝，奉承大法，俯仰旧典。

这里明确表达了授度仪式所包含的立盟内容，尤其是
"金""缯"之"委质"。随后，箓文言及了授度仪式中的部分
"上告"内容，其曰：

> 上告：三十二天监度文命、侍经仙郎、韩司主录、飞

---

[1]　王皓月 . 析经求真：陆修静与灵宝经关系新探［M］. 北京：中华书局，
　　2017：334.
[2]　至于为何要将箓首之箓文移至箓尾，笔者目前尚无定论。

天真人、三界神王，落［某甲］死籍，勒上仙名，金格玉
箓，《三元品》中。依大圆威仪，降下真仙之气，入［某］
身中。三十二天监仙司马、典经羽郎，各依格，遣玉童玉
女神真之气，各一合下，侍卫灵文，奉给［某甲］身。

要而言之，仪式中所上告者，乃是乞请三十二天天曹高真为
受度弟子"落死籍""上仙名"。并于此同时"降下真仙之气，
入［某］身中"也即是度入吏兵。此外，还有"玉童玉女神真之
气"一同下降"侍卫灵文"。这部分内容可视作道气与吏兵层
面的"授"，以及簿籍层面的"度"。随后，箓文又转向对物质
世界诸神的"普关"，其曰：

普关：诸天诸地无极世界，日月星宿，三界官属；五
岳名山，九江水府，三官司罚；九幽长夜泉曲之中，无影
无色，无形无名，无音无响，无大无小，无高无下，无尊
无卑一切神灵；咸各明［某甲］身奉大法，佩带天文，名
入仙箓《三元品》中，出入游行，依旧伺迎，一日三朝，
如紫微上宫；削落地简，《九幽目录》，灭绝宿根，渐息恶
缘，不得拘逮，亿劫无连；七祖同福，皆得上升，逍遥玄
都七宝林中，魂受炼度，时得更生。

大抵而言，此段内容是请三界神明明确了解受度弟子已经"名
入仙箓"，进而要求他们"依旧伺迎，一日三朝"，这也即是赋

予了授度弟子，也即是此后的灵宝法师以召劾鬼神的神权。此外，其重复强调该弟子业已"削落地简"，即赋予了法师身殁之后不经地狱以及"七祖同升"之许诺。箓文最后转入对弟子的劝诫、约束，以及重申盟誓，其曰：

> ［某甲］约：承奉大法，一如《明真》捡身慎诫。生死成仙，五帝交友，游戏诸天。愆盟负誓，泄漏天文，传非年限，生死谢对，长负河源，风刀万劫，镇夜挞山，罪福报对，悉如盟文。

这里第一句首先言明"承奉大法"，即履行应有之职责；其次言明要尊依《明真科》来约束自己。在这两者均能圆满的前提下，则得以"生死成仙"。"五帝交友"则意味着获得极高的位业，由此不同于普通的"种民"。最后的内容再次重申授度之"盟誓"，也即是师徒之间的"授度约定"，"泄漏天文，传非年限"者将遭受神谴，"悉如盟文"。我们在第十八节中将会看到，这些灵宝法师的权利、职责、约束以及承诺，将被集中体现在《灵宝授度仪》的［C-g2 丹水文］与［C-g4 元始禁戒］之中。

2. 吏兵名录

在《内音玉字》所包含的这一卷法箓中：

- 三十二天的"云篆"被依据东、南、西、北的方位而分为四段，每一方云篆之后，又随之以当方"八天"之吏兵名录。吏兵名录因"天"而分为八组，每组包含该"天"之"五色玉童""绣衣玉女"与"五帝直符"[1]。

- 在每一方位吏兵名录的结尾，诸天吏兵之后又开列有与"方""气""天"对应的功曹、直使、骑吏共9条，这很明显是对正一《将军箓》中文吏、驿吏的延续。

我们谨以东方八天之吏兵名录为例，将其列于下面二表之中。《内音玉字》篇首的引文并未对这些三十二天、四方吏兵给出相应的义理解释，但是基本可以推定，他们都是由三十二天玉字真文所秉的道气之中应化而生的。如此，"云篆真文"与"吏兵名录"被相互对应地置于箓文之中，这一方面继承了固有的正一《将军箓》传统，一方面又使其从属于灵宝的真文传统之中，但无论是吏兵还是真文，其皆为先天之道气、五气、三十二气所化。

《内音玉字》诸天仙官名录及人数（以东方八天为例）

东方八天	仙官种类	人　数
太黄皇曾天	五色玉童	三十二人
	绣衣玉女	三十二人
	五帝直符	各三十二人

---

[1] 王皓月博士将吏兵名录视作"内音玉字"之"正说"，似乎并未将其视作法箓的核心内容。王皓月.析经求真：陆修静与灵宝经关系新探[M].北京：中华书局，2017：331.

续　表

东方八天	仙官种类	人　数
太明玉完天	五色玉童	三十二人
	绣衣玉女	三十二人
	五帝直符	各三十二人
清明何童天	五色玉童	三十二人
	绣衣玉女	三十二人
	五帝直符	各三十二人
玄胎平育天	五色玉童	三十二人
	绣衣玉女	三十二人
	五帝直符	各三十二人
元明文举天	五色玉童	三十二人
	绣衣玉女	三十二人
	五帝直符	各三十二人
七曜摩夷天	五色玉童	三十二人
	绣衣玉女	三十二人
	五帝直符	各三十二人
虚无越衡天	五色玉童	三十二人
	绣衣玉女	三十二人
	五帝直符	各三十二人
太极濛翳天	五色玉童	三十二人
	绣衣玉女	三十二人
	五帝直符	各三十二人

《内音玉字》四方吏兵名录及人数（以东方八天为例）

（东方）九炁青天……	
生仙功曹	各三十二人
灭度自然功曹	各三十二人
自然更生功曹	各三十二人
飞天侍真吏	各三十二人
飞天卫真吏	各三十二人
飞天监真使者	各三十二人
直事吏	各三十二人
传言奏事吏	各三十二人
飞龙骑吏	各三十二人

（六）灵宝箓的义理发展

1. 法箓功用的延伸

如上所言，既然为法箓，则必然在具有职官制度特征的仪式中，有其确切的敷用之处。这首先体现在了同属古灵宝经的《太上洞玄灵宝赤书玉诀妙经》所收发炉之文，其曰：

> 诸以启愿求道，投刺行事，莫不悉先东向叩齿三通，捻香咒曰："无上三天玄元始三炁太上老君，召出我身中三五功曹、左右官使者、左右捧香、驿龙骑吏、侍香金童、传言玉女、五帝直符，各三十六人出。关启：此间土地、四面真官。我今正尔烧香关启，愿得十方正真之炁入

我身中，令所启上闻，径御无上至真大圣尊神玉帝几前。"

凡学道有所求愿，及修行上法，不先关启则为邪魔所干，不得上达，所修无感，神明不鉴，徒劳无益。

此处所言"启愿求道，投刺行事"大抵略指其前所收之"告三简除罪求仙上法"以及"五方真文赤书玉诀"，也应包含其后所收之"修道求仙""禳星""禳洪"等玉诀之具体敷用。也即是说，对于《五方真文》的敷用，现在被纳入了朝真仪的框架之中而得以实践（虽然未见其中载有"复炉文"）。我们应注意到，这里的后三组显然出自《内音玉字》之中。而前几组吏兵，即"三五功曹、左右官使者、左右捧香、驿龙骑吏"实际即是《三部八景图箓》中的"八景洞天飞行三五直灵神仙[飞天度命、正一升玄、直使生炁]功曹""八景洞天飞行自然灵宝神仙[奉香]书佐"以及"洞天八景自然灵宝神仙[驿龙]骑"。也即是说，"二箓"之吏兵在《赤书玉诀》中便已经被组合到了一处，并扮演了《将军箓》中正一功曹等吏兵之职司。但有所不同的是，此时的仪式内容，乃与《五方真文》紧密关联，这尤其需要灵宝本部之吏兵来担当此中之职司。

另外值得注意的是，其中最后一段内容为"发炉"这一仪法节次提供了简短的义理论述，谓其"不先关启则为邪魔所干，不得上达"。从吏兵与道气的角度来理解，则在举行科仪奉行之处，以吏兵（身中道气）与大道"太清玉陛下"（身外道气）所建立的密契的沟通联系，犹如海底数据光缆一般，联结了极为遥远的两端，并确保了两端之间充分、有效的交流。

此外，灵宝箓吏兵之较为特别的功用延伸还体现在了《度人经》中所载修诵该经的仪法之中，具体而言，乃是其仪法起始部分的"祝炉"仪文，其曰：

> 道言：行道之日，皆当香汤沐浴，斋戒入室，东向，叩齿三十二通，上闻三十二天，心拜三十二过，闭目静思……
>
> 密咒曰：无上玄元太上道君，召出臣身中三五功曹，左右官使者，侍香玉童，传言玉女，五帝直符，直日香官，各三十二人，关启所言，今日吉庆，长斋清室，修行至经，无量度人，愿所启上彻，径御无上三十二天元始上帝至尊几前。毕，引炁三十二过，东向诵经。

和上面所引仪文一样，此处的吏兵皆出自灵宝"二箓"。根据《内音玉字》所示，三十二天之中，每一"天"对应了玉童、玉女各三十二人，以及五帝直符各三十二人，则每一"天"有吏兵224人，共计7 168人。类似的这种"分形"理论的应用我们也见于《九天生神章》中[1]。由此，通过法箓的授度，奉道者身中的道气被分化为一处"小三十二天"，由此得以与《度

---

[1] "九天生神章，乃三洞飞玄之炁，三合成音，结成灵文，混合百神，隐韵内名，生炁结形，自然之章。"洞玄灵宝自然九天生神章经[M]//道藏：第5册，844.

人经》中之"大三十二天"紧密咬合（或言符契）。换言之，不发炉便难以服气，不受箓则无法发炉，此是环环相扣的义理逻辑。事实上，这一由"二箓"吏兵所组成的"发炉"仪文普遍见于各种灵宝一系的仪式文本之中，成为灵宝经教之一种定式[1]。

除了仪式之外，灵宝"二箓"似乎在服气内修方面也延伸了它们的功用。如我们在上引《度人经》"祝炉文"中所见，其结尾在请吏兵"径御无上三十二天元始上帝至尊几前"之后须"引炁三十二过"。我们应特别注意这一先请吏兵朝谒大道后引气（服气）的仪式结构，其与我们在第十二节中所见朝真仪之［B 祝炉］基本一致，即先请吏兵朝谒大道，然后"乞得八方正气，来入某身"。我们也曾言明，朝真仪中的吏兵被召出，以及真气的下降流布人身，乃是一种自然而然的事件，箓生所需要做的，只是"虚其心"，大道之气自然"实其腹"。在《度人经》"祝炉文"中，情况略有不同，奉道者需要主动地"引气"，以使道气来入其身。但无论道气是主动还是被动地流入，奉道者身中吏兵的度入 / 点化，都是大道真气此时能够顺利进入身体的绝对前提。盖因吏兵（法箓）的授度，乃是通过一系列行为、心理运动，以一种外界的力量来开启受度者自身的蒙昧，并释放出巨大的潜质；受度者经此开启，乃具备了与大道

---

[1]　如:《洞玄度灵宝自然券仪》《太上洞玄灵宝众简文》《太上大道三元品戒谢罪上法》《灵宝授度仪》等。

进行交流 / 符契的基本基础。所以，在这样一个具有职官特征的仪式环节中，法箓的授予也即意味着在"气"的层面与大道交流。

在《道藏》中，诸家气法可谓汗牛充栋，其中一部分实际并不特别强调以"启蒙"作为服气的必要前提。但是，综合来看，至少在《三部八景图箓》与《内音玉字》中，法箓的授度、佩奉成为服气的必要前提。按《三部八景图箓》中特别开列有吞服神符的实践方式，而其结果乃是与吏兵合二为一，其曰：

> 《八景神真玉符》，上元洞天自然之炁，以部上部八景神真，镇在人身上元宫中。服之八年，八景见形，为己通达幽微之事，洞观自然，坐在立亡，降致天仙，千乘万骑，云舆羽盖，白日登晨。[1]

由上所见，"符"即是"气"，服气即是与"上部八景神真"相合，并最终"降致天仙，千乘万骑"。在《内音玉字》中，法箓的佩奉与吞符、服气的关系被更为明确地阐述，其曰：

> 天真皇人曰：修飞仙之道，灭度之法……当朱书诸天玉字无量内音，白素佩身，随文服御，心不受秽，五内清

---

[1] 洞玄灵宝二十四生图经 [M] // 道藏：第 34 册，339.

和，六府恬寂，空泊无为。……修行之法，当依上朱书，随四时之节。

春正月、二月、三月，当朱书文，向王叩齿九通，咒曰：……毕，服文，仰咽八炁止。[1]

这里的"朱书诸天玉字无量内音，白素佩身"很明确是一种身体化的实践，正如我们此前所见《内音玉字》中的"诸天玉字"实际都伴随有吏兵的名录，其乃是"天文"之衍化。如此来看，法箓的佩奉的确是服气的前提了。

我们在第二十节中将会见到，此"二箓"的授度与正一箓不同，其并不经由度师身中吏兵的"点化"，而是直接在授度仪中通过存思、服气而被授予，但其与正一箓同样具有"身体化"的存在形式。由此，与"二箓"相配的吞符、服气，均意味着对于身中道气的感知、控制、掌握；由此，外部所服气才能与身中之气"符合"。从另一个角度来说，正是因为在授度仪中弟子身中被注入的"三部八景""三十二天之气"，所以她/他在后续的修行中才能够确保一方面获取外部世界的真气，另一方面那些逆乱的故气不会被摄入身中（因为身中没有可以与这些逆气相"符合"者）。

2. 真文的"法箓化"

在灵宝经教中，"真文"具有至高无上的地位，但随着

---

[1] 太上灵宝诸天内音自然玉字[M]//道藏: 第2册, 544.

"真文"被纳入《中盟经目》之中，并被与法箓一同授度，"真文"旋即被"法箓化"了，也即是以法箓的名称来统摄一个群组的经典、仪式、戒律（当然也包括法箓），以及对于这一群组的授度。在《内音玉字》中，"真文"沿着盟威道的法箓义理逻辑，衍发出三十二天的玉童、玉女、直符，并以吏兵的形式嵌入职官化的科仪之中。此外，《三部八景图箓》中的"青牙""朱丹""明石""玄滋""灵纽"五位玉女，五位五岳五帝"主图飞天吏"，以及《内音玉字》中的三十二天"五帝直符"似乎也可以被视作是《五篇真文》的法箓化，只不过其并未形成单独一阶法箓。按《洞玄灵宝玄门大义》云：

> "录"者，条别神明位次、名讳、"八景"及"内音"之例是也，录亦是条牒名领，以付学人，令其领录存思以自防，保举人身以升天也。[1]

这一叙述不仅站在灵宝的立场表达了法箓对于学道之人的重要性，更从侧面宣示了灵宝经教的"法箓化"。

3. 法箓的"真文化"

按《正一修真略仪》云：

> 神符、宝箓，其出自然，故于元始赤明浩劫之初，浑

---

[1] 洞玄灵宝玄门大义 [M] // 道藏：第 24 册，738.

茫之际，空中自结飞玄妙气，成龙篆之章，乃元始神尊化
灵应气然也。是以生天立地，万化明分，皆因道气与灵
文也。[1]

此处的叙事以灵宝天书真文的"诞敷"作为主线（虽然并未提
及"真文"），而"宝箓"则被视作真文的衍生，或至少是对等
之物，成为赤明开图、出书度人的一部分。类似的表述，我们
在《三部八景图箓》以及《内音玉字》的箓文以及法诀中均已
见到。将"法箓的'真文化'"与上文"真文的'法箓化'"合
参，则古灵宝经中已经存在了尝试将《真文》与法箓等同的思
想。这或许便是葛巢甫作为一名伟大的宗教家，继承了汉天
师正一盟威之本位[2]，对其家族自身的宗教传统所进行的大胆
革新。

4. 法箓的"身神化"与"宇宙化"

《三部八景图箓》将源自存思内修的身神系统延伸至法箓，
并将其敷用于科仪之中，将其与《将军箓》中官将吏兵的功能
对等。相较于《将军箓》而言，"三部八景"吏兵具有更强的
身体性，其与身体中的确切部位有着更强的关联性，比如"脑
府""发府""皮肤府""目府""顶髓府""脊府""鼻府""舌
府"等八位仙官（三部共成二十四位）。由此，授度《三部八

---

[1] 正一修真略仪 [M] // 道藏：第 32 册，175.
[2] 关于灵宝经中对于汉天师的崇敬，参见：王承文 . 敦煌古灵宝经与晋唐
　　道教 [M]. 北京：中华书局，2002：323-333.

景图箓》，似乎也意味着将受度弟子身中本即存在的身神点化而出，由此方才能在仪式与服气的过程中与外界之气相符契。由此，《三部八景图箓》得以将大道职官制度与身中之神这两套相对独立的体系关联了起来。这些在盟威道的法箓义理中，此前并不存在 [1]。此谓"法箓之'身神化'"。

《内音玉字》将位于大天（macrocosmos）之中的三十二天之神、气延伸至法箓中，并将其敷用于科仪之中，使其与《将军箓》中官将吏兵的功能对等。相较于《将军箓》而言，"三十二天"吏兵具有更强的宇宙观性，诸天之中各有"五色玉童""绣衣玉女"与"五帝直符"。由此，授度《内音玉字》，似乎也意味着将受度弟子身中之气重新分类、整合，由此方才能在仪式与服气的过程中与身外之三十二天之气相符契。由此，《三部八景图箓》得以将天中之官将吏兵与授度弟子身中的吏兵两套体系关联了起来。这些在盟威道的法箓义理中，此前并不存在 [2]。此谓"法箓之'宇宙化'"。

5. 盟约之差异

综上所述，灵宝《真文》"二箓"的授度与盟威道相比，有如下几点不同：

（1）不再重提《清约》。这倒并不一定是对于《清约》的

---

[1] 在一些近世的"出官"仪文中，正一箓中的各位功曹、使者被存想于身体不同的部位，但这种法诀并未见于早期仪文之中。

[2] 在一些近世的"出官"仪文中，正一箓中的各位功曹、使者被存想于身体不同的部位，但这种法诀并未见于早期仪文之中。

忽视；反之，《清约》作为最基本的盟约内容业已在道民的身份中获得建立，灵宝箓之盟约便不再对此再次重申。这也是正一盟威作为"七部玄教"基础的旁证。

（2）对于师徒之间"约"的重视。与盟威道的社团教区制度不同，灵宝经教实际流通于更小规模的道馆以及团体中，并有着方士传统的基因。因此保守授度内容的秘密也就意味着保持其教法的纯正与真实，故特别需要强调（参见第一节）。

（3）更高的身份。在《灵宝授度仪》中，受度弟子也会被授予"法位"，由此成为灵宝法师。这与盟威道道民受箓成为"箓生"有所不同，其在身份的方面更接近于祭酒之署职，也即是成为"师"。

（4）更多的挑战。《将军箓》具有现世护身并助力箓生成为后世种民的功能。与其安稳且相对易于实现的宗教承诺相比，灵宝《真文》法箓的授度实际意味着较大的挑战。这不仅体现在更为精致、复杂的修行方法以及科仪，还体现在约束更为精严的道戒。如此，其所获得的宗教承诺也是死后将成为"五帝交友"之"种臣"，而非种民。但是，更高的回报也意味着更高的风险，如果奉道者无法完成以上的职责与约束，将会把自己的祖先一同带入地狱之中。

虽然灵宝经教给出了比盟威道教法更为高远的宗教承诺以及神圣权利，但是与之相随的是盟约约束力的进一步加强。这也从侧面提醒奉道者，高阶法箓的进一步升授不仅意味着生命的进一步圣化，也意味着更多的责任、约束与风险。

二、洞真部《上清大洞箓》

比葛巢甫略早的上清家是非常明确的盟威道民[1]，这也就使得上清经教自一开始就带有极强的盟威道义理色彩，比如其对于"三天"的礼敬和"六天"的破除[2]，以及对于道民、俗民的有意区别[3]。关于法箓，白照杰博士已指出早期上清经派并未形成自己的法箓。关于早期上清经教无箓的一个例证便是陶隐居曾强调仅《将军箓》的佩奉便已足以奉行上章仪。如此，最初的上清家杨羲并未像葛巢甫那样，计划构建独立的法箓并以其超越原有的盟威法箓，其传授仪式与核心内容仅为诸品上清宝经[4]。现存《道藏》中的《三百六十五部元箓》非常明显地直接继承了正一《将军箓》，并为其赋予了更多上清的特征，这应是稍后的上清家们希望能从基层开始建立一套上清箓体系的努力之成果。后出的上清《大洞箓》虽然凭借其在三洞中之地位而居于极品，但其体系构成实不如《正一盟威箓》与《灵宝中盟箓》系统、清晰。

---

[1] 刘仲宇. 道教授箓制度研究 [M]. 中国社会科学出版社，2014：78-79.

[2] 参见：小林正美. 六朝道教史研究 [M]. 成都：四川人民出版社，2001：412-432，459-485.

[3] 《周氏冥通记》云："周家本事俗神，姨舅及道义咸恐是俗神所假，或谓欲染邪气。"麦谷邦夫，吉川忠夫，编. 刘雄峰，译.《周氏冥通记》研究 [M]. 济南：齐鲁书社，2010：7.

[4] 与其相对应，灵宝经派自灵宝旧经降世伊始便已经明确拥有了《真文》、"二箓"的授度传统。灵可参见：张超然. 系谱、教法及其整合：东晋南朝道教上清经派的基础研究 [D]. 台北："政治大学"，2007.

　　如果我们把道教的诸部教法比作一座金字塔，则盟威道位于其基层，乃是磐石。其教法简便易行，为的是取得救度的最大公约数。灵宝位于经教的中段，其义理逻辑严密，既注重自修之"内业"又注重仪式化共修之"外业"，因此后世道教的斋醮科仪皆是基于灵宝经教系统而得以流传、发展。上清家强调个人化的隐修，他们是隐士传统在道教盟约之内的继续，其修行方法细腻、复杂，科戒精严，不但要求较高的知识文化水平、学习能力，更需要与世俗事务的完全脱离。也就是说，进入上清经教的门槛，比灵宝经教更高，由此能够佩奉上清箓者也就更少。受体例与篇幅之限制，我们在此仅希望以上清《大洞箓》为中心，考察其目录之组成，并着重分析《上清三元玉检》在其经教系统中的功能与意义 [1]。

（一）上清经目

　　与灵宝经相似，上清经中也存在着"上清经经群"这样一个基本共识，在诸多的典籍中，存在着若干内容近似的《上清经经目》[2]。其中年代较早者如《紫阳真人内传》之《周君所受

---

[1] 目前对于上清经较为系统的研究可参见贺碧来（Isabelle Robinet）与张超然之著作。Isabelle Robinet, "La Révélation du Shangqing dans l'histoire du taoïsme," *publications de l'école française d'extrême orient* 137 (1984). 张超然 . 系谱、教法及其整合：东晋南朝道教上清经派的基础研究 [D] . 台北："政治大学"，2007.

[2] 参见：贺碧来 Isabelle Robinet, "La Révélation du Shangqing dans l'histoire du taoïsme," *publications de l'école française d'extrême orient* 137, Tome Second (1984): 18-22.

道真书目录》[1],《上清太上八素真经》之"上真""太上""中真""下真"四套书目[2],《洞真上清神州七转七变舞天经》之《太帝君命扶桑大帝旸谷神王所撰三十一卷独立之诀》[3],《上清后圣道君列纪》"若奉郁仪以召日"一段内容[4],《太上九真明科》之《玄都九真明科上品传经篇》[5],《真诰·卷五》之"道授"[6],稍晚出者,则有《科戒营始》之《上清大洞真经目》(无上洞真法师所受)[7]。此外在《科戒营始》中,还收有"洞真法师"所受经目一宗。这两份经目的主要区别在于,洞真法师所受者,以神符、法箓为主;无上洞真法师所受者,以宝经为主(也即是上清经教最为核心的传授内容)。这份"洞真法师所受经目"与更晚出的《正一修真略仪》之《上清箓二十四阶》以及元代《茅山志》之《上清大洞宝箓篇目》基本对应。从目前所见的文献来看,今日所谓的《上清大洞箓》之称谓,大约为南宋时期方才出现。正如我们此前所言,上清家本无法箓之概念,但后来逐渐开始传授法箓,并在稍晚的时候才出现了被称作《上清箓》或《上清大洞箓》的这样一个集合概念。也许正

[1] 紫阳真人内传[M] // 道藏: 第5册, 546-547.
[2] 上清太上八素真经[M] // 道藏: 第6册, 649.
[3] 洞真上清神州七转七变舞天经[M] // 道藏: 第33册, 552.
[4] 上清后圣道君列纪[M] // 道藏: 第6册, 745.
[5] 太上九真明科[M] // 道藏: 第34册, 362.
[6] 吉川忠夫, 麦谷邦夫. 真诰校注[M]. 北京: 中国社会科学出版社, 2006: 162-171.
[7] 洞玄灵宝三洞奉道科戒营始[M] // 道藏: 第24册, 759.

是由于定型较晚的原因，目前所见的三套"上清箓"目录之间有较多相异之处。为了对此有一快速的认识，我们谨将这三份不同时期的上清箓目录之内容罗列于下表之中。

《道藏》中所见三种"上清箓"之目录

《三洞奉道科戒营始》洞真法师所受经目	《正一修真略仪》《上清箓二十四阶》	《茅山志》《上清大洞宝箓篇目》
上清太上上皇二十四高真玉箓	上皇玉箓	上清二十四高真玉录
上清太极左真人曲素诀词	太极左真人曲素诀辞	上清曲素诀辞录
上清飞行羽章券	飞行羽章箓	上清羽章录
		上清洞真录
上清高上元始玉皇九天谱箓	元始玉皇谱箓	上清元始谱录
上清太上上元检天大箓	上元检天大箓	上清上元录
上清太上中元检仙真箓	中元检仙真书箓	上清中元录
上清太上下元检地玉箓	下元检地玉箓	上清下元录
	三元玉检箓	
上清玉检检人仙箓	上清检人仙箓	上清玉检录
太上大神虎符箓	太上神虎玉箓	上清神虎真符录
上清太上玉京九天金霄威神玉咒太上神虎玉箓		

续　表

《三洞奉道科戒营始》洞真法师所受经目	《正一修真略仪》《上清箓二十四阶》	《茅山志》《上清大洞宝箓篇目》
上清太上太微天帝君金虎玉精真符箓	太微天帝君金虎真符箓	上清金虎真符录
上清太上素奏丹符箓	六甲素奏丹符箓	上清素奏丹符录
上清太上琼宫灵飞六甲箓	灵飞六甲箓	上清琼宫秘符录
	灵飞六甲内思箓	上清内思上法录
		上清五帝录
上清太上三天正法除六天文箓	三天正法箓	上清三天正法录
上清太微黄书八箓真文	太微黄书九天八箓	上清黄书八素录
	太上八景晨图箓	上清八景晨图录
上清高上太上道君洞真金玄八景玉箓		上清洞真八景录
上清太上元始变化宝真上经九灵太妙龟山元箓	龟山元箓	上清龟山元录
		上清龟山元命大录
		上清龟山真符录
洞真八威召龙箓	八威召龙箓	上清洞真八威录
		上清召龙录
上清太上石精金光藏景箓形摄山精法箓	摄山精图箓	上清摄山精图录
上清太微帝君豁落七元上符箓	豁落七元真符	上清七元上符录
		上清太玄录

续　表

《三洞奉道科戒营始》洞真法师所受经目	《正一修真略仪》《上清箓二十四阶》	《茅山志》《上清大洞宝箓篇目》
上清中央黄老君太丹隐书流金火铃箓	流金火铃箓	上清流金火铃录
太玄河图九皇宝箓	河图宝箓	
洞真飞行三界箓	飞行三界箓	
上清北帝神咒文 上清太上玉京九天金霄威神玉咒 上清大洞众经券 上清大洞真经券 上清八素真经券 上清步五星券 上清步天纲券 上清四规明镜券 上清金马契 上清玉马契 上清木马契 上清黄庭契		上清回车毕道录 上清回风合景录 上清三录蓬莱版札高上真书 上清大洞录请法词

　　通过上表的比较，我们可以看到"上清箓"的内容在六朝以后的发展中经历了逐渐增衍的过程，以及在同类主题下可能存在的渐次细分。目录中的部分文本仍可见于《道藏》之中 [1]。

---

[1] 如：《上清曲素诀辞录》《上清元始高上玉皇九天谱录》《元始高上玉检大箓》《上清洞真天宝大洞三景宝箓》《洞真太微金虎真符》《上清琼宫灵飞六甲左右上符》《上清琼宫灵飞六甲箓》《上清高圣太上大道君洞真金元八景玉箓》《上清高上龟山玄箓》《上清高上龟山玄箓》（ 转下页 ）

以《上清曲素诀辞录》（一名《九天凤炁玄丘大书》）为例，其中相当一部分内容与《上清高上玉晨凤台曲素上经》基本对应，其功能即通过佩符、炼气而达到生命之超越。值得注意的是，这部重要的上清法箓之中，并没有我们此前一再强调的吏兵目录，而是以神符作为主题。此外，《上清琼宫灵飞六甲箓》则与《上清琼宫灵飞六甲左右上符》关系紧密，并与唐人著名写经书帖《灵飞经》的部分内容基本对应。我们在此并不想展开细致的考订，但我们基本确信刘仲宇教授对于上清法箓形成所作的判断，即上清箓的体系"可能是在南北朝时陆续形成的，其中也有像三皇经派那样，将某些原有的符书改称为箓的情况"[1]。

（二）《醮箓仪》所见吏兵

既然上清箓中多以宝经、神符为主，那么其到底是否具有与正一箓、灵宝箓一样的"吏兵"或者说"吏兵名录"呢？

上引《九灵飞步上章仪》中所言"谨出臣身中：玉门紫户三十九阙上真灵官，三部八景二十四真"[2]，便是将《上清大洞经》三十九真与灵宝"三部八景"并列而先后召出。

更为系统的"上清吏兵"见于张清都《醮三洞真文五法正

（接上页）《上清河图内玄经卷上》《上清河图宝箓》等；其中经书本文类如：《上清高上玉晨凤台曲素上经》《上清白羽黑翩飞行羽经》《上清三元玉检三元布经》《洞真太上神虎玉经》《太上三天正法经》《上清太上八素真经》《洞真八景玉箓晨图隐符》等。

[1] 刘仲宇. 道教授箓制度研究 [M]. 中国社会科学出版社，2014：100.

[2] 灵宝领教济度金书 [M] // 道藏：第 7 册，107.

一盟威箓立成仪》^[1]（下称《醮箓仪》）中。其中，三洞神符、法
箓中的仙真吏兵分为"请圣"与"出官"两次列出。其中第一
组"请圣"的对象为各部符图、真文中之上圣高真，故每一组
均以"谨奉请"三字冠首，延奉他们降临醮筵（而非从身中召
出）。在这组请官的仪文中，前十组的上圣高真目录具有十分
明显的上清特征，其分别对应了上清箓目录中的《上清太上
上皇二十四高真玉箓》《上清太上三天正法除六天文箓》《上
清太极左真人曲素诀词箓》《上清太上素奏丹符箓》《太玄河
图九皇宝箓》《上清太微帝君豁落七元上符箓》《上清太上琼
宫灵飞六甲箓》以及经目之外的《西岳公禁山文》《五岳真形
图》^[2]。这其中的前三者在《要修科仪戒律钞》被称作"三箓"，
其曰：

> 三箓：一《八素曲辞箓》，二《上皇玉箓》，三谓《三
> 天正法箓》。^[3]

它们应是最为重要的三阶，但是，我们仍需要注意的是，与这
些法箓相对应的均是上圣高真，而不是奉道者身中的吏兵。由
此，我们便需要来具体考察"出官"部分的仪文，其曰：

---

[1] 醮三洞真文五法正一盟威箓立成仪 [M] // 道藏：第 28 册，497.
[2]《西岳公禁山文》《五岳真形图》仍系上清经教的内容之一，参见王
    卡 . 敦煌残抄本陶公传授仪校读记 [J]. 敦煌学辑刊，2002（1）：89-97.
[3] 要修科仪戒律钞 [M] // 道藏：第 6 册，1000.

长跪，叩齿二十四通。

- 谨出臣某身中：五体真官、上仙上灵、直使功曹、正一功曹、左右官使者、阴阳神决吏、科车赤符吏、刚风骑置驿马、上章吏官，各二人；

- 出臣某身中：虚无自然左右侍郎、混沌玉帝太真、左右领仙玉郎、九玄上虚功曹、三元功曹，各二十四人；

- 出：上清玉虚使者、神仙使者、太山使者、金晨玉童、太华玉女、左右灵飞、玉虚侍郎，各二十四人；

- 出：五帝、元皇、太真，各九千人；

- 出：检天辅仙骑、辅真骑、辅神骑、辅帝骑、辅灵骑，各九亿万众；

- 出：五帝飞轮策空骑、五帝飞仙腾空骑，各九亿万众；

- 出：九天飞琼羽盖骑、飞辕绿骈骑、制地龙腾骑，各九亿万众；

- 出：自然招真生芝玉仙吏、招神生芝玉仙吏、神丹生芝玉仙吏，各九亿万众；

- 出：金真辉电骑、阳精兴云降雨骑、阴精兴云降雨骑、阳明照曜逐电骑、云门执节金光骑，各九亿万众；

- 出臣某身中：灵宝洞玄三部八景、诸天内音神仙、绣衣玉女、五帝直符、传言奏事、日月星宿、五帝官属、神龙骑、飞龙骑、驿龙骑、云龙骑乘等，一合严装冠带，整其威仪，对立臣某前。

在上面的仪文中，三次重复的"出臣某身中"分别对应了正一、上清与灵宝三部经教之吏兵。其中第一组正一部吏兵已为我们所熟悉，最后一组吏兵即是上文所述灵宝"二箓"之吏兵。中间一组之上清吏兵共分八段，皆出自《上清三元玉检》[1]中。类似的一份吏兵名录还见于《洞真太上八素真经登坛符札妙诀》（下称《八素登坛妙诀》）中授度仪式的"出官"仪文之中。[2] 其曰：

> 向北叩齿二十四通，出上清官。不受《上清三元玉检》，不得出此官。[3]

由此，《上清三元玉检》便是最具备原始法箓功能的一阶上清箓（参考上文所言不受《将军箓》便无法出官上章的情况）。

（三）《上清三元玉检》

《上清三元玉检》（又称《上元检天大录》），收入《上清三元玉检三元布经》中[4]。此外，《道藏》中又收有《元始高上玉检大箓》[5]，与其内容基本一致，但年代可能略晚。按照贺碧

[1] 上清三元玉检三元布经 [M] // 道藏：第 6 册，212-214.
[2] 贺碧来教授很早前便已经注意到了这一点，参见：Isabelle Robinet, "La Révélation du Shangqing dans l'histoire du taoïsme," *publications de l'école française d'extrême orient* 137, Tome Premier (1984): 216.
[3] 洞真太上八素真经登坛符札妙诀 [M] // 道藏：第 33 册，486.
[4] 上清三元玉检三元布经 [M] // 道藏：第 6 册，211-219.
[5] 元始高上玉检大箓 [M] // 道藏：第 3 册，282-286.

来（Isabelle Robinet）教授的看法，《道藏》中所收《上清三元玉检三元布经》包含了四个部分，第一部分为上、中、下三元之《检录》，其中《上元检天大录》具有法箓吏兵的形式；第二部分为存思过程中所见各种形象的应对之法，其中包括对于魔试的灭祝之法；第三部分为《三元玉检投书祭文》，也即是与佩奉该文相配的醮祭五岳之科仪；第四部分为存思太素三元君之法诀（《三元内存招真降灵上法》），以及朝礼三元君之仪文（《三元隐朝内仙上法》）[1]。她进一步将这四部分总结为原本相对独立的两套文本，其一为《三元布经》，即第二与第四部分；其二为一套仪式文本，包含了第一部分之《三元玉检》以及第三部分之《三元玉检投书祭文》[2]。这一部分内容，按照贺碧来教授的判断，虽然并非是杨羲最初所传之上清经，但大约也是上清经降授（公元360年前后）之后的半个世纪内所出现者，是上清经中最早的仪式文本之一[3]。

《上元检天大录》主要由两部分构成，前半部分为吏兵名录，后半部分为玉文天篆390个。这种组合很容易让我们联想到上文所讨论的灵宝《内音玉字》，且能被其经文所证实，

[1] Isabelle Robinet, "La Révélation du Shangqing dans l'histoire du taoïsme," *publications de l'école française d'extrême orient* 137, Tome Second (1984): 133-135.

[2] Isabelle Robinet, "La Révélation du Shangqing dans l'histoire du taoïsme," *publications de l'école française d'extrême orient* 137, Tome Second (1984): 133-135.

[3] Schipper and Verellen, *The Taoist Canon*, 157.

其曰：

> 玉检之文，出于九玄空洞之先，结自然之气以成玉
> 文，九天分判，三道演明，三元布气，检御三真。天无此
> 文，则三光昏翳，五帝错位，九运翻度，七宿奔精。地无
> 此文，则九土沦渊，五岳崩溃，山河倒倾。学无此文，则
> 仙官不降，地官不营，九天之上不书玄名，徒劳为学，道
> 无由成。其法高妙，三元秘篇，有得其文，位加仙卿。[1]

由此可知，"玉检之文"的神圣源头与灵宝《五篇真文》相同，
皆是由先天的道气所结成的"玉文"（所不同的是，"玉检"者
检天、检地、检仙，而非灵宝之五方）。此外，贺碧来教授也
指出，箓文之中对于大道的"无上无巅、无色无景……无极洞
清"的形容与《赤书玉篇》中之"无上无巅、无极无穷……无
量洞明"几乎对应，而《赤书玉篇》则为古灵宝经之首。由
此，《上元检天大录》的作者无疑学习过由葛巢甫整理过的灵
宝经，这种真文与吏兵相配的法箓形式，或许正是参考了《内
音玉字》的形式。

1. 箓文

在《上元检天大录》标题下，先有一段文字概述佩奉《上
清玉景丹灵洞天上元三元玉检文》所得之权利，并简单叙述了

---

[1] 上清三元玉检三元布经[M] // 道藏：第6册，211.

授度的仪格。这一段文字与吏兵名录之后的"右《上元检天大录文》"，以及《中元检仙真书》末尾之"书文皆以黄缯为地，青笔书之"对应，都描述了文本的制作方式与授度之法。由此，《上元检天大录》的箓文应从第一段佩奉所得权利之后开始，其云：

> 清虚元年岁在庚寅，九月九日上甲直辰，元始天王清斋上清宫，告盟无上无巅，无色无景，无形无名，无祖无宗，无极洞清，九玄自然，无数劫道，授《三元玉检文》于三天玉童，使付后学有玄名，应为上清真人者，定名于丹台金藏玉策，紫文琼札，奉迎圣君飞行上清宫，俯仰上清洞清自然官号，侍卫上真，检天招仙，制魔役灵，降致云车，奉迎［某甲］身，皆如《太真》九天盟文。

很明显，这段追述至天界的授度与我们上文所见赤明元年元始天尊为太上道君授度传度"三部八景"吏兵的描述非常近似。所不同的是，并没有师徒之间的授度信息。但事实上，这段内容被置于了整套《三元玉检》之最后，其曰：

> 维年月日，［某］岳真人［某甲］，从先生［某甲］告盟受文，今登玄坛，告天启授，［某］岳先生［某甲］，关五帝五岳、三官九府、上真四司，奉文之禁，如《太真科》不泄之盟。佩游诸天诸地诸水名山，无亿数自然天

官，莫不敬迎，灭魔降仙，飞行太空，奉迎圣君于上清宫。九天当投文九天，[某甲]轻慢天文，妄泄告人，[某甲]七祖长责鬼官，身受风刀之考，死负九原之役，不敢蒙仙。

这一段箓文的义理逻辑与《内音玉字》颇为近似，即先言明度师与弟子"告盟受文"的事件。然后对这一事件稍作描述，即包含了向上的"告天"，以及对于物质世界的"普关"。在《内音玉字》中，普关诸神的目的在于赋予法师以神权，而此处的五帝、三官、四司（四极司官）[1] 则皆为执法之官，负责监证"不泄之盟"。其后箓文转入了对奉道者权利的描述，其中"无亿数自然天官，莫不敬迎"与《自然玉字》箓文之"一切神灵……出入游行，依旧伺迎"语义一致，即表达了奉道者成为法师后的神圣身份，以及对于鬼神的驱使权利，也即是"灭魔降仙，飞行太空"，这也正对应了上一段中的"检天招仙，制魔役灵"。其后，"奉迎圣君于上清宫"与《自然玉字》所言"逍遥玄都七宝林中"意趣相同，即获得最终生命超越的宗教许诺，也即上一段中所言"降致云车，奉迎[某甲]身"。最终，两份箓文都又转回至师徒之间的"授度约定"，以及相关的盟誓。同样，违背盟誓后的神谴对象也不仅仅是弟子本人，更还包括了七祖。

---

[1] 太真玉帝四极明科经 [M] // 道藏：第 3 册，415.

2. 吏兵名录

为了考察方便，现谨将《上元检天大录》之吏兵名号通过简约的方式开列于下表之中，"[ ]"内为逐条替换之内容。由下表所见，其中"无上洞清"一组"功曹""使者"之文吏名号，"九天玄元"一组之骑吏名号显系从正一《将军箓》继承而来。而"金晨玉童""太华玉女"则显然与《内音玉字》中的"五色玉童""绣衣玉女"的概念相仿。更重要的是，"高上洞清"一组中的"飞霄玉仙之炁""三素飞云之烟""五色流霞紫烟""飞轮流烟""飞琼羽盖"显然已经超越了吏兵的"形名"，而趋近于其本体的道气，这是正一、灵宝两家法箓中所未曾见到的。但与此同时，其各类的"骑"吏仍然突出了誊词上章的仪式功能。

《上元检天大录》吏兵名录及其中替换内容

名号前缀	吏兵名号	替换内容
无上洞清	混沌自然 [ ] 灵飞仙玉虚侍郎	左、右（共计2条）
	混沌自然 [ ] 方 [ ] 帝元皇太真	五方； 青、赤、白、黑、黄（5条）
	混沌自然 [ ] 虚领仙玉郎	左、右（2条）
	混沌自然九玄上虚飞 [ ] 功曹	龙、仙（2条）
	混沌自然九玄上虚 [ ] 元功曹	上、中、下（3条）

名号前缀	吏兵名号	替换内容
无上洞清	混沌自然九玄上清玉虚飞仙使者	（据《元始高上玉检大箓》补入）
	混沌自然上清玉虚［ ］仙使	飞、真、太（3条）
	混沌自然上清玉虚［ ］元使者	上、中、下（3条）
	混沌自然玉清［ ］	金晨玉童、太华玉女（2条）
	混沌自然三元上真辅仙	
高上洞清	紫虚空洞自然［ ］	飞霄玉仙之炁、三素飞云之烟、五色流霞紫烟（3条）
	紫虚空洞自然［ ］帝飞轮流烟	青、赤、白、黑、黄（5条）
	紫虚空洞自然［ ］霞飞琼羽盖	青、赤、白、黑、黄（5条）
	紫虚空洞自然［ ］岳［ ］辕飞轫	东、南、西、北、中；绿、丹、素、玄、黄（5条）
	紫虚空洞自然［ ］元玉真气	上、中、下（3条）
	紫虚空洞［ ］元自然玉仙气	上、中、下（3条）
九天玄元	太空洞虚自然检天［ ］骑	玄、腾、行、空、虚（5条）
	太空洞虚自然［ ］帝飞轮策空骑	青、赤、白、黑、黄（5条）
	太空洞虚自然［ ］岳飞仙腾空骑	五方（5条）

续　表

名号前缀	吏兵名号	替换内容
九天玄元	太空洞虚自然［］策骖骑	飞琼羽盖、飞辕绿轩（2 条）
	太空洞虚自然检天制地龙腾吏	
	太空洞虚自然招真生芝玉仙吏	
	太空洞虚自然神丹生仙吏	
	太空洞虚自然金真流光耀电骑	
	太空洞虚自然阴精兴云降雨骑	
	太空洞虚自然阳明照耀橄气逐电骑	
	太空洞虚自然云门执节命光骑	

3. 法箓功用的延伸

上清家们既然拥有了自己体系内的法箓，则必然有其仪式中的敷用之处。回到我们先前略有提及的《八素登坛妙诀》中，其于"发炉"之后云："向北叩齿二十四通，出上清官。不受《上清三元玉检》，不得出此官。"[1] 这里十分清楚地表明了

---

[1] 洞真太上八素真经登坛符札妙诀 [M] // 道藏：第 33 册，486.

法箓与仪式之间的紧密咬合关系。为了方便对照，现谨录"出上清官"仪文于下：

谨出臣身中：

- 虚无自然左右玉虚侍郎各二十四人，
- 出混沌自然五帝太真各二十四人，
- 出混沌自然左右领仙玉郎各二十四人，
- 出九玄虚无飞龙功曹各二十四人，
- 出上元功曹各二十四人，
- 出中元功曹各二十四人，
- 出下元功曹各二十四人，
- 出上清玉虚飞仙使者各二十四人，
- 出神仙使者各二十四人，
- 出玉仙使者各二十四人，
- 出太仙使者各二十四人，
- 出上元使者各二十四人，
- 出中元使者各二十四人，
- 出下元使者各二十四人，
- 出玉清金晨玉童各二十四人，
- 出玉清太华玉女各二十四人出。出者严装，冠带仙服，正其威仪，对立臣前。……
- 太空洞虚自然检天辅仙飞玄骑各九亿万众，
- 检天辅真飞腾骑各九亿万众，

- 检天辅神飞行骑各九亿万众,
- 检天辅帝腾空骑各九亿万众,
- 检天辅灵腾虚骑各九亿万众,
- 洞虚自然五帝飞仙策空骑各九亿万乘,
- 洞虚自然飞仙腾空骑各九亿万乘,
- 自然飞琼羽盖策辔骑各九亿万乘,
- 自然飞辕绿轿策辔骑各九亿万乘,
- 自然检天制地龙腾骑各九亿万乘,
- 自然招真生芝玉仙吏各九亿万众,
- 自然神丹生仙吏各九亿万众,
- 自然金真流光耀电骑各九亿万众,
- 自然阴精兴云降雨骑各九亿万众,
- 阳明照耀檄炁逐电骑各九亿万众,
- 自然云门执节命光骑各九亿万众,神仙兵马乘骑,一合下屯,住臣前后左右,罗列行伍。
- 自然五色流霞紫烟各九亿万重,
- 自然五帝飞轮流烟各九亿万重,
- 五色飞琼羽盖各九亿万重,
- 五岳五色飞轿各九亿万重,匝绕身形,流精散气,布满十方,周天覆地,营卫臣身。严庄事讫,侍仙羽节、飞行玉童,擎持立空玉案,对在臣前。

以上的吏兵名录基本与我们先前开列于上表中的《上元检天大

录》吏兵名录基本对应，同时也还如同法箓中的范畴，分为了"无上洞清"之文吏、"九天玄元"之骑吏以及"高上洞清"之烟霞之气。法箓与科仪紧密地咬合到了一起。值得说明的是，在上清系统的仪式中，所谓的"发炉"往往以四言祝文代替，而所谓的"出官"才真正体现了其与法箓之间的对应，我们下面还会继续看到。

但是，一如我们在第十八节中将会看到的，道教的授度仪式均是以朝真仪、上章仪作为其仪式的基本结构，并通过于其中的核心段落增入授度立盟仪式环节而构成。正如我们在第十二节中所见，朝真仪这种仪式不但与法箓之间存在着紧密的咬合关系，更是该部经教的重要修行方法。这一义理也在灵宝经教中得以证实，其中《度人经》的修诵也被置入"发炉"与"复炉"之间。具体来看，上清家们虽然重视个体化的内修，但其仍然具有一定程度的相对集体性的共修仪式，这其中较早的记载见于《洞真太上八道命籍经·卷下》（下称《八道命籍》）所载之《的谢斋》（又称《太真三元要诀三品》）。《的谢斋》的仪式结构与同时期的灵宝斋仪十分近似，而灵宝斋仪又是以盟威道入静朝真仪作为根本的原型发展而来，由此，我们对比其中的"发炉"仪文（具体在上清科仪中，即"出官"）便可一目了然。《的谢斋》之出官仪文曰：

> 谨出臣／妾［某］等身中，四肢五体玉门紫阁三十九户上真灵官、左右飞仙玉虚侍郎、五帝五色元皇太真、飞

龙功曹、神仙使者，各三十六人。

> 玉虚侍郎执飞仙羽节，九色耀天之魔；五帝五色元
> 皇太真，手执五帝命魔灵幡；飞龙功曹，冠带羽服金真凤
> 章；神仙使者交绕七元，擎持玉案，对立臣 / 妾等前，衔
> 臣妾等口中秘言……[1]

此处起始的"三十九真"明显出自《大洞经》中，后面的几组
吏兵则皆与《上清三元玉检》相互对应。特别值得指出的是，
其中的第二部分仪文详细描述了各位吏兵（不含三十九真）的
衣冠以及手中所持，这明确绍续了盟威道的出官仪文形式[2]。

贺碧来教授业已指出，《八道命籍》所收《的谢斋》应是
《无上秘要》卷五十五至五十七所收《太真三元斋》之原型，
其中下元建斋为"拔解先祖"[3]，中元建斋为"赎己身积滞之
愆"[4]，上元建斋为"合丹镇生，上求神仙"[5]，与《度人经》所言
之三月长斋应有一定的对应关系。不过，与灵宝经教旨趣大有
不同的是，上清家将谢罪的斋仪与他们所从事的金丹也关联了
起来，其《的谢斋》仪文有云：

---

[1] 洞真太上八道命籍经 [M] // 道藏：第 33 册，509.
[2] 内容完全相同的另一份上清出官仪文见于：洞真太上太霄琅书：卷
    六 [M] // 道藏：第 33 册，671–676.
[3] 周作明，点校 . 无上秘要 [M] . 北京：中华书局，2016：863.
[4] 周作明，点校 . 无上秘要 [M] . 北京：中华书局，2016：875.
[5] 周作明，点校 . 无上秘要 [M] . 北京：中华书局，2016：883.

　　臣［某］等贪道乐真，志愿修行。某或诵经戒，或
合丹精［今未合者云：比欲经营药物，神仙要方，合和神
丹］，或禁九散酒饵。自虑无始中来，因缘粗浅，今功尚
薄，合和不成；又恐宿新动止破戒违经，幽显罪郵，日结
日缠，未能解释，善志弗申；又惧亿曾万祖、七世父母生
平衅重，沉沦三涂，流连五苦，未获升迁，余殃流注，延
逮后生，致祈真难感，魔试易干，兼揆前后普斋都谢，精
诚漫昧，不蒙矜原。今依《八道》妙旨，的谢先后深愆，
忖度心识，推准所行……即日入室，登斋诵经，行道存
师，思神念真，烧香燃灯，朝礼玉天（修行方术合药云
云），悔罪谢过，拔赎深愆，建立功德。[1]

在这里，上清家很明确地表达出了她／他们将"合丹"这一求
仙方技与"诵经戒"相提并论，且在多处提及合丹、合药，或
其准备工作。类似的表达还可见于仪文末尾，其云：

　　令臣［某］等九玄七祖、中外先亡，同免幽夜，俱入
光明，宿罪解释，福德兴隆。臣［某］等行道得道，求仙
得仙，作丹成丹，作金成金，精思感通，神明交游，谢罪
罪释，祈福福臻。

---

[1] 洞真太上八道命籍经［M］// 道藏：第33册，510.

由上所见，此处所关注的祈愿内容甚至还包括了"黄白之术"，即炼制药金。同样，在为个人求仙而建的《太真上元斋》中，其祝祷之词亦多言"合丹镇生"[1]，或在求仙文辞之后附以小字云："或合神丹，随意所言。"[2]

由此，我们现在需要审视几项事实：

（1）江南地区固有的包括金丹黄白之术在内的方士传统在上清经教中持续存在。

（2）上清家以灵宝斋法作为直接的参照，并参考了更早的原型盟威道朝真仪，构建起了与自己经教相契合的朝真谢罪科仪，即《太真三元斋》。

（3）为了使这一仪式能够有效地运作，上清家又在上清经的三元系统中，推衍出了一阶法箓，即《上清三元玉检》。

综合这三个事实，再结合两种科仪仪文，我们可以清晰地观察到，上清家们非常明确地将道德置于方技之先，也就是说：技术不再是获得生命超越最为必要的条件，《黑簿》上的清零与《青簿》上的建功才是一切的基础。但由于我们永远无法得知自己或祖先所犯下的罪愆、所建立的善功有多少，以及其"收支平衡"状况如何，所以为了确保生命救度的实现，或者说金丹的炼成，奉道者就必须利用所有能够利用的机会，诚心忏悔自身与祖先的罪愆，并建立善功。在这两份有着紧密关联的仪文中，上清家们毫不掩饰其作为盟威道民所具有的基本

---

[1] 周作明，点校.无上秘要[M].北京：中华书局，2016：883.
[2] 周作明，点校.无上秘要[M].北京：中华书局，2016：885,890.

仪式认知与价值观念，特别强调曰："（拜）可止一，亦可心三叩，搏不可阙，不得多及少。"[1] 或引《太真科》曰："长斋疲极，亦得心拜，但叩头搏颊不得阙。"[2]

由此，通过将法箓与科仪的观念引入上清经教，作为盟威道民的上清家们小心翼翼地将金丹一类方术重新吸纳入道教《清约》的框架之内。原本与《清约》毫无关联的、承自先秦两汉的、高度精英化的生命技术，现在在《清约》的基本框架下也得以成立，因为它们共享了同一套最为基本的价值观体系，即"功过体系"。此即《道教义枢》所云："正一遍陈三乘，简异邪道，故称为正也。"[3] 所有的教法都必须以"正一"作为最为基本的评判标准（参见下节）。换言之，站在法箓的角度，上清《上清三天玉检》的成立，将这些方术化的修炼纳入了宏大的职官体系之中。基于《太真三元斋》实践的上清家们也绝非先秦两汉时期的极具个人主义色彩的山中隐士[4]，盖因科仪的行持必定是群体性的行为，《太真下元斋品》明确规定其规模为"上至九人，下极三人"[5]。

---

[1] 洞真太上八道命籍经 [M] // 道藏：第 33 册，512.

[2] 周作明，点校. 无上秘要 [M]. 北京：中华书局，2016：879.

[3] 孟安排. 道教义枢 [M] // 道藏：第 24 册，814.

[4] 上清家们在山中的隐修生活可伴随有农业种植与水利设施的修建，这些生产方式都意味着其不可能是绝对的个人主义。参见拙作："洞天福地"原型及其经典阐释 [C] // 吕舟，编. 2019 年第一届洞天福地研究与保护国际研讨会论文集. 北京，科学出版社，2021：73.

[5] 周作明，点校. 无上秘要 [M]. 北京：中华书局，2016：863.

三、小结

我们上面已经分别讨论了灵宝箓与上清箓各自的来源。其中《三部八景图箓》自《图》衍化而出，而这些《图》极有可能是葛洪私人的方士系统的藏书。《内音玉字》中的吏兵乃是从真文中直接衍化而出（先不论"大梵隐语"中所存在的婆罗门因素），这一思路似乎也直接影响了《上清三天玉检》的创制理路。由此，我们注意到，法箓，或者说吏兵的概念被进一步延伸了，其原本仅仅是身中道气在存思中的"形名"，而现在则被分别对应了身体中的具体部位，或是宇宙的起源，我们将其称为法箓的"身神化"与"宇宙化"。此外，我们也曾看到，一些上清"经"在发展中逐渐变成了上清"箓"，而这些"经"本身则往往具有服气内修或者神符的特性。由此，"箓"的概念被大幅度延展了。

在其法箓当中，我们上面提到的《三部八景图箓》《内音玉字》《上清三天玉检》仍然是最具传统法箓之特征者，即包含有一组吏兵之名录，且应于授度仪式中度入弟子身中（或言点化而出）。由此，奉道者的身体与外部世界之间，才得以"符契"，其通过日常的"存思""诵念""吞符"等"内业"而得以与大道紧密相连。比如，在修诵《度人经》的仪式中，奉道者先通过发炉遣出身中所受之三十二天吏兵，以此建立与三十二天之关联（通过吏兵的上谒），由此，奉道者方才得以服气、诵经。这种更加精致的仪式结构与义理观念虽不见于正一部教法，但也的确是建立在朝真仪中通过吏兵降布真气的想法之上。

《度人经》中的发炉仪文基本通用于灵宝斋科之中，其实际是对盟威道朝真仪的大幅度、综合性"升级"。由此，通过将灵宝经按照法律的形式进行推衍，灵宝经中的一系列重要特征、义理观念（神明、祖先救度等等）得以被植入朝真仪中来动态地实践。同样的案例我们见于上清之《太真三元斋》中，其与《上清三元玉检》相互符契，成为上清家按照上清经之重要特征、义理观念来进行朝真谢罪的科仪。更为重要的是，对于上清家而言，朝真斋仪不但是修诵经典的必要条件，更是实践诸如合丹等方技的基本前提。这说明，法箓的创制（也即意味着斋仪的设置）事实上将道教的教法范畴也扩展了，方士传统的技、术现在被上清家小心翼翼地纳入实践系统中来，但其仍以谢罪、建功以求道的盟威道基本教义作为准绳。

第十六节　从正一箓到上清箓

我们在上一节中，择要地介绍了洞玄与洞真部中的代表性法箓。我们看到，灵宝与上清经教以盟威道的义理、仪式作为基础，意欲将其提升，并最终展现出更为宏大的宗教承诺。在本节中，笔者希望稍微多花一些笔墨，通过法箓这一条线索，来考察作为《道藏》"正一部"的盟威道教法，其对于上清、灵宝两家而言，大概具有怎样的意义。我们这里的一些思路，基本承袭了施舟人先生在其《道藏通考》中的一些判定，但我们也将会将问题重新带回法箓之中，观察从正一箓到灵宝箓，再到上清箓，在诸如法信数量、吏兵数目等各个方面所发生的变化，并尝试根据这些变化做出一些评论。

一、正一与三洞

（一）正一通贯七部

在道教史的研究中，部分学者习惯将"正一盟威之道"称作"天师道"，并将其与六朝时期在江南地区形成的"葛家道"或言"灵宝（经）派"以及"上清（经）派"相对，进而描绘出三支尊奉不同经典、不同至上神，彼此独立，甚至信仰立场对立的教派。日本学者小林正美教授则认为，一直到唐代，不论是上清还是灵宝，都仍然是"天师道"的道教，"天师道"与灵宝、上清三者之间并非是一种平行的独立，而是不同教法的重叠[1]。虽然我们对小林正美教授将道教真正的开始定为六朝时期的天师道[2]这一论断持保留意见，但他对道教教法系统的观点仍然值得我们借鉴。

从经典汇编的角度而言，六朝时期盟威道的《正一法文》可视为道教信仰的基础，施舟人先生已经在《道藏通考》之总论部分中作了高屋建瓴的概括[3]。盟威道不仅为信徒授度法箓，

---

[1] 小林正美. 唐代的道教与天师道 [M]. 齐鲁书社，2013.

[2] 小林正美. 新范式道教史的构建 [M]. 齐鲁书社，2013.

[3] Kristofer Marinus.Schipper and Franciscus.Verellen, *The Taoist Canon: A Historical Companion to the Daozang* (Chicago: University of Chicago Press, 2004), 1-52.

也传授经文以及与其配套的戒与律，以及上章所需的仪式文本。如前所述，这些内容应至迟在"汉中时期"便已经成为授度仪式中的传授内容。也就是说，盟威道的知识体系与授度仪式之间有着深刻的内在关联与逻辑一致性。由此，在这一制度化的前提下，六朝时期的《正一法文》[1]应即是在教团流徙的背景下对既有与新出经典的集结与编订[2]。

四世纪末，上清、灵宝两部经教均诞生于距离建康（今南京）不远的句容。前者是杨羲、许长史父子在福地茅山所受之上清经系统，后者是句容葛氏家族的灵宝经系统。按许长史家为奉道世家，前引祭酒李东即是其领户祭酒，而其兄许迈则与另一著名道民王羲之同游名山。由此，上清经自其降授伊始便带有浓厚的盟威道背景。关于葛氏家族，我们很明确地知道其至迟在葛洪的时代仍然修奉以金丹为中心的方士传统，但至其孙葛巢甫时期，新出的灵宝经则明确表现出浓厚的盟威道特征，王承文教授对此已有较为深入之考证[3]。一方面，这两部经教系统兼具了江南本土特征以及东汉以来的方士传统；另一方面，这些宗教内容都被以盟威道的义理框架（以《清约》为代表的道德伦理、救度使命等方面）重新组织起来。从盟威道

---

[1] 值得注意的，盟威道教团以"法"来命名经典合集，这一做法近似于犹太教将包含梅瑟五经的圣经称为 Torah, 意即律法。

[2] Kristofer M.Schipper and Franciscus Verellen, *The Taoist Canon: A Historical Companion to the Daozang* (Chicago: University of Chicago Press, 2004), 10-11.

[3] 王承文. 敦煌古灵宝经与晋唐道教 [M]. 北京：中华书局，2002: 321-347.

自身的角度来说，其教法内容在江南地区被注入了新的文化基因，也因此变得更为丰富。此外，这一时期还出现了鲍靓于嵩山石室所得的《三皇文》。殆至西晋泰始七年（471年），陆简寂先生作《三洞经书目录》，将上清经归为"洞真部"，灵宝经归为"洞玄部"，三皇文归为"洞神部"。

根据施舟人先生之洞见，陆先生《三洞经目录》的编排，超越了一般意义上的书目分类学意义，而旨在将不同的教派传统汇聚为一体，由此构建出一个多面相的教法系统。在这个系统中，原本各自独立发展的几支传统又被重新融摄为一体，其分类法并没有造成任何的分裂（真正的分裂可能只存在于部分学者的研究之中），反而"其灵活性使得道教能够在历史上众多的迫害中存活下来"[1]。下面我们谨就施舟人先生对三洞经分类的阐释做一简要总结[2]：

1. 洞真部：上清经，主要侧重于个人化的修行，其中包含坐忘、存思以及内炼等。其意在于求得人之"至真"，也就是个人的超越，故云"洞真"之部。这是最纯粹的修行方式，亦为教法之最上乘。

2. 洞玄部：灵宝经，主要侧重于小团体化的共修斋仪，其中包含诵念、赞颂以及仪式的操作规范等。其意在于求得仪法之"至玄"，也就是通过仪式来事道，故云"洞玄"之部，此

---

[1] Schipper and Verellen, *The Taoist Canon*, 16.

[2] Schipper and Verellen, 15, 16.

为教法之中乘。

3. 洞神部：三皇文，主要侧重于通过符文的神力来召敕鬼神，以求得现世之福佑。其意在于求得鬼神之"至神"，也便是侧重对地方神明、先贤的礼敬，故云"洞神"之部，此为教法之下乘。

由上所见，作为盟威道道民的陆简寂先生未将盟威道经典编入《三洞经目录》之中。这一方面可能是沿袭了葛洪的书目系统，但另一方面，更可能是因为《正一法文》在此之前便业已编订成型。在陆先生编订三洞经目之时，他更可能是将《三洞经目录》看作《正一法文》之延伸或补充。印证这一推论的证据来自唐代《道门经法相承次序》中宗师潘体玄（师正）先生所引《玉纬七部经》之经目分类法[1]：

> 第一洞真为大乘，第二洞玄为中乘，第三洞神为小乘。从三洞总成七部者：洞真、洞玄、洞神，太玄、太平、太清为辅经；太玄辅洞真，太平辅洞玄，太清辅洞神。三辅合成三十六部，正一盟威通贯，总成七部，故曰"三洞尊文，七部玄教"。

我们在这里第一次看到了后世《道藏》"三洞四辅"的基本结构。值得注意的是，在四辅之中，太玄、太平、太清分别应

---

[1] 道门经法相承次序 [M] // 道藏：第 24 册，782-783.

对洞真、洞玄、洞神，唯独只有正一盟威乃是"通贯"。所谓"通贯"应是指"正一盟威"在"七部玄教"中的基础、通行之特性。这种"以一统六"的分类法并非《道藏》之原创。早在西汉末年，刘向、刘歆父子汇编宫廷书目而成《七略》，其包含"六艺""诸子""诗赋""兵书""数术""方技"等六略，并另做"辑略"作为总序。《七略》所奠定的以一统六的目录学"七分法"在中国文化史上具有深远的意义。由此，作为道经目录的《七部经》很可能亦参照了自汉代以来的书目编纂惯例，以"正一盟威"作为"一"，来统摄其他"六"部 [1]。

（二）义理之整合

从义理的角度来说，在《七部经》中，"太平部"乃是老君前一次之下教，虽然其义理之中不乏真知灼见，但业已被新出老君之新盟所取代。太玄部侧重老庄哲学，太清部侧重金丹实践，三洞经教上文已有敷陈。如此来看，也只有盟威道所立之《清约》以及其他相关的义理不仅具有最为鲜明的宗教改革内涵，还明确界定了奉道者的宗教身份，并创立了制度化的教团。所以，正一部的确为"通贯"七部玄教的信仰基础，是道教信仰的磐石。从这一点来看，《七部经》的经教结构实际是一次道教义理的整合。在正一盟威通贯的前提下，任何的经典、仪式、戒律、方技，都必须纳入《清约》的前提下来理

---

[1] 关于《七部经》与"七分法"的想法得益于中国人民大学吴真教授的开示，在此特表谢意。

解。任何仪式、方技与经典，都必须在立盟成为道民的前提下才得以敷用。此即《道教义枢》所云："正一遍陈三乘，简异邪道，故称为正也。"[1] 当然，一如张清都所言，无盟者也得以通过自身的条件与努力成道，但这一行为，按照《七部经》的范畴，不被视作"道教"。正如小林正美教授所指出，不论是灵宝抑或上清，都以"三天大道"作为最高信仰，这其实也便说明了他们对于清约的接纳与信奉（灵宝之《三宝大有金书》、上清之《上清除六天之文三天正法》皆系对正一"三天正法"的继承、发展）。[2]

与此相应的，灵宝经与上清经中，也明显存在着以《清约》为背景的改革。比如，在灵宝经中，原本需要以肉脯醮祭的"真文"，被具有盟威道朝真仪特征的斋仪重新调适：在新的"自然斋"中，"真文"不再成为醮祭的对象，而被转化成为镇坛之物，醮祭的内容则被完全删除了。

另外，盟威道的重要宗教使命之一乃是为了通过"平气"来挽救灾异频现的世界，而这也正是灵宝经，以及灵宝斋仪传世的重要目的。灵宝斋仪的基本仪式结构脱胎自盟威道之朝真仪（详见第十八节《太上洞玄灵宝授度仪》），以自搏、礼拜等谢罪行为作为根本机制，但却增入了"灵宝五篇真文"的敷用，以增进其仪式功用。按《元始五老赤书玉篇真文天书经》云：

---

[1] 孟安排.道教义枢 [M] // 道藏：第24册，814.
[2] 参见小林正美.六朝道教史 [M].四川人民出版社，2001.

> 此至真之文，妙应自然，致天高澄，使地固安，五
> 岳保镇，万品存焉。……但精心躬奉，家国安宁，保命度
> 灾，扫诸不祥。[1]

在上清经中，原本极具个人色彩的方士修仙传统此时也被增入
了对于罪的认知，并赋予了浓重的救世含义。个人的罪过关乎
宇宙的吉凶，而修行"上道"，则可反过来以一人之力匡扶气
运，若《上清太上八素真经》曰：

> 兆有得失，则五度错逆；兆有和吉，则流行顺道。映
> 洞祸福，毫缕毕彰；玄照纤末，幽存功过者也。[2]

由此，上清家修行并非全为一己，而也是为了匡世，其亦以谢
罪之法作为修习上道的基础，并规定了严密仪法，《八素真经》
亦曰：

> 论求真者七祖之功过，罪谪之深浅，校罪多少，使真
> 有数品。若七世无罪，身又精勤，皆当书以蘂简，刻以琼
> 文，位为上清左真公。若七世多罪，身虽精勤，故为下真
> 耳。若先世积罪，已又多罪，虽末精勤，乃成下仙也。罪
> 之先着，非功所消；过之深重，非勤可除。夫五通者，消

---

[1] 元始五老赤书玉篇真文天书经 [M] // 道藏：第 1 册，784.
[2] 上清太上八素真经 [M] // 道藏：第 6 册，648.

罪除过之吉会，子知其日，则有冀也。夫五通者，消罪
除过之吉会，子知其日，则有冀也。盖五真上朝是为五
通，通达远听，毫末皆照也。子乃欲以其日，请乞七祖之
罪咎，己身之宿过乎？吾当旨告三官，乞除刑谪，径告天
帝，削除罪录，原其徒役，散其厄书，使汝七祖纵任，优
游自乐。子既得真，上世获福，当可乎？[1]

此外，斋仪以及授度所需的法信，也依天师盟威科律散于
贫困以及山栖道士，不得自存（参见下文"法信之散施"）。这
些基本的教义与制度都证明了此时的上清与灵宝并非独立的教
派，而是对于盟威道教法在不同层面的发展与丰富。

（三）教法的叠加

在宗教承诺方面，上清与灵宝两家希望通过修奉经法而成
为后圣金阙帝君在太平之世的种臣[2]。很明确，种臣是对于种民
的超越，这一思想十分明确地表明了当时道教教团内部的等级
分化：一部分道民因其社会地位、财富与学识等方面的原因，
认为自己理应获得比平民阶层道民更高的宗教承诺（陶隐居先
生《真灵位业图》也可被视作同一现象的不同表达）。但事实

---

[1] 上清太上八素真经 [M] // 道藏: 第 6 册, 655.
[2] 《太上洞玄灵宝赤书玉诀妙经·卷上》云："日月冥会，三景停关。上
选种臣，推校玉文。弃恶遗善，清浊永分。我参帝简，名列九天。"有
关上清经派"种臣"思想之考察，可参见: 张超然. 系谱、教法及其整
合: 东晋南朝道教上清经派的基础研究 [D]. 台北: "政治大学", 2007:
113-151.

上，成为大道之"臣"的前提，是首先成为大道之"民"。由此，无论上清、灵宝诸家如何强调自身的优越性，都无法否认盟威道教法所能确保的最为基本的救度。《正一论》中的一段问答最能说明这一问题：

> 难曰：窃闻议者所说："旨教斋"者，天师以教治官而已。此是小乘之法，非灵宝道士之所宜修。
>
> 答曰：天师所说云：吾以此法教治官、道民，令免灾厄，为后世种民。种民之许宁忘道士，道士之俦孰非治官，治官不修种民焉？ [1]

在这里，发难者似乎是一位灵宝道士，她/他可能已经得受灵宝法箓、经教。她/他以一种近乎嘲讽的口吻评论盟威道的"旨教斋"（参见第九节"献祭仪式的转化"）是"小乘之法"（这里应是以正一盟威为小乘，灵宝、上清为中、上乘）。回答者看起来是一位饱学的治职祭酒，她/他首先提出"旨教斋"的宗教承诺为免去现世的灾厄，并成为后世之种民。由此，她/他话锋一转，反问道：难道成为种民的承诺不包括道士吗？然后她/他又改以社会阶层的角度反问：相对于普通的道民而言，治官（祭酒）与道士难道不是同一阶层吗？难道祭酒与道士成为不了种民吗？（由此暗含了"不成为种民如何成为仙官/

---

[1] 正一论 [M] // 道藏：第32册，125.

种臣"的诘问。)

始自巴蜀、汉中的盟威道，是真正意义上的平民宗教，与所有其他宗教一样，创教初期的盟威道义理及仪式倾向大众，操作简明。江南士族在永嘉之乱后接受了盟威道信仰。在他们的参与下，盟威道原有的义理被进一步打磨，其修行方法进一步内化（或者说精英化）[1]。《道藏》中所保存的灵宝经与上清经，不论是其经典义理的精致程度，还是修辞文法的优美程度，都远远超出了我们此前所频繁引用的《想尔注》《女青鬼律》《大道家令戒》等早期经典。由此，正一、灵宝、上清的最大区别，在于其信徒所属社会群体之不同。正一盟威的教法最为简易、质朴，由此对应了奉道者中的最大群体：道民。灵宝经教重视斋法，但斋法乃是小型团体之共修，由此其仍然强调一定程度的群体性。至于上清家之法，华阳隐居陶贞白先生晚年独居层楼之上或可作为其最为典型的写照。但我们不应忘记，贞白先生同时也是目前文献中所见，为数不多的精通盟威道法的道门宗匠之一，事见《登真隐诀》及《真诰》注疏之中。另一位同时期的盟威道教法大师首推《道门科略》之作者陆简寂先生，但他同时也是灵宝经教承上启下的关键性

---

[1] 类似的案例也可以在伊斯兰教的发展史中找到佐证：发源于阿拉伯半岛的伊斯兰教，正是经过文化传统深厚的波斯文士完善与提升之后，才成为真正意义上完备的世界宗教，这其中也包含了苏菲的传统。苏菲隐士们并不排斥或否认逊尼或什叶派传统，他们的差别并非在信仰上，更多是在实践上的不同。

人物[1]。对于正一盟威而言，祭酒领户化民是其天命职责，由此，约束普通道民的科律便也甚为重要。反观上清、灵宝两家，从目前的文献来看，其更加重视"科"，而少"律"，并且大幅度地丰富了"戒"的部分。这一方面说明其对于领化道民的兴趣缺失，另一方面也说明了其更在意探求个人层面更为内化、深入且更具超越性的宗教体验。换言之，彼时上清、灵宝两家的教法，实际包含了盟威道的教法内容，正如十二年制教育包含了九年制教育。与意图通过"仪式生活化"在尘世中建立圣域普施群体化救度的盟威道相比，上清、灵宝两家注重更小范围的，更精严的，且几乎脱离世俗生活的行为规范，并以此建立精英化的、小众的宗教团体（比如山中之道馆）。我们马上会见到，这种差别化发展在法箓上的反映，便是其试图超越正一箓。

（四）上清、灵宝之"法箓化"

在新近的研究中，白照杰博士指出两点：

1. 灵宝的授度以真文符图为中心，故法箓的存在与否，不影响其教法的整体性。他进一步指出："灵宝道的这三个法箓……更可能是在南北朝后期道教整合之际（很可能是《奉道科戒》成书前不久），灵宝道修道者为了让自身传统不至于在新的综合型法箓体系中完全缺失身影，而临时创作的结果。"[2]

---

[1] 陶、陆二人在后世常被同时提及，如李玄靖（含光）先生曰："大有秘籍、洞真琼章，张、徐显之于前，陶、陆敷之于后。师资继踵，代生其人矣。"太上慈悲道场消灾九幽忏：序[M]//道藏：第10册，18.

[2] 白照杰. 整合及制度化——唐前期道教研究[M].上海：格致出版社，2018：255.

2. 上清的授度以宝经为中心，而经法的修行往往与存思身中神相关。"然而与天师道的接触使上清道明白法箓的重要意义，特别是法箓之于义理传播和教团组建方面的积极意义。在稍晚的时候，或许是为了与南迁的天师道形成对抗，上清道开始重视法箓建设，模仿天师道传统进行大量创作，并托神人之口将之降授人间。……新法箓的出现，超乎了因袭传统法箓的体例外，更重要的是要将切合自身义理观念的神灵加入其间。"[1]

以白照杰博士以上的讨论作为基础，笔者想结合上一节中的考察，稍谈几点。在灵宝与上清的本身的传统中，法箓的确并非其最为核心的授度内容：灵宝授度真文，上清授度宝经，此为概念中之一定式也。但回到历史的语境中，在六朝至唐代，灵宝与上清两家的确也呈现出了一种将自身的授度内容"法箓化"的趋势。我们这里所谓的"法箓化"，指的是一个分为四个阶段的过程。

- 第一阶段：大抵为东晋晚期。上清、灵宝二家以各自经教之义理，传授出各自的法箓。此一期的标志是葛巢甫所传《太上洞玄灵宝诸内音自然玉字》《太上洞玄灵宝二十四生图三部八景自然至真上经》（也就是所谓的"二箓"），以及茅山降诰之后方才传出的《上清三元玉检》。

---

[1] 白照杰. 整合及制度化——唐前期道教研究 [M]. 上海：格致出版社，2018：253.

- 第二阶段: 大约为南朝早期或中期。灵宝的真文、上清的宝经, 被与各自的法箓组合在一起, "打包"授度。此一期的标志是陆简寂先生在《灵宝授度仪》中将"二箓"与《真文》一同授度的记载。

- 第三阶段: 大约为南朝晚期至隋唐之间。在授度仪式中被"打包"的所有经典、道戒、法箓、科仪等物形成了《中盟经目》与"洞真法师所受经目"这种集约化的组合范畴。此一期的标志是《三洞奉道科戒营始》中的《灵宝中盟经目》以及"上清经目"。

- 第四阶段: 约在两宋之间,《灵宝中盟经目》的传授被改作《灵宝中盟箓》之传授, 洞真法师所受上清诸经、符、箓被统称为《上清大洞箓》。

经过这四个阶段后, 包含在两个范畴中的真文、宝经、神符、法箓、契券等, 均被视作了广义上的法箓, "法箓化"过程正式完成。

我们在第十二节中已经看到, 法箓与朝真仪、上章仪是紧密相关的仪式元素。同时, 我们也在第十四节中看到, 上清、灵宝二家非但没有抛弃这两种仪式形式, 更将其发展成为带有自身特征的科仪, 并赋予它们更多的功能与意义。如此, 上清、灵宝二家的法箓并非"临时创作", 也非"模仿创作", 而实是建立在对法箓、仪式的深入理解以及对上章仪、朝真仪的频繁施用之上。对于这种自觉的、主动的"法箓化", 我们看到的并非是对自己在法箓系统中的缺失之担心, 也并非是面对面的对抗，而更多的是基于认同的继承与超越。灵宝"二箓"被收入陆简寂先生《灵宝授度仪》中，而上清的《三元玉检》出现时间约在茅山降诰 50 年后，它们都不是"南北朝后期道教整合之际"的"被动式"产物，而是一种有意识的构建。

二、从正一箓到上清箓

按照我们在上一节中的考察，正一、灵宝、上清三家法箓的出现时间存在着一定的先后顺序。最初的正一箓（《将军箓》）至晚始自系师张镇南，灵宝"二箓"当系灵宝宗匠葛巢甫传出（东晋隆安元年，397 年 [1]），而上清箓（《上清三元玉检》）中带有灵宝"二箓"之特征，必然是杨、许二君降诰（东晋兴宁三年，365 年 [2]）以及隆安传经之后方才形成。这一年代排序也可在这几部法箓的一些"递进式发展"的细节中得以证实。需要说明的是，我们下面将引用的材料可能包括了东晋之后所出的材料，但这些材料都沿着最初三家法箓的"递进式"模式而得以"差异化"地发展而出。

（一）法信数量

1. 正一箓

我们在第十节中，曾经提及《授箓次第法信仪》中所开初授道之法信，现谨将其重列于下：

---

[1] 张君房，编. 李永晟，点校. 云笈七签 [M]. 北京：中华书局，2003：90.

[2] 吉川忠夫，麦谷邦夫. 真诰校注 [M]. 北京：中国社会科学出版社，2006：19.

银镮一双，细纸一百张，刀一口，笔两管，朱砂一两，墨一挺，青丝五两，细席一领，薪十束，米一硕二斗，绢一百二十尺，锦囊一（盛箓）。[1]

《太真科》云：

若前师授《七十五》后，别师进 [《百五十》]，应输薪、米、纸、笔、墨、书刀、朱、素如法。[2]

此外，《外箓仪》中还开列了失箓之后所罚之物。事实上，这也应被视作补授法箓的法信种类与数目，其曰：

失箓者：

《更令》，罚薪五束，朱三两，饭贤三人。

失《一将军》，罚薪半束，朱四两，饭贤五人。

失《十将军》，罚薪一束，朱五两，饭贤十人。

失《七十五将军》，罚薪十束，朱七两，饭贤五十人。

失《百五十将军》，罚薪三十束，朱九两，饭贤百人。

凡输罚毕，得重受也。[3]

---

[1] 授箓次第法信仪 [M] // 道藏：第 32 册，216.

[2] 要修科仪戒律钞 [M] // 道藏：第 6 册，967.

[3] 此为《三洞珠囊·卷之六》所引之版本，其中称其为《正一法文·下卷》，基本对应了今《正一法文太上外箓仪》中的部分内容。三洞珠囊 [M] // 道藏：第 25 册，326.

综上所述，此处的法信种类，大抵为纸张、毛笔、书刀、素绢、墨锭、朱锭等文房用品，"细席"或为拜章俯伏之所用，薪柴、大米则为炊事之物。前者皆系祭酒日常举行仪式所必备之物，乃是一种"工本"，后者之"米"当然具有命信的含义，但其与薪柴一同开列，则也意味着可能是厨会所敷用之物（但并不确定公私属性）。上下比对，《授箓次第法信仪》所开列之银镮与青丝当是立盟所用，除此之外，普通箓生授度所需的法信大都是较为普通的手工制品，或者甚至是平民尤其是农民通过劳动便可获得之物。

2. 灵宝箓

在灵宝经中，对于法信的规定以及相关论述更为细致且系统，如《太上洞玄灵宝三元品戒功德轻重经》云：

> 天道何？其责人财宝，强使作功德，故观其悭心，质求其意，有而不散，将何求哉？穷而发心，意志坚明，勤苦师门，劳不为惮，道已鉴之。如此之辈，则功感诸天，故施财以对心，推心以对财，其功等尔。

此段经文来回游走于"心意"与"财宝"之间，很明显是通过法信的委质，使求度者升其"贵"道之心。

我们再来看灵宝中盟授度法信的仪格。按《元始五老赤书玉篇真文天书经》曰："《元始施安灵宝五帝镇宫宅上法》，以施于上学好道之士，不行凡庶。奉此法，师弟子对斋九日，以上金五两, 五帝纹彩五匹, 以誓五老上帝, 举盟五岳而受文。"
很明显, 这里的"不行凡庶"明确表明了一种阶层差异, "上
金五两"与上文的"薪、米、纸、笔"之间有着极大的区别。
陆简寂先生于其《灵宝授度仪》前选辑了《洞玄灵宝长夜之府
九幽玉匮明真科》(下称《明真科》)以及《太上洞玄灵宝赤
书玉诀妙经》(下称《赤书玉诀》)中所载传度仪格。现谨分
列于下:

- 飞天神人曰: 受灵宝《真文》"十部妙经", 当以纹缯五
  方之彩, 各四十尺, 以关五帝, 为告盟之信。阙则五帝
  不受人名, 为五帝魔王所坏, 使人志念不专。考属水官
  泉曲曹。

- 飞天神人曰: 受灵宝《真文》"十部妙经", 法用上金五
  两, 以盟五岳, 为宝经之信。阙则犯慢经之科, 五岳灵
  山不领人学籍。违者考属阴官曹。

- 飞天神人曰: 受灵宝《真文》"十部妙经", 以金钱
  二百四十, 以质二十四炁生官重真之信。阙则三部八景
  之神不度人命籍。无金钱者, 铜钱六百准。犯之考属都
  神曹。(以上《明真科》)[1]

- [某] 今赍金钱二万四千, 以质二十四生气; 上金九两,
  上誓九天; 五帝纹缯各四十尺, 以请五老上真。金钱非

---

[1] 洞玄灵宝长夜之府九幽玉匮明真科 [M] // 道藏: 第 34 册, 391.

赤县所有，请以杂珍准当充限。（以上《赤书玉诀》）[1]

对比以上两份记述，其五方纹缯各四十尺、上金五两的记述完全一致，唯一区别在金钱"二百四十""二万四千"的数量上。但与此同时，《玉诀》又给出了一个合理的妥协，即"请以杂珍准当充限"。但是，无论如何折衷，纹缯二百尺、上金五两都绝非普通平民所能承担采办。

3. 上清箓

上清经中也存在着对授度法信的明确论述，如《洞真太上金篇虎符真文经》云：

好道乐真，勤心注玄，无吝财物。轻财贵道，道无不存。如此之士，始可与言。[2]

很明确，法信的意义在于明确一种价值观，其不以尘世的价值作为参考标准。授度《上清三元玉检》之法信仪格为：

上金五两，凤文之罗九十尺，绿文之缯三十二尺。[3]

与授度灵宝《五方真文》相同，《三元玉检》也需要"上金

---

[1] 太上洞玄灵宝赤书玉诀妙经 [M] // 道藏：第 6 册，203.
[2] 洞真太上金篇虎符真文经 [M] // 道藏：第 33 册，571.
[3] 上清三元玉检三元布经 [M] // 道藏：第 6 册，219.

五两"，此外还有百余尺之罗、缯，这些都绝非市井平常之物。

我们无需在这里罗列更多，只要我们打开《无上秘要·卷三十四》之《法信品》，便可看到其中所开列的三洞诸品经教的法信仪格，其观感基本与以上所引文献相同。由此，盟威道教法与上清、灵宝经教之间，实际是群众教育与精英教育的分野，其所针对的受众完全不同。但是精英必然是以群众作为基数的，这一点我们永远不能忽视。

4. 法信之散施

此外，我们也必须强调，这些法信的处理方式也完全沿袭了盟威道"师不受钱"的核心义理。如灵宝之《明真科》曰：

> 受经法信，当十分折二送祖师，又折二散乞贫人、山栖道士，余信营己，法用烧香然灯，为弟子立功。有违考属三官曹。[1]

上清之《太上八素真经》云：

> 受脆者慎无私散，以营饥寒。犯之者身没三官，为下浊之鬼，三官又当以此之罪，加咎于三祖。此太上之盟誓，裂血之宝约矣。身入名山，当仙之日，皆当投之川林岫室之间，或赈散山栖之夫矣。

---

[1] 洞玄灵宝长夜之府九幽玉匮明真科 [M] // 道藏：第34册，392.

上清之《洞真高圣金玄经》云:

> 凡经师之受盟物,当施散于寒穷,救贫病之急厄,拯
> 山川之饿夫,营神灵之公用,若私割以自赡,贪溢以为利
> 者,则经师之七祖受长考于地狱,身入风刀。[1]

可见,道教的宗教经济乃是以"师"为中心的一种循环流通。我们在第十三节"祭酒"中已经罗列了盟威道教法对于散施法信的具体要求,只不过彼时的主要散施对象为道民以及针对流民之义舍。但至六朝时期,山林寒栖的出家道士亦成为散施的对象(这当然是道教修道主义的进一步发展的结果,我们在此处不再展开)。由此,我们可以看到,从正一箓到上清箓,无论仪格数目和受众人群的变化,其法信不私取的精神丝毫没有改变。与其他宗教的"供养经济"不同,道教最初奉行的,乃是另一种"法信经济"。其中,道士并不是财物的接收者,因此也并不以法信作为根本的生活来源。我们也已经于上文提及,六朝时期,即便是隐于山中道馆的道士也已经开始耕种田地,甚至参与水利设施的建设。"无劳动,不《清约》",此即所谓"锄经"是也。

(二)义务与权利

我们在上一节中,分别考察了三阶法箓的箓文,并对其中

---

[1] 周作明,点校.无上秘要[M].北京:中华书局,2016:518-519.

受度弟子被赋予的义务与权利做了考察。基本相同的是，这三阶箓都赋予了奉道者极为宏大的义务："每行大慈，广度一切，国安民丰，四海宁一"（《三部八景图箓》），或是"侍卫上真，检天招仙，制魔役灵"（《上清三元玉检》）。为了能够实现这种更为宏大的义务，法箓的吏兵数目便也随之增加。

在正一《将军箓》中，吏兵名录共有 24 条，其数量词后缀有"二人""二百四十人"两种。而在灵宝《三部八景图箓》中，吏兵名录共有 240 条，翻了十倍，且其数量词后缀也陡然上升为"二十四人""八十一人""万二千人""九亿万众"。虽然《上清三元玉检》中的吏兵不及《三部八景箓》，只有 72 条，但其数量词后缀最少也是从"九千人"起步，终于"九亿万众"。最为特别的是，其中对于"气""烟"的数量词描述乃是"九万重"。

"飞霄玉仙之炁各九万重""三素飞云之烟各九万重"这种描述使我们很容易回想起之前已经讨论过的"太清衔"中的"百千万重道气"。但是，正如上文所言，从"太清玄元无上三天无极大道"到"百千万重道炁"再到"千二百官君"，所体现的是对作为整体的抽象的大道的无限细分与形名化表现。但这一个大道终究是客体化的，并非是身中的吏兵，因为其最终以"太清玉陛下"这一重帝王化的形名而总括。但是，在法箓中，或者说从正一箓到上清箓的发展过程中，我们看到了身中道气形名化的表现逐渐抽象化的趋势，也就是从"吏兵"到"气""烟"的转化；同时我们也看到了对这一整体近乎无限细分的趋势，也就是从"二人"到"九亿万众"的转变。

　　这一发展的背后，除去上清、灵宝二家意欲构建更为宏大的宗教叙事（权、责），超越传统正一箓的意图外，实际也表现了他们对于身中道气的感知、调控的进一步重视。身中造化的精细化发展，也就意味着将要花费更多的精力与时间于"内观"的内业层面，而非"外业"（而对于普通道民而言，外业恰恰是他们力所能及的修行功课）。如果我们说，太清衔的无限细分与众多的形名化表现是为了向下方的人类伸出可以攀附的援助之手，那么，箓中吏兵的无限细分，甚至"气雾化"，则是为了将人类攀援之手更高地举起[1]。如果我们将正一箓到上清箓的发展理解为一个不断迁转、升授的过程，则这一过程的

[1]　我们也注意到，至少是在灵宝经中，太清衔也被多倍放大了，这也许正是为了要将救度之手进一步地探向人类吧。如："臣某今归命上方无极太上灵宝天尊、已得道大圣众、至真尊神、无极大道上下中央四面八方三十二天上帝、太上无为大道诸君丈人、最大至尊无上无巅无极无穷普照普察无量洞明最上正真，无鞅数众道气、元始无先寥廓无端混沌无形虚无自然太上无根冥寂玄通大智慧原、正一盟威太上无为大道、道中之道神明君、无上无初万万亿亿数无鞅数道德诸君丈人、太上道德君、道德丈人、无上万生君、万生丈人、无上万气君、万气丈人、无上万元君、万元丈人、无上万福君、万福丈人、瞑泽天神诸君丈人、新出老君、太清玄无上三天无极大道、无上丈人、太上三气君、太上老君、太上丈人、太清君、太清丈人、太玄上一君、太玄丈人、中黄正一君、中黄丈人、太元君、太元丈人、太始君、太始丈人、太初君、太初丈人、太素君、太素丈人、太虚君、太虚丈人、太一君、太一丈人、太仪君、太仪丈人、太平君、太平丈人、太渊君、太渊丈人、天帝君、天帝丈人、九老仙都君、九老丈人、玉历君、玉历丈人、九气君、九气丈人等，百千万亿亿万万数无鞅数万重道气丈人、千二百官君、千二百官丈人、太清玉陛下。"太上大道三元品戒谢罪上法［M］//道藏：第6册，584.

背后是一位奉道者对于自我内在身心日臻完满的良好掌控，以及其与身外大道之气的日趋密契。当然，按理论而言，这种与大道符契之紧密程度，要高于正一箓生日常的"仪式生活化"，由此，他们自然也将获得更高的位业：种臣。

（三）约束

对于上清箓与灵宝箓的佩奉者而言，其所受之约束已经不仅仅是道民的科律与道戒，更还有关于再次授度的严格约束，也即是师徒之间的"授度约定"。值得说明的是，这种约束不仅仅存在于如何审慎地传授，更关乎再次传授的必要性（事实上这也是一种义务），关于这两者之综述，可参见《无上秘要》卷三十二之"众圣传经品""传经年限品"以及卷三十三之"轻传受罚品"[1]。

此外，一如我们在第十三节中所见，法位的升授意味着权、责的提升，须遵守之约束的严格程度、复杂程度随之提升。所以，新的法位授予，也即意味着对于更多道戒的遵守。这种渐次递进的受戒方式，与佛教传统戒律体系中《优婆塞五戒》→《沙弥十戒》→《比丘二百五十戒》的渐进逻辑相似，但却出自不同的义理逻辑（佛教并无法箓神权之授予，更无盟约之仪）。汉传佛教产生"三坛大戒"后，《沙弥戒》《比丘戒》《出家菩萨戒》在同一仪式中接连授予。虽然从戒的"超越性"上，《菩萨戒》高于《比丘戒》，但从戒律严格与复杂程度上，

---

[1] 周作明，点校.无上秘要 [M].北京：中华书局，2016：465-503.

则前者弱于后者。元明以降，汉地佛教尤以《菩萨戒》为尊，以至于《比丘戒》更大程度上作为一种仪式而存在。明代高僧蕅益智旭就自称："于诸戒品说不能行。癸酉中元拈阄，退作《菩萨》沙弥。"[1] 类似的情况从未发生在中古时期的道戒传授中，盖因其戒律的次第之间，存在着递进的特质，其与奉道者某一阶段的修行状态相互对应，不容僭越，此为玄科之明宪。道戒的授予与佛教戒律授予的义理逻辑虽然内涵不同，但其都指向通过更严格的自我约束而获得更高水平的生命超越，并由此保持一定的社会身份。

回到道教科、戒之中，我们在本节中也看到，从正一箓到上清箓，存在着吏兵数目的递增，也即是权利的递增，其所应遵守的玄科、道戒之条目也渐次增多[2]。如灵宝之《千真科》有科条 110 条，此外授度《中盟》还应遵守《智慧上品大戒》[3]，《大盟》之《三元品戒》[4] 则有戒 180 条。上清部之《四极明科》有科条 114 条，成为洞真法师所应受《智慧观身大戒》[5] 之戒条则多达 300 条。这些科、戒条目的细化，一如吏兵名目之细化，其都意味着对于自身越来越深入的观照、调适与控制。

---

[1] 蕅益智旭. 灵峰宗论：卷五 [M] // 于德隆，徐尚定点校. 蕅益大师文集. 北京：九州出版社，2013：514.

[2] 参考张清都. 传授三洞经戒法箓略说 [M] // 道藏：第 32 册，184.

[3] 太上洞玄灵宝上品戒经 [M] // 道藏：第 6 册，866.

[4] 太上洞玄灵宝三元品戒功德轻重经 [M] // 道藏：第 6 册，873.

[5] 上清洞真智慧观身大戒文 [M] // 道藏：第 33 册，797.

（四）灵宝与上清之宗教实践

我们已经看到，《三部八景图箓》中的吏兵与《将军箓》的承继关系明确，实际具有上章的功能。此外，《三部八景箓》与《内音玉字》二箓中的吏兵相结合，又在灵宝斋仪以及度人经法的修诵中被施用[1]，而这两种仪式的原型，正是盟威道教法中的入静朝真仪。其中，前者乃是一种小型宗教社团的"共修"仪式（甚至可能是以三会的仪式作为参考），后者则是完全个人化的仪式化"自修"。

我们在上文中已经看到，除了上章的功能外，《将军箓》通过朝真仪打开了普通道民的仪式生活化维度；每日的晨昏入静，促成了道民节律化的宗教生活。这种以宫廷"朝仪"作为借鉴的仪式同时也被应用于公共层面，即每年三次的"三会"。在灵宝斋法中，每逢三元与八节（而非三会日），弟子们（应是具有相对较高宗教修养的道民）聚集于法师的道馆之中，在师资的带领下举行行道、讲诵之灵宝斋仪。在仪式中，《真文》首先被用来安镇五方，肇启灵场，而法师"二箓"中的吏兵则在发炉中被"自然地"召出，与道相通。在灵宝法师的带领下，众弟子环绕道馆中的露坛，烧香行道，朝真谢罪，步虚唱赞，三启三礼，并最终以法师的复炉结尾。

---

[1] 陆简寂先生《灵宝授度仪》之发炉仪文曰："无上三天玄元始三炁太上老君，召出臣甲身中三五功曹、左右官使者、左右捧香驿龙骑吏、侍香玉童、散花玉女、五帝直符直日香官，各三十六人。"其前半部分出自《三部八景箓》，后半部分出自《内音玉字》。

　　我们应该注意，这种集体共修仪式的内向精神性更为突出，其参与者之间的符契、共融也更为深刻（可参考涂尔干所描述的篝火舞蹈）。它一方面在频率上要大于一年三次的三会（甚至还有更为密集的"十直斋"），另一方面从深度上满足了一部分道民更为内化的精神体验的需求 [1]。

　　另外，我们也看到，在灵宝经教中，同时还存在类似《度人经》修诵之法的更为个人化的宗教实践，其在结构上继承了盟威道道民日常所遵行的朝真仪，但其存思、服气、诵念的内容与难度要远远大于朝真仪，其所调动的意念也更为内在，其与灵宝斋一样，突出了内向的精神性，修奉其法的奉道弟子当然也实际期许了更"高"的宗教承诺（或者说，更"深"的宗教体验）。

　　在上清家眼中，即便是注重内在精神性的灵宝斋也被认为有"众人熙熙，如春登台"之嫌。如陶隐居便评论茅山大茅峰顶每年三月十八日的朝山进香云：

　　　　唯三月十八日，辄公私云集，车有数百乘，人将四五千，道俗男女，状如都市之众。看人唯共登山，作灵宝唱赞，事讫便散，岂复有深诚密契，愿睹神真者乎？纵时有至诚一两人，复患此喧秽，终不能得专心自达，如此

---

[1] 伊斯兰教传统中苏菲穆斯林的"即克尔"（Sufi Zikir）可作相应之比较。

> 抽引乞恩，无因得果矣。唯隐居所住中岩，禁断清严，得
> 无游杂，既去洞隔岭，人自不知至于此也。[1]

陶隐居对于灵宝斋的评论并非是出于教派异见，而是不同宗教
实践层面之间的差异。因为对于上清家而言，离群索居才是能
够"深诚密契"的方式。虽然上清经教拥有与灵宝斋相似之
《太真三元斋》，但其参与人数被限定在3—9人，更为小众。

　　我们也在上一节中看到，为数众多的上清箓实际转自上清
之宝经与神符，由此，这些所谓的"箓"便也对应了更为内化
的修行方式。以《上清大洞真经》为例，其与《度人经》的修
诵相近，也以入静、焚香、拜祝作为诵经、存思、服气的基本
框架，但其存思内容的复杂度则大大提升了。

三、小结：多维度的宗教实践

　　通过以上从正一箓到灵宝箓再到上清箓的比对，我们得以
从深层理解这三部教法之间一脉相承，却又相互独立的构成关
系。关于上清经教，施舟人先生在其《道藏通考》中总结说：
"上清经基本只关注包括冥思、存想以及内炼在内的延生之术。
作为追求永恒的最高、最纯净的自我修行方式，其所包含的实
践倾向于由道徒一人独自完成。"关于灵宝经教，他又说："灵

---

[1] 吉川忠夫，麦谷邦夫．真诰校注［M］．北京：中国社会科学出版社，
　　2006：364.

宝经要在公共的仪式中念诵。它们通常与'斋'与'醮'这两种仪式紧密关联，并包含了大量关于奉行这些集合化的宗教仪式的指导。"[1]

从整体来看，以此三部教法为代表的中古道教，是一个各有侧重，却又逐次套嵌的有机整体，其受众分别对应了基层道民、道民精英与隐修道士[2]。换言之，中古时期的道教徒以道民为大多数，此为基本盘。在盟威道的社区层面，道民"行道奉戒"的"仪式生活化"并不与日常生产生活割裂，简约的修行方法使得人人能够在各自力所能及的层面与大道相感合。一部分道民参学灵宝经，但并未远离尘世。通过建立朔望、三元或八节的斋会，这些有着更高宗教追求及理想的道民精英得以通过集体性的共修获得更为内在的宗教体验，并周期性地"与道合真"。这一批精英是道教徒的中坚力量，这是因为他们同时兼具了一定的社会实力与宗教修养。道民精英中的一小部分遵从上清家的修行方式，使自己完全从日常生活中脱离出来。对于他们来说，每一天都是斋期，通过这种无间歇的长斋，他们浸入一种持续的宗教体验之中，也终将"深诚密契""常清常静"（参见彩页图14）。我们甚至可以将其与盟威道道民的"仪

---

[1] Schipper and Verellen, *The Taoist Canon*, 15.

[2] 这里所谓的道民精英，泛指灵宝法师的弟子。这些弟子是基层道民中对信仰与生命抱有更多理想的虔敬分子，但他们并未脱离家庭与社群，只是在特殊的日子（如三元节）才聚集到道馆。道馆同时也可能位于山中，或至少是山脚下。灵宝法师可能本身也精修上道经法，因此也是一名隐修道士。

式生活化"相对立，称其为"生活仪式化"。从与法箓相配的宗教实践这一角度来看，"法箓"不仅具有身体性，更具有时间性。随着法箓的迁转升授，道民的仪式生活化密度[1]（或者说"频率"）渐次加大，其与大道之密契体验也由此渐次加深。故此，正一、灵宝、上清三家经教的完美衔接以及其整体性，赋予了道民可自由选择的、多重的神圣时间密度与宗教体验深度。道民通过升授法箓，不断地调整其生命状态，最终超越时间与身体，抵达永恒的"大道之家"。需要补充的是，每一部教法本身都是一个独立完整的"小宇宙"，盟威道教法中包含着《黄庭经》《妙真经》的内修，而上清、灵宝经教又包含着谢罪之朝真斋仪。

"正一盟威之道"是七部玄教信仰的磐石，其所尊奉的《清约》是东晋中期以来江南句容许、葛二氏的基本信条，但他们又将自身所修学的真文与经书逐渐与正一箓所代表的盟威道义理、实践体系相调适。由此形成了"后出转精"式的多维度宗教实践体系。盟威道的教法面对的是普罗大众，在汉末与六朝时期，他们中的大多数可能是不具备读写能力的基层群体。由此，强调"奉道行戒"的仪式生活化力求将生命的救度拓展至最大公约数。而正是由于盟威道的普传，道教才得以具备最为基本的信众团体，而只有当这一信众团体的数量与质量

---

[1] Catherine M.Bell, *Ritual: Perspectives and Dimensions* (New York: Oxford Univ Pr, 2009), 173-209.

达到一定程度的时候，教法才能在精英阶层的参与下逐渐提升与超越。而这种提升与超越并未抛弃原有的盟威道教法，而只是通过多维度的累积实现的。由此，我们对于六朝以来"道士"一词的理解，也应纳入"道民"的处境之中。无有"民"，焉有"士"？

L'ALLIANCE

道教法箓的
精神内涵与授度仪式

L'ethos religieux et le rituel
de transmission du registre taoïste

陶 金 著

叁

上海古籍出版社

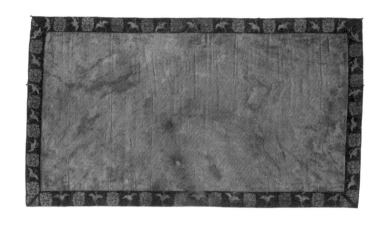

图1-1　1973年山西大同"西京玉虚观宗主大师"阎德源墓中出土的
"罗地丝绣仙鹤纹霞衣"

属于典型的早期"披风式"法帔。是目前仅见的，完全吻合中古时期道教
法服制度记载的出土实物。

图1-2　阎德源法帔
（细部）

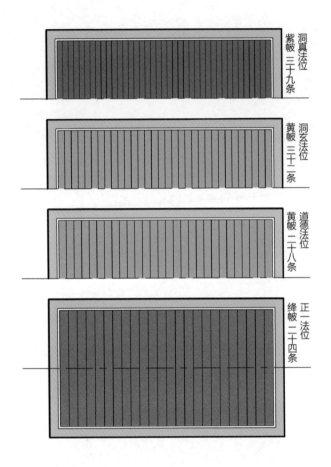

洞真法位
紫帔三十九条

洞玄法位
黄帔三十二条

道德法位
黄帔二十八条

正一法位
绛帔二十四条

图 2　不同法位法帔条数与颜色之对比，参照阎德源法帔复原

图 3　宋代虚皇坛复原图

上图为坛内陈设，下图为全景，陶金绘。

图 4. 龙虎山大上清宫正一玄坛复原图（左）与剖面图（右）

陶金、郑宁馨绘

图 5　茅山内外空间构成剖面示意图

图中左下方为洞宫，其共开有五门以供出入。洞宫之内有金坛，坛上有玄窗，
玄窗之上镇以铜鼎，铜鼎以盘石压盖，盘石之上又建有石坛。陶金绘。

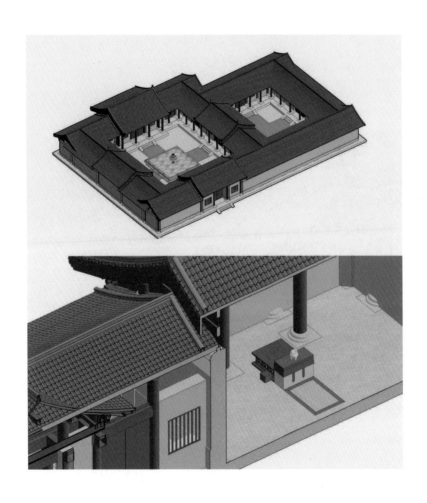

图 6　六朝道馆复原图（上）与剖面图（下）

陶金绘

图 7　《张良进履》

程十发绘

图8 《唐费德一五炼生尸真文》石函复原示意图及《东方真文》云篆与
汉字内容墨拓本

图 9　悬有"相国神仙"匾额的汉中张良庙正殿

第四章　授度

故传授者，对斋三百日，中斋一百七十日，下斋四十五日，勤丹心于冥诀，苦五体于请乞，身劳于经师之气，求感于灵汉之表，香云郁于寝席，正和坐于师宇，如此则真心明达，玄苦合旅，幽求坦畅，真经乃与耳。

——《上清九天上帝祝百神内名经》

我们在上一章中，从正一箓的授度体系，并以正一《将军箓》作为主要的考察对象，就其法箓自身的形态，文字内容，以及其在仪式中的敷用和在社会化宗教生活中的意义等诸多层面进行了考察与讨论。在本章中，我们将接续在上一章中所开始讨论的上清、灵宝诸家法箓，先对更为宏观的法箓、法位授度体系进行考察，并着重以个别物品作为内部联系，用以理解授度物品与受度者之间的内在联系。其后，我们将转入三例授度仪式，对其仪式结构进行爬梳与讨论，并就其中所反映出的较为突出的符号象征进行进一步的梳理与相应的阐释。最后，我们将以"死亡"作为本书的收尾，讨论奉道者的"升度仪式"。我们将看到，所有的授度仪式，都带有"象征性死亡"

的象征，由此，死亡，对于奉道者而言，无外乎是另一次的授度仪式。

第十七节　授度体系的经纬框架

汉末与六朝，盟威道教团的几次流徙造成诸多地方系统的发展，以及一直持续到隋唐时期法箓位阶制度的整合，并最终正式形成了由低向高的正一、高玄、升玄、洞神、洞玄、洞真以及大洞的七部法位（或曰"法次"）制度，其以受度者获得与其所受度经法相匹配之称号为代表。如被授予治职者，则被称作"某治气女官"或"某治气男官"，受度《灵宝中盟经目》者则法位称"无上洞玄法师"[1]。法位一方面表现了奉道者所承袭的教法传统，一方面也标识其在教团中的身份阶层。这其中经历了极为复杂的嬗变，甚至包括几套不同系统之间的抵牾。这一方面的讨论历来颇多，施舟人教授[2]、刘仲宇教授[3]、孔丽维教授（Livia Kohn）[4]、吕鹏志教授[5]以及白照杰博士[6]都在此领域做

---

[1] 洞玄灵宝三洞奉道科戒营始 [M] // 道藏：第 24 册，758.
[2] 施舟人 Kristofer. M. Schipper, "Taoist Ordination Ranks in the Tunhuang Manuscripts," in *Religion Und Philosophie in Ostasien: Festschrift Für Hans Steininger Zum 65 Geburtstag* (Würzburg, 1985), 127–148.
[3] 刘仲宇. 道教授箓制度研究 [M]. 北京：中国社会科学出版社，2014.
[4] 孔丽维 Livia Kohn, "Medieval Daoist Ordination: Origins, Structure, and Practice," *Acta Orientalia Academiae Scientiarum Hungaricae* 56, no.2/4 (2003): 379–398.
[5] 吕鹏志. 法位与中古道教仪式的分类 [J]. 宗教学研究，2012(2).
[6] 白照杰. 整合及制度化——唐前期道教研究 [M]. 上海：格致出版社，2018.

出了极为深入、细致的考证与辨析。此外，法箓的探讨离不开对于法位制度的研究，白照杰博士在其专著中考察了不同经派法箓、法位的整合以及制度化，并颇具洞见地提出了其所导致的束缚与固化为后世的变革埋下了伏笔[1]。孙齐博士则从制度史的角度出发，对法位制度的有机组成部分"法服制度"进行了梳理，并提出了其是中古道教"寺院主义化"进程的表征。[2]

在七部法位体系中，其每一阶的授度，往往是由宝经、道戒、法箓、契券等授度元素所组成的一独立体系。这些元素与法箓相同，均被认为源自三天大道之流衍以及盟约之中。与此同时，与每一阶法位相对应，为了赋予一位受度弟子以神圣身份以及修奉仪式经法的权限，法服、法具也常被一同授受。由此，某一阶法箓的授予，实际往往是一复杂群组体系的授予，这一体系内部的各项元素之间，乃是相互关联，且契合的关系。由此，在本节中，笔者将整个道教"法位授度体系"视作一张由经纬线所组成的网，其自低而高的七部的法位制度可被视作这张网的七条纬线。而该阶法位所相关的宝经、道戒、法箓[3]则可被视作平行贯穿授度体系七条纬线的三条经线（参见图 17-01）。下面，我们将先对这一"三经七纬"的基本体系做

---

[1] 白照杰. 整合及制度化——唐前期道教研究［M］. 上海：格致出版社，2018. 243-328.

[2] 孙齐. 中古道教法服制度的成立［J］. 文史，2016（04）：69-94.

[3] 我们已经在前文中言及，自盟威道开始，戒律也成为与法箓授度密切相关的宗教内容，而戒律之本源为经文。这种内在的关联性最终在中古道教授度体系中形成了"经-戒-箓"三位一体的授度系统。

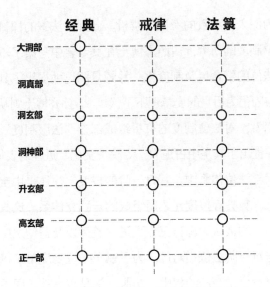

图 17-01　法位授度体系"三经七纬"之图

一简要讨论，进而讨论其体系的灵活性。最后，我们将以法服作为切入点，来观察某一阶法箓（法位）授度体系内诸多元素的紧密关联与相互契合。

一、法位授度体系之七纬

我们在前面几节中着重讨论了《正一盟威箓》《灵宝中盟箓》与《上清大洞箓》。事实上，历史上曾经存在过的法箓授度体系远远超过这三阶法箓，比如在盟威道的系统内还存在有《黄图契令》《真天赤箓》的授度[1]，而洞神部的《三皇文》则在

---

[1] 正一法文法箓部仪 [M] // 道藏：第 32 册，198.

后来归入《灵宝中盟箓》。此外还有以授度《洞渊神咒经》为主的洞渊法位，以授度《道德经》为主的高玄部法位，以及授度《升玄内教经》为主的升玄法位。有所不同的是，这几支教法并不依存于法箓的授度。自南北朝时期直到唐代，道门内部就一直有人致力于将这些原本相对独立的法位（及其背后的经法体系）融合为一个大的体系。施舟人先生颇具洞见，认为这种授度体系的整合实际上与道经三洞四辅的整合是密切相关的[1]。不同的经教体系有着不同的法位，故而授度体系的整合实际也是身份称谓的整合。这些都表明，一个等级分明的教团正在逐步形成（有别于早期道民之间的平等主义），正所谓"道士、女冠法位次第称号各有阶级，须知尊卑上下，不得叨滥"[2]。看来，此时的道教教团，需要按照儒家等级鲜明的礼法制度开始对自身进行构建了。下面谨依《三洞奉道科戒营始·卷四》之《法次仪》，将这一法位体系列于下表之中。

《三洞奉道科戒营始》《法次仪》中所见各部法位

法 位	称 谓
大洞法位	上清玄都大洞三景弟子、无上三洞法师
洞真法位	无上洞真法师
	洞真法师

[1] Schipper, "Taoist Ordination Ranks in the Tunhuang Manuscripts."
[2] 三洞奉道科戒营始: 卷四[M] // 道藏: 第24册, 757.

续　表

法　位	称　谓
洞玄法位	无上洞玄法师
	太上灵宝洞玄弟子
升玄法位	升玄法师
洞神法位	无上洞神法师
	洞神弟子
高玄法位	太上弟子
	太上高玄法师
	高玄弟子
	老子青丝金钮弟子
洞渊法位	渊神咒大宗三昧法师、小兆真人
正一法位	太玄都正一平气，系天师阳平治太上中气，二十四生气督察，二十四治三五大都功，行正一盟威、元命真人
	阳平治太上中气，领二十四生气，行正一盟威弟子、元命真人
	某治气正一盟威弟子
	三一弟子赤阳真人
	男官、女官
	正一箓生弟子

　　上表共列法位八部十九阶，其中大洞为总括三洞之法位，故可被视作独立之一部。关于七部法位授度体系的形成与发展

等问题，前贤皆已备述。我们在此想着重强调的是：法位系统自下而上的排列，实际上也是道教内部的一次"判教"。张清都天师云：

> 凡人初入法门，先受诸戒，以防患止罪。次佩符箓，制断妖精，保中神炁。次受五千文，诠明道德生化源起。次受三皇，渐登下乘，缘尘入妙。次受灵宝，进升中乘，转神入慧。次受洞真，炼景归无，还源反一，证于常道。[1]

由此可见，教团内部的由低向高的阶层发展实际也对应了与大道之间符契的紧密程度，或者说是逐渐愈发内化的宗教体验。在这一"判教"体系中，最为基础的盟威道教法被置于起始的位置，随着每一次法位的向上迁转，其修习的经典、佩奉的法箓以及所持道戒均向上迁转，最终止于大洞法位与总括三洞。由此可见，"三洞四辅""七部玄教"所反映的并非是一种宗派的差异，而是同一个体自身宗教信仰与实践逐步内化的阶层式递进。

二、法位授度体系之三经

（一）宝经、道戒、法箓之关联

我们在关于盟威道的讨论中已经看到，《想尔注》乃是

---

[1] 传授三洞经戒法箓略说［M］//道藏：第32册，193.

《道德经》之向外展开,《想尔戒》则是《想尔注》之向外展开。则,"经"与"戒"互为表里,后者是前者的衍生物。"戒"与"诫"通,其最初乃是君王对于臣民的告诫。《说文解字》曰:"诫: 敕也。"[1] 同时,其也被引申为长者对于晚辈的劝诫。孔子曰:

> 君子有三戒:"少之时,血气未定,戒之在色;及其壮也,血气方刚,戒之在斗;及其老也,血气既衰,戒之在得。"(《论语·季氏》)

这种成条式的劝诫之文 [2],已经十分近似于《想尔戒》了,佛教传入后,更将其毗奈耶(vinaya)翻译为"戒"用以融汇中土固有的诫敕观念。

我们在第五节中已经看到,周王的诫命是其册封诸侯、大臣的重要附加条件,是对其所被赋予权利的一种约束。换言之,在此约束之下,其权利才能够得以持有。将这一逻辑引入道教,则法箓象征着宗教权利,戒则是对其的约束。由此,对于道戒的遵守,乃是维持这一用以履行神圣义务的神权的重要方式,故而奉行道戒乃是"事箓"不可或缺的一环,此即《想

---

[1] 许慎. 说文解字 [M]. 北京: 中华书局, 2020: 76.

[2] 类似者还有秦彭之"四诫",以及之"女诫七篇"。参见《后汉书·循吏列传》,《后汉书·列女传》。范晔. 后汉书 [M]. 北京: 中华书局, 1965: 2467、2786.

尔注》所云：

> 不惧畏道戒。失道意，道即去之，自然如此。[1]

我们在第六节中也曾讨论过，鹤鸣山盟约中的传授并非是具象的经文或法箓，而是天师内在的道心开发。故此，无论是经、是戒、是箓、是千二百官仪还是三百六十大章，其均为盟约之一体之多面，并呈现出互为表里，互为支持的结构。如此，"经—戒—箓"这一建构很自然地也在六朝道教的授度中被配合在一起。经与戒、戒与箓、箓与经之间的关系开始变得越来越对应，最终使他们成为一而三、三而一的整体。如在张清都《传授三洞经戒法箓略说》中，他便将法位与经、戒、箓紧密地关联到了一起，详见下表中。

《三洞奉道科戒营始》中不同法位所对应之经、戒、箓内容

法　位	法　箓	戒　律	经　目
上清法位	《上清大洞箓》	《智慧观身三百大戒》	《上清大洞经目》
灵宝法位	《灵宝大盟箓》	《三元百八十戒》	《上清大洞经目》
	《灵宝中盟箓》	《智慧上品大戒》	《灵宝中盟经目》
	《灵宝初盟箓》	《闭塞六情戒》	《真文》"二箓"

---

[1] 饶宗颐. 老子想尔注校证 [M]. 香港：中华书局，2015：38.

续　表

法　位	法　箓	戒　律	经　目
升玄法位	《升玄七十二字大券》	《百二十九戒》	《升玄内教经》
洞神法位	《金刚童子箓》	《洞神三洞要言》《五戒》《十三戒》《七百二十戒》	《三皇内文》
高玄法位	《紫虚阳光箓》	《想尔二十七戒》	《老子想尔注等》
正一法位	《都功版》	《八戒》《老君百八十戒》	
	《仙灵录》	《三戒》《五戒》	

　　在这样的背景下，我们看到对于这三者之间关系有两种阐释，一者如张清都，他将戒、箓、经看作是互为因果的线性关系：

　　　　凡人初入法门，先受诸戒，以防患止罪；次佩符箓，制断妖精，保中神炁。次受五千文，诠明道德生化源起[1]。

而在另一种阐释中，法箓则被"道戒化"了，《灵宝课中法》云：

　　　　箓者，戒箓情性，止塞愆非，制断恶根，发生道业。

----

[1] 传授三洞经戒法箓略说[M] // 道藏：第32册，193.

> 从凡入圣，自始及终，先从戒箓。然始登真，夫事悉两存，理无不通。[1]

这里很明确地将"箓"与"戒"视作一体，"理无不通"。事实上，如果我们按此前的讨论，将此三者皆视作盟约之衍发，则经文则可视作盟约之在义理层面之表达；法箓则为盟约所授权利之身体化（embodiment）表达，用以实践义理；戒律则为义理在行为层面之体现，用以约束身体；此三经者同出于玄，而各异其形名（参见图 17-02）。

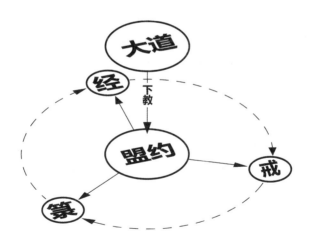

图 17-02　经、戒、箓以及盟约的相互关系示意图

---

[1] 灵宝课中法 [M] // 道藏：第 32 册，229. 参校云笈七签：卷四十五 [M].
　　北京：中华书局，2003：1066.

（二）开放式的经纬体系

"三经七纬"并非是授度体系所包含元素的全部。一方面，法位的种类也在历史中不断变化、损益；另一方面，与某一法位所配套的不仅仅是经、戒、箓，还包括法具与法服，而这些则因经教道法之不同而不同，因此也是一种"变量"。由此，这也就意味着，"三经七纬"绝非一定之数目。比如下表中张清都所开列之授度系统，便在"纬"的层面，缺省了洞渊部之法位。新的经教法位可能会出现，旧的经教法位可能会衰落，这都意味着"纬"的增减，而随着新的教法的出现，"经"的层面也会出现相应的变化。

在"经"的层面，每一阶法箓都对应着特定的仪式，因此，科仪也可被视作其进一步之延展，从而成为第四"经"。此外，道士的衣冠法服也成为法箓身体化的一种外在延伸，同时又是对于法位阶层制度的一种视觉表达，故而衣冠可被视作这一体系之第五"经"。与法箓、衣冠、仪法相配，法具也成为道士身体以及法箓的延伸，拜坛、谒简、神策、神杖乃至后出之令牌、符尺，无一不是盟约的物质化彰显，故法具亦可被视作第六"经"。由此，随着大道玄义在空间与时间维度上的层层展开，不断有新的经教降世，也不断有新的概念体系与授度元素衍生而出。下面，我们就以法服作为案例，来考察这些元素之间相互内在的"咬合"（符契）关系。

三、法位与法服制度

（一）法服制度的形成

在法位授度体系中，法服也被视作与法位相对应的重要组成元素，其背后是中国传统社会中的衣冠制度与文化。在中古时期，一位道士受度何种经法，拥有何种法位，通过其法服便可一望而知。法服制度的确立，意味着由众多经教传承所组成的道教教团的日渐制度化与整体化。在中国传统社会中，"称谓"与"衣冠"都是极为重要的社会符号，一个人的"名"与"形"定义了她/他在社会中的相对身份。盟威道教团自其立教之初便与社会紧密契合，拥有着与"阳官"对应的服制[1]。故此，当中古时期的道门人士致力于通过法位系统来重整教团建构时，与法位、称谓相应的法服也自然成为另一项需要被详细规定的体系。在较为新近的研究中，孙齐博士援引了大量的道教内部和外部文献，勾勒出了中古时期道教法服制度的大致风貌[2]，但由于缺乏对法服内在义理的充分理解，故而盲目地依附了僧人甄鸾"偷佛僧袈裟法服之相"[3] 的粗断定论。张丹丹博士的学位论文对于明清传世道教法服进行了图像学层面的探讨[4]，

[1] 陆先生道门科略 [M] // 道藏：第 24 册，781.

[2] 孙齐. 中古道教法服制度的成立 [J]. 文史，2016（04）：69-94.

[3] 甄鸾. 笑道论 [M] // 严可均，编. 全上古三代秦汉三国六朝文，北京：中华书局，1958：7960.

[4] 张丹丹. 天上取样人间织——传世道教法衣研究 [D]. 香港：香港中文大学，2016.

但对于法服上所呈现的宇宙观式图像以及其炼度仪的源头判断稍显偏颇。笔者认为，对于道门法服制度的探究不仅要纳入中国古代社会冠服制度的大背景中，更要将其纳入道教经教本身的义理与仪式意义中，更要结合授度体系，以身体为出发点，结合坛靖空间、法器以及仪式内容来进行考察。

对于道门法服的最早权威论述，依然来自陆简寂先生，其曰：

> 道家法服，犹世朝服，公侯士庶，各有品秩，五等之制，以别贵贱。故《孝经》云：非先王之法服不敢服。旧法服单衣裕帻，箓生袴褶，所以受治之信。男赍单衣墨帻，女则绀衣。此之明文，足以定疑。巾褐及帔，出自上道。礼拜着褐，诵经着帔。……夫巾褐裙帔，制作长短，条缝多少，各有准式，故谓之法服，皆有威神侍卫。太极真人云：制作不得法，则鬼神罚人。既非分僭滥，祸可无乎？[1]

这里明确论述了道教法服的重大变化，即：早期的盟威道教团使用与"阳官"接近的服制"单衣裕帻"[2]，但洞玄灵宝之上道与其有别，使用"巾褐及帔"的服制。灵宝法服制式有着特别

---

[1] 陆先生道门科略 [M] // 道藏：第 24 册，781.
[2] 同时也参见孙齐. 中古道教法服制度的成立 [J]. 文史，2016（04）：69-94.

的神圣含义，并具体体现在"法帔"的条缝数量上。孙齐博士认为"帔的引入或许收到了外来文化的影响。"[1] 但通过字面意思可知，"帔"即披巾。汉刘熙《释名》云：

> 帔，披也。披之肩背，不及下也。[2]

这种披巾至迟在南北朝时期已经成为高士的一种符号象征，在北齐杨子华所作《校书图》以及唐初的《高逸图》中均可见到这种清流高士所穿着的服饰。也许是出于山林隐居的原因，帔也常以鹿皮为之，这里甚至暗示了其可能更为古老的方仙"羽衣"渊源。事实上，"披风"这种看似简单的服装形式在许多不同宗教中都被作为法服使用，如犹太教的披巾（Tallit）或天主教的祭披（Chasuble）。故此，灵宝经教对于"帔"的继承，乃是对中国本土宗教传统的继承。即便是认为道服乃"偷佛僧袈裟法服之相"的甄鸾也自我矛盾地承认道服"乃是古贤之衣。"[3] 我们遗憾地看到，在近世的道教学研究中，一部分学者往往因为对于中国自身传统了解的不足以及比较视野的缺乏而被舶来说所影响，甚至盲从于宗教辩论中的一家之言，进而将

---

[1] 孙齐. 中古道教法服制度的成立 [J]. 文史，2016（04）：80.

[2] 参见汉典网站：https://www.zdic.net/hans/%E5%B8%94，2020 年 2 月 17 日登入。

[3] 甄鸾. 笑道论 [M] // 严可均，编. 全上古三代秦汉三国六朝文，北京：中华书局，1958：7960.

中国文化自身的本体性消解殆尽。[1]

灵宝法服与同样具有江南方士基因的上清法服具有一定的相似性，《太霄琅书》中开列了授度上清经时所配套的法服"七件套"，即："葛巾、葛单衣、布褐、布裙、葛帔、竹手板、草履。"[2] 此处所形成的由巾、褐、裙、帔、简、履所组成的"七件套"基本奠定了后世道门法服的主要组成部分。其中"巾"为首服，在其他法服中，则为芙蓉冠；"褐"为上衣短袍（至膝上）；"裙"即为"裳"，它与褐组成了中国传统服饰中最为重要的"上衣下裳"；"帔"作为披风，着于褐衣之外；手板即朝简，为道士朝真之用。草履、葛巾、褐衣均标明了上清家山居隐修，返朴纳真之风，由此与盟威道的公服风格迥异，这也奠定了道教服饰"法服"与"官衣"共存的两条主线[3]。

张清都天师在其《三洞法服科戒文》中，对法服进行了一番玄义阐述：

---

[1] 更有一部分学者将灵宝、神霄等法派目之以"佛化道教"*Buddho-Taoism* 之名，这些理论的建立一方面源自对于道教以及中国宗教自身的逻辑观念的无知以及道教与佛教在历史中真实宗教生态的了解，一方面也阻断了客观平等地观察道教与佛教相互影响的可能，对于佛教学研究自身亦是一种危害。较有启发性的研究参见：柏夷．姚伯多造像碑：早期灵宝经中"道—佛主义"的证据 [M] // 柏夷，著，孙齐，等，译．道教研究论集．上海：中西书局，2015：95-106.

[2] 洞真太上太霄琅书 [M] // 道藏：第 33 册，661.

[3] 关于道士"官衣"的讨论可见陶金．大高玄殿的道士与道场——管窥明清北京宫廷的道教活动 [J]．故宫学刊，2014（02）：185-205.

> 太上曰：上圣无形，实不资衣服。但应迹人间，而有
> 衣服。若归真反本，湛寂自然，形影尚空，何论衣服。今
> 虽示迹，略有九阶、要而言之，大归二种：一者无衣之
> 衣……二者有衣之衣……衣服阶修，致有差别，又有七
> 种，须案奉行，劫运虽倾，此法无变。

这里的最后两句良有深意，一方面点出了道门法服所具有的
等级性，但又论定了这种等级性的系统并非"此世"（this-
worldly），而是一个形而上的，永恒不变的系统，"劫运虽
倾，此法无变"也即是所谓之"红尘不改旧家风"[1]。在论述
了上界仙真的"无衣之衣"与"有衣之衣"后，张清都天师
随后开列出了七部法位所对应的服制。其与《科戒营始》所
开列的七阶法服比较，则可见其不同处在于：张清都以"初
入道门"为一阶，而《科戒营始》则于"洞真法师"之后
作"大洞法师"；其余品阶基本相同。总而言之，两个版本
的法服制度大略近似，[2]而《科戒营始》所记录者更为完备，
其诸阶法服之异同，亦较为清晰。现谨将部分信息列于下表
之中。

---

[1] 参见《全真青玄济炼焰口铁罐施食全集》。

[2] 两个版本中，"正一法师"至"洞玄法师"四阶法服之"冠"、"褐"、
"裳"之颜色基本相同，惟《科戒营始》亦将帔之颜色录出。其最高
阶"三洞讲法师"法服之"冠"、"帔"之颜色记录，两版本亦相同，而
"褐"、"裳"之颜色略有不同。

《三洞奉道科戒营始》中不同法位所对应之法服元素

法　位	冠	帔	褐	裳
三洞讲法师	元始冠	紫，三十九条	黄	绛
大洞法师	元始冠	紫，三十九条	紫	黄
洞真法师	元始冠	紫，三十九条	紫	青
洞玄法师	芙蓉冠	紫，三十二条	黄	黄
洞神法师	玄冠	黄，三十二条	青	黄
道德法师	玄冠	黄，二十八条	黄	黄
正一法师	玄冠	绛，二十四条	绛	黄

随着六朝时期道教法服制度的确立，头顶花冠，身披鹤氅，腰系飞裳，足踏云履，手持朝简的道士形象也逐渐在人们的印象中定型。这背后实际也是早期盟威道社区化宗教生活向三洞道教道馆化宗教生活的转化[1]，出家道士逐渐成为道教中具有主流话语权的精英，他们迥异于尘世的法服成为道士的符号。孙齐博士将这一转变称之为"寺院主义化"[2]，他总结说："南北朝末期，随着道教法位制度的出现，来自旧天师道、灵宝经、上清经等不同经教传统中的诸种法服，被整合为一个统

[1] 参见：柏夷．早期灵宝与道教寺院主义的起源[M]//柏夷，著，孙齐，等，译．道教研究论集．上海：中西书局，2015：95-106.

[2] "寺院主义化"对应欧洲语言中的 *monasticism* 即希腊教会与罗马教会中的隐修制度。我们认为这一中文翻译本身值得商榷，不如"修道主义""隐修制度"更为简洁精准。

一的体系，出现了等级化的法服系统，奠定了唐代道教法服制度的基础。"[1]

（二）法帔与道气

无论是在《三洞法服科戒文》还是《科戒营始》中，法帔的条数都被当做区别法位的重要标志（此外还有颜色）。随着法位的上升迁转，法帔的条数也随之增加，而这些数字在其所属经教之中又具有特定的宇宙观含义[2]，并与法服穿着者的身体紧密对应。张清都天师对冠、帔、褐、裙都给出了十分形而上的解释[3]，但并未涉及法帔条数的差异。如果我们以《科戒营始》所提供的信息来看，洞真法位之法帔三十九条，应是对

---

[1] 孙齐. 中古道教法服制度的成立 [J]. 文史，2016（04）.69.

[2] 参见：Donald Harper, *Shu (Numbers) and Practical Knowledge in Pre-Han Manuscript Culture*, unpublished.

[3] 张清都云："冠者，观也，内观于身，结大福缘，天地百神，威奉于己。当自宝贵，以道护持，制断六情，抑止贪欲，虚心静虑，涤荡尘劳，念念至诚，克登道果。外观于物，悉非我有，妄生贪着，惑乱我心。当须观妙，常使无欲，以其观察，德美于身，上法三光，照明内外，如彼莲花，处世无染。又花为果始，用冠一形，举之于首，圆通无碍。帔者，披也，内则披露肝心，无诸滓秽；外则披扬道德，开悟众生。使内外开通，彼我皆济，随时教化，救度众生，一切归依，此最为上。褐者，遏也，割也，内遏情欲，使不外彰，割断诸根，永绝萌蘖；外遏贪取，使不内入，割断诸物，永无烦恼。内外遏绝，物我兼忘，行道诵经，不可阙也。裙者，群也，内断群迷，外袪群累，摄化万物，令入一乘，永出樊笼，普令解脱。冠以法天，有三光之象；裙以法地，有五岳之形；帔法阴阳，有生成之德。"三洞法服科戒文 [M] // 道藏：第 18 册，229. 此一段论述与《太霄琅书》所载者相近，其曰："褐者遏也，遏恶扬善。帔者披也，披道化物。裙者归也，万福所归。一名曰裳，裳者常也，虑迷失道，常存得常。"洞真太上太霄琅书：卷四 [M] // 道藏：第 33 册，664.

应了《上清大洞真经》之三十九真 [1]；洞玄法位之法帔三十二条，应是对应《度人上品妙经》（及《内音玉字》）之三十二天帝君；道德法位之法帔二十八条，应是对应了二十八宿；而正一法位之法帔二十四条，则必然是对应了二十四气 [2]。按法帔之"条"应是由剪裁方式而来，盖因古时布幅狭窄，而法帔宽大，必系布匹拼缀而成。《登真隐诀》曰：

> 条者，是间中片片耳，勿数缝处。世中用三十二条，事无所据。其长短大小随人耳。[3]

可知，"条"在陶隐居的时代，本为自然的剪裁风格，"长短大小，随人耳"，但在其后续发展中被符号化与象数化了，其所言"三十二条，事无所据"者，当系对于灵宝经教之批评。正是由于其对应了神真之气数，故朱法满曰："帔为气数之衣"。[4]

---

[1] 《太真玉帝四极明科经》卷四曰："帔令广四尺九寸，以应四时之数；长五尺五寸，以法天地之气；裹青表紫，当全二十四条，裹全十五条，内外三十九条，以应三十九帝真之位。"太真玉帝四极明科经 [M] // 道藏：第 3 册，434.

[2] 《洞玄灵宝道学科仪》："若受神咒五千文，皆合着二十四条，通二十四气。若年二十五已上，受洞神灵宝大洞者，上衣仙褐，合着三十二条，以法三十二天，天中之尊；法帔二十八条，以法二十八宿，宿中之神。亦听二十四条。"洞玄灵宝道学科仪 [M] // 道藏：第 24 册，767.

[3] 要修科仪戒律钞 [M] // 道藏：第 6 册，961.

[4] 要修科仪戒律钞 [M] // 道藏：第 6 册，960.

　　所受法位（包含所受之经、戒、箓）以"象数"的形式整合排列，使得各自独立的经教系统被统合到一个有机的数列之中。而我们在第十节中有关《将军箓》的讨论中已经提及，法箓中吏兵书目的逐次增多实际也意味着箓生身中道气逐次细化分别。而在法服制度中，诸阶《将军箓》迁转超授的概念被延伸至法位授度体系中，身中道气的逐次细化被直接体现于法服的条数变化之上（以及颜色）。我们基本可以缺定，同一位奉道者的法帔的尺寸应是定量，而气数／条数则是变量，故而随着法位的迁转，视觉上的"条"也变得越来越细（参见彩页图1、图2）。法服犹如皮肤，是人体与外部世界交互的界面之一（与皮肤相仿，而皮肤亦是界面之一）[1]。身中的道气通过法帔显现于外，而他人则通过分辨法帔来定义法师的修行阶次，以及其在教团中的身份位置。法箓（道气）、法帔、与道士的身体，由此成为不可分割的一个整体，不能单独分割来考察。也正因为如此，我们也需要将法帔纳入法位授度体系中法服的"套装"中来进一步考察。

（三）拜坛与道气

　　在五代时期所出的《三洞修道仪》中，开列了一套完整的法位系统，其中对每一法位所对应法服的描述都更为细节化。仪文从传统盟威道七岁受《将军箓》的"箓生"开始，进而为

---

[1] 关于衣服的皮肤特性，参见: Mark Edward Lewis, *The Construction of Space in Early China* (Albany: State University of New York Press, 2006), 61–73.

受戒的"智慧十戒弟子"，再进而为承受经法的"太上初真弟子"，其文曰：

> 太上初真弟子，号"白简道士"，冠七真冠，披黄褐，文左九右十，白裳黄裙九幅，檀香木简，玄履，铺黄坐坛，始入靖诵经，思神行道。[1]

此处的一点重要信息是，与之前的"智慧十戒弟子"相比，"初真弟子"的法服套装中多了"木简"与"坐坛"，"始入靖诵经，思神行道"也是第一次出现。也就是说，只有在被授予"木简"与"坐坛"这两项物品后，诵经的仪法才能够举行。

"木简"是大道臣仆的象征，《太霄琅书》曰：

> 笏者何也，忽也勿也。……君上有命，恐忽有忘，是以书之，使勿漏失，遵奉施行，记之简牍，毕则拭之，有事如先。……所以内外学士，皆共秉持，抑愿道君，赐垂敕诲，书录修行，不敢忽妄。听讲之时，各执经卷，犹应有板，不可暂捐。[2]

除了讲经之外，朝也是朝真、诵经之时所必用之法具，在科仪

---

[1] 三洞修道仪 [M] // 道藏: 第 32 册, 166.

[2] 洞真太上太霄琅书: 卷四 [M] // 道藏: 第 33 册, 664.

文词中，常见有"人各执简当心"[1]之语。

　　关于"坐坛"，我们则在《三洞修道仪》稍后的论述中陆续看到：

- 太上正一盟威弟子……铺八卦坛……
- 洞神部道士……坐九宫辰象坛……
- 高玄部道士……坐四气坛……
- 升玄部道士……素文坛……
- 中盟洞玄部道士……五辰紫色坛……
- 三洞部道士……坐召真坛……
- 大洞部道士……坐震灵坛……[2]

可见，坐坛也如同法帔一样，其随着法位的变化而有样式上之变化。其实，所谓的坐坛，只是一块具有纹理的织物，用于仪式中的朝拜与跪坐。《玄门十事威仪》云：

　　　　夫坐坛者，隔凡去秽，护净自持，擅道德之不草，慕天真之高迹。[3]

---

[1] 洞玄灵宝三洞奉道科戒营始 [M] // 道藏：第 24 册，589. 道门通教必用集：卷二 [M] // 道藏：第 32 册，12.

[2] 三洞修道仪 [M] // 道藏：第 32 册，168-169.

[3] 玄门十事威仪 [M] // 道藏：第 18 册，259.

由此可以看出，坐坛最开始的功能，是出于洁净的功能性考虑（参见图 17-03），但在后来的发展中也被赋予了诸如"八卦""九宫""四气""五辰"的宇宙观（或者说"气数"）之特性。根据《玄门十事威仪》的描述，坐坛的存放、携带、铺用、收取都有着具体的规定，平时坐坛则需"挂于左手，以道衣霞帔覆之。"[1]

图 17-03 《上清金阙帝君五斗三一图诀》所见道士朝礼太阴时所用坐坛

在后世的典籍中，"坐坛"也被称为"拜坛"。我们通过北宋《玉音法事》可以看到，在当时的授度仪式中，云履、星冠、道裙、云袖（应相当于褐衣）、羽服（应相当于法帔）、拜坛、朝简被组成"七件套"，一同授度给弟子。其每授一物，则配以一段赞颂，其《拜坛》曰：

---

[1] 玄门十事威仪 [M] // 道藏：第 18 册，260.

三级依瑶砌，八卦列方隅。

隔秽敷裙帔，除尘护法裙。

愿今一升蹑，朝修上帝居。[1]

在这里，"拜坛"或"坐坛"，一如其名，被赋予了抽象的"坛"的空间概念，其具有"三级"，乃是美玉所砌成，道士坐、拜于其上，已不仅仅是隔秽，更能够与大道相通，朝礼仙真。近世章表科仪中所使用的"罡坛"（或讹传为"罡毯"）也正是由拜坛演化而来，此可参见《灵宝玉鉴》所收"九灵章奏拜坛式"为证[2]（图17-04）。

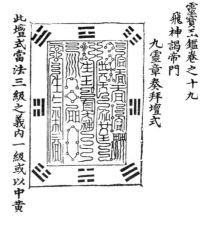

图 17-04 《灵宝玉鉴》卷十九所载"九灵章奏拜坛式"

（四）法帔、拜坛与法箓

回到我们的出发点，在《三洞修道仪》中，不同规制的坐坛被与不同条数、颜色的法帔，以及经书、法箓、戒律、仪法，这一整套内外一致，相互关联的"装备"一同授度给弟

---

[1] 玉音法事 [M] // 道藏：第 11 册，146.

[2] 灵宝玉鉴 [M] // 道藏：第 10 册，283.

子。通过法箓的授予，道士身中的道气得以被分化而出，身内的造化得到了圣化。在身体之外的一层，与身体紧密相连的法服不但是受度弟子在教团内位阶的标志，更是其体内通过立盟授度所分化的道气的外显，同时也是对于身外所存在的道气的对应（具有内外双向性）。换言之，法服是一层双向沟通的媒介（intermedium），它将受箓道士内部的造化（小天地，microcosmos）与外部的造化（大天地，macrocosmos）以数字及颜色的方式，在气的层面实现相互"感应"，并由此相互联结。而与法服、法箓相配套的拜坛，则正是象征了与这一特定身体状态相对应的外部宇宙结构。换言之，身外大天地之中的道气，其"气数"与人身内在小天地之气数保持着紧密的"感应"；而正是因为这种感应，当奉道者身中被塑造出一重小天地之时，其身外自然也便形成了与其相应者。如受正一箓，有二十四之气数，则得以与大天之中之二十四气感合；受灵宝箓，则得以与三十二天感合。这些以不同气数模式所存在的诸多大天地，实际皆是大道之先天一气。由此，不同气数形制之拜坛的授予，象征着一处处于身体之外但又与身体相互符契的神圣空间的授予，一如箓生之静室，我们在第十五节中也曾经提及，《五方真文》的授予，实际意味着授予奉道者对于灵宝斋坛的使用权。通过《真诰》中有关茅山华阳洞天的描述，我们已经得以确信，静室与坛墠实际都具备了一重微缩天地的特性，或者与大天地相交流的通道作用。奉道者登坛入室，则意味着进入一重与自身相契之空间。由此，将现实中玉石砌就的坛墠转化成为一块可以随身携带的拜坛，则不论道士在何处坐拜，它都得以将其所处"展开"为一处能够与自身相感通的"大天地"，自我与大道得以符契。按照朝真礼拜之科仪，拜坛的使用往往位于坛、靖之中，而坛、靖本身又是一层更为外扩的同质宇宙结构，且同样与奉道者之道气化身体直接对应。如此，在朝真仪或上章仪中，我们看到了从奉道者身体层层次第向外打开的一重景象：她／他身中的道气（或法箓吏兵）首先映现于法帔之上，进而反映于身体所处之拜坛之上（此是身外之第一层），进而外扩之坛、室，并最终与周弥六合的大道相符契，获得最大程度上的内外感通。

最后，值得一提的是，坐坛的形状为长方形，大小容身，其物质层面的起源很有可能来自席居时代的编织坐席（其也作为法信）、木质坐榻[1]与"席位"的观念，而席位则具有非常明确的社会属性，象征着在社会中的"一席之地"（地位）。故此，拜坛的授度也即是社会身份的授度，其通过建立盟约、受度法箓而获得。

四、小结

道教的法位授度体系并非是一时一地所成就，其本身便如大道一般，极具流动性，且因时而变。故此，笔者以经纬作为框架，意欲对中古时期的法位系统及其所包含的主要内容，乃

---

[1]　陈志刚 . 中国古代坐卧具小史 [M] . 北京：长安出版社，2015：10-49.

至宗教精神有一全面的掌握。由此，我们看到，法位的授度体系是一张不断变化的网：一方面，纬线上的经教会随着时间而损益；另一方面，在经线上，仪法、法服、法具等授度元素均可被视作体系之经线的延展（且各有缺省），这使得法位的一次性授度得以涵盖宗教生活的诸多面相。

具体表现在授度元素层面，法服在法位体系中具有特殊的作用。它一方面是中国传统政治中舆服制度在道教内延续，代表了对于教团内部人士的阶层化区分，另一方面则是弟子所受经法、法箓、身中道气的一种由内而外的显现。通过在授度仪式中为弟子授予法服的"七件套"，弟子不仅获得了身体的圣化，也得以与外部世界相互感通，并在社会关系中拥有一席之地。如此来看，宝经、道戒、法箓、科仪，以及所谓的"七件套"乃至策、杖，这些均是相互关联、相互咬合的授度元素，它们在一起，构建起了某一阶法箓、经教的义理与实践体系。事实上，我们在后世兴起的宋元道法的九品法职授度体系中，也能看到相似经纬框架之延续（详见《附录二》）。

第十八节　授度仪式的结构分析

在本节中，我们将会利用历史文献，尝试还原中古时期正一箓与灵宝箓的授度仪式，以及宋元灵宝大法的传度仪。我们在这里所要观察的，不再是文本的细节分析，而是期望通过分析其结构框架，进而理清其内在的仪式逻辑及义理概念，并以此帮助我们在下一节中提取出其背后的象征意义与宗教精神。

由此，本节中的内容，将分为《正一法文度箓治仪》《太上洞玄灵宝授度仪》《上清灵宝大法传度仪》三部分。因为法箓的授度往往是持续多日的法会，而真正的授度仪式只是其中的核心环节。所以，我们将在每一部分中，首先考察其总体的日程安排，了解其宏观层面的框架与逻辑。其后，我们将聚焦在核心的授度仪式本身，并师法施舟人先生所归纳的道教仪式结构语法（syntax）来考察其内在细致的仪法节次结构与其中的义理逻辑 [1]。

一、《正一法文度箓治仪》

汉末盟威道法箓的授度的资料今天已难见到，所能见到年代较早的正一箓授度仪式文本来自我们已经讨论过的敦煌 S.203 写本，吕鹏志教授认为其应为《正一法文度箓治仪》（下称《正一度箓仪》）中的部分内容，并进行了详细、周全的分析 [2]，刘仲宇教授也在其专著中对其仪文作了录入与分析 [3]。《正

[1] 施舟人 Kristofer Marinus Schipper, "An Outline of Taoist Ritual," in *Essais sur le rituel III: colloque du centenaire de la Section des sciences religieuses de l'Ecole pratique des hautes études*, ed.Anne-Marie Blondeau and Kristofer Marinus Schipper (Louvain: Peeters, 1988), 97-126.
[2] 吕鹏志 . 天师道授箓科仪——敦煌写本 S203 考论 [J] . "中研院" 历史语言研究所集刊，2006，77（1）：79-166.
[3] 刘仲宇 . 道教授箓制度研究 [M] . 中国社会科学出版社，2014：233-237.

一度箓仪》后半段中所保存的状、刺、章等文检，向我们提供了一个鲜活的唐代盟威道社群宗教生活情景：道民的子女在其幼年便参受《一将军箓》并逐次升授至《七十五将军箓》，此与《道藏》中诸文献完全一致，也正因如此，我们必须将其置入基层道民社群宗教生活的范畴中来理解，而不可仅局限于宫观中，或针对专业法师的秘传化授度仪式。S.203 写本并不完整，其中只开列了为期两日的仪式流程（也是最为重要的核心部分）。虽然文检中涵盖了呈送于祭酒的请箓《状文》，但并未见到有关先期投状的相关描述；其次，授箓之后惯例的谢恩亦不见记录。因此，我们也势必同时参考《正一法文太上外箓仪》（下称《外箓仪》）[1] 中的记载，将其整体的仪式流程以仪式语法（syntax）之形式补全（参见图 18-01）。按照图 18-01 中所示，整场法事以"度箓"为中点，呈前后对称式展开，[A 投状]（也即是谒师请法）与 [A* 设厨]（谢师）相对，[B 上刺]（预告）与 [B* 谢恩] 相对。这种先预告，后答谢的三段式仪式结构应直接承袭了先秦时代祭礼的基本结构[2]。此外正如我们此前屡次提及，此中的仪式流程未见关于建立盟约、分剖契券之仪式记载[3]，这极有可能是因为道民在三会日缴纳命米时业已建立盟约，受得契券（可能以《宅录》之形式）。《太霄琅书》曰：

---

[1] 正一法文太上外箓仪 [M] // 道藏：第 32 册，206.

[2] 吕鹏志. 唐前道教仪式史纲 [M]. 中华书局，2008：159.

[3] 但根据《上清洞天三五金刚玄箓仪》所见，契券也应于度箓仪中一并传授。

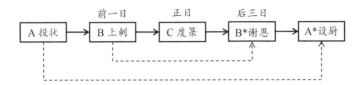

图 18-01 《正一度箓仪》及《外箓仪》所见法箓授度仪式之仪式语法结构

"箓生道民，必应送租，租不送者，不得'治箓'。"[1] 这便是将信米（天租米）与法箓直接挂钩（此处之治箓当即是道民所受《将军箓》）。

（一）[A 投状] ——[A* 设厨]

所谓"投状"即道民向祭酒拜呈求度法箓的申请书"请状"[2]，这相当于近世以来的"请箓法词"，（参见第十一节之"契券概述"）。在《正一度箓仪》中，收录有请状的写式 5 条[3]，分别为儿童、青少年请授《一将军箓》，升授《十将军箓》《七十五将军箓》《百五十将军箓》的请状，以及失箓之后申请更复的请状。其中《初授〈十将军吏兵〉请状》曰：

---

[1] 洞真太上太霄琅书[M] // 道藏：第 33 册，664. 按此处之"治箓"当与《将军箓》意近，参考下文中所引《上清金真玉皇上元九天真灵三百六十五部元箓》。

[2] 我们之前讨论过书圣王羲之的《管奴帖》实际即相当于请求祭酒代为拜章的一份投状。陆简寂先生也曾提及道民要在三会日向祭酒投状，以更新奉道之家的命籍。见 陆先生道门科略[M] // 道藏：第 24 册，780.

[3] 在《正一度箓仪》中，道民求法的"状文"被祭酒所撰写的"牒文"所引用，进而成为《录刺》之一部分。这种一层一层转述的文书逻辑可参见《附录四》所讨论之"仙简"。

　　[厶] 郡县乡里男 / 女子 [王甲], 年 [若干] 岁 (言被 [厶] 官神童召)

　　男女生 [甲乙] 保举　　　　户属男官祭酒 [厶甲] 治

　　右一人先无录, 奉道专心, 修良谨慎。今求请 "上仙或上灵十将军吏兵"。请给。谨状。[1]

这里值得注意的是 "男女生 [甲乙]" 向领户治职祭酒之 "保举"。正如我们此前所强调了, 这一保举机制来自汉代选举孝廉之遗风, 但其同时表明了一种程序上的正义, 即: 法箓受度的前提乃是 "德" 与 "行", 而对于德、行的评定首先应来自社群中之道民, 而其中的箓生因其先曾承受法箓, 故而拥有保举之权利。"保举" 在法箓授度中具有极为重要之位置, 我们在第十一节 "三师" 中业已提及。与此相对, 请状并非上呈大道, 而是交与祭酒之文书。这也就意味着, 祭酒也拥有根据一定的标准 (比如其手中记录功过之《命籍》) 来判断其是否具有受度法箓的资格 (这尤其体现在成人请箓的情况下), 这一环节在灵宝与上清法箓的授度中被放大为 "对斋" "试炼" 之环节。

　　与 [A 投状] 遥遥相对的 [A* 设厨] 并不见于文献, 而是笔者的推论, 这是基于以下几点理由:

---

[1] 吕鹏志 . 天师道授箓科仪——敦煌写本 S203 考论 [J] . "中研院" 历史语言研究所集刊, 2006, 77 (1): 142.

1. 在其他的法箓授度中（如灵宝箓），谢恩往往伴随设醮的仪式一同举行。但所谓的"醮"其实是以饮食来奉献神明，其与盟威道清约之精神相违背[1]。

2. 在盟威道的教法中，祭祀（以食物敬神）的仪式被公益、忏悔、自我体罚等其他方式取代，而共食祭肉的礼仪被厨会所取代。《外箓仪》中规定了失箓之后补授箓时应饭贤（即设厨）的人数，故正常授箓、升箓也应当设厨。同时，如果彼时法箓的授度仪式多于三会日举行，而三会日重要仪式日程之一便是厨会。

3. 此外，如果我们将道民子女授度《将军箓》视为某种青少年的成年礼或所谓的启度仪式（initiation）而纳入基层社群层面的人生礼仪范畴，那么其必然与子女降生一样，需要延请亲友父老共同见证[2]。

4. 与[A 投状]相对，[A* 设厨]也是面向人的仪式，是为人所设的饮食。因此，授箓之后的设厨，一如今日民间传度之后的"谢师宴"，一方面是对于祭酒开度之恩表示感谢，另一方面也是一次"饭贤"，他们都体现了道民对于"师"的特别礼敬。

综上所述，虽然设厨的仪式并不载于文献[3]，但我们有理由

---

[1] 吕鹏志在其文中将设醮谢恩与言功设醮的概念相混淆，因《外箓仪》中载有《言功章》而判断当有设醮仪，非也。

[2] 律曰："生男儿，设厨食十人……生女子，厨食五人。"玄都律文 [M] // 道藏：第 3 册，459-460.

[3] 这甚至可能是因为在社区层面早已形成了共识而不必特别强调。

相信它与投状组成了仪式开始前与结束后，位于"人"的层面的仪式性社会互动。

（二）[B 上刺]——[B* 谢恩]

"刺"是近乎"章"的公文。吕鹏志教授业已言明："行传授仪之前须于前一日举行启告仪，此盖为南北朝各种道教传授仪共同遵循之仪轨。"[1]根据《正一度箓仪》所载，拜进《度箓刺》与度箓正日拜进之《度箓章》的仪式流程与拜进章文是完全一致的。其刺文中言《刺》如《牒》，而所谓的《牒》实际基于了上文所言之《状》，只不过改由祭酒之口将其引用、转述。由此，参考其后几份《箓章》，我们基本可以确认《牒》作为《刺》之前提，应与《刺》书于一纸之上，构成一完整的叙事。现谨结合上引《初受请状（牒）》录《度箓刺》于下：

> [厶]郡县乡里男/女子[王甲]，年[若干]岁（言被[厶]官神童召）
>
> 男女生[甲乙]保举　　　　户属男官祭酒[厶甲]治
>
> 右一人先无录，奉道专心，修良谨慎。今求请"上仙或上灵十将军吏兵"。请给。谨状。
>
> 系天师[厶]治炁祭酒臣/妾[甲]稽首再拜，

---

[1] 吕鹏志. 天师道授箓科仪——敦煌写本 S203 考论[J]."中研院"历史语言研究所集刊，2006，77（1）：104.

　　谨言：《刺》如《牒》。主郡一主县男 / 女子［王甲］，
童朦无知，恐为故炁所见中伤。今求请"上仙或上灵童子
一将军吏兵"，以自防护。谨牒。县乡里姓名年纪，所请
将军种数，并保举人名姓如右。辄遣功曹使者与考召君
知肉人情实，应选用与不应选用者，愿及时下将军吏兵。
［甲］若未合法炁者，当重为考正，趣令合选……[1]

按刺文所见，其内容乃是向大道预告某童子所要举行的法箓授
度之事件，并请大道派遣吏兵考察求度者是否合乎开度的品
格。在［A 投状］中所见，应是由祭酒来审查求箓弟子是否具有
受度法箓的资格，而在此处则是由大道的"神判"来确定求箓
弟子是否"应选用"（神判的结果极有可能是通过后世所谓之
"报应"来获知）。我们在第十一节"被君召"中曾经就"考召
四君"的问题进行了考察。我们业已言明，求度者之善恶功过
实际均通过道气的方式来进行考察。《正一法文传都功版仪》
所言："如未合法气，即为考正，要令合法"[2] 则表现出了一种
可能，即考召君本身也具有"治病""驱邪""净心"之职司。
值得注意的是，此处刺文所言，乃是"求请上仙或上灵童子一
将军吏兵，以自防护。"这恰恰点明了，法箓授度的本质是吏
兵的授度，而法箓无外乎其文凭耳（参见《附录四》）。

[1] 吕鹏志 . 天师道授箓科仪——敦煌写本 S203 考论［J］."中研院"历史语
　　言研究所集刊，2006，77（1）：142.
[2] 正一法文传都功版仪［M］// 道藏：第 28 册，491.

关于"谢恩"的记载不见于《正一度箓仪》，但在《外箓仪》中明确记载弟子受箓三日之后应拜进《谢恩章》，并附有《七十五进百五十箓谢恩章》《童子超受十戒及七十五将军箓谢恩章》以及《成人超受百五十将军箓言功章》。这里收录的《谢恩章》与《言功章》区别不大，大抵是在表达感谢之情后为考察自己"合选"的考召君以及之前已于身中营卫自己的吏兵（从属于上一阶法箓）言功，使他们"各加其秩"，然后"各还官室"[1]。实际上，箓生受度法箓之后，自身的生命（形、神）已与道气所分化的吏兵形成了分立而又统一的共同体。按《正一度箓仪》云：

> （受箓之后）不犯恶为非，一旦违科犯约，坐见中伤，吏兵先坐。[2]

箓生之罪，即是吏兵之罪，反之，吏兵之福也即是箓生之福。也正因此，当吏兵们"各加其秩"且返回箓生身体中后，箓生则有"心明意解，动静合真"[3]。

（三）[C 度箓]

上刺之后的第二日平旦，祭酒为弟子授度法箓的仪式正式

---

[1] 正一法文太上外箓仪 [M] // 道藏：第 32 册，208.

[2] 吕鹏志. 天师道授箓科仪－敦煌写本 S203 考论 [J]."中研院"历史语言研究所集，2006，77（1）：141.

[3] 正一法文太上外箓仪 [M] // 道藏：第 32 册，208.

开始，《正一度箓仪》中谓之"度箓"。"度箓"处于整体法箓授度仪式日程的中心位置，是法箓授度的实质性内核。因此我们在此处将进入其仪式内部，在仪法节次的层面对其进行考查。同样，根据其仪式文本，笔者以仪式语法之形式，将其框架归纳于图 18-02 之中。就图 18-02 所见，"度箓仪"也基本呈一对称式的结构，其中 [C-a 入户] 与 [C-a* 出户] 相对 [1]，[C-b 发炉] 与 [C-b* 复炉] 相对，[C-c 出官] 与 [C-c* 复官] 相对。我们在第十二节中已经讨论过，[入户→发炉] 与 [复炉→出户] 是盟威道最基本的仪式"朝真仪"的重要仪式语法结构 [2]。事实上，也正是这一对称仪式结构定义了"道教科仪"这一范畴。

如我们在第十二节中所见，盟威道的"上章仪"建立于既有的朝真仪框架之中，而"度箓仪"实际是借用了上章仪的基本仪式框架（也即是对朝真仪的再一次借用、改造）。"在上章仪"的结构中，[C-b 发炉] 与 [C-b* 复炉] 之间被添入另外一对对称的结构：[C-c 出官] 与 [C-c* 复官]，以及位于此两个节

---

[1] 虽然写本都不显入户与出户之文词，然其文曰"入静"则知其于静室中举行，则必然有"入户"与"出户"之节次。参见吕鹏志. 唐前道教仪式史纲 [M]. 中华书局，2008：104-105.

[2] 吕鹏志. 唐前道教仪式史纲 [M]. 中华书局，2008：198. 吕鹏志教授认为度箓仪乃是受到了陆修静"灵宝授度仪"之影响发展而来，因其发炉、复炉之称谓，以及两日之安排均与灵宝授度仪一致。笔者认为，吕鹏志教授忽略了度箓仪中的核心授度节次（即 [节次 C-d, C-e] 至 [节次 C-k]）之独特性，其中关于将军吏兵的义理逻辑与灵宝授度仪迥异，而与盟威道之固有核心信仰体系完全一致。我们也因此着重就这一段落的仪法进行讨论。

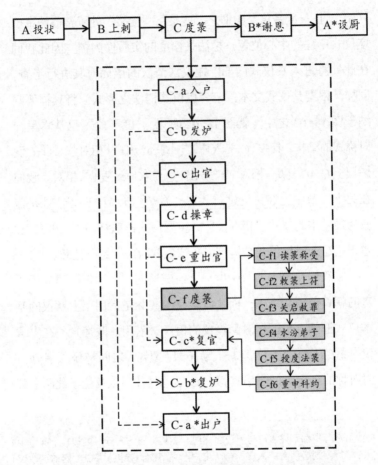

图 18-02 《正一度箓仪》所见"度箓仪"之仪式语法结构

次之中的核心节次：[C-d 操章]。在这三个新加入的仪法节次
中，祭酒从身中将其所受箓中之功曹、吏兵召出，将章文呈送
至三天大道"太清玉陛下"，然后将其召回，使所出之吏兵复
还本身。

至于"度箓仪"，我们可以在图 18-02 中看到：[C-d 操章] 与 [C-c* 复官] 之间，添入了 [C-f 度箓] 这一与法箓授度相关的仪法节次，其中包含有 [C-f1] 至 [C-f6] 这 6 个仪法节次。原有"上章仪"结构中心的 [C-d 操章] 仍然保留，用以拜进《度箓章》。

1. [C-d 操章]

所谓"操章"即祭酒读章之后，关请她／他身中所出之吏兵，校勘章文，并将其送达天曹。以《正一度箓仪》为例，其仪文曰：

> 读《章》/《刺》竟，鸣鼓三通，曰："谨重关臣身中五体真官，官一小吏，十二书佐，冠戴垂缨，摩研沾笔，随《章》/《刺》上谒三天曹。误字为正，脱字为定。有君历关，有吏次启。必使头达，无令错互，上官典者，有所谴却。闭口炁升，慎勿留停。当令臣所请时下，所召时到，所愿时得。分别关启，事讫还复宫室。"

按照《赤松子章历》所载：

> 凡章读了，置奏案，以书刀、朱笔镇上。[1]

---

[1] 赤松子章历 [M] // 道藏：第 11 册，188.

杜光庭《太上黄箓斋仪·言功拜表》亦云：

> （读表）都毕，展于玉案上，正对御前。以龙头书刀
> 镇圣号之左，朱笔镇右。[1]

这里所言当是祭酒在念诵以上祝文时之仪范，即以具象的书
刀、朱笔象征校勘章文之书吏。

以请受《一官童子箓》之章文为例，其章文曰：

> 厶郡县乡里男／女子［王甲］，年［如干］岁
> 右一人童朦无知，恐为故炁所见中伤，今求请"上仙
> 或上灵童子一将军吏兵"，以自防护。请给。谨状。
> 泰玄都正一平炁系天师［厶］治炁祭酒臣／妾［厶］
> 稽首再拜，上言：谨案文书，臣／妾以昨日［子／午］时
> 入《刺》，请如《牒》。主郡—主县—男／女子［厶甲］童
> 蒙无知，恐为故炁所见中伤，求请"上仙或上灵童子一
> 将军吏兵"，以自防护。谨拜《章》一通上闻。愿天曹上
> 官典者分别课次，下将军吏兵，各案左右，入肉人身中。
> 当为［甲］消灾却邪，辟斥下官故炁、复注鬼炁。当令
> ［甲］受箓之后，心开意忏，道炁附着［厶］身，以为效
> 信。恩惟太上分别求哀。臣／妾愚谨因二官直使正一功曹、

---

[1] 太上黄箓斋仪 [M] // 道藏：第 9 册，327.

> 左右官使者、阴阳神决史、科车赤符吏、刚风骑置吏、驿
> 马上章吏官各二人出，操臣 / 妾谨为男 / 女子［王甲］拜
> 《度录章》一通，上诣三天曹，伏须告报。臣 / 妾［甲］诚
> 惶诚恐，稽首再拜以闻。[1]

如章文所见，其道民之《请状》亦作为《牒》，具于《章》之
正文前，构成一完整之叙事。举行法箓（吏兵）授度仪式的祭
酒可为女官亦可为男官，受箓弟子可为女童亦可为男童。其授
度之原由，主要是为了免受鬼神对于儿童的侵扰（即通过盟威
的力量），而吏兵授度的本质，乃是恳请大道分化道气为将军、
吏兵，入于弟子身中，故曰"道炁附着"。从这种请降官将的
角度来看，其又与上章仪中之"请官"颇为相似。

2.［C-e **重出官**］

在通常的"上章仪"中，祭酒在操章、完成上章之后，当
即奉行"纳官"（此处称"复官"）之法，即使方才所出吏兵，
各还身中。而在"度箓仪"中，则在"纳官"之后有"重出
官"这一节次，其仪文中言明：

> 操章毕，勿还官，又叩齿十二通，出吏兵，曰："臣
> 身中仙灵二官直使、正一功曹各五人出，左右使者各五人

[1] 据吕鹏志教授整理稿输入。吕鹏志. 天师道授箓科仪——敦煌写本 S203
考论［J］."中研院"历史语言研究所集刊，2006，77（1）：143.

　　出，阴阳神决吏各五人出，郎吏虎贲、察奸钩骑、三官仆射、天骀甲卒、天丁力士官各十二人出。臣昨日［子／午］时上《剌》，启为男／女生［厶甲如干人］各请将军、吏兵种数如《牒》，今日当下。直使功曹检阅'吏兵'，正一功曹分别'将军'，付授肉人身中，不得错互。"[1]

很明确，这里祭酒所出的所有吏兵与我们所在第十一节"吏兵"中所见《将军箓》之吏兵完全吻合，且未见任何后出灵宝、上清箓中之吏兵。这些吏兵被重新召出不再是为了上章，而是为了度箓。"直使功曹检阅'吏兵'，正一功曹分别'将军'"，即是以祭酒身中的功曹来辅助编排通过上章所请降的道气；于此之后，方才于［C-f4 水汾弟子］中度入弟子身中。这一仪式逻辑十分独特且要妙，我们稍后还将展开讨论。

　　3.［C-f1 读箓称受］

　　随后，祭酒宣读箓文，弟子则于案前"称名授"[2]。我们此前在第十一节中已经详细考察过《将军箓》之文本，其内容包含：请箓弟子信息、请受箓理由、盟约、图像、吏兵名录、神符、三师签押等 7 项。这里应是由祭酒完成其前面的几项，至第 6 项"官将名录"时，按其仪文所云：

[1] 吕鹏志．天师道授箓科仪——敦煌写本 S203 考论［J］．"中研院"历史语言研究所集刊，2006，77（1）：140.

[2] 吕鹏志．天师道授箓科仪——敦煌写本 S203 考论［J］．"中研院"历史语言研究所集刊，2006，77（1）：140.

> 师逐一念箓上将军吏兵名目，弟子亦逐一念其名而，口云受之。[1]

《金锁流珠引》亦云：

> 师与弟子同在坛中，一一唱将军姓名，而度弟子唱受。[2]

这种交替应答式的授度形式，应与当代道教传戒仪式之部分形式相近。此外，因为箓文之中包含了盟约的内容，祭酒也必然须将其完整内容当场宣与弟子（与稍后的［C-f6 重申科约］对应）。

4.［C-f2 敕箓上符］

如前第十一节中所言，法箓上之神符一如军中的虎符，是调动箓中吏兵之信物。由此，祭酒敕符也即是将此兵符正式"激活"，赋予效力。而兵符被赋予效力的前提，乃是弟子对于盟约的确认遵守，以及吏兵业已度入身中。换言之，"敕箓上符"是对于此前授度吏兵的一种总结与确认。虽然《正一度箓仪》中省去了敕符祝文，但《三百六十五部元箓·度治录吏兵仪》所收者或可提供一定之参考，其曰：

---

[1] 吕鹏志. 天师道授箓科仪——敦煌写本 S203 考论［J］. "中研院" 历史语言研究所集刊，2006，77（1）：113.

[2] 李淳风. 金锁流珠引［M］// 道藏：第 20 册，364.

大道开真，正法堂堂。太无威风，无中发光。太无神功，功化十方。太玄真符，摄召神王。无上制御，万祸摧亡。九天扶命，六天敢当。诸天拥护，弥劫相防。急急如太上玉皇律令。[1]

5. [C-f3 关启赦罪]

祭酒关启一众神明摄召弟子的"三曾五祖，七世父母"来临静室，监察其子孙受度将军吏兵（我们之前已经谈到关于世界范围内祖先作为盟约见证人的文化现象），并关启"监盟君、监祖君、录上吏兵，一时持度"。祭酒随后有一段仪文，祈祝弟子受箓之后得以消灾避祸，以及更为重要的"原赦[乙甲]未受录之前从七岁有识以来所犯心望意贪之罪"[2]。由此，一如朝真仪与上章仪，法箓的授度，也是一次赦罪的机会。最后，祝文以"如生官考鬼律令"[3]唤起盟约及天师科律的盟威来保证以上的祈愿得以实现。

6. [C-f4 水汾弟子]

"关启赦罪"毕，祭酒"叩齿三通，嘘吸水"（应预先有水盂置于几上）并以《敕水文》祝曰：

---

[1] 上清金真玉皇上元九天真灵三百六十五部元箓 [M] // 道藏：第 34 册，141.

[2] 吕鹏志. 天师道授箓科仪——敦煌写本 S203 考论 [J]. "中研院"历史语言研究所集刊，2006，77（1）：140.

[3] 吕鹏志. 天师道授箓科仪——敦煌写本 S203 考论 [J]. "中研院"历史语言研究所集刊，2006，77（1）：140.

> 神水当起，追逐吏兵，受（授）入肉人身中。上天下
> 地，入火不燃，入水不濡，白刃之下不伤，与道合同。[1]

咒毕，祭酒以水"三汾受录人"。类似的表达亦见于《太上洞
玄灵宝二部传授仪》，其于弟子《自誓文》后曰：

> 次师三噏丹水，度与弟子，三噏令尽。[2]

此"噏"字通"吸"字，"丹水"即红色之水（可能为朱砂所
染）。我们在下文将会看到，这一仪法在其他授度仪式中也被
称作"饮丹"。又，《上清洞天三五金刚玄箓仪》中所载"敕
度气水文"后小字注解为我们提供了更为深入的理解视角，
其曰：

> （念诵）竟，授水以弟子嗼水三口止。付度毕。[3]

此处"嗼"字与"歃"字通假，按《汉书·王陵传》所云：
"（功臣）与高帝嗼血而盟"[4]，即言汉家国初之"白马之盟"。如

---

[1] 吕鹏志 . 天师道授箓科仪——敦煌写本 S203 考论 [J] ."中研院"历史语言研究所集刊，2006，77（1）：140.

[2] 太上洞玄灵宝二部传授仪 [M] // 道藏：第 32 册，745.

[3] 上清洞天三五金刚玄箓仪 [M] // 道藏：第 34 册，159.

[4] 班固 . 汉书 [M] . 北京：中华书局，1962：2047.

此《正一度箓仪》中之"叩齿"，当是祭酒用以召集身中之神/气，以便布入水中。"嘘吸水"应是指先通过"嘘气"布气于水中，诵咒，最后将杯中之水分三次洒于弟子身上。由此，祭酒以含有其身中之"气"的"水"代替了"血"，用于仪式中之歃血立盟[1]。

但是，在《正一度箓仪》中，其与其他两份仪文所稍显不同的是，此处的水，不仅象征了师与弟子之间的虚拟血缘，还是吏兵们之载体。按照"神水当起，追逐吏兵，受（授）入肉人身中"所表达的含义，作为吏兵的道气不仅仅如前所述，通过上章请自天上，其同时也来自祭酒之身中。祭酒以水汾弟子，实际具有了双重意义：1. 实现了以道气代替牲血，建立"道亲"之关系，由此实现"同命"；2. 这一道气也即是吏兵，其通过水而度入弟子身中。换言之，这也正是我们此前反复提及的盟威道的使命，以及祭酒之义务，即："授气治民""分气治民"。这是对传统立盟仪式的一种极为巧妙的"《清约》化""道气化"或言"吏兵化"之改造。牲血被以道气代替，并由此等同于吏兵。吏兵的授予，实际便也将人与人绑定到了一起。

7.［C-f5 授箓法箓］

水汾弟子毕，写本仪文云：

---

[1] 此外，我们在当代田野考察中观察到，在授度仪式的分环破契环节中，师与弟子要分别布气（用口哈气）于环券之上，再分剖与弟子受持。

师仍左手执录，授与弟子，男左手，女右手。因绕腰三通，竟。[1]

这一绕腰的仪式动作亦见于敦煌写本《陶公传授仪》中所载的"授受五岳图法"，其云：

弟子长跽，右手执绢，左手受图，绕腰三匝（男左绕，女右绕）。[2]

其"授受三皇法"云：

师……因卷取二卷素文跽授，弟子左手受符，仍以绕腰三匝（男左绕，女右绕）。[3]

按《太上洞玄灵宝二部传授仪》云：

次师度《局券》与弟子，长跪受，男左手取，女右手取。度者左手并绕腰三过，向师三拜。[4]

[1] 吕鹏志.天师道授箓科仪——敦煌写本 S203 考论 [J]."中研院"历史语言研究所集刊，2006，77（1）：140.
[2] 王卡.敦煌残抄本陶公传授仪校读记 [J].敦煌学辑刊，2002（1）：94.
[3] 王卡.敦煌残抄本陶公传授仪校读记 [J].敦煌学辑刊，2002（1）：96.
[4] 太上洞玄灵宝二部传授仪 [M] // 道藏：第 32 册，745.

又按《上清河图内玄经》云：

> 毕，卷授与弟子，男左手，女右手，取绕腰后，度三
> 过，插怀中。[1]

由最后一条文献来看，所谓"绕腰三通（匝）"并非是将箓卷
展开后缠绕于身，而是在箓卷封卷的状态下手持绕腰。综合以
上几种授度仪式，在师资与弟子最为重要的授与受的动作之
后，弟子将所得之物（基本皆为手卷之形式）绕腰三次乃是一
种定例。若以"三匝"这一表达来看，其在道教仪式文献中常
被用于环绕香炉或坛场的仪式化运动之中，大多出现在禁坛与
诸方朝礼的科仪节次之中。由此，包含大道玄义妙理的手卷
（法箓或其他宝经、神符、契券）以授度弟子之身体为中心，
进行旋绕，这很明显是一种作用于身体的圣化行为，即以显圣
物质灵力，作用于弟子。这与其他宗教中以手或其他显圣物品
触碰头顶的圣化仪式乃是同一义理的不同物质表现。具体在法
箓的语境中，我们可以想象法箓中的吏兵绕行受箓弟子三匝，
营卫其身的情景，此正如《正一敕坛仪》所云：

> 各请严振落驿，风骤雷举，雨沸云奔，一合来下……
> 盖屋三重，绕坛三匝，上张天罗，下布地网，九土齐功，

---

[1] 上清河图内玄经 [M] // 道藏：第 33 册，824.

兵马列阵……[1]

至此，我们在度箓仪中看到了三种不同层面，但又相互关联的授度：

（1）语言 / 文字层面：弟子"称名受"。

（2）道气层面：祭酒以水"三汾"弟子。

（3）物质层面：弟子持箓"绕腰三通"。

这三种不同的授度方式立体地作用到箓生之形神之中，完美地完成了一次通过盟约而将吏兵、道气布入身中的授度。由此，法箓的授度，实际也就是道气的身体化（embodiment）。

8.［C-f6 重申科约］

法箓授度之后，祭酒再次叩齿，召集身中之功曹吏兵等，命其再次：

> 检阅箓上将军吏兵。从度吏兵之后，付授肉人身中。[2]

我们注意到，上一次对于吏兵的检阅是在［C-e 重出官］中，彼时吏兵尚未度入弟子身中，而此次检阅则是度入之后。而这一次乃是弟子所受吏兵业已就位之后的检阅。如果我们按照军事逻辑来理解，则：第一次乃是出发之前的检阅，而第二次则

---

[1] 正一敕坛仪［M］// 道藏：第 18 册，297.

[2] 吕鹏志. 天师道授箓科仪——敦煌写本 S203 考论［J］."中研院"历史语言研究所集刊，2006，77（1）：141.

是驻防后的检阅阵地。也正因如此，我们也可以将 [C-e 重出官] 与 [C-f6 重申科约] 视作前后对应的两个仪法节次。这一对前后呼应的节次，乃是借用兵家之意象来确保道气在授度前的精纯，以及授度后之平顺；而其形而上的实质，乃是以祭酒身中之道气来感合、调化弟子身中之道气。然后，我们在此更关注检阅之后的一段良有深意的仪文，其曰：

> 从度吏兵之后，付授肉人身中。不犯恶为非，一旦违科犯约，坐见中伤，吏兵先坐。[1]

此句没有主语，应是祭酒向弟子重申包含了科律与《清约》等在内的盟约，并对违反盟约后可能招致的灾祸提出预警。由此，这也是对于出现在箓文中的盟约内容的呼应与重提，充分体现了盟约精神在法箓授度仪式中的核心意义。最后四字"吏兵先坐"之含义我们已在 [B* 谢恩] 中讨论：吏兵作为箓生身中的道气，实际是与箓生互为镜像的另一重"自我"，而这两重自我实际是同一个生命共同体。作为道化自我的吏兵，其在大道职官体系中因保护箓生，并协助箓生广行救度而得以立功并"各加其秩"；而当箓生违犯盟约之时，他们也因此而被"连坐"。因此，吏兵的加秩也就意味着箓生自身的道业有成，

---

[1] 吕鹏志. 天师道授箓科仪——敦煌写本 S203 考论 [J]. "中研院"历史语言研究所集刊，2006，77（1）：141.

而吏兵的受罚也将令箓生"其道不成"[1]，也即是失去生命超越的机会。

最后，祭酒将方才所出将军吏兵召回身中，是为［C-c* 复官］，进而［C-b* 复炉］，最后［C-a* 出户］，整个度箓仪正式结束。

二、《太上洞玄灵宝授度仪》

上文业已言明，六朝时期降授的灵宝经教法有着自成体系的经目以及配套的法箓、仪式以及道戒。对后世影响深远的"灵宝斋"实际植根于传统盟威道的入靖朝真仪[2]，但其参与人群更多，规模更为宏大，结构更为复杂，其背后的思想体系也更为丰富。查尔斯·本（Charles D. Benn.）教授的专著《洞玄授度仪：公元711年的一次道教授职仪式》[3]围绕着唐睿宗景云二年（711）金仙、玉真二公主入道的历史叙述展开，但在仪式与文本分析上并未过多讨论。劳格文与吕鹏志两位教授分别对陆简寂先生《太上洞玄灵宝授度仪》作了仪式结构语法[4]与

---

[1] 张应京校集，张洪任编正．正一天坛玉格［M］．刻本．苏州，1658（顺治十五年），北京大学图书馆藏．

[2] 吕鹏志．唐前道教仪式史纲［M］．中华书局，2008.130-131.

[3] Charles D. Benn, *The Cavern-Mystery Transmission: A Taoist Ordination Rite of A.D.711*, vol. no. 38, Asian Studies at Hawaii (Honolulu: University of Hawaii Press, 1991).

[4] John Lagerwey, "Lu Xiujing's Shoudu Yi: A Grammatical Reading," *Studies in Chinese Religions* 4, no.1 (March 1, 2018): 50-65.

文本[1]上的专项研究，是目前较为完备的一组学术成果。根据这些成果，我们已经知道灵宝斋的最初文本源头来自《元始五老赤书玉篇真文天书经》《上元金箓简文》等经典中的条目性陈述，直至陆简寂先生参考灵宝之"旧经"与"新经"制定仪注，才将灵宝斋之流程范本确定下来，而这一工作的起始范本便是《灵宝授度仪》。换言之，陆简寂先生利用他所已经编订完成的灵宝斋仪式框架，并将立盟授度的仪式环节套嵌其中，编成了《灵宝授度仪》；这种利用既有仪式作为授度仪式框架的做法与《正一度箓仪》完全一致的。按照图 18-03 中的仪式语法图示，整个授度仪式流程以授度仪为中心，呈前后对称式展开，其中 [A 对斋] 与 [A* 设斋] 相对，[B 宿露] 与 [B* 言功] 相对。

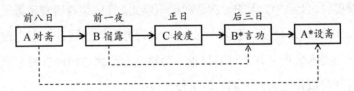

图 18-03 《灵宝授度仪》所见授度仪式之仪式语法结构

（一）[A 对斋]——[A* 设斋]

按陆修静于《灵宝授度仪》中引《黄录简文》云：

---

[1] Pengzhi Lü, "The Early Lingbao Transmission Ritual: A Critical Study of Lu Xiujing's (406-477) Taishang Dongxuan Lingbao Shoudu Yi," *Studies in Chinese Religions* 4, no.1 (March 2018): 1-49.

> 受法当依《明科》，赍信诣师，对斋七日。[1]

此处的"赍信诣师"即赍奉法信，拜诣度师处投辞求度，这与《正一度箓仪》"投状"的性质相同，即向度师提出申请；其不同点在于"对斋"。所谓对斋，又作"入靖对斋"，即度师与弟子于静室中一同斋戒，并对其受度之资格进行考查。董思靖云：

> 所以古者传经，必又先对斋，谓师已斋，弟子亦斋，故曰"对斋"，良由此也。苟或不然，则是缘心听法，其法亦缘，无由悟入。是必如此，然后启誓丹青。[2]

对斋不见于盟威道教法，但在上清、灵宝等秘传教法中普遍存在 [3]，其时长也因经法之不同而迥异，少则数日，多则如《上清黄气阳精三道顺行经》，有"对斋九十日"之说。[4] 简要来说，"对斋"意味着师资对于弟子是否能够受度的考察，这是所有受度者必须经过之程序。有关对斋的具体仪式象征含义将在下一节中具体讨论。

关于"设斋"，陆修静云：

---

[1] 陆修静. 太上洞玄灵宝授度仪 [M] // 道藏：第 9 册，841.

[2] 董思靖. 洞玄灵宝自然九天生神章经解义 [M] // 道藏：第 6 册，396-397.

[3] 《无上秘要》卷七四之"受法持戒品"中，详细开列了授度各种经法、法箓、神符之对斋时限。周作明，点校. 无上秘要 [M]. 北京：中华书局，2016: 751-765.

[4] 上清黄气阳精三道顺行经 [M] // 道藏：第 1 册，831.

次三日，弟子言功，设斋，谢恩，仪在别卷。[1]

此处所言设斋即所谓"设斋办厨"[2]，与盟威法之设厨相同，设斋有饭贤、谢师之意。需要注意的是，这里所言之"言功"乃为将军吏兵言功，"谢恩"乃为上章谢大道、太上之恩；皆是针对神明的仪式，有别于关乎人的设斋。

（二）[B 宿露]——[B* 言功]

《灵宝授度仪》中所言"宿露真文"者，实为利用灵宝斋之"宿启"节次来请神明考查弟子的受度资格。这一功能与《正一度箓仪》前一日上刺相似，即请大道天曹来审定受度者之资格。按陆修静云：

> 《黄缯章表》奏言诸天。所受书文，露坛一宿。无有风炁，文不吹摇，骨名合法，告盟而传；为风所吹，使退斋三日，便如先法；三过被风，其人先无玄名善功，三界不举，五帝不保，骨炁不合，不得轻传。考由司正曹。[3]

灵宝斋与朝真仪的区别在于前者使用露天之斋坛，而后者则使用静室。露坛的特性使其能够以自然的方式对求度者的资格进行"神判"。

---

[1] 陆修静. 太上洞玄灵宝授度仪 [M] // 道藏：第 9 册，856.

[2] 太上洞玄灵宝法身制论 [M] // 道藏：第 6 册，921.

[3] 陆修静. 太上洞玄灵宝授度仪 [M] // 道藏：第 9 册，841.

此外，谢恩、言功以及设斋皆于授度正日后三日一并举行，此与《正一度箓仪》之流程也近似一致。

（三）［C 授度］

灵宝斋中的正斋"行道仪"（又名"朝仪"）自盟威道朝真仪的结构上发展而成的，而《灵宝授度仪》则是又是在行道仪的基础上的进一步扩充。如图 18-04 所见，《灵宝授度仪》也基本呈对称式展开：

- ［C–a 入户］对应［C–a* 出户］，
- ［C–c 发炉］对应［C–c* 复炉］，
- ［C–e 出官］对应［C–e* 复官］，

同时，其中也加入了并不完全为对称结构的［C–b 五方卫灵］以及［C–i 奉 / 还戒颂］。在陆修静所编订的节次序列中，我们看到［C–g 授度］紧随［C–f 上章］之后，这与《正一度箓仪》的仪式结构如出一辙，即授度部分被安排在出官、上章之后。此处的［C–g 授度］节次已被大大扩充，其实际是一组与授度相关的仪法节次（［C–g1 开启］至［C–g5 简授］），它们经过陆修静的精心编排后，自成一个独立的仪式单元。受篇幅限制，我们下面将目光主要聚焦在［C–g 授度］这一仪式单元中。

由图 18-04 所见，［C–g 授度］单元又可细分为 5 段：［C–g1 开启］、［C–g2 授度］、［C–g3 步虚］、［C–g4 元始禁戒］、［C–

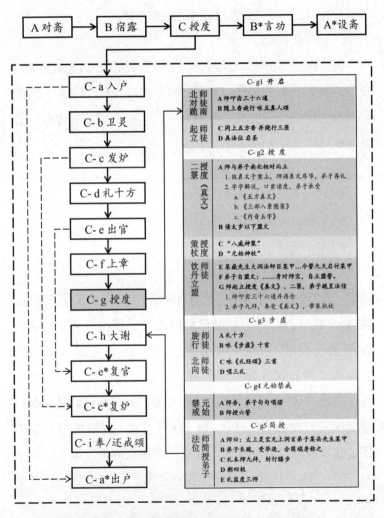

图 18-04 《灵宝授度仪》所见之仪式语法结构

g5 简授]^[1]。其中 [C-g3 步虚]（包含三启、三礼）在后世的灵宝斋中成为行道仪重要的组成部分^[2]，以此作为分割，则此前的 [C-g2 授度]（授度《真文》、二箓）与此后的 [C-g4 元始禁戒] [C-g5 简授]（关于未来传法的劝诫）实际对应了授度与立盟这两个重要的义理与仪式概念，下面分而述之。

1. [C-g2 授度]

这一段中的授度内容已经超越了盟威道的法箓范畴，而是集经典、法箓以及法的授度于一体，并伴随有立盟的仪式。其中《元始五老赤书玉篇真文》为经书即所谓之《真文》；《二十四生图三部八景自然神真箓》《诸天内音自然玉威策录八字》为法箓即所谓"二箓"；"神策"与"神杖"为法具。

2. [C-g2：A.2.a 五方真文]

与盟威教法相比，灵宝经教法有两个显著特点：1. 秘传性质；2. 对于神圣文字的礼敬。这两大特点也体现于《灵宝授度仪》中：其《真文》、二箓的绝大部分重要内容，都需要度师"依玉诀正音，字字解说，口授读度；弟子承受"（[C-g2：A.2.a]）。此处之"读度"呼应《正一度箓仪》中之 [C-

---

[1] 笔者以劳格文教授的仪式结构分析为基础，并稍作调整，参见：Lagerwey, "Lu Xiujing's Shoudu Yi."

[2] Kristofer M. Schipper, "A Study of Buxu: Taoist Liturgical Hymn and Dance," in *Studies of Taoist Rituals and Music of Today*, ed. Pen-yeh Tsao and Daniel P.L. Law, Hong Kong: Chinese Music Archive (Hong Kong: Music Department, Chinese University of Hong Kong: Society of Ethnomusicological Research in Hong Kong, 1989), 110–120.

f 读箓称受]，所不同者在于其中绝大部分内容并非将军吏兵，而是 [C-g2：A.2.a] 五方之《真文》、五方大魔之"玉讳"、[C-g2：A.2.b]《三天赤字玉诀》（出《二十四生图》）与 [C-g2：A.2.c] 三十二天《内音玉字》。正如灵宝经法的修行特色，"读度"的环节也需配合弟子的服气，也就是说，授度仪式实际是弟子依凭《真文》、法箓修行的开启。

3.［C-g2：A.2.b 三部八景图箓］，［C-g2：A.2.c 内音玉字］

（1）《三部八景图箓》

《三部八景图箓》包含有上、中、下三部之仙官、功曹、使者的 240 组仙官吏兵。在 [C-e 出官] 中，师资已在授度之前将身中的上、中、下三部之仙官、功曹、使者召出，这对应了《正一度箓仪》中祭酒在操章后不复官，而令其参与度箓的做法。与其相对的，在 [C-g2：A.2.b 三部八景玉诀] 中，分别三次言明"度上部八景""度中部八景""度下部八景"，这也应是与《正一度箓仪》[C-f1 读箓称受] 相类似的授度形式，即在师资的协助下，将吏兵度入弟子身中。我们应该同时注意，所谓"三部八景"之神，并非来自身外，其实际是身中之道气在师资外部力量的作用下，"点化"而出。故此，师资所出之吏兵，对于受度弟子而言，无外乎是一种"催化剂"。

（2）《内音玉字》

此外，《内音玉字》中尚包含有三十二天之玉童、玉女、直符，他们并未在 [C-e 出官] 中从身中召出。但当度师与弟子于节次 [C-g2：A.2.c 诸天内音灵书中篇] 中诵念三十二天

"隐韵内名"时，三十二天之玉童、玉女、直符自然下降于坛场并于弟子诵读《盟文》后度入弟子身中。陆修静在［C-g2: A.2.c］段落结尾言明"次读太岁以下《盟文》"，而此《盟文》即《内音玉字》卷一结尾所收录者，我们已在第十五节中，对其义理有过讨论，现谨将整份《盟文》重录于下。

太岁［某］年［某］月［某］甲子朔［某］日甲子，［某］岳真人，本命［某］甲子［某］月生，［某］天领籍炁系［某］炁天君，今于［某］炁天中，从师［某］岳先生道士［某］君，受文佩身。七宝镇灵，金、缯誓心，告灵盟天，约为身宝，奉承大法，俯仰旧典。上告：

三十二天监度文命、侍经仙郎、韩司主录、飞天真人、三界神王，落［某甲］死籍，勒上仙名，金格玉箓，《三元品》中。依大圃威仪，降下真仙之气，入［某］身中。

三十二天监仙司马、典经羽郎，各依《格》，遣玉童玉女神真之气，各一合下，侍卫灵文，奉给［某甲］身。

普关：诸天诸地无极世界，日月星宿，三界官属；五岳名山，九江水府，三官司罚；九幽长夜泉曲之中，无影无色，无形无名，无音无响，无大无小，无高无下，无尊无卑一切神灵；咸各明［某甲］身奉大法，佩带天文，名入仙箓《三元品》中，出入游行，依旧伺迎，一日三朝，如紫微上宫；削落地简，《九幽目录》，灭绝宿根，渐息恶缘，不得拘逮，亿劫无连；七祖同福，皆得上升，逍遥玄都七宝林中，魂受炼度，时得更生。

　　[某甲] 约：承奉大法，一如《明真》捡身慎诫。生死成仙，五帝交友，游戏诸天。愆盟负誓，泄漏天文，传非年限，生死谢对，长负河源，风刀万劫，镇夜挞山，罪福报对，悉如盟文。[1]

《盟文》中言明，三十二天吏兵下降"入"于弟子身中，三十二天玉童、玉女下降"奉给"弟子（前者为身中，后者为身外）；然后普关三界神明以为证盟；并约定："承奉大法，一如《明真》，捡身慎戒"。最后当然包括了"愆盟负誓"的恶果："生死谢对，长负河源，风刀万劫，镇夜挞山"。需要进一步说明的是，这一段《盟文》出自《内音玉字》，其实际关乎三十二天吏兵之授度。稍后我们还将看到针对《真文》、"二箓"这一整体的盟誓内容。

　　4. [C-g2：C 八威神策]，[C-g2：D 元始神杖]

　　（1）八威神策

　　"灵宝八威神策""神杖"之法，出自《赤书玉诀》之《灵宝八威神策玉诀》与《元始灵宝五帝真文玉诀》。《赤书玉诀》是《赤书玉篇》之法诀，则策、杖则应被视作与《赤书玉篇》相配套之法具。其中，所谓的"神策"实际是三块写有灵符及授度文字的符版。《灵宝八威神策玉诀》曰：

――――――――――

[1] 太上灵宝诸天内音自然玉字 [M] // 道藏：第 2 册，536.

当朱书《三天太上召伏蛟龙虎豹山精文》，着一银木板上。又书记年月、师姓讳，着一板上。合二板，内囊裹。朱书《次文》，着一板上，着囊外。凡三板，合封为神策，如"传"之状。[1]

这里所谓的"传"，是六朝以来"使者、驿差所持的一种信物"[2]，其源自汉代通关公文之"传"。《唐六典·门下省》载："后魏有'传符'，历北齐、隋皆用之。武德初为银菟符，后改为鱼符。"[3] 郑雅坤认为，传符是后魏至唐代"官方的'发驿遣使'所用的一种特殊的通行凭证，同时也是一种食宿、交通凭证，持此传符，一路上可以享受到交通工具和食宿方面的照顾。"[4] 从形式上我们可以推断，八威神策与鱼符等物品一样，是一式两（多）份，能够相互"符契"的信物。但是，从"召伏蛟龙虎豹山精文"的命名，以及"以策召龙，龙为负身……所在施召，降响立到"的说明来看，实际又相当于某种意义上的虎符（兵符），其由更高的绝对权威授予，用以无条件地调遣战斗力量。从这一点上而言，其与宋元道法中的"令牌"又有共通之处。与此同时，"八威神策"还具有一重身体性，且

---

[1] 太上洞玄灵宝赤书玉诀妙经 [M] // 道藏：第 6 册，191.
[2] 郑雅坤.谈我国古代的符节（牌）制度及其演变 [J].西北大学学报：哲学社会科学版，1985（1）：59.
[3] 李林甫.唐六典：门下省卷第八 [M].北京：中华书局，1992：251.
[4] 郑雅坤.谈我国古代的符节（牌）制度及其演变 [J].西北大学学报：哲学社会科学版，1985（1）：59.

与道士的生命紧密关联，《赤书玉诀》曰：

> （箓文）着别室，烧香左右，精心供养，受以佩身。

又曰：

> 生死无复三恶之难，不经泰山，径升九天，衣食自然，位同太极，要自成仙。[1]

从这一点来看，"神策"与"神杖"又有一重相通之处，其均与道士自身有着某种等同关系，由此成为道士下葬时入殓于身形旁之物。

（2）元始神杖

《赤书玉篇》云：

> 元始神杖，用灵山向阳之竹，令长七尺，总七节，上下通直，以五符次第置其中。空上一节，空下一节，以应天象地也。[2]

神杖在灵宝经法中具有一定的仪式功能，其与八威神策在后世合并，成为"策杖"，并一直传衍至今（且与令牌也存在一定

---

[1] 太上洞玄灵宝赤书玉诀妙经 [M] // 道藏：第 6 册，192.
[2] 元始五老赤书玉篇真文天书经 [M] // 道藏：第 1 册，787.

共通之处)。神杖不但是灵宝法师形影不离之物，也是其朝夕礼拜的神物，按《元始灵宝五帝真文玉诀》所云：

> 卧息坐起，常以自随……朔望八节日，当烧香左右，朝拜此杖，则神灵感降，道则成矣。[1]

做一个不完全恰当的比喻，神杖之于灵宝法师，在某种意义上相当于箓中吏兵之于正一祭酒，盖因神杖实已与其主人成为互相的独立，但又紧密相连的两重"自我"。正因如此，神杖才会与法师之身形于亡殁后一同入殓，并有以神杖代法师之形而尸解的"杖解"之法[2]。《赤书玉诀》云：

> 灵符神杖，威制百方。与我俱成，与我俱生。万劫之后，以代我形。景为五解，神升上清。

又云：

> 行此道九年，精谨不慢，神真形见，杖则载人空行。若欲尸解，杖则代形，儵欻之间已成真人。[3]

---

[1] 太上洞玄灵宝赤书玉诀妙经 [M] // 道藏：第6册，191.

[2] 《真诰·卷十二》："(刘)宽用心仁爱，触类如此矣。年七十三，一旦遇青谷先生降之于寝室，授其'杖解法'……"吉川忠夫，麦谷邦夫. 真诰校注 [M]. 北京：中国社会科学出版社，2006: 391.

[3] 太上洞玄灵宝赤书玉诀妙经 [M] // 道藏：第6册，191.

类似的"代形"之法亦见于《元始五老赤书玉篇真文天书经》中的"刀（剑）解之法"，其曰：

> ［符］玄都紫微宫旧格……道士欲尸解者，黑书木刀，敛抱而卧，即为代人形而死矣。

《灵宝授度仪》中所详细记载的神杖封敕之法，更进一步表明了神杖与其主人之间的双重"自我"关系。在这一仪式段落中，度帅分别五次将五方五帝符纳于杖中，弟子则分别五次配合以五脏之存思服气。此即是弟子通过自身生命之气赋予了神杖以生命，且这一生命与自身相互独立，又紧密相关。

此外，神策与神杖与法箓一道，构成了受度弟子成为灵宝法师的身份标志，一如谢世维教授所言："这是因为八威神策与元始神杖可佩之于身，执之于手，可以物质性的形象显之于外，因此八威神策和元始神杖就成为一个具格灵宝道士的具象表征，是神职与道阶的具体呈现，并以此与他派道士区隔，此二者已经不局限于招神驱魔的法器，在陆修静看来亦是宗教法位与权威的代表，也是师徒之间传承的媒介。"[1]

5.［C-g2 饮丹立盟］

我们在第十三节与第十五节中，曾经反复讨论受度法箓之后所具有之权利、义务以及相关约束，和最终的宗教承诺。笔

---

[1] 谢世维 . 从天文到圣物——六朝道教仪式中策杖之考察 [J] . 汉学研究，第 27 卷第 4 期（2009 年 12 月）：110.

者将体现在箓文以及受度仪式中的这一类内容称作"义务约定"，即其中所包含的内容往往涉及公众层面的社会义务，诸如"助国扶命""济生度死"等。与此相对的，则是有关弟子日后再次"授度约定"。在《灵宝授度仪》中，有关责、权、约束的义务约定体现于师资的《丹水文》与弟子的《自盟文》之中。所谓"丹水"即以丹砂之水代替牺牲之血。此一做法直接呼应了《正一度箓仪》中的[C-f4 水汾弟子]节次（以及讨论中所涉及的"噏丹水""啑水"），其是对歃血结盟仪式废除后的革新，即以水作为媒介，将真气（以及吏兵）度与弟子。

　　《丹水文》与《自盟文》不但在结构上紧密对应，且其上下行文之间逻辑条理清晰，堪称立盟授度义理之集大成者。为了更好地对其进行理解，笔者谨将其内容分列于下表之中，以下分而述之。

《灵宝授度仪》中度师《告丹水文》与弟子《自盟文》之结构与内容对照

	度师《丹水文》	弟子《自盟文》
引言	[某]岳先生大洞法师臣[某甲]，告弟子[某甲]等： 元始天尊于眇莽之中，敷演真文，结成妙经。劫劫济度，无有穷已，如尘沙巨亿无绝。灵文隐奥，秘于金阁，众真宗奉，诸天所仰。逮于赤鸟，降授仙公，灵宝妙经，于是出世度人。吾谬禀微缘，运值灵文，先师显饰，奉传至法，誓为身宝，岂敢宣泄。	[某]府县乡里[某]岳先生洞玄弟子[某甲]，稽首再拜，上启： 元始天尊、太上道君、十方尊神、四方已得道至真。太上灵宝三十六部尊经宝符，高玄大法师[某]，因缘宿福，九天之劫，轮转不灭，庆祚所逮，轮化所籍，得生法门。先缘发愿，仰羡至窥，法阙大乘，心神欣踊，自恐腐骸。

续　表

	度师《丹水文》	弟子《自盟文》
权利	劫运推移，其法应行，有合真之人，依《科》听付。	今遭天运推移，皇道数行，蒙法师［某甲］所见拔擢，开导愚蒙，赐臣灵文，奉对圣君。肉尸惶惧，洗除浊秽，得侍灵坛，俯荷拔擢，荣过分表。
义务	今誓九天，启付［某甲］，受经之后，当：依明科，肃己励躯，精诚勤苦，断绝世缘，唯志大乘，供养朝礼，讲习妙赜，参问有道，导引精研，修斋服御，希求飞腾，尊道敬师，推崇根本。	［某］当：励己肃体，供养尊礼，弃情退累，志托幽阜，长乖世涂，唯志丘岩，昼夜朝拜，思竭愚管，庶凭圣文，拔度朽骸，至心悾慊，无有二念。
约束	不得：喷嚣，有面无心，攻伐本根，自造无端。轻慢经宝，皮好胎诞，淫欲贪着，嫉妒恚恨，胸心谄楚，怀毒在内。	不敢：违盟负誓，欺师慢道，有面无心，不保劫数。
证盟	（见下文之五帝）	［某］自收罪考，吞声敢言，引［某］七世父母、九玄祖考，以为证誓，见世生人，九族种亲以为盟约。
惩罚/诅咒	一旦犯违，身充三泉。当以［某甲］三曾五祖，同沦地岳，万劫无原。	［某］自乐仙道，时不敢拘迫，一日有违，生死同沦地狱五道，不敢蒙原。

续　表

	度师《丹水文》	弟子《自盟文》
立盟 / 承诺	今建立黄坛，关盟五帝，付授《宝文》《十部妙经》，诸天、五岳，咸对盟文，检行慎法，抱于中心，飞仙可期，终成道真，善自肃励，如《四极明科》律文。	上告元始，下誓五帝，身对师宝，自立盟誓。丹情至心，唯蒙矜纳。臣［某］诚惶诚恐，稽首再拜。

（1）权利

通过上表可见，在关启大道众真之后，师资与弟子都分别略叙了灵宝经下教人间，出世度人的宏大宗教目的。引文之后，师徒双方都以"天运""劫运"为由，言及传授《真文》、道法的必要性，这实际呼应了灵宝与上清经教中普遍存在的"传经年限"以及人选骨相之问题[1]。以《四极明科》作为集中代表，其中上清诸经特别强调传经之频率问题，灵宝经则强调"自无玉骨玄图，紫字录名，不得见闻。"[2] 这也正对应了度师所言"有合真之人，依科听付"。简而言之，灵宝经之出书度人，需要"合真"之人来代为宣行，由此则必须将她 / 他所掌握的宝经、法箓等，再次传授与新人。

对于弟子而言，这些传授之物不仅仅代表了大道的玄义妙理，更意味着神圣权利以及身份的赋予，即所谓"奉对圣君"。

---

[1] 周作明，点校 . 无上秘要 [M]. 北京：中华书局，2016：483-494.

[2] 太真玉帝四极明科经 [M] // 道藏：第 3 册，418.

这是因为宝经之中还包含着包含吏兵之法箓，以及可以召劾鬼神之神策、神杖。

（2）义务

师资以"今誓九天"作为盟誓之开始，以"当"字引出授受之后弟子之义务，其中除了自身行为举止的规范外，以及各类修行之外，更还包括了"讲习妙赜"以及"庶凭圣文，拔度朽骸"，此即依凭灵宝真文、宝经来"代天宣化""济生度死"。

（3）约束

师资与弟子分别并以"不得""不敢"引出对于弟子的约束。其中，两者的陈述中均包含了"有面无心"，这实际直接涉及了科律、道戒遵守的核心，即所谓的约束应是"身"与"心"双方面的，而这也即是《三归》之中的前两条，即"归身"与"归神"。其次，弟子的自我约束中，首先包含了"违盟负誓"以及"欺师慢道"，后者呼应了前文所言之"怨道咎师"，而这也正点名了道教作为核心的信仰，即：大道与师资。故陆修静有云："临奉老君、三师，谓之'正教'。"[1]

（4）证盟与自我诅咒

其后，弟子以自己的"七世父母、九玄祖考""见世生人，九族种亲"为"证誓"，引出后面以"一旦犯违""一日有违"所引出的自我咒诅：弟子本人与祖先一同堕落地狱（相应地，修奉灵宝经法的正面意义则是使祖先受益）。我们此前业已反

---

[1] 陆先生道门科略[M] // 道藏：第24册，782.

复强调，"自我诅咒"乃是立盟仪式中不可或缺的一环，缺少此项，则其盟不立，其神也不威。

（5）立盟与宗教承诺

最后，度师略述当下立盟授度之仪式"建立黄坛，关盟五帝"。其后，度师申明了尊奉盟约的宗教承诺，即"飞仙可期，终成道真"。这一承诺并非是度师之空口之言，而是以"《四极明科》律文"作为一切效力的基础依据。对应度师，弟子启告元始（大道），以五帝作为证盟，面对度师，最终确立盟约："丹情至心，唯蒙矜纳"。具体而言，这里所指的《四极明科》的宗教承诺，应是如下科条：

> 《太玄都四极明科》曰：洞玄灵宝上经，大劫、小劫、五符、玉诀，上清宝文，玄洞之道，自无玉骨玄图，紫字录名，不得见闻。有其文，则玉童玉女侍卫。当烧香礼拜，如奉君父，清斋诵经，立登云舆，宴景五岳，位掌灵山。[1]

由此，笔者所要强调的是，汉末、六朝时期道教的授度仪式，乃至日常所行之仪式，均建立在与科律紧密咬合的前提之下。其中一切的仪式行为，皆可被视作科律的具体应用，因此才具有了神圣的效力。而科律之源头，则是盟约。

---

[1] 太真玉帝四极明科经［M］// 道藏：第3册，418.

（6）授受

《灵宝授度仪》中并未载有"饮丹"之描写，但我们通过以上的盟誓之文可以推测，弟子在立盟之后应当有与师资共饮丹水的环节，以此实现道气之共融。饮丹立誓毕，《授度仪》云：

> 师起立北向，左手执《真文》、"二箓"。弟子长跪，以右手持信物。师叩齿三十六通，存五藏之色，令备具合成宝盖之云罗，覆经及师，从而祝曰：
>
> 天书简不烦，道德自备足。修之必神仙，当复何所欲。文耀太无间，焕然而朗郁。传授悉依法，泄慢堕地狱。
>
> 次弟子跪，九拜，三起三伏，奉受《真文》，带"箓"执"杖"，礼十方一拜。

由此，《灵宝授度仪》的核心授受环节至此以师与弟子之间建立盟誓作为阶段性之告终，这其中不但包含了道气层面的分享，也还包括了物质层面的交换，即弟子与师资同时交换法信与《真文》、"二箓"。类似法信与宝经的交换过程，也可参考《四极明科》所载，其曰：

> 师左手执经，弟子右手执信，对向天而微言曰：
>
> 上皇高玄，万帝虚微。下世有愿，守固不移。敢告盟誓，以检众非。玉经宝诀，皆如科仪。度身之后，万气总归。[师宗]长保天地，三景齐晖。敢有泄漏，长谢四非。

毕，弟子置信于前，受经，北向九拜而去。[1]

此外，《上清三元布经》中，还有一种更为细节地描述，其云：

> 师读文竟，起长立，左手执文，弟子长跪，右手受文，二人同以余手指天西北角，弟子仰祝曰：
> 上告九虚，下誓五灵。禀受天文，敢违盟言。轻泄放露，疑贰天真。生死父母，九祖种根。及身长没，同负河源。三途五苦，万劫敢怨。
> 毕，便去。

由此，我们大抵可以看出，在更为细节的仪式节次中，立盟与授度几乎是同时举行的，其念诵祝文的过程中以手指天门之乾隅，也即是指天发誓之意，这一誓言当然伴随了"质心"之法信的呈送（参见图 18-05）。

6.［C-g4 元始禁戒］

度师在引弟子步虚、三启、三礼之后平坐，为弟子说《元始禁戒》，弟子"向师伏……句句唱诺"。《元始禁戒》并非条目式的戒律，而是专门针对经法在未来再次授度劝诫，也即是我们此前所言之"授度约定"，即弟子与师资之间的约定。《元始禁戒》之内容首先大段地讲述了灵宝经法之宝重以及其救度

---

[1] 太真玉帝四极明科经［M］// 道藏：第 3 册，444.

图 18-05 《上清侍帝晨桐柏真人真图赞》第十，描绘了桐柏王君为周季山授《素奏丹符》之场景："王君以左手执《素奏丹符》，欲付周君"，以及为夏馥授《黄水云浆法》之场景："王君把一卷书欲付馥，馥长跪举两手受之。"[1]

之神功，然后转入正题，其曰：

> 天真妙重，九天所秘，不得轻泄，考罚尔身。若弟子
> 应传经者，年限虽未盈五八，皆令法信充备，依黄箓为三
> 师，开度弟子一十九人，功德满足，然后得传宝诀。不得

---

[1] 上清侍帝晨桐柏真人真图赞[M]//道藏：第11册，162.

非师私相教授，若违科妄泄，无盟而传，师受四极之考，七祖同沦地狱，万劫不原。可不慎之，可不慎之，尔其信焉！

《元始禁戒》的特别强调说明了两层深义：1. 灵宝经法十分尊贵，一定不能轻传；2. 正因如此，才一定要将其传承下去。随后度师又授弟子《六誓文》曰：

一誓不轻泄；二誓不猥慢；三誓不妄传；四誓不口说；五誓不触经禁；六誓不受财卖道。天尊六誓以质人心，人心既固，道心亦真，不得违誓越盟，永受风刀。

弟子随度师"说誓之时，先捻香，弟子一手指天，男左女右"，此盖是指天为誓，与上引《三元布经》相似。《六誓文》应是弟子对于度师劝诫的回应，且这一盟誓只以经法授度为中心，正是这一部分盟誓的存在，使得我们得以将灵宝经法视作一种秘传之传统。其中的第六项"不受财卖道"更是延续了《清约》的传统。

值得注意的是，由《自盟文》与《六誓文》所组成的这种"双重盟约"的授度形式一直传承至今日。前者关乎宗教使命与核心精神，后者则关乎传承本身。

7. ［C-g5 **简授**］

立誓毕，度师在弟子同意遵守以上双重盟誓的基础上，为其正式授予写有弟子灵宝法位的谒简，其曰：

> 太上灵宝无上洞玄弟子［某］岳先生［某甲］。

所谓"谒简"即写有法师法位的木简，等同于汉代之"谒""刺"之功能，也即是近世之名帖，当代之名片。在灵宝斋仪朝礼"礼十方"的节次中，法师需将写有自己法位的谒简投于当方桌案之上，"犹世间捧刺参谒也"。[1] 按宋代后出《灵宝无量度人上经大法》曰：

> 皇人曰：简以梓木为之，长一尺二寸，以白粉为地……中用墨书衔位，为谒简……传法日（与板券、策杖）排于上真前。度毕，弟子收之，安于圣前，每日供养。如用，即再拜而请。[2]

由此可知，谒简实际是一种近似朝简（笏板）的法具，其也是法师"法位"的象征与载体，而法位即是灵宝法师之神圣身份。故从另一个角度来说，写有法师法位、法名的谒简，与同时被授予的策杖、吏兵一样，是法师的另一重"自我"，只不过谒简所表达者更为外在，也具有社会性。

---

[1] 灵宝领教济度金书：卷三百二十 [M] // 道藏：第 8 册，824.
[2] 灵宝无量度人上经大法：卷七十一 [M] // 道藏：第 3 册，1056.

结合上一段［C-g4 元始禁戒］来看，因为灵宝经法的神圣与隐秘，其对建立新的盟约而授度有着极高的要求。而与此同时，再一次建立盟约而授度实际也是灵宝法师神圣身份与权利的一部分。从传承的角度来说，她／他乃是一位被前代度师与后代弟子所界定的人，他因此不仅被纳入教团内部的社会框架中，也被纳入了大道下教人间的传承谱系之中。如此，只有当受度弟子指天"六誓"，愿意遵守再次授度的规则之后，他才真正意义上得以获得灵宝法师神圣身份之全部，并最终通过谒简得以传授。

与此同时，灵宝法师的身份同时也存在于神明的层面，谒简的功能主要是用于参谒神明。由此，受度弟子随后马上要做的，便如仪文中所述，向十方灵宝天尊与灵宝五师分别念诵自己的谒简，以此来向神明来昭示自己的身份。

8. 总结

综上所述，在整个《灵宝授度仪》中，受度弟子分别在三个层面确立了新的"自我"：

1. 形：随身之策、杖（以及授度仪中未开列之法服）。

2. 名：外投之谒简，也即是法位。

3. 质：身中之道气，也即是吏兵。

此三者互相依凭，不仅构赋予了受度弟子的宗教义务、权利与承诺，更赋予了神圣身份，并进而构建了道教教团。

此外，我们在上一节中也曾言明，通过将宝经、法箓、道戒、法服、法具以经纬的框架进行授度，《灵宝授度仪》也赋予了受度弟子一整套宗教的信仰、时间系统，其意在构建一套奉道者能够与大道实现多维度、全方位"符契"的体系。而这一体系的基础，即是对于盟约之尊奉。

三、《上清灵宝大法传度仪》

我们下面沿着灵宝经教的脉络，来考察宋元时期灵宝大法之"传度仪"。按《道藏》中所见之"传度仪"有两重含义，一指成为出家道士的传度仪（出家受戒），一指成为受职法官的传度仪（传法授职）。两者之间的共性在于，他们都属于宗教内部的一种"启度仪式"（initiation），即通过仪式而获得另一种宗教意义的神圣的身份。出家传度仪的核心在于为出家弟子脱却俗衣，换着道衣，并授受十戒。由此，出家传度又被称作"披度"（一些官府行文中亦称"簪度"）。虽然我们在此的主要任务是探讨传法传度，但作为背景知识，仍简要地将北宋高道贾善翔所编订的《太上出家传度仪》[1] 之主要节次归纳于下，以供参考 [2]。

---

[1] 太上出家传度仪 [M] // 道藏：第 32 册，161.

[2] 《上清灵宝济度大成金书·卷一九》（己集上）所收《披戴仪》可视作这一出家传度仪传统之延续。其中与道服相配的赞颂与《玉音法事·卷下》之《披戴颂》基本对应（唯少"拜坛"）。玉音法事 [M] // 藏外道书：第 16 册. 成都：巴蜀书社，1994：669-673. 此外，《道藏》所收《全真清规·簪披次序》虽然也以更换俗服为主，但其仪式框架与其他两种十分不同，因此可视作另一传统。全真清规 [M] // 道藏：第 32 册，156.

《太上出家传度仪》主要节次表（加阴影者为核心换道服部分）

1. 师徒至大道前上香启圣	9. 保举师与脱俗衣	17. 度师说十戒
2. 度师敷座讲出家因缘	10. 着履	18.《智慧颂》
3. 弟子北面辞帝王	11. 系裙	19. 度师教戒
4. 弟子望陇辞祖先	12. 着云袖	20. 弟子礼经籍度三师
5. 弟子辞父母亲属	13. 披道服	21.《十二愿》
6. 弟子辞亲知朋友	14. 顶簪冠	22.《学仙颂》
7. 三皈依	15. 执简	23. 回向念善
8. 弟子具白请度	16.《三启颂》	24. 弟子礼大道及度师

　　自唐末开始，在地方兴起的道法的影响下，原有的箓阶法位授度系统发生了深刻的改变，一方面是法箓与道法对应关系被特别重视，另一方面由于宗坛的确立，法箓与道法（包括其相应的"法职"）的授度被分割开来，由此形成了求法弟子需先至宗坛受度法箓，之后返回本师处所，再行传度的制度（关于这一历史时期中授度体系的转变，请参见《附录二》）。在这样的历史情形下，再加上法箓所属的经教体系与新出道法之间存在的"不兼容"，专门授度道法及法职的传度仪应运而生。专门针对道法的传度科仪始自天心法，对此李志鸿博士[1]与张

---

[1] 李志鸿. 道教天心正法研究 [M]. 社会科学文献出版社，2011：161-163.

超然教授[1]都做了较为详尽的历史探求，我们不再展开讨论。天心正法传度仪主要由两部分组成，即"奏名"与"传度"。奏名乃即是以"发奏仪"之形式（亦为天心法所首创）将求法弟子的姓名以及度师为其所拟之法职上奏诸天神圣，度师在得到"报应"之后才能择日传度[2]；这种通过奏报神明来判断受度弟子受度资格的做法与《正一度箓仪》之"上刺"与《灵宝授度仪》之"宿露"旨趣相同。"传度"则是度师通过《受戒仪》的形式，为弟子说戒，立盟，并为弟子颁给符券[3]。

在宋元新兴道法的影响下，灵宝经教也形成了自己一系的"灵宝大法"，并效仿天心法之模式，设立了独立于法箓授度之外的传度仪。在此，我们仍须再次明确这一概念，即灵宝法箓之"授度"与灵宝大法之"传度"是完全独立的两次仪式，且前者是后者的必要条件，未尝受度《灵宝中盟箓》者，没有资格直接受度灵宝大法。这一规约不仅适用于灵宝大法，也同样适用于其他道法。当然，我们尚不明确这种制度在历史上到底持续了多久，是多大程度之事实，但它至少是我们通过目前既有文献所了解到的宋元时期公认的流程。在这样的背景下，灵宝大法将天心法的传度仪式有机地纳入本门所特长的灵宝斋法

---

[1] 张超然 . 援法入道：南宋灵宝传度科仪研究 [J]. 台湾宗教研究，2014，13（2）：99-140.

[2] 张超然 . 援法入道：南宋灵宝传度科仪研究 [J]. 台湾宗教研究，2014，13（2）：118.

[3] 李志鸿 . 道教天心正法研究 [M]. 社会科学文献出版社，2011：167.

仪式结构中，由此得以构建出专属灵宝大法之传度仪。只不过，随着五代以来"醮"以酬神概念的流行，此时的"斋"已被改称为"醮"，但其基本仪式框架结构维持不变。金允中云：

> 传度开坛建醮。或有力之家，宿启则预行申发，晚下敕水禁坛、宿启行科如斋法。次日昧爽，登坛开启，三时行道，朝真忏悔谢恩，有灵宝道场三朝科文可用。晚下设醮传度，尤为尽善。[1]

在金允中的描述中，虽然"建斋"变易为了"建醮"，但是"宿启""三时行道""朝真忏悔""设醮"均沿袭了中古灵宝斋之仪范。由此，灵宝大法之传度仪一方面继承了六朝以来的伟大仪式传统，同时又对后世的传度仪范有着极为深远的影响，不仅其仪式结构的安排仍见于今日之传度仪，而且其"契券""职帖"等授度文书也被后世所继承，并沿用至今。据此，我们在这里谨依金允中《上清灵宝大法》所载传度醮仪[2]，将其仪式流程罗列于下。

（一）[**投词请师**]——[**设斋谢师**]

据图 18-06 所见，第一部分 [A 投词请师] 与此前所讨论的两部授度仪式一样，是度师"审察贤愚"[3]的时机，甚至在王契

---

[1] 金允中 . 上清灵宝大法：卷四二 [M] // 道藏：第 31 册，640.

[2] 金允中 . 上清灵宝大法：卷四二，卷四三 [M] // 道藏：第 31 册，634-647.

[3] 灵宝无量度人上经大法：卷七一 [M] // 道藏：第 3 册，1053.

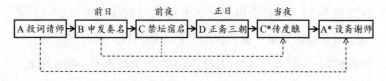

图 18-06 《灵宝大法传度醮》所见授度仪式之仪式语法结构

真的版本中，还需要弟子出具《三代出身立盟誓状》[1]，其传法不可谓不审慎。与其相对的 [A* 设斋谢师] 并不载于文献，系笔者依前所叙推导所得。

（二）[B 申发奏名]

"发奏"或言"申发""申文发奏"，为灵宝大法所直接引进之天心法仪式概念，即通过法官依诀"变神"，之后"召""遣"官将，请其将一系列文书投递至多处三界宫府[2]。其中，"变""召"之法乃是宋元道法于仪式实践层面最大之特色，而呈递文书至众多的神司则是宋代以来道教职官系统进一步大发展之体现（甚至有案牍主义之嫌）。按照金允中云：

> 度师受词即启告上帝高真，录状奏文，申牒三界。[3]

这些文书依呈进圣真、宫府之不同，大抵共分为四类：奏牍、奏状、申状、牒，共计 87 件之多。现谨依其接收者以及文书类型开列于下表之中。

---

[1] 王契真．上清灵宝大法：卷二八 [M] // 道藏：第 30 册，909.

[2] 金允中．上清灵宝大法：卷四二 [M] // 道藏：第 31 册，634-637.

[3] 金允中．上清灵宝大法：卷四二 [M] // 道藏：第 31 册，634.

金允中《上清灵宝大法·传度对斋品》所开列之发奏文书

文书	圣 位	数量	文书	圣 位	数量
奏牒	玉清圣境洞真元始天尊	1	申状	上元、中元、下元三官帝君	3
	上清真境洞玄灵宝天尊	1		天蓬、天猷、翊圣、真武四圣	1
	太清仙境洞神道德天尊	1		玄师、天师、经籍度师五师	1
	太上昊天玉皇上帝	1		日宫孝道仙王	1
	勾陈星宫天皇大帝	1		月宫孝道明王	1
	中天紫北极大帝	1		九州都仙太史	1
	后土皇地祇	1		太极左仙翁	1
奏状	南极长生大帝	1		三界大魔王	1
	东极青宫太乙救苦天尊	1		五帝魔王	1
	十方灵宝天尊	10		地府北阴酆都大帝	1
	九天帝	9		水府东霞扶桑大帝	1
	三十二天	32		东岳天齐仁圣帝	1
	木公	1	牒	蒿里丈人	1
申状	泰玄都省	1		州、县城隍	2
	中天大圣北斗九皇星君	1		九州社令	9
文书总计 87 道					

宋元时期的道教一方面开始将国家／地方的神明礼敬纳入自己的义理体系中（酬神之"醮"由此开始流行）；另一方面，通过与皇室合作确立玉皇之祀典，协理地方神之敕封，并为道门内部之法官奏授法职，建立起一个近乎国家宗教的神系。在这一庞大的三界神系之中，法官则是这其中秩序之维护以及调节者。也正因为如此，法官与诸神的关系也是因其相对关系而多样化的，其上行、平行、下行之行政关系也忠实地体现在法事文书之中。如此，为了探明度师为弟子奏授法职背后的仪式逻辑关系，我们需要进入几种不同的文书中来进行讨论。下面便摘录几种不同文书中的部分内容来进行考察。

[奏上帝] 臣拟迁补某人充灵宝中盟弟子，南曹执法典者为职。须至昧死，录状上奏太上昊天玉皇上帝玉陛下，恭望道慈，允臣所奏。容臣补授，传度施行。

[奏三省] 右谨具申：三天门下泰玄都省主宰高真圣前。恭望真慈，允令申请。特与敷奏天阙，取旨先次，原赦臣与嗣法弟子某人，九玄七祖，前世今生，一切罪恶，许容传度。

[申上界] 右谨具申：中天大圣北斗九皇星君圣前。恭望真慈，允令申请。特与敷奏上玄，颁行三界，各令依法，照应施行。仍乞恩矜，许容传度。

[申下界] 右谨具申：北阴酆都大帝圣前。伏望圣慈，允从申请。特与行下九垒重阴，六天十洞，泉曲冥关，应

干合属去处，依法照应施行。

　　［牒九州社令］并请行下所属分野，应干典祀正神，
祠庙郡邑，城隍社令，应干合属去处，依法照应施行。[1]

据上所见，在上奏的文书中，度师将弟子（及其个人信息）及
所拟定之法职上报，并恳请三清大道、上圣高真恩允。这其中
还包含了为弟子及其祖先赦罪以使"许容传度"。在上行的文
书中，特别强调了"颁行三界，各依其法，照应施行"，即在
恩允弟子受度的前提下，使三界周知弟子迁补法职之事，如此
才能使得其之后施行道法，呈递公文得以案例办理。若天曹无
其名、职，则即便文书呈递，亦无其实效。至于在申下界之文
书中，已不再提及"许容传度"，而仅仅是请其"允从申请"
并"行下……应干合属去处，依法照应施行"。由此，公文的
性质也从申请变为了通知。这一"通知"的属性在牒文中表达
得最为直接，盖因"牒"文已属"平行文书"，法官与社令、
城隍等共属同僚，故只需通对其照会，而不须征求其允许与
否。必须提及的是，为受度弟子向上请命的过程实际对应了宋
代以来官员选拔的必经程序，其在经过吏部磨勘之后，上呈皇
帝批允。由此，这一程序也被呈现于传度授职的文凭"仙简"
之中，一如宋代官员之告身。

　　我们需要说明的是，以上这些文书类型并非仅限于传度仪

---

[1] 金允中 . 上清灵宝大法：卷四二 [M] // 道藏：第 31 册，635.

式之中，即便是宋元时期常见的清 / 亡斋醮，亦将发奏仪置于宿启之前，且基本使用同样类型与数目的文书。也就是说，传度醮中所发奏文书中的这些圣真、神明、宫府，实际也基本涵盖了弟子日后在奉行道法科仪中具有"业务联系"的职官部门。也就是说，度师通过发奏仪为弟子奏名，一方面是做形式上的申请，另一方面更是将弟子嵌入了三界神明的职官体系之中，并为其日后的仪式生涯做一正式之开启，或言铺平了道路。也正是因为在 [B 申发奏名] 中度师将弟子呈与大道恩允，以及告知三界府衙，由此方才有 [C* 传度醮] 中的法职授予。它们因此也成为一对相互对应的仪式单元。

（三）[C 禁坛宿启]

"敕水禁坛"源自六朝以来的正一章醮之法，醮筵是处于凡尘的宴席，需要清净坛宇才能迎迓上真临格。故张清都云：

> 夫所以洁坛者，荡涤故炁，芳泽真灵，使内外清通，人神俱感。凡启醮悉皆如之。[1]

事实上，灵宝斋法原本并不包含"禁坛"这一单元，盖因"宿启"之仪通过敷露五方真文本身便已具有了圣化空间的功能，每次行道之前的五方卫灵咒实际也具有类似禁坛的意义。通过斋仪的仪式结构来举行酬神之"醮"是自唐末开始的道教吸

---

[1] 醮三洞真文五法正一盟威箓立成仪 [M] // 道藏：第 28 册，493.

纳国家/地方神明敬礼的同步产物。而在彼时的斋仪中，醮筵往往另设于坛外之室内空间，因此也就有了专门净化醮坛之需要，并逐渐也将斋坛纳入其净化对象。这应是宋元斋仪中增入禁坛科仪之缘由。

至于"宿启"即《灵宝授度仪》中所谓之"宿露"，即以灵宝自然朝仪之形式，将五方真文安镇于坛中，其与正斋之后的"谢恩言功"属于收尾呼应的一对仪式。而所谓的"谢恩言功"实际是以灵宝自然朝仪的形式来为护道吏兵举行醮献之仪。这一设醮的仪式在《灵宝大法传度仪》中被增入了传度之仪式内容。

（四）[C* 传度醮]

宋元以来的斋法，将"谢恩言功"的仪式单元扩展并转化成为醮酬诸天上圣的仪式，而不仅仅局限于法箓中的功曹与将军吏兵。南宋以来的"灵宝大法"，一方面借鉴天心法的传度仪范，另一方面将其纳入传统的灵宝斋框架中，具体而言，乃是添加于斋后设醮这一单元之中。因此，当我们将金允中所开列的灵宝大法《对斋设醮传度科仪》（以下简称《设醮传度仪》）之仪式形式进行归纳后，并不难发现，其中的仪式核心仍然处于仪式结构之中心（见图 18-07）。纵观金允中所规划的《传度醮》，除 [C*-k 传度] 一项为其所添入外，其余所有的仪式节次内容均与当时所普遍流传的醮仪无异。醮仪的编订者参考儒礼祭祀中之"三献"，在灵宝自然行道仪的框架中加入了 [C-i 初献] [C-i* 亚献] 与 [C-i** 终献]，而 [C-j 宣词] 则

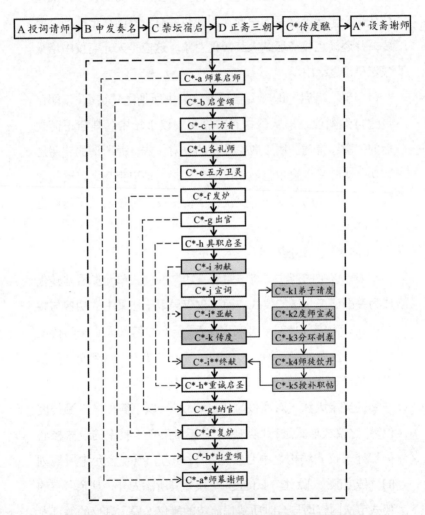

图 18-07 《灵宝大法传度仪》所见《对斋设醮传度科仪》之仪式语法结构

巧妙利用了行道仪原有的宣读词文之节次呼应了儒礼于初献之后读祝文的仪式安排。我们现在大抵可以总结出一仪式嬗变之过程（见图 18-08）：首先，几乎所有道教科仪之原型均来自正一之朝真仪，其最古早之版本见于《登真隐诀》中陶隐居所谓"汉中入治朝静法"，以此为基础，先分化出了用于"请官"之"上章仪"，即陶隐居所谓"汉中旧法"。从诸古灵宝经中所见，灵宝之"自然行道仪"（朝仪）系基于朝真仪的"升级改造"，虽然其中增入了大量新的仪法节次，但其"出、入户""发、复炉"之节次，以及围绕香炉朝礼诸方之仪式核心，乃至谢罪忏悔的仪式功能，均承自"汉中入治朝静法"，即朝真仪。以此为基础，陆修静首先在"行道仪"中增入了"授度"之节次，使其具有了授度仪式之功能。至唐末，杜光庭又于"行道仪"中增入了"三献"之节次，使其成为"设醮仪"。至宋元

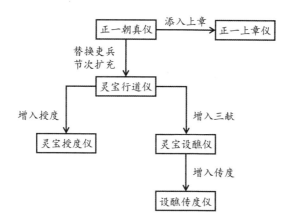

图 18-08　以"朝真仪"为源头的道教科仪发展示意图

之际，灵宝大法又以"设醮仪"为基础，增入"传度"之节次内容，使其成为我们目前所讨论的"设醮传度仪"。

1. [C*-k1 弟子请度] [C*-k2 度师宣戒]

[C*-k 传度] 这一核心节次又可具体分化为 [C*-k1 弟子请度] [C*-k2 度师宣戒] [C*-k3 分环剖券] [C*-k4 师徒饮丹] [C*-k5 授补职帖] 五部分。弟子在发出求度的请求 [C*-k1] 后，度师为其讲授"十戒" [C*-k2]，这与我们在上述的《太上出家传度仪》中所见到的仪式结构近似。现谨截录《十戒》之条目于下：

> 第一戒者，无忘八极。
>
> 第二戒者，无忘鉴水。
>
> 第三戒者，无忘日录。
>
> 第四戒者，无忘追度安镇。
>
> 第五戒者，无忘治救之术，慈悯所先。
>
> 第七戒者，无忘刚洁。
>
> 第八戒者，无忘俭约。
>
> 第九戒者，无忘愿约。
>
> 第十戒者，无忘师友。

以上《十戒》中之第一、第二、第三、第八、第十条均与个人道德修持有关，第四、第五条则实际是弟子受度之后的宗教义务，也即是前言之"助国扶命""济生度死"。由此，此前授度仪式中的"义务约定"现被作为道戒而授予。也就是说，权利与对于其的约束现在一同被授予。在以上九条中，饶有趣味的乃是第三条"无忘日录"，其戒文曰：

> 日录者，所修检善恶。人之处世，患不自知，患不闻过，患不听言。不自知则无所悟，不闻过则无所改，不听言则无益。今以日录，日录所为不可下笔处，皆己之非也。改之为贵。则日录者，不教之师，不说之友，不诏之君父，不约之法度也，不可忘之，此得灵宝度人之想也。

由上所见，所谓之"日录"即是我们在第十四届"个人层面"中所曾讨论之《功过格》之法，其背后是道教自其立教伊始便特别强调的"功过体系"，也是奉道者能够稳妥地日近于道的修行方式。

《十戒》授毕，度师说文曰：

> 上来十戒，乃师尊付授，发明古经。夫经蕴道之机，法乃经之用。欲遵正教，修谨为先。守之行之，毋得中怠。亿曾万祖，幽魂苦爽，皆即受度，上升朱宫。修之益勤，学之不已，功满得就，皆得神仙，飞升金阙，游宴玉京，子其勉之[1]。

---

[1] 金允中.上清灵宝大法：卷四三[M]// 道藏：第31册，644.

在这里，"戒""经"与"法"被关联构建成为一体，一如中古时期之经、箓、戒被关联成为一体，他们都被视作是大道的神圣存在与体现，而遵守戒律，也就意味着能保有行法的天命（权利）以及生命救度的宗教承诺。

2. [C*-k3 分环剖券][C*-k4 师徒饮丹]

[C*-k3 分环剖券] 与 [C*-k4 师徒饮丹] 同为师徒之间建立盟约之节次，前者为物质 / 文字上的盟约，后者则为象征意义上的歃血。按《十戒》传授完毕，度师曰：

> 夫环券者，所以结誓三官，告盟十天，承永坚信。度师不敢隐真出伪，弟子不敢叛道背师。分环永不渝盟，裂券永不负誓。始勤终怠，五帝录愆敬佩精修，九天同福。对圣披受，终身宝持。[1]

其上所见，三官与十天（当即十方灵宝天尊）被作为证盟者，其一方面延续了盟威道之传统，又添入了灵宝之特色。"度师不敢隐真出伪，弟子不敢叛道背师"这一盟言我们在第十一节"契券"中也曾经见到，乃是关于师徒之间的"授度约定"。上面所讨论的《灵宝授度仪》《自盟文》中也具有相似之盟誓，但所不同的是，《设醮传度仪》中除立盟外，还包含了作为立盟信物的"环"与"契"之分剖。

---

[1] 金允中 . 上清灵宝大法：卷四三 [M] // 道藏：第 31 册，644.

度师说文毕，将环入于囊中，并与弟子共执朱笔立誓，其仪文曰：

> 度师云："回笔指天。"
>
> 弟子云："上不负天。我若负天，七祖受刑；天若负我，日月不明。"
>
> 度师云："回笔指地。"
>
> 弟子云："我不负地。我若负地，身受刀兵；地若负我，草木不生。"
>
> 度师云："回笔指心。"
>
> 弟子云："我不负心。我若负心，合门不生；心若负我，道化不行。"

此处的"指天""指地"明显延续了我们在《灵宝授度仪》中所曾讨论的仪式形式，并增入了"指心"的内容。关于这里天、地、心"负我"的表达，其中可能包含了多层的内涵，限于篇幅，暂不展开。此外，师徒共同执笔也就意味着"画一"，即"师受捉笔上，弟子手捉笔下……左就右"[1]，"共画一于盟文之下"。[2]弟子立誓毕，"度师捧水盂，执笔，白云"：

> 付度已讫，歃血重盟。以丹代血，各坚其心。饮此丹华，

[1]　太上洞玄灵宝二部传授仪 [M] // 道藏：第 32 册，745.

[2]　太上洞神行道授度仪 [M] // 道藏：第 32 册，643.

通真达冥。中理五炁，混合百神。十转回灵，万炁齐仙。

非常明确，此处之饮丹即是对于"歃血"之取代，且作为"重盟"，乃是对"前盟"的加强，以"坚其心"。更为重要且明确的是，此"水"与"气"之间的关系被明确表达，即所谓"饮此丹华，通真达冥。中理五炁，混合百神。"

下面想对所谓"分环"之"环"稍作讨论。"环"亦作"钮"，可能是中国宗教特有的一种信物类型（并未见于世俗政权的信物范畴中），其渊源应可上溯至鹤鸣山盟约之前的秘传宗教方士传统之中。目前所能见到较早的"分环"记载见于《黄帝九鼎神丹经诀》中，其文曰：

> 然香登坛，饮血为盟，分金环投于东流水中，请师传授诸神金丹，及口诀图录。[1]

张清都天师云：

> 义曰：断世恩爱，共契师资，生死永捐，经法相继，亦是师资同心，其利断金。又金为义，义能断割，除恶就善，内绝疑网，外捐嗜欲，则妄想烦恼，永消除也。[2]

---

[1] 黄帝九鼎神丹经诀 [M] // 道藏：第 18 册，804.

[2] 传授三洞经戒法箓略说 [M] // 道藏：第 32 册，194.

盟约所用之环以金或银为之，并与作为头发替代品的"青丝"一同使用，而头发则又有其象征生命的特殊含义。《洞真大洞真经》云：

> 青丝为绳，绳长九尺，各割半以缠绕缚此半环，又合带之。青锦一尺八寸，各分半为囊，以盛此金环及青丝绳。[1]

在宋代的传度仪式中，环被置于券上，以书刀"画一"[2] 分之，正是因为环与券在传度仪中的有着相似的功用与紧密联系，后世道教往往将"环"与"券"联称。自宋代开始，已有在环上刻字，切不分环的做法，金允中曾提及：

> 至路真官编《天心正法》，则环上有字。其文云："天心正法，万神所宗。盟天而传，循环无终。"……路君临坛分券，而不剖环，其意益谓既分券合约矣，不剖环亦可也。环则弟子佩之，不渝盟而已。[3]

虽然金允中提倡"古人舍淳抱朴，不事外饰，凡事尚质素而

---

[1] 周作明，点校.无上秘要：卷三四 [M].北京：中华书局，2016：519.

[2] 道门定制：卷十 [M] // 道藏：第 31 册，758.

[3] 金允中.上清灵宝大法：卷四二 [M] // 道藏：第 31 册，638.

已。……灵宝乃洞玄之上品，不宜随俗行事"[1]，但我们在同时期天台灵宝一系灵宝大法中已见到刻有符文的环券样式[2]，并以锡箔书符的形式沿用至今。

我们在第一章中已经见到，作为盟约的书面表达，"契券"早在鹤鸣山盟约之前便已存在与宗教仪式之中。而鹤鸣山盟约的建立方式，也是通过老君与天师的"券要（约）"[3] 来建立的。这种授度形式更三皇、灵宝与上清之三洞经教所继承并扩展。中古时期的灵宝《中盟箓》中，便包含了《思微定志版券》《灵宝自然经券》《大明券》等券[4]。我们在第十一节中已有相关讨论，兹不展开。

3. [C*-k5 授补职帖]

师徒饮丹之后，盟约正式建立完成，于是度师"对圣宣《补职帖》"，弟子长跪，章表师"以环、《券》并《帖》，付弟子。"此处所言《补职帖》乃是写有弟子法职之公文（关于法职与职帖、仙简的讨论，详见《附录一》《附录四》），其与先前所裂之《灵书真券》乃是两份文书，而"环"亦属于另一信物。这一传统今天仍能在苏州地区的传度仪范中得以管窥（其中之"环"被作为一中符，附于《券》中）。"环"与《券》乃

---

[1] 金允中 . 上清灵宝大法：卷四二 [M] // 道藏：第 31 册，638.

[2] 王契真 . 上清灵宝大法：卷二九 [M] // 道藏：第 30 册，923.

[3] 正一法文天师教戒科经 [M] // 道藏：第 18 册，236.

[4] 李滔祥，李绍华 . 赤符丹箓，永镇灵根——灵宝中盟箓的挖掘与整理 [G] // 正一道教研究：第六辑 . 宗教文化出版社，2016：227-257.

是弟子与度师之间盟约的文字凭信，具有师徒之间一定程度的平行关系（约束师徒双方），而《帖》则为由保举师、监度师、度师、籍师、经师共同临坛签押颁给的弟子成为法官并拥有使用法职、法具以及法服的文字凭证（详见《附录四》）。据金允中所列《补职帖》云：

> 除已录奏三天帝阙，申牒三界合属真司，依式开坛对天传度；合行补职受事，给付《上清灵宝本法秘文》，合用印、剑、策杖，须至逐一开具给帖者。[1]

有此所见，在仪式现场，其所给授之物品应远不止《补职帖》，其至少还包括：

1. 法本："《上清灵宝大法》一部"。

2. 法印："灵宝大法司印一颗、通章印一颗、越章印一颗、黄神印一颗、神虎印三颗"。

3. 法剑："八景辉灵之剑，长三尺六寸"。

4. 策杖："五灵策杖，随身受持，一如科法"。

5. 法服："芙蓉冠、紫帔、三十二条黄裳、黄褐、明光玉珪、玉佩、赤舄"。

限于篇幅我们不再对这些物品做详细的分析。

仍然需要说明的是，《补职帖》这种文书形式也被后世道

---

[1] 金允中．上清灵宝大法：卷四二 [M] // 道藏：第 31 册，638.

教所继承，并承袭至今，但其唯一缺少的是对于神将的"差
拨"。这是因为，在金允中的神学义理思想中，"灵宝官属，
玉童玉女，天将仙兵"乃是"随事请降"，"其神不系凡世驻
札"[1]。但是，宋元新出道法既以神将之召遣为其特色，则神将
之"差拨"则亦出具文字之证明。在王契真《上清灵宝大法》
中，便专门于《补职帖》外，另行颁发《交兵给法仙帖》一
则，请降灵宝法本部之官将：

> 一请降：灵宝大法司十方飞天神王、万司如意大将
> 军、玉童玉女、灵官、功曹、将吏、北魁玄范府左右二大
> 圣、七真玉女、三部使者、追魂摄魄一行将佐、南昌炼度
> 司丹天左右侍卫大将军、水池火冶神将、受炼合干官将、
> 黄箓院诸司考校合部曹属、发遣章奏司运神会道功曹官将
> 吏兵、天医院灵官仙宰。[2]

事实上，如我们在《附录四》所将看到，灵宝大法中的《灵书
真券》对应了上古之"盟书"，《补职帖》对应了"命书"，而
《交兵给法仙帖》则近似于所授予兵士之花名册，由此更近似
于法箓。由此，两部灵宝大法对于吏兵是否能够请降、分拨之
理解不同，实际乃是其对于传统灵宝"二箓"与新出大法官将
之间的关系的理解不同。对于金允中来说，他并不希望以新出

---

[1] 金允中. 上清灵宝大法：卷四二 [M] // 道藏：第 31 册，639.

[2] 王契真. 上清灵宝大法：卷二九 [M] // 道藏：第 30 册，922.

之官将取代传统法箓中之吏兵，而王契真则无此顾虑，其《兵帖》中之官将与"二箓"完全不同，也同时也具有不同的仪式职司。站在王契真的角度，度师在师徒立盟之后为弟子拆拨官将，这实际强调了本法本部官将与师徒之间虚拟血缘的紧密联系。官将因为与祖师之间所达成的盟约而为道效力、建立善功，而这种盟约关系也随着虚拟血缘的关系由后代嗣法弟子所继承，继承的形式则是延续自祖师以来，法法相传、师师相授的盟约，盟约即是血脉（详见《附录一》）。

四、小结

（一）三部授度仪式之共同点

以上我们分别以仪式语法为切入形式，考察了《正一度箓仪》《灵宝授度仪》与《设醮传度仪》这三份重要的仪式文本，并对其仪式内容与授度形式有了一定的了解。我们或可通过比较两者之间的"同"与"不同"来对他们有一更为深入的认识。其共同点大抵有四：

1. 三者的仪式作为基础的仪式框架结构都建立在同一原型之上，即盟威道之朝真仪。以此为基础，灵宝经法进一步将其拓展为更为精密复杂的"自然行道仪"，并通过加入"三献"的节次在后世成为"醮仪"。《灵宝授度仪》与《设醮传度仪》，两份仪式文本分别于其仪式结构的中心区块植入了授度的仪式环节。也正因为如此，不同时期，不同谱系的授度仪也都体现道教仪式的延续性发展，《正一度箓仪》乃是它们的原型。

2. 三者都重视求度弟子的受度资质，因此都设置了至少两重的检验方：（1）在人的层面由师来做考察与判断，此是由祭酒、度师来具体掌控的；（2）在神的层面来做判断，即通过上章或露宿的方式求得报应。此外，保举制度乃是以上双重检验之必要前提。

3. 三者的授度环节都是围绕着盟约的建立而展开的。在《正一度箓仪》中，祭酒要先后两次重申其核心信仰《清约》；而在《灵宝授度仪》中，更是先后两次建立盟誓，以此来界定受度弟子的神圣身份。在《设醮传度仪》中，盟誓还以分剖"环"、《券》的范式而在物质层面予以展现。此外，我们也注意到，"水"作为"气"之载体，在盟约的建立中，扮演了将度师与弟子联为生命共同体的重要作用。通过"水"的作用，吏兵也得以度入弟子身中。

4. 三者都以师资作为授度过程中大道与弟子之间最为重要的中介人。在《正一度箓仪》中，由大道所请降的道气需要祭酒身中吏兵（道气）的整合，方能度入弟子身中。在《灵宝授度仪》中，除箓中吏兵外，真文玉字之正音也需度师"读度"方能得受，策、杖也需度师咒敕方能受持。在《设醮传度仪》中，弟子之法职也必须经由师资之保奏方才能够得到授予。由此，师资在道气、知识与职官这三个层面，都扮演了极为核心之角色。

（二）三部授度仪式之不同点

比较两部授度仪式，其不同点有四：

1. 三者所授度之物有所不同。《正一度箓仪》专以授度吏兵为主，法箓乃是其书面文凭，因此一同授予。《灵宝授度仪》则涵盖本部核心经典之《真文》，以及与其相配之策、杖，是经典、法箓、法具、法位之综合授度。《设醮传度仪》更是在此基础上之进一步授与"法位"之外的"法职"。

2. 三者对于授度弟子的资质要求不甚相同。正一法箓理论上面向全体道民开放，其中一大部分受众为儿童。灵宝法箓属于秘传系统，并非针对所有人的授度，也正因如此，其对受度者的资格有着更高的标准，且其盟约之惩罚力度也更为强。灵宝大法的授度群体乃是更为"专业化""职业化"之法官，理论上而言，她／他们业已通过宗坛获得本门之《中盟箓》。由此可推知，能够传度成为法官者的人群，实际更为内部。

3. 三者虽然都以盟约为授度之中心，但其盟约所规定之权利、义务以及约束，乃至宗教承诺都不甚相同。具体而言，其主要的差别乃是"道民"与"道士""法官"之间的不同，后两者具有更多的宗教权利，所承担之义务也就越大，其也伴随有更为严格的约束。

4. 三者虽然都以师作为盟约建立的中介人，但师的角色亦不尽相同。在盟威道社团中，祭酒是众人之师，但其本质上仍是道民，与受度弟子的身份在义理层面上近乎平等。在灵宝经教中，师是掌握有《真文》与法诀的神圣存在，弟子与师的身份落差开始加大，形成一种近乎父子的师徒关系，但由于灵宝经具有异骨成亲的"同命"精神，这种父子关系并不存在于义理层面。在宋元道法的语境中，血脉成为道法灵验的重要前提，其承继建立在弟子与度师之间的盟约关系之中。随着这一重虚拟血缘的建立，受度弟子经由度师与祖师相贯通，因此获得驱使官将的能力，也正因为此，度师是弟子义理意义上真正的师父。这种血脉关系具体展现在召合本发神将之前为祖师所拜进之"家书"之中。由此，原本盟威道的"分气治民"逐渐演变为了一种家族式的"父子相继"，度师成为弟子义理意义上真正的师"父"。

第十九节　授度仪式的符号象征

在张超然教授关于上清经传授的研究中，他将"经典传授"视作道教发展之"主河道"。经典不但是"求道者可以趋近于'道'的路径"，其同时也是"得道者与求道者之间授受'道'时的具体依据。"在特定传经仪轨的约束下，如此的传承"达到了一定的世代，便容易以所传经法为标志，形成特定流派，甚至具有组织性质的教团，从而形成具有长远历史的宗教传统。"[1] 也就是说，道教之所以为教，实际在很大程度上来自"经典传授"，其中不但包含了义理，更还成为一种传统。笔者在本书中，将超然师之洞见又进而向上推衍了一步，以"盟约

---

[1] 张超然. 系谱、教法及其整合：东晋南朝道教上清经派的基础研究 [D].
台北：政治大学，2007: 2-3.

建立"视作道教之"主河道","授度"（即经典与法箓之传授）则实为盟约之具体表达、敷用与自我复制。如此，既然授度仪式对于道教如此之核心，则也必然需要对其进行更多的义理层面的阐释，而不仅仅是文本与仪式结构上的考察。

在本节中，我们将对授度仪式中所表达的各种不同层面的象征意义稍作讨论。我们先概览《史记》中包含"授受"与"度化"的两则故事，探索其中可能存在的符号象征与宗教精神。然后，我们将讨论转入《灵宝授度仪》中"谢罪"与"立盟"这两个仪式元素，探索其中有关死亡与重生的仪式表现。以此为基础，我们将分别对授度仪中时间与空间两个层面可能存在的象征进行分析。最后，我们再回到开篇的两则故事之中，以其作为着眼点，对授度仪式的一些本质进行深层的讨论。

一、授受与度化

（一）黄石公与张良的故事

第一则有关授度的故事来自汉留侯张良（字子房）遇黄石公受书的事迹。张良以奠定"兴汉四百年"之基业而闻名，而其个人之终极成就则是功成身退，"从赤松子游"之佳话。后世关于留侯仙传的叙事，大都以太史公所撰《史记·留侯世家》作为母本，现将其中有关授度的段落摘录于下。

> （张）良尝间从容步游下邳圮上，有一老父，衣褐，至良所，直堕其履圮下，顾谓良曰："孺子，下取履！"

良鄂然，欲殴之。为其老，强忍，下取履。父曰："履我！"良业为取履，因长跪履之。父以足受，笑而去。良殊大惊，随目之。父去里所，复还，曰："孺子可教矣。后五日平明，与我会此"。良因怪之，跪曰："诺"。五日平明，良往。父已先在，怒曰："与老人期，后，何也？"去，曰："后五日早会"。五日鸡鸣，良往。父又先在，复怒曰："后，何也？"去，曰："后五日复早来"。五日，良夜未半往。有顷，父亦来，喜曰："当如是"。出一编书，曰："读此则为王者师矣。后十年兴。十三年孺子见我济北，谷城山下黄石即我矣"。遂去，无他言，不复见。旦日视其书，乃《太公兵法》也。良因异之，常习诵读之。[1]

在这段故事中，张良于桥上（圯上）遇见一老者，老者故意将鞋扔到桥下，令张良为其拾取并重新穿上。张良的内心先是"鄂然"，并"欲殴之"，但又"为其老，强忍"。老者进而告诉张良，五天后的清晨到此与其相遇。对于这"无稽"的要求，张良并未提出异议。在经历过两次"迟到"的训斥后，张良在第十四天的半夜便前往桥上等待老者。这一次老翁终于言明了其真实意图：为张良授予《太公兵法》，并预言其将成为"王者师"。此后，张良辅佐汉高祖开创了汉朝四百年基业，并

---

[1] 司马迁. 史记[M]. 北京：中华书局，1982：2034-2035.

最终功成身退，得道升度。在这个故事中，我们可以提取出如下几个要素：

1. 不同寻常的地点：桥上。

2. 一次带有羞辱性的察试：拾履、进履。

3. 一次口头契约："后五日平明，与我会此。"

4. 两次关于约定的考察：由老者故意安排的"迟到"。

5. 张良内心的转变：先是"强忍"，进而"诺"，最后积极地"夜未半往"。

6. 授受与承诺：为张良授予《太公兵法》并云"读此则为王者师矣"。

在这里，张良作为兵法潜在的承受者，先后经历了三重品质之试炼：首先是谦卑（humble）的试炼，其次是诚信（honesty），第三为持恒（enduring）。张良对于老者的"强忍"应不仅仅出于"为其老"，而更是因为他能够将耻辱感很快地消解，由此展现出对于自我情绪掌控的能力。这一切都是非功利性的，不知道老者是何人，有何种能耐。老者凭一句"孺子可教"，便建立了其对老者的信心，这一方面当然出自年轻人的好奇，但同时也必然因为老者自身作为师资所具备的个人魅力（克里斯玛，charisma）将这位年轻人摄受了，他由此生起了对于老者的信心。而这一信心经过三次试炼后反而愈发坚定，老者也最终确认其当为辅佐帝王匡定天下的贤才。当张良第三次出现在桥上时，黄石公终于为其传授了兵法。

在汉代以来的仙传文学中，我们看到了无数相似的例子，并一直延续至后世道教传统中，形成了"试观"[1]的概念。这些案例都遵循了同样的基本逻辑，即：未能通过考察的人，没有资格与圣贤建立盟约，以期获得玄义妙理（道气之化现），并实现宗教承诺（自我生命之成就）。考察试炼的过程必然是痛苦的，但其结果必然是丰硕的，张良因为能够"圯上进履"，才得以"为王者师"。子曰：

> 如有所誉者，其有所试矣。（《论语·卫灵公篇》）

（二）老子与尹喜的故事

知识与能力的传授并非是只是从老师朝向弟子的单方向活动，其更是师与徒之间的双向活动，或言双方面的"成就"。这在我们的第二则故事，即是太史公所作《老子列传》中得到了完美体现。其曰：

> 老子修道德，其学以自隐无名为务。居周久之，见周之衰，乃遂去。至关，关令尹喜曰："子将隐矣，强为我著书。"于是老子乃著书上、下篇，言道德之意五千余言而去，莫知其所终。[2]

---

[1] 张超然. 试观与保举：东晋南朝道教试炼传统及其发展[J]. 中国文哲研究通讯，2013，03（23：1）：5-37.

[2] 司马迁. 史记[M]. 北京：中华书局，1982：2141.

这段的文意甚为简单，老子见周室衰败，意欲离去。他来到一处关隘[1]，关令提出了通关的条件，即请老子为其立书一部，这也就是五千言《道德经》。老子写完此书后，即穿过关隘而不知所终。在此故事中，我们可以提取出如下几个要素：

1. 不同寻常的时间："周之衰"。

2. 不同寻常的地点：关隘。

3. 一次旅行：离开文明的中心，也即是中原。

4. 一个必须完成的任务："强为我著书。"

5. 模糊的目的地："莫知所终。"

在这里，老子预见到了即将要发生的纷乱，而准备离去。但这并非是要表现一种将乱世弃之不顾，或逃难之意。正如我们在第一章中所言，这里所谓之王室之"衰"，至少对于太史公等汉人而言，乃是一种气运之衰，是天命对于王室的逐渐遗弃，其背后是王者（或统治阶层）的失德。在后世的隐士文化中，城市作为"文明"（civilisation）的象征意味着世俗与堕落，始终都是被遗弃的对象，而边缘地带的山林则象征着纯净与超越。因此，老子离开中原也即意味着离开道德堕落之地，出关也即等同于隐士之入山。也正是如此，老子最后的"不知所终"正说明了他最终实现了自己的人生追求，盖因"其学以自隐无名为务"。我们同样也看到，正是在这条通往隐逸与生

---

[1]《史记》的注疏者们对此关隘有两种看法，一则为位于今日河南灵宝之函谷关，一则为位于今陕西宝鸡之大散关，但此两者都是坐落于从中原通往陇西要道上的关隘。

命超越的路上, 有着这么一座关隘, 如果想要通过它, 就必须写出一本能够代表自己思想的著述。这是为何?

老子的故事从另一个角度说明了实现自我超越的一个必要条件, 即: 自利必然伴随着利他。在这里, 作为弟子的尹喜就是老子求道之路上的一道关卡, 为其传授经典已经不仅仅是顺手帮忙, 而是老子的一种责任, 也是势必要完成的使命。如此, 对于知识 / 能力的传授是师徒双向的, 它不仅帮助受度弟子获得必要的知识与身份, 同时也帮助师资提升与完善自我的修为。在道教语境中, 通过立盟授度, 师徒之间结成了生命共同体, 并相互依存, 相互成就。而这时, 不仅弟子要接受老师的试炼, 师资也要面对弟子的提问、质疑, 这些发难实际也是对师资自身的一种提升。师资有着极大的责任来帮助弟子把握住日后的人生轨迹, 这是因为弟子已经与老师结为共同体, 弟子在修行路上的失败, 也即是老师的失利; 老师对于弟子的责任, 实际也即是对于自己的责任。

(三)交换、阈限与过度

通过比较上面的两则故事, 我们也许会发现一些有趣的对应元素。首先是故事的发生地, 一则位于桥上, 一则位于关隘, 这两种空间实际上都属于同一个类型的"过渡性空间", 亦称"阈限"(liminaire), 也即是两个世界的通道。桥与大门往往都暗示了一种危机或困难(跨越水面的危机, 或穿越重兵把守关隘的困难), 以及度过这一困难与危机之后所能够抵达的圣域或个人的成就。在古代中国宗教建筑中, 棂星门与金水桥往往成对地出现于祠庙、宫观、寺院之前，在定义圣域入口的同时也护卫着圣域。而在我们的故事中，这两种阈限空间分别与黄石公、尹喜相关联，并与他们的角色相一致。对于张良来说，作为师资的黄石公就是一座桥，通往了神圣的玄义妙理；而对于老子而言，作为弟子的尹喜就是一道难关，通往了其个人的生命超越。张良通过受经而得以度过桥梁，老子则通过授经而得以度过关隘。由此，作为师徒之间的一种"交换"机制，不论是授或受，其事件的本质都在于"度"。从表层来看，弟子通过"质心效信"获得了师资所传之宝经，但从深层来看，双方均获得了与各自身份、生命状态相吻合的"度"，此则为这种交换的实质。所以，一次立盟授受实际也是一次师徒之间的互度，"度人"等同于"度己"。

按"度"字从手，为"制度"之意，这是因为古时之度量单位，均以人之手、臂为参照而制定。《说文》云"度，法制也"；《易·节卦》云："节以制度。"此意盖与今日之温度、年度、法度等意同。"度"字另一意，则为通过，超越，屈原《远游》云"欲度世以忘归兮，意恣睢以担抒"，此即超越尘世之意也，又《汉书·王莽传》云"度百里之限"，颜师古注曰"度，亦逾越也"[1]。由此可知，"度"字从规律、法则之本意被延伸为动词，意指超越一般规律，逾越一般法则之意。如此，所谓"授度"之仪，则即通过授、受来引领仪式的参与者

---

[1] 班固.汉书：王莽传 [M].北京：中华书局，1962：4062.

（师徒双方）超越世俗的生命法则，并进入一重更高的生命状态（度世）。由此，授度仪式自身，即是联通两种生命状态的媒介，是通往圣域的门槛，是回归大道的门户与桥梁。

需要说明的是，在后世道教的授度仪式中，其除了具有通道的含义外，仍还有一些其他特别的内涵，其中最重要者，莫过于仪式中的象征性死亡与重生。于是，我们需要回到《灵宝授度仪》中来对其中的"谢罪"与"立盟"这两种极为核心的仪式元素再做深入考察。

二、谢罪与立盟

（一）《灵宝授度仪》的两个核心

我们在上一节的讨论中已经言明，《灵宝授度仪》乃是陆修静将立盟授度的仪式段落嵌入了灵宝自然行道仪的仪式结构之中，由此，其分别具备了斋仪所特别重视的"谢罪"，与授度仪的核心"立盟"这两个仪式核心。而这两个仪式核心，又分别以自我体罚（用以谢罪的象征性死亡）与自我诅咒（用以立盟的象征性死亡）最为核心。下面稍作讨论。

（二）灵宝斋中的体罚

关于"谢罪"，我们在前面讨论《清约》时已经言明（参见第九节"神不饮食"），盟威道通过入静思过、社群公益、设厨饭贤、自搏体罚、拜进表章等形式来解谢自身的罪过愆尤，由此取代赎罪之血祭，以期求得现世的救护与后世的救度。灵宝经教关注信徒自身与祖先的双重救度，因此，以上这些谢罪方式均被在不同层面继承并进一步扩充并细节化。例如：设厨成为设斋；自搏的重要性被进一步强调，并细致规定了形式与次数；诚心忏悔是救度自身与祖先的必要条件；而三官手书则升级为了"投龙简"的仪式。与盟威道一样，为了实现罪过的赦解，象征死亡的仪式元素必不可免，这不仅体现在精神层面的"沥胆披肝，首愆谢过"[1]，更体现在斋仪中肉体层面的自我体罚。按"斋"字有洁、戒、齐等动词之意。道教之"斋"并非祭祀之前的形体之斋，而是关乎其心[2]，其实通过谢罪而实现对于"我"的深刻反省与去自我中心，进而与万化得以融为一体，庄子谓其为"心斋"。王弼注《易·系辞》亦曰："洗心曰斋。"但是，为了洗去心中之垢，肉体的形劳与自我惩罚必不可缺。

在灵宝自然行道仪的十方朝礼节次中，弟子跟随法师旋行于斋坛四周，分别向十方灵宝天尊忏谢自身与祖先的罪过，在每一方位忏谢仪文祝念之后，则伴随以叩首、搏颊的自我体罚。笔者谨按《盟真科》以及《无上秘要》所收《金箓斋品》《黄箓斋品》将三类斋仪中关于叩头、搏颊之规定开列于下表之中，以资考察。由表所见，在最为夸张的《黄箓斋》中，弟子为了谢罪，需要叩头、搏颊各 2 205 过。这是一种不折不扣的苦行，而绝非后世道教以献祭而祈福的醮仪。弟子通过承受

---

[1] 太上慈悲九幽拔罪忏 [M] // 道藏：第 10 册，118.

[2] 参见《庄子·人间世》之心斋。陈鼓应. 庄子今注今译 [M]. 北京：中华书局，1983：129.

极大的身体痛感以及其所伴随的心理上的贬抑表达出对于以往罪过的懊悔之意。甚至在涂炭斋中，弟子要将自己扮成地府中之罪魂来祈求赦免[1]，这是极具普世意义的苦修式忏悔仪式逻辑[2]。在仪式中，一定程度的自我体罚往往意味着将自己的生命献祭与神明，也即是象征性的死亡。这种死亡将带来其作为无罪之人的重生，以及其困于九泉之中祖先的重生（死后之救度）。

《金箓斋》《盟真斋》与《黄箓斋》中叩头、搏颊方位与过数概览

	《金箓斋》	《盟真斋》	《黄箓斋》
东向	（叩头、搏颊）各 81 过	（叩头、搏颊）各 81 过	（叩头、搏颊）各 90 过
南向	各 27 过	各 27 过	各 30 过
西向	各 63 过	各 63 过	各 70 过
北向	各 45 过	各 45 过	各 50 过

---

[1] 参见：柏夷．麻布与灰——涂炭斋中的自我与家族 [M] // 柏夷，著，孙齐，等，译．道教研究论集．上海：中西书局，2015：263-277.

[2] 但与此同时，灵宝斋又绝非仅仅是形体层面的苦行，陆修静所云斋法之十戒，分别涉及了形体、心态、言语、意念、发心、举止等各个方面；此外，其仪式也还包括了唱诵灵宝赞咏以及静念存思等内容。如此，灵宝斋也同样具有"玄苦合旅"的双重特性，下土凡昧肉人以此作为桥梁，得以洗净罪过怨尤，并过渡到彼岸的太平之世，故《太极颂》云："道以斋为先，勤行登金阙。故设大法桥，普度诸人物。宿世恩德报，道心超然发。身飞升仙都，七祖咸解脱。"三洞赞颂灵章 [M] // 道藏：第 5 册，786.

续　表

	《金箓斋》	《盟真斋》	《黄箓斋》
东北	各 9 过	各 9 过	各 120 过
东南	各 9 过	各 9 过	各 120 过
西南	各 9 过	各 9 过	各 120 过
西北	各 9 过	各 9 过	各 120 过
西北上方	各 280 过	各 280 过	各 320 过
东南下方	各 120 过	各 120 过	各 120 过
东北日宫			各 30 过
西南月宫			各 70 过
北向星宿			各 365 过
东岳			各 20 过
南岳			各 20 过
西岳			各 20 过
北岳			各 20 过
西南中岳			各 20 过
向北谢水官			各 120 过
向北谢三宝			各 360 过
总计	叩头、搏颊各 652 过	叩头、搏颊各 652 过	叩头、搏颊各 2 205 过

具体在陆修静《灵宝授度仪》文本中，叩头、搏颊的组合分别出现两次。第一次与其他斋仪相同，位于 [C-d 礼十

方] 处，也即是斋仪本身所有的谢罪内容，其言"各叩头、搏颊"[1]，并未详明数目，但应是按照《金箓斋品》之仪，总计各652过[2]。第二次位于 [C-g 授度] 后之 [C-h 大谢]，也即是标志了仪式结束的 [C-e* 复官] 之前，其曰："长跪大谢，弟子叩头、搏颊无数。"[3] 蒋叔舆曰：

> 经科无大谢，故陆天师三元斋，忏二十方毕，即便复炉。其以忏谢经宝之文，为大谢。盖自陆天师因《太极敷斋诫威仪经》，撰《灵宝道士自修盟真斋立成仪》始，自后相沿用之。所不可废经宝忏文。……据本科，每礼一方，叩头搏颊，各如其方之数。谓如东方九十、上方三百二十、日宫三十、月宫七十、水宫百二十之频。[4]

由此，在"大谢"段落中添入"叩头、搏颊"似并非黄箓本科之内容，应系陆修静专为授度所设。如果按我们上文所言，自我体罚的苦行是一种象征死亡的仪式行为，如此，第二组"叩头、搏颊"之自我体罚则应是针对弟子获得洞玄法位（新的生命状态）的象征性死亡。

---

[1] 陆修静. 太上洞玄灵宝授度仪 [M] // 道藏：第9册，844.
[2] 结合陆修静综合《金箓简文》编订《灵宝授度仪》的背景，以及仪文中只存十方朝礼而无"日月星"、"五岳"等项，《灵宝授度仪》应系以《金箓斋》作为其基本仪式框架。
[3] 陆修静. 太上洞玄灵宝授度仪 [M] // 道藏：第9册，854.
[4] 无上黄箓大斋立成仪 [M] // 道藏：第9册，849.

（三）授度仪中的自残

我们在第五节中业已论及，古代之立盟仪式需使用动物牺牲，其义有三：1. 作为鉴证盟约的各位神祇之献祭；2. 作为违反盟约的警示；3. 取血共饮（歃血）以结成血亲。与此同时，参与盟约者在明确约定事项内容之后，还需在神前立下誓言，承担违反盟言的后果（被神谴而亡之危险，一如坛上所献祭之牺牲）。在许多情况中，盟约的建立也涉及宗教性自残（religious autonomy）之行为，其最为典型者便是同盟者各取自身血液入酒共饮的仪式。

与此相应地，《灵宝授度仪》中也明确见有几种象征宗教性自残的仪式元素，比如象征血液与头发的丹、青两色"纹缯"，以及"丹水"。虽然这些物品本身并不涉及对于自我身体的残损，但其却实际表达了一种自残的意图，由此暗示出当时，或此前的确存在过的自残仪式行为。陆修静于《灵宝授度仪》篇首引《赤书玉诀》云：

> 令"符"处丹青中，以为落发、歃血之盟也。青以代发，丹以代歃血之誓。真人不伤神损德，故以代之。[1]

可见，"丹缯"与"丹水"的含义相互呼应，均与歃血立盟有关。我们在上面的讨论中业已看到，道教仪式以水作为气的承

---

[1] 太上洞玄灵宝赤书玉诀妙经[M] // 道藏：第 6 册，201.

载媒介, 用以过度道气化的吏兵, 并以此构建以道气为本质的"虚拟血缘"。结合上段所提及的共饮血酒的仪式, 则"丹缯"与"丹水"所替代的并不一定是动物牺牲之血, 更有可能是师资与弟子身中之血。通过共饮象征彼此血液的丹水, 弟子得以与师资, 乃至师资之师资, 乃至大道新出老君融为一体。此正罗伯逊·史密斯(William Robertson Smith)牧师所言: "在这种仪式的最简单形式中, 两人通过打开他们的血管, 并相互吸食对方之血成为兄弟。从此他们的生命得以合二为一。"[1] 其后, 他又提出, 在许多原始部族的少年成年礼中, "将年轻人的鲜血涂在神圣象征物上, 或者将他的头发存放在本族神庙中, 可被视作这种仪式的一个重要特征。"[2]

我们早在第一章早已讨论过剪发的象征意, 汤王克夏之后遭遇大旱, 五年不收, 汤王"于是翦其发, 鄌其手, 以身为牺牲, 用祈福于上帝"[3]。头发与指甲被认为是人精气所聚集之处, 因此剪发磨手的自残行为, 即等于是象征性的自我献祭。

---

[1] "In the simplest form of this rite, two men become brothers by opening their veins and sucking one another's blood. Thenforth their lives are not two but one." Smith, *Lectures on the Religion of the Semites*, 314.

[2] "The application of the blood of the youth to the sacred symbol, or the depositing of his hair at the shrine of his people's god, might form a significant feature in such a ritual; and among very many rude peoples one or other of these ceremonies is actually observed in connection with the rites which every young man must pass through before he attains the position of a warrior, and is allowed to marry and exercise the other prerogatives of perfect manhood." Smith, 327.

[3] 许维遹. 吕氏春秋集释 [M]. 北京: 中华书局, 2009: 201.

在世界各地的传统文化中，头发都被认为是生命力的象征 [1]，头发的自我损毁，往往表现了因极度悲愤而导致的自我毁灭心理或渴望重新开始生活的主观意愿，此非特局限于古代中国。而在启度仪式（initiation）中为受度者落发，也非特为佛教所独有；无论是盛行于小亚细亚地区的东正教，还是西欧的天主教，均在修士出家的仪式中包含有落发（tonsure）的仪式内容 [2]。其象征着世俗生命的死去，并预示着作为僧侣的新生命的开启，而这种启度仪式行为，正如史密斯牧师所发现，实际有着极为深厚之文化与宗教渊源 [3]。

但是在道教立盟授度的语境中，落发的含义似乎又略有不同。按《元始天尊说玄微妙经》云：

> 受《太极宝章符》，脆有经章之师，碧帛二十尺，以当登坛剪发，为殁身之誓也。[4]

这里，"殁身之誓"的含义应等同于传统立盟仪式中替死之动物牺牲。如我们先前所讨论的，其预示着违背盟约后所将遭受的神明的殛谴。换言之，此处以剪自我之发来昭示未来因为违

---

[1] 江绍原. 发须爪：关于它们的迷信 [M]. 北京：中华书局，2007.

[2] Nalbro Frazier Robinson, *Monasticism in the Orthodox Churches* (Milwaukee: Cope and Fenwick, 1916).

[3] 头发也在古代葬礼中常被使用，可参见：弗雷泽（Sir James G. Frazer）.《旧约》中的民俗 [M]. 上海：复旦大学出版社，2011：468-489.

[4] 元始天尊说玄微妙经 [M] // 道藏：第 2 册，12.

背盟誓而将承受的死亡。从这一点出发，落发还有另一重作为信物的含义。按《上清太上帝君九真中经》云:

> 剪发束结，诣师以为效信。[1]

与此类似者还有《洞真太丹隐书经》，其云:

> 古者盟誓，皆歃血断发，立坛告天，以为不宣示信之约也。今自可以金青丝之陈，以代发肤之体耳。[2]

《洞真太上飞行羽经九真升玄上记》亦云:

> 歃血累坛，剪发立盟，为不宣不泄之信誓。后圣以歃血犯生炁之伤，剪发违肤毁之犯，谨以黄金代刺血之信，青柔之帛三十二尺当割发之约。[3]

在这里，头发仍然被视作生命的象征，也正是因为这种品质，其被当做十分珍贵的信物，与血液一同使用于立盟之仪中。而将头发作为法信呈送师资，则正呼应了我们此前所讨论的"质

---

[1] 上清太上帝君九真中经 [M] // 道藏: 第 34 册, 38.

[2] 上清太一帝君太丹隐书解胞十二结节图诀 [M] // 道藏: 第 34 册, 100.

[3] 洞真太上飞行羽经九真升玄上记 [M] // 道藏: 第 33 册, 644.

心效信"，即将自己生命作为"质"（抵押物），投于师处，此正是"归命大道"之义。《茅君传》中的叙述更是充分表达了以身体、生命作为信物的概念，其曰：

> （大茅君）遂造明匠，乃授灵篇。剪发祝跪，残首截身。[1]

在这里，无论弟子的头发是作为"殁身之誓"还是"以为效信"都涉及对于自己身体的残截与呈交，也即是以自己生命为代价的一种"交换"，其所换得者即是大道（以物质中的经、箓、法为载体的大道玄义妙理），而大道玄义妙理则意味着一重新的生命的开始。在这种交换机制的背后，乃是宗教学家们所讨论的以一个生命的死亡，换取另一生命（宇宙、建筑）之新生的经典范式。[2]

（四）象征性死亡与复生

在陆修静《灵宝授度仪》中，象征性"死亡"的主题被不断地重复，无论是通过自我体罚性质的谢罪，还是通过自残含义的盟誓，其都可被视作是在《清约》的精神下对于古老的赎罪仪式以及立盟仪式的转化与发展。由此，立盟授度的仪式乃成为内外两个层面相结合的"玄苦合旅"，其将"罪"的忏除

---

[1] 张君房. 云笈七签: 卷一百四 [M]. 北京: 中华书局, 2003: 2260.
[2] 米尔恰·伊利亚德（Mircea Eliade）. 神圣与世俗 [M]. 北京: 华夏出版社, 2002: 24-26.

与"誓"的建立这两个核心直接指向仪式参与者本体的形神之中 [1]，而非假借任何外物。

在以往的认知中，我们习惯性地认定道教是一种"好生恶死"的宗教。基于这样的假设，上述这种象征性的精神死亡，以及通过在仪式性的重生可能并不符合道教的宗教精神。的确，道教经典中往往多言长生而不直言死亡，这或多或少是一种中国自身文化传统的使然。但我们不应因此忽视道教作为一门救度性的宗教其信仰与仪式中所直接或间接表达出来的对于死亡的关注与表达。死亡是通往救度的必要环节，而救度的目的在于"复生"或"更生"（更生者，甦也，复生之意）。如果我们仔细考察经典，便会发现此种"先死后生"的观念曾经广泛存在。如《阴符经》云：

> 生者，死之根；死者，生之根。恩生于害，害生于恩。

李筌注曰：

> 谋生者，必先死而后生。[2]

我们先前也曾提及，汉代的神仙需要经过尸解而不死，这在盟

---

[1] 在这里肉体的痛感谓之"苦"，"存神""发露""忏悔"则为心神层面之玄通。

[2] 黄帝阴符经集注 [M] // 道藏：第 2 册，720.

威道教法中转换为死后更生得为种民的概念。故此，死亡是生命的必要组成部分，更是生命超越的重要前提条件。无论是盟威道的"后世种民"，还是《真诰》的尸解"暂过太阴"，或是《度人经》的"枯骨更生"，都是以不可抗拒的死亡作为实现生命超越的绝佳契机。死亡对于奉道者而言，不再是恐惧，反而是一种期许；通过死亡，她/他才得以返归于大道母亲。故《法箓部仪》云：

> 宿缘应死，超然复生，枯腐之骸，枯骨受仙，沉沦隐见，无所拘闭。此是登坛结盟三官之力，超登殊劫，过死度生之福。[1]

由此可见，三官盟神之威不仅仅局限于现世之救护，更在于"过死"然后"度生"。

在《灵宝授度仪》中，陆修静为我们描绘了一段师资与弟子共同走过的生命历程，在这一历程中，弟子的形神遭受磨炼，经受着与矿石一样的折磨、肢解、死亡的过程。最终，师资通过与弟子建立盟约，将她/他从死亡中复活，并成为一名受得灵宝《真文》、法箓，记名于天曹的洞玄法师。此正如伊利亚德（Mircea Eliade）先生所言："宗教对于这种对仪式性死亡的重视最终导向了对于真实死亡恐惧的征服，以及对于人类

---

[1] 正一法文法箓部仪 [M] // 道藏：第 32 册，201.

能以纯粹精神性状态继续存在的信仰。"[1]

三、时间的象征

（一）过渡仪式

从时间的维度来看，授度仪式改变了奉道者先前的世俗性的生命状态，并在其中赋予了新的，更为神圣的生命与身份。在这里，"度"字体现在受度弟子在时间层面的身份过渡。为了更为地深入地理解这一时间层面"过渡"的本质，我们最好先要了解几种重要的仪式理论。

"过渡仪式"（rite de passage）是西方民俗学中的经典理论，用以概括总结诸如丧葬、婚嫁、成年、入会（包括入教）等仪式的结构及其意义。这些仪式都具有从一处地点过渡到另一地点，或从一个身份过渡到另一个身份的功能。由此，这里的"渡"字与上文之"度"字同意，即"通过"（passing）。过渡仪式理论的创始人，法国民俗学家范热内普（Arnold van Gennep，1873-1957）观察到，在世界各地的文化与宗教中，"门"具有普遍的"过渡"象征意义，尤其是门槛（阈限，liminaire）具有神圣的含义，他由此将过渡仪式之结构归纳为三部分：

---

[1] "……this religious valuation of ritual death finally led to conquest of the fear of real death, and to belief in the possibility of a purely spiritual survival for the human being."Mircea Eliade, *Rites and Symbols of Initiation: The Mysteries of Birth and Rebirth* (Dallas: Spring Publications, 1994), 200.

1. 阈限前的 [分离] 仪式（rites de séparation）

2. 阈限中的 [边缘] 仪式（rites de marge）

3. 阈限后的 [聚合] 仪式（rites de'agrégation）

如在传统社会中，人们在离家出门之前都会有一定的启程仪式作为 [分离]，在经历某一在路上的 [边缘] 时段后，他 / 她又回到家中，并有相应的 [聚合] 仪式 [1]。

以此为基础，英国人类学家维克多·特纳（Victor Turner，1920-1983）教授又对这一 "三段式" 的仪式结构理论进行了拓展，并着重阐发了中间一段的阈限中的仪式。在特纳来看，过渡仪式中的主角即过渡者（在本书中主要指受度弟子）的身份在整个仪式期间都具有相对模糊的特征：他们被从原来的生活状态中分离出来，原有的身份（比如自己的俗名）被取消，新的身份（法名、法位、法职）却尚未被授予。因此，受度者在这一期间，都会处于一种具有象征意义的状态中，他们必须表现出一种被动、谦恭的姿态，甚至在精神或者肉体上被贬低、碾压、蹂躏，并达到一种象征性的死亡；与其对应的是，他们所处的空间环境也具有一种位于宇宙 "中心" 的坟墓、洞穴或母体的含义（详见下文）。在此之后，他们被重新塑造，并被给予比原来更为神圣且崇高的权利、责任与身份，并通过聚合仪式重新回到原有的生活环境中 [2]。他引用了一个极具代表

---

[1] 阿诺德·范热内普 Arnold van Gennep. 过渡礼仪 [M]. 商务印书馆，2016.

[2] 维克多·特纳 Victor Turner. 仪式过程：结构与反结构 [M]. 中国人民大学出版社，2006：95-96.

性的"加蓬湾国王"案例来说明这个概念: 当老国王去世后, 人们秘密选出新的国王, 并在其不知情的情况下对其进行辱骂、围攻, 在经过一段时间寂静之后, 人们告知他已经被选为国王, 并将臣服于他 [1]。

更高的地位常被誉为"新的生命", 而在获得新生之前, 象征性的"死亡"不可避免。另一位对过渡仪式有所贡献的, 是罗马尼亚宗教史学家伊利亚德 (Mircea Eliade, 1907-1986) 先生。他的贡献在于将古代近东地区的炼金术 [2] 以及亚欧大陆萨满宗教 [3] 带入了过渡仪式的讨论之中 (主要聚焦于宗教团体的入教启度仪式, 我们所谓的授度仪式正属于这一范畴), 这使我们更清晰地洞观到了"象征性死亡"背后深层的旨趣。伊利亚德通过爬梳古希腊-埃及的炼金术文本, 发现古代的炼金师将矿石视为具有生命的神明, 而矿石被粉碎、锻炼、捶打、形变的过程, 则象征了神明的受难以及死亡, 但两者都最终通往复活的完美结果。他进一步指出, 这一范式同样存在于宗教团体的入会仪式之中 (道教之授度仪式即属于这一范畴), 新入门的学徒也同样经历着由死而生的过程。由此, 炼金术对于矿石的炼化与基督教所谓的救赎几乎

[1] 维克多·特纳 (Victor Turner). 仪式过程: 结构与反结构 [M]. 中国人民大学出版社, 2006: 172-174.

[2] Mircea Eliade, *The Forge and the Crucible*, 2d ed.(Chicago: University of Chicago Press, 1978).

[3] Mircea Eliade, *Rites and Symbols of Initiation: The Mysteries of Birth and Rebirth* (Dallas: Spring Publications, 1994).

同义 [1]（所以我们必须注意, 道教中的"修炼"一词亦来自黄白术之传统 [2]）。相应地, 在萨满教传统中, 被神明所拣选, 即将成为萨满的人, 要在其梦境中经历极为痛苦的动物撕咬、肢解等过程, 她／他从白骨中重新复活, 被神明重新更换心肠, 并授予巫术之秘诀, 当她／他醒来之时, 便已经成为具有通灵以及法术能力的萨满 [3]。

综上所述, 受度者在过渡仪式中实现生命状态的转化, 他们都被 [分离] 仪式从原有的生活状态中带入一处非世俗的、具有超越性的时间与空间之中, 如此受度者就好像回到了母亲的胎中; 而正因为如此, 她／他们也实际经历着一种近乎死亡的体验。这些仪式性死亡的元素包括但不限于: 与常日迥异的生活方式, 去除世俗的姓名, 脱换俗衣, 自省忏悔, 以及自我体罚等等。[4] 下面, 我们将先在时间的层面着重讨论道教授度仪式的"重斋"结构（即前后两次的"斋"）, 其中前者谓之"对斋"。

---

[1] Eliade, *The Forge and the Crucible*, 151.

[2] 参见: 张超然. 试观与保举: 东晋南朝道教试炼传统及其发展 [J]. 中国文哲研究通讯, 2013, 03（23: 1）: 7.

[3] Eliade, *Rites and Symbols of Initiation*, 1994, 149-159.

[4] 虽然以上所提及的三位都是具有欧洲文化背景的学者, 但是他们的理论却是广泛参考多元化民族志材料之后所概括化、理论化的成果, 也因此代表了一种人类所共享的思维模式与文化范式, 并为我们反观道教自身的宗教传统提供极富启发性的思路。同时, 道教自身的独特性也将使我们在固有理论、范式的基础之上能有新的发现或启悟, 并为进一步完善比较宗教学理论贡献一己之力, 一如我们下文将要讨论的"重斋"概念。

（二）对斋与试炼

我们在第十八节对于《灵宝授度仪》的讨论中已经提及《黄箓简文》中有关对斋之规定，其曰："受法当依明科，赍信诣师，对斋七日。"[1] 所谓"对斋"，即师资与弟子相对而斋戒。而道经中常见的"退斋"一词，也往往指代授度仪式前弟子的斋洁。这是一项十分重要，但又在后世被忽视的仪式内容[2]。董思靖云：

> 所以古者传经，必又先对斋，谓师己斋，弟子亦斋，故曰对斋，良由此也。苟或不然，则是缘心听法，其法亦缘，无由悟入。是必如此，然后启誓丹青。[3]

"对斋"的仪格不见于盟威道中，盖因其本身具有秘传的性质，也正是因为如此，上清、灵宝这两部经教皆十分重视对斋。在《无上秘要》卷四七中，专门开列有"受法持斋品"一节，其中汇集各部经法授度所要求的对斋科条多达 53 种，其中时间短者须三、七、九日；时间长者，如《洞真青要紫书金根上经》所言，长达七百日。[4]

对斋不是枯坐，而是一项勤苦的修行与考炼。我们目前所

---

[1] 陆修静.太上洞玄灵宝授度仪 [M] // 道藏：第 9 册，841.

[2] 在这里要特别感谢施舟人先生在北京大学授课期间良有深意的开示。

[3] 董思靖.洞玄灵宝自然九天生神章经解义 [M] // 道藏：第 6 册，408-409.

[4] 周作明，点校.无上秘要 [M].北京：中华书局，2016：755.

能见到较早的类似记载来自《黄帝九鼎神丹经诀》之"结斋"，其文曰：

> 《粉图》云：授法不得轻告。传法日取王相日，结斋立坛，师与弟子并在坛前，日夜恒烧宝香，奏帝祈请，所愿长生药录名目，称：[某]少好长生上道，万劫以来，常蒙道福。今得奉思圣允，蒙师慈念，许受诀文。某今不敢许纳，一一奏请皇君师，言弟子[某]求道，日夜无怠，[某]今欲授[某]诀文，不敢自许，一一奏请皇君，如此谨心，满七日夜，然香登坛，饮血为盟，分金环投于东流水中。请师传授诸神金丹，及口诀图箓，皆同此法传授。若不依传法，诸受师与弟子，所造不成。是《粉图》中诀文也。[1]

按文所示，这里的"结斋"是立盟授受的必要前提，并至少包含两个重点：1. 祈请皇君师恩允师徒授受；2."日夜无

---

[1] 黄帝九鼎神丹经诀 [M] // 道藏：第 18 册，803. 类似的概念也见于《庄子·在宥》："黄帝立为天子十九年，令行天下，闻广成子在于空同之山，故往见之，曰：'我闻吾子达于至道，敢问至道之精。吾欲取天地之精，以佐五谷，以养民人。吾又欲官阴阳，以遂群生，为之奈何？'广成子曰：'而所欲问者，物之质也；而所欲官者，物之残也。自而治天下，云气不待族而雨，草木不待黄而落，日月之光益以荒矣。而佞人之心翦翦者，又奚足以语至道？'黄帝退，捐天下，筑特室，席白茅，闲居三月，复往邀之。"陈鼓应. 庄子今注今译 [M]. 北京：中华书局，1983：304.

怠"应指昼夜持续地祈祷，即便不是完全的睡眠剥夺（sleep deprivation），也是只保留极少的睡眠，这很明确是一种苦行。这种"前盟约"（鹤鸣山盟约之前）时代苦行、祈祷的双重实践也一直延续至上清经教之中。一方面，如《上清八道秘言图》所言：

> 传授之法，当各对斋，静以诚其心，鬼神研真，以一其志。[1]

此即请鬼神鉴其丹诚之心；另一方面之"苦行"，则如《大洞金华玉经》所云：

> 若传授弟子，当先告斋，前后各一日，又清斋一百日，乃得付之。中斋七十日、下斋三十九日，对斋苦行，而相传授焉。不审其人，无斋而传付者，经师当死，受者失两明焉。斋不苦切，经师当病，受者失口焉。[2]

由此，上清、灵宝经法的授度仪式，必以对斋（此处谓之"告斋"）作为起始，且必"苦切"。我们有理由推论，正是出于弟子之"苦切"，对于神明的"祈祷"才得以感通。

与此同时，上清道也把苦行祈祷上升到了更高的境界，即

---

[1]　上清八道秘言图 [M] // 道藏：第 6 册，683.
[2]　大洞金华玉经 [M] // 道藏：第 4 册，551.

弟子与大道、师资之间的相互融合。《上清九天上帝祝百神内名经》云：

> 故传授者，对斋三百日，中斋一百七十日，下斋四十五日；勤丹心于冥诀，苦五体于请乞；身劳于经师之气，求感于灵汉之表；香云郁于寝席，正和坐于师宇。如此则真心明达，玄苦合旅，幽求坦畅，真经乃与耳。[1]

在这里，"冥诀"（上清道存思之要诀）与苦行祈祷被一同践行，弟子由此得以凭借宝经与师资身中之真气与大道相感通。由此，这种宗教实践可以被称作是"玄"（玄通）与"苦"（苦行）的"合旅"。换言之，在对斋之中，不但"形体"层面的苦行是为必须，"心神"层面的冥思亦不可或缺。如此，对斋的宗教实践维度得以被拓展且深入（内化）。同为江南秘传传统的灵宝部经教亦十分强调授度前的对斋，并在其斋期的宗教生活中强调了诵经的重要性。这一传统一直延续至宋元之际，金允中言"古法入靖对斋，诵经为首"[2]，他还进一步将"对斋"的概念扩展至平日斋仪的预备之中[3]。

---

[1] 上清九天上帝祝百神内名经[M]//道藏：第33册，789.

[2] 金允中.上清灵宝大法：卷十七[M]//道藏：第31册，442.

[3] 金允中《上清灵宝大法》卷十六："前朝三十六日设诵经堂及法师靖室。率同斋之士入靖对斋，不交世事，精诚看诵《度人上品妙经》、《九天生神宝章》、《道德》二篇、《黄庭玉经》。近期则率坛众，习仪演事。"金允中.上清灵宝大法：卷十六[M]//道藏：第31册，428.

此外，除去文献中所言明的关于对斋的功能及意义，其仍有更多潜在的含义值得我们进一步稍作讨论：

1. 弟子与师资结成命运的共同体。通过身处一室，同吃住、起居，弟子身中之气也被师资身中之气所感合。换言之，通过一起生活在一处密闭的空间中，师徒二人得以相互打开自己的心扉，由此更加深入地走入彼此的生命之中，心念的感合与真气的感合是同步发生的。由此，对斋是师徒二人的一次生命共融。虽然登坛立盟度箓亦具有结成生命共同体的含义，但其必然需要以对斋中所实现的共融作为必要的前提。很明显，彼此并不熟识的师徒二人，必然不能仅靠登坛立盟中的短暂仪式来结成一体。

2. 授度仪之前的传授。对斋期间，师徒二人一同苦行祈祷、一同诵经存思。不论弟子是否先前已掌握了与修行相关的知识与技能，师徒"一起做"成为其学习的重要方式与过程。这些传授不仅可能包括口诀、经义、仪范、与生活起居相关的科律，更还可能带有师资自身的宗教经验。由此，对斋是一次知识的传授，这也是授度仪式中象征性传授的必要前提。

3. 不言之教的典型体现。太上曰："圣人处无为之事，行不言之教。"（《道德经》第二章）与师资在同一空间内的一同坐卧起居，使弟子得以亲身观察到一名精谨奉道者信仰生活的全方面情态，其举手投足，穿衣吃饭无不是弟子日后效仿的榜样。由此，对斋乃是一次"体道"。

4. 师资对于弟子的察试。上清部经法承袭江南方士的传统，其秘传的性质使得师资对于弟子的拣选、察试成为特别重要授度前提。按张超然教授之研究，上清经中拥有一整套对于应得仙位的修道者的察试义理体系[1]。若《紫阳真人内传》云：

> 诸应得仙道，皆先百过小试之，皆过，仙人所保举者，乃敕三官乞除罪名，下太山除死籍，度名仙府。仙府乃十二大试，太极真人下临之。上过为上仙，中过为地仙，下过白日尸解。都不过者，不失尸解也。尸解，土下主者耳，不得称仙也。[2]

我们此前业已看到，"保举"的概念在授度制度中直接体现为"保举师"。如此度人升仙之"保举"与度弟子入道之"保举"被上下相互对应起来，保举师与察试仙官扮演着同样的角色（关于这种从人间一直延续至天界的察举机制，详见下文之"重斋"）。在这样的背景下，我们不难意识到，师徒入靖对斋，实际也是师资对于弟子是否具有授度资格的一次察试。通过同吃同住，弟子的各个方面均暴露在师资的法眼之中。长达多日的斋期，也是考验弟子信心、恒心及信仰的最佳时机。不难想象，许多弟子必然因为无法忍耐长期枯燥的对斋生活而中途放弃，而这一筛查机制也正是对斋的主要功能。

---

[1] 张超然. 试观与保举：东晋南朝道教试炼传统及其发展 [J]. 中国文哲研究通讯，2013，03（23：1）：5-37.

[2] 紫阳真人内传 [M] // 道藏：第 5 册，546.

5. 事实上，如此的近距离生活，其对师资而言也是一次挑战，日常的琐碎生活细节全部被弟子一览无遗，毫无可掩饰之处。我们可以想象，年纪较轻的法师在第一次与弟子对斋时，必然也怀着与弟子一样的惶恐心情，一如第一次步入课堂的教师。对于这种弟子反哺师资的描述，道经中也多有描述，如老子所言"善人，不善人之师；不善人，善人之资"（《道德经》第二十七章），又如《升玄经》所云"本师亦应谦下弟子……（弟子）德过于师，还教于师。所谓道贵人贱，义类如此"[1]。由此，对斋实际也可被视为师资与弟子之间的双向试炼，这也正是我们此前在老子出关故事中所见者。

图 19-01　师资与弟子对坐传经（见《上清金阙帝君五斗三一图诀》）

---

[1] 周作明，点校.无上秘要[M].北京：中华书局，2016：507.

我们在上面的描述中看到了师资与弟子在对斋期间所进行的“玄苦合旅”以及相互察试等内容。如果我们尝试以符号象征的角度来审视这种对斋，其也可被视作肉体与精神两个层面中对于“自我”的抑制与消解。换言之，这也便是一种仪式性的，象征性的“死亡”，而死亡的同时也带来了师徒二人生命共同体的建立——一种新生的建立。故此，“对斋”本身（不含登坛授度）也即是一种过渡仪式。如果我们将师徒二人进入静室的过程视作过渡仪式中之“阈限中［边缘］仪式”，则弟子离家寻师访道则可被视作［分离］仪式（前阈限）。在中国古代社会，离家访道不但要承担来自家庭内部以及世俗价值观的发难，更要忍受访道路上的各种艰辛，以及访师不遇的挫败。正如《真诰》中许君所言：

> 昔人学道，寻师索友，弥积年载，经历山岳，无所不至，契阔险试，备尝劳苦，然后授以要诀。[1]

直至北宋时，张虚靖天师曾与众弟子言：

> 汝去父母国，来亲师匠门，蹑踌担双，冲霜冒雨，倾肝涤胆，来瞻太上之真风；赍信投名，拜受天师之

[1] 许长史所言，极有可能是基于紫阳真人周义山之行迹。吉川忠夫，麦谷邦夫．真诰校注［M］．北京：中国社会科学出版社，2006：78.

秘箓。[1]

如此，求道弟子千里投师，蒙师恩许，相对而斋，若一切顺遂，则自静室出关之日，便是他获得登坛受度资格之时。由此，相对于"对斋"这一仪式环节，授度仪式正是它的聚合（后阈限）仪式。相对于对斋前而言，经过对斋后的弟子获得了授度"候选人"的身份。

虽然"对斋"这样的仪式行为在今天来看似乎十分遥远，但其实际一直都在道教内部持续地传承着，甘肃省民勤县正一派道教《坐靖参传仪》正是这一传统的鲜活例证，详见《附录六》。

（三）重斋的仪式结构

弟子经过对斋试炼之后，才具有了登坛受度的资格。而所谓的"登坛受度"即是以授度为仪式核心之斋仪，比如我们所一直讨论的《灵宝授度仪》即是这一斋仪之核心部分。这也就是说，一次完整、如法的授度，师资与弟子必然经过两重之"斋"。按《上清太上帝君九真中经》云：

> 按传授之法：各对斋静，以诚其心，思神研真，以壹其志。今宝书有九真之事，及二十四神名字，存念祝说，皆灵言上音，故以"重斋"受之，始盟漏泄之考矣。二人

---

[1] 张继先. 三十代天师虚靖真君语录 [M] // 道藏: 第32册, 369.

各共对斋二十四日，又告斋，前后各一日，日讫出经，以
付弟子。弟子写毕，剪发束结，诣师以为效信。[1]

在此处，经中提出了"重斋"的概念：前一次为"对斋"，后
一次为"告斋"（即登坛授度之斋仪）[2]，也即是杜广成先生所谓
之"投词祈告"[3]。

《灵宝授度仪》实际即是一种过渡仪式，如图 19-02 所
示，[A 对斋]可视为阈限前的[分隔]仪式，受度弟子从这里开
始与原有的身份、社会关系暂做告别；[C 授度]可视为阈限中
的[边缘]仪式，受度弟子在其中经历象征性的死亡（自我体
罚、象征性自残等）；[A* 设斋]可视为阈限后的[聚合]仪式，
受度弟子不仅以其洞玄法师的身份重新回到人群中，与师友们
一同聚餐，还以新的身份重新进入神明世界之中（谢恩、言

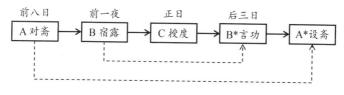

前八日　　前一夜　　正日　　后三日

A 对斋　→　B 宿露　→　C 授度　→　B*言功　→　A*设斋

图 19-02 《灵宝授度仪》所见授度仪式之仪式语法结构

[1] 上清太上帝君九真中经[M]// 道藏：第 34 册，38.
[2] "告斋"一词在不同语境中往往具有不同的含义，一种为"开始对斋"，
如《四极明科》卷二所言："师弟子各告斋九日，告盟而传。"另一种则
为"开始斋仪"，如《四极明科》卷五所言："然后告斋，受盟而传。"
[3] 太上黄箓斋仪[M]// 道藏：第 9 册，181.

功、投简)。但是, 我们也已经提及, [A 对斋]这一段落其自身
具有十分典型的阈限特征。若以此论之, 则此时的[C 授度]则
成为[A 对斋]的聚合仪式: 弟子以具有受度资格的"候选人"
身份登坛受度。与其呼应, [A 对斋]之前的[分隔]仪式则可被
理解为弟子脱离原有的社会身份 (如离家访师)。如此, 我们
则有了相互套叠的两组过渡仪式体系。为了方便理解, 请参见
图 19-03。要而言之, 此处存在有分别以[对斋]与[授度]为中
心的两套过渡仪式, 这两套过渡仪式前后套叠, 即组合成为所
谓的"重斋"。从这两者的核心仪式来考察, 其主旨分别在于对
弟子的"考"与"度"; 弟子分别于两者之中都经历象征性的死
亡, 也都在仪式结束后获得比先前更高的宗教身份。

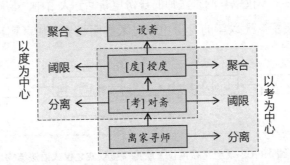

图 19-03　重斋的前后套叠组合示意图

(四) 道教救度义理中的重斋模型

结合存在于仙真世界中的"试炼""察试", 如果笔者有充
足的理由来进行进一步的阐释, 则"重斋"或许可以被拓展成
为一种模型, 存在于更为宽泛的道教义理框架之中, 并体现了

道教至为核心的救度精神。在图 19-04 中，我们尝试将"重斋"的模型前后延伸，并由此形成以"考"与"度"为中心的两个群组。以"度"为中心的群组分别以 A、B、C、D 为序列标出；靠外侧以虚线所框定者则是以"考"为中心的群组。下面分别叙之。

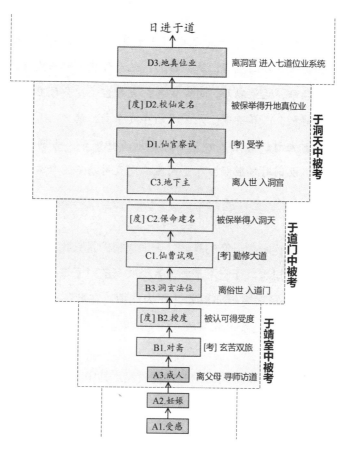

图 19-04　道教救度义理中的重斋模型

1. A 组

以"度"为中心的群组始自 [A2. 妊娠]。不言而喻，在母亲胎中的十月是我们生命中的第一次"斋"，《九天生神章经》中将此十月赋予了与天地生成同等的重要性，人之降生一如授度之仪，须有"太一执符，帝君品命"，其曰：

> 人之受生于胞胎之中，三元育养，九炁结形，故九月神布，炁满能声，声尚神具，九天称庆。太一执符，帝君品命，主录勒籍，司命定算，五帝监生，圣母卫房，天神地祇，三界备守。九天司马在庭东向，读《九天生神宝章》九过，男则万神唱恭，女则万神唱奉；男则司命敬诺，女则司命敬顺，于是而生。九天司马不下命章，万神不唱恭诺，终不生也。[1]

老子将大道比喻为母亲的身体，天地之根即是玄牝之门，其尚雌、守柔等思想，无一不是源自人类共有的对于母亲的敬礼与依赖，而内修之境界亦以婴儿作为比拟，在此不再赘述。由此，A 组以 [A3.] 婴儿长大成人作为结束。

2. B 组

B 组即我们所着重讨论的授度斋仪，其中心为《灵宝授度仪》，并以获得灵宝法位作为结束。

---

[1] 洞玄灵宝自然九天生神章经 [M] // 道藏: 第 5 册, 843.

3. C 组

C 组与 D 组来自上清经教中洞天的义理观念以及试观、保举之制度。谨按陶弘景《真灵位业图》所示，仙真之品有七道，由下自上分别为：酆都、地真、九宫、太清、太极、上清与玉清[1]。这是以后圣金阙老君为首的一套庞大的"下教"职官系统，他们不断向人世派遣下教真仙以及考察功过之仙曹，以此对人世继续传授大道的教化以及救度。此即 [C1. 仙曹试观]。由此，修道之人或宿有善功之人，会特别引起仙曹们的注意，并持续对其进行考察，并记录其功过（盟威道中谓之考召吏）。这些人身殁之后，他们往往凭借自己之功勤、德行而被仙曹所保举，接受上真之考察，并度入与之相应的仙道之中继续事道（比如成为考察人间仙曹之一员），积累功勤（这些功勤极有可能也来自人世祭酒、法师们的言功），并等待下一次的考察与迁度。比如，茅山华阳洞天保命府下有"监生考察民间事李仙君"以及"主灾害、主考注、主生死、主仙籍"四丞，他们负责对于人间修道者与善人的考察，并记录其功过德行，而于该人身殁之后，经由小茅君审核后，则通过 [C2. 保命建名]，将其魂神引入华阳洞天内成为 [C3. 地下主]。地下主者乃是人身殁后进入洞天受学的一种过渡身份，其于洞天之内受学，并等待高真们游观洞室之时来考察、选校。

---

[1] 其中酆都道多为鬼神，而地真道多为天下名山之主，诸如茅山之主中茅定禄君，但也包含尚非正式七道之中的"地下主者"，九宫道以上为天界仙真。

4. D组

中茅君定禄府下有"九宫禁保侯"负责统领学仙（又分男女学仙各有男女真官统领）、"执法郎"负责"主试有道者"。每年三月十八日，大茅君与东海青童君、黄老君等高真游观华阳洞天，察试学仙[D1.]；由此，中茅君便向大茅君保举洞天内道业日臻之学仙，如蒙考校通过，则可正式得度，将其姓名填入仙籍[D2.]（不得仙籍者不为仙），并进入[D3. 地真位业]。同时，大茅君等高真也会将洞天内修道不勤之学仙从洞天内除名。所以，洞天并非是一处一劳永逸的终点，而是一处充满了挑战、不进则退的学府。洞天之外，那些已经成为地真或更高位业的仙真们也仍需定期接受更高位业仙真的察试与考校，并进而得以逐次迁转，日进于道[1]。所以，在图 19-04 中，C 组与 D 组实际只是"归道之路"的阶段性举例，这条路并非是直达的，而是需要经过一级一级的循回流程，经历一次又一次的"象征性死亡"，但每次复生，其所获得的生命状态便也更近于大道。

5. 以"考"为中心的群组

切换至图 19-04 之中靠外侧以虚线所框定的群组。这一群组以"考"作为过渡仪式之中心。其第一组"于靖中被考"之核心为"对斋"之"玄苦双旅"，其以"被认可得度"为结尾。如上所言，修道之人有仙曹对其考察，而这考察周期往往是终

---

[1] 陶金.江苏茅山《三茅宝忏》圣位小考：兼探《真诰》中的洞天选仙机制（未刊稿）.

身的，因此以"考"为特征的阈限仪式，实际往往即是一生的修行过程。换言之，受度弟子不仅要在对斋的过程中通过"玄苦合旅"来体验一种象征性的死亡，而且还要在其拥有法位之后，终其一生，实践"玄苦合旅"。这种仪式化的生活，相对于世俗生活而言，的的确确就是一种"死亡"。只不过此时来负责考察她／他的不再是老师，而是仙曹。此即第二组"于道门中被考"之"勤修大道"。而"玄苦合旅"的最终理想结果，即是获得进一步迁度的资格，"被保举得入洞天"，之后循环往复，最终与道合真。

此外，笔者想强调，由神明与师资所完成的人神两界的考察、试观，实际为整个授度仪式赋予了一定程度的不确定性。这一方面体现在为神明所预留的参与空间以及权限中，比如我们在《灵宝授度仪》中所见到的"露宿"，这实际在很大程度上为后续仪式的举行，设定了极难掌控的前提。此外，露宿之前的对斋，甚至保举师所提供的保举，都重复强调了对于请法弟子合度资格的考察，这实际是一种对于天命的充分尊重与敬畏。保举不良人选，以及放松对斋考察标准，都会直接得罪于天曹。换言之，来自下方的保举与考察，也必与大道天曹的意愿相互符契。如此进行的授度仪式，才能够充分地体现天命的下颁。

以上的"重斋"模型只是一种基于仪式与义理的"想象复原"，它所表明的思想很简单：修道者在其回归大道的路上，并非一马平川，而是有无数的关隘、河流，并需要经历数次的"死亡"；他们只有在路上做到"冲霜冒雨，倾肝涤胆"（考炼），才能遇河得以度桥，遇关得以入门。在时间层面来说，授度仪式绝非短短的几日，而是自母体中便开始的一次终生旅程，在这一旅程之中，大大小小的"过渡仪式"被套叠在一起，奉道者随考随度。她／他也因此必须朝乾夕惕，时时持守，才能顺利地复归大道之家。

我们在本书的第二节中，便已经非常清楚地言明，"察举"与"迁转"乃是秦汉帝国的政治制度创新，其促成了社会阶层之间的流动，一如道气之运行。而在道教的职官制度中，"试观"与"保举"也正是对于这一人世政治制度的呼应。所不同的是，在道教的职官制度中，层层的向上迁转实际意味着个人修为的层层内化，也即是其与大道之间的密契程度，而非获得更多俗世间之权利。奉道者的迁转，意味着他的德行与功勤日臻完满，由此她／他也便越来越与大道靠拢。这一指向大道的复归过程，又以职官制度的符号而得以表述，最终体现于成为大道"太清玉陛下"的近侍之臣。

四、空间的象征

我们在上面的讨论中已经涉及了一些空间层面的象征符号，比如桥、门、静室、母体、洞天等。宗教仪式之举行，往往必先设立一具有特殊规制，与世俗环境不同之"圣域"，以期能够使参与者在这一空间内，通过仪式尽可能多地获得与超自然存在的交流、感应。在道教的仪式传统中，由于不同类型科仪的义理逻辑各有不同，故又可将与授度相关的仪式空间划分为两个类型来讨论，即纵轴向上的空间（静室与斋坛），以及横轴向前的空间（法堂）。我们下面将主要依据《灵宝授度仪》来讨论其空间的象征意义。

（一）斋坛：纵轴空间

陆简寂先生所描述的灵宝斋坛（或谓之"露坛"）规制乃是以旧有方士传统的"灵宝五帝醮坛"为基础参校了《三箓简文》经义修订而来，也即后世谓之"虚皇坛"（出《元始灵宝五帝醮祭招真玉诀》）[1]。按灵宝《三箓简文》之规定，静室与露坛分别对应举行不同品格的斋法，其中金箓、黄箓等斋仪，须于三光之下，露坛之上举行。整座露坛，形制复杂，规模宏大，整体规制以"法天象地"为基本原则，暗合造化。要而言之，坛四周设五门以通五方之真气，坛内设五方案，安奉《五方真文》及香炉；此外另施两案，分别作为奏事之用，以及安奉将要传授的《真文》、二箓之用。其大致风貌可参考彩页图3中所示之宋代"虚皇坛"。仍然需要指出的是，灵宝经教承袭盟威道的宗教精神，斋坛内不设偶像，这当然是因为《五方真文》实际就是大道真气的直接显化，一如柏夷教授所言道教之真文扮演了类似佛舍利或圣徒圣髑（relic）之功用，其不但是作为礼敬之圣物，更还有圣化空间之作用[2]。

---

[1]　太上洞玄灵宝赤书玉诀妙经 [M] // 道藏：第 6 册，200.

[2]　Bokenkamp, "Word as Relic in Medieval Daoism."

自六朝道馆制度确立以来, 道教宫观往往将斋坛建于正殿 (天尊殿或三清殿) 前之主庭院内, 谓之"庭坛"[1] (今青羊宫三清殿前八卦亭即是灵宝坛之遗存)。因此, 随着灵宝经法以斋坛授度法箓的做法在后世被广泛沿用, 授箓仪式也往往在道观中举行, 如唐代高道间丘方远便有于杭州洞霄宫建"上清坛", 每逢三元日传授法箓的记载, 而这座授箓坛后来也被称作"虚皇坛"[2]。

1. 斋坛的"外向"特质

从空间特质的角度, 斋坛在垂直的轴线上具有"外向"与"内向"两层特质。而这两重的空间特性, 实际也对应了授度仪式在时间层面的不同阶段, 因此也具有若干相互关联的符号象征。斋坛空间的"外向"特质乃是指其位于宇宙平面正中的处所位置, 以及其与天穹的向上垂直轴线连接。这一上下连接的特性实际对应了斋仪之中道气的上升与下降。

首先, 斋坛之平面为正方形, 这种几何特征亦可被称作"中心对称式布局"(同类还包括八边形、十二边形、圆形以及"亞"字形布局)。这一建筑形式使其在水平面上并没有特定的朝向 (盖因四面相同)。再从立面来看, "坛"的形制为层层叠高, 故其唯一的朝向乃是在垂直轴线上指向苍穹, 其链接点乃是斋坛最上层之坛心, 而这里也正是洞案所陈设之处。洞案之正中安设香炉, 炉中的香烟缥缈上升至苍穹, 与天相接。按

---

[1] 周氏冥通记 [M] // 道藏: 第 5 册, 519.
[2] 邓牧. 大涤洞天记 [M] // 道藏: 第 17 册, 143、152.

"坛"与"山"具有相同象征意象[1]，即是与天相通的圣域。早期先民的祭坛往往也即是本地圣山之巅峰，最典型的案例便是泰山与嵩山极顶所曾设立的"登封坛"。此外，每一座圣山不仅是通天之处，都还是其所处"小世界"之中心，全天下之中心则是昆仑山[2]。这一中心的象征也体现于灵宝斋坛之中。通过安奉五方真文，灵宝法师构建起了一处微缩的，位于天地正中的"宇宙山"，其正是众真万圣"一月三朝"之"玉京山"。

此外，坛本身所具有"通道"或者"门"的功能，只不过这一扇门并非立于地面，而是位于天穹，犹如天窗。在《玄都律文》中，天师所受"正一盟威之道"的处所，也正是一处被称作"天柱"之"天门"（两者相对，或几乎等同）[3]。这种天窗、天门的属性，实际也对应了道气在科仪中的运动。在朝真仪、行道仪中，法师身中吏兵随着"发炉"被召出径上三天，三天之道气自下而上地降入法师身及尘寰世界中。与此相似，在授度仪式中，弟子也通过度箓的形式获得来自无上三天的大道真气。此即《正一度箓仪》所云："各请将军、吏兵种数如牒，今日当下……各案左右，入肉人身中。"[4] 如此，受度弟子

[1] 陶隐居云："虽山坛字异，其理犹同。"吉川忠夫，麦谷邦夫. 真诰校注 [M]. 北京：中国社会科学出版社，2006：346.

[2] 米尔恰·伊利亚德（Mircea Eliade）. 神圣与世俗 [M]. 北京：华夏出版社，2002：1-32.

[3] 玄都律文 [M] // 道藏：第 3 册，462.

[4] 据吕鹏志教授整理稿输入。吕鹏志. 天师道授箓科仪——敦煌写本 S203 考论 [J]."中研院"历史语言研究所集刊，2006，77（1）：143.

登坛入于坛心洞案之前，犹如处于灵山绝顶，其间万籁俱寂，尘世杳渺。在坛清众缓诵洞章，坛顶天穹洞彻，三气开光，下照弟子，注入其形神之中，充盈其三百六十骨节之间，新的生命由此开始。故此，斋坛的"外向"性建筑形式乃是为了确保授度仪式中，道气能够成功地"度入"。

与此同时，露天斋坛上下连接的特性也暗示了另一种运动的可能，即弟子在受度之后，获得了更高的法位身份，她／他也因此得以获得了向上的提升，由此更加接近于三天大道。这种特质在仙传以及各地洞天福地天然圣所实例中常以"飞升台""升仙台"之形式出现，如《玉堂闲话·选仙场》中所云：

> 学道者筑坛于下……备科仪，设斋醮……众推一人道德最高者，严洁至诚，端简立于坛上……时有五色祥云，徐自洞门而下，至于坛场。其道高者，冠衣不动，合双掌，蹑五云而上升。[1]

虽然受度弟子并不能真的在仪式中冲举飞升，但在意象上而言，其实际已经从此开始，踏上了升真之路，这种垂直性的上升象征了回归大道的方向。

---

[1] 王仁裕，蒲向明.玉堂闲话评注[M].北京：中国社会出版社，2007：274.

2. 斋坛的"内向"特质

随着三山宗坛的确立，授度法箓成为宗坛的专属职能，由此我们也看到箓坛与斋坛在名称上的分离，如阁皂山崇真万寿宫者谓之"传箓坛"[1]，茅山元符万宁宫正殿前建有斋坛（今之万寿台），宫后又单设"上清宗坛"（亦称"九层台"）用以授箓[2]。明初的龙虎山上清宫于三清殿前设"正一玄坛"，并"覆以重屋"[3]（参见彩页图4)，而又在三门与棂星门之间复设"虚皇坛"。将露坛"覆以重屋"是唐末以来对于露天斋坛进行建筑改造的一种流行做法，即以原有之坛作为基础起建屋宇，用以遮蔽风雨，以便于举行斋仪，谓之"天宝台"。由于斋仪当于"三光"下露天举行的义理，因此唐宋之际引发了颇多讨论，也引出一些折衷的做法[4]。但至少在北宋时期，天宝台已成

---

[1] 俞策，施闰章.阁皂山志 [M].南昌：江西人民出版社，1996：25.

[2] 刘大彬.茅山志 [M] // 道藏：第5册，588.

[3] 娄近垣.重修龙虎山志：卷三 [M] // 藏外道书：第19册，成都：巴蜀书社，1992：443-444.

[4] 王契真曰："建坛之法，或垒以宝砖，或砌以文石，或竹木暂结，或筑土创为，务合规程，以崇朝奏之礼。或建立天宝之台，取法上境，建斋行道，以坛为先，如朝会玉京山也。其法当露于三光之下，以竹木架构，用茅盖顶，坛心之中，上开天井，备雨屋以防风雨，若晴明则勿用也。"杜光庭论曰："常情以露坛为宜，然诚之所感，则九天非遥；志所不通，则珪步为隔。若丹禁动于真灵，注念合于神明，岂屋宇之能蔽乎？且敕坛之后，尚不可坛内逆行，及外人干犯真灵，科禁甚严。况晴雨不常，倘或关奏之际，风雨骤至，失雍容庠序之规，有勿遽奔驰之乱，首尾既紊，诚敬全亏。故儒家沾服失容不祭，盖虞于此耳。以此论之，则坛在屋下，终始周旋，固无失于礼容，自可期于通感。"王契真.上清灵宝大法：卷三十一 [M] // 道藏：第30册，937.

主流做法之一，如代表北宋官方仪式编订者的张商英云：

> 天宝台取玄坛之台制，移置殿中，以伸陟降之仪，以
> 备风而之至。[1]

无论如何，以龙虎山正一玄坛为例，我们都看到了授度坛空间的"内向"特质。但事实上，我们同时也应在彩页图3中注意到，即便是传统的露坛，其也都被层层的纂柱（以及由其所形成的门）所环绕。为了登上坛顶，师资与弟子须先从东南角进入地户（巽）以抵达中坛，再由西北角进入天门（乾）以抵达内坛。在这里，笔者特别希望强调道教文献对于斋坛空间命名的逻辑，其斋坛之三层并不以视觉上最为突出的"高低"次序来命名，而是以"内外"命名。由此，斋坛不仅仅是一处山巅，其也可以被视作一处经过蜿蜒隧道所抵达的"洞室"。施舟人先生在他的《道体论》中极富洞见地论道：

> 这座"山"（按：指坛而言）同时拥有外部的表层与
> 内部的里层。山的表面被揭开，环绕着"道场"。山也就
> 由此变凸为凹。其后，在仪式区域的中心，我们发现自己
> 处于山的内部；但是由于我们能够看到山的表层，我们
> 又必然是站在它的外面：我们由此既处于其内，亦处于

---

[1] 张商英. 金箓斋投简仪[M] // 道藏：第9册, 134.

其外。[1]

施先生颇具重玄意味的论定，亦为三浦国雄先生的高见所证实，他在关于洞天的研究中提到：

> 洞天是山中被挖出的一个小天（小宇宙），像洞窟，又像外界，内部世界在不知不觉之中反转为外部世界，是个像克莱因瓶（Klein bottle）一样的不可思议的空间。[2]（参见图 19-05）

以上两位先生关于"山"与"洞"相互等同，互为转换的思考为我们讨论法箓授度坛所的象征意义提供了有力的理论基础。首先，我们已经看到：在过渡仪式中，弟子必然要在阈限段落经历象征性的仪式死亡，而这种状态往往被比喻为婴儿在母胎中的育养、休眠状态，也对应了学仙在洞天中受学的状态；此两者都意在于一与世隔绝的密闭空间内，孕育全新的生命[3]。按

---

[1] "This mountain however, has an inner face and an outer one. The surface of the mountain has been detached, so to speak, and now encircles the 'place of the Tao.' The mountain has become concave instead of convex." Kristofer Marinus Schipper, *The Taoist Body* (Berkeley, Calif.: University of California Press, 1993), 99.

[2] 三浦国雄，著. 王标，译. 不老不死的欲求：三浦国雄道教论集 [M]. 成都：四川人民出版社，2017：357.

[3] 关于洞穴之玄义，还可参见石泰安先生的两部高论：Rolf, *Grottes-matrices et lieux saints de la déesse en Asie orientale*; Rolf, *Le monde en petit*.

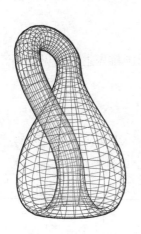

图 19-05　克莱因瓶（Klein bottle）示意图

照《真诰》的词汇表达，"洞天"又写作"洞虚"，进入洞天，也即是进入了一处"无何"之所。其内部自有日月，故而也是一处独立于俗世的"时空"，洞天内的百丈"金坛"即是学仙受度登真之坛所。

在独立的时空中举行的授度仪式甚至也发生于天界，其中最为著名这，莫过于太上道君所追述的元始天尊为太上道君授度《度人经》的场景：

> 于是元始悬一宝珠，大如黍米，在空玄之中，去地五丈。元始登引天真大神、上圣高尊、妙行真人、十方无极至真大神、无鞅数众俱入宝珠之中……元始即于宝珠之内，说经都竟，众真监度，以授于我，当此之时，喜庆难

言。法事粗悉，诸天复位，倏欻之间，寂无遗响。[1]

这里的宝珠之中，也即是一处洞天，乃是一独立之时空，或者说是一处静止的时空。由此，对于受度弟子而言，进入授箓坛所也即是进入了一颗黍珠的内部，也即是一重洞天，也即是返回到了大道慈母的玄牝胎中。她／他要在这一不属于过去也不属于未来，不属于内也不属于外的阈限（liminal）时空中体验短暂的黑暗、痛苦与死亡，也正对应了我们在上文中所言及的自我体罚也象征性自残。与此同时，母胎也是一处滋养之所，这也正对应了作为授受场所的斋坛[2]，一如洞天是一处受学之所。由此，一旦受度完毕之弟子从死亡中复甦，在经过狭长通道之后，她／他自天门而降下，经地户的玄牝之门而得以重生，以更高的法位复还人间。

3. 斋坛内外之协同

在以上关于授度坛所的讨论中，我们看到了位于"山顶"的，由上至下的道气度入，以及位于"洞中"的，由外向内生命力的滋养。这两者皆可被视作过渡仪式中阈限中的"边缘仪式"在空间层面的表现。与此同时，对应阈限后的"聚合仪式"，则有"山顶"受度后的向上升举，或是"洞中"孕育之后的向外重生，其都意味着受度者以一种新的，更完满的生命

---

[1] 灵宝无量度人上品妙经 [M] // 道藏：第 1 册，84.

[2] 此正如《灵宝授度仪》所云："（师资）依玉诀正音，字字解说，口授读度；弟子承受。"（[C-g2：A.2.a]）

状态从阈限空间重新回到世界。换言之, 受度弟子在"山顶"(坛顶)承受大道之真气, 并于此升入虚无, 而与此同时, 他也于"洞中"(坛中)受到大道之滋养, 并于此复生人世。对这两种完全不同叙事与象征的混融一体, 我们或可将其称作"先下后上"与"先内后外"的和谐统一。

事实上, 这种以"上下"与"内外"维度概念的共存也见于道教以外的神圣传统之中。虽然, 在大多数的经典中, 神明下降与凡人的上升是更为容易理解的表述"神—人关系"的一种修辞方式; 但是, 在一些更为内化的文献中, 圣贤们更加关注以人心为内在中心的内外感应。此时, 神明(或大道)不再居于九重天上, 而是处于人之心间。在《希伯来圣经》之《申命纪》中, 处于生命终点的先知梅瑟(Moses)告诉以色列人说:

> 其实, 我今天吩咐你的这诫命, 为你并不太难, 也不是达不到的。这诫命不在天上, 以致你能说: "谁能为我们上到天上, 给我们取下, 使我们听了好能遵行呢?"……其实, 这话离你很近, 就在你口里, 就在你心里, 使你遵行。[1]

---

[1] 香港思高圣经学会. 圣经 [M]. 北京: 中国天主教教务委员会, 1992: 275.

这正如格林（Arthur Green）拉比所言："事实上，在 2 500 年的过程中，这种用以理解神人关系的'垂直语言'与另一种根本隐喻（root metaphor）之间一直存在竞争，其认为天主存在于现实世界之中，尤其在人心中，而非我们头顶的天上。"[1] 我们在此前的讨论中也已经提及，法箓、吏兵以道气为形式的自下而上的授予，实际即等同于对于受度弟子"道心"自内向外"心开意悟""道心开发"，也即是身中道气被点化而唤醒。如我们所见，这种双重的叙事象征也在授度坛所的仪式空间中得以证实。

事实上，在《真诰》对于茅山华阳洞天的记载中，存在着有关这种授度仪式空间双重象征的更为细致的描述。按其所言，洞宫之正中有"金坛百丈"，其正位于洞宫穹顶中央"玄窗"之正下方。由此，这一洞天金坛实际兼具了"外向"与"内向"的双重空间特质：其是山峰，但又位于洞窟之中。经中并未详明百丈金坛之具体功用，但结合其与玄窗的空间位置关系，其应是上圣高真为洞中学仙的授度之所。其中的玄窗不仅是考校洞府的上圣高真降陟的通道，更是学仙受度之后升举入于"大天"（与洞中之"小天"相对）的通道，玄窗由此得

---

[1] "In fact there has been some competition over the course of two thousand five hundred years between this vertical language for understanding the divine-human relationship and another root metaphor, that which sees God to be found within *reality* and especially within the human heart, rathen than above us in the heavens." Green, *Radical Judaism*, 34–36.

与"玄牝之门"相等同。如此，则百丈金坛不但是授度之坛，更是升度之坛。更有趣的是，华阳洞天位于大茅山之正下方，而其山顶之盘石之上复有一坛（今九霄宫之飞升台）；故此，《真诰》的作者将"山顶"与"洞中"这两套授度空间的象征系统相互套叠了起来，并混而为一（参见彩页图 5）。[1]

（二）法堂：横轴空间

上述的露天斋坛虽然兼具了"山顶"与"洞中"的双重空间形式，但其基本皆可理解为垂直轴线的多样化发展，其旨在确保人与神（或内心）的沟通。但是，事实上，在授度仪中，与弟子互动最多者，乃是其师资。由此，基于人与人之间沟通的空间形式，也见于授度仪式之中，而其核心的标志，便是传法之高座。

在灵宝斋法中，讲、诵经典也是其有机的组成部分。斋仪（行道仪）于露坛之上举行，讲、诵则于"斋堂"中（并非近世食用斋饭之厅堂）举行，正所谓"三时行道，三时讲诵"[2]。按《太真科》云："若三时行道，当中后下息至晡时，夜半下息至鸡鸣，余皆上讲诵经。"[3] 按科所言，每逢行道之前，法师必然冠带如法，登堂上座，敷演经义，并与道众一同诵经，之

---

[1] 陶金 . "洞天福地"原型及其经典阐释——《真诰·稽神枢》中的圣地茅山 [C] // 吕舟，崔光海，编 .2019 年第一届洞天福地研究与保护国际研讨会论文集 . 北京：科学出版社，2021：65-67.

[2] 洞玄灵宝道学科仪 [M] // 道藏：第 24 册，772.

[3] 要修科仪戒律钞 [M] // 道藏：第 6 册，957.

后方才升坛行道。如此，这种先讲诵，后修奉的框架也便成了经典理论与仪式实践完美融合的学、修体系。按诸文献所见，一座典型的六朝道馆建筑往往由一座主庭院构成，庭院正中设有露坛，即"行道"之所，露坛之后的正屋则为斋堂，是为"讲道"之处（参见彩页图6）。"讲诵"与"行道"的空间相互关联，但又相互独立，前者为弟子与师资于室内的"横向"联结空间，后者则为弟子与三天大道于露天空间的"纵向"联结空间。

　　与传统的盟威道静室不同，灵宝斋堂正中敷设高座、经案与香炉。灵宝经将此高座比喻为太上所坐之天宝台，而当法师冠带如法上座诵讲时，她/他便成为太上在人间的肉身显现，由她/他口中所诵出的经文，即是彼时太上说经时之灵音；而由她/他所讲述的经文阐释，即是蕴含于经文中的大道玄义妙理。如此，在不设偶像的道馆之中，端坐于高座之上的法师便是太上的直接显现。也正因如此，斋堂内的高座，不论其是由法师坐座，还是供奉经典，[1] 便都成为朝礼太上的"显圣物"，象征着大道的临场。斋堂（法堂）的建筑，也正是因此虚拟法身（甚至仅仅是空设的高座）而具有了横轴的朝向（因此有别于垂直性的露坛）。隋唐以降，随着道馆进一步发展为规模更

---

[1]《洞玄请问经》下云："夫学道，常净洁衣服，别静烧香，安高座盛经……"周作明，点校.无上秘要[M].北京：中华书局，2016：645."夫道仕之于家学者，当建精舍清静斋，及施高座，盛经并读诵。"洞玄灵宝玄门大义[M]//道藏：第24册，670.

为庞大的道观，法堂或斋堂也成为道观之固定规制，如《科戒营始》所云：

> 凡法堂，说法教化之所，宜在天尊殿后安置，务在容众多为美。[1]

宋元以后，三洞崩坏，经筵日废，道观中法堂的空间也退位与象征帝制的"玉皇阁"。但就笔者目前所见江南地区正一科范中，"讲道"仍然作为"朝仪"之前的重要组成部分，而于师堂内单独举行。此外，讲道、守戒的仪式形式也与炼度之法相结合，演变成为施食、炼度科仪，此为后话。

近世以来的"传度科仪"部分沿用了登座讲道的仪式形式，其往往于坛中南向设师座，弟子北面长跪，聆听度师宣讲《十戒》，并依次授受法服、法具、度帖及契券。在当代江西修水地区的传度科仪中，弟子与度师之间，会以红布架起一座"法桥"，凡由师所颁给的法物，均由道众顺沿法桥捧至弟子面前（参见图19-06）。由此，由师所代表的大道与作为人的弟子被这一法桥所联结，象征大道玄义妙理的物品被横向沿着法桥度与弟子。与此同时，我们也同样应看到，至迟自南宋以来，法桥也被作为死后救度的重要仪式象征，而应用于升仙的仪式环节之中，只不过，此时度过法桥者，乃是奉道者自身（见图

---

[1] 洞玄灵宝三洞奉道科戒营始 [M] // 道藏：第 24 册，745.

图 19-06　江西修水传度科仪中的法桥（陶金 / 摄）

19-07）。我们将在下一节中看到，奉道者身殁之后的升度仪式，实际无外乎是另一次的授度仪式。由此，授度之法桥，与升度之法桥便也等同于坛顶之下降与上升；法桥由此便也成为大道救度的典型象征。

露坛与法堂是两种典型的道教仪式空间，其也被应用于道教的授箓仪式之中。事实上，在授度仪式中，并不存在着坛与堂的绝对差异。如在《灵宝授度仪》[C-g2：A.2.a 授度《真文》] 节次中，师资与弟子分别立洞案两侧，相向而立，授受经文。在这里，虽然并不存在高座，但因为师徒授受的必须性，横向的轴线也必然存在。事实上，虽然法箓吏兵源自天上，或自身中点化而出，但物质层面的法箓本体，却依然需要从师资手中，传授与弟子。由此，授度仪式中的横轴空间乃是一种必须。

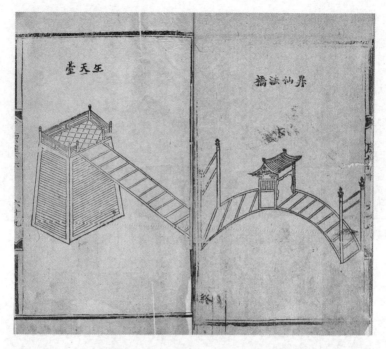

图 19-07 《上清灵宝济度大成金书》中所载"升仙法桥"与"生天台"。在这里，横向的"桥"与纵向的"坛 / 台"被关联到一起。这两种符号的联用，也正表现出了道教授度仪式中"横轴空间"与"纵轴空间"在本质上的趋同，即表达一种将奉道者"度"入另一世界的意象

　　除了以上的象征之外，我们不应忘记，任何一次授度仪式，都是对于老君与天师立盟授度的再现，而在上清、灵宝经法中，亦有与之相似的上圣高真授度的神圣原点时刻。由此，授度所举行的仪式空间可能是老君昔年"启受妙法"的昆仑山顶"天首大治七宝观"[1]，可能是鹤鸣山的石室，也可能

_____

[1] 正一法文法箓部仪 [M] // 道藏: 第 32 册, 200.

是元始天尊之黍珠；正如伊利亚德所言，启蒙仪式（initiation ceremony）往往乃是神圣事件之复原[1]。

五、作为微观道教的授度仪

现在，我们想回到开篇张良与黄石公的故事中。这一故事在近世的中国社会中家喻户晓，其中一个重要的原因便是其故事图像的广为流传。其中图像的类型又可细分为"进履"[2]与"授书"[3]两种，前者着重表现黄石公对于张良的试炼（参见彩页图 7），后者则着重表现经典的授受。显然这两类图像题材正呼应了我们上述的"重斋"的仪式结构，即先"考"而后"度"。下面，我们想主要对"授书"这一题材稍作讨论，因为其对应了最为核心的授度仪式。具体而言，我们将关注这一题材图像中的几项主要视觉元素：1. 黄石公持杖立于桥上；2. 张良捧书跪于黄石公前；3. 圯桥；4. 河流。此外我们也注意到故事发生的时间应该是在子夜。

（一）圯桥

我们之前已经讨论了桥作为"过渡仪式空间"的象征意义，但桥同时还具有其他丰富的空间特性。比如，当人立于桥上时，他实际将自己置于了一条联通"天-地-水"的垂直轴线之上。与此同时，这一空间既不属于左岸，也不属于右岸，而

---

[1] Eliade, *Rites and Symbols of Initiation*, 1994, 197.

[2] 又可称为《圯上进履》或《张良进履》。

[3] 又可称为《黄石授书》或《圯上受书》。

是一处属性与边界都极为模糊的"无何"之地，登上一座桥，即意味着离开一处世界，但又尚未抵达另一处世界。由此，桥与斋坛一样，同时具有与世隔离，且能够与三界相通的属性。

（二）《素书》

张良手中所捧之书即《太公兵法》又名《素书》。事实上，《素书》是一部以道教思想作为基础，兼用儒家仁义，并以兵家为用的综合性著作。从某种意义来说，其与所谓杂家的《吕氏春秋》《淮南鸿烈》均有一定的相通之处，即以"道"为宗主，兼容百家，由此形成一套有别于儒家的治国与修身思想体系。我们在本书第十四节中业已言明，盟威道的教法，也正是一种与此类似的，兼容"道、儒、墨、法"的综合体系。由此，《素书》与后世其他道经、法箓一样，包含着大道的玄义妙理。所以，我们也不难理解，黄石公在后世的传说中，也被认为是老君的化身之一；而张良则被追为天师之先祖。如此来看，圯上授书实是一次鹤鸣山立盟授度之"前盟"。

（三）授度

基于上面的观察，我们再来重新观看这一场景中的诸多情节：故事发生的时间是在子夜，一个既不属于昨日也不属于明日的"绝对时间"，也是某种至暗时刻。故事发生地点在桥上，一个既不属于左岸也不属于右岸的"绝对空间"，也即是某种阈限空间。师徒二人依照前约，进入到这一与外部世界隔离的时空之中，来举行一次"道"的授受。在这一过程中，老师将蕴含大道玄义妙理的经文授与弟子，而弟子则因着承受《素书》而被赋予了神圣的天命："读此则为王者师矣。"当弟子走上桥时，他还是一位落魄的游侠少年，而当他走下桥时，便已经开启了"相国神仙"的命途。

（四）"三宝"的套叠

在这一场景中，我们还注意到这里一个有趣的套叠框架。首先，大道的玄义妙理被转译成为文字，写入经文之中；其次，经文被掌握在师资的手中。由此，"道、经、师三宝"被同时地呈现在一个动作、事件与场景中。在灵宝经教中，"道、经、师三宝"原指的是"大上无极大道""三十六部尊经"与"玄中大法师"（即老君）。与此同时，这一高高在上的三宝也有着其在人间的镜像，并集中体现在了师徒授度的过程之中。当黄石公在桥上将手中的《素书》展开，为张良讲解、传授的这一瞬间，道、经、师被次第向弟子展开：大道的义理通过文字而得以展现，而文字则通过师的传授而得以为弟子所掌握。

进一步来说，作为结果，弟子在接过经文（当然也包括法箓）的瞬间，便也成为有"经"之"师"，并得以进入了人间的"三宝"之中。从这个角度来看，人间的"三宝"是某种有机的生命体，其像泉水一般不断向外涌动，并将泉水所及者转化入自己的范畴之中。

（五）微观的道教

在中国传统"大天地"（宏观宇宙，macrocosmos）与"小天地"（微观宇宙，microcosmos）的宇宙观中，大天地所具有的所有主要元素同样都具备于不同层次的小天地之中。比如，作为大天地的自然世界，具有日月、山川、草木、五行等等元素，而这也同时存在于人的身体之中，则人身即是一处微缩的小天地。如此，既然道教的核心信仰元素是为"道经师"三宝，且综合体现于授度仪式之中，则授度仪式本身便应该能够被视作道教整体的一种微缩化表现。我们已经看到，道教的创教情景在授度仪式中不断地得以重复，道教的使命与规约被作为盟约的内容而被重申，为了完成使命而需要的权利（法箓、仪范、法具等）也于其中被授予。构成道教信仰与实践的最为核心的要素均在授度仪式中有其具体的表达。

（六）"传授"的核心意义

与此同时，授度仪式是一个动态的现象，其中包含一系列的仪式行为，而在这些行为中最为核心的，便是"传授"的行为。没有这一行为，师与弟子双方的身份便都无法成立，而只是自然世界中随机的两个生命体。正是"传授"这一实质性的行为将他们二人绑定在了一起，形成了师徒的关系。

如果这一立论成立，又因为授度仪式乃是"微观"之玄教，则我们也可以使用这一"传授"的概念来审视道教传统之整体。首先，老君降圣成人，便是为了将其"道"传授于下土；其次，老君与天师建立鹤鸣山盟约的实质内容便是"传授"正一盟威之道，由此大道与人类才有了这一实质性的契约关系，并从此得以紧密绑定；第三，无论是盟威道治堂，还是上清、灵宝道馆，抑或宋元以来诸家法派，道教之所以能够成为一个有机的统一的教团，乃是因为在过去两千年的历史长河中不间断地重复老君与天师之间（也就是大道与人类之间）的这一次"传授"；第四，这一神话-历史中的"传授"不仅是在每次授度仪式中都会被重提的神圣源点，更定义了道教所包含的实质义理、实践内容以及人群边界。对此，张超然教授也曾有着同样的观察，他认为："'传授'是影响一个传统是否得以延续最直接的部分。如果要观察并描述一个传统的发展，除了外在环境的影响与刺激，其内部的自我传承机制更是不容忽视。"由此，他进一步指出，作为传授之物的"经典"（在本书中自然包含了"法箓"）"同时也成为得道者与求道者之间授受'道'时的具体依据。……一旦这样的传承达到了一定的世代，便容易以所传承经法为标志，形成特定的流派，甚至具有组织性质的教团，从而形成具有长远历史的宗教传统。道教便是在这样一套'道、经、师'的体系运作下不断发展的结果"[1]。

大道是超越性的，其运行法则不因人类的作为而改易。但作为大道在人间下教的结果，不"传"则无"道"，更无"道教"。由此，不单受度弟子于授度仪式中获得新的生命，道教作为一个有机的生命体，也通过授度不断延续自己的生命。从这一点来看，高居三天之上的大道随时做好了与下界人类相互感应的准备，其命维新。我们看到，伟大的盟威道教法打破了性别、种族、阶层甚至年龄的藩篱，要将天命传授给每一个

---

[1] 张超然 . 系谱、教法及其整合：东晋南朝道教上清经派的基础研究 [D] . 台北：政治大学，2007：2-3.

人；而尊贵的上清、灵宝经教之所以苛刻地强调传授的条件，其目的实际是希望保证大道的玄义妙理能够纯正、真实地被传授并延续。正如我们所见，轻传经箓，《科》有风刀之罚，但有经不传，更将为三官所殛谴，盖因"传授"本身即是受法之初所立盟誓之一。

六、小结

在本节中，我们首先简要考察了太史公笔下两则前盟约时代与后世道教关系十分紧密的两则授度故事，并从中简要地析出了师、徒人物的互度关系，以及时间与空间层面的"阈限性"。为了更为深刻地理解这一过渡仪式的特性，我们又深入考察了《灵宝授度仪》中由自我体罚、仪式性死亡所代表的"象征性死亡"，这些均反映出了道教义理中"先死后生"的救度义理。在这些的基础上，我们利用过渡仪式的理论框架，对授度仪式中时间层面的象征做了考察，发现了授度仪式中的"考"与"度"的"重斋"结构，以及仪式中所强调的"形"与"神"层面的"玄苦双旅"。这两种观念对于我们把握授度仪式乃至道教救度义理之整体，都有着至关重要的作用。其中，尤其是由神、人双层考察、试观为授度仪式所带来的不确定性，其正反映了道教对于天命下颁的审慎与敬畏。

在空间的层面，我们考察了静室与露坛作为阈限空间的仪式功能，并进而基于其自身的义理逻辑发现了其中纵轴的"上下"与"内外"两重维度的运动关系，而这也正对应了我们此前对于吏兵所做的讨论，真正授度一方面来自上天，但另一方面实为对人心之点化。与此相对，因为授度仪式中师资的参与，授度仪式空间也具有了一重横轴的空间属性（具有"南北"之方向），通过法桥的联结，物质层面的法箓（宝经、法具等）得以实切地从师资手中授与弟子。而正是这座法桥，也将作为奉道者百年之后的登仙之桥。

最后，我们回到了黄石公"圯上授书"的历史时刻，深入剖析了其中"道、经、师三宝"在黄石公手中次第展开的瞬间。这一传授的瞬间，实际也构成了整个道教的一种微观模型。由此，我们实切认识到，事实上正是通过师徒之间一代代的重复建立盟约，授度经、箓，道教才得以成为一支延续千年的伟大传统。"道"在人"传"，不"传"则无"道"。

正是在传道的过程中，鹤鸣山盟约中的"分气治民"得以实现，道教的教团也得以建立；人类得以通过大道真气作为纽带，而被联结到一起，因"兼爱"而"同命"。

第二十节　升度仪式与义理考察

现在，我们关于法箓的讨论已经接近了尾声。在本书的最后，我们希望能够讨论"死亡"，这一令人生畏，又令人着迷的亘古话题。我们在第九节"道教与数术之分野"中已经言明，宗教家并不试图改变现实世界，而是意在改变人们看待世界的方式，这尤其体现在死亡这一话题上。为了逃避死亡，术士们劳其毕生之力，苦寻长生之方技；而对于奉道者，只需凭借心念上的微微转向，死亡旋即被征服。对于她／他而言，死亡并非暗无天日的永恒囚禁，而是的一扇门，其通往了光明世界的复生。故老子曰："没身不殆"（第十七章）；又曰："死而不亡者寿。"（第三十三章）

我们在先前对于授度仪式的考察中已经看到，无论是在对斋还是登坛授度的过程中，弟子都将面对并经历象征性的死亡与复生。如此，按照这一逻辑来逆向演绎，则对于奉道者而言，生物学意义上的死亡（biological death）无外乎是另一次的授度仪式。一如此前所经历的所有授度仪式，她／他于此次也必然战胜死亡，并获得复生。故此，奉道者死后的丧葬仪式，可以也有必要纳入授度仪式的范畴中来进行考察。在本节中，我们将与奉道者丧葬相关的道教仪式统称为"升度仪式"。在本节中，我们将按正一、灵宝、上清之分部，先略述其"死后复生"义理之发展与异同。这是因为，所谓的升度仪式实际乃是"复生"义理在实践层面的敷用。其次，我们将稍微总结中古时期文献中所反映出的道门丧葬之仪的一些特征，以期了解其与儒门礼法迥异的宗教精神，并由此引出从临终到下葬的一系列仪式内容。其后，我们将进入具体的灵宝"五炼生尸斋"之仪式流程与内容，考察其中之义理。最终，我们将以2021年3月福建宁德霍童山鹤林宫为施舟人（鼎清）先生所举行的"召职登仙醮"作为当代案例，以期从中能进一步管窥并理解古代道教升度仪式中的宗教思想。

一、死后复生的义理

（一）盟威道

我们在本书的第三节中，曾经考察了"前盟约"时代中国宗教中的复生观念。在第八节"种民"部分中，我们也曾讨论了盟威道对于复生观念的进一步综合性的发展，使这一方仙传统中的观念得以成为制度性宗教中的生命救度承诺[1]。在《想尔注》中，其对于《道德经》中的生命观念都做出了极为精彩的拓展，例如，其注"没身不殆"云：

> 太阴，道积练形之宫也。世有不可处，贤者避去，讬死过太阴中，而复一边生像，没而不殆也。俗人不能积善行，死便真死，属地官去也。[2]

其注"死而不亡者寿"云：

> 道人行备，道神归之，避世讬死，过太阴中复生，去为不亡，故寿也。俗人无善功，死者属地官，便为亡矣。[3]

---

[1] 关于道教之死后复生观念这一题目的开拓性探索，可参见：Stephen R. Bokenkamp, "Death and Ascent in Ling-Pao Taoism," *Taoist Resources* 1, no.2 (1989): 1-20.

[2] 饶宗颐. 老子想尔注校证 [M]. 香港：中华书局，2015：27-28. 标点为作者重订.

[3] 饶宗颐. 老子想尔注校证 [M]. 香港：中华书局，2015：23. 标点为作者重订.

"避世""讬死""过太阴""复生"乃是以上两条注文中重复的内容，其似乎将奉道者之死亡，视作了某种近乎老子去国的隐遁行为，但其前提是奉道者的"行备"。也就是说，道德成为复生的必要条件，而不再是方技。凭借着德行，"道神归之"，也即是由道气的积聚而实现的"练形"。《想尔注》中未解释何谓"练形"，但就上下文来看，其基本等同于"复生""复一边生像"。结合其后的文献来看，此"练"字通"炼"字，其继承了黄白冶金之术的用语，正对应了此前所言及的伊利亚德教授有关矿石冶炼象征的研究。由上所见，对于一名道民而言，"太阴"则是一处"阈限空间"（一如斋坛或洞天），死亡仅仅与其他授度仪式一样，是一种象征性的、暂时性的"讬死"，并非"真死"。

将《想尔注》中的"复生"观念与《大道家令戒》相比对，则其间亦有高度对应之处。如《大道家令戒》曰：

> 新故民户，见世知变，便能改心为善，行仁义，则善矣。可见太平，度脱厄难之中，为后世种民。[1]

这里的"为善""仁义"对应了《想尔注》之"道人行备"；"度脱厄难"当对应了"避世""过太阴"，"后世种民"则对应"复生"。由此，我们将两份文本相互拼缀，或可将其总结

---

[1] 正一法文天师教戒科经：大道家令戒[M] // 道藏：第18册，236.

为：奉道者因为其仁义的善行充备，而得以积聚道气于身。故此，她／他的死亡只是为了躲避厄难之乱世的"讬死"，在经过太阴中的"练形"之后，她／他得以在太平之世中复生，成为"种民"。

（二）上清经

作为道民，六朝的上清道在最初盟威道"太阴练（炼）形"的基础上，对死后复生的义理做出了长足的构建。其中，陶弘景在《真诰·阐幽微》中所作的一段注文最能说明其全貌与复杂性。其曰：

> 在世行阴功密德，好道信仙者，既有浅深轻重，故其受报亦不得皆同：
>
> 1. 有即身地仙不死者；
>
> 2. 有托形尸解去者；
>
> 3. 有既终得入洞宫受学者；
>
> 4. 有先诣朱火宫炼形者；
>
> 5. 有先为地下主者乃进品者；
>
> 6. 有先经鬼官乃迁化者；
>
> 7. 有身不得去，功及子孙，令学道乃拔度者。
>
> 诸如此例，高下数十品，不可以一概求之。（按：编号为笔者所加）

在以上这七种死后复生的情况中，第一种明显承继了前盟约时

代的方仙道, 第二种与上言《想尔注》者相同, 第三与第四种
分别是两处特有的过渡空间, 奉道者于中受学或受炼。第五种
"地下主"乃是大多数有功勤者死后所进入的生命状态(一种
洞天中的非鬼非仙的边缘生命状态), 而第六种"鬼官"则属
于功勤更低者所入的位业(略等同于血食房祀之神)。第七种
即一般情况下的亡者, 其需要阳世学道者之超拔。下面我们将
着重讨论第三种"洞宫受学"以及第五种"地下主者"(此两
者实际相互重叠), 并稍微讨论第四种"南(朱)宫炼形"。

1. 地下主

《真诰·运象篇》中的一段描写可以被视作对《想尔注》
中复生义理的进一步细节化拓展, 其曰:

> 若其人暂死适太阴, 权过三官者, 肉既灰烂, 血沉脉
> 散者, 而犹五藏自生, 白骨如玉, 七魄营侍, 三魂守宅,
> 三元权息, 太神内闭, 或三十年二十年, 或十年三年, 随
> 意而出。当生之时, 即更收血育肉, 生津成液, 复质成
> 形, 乃胜于昔未死之容也。真人炼形于太阴, 易貌于三官
> 者, 此之谓也。[1]

与《想尔注》相比, 这一段内容强调了奉道者死后于太阴之

---

[1] 吉川忠夫, 麦谷邦夫. 真诰校注 [M]. 北京: 中国社会科学出版社,
2006: 159.

中所接受的三官对其功过的考校。与此同时，其还提及了亡者血、肉的腐败，以及自身五藏、骨骼、魂魄等方面的自我维护。并对复生的时间以及还原过程给出了一个极为模糊的概念。在这里，《真诰》明确地将这一过程称之为"炼形于太阴"并与"易貌于三官"相平行（意味着身形的变化与三官的神判也有着直接的相关)。《真诰》中另一条近似的描述见于《阐幽微》，其曰：

> 先世有功在三官，流逮后嗣，或易世炼化，改氏更生者，此七世阴德，根叶相及也。既终，当遗脚一骨以归三官，余骨随身而迁也。男留左，女留右，皆受书为"地下主者"，二百八十年乃得进受"地仙"之道矣。临终之日，视其形如生人之肉，脱死之时，尸不强直，足指不青，手足不皱者，谓之先有德行，自然得尸解者也。[1]

在这一段内容中，祖先曾有功勤者，也得以荫其子孙，获得死后的复生。抛去其中脚骨遗留三官的玄义暂且不谈（这将引出道教身体观的长篇大论)，这里引出了上清经中的一个重要义理——"地下主"。

事实上，《真诰·运象篇》中，共记载有关于人死后过渡

---

[1] 吉川忠夫，麦谷邦夫.真诰校注［M］.北京：中国社会科学出版社，2006：508-509.

的文字五段 [1]，其分别开列了能够死后复生成为地下主的几类人群，及其成为地下主的过程，和向上迁转的位业以及年限。为了方便考察，我们将这五段内容分别节选于下表之中，以供考察。由表所见，成为地下主的先决条件沿袭了盟威道阶层平等、以德为先的基本宗教精神。但并非所有有功之人死后都能成为地下主者。如第三、四种，均需先为三官之"善爽之鬼""三官清鬼"，然后方能进受书成为地下主。地下主受学于洞天之中，其又因在洞天内之功勤而得以度入地真道，并由此开始向上迁转，这也正是我们在上一节有关"重斋"救度义理的讨论中所曾提及的。我们也可以看到，不同人群迁转仙官的年限也各有不同。对于这种复生之后的位业迁转制度，已被陶弘景完整地呈现于他所编纂的《真灵位业图》中。其中所开列有七品位业，自下而上分别有：酆都道、地真道、九宫道、太清道、太极道、上清道与玉清道。正如陶弘景所言，这一工作的目的乃是"究朝班之品序""测真灵之阶业" [2]。六朝上清家在完善自身宗教伦理道德的过程中，逐渐形成了神仙三品之说，并将"尸解仙"的概念与"地下主者"相结合，使得贤者在死后得以获得一种"过渡"阶段的身份 [3]。

---

[1] 此外，在该段内容之后，另有一段关乎历代明君的死后命途叙述，但因其并非成为地下主，故暂不列入。吉川忠夫，麦谷邦夫.真诰校注 [M].北京：中国社会科学出版社，2006：512.

[2] 王家葵.登真隐诀辑校 [M].北京：中华书局，2011：1.

[3] 李丰楙.神仙三品说的原始及其演变——以六朝道教为中心的考察 [M] // 仙境与游历——神仙世界的想象.北京：中华书局，2010：44.

《真诰·卷十六》中所载有关地下主的部分内容[1]

受度人群	成为地下主	迁转入更高位业
夫至忠至孝之人，	既终，皆受书为地下主者，	一百四十年乃得受下仙之教，授以大道，从此渐进，得补仙官，一百四十年听一试进也。
夫有上圣之德，	既终，皆受三官书，为地下主者，	一千年乃转补三官之五帝，或为东西南北明公，以治鬼神，复一千四百年，乃得游行太清，为九宫之中仙也。
夫有萧邈之才，有绝众之望，养其浩然，不营荣贵者，	既终，受三官书为善爽之鬼，四百年乃得为地下主者，	从此以进，以三百年为一阶。
夫有至贞至廉之才者，	既终，受书为三官清鬼，二百八十年乃得为地下主者，	从此以渐，得进补仙官，以二百八十年为一阶耳。
先世有功在三官，流逮后嗣，或易世炼化，改氏更生者，	既终……皆受书为地下主者，	二百八十年乃得进受地仙之道矣。

[1] 吉川忠夫，麦谷邦夫.真诰校注[M].北京：中国社会科学出版社，2006：507-509.

此外，得益于《真诰》所示，我们还看到，在死后复生的义理中，三官仍然扮演着至关重要的角色，即是所谓"权过三官"。他们一方面负责考校亡者"在世之罪福多少"，另一方面负责"称量处分"，即转入何种生命状态、位业；这种处分甚至包括打入北宫酆都之中。

2. 洞官

按上表中第一行所开列的内容，"至忠至孝之人"能够"得受下仙之教，授以大道，从此渐进，得补仙官"。这里所言，乃是那些于洞天之中受学的地下主者。按照《真诰·稽神枢》中的记载，整个华阳洞天实际是一座地下主者的"学院"。这一学院中又分为中、下等男仙所居之"童初府"，女仙所居之"易迁宫"，经过在洞天内部迁转[1]，上等男仙得以迁入"萧闲堂"[2]，女仙则入"含真台"[3]，也即是所谓之：

> 出馆易迁、童初二府，入晏东华上台，受学化形，濯景易气……百年得入昆、瀛之宫，此即主者之上者，仙人

---

[1] 吉川忠夫，麦谷邦夫. 真诰校注 [M]. 北京：中国社会科学出版社，2006：394.

[2] 《稽神枢》言："又有童初、萧闲堂二宫，以处男子之学也。"吉川忠夫，麦谷邦夫. 真诰校注 [M]. 北京：中国社会科学出版社，2006：394.

[3] 《稽神枢》言："含真台是女人已得道者，隶太元东宫中，近有二百人。"陶注："前云八十二人，止是易迁耳，含真既为贵胜，当须迁转乃得进入也。"吉川忠夫，麦谷邦夫. 真诰校注 [M]. 北京：中国社会科学出版社，2006：394.

之从容矣。[1]

此外，洞中地下主者受学业满，需要经过洞天主者中茅定禄君的试观与保举[2]，并接受大茅司命君等高真之考校[3]，由此才得以正式升入地真道。

此外，按照《真诰·稽神枢》的描述，洞宫与东汉以来的墓葬之间有着十分紧密的关系[4]，且所谓的地下主无外乎是寿终之亡人。由此，《真诰》中所言"太阴炼形"，也许已经被赋予了新的含义。这其中另一条线索来自《太霄琅书》卷八之"建吉冢之法"。在这段内容中，其首先收录了一份《镇墓文》，其文曰：

> 天帝告：上下冢中土王炁、五方诸神、赵公明等，［某］国帝王公侯官、生、民男、女［甲乙］，年［如干］岁，生值"清真之炁"，尸归神宫，翳身冥卿，潜宁冲虚，辟

---

[1] 吉川忠夫，麦谷邦夫.真诰校注［M］.北京：中国社会科学出版社，2006：404.

[2] 参见《太元真人东岳上卿司命真君传》所载《定录君策文》："使保举有道，年命相关。"张君房.云笈七签［M］.北京：中华书局，2003：2259.

[3] 每到特定的日子，大司命青童君就会汇集司命及仙官，检视学仙者的名簿，道业精进者记名仙籍或升迁位业，懈顿者则除落仙名。参见：张超然.系谱、教法及其整合：东晋南朝道教上清经派的基础研究［D］.台北：政治大学，2007：151.

[4] 庄蕙芷，陶金.虚实之间：石室、洞天与汉晋墓室［C］// 吕舟，崔光海，编.2019年第一届洞天福地研究与保护国际研讨会论文集.北京：科学出版社，2021：241-252.

斥诸禁诸忌，不得妄为害炁，当令子孙昌炽，文咏九功，武备七德，世世贵王，与天地无穷。一如《土下九天》律令。[1]

这份《镇墓文》与前引湖南省博物馆藏《徐副地券》有着几乎一致的义理逻辑。这里的"天帝告"对应了"新出太上老君符敕"，一如我们此前所见，在经过盟威道改革之后，固有的"天帝"已经被吸纳成为"大道衔"中之"天帝君、天帝丈人"。"生、民男、女[甲乙]"很明显是箓生与道民的略称。"清真之炁"即《金刚玄箓仪》《三百六十五部元箓》所云"清真正气"，也即是大道真气（注意这里与上清一系法箓中词汇的紧密关系）。"尸归神宫，翳身冥卿"表明了生命转换之状态，虽然身形寄托于神宫，但其已经（或将要）成为"冥卿"，也即是仙官。这基本也对应了《徐副地券》之"神归三天，身归三泉长安蒿里"。更为重要的是，《镇墓文》言明了"辟斥诸禁诸忌，不得妄为害炁"，此也即是《地券》所言"《板》到之日，丘墓之神，地下禁忌，不得禁呵志讶"。那么，我们根据《地券》非常明确的指导，其之所以能够如此对土府众神发号施令，乃是其重申了《清约》，即"遵奉太上诸君丈人道法，不敢选时择日，不避地下禁忌，道行正真，不问龟筮。"所以，虽然《镇墓文》中未提及《清约》，但其提及的"清真之炁"实际已经意味着对于《清约》的尊奉。正是因此，其最后才最

---

[1] 洞真太上太霄琅书: 卷八[M] // 道藏: 第 33 册, 693.

后强调"一如《土下九天》律令。"很明确，律令乃是基于盟约，而"九天"实为"三天"所衍化（事见《三宝大有金书》中）；如此"《土下九天》律令"即是《地券》所谓"《地下女青诏书》律令"。如此，我们非常明确地知道，此处《镇墓文》的使用，在于通过《清约》与科律之力量，在土下营造出一片能够为奉道者身形所寄托之"神宫"。

更为重要的线索来自《镇墓文》后所引汉代神仙范幼冲对自己墓冢的夸赞，其曰：

> 我今墓有青龙秉炁，上玄辟非，玄武延驱，虎啸八垂，殆神仙之丘窟，炼形体之所归，乃上吉冢也。[1]

东海青童君就此对西城王君曰：

> 范幼冲上学精专，故能洞达，知其寄尸墓有"四相"，自言之者，微显功德，招致有由，奖厉后之至人也。凡身神即令俱举入道，并名神仙，舍形托死鬼中，立功进学得道，皆号灵人。[2]

首先，范幼冲对于墓室的描述，非常明确地指明了自汉代至后

---

[1] 洞真太上太霄琅书：卷八 [M] // 道藏：第 33 册，693.
[2] 洞真太上太霄琅书：卷八 [M] // 道藏：第 33 册，693.

世墓室中高频率出现的青龙、白虎、朱雀、玄武之"四灵"图像。如果说《镇墓文》意味着以盟约科律作为镇压，则四灵的存在除翊卫之外，还有了一重圣化墓室的意味。故此，范幼冲称赞其玄宫为"神仙之丘窟，炼形体之所归"。故其又曰：

> 地有青龙秉气，色玄辟非，玄武延躯，虎啸八垂，则藏尸少时，枯骸更肉，洞藏生华，瘁形又郁，先神后身，混合为一，炼易之妙方，成真之要术，精能遵行，福流万叶矣。[1]

如此，南朝时期的上清家非常明确地将墓室与天然岩穴（洞天）相挂钩，也即等同于"太阴"，是"练形"之所，这里"枯骸更肉"之描述与《真诰》完全一致[2]。如此，洞天、墓室、太阴这三个概念被得以串联，并相互等同。在青童君的评论中，我们也清楚地看到，墓冢玄宫中，亦可发生与洞天内相似的生命转化，即"立功进学得道"。由此，"太阴炼形"，当即是"洞宫受学"，其在墓室中之转化，亦可参见我们即将讨论的"五转炼尸法"。

3. 南宫

在《真诰》中，除洞宫之外，南宫（亦称"朱陵""朱

---

[1] 洞真太上太霄琅书：卷八 [M] // 道藏：第33册，692.

[2] 参见：沈睿文. 何处是归乡——陶弘景墓所见葬式及其佛教影响 [J]. 华林国际佛学学刊，第四卷，第一期（2021）：95-121.

宫""朱火宫")也是一处重要的度化空间。《真诰·阐幽微》云:

> 其中宿运先世有阴德惠救者,乃时有径补仙官,或入
> 南宫受化,不拘职位也。在世之罪福多少,乃为称量处分
> 耳。大都行阴德,多恼穷厄,例皆速诣南宫为仙。[1]

在这里,我们并不知道仙曹如何区分能够死后进入洞宫或南宫
的人群,也不知其两种人群之间有何区别。但正如我们先前所
言,这种由神明世界的"考""校"所带来的不确定性正是授
度仪式所应具有的重要组成部分,我们在下面也还将看到更多
这种不确定性。

顾名思义,"南宫"或"朱火宫"的特征是以"火"。柏夷
教授曾提示,这一概念实际极为古老,其通过可能通过南方的
黄白之术的传统进入到上清经的知识体系之中。其中一个极为
重要的证据见于《楚辞·远游》之中,其曰:

> 闻至贵而遂徂兮,忽乎吾将行。仍羽人于丹丘,留
> 不死之旧乡。朝濯发于汤谷兮,夕晞余身兮九阳。吸飞泉
> 之微液兮,怀琬琰之华英。玉色頩以脕颜兮,精醇粹而始
> 壮。质销铄以汋约兮,神要眇以淫放。

---

[1] 吉川忠夫,麦谷邦夫.真诰校注[M].北京:中国社会科学出版社,
2006:492.

这里羽人所居的不死丹丘，正是"南宫"之原型，其中所包含的服气、炼养等内容，与后世灵宝经《五炼生尸经》中"哺饴""玉滋"的观念十分一致。[1]事实上，陶弘景已于《真诰》的注疏中提及了"南宫"这一观念与灵宝经的千丝万缕的关系，其云：

> 《洞玄》，即《大洞玄经》，读之万遍，七祖已下并得炼质南宫，受化胎仙，非今世所称"洞玄灵宝经"也。[2]

（三）灵宝经

1. 南宫炼魂

首先，在灵宝经中，盟威道所谈及的种民于大灾之后"见太平"的观念得到了继承，如《元始五老赤书玉篇真文天书经》中重复强调"佩此文度甲申大水洪灾""佩此文度天灾见太平君"。在灵宝经的核心经典《度人经》中，南宫（亦称"朱宫"）成为特别重要的死后过渡空间（其于经中至少重复有七次）。按照经意，奉道者诵读其经可以于身后升入南宫，为历代祖先诵读亦有相同功效，其九年之后能够更生，"得为贵人"。普通世人"受诵"则至少可以获得延寿长年，后皆得作尸解之道。其经曰：

---

[1] Bokenkamp, "Death and Ascent in Ling-Pao Taoism," 16.
[2] 吉川忠夫，麦谷邦夫. 真诰校注 [M]. 北京：中国社会科学出版社，2006：403.

　　道言：凡诵是经十过，诸天齐到，亿曾万祖，幽魂苦
爽，皆即受度，上升朱宫，格皆九年，受化更生，得为贵
人。而好学至经，功满德就，皆得神仙，飞升金阙，游宴
玉京也。上学之士，修诵是经，皆即受度，飞升南宫。世
人受诵，则延寿长年，后皆得作尸解之道，魂神暂灭，不
经地狱，即得返形，游行太空。[1]

首先，非常明确的是，南宫是一处火炼之所，因经中有云：
"制魔保举，度品南宫。死魂受炼，仙化成人"[2]；以及"魂度朱
陵，受炼更生"[3] 等语。关于受炼的场景，其具体描绘可参见
《太上诸天灵书度命妙经》，其曰：

　　元始天尊告曰：此土所以有洞阳之庭，流火之池者，
起于灵宝真文始开之时：文字未明，时与高上大圣玉帝同
于此国，以火炼真文，莹发字形，文彩焕曜，洞暎五方。
因号此土为赤明之国，火精流澳为洞阳之庭。故人于火庭
身受火炼，致不衰老，于今庭人皆真文之功。其法妙重，
上置南宫好生之君，掌人命籍，炼死度生，故此国土无有
哭尸之声。[4]

---

[1] 灵宝无量度人上品妙经 [M] // 道藏：第 1 册，2.
[2] 灵宝无量度人上品妙经 [M] // 道藏：第 1 册，65.
[3] 灵宝无量度人上品妙经 [M] // 道藏：第 1 册，5.
[4] 太上诸天灵书度命妙经 [M] // 道藏：第 1 册，801.

这里所见之"洞阳火庭""好生之君"等概念，均在后世的"炼度法"中扮演了重要的角色。

对于祖先的超拔被视作诵读该经的十分重要的宗教目的，其经曰：

> 正月长斋，诵咏是经，为上世亡魂，断地逮役，度上南宫。[1]

而且，我们还注意到，祖先受度之后并非升仙，而是"死魂受炼，仙化成人"[2]。柏夷教授将这种新的复生观念视作道教在自身理论框架内对于佛教"转世"的一种回应[3]，但很明显，其路径仍然是基于道教自身的复生义理。此外，他也进一步推论，"死魂受炼于南宫"与"尸形受炼于太阴"是相互对应的一对关系，这种双重炼化（two-part transmutation）分别对应了阳性的"魂"与阴性的"魄"[4]。在《度人经》关于奉道者死后升度的经文中，我们也的确见到了这种双重性，其曰：

> 道言：夫末学道浅，或仙品未充，运应灭度，身经太阴，临过之时，同学至人，为其行香诵经十过，以度尸形

---

[1] 灵宝无量度人上品妙经 [M] // 道藏：第 1 册，2.

[2] 灵宝无量度人上品妙经 [M] // 道藏：第 1 册，3.

[3] Bokenkamp, "Death and Ascent in Ling-Pao Taoism," 15.

[4] Bokenkamp, 15.

如法，魂神径上南宫，随其学功，计日而得更生，转轮不
灭，便得神仙。

在这里，在世之时功勤不足的奉道者得以通过阳上的奉道者为
其修诵《度人经》，进而得于太阴之中"度尸形"，并"径上南
宫"。谢世维教授指出："这段文字清楚指出学道者在修炼尚未
完备，而到了临终之时，会'身经太阴'并透过仪式将其魂神
迁上南宫，然后等待更生。这种经过太阴、魂神更生的程序模
式正是早期天师道与上清道中'太阴练形'的基本元素，但是
灵宝经典援用这些修炼元素将之作关键性的转化。将原本修炼
者主动性选择孵化为被动性的普遍状态，并透过同学至人的行
香诵经的仪式程序来将亡者魂神上迁，同时导入功德观念，由
修道者的功德决定其何时得以更生，再经由轮转而成仙。此处
明显标志出灵宝经的作者如何将早期个人修炼的模式，导入新
的概念与仪式，转往为集体性、普遍性救度方法。"[1] 而在古灵
宝经中，这里所谓的"度尸形"实际与《太上洞玄灵宝灭度五
炼生尸妙经》[2]（下称《五炼生尸经》）及其所衍发的经诀、斋法
有着紧密的关联。

2. 五转炼尸

《五炼生尸经》属灵宝经中之元始旧经，其中所载之五方

---

[1] 谢世维.练形与炼度：六朝道教经典当中的死后修练与亡者救度 [J].
"中研院"历史语言研究所集刊，第八十三本第四分（2012 年 12 月）：758.

[2] 太上洞玄灵宝灭度五炼生尸妙经 [M] // 道藏：第 6 册，259.

真文与《太上洞玄灵宝诸天内音自然玉字》(《内音玉字》) 相同 [1], 也即是我们在第十五节中所讨论的《灵宝中盟箓》中的 "二箓" 之一。如此,《五炼生尸经》中所载之云篆真文实际对应了《度人经》之《元始灵书中篇》(即 "亶娄阿荟, 无和观音……云云")。柏夷教授在他的研究中指出, 该经在灵宝经中具有明确的使亡者 "复生" 的功能, 其东、西、南、北四方真文各由六十四真文组成, 实际对应了《周易》之 "六十四卦", 由此具有更为古老、本土的源头 [2]。此外, 在茅甘 (Carole Morgan) 的研究中, 她较早地将当代出土的唐代墓葬文物与敦煌写本以及《道藏》文献进行了综合研究, 并将其与当时的社会丧葬背景相结合 [3]。张勋燎与白彬教授在其《中国道教考古》中, 更综合地归纳整理了各类考古信息, 并对文本的流传与相互影响提出了独特的看法 [4]。综合以上文献来看,《五炼生尸经》, 以及由其所衍发的经诀、斋法、葬仪构成了六朝以来至于唐宋时期道士及奉道者丧葬的显著特征, 其随着道教信仰在社会上的传播甚至影响了部分帝王与贵族的葬仪。由此, 我们在这里特别需要稍微深入考察《五炼生尸经》中的一些问题。

---

[1] Schipper and Verellen, *The Taoist Canon*, 230.

[2] Bokenkamp, "Death and Ascent in Ling-Pao Taoism," 12-13.

[3] 参见: 茅甘 Carole Morgan, "Inscribed Stones: A Note on a Tang and Song Dynasty Burial Rite," *T'oung Pao* 82, no. 4/5 (1996): 317-348. 另参见: 柏夷 Stephen R. Bokenkamp, "Death and Ascent in Ling-Pao Taoism," *Taoist Resources* 1, no.2 (1989): 1-20.

[4] 张勋燎, 白彬. 中国道教考古 [M]. 北京: 线装书局, 2006: 1552-1579.

《五炼生尸经》及其所配套的经诀、斋仪，与作为法箓的《内音玉字》，以及作为经典的《度人经》之间有着紧密的咬合关系（唯《五炼生尸经》的中央真文为其他两部所无[1]）。我们也已指出，首先，《内音玉字》同时也是《度人经》之经诀，其中包含了一整套以《灵书中篇》三十二天隐韵内名为核心的吞符、服气之法。其次，《内音玉字》开篇的第一部分乃是与《度人经》相配的法箓，其中开列有三十二天每一天之"五色玉童""绣衣玉女"与"五帝直符"，以及四方每一方之功曹、直使、骑吏共九种。这些吏兵是对正一《将军箓》的明确继承与发展，其本体为三十二天真气所发[2]。

我们在此前的讨论中，已经考察了《内音玉字》所开列的吏兵名录，我们会发现其中的三十二天"五色玉童""绣衣玉女"与"五帝直符"与"发炉"的仪文紧密地咬合，实为一体。带着这样的视角，其中的四方之"生仙功曹""灭度自然功曹""自然更生功曹"很明确地对应了回骸起死的"生尸"功能。由此，我们或可推论，早在弟子受度法箓之处，专门应对死后"五炼生尸"的五方真气便已经以吏兵的形名预先度入了弟子身中。换言之，立盟授度法箓的实质内容之一，便是为受度弟子的死亡进行预先的准备。正是有了这一层预先的准

---

[1] 张勋燎，白彬. 中国道教考古 [M]. 北京：线装书局，2006：1565-1579.

[2] 正是因为这一层原因，在《灵宝授度仪》中，《真文玉字》中的吏兵乃是在 [C-g2：A.2.c] 节次中，随着度师与弟子诵念降临坛场，度入弟子身中，而非像《三部八景图箓》中的吏兵，自度师身中召出。

备，"上升朱宫""受化更生"的宗教承诺才能够在身殁之后得以实现。（当代法箓授度制度中的《龙虎山路引》《大洞法被》等葬仪文书中，可被视作这一思维的延续）。

由此，《灵书中篇》（经）、《内音玉字》（箓）与《五炼生尸经》（仪）实际是严密咬合的一个整体。《度人经》与自然行道仪中的"发炉"仪文是受度弟子生时所行持之仪，而《五炼生尸经》则是其身殁之后的升度之仪。此两者的共同点在于，其都在利用奉道者通过法箓授度所获得的三十二天之气，与身外之三十二天之气相感合，以此实现对于奉道者形神之圣化。只不过，前者是通过"发炉"而主动发生，后者则通过于墓中安放五方真文而被动达成。

由此，能够于身后匹配"五炼生尸法"的奉道者，其必然已经于生时得受《内音玉字》之法箓。这也是为什么在仪式文献中，常常会同时存在"灭度五炼生尸斋"与"师友命过斋"两套斋法（见下文）。其前者为得受《灵宝中盟箓》所用，后者则为未尝得受灵宝箓者所用。故林灵真《上清灭度炼尸生仙法》有云：

> 曾受《大洞箓》，或"三洞箓"者，临葬时，用方砖磨刻五方真文，安于五方。[1]

---

[1] 灵宝领教济度金书：卷二六一 [M] // 道藏：第 8 册，267. 这里所谓的"三洞"即《大洞》《中盟》二箓，因"洞神已附中盟，故称三洞。"灵宝领教济度金书：卷二六一 [M] // 道藏：第 8 册，257.

二、奉道者之丧与葬

《想尔注》云："俗人不能积善行，死便真死，属地官去也。"[1] 奉道者死后复生，与世人死后成为鬼不同。正是由于这种大相径庭的生命观念，使得奉道者的丧葬仪式迥异于儒家之礼法，道教的宗教精神也正得以展现其中。故此，在进入具体的升度仪式考察之前，我们想再对《道藏》文献中所见的奉道者的丧葬仪式稍作概览。

目前所见有关奉道者死后丧葬之仪的综述，多以出家道士作为叙述对象，集中见于中古时期的几部类书，如《洞真太上太霄琅书》《洞玄灵宝三洞奉道科戒营始》《要修科仪戒律钞》《正一威仪经》以及《洞玄灵宝道学科仪》。此外，宋元之际的《灵宝领教济度金书》中，收有林灵真所编《上清灭度炼尸生仙法》（以下简称《生仙法》）一宗，其中部分内容与中古文献有着直接的对应。值得一提的是，解放后江南地区出土的一部分简牍文献也使我们得以管窥六朝时期道民的丧葬制度。从这些传世与出土文献的记述中，我们可以看到道教对于传统礼法的继承与改革，总体而言，其大致涵盖了：1. 殓与殡；2. 经与箓的处置；3. 服丧；4. 墓穴营造；5. 资财散施；以及 6. 科仪敷演。以下便简要分论之。

（一）殓与殡

在《太霄琅书》中，其规定作为法服的"自然天衣"（应

---

[1] 饶宗颐. 老子想尔注校证 [M]. 香港：中华书局，2015：27-28.

即是"法帔"）不可随身入殓，需要"施诸后德"，依据不同的社会身份，其各有所异。如在官宦者，着"公服"，或男着"单衣"，女着"襦裙"，但对于那些相对脱离世俗生活的奉道者，则可以"冠巾被褐"。

按《洞玄灵宝道学科仪·灭度品》（以下简称《灭度品》）所云：

> 若命谢之时沐浴梳理，加以冠服……别安置净簀，敷以净席，徙之其中，覆以轻衾，杖、策着左，神剑安右，缘簀两边，敷以净草。[1]

在这里，沐浴、梳理、冠服均继承了传统的中国礼法，而随身入殓的杖、策与剑实际正是授度仪式中所授度的法具。如前所述，这些法具不但是奉行仪法所用，更对应了奉道者的另一重"自我"，并能够在其灭度之后"代形解化"，即所谓"杖解""剑解"者。而佩奉神策则可以"生死无复三恶之难，不经泰山，径升九天。"由此，它们势必要与尸体入殓。

在《要修科仪戒律钞·初死小殓仪》[2]（以下简称《初死小殓仪》）中，安放尸体的席子直接铺于地上。此与《太霄琅书》所言"单衾覆之，于地亦可，不须床席"[3]基本一致。《初死小

---

[1] 洞玄灵宝道学科仪 [M] // 道藏：第 24 册，778.

[2] 要修科仪戒律钞 [M] // 道藏：第 6 册，996.

[3] 洞真太上太霄琅书 [M] // 道藏：第 33 册，662.

殓仪》还特别注明尸体不须沐浴（盖于病笃之时已经沐浴，参见其《疾病仪》），"仍着……常出入时衣"。此外，其中特别详明，"符篆于左肘，铃印于右肘"，这与上言的杖、策、剑可视作对应，因为它们都与授度仪式以及奉道者的身份、身形有着直接的关联。此外，在大殓时，按《要修科仪戒律钞·入棺大殓仪》[1]（以下简称《入棺大殓仪》）所云，棺中除"安石灰、梓木七星板、笙、箪、鸡鸣枕"外，还须以"传策置左，符、镜置右"。"传策"即"八威神策"，"镜"的入殓也被考古发现所证实[2]。

《入棺大殓仪》中还提及一份"移文"，其中开列奉道者生前所受各类法箓、道戒、真文、宝经[3]以及策、符、印等，以及"砚、笔、纸、手巾、墨、书刀、奏案、香炉"等上章所必须之法具。这些物品又因其性质不同而分为"随身入棺"与"随身入冢"两种。白彬教授在对比江南地区考古所见吴晋间墓葬简牍之后认为，"这份'移文'，从性质和内容上讲，都与考古出土吴晋衣物疏相似，只不过质地不同而已"[4]。同时，白彬教授所考察的"衣物疏"多系出自普通道民墓室，由此可见，《入棺大殓仪》所反映出的丧仪，反映出出家道士与在家

---

[1] 要修科仪戒律钞 [M] // 道藏：第 6 册，996.

[2] 白彬．南方地区吴晋墓葬出土木方研究 [J]．华夏考古，2010 (02)：77-80.

[3] 这里尤其值得注意的是，《移文》中还须开列从奉道者本人受度灵宝法与上清法的弟子人数。

[4] 白彬．南方地区吴晋墓葬出土木方研究 [J]．华夏考古，2010 (02)：79.

道民之间所共享的某些要素。

又按《正一威仪经》所言："书《七十二符》，安佩尸形如法……法服随身。"[1] 这里所提及的安于尸体周身的灵符可参见《生仙法》中。按其记载，除了尸体之外，身下的毯上以及棺内，均有灵符安置。需要指出的是，这种物质层面对于尸体的周身性保护的观念应可上溯至汉代的方仙传统。很明确，其目的在于稳固逝者的魂魄，如此方能死后复生。

（二）经与箓之处置

关于生前所受宝经与所佩法箓的处置，实际属于或可被视作除尸体的收殓外的另一中心。《三洞奉道科戒营始》云：

> 科曰：道士、女冠所受经、戒、法箓，皆依目抄写，装褙入藏，置经堂、静室或阁……若身之后，门人、同学校录供养，不得泄慢。其正一符箓、及诸券契函盛，随亡师所在山谷或墓内，别作坎安置。余皆不得辄随身去。所以者，真经宝重，灵官侍奉，尸朽之秽，宁可近之？此最至慎。违，魂谪三官，殃及七世子孙，各明慎之。[2]

这段文字明确地说明了不同经法所授度之物品应有不同的处置方式。其中正一一系的法箓、券契随奉道者之尸体下葬，但

---

[1] 正一威仪经 [M] // 道藏：第 18 册，258.
[2] 洞玄灵宝三洞奉道科戒营始 [M] // 道藏：第 24 册，760.

仍需要别做一坎（有别于杖、剑）。至于其余之经文，因其系
灵文宝篆，故不得近身埋葬，而只能由门人、同学继续供奉。
《入棺大殓仪》亦见有与此相应之记载，其先云："旧来安随身
经法内前鬲子中坚安之。今安棺外头，别案盛之，亦好。"其
后，在其"移文"中，又明确开列有"随身入冢中供养"的经
法条目。但该段内容最后，朱法满对以上的做法都提出其不同
的意见，其先引葛仙公之言又作发挥云：

> 仙公曰：道士经法，能预投于名山福地净密处者，是
> 为第一，不必将死尸同穴也。满见今人受法，师犹不尽备
> 经，弟子亦有不能辨本所写受经，何必与尸同穴？何必预
> 投名山？经留代代相传，符箓随棺入冢，出处随时，见于
> 斯矣。[1]

对于宝经的身后安置可能是三洞道士特别关心的问题之一，故
《要修科仪戒律钞·疾病仪》（以下简称《疾病仪》）又引仙公
语曰：

> 仙公云：若须投藏付嘱经法，悉作辞牒条状，申誊件
> 别名品，奏闻太上，不有隐昧也。[2]

---

[1] 要修科仪戒律钞 [M] // 道藏：第 6 册，997.
[2] 要修科仪戒律钞 [M] // 道藏：第 6 册，996.

在《太霄琅书》中所载更为细致的"毕竟法"亦与葛仙公所言旨趣相同，其曰：

> 与众分别经、图，付授各得其人，躬所佩带，悉还本师。师已升度，付洞及渊。[1]

又曰：

> 若无其人，依"毕竟法"。"毕竟"之法，法有三条，一沉深渊，一藏山洞，一净地焚。[2]

如此，"毕竟法"的主旨，乃是需要将经书按照投龙简的方式，使经典来自大道，复归大道。由此，经与箓的分别处置方式再次以不同的理由得到了证实：法箓必然随身，宝经则需传世，且要做到去处明确。此外，《正一威仪经》[3]与《灭度品》[4]均只提及法箓，其处理方式与以上所引内容略同，即将箓与契券等物单独盛放，并一同入土。

法箓虽然并非杖、剑一类可以替形之法具，但其中所记之

---

[1] 洞真太上太霄琅书[M] // 道藏：第33册，692.
[2] 洞真太上太霄琅书[M] // 道藏：第33册，662.
[3] 《正一威仪经》云："正一符箓、券契、环、剑，布囊盛之，随身入土。"正一威仪经[M] // 道藏：第18册，258.
[4] 《灭度品》："别于棺头置一函处盛外法箓（一科云：三箓封送石室深穴中）。"洞玄灵宝道学科仪[M] // 道藏：第24册，778.

吏兵名号却是道气实切的身体化承载。由此，其必然需要追随奉道者的身体而一同埋葬。至于契券一类，则是奉道者日后升度之时，索要依凭的立盟信物，由此也必然需要一同随葬。在当代的传统中，合同契券也与法帖等物于丧礼中一并焚化，交与死者收执。

（三）服丧

按照《正一威仪经》所云："若师尊、同学亡，打钟三百六十槌告终。法徒毕集，哭泣三声。"[1] 这里不见俗世礼法中的易服，哭泣也仅限于三声。《太霄琅书》亦曰"不须哭泣"[2]，"死不须悲"[3]。而在《洞玄灵宝道学科仪》的《灭度品》中，其具体描述停灵期间不同群体弟子所处的方位。另外，与其相邻的《师资制服品》更以整篇的内容交代了服丧的时间与礼节，比如，其云："门内弟子，变服冠白，哭泣以时，去咸酸七七日。"[4] 与前者相比，《太霄琅书》与《洞玄灵宝道学科仪》很明显地更加注重对于俗世礼仪的折衷与借用。如其前者曰：

> 若在朝市，婚宦相承，传国授家，依礼制服。（服丧之期）师则三年；朋友期岁；同门业异，相为小功；异门

---

[1] 正一威仪经 [M] // 道藏：第 18 册，258.

[2] 洞真太上太霄琅书 [M] // 道藏：第 33 册，692

[3] 洞真太上太霄琅书 [M] // 道藏：第 33 册，692.

[4] 洞玄灵宝道学科仪 [M] // 道藏：第 24 册，778.

志念，共事则缌麻，哭泣吊问。[1]

此处，以师门为虚拟血缘，儒礼之亲疏之别得以被借鉴进入道门之中。

此外，在《初死小殓仪》与《入棺大殓仪》中，除了详细开列了停灵时之殡仪（亦包括男女亲属所处方位）外，更还详明了对于逝者的两次祭法，其小殓时"设白粥之奠"并附有祭文，大殓时"随用生时所进之食，先铺席于尸西，进奠于席上果菜"，亦配有祭文。大殓时所设之祭食，还要收于"粮罂中，安棺头"。此与近世俗人丧葬之仪几无差异。

（四）墓穴营造

关于墓穴的营造，《太霄琅书》中的记载极富道教精神，其曰：

> 不棺不椁，拂山平石之上，拂林深树之下，单衾覆之，于地亦可，不须床席。太古送之旷野，厚衣以薪时火，故火炼易销尽。后世封树，率称人情，恋慕爱着，不忍弃捐。蝼蚁狐乌，终致侵犯，灰土泉壤，永同尘波。石磋用蜄，久已被讥，布囊薄衬，从来见美。为道济神，形骸可忘，忽营陵墓，费累存亡。

---

[1] 洞真太上太霄琅书[M]// 道藏：第33册，692.

看起来，这里所描述的道士葬仪近似于穆斯林的葬礼，其没有棺木，仅用"布囊薄衬"便可下葬。如此的记载并非偶然，其亦见于《正一威仪经》中，其曰：

> 正一死亡威仪：几棺布囊举尸，送山林薮泽，入土而已，不得立坟、封树、丘垄。

与注重以墓葬标明社会等级的礼法制度相比，此处的规定不但突出了对于墓穴形式的轻视，更标明了其对日后岁时祭祀的拒绝。这是因为如若地面不立坟封树，则埋葬的确切位置在多年之后便难以确定，这背后，是庄子"偃然寝于巨室"（《庄子·至乐》）生命观的忠实实践，即将身形托付于天地自然之中，于死后重与自然融为一体。

但需要说明的是，虽然道教并不提倡厚葬与豪华的墓室营造，但是《真诰》中所揭示的洞天结界与考古学中所谓的带有穹顶的"晋制"墓葬十分相近，其脱胎于汉代仙传中的神仙"石室"以及砖石结构的横穴墓，并与升仙思想密切相关。[1] 由此，洞天可以被视作奉道者所共享的一处墓室，也即是死后炼形、复生之所，我们在上文中已经有所讨论。《太霄琅书》中也借范幼冲与青童君之口，肯定了墓穴作为"炼形"之所的重

---

[1] 庄蕙芷，陶金. 虚实之间：石室、洞天与汉晋墓室 [C] // 吕舟，崔光海，编. 2019 年第一届洞天福地研究与保护国际研讨会论文集. 北京：科学出版社，2021：241-252.

要性。如此，虽然奉道者以布囊下葬，但其仍应需要通过在"五炼生尸法"中敷用五方真文，来将墓室转化为一处炼形之宫（而非营造靡费的砖石墓室），我们接下来还将对其进内容与象征行进一步的考察。

（五）资财散施

由于中古道门威仪文献多针对住观出家道士，由此，其资产在亡殁之后往往散施赠送，其余则"修牒名目，施入常住"[1]。对这一事项，《洞玄灵宝道学科仪》中甚至单独开列有《灭度财物品》[2]一段，用以详明。《疾病仪》亦引《千真科》做出规定，并特别强调了要依照"遗书"进行分配，无干人等擅自拿去取遗物者"送与官司"[3]。《太霄琅书》中也反复强调："所居所服，付物生资，约敕子孙，爰及弟子。"[4]

（六）科仪敷演

1. 临终

道门丧葬之仪的最大特点，在于其所用仪式与非奉道者区别极大，而这也将是本节所要讨论的中心。在道经中，奉道者的丧仪往往以病笃临终的仪式为先导。杜光庭于其《上清升化仙度迁神道场仪》（以下简称《迁神仪》）序言中称：

---

[1] 正一威仪经 [M] // 道藏: 第 18 册, 258.

[2] 洞玄灵宝道学科仪 [M] // 道藏: 第 24 册, 779.

[3] 要修科仪戒律钞 [M] // 道藏: 第 6 册, 996.

[4] 洞真太上太霄琅书 [M] // 道藏: 第 33 册, 692.

（张）万福天师著《同学行道仪》，始自疾苦，至于终亡，皆须忏谢、救拔、解灾、悔过。[1]

这里的"疾苦"世纪对应了《要修科仪戒律钞》中《疾病仪》以及《千真科》之部分内容。《疾病仪》引二孟案《仙公门训》云：

二孟云：案《仙公门训》云：凡道士疾笃将困之时，皆须香汤沐浴，冠带如常仪。出所禀经法佩带，于房前施安供养。请诸名德，斋戒诵经，忏悔受身以来所犯诸罪，不得有所隐藏，显而发露，灭罪祈福也。[2]

这里特别强调了奉道者所受经、箓的处置，即要将其预先取出，安奉供养。此应是为身后入殓所作的准备。其次，要有同道之人为其诵经，而受道者本人则要诚心发露，"不得有所隐藏"。这种临终发露忏悔的仪式也为有关王献之的记载所证实。按《世说新语·德行》曰：

王子敬病笃，道家上章，应首过。问子敬："由来有何异同得失？"子敬云："不觉有余事，惟忆与郗家离婚。"[3]

---

[1] 道门科范大全集：卷七十八 [M] // 道藏：第 31 册，935.

[2] 要修科仪戒律钞 [M] // 道藏：第 6 册，996.

[3] 刘义庆，撰. 张㧑之，译注. 世说新语 [M]. 上海：上海古籍出版社，2007：16-17.

为晋简文帝所胁迫，王献之休妻郗道茂，迎娶新安公主司马道福，但他与郗氏的感情亦因其书信而为后人所称道（参见图20-01）[1]。然而，其作为驸马，对于前妻的悔愧，又很难向外公开表露。但对于奉道者而言，临终的首过是其生命中最后一次

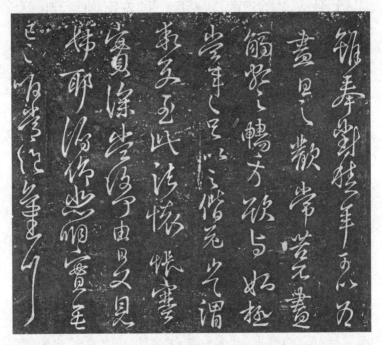

图 20-01　王献之《奉对帖》，该帖为王献之休妻后与郗氏之书信，其曰："虽奉对积年，可以为尽日之欢，常苦不尽触类之畅。方欲与姊极当年之足，以之偕老，岂谓乖别至此！诸怀怅塞实深，当复何由日夕见姊耶？俯仰悲咽，实无已无已，惟当绝气耳！"

---

[1]　淳化阁帖：法帖第九 晋王献之・奉对帖 [M] // 启功，王靖宪. 中国法帖全集：第 1 册，武汉：湖北美术出版社，2002：263.

发露忏罪，也是其最后一次能够发挥主观意志自谢罪愆，与大道、三官及自身和解的机会，其意义应远超于身殁之后由他人所举行的各类升度仪式[1]。很明显，王献之抓住了这一最后的机会，因为死亡乃是通往复生之门，而自救永远胜于他救。

2. 命终

奉道者命终之时，依《千真科》"打无常钟"[2]，此应即《正一威仪经》所云："打钟三百六十槌告终"；此外，《生仙法》中，对打钟之法另有详细陈述。[3] 打钟意味着送终之礼的正式开启，也是向道众通禀信号，用以云集哀悼。

按《灭度品》所云："望升天行，不唤魄也。"[4] 这里所谓"唤魄"当即等同于"召魂"，这也就意味着取消了传统丧礼中的"复礼"[5]。《入棺大殓仪》亦云："不须如俗人含珠、唤魂也。"[6] 何以故？"复礼"的根本仪式原理在于相信人可能因为意外的魂魄分离而"假死"，故而需要经过"召魂唤魄"来使

---

[1] 延请道众诵经也可被视作一种救疾之法，《正一威仪经》云："师有疾病、灾厄，供侍左右，为建功德，烧香礼忏，放生赎命，延年度厄，设斋行道。"正一威仪经[M]//道藏：第18册，225.

[2] 《要修科仪戒律钞》卷之十五云"无常钟"，《灵宝千真科》曰"无常磬"；意思相近。要修科仪戒律钞[M]//道藏：第6册，996. 洞玄灵宝千真科[M]//道藏：第34册，375.

[3] 灵宝领教济度金书：卷二六一[M]//道藏：第8册，257-258.

[4] 洞玄灵宝道学科仪[M]//道藏：第24册，778.

[5] 余英时，侯旭东等，译."魂兮归来"！——论佛教传入以前中国灵魂与来世观念的转变[M]//东汉生死观.上海：上海古籍出版社，2005：127-146.

[6] 要修科仪戒律钞[M]//道藏：第6册，996.

魂魄合一，亡者复甦。正如我们在篇首所言，奉道者不试图逃避、改变生物学死亡；她/他的复甦并不发生于此世，而是在经历太阴之后，且"胜于昔未死之容也"。

其次，据《正一威仪经》所云，逝者尸体上所有符箓安好之后，需于入殓之时"拜《戊己章》《棺殓章》"[1]，这两份章文可在《生仙法》中找到晚期的合并版本，即《沐浴冠带大小殓戊己度生释罪朱章》[2]。该《章》之主旨在于祈请大道官君将吏，护卫亡殁弟子魂神，助令其升度。

3. 斋仪

按《千真科》云："送终，依'五练生尸法'。"[3] 此即是对上述《五炼生尸经》之仪式化敷用，其还在日后衍化出"五炼生尸斋"。至迟在《太霄琅书》中，我们已经看到"炼度镇尸之法"至少被三次提及，其曰：

> 炼度镇尸之法，转败为成，虽妙而苦。能悟此苦，迨及盛年，勤修道术，吾我兼全。(《法服诀第八》)
>
> 间中营斋，自然大法，都无禁忌。行法之时，自应洗濯，沐浴易衣，便修功德，朔望吉节，止哭建斋。(《师友升过庆吊众法第三十五》)
>
> 贷营斋请，五炼镇尸。尸后更生，生或托胎，化生之

---

[1] 正一威仪经 [M] // 道藏: 第 18 册, 258.

[2] 灵宝领教济度金书: 卷二六一 [M] // 道藏: 第 8 册, 258.

[3] 洞玄灵宝千真科 [M] // 道藏: 第 34 册, 375.

由，由于先德，加以镇炼，施散立功，功转必速，与道合
同。(《自知升过功德诀第三十六》)

《太霄琅书》如此多次的重复十分有趣，这至少说明在南朝时
期，上清系统内业已接受了灵宝之"五炼生尸法"，如前所述，
这也意味着灵宝法箓的受度。更重要的是，在《五炼生尸经》
本经中，只言及了《黄缯章》的拜进，以及墓冢中五方真文的
安放等的仪式内容。但在此处，"五炼镇尸"已被与"自然大
法"之"斋"关联起来。关于此类斋仪的明确记载，见于唐末
杜光庭之《迁神仪》[1]，其仪法包括了三朝与设醮等仪，这与植
根于《金箓斋》之《灵宝授度仪》的流程结构基本一致，皆以
斋仪作为其根本。也就是说，一如《灵宝授度仪》，道士身殁
之后的升度仪式也被置入了斋仪的框架之中敷演。杜光庭于
序中言明，此为"五炼生尸古仪"，并提及张清都天师曾作有
《同学行道仪》(这似乎暗示了其为《迁神仪》所秉之底本)。
唐代《洞玄灵宝道学科仪》之《追福功德品》亦包含了对于
"五炼生尸"作为斋法的记载，其曰：

> 科曰：凡是道学当知：师祖终，虽门内外弟子，及追
> 福功德，皆同一法……满一百日，建"五练生尸斋"三日三
> 夜……满期年周化日，建"黄箓斋"，财贫，"灵宝斋"也。

[1] 道门科范大全集：卷七十五[M]//道藏：第31册，935.

由此，大抵南朝与隋唐之际，"五炼生尸斋"已经流行于道门之中，且具有"三日三夜"的斋仪规模，这也正与陕西、河南两地唐墓中所见的《五炼生尸真文》石刻相呼应。

此外，就目前《道藏》所见文献来看，至少存在着两套专为奉道者举行的升度斋仪。一方面，《太上济度章赦》（以下简称《济度章赦》）与《太上三洞表文》（以下简称《三洞表文》）分别收录有与升度仪式相关，且内容基本一致的章文写式两份[1]。其一份谓之《灭度炼尸生仙章》，《济度章赦》注曰"五炼生尸斋用"，另一份谓之《升度仙魂章》注曰"师友命过用"。按《灭度炼尸生仙章》所云：

> 伏为先师某人元命［某］年月日时生，存日佩［某］经受［某］录奉［某］法补充［某］职系［某］靖焚修。

则这里的"五炼生尸斋"即是专门为道士举行的升度斋法。在另一方面，与以上两份章文相对的，乃是收录于宋元之际《灵宝领教济度金书》（以下简称《济度金书》）中的《灭度五炼生尸斋》以及《师友命过斋》两份仪文。如此可见，上述的两份章文写式分别对应了这两种斋法。

从《济度金书》卷二所载两种斋仪的节目安排来看，这两种斋仪大抵均遵循了宋代斋醮的基本流程，只是时间与附加

---

[1] 太上济度章赦［M］// 道藏：第 5 册，834. 太上三洞表文［M］// 道藏：第 19 册，878.

的仪式内容略有不同，"灭度五炼生尸斋"的规模较大，有正斋三日，"师友命过斋"规模较小，仅有正斋一日。这也正对应了《追福功德品》所云："……满一百日，建'五练生尸斋'三日三夜……财贫，'灵宝斋'也。"由此，至少在宋元之际"五炼生尸斋"乃是专为法位较高的道士举行，其规模也正对应了中古时期请授《中盟箓》的昂贵法信，而"师友命过斋"则是以小型灵宝斋的形式来满足法位较低奉道者升度仪式最为基本的功能，即：上章、诵经、行道谢罪。

（七）总结

以上简要地敷陈了奉道之士去世后的一系列仪礼内容。我们清楚地看到，固有的祭礼被取代以上章、诵经、行道之斋仪，招魂之礼更被取消；奉道者的尸体在入殓时被精心地附以众多的灵符护卫；陪葬之物除法箓、契券外，便是其杖、剑，这些都是授度仪中被给予之物；服丧之仪（部分地）被大大简化了；墓穴的营造也被降至最低限度，甚至不在地面做出任何标志。这里所反映出的，是一套迥异于儒家所代表的俗世价值观念的，具有极强的超越性精神。

清代苏州穹窿山的施铁竹真人（名道渊，字亮生，法名金经，？—1678）可能是道教历史中对丧葬之仪做出系统性论述的最后一位高道。在《道家羽化丧礼规约》这篇短文中，施真人抨击了当时江南地区道众于亡师丧礼中"动循俗礼，设建帷幕，悬挂钟板，披麻扶杖，传单送帖"的现象，并称其为"全无苦块哀毁之情，徒夸炫耀见闻之事"。由此，施真人为其本山立下规约："凡为弟子者，不幸而师没，则含殓以时，急为卜葬，无制服，无治丧。"由此可见，施真人非常清楚地知道，道门中人不从儒礼，儒门中的丧服与丧礼的制度与道教自身特有的生死观念格格不入。

施真人进一步说：

> 或遵本教玄科，崇建"灭度炼尸妙范"，俾得斩绝地根，升晨登景。[1]

这说明，他对道门自身的升度仪式传统十分熟稔，其所言"灭度炼尸妙范"正是我们上言的"五炼生尸斋法"。我们在这里征引施真人语录，意在提醒读者：直至清代初期，道门内部的高道仍对于与法箓授度相配套的升度仪式有着明确的认知与实践，其对奉道者与俗人不同性质的"死亡"也有着深入的理解——俗人死便真死，奉道者死后更生，进而"升晨登景"。下面，我们以"五炼生尸斋"为案例，考察其仪式的大致结构与其中所包含的玄义妙理。

三、五炼生尸斋

（一）仪式内容

1. 仪式框架

无论是"五炼生尸斋"还是"师友命过斋"，其仪式内容

---

[1] 施道渊. 穹窿山志 [G] // 故宫博物院编. 故宫珍本丛刊：第 267 册，海口：海南出版社，2001：156.

均以斋仪作为基本框架，包含了宿启、拜章、三时行道、三时诵经与设醮言功等仪式组成部分。换言之，至少在灵宝一部的教法中，授度仪式与升度仪式所应用的基本仪式框架是完全相同的。在此，我们还需要说明的是，虽然《度人经》中有"行香诵经十过，以度尸形如法"之经句，但《五炼生尸经》中只见有拜章的仪式内容描述。这是因为，《五炼生尸经》中的拜章乃是与真文的安放直接关联，必是于墓地中举行的仪式；而"行香诵经"则很有可能仍于道馆之中的斋堂或露坛作为仪式空间，其必然设于墓地之外。这是因为，修斋立坛之地，需要"不经兵阵战场、屠坊、刑狱、生产、冢墓、秽恶之地"[1]。要言之，完整的"五转炼尸法"应由两部分组成：其一为"五炼生尸斋"以修斋诵经为主；其二为在墓冢所举行的拜章、安镇真文。

如果按照《洞玄灵宝道学科仪·追福功德品》所言之"满一百日，建'五练生尸斋'三日三夜"，则真文的安放应在斋仪举行之前。但就《道门定制》卷七所载《道士灭度拔出涂苦炼尸受度朱章》所见，其云：

　　［某人］神托太阴，寄形土官，

其后小字注曰：

---

[1] 无上黄箓大斋立成仪 [M] // 道藏：第 9 册，380.

如未葬，云："今停枢殡宫，以须良日，迁还蒿里。"[1]

则《五炼生尸真文》的安放与其他仪式的举行之间，并不存在必然的先后关系，可由与丧者灵活掌握。类似之内容也见于《赤松子章历》卷六所载《灭度三涂五苦炼尸受度适意更生章》之中。

2. 真文石刻

《五转炼尸真文》不仅见于《道藏》与敦煌文书，而且还为陕西、河南两地出土的唐代墓葬石刻所证实，林灵真先生《生仙仪》亦有"用方砖磨刻五方真文"之陈述。在张勋燎与白彬教授合著的《中国道教考古》中，对诸多考古信息进行了汇总与分类[2]，就其所见，这些石刻不仅包括了真文本身，而且还常包括与其相配的祝文。根据《中国道教考古》的介绍，这些真文石刻分别从属于唐代帝王、贵族、道士以及清信弟子。毫无疑问，这些真文石刻的发现说明墓主人们都曾于生前受度法箓。其中一部分真文以常见墓志铭的石刻形式呈现，即分为上、下两块方形石刻，其上部为盖、盝顶，下部为底，朝上一面刻有云篆真文并汉字祝文；其祝文或围刻于真文四周，或分置真文下方或一侧[3]。按照叶炽光《语石》所言，"五炼生尸真

---

[1] 道门定制 [M] // 道藏：第 31 册，728.

[2] 张勋燎，白彬 . 中国道教考古 [M]. 北京：线装书局，2006：1552-1579.

[3] 张勋燎，白彬 . 中国道教考古 [M]. 北京：线装书局，2006：1563.

文""皆纳之幽窀中"[1]，也即是玄宫之中。但就考古所见，真文石刻有两种安放方式，一种见于陕西蒲城唐睿宗桥陵、富平县唐中宗定陵，即将真文石刻瘗埋于陵园四方围墙之外，由此形成一理想的"结界"[2]；或未被按照理想的五方物理空间形式，而是安置于墓道之内[3]，或入口处[4]。

就笔者所藏唐洛阳道士费德一《五炼生尸真文》拓片一套（不全）所见，每一方真文由上顶、下底两块石刻组成，其上顶为典型墓志铭之盝顶。每一方真文的拓片共有三张。其中一张显现出盝顶之造型，正中央高平处约 18.5 厘米见方，刻"［某］方真文"四字，并围以纹饰；四面杀宽约 9.5 厘米，刻有卷草花纹，下边约 30 厘米见方。另外两张分别为云篆真文与汉字祝文，皆为正方形。汉字祝文一张约 30 厘米见方，云篆真文一张约 29.5 厘米见方。由此推测，汉字祝文当是刻于顶盖之下面，而云篆真文则仍然处于底石之上面。现仅以《东方真文》为例，录入其祝文内容，并开列拓片图像及复原图于彩页图 8 中。

---

[1] 转引自：张勋燎，白彬 . 中国道教考古［M］. 北京：线装书局，2006：1554.

[2] 张勋燎，白彬 . 中国道教考古［M］. 北京：线装书局，2006：1560–1564.

[3] 张勋燎，白彬 . 中国道教考古［M］. 北京：线装书局，2006：1564.

[4] "All the inscribed stones were found either buried in the passage leading to the tomb, or at the entrance of the burial chamber." Morgan, "Inscribed Stones: A Note on a Tang and Song Dynasty Burial Rite," 320.

东方九炁青天丞元始符命告下
东方无极世界土府神乡诸灵官
今有太上上清大洞三景弟子费
德一灭度五仙托尸太阴今于河
南府河南县龙门乡义济里界安
宫立室庇形后土明丞正法安尉
抚恤青灵哺饴九炁朝华精光充
溢练饰形骸骨芳肉香亿劫不灰
东岳太山明开长夜九幽之府出
德一魂神沐浴冠带迁上南宫供
给衣食长在光明魔无干犯一切
神灵侍卫安镇悉如元始明真旧
典女青文。

3. 瘗埋灵文

敦煌 P.2865 号抄本中收有《灵宝炼度五仙安灵镇神黄［缯］章法》（以下简称《黄缯章法》）一段，其中《黄缯章》写式之后有诀云：

> 《女青旧典》：以朱笔书此文于黄缯上，师于亡人所在，子时北向，烧五香火，施安五镇而奏上《黄缯章》。露文一宿，明日平旦，各埋文方面，以镇神安形。

也即是说，在墓冢之处安放《五炼生尸真文》的仪式开始于夜半之拜章。与此对应的，在《五炼生尸经》中，五方真文之后，每方都随之以一段祝文，以及经诀（与方位相关的内容随方换易）。其经诀有云：

　　师拜《黄缯章》毕，埋文于亡者尸形所在［某］乡极墓界。

事实上，《黄缯章》的内容也与翌日瘗埋真文的仪式对应。在章文中，法师分别五次，请降：

　　五方生神真人、仙人、龙骑，赍当方《女青符命》，告下当方土府灵官，开长夜之府九幽地狱，拔出亡者魂神，还付故宅。

祈请他们使：

　　应转者转，应度者度，应生者生，应还者还。

这些祈求内容实际也分别对应了五方真文随后的祝文，以及经文正品中的内容。

　　按照《黄缯章法》所言，《五炼生尸真文》应于"露宿"之翌日正式安埋。在《五炼生尸经》每一方真文之后，都开列有法师安镇真文之法诀，其包括了禹步、读"大字"（真文）及"祝文"、叩齿、嚥气以及咒文。在晚出《生仙法》中，记载了更为详尽的仪式过程。其中言明：

　　（奉道者）临葬时，用方砖磨刻五方真文，安于五方。

卓上中央，安立三宝牌，香花灯烛酒果，供养如法。

五方真文依次依诀存思、作用毕，

> 然后掘地，平埋方砖一尺二寸，以土塞之，方入棺葬。

至此，墓地安镇真文的仪式便正式结束，但我们在下面还会具体谈到这些由砖石所雕刻的真文。

4. 章文内容

在林灵真所编纂之《生仙法》中，于墓冢所举行的仪式仅包含安奉真文之法诀，而未见拜进章表。这极有可能是因为当时的上章仪式已经被纳入了"五转炼尸斋"的仪式框架中。如在《太上三洞表文》卷中[1]《太上济度章赦》卷中[2] 所收录的《灭度炼尸生仙章》[3] 中，均提及了：

> 崇建"灵宝灭度五炼生尸妙斋"二昼夜。

《道门定制》卷七所收《道士灭度拔出涂苦炼尸受度朱章》，则提及：

---

[1] 太上三洞表文 [M] // 道藏：第 19 册，878.

[2] 太上济度章赦 [M] // 道藏：第 5 册，834.

[3] 两者内容基本一致，以下主要引用《太上三洞表文》所收录者。

修奉"上清升化仙度迁神道场"［几］昼夜。

《赤松子章历》卷六所收《灭度三涂五苦炼尸受度适意更生章》，更言明了：

谨为摄斋，拜章上闻。[1]

这些在章文中提及修斋的记载，实际都说明了"上章"的仪式已经成为斋科的组成部分之一。

《五炼生尸经》所附《黄缯章》包含了依据方位的五次请官内容，我们在上一段中已经略有陈述，此乃是与翌日安镇五方灵文的仪式环节直接前后对应，属于神圣空间构建的组成部分。如此，一旦将上章仪式从墓冢空间营建的前提中抽离出来（进而插入斋仪的框架之中），便也即意味着章文的内容理应有所改变。由此，后世所见几份以"炼尸"为主旨的章文内容各有千秋，但均可被视为同一母本《黄缯章》在不同方面的发衍，具体体现在章文中所请降的不同官君将吏以及祈愿内容。

总体而言，各个版本章文请官与祈愿的逻辑基本延续了《黄缯章》的思想，一如施铁竹真人所总结，其要义有二：（1）斩绝地根；（2）升晨登景。

（1）斩绝地根

以《道门定制》章文为例，其先请"素车白马大将军"及

---

[1] 赤松子章历［M］//道藏：第 11 册，227.

"大言君"官将查访"亡过道士某魂魄闭系所在"，并"尽为度脱解救之"，此即"斩绝地根"。

(2) 升晨登景

在"斩断地根"之后，以《赤松子章历》章文为例，法师又告请三官，核对亡者生前所建善功，以使其魂神得以"还复故形"。《太上三洞表文》章文之叙述更为职官化，其曰："冀改易罪籍，定名玉简。"与此同时，"善功"与"道气"被结合起来，法师进而告求五帝，"还其肌肤，养复魂神，三光饮哺，注以洪泉，通其荣卫，润以血气"。《道门定制》章文甚至与《九天生神章》之经义衔接，"愿九天上帝……三元养育，九炁结形，通其荣卫，布以精华"。

值得注意的是，在原始的《黄缯章》中，章文最后对于亡者的祈愿是开放性的，即援引《五炼生尸经》经句"应转者转，应度者度，应生者生，应还者还"，也即是将奉道者死后应获位业或生命状态的处置权留与大道、天曹裁决。但在《赤松子章历》章文中，这一句后又添有"还复故形，上补真仙"之语。在年代可能更为晚近的《太上三洞表文》章文中，这种直接升仙祈使表达进一步增加，其曰"进升道境。复还治职，炁入玄玄，登品成真"，又曰"持节契符，重甦骨肉，形与神合。游宴腾凌，得为神仙"等语，此即所谓施真人所谓"升晨登景"者。

此外，在较早的章文中，其存在有对于土府诸官的镇弹之语，其曰：

> 恐为土府所见驱逼，不相容安，魂飞魄扬，尸形匪
> 宁，摇动考对，注连复生。[1]

但我们也看到，随着时间的推移，后出章文中对于升仙的祈愿逐渐得以凸显，与此同时，自汉代以来对于土府诸神侵扰逝者的担忧则逐渐消退。正如我们先前所言，道教之所以不同于巫术，在于其并不逃避死亡，而是改变对于死亡的观念。而正是通过对于死亡观念的转化，道教得以征服死亡。这种对于死亡的征服在受度弟子建立盟约之初便已承诺，是其盟约的重要组成部分，而升度仪式的核心意义正是在于唤起当初结盟立誓的证明者（三官、五帝）之神威；换言之，乃是对于盟约的履行。

总体来看，在墓地安放真文的仪式近似于普通斋仪的起始阶段，其以安镇《五方真文》（出《赤书玉文》）构建起一处如山峰一般的高坛。所不同的是，"五炼生尸法"所构建的，乃是一处状若洞府的墓室，我们在下面还将继续讨论。

（二）仪式义理

1. 五方真文

我们在上文中已重复言及，《五炼生尸真文》与《内音玉字》（作为法箓的）以及《度人经》相互对应。这也就是说，授度仪式乃是与升度仪式前后呼应。在授度仪式中，奉道者

---

[1] 赤松子章历 [M] // 道藏：第 11 册，227.

身中被度入了（或"点化"）由真文所衍化之吏兵，即拥有了三十二天之真气。身中的"小天"之气与身外的"大天"之气在其修诵《度人经》或朝真行道（即基于授度盟约之仪式实践）的过程中不断地相互感合、符契，小天（人之形神）便与大天（大道）日趋相近。但由于每位奉道者的禀赋以及信行的笃定程度不一，故而其于生时所能达成的玄功各不相同，其小天与大天之间，尚未实现理想程度的契合与融入，也即是《黄缯章》所言"先功未满"。

由此，在升度仪式中，一处安奉有真文石刻的墓冢玄宫，成为奉道者的另一重"斋坛"或"静室"，她／他于其中得以进一步"被动地"与三十二天之气相感合、符契。当然，一如我们上面已经提到的，这种感合与符契只有以墓主人生前业已得受《内音玉字》为前提。身中的小三十二天之气犹如种子，经历了生时的长期培护（修诵、行道），而此时则被栽入了一处膏腴般的土地中。得其滋养，种子得以破土而出，新的生命得以绽放，一如祝文所言：

> 玄灵哺饴，五气玉滋，精光充溢，炼饬（饰）形骸，骨芳肉香，亿劫不灰。[1]

我们注意到，在"哺饴"与"玉滋"的表达中。"滋"通"孳"

---

[1] 太上洞玄灵宝灭度五炼生尸妙经 [M] // 道藏：第 6 册，264.

有繁殖之意，"哺"为喂养婴儿之意；其均与新生命的养育直接相关。

有关汉代物质文化以及墓葬美术的诸多成果均表明，汉代是一个"将'升仙'视为全民运动的时代"[1]，墓葬中的图像、器物以及提及均表示了墓主人希求超越死亡的升仙愿景，而墓室则被构建成为一处仙境。庄蕙芷教授在其研究中结合汉代的仙传文学表明，东汉时期带有穹顶（券顶、穹窿顶、叠涩顶等形式）的墓室往往被等同于仙人所居的"石室"（也即是洞穴）。墓室中"天门"[2]的图像则进一步表明，墓室并非是墓主人生命的终点，而极有可能是一处"驿站"或转换之所，这与《真诰》中所描述的洞天内的"玄窗"的功能基本对应[3]，即从洞室之中升天的路径。我们上文已经援引了《老子想尔注》与《真诰》中有关奉道者"暂死过太阴"的说法。这也就意味着，汉代一部分的墓葬中，已经初步具备了六朝道教洞天学说所明确表述的生命转化的含义。这也即是我们上文所引范

[1] 庄蕙芷，陶金．虚实之间：石室、洞天与汉晋墓室 [C] // 吕舟，崔光海，编．2019 年第一届洞天福地研究与保护国际研讨会论文集．北京：科学出版社，2021：241-252.
[2] 李清泉．"天门"寻踪 [C] // 巫鸿，朱青生，郑岩，编．古代墓葬美术研究，第三辑．长沙：湖南美术出版社，2015：27-48.
[3] 庄蕙芷，陶金．虚实之间：石室、洞天与汉晋墓室 [C] // 吕舟，崔光海，编．2019 年第一届洞天福地研究与保护国际研讨会论文集．北京：科学出版社，2021：249. 陶金．"洞天福地"原型及其经典阐释——《真诰·稽神枢》中的圣地茅山 [C] // 吕舟，崔光海，编．2019 年第一届洞天福地研究与保护国际研讨会论文集．北京：科学出版社，2021：65-67.

幼冲所言，墓穴乃是"神仙之丘窟，炼形体之所归"，"太阴"与墓室、洞天之意相通。在姜生教授的著作中，他虽然使用了后出的"炼形之宫"概念来理解汉墓，但其中一些本质层面的论断依然具有洞观性。例如，他以"炼"为线索论道："炼丹过程的实质乃是通过特定手段把'散形'于宇宙的'道'还原出来，即试图在顺时序的世界里制造出一种逆时序属性的存在……由此反观汉墓所架设的时空转换结构，可以发现，那里是魂魄炼度结精不死的地方……墓室不再仅仅是死者归入地下享受的空间，更是用以修炼变仙之地。"[1] 如此，这正如伊利亚德教授所言，人必然如矿石一般在淬炼中死去，才能以更精纯的形态复生，而墓室也即扮演了熔炉的功用。

在"五转炼尸法"中，通过真文的安放，奉道者得以将墓穴圣化为一处"炼形"之宫，或一处犹如母亲胞胎之洞穴。她／他于墓穴之中得到大道精华之滋养，进而冲举升仙，此即老子所云"归根""复命"（《道德经》第四十八章）。这也正如我们在上一节中所见，作为洞室的玄宫与作为山峰的斋坛都具有阈限空间的过渡特质。

2. 露宿章文

在《黄缯章法》中，我们应已经注意到其中"露文一宿"的表述，这正对应了陆修静在其《灵宝授度仪》中的记述，其曰：

---

[1] 姜生．汉帝国的遗产：汉鬼考 [M]．北京：科学出版社，2016：69．

《黄缯章表》奏言诸天。所受书文，露坛一宿。无有风炁，文不吹摇，骨名合法，告盟而传；为风所吹，使退斋三日，便如先法；三过被风，其人先无玄名善功，三界不举，五帝不保，骨炁不合，不得轻传。考由司正曹。[1]

事实上，我们在上面的讨论中一再强调，道士死后的升度仪式也是授度仪式之一环，其重要性不亚于初次授度。由此，在"五炼生尸法"中将《黄缯章》"露文一宿"，便意味着大道对于受度者（亡者）的又一次选校，也即是人世层面的最后一次。（按照"重斋"的仪式结构，在此之后尚有更高级别的考校，但其皆有仙曹所完成）换言之，如果奉道者在其上一次受度之后恣意妄为，且未尝发露悔过，便极有可能被大道、天曹剥夺这最为重要的一次转换生命的机会。诚然，奉道者受度之后的生命，是一场极为漫长的考察期；正因为如此，她／他的一生实际都在为最终的死亡，以及死后的考校、升度进行着准备。

3. 复还治职

我们在晚出的章文中，还见有"复还治职，炁入玄玄，登品成真……"之语。虽然早期《黄缯章》中并无这一表述，但"复还治职"这一概念却极为古老。我们已在第十三节的讨论中已经援引了祭酒署职时的宗教承诺，其中便包含了"须世太平，迁还本治"之语。而"本治"当即是老君所治之"昆仑大

---

[1] 陆修静. 太上洞玄灵宝授度仪 [M] // 道藏：第9册，841.

治"或者说代表了整个的大道职官体系。在《太上三洞表文》卷中所收《升度仙魂章》（"师友命过斋"用）中，其还明确写有"随我学功，校勋迁赏，复还治职，㸌入玄玄，克为圣君金阙之臣"等语。由此，奉道者的死亡意味着复生，而这种复生实际是融入另一更为宏大的生命有机体。与此同时，由于复生之后的生命状态必然要胜于昔时未死之前，如此，奉道者（尤其是已经领受治职，或参受较高阶法箓者）的复生被以职官制度中的"擢职"来作为象征，以此表达其获得了更高的位业或生命状态。在下面的案例中，我们将看到"擢职"这一概念在现实世界中的仪式化阐演。

四、召职登仙醮

2021 年 2 月 18 日（农历正月初七），世界著名汉学家，道门宗匠施舟人（法名"鼎清"）先生于荷兰阿姆斯特丹登遐远游，世寿八十七。按照盟威道传统，正月初七日为"举迁赏会"，是祭酒为道民上章言功，举其功勤、立盟授度的一天。这也正印证了施舟人先生实因其功圆行满而为大道所诏求，受命登真。1962 年，施舟人先生自法国前往台湾地区进行关于道教的田野调查，其间拜于陈氏道士世家门下，学习斋醮科法，并于 1966 年从六十三代天师张恩溥真人受度《太上三五都功经箓》，奏受"三天辅教宣化仙官知天曹纪录考较事"之职。笔者受施舟人先生弟子范华（Patrice Fava）之托，联络了与施先生渊源甚深的福建省宁德市霍童山鹤林宫，代为投词，请行升度法事。3 月 11 日，即施先生羽化"三七"之辰，于鹤林宫延请闾山法众，启建"三界解释召职登仙醮"一永日（下称"召职登仙醮"）。笔者有幸临坛瞻礼拈香，由此得以见证了一坛极为庄严完美的升度仪式。为此，笔者希望能够以这一坛当代道门宗匠的擢职升度仪式作为案例，来加深我们对于其作为一种授度仪式的理解，并为本书的讨论画上句号。本节中所使用的材料除笔者仪式现场收集所得外，还包括了 4 月 26 日对于主奏法师陈进平（法鉴）及其同坛法众的采访，以及陈法师所提供的相关科仪文本资料。

需要说明的是，虽然此坛醮事以闾山法奉行，其自宋代以来便被视作"闽巫"之代表[1]，但其绝对不等同于我们在第一节中所讨论的汉代巫觋。首先，在社会角色层面，闾山法师大都属于为基层民众提供仪式服务的社区仪式专家，其生存状态更近似于领户化民的盟威道祭酒，而非汉末贩卖焦虑使人倾家荡产的巫祝，他们皆是中国传统基层社会中的重要角色。其次，由于"道""法"两门近世以来的密切相互影响，闾山法本身已经从义理与实践的层面，继承了大量的道教"基因"，由此这一坛法事中所反映出的"擢职"升度的仪式逻辑是纯粹"道教化"的[2]。甚至，笔者可以说，相比于其他地区所

[1] 《海琼白真人语录》[M] // 道藏：第 33 册，113-114.
[2] 关于这一宏大的题目，已有数代学者的学术积累，其中最新的集大成作品，可参见：黄建兴. 师教：中国南方法师仪式传统比较研究 [M]. 北京：中华书局，2018.

谓"主流"道派为亡殁先师所举行的"超拔"仪式，闽东闾山法的"召职登仙醮"背后的义理更接近于中古时期的"升度"仪式。

（一）仪式背景

福建本生闾山法派有四支，其所奉"法主"各不相同。宁德位于闽东，著名的临水夫人祖庙临水宫便位于境内之古田县。根据陈法师介绍，他与同坛法众来自霍童镇毗邻的福安市（宁德市下属县级市），其属于尊奉陈、林、李三夫人为法主之"夫人教"。按照黄建兴教授的总结："闽东、闽北和闽西地区则多以'法'为重，当地法师多自称为'巫流弟子''巫臣'等，其法事多为'武科'，仪式中多应用符箓咒语，科仪动作较多，并不时有'法技展演'，诸如'翻九楼''爬刀梯''下火海''爬幡竹'等等。"[1] 陈进平法师的法坛也正呼应了这一仪式特色，其所掌握的"起洪楼"科仪应用于各类大型法事之中奉请诸神下临坛场的环节。该科仪的最大特色在于以七、九甚至十三张方桌层层叠落，构成一座通天彻地的"仙楼"（贯通三界的"宇宙山"象征）。与此同时，在陈法师所传承的闾山法仪式传统中，不仅是祈福建醮，为年轻法师所举行的"奏职"仪典也需要起建洪楼，作为奏职颁恩之坛所。更令人叫绝的是，陈法师明确地表示，为亡殁先师所举行的"召职登仙

---

[1] 黄建兴. 师教：中国南方法师仪式传统比较研究 [M]. 北京：中华书局，2018：43-44.

醮"也需要起建洪楼，这是因为该醮仪基本是按照为弟子奏职传度的醮仪的结构来举行的，其主旨乃是按照"奏职"的仪式逻辑，为亡殁法师授予更高品秩的法职。换言之，亡殁法师的升度仪式，实际无异于另一次的授度仪式，或者更为准确地说，是一次"升授擢职仪式"，这实际正是以职官制度为象征形式的道教救度体系。施舟人先生生前常使用"步步高"这一表达，来谈论道士升授法阶的授度体系以及最后归于大道的生命超越。如以"召职登仙醮"之义理逻辑，则这一"步步高"实际一直透过死亡之门，延伸之身后，最终实现终极的生命超越：焄入玄玄，归根复命。此外，这一职官化的表述也见于闽北建阳闾山教法师的送度仪式。其中，法众需要上奏天廷，请神明使其亡魂升入仙界，在闾山或天廷继续供职，一如其科文所云："天曹敕旨，宣诏归赴，闾山朝见。"[1]

此外，根据陈进平法师的介绍，闾山法师于其亡殁之后所举行的"召职登仙醮"，并非只是为了逝者本人的冥福，而更是一种维持世界秩序的必须。这是因为地府（也就是普通人死后的归所）中没有法师的名籍，因此，如果不能帮其申奏天廷，擢授法职，颁诏登真的话，法师的亡魂将成游荡于人间，并成为各类厉鬼精怪之首领。一如其科文所形容：

---

[1] 叶明生，劳格文.福建省建阳市闾山派科仪本汇编[M]//王秋桂，编.中国传统科仪本汇编.台北：新文丰出版公司，2007.转引自：黄建兴.师教：中国南方法师仪式传统比较研究[M].北京：中华书局，2018：158-159.

天廷点你无官职，地府点你无师函。[1]

这一对于亡殁法师仙魂的担忧实际也正对应了其边缘性身份：
生前拥有呼神召鬼的特别灵力的人，其死后的亡魂的去处也势
必需要得到明确的保证，即通过闾山大法院之保举，进入仙曹
职官体系。

（二）仪式内容

1. 尸体收殓

在陈进平法师的传承中，当一位闾山法师命终时，其尸体
先须保持原状，待法事开始之后方可小殓。仪式由其子嗣或法
徒负责。首先，需要于家宅堂屋正中立坛，以闾山法（意味着
要依闾山之仪，头戴法额、头巾，腰扎法裙）行"总召"，其
所召者包含：温、康、马、赵四帅、中坛元帅、五营兵马、九
州社令、十兆兵马、十二生肖兵丁、城隍社令等官将。其中发
送牒文一份，言明某法师亡殁，需请兵马协助，稳固其魂魄，
不使散乱。其次要行闾山之收魂法，即将尸体蒙以红布，将一
内置五谷之竹筒设于尸体所处床脚，然后依诀对尸作用。收魂
之后，才能对亡师的尸体进行沐浴、更衣（生前所用闾山法
服，包括法额、法裙等），其过程中均有一定的法诀配合施用。
值得说明的是，陈法师与其他法众一致表示，亡殁法师的尸体
与常人不同，其在短时间内不会产生尸僵；因此，为其沐浴及

---

[1] 陈进平法师口述。

换衣时，也不需要对尸体进行特别的处理。

2. 天窗赐酒

当亡师穿戴完毕，众人则将亡师抬入堂屋正中，朝南端坐于椅上。其手中依左文右武持以法器（文：法印、法铃；武：龙角、铃刀）。此时，一位法师上于堂屋上方屋顶之上，掀揭瓦片三块，使光得以直入堂屋正中，并依闾山诀请三界诸神下降，并将一根坠有三十六枚铜钱的红绳自屋顶孔洞降下堂屋正中，达于亡师面前。此时，屋顶法师执一盛酒之酒壶，依诀作用，并沿红绳斟下"仙酒"，再通过堂屋中法众的配合导入亡师口中。《闽东畲族文化全书·民间信仰卷》中记载了与这一流程高度相似的闾山法师丧仪，并将其所斟之酒谓之"玉皇大帝三杯酒"[1]。亡师之受法《职牒》（亦谓之《职帖》）被焚缴，其纸灰被纳入一黄布（或红布）袋中，挂于颈上。其后，亡师的尸体被以木板抬入后厅暂停。前厅所设坛所将正式开始举行"召职登仙醮"。以上所言，仅为一种理想流程，由于施舟人先生于荷兰离世，其受度之初所得《职帖》由其眷属于荷兰代为焚缴（《职帖》样式参见《附录四》）。

3. 召职登仙醮

3月11日早8时许，施鼎清先生"召职登仙醮"正式开坛，其法事次序大致开列如下：

---

[1] 缪品枚．民间信仰卷［M］//钟雷兴，编．闽东畲族文化全书．北京：民族出版社，2009：157-158.

（1）以闾山法净坛荡秽。

（2）发奏公文，一如道门斋醮的起始阶段。

（3）建坛科仪。

（4）结界科仪，化凡境于琼楼。

（5）迎请诸方上圣降临坛所。

（6）午供科仪，于中拜进《三清表》《玉皇表》等表文，保举亡师升授法职。

以上第（2）至（6）项科仪均以道门仪范奉行，法众身着法衣、头戴法冠，手持朝简，有别于闾山本法之法额、头巾、法裙、牛角、铃刀。

（7）午歇之后，法师至先师灵台前摄召仙魂，并由弟子将灵位从灵台请至洪楼下另一处灵台安奉（参见图20-02）。

（8）楼台召职科仪，也即是"召职登仙醮"的核心部分，即以奏职仪式的结构为亡殁先师奏授法职。

（9）游五岳，弟子捧香盘与先师神位跟随法师朝参众真。

（10）搭仙桥，法师向外送师登上仙界，并焚化写有新授法职的《职帖》。

（11）谢神送化，法众以道门之仪奉送圣真。至下午4时许完满散坛。

如此的法事安排，也可以从醮仪当天所发贴之《闾山宗坛榜文》中得以管窥。现谨节录部分内容，开列于下。

> 是日筵开玄化，法演召请符使，奏五天之表状；谨邀

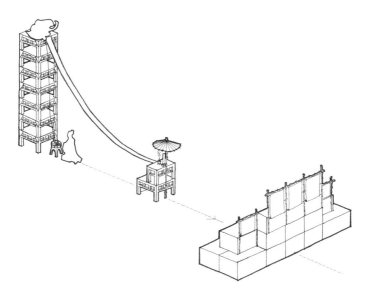

图 20-02 "召职登仙醮"坛场陈设示意图（陶金／绘）。右侧为室内之"醮台"，高悬三清上圣真容，延续了福州地区醮坛的形式传统。左侧为室外之"洪楼"，乃闾山本法。中央为"楼台召职科"中，供奉仙师灵位、灵幡之灵台，其上安设伞盖，香、灯供养如法。在法事中，法师自洪楼降下法桥，将洪楼与灵台相连，象征着天命的下颁与先师之登晨（法桥之象征）。在"请阄"之后，弟子代表长跪于洪楼之前、托盘之前，恭请筶杯

　　檄使，达三界之函章。奏通仙宫帝阙，申呈圣府神祠。预使知闻，咸祈照应。（按：以上发奏）

　　祇安当境，迎接圣骧。（按：以上迎驾）

　　攀三宝主盟科教，仗四王守护坛场。变凡居而成宫阙，化俗品以作琼浆。（按：以上结界）

　　斯时青天正昼，红日方中。山河万象尽当阳，邻里群鸡俱报午。虔修十珍之妙供，迎请三界高真、四府万灵、

阳间圣哲、阴境神聪、本宫诸真，仝降道场，证明功德，接引先魂，超登上品。供仪已竟，暂停法务。（按：以上午供）

玄钟再叩，玉磬重鸣。翠竹扬旛，摄召法魂而涉降；绿杨法水，洒净道魄以清凉。沐浴更裳，引进坛场，朝参诸真，奉道受戒，送归灵位，坐享听览功勋。（按：以上请灵）

时则大开闾山科典，震动龙角，投坛布阵，召兵点将，步虚声。本宫当天起建七星洪楼，案上开透五方天门，遥空虔叩，焚香具疏，投请天曹案前，解释开赦过误之愆。阖召职给出合同比对，敕赐阴衔，直登仙阶，接引东方长乐界。（按：以上楼台召职）

从大的科仪框架结构来看，"召职登仙醮"所具的发奏、建坛、请圣、午供、送圣等仪式节目与宋元以来道门的醮仪框架十分近似，但其核心的起洪楼科仪又系闾山本法（而非"行道仪"）。"道"与"法"被有机地整合了起来。

此外，按照陈进平法师的介绍，传统的闾山法师丧仪，还要在送圣之后由一法师重返屋顶，将先前所掀三块瓦片，依闾山法诀重新安回原位。至此，整坛仪典方才得以正式告终。

4. 楼台召职科

如前所言，为亡师擢职的仪式借用了奏授法职所用"楼台召职科"的仪式框架，其以"起洪楼"的仪式元素最为显著。

事实上，这种将"授度""升度"套嵌于其他更为基础的仪式结构中的做法，我们也已经在上文中有所讨论，道门中的升度仪式（《五转炼尸斋》）与授度仪式（《灵宝授度仪》）皆以斋仪的仪式形式而得以敷演。

按照起洪楼科仪的流程，主奏法师先于内坛，面对三清上圣依诀"变头红""变头冠""变神裙""变丝鞭"，此也即是通过作用、穿戴闾山法服，将法师自我进行圣化。主奏法师穿戴完毕，依诀"藏身"，然后手持号角，转身向外行至院中洪楼下，吹角点五营、九州兵马（参见图 20-03）。其后，法师依诀"变身"，并绕行洪楼，依方位对其作用，谓之"藏楼"。藏楼毕，主奏又依诀请祖师协助"造洪楼"，其中洪楼上部被存想

图 20-03 法众于洪楼下绕行，左一为主奏法师陈进平

为"玉皇殿"，中部存想为"仁圣宫"（即中界至尊东岳天齐仁圣帝之宫阙），下部存为"水府庙"。由此，洪楼拥有了垂直方向贯通三界的空间特性，因此也被称作"三界大洪楼"或"三司洪楼"。随后，主奏以"铜针""铁针"以及麻蛇"内扶洪楼"，助其稳固，又将其所穿法裙存变为"五色云"，自身化作"白鹤神王"准备"乘云道上玉阶"。在专用于授度的"楼台召职科"中，"洪楼"也被比喻为玉皇及其天廷，其曰：

> 左边架起三省院，右边架起侍郎厅。前面架起文官案，背后架起武官厅。中心不是非凡景，化为玉皇金阙宫。[1]

同时，洪楼也被比喻做五台山、三元台，其应是玉皇属下负责授职之曹局，其科云：

> 化作仙人骑白鹤，随云直上五台山。三元台上投官职，表奏官职付法官。[2]

主奏法师登上洪楼的过程最为精彩，也最为动人心魄，无论洪楼是由七、九抑或十三张方桌高搭，其上下桌面与桌腿之衔接节点均无任何榫卯、铁钉或捆绑，完全依其自身重力而独立（在鹤林宫的案例中，洪楼被起造为七层）。主奏登上洪楼的

---

[1] 陈进平法师藏《楼台召职科》。
[2] 陈进平法师藏《楼台召职科》。

过程亦如入洞，于每一层桌下重复穿行，盘桓而上，谓之"穿案"。与进入斋坛一样，蜿蜒曲折的洞穴通道最终引领法师到达最高之顶峰，内部与外部的边界一如克莱因瓶一样被消解。主奏在到达洪楼后，旋即以铃刀分别作用于五方，并依诀获得"三十六把钥匙"，开透"三十六重天门"，又请五方童子"奏角"，开透五方"帝门"。（见图20-04）在"楼台召职科"中，当主奏于洪楼顶准备开始为弟子授职时，台下法众齐举唱赞云：

> 巫师登台坐宝楼，两边文武两相排。
>
> 金桥悬挂南楼下，官职凭分见高低。[1]

图 20-04　主奏法师立于洪楼之上，其后方设有亡师灵台

---

[1] 陈进平法师藏《楼台召职科》。

图 20-05　主奏法师降下法桥与亡师灵台相连

此时，台顶主奏从上抛下"法桥"一条（即绘有升天密旨之狭长布条），其一端固定于台顶，另一端则固定于洪楼北侧下方灵台神位之前（见图 20-05）。此时，主奏又唱赞云：

> 巫师权座登宝台，
> 钦奉玉旨选人才。
> 一举首登龙凤榜，
> 十年身到凤凰池。[1]

在这里我们可以很惊叹地发现，闾山法师得以授职的前提与早期道教的法箓授度义理如出一辙，即：仪式中所呈现出的弟子求度、求授法职（人求大道）的事实，实际是以更为宏大时空中的"大道求人"为前提的，即"玉旨选人才"。很明显，这里的逻辑乃是因袭了自汉代以来的选举制度，其中皇帝向地方太守诏求孝者、廉吏，而地方太守则具体负责"选贤"与"举能"这两项基本工作（也便对应了我们上一节所言之"考"与"度"），一如《阳平治》所云："（老君）周行八极，按行民间，

---

[1] 陈进平法师藏《楼台召职科》。

选索种民"[1]，"搜索忠贤"[2]。我们在第十一节"诏求"中已经对这一问题进行了详细的讨论。

在"楼台召职科"中，主奏法师吟毕唱赞后，台下法众又有白文云：

> 伏以，太上开科，皇恩大典，侍郎议表，吏部奏上；东皇公作证见，西皇母作证明，仰劳主奏，请阄摭职。

这一段说文非常明确地表明，闾山的授职仪式与道门一样，强调受度人选选定的程序正义（即在文词中象征性地经过了"侍郎""吏部"等政务部门的考核与推荐）。此外，授职的仪式也必然以盟约的建立作为前提，东王公与西王母于是成为闾山传法立盟的"证盟"之神。更为重要的是，这里提到了授度弟子法职的具体选择机制："请阄"。这里所谓的"阄"乃是三张以朱笔写有不同品级法职的黄色小纸条，其被搓为纸团，纳于主奏法师袖中（图20-06）。主奏法师于洪楼之上边诵念祝文边原地旋转，其中自袖口脱落的一枚，即成为弟子之法职。以本次为例，主奏法师预先开列有以下三品法职：

> 正一品　至真无上辅天元尊平章代判神霄上宫事；

---

[1] 正一法文天师教戒科经：阳平治 [M] // 道藏：第18册，238.
[2] 女青鬼律 [M] // 道藏：第18册，249.

图 20-06　仪式中所使用的三个纸阄

正二品　上清三洞九天金阙上宰九天伏魔使判驱邪
院事；

正三品　上清三洞九天金阙上卿九天廉访使知驱邪
院事

在仪式中，经主奏法师请阄，俾得擢职加封"正三品上清三洞
九天金阙上卿九天廉访使知驱邪院事"之职。但是，只有"请
阄"是不足以证明其钦若天命。主奏法师仍须于高台上卜问筶
杯。筶杯由两枚圆形铜片打成，状若凹凸镜（凸一面为阳、凹
一面为阴），同系于一细长红绳之一端，垂于接近地面之托盘

中（见图 20-07），斋主代表跪于托盘之前（见图 20-02）；红绳之另一端则握于台顶主奏法师手中。当主奏法师卜得三次胜杯后，法职之升授最终得以确定，便随即依诀降返地面，随后将洪楼拆解，一如道门"解坛"之仪[1]。

在仪式的最后，主奏法师将此前阄取的法职填入一份以"皇宫缴诰玉台司"为司额的《诰牒》之中（参见图 20-08），并焚化。此即是施鼎清先生擢职之后的新晋《职帖》，也是整

图 20-07　托盘中的筶杯，其红绳另一端握于洪楼顶主奏法师手中

---

[1] 在为新恩弟子举行的"楼台召职科"中，主奏法师还要为弟子传授琼花（象征中举）、法册、法冠、法衣、法裙、牛角、铃刀、麻蛇、丝鞭、神针、法印、令尺、令牌、手炉、铨、筶杯、令旗、法剑、锣鼓、朝笏、像轴、法杖、龙伞、罗经、《诰牒》等一系列物品，并传授闾山大法十戒一宗。

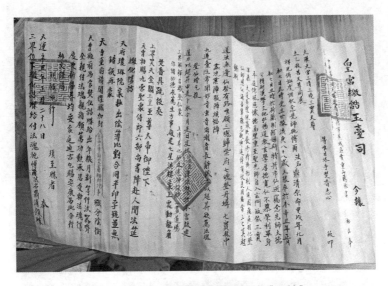

图 20-08　施鼎清先生擢职之后的《职帖》

个醮仪的核心内容，即通过职官制度的象征，赋予先师以在仙界中的全新身份与位业。值得注意的是，这份文书与其他所有在焚纸炉中所化仪式文书不同，其乃是以一竹竿向外（南）高高挑起，进而送化，取义送交已蒙授法职的施鼎清先生收执，以备登天照验勘合（参见图 20-09）。

五、小结

（一）面对不同人群的复生之道

本节中，我们先简要浏览了正一、上清、灵宝三部教法之中的复生概念及其发展。我们看到，在上清经中，人们在世时的功勤将对其死后的救度起着绝对性的作用，祖先的功勤甚至可以福荫子孙。与此相对，我们在灵宝经中看到了后代可以通过修诵经文帮助祖先获得死后的复生。无论是哪一部之教法，其都基于死后"炼形"，其后"复生"的基本逻辑展开，并尝试为不同的人群提出了与其相契的生命转化方式，而这也正是其立盟受度之处所获得的关于生命救度的宗教承诺。正如我们在第十三节中所曾讨论的，作为一名祭酒，其署职之宗教承诺便是"须世太平，迁还本治"[1]，这也便意味着其生前治职的授予与身后作为仙官的擢升乃是前后对应的一对概念。

（二）迥异于儒家与俗世的生命观

我们对道门自身所特有的丧葬制度进行了粗略考察，试图理解其中迥异于俗世或儒家礼乐的宗教精神。其中对于尸体的仪式性保存乃是与未来的复生所紧密相关，也正是因为如此，"召魂"的复礼被明确要求取消。同时，"几棺布囊举尸，送山林薮泽，入土而已，不得立坟、封树、丘垄"无疑是对传统丧葬制度的挑战，但却准确地表达出了《庄子·至乐》中奉道者的生命观，她/他希望通过死亡来更加深入地融入自然，融入大道之中，并以此获得更为长久的生命。与她/她的身形将要融入自然一理，奉道者生前的财产也将被重新分配到所需者的手中，这也迥异于儒家父死子继的遗产继承观念。事实上，由经济学所反映出的突出现象，往往更能体现某一团体或文化的

---

[1] 南京大学历史学院文物考古系，扬州市文物考古研究所.江苏扬州市秋实路五代至宋代墓葬的发掘[J].考古，2017（04）.54-64.

真实精神。与儒家严格的遗产继承制度相反，奉道者的世界是气的流动与调和。

（三）授度与升度仪式的前后对应

"五转炼尸斋"之所以被作为奉道者（至少是灵宝及大洞法位法师）的升度仪式，乃是因为法师本人业已通过法箓《内音玉字》的授受而具有三十二天之气在身。由此，我们此前关于法箓与仪式之间具有紧密咬合关系的论断再一次被证实，获益于这种被动式的内外感合，奉道者的形神犹如重新进入了母亲之身体，她／他于其中得以被再次孕育、滋哺，乃至重生。在与"五转炼尸斋"相配的章文中，阳世法师在职官制度的层面恳请三官、五帝考校亡者的功与过，使其能够凭借其生前所积攒的功勤获取一种比生时更高，更接近于大道的生命状态，也即是重新从死亡的边缘状态重新度入大道的职官体系之中，且获得比生时更高之位业（法职），即所谓"校勋迁赏，复还治职，炁入玄玄，克为圣君金阙之臣"。

在奉道者复生的过程中，我们看到了"道气"与"职官"的双重表述，但其中具有决定性影响的因素，乃是奉道者生时所建立的"功勤"，并辅以同学者为其建立的"学功"（诵经行道）。由此，我们可以说，奉道者死后的升度仪式与生前的授度仪式不仅遥相呼应，而且关联性极高，其如同一对括号"[ ]"，括号之中便是奉道者在世之时，于盟约之中的[神圣生命]。

与此同时，我们也明确地知道，所有的功勤都被三官记录并考校，其同时也作为授度仪式中的证盟者而存在，盟约中所包含有死后复生的宗教承诺。与此相对，三官也在奉道者死后的考校与复生的环节中扮演了核心的角色。如此，三官实际通过盟约的建立、监督与履行，全程参与了奉道者一生求道的过程，而这背后，正是道教律法精神的忠实体现。换言之，三官代表了科律，而科律实际就是大道玄义妙理及运行法度的直接化现。

（四）"重斋"模式序列中的升度仪式

在上一节的讨论中，我们已经总结出了"重斋"范式的救度义理，我们也已看到，奉道者（包括道民与道士）的信仰生活本身，乃如一线穿珠一般，由一系列分别以"考"与"度"为中心的授度仪式套叠构成。如此，升度仪式无外乎是她/他生命历程中的又一次授度仪式，且绝非最后一次。这是因为，在奉道者求"生"的过程中，"死"一直是其核心与常态。每一次的授度仪式都是一次短暂的死亡经历，她/他于死亡之中得以看到孕育滋养生命的光与气。若以七部法位来计算，一位大洞法师的生命中要至少经历八次"死亡"：其中最后一次为生物学死亡（biological death）。她/他所经历"死亡"的次数如此之多，以至于生物学死亡本身已经无异于又一次的授度仪式。但与此前其所经历的有所不同，此时的生物学死亡不再是一种仪式象征，而也正因为如此，其相随的复甦便也是真实的，且更为超越。此正如《真诰》所言："乃胜于昔未死之容也。"

从这一点来看，法箓的授度对于奉道者而言，不仅意味着其与大道之间纵向沟通的权利（天与人），以及与社会的横向沟通（人与人），其更还贯彻了奉道者的生命这一时间性的维度。也正是如此，我们有足够的理由，将立盟与授箓置于道教义理研究的中心位置之中。

（五）闾山法中对于重生的仪式性表达

正如我们一直在暗示的，闾山法师的丧仪与道教升度仪式有着许多近似之处。这分别体现在 1. 对于魂魄的稳固；2. 对于形神的灌养；3. 通过职官制度为逝者获取更高的生命状态（法职）。最后一点在其仪式中被最为清晰地表达出来，升度仪式与授度仪式实际所使用的是同一套仪式框架，这也正是《老君音诵戒经》与《都功版》中"须世太平，迁还本治"这一古老表述最为明晰的阐释与实践。

此外，仪式中的不确定性依然是共享的，也即是由大道（神明）决断的参与。在"五转炼尸法"中，《黄缯章》的露宿决定了亡者的救度机会，而在"召职登仙醮"中，亡师的法位由"请阄"而获得。这些都与传度仪中的"神判"一样，在仪式中保留了神明得以参与的空间，并由此赋予了这一生命转化过程的不确定性。而正是这种不确定性的存在，使得仪式中所展现的生命救度具有了"合法性"。

两者的区别也是十分明显的，这具体体现在了对于"复生"的仪式性表达。在道门"五炼生尸法"中，奉道者如何获得复生的大道真气，以及将获得怎样的新的生命状态，均被置于开放的可能性之中，正所谓"应转者转，应度者度，应生者生，应还者还"。而在闾山法中，这一切均以一种更为直观、实切、具象的表达方式而得以呈现。不但来自上天的仙酒被直接导入亡师口中作为滋养（道门中只是将《五转炼尸真文》置于墓冢之中），亡师升天之后的法职也在仪式中通过请阄、卜筶的双重方式得以实切地认定与表达。这便好像复活节圣礼中司祭与信徒的对答："基督复活了！"——"他真的复活了！"（Χριστὸς ἀνέστη! - Ἀληθῶς ἀνέστη!）。

图 20-09 法众以竹竿向天（外）挑起《职帖》并焚化，恭送先师升天

余 论

在本书的最后，我们想再围绕着盟威道的创始人与信徒这两个方面稍作讨论。这些讨论意在澄清历史中对于早期盟威道教法无意或有意的误解与扭曲；这些误解与扭曲不仅来自外部文献，有时也来自道团内部。

一、天师是谁？

（一）仙传与图像中的形象

有关汉天师的生平记载可能是道教仙传文学中变化最多的题材之一[1]。高万桑教授在他关于龙虎山的著作中，对不同版本仙传中所刻画出来的天师形象的异同做了较为概要但充分的总结[2]。目前较早的天师仙传见于葛洪之《神仙传》，但《神仙传》虽然署名葛洪，但其中可能存在着大量的后世改写。以天师仙

---

[1] 关于天师传说的汇编，可参考：刘守华，编.张天师传说汇考[G].上海：华东师范大学出版社，2009.

[2] Vincent Goossaert, *Heavenly Masters: Two Thousand Years of the Daoist State* (Honolulu: University of Hawaii Press, 2021), 13–22.

传为例, 目前所通行的《神仙传》[1]与《太平广记》所收[2], 以及《云笈七签》所收[3], 都有着极大的不同。

1.《云笈七签》本

在《云笈七签》本中, 言及了天师的姓、名、字、籍贯, 并言及其为"大儒生, 博总五经", 修习长生之道, 有弟子千余人, 其所学之法乃是"九鼎大要", 也即是金丹之术。其后, 故事便转入了其对于弟子王常、赵升的"七试"之中。在这里, 张道陵与其他《神仙传》中的神仙并无本质的不同, 其所修习的长生之法以技术为先导, 虽然融入了对于弟子德行的考察, 这的确与《抱朴子》中的相关叙述吻合。在这里, 张道陵没有创立正一盟威之道的记叙, 也更未言及其有"天师"之号。也正因为如此, 施舟人先生认为,《云笈七签》的记载最接近《神仙传》之初始面貌, 盖因其中没有出现任何关于天师创教的叙述, 这也正说明了身居江南的葛洪对于川、汉地区曾经发生过的宗教改革并不十分了解, 他可能只知道传说中作为神仙的张道陵, 但并不了解现实中作为天师的张道陵[4]。我们

---

[1] 葛洪, 撰. 胡守为, 校释. 神仙传校释[M]. 北京: 中华书局, 2010: 190-191.

[2] 李昉. 太平广记: 神仙八[M]. 北京: 中华书局, 1961: 55-58.

[3] 张君房, 编. 李永晟, 点校. 云笈七签[M]. 北京: 中华书局, 2003: 2381-2382.

[4] Kristofer M. Schipper, "The True Form: Reflections on the Liturgical Basis of Taoist Art," *Sanjiao Wenxian: Matériaux Pour l'étude de La Religion Chinoise* 4 (2005): 91-113.

已经看到，鹤鸣山盟约所倡导的教法，仅以五斗米为信，意在赋予每一位基层民众以平等的救度机会，这种革命精神与精英化、贵族化的金丹黄白之术在宗教精神上是完全对立的。由此，张道陵本人不可能是一位炼丹家，他也绝不可能将金丹作为其教法的核心部分，因为这与其所倡导的基本教义相违背。由此，后世一切关于天师炼丹的传说，实际都源自葛洪或《神仙传》早期其他修订者之演绎。

　　2.《太平御览》本

　　《太平御览》的版本虽然言及了天师立教，甚至载有"三官手书""首过"以及通过公益来赎罪的教法，但并未言及张道陵受命（气）为天师，而这些内容在《大道家令戒》《三天内解经》中却都是极为核心的内容。与此同时，这段有关教法的记叙被置于"得黄帝九鼎丹法"与"七试"两者之中。应说明其另有其他来源，系后世摘入。更有趣的是，在关于"首过"的记叙之后，其话锋一转，乃言"（张）陵乃多得财物，以市其药合丹。"很明确，这里的张道陵直接违反了自己所定立《清约》的"师不受钱"。首先，我们知道这些法信不外乎是柴、米、纸、墨一类，其本身很难构成"多得财物"，更不用提其中的绝大部分仍需要重新散施以流通回社会之中。其次，金丹本身违背了盟威道基于民众的、平等的、以道德为先导的救度精神。如此，我们无法想象作为祭酒首领的张道陵，通过攫取法信而积累钱财，进而悄悄地私下炼制金丹，以期获得比其他道民更为确信或更为高等的生命超越。

3.《神仙传》通行本

在通行本《神仙传》中，虽然其在开篇写明了"天师张道陵"的称谓，但也并未交代任何与大道立盟授命（气）之事。反之，其先后两次言及张道陵炼仙丹：第一次得《黄帝九鼎丹经》，于繁阳山炼得神丹，并服之。又于石室中获得了"隐书秘文"以及"制命山岳众神之术"。第二次炼丹是在鹤鸣山遇见老君之后，他便又开始准备炼丹（并未言及老君与他之间发生何事），但这次丹成之后，他却又有所顾虑，自言"须为国家除害兴利以济民庶"（有趣的是，他第一次服丹时并未有这种想法）。其后老君又派清和玉女，授以吐纳之法，无何，又与六天魔王作战，"夺二十四治化为福庭"，并与之立誓。所以，此处天师与百鬼定立盟约，并非是因为大道有天律的颁降，而仅仅是因为天师习有秘术，故能够弹压鬼神，其所强调的乃是天师作为某种巫师的神通，而非天律。自宋代以来，在宋元道法兴起的背景下，天师的身份被逐渐等同于"大巫"[1]。事实上，正如我们所一再强调的，在盟威道的义理中，奉道者本人实际并无任何神通，其之所以能够弹压鬼神，乃是因为其在受法之初定立了盟誓，由此拥有了在仪式中"执法"的权利，此即"如律令"之真义。

4. 图像传统

天师的身份在后世被不断重塑的过程，也体现在其艺术形

---

[1] Goossaert, *Heavenly Masters: Two Thousand Years of the Daoist State*, 21-22.

象之中。焦娜薇（Noelle Giuffrida）教授在其开拓性的艺术史研究中已经为我们呈现出了天师在图像中所见的三种身份：神仙（immortal）、祖师（patriarch）与驱魔者（exorcist）[1]。近代以来，至少在面部特征中，我们实际已经很难有效地区别天师与钟馗。而后者之所以能够驱邪，乃是因为其作为厉鬼之特性。换言之，天师的面容乃是体现了鬼脸的特征。在不同绘画作品中，天师手中所持的法具时而为令牌，时而为法剑（及印），所有这些法具图像元素的出现都不早于宋代，且具有极强的道法背景。换言之，与其说是天师形象发生了变化，莫不如说是彼时道士的形象发生了变化，其在宋元以降越来越多地在基层社会中扮演了巫祝的角色（详见《附录一》）。

（二）义理与仪式中的形象

既然仙传文学与宗教艺术的资料都未能有效地为我们勾勒出天师张道陵作为盟威道创立者的形象，那么我们则需要回到经典与仪式文献中，来尝试勾勒出一副忠于义理自身，但又写意的天师形象。需要说明的是，一如此前所言，我们实际很难确定初代天师张道陵时代教法形态的细节；而我们所能大致掌握的，实际大都来自第三代系师汉中时期的建构。如果我们能

---

[1] 焦娜薇 Noelle Giuffrida, "Transcendence, Thunder and Exorcism: Images of the Daoist Patriarch Zhang Daoling in Books and Paintings," in *Telling Images of China: Essays on Narative Painting and Visual Culture*, ed. Shane McCausland and Yin Hwang (Hong Kong: Hong Kong University Press, 2013), 307-336.

够假设天师、嗣师、系师三者所秉承的教法具有密切的承继关系，便能依靠义理勾勒出一"集成式"的天师形象。

1. 天师是辅汉者

关于天师的出身，在《三天内解经》以及《神仙传》中都明确地将其世系上溯至留侯张良[1]。笔者在此无意讨论张良与天师之间是否存在真实的血脉关系，因为这里更为重要的，是天师对于张良有着怎样的认识与认同。比如，在年代较早的《大道家令戒》中，虽然其中并未确切提及张良与天师的亲属关系，但却先提及了"赤汉承天，道佐代乱，出黄石之书以授张良"，并进而引出天师受命（气）治民之事。由此，通过这一前后承继的叙述，我们能够感受到其作者对于张良"兴汉"天命的关注，以及两人之间的承继关系。换言之，这一叙事暗示了天师与张良一样，承受了兴汉之天命。

但是，按《太真科》所云："学久德积，受命为天师。"[2] 换言之，天师之所以得以被授命（气）为天师，乃是因其德行，而非其与张良之间的血脉关系，"皇天无亲，惟德是辅"[3]，此一定之理也。由此，"天师"这一称谓并不以血脉作为传袭依据；与此同时，天师的血脉子孙并掌教者也并不一定称作天师（如第二代谓之"嗣师"，第三代谓之"系师"）。

---

[1] 若依吕思静、熊铁基之高论，则他出自丰县张氏具有一定的合理性。参见：吕思静，熊铁基. 汉代的道教组织——以张姓高道为线索 [J]. 宗教学研究，2022（01）：15-16.

[2] 要修科仪戒律钞 [M] // 道藏：第 6 册，966.

[3] 孔颖达，孔安国. 尚书正义 [M]. 上海：上海古籍出版社，2007：662.

此外，张良更为重要的形象特征在于其"入世"与"出世"双全之功，也即是今日汉中张良庙大殿匾额所言："相国神仙"（参见彩页图9）。对于天师而言，张良不但兴汉"功成"，更还"身退"而登仙，他分别实现了现世与后世的双重成就，而这也正是天师的教法所要继承的"遗产"。所以，从这一"天命"出发，我们得以发现天师的形象中同时兼具了希求生命超越的"奉道者"，关注汉室天命振兴的"经学家"，聚焦于律令、文书的"刀笔吏"，谋求社会变革的"批评家"，以及关切基层民众的"墨者"。

2. 天师是奉道者

从战国晚期开始，诸子百家之言论，莫不以作为宇宙本源以及运行规律的"道"作为其所最为根本的出发点。在这样的基本共识下，在国家的层面上，逐渐形成了以道为本，"兼儒墨，合名法"[1] 的"杂家"，《吕氏春秋》与《淮南鸿烈》皆为其集大成者。事实上，杂家更像是国家的管理者站在实用的角度对诸家学说所进行的一定程度的、有机的兼容采择，而非是某一圣贤所传之学派。秦汉帝国的崛起与后世中华文明的不间断传承，在相当程度上都应归功于此种理性、务实、包容的，超越学派的政治哲学智慧。

至于天师，我们已经在本书中看到了他所特别强调的道德伦理取向，其与对于科律的尊奉相结合，并被纳入了墨者对

---

[1] 班固. 汉书: 艺文志 [M]. 北京: 中华书局，1962: 1742.

于基层的关怀之中。对于天师而言，以"道"统摄百家的汉家天下及其职官体系，就是一套极为理想且具有神圣性（"道生法"）的人间秩序。因此他所要做的，便只是将这一体系转译成今人称为"宗教"的一套整合的象征、义理与制度体系。天师与杂家不同之处在于，天师创建这一体系的根本目的，并不仅仅是为了此世之太平（"治世"），更是为了后世的太平，也即是归根复命、与道合真。从这一点来说，天师的确是一位奉道者，但他的"道"不仅仅局限于"老庄""黄老"，而还兼具儒、墨、法其他诸子之说，并将其有机地调摄进入到他的宗教义理体系之中。

3. 天师是经学家

两汉时期是今、古文学家的战场，围绕着五经的阐释与应用所衍发的谶纬之学，上演了无数托言祥瑞、灾异的天命辩论甚至篡夺。在此背景下，中国宗教史上最早被史书所记录的"下教"（Revelation）也是围绕着皇权的"更受命"所展开的（即甘忠可所进《天官历》《包元太平经》）。东汉中晚期地方豪族、朝中外戚以及宦官的轮番政权争斗，以及对于基层民众的盘剥，势不可免地将中国带入了混乱的"末世"之中。而这也正成为宗教家得以施展匡扶气运、助国救民的抱负之时。

天师作为奉道者，在救度性的宗教义理之中借用了在当时业已广为熟知的经学理论框架，将"天"与"道"正式关联（东汉以来已经出现了这一端倪），并进而以"三天"取代"六天"。在这一极具创意的理论框架中，天师非常精妙地将"天"

与"道"相等同，并取而代之，从而完成了"至上神"（或"至上存在"）的鼎革。原本作为君王远祖的，家族性的"天"，被至公、普世的"道"所取代，而这一取代同时还意味着一整套宗教义理与仪式的转变。天师对于儒学五经，尤其是谶纬之学的义理极为熟稔，洞晓其中的真正关节所在，即"天"与"天命"。通过在这一关节处进行巧妙地转化，宗教得以从皇权中脱离，成为人民大众实现生命超越的门径。

此外，我们还看到，三天大道取代六天后，仪式层面进行了彻底的改革。这不仅仅在祭祀的层面，就连男、女的冠笄之礼、婚礼等人生阶段礼仪都被法箓制度一揽子地取代了。这些极为大胆的仪式改革乃是建立在他对礼乐制度的深入理解之上：在发炉烧香，出官诣帝，以及三会朝仪等仪式流程、场景的编排中，无一不存在着一位礼学家的身影。从这些点来看，诸版《神仙传》称天师为"大儒生""太学书生"似乎也并非毫无根据。

4. 天师是刀笔吏

秦汉帝国的最大政治创新在于其基于法家思想的职官制度，以及与其相配套的户籍、律令、选举等制度。在这一庞大繁杂的体系中，构成其中主要有生力量的，并非是儒生，而是"晓习簿书会计、明法律令，无事不能的"文吏阶层[1]。因为

---

[1] 吕静.秦汉官僚体制下的基层文史研究[J].北京行政学院学报，2011（6）：114.

文吏推动政府工作运转的方式主要依靠公文简牍，因此又被称作"刀笔之吏"。他们处理公务的模式"通过数字达到严守界限的目的，通过文字实行规范的操作程序。"[1] 正如我们此前所言，刀笔吏对于公共事务的理性、专业、严谨、高效等特征，使得其实践近乎一种"宗教"。正是在这种严密的运作中，庞大的秦汉大一统帝国才得以有效地维系。此外，东汉以来，文吏与儒生也开始相互融摄，饱读诸家经典的文吏，使得"以吏为师"的主张，切实成为可能。

在盟威道仪式中，道气的升降流布也通过简牍与人员的流动作为符号而得以表达。我们业已看到，整个三界被置于由盟约所衍发的科律框架之中。道民与鬼神均受此框架及司法者三官（代表了大道）之约束。由此，鬼神与人类被置于相对平等的关系之中。这种通过"律令"来赋予宗教生活以秩序的构思，表明了天师对法家思想的深刻理解，而"犯过三原"的开恩，更说明他对"以法为教"负面后果有着清楚的认识。

通过巧妙地将"户籍"转化为象征道民身份的"命籍"，天师非常明确地实现了宗教权利上的"编户齐民"，也即是赋予每一位道民宗教意义上的平等身份。当然，拥有命籍的道民也因此拥有了一系列的权利、义务与约束，其往往与社群层面的集体活动紧密相关。与此同时，通过使用被赋予的宗教权利

---

[1] 吕静．秦汉官僚体制下的基层文吏研究 [J]．北京行政学院学报，2011 (6)：117-118.

履行义务，并遵守约束，道民最终也得以获得终极的生命救度。从这一点看来，天师深谙户籍背后所含的平等性，以及其在基层社会中所能发挥的重要作用。

通过法箓的授度，盟威道得以将与"天"（三天大道太清玉陛下）沟通的权利赋予每一位箓生，也正因此，祭祀得以被废除。写有祈祷意愿的"祝文"从血祭仪式中脱离出来，以公文简牍的形式嵌入职官与科律制度之中，使其具有制度化之意义，并涵盖了普通道民由生到死，以及日常生产生活的方方面面。换言之，盟威道几乎所有的公共仪式，都建立于以公文来调动道气流通这种仪式框架之上。如此，祭酒与刀笔吏在工作方式上并无实际区别，其大量的工作皆落于案牍之上。

综上所言，我们或许可以说，天师不仅通晓律令、精于简牍，更熟悉基层户籍管理，极有可能具有基层刀笔吏的工作经验。故此，在他所创立的这一宗教中，发散着汉代文吏所特有的理性、严谨且组织性、纪律性极强的气质。由此，我们不妨推测，位居箓生身中吏兵之首的"正一功曹"实际正是这一带有文吏气质宗教的最佳展现，而天师则是诸功曹之首。天师的"道"也由此别于庄子的"道"，后者所散发出的个人化宗教精神具有了某种"非组织化"倾向。天师将其所熟稔的律令、职官制度进行了巧妙的改造，使其得以成为三界之中大道真气上下交孚运动的轨迹，并最终指向了生命的救度。

5. 天师是批评家

盟威道义理构建于对现实的多重"批评"之上，如人类道德的败坏、祭祀经济的靡费等等。由此，天师与王充、王符等东汉中晚期的知识分子站在了同一条阵线。他们不但批评祭祀的靡费、巫祝的贪婪，更站在理性的角度从本质上否定了祭祀、占卜的存在意义。虽然王充、王符对祭祀、占卜进行了批评与否定，但他们并未提出能够将其完全消解的理论方案（王充本人甚至是宿命论的拥趸者）。天师则通过将无亲无疏，赏功罚过的"大道"作为至上存在，以及引入救度的义理框架，将生命超越作为人类的终极目标，从而彻底地消解了祭祀与占卜存在的意义。对于奉道者而言，大道创造了万物，不可被收买、货赂，祭祀没有任何意义。此外，人类作为万化之一，来自大道，也需复归大道，此终极归宿的明确，使占卜本身也失去意义。更为重要的是，天师还通过构建具有平等主义的道民社群，在汉末乱世实现了所辖区域的"民夷便乐"，并得到了正史的肯定。所有这些都表明，天师不仅仅是批评家，更是实干家，而后者比前者更需要个人的魅力（charisma）、能力与愿力。

此外，我们在这里还必须提及东汉晚期的"清议"运动。自东汉中晚期开始，多个皇帝冲龄继位，皇太后摄政、外戚专权的现象日趋严重。随着汉顺帝在 125 年凭借宦官力量掌权，又开始了外戚与宦官斗争，以及宦官从 159 年开始专权 30 年的历史。但不管是外戚还是宦官，他们的专权"都只是推动了豪族的强大化、领主化，使光武帝、明帝等倚为汉帝国立国根基的乡村共同体及其社会秩序走向崩溃，从而引起了大规模动乱与抵抗。"[1] 这也便是 142 年鹤鸣山与 157 年鹿堂山两次盟约之间政治生态的面貌。在这样的政治环境下，由于选举孝廉制度变为了"贸易选举"，基层知识阶层对于政治的批评声音日渐高涨，最终形成了所谓的"清议"。知识阶层与部分被权力边缘化的地方豪族组成联合阵线，对抗来自朝廷勾结势力在地方层面的"领主化"（首先包括了土地兼并）[2]。这些批评声音也被称作"乡论"，而朝廷为了对其进行弹压，则有"党锢"之策。党锢之后，清议人群转入地下，植根于基层乡村社会，以期维护有限度的"共同体秩序"[3]，这在汉末天下大乱的背景下，发挥了积极的自我维系功能。换言之，汉末朝政的昏暗以及政治斗争把本来处在地主阶层一部分成员抛到了基层劳动者的阵营之中；于是，这些豪族与文士便将他们的一部分思想与教育提供给了基层民众。由此，我们在讨论盟威道义理，以及脱胎于汉代基层"乡约"的《清约》时，或应考虑到"清议"以及知识阶层的"下乡"。

6. 天师是墨者

墨子是唯一代表体力劳动者阶层主张与追求的先秦思想

---

[1] 川胜义雄，著．林晓光，译．魏晋南北朝[M]．北京：九州出版社，2022：92.

[2] 川胜义雄曰："（被边缘化的地方豪门）不得不被逼到了相反路线上去。所谓相反路线，就是联合包括一般小农在内的'乡人'，与其并肩协力维护共同体秩序，鼓吹作为其意识形态的儒教理念，并且以身作则践行此道。"川胜义雄，著．林晓光，译．魏晋南北朝[M]，北京：九州出版社，2022：95-96.

[3] 川胜义雄，著．林晓光，译．魏晋南北朝[M]．北京：九州出版社，2022：99.

家，与代表贵族阶级观点的儒家针锋相对。儒者倡导以"礼乐"治民，墨者则有《非乐》《节葬》之言。儒者倾向于宿命论之"知命"，墨者则有《非命》之论强调人的主观能动性。儒者希望通过稳固既有的社会阶级来实现社会的稳定，墨者则以《尚贤》之篇，言明"农与工肆之人，有能则举之"以及"官无常贵，而民无终贱，有能则举之，无能则下之"[1] 的主张。这与法家所倡导的选举机制又有相通之处，进而蕴含着与儒家礼制完全不同的倾向[2]。反过来，墨者强调"爱利"治民。孟子作为儒者，则反讽其为"无父无君，是禽兽也"（《孟子·滕文公下》）。墨子本为匠人出身，其思想也以劳动为荣。《庄子·天下》曾引墨子之言曰：

> 使后世之墨者多以裘褐为衣（按：兽皮与粗衣），以跂蹻为服（按：木屐与草鞋），日夜不休，以自苦为极，曰："不能如此，非禹之道也，不足谓墨。"[3]

要言之，墨者立足于社会基层、扎根于劳动人民，并通过超越血缘与阶级的思想，团结了大批基层群众，他们忠于道义，有诺必行，墨者团体也被认为是中国最早的宗教组织。

---

[1] 吴毓江. 墨子校注 [M]. 北京：中华书局，2006：66.

[2] 增渊龙夫. 中国古代的社会与国家 [M]. 上海：上海古籍出版社，2017：120.

[3] 陈鼓应. 庄子今注今译 [M]. 北京：中华书局，1983：863.

　　我们在本书的讨论中业已看到，《清约》对于祭祀与巫祝阶层的废除，实际等同于对于儒者所推崇的阶级化"礼乐"治民的取消。但通过"命籍"的赋予，其将所有奉道者都视作平等的义理框架之中，成为"大道之民"，这表达了天师希望在教团内部打破阶级对立，力求内部平等的基本宗教精神。通过法箓的授予，以及道德为先导的"奉道行戒"的修行方式，其又将复归大道的承诺赋予了每一位道民。既然阶级化的"礼乐"治民被消解，则基于基层民众的"兼相爱，交相利"便成为治民的重要方式。在以治堂祭酒为中心的基层群体中，与日常人生礼仪以及赎罪相伴随的上章、厨会、公益劳动，以及"三会"，都旨在汉末、六朝的乱世中构建人人互助，度世太平的命运共同体[1]。

　　要而言之，天师享有与墨者相同的基层视角，他们都对劳动者充满了关爱与信任。他们也都致力于从基层开始，通过教化人心的方式重整社会秩序。与此同时，通过这种教化，基层民众也都够实现生命之超越。

（三）重摹天师

　　从现世的角度来看，天师通晓五经，因此《神仙传》中称其为"大儒生""太学生"应不为过，尤其后者在东汉末年的"清议"中扮演了十分重要的角色。这样一位对家国命运抱

---

[1] 虽然道民的宗教生活由祭酒依凭科律来进行引导，但"三原"的机制实际已经淡化了法家自有的锋芒。

有极大关注的饱学儒者，同时又有着长期基层工作的履历。由此，他不但对于文书、律令与户籍管理等文吏的工作内容了如指掌，还极为了解基层的民情与百姓的疾苦。他曾频繁游走于豪门与乡间，力图通过"乡约"，来保障一方民众生产生活的秩序，以及赖以维持生计的土地。由此，天师绝非是手持法剑或令牌，状若军士一般的大巫。

从宗教的角度来看，天师以墨者的视角，将举行仪式的权利赋予平民，以此归根复命，实现道家的生命超越。除《道德经》外，他本人必然也通晓《黄庭》《妙真》等用于内修的经典。他虽然将律令制度引入教团之中，但"三原"的创立说明他本身秉承了一颗慈爱之心。盟威道的天师并不特别强调法术的灵应，反而更加注重人心的教化。盖因"平气"的先决条件即是治心。从这一点来说，天师的面容绝对不是近世以来，那种与钟馗相仿的怒目"鬼相"。相反，作为太上弟子的他，实际也应具有如太上一般仁慈的面相以及睿智的目光。

从服饰衣着的角度来看，盟威道的天师绝不应穿着后世常见的大红法帔，头戴两仪冠，盖因此种法服制度实际源自上清与灵宝两家的法服体系。按照六朝时期文献所见，彼时的正一祭酒，有着与上清、灵宝法师迥异的法服制度。陆修静云：

> 道家法服，犹世朝服，公侯士庶，各有品秩，五等之制，以别贵贱。故《孝经》云：非先王之法服不敢服。旧法服单衣袷帻，箓生袴褶，所以受治之信。男赉单衣墨

帻，女则绀衣。此之明文，足以定疑。巾褐及帔，出自上
道。礼拜着褐，诵经着帔。三洞之轨范，岂小道之所预。
顷来才受小治，或箓生之法，窃滥帔褐，已自大谬，乃复
帽褶对裙，帔褐着袴，此之乱杂，何可称论。[1]

很明显，在陆修静的时代，治职祭酒的法服特征是"单衣袷
帻"，箓生为"袴褶"这些都是承自汉代的官服制度。此外，
更为细节的描述来自《太霄琅书》，其曰：

> 箓生男者，俱服单衣，巾帢通着，换易任人。古者治
> 职，其衣则同，冠皆进贤，后加介帻，革带、囊绶、笏、
> 舄备焉。系师入洛，谓通阳官，改为玄冠，去其绶带。冠
> 用皂纹，黑罗襟葛，状如幅巾，安絃襆缘，簪缨相类，侧
> 而着之。[2]

这里所言的"单衣""进贤冠""介帻"甚至"囊绶"都是典型
的汉代官员的服饰特征，其中单衣即是袍服，其色按汉制当为
皂色（黑色），进贤冠也是汉代官吏通用之首服，其上有梁，
前高后低。而"介帻"则是东汉以来常戴于进贤冠内的小帽。
很明显，天师作为祭酒之长，其所用之法服实际也即是汉家官

---

[1]　陆先生道门科略 [M] // 道藏：第 24 册，781.

[2]　洞真太上太霄琅书 [M] // 道藏：第 33 册，662-663.

吏所用之官服。

如此，一位身穿汉家官服，仁慈、睿智、温文尔雅又不失威严的天师形象得以跃然纸面（参见图21-01）。

图21-01　汉天师形象假想图：天师头戴进贤冠，手持简牍、毛笔，其前设章案，安奉博山香炉、香盒及书刀一口。天师状若文吏缮写文书（王琛、陶金／绘）

二、走向道民与天下

（一）历史中来自外部的批评

在以上的讨论中，我们根据现有的义理与仪式线索，重新梳理了天师的形象，尝试还原出盟威道前三代教主的集约化人物特征。最后所得出的推论性重构可能带有一定的颠覆性，因为其改写了近世以来文学与艺术中对于天师这一人物近似大巫的身份界定。事实上，正如我们所一再强调的，这一身份与盟威道经典、仪式并不吻合，反而实际上是近世道法奉行者"法官"的真实写照。我们也看到，自唐代以降，龙虎山张氏世受皇封，成为极具象征性的"国师"，其社会身份也日趋稳固，直至清帝退位。换言之，天师形象的转变为龙虎山张氏家族带来了现实意义上极大的利益，其背后的代价乃是汉天师真实形象的逐渐隐退，以及教士阶层（道士）与信徒阶层（道民）的日趋分化。

事实上，此种教士与信徒之间的阶层关系也可以被应用于理解早期道教所面对的诸多外部非议。这些非议一方面来自主流史官，最早者的记录分别见于《三国志》及其所引用的《典略》之中，其实际代表了当权者的利益。另一方面的非议则见于六朝以来以《笑道论》为代表的佛教文献之中，其代表了另一宗教群体中精英阶层的观点，实际也反映了教士阶层的视角与话语。下面我们就针对此两者稍作讨论。

1. 史官之批评

在《三国志·张鲁传》[1] 中，陈寿评论天师所创盟威道为"造作道书以惑百姓""世号米贼"，但与此同时，他又不得不承认其"皆教以诚信不欺诈"，甚至表明当时的汉中"民夷便乐"，进而"雄据巴汉三十年"。陈寿曾师事于蜀地大儒谯周，

---

[1] 陈寿．三国志 [M]．卷八，页 263-264.

由此，他将天师教法视作"贼"的判断在很大程度上应是在意识形态层面将其视作"异端"之后的结论。即便如此，他的文字中也透露出纠结与自我矛盾，因为他所了解到的天师教法"皆教以诚信不欺诈"，并不与儒者的良知违背，而"民夷便乐"何尝不是儒者治国的追求？

《典略》[1] 的作者鱼豢将盟威道视作"妖贼"之一支，这与黄巾起义所造成的破坏有着极大的关联，但鱼豢并未能观察到这两者之间有着巨大的区别。与陈寿近似，鱼豢很可能亦秉持儒家价值观，他进而将道民首过，缴纳命米视作"淫妄"。"淫"字义为"过多、过度的"，"妄"字以为"非分的"，也即是礼法意义上的"分外之事"（与所属阶级、阶层不符之事）。应该说，正是因为盟威道赋予了道民宗教权利和个体生命意义，冲破了封建礼教的束缚，才被鱼豢认为是过度且非分的教法。总而言之，虽然鱼豢提及了义舍与赎罪之法，但他并不真正理解盟威道义理，更无法认同其中蕴含的平等精神。

系师张鲁从未自立为王，他一直小心地维系着与朝廷之间的贡献 [2]，这也可以从具有官方背景的陈、鱼二氏的笔墨中得到证实：他们实际并未对后世大肆渲染的所谓"割据"进行政治层面的非议。我们必须要将自身重新置入汉末天下大乱，各地军阀穷兵黩武的背景下，才能理解陈、鱼二氏对于汉中政权

---

[1] 陈寿．三国志 [M]．卷八，页 264.
[2] 他自领汉中的直接原因，乃是刘璋以其"不顺"而弑其母。

"沉默的认可"。另外还应注意，无论是陈寿还是鱼豢，在其记述之中从未像后世其他史书那样，将天师与其所创盟威道视作"米巫"，这应不是一个偶然现象。陈、鱼二氏与系师张鲁是同时期人物，他们必然通过各种渠道了解到了盟威道与巫祝在本质上存在着不同[1]。所以，陈、鱼二氏对于盟威道非议的核心点，乃聚焦于其以一种迥异于礼法制度的"淫妄"之教来"蛊惑"百姓，但这种全新的教法绝非是久已流传的巫祝、祭祀之风。恰恰是因为它们彻底否定了巫祝的存在意义，才使得他们显得极不"可靠"（因为当时整套礼法制度也是通过祭祀来维系的）。

任何一个时代的主流历史记叙，反映的是其时当权者的思想意识形态与价值观念。在一个以儒家为主导思想，且阶级矛盾日益尖锐的社会中，史官也必然要对这一价值体系进行维护，并笔伐与其相悖者（不论其直觉与良知是否赞许其中的部分内容）。盟威道"神不饮食，师不受钱"的《清约》以及命籍、法箓制度，在宗教层面上废除了权贵阶层以及巫祝群体的

---

[1] 陈寿本人应该对汉末各道派有着一定的认识，其《魏志·武帝纪》云："（曹操）迁为济南相……禁断淫祀，奸宄逃窜。"与此相应的是其中所引《魏书》中所载黄巾军给曹操之书信，其云："昔在济南，毁坏神坛，其'道'乃与'中黄太乙'同，似若知'道'……"此处很清楚地表明，黄巾军认为，曹操毁坏神坛（也即是禁绝淫祀）的行为，与其所奉之道大略相同。而鱼豢也曾表明，盟威道之教法与太平道大略相同。由此，同时代的知识阶层对于太平道、盟威道反对巫祝淫祀的宗教信仰与实践，实际有着明确的认识。陈寿.三国志[M].卷八，页4，10，264.

特权，并将其分享给基层民众。民众通过获得神圣身份，得以拥有更强的自主意识与主观能动性，从而获得精神的解放，并由此构成了对于固有价值体系与既得利益群体的潜在威胁（无论其是否仍然按时贡献且忠于汉室）。这正是陈、鱼二氏所忌惮之"淫妄"。

2. 佛教徒之批评

在《笑道论》[1] 中，甄鸾站在佛教徒的立场，对早期道教的义理与实践多有非议。大略而言，当时的佛道论辩并无"共许"（即共同、共通的基础），多是站在各自立场的自说自话，笔者无意深究。但在《笑道论》中，甄氏对"涂炭斋"的诟病非常引人注目。其认为陆修静"以黄土泥额，反缚悬头"乃是一种"淫祀"。首先，早在本书的第一章便介绍了"淫祀"作为"过度祭祀"的含义；在第二章中，我们深入分析了盟威道《清约》对于"淫祀"的批判，以及从义理及实践层面对于祭祀的彻底废除。而以自我惩罚为赎罪方式的斋仪，实际正是盟威道取代祭祀的宗教实践。除去这种对于斋仪自身的误解不谈，此处还涉及另一重要问题，即主持斋仪的法师与其他同坛参与仪式的弟子之间的关系。所幸的是，与甄氏的外部批评相呼应，《道藏》中收有陆修静专为举行涂炭斋所撰之《洞玄灵宝五感文》[2]。由此，我们得以从内部视角了解陆修静当年举行

---

[1] 甄鸾. 笑道论 [M] // 严可均，编. 全上古三代秦汉三国六朝文，北京：中华书局，1958：7960.

[2] 见《洞玄灵宝五感文》。

"涂炭斋"之实情。

按其篇首标目所云："以癸巳年冬，担率门人建'三元涂炭斋'"；其后又云："数十同志，信好之士，幸鉴之哉。"可见，如此，作为法师的陆修静乃将那些与他一同经历"严寒切肌，忍苦从法"的弟子称作"同志"。此外，在其篇尾仪格的论述中又言："斋人皆结同气，贤者悉以黄土泥额……"由此，同志之士在斋仪中无差别地装扮，通过"气"结成一共同体。这实际也就意味着，在涂炭斋中，并不存在着"教士"与"信徒"这两个群体；相反，这里只有一个团体，也即是"同气"之"同志"，陆修静作为师资当然在斋仪中当然扮演了法师的身份，但是他本人似乎更强调的是所有参与者的团结一致，而非彰显自我。在当代的道教学研究中，吕鹏志等学者将道教斋仪的起源归于模仿佛教"布萨"；但是，学者们往往忽视了两者之间的某种结构性差异。在布萨中，僧团诵念波罗提木叉（prātimokṣa，即戒本）并忏悔，这一重要仪式环节并不允许在家众参与（其只从僧众领受《八关戒》）；僧俗之间的关系是分割的，而非斋仪中之"同气""同志"。相对于在家众而言，佛教的出家众始终保有绝对优势的身份。当原始佛教尝试瓦解旧的婆罗门种姓制度时，其实际将出家众（比丘、比丘尼）塑造成为一种新兴的"职业种姓"。按照戒条，出家众不可劳动，只能接受优婆塞、优婆夷（在家众）的供养；供养人通过出家众最终的成就而获得福报。换言之，按照最初的佛教义理，在家众并不具备"成佛"的条件。

道教义理恰恰与此相反。《清约》意味着师不会接受他人的"供养"。其次，佛教出家众也绝不会与在家众结成"同气""同志"，同坛忏悔，因为这直接损害了出家众所特有的尊贵身份。所以，普通道民能够在仪式中与法师享有趋同的宗教权利，进而得能够直接向大道坦白自己的过愆，这才是甄鸾所谓的"淫祀"——其不仅意味着教士走下了神坛，更意味着断送了教士团体所应得的"供养"。

综上所述，无论是儒本位的史官，还是佛本位的甄鸾，他们之所以对盟威道教法抱有非议，其本质上既不是因为其地方自治、也不是因为"教义简陋"，而是因为《清约》革命的宗教平权所带来的冲击，使得在各自体系中代言特权阶层的他们深深地感到了一种潜在的威胁。[1] 所以，"淫妄""淫祀"，甚至后来的"米巫"这些完全不顾事实情况的污蔑之辞被开发出来，用以诋毁这股代表民众的新生精神力量。

一旦看清了外部对于盟威道非议真相，我们便向盟威道宗教精神的真实面貌更加靠近了一步。

（二）教团内部的平等主义

无良的巫祝群体利用了人类对于自然世界与自身命运的未知，通过妄言祸福、夸大禁忌等手段塑造出一种具体的恐惧对象，并鼓吹祭祀或自身巫术能力的灵应效力，由此来实现诱

---

[1] 马丁·路德提出《九十五条论纲》（Disputatio pro declaratione virtutis indulgentiarum）之初，并无自立门户的初衷，但传统教会与其已经十分对立，亦是此理。

使民众购买其服务，以期从中谋利（或谓之"贩卖焦虑"）。由此，民众背负起享祭鬼神的义务，由此沦为鬼神之奴隶，实际也即是沦为自己内心恐惧的奴隶。笔者在这里将此类通过强制或欺骗的手段剥夺他人独立思考能力，进而从中获取利益的行为与现象称之为"精神剥削"。

我们在有关《清约》的讨论中曾经反复的强调，盟威道义理话语的展开首先是针对部分无良巫祝对民众精神剥削的批评，其次是通过全新的至上神（三天大道）以及相应的仪式（朝真、上章）废除了祭祀，由此将与天相通的宗教权利（或言"资格"）在理论上赋予了每一个人。

在这里，我们需要注意一点重要的转折，即对于祭祀、巫术的弃绝与为民众赋予神圣身份、宗教权利是同时发生的同一事件的一体两面。一方面巫祝群体的特权被终止，另一方面这一特权被公平地赋予了每一位民众（但以法箓等祭祀以外的形式体现）。通过这种平等的赋予，人与人之间的在宗教层面的差异得以抹平。也就是说，无论外部社会的是怎样的阶级化，教团内部仍然存在着一种不分高低贵贱的平等主义。在这一教团中，道民、箓生（吏）、祭酒的身份并非是阶梯式的叠高，而是层层从属：祭酒是经过署职的箓生（授以《都功版》），而箓生则是受度过法箓的道民，道民则是拥有命籍的普通民众。这三者的根本不同乃是其所承担的义务、职责的渐次增多，与此同时，他们所分别接受的约束便也渐次增多。从另一个角度来说，祭酒、箓生之所以比其他道民更为凸显，乃是其对于自身的要求更为严格，所遵守的科、格、律、戒也更多。

值得一提的是，盟威道最早的文本《阳平治》《大道家令戒》《天师教》皆只用"祭酒"用来表示教士，而不使用"道士"一词（虽然自汉代以来，"道士"一词业已出现，且在六朝时期的部分文献中又与祭酒相等同）。祭酒之本意乃是地方社会中"首席"之意，即同席众人之首者，其本身具有一种平等的含义。而"士"则似乎意味着一种超凌于"民"之上的阶层。故此，对于道教教团内"道士"这一身份的理解，必须以"道民"作为基本的处境。换言之，只有当一个教团拥有一定数量的"民"之后，才在后续的发展中逐渐分化出具有精英属性的"士"的阶层。如果我们根据原始处境尝试将初期的"祭酒"与后来的"道士"进行比较，则前者的角色应是更为深入道民群体之中，偏向于群体化的实践，后者之角色则相对独立于道民群体，更为关注于个体化实践与理论建设。道士阶层的出现也是教团发展壮大之后一种自然分工的趋势，但道士群体若脱离道民而独立发展则终将成为无根之木。

（三）个体彰显与集体主义

对于精神剥削的解放以及宗教权利的公平分享，必然意味着在宗教意义上身份的敉平，以及对个体生命价值的肯定。命籍、法箓的授予使得道民自身生命得以具有"天民"以及"大道之臣"的神圣意义，进而得以与大道、天地相感通，最终归根复命，与道合真。由此，基层民众的生产与生活得以被赋予了更为高远且超越的意义。

　　但天师的教法绝非庄子笔下的那种独自逍遥于物外的个人主义。在盟威道群体的中，道民们通过登录命籍，分享命米，互助互爱在社会的基层结成"同气"的命运共同体。大道作为君王的形名以及与其相配的职官制度都表明一种极为明确的、积极的集体主义，在这种集体主义中，阶级关系和人身依附不复存在，而代之以平等之关系。道民之于大道，其犹如轮辐之于车毂（《道德经》第十一章）。大道犹如车毂枢机，道民犹如轮辐，与车毂围绕相连。如此，道民们之间的关系不仅平等，更彼此需要，在更大层面的万化之间的关系莫不如是。毛泽东将盟威道社群组织称作中国历史上最初的"原始社会主义"[1]，极具洞见。

（四）家庭内部关系之转化

　　从性别的角度来看，盟威道义理中有两点关于女性的内容值得注意。首先，女性也得以被无差别的授予法箓，由此也得以被赋予神圣的身份以及与大道直接交流的权利。此外，这也使得家庭、性以及生育的观念得以在盟威道义理的框架下被重新思考，并理论化、神圣化。

　　在传统礼法观念中，男性为一家之主领导女性，即所谓"夫为妻纲"。一位女性在未出嫁前从属于其父亲，出嫁后从属

---

[1] 毛泽东. 毛泽东读文史古籍批语集 [M]. 北京：中央文献出版社，1993：142-147.

于其丈夫，丈夫死后从属于其儿子。无论是原始部落的定期集会，还是封建家族之间的联姻结盟，女性都与其他牲畜、物资一道，作为交换的内容[1]。女性被作为物资交换，乃是因为她们自身所具有的孕育生命的伟大天赋，她们所生产的一部分是作为劳动力的男性，另一部分则是作为再生产工具的女性（用以与其他家族交换物资与生产工具）[2]。男性无法直接诞生和哺育下一代，父系家族为了自身的利益，就必须保证其能够通过女性的"再生产"能力使自身得以延续存在，因此只有当女性被男性牢牢地掌握在手中，使其沦为生产工具时，才能最大限度地保证父系氏族自我延续的利益。这尤其体现在了对于女性"贞节"的鼓吹，以及对于"性"的污名化。[3]

我们在第三章中已经论及，由仙、灵两个版本《七十五将军箓》合璧成为《百五十将军箓》这一箓生的"婚礼"与"合气"之法都共享了相同的义理思想，即："阴阳和合""两相含生"。与《神异经》中的"无为配匹"不同，盟威道义理中依然保留着家庭的观念，但这一家庭的本质已与父权家庭迥然不

---

[1] 一个典型案例乃是今时普遍通行的西式婚礼，其中新娘要由父亲交与新郎，所以所谓的婚礼也无外乎是曾经的"物权转让"悲剧的重演。妇女被作为原始部落之间的交换物资，参见：马塞尔·莫斯，著. 汲喆，译. 礼物：古式社会中交换的形式与理由[M]. 上海：上海人民出版社，2005：23，54，77，81.

[2] 参见：弗里德里希·恩格斯，著. 中共中央马克思恩格斯列宁斯大林著作编译局，译. 《家庭、私有制和国家的起源》[M]. 北京：人民出版社，2018.

[3] 也正是因为这一原因，母系社会相对而言并不对婚姻关系进行苛求。

同，家庭成员的关系发生了根本意义上的转变。

从盟威道义理来看，性、生育以及作为整体的家庭生活，乃是对于天道阴阳相合，化生万物的一种师法；家庭生活中的夫妻和合，具有了类似仪式般的神圣效力，其将与其他家庭中的阴阳协和一道，影响着天地之间的阴阳和合，由此也得以成为"正一平气"这一宏大宗教使命的有机组成部分。要言之，"性"本身不是罪（男性基于维护自身繁殖权利而对于"性"的刻意污名化才是罪），并非是一个需要忌讳的话题，而是一个需要去面对，并进行更深入理解的题目。在这样的整体设置下，夫妻二人的关系被视作阴阳两仪，自然在家庭中扮演了平等的角色，正所谓"男女各出半力，同志和合，乃成一家"（而非"夫为妻纲"）。进一步而言，一如《神异经》与"合气"仪式中所见，"性"在生殖功能之外被赋予了超越的宇宙论意义与功能，并最终指向生命的超越。

"天地之大德曰生"（《周易·系辞下》）。既然男女之配是对于天地阴阳相合的师法，那么下一代的诞生便也具有了开辟鸿蒙的神圣含义，其所创的生命也具有了一重独立之意义。传统家庭通过礼教的方式将子女约束于家庭之中，意图使其成为生产力。在与子女主观意愿相违的情况下，对于父母的尊敬与爱不再是一种真情流露，所有的"尽孝"都沦为一种表演或者道德绑架。从这一点来看，对于女性的奴役与剥削正是为了利用其生育子女，以期将子女作为另一重生产力来进一步剥削（或用以交换）。所以，家庭之中女性角色的转变实际也与子女的角色转变息息相关。

我们也已经看到，法箓的授予意味着神圣身份的授予，而将《童子箓》授与男童、女童，则意味着为他们赋予由官将吏兵所护卫的神圣法位："男生""女生"。从道气点化的角度而言，男生、女生自身生命的神圣性与其父母（假设亦为箓生）相同。这是因为法箓的授予实际即是受度者身中道气的点化，其生命便也在道气的层面被点化成为一处自有、自全、自主之独立小天地，其自身也得以被赋予独立的存在性。一旦这种独立存在性得以确立，无条件的道德绑架便不能够存在，子女与父母之间纯真而不造作的感情也得以被解放。

当然，这一处独立的"小天地"与其他箓生身中的"小天地"同气相通，因此也与"大天地"相通，由此形成天地人三才相通的"共同体"。[1]

---

[1] 在马克思主义的视野下，父权与子女的关系实际和父权与妇女的关系息息相关。可参见：Nancy Folbre, "Of Patriarchy Born: The Political Economy of Fertility Decisions," *Feminist Studies* 9, no.2 (1983): 261-284. "一般来说，子女的数量取决于将来孩子给父母带来的经济价值（利润）与养育孩子的费用（成本）间的平衡。"不过随着社会的发展，"自义务教育和工厂法规将孩子从劳动中驱赶出去之后，不仅孩子所拥有的经济价值降低了，而且对母亲而言，孩子更是降为无法在家务劳动和抚养孩子中帮忙的、毫无用处的'饭桶'。而另一方面，社会化的时间和教育费用却在增长。在工业化愈发成熟的社会中，这最终必然会提升对孩子未来的期待，也就是期待孩子成为高收益且高质量的劳动者。教育在当下则是'在世代间财富转移'的主要表现"。上野千鹤子，著. 邹韵，薛梅，译. 父权制度与资本主义 [M]. 杭州：浙江大学出版社，2020：79. 故此，若将孩子视作神圣且独立的个体，以其自身作为出发点，则势必带来家庭教育与投资的一系列观念转变。

（五）构建人类命运共同体

相比于《庄子》的无政府主义，盟威道教法实际特别强调"国"这一观念，天师立教乃是以"辅汉"（辅助汉室）为目的，而箓生则具有"助国扶命"的普遍义务（天命）。不过，我们也可以从《尚书·禹贡》中可看到，古人所谓之"国"或"天下"乃是一以中原华夏为中心，四夷为边际的松散邦国共同体。华夏族人自认为礼乐之帮，边夷则为蛮族，"中原"之称由此而来，这其中包含了地域、族群与文化层面的一种对立。而在盟威道义理中，其时空中心并非日下之帝京，而是浮于虚空之中的玄都玉京（参见《洞玄灵宝玉京山步虚经》）。在这样的思想下，华夏与四夷都被无差别地置于"道境"之"边地"。这也正是《庄子·秋水》所云："以道观之，物无贵贱。"

"大道"是超越于各地祠庙之神的至高存在，而后者实际往往与地域、民族、文化紧密关联（参考古希腊之城邦神与中国的社神、城隍神）。故此，通过立盟、上籍、共同尊奉具有超越性的"大道"，地域性的藩篱也被得以超越。更为重要的是，由于法箓的授箓对象只以功、德作为依据而不因华、夷而分别，天道沟通的神圣权利此时也被分享给了"外夷"，而不仅仅是华夏的民众。故此，天下所有的民众都能够通过道气的共享而结为"同气"之亲，凝聚成为同一命运的共同体。故无彼此、华夷之别。精神层面上，"华"与"夷"乃至全世界的地域、民族、文化藩篱得以被消解，一个贯穿全人类乃至万物万化的命运共同体得以被构建。此即《庄子·德充符》所云：

"万物皆一也。"

三、结语

通过以上的讨论，我们看到，天师的教法将基层民众从既有的精神剥削中解放出来，赋予其独立的存在意义与超越性的生命价值，甚至抹平了教士与信徒之间的身份差异。此正如杨德睿教授所言："（盟威道）把其他一切给老百姓生活造成负担的繁文缛节、崇拜仪式和奇诡技巧统统清除掉！这样强调启迪民智、破除迷信、崇尚清简、反对繁琐的思路，在东汉末年的流行思潮看来无疑是相当反潮流的。"[1]

中国从"轴心时代"起，就走上了一条不断敉平身份差异、族群差异、扩大包容性、追求天下万民一体同气相连的道路。文化思想、政治、经济、法律等各方面的争鸣与发展，都意图赋予平民以更为平等的身份以及向上拔举的机会。但是，这一走向"大"（包容范围）"平"（身份差异）的趋势却一直没能触及天人 / 圣俗关系（因为贵族、巫祝等群体垄断了渠道）。直至东汉末年，大道下教，盟约传世，平民百姓在这一领域的障碍被打通，有机会亲身参与具有神圣意义的集体生活，进而成就超越凡俗的人生价值。这一全新的宗教"基于虔诚的信仰、依据戒律的规范，过一种符合道德伦理的、在凡间

---

[1] 杨德睿 .《道德经》与道教的革新 . 未刊稿 .

修行的生活，而不是宣扬和教导法术、丹道等神异技巧。"[1] 从这个角度来说，天师所创立的盟威教法实际也是中国传统宗教自我革命的一种产物，其并不与大的传统相决裂，反而在其框架之中寻求更为人本，更为入时之突破。经过汉天师的开拓，中国本土宗教于此时也走向了民众，并意在引领全体人类走向精神世界的"太平之世"。

---

[1]　杨德睿.《道德经》与道教的革新.未刊稿.

L'ALLIANCE

道教法箓的
精神内涵与授度仪式

L'ethos religieux et le rituel
de transmission du registre taoïste

陶金 著

肆

上海古籍出版社

图 1　故宫钦安殿藏宋徽宗御题玉册单简

政和六年（1116）其被供奉于玉清和阳宫玉皇上帝位前。

图 2 当代修水《上帝钦赐起马关文》

软卷（上）、硬卷及龙纹封边（下左）、封套（下右）

图 3　民国时期苏州地区《正一童子解关起马》

软卷（上）、硬卷及龙纹封边（下左）、封套（下右）

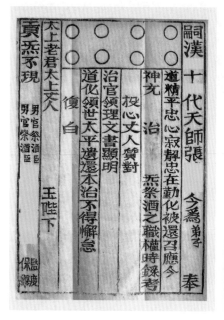
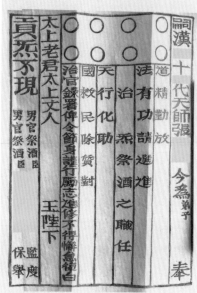

图 4　修水《红黑贡焦》

图 5 《上帝敕旨照身文凭》印版（清至民国）

江西修水戴氏所藏

图 6　法箓文书封边对比

当代江西地区法箓文书硬卷龙纹封边（右、中）、《梅玉宝受箓附卷》龙
纹封边（左，展开式）

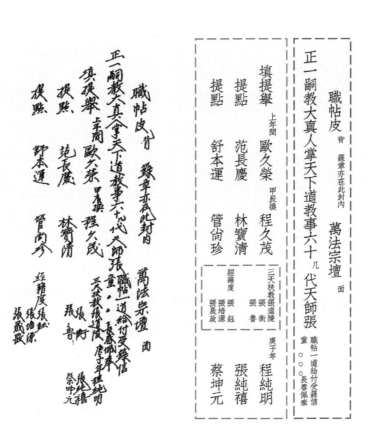

图7　1991年陈雪赓抄《天坛玉格》

"职帖皮"条内容（左）、文字内容划分（右）

图 8-1 坛桌正对靖房门外陈设　　　图 8-2 度师作用于五雷碗上

图 8-3 度师以五雷碗敲开靖房大门　　　图 8-4 度师于坛桌后依科说法

图 8-5 度师分环破契　　　图 8-6 到场的本地诸师逐一画押于《度帖》之后

本页图片均为李正文摄

附　录

近世法篆授度六题

引 言

（一）研究背景与学术回顾

2010 年夏，笔者在李滔祥道长的引领下瞻礼于江西修水普济道院箓坛，随后曾几次前往修水与戴祥柳道长请益，由此开启了对于法箓的初步认识。就笔者当时的印象而言，修水地区道教科仪之精深，法箓授度系统之复杂都绝非常人可轻易领悟，故而专心于江南地区科仪法事之学习与研究。然而，自2014 年开始，笔者有机会直接参与到当代法箓授度制度的建设之中（虽然这项工作远未完成），因此便也与李滔祥道长一道，在刘仲宇教授的学术指导下开始对近世以来的法箓授度制度进行整理与研究。

最近的十年间，以田野调查为背景的道教科仪研究逐步开花结果，法箓这一处于道教科仪、义理研究最为内核的题目，也得以逐渐通过学术出版的方式为外界所知晓。首先需要提及的是刘仲宇教授关于法箓的专著《道教授箓制度研究》，其不仅结合了文献研究，也结合了他在龙虎山等地的实地考察，他在书中特别强调"文献的解读仍是基础的，但必须与现场的调查、观察、请教结合起来。"[1] 龙虎山以外的地方性研究，则以谢聪辉与吕鹏志两位教授的工作最为瞩目。谢聪辉教授长期耕耘于海峡两岸，他的一系列论文不但上溯了台湾部分道派的泉州源头，更还结合两岸所见的法箓授度文献逐渐拼合、还原出一副清代中叶以来自江西至福建再至台湾的法箓授度系统 [2]，并逐渐还原出一个福建与江西两地以法箓为纽带持续互动的网络，这尤其体现在其有关"化士"的最新研究之中 [3]；更难能可贵地是，谢教授还观察并记录了一场已故受箓法师登真的"缴箓"仪式。[4] 吕鹏志教授与蓝松炎先生合著的科仪资料集 [5] 以江西铜鼓、修水两县所得资料为主，其主要受访者戴礼辉与戴祥柳二人实系同宗，因此其所获得的资料也具有极强的互参性。他在 2015 年的一篇论文中对这批资料做了总体的介绍，并对其价值进行了阐释 [6]，在该年的另一篇论文中，他则以填箓秘本

[1] 刘仲宇. 道教授箓制度研究 [M]. 中国社会科学出版社，2014：4.

[2] 谢聪辉. 正一经箓初探——以台湾与福建南安所见为主 [J]. 道教研究学报，2013(5)：143-189；泉州南安奏箓仪式初探：以洪濑唐家为主——以忠义宫、保安庙及福德庙府为核心的探讨 [C] // 谢世维，编. 经典道教与地方宗教. 台北：政大出版社，2014：312-357.

[3] 谢聪辉. 道教"化士"的意涵、来源及其在明清授箓中的职能研究——兼论佛教的相关问题 [J]. 道教研究学报：宗教、历史与社会，2022（14）：37-82.

[4] 谢聪辉. 缴箓研究：以南安市乐峰镇黄吉昌道长归真为例 [C] // 盖建民，主编. 回顾与展望：青城山道教学术研究前沿问题国际论坛文集. 成都：巴蜀书社，2016：622-644.

[5] 蓝松炎，吕鹏志. 江西省铜鼓县棋坪镇显应雷坛道教科仪 [M]. 台北：新文丰出版公司，2014.

[6] 吕鹏志. 赣西北发现的天师经箓 [J]. 世界宗教研究，2015（03）：89-103.

为中心进行了纵向的剖析 [1]。在 2019 年的一篇论文中，他又对这批法箓的性质、构成和功能进行了分析。[2] 谢、吕二位教授的研究是目前地方道派法箓授度研究的突出代表，前者因其对于科仪法事实际阐演之熟稔而特别精于对于法事、文书等实际流程描述，后者则因其对于中古时期文献之熟稔而精于将田野所得与文献进行比对、关联。与此同时，两位教授之不同还在于对法箓相关秘诀的学术态度，吕教授在其与蓝松炎合著的资料集中披露了此前从未公开的填箓秘诀，并在其论文中对其进行了分析，而谢教授则表现出了相对保留的态度。我们稍后还将对此进一步展开。值得注意的是，台湾的苏清六道长 [3] 以及王见川教授 [4] 也分别出版有两部基于江西修水地区授箓文献的专著，其中后者也为填箓秘本。

在高万桑教授关于龙虎山天师的新著 [5] 中，其系统梳理了自唐末至清代以龙虎山张氏为中心的一整套宗教制度的构建与发展，并对其背后与国家、地方社会的关系进行了梳理。比如其中对于《天坛玉格》这一线索的研究，实际打通了宋元道法

---

[1] 吕鹏志. 道教抄本《先天勘合玄秘并填箓填引》初探 [J]. 宗教学研究, 2015（03）: 47–56.

[2] 吕鹏志. 赣西北流传的正一箓 [J]. 宗教学研究, 2019（02）: 43–50.

[3] 苏清六. 天师与经箓初探 [M]. 台南: 文国书局, 2015.

[4] 王见川. 近代张天师府访道录 [M] // 王见川, 侯冲等, 编. 民间私藏中国民间信仰民间文化资料汇编第一辑: 第 26 册, 台北: 博扬文化事业有限公司, 2011: 509.

[5] Goossaert, *Heavenly Masters: Two Thousand Years of the Daoist State*.

与当下道教传承之关联。由此，为了理解当下授箓制度的源头与形成，高教授这一历史性研究实不可缺。此外，自宋元以来形成的与"授箓"平行的"传度"仪式（以及与其相等同或近似之奏职、抛牌、上刀梯、度戒等仪式）因其在当代地方社会中比法箓授度更为常见，故而也获得了学术界的更多关注，当代不少田野考察均涵盖了有关"传度"的仪式记录，其中最新的专题研究为莫达夫（David Mozina）以湖南地区一位年轻道士授职仪式为案例的考察与研究，他细致地考察了人（受度弟子）与神（雷将殷元帅）之间的盟约关系[1]，以及"传度"中"结幡"仪式的深入内涵[2]。

（二）附录六题的由来及其研究意义

在以上所提及的学术成果中，我们注意到两大趋势：一方面，多以当代地方田野考察入手，或多或少地上溯至宋代以来的道法传统，将其与更为古早之传统进行比对、关联的研究并不常见；另一方面，深入其中进行宗教义理阐释的研究更为少见。由此，笔者希望将视角进一步深入其中，考察近世以来法箓授度制度所包含的部分符号象征与宗教义理，并将视角进一步扩宽，将这些象征、义理与本书之前所讨论的中古时期象

---

[1] David Mozina, "Daubling Lips with Blood and Drinking Elixirs with the Celestial Lord Yin Jiao —— The Role of Thunder Deities in Daoist Ordination in Contemporary Hunan," in 经典道教与地方宗教, ed. 谢世维（台北：政大出版社，2014），251-310.

[2] David Mozina, *Knotting the Banner: Ritual and Relationship in Daoist Practice* (Hong Kong: The Chinese University of Hong Kong Press, 2021).

征、义理进行比对，以观察其继承与演变。

下面的六个题目系笔者独自或与师友联合撰写的六篇论文，其中第一与第二篇乃是从本书正文中抽出置于此处，意在从义理与制度两个层面考察宋代以来道教的几点转变，以此作为后续针对法箓本体考察的基础。第三篇原系内部报告，由李滔祥道长主要立意，并与陶金共同执笔，现经陶金修改之后附于此处。其意在从法箓授度传统的内部出发来理解今日所传承的《都功箓》中两份重要文书的来源与内涵。第四篇为陶金与曲爽合撰，乃是对当代法箓文书中所同时出现的三种"文凭"进行考察，通过图像与文字的爬梳，理清这三种文书的不同来源与内在功能逻辑。第五篇与第六篇接近于其他田野考察报告，前者乃是基于陶金与上海城隍庙陆志平道长合作的《上海道教史·科仪志》中所涉及但未详究的部分科仪文本材料，意在通过这些资料能够与江西、福建、台湾等处的田野考察对话，相互贯通，以期拼接出一副更为完善的近代授箓体系风貌。最后一篇乃是基于陶金与袁宁杰道长、杨德睿教授的一次田野考察，意在揭示"对斋"这种仪式形式实际从汉末六朝一直传承至今。

（三）关于填箓内秘材料的使用

在正式考察法箓的文本前，笔者想就田野调查中所得填箓内秘材料的使用稍作讨论。了解道教自身的传统有两条有效的路径：1. 对于历史文本的理性评判；2. 对于当代道教传承的深入观察。施舟人先生的一句名言便是："一个月认真且专注的田野考察胜过二十年的埋头苦读"[1]。自 1960 年代以来, 海内外的道教学者们在台湾、福建、广东、湖南、江西、浙江、江苏乃至甘肃、云南等地勤苦、踏实的田野调查成果有目共睹, 它们极大地丰富了我们对于道教自身传统及其与传统以及近现代地方社会关系的认知。这些田野资料在传世以及出土文献之外, 对于我们理解道教价值巨大。但是如此的考察研究也为我们带来了一个可供讨论的学术灰色地带, 即: 田野考察中所获取的材料, 有哪些可以公开发表, 哪些则应予以保留? 或如道士学者李丰楙教授所言:"该说多少? 该问多少? "[2]

我们在本书的正文中已经反复地论述, 自六朝以来, 道教授度仪式必然包含有至少两层盟约的建立, 除了更为宏观的"代天宣化"一层外, 还有一层师徒之间的盟约旨在确保对于师授经教法诀的忠实和保密, 并预警违背盟约可能带来的后果。由此, 对于师授法诀的保守也便是道门内部宗教伦理的重要组成部分。由此, 宗教科学（Science of Religion）之学者作为道教传统的旁观者、记录者与研究者, 是否应当尊重并维护道教自身的伦理价值, 则成为一个学术伦理问题, 即: 学者在考察中通过各种途径（交换或赠予）所获得的教内密传内

---

[1] 作者译自法文原文:"Un mois de travail de terrain conscienceux et concentré peut parfois nous en apprendre plus long que vingt ans d'études textuelles dans des livres." Kristofer M.Schipper, *La religion de la Chine: la tradition vivante* (Paris: Fayard, 2008), 414.

[2] 谢聪辉 . 评《道教授箓制度研究》[J] . 道教研究学报: 宗教、历史与社会, 2015（14）: 397.

容，在学术伦理的层面是否具有充分的理由公之于众？事实上，早在施舟人先生编纂《道藏通考》之初，便已将《道藏》中的典籍分为了"普传"（texts in general circulation）与"秘传"（texts in internal circulation）两大类别[1]，学者在田野考察中，首先便需要甄别清楚科仪文本、文书写式与符秘、内秘的区别，前两者的绝大多数适宜公开，而后者则系道门内部盟约所规定之保密范畴[2]。这里很明确的是，虽然目前极为复杂精密的"填箓秘诀"是历史逐渐形成的产物，但因其事关道门自身传承以及宗教权威，故在近代以来的道门传统中被视作"秘中之秘"。在这里，笔者有几点思考，希望能够抛砖引玉，引起读者们的思考与讨论。

1. 对于资料提供者个人的损害

对于学者而言，公开田野材料可以积极地促进学术事业，资料越是珍稀，越涉及核心事务，其学术成就自然越大，甚至单单是披露独家材料便可以斩获学术声誉。只不过，对于内秘

[1] Schipper and Verellen, *The Taoist Canon*, 49.
[2] 毋庸置疑，公开部分的仪式文本对于道教整体而言颇有利处。暂时抛开文本获取的正当性与否（因为有些文本并非直接从道士手中获得），绝大多数被公开发表的仪式文本能为我们深入理解多个地方道教传统并进行比较研究提供绝佳的信息与线索（结合他们所处的环境）。由此，虽然公开发表部分仪式文本可能存在一些消极的因素（但仍可以通过程序正义来进行调适），但其整体意义是积极的。此外，有些地方传统将科仪文本、文书也视作保密范畴，故应将具体的问题结合处境来处理。陈耀庭教授曾对笔者谈及，他在编辑出版《藏外道书》时，其父陈莲笙大师曾专门叮嘱，凡有朱字所写之科本应慎重收录出版。盖因在江南地区，朱字科仪本中往往包含有法师内秘，因此不宜公开。

材料持有者的道士而言，泄露法诀于非人（未立盟之人）实际是违背了其受法之初的盟约，并会"殃及七祖"[1]。但事实往往更为复杂且晦涩，一方面，道士对其受法之初所立"不轻泄"的盟约未能抱有充足的领会以及足够的认识，甚至作为接受方的学者可能对于其传度盟誓的内容条款比道士本人更为洞悉，这在当下绝非虚谈。在这里可能存在着一种不对等关系，即：一方面，公开发表秘传内容的学者并未临坛建立盟誓，虽然不一定具有道教信仰，但明确往往知晓违背盟誓的后果（立盟授度的文本在《道藏》中比比皆是）。另一方面，在当代的语境下，作为秘传资料持有者的道士，在其受法之初立有盟誓，但实际上并不一定将盟誓内容完全领会或重视（这实际也并不完全是受法弟子之咎责）。如此，站在道门科律的角度，道士对"因轻泄而违背盟约"负有责任；而站在伦理的角度，学者对"有意隐瞒以致使其违背盟约"负有责任。

在清末著名的敦煌案例中，一心筹集资金维修莫高窟寺观的王圆箓道长在多方奔走求助无门的情况下向斯坦因（Marc A. Stein）与伯希和（Paul E. Pelliot）出让了部分藏经洞所出文书，而斯坦因与伯希和二人实际有意向王道长隐瞒了这批敦煌文书作为无价之宝的文化价值，双方对于同一物品的价值判断具有天壤之别的落差，因此极不对等。最终，斯坦因与伯希和分别成为世界著名的汉学家，而王圆箓则被后世的追责者目

---

[1] 太上正一盟威法箓 [M] // 道藏：第 28 册，475.

之为罪人。但公道自在人心，在更为广阔的国际学术领域，斯坦因与伯希和二人的行为也成为学术伦理反思的案例。总而言之，对于道门内部流通资料的公开发表应是有限度的：尊重调查对象的传统禁忌是人类学、民族志研究中一贯的学术准则。

2. 对于道教教团整体的损害

不可否认，收集并出版珍稀文献资料不仅惠及学林，亦对道教自身的良性发展有所裨益，不过，将填箓秘诀公开结集出版却恰恰适得其反，其实是对于道教教团作为整体的极大伤害。这是因为在法箓授度的层面上，地方道教传统也不再只是地方，而是代表了整体的道教教团；故而当学者触碰到它的时候，也触碰到了整个道教教团所共享且共同保守的核心，这尤其体现在元明以降由龙虎山张氏所代表的道教教团之中。一方面，龙虎山的法箓授度、出给的权威不断得到朝廷的确认、支持与维护；另一方面，由于路途遥远，由地方化士代表受度弟子遥叩福地龙虎山参受法箓的事实至迟从南宋便已出现[1]。这些化士掌握着法箓文书的流通渠道以及填写这些文书的秘诀，由此，法箓授度的权威实际由天师、宗坛与地方的化士共同享有。在一处具有法箓授度传统的地方社会中，相关的知识被小心地看护并传承着，相关的秘诀也仅在社群内一小部分人中流

---

[1] 谢聪辉．道教"化士"的意涵、来源及其在明清授箓中的职能研究——兼论佛教的相关问题[J]．道教研究学报：宗教、历史与社会，2022（14）：37-82．

通，这是一种有限度，且忠于大传统（教团整体）的神权层面"地方自治"。

但是，通过将授箓秘诀公开并以出版物的方式进行流通，并辅佐以电子时代的便捷流通渠道，固有的宗教生态被进一步打破。首先，其流通范围超出了原地方道教传统的范围，同时也不在主流道教团体的控制之内，这使得"盗法"成为一件易事，一些游走于教团与信众边缘的人士得以由此获利。我们已经看到一些人士通过获取这些信息自制箓卷、自作一法，甚至自立宗坛。宗教学者或可谓之是新时代的新宗教现象而将自身抽离其中，但这对于作为整体的道教教团而言则是制度上的损害。因此，无区别地对待这些内秘资料并不应成为一些学者所谓保护道教传统的理由；而学者更不应打着保存文化遗产的口号对其进行不受伦理限制的"采掘"。在这方面，刘仲宇教授实际已经为学者参与道教自身文化建设提供了极好的表率，他说道：

> 本人不仅观察着研究对象，而且有时还参与着对象的建设，在参与中和从事者讨论、沟通，从而深入知晓了他们的问题、解决方法和内心的思考。关于箓的恢复就经历了如此的过程。这些做法似乎有违研究中价值中立的原则，但在面对自己的研究对象包含着能动的人的时候，面对着某一眼前演化过程的时候，却是有意的，恐怕还是不得不做的。而且，与对象的合作，基本上是在知识、历史

的层面，并不涉及各自不同的信仰。[1]

以上所谈及的问题在《江西省铜鼓县棋坪镇显应雷坛道教科仪》之第二章"授箓奏职"是极为突出的，要而言之，约有两点：

1. 在"仪式过程详录"[2]一节中，其将法师行持法事的内秘亦全部录入其中。按上言，科仪本本身具有一定的资料性，可视其具体情况而酌情汇编、出版，其对研究道教绝对有所裨益。但此处所言之"科仪本"绝不包含行持仪式时之法师内秘，此科法内秘乃是受法之初所立盟不轻泄之内容。

2. 在"附件三"中，其公开了铜鼓县道士世家祖传之《先天勘合玄秘并填箓填引》，此即属于我们上言之"填箓秘诀"范畴。

有鉴于此，在以下的讨论中，将回避参考以上出版物，所有有关修水地区道教的资料均出自作者本人。

---

[1] 刘仲宇.道教授箓制度研究 [M].北京：中国社会科学出版社，2014：5.
[2] 蓝松炎，吕鹏志.江西省铜鼓县棋坪镇显应雷坛道教科仪 [M].台北：新文丰出版公司，2014：62-289.

附录一、宋元之际道教的三点转变

陶　金

引　言

　　传承至今的法箓授度制度是一种"授箓"与"传度"双轨并行的授度体系。前者承袭汉唐以来之旧法，后者则起源于宋元之新法。前者乃是以"法位"为纲目整合七部玄教而成，后者则是以"法职"为纲目整合诸阶道法而成；这两者都分别经历了前期的分散发展，以及后期的"大一统"整合。与授箓关联的法位制度是一种教阶制度，也意味着受度者修行之位业，而与传度相关的法职制度则具有更强的职官性质，其将受度者置于一庞大的，且品级严密的三界职官体系之中。将这两种制度相互对接始自天心正法，李志鸿教授已在其专著中对此做出了细致的考察[1]。

　　从宏观的角度来说，道教内部这一授度体系的变革实际也是中国宗教与中国社会深刻变革的缩影。故此，一如本书正文

---

[1] 李志鸿. 道教天心正法研究[M]. 社会科学文献出版社，2011：161-174.

开篇所做的，笔者希望在讨论其授度体系前，先将视野横向延展，关注当时道教内部义理与实践在三个层面的转变：1. 对于神明礼敬的转变；2. 科仪道法实践的转变；3. 法位授度体系的转变。

一、神明礼敬之变迁

（一）道教与朝廷、地方祭祀的关系

道门人士自唐代开始频繁地参与由朝廷、帝王所发起的山川神祇祭祀仪式，如叶法善天师便曾代表玄宗祭告西岳华山神[1]。虽然这其中具体祭祀仪式的细节我们现在不得而知，但因为盟威道的根本义理之一在于"神不饮食"，甚至有不得食用祭肉的戒律[2]，因此参与祭祀仪式本身便已经构成了与道教根本信仰的抵触。诚然，这种抵触是皇权与宗教之间博弈的结果。唐代自武则天以来频繁地在五岳举行斋会，告投龙简，道教仪式在空间上已经开始了与朝廷祭典的趋同。开元十九年（731）二月司马承祯向玄宗提议建立"五岳真君祠"的事件可以被视作道教历史上的重要转折点[3]，其上言曰：

> 今五岳神祠，皆是山林之神，非正真之神也。五岳皆

---

[1] 封华岳神为金天王制 [M] // 宋敏求编 . 唐大诏令集，北京：商务印书馆，1959：418.

[2] 参见《老君百八十戒》：太上老君经律 . [M] // 道藏：第 18 册，219.

[3] 关于道教与五岳祭祀的关系参见：雷闻 . 郊庙之外——隋唐国家祭祀与宗教 [M] . 北京：三联书店，2009：116-218.

有洞府，各有上清真人降任其职，山川风雨，阴阳气序，是所理焉。冠冕章服，佐从神仙，皆有名数。请别立斋祠之所。[1]

司马承祯的提议可能出于两条考虑：

1. 五岳频繁为皇室举行大型斋仪，可能之前往往依附于血食之神祠，于理不合，故而"别立斋祠之所"；2.《抱朴子·登涉》中早已言明："山无大小，皆有神灵，山大则神大，山小即神小也。入山而无术，必有患害。"[2] 其《金丹》又曰："（诸名山）……此皆是正神在其山中，其中或有地仙之人。上皆生芝草，可以避大兵大难，不但于中以合药也。"[3] 由此，先生所言"今五岳神祠，皆是山林之神，非正真之神也"是希望通过设立主治真人之祠将对五岳的礼敬进行"转化"以符合道教《清约》之信仰，这最终也体现在了司马承祯"洞天福地"的项目之中：五岳被纳入了"三十六小洞天"之中。

但是，不论是以上哪一种动机，其都是以将道教视作某种国家宗教作为出发点的，而从道教自身来看其最终的结果都是失败的。何以故？正是因为道教在与国家祭祀之间的这层暧昧关系（圣地上的重叠，以及利用宗教赋予皇权合法性），道教

---

[1] 旧唐书：卷一九二 [M]．北京：中华书局，1975：5128.

[2] 王明．抱朴子内篇校释 [M]．北京：中华书局，1985：299.

[3] 王明．抱朴子内篇校释 [M]．北京：中华书局，1985：85.

不可避免地走上了与国家祭祀宗教愈发趋同的道路[1]，其自身的主体性也相应地被削弱。

"五岳真君祠"的设立在一开始可能是为了有意地将道教与国家祭祀区隔，但最后的结果恰恰相反。以中岳嵩山为例，自宋代以来，中岳庙神祠的管理便委托由崇福宫道士代管。但随着崇福宫的倾圮，中岳庙遂成为嵩山地区道教的中心，作为生命救度者的道士同时也兼具了为朝廷看护神祠的庙祝职能。自宋代以来，越来越多的地方神祠开始由道士负责管理（明初南北两京神乐观的设立是为顶峰）。雷闻[2]与吴羽[3]二位教授对此已经有了很好的讨论，兹不赘述。为了解决道教本身与神祠祭祀的矛盾之处，道士往往于神祠之中别立一跨院，设立供奉上圣高真的殿堂及道院（典型案例可参见济源济渎庙西侧之天庆宫），但这种解决方式反而从另一个侧面促进了道教的神祠化。至民国初年，中国城市中真正冠以"观"或"道院"的道教场所已经屈指可数，代之以的各类由道士居住管理的"东岳庙""火神庙""龙神庙"[4]。

---

[1] 葛兆光．屈服史及其他：六朝隋唐道教的思想史研究 [M]．北京：三联书店，2003：107-108.

[2] 雷闻．郊庙之外——隋唐国家祭祀与宗教 [M]．北京：三联书店，2009：116-284.

[3] 吴羽．唐宋道教与世俗礼仪互动研究 [M]．北京：中国社会科学出版社，2013：1-93.

[4] 近年来更有道士在神祠之中供奉狐仙之例，其不但违背《清约》，甚至不合于祀典。

（二）宋代地方神祠祭祀的发展

地方神，或曰"房祀之神""祠神"，即是盟威道《清约》所针锋相对的"鬼神"。自宋代以来，随着整个社会生产方式的变化，小生产者开始在地方发挥他们的社会能量，由此带动了对于地方神明的进一步礼敬。而与此同时，宋代朝廷为了解决政治与经济上的压力，一方面诉诸祭祀活动来赋予自身合法性，另一方面通过对于地方神明的敕封来获得大量收入。我们前面已经提及，因为中国古代的君王被认为是具有神权的大巫，以及替天行道的天子，故而也拥有"封神"的神圣权利。凡是未经天子敕封的神明皆被视作"淫祀"。根据韩森（Valerie Hansen）的统计，北宋政府对于地方神的封赠在神宗与徽宗两朝开始第一个巅峰，南渡之后的数字虽然相对徽宗朝有所减少，但相对整个北宋时期而言，仍然保持着持续偏高的走势。[1]

对于地方神的敕封，往往落实于神明的"封号"，即参照先秦的封建爵本位制度，以天子的名义将地方神明册封为"王""公""侯""伯"等爵位。其中"王""公"在唐宋两代基本只局限于五岳等较高级别的自然神；大多数地方神则被封之爵位较低的"侯""伯"之类，女性神明则称"圣母""灵妃""夫人"。如果神明再次显灵，护土保民有功，则可由地

---

[1] 韩森（Valerie Hansen）. 变迁之神——南宋时期的民间信仰 [M]. 上海：中西书局，2016：1-26，76-101.

方上报，继续加封。目前保存下来数量众多的地方神《告身》《敕牒》便是其物证（参见《附录四》）。由此，整个中华大地呈现出由阳世的郡县制流官与幽冥的封建制勋爵共同治理的局面 [1]。帝王是这两套体系的共主，他既是臣民之主，也是诸神之主。这套体系的登峰造极之作，便是由明太祖朱元璋所确立的城隍神祀典体系：城隍神们的管理范围依附于郡县制的行政区划，但城隍神的封号则体现为封建制的爵位，如上海县城隍神原为"显佑伯"，清末因显灵而加封为"护海公" [2]。此外，清世宗亦以此为蓝本创立了一套龙神祠庙系统 [3]。

以此作为基础，在道教内部甚至出现了一个由龙虎山代替皇帝敕封地方神的"道封"制度（相对于皇帝之"国封"）[4]。我们将在《附录四》中看到，天师敕封地方神的方式实际是为神明授度法箓，而不同位阶的法箓实际对应了不同层级的爵

---

[1] 当然个别朝代也同时存在有阳世的封建藩国，但其"分封而不锡土，列爵而不临民，食禄而不治事"。张廷玉．明史 [M]．北京：中华书局，1974：3659.

[2] 吉宏忠，编．上海城隍庙志 [M]．北京：宗教文化出版社，2017：63.

[3] 陶金，喻晓．九州清晏：清世宗全国龙神祠庙系统的创立 [J]．道教研究学报：宗教、历史与社会，2020/21（12/13）：175-251.

[4] 关于道封的讨论，参见：高万桑 Vincent Goossaert, "Bureaucratic Charisma: The Zhang Heavenly Master Institution and Court Taoists in Late-Qing China," *Asia Major* 17 (n.d.): 121-159; 高万桑 Vincent Goossaert, "The Heavenly Master, Canonization, and the Daoist Construction of Local Religion in Late Imperial Jiangnan," *Cahiers d'Extrême-Asie* 20 (n.d.): 229-245; 高振宏．朝封、道封与民封：从三个例子谈敕封对神祇信仰的形塑与影响 [J]．华人宗教研究，2017（09）：45-77.

位 [1]，这是道教法箓制度与祠神崇拜以及朝廷制度的又一点多维度协同。道教的制度愈发地与朝廷制度相靠拢，以至于这种多维度协同也出现在了宋元新道法的授度制度之中。我们稍后会看到，道法的"九品法职体系"实际为受法弟子赋予了一种品级制的职官身份，谓之"法官"，其受度法职所获得的"仙简"实际正源自朝廷委命大臣与祠神的"告身"。道教法官的品级制度与朝廷命官的品级制度相互呼应，他们又与神明世界之中的各类祠神（勋爵制）构成同僚关系。由此，帝制国家、道教法官、祠庙神明被套嵌成为一个整体。

（三）玉皇祀典的确立

宋真宗大中祥符元年（1008），"玉皇上帝"的天书降于汴梁皇宫，授命于赵宋皇室。虽然真宗为此起建了规模宏大的"玉清昭应宫"[2]。针对"玉皇"一神而言，其自六朝以来多见于道经之中对于至高上升高真的尊号，或几于大道 [3]，至唐代时，其更频繁出现于诗歌等文学作品之中 [4]。简要言之，北宋之前

---

[1] 按《徐仙真录》所载，二徐真君分别得受《大洞箓》，其圣父、圣母得受《盟威箓》，查元帅得受《都功箓》。徐仙真录：卷三 [M] // 道藏：第35 册，563.

[2] 关于玉清昭应宫之祀典，参见：吴羽.唐宋道教与世俗礼仪互动研究 [M].中国社会科学出版社，2013：44-93.

[3] 梅莉.玉皇崇拜论 [J].湖北大学学报（哲学社会科学版），2011，38（05）：87-92.

[4] 参见：余剑龙.唐诗中玉皇形象的多样性 [G].台湾宗教研究 20 年的回顾与前瞻暨敬天法祖 2019 国际学术研讨会论文集，2019：I-1C-1 至 I-1C-16.

的玉皇或可视作一种大道的人格化表现，也即等同于"玉清元始天尊"。与此前的认知所不同的是，赵宋皇室将玉皇与自身的直系祖先直接挂钩，意欲效仿前朝李唐皇室之追溯老君为祖先，以赋予其自身天命之合法性。但就目前所见文献来看，至少在真宗一朝，其并未对"玉皇"进行更多神格方面的义理论述，但无论如何，其已经被认为是一位道教系统的神明了。更为确切的义理阐释来自一百余年后的宋徽宗皇帝，他于政和六年（1116）四月二十九日下诏曰：

> 朕德不类，护承至尊。惟天之大，微妙元通，深不可识。夙夜祇慄，恐不足体法而顺承之。永惟玉皇大天帝、昊天上帝主宰万化，名殊实同，而昔之论者析而言之不能致一，故于徽称阙而未备。今兴建明堂，以享以配，而名实弗称，震于朕心，大惧无以承天之休，钦帝之命。谨涓吉斋明，恭上尊号曰：太上开天执符御历含真体道昊天玉皇上帝。其令有司备礼奉上玉宝、玉册以称朕意。[1]

由上所见，由徽宗看来，大中祥符之初降授天书的"玉皇"实际就是南郊坛上所祭祀的"昊天上帝"。由此，六朝至唐代的"玉皇"之含义被改写了，由"先天地生"的"道"转化为了

---

[1] 徐松.宋会要辑稿，册 37［M］.北京：中华书局，1957：1547. 另参见：陶金.钦安殿藏玉宋徽宗御题玉册单简初探［M］// 王子林，编.钦安殿原状.北京：故宫出版社，2021：855-865.

与"地"相对的"天"。也正是处于这一原因，我们也看到，在徽宗新建的玉清和阳宫玉虚殿中，玉皇与后土被供奉于三清之两侧 [1]（参见彩页图 1）。简言之，北宋末年的"玉皇"乃是具象之"天"而非"大道"。

这是中国宗教史上至关重要的一刻，通过将道教之"玉皇"降格为"昊天"，也同时引发了几点宗教之转变：

1. 六朝至唐代的"玉皇"是大道之形名，亦作"虚皇"，虽然李唐皇室将其先祖与老君相关联并尊为"太上玄元皇帝"，但作为万化之源的"大道"并不与人间帝王具有直接的对应关系。所不同的是，宋代"玉皇"祀典自其创立伊始便将其赋予了帝王化的形名，这具体体现在仪式中为玉皇所贡献的玉册、玉宝以及衮冕 [2]（李唐皇室为老君所进献者仍为道家法服而非衮冕）。由此，道教神系中，正式出现了一位天上的君主，这位君主与人间帝王处于同一条轴线的上下两端，相互镜像。

2. 随着与人间皇帝相互镜像的玉皇祀典的确立，宋代各地被敕封以爵位的地方祠神在神明世界拥有了其"共主"。与此同时，新兴的道教"法职"体系实际也以玉皇上帝作为各品级

---

[1] 徐松 . 宋会要辑稿，册 37 [M] . 北京：中华书局，1957：1548.

[2] 《宋史》卷一〇四《志七·吉礼七》：九年，诏以来年正月朔诣玉清昭应宫上玉皇圣号宝册……四鼓，帝诣天安殿酌献天书毕，大驾赴玉清昭应宫，衮冕升太初殿，奉册讫，奠玉币，荐馔三献，饮福，登歌，二舞，望燎，如祀昊天上帝仪。毕，诣二圣殿，奉上绛纱袍，奉币进酒，分遣摄殿中监上紫微大帝绛纱袍、七元辅弼真君红绡衣、翊圣保德真君皂袍。宋史：卷一〇四 [M] . 北京：中华书局，1977：2542.

法官所受命的君王（也即是受命于天），他们同时向天上与人间两位君王分别效忠，履行义务。事实上，同时向两位君主效忠的还有各地的祠神，他们受人间皇帝之敕封，但也宗主于玉皇。正因为如此，法官得以以同僚的身份从祠神处借调"岳隍兵马"[1]。

3. 以上所谓的"诸神共主"并非是"先天地而生"的"大道"，而是与"地祇"相对的"昊天"，也就是《女青鬼律》所谓"百鬼中皇"的"高天万丈鬼"（也被列入法箓之中成为祭酒可以差遣的吏兵[2]），即《清约》信仰所弃绝的"六天故气"。随着玉皇信仰在后世的普传，"玉皇上帝"成为道教新的至上神，原本的三天大道以及大道化身的三清现在被一位天上的"君主"所取代，成为"退隐的至上神"（我们在后续宫观建筑的规制中也注意到，越来越多的三清殿在重修后改奉玉皇上帝，如江西龙虎山上清宫、北京白云观）。在六朝时期的经教体系中，三清实际分别具有降授经教，开度万民的"形名"，其所主导的职官体系特别重视只对于后世的"考"与"度"。而随着三清让位于玉皇，道教的义理体系也从关注万民的救度逐渐转移至以近似于祭祀的斋醮与道法维持现世的秩序，如祈晴祷雨、治病驱邪、禳关度桥、受生补库、祈嗣求财、遣瘟妥煞等等。

4. 通过玉皇祀典的建立，传统意义上由天子所垄断的与

---

[1] 道法会元卷二四九：太上天坛玉格 [M] // 道藏：第 18 册，239.

[2] "出高天万丈大鬼百鬼中王各万二千人，吏兵六十万人。"太上三五正一盟威阅箓醮仪 [M] // 道藏：第 18 册，283.

天沟通的权利被通过道教分享给平民，即：平民得以通过道教科仪而与"天"相沟通（如向玉皇拜进表文，或焚烧锡箔元宝以为税捐，用以维持自身作为玉皇子民的身份，江南地区谓之"解天饷"）。就这一点而言，信众群体被扩展了：以往民众只有在缴纳命米之后才能成为道民，由此延请祭酒为其上章（或自受法箓，自行上章）。而到了此时，随着"天"被共享，延请道士贡祀天地的信众并不一定必然具有"命籍"（但仍需要投《词》）。换言之，道教越来越多地扮演起了国家宗教的角色，其救度性宗教团体的性质便随之逐渐减弱。

需要言明的是，当代道门尊奉的重要经典之一《高上玉皇本行集经》（以下简称《玉皇经》）正是一部对玉皇上帝的"本行"进行详述的经典，其以玉清元始天尊作为第一人称，于清微天宫中敷陈玉皇"证果"之事，可见其仍将玉皇至于元始天尊之下。但与此同时，经中又将玉皇上帝形容为"是穹苍主，浩劫之尊，妙见妙知，无等无伦，湛寂真静，杳亡杳存"[1]，可见此经中又将玉皇上帝之"本体"等同于大道，具有"先天地生"的特质。但施舟人先生注意到，13 世纪之前未尝见有《玉皇经》之著录，其最早见于南宋淳祐九年（1249）晁公武《郡斋读书志·附志》，其中提及了南宋嘉熙四年（1240）杭州承天灵应观所刊之刻本，而该刻本又以"蜀本"为底本。又据《咸淳临安志》记载，承天灵应观主奉梓潼帝君。[2] 根据近年

---

[1] 高上玉皇本行集经 [M] // 道藏：第 1 册，698.

[2] Schipper and Verellen, *The Taoist Canon*, 1097.

谢聪辉教授之研究，他认为《玉皇经》之出世与南宋乾道年间（1165—1173）的刘安胜扶乩团体有关，经中序言所称"七曲"即四川之七曲山（文昌祖庙），刘安胜还曾以梓潼帝君为主神，扶出不少经典[1]。由此，《玉皇经》之出世乃肇始于南宋时期四川、杭州两地尊奉文昌帝君的扶乩团体。虽然其经典对玉皇上帝之"本行"进行了十分完整的论述，且将其本体等同于大道，但其并不等同于北宋真宗、徽宗两朝以赵宋皇室天命合法性为中心的"神学"建构。与此同时，《玉皇经》中虽然将玉皇上帝等同于大道，但宋代更为主流的皇室祀典依然将玉皇上帝视作"六御"（宋亡后去除圣祖、圣祖母而成"四御"）之一而与后土相平行，且时至今日，民间也将玉皇与后土视作"天公""地母"，亦即是《道德经》二十三章所谓"尚不能久"者。故此，《玉皇经》中对于玉皇上帝形名之叙述并不能作为我们今天对玉皇崇拜进行分析与阐释的唯一标准[2]。

二、仪式实践之变迁

（一）"醮"的转变

我们在上面的章节中已经看到，在盟威道的教法中，行道

---

[1] 谢聪辉.《玉皇本行集经》出世的背景与因缘研究 [J].道教研究学报：宗教、历史与社会，2009（01）：155-199.

[2] 道门内部人士对学术界针对玉皇崇拜所进行的研究结果亦有反驳，但仍以《玉皇经》作为主要依据。参见：彭理福.道教科范新编 [M].北京：宗教文化出版社，2001：267-269.

奉诚即是最好的祈福方式，而对于业已存在的罪过，则通过忏悔、公益、自罚等形式进行偿赎。就笔者观察，在道教内部，这种偿赎机制大约经历了两次变革：

第一次约在六朝时期，通过奉献饮食来祈求神明降福的古老仪式"醮"[1]再一次回到了道教仪式中，并与上章的仪式结合，形成了"章醮"的仪式形式。我们也在书中看到，盟威道初期的"朝真仪"包含了日常的谢罪仪式环节，其仪式框架为东晋之灵宝经法所继承，并发展成"灵宝斋"。至少在这一时间节点，"斋"仍是最为重要的仪式，而与"醮"并无义理与仪式结构上的关联。有关"章醮"的较早记载见于《赤松子章历》，而较为详细的仪式叙述则见于《元辰章醮立成历》。在后出道经中，我们常能读到"随力章醮"等语即是此意。虽然"醮"字的本意是以酒来奉献神明，并非宰杀牺牲的血祭，但其背后以食品作为交换物来取悦神明的思维则是一致的[2]。这样的想法一旦成为主流，就如同打开了潘多拉的魔盒，那种单纯依靠坚定信仰与笃定实践的宗风便会逐渐被"利益的交换"所反噬，"神不饮食"的《清约》精神随之日益衰退、瓦解。

---

[1] 关于前道教时期的醮仪，参见：吕敏 Marianne.Bujard, *Le sacrifice au Ciel dans la Chine ancienne: théorie et pratique sous les Han occidentaux*, vol.187, Monographie/École franaise d'Extrême-orient, (Paris: École française d'Extrême-Orient, 2000).

[2] Franciscus Verellen, *Imperiled Destinies: The Daoist Quest for Deliverance in Medieval China*(Cambridge, MA.: Harvard University Asia Center, 2019), 8-15.

第二次约在唐晚期（或更早）。我们上面已经看到，从唐代开始，对于地方神明的礼敬也逐渐进入道教的神明体系。因此，至迟在唐末，专门针对地方神明的醮仪也被编订了出来。杜光庭所编订的《灵宝崇神大醮仪》即应用灵宝斋自然斋的框架，以"醮"的名义来为地方神举行"饮食"之礼。其科文有曰：

> 醮主［某］幸处人伦，切依神庇。当奉牺牲之祭，恐未尽于严恭；敢陈蠲洁之修，庶获伸于昭报。讽琼篇之隐韵，歌碧落之洞章。钦仰元慈，用延景贶。[1]

虽然文词之中表达了对于"牺牲"之礼的否定，看似是一种仪式层面上的调适，但以素馐作为妥协实际上正是《清约》精神逐步弱化的表现。这种祭品交换思维的"回归"并非孤例，类似的情况也发生在欧洲中世纪的天主教会。其中，象征基督救赎的"圣体圣事"在 6 至 15 世纪被市场化，成为用以邀福的献祭，常见有某人为上帝奉献若干台弥撒用以祈嗣的记载，教会内部的腐败也接踵而来 [2]。

在这里，我们不妨再重温一段《天师教诫科经》的经文，

---

[1] 道门科范大全集：卷八十六［M］// 道藏：第 31 册，963.

[2] 参见马若瑟，《圣域门槛》，Joseph Martos, *Doors to the Sacred: A Historical Introduction to Sacraments in the Catholic Church*, 1st ed.(Garden City, N.Y.: Doubleday, 1981).

用以对观"醮"之转变：

> 若愿欲者，实不用金帛货赂，不用人事求请，不用酒
> 肉祭祷，直归心于道，无为而自得，得之随意……而欲习
> 效俗人，背道求请，事事反矣。[1]

在后世的发展中，由于"斋后设醮"这一仪式流程的逐渐形成，"醮"逐渐取代了"斋"成为道教大型公共救度仪式的名词，其以谢罪请福的含义被祭品交换所掩盖。然而能被祭祀饮食所货赂之神明则必然是"百千万重道气"之外的"逆气"者，事奉大道的"《清约》之教"由此也便日渐趋向于事奉鬼神的"杂俗之教"。

（二）"法"的转变

"道法"的出现是宋元道教的标志性特征，正是这一新出的仪式传统，彻底改变了固有的法位授度体系。这些道法原本来自三官盟约之外的巫术传统，在唐代中晚期逐渐进入道教的仪式实践体系中，其中较为突出者如"天心""北帝""神霄""酆都""清微"等。关于宋元道法的研究业已十分深入[2]，

---

[1] 正一法文天师教戒科经 [M] // 道藏：第 18 册，233.

[2] 莫达夫在其关于"歃血饮丹"的论文中对近年西方、日本及中国有关雷法的学术研究做了系统性的梳理。Mozina, "Daubling Lips with Blood and Drinking Elixirs with the Celestial Lord Yin Jiao — The Role of Thunder Deities in Daoist Ordination in Contemporary Hunan," 252–255.

我们并不在此进行深入的分析，谨参考已有的学术成果[1]，并仍以早期道教的《清约》精神作为参照点，就宋元道法的几点转变稍作讨论如下。

1. 宗教着眼点之转变

诸阶道法虽然以内炼作为行持之基础，但其最终"作用"之目的乃是针对现世的驱邪、治病、除厄、祈晴祷雨等。虽然这种道法的行持也可以被理解为"代天宣化"的范畴之内，但其并不专门着眼于信徒的生命救度与超越，这实际更接近原始的巫法（灵宝大法则是以法术的方式来解决救度这一问题）。总而言之，宋元道法诸家着重解决现世的问题，其自身并不构成完整的宗教性质的体系，在宗教与巫术之间的光谱中，更靠近于后者。

2. 教士角色之转变

与盟威道的上章与灵宝斋不同，道法的"灵应"并不建立于信徒对于自身罪过的认识以及改悔，反而特别强调行持者"法官"个人的内炼水平以及对于道法的熟练掌握。法官与祭酒不同，他们并不特别强调"领户化民"，而更多地关注自身的修持以及"符灵法显"，这也使得宋元诸阶道法的修炼与行持具有了极强的个人主义色彩，大量雷法祖师的灵应故事往往

---

[1] 高万桑教授在其最新著作中对于道法传统经教的授度体系逐步融合进行了充分的历史学分析，特别值得注意。参见：Vincent Goossaert, *Heavenly Masters: Two Thousand Years of the Daoist State* (University of Hawaii Press, 2021), 71–100.

都从侧面说明了这一点。

3. 灵媒的使用

一部分道法的实践包含灵媒附体的仪式，谓之"蒙童"或"考召""考附"[1]，此即所谓"附体圆光通事意"[2]。如这种源自原始萨满巫术的灵媒附体仪式虽然仅仅旨在解决现实生活中的问题，但却与《清约》的宗教精神相违背。

4. 帅将与祖师之盟誓以及传递

在新出道法中，盟威道收摄地方祠神进入道教神团的做法被延续。一部分地方的血食庙貌之神经由天师、高道、法官而成为帅将。其中所知名者如关羽、王善、殷郊及温琼等。这些帅将与招安他们的祖师之间存在着盟约的关系，其中较为著名的有萨守坚与王善之间的盟约[3]，在这一对盟约关系中，帅将通过协助祖师执行各类道法而获得最终与高道一同得道的目的，即所谓：

> 共汝发誓愿，誓愿救众生。与汝功满日，同汝入先天。[4]

在道法体系的传度仪式中，"师帅"盟约沿着"师徒"之间的

---

[1] 如《太一火犀雷府朱将军考附大法》，见：道法会元：卷二二七 [M] // 道藏：第30册，412.

[2] 太上元阳上帝无始天尊说火车王灵官真经 [M] // 道藏：第34册，740.

[3] 太上元阳上帝无始天尊说火车王灵官真经 [M] // 道藏：第34册，737.

[4] 太上元阳上帝无始天尊说火车王灵官真经 [M] // 道藏：第34册，738.

盟约血脉而传递，成为后世血脉弟子行法的重要前提，清初铁竹真人施道渊曾论道：

> 启师之法，先觉开后觉。不先启告，焉能役使诸将、威伏鬼神？故行持必先启请，口口相传，如绳贯珠，不可失序。师曰：不愁法不灵，只愁派不清。[1]

故此，依法立盟受度的弟子不仅获得法职从"公"的层面号令雷霆，也得以凭借祖师血脉的名义从"私"的层面重申盟约，以此召遣帅将，为其执行道法任务，此即所谓：

> 遣汝上天，速赴帝庭。遣汝入地，直至泉扃。遣汝入水，速至龙庭。遣汝布雷电，真炁运雷霆。遣汝捉精怪，速缚来现形。吾禀天命，按令奉行。有罪当戮，无罪不征。……请勿为小节，自抵负真盟。[2]

"师–帅"盟约与"师–徒"盟约的两相交会并与职官制度相结合[3]，是宋元道法的重要特征与核心义理逻辑之一。

---

[1] 施道渊.穹窿山志 [M] // 故宫珍本丛刊：第 267 册. 海口：海南出版社，2001：131.

[2] 太上三洞神咒：洞玄遣将咒 [M] // 道藏：第 2 册，105.

[3] 参见：吉宏忠，陶金.《先天火犀荡治灭巫金科》中的道法逻辑及法师身份 [G] // 刘仲宇，吉宏忠，主编.正一道教研究（第三辑），北京：宗教文化出版社，2014：214–259.

5. 帅将的道化

这些被祖师所招安的诸阶神将一方面拥有其独立的形名，一方面又在道法内部的构建中被同时宇宙观化以及身体化，并与当时所流行的内丹修炼相结合，因此有"炼将"之说，其若王文卿所言：

> 如召邓帅，以心为火宫，火官即心也。心乃天罡。天罡播动，中宫金光交射。恶得邓帅不灵？如召辛帅，以炁神为主，属肝历胆府，注中宫金光挥斥。如召温帅以木，老火初为生，以肝怒而温帅现形。木生心火，火乃丙丁之神，以天罡搞动，则中宫金光如溶铜之形。混炼妙在口受，各随将帅炼之。[1]

通过道法的内丹化修炼，法官本人实际形成了与大道，与神将之间的紧密的契合关系，这一层契合关系也构成了宋元道法的另一核心义理，其也使得宋元道法得以与道门之外的巫法得以区分（巫门强调弟子与祖师之间的师承盟约关系，但并不特别强调法官的体内造化作用）。

6. 诸阶道法职官体系的构建

宋元诸阶道法的另一核心在于其九品法职制度。宋元道法由不同支法派分别传衍，这些法派在构建自身神谱时，逐渐形

---

[1] 道法会元：卷六十九 王侍宸祈祷八段锦 [M] // 道藏：第 18 册，239.

成了相互独立且不兼容的九品职官体系。如此，每一阶道法法派都在天廷拥有其所隶属的府院机构，如天心法之"上清天枢院""北极驱邪院"，神霄法之"雷霆都司"，清微法之"元始一气万神雷司"等（此外还有更为中央的"泰玄都省"）。这些府院机构是传统道教职官体系的继承与扩展，他们环拱于玉皇上帝周围，成为协助人间法官呈进文书以及节制雷霆帅将兵马的枢机。而下界法官之所以能够拥有流通文书与节制兵马的权利，乃是因为其在立盟受度之初，需要经度师将受度弟子"奏授""补职"为本府、院、司之某一法职，由此成为玉皇上帝的"命官"，即被纳入庞大的三界职官体系之中。同时，通过拥有这一法职，法官也得以与各路敕额庙貌之神成为同僚。如酆都法中便规定了法官有借调东岳、城隍等处兵马之权限[1]。此外，法官与天界职官体系的契合也成为"道法"有别于"巫法"的重要标志[2]。

综上所述，宋元诸家道法沿袭了传统道教的盟约精神，帅将的内化，以及职官体系，但一方面其人群仅局限于专业化的法官，而非道民，其旨趣更关注于对于信徒此世的护世，而非超越性的救度，且其中的一些仪式实践为了追求"灵应"而不

---

[1] 参见：吉宏忠，陶金.《先天火犀荬治灭巫金科》中的道法逻辑及法师身份[G] // 刘仲宇，吉宏忠，主编.正一道教研究（第三辑），北京：宗教文化出版社，2014：214-259.

[2] 一些巫门法派也尝试构建自己的府院，如"闾山大法院""瑜闾双轮院"等，但对于闽地的"小法"而言，则多数无"法职"之设（感谢陈花现先生提供此条信息）。

惜违背《清约》的宗教精神。这使得宋元以降道教的发展一方面日益内卷化，成为少数教士、精英阶层所掌握的"技术"；另一方面则日趋巫术化，近世地方志中之高道大都是以祈雨、驱邪闻名，其宗教情怀已与盟威道祭酒大相径庭。

结合我们上文所论"神明礼敬之变迁"来通盘考虑：在有宋一代，一方面，原本的地方神明经由敕封而统合至玉皇的"统领"之下；另一方面，道士也通过奏职被纳入向玉皇效忠的天廷职官体系。原本相互排斥的两个体系如今通过玉皇祀典的道教化被调和到一起，一个体系沿袭先秦爵本位，另一个则效法宋制官本位，他们因此互不隶属，互不矛盾，但又相互对应，相互协同。毫无疑问，天师道自汉中流徙之后，如此的制度一方面稳固地从外部维护帝制权威，另一方面其也将自己嵌入于朝廷制度之中（至少象征性地），由此也维护了自身。

三、授度体系的变迁

（一）"箓职并行"的出现

随着中古时期法位制度的最终形成、固化，以三洞为代表的道教经教也盛极而衰，新的义理与实践体系逐渐盛行。由此，至迟到南宋时期，七部法位制度已被大幅度简化了。随着旧的制度的日渐崩毁，《太上三五都功箓》与《上清三洞五雷箓》（亦称《神霄箓》）这两部的法箓也分别传世。在这背后，不仅仅是法箓自身的演变，而是整个道教授度体系的演变：传统"法箓"与新出"法职"这两个体系相对接，形成了"箓职并行"的现象。

《都功箓》之名不存于七部法位的授度体系中，对于其最早记载出自杜广成《道教灵验记》[1]。值得注意的是，作为后世最为基础的初阶法箓，《都功箓》的文本未被收入《道藏》中。根据考察当下所传承的《都功箓》的文本与图像内容，其应是由《正一盟威箓》中所包含的若干阶法箓以及天心正法的部分内容合并而成（参见《附录三》）。据高万桑教授所考证，唐末《都功箓》的出现与龙虎山张氏家族有着直接的关联，其箓"既不是新的神明诰授，也不是神学上的创新，其新意乃是在于促成龙虎山的垄断地位。"[2]

"都功"是早期道治制度中重要的祭酒职之一，按《三洞珠囊》云：

> 都功职，主功劳，录吏散民，赃义钱谷，金银玉帛，六畜米物，受取出入，管钥仓库府，鬼神之物，礼信及治殿作舍，桥道、楼阁、神室，尽主之也。[3]

可见，都功乃是彼时一处盟威道治的主者（或可与基督宗教

---

[1] 云笈七签：卷一百二十，天师剑愈疾验 [M] // 道藏：第 22 册，832；道教灵验记：卷十一，刘迁都功箓验 [M] // 道藏：第 10 册，838.

[2] 作者译自原文："It is therefore neither a new revelation nor a theological innovation; rather its novelty consists in justifying a Longhushan monopoly." Goossaert, *Heavenly Masters: Two Thousand Years of the Daoist State*, 51.

[3] 三洞珠囊：卷七 [M] // 道藏：第 25 册，335.

中的教区主教、牧首相当）。在各治都功中，以阳平治都功为最高，即天师本人（约类似天主教会中教宗同时担任罗马主教 Episcopus Romae 之情况）。高万桑教授对龙虎山张氏的血脉进行了追溯，并以《都功箓》之名推论："早期的高等级盟威职官，诸如都功之职，逐渐成为世袭制，并逐渐将女性排除在外。龙虎山张氏的创新从这一众所周知的张氏对于阳平治都功的垄断，直接跳跃至他们对于授度《都功箓》的垄断。"[1]

《都功箓》与当时新兴的道法关联紧密，虽然完全还原当时的历史情态是几乎不可能的，但有几条重要因素聚合到一起，逐渐在龙虎山形成了后世的授度体系：

1. 自唐末开始，天师被逐渐描绘成为一位专司降魔的大巫，并一直延续至今。这一形象乃是继承了其与川庙百鬼于鹿堂治立盟，以及承受《女青鬼律》治法百鬼的形象。也正因此，众多新兴道法均奉天师为其传法祖师，如天心法[2]、神霄法[3]等。

2. 至迟从中晚唐开始，诸多来自民间的法术（巫术）重新又进入了道教的实践体系之中，这与上文所言"章醮"的兴

---

[1] 作者译自原文："... the higher functions, such as dugong, became hereditary, and also progressively excluded women. The Longhushan Zhang's innovtion was to jump from the already-recognized monopoly of the Zhangs to have the rank of Yangpingzhi *dugong* to their monopoly to confer the rank of *dugong* (through ordaining people with the Dugonglu)." Goossaert, *Heavenly Masters: Two Thousand Years of the Daoist State*, 52.

[2] "自汉天师宏正一之宗，而天心正法出焉"。金允中 . 上清灵宝大法：卷四十三［M］// 道藏：第 31 册，645.

[3] 历世真仙体道通鉴：卷五十三［M］// 道藏：第 5 册，407.

起的性质是相通的，都表明了《清约》精神的遗忘与违背，盟威道最初的教法逐渐被曲解为巫术之类的合集，如北宋初所辑《三洞修道仪》云：

> 正一天师子嗣师讳衡，系师讳鲁，散行此法，皆是针药符卫禁咒之道，小求福佑，以疗生民，即今世上所行杂法。亦有箓文，非上真所修，所谓白黑道也[1]。

这里所言的"禁咒小道"可能包含传统民间巫术，也可能包含新兴道法。在这样的背景下，诸多道法也逐渐被视作正一部教法的内容，如宁全真云：

> 且洞神部盛于东汉，自盟威箓以下诸阶杂录，悉总于正一坛，天心五雷诸法、书禁之术，莫不隶焉。[2]

此后，祈雨、驱邪、治病等逐渐被总称为正一法[3]，作为宗教（religion）的"正一盟威之道"沦为了法术（magic）的集合体。

    3. 奉行诸阶道法的法官在奏授补充"法职"之外，仍需要通过参受传统的"法箓"来获得行法的神权。或者说，由于

---

[1] 三洞修道仪 [M] // 道藏：第 32 册，167.

[2] 王契真. 上清灵宝大法：卷二十七 [M] // 道藏：第 30 册，899.

[3] Goossaert, *Heavenly Masters: Two Thousand Years of the Daoist State*, 72–74.

"法箓"只对应箓中吏兵而不直接对应新出道法，"法职"乃是一种必然之补充，受度弟子由此得以奉行道法，而不仅仅是上章或举行斋仪等传统仪法。如此，天心法与正一法箓（《都功箓》或《盟威箓》）相对接，神霄法构建了自己的经典、法箓与戒律体系，而承袭灵宝经教的灵宝大法则仍以《中盟箓》作为法职奏授之前行基础。在法职奏授的核心文本《天坛玉格》中，法职共分为九品十八级，并以此与相应的箓阶相对应，形成了"箓"与"职"连缀并行的现象。举例而言，白云蟾之箓职为：

> 上清大洞宝箓弟子，五雷三司判官知北极驱邪院事。[1]

其中"上清大洞宝箓弟子"为传统的法位，"五雷三司判官"为官职，"知北极驱邪院事"为差遣；前者对应了传统的道教七部法位体系，后两者对应了宋代的职官制度。高万桑教授认为，在制度层面，龙虎山最大的改革在于将两个体系合二为一，形成新的授度体系，而这一体系最终在《天坛玉格》中被系统地表达出来。

（二）新兴的法箓授度体系

我们前面已经提及，随着洞神部经典的散佚，正一部法箓被补入原有的三洞体系之中，如《上清五元玉册九灵飞步章奏秘法》云：

---

[1] 修真十书武夷集：卷四十七［M］//道藏：第 4 册，805.

> 洞真乃《大洞法箓》，即元始上乘法。洞玄乃《灵宝
> 法箓》，洞神即《盟威》《都功》《天心》《五雷》等法箓。
> 总受之，称三洞法师。[1]

关于这一时期法箓授度体系的最为全面的描述来自南宋蒋叔
舆所编《无上黄箓大斋立成仪》。其中的"卷十七"与"卷
四十九"两次提到《都功箓》与奉行"灵宝斋"之间的关系，
以及当时普遍流行的法箓授度次第。我们现将此两段文字转引
于下：

卷十七

> 道士不受"灵宝法"，不受《都功》《盟威》箓，不可
> 出官行斋。
>
> 右出官启事，按三洞科仪，箓品不同，真官亦异。当
> 各随身中所度仙灵吏兵出之。至若建灵宝斋，出《盟威》
> 《都功》治职君吏。所以科仪云：受《盟威》《都功》箓
> 者，止称摄行斋事。盖为此上清斋，出灵宝洞玄《中盟》
> 五法官吏。
>
> 夫箓始于"正一"，演于"洞神"，贯于"灵宝"，极于
> "上清"。"上清"匿景韬光，精思上道。志期轻举，全不涉
> 俗。"洞神"役御神灵，消伏魔疬，其于迁拔，已不相干。

---

[1] 道法会元：卷一七九 [M] // 道藏：第 30 册，145.

"阳光"敷演道德自然,"升玄"讲究真实法性。冥心修炼,与道合符。修身保命,开度天人。盖无逾于"灵宝斋"者。

受道之士,先受《正一盟威》《三五都功》。修持有渐,方可进受《灵宝中盟》《上清大洞》诸箓,否则为躐等僭越,违《太真》之格。今世羽流不体太上慈悲演教之意,切切然,惟货利是营。《上清》《灵宝》《盟威》信金既重,止凭化士于宗坛受一《法箓词文》,便称"某箓弟子",行持斋事。又有止受《都功》《升玄》等箓,辄出"灵宝斋科"仙灵真官者。遐方僻郡,习以成俗。非惟有犯玄宪,抑实矫诬上天。[1]

卷四十九

应高功法师,须备受《三五都功箓》《正一盟威箓》《灵宝中盟五法箓》、"灵宝十部妙经",及行"灵宝大法",方可依科修建。如止受《都功》《盟威》二箓,"灵宝众经"及行天枢、天心、追摄、炼度等法,亦许摄行。"奏申仪"中称"灵宝大法司"去处,及斋科称盟受"三洞宝文玉字金书"等处,皆合随文换易。

应法师止受《都功职箓》及《升玄》《阳光》《洞渊》等箓,却不受《盟威箓》;或止受《都功职箓》及《中盟五法箓》,不受《盟威箓》;或止受《都功箓》及《上清

---

[1] 蒋叔舆.无上黄箓大斋立成仪:卷十七[M]//道藏:第9册,482.

箓》，不受《盟威箓》；或止受《都功箓》，不受《盟威
箓》；或止受《盟威箓》，却不受《都功箓》，并不许开建
"灵宝斋科"。盖出"三五正一官吏"，二箓不备受，则出
官有碍，皆不可行斋事。[1]

在这两段文字中，作者分别提到了"正一""洞神""灵
宝""上清""阳光"（即《道德经紫虚阳光箓》，乃高玄法位）、
"升玄""洞渊"等法位，基本与中古时期的法位体系相仿。但
随着作者的行文往后延续，我们发现作者站在举行仪式的角度
强调：除去《都功》《盟威》与"十部妙经"外，其他法箓皆
并不重要（甚至包括《灵宝中盟箓》）。我们也已经提到，当代
的《都功箓》实际应是原有《正一盟威箓》中所析出的若干阶
法箓合缀而成，假设宋代《都功箓》的情况与此相同，我们便
可理解为什么蒋叔舆一再强调《都功》《盟威》二箓缺一不可，
这是因为它们构成了一整宗的二十四阶《盟威箓》。虽然我们
现在仍无法对《都功箓》从《盟威箓》中的析出作更为细致地
解释，但无论如何，蒋叔舆的论述中突出了这一阶新箓的重要
性，与此相随的是《灵宝中盟箓》重要性的逐渐减弱。

此外，作为新出道法之一的神霄法最为致力于自身授度体
系的建设，其不仅拥有专门的法职体系《神霄补职官品》，还专
有《神霄箓》传世，并试图将其融入固有的箓阶体系中。《神

[1] 蒋叔舆. 无上黄箓大斋立成仪: 卷四九 [M] // 道藏: 第 9 册, 658.

霄箓》又称《五雷箓》《上清三洞五雷箓》或《上清三洞混一成真飞魔演化飞仙上阳五雷秘箓》[1]。虽然名中带有"三洞"字样,但实与三洞无关[2]。在神霄法本《高上神霄玉清真王紫书大法》中, 构建有一个《童子箓》→《洞渊箓》→《都功箓》→《神霄箓》及《紫虚阳光箓》→《中盟箓》→《大洞箓》的七阶法箓法位体系 (另含第七阶未受法箓之白简初真弟子) [3]。此外,《道法会元》中所收元末明初之《天坛玉格》开列了一个《都功》→《盟威》→《洞渊》→《神霄》→《大洞》的五阶箓阶体系 [4]。《中盟箓》于此处已不存,《神霄》之地位仅次于《大洞》, 且在其与《盟威》之间则补入《洞渊》一阶。所谓《洞渊》者, 当即《北帝伏魔洞渊升真箓》[5], 非为中古时期之"洞渊"法位。又据刘仲宇教授所转引江西乾隆四十年 (1775)《正乙天坛玉格》开列了一个《都功》→《盟威》→《五雷》→《大洞》→《三洞》的五阶箓阶体系 [6]。此本《天坛玉格》年代较晚, 代表了明清以降的法箓授受次第, 其中《都功》《盟威》

---

[1] 天皇至道太清玉册 [M] // 道藏: 第 36 册, 370.

[2] 林灵真云:"应道俗曾受《三洞箓》,谓《大洞》《中盟》二箓也。《洞神》已附《中盟》,故称'三洞'。世所谓《三洞五雷经箓》者, 非也。"灵宝领教济度金书: 卷二六一 [M] // 道藏: 第 8 册, 257.

[3] 高上神霄玉清真王紫书大法: 卷五 [M] // 道藏: 第 28 册, 596.

[4] 道法会元: 卷二四九 [M] // 道藏: 第 30 册, 528.

[5] 高上神霄玉清真王紫书大法: 卷五 [M] // 道藏: 第 28 册, 596.

[6] "凡传受之士, 当据保举监度真人, 素行纯笃, 敬重道教, 朴实良善者传焉。初受《都功》, 二升《盟威》, 三升《五雷》, 四升《大洞》, 五升《三洞》。"刘仲宇. 道教授箓制度研究 [M]. 北京: 中国社会科学出版社, 2014: 163.

等箓不变，缺省了《中盟箓》，增加了《三清三洞箓》。结合以上的箓阶体系作为参照，目前于江西修水地区所传承法箓授度体系可被认为是极为完整的典型代表，其法箓授度传统始自清光绪年间，包含有《童子箓》→《都功箓》→《盟威箓》→《大洞箓》以及《五雷箓》（按：修水传承《五雷箓》为小箓，常附属于某一阶法箓一同授受）。

为了对比方便，我们谨将上言诸种法箓授度体系开列于下表之中。就表中所见，《童子箓》《都功箓》《盟威箓》《大洞箓》与《神霄箓》这五阶法箓的地位最为稳固（其中《神霄箓》所处位阶并不稳定）。我们也已经谈到，这一法箓授度体系又进一步与新兴的法职（官职与差遣）体系相连缀，近世道教法师"箓职"并行制度由此形成。

诸种法箓授度体系之对比

	《紫书大法》	《天坛玉格》（元）	《天坛玉格》（清）	当代修水地区
三洞箓			●	
大洞箓	●	●	●	●
中盟箓	●			
神霄箓	●	●	●	●
洞渊箓		●		
盟威箓		●	●	●
都功箓	●	●	●	●

续　表

	《紫书大法》	《天坛玉格》（元）	《天坛玉格》（清）	当代修水地区
洞渊箓	●			
童子箓	●			●

四、小结

在神明礼敬的层面，自唐代以来，道教教团与朝廷、皇室的"合作"日益频繁，这种对于皇权合法性的赋予，也使得其自身的义理体系被"帝制化"。玉皇祀典的确立通过这一"帝制化"将地方神也吸纳至道教的神系之中，对于三天大道的礼敬最终退位与玉皇，而玉皇实际等同于盟威道义理中的"六天"。有神则必有饮食，道教的斋仪也由此转型为醮仪。洗心谢罪的"斋"退位与以饮食交易神明的"醮"。与此同时，基层道教日渐法术化，这直接体现为从唐末至元代诸多道法派系的涌现。追求公众集体生命救度的宗教理想让位于满足现实世界的法术救护。祭祀与巫术出现了"回潮"。

在法箓授度体系层面，出现了与新兴道法所配套的"法职"授度，并与既有的"法箓"授度相关联。与此相应地，原有的七部法位授度体系被简化了。这实际上是"法职"逐渐从仪式功能的角度上取代了"法箓"，法箓的实际功能减弱，更像是法职的某种合法性前缀，其与仪式实践的关系日渐脱节。

如此，一个以玉皇上帝与人间帝王为中轴，统辖地方诸神以及道教法官的"神-人朝廷体系"逐渐形成。以明代为例，这套体系与由正一真人所统领的法官、宗坛体系，以及由礼部所管理的道录司体系相互套嵌交错，正一真人以及由其所统领的法官们一方面对天（玉皇）称臣，一方面对皇帝称臣，牢牢地框定在了帝制社会的人事制度之中。（参见图 22-01）与祭酒不同，法官并不负责"领户化民"，"须世太平"，他们的职责在于利用道法来护世利生，着眼点从关注信徒的生命超越转移到解决现实世界之生计问题。

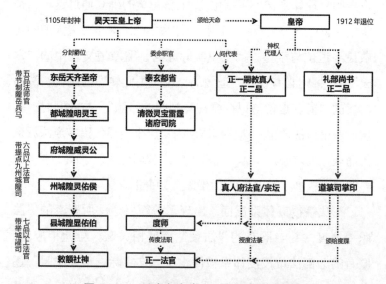

图 22-01　玉皇与皇帝之间的职官系统套叠

附录二、法职授度体系的三个要素

陶　金

引　言

（一）教派、道派、法派

在关于清末民国北京道士的专著中，高万桑教授曾尝试将明清时期的道士组织分为"orders""schools""lineages"三种团体进行考察与研究[1]，在本书中，笔者将其分别翻译为"教派""道派"与"法派"。其中"教派"以授度仪范以及戒律为主要区别，其范畴最大，可分为"正一""全真"两大教派[2]。

---

[1] 高万桑教授同时也还强调，"这些理论上的分别（中文没有'orders'和'schools'的精确对等词）只是一种解释工具，用以理解以师徒关系为本质的复杂现实。"（"These theoretical distinctions — there are no precise Chinese equivalents for 'order' and 'school' — are merely hermeneutic tools to apprehend a complex reality essentially based on master-disciple relationships."）故此，本书中将"order"翻译为"教派"，将"school"翻译为"道派"也正是权宜之计，读者需要依据后续正文中的解释来进行完整的理解。Vincent Goossaert, *The Taoists of Peking, 1800-1949: A Social History of Urban Clerics* (Cambridge, Mass: Harvard University Asia Center, 2007), 24.

[2] 事实上两者之间的界限远没有这一分类所形容得那么明确，部分学者往往将两个教派相互并列甚至对立，以此做生硬之切割，但其与历史真相并不相符。

至于后两者, 王岗教授言明:

> "schools"（道派）指的是具有教义与仪式基础的文本传统, 而"lineages", 其中文为法派, 是指只有血脉（genealogies）而无文本的师徒传承。换言之, 与道派不同, 法派之间并没有教义和／或仪式文本、信仰或实践等方面的区别。……道派是文本、教义和礼仪的更抽象的类别, 而法派则具有法律和财产权, 是其继承与转让之主体。[1]

除了财产外, 身份的承继也是"法派"所包含的重要内容之一, 其实"法律意义上财产的持有实体, 在寺庙中拥有资产或契约权利, 其成员的注册道籍身份可由师父传与弟子。其注册道籍与身份可资由官方所颁发的'度牒'或授度'职帖'作为证明。"[2] "正一"教派之下的法派可包含"天心""神霄""清

---

[1] 作者自译, 其原文为: "Schools denote textual traditions with doctrinal and liturgical foundations, whereas lineages, whose Chinese equivalent is fapai, designate master-disciple transmissions without texts other than their genealogies. In other words, lineages are not differentiated by doctrinal and/or liturgical texts, beliefs, or practices as schools are. ... Whereas a school was a more abstract category of texts, doctrines, and liturgies, a lineage had legal and property rights, subjects to inheritance and transfer." Richard G. Wang, *Lineages Embedded in Temple Networks: Daoism and Local Society in Ming China* (Cambridge, MA: Harvard University Press, 2022), 8.

[2] 作者自译, 其原文为: "The religious lineage by the late Ming had become a legal, property-holding entity with assets or contractual rights in temples, and its members' status as state-registered clerics was transmitted （转下页）

微"等数种，其中虽然也特别重视"师派"之传承，但这一师派仅仅停留在仪式与道法实践之中，如"家书"科仪 [1]，以及行法之前的"启师"节次 [2] 等。至于地方性的师徒授受的法派则不计其数，其以本派"派诗"所起道名作为最为明显的特征，虽然师徒之间或多或少存在着经典、仪式之传授，但在这一层面，其所结成的社会意义的虚拟血缘关系更凸显其重要性。由于经典、信仰与实践通常以师徒传授的法派形式而得以传递，故而两者关系十分紧密，且经常重名 [3]，如"清微派"可能指清微一系之道法，也可能指近世以来地方层面的师徒法派，如1949 年前北京前门关帝庙道士便以"周祖清微派"的派诗传承。"正一"的含义更为丰富，其除了表示教派外还可以表示法派，如 1949 年前北京后门火神庙道士便以"周祖正乙派"的派诗传承。因为前门关帝庙与后门火神庙均系由明初养素真人周思德传下，所以我们也得以知道此处的"清微派"与"正

（接上页）from master to disciple. The official license or ordination certificate (often held in the name of a past master earlier in the lineage genealogy) served as proof of such registration and status." Vincent Goossaert, "Taoists, 1644-1850," in *The Cambridge History of China*, ed. Willard J. Peterson, vol.9 (Cambridge: Cambridge University Press, 2016), 426.

[1] 参见：李志鸿. 道教法术"家书式"考 [J]. 中国道教，2009（05）：40-45.

[2] 参见：陶金. 苏州、上海《诰斗科仪》中"启师"节次初探——道教与密教，江南与北京 [J]. 中国道教，2012（02）：34-41.

[3] Goossaert, *The Taoists of Peking, 1800-1949*, 24; Wang, *Lineages Embedded in Temple Networks: Daoism and Local Society in Ming China*, 9.

乙派"并无信仰与实践上的太多差异，其仅仅是同一宗族下的不同"小宗"而已。

（二）"三位一体"的授度体系

自唐末开始，江西龙虎山的一支天师后裔逐渐出现在历史的记载之中。五代之乱后，这一支张氏后裔经过多代的经营，终于在北宋末使龙虎山获得官方的认可的宗坛地位，并于南宋获得"正一教主"的身份。在这一背景下，龙虎山张氏所开创的全新授度体系逐渐成为主流，并沿袭至今。这一体系的出现并非偶然，一如七部法位体系的整合，其背后有着深刻的政治、社会及信仰变迁。就笔者所见，这一体系除了上一节所言"箓阶""法职"两个体系的对接外，还包含了"万法宗坛""天坛玉格""三山滴血字派"这三个核心要素，由此构成了三位一体的授度体系。高万桑教授的分类方式为我们观察近世龙虎山天师对于道教的整合，以及由其所形成的近世法职授度体系提供了有益的视角，其中"万法宗坛"意在建立一个名义上统一的授度机构，以此将诸多"道派"的传承整合为一，万法归宗，由此制度上的整合。"三山滴血字派"则是建立一个名义上统一的派诗，以此将"法派"虚拟血缘整合为一。《天坛玉格》虽然并不一定是张氏所首创，但张氏有意地利用其建立一个名义上统一的法职职官秩序（秩序＝官阶品级）的思想与其后的正一真人相同，因此得以在扩充之后被其推行。下面分而述之。

一、万法宗坛

（一）释义

所谓"万法"者，并无确切的文献解释，其应是泛指自宋以来逐渐被龙虎山所融摄的诸阶道法，也即是诸多"道派"。因此，"万法宗坛"的意义并不仅仅针对传统的三洞法位授度体系，更意在统合新出的诸阶道法派别（道派）。这些道派拥有不同的祖师、不同的传度仪格以及法职体系，且相互并不完全协同。在大一统国家的背景下，具有坚实官方背景的宗教家方才有能力将其进行整合，并制度化。在经过龙虎山"万法宗坛"的整合之后，诸多道派均汇聚于张氏正一一宗，可称作"万法归宗"。后世经由万法宗坛授度的弟子，一次便可以获得诸阶大法的综合血脉，进而得以行持诸阶道法（参见《附录五》"万法宗坛"）。由此，"万法宗坛"乃是对传统三洞经教与新兴道法等众多道派的一次授度权力的大统合。

考"宗坛"一词，"宗"字表示父系祖先，"坛"字表示露天的仪式空间，与其语义相当者还有"宗庭""祖坛""祖庭"等。"宗坛"大抵有广义与狭义两重解释，广义者可泛指位于名山宫观内专门负责授度教务工作的组织机构。狭义者则专指举行授度仪式的坛场。龙虎山授箓宗坛本称之为"正一玄坛"，又有"正一宗坛"之称，《道藏》以及传世法箓文书表明，"正一玄坛"这一称谓并未因"万法宗坛"的出现而消失，其实际一直在实践中被使用，两者之间的具体异同尚有待进一步考究。"万法宗坛"这一称谓应是张可大"统领三山"之后所出现的，据刘仲宇教授考证，目前最早关于"万法宗坛"的记录见于元代大学士虞集之《门贴·万法宗坛门》。据此及其他信息综合推论，彼时的授箓庭坛应位于大上清宫内，正是元代敕封"正一教主"之后的产物[1]。不过，根据《龙虎山志》与《汉天师世家》《皇明恩命世录》之记载，后来的"万法宗坛"实际位于真人府中，此留作下文讨论。

龙虎山作为道教名山中的后起之秀（目前的信史可追溯至唐末），如何能从原有三洞之外的正一部跃身统摄三洞经教？张氏家族又如何在"流徙"之后多年重掌法箓授度之神权？事实上，宋元之际诸阶道派涌现之时，道教的宗教权威也经历了渐次的转变，下面将结合已有的学术成果稍作讨论。

（二）由地方到"三山"

我们之前看到，自汉末至唐代，法箓、法位的授度都是地方层面的宗教实践，并不存在着一个神权层面的绝对集中垄断。即便是在早期盟威道团体内，天师（或天师子孙）也并不直接参与普通道民的法箓授度仪式，而是由治堂祭酒来完成。从北宋晚期开始，出现了由朝廷所授权的三大宗坛，其最早的记载由《茅山志》所转引，其曰：

> 绍圣四年（1097）……别敕句容县三茅山经箓宗坛，

---

[1] 刘仲宇. 道教授箓制度研究[M]. 北京：中国社会科学出版社，2014：149.

> 与信州龙虎山、临江军阁皂山三山鼎峙，辅化皇图。徽宗
> 加号元符万宁宫，赐九老仙都君玉印、景震玉榗具剑……[1]

三山宗坛的设立，实际仍然遵从了三洞的分类法则，按王契真《上清灵宝大法》云：

> 金陵之三茅山，大洞宗坛也。临江之阁皂山，灵宝
> 宗坛也。信州之龙虎山，正一宗坛也。历朝宗奉，三洞圣
> 师，传真弘化之地，主领教纲之所。[2]

在这里，茅山"上清宗坛"对应洞真部，阁皂山"元始宗坛"对应洞玄部，洞神部的经典因为早已散佚，故而将正一部补入，由龙虎山"正一玄坛"来对应[3]。由朝廷授权"三山"进行法箓授度实际是一项将道教原有的三洞经教体系拆分，并使之垄断的行为。作为灵宝宗坛的所在地，南宋庆元二年（1196）《临江军阁皂山崇真宫记》云：

> （御书阁）阁后设传箓坛，盖法许授箓者，惟金陵之
> 茅山、信州之龙虎，与此为三。[4]

---

[1] 刘大彬. 茅山志 [M] // 道藏: 第 5 册, 605.

[2] 王契真. 上清灵宝大法. 卷二十七 [M] // 道藏: 第 30 册, 904.

[3] Goossaert, *Heavenly Masters: Two Thousand Years of the Daoist State*, 61.

[4] 全宋文卷五一五一: 周必大一三八 [M] // 曾枣庄、刘琳主编. 全宋文: 第 231 册, 上海: 上海辞书出版社; 合肥: 安徽教育出版社, 2006: 269.

王契真在《上清灵宝大法》中亦写道:

> 古者传箓, 则有以有箓者为师, 中古以来, 建立宗
> 坛, 不容私度, 故传经受箓, 合以宗坛为师。[1]

按照这一逻辑, 龙虎山作为初阶"正一箓"的授度宗坛, 享
有最大的受度弟子基数, 而随着法箓法位的升授, 弟子则需
分别前往阁皂山与茅山分别受度"灵宝箓"与"上清箓"。如
此, 原有地方层面的授度行为被中止, 求箓的难度也随之被
提升。在理想的状态下, 一名求受"上清箓"的弟子实际已
在此前分别前往龙虎山与阁皂山参度法箓。在交通尚不便捷
的年代, 这显然很难实现。此外, 在垄断的前提下, 请受法
箓的"信金"也水涨船高, 因此也滋生出诸般不如法的操
作, 这种弊端在南宋便已凸显出来, 因此蒋叔舆批评一些
道士说:

> 《上清》《灵宝》《盟威》信金既重, 止凭化士于宗坛
> 受一《法箓词文》, 便称"某箓弟子", 行持斋事。[2]

---

[1] 王契真. 上清灵宝大法 [M] // 道藏: 第 30 册, 1176.
[2] 《无上黄箓大斋立成仪卷之十七》。关于"化士"的讨论可参见: 谢聪
辉. 道教"化士"的意涵、来源及其在明清授箓中的职能研究——兼论
佛教的相关问题 [J]. 道教研究学报: 宗教、历史与社会, 2022 (14):
37-82.

高万桑将"三山"宗坛的设立视作王安石变法的重要组成部分[1]，其中还包括了对于道士、僧人度牒的管理及考核[2]。至徽宗时，开封城中起建"上清宝箓宫"，乃是"道君皇帝"试图将授度神权进一步收拢并凌驾于三山之上的标志，但这一举措与北宋的国祚最终一道灰飞烟灭了。

（三）由"三山"归龙虎

由"三山"分授三部法箓必然会造成道教内部的藩篱，这是完全出于人为造成的政策性干预，而非义理层面的道门科律。按照固有的法位制度，三山各主要宫观中的高道理应皆是大洞法位法师，因此都具有授度三部法箓的资格。至徽宗时，茅山高道黄澄便建议打破这种藩篱，使三山皆有权利分别授度三部法箓。按《茅山志》载：

> 初，三山经箓，龙虎正一、阁皂灵宝、茅山大洞，各嗣其本宗，先生请混一之。今龙虎、阁皂之传"上清毕法"盖始于此。[3]

我们目前无法确认这一提议后来的执行如何，但按其内容理解，似乎确有推行。如此，则三座宗坛便都具备了传授三部或

---

[1] Goossaert, *Heavenly Masters: Two Thousand Years of the Daoist State*, 62.

[2] 马玉臣. 论宋神宗时期宗教改革政策及其影响[J]. 宗教学研究，2009（03）：173-179.

[3] 刘大彬. 茅山志：卷十六[M] // 道藏：第5册，621.

者说全部法箓之权限，这也为后来龙虎山统领三山，进而对授箓权限进行绝对垄断提供了至关重要的前提铺垫。[1]

　　在历史中，这种被后世视为经典模式的"三山鼎峙"实际只存在了 142 年。南宋理宗一朝，张可大（三十五代）于"端平年间，累召赴阙"[2]，由此成为第一位涉足宫廷的正一真人，至嘉熙三年（1239）七月，"赐号观妙先生，敕提举三山符箓，兼御前诸宫观教门公事，主领龙翔宫"[3]。所谓"提举三山符箓"，意味着由张氏所代表的龙虎山凌驾于其他二山之上，以及其对于法箓授度神权的掌控。南宋时期的法学汇编《名公书判清明集》便开列：

　　　　非嗣教天师虽尊属亦不当搀越出给符箓。[4]

可见，龙虎山张氏对于法箓授度的全权代理自宋代便已受到朝廷法律的保护。[5]

　　张可大在效忠宋室的同时，也与北方的蒙元王朝保持着密切良好的关系，这使得元朝一统天下后，龙虎山张氏的政治

---

[1] 当然，我们在这里所谈及的情况，都仅凭有限的文献而言，三山之间的关系必然远非文献所见的那样相互独立。

[2] 汉天师世家：卷三 [M] // 道藏：第 34 册，829.

[3] 汉天师世家：卷三 [M] // 道藏：第 34 册，829.

[4] 张四维，辑. 名公书判清明集：卷十一 [M]. 北京：中华书局，1987：406-407.

[5] Goossaert, *Heavenly Masters: Two Thousand Years of the Daoist State*, 60-70.

地位非但没有受到影响，反而愈发尊崇。元大德八年（1304），成宗皇帝授张与材（三十八代）"正一教主，主领三山符箓"[1]。我们也发现，从这时起，史料中茅山与阁皂山宗师再未见到任何帝王的正式封赠，这或多或少表明了一种政策性的倾斜，龙虎山的权威已通过与皇权的结盟而完全压制了其他两座宗坛。明洪武年间，太祖敕封张正常（四十二代）为"正一嗣教护国阐祖通诚崇道弘德大真人"，"掌天下道教事"，确立了其作为道教教主的地位，并在王朝交叠之际再次明确了其对于法箓授度的全权垄断。

（四）由"万法"归"正宗"

在传统的"上清""灵宝"授箓宗坛之外，宋元时期涌现出来的诸阶道法（道派）也是龙虎山张氏需要将其"统宗"的对象。只不过，与茅山、阁皂山两处宗坛所不同的是，这些道派更多地主动依附于龙虎山的权威，而非与其"鼎峙"。高万桑教授将宋元时期的龙虎山形容为诸阶道法的"训授中心"（training center），其一方面基于诸多道派将其道法源流上溯至张继先（三十代），另一方面也是因为当时作为道法温床（hotbed）的赣东北地区与龙虎山毗邻（如天心法、神霄法之祖师皆起于此）[2]。至迟从宋中期开始，前往龙虎山"学法""受法""受符"逐渐成为文献记录中的主题。在众多的法术中也

---

[1] 娄近垣. 龙虎山志 [M]. 南昌：江西人民出版社，1996：55.

[2] Goossaert, *Heavenly Masters: Two Thousand Years of the Daoist State*, 81-82.

包括了被外界认为是"邪术"的"赵侯南法"，若洪迈所言：

> 信州贵溪龙虎山，世为张天师传正一教箓之地，而后山巫祝所习，谓之"南法"，乃邪术也。[1]

高万桑教授敏锐地注意到此处"后山""邪术"等词汇所暗示的这些法术与龙虎山道教教团之间的暧昧关系，他颇有洞见地总结曰：

> 龙虎山首先欢迎奉行诸阶道法的法师前来受度，其后更积极地参与到了有关这些道法的训授之中；如此，他们得以宣扬那些于此求学受教、奏职受度的弟子所掌握者乃是"正法"，与其相对的则为"邪术"。……龙虎山此时成为一处学习玄妙法宝之所。这使得龙虎山的天师机构得以建立成为一处判断孰正孰邪的权威中心；其成为一处为地方道教传统提供授权的机构——这一角色一直持续到当代。[2]

对于我们此处的研究而言，道法的训授本身就包含了道派的构建，即传承经典、仪式等信仰、实践内容，也即等同于将不同

---

[1] 洪迈. 夷坚志·补卷第二十：董氏子学法 [M]. 北京：中华书局，2006：1736.

[2] Goossaert, *Heavenly Masters: Two Thousand Years of the Daoist State*, 83.

祖师所传的道法传承汇集于了一身。从道法行持的角度，通过
在龙虎山受度也就等同于一次性汇集了诸阶正法的血脉于一
身，而这一血脉正是行持道法所特别需要的外部条件。也正是
如此，当代的正一法师才能在"启师"仪文中一次性奏启多达
二十阶的道法祖师（参见《附录五》"万法宗坛"）。当代科仪
中普遍使用的一则《宗坛宝诰》实际直接点名了"宗坛"即意
味着诸多道派共享的"总师承"，其可作为"万法宗坛"作为
法脉"大一统"的义理表述：

> 宗坛立极，道统心传，清微灵宝及先天，道德混元
> 兼正乙，真风浩荡，飞身遍驾于雷霆，慧目常明，顾盼提
> 携于日月，口口相传无上道，堂堂高振大宗风，说法度
> 人，化作十方之教主　代天宣化，广开四海之法门，普济
> 群生，咸归正道。大悲大愿，大圣大慈，玄堂启教历代师
> 真，流演万法天尊。[1]

（五）由上清宫归真人府

我们再来关注有关龙虎山法箓授度仪式空间"正一玄坛"
的一点微妙变化。如我们在本书"第十八节"所见，中古时期
的法箓授度仪式被嵌入斋仪的框架之中，由此，授箓之坛也即

---

[1] 这一宝诰未见于《道藏》之中，此处所录为上海地区薛明德先生所传
版本。其他近似的版本可参见：彭理福.道教科范，全真教斋醮科仪纵
览，下[M].北京：宗教文化出版社，2011：685.

是斋坛（亦称虚皇坛）。同时，中古时期的道观常将虚皇斋坛置于天尊殿（或三清殿）之前庭正中，居于山门之内，两者同时位于道观建筑群主体建筑之中轴线上。如《三洞奉道科戒营始》所云：

> 科曰：凡观天尊殿前，皆须筑土或垒砖砌石，若构木作坛三级、五级，至十二级，皆按本经，栏纂门榜，并须如法。[1]

在今日的宫观建筑中，茅山元符万宁宫、苏州玄妙观、成都青羊宫、梓潼七曲山均可看到殿前设坛的遗存。由此，宫观之中的授箓活动，亦于中轴线之斋坛上举行，如《大涤洞天记》所载：

> 虚皇坛：在正殿前，旧志云："唐景福二年，钱武肃王按当时仪式叠甓开坛，请闾丘先生三元奏箓于此。"[2]

与此相印证，据《龙虎山志》记载，"正一玄坛"原位于大上清宫的主院落正中三清殿之前（与阁皂山崇真宫相同），坛上覆有重屋[3]。

---

[1] 洞玄灵宝三洞奉道科戒营始：卷一 [M] // 道藏：第 24 册，746.

[2] 邓牧. 大涤洞天记：卷上 [M] // 道藏：第 18 册，143.

[3] "洪武二十三年四十三代真人奏请重建，其制……三清殿，又前为元坛，覆以重屋。"娄近垣. 龙虎山志 [M]. 南昌：江西人民出版社，1996: 25.

按《龙虎山志》，"正一玄坛"在洪武二十三年（1390）上清宫重修后仍然存在于院中，但到了正德三年（1508）重修后却不复存在[1]。关于"万法宗坛"的建筑记载首见于嘉靖二十五年（1546），《汉天师世家》云：

> 丙午……三月，敕遣内官监左少监吴猷，会同江西抚按重建大真人第，增造敕书阁以尊藏累朝宸翰，西立"万法宗坛"以奉上帝列真。

此亦可与《龙虎山志》相印证，其云：

> 嘉靖中，遣中官吴猷同江西抚按督修……"万法宗坛"在私邸西，正殿五间，东西厢房各三间。[2]

这一规制与今日相同。我们已经看到，建筑意义的"正一玄坛"即是授箓之坛所，而"万法宗坛"则应是"正一玄坛"之别称[3]。不过，既然"授箓坛"是宫观建筑的有机组成部分，那

---

[1] "正德戊辰敕内官监修……龙虎殿，五间，旧时正一元坛殿也。"娄近垣.龙虎山志 [M].南昌：江西人民出版社，1996: 25.

[2] "万法宗坛在私第西，正殿五间，东西庑各三间。坛后真武庙五间，东西庑各三间，殿后小屋九间。"娄近垣.龙虎山志 [M].南昌：江西人民出版社，1996: 29.

[3] 刘仲宇.道教授箓制度研究 [M].北京：中国社会科学出版社，2014: 149.

么作为"授箓坛"的"万法宗坛"就不应出现在作为府邸的真人府内，且只忝列于私邸之西侧，更不应只是一座"一正两厢"式的院落式建筑。如此，"宗坛"之改制乃是一值得关注之事件。

按上清宫与真人府实际是龙虎山相互独立且又关联的两个宗教机构，其管理机制亦不甚相同：上清宫是由几十座道院所组成的庞大修道团体（参见图 23-01），以出家道士为主，与其他大型道观一样，其提点应是由各道院公推或轮值，上报礼部后札付印信。同时，上清宫也是龙虎山真正意义上的宗教中心，宋元时期的诸多法派均在各道院内部传衍，而上清宫的法官们则从地方到宫廷中都扮演了不逊于正一真人的社会角色。与此不同，真人府为乃是正一真人处理与道教相关行政事务以

图 23-01 由诸多道院组成的龙虎山大正一上清宫复原图，清华大学建筑设计研究院文化遗产保护中心提供

及生活起居的府邸，前院为公府，后院为私邸，是一处独立的机构。真人府前院以大堂为建筑中心（20世纪80年代恢复宗教活动后拆除改建为玉皇殿），并由东西赞教厅拱卫。前院之西有"法箓局"，专司法箓之印制[1]。在明代嘉靖一朝，朝廷对于龙虎山张氏的恩遇达到顶峰，这或许为其将"宗坛"移入府中创造了便利的氛围，而同时将"法箓局"亦设于府中，更意味着其对于法箓的制作与授度的全面掌控。

简而言之，上清宫是一座具有宗教性质的道观建筑群，而真人府则是一处具有世俗性质的府衙建筑群，两者从建筑布局到空间性质上均有着较大的区别。可以说，上清宫与真人府，分别代表了龙虎山宗教秩序中宗教与皇权这两个层面。我们通过历史上若干法官与正一真人之间的博弈应不难推测"宫-府"之间曾经存在着不同层面与程度的微妙张力。"万法宗坛"移入真人府这一事件，从明面上看起来是龙虎山张氏家族对于授箓神权的进一步独揽，但实际上乃是皇权对教内授度事务的进一步"渗透"，其背后是有明一朝龙虎山张氏与朝廷之间的紧密同盟关系，将真人府所代表的皇权凌驾于上清宫所代表的宗坛法席之上，这仍可被视作宋徽宗创设上清宝箓宫在后代的一种余韵。至此，各道派终于通过这一极具象征性的事件以及建筑群落，统摄于皇权及其代理之下。

---

[1] 张青剑. 上清镇天师经箓制作人李水太先生采访记. 孔祥毓道长提供。

（六）全真派授度法箓的史实

在宋学立博士新近所发表的极具开创性及重要性的研究中，他爬梳了金元时期全真宗师授度法箓的史实[1]。就其所见，全真派祖师在创教之后不久"就已明确了自身的道教身份、道士身份"。在其授度的诸阶法箓中，涵盖了我们在《附录一》中所论及的几乎所有法箓，如《都功》《盟威》《紫虚阳光》《三洞五雷》《上清大洞》等法箓。此外，众多的全真宫观中也设有"法箓""秘箓"堂。在众多的宗师中，王处一乃是法箓授度的集大成者，此外丘处机、尹志平、宋德方、李志常等宗师均有着丰富的法箓授度记录。由此，居于江西的龙虎山张氏实际上也只是在名义上垄断了南方宋朝疆域内（以及元朝一统后的南方区域）的授箓特权，而中国北方的包含全真在内的诸多道派实际反而延续了在地方层面因师受度法箓的古法（甚至不排除存在着全真派自己的法箓授度中心，如"如燕京大长春宫宝箓院掌籍"这一道官官称所见[2]）。所以必须承认，我们在

---

[1] 宋学立．金元全真教授箓史论略[J]．世界宗教研究，2021（01）：106-117. 不过，该篇研究中也存在着一些明显的误会，如在论文末尾，作者认为全真派法箓授度的特点之一乃是"秘传"，这是由对"秘法""秘箓"等称谓误解而来的。事实上，以"秘"字修饰道法、法箓乃是近世以来的一种常见做法，其并非限于全真一派。又如，作者认为"戒箓并传"乃是全真法箓授度的另一特点，但事实上，我们也已看到，自中古时期以来，经、戒、箓、法便已构成一有机的整体，权利的授予必然伴随着约束。不过从整体而言，该文仍是一篇令人期望已久且极有价值的学术成果。

[2] 转引自：宋学立．金元全真教授箓史论略[J]．世界宗教研究，2021（01）：116.

此以龙虎山为中心所进行的近世法箓授度研究既不充分，也不全面。随着北方全真派授度法箓史实的进一步披露与讨论，更为完整的历史原貌将有望得以呈现。

此外，北方地区全真派道士授受法箓、法职的活动在明清时期一直延续，这可从更多的金石资料中获得启示。我们在本书正文第十七节中已经看到，经、戒、箓、法原本为一相互咬合之有机整体。那么以清代中期北京白云观为主流的"传戒"活动将戒律从传统的授度体系中剥离出来的做法哪怕在全真道教的历史中都是极为短暂的传统。换言之，对于法箓授度的进一步研究也将有助于我们进一步理解"传戒"的深层内涵，盖因道教之"戒"与"律""科""格"等规范实是一体，是"盟约"的进一步推衍，此有别于明末以来汉传大乘佛教之"三坛大戒"[1]。

二、《天坛玉格》

（一）释义

《天坛玉格》是一部授度参考手册，其背后的深层功能包

---

[1] "三坛大戒"同坛授予的做法始自明代律宗中兴，其中《沙弥》《比丘》《菩萨》三戒同授的核心原因在于"声闻戒与比丘戒的内涵与要求毕竟不同，声闻戒为一生受持，菩萨戒为尽形寿受持；声闻戒的授受须拣择，严格持守不易，菩萨戒的授受无须拣择，受持相对宽容"。换言之，《比丘戒》戒条众多，且在汉地难以遵守，而作为大乘佛教的《菩萨戒》出自《梵网经》，其旨约而易行，由此得以消解"声闻部"之"难持"。故此，汉传佛教的"三坛大戒"实际有着自身的历史原因以及义理因素。参见：刘晓玉."三坛大戒"制度确立之义理解析[J].中国佛学，2016（02）：176-186.

含了对于传统"箓阶"与新兴"法职"的对接，以及各道派法职体系的协调。从教团组织的角度来看，《天坛玉格》乃是道派整合的进一步深入，这具体体现在其中所汇集、整编的各道派"迁转品秩"。从义理的角度来看，这一整编之后的"秩序"使得原本互不相干的各道派天曹府院法官们能够"同朝为官"，在职官的层面构筑了共同体。

书中虽然并未解释"天坛"之意，但其作为天界向人间道士授职的场所概念或可上溯至《玄都律》中所云：

> 男官、女官、主者，受法箓治职之号，譬如王位，至于选补，皆由天台。[1]

高万桑教授推测其当为玉皇天廷之意，亦与此意相符 [2]。传统意义上"坛"与"台"都有与天相通之意。无论"坛"或"台"是否有屋顶，其或多或少都具有一种中心对称式的建筑布局，其样式可参见上文中所提及龙虎山万法宗坛之建筑复原图。笔者斗胆再将论述向前推衍一步，无论是六朝的"天台"还是近世的"天坛"，其实际都以中国神话-历史中圣王举行朝觐之礼，颁布政令的明堂作为某种概念上的原型 [3]。这一天界之中的

---

[1] 玄都律文 [M] // 道藏：第 3 册，460.

[2] 高万桑 . 近代中国的天师授箓体系：对天坛玉格的初步研究 [C] // 黎志添 . 十九世纪以来中国地方道教变迁，香港：三联书店，2013：440.

[3] 可参见《逸周书》中《明堂》与《王会》两篇之描述。黄怀信 . 逸周书校补注译 [M] . 西安：三秦出版社，2006：289-291，317-336.

"明堂"实际也正是老君所居之"昆仑大治",而洞天福地之中的"授箓坛"则是其在人间的镜像。故此,奉道弟子从宗坛立盟受度实际也具有了"承天受命"的含意。

所谓"格",实则为唐代以来政府机构的日常办事细则[1],尤其是宋代元丰改制之后,"格"所涉及的内容大都关乎某些政务事项衡量轻重的标准规定,比如"赏格"与"荐举格",从选举授职的角度看,后者与《天坛玉格》关系最大[2]。高万桑教授对于《天坛玉格》的概括十分简约且准确,现转录于此处:

> 《天坛玉格》是正一道授箓的科仪手册,它与张天师以及龙虎山的授箓中心有密切的关系,却也同时被广泛应用在全中国。《天坛玉格》并不是一份描述授箓仪式的科仪本,而是一本为授箓过程提供规范,为授箓仪式的预备提供各种必要的资讯手册,例如如何决定箓生的职秩,如何书写在授箓过程中发放的文检等。若论文本的类别,《天坛玉格》的内容可以分为文检和规章两类。它似乎在过去就是一个公开流传的文本,并不囿于授箓过程中的传

---

[1] 参见:张晋潘,主编.中国法制史[M].北京:中国政法大学出版社,2007:42,60.郑显文.唐代《道僧格》研究[J].历史研究,2004 (04):38-54.

[2] 吕志兴.宋格初探[J].现代法学,2004,26(4):108.闫兴潘.论金代女真人的"超迁格"——民族关系影响下的职官制度变革[J].历史教学(下半月刊),2019(09):53.

授。最迟在 15 世纪初，《天坛玉格》就已广为流传，至今仍在龙虎山正一道授箓活动中使用。[1]

根据刘仲宇教授 [2] 与高万桑教授 [3] 参校若干不同版本《天坛玉格》所作的研究，其内容大抵可分为 5 大部分（当然并非所有版本都完全具备这 5 部分）：

1. 依不同道法派系依次排列的法职品秩（从九品至一品）；
2. 依受度弟子生辰推定其道法身份的列表；
3. 授度仪式所应用之文书写式；
4. 初授、升授之格文；
5. 派诗。

就笔者所观察，在这里第 2、第 3 以及第 4 部分，实际是承续并发展了传统授度仪式文本的固定内容，如《十箓召仪》《外箓仪》《度仙灵箓仪》等文本中的部分内容，第 5 部分"派诗"将在后文中单独讨论。在这里，我们将先主要讨论其第

---

[1] 高万桑 . 近代中国的天师授箓体系：对天坛玉格的初步研究 [C] // 黎志添 . 十九世纪以来中国地方道教变迁，香港：三联书店，2013: 439.

[2] 刘仲宇 . 道教授箓制度研究 [M]. 北京：中国社会科学出版社，2014: 142-165.

[3] 高万桑 . 近代中国的天师授箓体系：对天坛玉格的初步研究 [C] // 黎志添 . 十九世纪以来中国地方道教变迁，香港：三联书店，2013: 438-456.

1部分，也即是其最具创新性与建设性的内容。我们的讨论将基于《道法会元》中所收之二卷本（以下简称《道法会元本》）[1]，以及以此为底本的清顺治十五年（1658）苏州刻本[2]（以下简称《苏州本》，参见图23-02）。《苏州本》由正一真人张

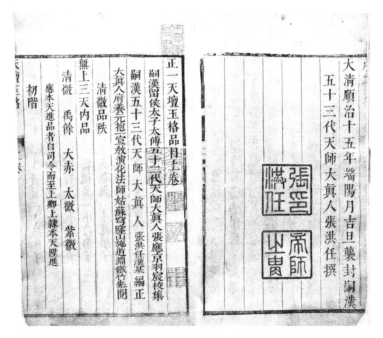

图23-02　北京大学图书馆藏顺治十五年苏州版《正一天坛玉格》书影

[1]　道法会元：卷二四九，二五〇 [M] // 道藏：第30册，524-536.

[2]　现藏北京大学图书馆。刘仲宇教授曾对该版在上海地区手抄本进行了全文整理，但上海抄本附加有部分文书写式内容。参见：袁志鸿，刘仲宇，整理.正乙天坛玉格 [G] // 刘仲宇，吉宏忠，主编.正一道教研究：第二辑.北京：宗教文化出版社，2013：319-353.

洪任（五十三代）作序，并在标题下写明"嗣汉留侯太子太傅五十二代天师大真人张应京羽宸校集，嗣汉五十三代天师大真人张洪任汉基编正，大真人府养元抱一宣教演化法师姑苏穹窿山施道渊铁竹参阅"，底页则刻有"姑苏李益生刻"。考虑到施铁竹与张洪任的私交关系，这或许是在后者的授意下由前者具体负责的刊印工作。

（二）法职秩序的整合

与清初的《苏州本》相比，编订于元明之际的《道法会元本》的第 1 部分相对简约，只开列了四组法职秩序：

1. 天枢院九品迁转品秩；
2. 北极驱邪院九品迁转品秩；
3. 玉府九品迁转品秩；
4. 神霄品秩。

其中前两者出自天心法体系，后两者出自神霄法体系。这四组法职秩序通过"九品十八级"的秩序被完美地平行展示（详见下表）。在《苏州本》中，大量其他法派的法职体系被添入，其分别为："清微品秩""灵宝品秩""混元品秩""洞元品秩""雷门忠孝品秩""社令雷门品秩""璇玑品秩""西瑶府品秩""太洞九品""净明忠孝品格""玉枢品秩""上清三洞九华内品仙秩""九霄品秩""太极玉格""三景仙阶"。

通过比对两个版本，我们得以发现，只有两种版本所共有的四组法职建立在同一套严密的秩序之中，《苏州本》所增入的十五组法职秩序虽然也以品级秩序的形式排列，但其细节无法相互对应，呈现出十分多元的形式。[1] 为了更好地理解《天坛玉格》最初作者所欲构建的秩序体系，我们谨将《道法会元本》中所开列的天心、神霄四组法职秩序以及其对应的品级、法箓罗列于下表中以便讨论。

《道法会元本》所开列的四组法职秩序以及其所对应的法箓位阶

箓阶	秩序	上清天枢院法职	北极驱邪院法职	神霄法职	玉府法职
大洞箓	正一品	至真无上辅天元尊平章代判神霄上宫事			
	从一品	九天金阙令判泰玄都省兼枢机内外台事			
	正二品	九天金阙上宰天枢院大使判天枢院事	九天金阙上宰九天伏魔使判驱邪院事	九天金阙上宰神霄玉枢伏魔使同知天枢内省事	神霄玉枢伏魔使判雷霆都司事
	从二品	九天金阙少宰天枢院使判天枢院事	九天金阙少宰九天御魔使判驱邪院事	九天金阙少宰神霄玉枢都督使判神霄上宫玉清王府事	神霄玉枢御魔使判雷霆都司事

---

[1] 这也许意味着《苏州本》（或该刻本之底本）的编订者在将这十五组法职秩序收录的过程中，并未对其进行过多的修订工作。

箓阶	秩序	上清天枢院法职	北极驱邪院法职	神霄法职	玉府法职
神霄箓	正三品	九天金阙上仙天枢院副使同判天枢院事	九天金阙上仙九天察访使同判驱邪院事	九天金阙上仙琼瑶真人玉枢大使判神霄玉清王府事	神霄玉枢游奕使同判雷霆都司事
神霄箓	从三品	九天金阙上卿天枢院副使同判天枢院事	九天金阙上卿九天廉访使知驱邪院事	九天金阙上卿玄都御史五雷大使判诸司府院玉楼校书事	神霄玉枢副使同判盾厦都司事
洞渊箓	正四品	九天金阙御史知天枢院事	九天金阙御史九天采访使知驱邪院事	九天金阙御史金门都指挥使判南北二院兼司三省经箓事	玉府上卿五雷大使领雷霆都司事
洞渊箓	从四品	上清玄都御史九天金阙大夫同知天枢院事	上清玄都御史九天金阙大夫土部尚书九天纠察使同知驱邪院事	九天金阙大夫土部尚书金门指挥使判南北二院事	玉府上卿五雷使领雷霆都司事
盟威箓	正五品	上清翊卫仙卿同知天枢院事	上清翊卫仙卿火部尚书九天游奕使同知驱邪院事	神霄伏魔使火部尚书知南北二院事	玉府上卿五雷副使知雷霆都司事

续　表

箓阶	秩序	上清天枢院法职	北极驱邪院法职	神霄法职	玉府法职
盟威箓	从五品	上清玄都大夫行天枢院事	上清玄都大夫水部尚书北极伏魔使行驱邪院事	神霄都斩邪使水部尚书知南北二院事	上清司命玉府玄天大法主知雷霆都司事
	正六品	天枢院考召使同行天枢院事	木部尚书北极考召使同行驱邪院事	神霄宫掌法上卿木部尚书同知南北二院发遣九天兵马事	上清司命玉府少卿五雷伏魔使同知雷霆都司事
	从六品	天枢院御邪使同行天枢院事	金部尚书北极斩御邪使同行驱邪院事	神霄玉府两宫校籍金部尚书同知南北二院事	上清司命玉府左卿五雷斩邪使同知雷霆都司事
都功箓	正七品	天枢院领法仙官金书天枢院事	北极驱邪院领籍法仙官会金驱邪院事	神霄宫校籍金书南北二院事	上清司命南宫左卿主管雷霆都司事
	从七品	天枢院掌法仙官同金书天枢院事	北极驱邪院掌籍法仙官同金书驱邪院事	玉府宫校籍会书南北二院事	上清录事玉府掌法仙官主管雷霆都司事
	正八品	天枢院左领兵执法真官主管天枢院事	北极驱邪院右左领兵执法真官主管驱邪院事	神霄宫掌籍仙官兼紫微内翰	上清录事斗中都水使者主管雷霆都司事

续　表

箓阶	秩序	上清天枢院法职	北极驱邪院法职	神霄法职	玉府法职
都功箓	从八品	天枢院左统兵执法真官同主管天枢院事	北极驱邪院右左统兵执法真官同主管驱邪院事	七灵飞步仙官玉天洞景法师兼紫微掌法总管南北二院事	上清录事五雷上令同主管雷霆都司事
	正九品	天枢院左大判官管干天枢院事	北极驱邪院右左大判官兼南昌上宫受炼典者管干驱邪院事	太平辅化仙卿神霄执法仙宫兼西台风雨吏	上清录事五雷院左大判官干雷霆都司事
	从九品	天枢院左判官上章典者同管干天枢院事	北极驱邪院左判官兼南昌上宫受炼典者同管干驱邪院事	太平辅化典者神霄传吏	上清录事五雷院左判官同干雷霆都司事

1. 四组秩序之纵向比较

对上表中所开列内容进行纵向比较，我们可以注意到以下几点:

（1）四组法职秩序均被分为九品十八级，这当然是与"阳官"制度看齐的结果。每套秩序的法职称谓虽然各有特色，但也存在着一定的共性。

（2）法职中的"官职"各有不同，其皆以本院、本司作为起始，依品级不同以"判官""仙官""使""御史""御史大夫"等作为结尾。

（3）法职中的"差遣"以"本院、本司事"结尾，前缀动词依据不同品级亦有所不同，其有："同管""管干""主管""同金""金书""同行""行""同知""知""同判""判"等。

（4）在从一品与正一品的秩序中，四组法职共享同一"官职"与"差遣"，即"九天金阙令判泰玄都省兼枢机内外台事"（从一品）与"至真无上辅天元尊平章代判神霄上宫事"（正一品）。

2. 四组秩序之横向比较

对上表中所开列内容进行横向比较，我们可以注意到以下几点：

（1）在"从九品"至"正七品"之间，四套法职的"官职""差遣"称谓体现出最大程度的多样化，其共性极小，这或许是因为其包含了最初各自独立发展过程中未经有意整合的法职，同时也恰恰对应了初阶的《都功箓》。

（2）自"从六品"开始至"从二品"，同品级的官职开始呈现不同程度的共性。如："天枢院"与"驱邪院"法职所共享开头部分（以下划线标出），"驱邪院"与"神霄法职"法职所共享"五部尚书"的称谓（以着重号标出）。这种互通与共享应表明了一种有意为之的横向整合工作。

（3）"从一品"与"正一品"法职的唯一性极有可能暗示了其专为一人所设，除此一人外无人堪受此任，这极有可能是专为正一真人所设。

3. 经纬体系

我们可以注意到，《天坛玉格》的最初编订者构建了一个严密的"经纬体系"，其中每一组法职秩序都被纳入九品十八级的纵向排列（经），法官初授之后，根据其所立之功而迁转，这一逻辑直接上承早期盟威道教法。随着四组法职秩序全部被纳入九品十八级的秩序排列中，他们也因此被置入统一的网格中平行排列，并由此具有了可以相互参照的相对关系（纬）。也就是说，两位分别隶属不同道法、府院的法官，此时得以通过这一套经纬体系而迅速建立尊卑关系，进而构建起同僚的身份认同；原本相互不干的两个法派之间，也由此成为"兄弟单位"并"同朝为官"。高万桑教授推论，纵向法职秩序的建立最初应与天心法与神霄法有关，并逐渐被其他法派所接受，从此，"道教的体制与国家的体制等同了起来"[1]。从道教内部来说，一如刘仲宇教授所论定，《天坛玉格》的重要意义在于"为统一的正一道派，奠定了最基本的规范，这一规范，从给道士的法职定下等级开始，使得整个道教拥有向心力以及形式上的统一"[2]。事实上，以国家职官制度作为象征的内部制度构建并非宋元道法所新创，其与早期盟威道二十四治与祭酒选举制度相呼应，并与中古箓阶制度直接对接。

（三）箓阶与法职的对接

我们在前面已经看到了授度体系转变的几点重要要素：

[1] 高万桑. 近代中国的天师授箓体系：对天坛玉格的初步研究 [C] // 黎志添. 十九世纪以来中国地方道教变迁. 香港：三联书店，2013：443.
[2] 刘仲宇. 道教授箓制度研究 [M]. 北京：中国社会科学出版社，2014：162.

1. 法箓位阶体系的嬗变，从七阶简化为四阶。

2.《天坛玉格》中不同法派法职秩序依照品级的横向关联。

3. 参受法箓成为传度奏职的必要条件，因此形成了"箓-职"的关联。

由此，我们来到了近世法职授度体系形成的最为关键的一步，即"箓阶体系"与"法职体系"的横向对接。通过将一定品位的法职从属于某一位阶的法箓，两套体系最终被构建成为一个有机的整体，而这也正是近世授度体系的关键节点所在。目前我们所能见到的这一构建的较早记载见于《高上神霄玉清真王紫书大法》之"神霄保仙秘箓七阶治职法位"，现根据其内容归纳列于下表之中。

神霄保仙秘箓七阶治职法位

法　箓	法　职
《上清大洞箓》	高上神霄玉天洞景法师虚元统化仙卿
《灵宝中盟法箓》	高上神霄洞化法师保度合明紫光上卿
《紫虚阳光箓》《神霄下品经箓》	高上神霄元化法师灵妙通元仙卿
《正一盟威》《三五都功箓》	高上神霄太平辅化法箓典者
《北帝伏魔洞渊升真箓》	高上神霄太平辅化弟子
《太上七元长生》《童子箓》	神霄太平辅化弟子
未曾参受太上九品经箓之人	神霄初真弟子

在这一体系中，神霄法突破了只以《神霄箓》配神霄法职的单一做法，而是一方面将《神霄箓》嵌入诸阶传统法箓之中，与《紫虚阳光箓》对标；另一方面将神霄法职与诸阶法箓一一对应。这为《天坛玉格》中将箓阶与法职的对接进行了结构上的铺垫。按《道法会元本》云：

> 誊词拜表，虽有他品箓而未受《都功》无祭酒职者，奏章不达。七品以上，不受《盟威箓》不许任之。五品以上，不受《洞渊箓》不许任之。四品以上，不受《神霄箓》不许任之。三品以上，不受《大洞箓》不许任之。[1]

这将"法职品级"直接对接于"法箓位阶"，《都功箓》对应的从九品至正七品正；《盟威箓》对应从六品至正五品，《洞渊箓》对应从六品至正四品，《神霄箓》对应从三品至正三品，《大洞箓》对应从二品至正一品。如此，兼具"箓阶"与"法职"的全新授度体系经纬框架被搭建起来。一方面，新兴道法与传统经教之间被协调起来，两者在框架上形成有机的整体；另一方面，新兴的法派的法职秩序也被统一地协调起来，这使得法职的框架内部也井然有序。无论这一体系的创制者是何人，其都反映出其试图将纷纭的体系进行标准化、规范化的决心，而这一思想也与龙虎山正一真人一致。

---

[1] 道法会元：卷二四九 [M] // 道藏：第 30 册，528.

三、三山滴血字派

（一）释义

"三山滴血字派"是一首为受度弟子拟起法名所遵循的"派诗"，用以将纷纭的地方法派通过龙虎山独一的授度权威整合成为一个统一的法派。刘仲宇教授已对其做了较为详细的讨论[1]，我们在此仅稍作延展。

所谓"三山"，刘仲宇教授认为当即是符箓宗坛之"三山"，即：茅山、阁皂山、龙虎山。目前我们能见到的最早的三山滴血字派的记载见于《天坛玉格》之《苏州本》（见图 23-03），其云：

三山滴血字[2]派

守道明仁德，全真复太和。至诚宣玉典，中正演金科。冲汉通元韫，高弘鼎大罗。武当愈兴振，福海启洪波。穹窿扬妙法，寰宇证仙都。

此乃虚靖真君授于萨祖正派，凡有学道者奏名之初，当依此派循序而取一字于法讳之中可也。

---

[1] 刘仲宇．道教授箓制度研究［M］．北京：中国社会科学出版社，2014：142-149.

[2] 其书作"三山滴血守派"，"守"应为"字"之讹误。

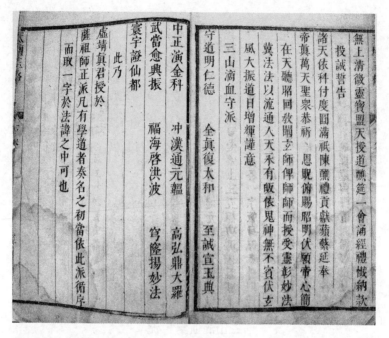

图 23-03　顺治十五年苏州本《正一天坛玉格》中所载"三山滴血字派"

结合高万桑教授已有的研究，我们可以推定最后两句应系《正一天坛玉格》刊刻前夕由施铁竹所添入[1]，所谓"穹隆"即施真人所居苏州西郊穹隆山之福地。武当山自元代成为清微道法之重镇，更在明代成为皇室道场，其地位日隆。1995 年 3 月 10 日在茅山举行的"道教正一派道士授箓第二次座谈会"上，时任中国道教协会副会长的陈莲笙大师曾提及："正一派

---

[1] 关于施铁竹与《天坛玉格》，参见高万桑 Vincent Goossaert. 近代中国的天师授箓体系：对天坛玉格的初步研究 [C] // 黎志添. 十九世纪以来中国地方道教变迁. 香港：三联书店，2013：451-452.

有道士授箓资格和授箓条件的为江西龙虎山天师府、江苏茅山道院和湖北武当山。"[1] 结合阁皂山宗坛很早便已颓寂以及"三山滴血字派"的事实，此处之"三山"或许也可能包含了武当山。

此外，刘仲宇教授在其书中还提到了另外两种版本的"三山滴血字派"，它们分别以"三山扬妙法，四海涌洪波"与"三山今俞振，福海涌洪波"结尾[2]。很显然，此二者的内容更为接近"三山滴血"的字面意义，但我们通过当代的田野查访获知，除目前龙虎山天师府外，相当多的地区均沿袭"武当愈兴振，福海启洪波"的派诗（但并不一定包含"穹窿扬妙法，寰宇证仙都"）。也就是说，历史上曾经被普遍传承的"三山滴血字派"应是《苏州本》中所开列之前八句。

我们再来看"滴血"之含义。刘仲宇教授注意到，滴血为古时异姓结为兄弟的仪式，故而指三山结为兄弟，[3] 此言甚是。如果将"滴血"与贯穿本书的核心精神进行考察，我们很容易意识到，"滴血"即是"歃血"，也即是建立盟约之意。在道教的语境下，"滴血"二字被广泛地应用于宋元新出道法的文本中，用以描述以动物血入于酒盅内，奉献雷将的仪式行为（这

[1] 杨世华. 大师仙游 风范长存——忆恩师陈莲笙道长二三事 [J]. 中国道教，2009(01): 48-49.

[2] 刘仲宇. 道教授箓制度研究 [M]. 北京：中国社会科学出版社，2014: 145.

[3] 刘仲宇. 道教授箓制度研究 [M]. 北京：中国社会科学出版社，2014: 144.

违背了《清约》）。[1] 笔者目前手中尚未掌握历史上这次三山滴血立盟的文献记载，其时间、地点、参与人员以及具体的盟约内容都不得而知，但应有理由推测其当是以龙虎山作为"盟主"，其他两山作为从属同盟的一次盟约缔结，其目的尚不明确，但结果很明确，即通过在授度仪式中推行使用这一法派，从而使诸多的地方法派凝聚为一个整体，与此同时，龙虎山张氏对于授度神权的垄断也进一步得以巩固。

"字派"二字可以分开解释。"字"乃指这首诗中的每一个汉字皆可按辈分应用于受度弟子的法名之中。即今日所谓某一辈人范某字。

"派"字本意为水之支流，《说文》云："派，别水也。"拥有共同水源的不同分水是宗族血缘结构的最佳比喻，其内在含义乃是一种虚拟的血缘关系。正一真人张宇初在其《道门十规》中论"道教源派"曰：

> 其本则一，后之阐化，则有祖天师、许真君、葛仙翁、茅真君诸仙之振，世降之久，不究其源。各尊派系，若祖师之曰正一，许君之曰净明，仙公之曰灵宝，茅君之

---

[1] 另一方面，"滴血"也被用以描述"师帅"之间的立盟仪式，著名的案例来自萨翁与王帅之间的盟约："投礼师真，改恶从善，随侍护教，对师盟天，发誓立愿忠心，滴血分明，愿随护侍，誓当辅助帝君护国安邦，奏封为：'先天御前雷霆猛吏三五火车纠罚铁面无私豁落雷公'"。太上元阳上帝无始天尊说火车王灵官真经 [M] // 道藏：第 34 册，737.

曰上清，此皆设教之异名，其本皆从太上而授。[1]

从以上的观点来看，将三山之"三派"通过滴血结盟的方式凝聚成为"一派"乃是三支同源水流又重新汇聚成一条大河，与前文所言之"万法归宗"实是一理，即在"一而万"之后"万而一"的统宗之举。也正是因为如此，"字派"二字在此处既可以指代这份文学作品（五言诗），也可以在理论上指代由龙虎山张氏所统合并代表的诸多地方法派，也即是正一道教。

（二）地方"宗族"的兴起

在中国世俗社会中，以派诗为同一辈男丁命名的惯例始自宋代[2]，一部分学者如高万桑[3]、张雪松[4]认为道士与僧人沿袭此例始自明中期，并滥觞于清代。杨立志教授通过综合分析他在武当山田野调查中所见诸多金石，发现元代武当清微宗师张守清及其后几代门徒的道名中，可提取出连贯的"守、道、明、仁"四字，由此可视作"三山滴血字派"之年代上限[5]。王岗教

---

[1] 道门十规 [M] // 道藏：第 32 册，147.

[2] Wang, *Lineages Embedded in Temple Networks: Daoism and Local Society in Ming China*, 265n27.

[3] Vincent Goossaert, "Taoists, 1644−1850," in *The Cambridge History of China*, ed. Willard J. Peterson, vol.9 (Cambridge: Cambridge University Press, 2016), 426.

[4] 张雪松 . 全真道派辈字谱发隐 [G] . 赵卫东，编 . 全真道研究：第 3 辑 . 济南：齐鲁书社，2014：126.

[5] 杨立志 . 三山滴血派与武当清微派 [J] . 郧阳师范高等专科学校学报，2000（05）：10‑12.

授则在其新著中也推定道门内部之派诗起源于元代^[1]。学者们对于派诗出现的年代看法不一很大程度上是因为对于"法派"的定义方式不同。高万桑教授认为，在较早材料的道士名讳中发现若干派诗中连贯的谱字"并不等于证明法派本身（及其自我定义的身份、师承实践与意识形态）已经存在"^[2]。至于这一现象的起因，张雪松教授认为，以派诗的方式来构建法派的做法"与明代中叶庶民可以建立家庙祠堂、祭祀始祖，从而出现'祠堂遍天下'局面的社会大背景密切相关"，而道教与佛教派诗的制定"大体上可以说同属于一种社会文化现象"^[3]。但正如我们在上文中所言，师徒相承的法派乃是与财产的拥有、承继以及分配息息相关。^[4] 随着这一制度的普及，明清时期的中国

[1] Wang, *Lineages Embedded in Temple Networks: Daoism and Local Society in Ming China*, 10. 另参见：杨世华，潘一德．茅山道教志 [M]．武汉．华中师范大学出版社，2007：14-15，397. 王岗．明代茅山上清宗师的谱系 [G] // 吕舟，主编．2019 年第一届洞天福地研究与保护国际研讨会论文集．北京：科学出版社，2021：193-194. 另外，武夷山清微太和宫极有可能也在元代形成了派谱。参见：虞集．《清微太和宫记》："宫中道士甲乙相传名以别之，以元、洞、太、乙、正、道、常、存为次"。陈垣．道家金石略 [M]．北京：文物出版社，1988：969-970.

[2] Goossaert, *Heavenly Masters: Two Thousand Years of the Daoist State*, 111n50.

[3] 张雪松．全真道派辈字谱发隐 [G]．赵卫东，编．全真道研究：第 3 辑．济南：齐鲁书社，2014：126.

[4] 张雪松教授在其专著中亦提及这一点在佛教"法缘宗族"中的重要性，其云："能否有权利继承、分享某一寺庙的财产，从而安心修行或享受晚年，无不与其在剃度家庭、传法家族中的身份地位密切相关。"张雪松．佛教"法缘宗族"研究：中国宗教组织模式探析 [M]．北京：中国人民大学出版社，2015：25-26.

社会中涌现出无数的地方法派，他们中的大多数往往只传承于一处地区一座或几座宫观之中，北京白云观所保存的《诸真宗派总簿》为我们展现了这一社会现象的冰山一角 [1]。

具体在"三山滴血字派"的问题上，如果我们结合明初大修武当时期龙虎山与武当山之间的密切人员交流，以及清微法在后世道教中地位的崛起，或许是张守清的嗣法再传弟子至龙虎山传道授业 [2] 促成了"三山滴血字派"的形成与使用。度师要在授度仪式举行前依照"三山滴血字派"选取从属于自己所属字辈的派字，再自主创意，为弟子拟定法名中的第三个字。清初苏州高道施铁竹真人，法名"金经"，"金"即出自"中正演金科"一句。又清中期松江高道娄三臣（近垣）真人，法名"科轸"，其度师为大上清宫三华院法官周大经，法名"金邦"，与施铁竹平辈，周大经又有弟子邱从高，法名"科远"，是今日上海地区道派的直系祖师（参见《附录五》）。时至今日，苏州地区道派已从"金"字辈传至"当"字辈，上海地区道派已从"科"字辈传至"罗"字辈，虽然两地道派已分别独自传承300余年，但两地法师之间仍然得以通过字辈来"论亲"，这种情况也在其他道派中多有出现。

自盟威道时代开始，天师与祭酒通过向道民授箓、分布

[1] 李养正.新编北京白云观志［M］.北京：宗教文化出版社，2003：432–456.

[2] 杨立志，李程.道教与长江文化［M］.武汉：湖北教育出版社，2005：183.

三天正气而被视为一个整体的道教教团，道气取代血缘而将每个独立的个体生命融合为一体。彼时道民与祭酒的关系相对平等，教团的组织形式也相对扁平。虽然六朝时期所兴起的灵宝、上清诸家的教团组织转变为突出师徒传承的道馆[1]，但彼时其内部尚未通行所谓的字派，其义理、实践与组织形式的宗族性远没有近世宫观中浓厚[2]。更为重要的是，王岗教授已经指出，这种以法派为纽带的近世教团与中古时期的盟威道教团不同，在现实生活中，众多地方上的法官对于这一机构并没有正式的归属感[3]（早期盟威道教团与道民之间以命籍为纽带的关系十分密切，参见本书第十四节）。

　　道教内部"法派""派诗"的逐渐兴起证明了宗族式虚拟血缘开始得到重视，门派的概念日渐深入人心。法派与法派之间也并不一定存在信仰与实践层面的实质性区别，其不同点更多只是存在于名义上的"宗族"层面。这种宗族式虚拟血缘的

---

[1] 柏夷（Stephen R. Bokenkamp）. 早期灵宝经与道教寺院主义的起源［M］// 柏夷，著，孙齐，等，译. 道教研究论集. 上海：中西书局，2015：40–69.

[2] 举例而言，在灵宝斋法的起始阶段，法师只需要奉行"礼师存念"的节次，但在以道法为中心的近世道教科仪中，"启师"一段中的祖师名号往往多达几十位，且随着法脉的传承不断加续。"血脉""法派"这些概念均为六朝三洞经教中所未有者。

[3] 作者自译，原文为："Unlike their medieval models, such as the Heavenly Master ecclesia, Daoist schools in late-imperial China were not corporate institutions and one did not have a sense of formal belonging to them." Wang, *Lineages Embedded in Temple Networks: Daoism and Local Society in Ming China*, 8.

兴起，或可在信仰与组织两个层面造成相应的后果如下。

1. 信仰层面之"祖师化"

前引张雪松教授研究业已推论，派诗的兴起与明中期民间开始广建祠堂可能有着一定的关联。虽然道教与佛教对于祖师的制度性崇拜早于这一历史节点，但其皆可被视作儒家基调的"祖先崇拜"与道、释两教对于神佛礼敬在近世的逐步结合，其由此形成了对于祖师的崇拜，而祖师崇拜又进一步巩固了作为虚拟血缘的法派。在这样的大前提下，祖师的信仰地位逐渐被抬升，其最后的结果就是道士们往往常口称祖师却不言大道。但正如我们在本书中一再强调，大道分别具有"天""母""师""王"之形名，若以万化之源论之，其乃"祖中之祖"，若以万民之师论之，其乃"师中之师"。人间的祖师是后昆效法之模范，但对于大道的崇敬绝不应因祖师之尊崇而缺席（同理也同样适用于对以玉皇上帝为代表的"天"的信仰与崇拜）。

2. 教团层面之"宗族化"

有关研究已经表明，古代中国社会自从商周等早期国家时代便已存在"亲属称谓泛化"这一现象。此即以氏族之身份概念延伸至国家的建构之中，以此"加强了非亲属成员或组织之间的联系，同时在非亲属成员或组织之间构建了等差有序的责权规范和行为准则。泛化的亲属称谓，旨在凭借血缘组织的力量强化政治控制和社会交往，体现了古人以'循名责实'的方式推进政治、社会关系'血缘化'的尝试和结果"[1]。在这一背景下，"推爱"的观念将整个天下构建成为一个大的家族，也即是使全天下之人如家庭成员般相互敬爱的"家族主义"[2]。

但是，亲属称谓泛化的同时，实际也将整个社会划分成了诸多社会群体，这尤其体现在宗教的"宗族化"之中。张雪松教授引佛教的案例论道："寺院中供奉诸佛菩萨，都是普世皆同的，但是在祭祖方面，则是'分河饮水'，在这点上更近似于一般世俗宗教，而与理论上的佛教有所差异。"[3] 他进而又引清世宗《雍正御选语录·御制后序》对当时佛教的评语云：

> 凡为嗣续，正当饮水思源，奈何各立门庭，同于
> 世间种族，赵甲之家，不祀钱乙之祖，横分畛域，各守
> 封疆。[4]

在中国传统社会，是否能够一同参与祭祖仪式是构建、区分宗族的重要表现。对于祖先的祭祀具有排他性，由此所产生的边

---

[1] 晁天义. 文明"早熟"与中国古代亲属称谓的泛化 [J]. 史学集刊，2021 (02)：93-105.

[2] 晁天义. 文明"早熟"与中国古代亲属称谓的泛化 [J]. 史学集刊，2021 (02)：102.

[3] 张雪松. 佛教"法缘宗族"研究：中国宗教组织模式探析 [M]. 北京：中国人民大学出版社，2015：32.

[4] 张雪松. 佛教"法缘宗族"研究：中国宗教组织模式探析 [M]. 北京：中国人民大学出版社，2015：32.

界正得以用来构建法派组织（如前所述，这涉及了财产与身份权益）。即便是同一祖师所传，也会因门徒或房头支派之别而分别彼此，这种分别与信仰、实践本身毫无瓜葛。这种看起来更符合世俗世界儒家价值观的行为，实际偏离了道教所提倡的"齐同慈爱，异骨成亲"的宗教精神，也意味着宗教视野的日趋狭窄，以及宗教活力的日趋僵化。

更为重要的是，在地方层面，众多法派的形成实际也助长了"山头主义"，加速了道教教团向心力的消退。如此纷纭的宗教生态格局，正是有远见、有抱负的宗教家可用武之处。

（三）集体身份认同的构建

无论是从大一统国家宗教管理的角度，还是从龙虎山张氏完善神权垄断的角度，"三山滴血字派"的出现都显得极为合理且有效。在实践层面，这一字派只用于弟子受度法职时所使用，而并非面向所有道士。在一些地区，弟子（尤其是出家道士）在初入道时（"披度""簪度"）获得本地法派之"道名"[1]，而当其进一步领受法箓、法职时，还将被授予与箓、职配套使用的"三山滴血字派"法名[2]。也就是说，在地方社会中，一位受职法师不仅拥有与本地、本观其他道士所共享的法派虚拟

---

[1] "道名"与"法名"的使用往往需要结合语境来判断，我们在此使用"道名"一词，指代依据"三山滴血字派"以外的地方道派在初入道时所择取的道士名讳。

[2] 同理，许多未能成为法师的普通道士也就只秉承着本门本派的道名，而无法名。

血缘，同时还与中国其他各地的受职法师共享一个范围更广的法派虚拟血缘。通过将这一层国家范围的虚拟血缘叠加、凌驾于地方虚拟血缘之上，龙虎山张氏便也代表朝廷完成了一次全国范围内道教法派"宗族"的结盟。在这一杰出的创意中，地域化、多样化的小家族，被另一个国家化、统一化的更大的家族所覆盖。这些地方道派犹如"小宗"，诸多"小宗"的共祖实际也是龙虎山张氏的实际血缘祖先，其由此得以成为"大宗"，正一真人则顺理成章地成为全天下所有受职法师的大家长，而这些受职法师便也自然成为叔伯、兄弟，原有地方化虚拟血缘的藩篱得以在理论上被消融，这与周王会盟诸侯的歃血仪式逻辑完全相同，其旨在构建一个共享血缘的集体身份认同。

由此，"三山滴血字派"这一致力于重新凝聚道教教团的努力实际仍是沿着儒家宗族社会的道路所展开，并在朝廷的支持下在理论上消解了地方道派宗族的排他性，以虚拟血缘之"大宗"融摄地方道派之"小宗"的理论、方法、目的皆已完备。但是，从以道气贯通万化的盟威道教义理立场出发，天地万化的命运共同体本应由相互独立且平等的独立个体所参与构成，此即《庄子》所言："以道观之，物无贵贱。"（《庄子·秋水》）这与以"大宗"统摄"小宗"的层层递进逻辑截然不同。这时我们应会想起马克思所言：

　　　　自从发现神圣家族的秘密在于世俗家庭之后，世俗家庭本身就应当在理论上和实践中被消灭。[1]

四、小结：三位一体的授度体系

我们在这一小节中考察了宋元以降以龙虎山张氏为中心逐渐形成的"箓—职"授度体系的三个主要要素："万法宗坛"、《天坛玉格》，以及"三山滴血字派"。法箓授度的神权从地方散点集约为到三山鼎峙，再集约于龙虎一山，最终归入张氏府邸一门，宋元时期新出的诸多道派也同时汇聚于龙虎一山，而万法宗坛则是这一集约化过程的结果：其不仅统合了传统意义上授度法箓的宗坛，更还成为新兴道法的训授、传度中心，由此真正意义上对新、旧道派进行了统合。高万桑教授指出，对于龙虎山张氏这样一支道门内部的新起之秀，宋王朝之所以将如此有影响力且厚利的神权垄断对其委托而非其他名山法脉，乃是因为朝廷对于中央化、理性化管理宗教事务的政治需求，对此，龙虎山张氏提供了一种具有忠诚度的、可信任的，有组织的，且联系紧密的战略伙伴关系[2]。我们也可以注意到，张

---

[1] 卡尔·马克思（Karl Marx）. 关于费尔巴哈的提纲[M] // 马克思恩格斯全集，第三卷 . 北京：人民出版社，1998：7. 近来有其他中文译本将此句最后部分译为"……对于世俗家庭本身就应当从理论上进行批判，并在实践中加以变革"（着重号为笔者所加）不确。参见其德文原文："Also nachdem z.B. die irdische Familie als das Geheimnis der heiligen Familie entdeckt ist, muß nun erstere selbst theoretisch und praktisch *vernichtet* werden." http://www.mlwerke.de/me/me03/me03_005.htm, 2022 年 1 月 23 日登入。

[2] Goossaert, *Heavenly Masters: Two Thousand Years of the Daoist State*, 66.

氏家族遵从父子兄弟承继的宗族制度，与帝制皇权的承继制度（几乎）完全一致。由此，帝制王朝对于宗教的管理被转化为对于一个家族的封赠，而这一家族的首领则成为皇权在道教授度制度中的投影：一个"大一统"道教的"教宗"（Pontifex Maximus）由此确立。

《天坛玉格》的编订首先将传统的箓阶与新兴道法的法职秩序对接到一起，其次又将不同道派的法职秩序参考朝廷品级进行了统编。虽然早期的四组法职秩序更为严整，但是《苏州本》的编订者将其他法派秩序纳入其中则表明了它们实际都已在编入前实现了法职秩序的品级化。由此，原本不同法派的法官现在被纳入一个大一统的秩序中，互为同僚。而这一套秩序的中央，则是与赵宋皇室家族紧密相关的"玉皇上帝"。以玉皇上帝为中心，道教的法官们又得以与封有爵位的地方血食神体系横向对接，具有官位的道教法官与爵本位的血食神也得以"同朝为官"，共保天子的江山社稷。由此，《天坛玉格》是道教传统职官义理的进一步发展，其在道派与职官两个层面使得天下的法官得以"大一统"。

"三山滴血字派"在宗族制度下的虚拟血缘层面发挥其重要作用。龙虎山张氏通过将授度仪式与"三山滴血字派"绑定，使得这一"大宗"得以覆加在受度弟子原有"小宗"法派之上，正一道教由此得以被重新整合，原本各自疏远的地方道派也因此得以被团结到一起。在这一体系中发挥作用的不再是帝制的职官体系，而是分封制的宗法血缘共同体。

由此，龙虎山张氏家族通过"万法宗坛"—《天坛玉格》—"三山滴血字派"这一"三位一体"的授度体系，实现了双重的目的：

1. 树立自身权威。一个充分效忠帝制皇权的"中央教廷"以及"教宗"得以被巩固。这一机构一方面效忠于人间的皇权，一方面受命于玉皇上帝，不仅构建起了一个庞大的职官体系并拥有奏请玉皇为道士授度法职的神权，甚至还拥有代替人间天子敕封地方神的权限（通过为神授度法箓，参见《附录四》之"仙简"）。

2. 整合道教教团。"万法宗坛"实现了"道派"的整合，这包括信仰与实践层面的经典、仪式，乃至祖师法脉，由此构建了宏观上的"信仰与实践的共同体"。《天坛玉格》实现了"法职"的整合，这一方面是"道派"整合的延续，一方面构建了统一的"职官共同体"。"三山滴血字派"实现了"法派"的整合，由此构建了"虚拟血缘共同体"。经过这一精巧的构建，全天下的受度弟子都得以在名义上构成信仰上的同道、职务上的同僚，以及血缘上的同宗。而龙虎山张氏则是这一多维体系中信仰层面的教主、职官层面的长官，以及血缘上的族长。这是一个贯通人神两界，横跨帝国与宗族的神权体系，其将玉皇与天子，道士与神祇全部贯通关联了起来，它是天上的，也是人间的，更将"天"与"人"整合到了一起。

我们需要注意，在这一全新的授度体系中，最大的获利者是皇权，其次是作为其代理的龙虎山张氏家族。基层道众的身份依附于正一真人，正一真人则受命于皇帝，故而一旦帝制皇权垮塌，教团自身也便失去了存在的合法性。1912 年清帝退位后，国民政府江苏吴县（今苏州）临时行政委员会便依照这一逻辑正式判处了道教的"死刑"，一张布告被贴在圆妙观正山门上，其文曰：

> 天师已经取消，道教不能存在。[1]

诚然，正一真人由皇帝册封而来，没有帝制作为合法性支持的正一真人在走向共和的时代必然是无效的，以此类推，由其所统领的正一教团想来也是不合法的。

[1] 赵亮，张凤林，贠信常 . 苏州道教史略 [M] . 北京：华文出版社，1994：113.

附录三、江西修水《都功箓》小考

李滔祥　陶　金

引　言

　　在物质的层面，法箓的授度即是文书的授度，这其中包括但不限于箓卷本体、立盟契券，以及与其相配的经、戒、科仪本。由此，当我们讨论某一阶法箓的时候，其实际往往包含了与核心箓卷配套的一系列文书。在后世的发展中，法箓文书逐渐演进为极为复杂、精细的"文书群"，其意在为受度弟子赋予多维度的神圣身份。在接下来的两篇附录中，我们将具体深入到当代仍在传承的法箓文书群中，具体考察其中几份文书的文本与图像构成，这些文字与图像的源流，以及其作为法箓有机组成部分的功能。除了《道藏》以外，我们首先将参考今天江西修水戴氏的法箓授度系统以及谢聪辉教授在福建、台湾等地所进行的田野考察成果。此外，收藏于海内外博物馆与私人手中的法箓文书文物也将被作为重要的比较、参考对象。

　　在本篇中，我们将主要关注《太上三五都功经箓》文书群中十分核心的两道文书：《太上三五都功版券职箓》与《红黑贡箓》[1]。此处所进行的考察与分析主要改写自两位笔者共同参与的《江苏省茅山道院承办道教正一派授箓活动实施设想草案》（内部文件），其中的核心思想均出自李滔祥（成祥）道长，他事师于修水戴氏门下，是其法箓授度之学的直接传承人。

一、修水戴氏《都功箓》的文书组成

江西省修水县戴氏道士家族的法箓授度传承可上溯至清光绪时期，其所传承的《童子箓》《都功箓》《盟威箓》《五雷箓》《大洞箓》是一套五阶的法箓授度系统。根据近年来各地学者在田野调查中所收集的信息来看，戴氏的这一套法箓文书群的确从属于曾经流通的基本样式，并非局部的地方传统，因此极具参考价值。本文的撰写一方面出自笔者李滔祥得自戴祥柳道长的师承，另一方面则源自笔者陶金所作的访谈。

在学者群体中，谢聪辉教授对于近当代法箓传承的研究不仅深入，且还特别着眼于不同地区传统中各类文书项目之比较，现谨参考其研究中之表格[2]，将台湾白玉荷《清微灵宝神霄补职玉格大全》与修水戴氏《都功箓》文书目录一同开列于

---

[1] 关于《红黑贡箓》之研究另可参见：李滔祥. 都功箓红黑贡箓初探（未刊稿）[C] //2015 年香港中文大学"比较视野中的道教仪式"国际学术研讨会论文集.

[2] 谢聪辉. 正一经箓初探——以台湾与福建南安所见为主 [J]. 道教研究学报，2013(5): 171-173.

附录表中 [1]，其中可见，除"十二旌封"外，两个版本高度统一。吕鹏志教授在其研究中，曾将这些文书分为 1."经＋箓＋[请]法词"、2."合同＋文凭（阴凭、阳凭）"、3."[职]牒＋[职]印＋谒简"、4."金符箓祖"、5."功德＋火牒"、6."仙简＋旌封"等六种。在这里，我们更倾向于先厘清修水本地传承中，《都功箓》文书群的分类方式，再进行细化讨论。

（一）文书之分类

在修水的法箓传统中，除授度斋醮中所应用的大量文书之外，一部法箓（或称"经箓"）所包含的文书大抵可分为"正卷""附卷""旌封"以及"入殓" [2] 四大类；又可根据纸张材质分为"软卷"与"硬卷"两种，后者专门用于印制图像。大致而言，"正卷"均以"软卷"印刷，而"附卷""旌封"中之每一项均包含"软卷"所印刷的文书以及"硬卷"所印刷的图像各一道。此外，每道文书还配有独立的封套，其上详明缴化时所承递之府衙 [3]。

根据目前笔者所掌握的当代江西修水以及民国苏州《梅玉宝受箓附卷》（参见《附录四》）两套法箓文书之实物，"软

---

[1] 修水的经箓目录曾发布于杨世华，潘一德. 茅山道教志 [M]. 武汉：华中师范大学出版社，2007：163-176. 本组依据现有传承补入（37）—（51）项。另可参见：吕鹏志. 赣西北发现的天师经箓 [J]. 世界宗教研究，2015（03）：94-95.

[2] "正卷""附卷""旌封"均为传统称谓，"入殓"为笔者所定。

[3] 所以，在散见于各处的与法箓相关的秘本中，如何制作、缮写文书封套是特别需要开列的事项。参见《附录五》《天坛玉格》。

卷"与"硬卷"相互配套共成一套文书并纳入同一封套之中的
这种处理形式在两者中完全一致，甚至文书的具体尺寸也高度
一致，现谨以《起马关文》为例将两份《起马关文》之尺寸对
比于下表之中。其中，两者之"软卷"高度差别较大，但其中
具体的文字框高度则基本相当，其两份文书之具体式样参见彩
页图 2、3。此外，我们还注意到，修水与苏州之"硬卷"之右
侧均贴有龙纹彩纸一条，关于这一特征也将于《附录四》中具
体讨论。苏州的"硬卷"所用纸张明显经过漂白，且托于另一
层纸上，故而从视觉上较白，质地上较硬（当代修水通过区分
使用不同纸张而具有同样的软、硬、黄、白之分，参见彩页图
2）。在更为细节的方面，苏州地区的文书封套采用上下贯通的
"可漏式"，但封皮颜色采用粉、绿两色裱糊，修水地区则统一
使用红纸，其上方开口剪有如意云头，下方则封死 [1]。总而言
之，这两份时间、地点甚至具体法箓类型均各有不同的文书其
在文书具体制作方式与形式上是高度统一的，这实际反映出了
两者所具有的共同源头：龙虎山。有关部分"硬卷"的图像研
究，可参见《附录四》。

---

[1] 各地散见之有关填箓的抄本，均将封套写式列为其中一项，结合上言
苏州文书封套之灵活形式，或可推测法箓文书自江西龙虎山运抵各处
时，并未给每份文书配给相应的单独封套，因此需要本地道士单独制
作。但或许因为这些文书已折叠完毕，故而封套之尺寸各地不会相差
太大。

当代修水《上帝钦赐起马关文》与民国苏州
《正一童子解关起马》文书尺寸之对比

		当代修水《上帝钦赐起马关文》	民国苏州《正一童子解关起马》
封套	高	35 cm	34 cm
	长	9 cm	9.5 cm
硬卷	高	35 cm	34 cm
	长	40 cm	34.5 cm
软卷	高	33.8 cm	24 cm
	字框高	25 cm	21 cm
	长	79 cm	74 cm

（三）"正卷"文书

1.《经》《箓》及配套文书

在《都功箓》的"正卷"文书中最为突出的两道文书分别为附录表中之 1 号《都功版券职箓》与 4 号《都功祭酒真经》，前者即法箓之本体，后者为与其相配之经文。因为《经》与《箓》相配一同授度，故而近世以来也将"法箓"称作"经箓"（但《都功祭酒真经》并未刊入《道藏》）。围绕着《经》与《箓》各衍生出相对应的《请法词》以及《契券》/《环券》各一道（2，3 号与 5，6 号），由此对应了先期投状于师，然后立盟裂券付度的古法传统。

2.《红黑贡炁》

此外，"正卷"中尚有两道尺寸仅有手掌大小的重要文书，

谓之《红黑贡炁》（7 号，或作《红墨贡炁》），下文将对其进行
详述。

3. 授度凭信

这一部分包含了《职帖》《谒简》以及《职印》。其中《职帖》将于《附录四》"词文"一段详明，其乃是最初宗坛授度法箓的文凭遗存。

《谒简》即是一条纸带，亦谓之"职条"，上书"泰玄都省系天师门下补充［某］治［某］炁领三品版券职箓大都功左廉祭酒臣［某］再拜谨谒"，其比例与形状与朝简基本一致。我们在本书第十八节《太上洞玄灵宝授度仪》中有过讨论，"谒简"实际是一种近似朝简之法具，其也是法师"法位"的象征与载体，而法位即是灵宝法师之神圣身份。故从另一个角度来说，写有法师法位、法名的"谒简"，与同时被授予的吏兵、法具一样，是法师的另一重"自我"，而"谒简"所表达者更为外在，也具有社会性。

作为文书的《职印》虽然存在于修水的文本记载中，但已并不见使用。其可参考谢聪辉教授的相关记述 [1]。

4. 仪式文书

仪式文书即是需要在授箓科仪或缴箓科仪中焚化的公文，

---

[1] 谢聪辉.正一经箓初探——以台湾与福建南安所见为主 [J].道教研究学报，2013（5）：160；谢聪辉.缴箓研究：以南安市乐峰镇黄吉昌道长归真为例 [C] // 盖建民，主编.回顾与展望：青城山道教学术研究前沿问题国际论坛文集.成都：巴蜀书社，2016：630-631.

其可分为三组：

1.《十宫阴牒》十道，另有《冥府十宫功德总牒》一道，共计十一道（8号）。

2.《二十四狱文牒》二十四道，另有《地府二十四狱功德总牒》一道，共计二十五道（9号）。

3.《四驿火牒》共计四道，其分别投递"本家香火案神""本家司命府君""本属城隍社令""太上箓中官将"（10号）。

在当代修水的传统中，《十宫总牒》与《二十四狱总牒》可与法箓授度文凭《真凭实据》一同供奉，亦可预先焚化，呈谒"天枢阁"贮存。

（四）"附卷"文书

根据戴祥柳道长的介绍，所谓的"附卷"实际包含了众多的文书，其根据所授度之法箓的不同，而各有不同的配置。其中较为基础的约有十六种，按传统的顺序及简称，其可归纳为：

诰、秩、赦、凭；

牌、关、表、诏；

寿书、金章；

水程、岸程；

支粮、口粮；

马关、云马。

以上口诀中的部分内容均体现于附录表中之 14 至 33 号。如前所言，每一阶箓之附卷的数量随时因事而酌情变化，其在具体的应用中可能会因人、事而酌情损益。在以上所列附卷的基础上，《都功箓》以外的其他阶法箓还有可能配套以下诸道"附卷"：

1. 上帝宽恩宥恤十刑

2. 上帝敕赐阴阳查考

3. 上帝敕赐飞捷通报

4. 冥府十王功德库书

5. 上帝敕赐随身勘合

6. 上帝敕赐度品仙桥

7. 天府颁恩赐福文凭

8. 地府颁恩赐福文凭

9. 水府颁恩赐福文凭

10. 冥府颁恩赐福文凭

11. 无上玄元金书玉玺

12. 昊天玉皇交天大赦

13. 无上三天证果缴呈

14. 无上三天总箓缴联

15. 无上三天旌功文引

16. 无上三天旌功箓引

17. 上帝崇福五花官诰

18. 无上三天证果心词

附录表中 14 至 33 号均为"附卷"，事实上，附卷的数量随时因事而酌情变化。不过，在众多的"附卷"中，16 号《昊天玉皇宥罪敕赦》、17 号《上帝敕旨照身文凭》以及 27 号《虚无自然金符箓祖》因其出众的长幅画卷而显得尤为重要，它们与宋代以来朝廷册封官员的"告身"，以及与其对应的道教"仙简"有着直接的关联，我们将在《附录四》中对其着重讨论。

（五）"旌封"文书

"旌封"的数量相对固定，有"十二旌封"之说（34 至 45 号）。从意象上来看，"旌封"实际是将一位法官的冠服、仪仗以及附属家具、器物的图像化表达。由此，"旌封"应与 16 号《昊天玉皇宥罪敕赦》以及 17 号《上帝敕旨照身文凭》之中的天廷授命场景有着内部的逻辑咬合关系。

（六）"入殓"文书

46 号至 48 号文书专为受箓弟子身殁之后所用。其中的面盖、法被直接与圣化亡者尸体有关。谢聪辉教授已经在其研究中详细描述了这几份文书的具体敷用方式[1]，而关于《路引》则可参见周兴最新发表的专题研究[2]，兹不详述。

---

[1] 谢聪辉.正一经箓初探——以台湾与福建南安所见为主[J].道教研究学报，2013（5）：160；谢聪辉.缴箓研究：以南安市乐峰镇黄吉昌道长归真为例[C]//盖建民，主编.回顾与展望：青城山道教学术研究前沿问题国际论坛文集.成都：巴蜀书社，2016：630-631.

[2] 周兴.明墓所见冥途路引的考古发现与研究[J].宗教学研究，2022（01）：260-267.

在谢聪辉教授有关福建南安法箓授度传统的研究中，他特别将南安地区的《都功箓》文书与台湾正一派灵宝道坛白玉荷所抄《清微灵宝神霄补职玉格大全》中的相关内容进行了比对，而白玉荷抄本很可能反映了明代中晚期的法箓风貌。[1] 以白玉荷抄本与江西修水《都功箓》进行比较（参见附录表）可见，该本中所记载《都功箓》所包含的文书首先与修水之"正卷""入殓"几乎完全一致（只缺 9 号），其余五种则见于修水"附卷"之中，但并未开列任何与修水"旌封"文书相对应者。从这一点来看，两者之异同可能也说明了明清时期法箓授度文书日趋增益的现象，其中"正卷"作为核心，其内容未尝发生大的变化，而"十二旌封"则可能系晚出之文书。

下面，我们将专注于"正卷"之中的 1 号《太上三五都功版券职箓》与 7 号这两份文书。

二、《都功版券职箓》之考察

本书中此处所使用的《太上正一都功版券职箓》（参见图 24-01）系笔者 2010 年 6 月 2 日于修水普济道院考察时所摄，归属私人，已获许使用，其原件已于授度仪式中焚缴。整份箓

---

[1] 谢聪辉教授发现，白玉荷抄本的"上一手抄录者可能与第 50 代张国祥天师同时代"。按张国祥于明万历五年袭爵，万历三十九年羽化（1577—1612），这也就是说，白玉荷的抄本实际反映了明代中晚期《都功箓》的构成风貌。谢聪辉. 正一经箓初探——以台湾与福建南安所见为主 [J]. 道教研究学报，2013（5）：150.

虚智 師張玄靈□□盟言受天□一□

太上元教律令

卷高约 35 公分，长约 250 公分，下面我们将把箓卷分为 7 个
部分，依次择要点讨论之。

（一）［A 题目］

《太上正一三五都功版卷职箓》，"太上"即老君，"正一"
即法箓所隶正一部，"三五"可理解为"三元五气"，但结合箓
中内容，或也可理解为"三五赤官"（下详）。所谓"都功"者
是早期盟威道教区制度中重要的神职之一，按《三洞珠囊》云：

> 都功职，主功劳，录吏散民，脆义钱谷，金银玉帛，
> 六畜米物，受取出入，管钥仓库府，鬼神之物，礼信及治
> 殿作舍，桥道、楼阁、神室，尽主之也。[1]

由此，都功即是"一治之长"。值得注意的是，在箓卷大字标
题之后另有一行文字曰：

> 正九品太上职箓总炁二十四上神品法应［某］宿［某
> 某］度[2]

这与《道藏》中所收《太上三五正一盟威箓》（六卷本）中每
一阶法箓前所开列之：

---

[1] 三洞珠囊：卷七［M］// 道藏：第 25 册，335.
[2] 如"柳宿二十四度"。

> 炁应［某］月节，其日在［某宿］，镇［某某］治[1]

在文意上基本对应，这实际源自二十四阶"正一箓"的一种内部排序。

此外，"版卷"一词当作"版券"，意即《都功版券》，其乃是都功祭酒受职时所授度之"版"而非"箓"。《都功版》应是源自汉代委命官员之"诏版"，《后汉书·党锢列传》所云范滂"投版弃官"即为此意，限于篇幅，兹不详述。事实上，本箓中并未包含任何与《都功版券》相关的内容，但这并不意味着其名实不副。我们将会看到，作为"箓胆"的《红黑贡炁》实际极有可能源自中古之《都功版》。故而所谓之《版券职箓》，实际或当理解为《版券》与《［治］职箓》。

（二）［B引文］

这一部分交代弟子所居地方，建生时间及所对应的北斗星君，然后曰：

> "太上高皇帝主神炁"在身，不能自分别，诣道自实言，被［某某］天［某某］炁君［某某］宫［某］帝［某］炁降生三炁君召。即日谨依法旨，恭诣福地龙虎山正一元坛度师天师大教主真人门下，拜受《太上正一三五都功版券职箓》皈身佩奉，用以代天宣化，济物利人，修

---

[1] 太上三五正一盟威箓：卷一［M］//道藏：第28册，426.

真悟道，阐扬玄风，提携末学，接引后人，俾善果而获庆，庶万□以灵通，坛门光彩，道播十方。受佩之后，不可轻泄灵文，怨道咎师，毋违盟誓，一如：天地水三官大帝律令。

这一段文字中，"太上高皇帝主神炁"当为"太上高皇帝王神炁"对应了《太上正一盟威法箓》中的"新出老君太上高皇帝王神气"，《阳平治》中的"汉始皇帝王神气"，乃至王莽受命诏书中的"赤帝汉氏高皇帝之灵"（参见第六节"授气、治民、天命"）。第一句话中的后半部分内容直接对应了我们在第十一节"被君召"中所讨论的"箓召仪"，可见其一直在道教内部传承至今，且被进一步拓展。"恭诣福地龙虎山正一元坛度师天师大教主真人门下"强调了法箓授度的本体乃是龙虎山正一真人，而非地方层面的度师，这与我们在《附录二》中所讨论者相符。即，龙虎山正一真人被认为是唯一具有合法性的"大度师"，即便不能亲至龙虎山受度，也将其视为法箓在名义上的授度者。"用以代天宣化，济物利人"实际对应了我们在第十一节中所讨论的由法箓授度所赋予的"天命"，这一点未尝有半点之变化。引文的最后，再次回到了师徒层面的盟约，即"不可轻泄灵文，怨道咎师"。一如我们在本书正文中一再强调的，"三官"被视作盟约的证盟者，同时也被视作盟约与科律的维护者，这一点亦未尝有半点之变化。

（三）[C 真符]

引文之后分别开列三段关于天师二十四治的文字以及三道与其相应的真符，为了方便考察，我们将三段文字一并开列于下：

三元三品三官，分上中下三元，即三化八治。乃上皇元年正月十五日，无极大道太上老君修注上化八治：正、二、三、四月生人属之。

真符告下

[符位]

太极元年七月十五日修注中化八治：五、六、七、八月生人属之。

真符告下

[符位]

无极元年十月十五日修注下化八治：九、十、十一、十二月生人属之。

真符告下

[符位]

又汉 [安] 二年十一月十五日，天师加立冈 [氏] 治、[具] 山治、白石治、钟茂治，此四治以授嗣师张衡行世。是故二十八治以应二十八宿，二十四炁干合二十四节气也。此修炼化炁，莫能言尽哉！

这段关于天师二十四治、二十八治的文字描述与《二十四治图》[1] 完全一致，应是与后面 [F 都功治炁] 关联的内容（见下），并与其间所插入的真符并没有直接的关系。究其原因，乃是因为此三道符原实为一体之符，其出自《一卷本》之《太上正一三五赤官斩邪箓》，根据仔细比对（参见图 24-02）可以发现，两者呈现出左右镜像之态，其特征便是《都功箓》三道真符上部的圆圈实际本应合为一个完整的北斗图形，而斗口之中包含有"太上老君"四字。

图 24-02　修水《都功箓》（左）与《三五赤官斩邪箓》（右）两版真符之对比，注意两者顶部星斗状之图像，以及斗口中"太上老君"的字样，两者实际互为镜像

[1] 云笈七签：卷二十八 [M] // 道藏：第 22 册，204.

（四）[D 本命星君]

该部分开列依照受度弟子建生日之十二地支推论所属北斗星君的一段内容，末尾言："其法以本命日脚而论之"，这表明这一部分内容实际出自填箓秘诀之中。再结合上下文来看，其与前后皆没有必然的关系，由此存在后世传抄时误入其中的可能，这有待与其他地方之法箓实物进行比较研究。

（五）[E 直符使者]

该部分分别开列了四组吏兵，其分别为：

> 1. 三清值符值事，各三万人度。
>
> 2. 三元值符值事，各三万人度。
>
> 3. 天地水阳值符值事，各三万人度。
>
> 4. 年月日时值符值事，各三万人度。

这四组"值符值事"未见于任何一部法箓，实际出自《上清天心正法》所列"北极驱邪院"将班之中，其曰：

> 年直使者李文正，月直使者管咤唎，日直使者董大仙，时直使者韩温信……
>
> 天界直符焦公奴，地界直符郑元喜，水界直符张元伯。[1]

---

[1] 上清天心正法：卷六 [M] // 道藏：第 10 册，642.

直符、使者并在后世的"发奏"科仪中被列入"总召"节次，由法师召合临坛，听令指挥，而不是像"发炉""出官"之类从法师身中召出，因此并不属于法箓吏兵。但是，如果我们也注意到"三万人度"这一表述实际可能源自更古老的法箓传统，如《太上洞神三皇传授仪》中有"开《真官箓》"之仪法节次云：

> 无上玄老太清天皇正真、上官直使功曹、太官直使功曹、左官直使功曹、右官直使功曹、中官直使功曹、都官直使功曹、正一直使功曹、左明功曹、右明功曹。右九部各九千万人度。
>
> 无上玄老太清天皇真仙，上官上部功曹、左官上部功曹、右官上部功曹、中官上部功曹。右四部各九千万人度。
>
> 天皇太上上真、上部功曹、都部功曹、左都部功曹、右都部功曹、正一中官都部功曹、都官前部功曹、都官后部功曹、太官上部功曹、上官下部功曹。右九部各九千万人度。
>
> ……[1]

但是需要注意的是，此处的仪文乃是"度箓"之"仪文"，而非法箓所列吏兵名录之"箓文"本身。所以最后的"各九千万

---

[1] 太上洞神三皇传授仪 [M] // 道藏：第 32 册，644.

人度"乃是一祈使句，意在命令箓中吏兵度入弟子身中。由此，这里的天心法吏兵实际是借用了早期法箓的框架，但填充了新出的内容，天心之"值符使者"替换原有的盟威"功曹吏兵"。我们在此之前也曾讨论了天心法有意地将自身与"正一法箓"进行对接，后来更有了不受《都功箓》便奏章不达的说法。假设宋元时期的《都功箓》与我们今天所见到的近似，那么这或许正是因为其需要仰仗箓中所授度的"值符使者"来呈递文书。这一微妙的变更，实际体现了法箓针对新出道法的一种调试，或反过来，即天心法对于传统法箓的一种改造。

总览整卷《都功箓》，我们再未见到任何其他的吏兵名录。所以，如果我们回到法箓最初的含义乃是"吏兵名录"这一原点，则《都功箓》实际就是"天心箓"，或者说"直符使者箓"，至少从我们目前所分析的文本来看的确如此。

（六）[F 都功治炁、四灵]

这一部分的文本与图像排列形式十分特别，几乎可以视作整份《都功箓》中最具代表性的部分。其中，"[某方]都功治职"领某炁的字样依照十天干、八方、八卦、八阵位、水火之序列呈"回形"排列，共计28种。这其中又依据其阴阳属性而分为"统领/领承治右贡炁"或"统领/领承治左贡炁"（参见下表）。在回形文字内容的正中，是四灵护卫弟子升天的图像（见下文）。虽然回形文字中并未提及盟威道二十八治的具体名称，但"治[左/右]贡炁"的用词实际已经沿袭了盟威道

"治"与"炁"的表达，与《一卷本》《太上二十四治气箓》[1]中以五行归属二十四治的做法极为相似，也与上言《二十四治图》中将二十八治对应二十八宿的宇宙观思想完全一致（这同时也暗示了[C真符]中三道真符之间的文字内容可能原本与这一部分是为一体）。

"都功治职"之方位分布以及其所统领之左/右贡炁

	天 干	方 位	八 卦	阵位/水火
右贡炁	戊土都功治职领承治……	东北都功治职统领治……	坎宫都功治职领承治……	后部都功治职领承治……
	己土都功治职统领治……	东方都功治职统领治……	艮门都功治职统领治……	右后都功治职统领治……
	甲木都功治职统领治……	东南都功治职统领治……	震位都功治职统领治……	前方都功治职统领治……
	乙木都功治职统领治……	南方都功治职统领治……	巽宫都功治职统领治……	前中都功治职统领治……
	丙火都功治职统领治……			火上都功治职统领治……
左贡炁	丁火都功治职统领治……	西南都功治职领承治……	离位都功治职统领治……	前部都功治职统领治……
	庚金都功治职领承治……	西方都功治职领承治……	坤宫都功治职领承治……	后阵都功治职领承治……

---

[1] 太上正一盟威法箓 [M] // 道藏：第28册，466.

续　表

	天　干	方　位	八　卦	阵位／水火
左贡炁	辛金都功治职领承治……	西北都功治职领承治……	兑卦都功治职领承治……	中央都功治职领承治……
	壬水都功治职领承治……	北方都功治职领承治……	干宫都功治职领承治……	左金都功治职领承治……
	癸水都功治职领承治……			水府都功治职领承治……

在这里，我们不得不指出一些问题，但并不一定能马上将其解决。首先，我们注意到，在一卷本《二十四治气箓》中，其箓文言曰：

> 今有弟子应被逮召，应备法职，今辄选补"二十四气。"[1]

此处言明弟子应备"法职"，而"选补"一词至迟从东汉开始也应用于职官选举之中。在箓文中，"选补"作为谓语，宾语为"二十四气"。如此，"二十四气"应被视作一个或一组法职，也就是说：受度弟子选补（担任）作为法职的"二十四气"或其中之一。但是与此相矛盾的是，在箓文之后，开列了将军名录二十四员，其以称谓均沿袭了"［某］治太上中气［某］气大品将军一人"的行文。所以，从这里来看，与其说

---

[1] 太上正一盟威法箓［M］// 道藏：第28册，470.

是弟子选补于二十四治气，倒不如说是二十四治气将军选补于弟子（祭酒）之麾下。所以，未来对这一问题的继续探索也许会成为我们解开"治箓"这一悬疑问题的线索。

此外，如果我们将《二十四治气箓》中的治气名称与《道藏》中的《受箓次第法信仪》以及《太上三五盟威法箓》（各箓标题下）相对比，则可发现该箓与其他两套完全隶属于不同的系统（参见下表）。此外，我们也已经看到，在《都功箓》的回形文字中，"都功治职"之后仅分"左贡炁""右贡炁"。这一称谓不见于《二十四治气箓》中，而仅见于另一套系统的"平岗治"与"主簿治"之后。以上这些对比暗示了"治气"或"二十四治气"的概念在历史上经过不止一次的转变，其中所表达的内涵实际多于一种解释。具体在《都功箓》中，回形的"都功治炁"一组文字应已不再对应历史上的"二十四/八气"，但却承袭了相同的宇宙观观念。我们注意到，回形的"二十八贡炁"文字有意地被安排环拱于受度弟子的图像周围，暗示了其一人实际也构成了一处天地之中心，因此同时兼具诸"贡炁"。

二十四治气称谓对照表

		《受箓次第法信仪》	《太上三五盟威法箓》	《二十四治箓》
上八治	阳平治	左平气	左平炁	功曹平气
	鹿堂治	右平气	右平炁	大都功
	鹄鸣治	左长气	左长炁	右领兵
	漓沅治	右长气	右长炁	平五气

续　表

		《受箓次第法信仪》	《太上三五盟威法箓》	《二十四治箓》
上八治	葛璝治	左都领气	左都领炁	左领功曹
	庚除治	右都领气	右都领炁	左监神气
	秦中治	左领神气	左领神炁	右领真气
	真多治	右领神气	右领神炁	右领监气
中八治	昌利治	左都监气	左都监炁	左领行气
	隶上治	右都监气	右都监炁	左监白气
	涌泉治	左监神气	左监神炁	右监神气
	具山治	右监神气	（无）	（无）
	稠梗治	左监察气	右监神炁	右察气
	北平治	（无）	左监察炁	东部行气
	本竹治	右监察气	右监察炁	南部行气
	蒙秦治	左领功气	左领功炁	左领决职
	平盖治	右领功气	右领功炁	佐四部气
下八治	云台治	左监功气	左监贡炁	右领决职
	浕口治	右监功气	右监贡炁	西部行气
	后城治	左都气	左都炁	右领行气
	公慕治	右都气	右都炁	执气
	平岗治	左贡气	左贡炁	左领神
	主簿治	右贡气	右贡炁	左察气
	玉局治	左察气	左察炁	右察气
	北邙治	右察气	右察炁	右领神

　　在"二十八贡炁"回形文字所包含的一组图像中，一道
士持简当心立于中央，周围依方位分布青龙、白虎、朱雀、玄
武四灵，四灵的方位与回形文字中的四灵方位完全一致，这也
暗示了外圈文字与圈内图像乃是一组有机的整体。类似的图像
还见于《太上正一斩河邪箓》[1] 中，但该箓中之道士手持法剑，
拥有斩邪杀伐之势，《都功箓》中之道士则手持朝简。另外一
点值得注意的一点是，无论是修水《都功箓》，还是《斩河邪
箓》，其图像中的青龙、白虎的方向乃是按照观看者之视角来
布置的，与观看者相互镜像（参见图 24-03）。如果这一现象并
非偶然，那么法箓的纸面实际就好似一面镜子，图像正中的道
士正是受度弟子自己，这也正进一步说明了法箓并非对立之客
观之物，乃是与受度弟子一致却又独立的另一重"自我"。此
外，这也说明了当代某些通行版本中将这一道士图像绘作太上
老君乃是讹误 [2]。

　　如此，我们需要来对这一组图文做一整体的考察。首先，
代表受度弟子的图像被四灵所环绕，这正对应了外圈文字四
方正中所插入的内容，其曰："左有青龙扶持箓信任职天庭"，
"右有白虎护持箓信登入紫府"，"朱雀在前导引弟子升入金
门"，"玄武段后护持箓信升入金门"。此外，在这一组回形图、

---

[1]《太上三五正一盟威箓》卷六。此外，类似的四灵图像也还见于《太上
　　正一辟邪大箓》之中。太上三五正一盟威箓：卷六［M］// 道藏：第 28
　　册，463.
[2] 参见：刘仲宇 . 道教授箓制度研究［M］. 北京：中国社会科学出版社，
　　2014：附图一 .

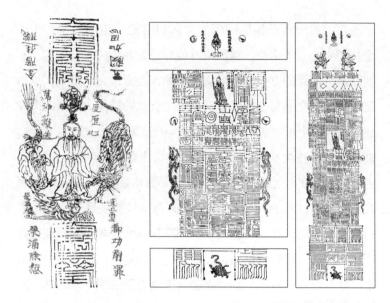

图 24-03　修水《都功箓》(左) 与《斩河邪箓》四灵图像 (中) 之比较，以及《斩河邪箓》符图全图样式 (右)

文之左，另开有一段文字作为总结，其曰：

　　都功削罪，祭酒除愆。金阶进职，玉阙加恩。受度历此，直上南宫。万神护送，飞升太空。

　　此法奥妙无穷，上有三十三天，下游一十八重地狱，前有朱雀导引，后有玄武统兵，左有青龙，右有白虎，扶助弟子，升入金门，五行八卦，天干地支，护卫身形。

如此，我们或可将立于中央的道士图像理解为受度弟子本人之"元命真人"，周围环绕的四灵以及周围"二十八贡宸"都是从弟子元命之中所分形而出的层层护卫阵列。也就是说，这一组图文所描绘的，乃是一幅受度弟子在四灵护卫下朝礼金阙的"升天图"。

（七）[G 重申盟约]

这一部分包含了神符三道，以及与其相应的三段对于授箓之后的责任与义务的陈述：

[符位]

此第一道符，给付受度箓信祈承本箓，领呈《太上三五宝箓》，增升"都功治职治炁"之秘宝，保奏之法，受佩之后钦承符名，对听圣言，庶使正一真风流传不绝，三五指教济度无穷。右符告下。

[符位]

此第二道符，给付箓信，虔诚皈命，谨按科法依教奉行，一片丹心，忠诚玄教。勿生十恶五苦邪念之亿，集会三元考较正气之风。心存口启，谷应山响，主彰教法，接引后人。右符告下。

[符位]

此第三道符，给付箓信，好道妙法，身心一至，谨依"太上三五都功秘法"勤学苦炼。行符咒水，救济良民，广垂化育之恩，未悟首都之道。救生度死，幽显咸亨，籍除罪簿，蒙灭罪根，金门赐赦，罪业消愆。良语奉献，毋违誓言。

我们在本书正文第十五节"洞玄部《灵宝中盟箓》"中看到，其箓文之末尾言明了受度弟子的义务以及应遵守的约束，此与以上三段内容基本对应。其中第一部分强调对于"正一真风"的发扬与流传；第二部分强调对于自我的严格约束，包括对于信仰的忠诚以及对于"科法"的恭谨奉行；第三部分则强调了正一都功祭酒"救生度死"的天命职责，而"籍除罪簿，蒙灭罪根，金门赐赦，罪业消愆"特别强调了对于"罪"的认知与解除。最后的"良语奉献，毋违誓言"突出了其劝诫的口吻，并且重申以上所言事项实际也是弟子所立之盟誓。值得注意的是，这里的"三五指教济度无穷""集会三元考较正气之风"等语都颇有早期盟威道的意趣。

三段文字之后，是"建节监功大神，统领都功治炁吏兵十万之众，治理天地总贡炁"的图像。按"建节监功大神"可见于《都功治箓》中之"治中建节监功大将军二十四人"[1]，这是否暗示了《都功箓》与《治箓》可能的联系尚难定论，但将这一图像置于箓卷尾部，应有护卫受度弟子的"断后"之意。

整个箓卷的结尾是一首重申不得"怨道咎师"盟约的韵文，这是再次强调师徒之间的盟誓不可破坏，并唤起道门天律之盟威，其曰：

---

[1] 醮三洞真文五法正一盟威箓立成仪 [M] // 道藏：第 28 册，497.

师人释得其中妙，方是玄门大丈夫。求师口传闻师教，得师妙道不轻抛。怨道咎师依玄灵，违闭盟言受天谴。一如太上元教律令。

最后，按照《道藏》中所收之箓卷，其末尾应有临坛度师、监度、保举三师签押之处，此处不存，其结尾部分可能存在阙漏。

三、《红黑贡炁》之考察

（一）概述

《红黑贡炁》券是修水《都功箓》所有文书中尺寸最小，但又至为重要的一套文书（两道）。据口传，在封箓时，《红黑贡炁》券须用缎套置于箓内，名曰"箓胆"。昔贤有言，"成事在胆"。红黑贡炁虽然只是两纸小券，若《都功箓》无此"胆"则失去灵验，难以成事。

所谓"红""黑"是指这两纸文书分别其以朱、墨两色印制，其开幅宽 8 公分，高 12 公分，由一纸裁成两半。在《都功箓》的授度过程中，两纸连用，作为一种类似契券的文书使用（参见彩页图 4）。

所谓"贡炁"，上文已言，应与平岗、主簿二治无关。按《广雅》所云："贡，献也。"又按《玄都职治律》云：

贡气职，主选择男女官，正一师考察身体疮瘢，形残跛躄，务得端严质素。[1]

由此，"贡炁"二字或有"拔贡"之意，即在"气"的层面向大道虚皇举贡人才，此与上文所言"选补"是为一意。我们在上文中业已简单提及，《都功箓》中有回形排列之"二十八炁"，其分为"左""右"两类。结合"箓胆"的说法，是否"左右贡炁"即是"红黑贡炁"？这也尚有待于进一步考证。

如彩页图4所见，从形式而言，每张券文上部都留有上下两行共八个圆圈。这八个圆圈是填箓内秘功夫所在，其朱券以墨笔填，而墨券则以朱笔填，填好之后八个圆圈连成北斗，其斗口朝向乃是依据受度弟子之生辰确定，且两券之北斗互为镜像（下文将对此进一步详述）。券尾部之"贡炁不现"四字是《红黑贡炁》的主要特征，盖因此处在填写秘讳之后，朱、墨将此四字覆盖，故曰"不现"。券之正文位于八个圆圈之下，现谨将其文摘录于下。

> 黑券：

> 嗣汉［某］十［某］代天师张［某］，今为弟子［某］，奉道精平，忠心寂静，［重］在劝化，被［君］召，应今［辰］，充［某］治［某］炁祭酒之职，权时录考，投心丈人，质对治官，领理文书，显明道化，领世太平，

---

[1] 三洞珠囊：卷七［M］// 道藏：第25册，335.

遗还本治，不得懈怠，复白太上老君太上丈人玉陛下。贡炁不现。男官祭酒臣［某］监度。男官祭酒臣［某］保举。

红券：

嗣汉［某］十［某］代天师张［某］，今为弟子［某］，奉道精勤，［於］法有功，请选进［某］治［某］炁祭酒之职，［佐］天行化，助国救民，除质对治官录署，俾令节身谨行，励志进修，不得懈怠。复白太上老君太上丈人玉陛下，贡炁不现。男官祭酒臣［某］监度，男官祭酒臣［某］保举。

（二）文本与形式溯源

上引修水《红黑贡炁》券之文字内容，可在北魏道经《老君音诵戒经》中找到其最早的版本（参考两份文本中加重点号的内容）[1]：

道陵演出道法，初在蜀土一州之教，板署男女道官，因山川土地郡县，按吾治官靖庐亭宅，与吾共同领化民户，劝恶为善。阳平山名，上配角宿，余山等同。而后人道官，不达幽冥情状，故用蜀土盟法，板署治职。《敕令文》曰：今补某乙鹤鸣、云台治，权时策署治气职，领化

---

[1] 寇谦之.老君音诵诫经[M]//道藏：第18册，216-217.

民户，质对治官文书，须世太平，遣还本治。

在这里，寇谦之对盟威道在魏晋时代从西蜀扩散到中原后，仍沿用蜀土宅治的方式进行批判。这段《敕令文》所承载的旧有治职盟法是北天师道改革的对象之一，但也正因为得以于此，才为我们今日了解"蜀土盟法"提供了线索。另一重要的文本来自 2016 年春于扬州出土的康周《都功版》[1]，白照杰博士已经对其版文作了细致的试读与分析，现谨依其文摘录其版文于下 [2]（参见图 13-03）。

系天师二十代孙臣【谌?】具稽首，今有京兆府万年县洪固乡胄贵/里男官弟子康周，行年四十岁，十月廿六日生。奉道精诚，修勤/贞素，明白小心。于今有功，请迁受天师门下大都功，版署阳平治左平炁。/助国扶命，医治百姓，化民领户。从中八巳下，师可传授有心之人。质对/三官，领理文书，须世太平，迁还本治，随职主【政?】。懈怠□……/（系天）师门下二十代孙臣【谌?】/版署男官祭酒臣刘 德常 保举/版署男官祭酒臣郑……监度/太岁丁巳十月癸卯朔十五日丁巳于□……乡招贤里真

---

[1] 南京大学历史学院文物考古系，扬州市文物考古研究所．江苏扬州市秋实践路五代至宋代墓葬的发掘 [J].考古，2017（04）：54-64.

[2] 白照杰．扬州新出土晚唐龙虎山天师道大都功版初研 [J].宗教学研究，2018（04）：9-16.

仙观三宝前白版

通过分析文本，白照杰博士指出"寇谦之所给出的北魏天师道职版敕令文'须世太平，遣还本治'，恰与扬州出土大都功版版文'须世太平，迁还本治'对应，二者之间当存在继承关系"，而这也正好对应了《红黑贡厼》中的"领世太平，遣遗本治"。（另参见本书正文第二十节"复还治职"）《红黑贡厼》结尾处"监度"和"保举"二师署为"男官祭酒"，亦与康周《都功版》基本相同，且颇具古风。

另外，按考古简报中所言，康周《都功版》宽 10 公分，高 14.2 公分，厚 0.2 公分 [1]，这与修水《红黑贡厼》券的文书尺寸（宽 8 公分，高 12 公分）以及比例（1：1.42 对 1：1.5）都极为近似，实际也即是单手可掌握的尺寸。虽然我们很难论定两者的尺寸、比例之间存在必然联系，但是《红黑贡厼》与其他文书迥异的形式不得不让我们对其进行更多的假设。

（三）镜像之双斗

《红黑贡厼》的图像特征便是其上部的八个圆圈，不仅圆圈内需要填入内秘，圆圈与圆圈之间也需要以曲线相互联结，以成北斗之状，而北斗的斗口朝向则需要根据受度弟子的命造依诀推定。与此同时，红黑两份券文上的北斗还需要保持相互

---

[1] 张敏，朱超龙，牛志远. 江苏扬州市秋实路五代至宋代墓葬的发掘 [J]. 考古，2017（04）：57.

镜像之形式。这种双斗相互镜像的图像形式是授度契券的重要
特征之一，如吕鹏志教授在其研究中将《正一法文十箓召仪》
所载《赤箓券》论定为授度《黄图赤箓》的配套契券[1]，亦即诸
种"黄赤契券"之一（参见图24-04）。《赤箓券》上部为北斗
图像及三天名号，下部为盟约券文，其内容左右相互镜像，中
央"太上老君赤箓券合同"九个符箓相当于骑缝合同，剖券时
用刀从中裁开，这与《红黑贡炁》中双斗互为镜像的构成形式
十分接近。《上清洞天三五金刚玄箓仪》所收《三五契》亦可
作为早期的一则案例，其中的星斗图像与符文被安排成为一体
（参见图24-05）。另外，《太上助国救民总真秘要》所收《真文

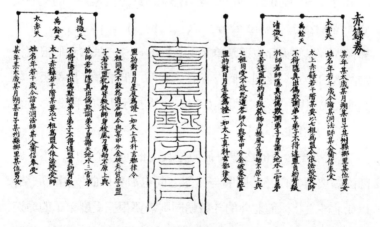

图24-04 黄赤契券：《正一法文十箓召仪》中《赤箓卷》

[1] 吕鹏志. 天师道黄赤券契考 [G] // 程恭让编. 天问（丁亥卷）. 南京：江
苏人民出版社，2008：173.

契文式》与《赤箓券》的构成形式更为接近，可视作晚期的例证之一（参见图24-06）。

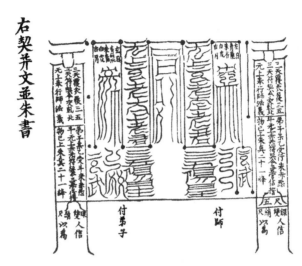

图24-05 《上清洞天三五金刚玄箓仪》所收《三五契》

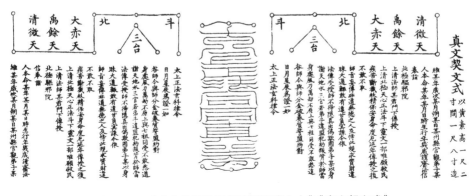

图24-06 《太上助国救民总真秘要卷之九》《真文契文式》

虽然《红黑贡炁》之行文方向并不像其他契券那样相互镜像，但若从其文字内容的高度重复，以及红黑两色的对立可以论定，其也应具有某种与授度治职有关的契券性质。另外，《都功版券》中之"券"字，很有可能也意味着其最初乃是一式两（多）份之一种"契券"，这似乎也可解释《红黑贡炁》的左右对应形式。

（四）红黑与黄赤

"红黑"者阳与阴也，亦与"黄赤"者相通,《上清九丹上化胎精中记经》曰:

> 阳炁赤，名曰玄丹。阴炁黄，名曰黄精。[1]

《洞真太上八道命籍经》亦曰:

> 日行赤道，月行黄道，黄赤二道，阴阳之所常行。黄赤以喻日月二景、阴阳二炁。[2]

早期盟威道曾有一支派别（张超然教授称之为"赵昇一系教团"），其以阴阳交、二气降的理论引申为男女"混炁之法""种子之术"，奉行其法者又被称作"黄赤道士"。按《三洞奉道科诫营始》所载，至迟在隋唐之际，黄赤道士已经成为

---

[1] 上清九丹上化胎精中记经 [M] // 道藏: 第 34 册, 82.
[2] 洞真太上八道命籍经 [M] // 道藏: 第 33 册, 502.

正一法位的一种，称"三一弟子赤阳真人"，其法位之授度包含"黄赤内箓"以及相应的"契"，如《黄赤券契》《黄书契令》《五色契令》《八生九宫契令》《真天六甲券令》《真天三一契令》《五道八券》等[1]。从这一角度出发，《红黑贡炁》是否具有"黄赤"之法的基因仍是一值得探究的问题。

自南北朝以来，黄赤之道一方面不断遭到道门内外人士的批判，但一方面又一直在传承。《老君音诵戒经》云："吾诵诚断改黄赤，更修清异之法，与道同功。其男女官箓生佩契黄赤者，从今诚之后，佩者不吉……然房中求生之本经契，故有百余法不在断禁之列。若夫妻乐法，但勤进问清正之师，按而行之，任意所好，传一法亦可足矣。"[2]但无可否认，黄赤之道的生存空间也日渐被挤压，以至最终从历史中消失。也许正是在这一背景下，后世道教通过将"红贡黑填"，"黑贡朱填"的方式以喻阴中有阳，阳中有阴，阴阳和合的交泰之象。受度弟子借此被授度以"日中赤阳之气"以及"月中黄阴之气"。由此，后世道教得以解决自魏晋以来一直饱受诟病的黄赤之术即男女合气之道这一障碍，并以内部传授的方式传承至今。但无论如何，《红黑贡炁》的嬗变过程与原始含义仍难以最终确定，其需要更为深入的考察与研究。

（五）《治箓》与《都功版》

除以上"黄赤"的假说外，笔者在此提供另一条未来可继

[1] 洞玄灵宝三洞奉道科戒营始：卷四［M］// 道藏：第 24 册，757.

[2] 寇谦之. 老君音诵诚经［M］// 道藏：第 18 册，216.

续探索的思路。

《红黑贡炁》作为"箓胆"的说法，暗示了其与《都功箓》之间不可拆分的整体性。我们在上文中不止一次提及《都功箓》中可能存在中古时期《治箓》的内容，甚至其《职箓》之名也暗示了其与"治职"之间的紧密关联。在本书正文的讨论中，我们也曾经提及，在中古时期的发展过程中，《治箓》被视作祭酒所应佩受的十分重要的一阶法箓。与此同时，我们也了解到，都功祭酒治职的授予实际应通过《都功版》的授度来实现。这也就意味着，在历史中曾存在着将《治箓》与《都功版》同时使用，任命治职祭酒的做法，这与我们在《附录四》中所要谈及的法箓与补职文凭同时授度的情况略有近似。

由此，《都功箓》与《红黑贡炁》的配套授度或许继承了中古时期《治箓》与《都功版》一同授度的做法，而其中极具玄深内涵的"贡气"使两者咬合成为一个整体，《红黑贡炁》中斗口所暗含的弟子生辰，实际也正对应了《都功箓》中被"二十八贡气"所环拱的弟子元命真人。

四、小结

通过上面的两部分考察，我们可以看到当代修水《都功箓》中的两项关键性文书《都功版券职箓》与《红黑贡炁》均有着可以上溯至汉末的文本、仪式以及信仰根源，其极有可能相互关联，一同授度。它们在道教历史的发展中不断地被继承、加工，再继承、再加工，并传至今日，这是道教历史发展的最有力见证，也是盟威教法千年来不绝于缕的重要象征。同时，对其中文本、图像的嬗变进行研究，有助于我们逐步理清近当代法箓传承的真实面貌。

关于《都功版券职箓》我们还有如下四点观察：

1. 现有《都功版券职箓》并非是一阶“新箓”，而是对于《盟威箓》中若干阶法箓的一种汇编。根据我们的考察，其至少包含的法箓与其他内容有如下几种：（1）《都功版》、（2）《太上正一三五赤官斩邪箓》、（3）《太上二十四治气箓》、（4）《太上正一斩河邪箓》/《太上正一辟邪大箓》，以及（5）天心正法中的直符使者。此外，其名称《版券》实际源自（6）《都功版》。

2. 现有《都功版券职箓》未收入《道藏》之中，虽然其部分内容可在一卷本与六卷本中寻找到其根源，以六卷本居多，但这仍意味着其底本应另有出处。

3. 现有《都功版券职箓》中，传统的法箓吏兵内容完全缺失，代之以天心正法之“直符使者”。我们在本书中文中已经反复论证，法箓与科仪之间有着严密咬合的关系。箓中之吏兵之变化，实际也是仪式之变化。换言之，从吏兵的角度而言，《都功箓》实际是一部“天心箓”，而这一线索亦正印证了唐末至北宋时期龙虎山张氏对于《都功箓》的始创，以及其与天心法之间密不可分的种种历史联系。

4. 由于《都功版券职箓》与《红黑贡炁》之间的整体性，所以前者实际应系在旧有的《治箓》基础之上融摄新出天心法直符使者而成。由此，《都功版券职箓》又实际承继、延续了中古时期为治职就授度《治箓》与《都功版》的古法。

此外，关于《红黑贡厞》我们还有如下三点疑问：

1. 道教授度仪中一直保存有对于"券契"的使用，其特征即是文字相互镜像，以中缝为参照，左右相向行文。《红黑贡厞》之文字并无此特征，而仅仅是图像上的两座北斗相互镜像。此为其一疑。

2. "券契"的特征是分别保存：其中一份交于弟子，另外一份交与度师保存，或直接焚化。为何此处两份均授与弟子（再行焚化）？此其二疑。

3.《红黑贡厞》之文字与北魏、晚唐《都功版》之文字吻合。若其源自《都功版》，则云何将其分为两份，并以朱、墨分书？此其三疑也。

通过以上的考察，我们似乎若有所得，但也若有所迷。笔者在此处更多地是想抛出问题，开启讨论，有待于方家进一步厘定。

附　录

江西修水与福建南安所传《都功箓》文书内容对照表

		江西修水《都功箓》文书内容	福建南安	白玉荷抄本
正卷	1.	太上三五都功版券职箓（一道）	●	●
	2.	太上三五都功版券职箓请法词（一道）	●	●
	3.	太上都功版券秘箓合同契券（一道）	●	●
	4.	太上老君宣告都功祭酒真经箓（一道）	●	●
	5.	祭酒真经请法词（一道）	●	●
	6.	太上都功治祭酒真经合同环券（一道）	●	●
	7.	红黑贡炁（二道）	●	●
	8.	十宫阴牒、总牒（十一道）	●	●
	9.	二十四狱文牒、总牒（二十五道）	●	
	10.	火牒（四道）	●	●
	11.	都功谒简	●	●
	12.	职印	●	
	13.	职帖（一道）	●	●
附卷	14.	太上三天玄都总诰（软卷、硬卷各一道）	●	●
	15.	太上三天玉符仙秩（软卷、硬卷各一道）	●	●
	16.	昊天玉皇宥罪敕赦（软卷、硬卷各一道）	●	●
	17.	上帝敕旨照身文凭（软卷、硬卷各一道）	●	

		江西修水《都功箓》文书内容	福建南安	白玉荷抄本
附卷	18.	上帝敕赐免罪金牌（软卷、硬卷各一道）	●	
	19.	先天无极照会通关（软卷、硬卷各一道）	●	●
	20.	昊天金阙请恩御表（软卷、硬卷各一道）	●	
	21.	都天无极金函御诏（软卷、硬卷各一道）	●	
	22.	南极长生延龄寿书（软卷、硬卷各一道）	●	
	23.	正一道祖延寿金章（软卷、硬卷各一道）	●	
	24.	太上颁降通津水程（软卷、硬卷各一道）	●	
	25.	太上颁降冥途岸程（软卷、硬卷各一道）	●	
	26.	三百六十应感天尊（软卷、硬卷各一道）		
	27.	虚无自然金符箓祖（软卷、硬卷各一道）	●	
	28.	上帝钦赐随身支粮（软卷、硬卷各一道）	●	
	29.	上帝钦赐口粮关文（软卷、硬卷各一道）		●
	30.	上帝敕赐起马关文（软卷、硬卷各一道）	●	
	31.	无上三天证果都攒（软卷、硬卷各一道）		
	32.	上帝纪勋随身功据（软卷、硬卷各一道）		
	33.	上帝敕赐随身堪合（软卷、硬卷各一道）		
十二旌封	34.	上帝敕赐飘风宝带（软卷、硬卷各一道）		
	35.	上帝敕赐降魔宝剑（软卷、硬卷各一道）		
	36.	上帝敕赐九云玉冠（软卷、硬卷各一道）		
	37.	上帝敕赐步云仙鞋（软卷、硬卷各一道）		

续　表

		江西修水《都功箓》文书内容	福建南安	白玉荷抄本
十二旌封	38.	上帝敕赐鱼鬣仙衣（软卷、硬卷各一道）		
	39.	上帝敕赐长生仙草（软卷、硬卷各一道）		
	40.	上帝敕赐升仙宝桥（软卷、硬卷各一道）		
	41.	上帝敕赐珍珠凉伞（软卷、硬卷各一道）		
	42.	上帝敕赐上天云梯（软卷、硬卷各一道）		
	43.	上帝敕赐云梦仙床（软卷、硬卷各一道）		
	44.	上帝敕赐黄金玉印（软卷、硬卷各一道）		
	45.	上帝敕赐千里云马（软卷、硬卷各一道）	●	
入殓	46.	面盖（一道）	●	●
	47.	福地龙虎山冥途路引（一道）	●	●
	48.	福地龙虎山掩体法被（一道）	●	●
	49.	真凭实据（阴凭、阳凭各一道）		

附录四、三种法箓授度文凭小考

陶　金　曲　爽

引　言

　　早期道教以法箓及契券作为授度的文凭（书面证明），但到了宋元之际，由于诸阶道法的出现以及法职制度的建立，原有的法箓不再能完整地反映道法实践中的实际情况，新的书面凭证形式由此应运而生。在本文中，我们将主要关注"词文""仙简"（"仙诰"）与"补职帖"（"职帖"）这三种文凭形式（不同法派还有若干与其相配的其他文书，但并不构成主体）。可以说，宋元之际授度文凭的发展，呈现出种类与内容多样化的趋势，但其总体而言，基本都在兼顾内外两条主要线索，所谓"内"即是道法的自身传承，所谓"外"则是职官化的选拔制度。

　　笔者在对当代江西龙虎山与江西修水授箓传统的考察中，发现以上三种文凭都仍然保存在与法箓授度相配套的文书之中。其中，类似"词文"的文书形式在修水被称作《职帖》，而"仙简"则大抵对应了"附卷"中的《照身文凭》及《金符箓祖》（这两份文书皆于授度仪式中一同缴化）。"补职帖"在近代龙虎山发展成为正一真人官方所出给的正式文凭，并将《合同符》之一半附贴于其中。在当代龙虎山的授箓制度中，这一文书形式被称作《箓牒》，其中增添了受度弟子的照片以及钢印。与此相平行地，"补职帖"在修水地区发展成为内容极为丰富的《真凭实据》，《合同环券》被纳入一纸囊中，附贴于其中。简言之，在近世的传统中，"词文"与"仙简"的实际文凭功能已让位与"补职帖"。

在本文中，笔者希望利用近年来考察所见实物以及海外博物馆藏传世文物，并结合唐宋以降的职官文书制度，对这三种文凭形式分别进行考察，并尝试解答如下几个问题：

1. 为什么在同一套法箓授度文书中会出现三种文凭？

2. 它们分别具有怎样相同及不同的特性？

3. 三种文凭的同时存在反映了历史上的怎样一种宗教生态？

在此之前，我们先对早期道教法箓授度文凭稍作回顾。

一、"法箓"与"契券"

我们在第五节中已经提及，周王通过册命封赠的内容包括了祭酒、舆服、车马、仪仗、兵器、土地、臣民（人口）、取征（税收）、兵士等项。这些内容都被详细地开列于册文之中，授与诸侯。册文又称命书，周王对于诸侯的封赠因此也被称作"册命""策命"或"简命"。我们也看到，册命的举行需要以建立盟约为前提，而盟约最终体现于一式两（多）份的"载书"（"盟书"）之中。载书与命书分别对应了周代册命典仪中的"盟"与"授"两个仪式单元，载书记载了立盟双方的盟誓内容，以及违背盟誓的后果（自我诅咒），命书则开列了受命者在遵守盟约的前提下所享有的权利、义务以及授命者之告诫。用今天的视角来看，"载书"近似于"劳务合同"，其受法律之约束，而"命书"则近似于"委任状""聘书"或"工作证"。两者相辅相成，构成一完整的整体。

我们在第十节中也看到，作为"吏兵名录"的法箓，实际正是源自周代册命传统中之"命书"。法箓的箓文中明确了受度弟子的权利与义务，并包含了度师之劝诫。与此同时，法箓的授度乃与"契券"相互配套，后者则正对应了"载书"。

"契券"意味着弟子与师、大道之间的盟约绑定关系，乃是一种"信物"；"法箓"则是作为授予箓生（道民）神圣身份即一切相关权利、义务的书面证明。换言之，对于早期盟威道而言，法箓本身便是文字凭证，"授箓"也即是传授文凭，一如为诸侯授予命书。因此，彼时之法箓授度并不需要法箓以外的其他文书作为"授箓"之文凭。也正是因为如此，《太上外箓仪》中规定了"失箓者，输罚更受"[1]。与此相对应的是，历代朝廷都会对大意遗失"告身""诰命"等身份文凭的官员进行相应的责罚[2]。

---

[1] 正一法文太上外箓仪［M］// 道藏：第 32 册，210.

[2] 王金花. 古代诏令文书"诰命（宣命）敕命（敕牒）"［J］. 文物世界，2013，116（03）：28.

既然早期道教的法箓授度并不需要其他的文书来作为凭信，那么，近世以来三种不同类型文凭的出现，一定另有其因。

二、宋元诸阶道法的授度文凭体系

在宋元新出诸阶道法的授度仪式中，其授度文凭往往由多于一份的文书组合而成，文书与文书之间存在着相互关联的逻辑关系，由此成为一个有机的体系。在正式进入考察之前，我们有必要先就《道藏》中所见部分宋元道法的授度文凭稍作概览，尤其是对较为复杂的几种文凭体系有一整体了解。这里所选取的法本有：《太上助国救民总真秘要》（以下简称《总真秘要》）、《高上神霄玉清真王紫书大法》（以下简称《紫书大法》）、王契真《上清灵宝大法》（以下简称《王本灵宝大法》）、金允中《上清灵宝大法》（以下简称《金本灵宝大法》）、《灵宝领教济度金书》（以下简称《济度金书》）、周思德《上清灵宝济度大成金书》（以下简称《大成金书》）。

现谨将各法本中所规定的授度文凭名称开列于下。

《总真秘要》：《天心正法符券》《新授法人补驱邪院官诰式》；[1]

《紫书大法》：《新授法诰》《戒牒式》《补帖》《转官告式》；[2]

《王本灵宝大法》：《交兵给法仙帖》《补职帖》《灵宝修真

---

[1] 太上助国救民总真秘要：卷九 [M] // 道藏：第 32 册，109-111.
[2] 高上神霄玉清真王紫书大法：卷十二 [M] // 道藏：第 28 册，662-664.

誓戒牒》《思微版券式》《灵宝告盟三天合同券式》《灵宝合同职券式》《灵宝告盟十天宝券式》《仙诰式》；[1]

《金本灵宝大法》：《灵书真券式》《补职帖式》；[2]

《济度金书》：《仙简》《交兵札》；[3]

《大成金书》：《交度照帖》《交兵牒》《修真戒牒》》。[4]

在以上所开各类文凭中，所谓"官诰""官告""仙诰"以及"仙简"皆是同一类文书，其对应了宋代由皇帝所敕下的"告身"。由此，我们大略可将所有授度文凭分为五类：1. 契券、2. 仙简（含转迁官告）、3. 补职帖、4. 交兵札、5. 戒牒。下表中开列了以上诸阶道法授度文凭的使用情况对比，由表可见，不同道法授度文凭的种类数目并不相等，其中仙简与补职帖的使用最为普遍，券契的使用也占有很高数量。在这五类文凭中，我们稍后将主要关注"仙简"与"补职帖"两类。

部分道法授度文凭种类、数量比较

	契券	仙简	补职帖	交兵札	戒牒
《总真秘要》	●	●			
《紫书大法》		●●	●		●

---

[1] 王契真．上清灵宝大法：卷二十九 [M] // 道藏：第 30 册，921−926.

[2] 金允中．上清灵宝大法：卷四十三 [M] // 道藏：第 31 册，637−640.

[3] 灵宝领教济度金书：卷三百一十八 [M] // 道藏：第 8 册，797−798.

[4] 上清灵宝济度大成金书：卷三十六 [M] // 藏外道书：第 17 册，成都：巴蜀书社，1994：485.

续　表

	契券	仙简	补职帖	交兵札	戒牒
《王本灵宝大法》	●●●●	●	●	●	●
《金本灵宝大法》	●		●		
《济度金书》		●		●	
《大成金书》			●	●	●

　　需要注意的是，以上这些文书均是针对道法传度的凭证，并不涉及法箓的授度。金允中在《补职帖式》中言明，求度弟子应先从宗坛受箓，再从度师传法。由此，我们将先对宋代新出的法箓授度文凭"词文"进行考察。

三、词文

（一）《请箓法词》

　　《道藏》中收有五阶法箓文本，其均以明初五十四代天师张宇清（？—1427）为度师，其分别为：《太上玄天真武无上将军箓》[1]（以下简称《真武箓》）、《太上正一延生保命箓》[2]（以下简称《延生箓》）、《太上正一解五音咒诅秘

---

[1] 《太上玄天真武无上将军箓》，箓中所言度师为明初五十四代天师张宇清（？—1427 年），故其年代不应晚于元代，参见 Schipper and Verellen, *The Taoist Canon*, 1197–1198.

[2] 《太上正一延生保命箓》，年代如上，参见 Schipper and Verellen, *The Taoist Canon*.

箓》[1] (以下简称《解咒诅箓》)、《高上大洞文昌司禄紫阳宝箓》[2]
(以下简称《文昌箓》)、《太上北极伏魔神咒杀鬼箓》[3] (以下简
称《伏魔箓》)。高万桑教授认为此四阶法箓或可上溯至南宋时
期，且系专为普通信徒所授度之法箓[4]。

　　这五阶法箓的都具有一共同特征，即在正式箓文之后附有
一份《请箓法词》。《请箓法词》以"维[某]年[某]月"为起
始，引出求箓弟子之《投词》，并于其后开列"祖玄真"三师、
"经籍度"三师，并押以临坛三师法名，最后还会附上一段有
关法箓的赞颂性说文。除《文昌箓》外，其他四份的说文内容
完全一致，即冠以正应先生（三十二代张守真，？—1176 年）
以及广微子（三十八代张与材，？—1316）的两段骈文法语。
经过与当代江西地区授箓文书的比较，《请箓法词》的整体行
文格式与《太上三五都功版券职箓请法词》[5] 基本对应，可确定
两者之间的同源关系。

　　《请箓法词》的行文与内部逻辑与传统意义上的"请法词"
或"投词"截然不同，其确切功能与含义仍有待于进一步研

---

[1]《太上正一解五音咒诅秘箓》，年代如上，参见 Schipper and Verellen,
　　972−973.
[2]《高上大洞文昌司禄紫阳宝箓》，年代如上，参见 Schipper and Verellen,
　　1209−1210.
[3]《太上北极伏魔神咒杀鬼箓》，年代如上，参见 Schipper and Verellen,
　　1197.
[4] Goossaert, *Heavenly Masters: Two Thousand Years of the Daoist State*, 142−
　　143.
[5]《附录三》"附录"之第 3 号，列入"正卷"之中。

究^[1]。我们在此之所对其进行提及，乃是因为其后所附加的一段文字值得进一步讨论。

（二）《天师门下词文》

在这四部法箓中，除《文昌箓》外，其余的《真武箓》《延生箓》与《解咒诅箓》均在《请箓法文》之后随附有一段不具标题的文字。这段文字以"正一玄坛保举师"作为起始，以"爰给《词》以为证"引出结尾，笔者由此将其暂称为《正一玄坛词文》，参见图25-01《保命箓》中所附者为例^[2]。

《正一玄坛词文》的特别之处在于以某法师担任保举师，"保举到"某弟子参受法箓的文字表述。类似的文字表述还见于当代修水《都功箓》文书群之《职帖》（参见图25-02，归属于"正卷"之中，参见《附录三》"附录"之第13号），亦见

---

[1] 《请法词》最初的意义应是申请授度法箓的申请，即所谓"投词"，从功能上类似于奉道百姓请法师建斋的"投状"。其文书行文可参见《道门定制》卷十，其文曰："具乡贯，奉道弟子［某］，年甲月日生，稽首投词。［某］宿命因缘，得奉大道（随事入意，若童子受符，则父母代言。若道士请信进受，则随先所授箓，令进受某箓，一一详言之）。谨赍宝缯准黄金之信，奉词上闻：恩惟度师先生，垂愍有心，副此饥渴之望，俾得佩受，永为身宝。若参佩之后，轻泄至真，传非其人，［某］当身谢三官，不敢怨道咎师。如违手词，依科受罪。谨词。［某］年［某］月［某］日奉词诣度师［某］箓先生门下。"与此不同的是，五部法箓的《请箓法词》中在投词的内容之后加入了1."（宗坛）所据投词，即日告盟天地，立誓三官，破券分环"；2. 分列所授事项，其包括该阶法箓、《正一修真旨要节目》、"祖玄真三师玉讳""经籍度三师法讳"等授度内容。

[2] 太上正一延生保命箓［M］// 道藏：第28册，531.

正一玄壇保舉師上清三洞經籙某保舉
到奉
道信士某參受
太上正一延生保命籙貳身佩奉本壇除
已具錄事由躬請
正一嗣教天師真人申聞
祖天師正一真人依科傳度外爰給詞以
爲證俾遵
教以奉行倘負盟言自貽
玄憲

符六

八

图 25-01 《太上延生保命箓》之《正一玄坛词文》

于福建泰宁（见图 25-03）[1] 以及南安等地 [2]。这份文书以"天师门下"作为起始，虽然其在各地传承中均被称作《职帖》，但实际的行文格式与内容逻辑均有别于我们后面所要讨论的《补职帖》，而更可能是《明孝康后受箓仙简》中所开列之《法箓照帖》。为了避免混淆，在本文的讨论中，将称之为《天师门下词文》（具体原因参见下文之讨论）。

---

[1] 谢聪辉. 道教"化士"的意涵、来源及其在明清授箓中的职能研究——兼论佛教的相关问题 [J]. 道教研究学报：宗教、历史与社会，2022（14）：57.

[2] 谢聪辉. 正一经箓初探——以台湾与福建南安所见为主 [J]. 道教研究学报，2013（5）：171.

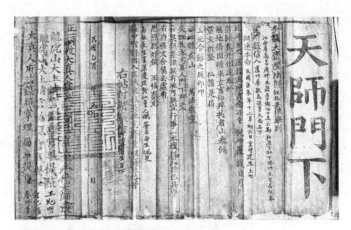

图 25-02（a） 修水戴祥柳道长藏民国乙酉年（1945）《天师门下职帖》

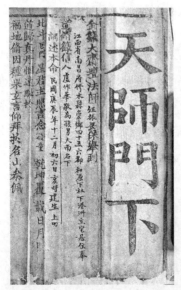

图 25-02（b）《天师门下职帖》细部一

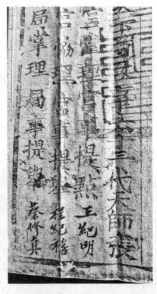

图 25-02（c）《天师门下职帖》细部二

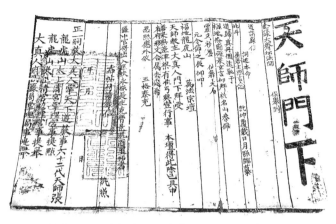

图 25-03　盖有"阳平治都功印"的《天师门下职帖》空白版印，福建泰宁县普应雷坛李绍龙道长存[1]

　　为了方便讨论，我们将《道藏》之《正一玄坛词文》与修水之《天师门下词文》这两份词文做一对比，则不难发现其具有几乎一致的结构（参见下表）。两份文书最大的共同点，莫过于其开头及前半段均以"［某］坛［某］法师保举到［某人］受度［某］箓"作为基本叙事结构展开，这里"到"字的用法呼应了宋代官员任命书中的"磨勘到"，即由尚书省吏部之"南曹"对被"保举"之候选官员进行"磨勘"（考核），以此决定是否对其进行委命或升迁（详见下文对于"仙简"之讨论）。而在这两份道教文书中，其分别以作为宗坛的"正一玄坛"以及更为宽泛的"金箓大斋坛"作为文书颁发机构，以教团组织对标

---

[1] 谢聪辉．道教"化士"的意涵、来源及其在明清授箓中的职能研究——兼论佛教的相关问题 [J]．道教研究学报：宗教、历史与社会，2022（14）：72.

尚书省吏部，该坛的某位法师则作为新恩弟子鼎膺图箓之保举人。在当代江西的传统中，"金箓大斋坛"与"法师"之间留白不填（龙虎山天师府的版本中缺省了"法师"二字）。但在丁煌教授所披露的许进林《大黄箓》003 号文书《天师牒许进林执照》则见有"金箓大斋坛法师曾宏省保举许氏"之文意，与其相应地，该文书之落款中有"龙虎山上清宫掌理宫事提点曾"之签押[1]。由此，文书中"法师"二字前，当填以保举师之姓及法讳（或亦包含箓阶）。

《正一玄坛词文》与《天师门下词文》内容对比

《正一玄坛词文》	修水《天师门下词文》
正一玄坛保举师上清三洞经箓 [某]	天师门下金箓大斋坛法师 [某]
保举到：	保举到：
奉道信士某，	[某处] 居住奉道请箓信臣 [某]，名下本命 [某] 年 [某] 月 [某] 日 [某] 时建生上叩北斗 [某] 星君主照。
参受《太上正一延生保命箓》，皈身佩奉。	言念，乾坤覆载，日月照临。[慕] 道归真，丹悃远驰于福地；修因种果，玄言仰拜于名山。参佩灵文，祈登仙籍。是届上元令节之辰，恭叩福地龙虎山万法宗坛度师天师大教主人门下，拜受《太上三五都功经箓》付身佩受，仍祈善果无差，津梁有准。

---

[1] 丁煌.《正一大黄预修延寿经箓》初研[G]//詹石窗，主编.百年道学精华集成，第八辑，礼仪法术卷二.上海：上海科学技术文献出版社，2018：496.

续　表

《正一玄坛词文》	修水《天师门下词文》
本坛除已具录事由，躬请正一嗣教天师真人申闻祖天师正一真人，依科传度外，	本坛得此除已具申省府，移文合属去处，希恩照应外，
	依《玉格》奏允［某职］签名［某人］为任，仍差箓中官将，出入劻扶，永保长生，克膺景贶。
爰给《词》以为证，俾遵教以奉行。	须至《牒》[1] 者。右牒付请箓信［某］名下佩受。
倘负盟言，自贻玄宪。	
	天运［某］年［某］月［某］日出给
	正一嗣汉掌天下道教事［某］代天师 张龙虎山大上清宫掌理宫事提点［某］龙虎山大上清宫协理宫事提举［某］大真人府法箓局掌理局事提举［某］

　　两份文书的差异也是明显的。首先，修水《天师门下词文》增添了"依《玉格》奏允［某职］为任"的叙述，这说明其在言明"法箓"的授度之外，还特别强调了"法职"的授予，这或许正是其被称作《职帖》的原因。其次，《正一玄坛词文》文末称"爰给《词》以为证"，可见，这是一份"词文"。而《天师门下词文》则将其自称为"牒"（在福建泰宁的版本中作"帖"，更接近《职帖》之义，参见图24-03）。

---

[1] 福建泰宁版作"帖"字。

此外，《正一玄坛词文》作为一份证明式的文书，明显缺少了年月日期以及使其生效之签押，《天师门下词文》则体现出了完整的形式。较为特别的是，该签押方式不同于法箓结尾之"临坛三师"，而乃是象征了整个近世正一教团的天师与道官团体，即：正一真人、上清宫提点、提举，以及法箓局提举[1]。事实上，我们也看到，各地的填箓秘本都特别强调地方上的"化士"或填箓道士要经常性地与龙虎山保持联络，以便能够获得龙虎山中最新的人事变更，以便在所谓的《职帖》上填写相应的正一真人、道官名讳[2]。将传统的三师名讳调整为道官群体，实际也表明了这一份《词文》自身的行政性质大于其宗教性质。如同其他朝廷所颁给的文凭一样，其中反映出了文书背后的一系列制作、认证、签押流程。而这一制度性的文书流程，也正对应了其文书起始处的"保举到"，其意味着对于请法弟子受箓资质的考核与认证。换言之，从"保举到"到末尾诸位道官的签押，这实际体现出了"宗坛"的一次常规办事（授度）流程。这一流程实际也对应了朝廷职官选举制度中相

---

[1] 在许氏《大黄箓》003 号文书中，按丁煌教授的描述，上清宫提点、提举，法箓局提举这三项签押均低于当代天师两格，他由此推论："盖此三人为许进林之三师也。"丁煌.《正一大黄预修延寿经箓》初研 [G] // 詹石窗，主编.百年道学精华集成，第八辑，礼仪法术卷二.上海：上海科学技术文献出版社，2018：496.

[2] 谢聪辉.道教"化士"的意涵、来源及其在明清授箓中的职能研究——兼论佛教的相关问题 [J].道教研究学报：宗教、历史与社会，2022（14）：57，67-69.另参见下文中所提之上海地区陈雪赓法师之《天坛玉格》。

关文书的制作流程，详见下文有关"仙简"之讨论。

（三）宗坛《法箓词文》

我们在第十七节已经对宋代法箓体系的变革进行了检讨，我们也特别提及了蒋存斋先生（叔舆）所撰《无上黄箓大斋立成仪》中对于当时法箓授度制度的详细记叙。蒋先生在其书中特别抨击了当时流行的一种虚浮的授度方式，其云：

> 今世羽流不体太上慈悲演教之意，切切然惟货利是营，《上清》《灵宝》《盟威》信金既重，止凭化士于宗坛受一《法箓词文》，便称"某箓弟子"，行持斋事。[1]

蒋存斋先生师从龙虎山高道留用光，因此这里所述"宗坛"之情况，极有可能是其于龙虎山所见。"某箓弟子"的这一称谓直接沿袭了更为传统的中古时期法位授度系统[2]，而并非宋代所新出的"法职"，这一点也与《正一玄坛词文》相符。我们在《附录二》"由地方到三山"中也已经提到，按照理想的流程，"法职"的授予乃是弟子在宗坛受得法箓之后，于地方上再行举行（参见下文金允中之《补职帖式》）。按照这一逻辑，《天师门下词文》较《正一玄坛词文》多出了"法职"一项（由此成为所谓的《职帖》），此当是在后者基础之上的增衍，故此两者之间应存在着先后承继的关系。

---

[1] 无上黄箓大斋立成仪：卷十七［M］// 道藏：第 9 册，482.

[2] 参见：洞玄灵宝三洞奉道科戒营始：卷五［M］// 道藏：第 24 册，706.

这里所谓的"化士"乃是龙虎山"奉命以法箓授予来劝化信徒捐献缘金的道士，他们能熟练掌握法箓内容"[1]。按照这里的文意理解，似乎在当时存在着一种情况，即求箓弟子因为授度法箓的法信（信金）较重而并不参受法箓本身，只是参受《法箓词文》，由此便自称具有了"某箓弟子"的神圣身份。由此来看，这里的《法箓词文》当即是一种参受法箓的书面凭证。按照谢聪辉教授的研究，化士代理地方道士求度法箓之事宜，有"亲诣宗坛"与"代香远叩"两类，按照他的见解，"化士不仅承担劝缘善信或奉道者到龙虎山（或三山各宗坛）受箓的职责，还受到宗坛信任，且是欲受箓者的中介者，特别是距离各宗坛较远的遐方僻郡之人已经习以成俗。"[2] 此外，"化士"也负责将法箓携带至地方付度，如《秘殿珠林三编》所载元人龚致虚撰《周上卿传》有云"元坛化士赍至《大洞秘箓》"等语[3]。无论蒋存斋先生所批评的这一乱象属于"亲诣宗坛"还是"代香远叩"，实际都不应将责任全部归于求度弟子。若因化士实际满足了这一不如法的需求，而宗坛则是《法箓词文》

---

[1] 谢聪辉 . 道教"化士"的意涵、来源及其在明清授箓中的职能研究——兼论佛教的相关问题 [J]. 道教研究学报：宗教、历史与社会，2022（14）：37.

[2] 谢聪辉 . 道教"化士"的意涵、来源及其在明清授箓中的职能研究——兼论佛教的相关问题 [J]. 道教研究学报：宗教、历史与社会，2022（14）：45-46.

[3] 钦定秘殿珠林三编 [M] // 故宫博物院编 . 故宫珍本丛刊：第 435 册 . 海口：海南出版社，2000：388.

的出给者，亦当承担责任。

（四）法箓仪式功能之退位

我们在上文中已经强调，法箓自身（及契券）已是箓生受度的凭信，并不再需要其他文凭证书。那么，《法箓词文》的出现，至少意味着法箓本体作为文凭功能的减弱。甚至可能是受箓弟子手中不再持有法箓，如此才使得另一部分道士只受一份《词文》便行持法事的情况得以实现。这是因为在那些业已受得法箓的道士手中，也不再继续持有法箓作为文凭，或至少是将法箓文书密封于箓箧之中，并不轻易展观。这一假设如果成立，则近世以来在法箓授度仪式中先行"缴箓"的做法或即源于此时。

所谓"缴箓"，按谢聪辉教授的总结，分为"生前"与"死后"两类。其中后者乃是在死后"缴回（按：焚化）箓士或信士原先所受的经箓，一则让原箓中官将吏兵各回仙曹，二则箓官可登真领职就任、列入仙班"[1]。不过，前者最为引人注意，因其往往在法箓授度的仪式中便一次性将法箓焚化，使得受箓弟子手中不再保留有法箓。而预缴的原因，一方面是因为"虑岁迈以后，疏恐他时之失缴，敬发诚心，预期焚化"，这当然包含了预修、寄库的内涵，另一方面是因为"年久月深，恐

---

[1] "缴箓"仪式普遍见于当下江西、江南、福建等地的传统以及文献之中。可参见：谢聪辉 . 缴箓研究：以南安市乐峰镇黄吉昌道长归真为例 [C] // 盖建民，主编 . 回顾与展望：青城山道教学术研究前沿问题国际论坛文集 . 成都：巴蜀书社，2016：622–644.

箓文而损坏，预先焚缴寄阁"[1]。在这里，前一种情况意味着法箓最终回到天上比其驻留人间的意义更为重大，其从根本上乃是受度者死后升天的一种凭信。"预缴"意味着我们在本书正文第十二节中所提及的"阅箓"仪式无法定期如法举行，或者说已不再举行。"阅箓"即是"事箓"，其与箓生自身的宗教生活以及仪式实践奉行紧密咬合。由此，能够将法箓预先焚缴实际从一方面说明法箓已经不再构成一系列宗教实践的中心，而担心箓文损坏预先焚缴的想法，实际也暗示了法箓的实际功用减弱，进而被神秘化，被视作一种"秘宝"，即便不将其焚缴也需要将其非常珍重、妥善地封藏、供奉起来。

所以，无论是将法箓作为死后升天的凭信，还是将法箓视作秘宝，它们都意味着法箓从实际宗教实践中的逐步退位：阅箓仪式不再举行是因为新出道法中另有其他官将可资召遣，而法箓不再作为唯一的授度文凭乃是因为"宗坛"需要另立一种文凭，用以维护自身的授度特权，而这应就是蒋先生所言《法箓词文》出现的根本原因。换言之，法箓本体的重要性降低一方面是因为宗教实践的演变，另一方面则是因为新的官方文凭类型的出现。

（五）宗坛之垄断手段与腐败

法箓的授度原本是地方层面的宗教实践，一旦其授度权

---

[1] 谢聪辉.缴箓研究：以南安市乐峰镇黄吉昌道长归真为例[C]//盖建民，主编.回顾与展望：青城山道教学术研究前沿问题国际论坛文集.成都：巴蜀书社，2016：623-625.

力被收归宗坛之后，宗坛必然需要一定的途径来维护自身的权威。《法箓词文》作为宗坛专属的法箓授度文凭，是其对于法箓授度的一种管理方式，同时也表达了由其所授度法箓的权威性。对于那些在地方层面依凭度师受得法箓但却未能获得宗坛《法箓词文》的道士而言，他们实际并未从官方意义上"正式地"获得法箓。类似的情况也出现在近代的法箓授度情形中，获得由天师府出给的《万法宗坛职帖》，便实际等同于受得了法箓。

缺乏监管的特权必然滋生腐败，蒋存斋先生所批评的现象实际也反映出了当时宗坛内部的管理存在着巨大的漏洞，即：化士仅凭少量的信金便可在缺省整宗法箓的情况下只获取《法箓词文》，而这一《词文》如前所言，需要一系列的制作流程以及数位宗坛道官的签押。从这个角度来说，这是一条完整的利益链：投机取巧的求法弟子、追逐利益的化士以及以公谋私的宗坛道官。蒋存斋先生看到了"今世羽流""惟货利是营"，但没有进一步将话说破，这是因为"需求"与"供给"必然是双向的。

综上，笔者初步推论《天师门下词文》与《正一玄坛词文》有着直接的承继关系，其源自宋代宗坛制度确立后由官方所颁给的法箓授度文凭《法箓词文》，其中特别突出了授度机构（宗坛／斋坛）对于受度弟子的保举、考察、授度等一系列流程，并在后世的发展中添入了法职授予的内容。由此，虽然近世传统将《天师门下词文》目之为《职帖》，但相对于《补职帖》而言，其更近似于《法箓词文》。

四、仙简

"仙简"又称"仙诰""官告"，是宋代以来围绕法职授受而产生的新式文凭，其以由宋代皇帝敕发的官员委命文凭"告身"（又称"官告""告命"）为原型。由此，仙简具有极强的皇权、帝制色彩。现存最具代表性的"仙简"实物便是美国圣迭戈艺术博物馆（the San Diego Museum of Art）所藏明弘治六年（1493）《明孝康皇后受箓仙简》以及现存美国纽约大都会博物馆（the Metropolitan Museum of Art）的明万历五年（1577）《明保安神受箓仙简》。笔者通过深入观察这两份文物的细部特征，并附带参考《道藏》中所见部分宋元时期"仙简"写式进而推论：现存于修水《太上三五都功经箓》"附卷"文书中的《上帝敕赐照身文凭》（包含软、硬卷文书各一道，以下简称《照身文凭》）以及《虚无自然金符箓祖》（包含软、硬卷文书各一道，以下简称《金符箓祖》）当系由同一份仙简文书拆分而来，甚至其他部分"附卷"及"旌封"文书也都是这一帝制诰封逻辑下的进一步衍生。下面，笔者将结合宋代"告身"的颁给制度以及部分法箓文书对这一文凭类型稍作讨论。

（一）宋代的告身颁给制度

"告身"作为一种文书，自唐代以来便作为皇帝与朝廷向官员、命妇、僧道甚至地方祠神所颁发的任命文凭，其实际即是上文所言"命书"在后代演进与别称。宋代的"告身"因其行政流程大体可分为"制授告身""敕授告身"与"奏授告身",其中的"奏授告身"特别反映出由先由吏部上奏皇帝,再由皇帝敕下的官员迁转流程[1],其典型行文格式可参见浙江武义徐谓礼墓所出土的《绍定六年(1229)十一月八日转通直郎告》,其文书开篇曰:

> 尚书吏部,磨勘到:"宣教郎"徐谓礼。右,一人,拟转"通直郎"。[2]

此处的"尚书吏部"是徐谓礼迁转这一事件的发起单位,所谓"磨勘"即吏部对官员进行考察与迁转的一种制度,其具体负责机构为尚书省下辖吏部之"南曹"[3]。官员的迁转需由其他官员先行保举,其经吏部南曹验明后,交中书省宰相审批,再上奏皇帝请旨。由此,告身中所谓"磨勘到"实际涵盖了此前的一系列保举、考核、审查的行政流程,或至少意味着这些流程均已完成。同时,"奏授告身"也会反映出由皇帝敕下之后的逐级颁发过程。在徐谓礼《转通直郎告》中,其文又曰:

---

[1] 王杨梅. 南宋中后期告身文书形式再析[G] // 包伟民, 刘后滨, 主编. 唐宋历史评论: 第2辑. 北京: 社会科学文献出版社, 2016: 178.

[2] 包伟民, 郑嘉励, 编. 武义南宋徐谓礼文书[M]. 北京: 中华书局, 2012: 192.

[3] 由此可与灵宝大法的"南曹"法职系统相互解释。

> 告："'通直郎'徐谓礼，计奏，被旨如右，《符》到
> 奉行。"

这里的"告"近似于"敕授告身"中的"敕"乃是皇帝所下
颁[1]，《符》则为与《告身》所配，由吏部出给之"部符"。"部
符"下发至官告院，由其具体负责"告身"的书写、制作以及
签押等诸多流程。[2] 如果我们以皇帝敕旨作为整份文书的中心
点，则文书中存在着一种对称的逻辑结构，前有吏部上奏皇帝
之所"请"，后有皇帝敕下吏部之所"行"。

我们在第二十节"时间层面的象征"中已经讨论过，在道
教的授度仪式中，"试炼"是弟子获得受度资格必要条件，只
有在经过试炼之后，弟子才能够得到"保举"，进而登坛受度，
获得法位。这一流程逻辑与职官制度中的考核、磨勘是完全一
致的。回到上面所讨论的《法箓词文》中，当其提及"保举
到"某弟子时，其也就意味着这位弟子业已经历过了"试炼"
（磨勘），合于《玉格》（"格"在职官制度中亦是官员迁转之
规章）。稍后我们将在"仙简"中看到与"告身"近似的文字
叙述。

（二）《新授法人补驱邪院官诰式》

金允中在其《上清灵宝大法》中有一段关于道门内给付

---

[1] "敕"由皇帝直颁中书省，"告"则转下尚书省及六部。

[2] 王杨梅.南宋中后期告身文书形式再析 [G] // 包伟民，刘后滨，主编.
唐宋历史评论：第 2 辑.北京：社会科学文献出版社，2016：182-183.

"仙简"/"仙诰"的论述，其曰：

> 自汉天师宏正一之宗，而天心正法出焉……闻饶君
> 颇通达幽冥之事……又于传度之时，给"仙诰"以补职幽
> 冥，世法为之，元妙宗遂因其式而编叙。[1]

按照这一追述，"仙简"/"仙诰"的功用便是为"补职"，这
一做法始于五代，并为北宋晚期之元妙宗所继承。元妙宗所编
之"仙诰"被收入其《太上助国救民总真秘要》卷九之中，题
为正《新授法人补驱邪院官诰式》（以下简称《驱邪院官诰》）。
这应是我们所能见到的"仙简"的较早版本（参见图 25-04，
文字录于附录 1 中）。

通过考察《驱邪院官诰》这一文书，我们注意到以下
几点：

图 25-04 《太上助国救民总真秘要》卷九之《新授法人补驱邪院官诰式》

[1] 金允中.上清灵宝大法：卷四十三［M］//道藏：第 31 册，646.

1."新授法人"即受度弟子。

2."补驱邪院"即补职于驱邪院（天心正法所属天曹府院）。

3."官诰式"即"官诰""告身"之写式。

4. 文书以"敕三台门下"为起始，即参照了"敕授告身"以"敕"字为起始的行文方式。"三台门下"应取义于门下省，其自魏晋至宋代乃是朝廷最高机构之一，与尚书省、中书省并立，就《唐六典》所见，门下省具体负责人才的审定与官爵的授予[1]。具体在道教内部而言，"三台门下"应近似于后世更为常见之"三天门下泰玄都省"，也即玉皇天廷之中枢机构。而具体在授度仪式中，则实际是以度师（或正一真人）来代表了这一天廷机构。

5."据驱邪院［某］官……乞保奏［某］人"对应了"奏授告身"的颁给流程，即由其他官员保举某官迁转。而在此处，"驱邪院［某］官"即是授度仪中之保举师。

我们稍后会重复地看到，"仙简"（以及作为其原型的"告身"），一如其他中国古代公文，乃是一种具有多层结构逻辑的文书形式，存在着若干层级的转述，其主语也因转述层级的改变而改变。

1. 最初的"敕三台门下"乃是以"上清玉帝"作为主语；

---

[1] "凡官爵废置，刑政损益，皆授之于记事之官；既书于策，则监其记注焉。凡文武职事六品已下，所司进拟，则量其阶资，校其才用，以审定之，若拟职不当，随其便屈，退而量焉。"李林甫等撰，陈仲夫点校. 唐六典·卷八：门下省［M］北京：中华书局，1992：243.

2. 然后转入"据驱邪院［某］官"乃是以"三台门下"（度师）为主语；

3. "保奏某人"乃是以"驱邪院［某］官"（保举师）为主语，最终至"躬俟俯报者"作为结尾；

4. "惟'三天正法'……宜补：'北极驱邪院右判官同［勾］院事'准式以闻"一段主语转回"三台门下"，并将此前的事由上报；

5. "右牒奉上清玉帝敕"之主语为"三台门下"，表示其已接受到由"上清玉帝"所颁发之敕命，"《符》到奉行"之宾语，或可较为笼统地理解作为"三台门下"代表的度师，或者直接是弟子本人。

为了更为直观地理解这一流程，可参见图25-05。

《驱邪院官诰》为我们提供了一个极好的原点，一方面其行文方式基本因循了唐宋的"告身"文体，另一方面其表现了与朝廷考核、任命官员相近似的道教授度制度，并最终落实于一份任命文凭之上。在这背后，实际是五代以来诸阶道法传统

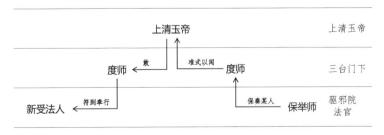

图25-05 《新授法人补驱邪院官诰式》所见文凭奏授流程示意图

通过其法职身份的赋予，将法官之权威上溯至与其相对应的天廷府院。我们将会在《灵宝领教济度金书》中看到这一文书类型在南宋晚期的长足扩展。

值得注意的是，在《驱邪院官诰》中，保举师乃是"驱邪院 [某] 官"，这直接与"仙简"所具有的"法职"属性相匹配，其乃是为了向新恩弟子授予本院之法职。与此相对的是，在上文所讨论的《正一玄坛词文》中，保举师则为"上清三洞经箓 [某]"法师，这也便与《词文》作为法箓授度文凭的特性相当，其乃是为了向弟子授予法箓。从这点细节来观察，《词文》与《仙简》最初的确有着极为明确的功能区分，前者专为授箓，后者专为授职。

（三）《灵宝领教济度金书》《仙简》

《济度金书》中收录有《仙简》写式一则（以下简称为《济度金书仙简》，参见图 25-06，文字录于附录 2 中）。在原书中，"仙简"二字下有小字云："用黄绢表褙，界画，大书。"[1] 这充分表明了其所参照的同时期由皇帝颁发的"告身"（其又称"黄诏"）[2]，并以大字书写[3]（界画的问题参见下文明孝康后《仙简》之讨论）。与《驱邪院官诰》相比，《济度金书仙

---

[1] 灵宝领教济度金书：卷三一八 [M] // 道藏：第 8 册，797.

[2] 告身自唐代以降多以黄色（或五色）缣帛为之。参见：何庄，严婧. 中国古代诏令文书用纸与用印的文化探源 [J]. 中国档案研究，2017（01）：24-25.

[3] 传世告身可参见：颜真卿自书告身帖 [M]. 杭州：浙江人民美术出版社，2020.

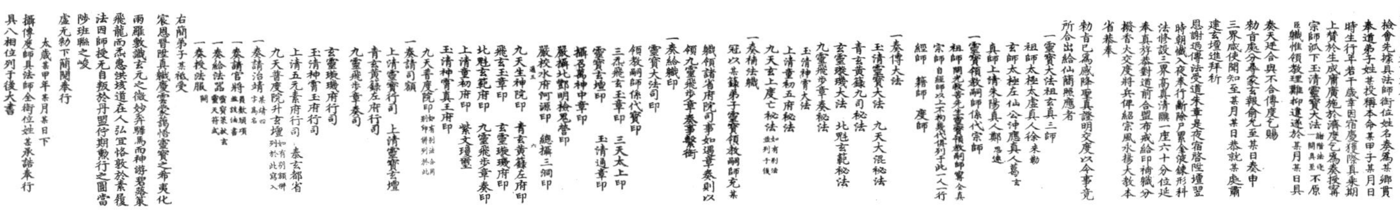

图 25-06 《济度金书仙简》

简》的内容被大幅度扩充了，这不仅体现在其中所反映的文书流程上，更还体现在其中所记录的授度内容以及义理性叙述之中。与法箓近似，《仙简》的末尾写有重申盟约之劝诫（"宜恪敦于素履"，"无自叛于丹盟"）与宗教承诺（"伫期勋行之圆，当陟班联之峻"），并还有度师的署职与签押。但在这里，我们主要关注其中所表示的文凭颁发的起因、流程以及授度内容。

1. 文凭颁发的起因及流程。

与《驱邪院官诰》相仿，《济度金书仙简》从行文格式上承袭了"告身"的特征，但又略有不同。在这里，文书以"三天门下太玄都省"为起始。其中"三天门下"并非空间概念用以修饰"泰玄都省"，而是单独一天廷机构，且凌驾于泰玄都省之上。[1] 若以宋官制度来理解，则应对应宰相的办事机构中书门下。中书门下凌驾于中书省、门下省、尚书省三省之上，又称政事堂。从目前的文献来看，不同的法派对"泰玄都省"的理解也各有不同，在《无上九霄玉清大梵紫微玄都雷霆玉经》（以下简称《雷霆玉经》）中，"泰玄都省"实际是"雷霆泰省、玄省、都省"之总称，并与六部相提并论。《仙简》结尾最后的署职与签押为"八相"，其可能意味着另一种理解，即：

---

[1] "法师受词，誊奏三天门下省，泰玄枢机三省。"灵宝领教济度金书：卷二［M］//道藏：第 7 册，33.

> 泰玄省主正一静应真君、泰玄知省天君、天枢右相、天枢左相、天枢上相、天机内相、天机上相、玉清神公无极上相。[1]

无论是哪一种理解，"泰玄都省"都对应了唐宋政治制度中作为中央朝廷的"三省"。在这里，我们不妨将"三天门下泰玄都省"作为天界朝廷的代名词，在其诸多的职司之中，除了选拔官吏外，便是上承"王言"，将其转入职能部门的公文流程之中，使其成为具有行政效力的文件。这其中当然包括了官员人事任免的相关文书。

正文起始的"检会"二字在宋代有调查、考核、检阅之意，动词做谓语，作用于以下保举师所奏之事，并又引出弟子求度大法之投词。此处所具乃是保举师之衔位、姓名，与下文所言"臣职惟领教，理难抑违"实际是两人。下文的"臣"即是本文书的第一人称，其法职签押于文书最末尾。对于保举师之所奏，度师对此的处置是为其"具奏天廷，求赐敕旨"，以此判断弟子"合与不合"。合"格"的敕旨通过"玄报"（或云"报应"）的方式下达度师，他于是便为弟子举行了授度仪典（这是一次标准的斋仪流程，参见第十九节"上清灵宝大法传度仪"）。在仪典的核心段落"传度仪"中，弟子被授予包括《仙简》在内的一众法具。相比于《驱邪院官诰》，此处的程序首先增入了以弟子为第一人称的投词内容，这使得文书的结构之

---

[1] 灵宝玉鉴：卷二十二 [M] // 道藏：第 10 册，311.

中又增加了一个层级：大道虚皇、泰玄都省、保举师、弟子四层（参见图 25-07）。此外，文书中同时还增加了事前为弟子上章求赐敕旨，以及在获得"玄报"之后为弟子举行斋醮授度的涉及道门科仪的描述，这些也是《驱邪院官诰》所未具者。

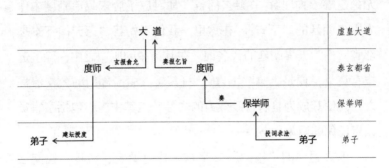

图 25-07 《济度金书仙简》奏授流程示意图

如图 25-07 所示，从横向的时间顺序来看，《济度金书仙简》的叙事结构与宋代奏授告身十分近似，存在着若干级"第一人称"的转述，但又比《驱邪院官诰》多出一层以投词弟子的求度自述。其顺序先为倒叙：泰玄都省（由度师所代表之第一人称）转述保举师所奏为，保举师（第一人称）转述弟子所投词，弟子（第一人称）求授大法，度师（第一人称）上奏大道虚皇，得到"玄报俯允"（等同于敕旨）；然后为针对当下发生事件之顺叙：度师为弟子开度，以泰玄都省的名义为弟子授《简》。整个事件以泰玄都省（度师）作为首要第一人称叙事者，叙事线索从这里一层层转开去，又一层层转回，犹如括号的两段。在括号之间，度师是整个事件的实际操作者，他不仅要代弟子表奏大道，候取报应，还要为弟子设坛传度，并以其所隶属的上司机关"泰玄都省"代为制作《仙简》。

需要注意的是，《仙简》（包括《官诰》）的颁发机构是"三天门下太玄都省"而非度师本人，也非《词文》中的"正一玄坛"或"金箓大斋坛"，这一方面说明授度文凭必须通过公文形式来授予（即不能以私人名义颁发任何文凭），另一方面也可以看出，《济度金书仙简》的颁发机构被从人间转移至了天廷，而该省兼具了上传与下达的双重职能[1]。要而言之，《仙简》是由天廷最高机构所颁发的授职文凭，其象征了大道的最高意志。由此，其无论从物质形式还是从制度形式上，均对等于宋代朝廷所颁给之"奏授告身"。

我们在本书第三章中已经言明，早期的盟威道借用汉代皇帝诏求孝廉的行政制度来作为大道检索种民的譬喻，人间的职官选举制度与道教救度义理在对于吸纳人才的理性评估方面具有极强的共通性。

2. 授度内容

在《济度金书仙简》的叙述中，在描述完其为弟子所举行的授度斋醮后，其以度师第一人称曰"以今事竟，所合出给

---

[1] 另见《灵宝无量度人上经大法》卷七十二云："泰玄都省印……右印延玉帝降付天师，掌泰玄都省申奏等事。"载《道藏》第 3 册，1061。《太上净明院补奏职局太玄都省须知》云："太玄都省者，乃玉皇上帝专达之府。府有文林、武林二品官。文林掌文章、簿书、礼仪之事；武林掌诛邪杀伐之事；并以行道法人，依功绩叙迁。"灵宝无量度人上经大法：卷七十二 [M] // 道藏：第 10 册，601.

《仙简》照应者"。我们在上面曾讨论过"须至给《帖》者"意味着其文书即将结束，其应紧随以"右《帖》付［某人］"之类的话语。但在《济度金书仙简》中，与此对应的"右简弟子［某］"被远远地置于45行内容以外，两者之间所开列的道法授度内容是在"告身"内容之外依据自身宗教需求的增衍内容，其包括仪式中的传授事项以及赋予的宗教权利。这些事项以"一"字为头逐一开列，共有10项，其分别为：

（1）灵宝大法祖玄真三师；

（2）灵宝领教嗣师系代宗师（含经籍度三师）；

（3）奏传大法；

（4）奏补法职；

（5）奏给职印；

（6）奏请司额；

（7）奏请治靖；

（8）奏请官将；

（9）奏给法器；

（10）奏授法服。

其中第（3）至（10）项均为与道法实际相关的内容，前2项实际也就是六朝时期降授"灵宝经"的三师，以及南宋时期"灵宝大法"之祖师。在第（2）项之后，还特别以小字强调了"自经师以上不拘几代，俱列于此，一人一行"。如此，将历代祖师名讳罗列其中也即意味着《仙简》将随着代际的传承而越增越长。

我们此前已经强调，宋元诸阶道法道派十分重视"师派血脉"，将其视作道法灵应与否的重要前提。在以儒家为先导意识形态的中国社会，对于祖先的崇拜始终占据着极大的优势（甚至强调"出家"的佛教也不得不追溯自己祖师法脉），在道法传承中，通过与度师饮丹立盟来获得祖师亲传血脉，进而得以驱使雷将成为道法灵应的核心，故曰"行法须明派，派不真则将不正"[1]。在这种前提下，对于历代祖师名讳的记录成为道派传承的重要纽带。此外，就目前江南地区所传承的出自龙虎山的各宗"清微科仪"来看（具体参见《附录五》），仪式中除关启三清道祖、诸天上圣高真之外，仍需关启自祖天师以下的历代祖师，特别是自火师汪真人、侍宸王、林二真人以下的道法派系祖师[2]。在一些科书之中，法师甚至将自家师派誊录于纸片，夹于科本启师部分之中，并于跪奏之际诵出。由此，《济度金书仙简》之上所传授的历代祖师名讳，实际与法职、令牌等物一样，是道法敷用之中必要的有机组成部分。此外，在《仙简》以外还有记载历代祖师名讳的"法牒"或"派单"，其同时存在于道教与佛教之中。

综上，《济度金书仙简》的重要特征之一是其延续并强调了古代职官选举制度中的考察与保举，即对于受度者资质之"磨勘"。其重要特征之二，乃是其从固定的"告身"文书格式中一定程度地解放了出来，更多道派自身的宗教元素得以填入其中而被表达。第三，历代祖师的名讳被作为道法传承的有机

---

[1] 道法会元：卷二百五十三[M] // 道藏：第 30 册，557.
[2] 参见：陆志平，陶金. 科仪志[M] // 刘仲宇，主编. 上海道教史（待刊稿）.

组成部分而誊录其中，下文中我们还会看到与此相似的内容。

（四）《明孝康皇后受箓仙简》

美国圣迭戈艺术博物馆（the San Diego Museum of Art）所藏明弘治六年（1493）《明孝康皇后受箓仙简》(the Ordination Scroll of Empress Zhang [1493]）是目前现存最具代表性的传世"仙简"实物（参见图 25-08，文字录于附录 3 中）。该简为一横卷，横长 2 743.2 厘米，高 54.6 厘米，纸本设色，陆於平（Luk Yu-ping）博士认定其为明代内府所制。这件文物为外界广为知晓始于斯蒂芬·利特尔（Stephen Little）所策划的极具开拓意义的道教艺术展"道教与中国艺术"（芝加哥艺术学院，2000—2001）及其同名图录《道教与中国艺术》(Taoism and the Arts of China)[1]。其后，陆於平博士曾就该简发表有博士论文（2010）[2]、期刊论文（2011）[3] 以及专著（2015）[4] 各一，龙虎山孔祥毓道长也曾刊登论文一篇对其进行讨论[5]。冉安仁博士

[1] Stephen Little et al., *Taoism and the Arts of China*, 1st edition (Chicago: Berkeley: University of California Press, 2000): 208–213.

[2] 陆於平 Luk Yu-ping, *The Empress and the Heavenly Masters: A Study of the Ordination Scroll of Empress Zhang (1493)* (The Chinese University of Hong Kong Press, 2016): 208–213.

[3] 陆於平 Yu-ping Luk, "Picturing Celestial Certificates in Zhengyi Daoism: A Case Study of the Ordination Scroll of Empress Zhang (1493)," *Daoism: Religion, History and Society* 3 (2011): 17–48.

[4] 陆於平 Yu-ping Luk, "Empresses, Religious Practice and the Imperial Image in Ming China: The Ordination Scroll of Empress Zhang (1493)" (University of Oxford, 2010).

[5] 孔祥毓. 明孝康张皇后授箓考——以《张皇后之箓牒》为中心 [J]. 中国道教，2012（05）：44–49.

（Aaron K. Reich）2018 年的学位论文曾对该简与《明保安神受箓仙简》进行了比较研究 [1]，是较近的一份学术贡献。

关于该件物品的命名，陆於平博士将其称作《张皇后授箓卷》，其中"授"字应作被动语态之"受"；孔祥毓道长将其称作《张皇后之箓牒》，其"牒"应作"简"，因为该份文书的卷首实际以云篆及楷书小字写有《总真仙简》之标题（详见下文）。在本书中，笔者按明廷为张氏所上谥号将这份文书称为《明孝康皇后受箓仙简》（以下简称《孝康后仙简》）。陆博士在其专著中曾强调，该简可被视作同类之中最高级别的代表 [2]，但同时由于皇后生辰信息以及天师法印（阳平治都功印）的缺失，她推测其或是内府所留存之样本，而非当日于坛中所付度之物 [3]。

从装帧及书写形式上来看，云龙的边纹，奢华的装裱，以及大字书写的"泰玄都省"都证明了这是一份难得的"仙简"实物，也正表现了《济度金书仙简》所言的"用黄绢表褙"。由于《孝康后仙简》所颁授对象的特殊性以及其自身所曾经历的诸多次改动使得该简仍然有诸多疑点值得商榷与澄清。在此，

---

[1] 冉安仁 Aaron K. Reich, "Seeing the Sacred: Daoist Ritual, Painted Icons, and the Canoization of a Local God in Ming China" (Madison, WI, University of Wisconsin-Madison, 2018).

[2] 笔者自译，原文为："a lavish, high-end example of a type of Daoist ritual document that once existed in far greater numbers." Luk, *The Empress and the Heavenly Masters*, 85.

[3] "The absence of seals and signatures of Daoist masters adds to the likelihood that the *Ordination Scroll* was not the ritual document presented to Empress Zhang." 陆於平 Luk, 73.

笔者仅从法箓授度文凭的角度出发，对几点突出问题稍作讨论。

1. 文凭颁发的起因及流程。

从技术层面严格而言，《孝康后仙简》的内容其实并不是"仙简"的典型代表，这是因为受度者贵为皇后，固有的为官员简命的行文逻辑就势必进行相应的调适与变更，这尤其体现在明代的情境中 [1]。于是，我们在《孝康后仙简》的行文之中看到了这样一种折衷的（或者说两难的）处理方式。下面择其关节之处，略而述之。

（1）卷首"泰玄都省"之后以"今该"引出度师正一真人张玄庆（四十七代）为第一人称的叙事，"磨勘到""保举到""检会"等对人选进行考察的含义已经被淡化。盖因其授度对象为皇后，有司无权磨勘，职官选举的逻辑被直接代入到道教授度的语境之中。

（2）天师以"钦奉"一词引出作为《投词》的孝康皇后《懿旨》。与此相应地，《懿旨》以"钦此"结尾，而非"谨词"。师徒的主从关系实际被倒置了。

（3）投词的对象被巧妙地改为"祖天师门下"，而非通行的"天师大教主真人门下"（即当代正一真人）。也就是说，天师张玄庆只是"代祖收徒"，从而避免了儒学意义上"以臣为师"的纲常错乱。

---

[1] 明代皇帝之受箓，于史籍中被记载为"命进《太上延禧箓》"，这一措辞与唐宋时期帝王参受法箓时自降身份，执弟子之礼的情况大不相同。皇明恩命世录 [M] // 道藏：第 34 册，788.

（4）天师在接受（钦奉）皇后的投词（懿旨）之后，并未"具奏天廷，合与不合传度，乞赐敕旨处分"，而是"钦承惟谨"（恭谨地承行旨意）径直"奏请'箓阶''睿号'"。诚然，按照传统政治神学的逻辑，皇后作为皇帝之配偶，其自身已承天受命，因此也并不需再行请旨于上玄。

（5）在简文中，"合盟布戒，给印补职，分拨香火，交度将兵"等与道法相关的授度流程及内容均未列入，而只是罗列了所受的诸阶法箓以及法箓相配之法职。事实上"仙简"原非为授箓而设，而是为了授职。且此处之法职，大都是后期依附于法箓而增衍之法职，并非诸阶大法天廷府院之法职。

（6）所有法箓、法职开列完毕后，正一真人以第一人称曰"谨具如前，伏希睿览为照者。右，谨请大明皇后……受"，这对应了其他文书中的"付身佩奉"。这一动词的改写当然也是因为人臣不可能为皇后"给付"法箓的纲常问题。

（7）与上条相似的，简文最后以"谨简"作为一个完整文书叙述逻辑的收尾，表明了代表天界"泰玄都省"的正一真人恭谨地向大明中宫皇后呈上《仙简》。其他《仙简》中"虚无敕下，《简》阅奉行"这类命令性口吻不再出现，皇后承受宝箓，自然不再需要"敕下"。

（8）年月日之后相关法师的署职、签押全部缺失，这也十分合理，因为皇后已下懿旨请受法箓，并不再需要其他官员来进行流程上的认证。

由上所见，明代正一真人小心地游走于君臣与师徒关系的两难处境之中，艰难地尝试修改《仙简》的行文逻辑来迎合礼法纲常。虽然《孝康后仙简》被誉为同类中最为尊崇者，但其实际的文书内容却反映了明代皇室与教团之间的微妙关系处境，这一点需要被特别看待。

2. 授度内容

如果聚焦到简文中所开列的授度内容，有几点特殊之处值得注意：

（1）与其他《仙简》对比，《孝康后仙简》并未提及对于某一阶道法的授度，而道法恰恰是法职授予的基础。在《孝康后仙简》中，一系列法职的奏授是通过在简文中将其附加于法箓之后而得以发生的。这些法职实际也并不隶属于任何一阶道法，它们实际专门附属于诸阶信士法箓之上的。在这种情况下，法职又与道法脱钩，转而与法箓相衔接，如《大黄箓》配有《大黄箓》之职衔，《血湖箓》有"血湖"之职衔，《文昌箓》亦有"桂殿"之职衔。事实上，孝康后本人也正属于这种信士受度法箓的情况。

（2）在《孝康后仙简》中，不但没有开列历代祖师名讳，甚至连"经籍度"三师名讳也未开列。不过，如果按照信士受度法箓的角度来看，既然其受度目的并不以奉行道法、科仪为中心，则祖师名讳自然不必成为需要授与之事项。

（3）孝康皇后一次性参受了九阶法箓，包括《上清大洞经箓》《上清三洞五雷经箓》《正一盟威修真经箓》《太上十宫大黄经箓》《太上三五都功经箓》《太上北斗七元秘箓》《太上三官辅化秘箓》《太上九真妙戒秘箓》《太上升玄血湖保真秘箓》，其中《都功》《盟威》《五雷》《大洞》诸箓为道士所参受，唯不见《灵宝中盟箓》，这也正对应了历史上的发展演变。特别需要说的是，简文中不但开列了法箓名称，还详列了该套法箓之中所配套的诸多"正卷"，此未见于其他各类法箓授度文凭之中。

（4）与前两份仙简对比，《孝康后仙简》额外增加了"差拨"一项，在《济度金书》中，仙简之外另有一份《交兵札》来实现这一功能，这实际更符合古代的职官与军事制度："仙简"对应"告身"，其并不涉及兵权。武官若需领兵，则应由兵部另行给付"札子"。

（5）《孝康后仙简》中所差拨的官将值得单开一条来讨论。首先，所差拨的官将与法箓并不完全匹配，如六丁六甲属《真武箓》中官将，但孝康后并未得受《真武箓》，此是"有将无箓"。该简图像中还表现有出自《正一龙虎玄坛大法》中"金轮帐前左右领兵"4员，《玄坛赵元帅秘法》中玄坛部下8员，但从仙简所见，孝康皇后并未得受与赵元帅相关的道法，此是"有将无法"。道法的授度、法职的授予，以及官将的差拨，乃是一体之三面。此处官将差拨的情形，显得不合逻辑。类似的疑问仍有很多，比如这12员官将皆是从属于赵元帅的副将，然而赵元帅本人却又被归入《盟威箓》官将[1]，这些问题暂且悬

---

[1] 陆於平博士正确地指出了，赵元帅本身并不隶属于《盟威箓》中，其常与其他三位组成四大元帅。Luk, *The Empress and the Heavenly Masters*, 107-108.

疑于此。

3. 图像内容

相对于《孝康后仙简》的简文而言，该简的图像部分已经得到了极为深入的研究。陆於平博士在她的研究中注意到该简与现藏于大都会博物馆的《明保安神神受箓仙简》（以下简称《保安神仙简》）的近似之处[1]，她的一些学术论断也由此得出。陆博士指出，《孝康后仙简》的现状表明其曾经历过重装[2]，其中存在着三或五处明显的重接断痕[3]。首先，卷首的接缝表明第一位神仙"司命上卿"并非真正的起始，此处可能曾有类似《保安神仙简》卷首的"天宫"图像[4]（建筑图像则正对应了《济度金书仙简》中小字所言之"界画"[5]）。其次，她根据对于云纹的细致观察推断，绘有孝康皇后与正一真人张玄庆的这一段落现在并不处于其原始位置，原始位置应当位于更靠后之处：即所有上圣高真之后，诸位官将之前。如此的排列实际也正好吻合了皇室仪仗以甲兵殿于銮驾之后的制度[6]。事实上，在当代修水的《金符箓祖》的图像中，受度弟子也是位于历代正一天师之后，并有官将拥护其后。在《孝康后仙简》中，诸位

---

[1] Luk, 84.

[2] Luk, 81.

[3] Luk, 76.

[4] Luk, 77-78.

[5] 中国绘画的一个门类，在作画时使用界尺引线，故名界画，主要用于描绘建筑。

[6] Luk, *The Empress and the Heavenly Masters*, 78-80.

官将的图像被分为两组，分别位于《仙简》正文文字的前后。按照以上所谈及的逻辑，我们有理由断定这些官将的图像原本应为一组，全部随扈于孝康身后。

4. 云篆小议

《孝康后仙简》卷首开列八个云篆大字，每篆中心均（曾）贴有小纸，以仓颉汉字标识，其中第一篆贴纸脱落，其余七篆读为"洞赤文总真仙简"。检阅《道藏》，其云篆诸字出自六朝灵宝经之《元始五老赤书玉篇真文天书经》[1]，从具体字形比较，其更接近宋代诸本"灵宝大法"（其所摹底本当然并不一定基于《道藏》）。现谨将此云篆与《赤书玉篇》及几部灵宝大法法本中的相应云篆对比于图 25-09 之中 [2]。关于第一篆，斯蒂芬·利特尔将其读为"三"字，但未见论证，陆於平博士亦因袭此说，将其读为"三洞赤文总真仙简"。按灵宝经教，所谓"赤文"者，是洞玄灵宝之专语，原专指源自"天启"之灵宝经法，专隶"洞玄"一部，由此绝无"三洞"之理（虽然其用于仙简之首，便意味着已经被赋予了泛指道门经箓之意）。若以"灵宝经"自身义理论之，则有"混洞赤文"之说。《度人经》有云："混洞赤文，无无上真，元始祖劫，化生诸天。"[3] 然

---

[1] 即所谓《真文》"二箓"之《真文》。元始五老赤书玉篇真文天书经 [M] // 道藏：第 1 册，774-783.

[2] 本表所参照之云篆辑自：王契真. 上清灵宝大法：卷十五"五文开廓章"[M] // 道藏：第 30 册，793；灵宝无量度人上经大法 [M] // 道藏：第 3 册，778-782；灵宝领教济度金书 [M] // 道藏：第 8 册，367-374.

[3] 元始无量度人上品妙经 [M] // 道藏：第 1 册，3.

图 25-09 《孝康后仙简》云篆与诸阶灵宝大法云篆对比图

而，《赤书玉篇》中的所有云篆，并不包含"混"字，亦不见有与第一篆形相仿者，其辨识工作仍需留待未来解决。

由上所见，在《孝康后仙简》中，调适了与礼法纲常存在潜在矛盾的内容，缺省了与道法授度有关的内容（道法本身、师派乃至法具等）。原本并不属于"仙简"所涉及范畴的法箓被记录其中，并以此延展了与法箓相配的法职数目。与此同时，官将差拨一项从札文之中并入仙简，且被以一种目前尚不明确的逻辑大幅度增加了。换言之，该份"仙简"所要真正传达的信息，并非是道教内部的授度与传承，而是借用道教来为大明皇后赋予神圣的"职"与"权"。

关于卷首云篆大字大都集自《元始五老赤书玉篇真文天书经》，这使我们对历史中关于云篆的灵活应用有了新的认知。通过将其重新组合，并置于《仙简》卷首，灵宝天文的神圣性得以被延续至后代的法箓授度之中（有趣的是，云篆所隶属之灵宝《中盟箓》却并未列于授度法箓之中）。从某种意义而言，《仙简》也被真文化了。

（五）《明保安神受箓仙简》

现藏于纽约大都会博物馆（the Metropolitan Museum of Art）的明万历五年（1577）《明保安神受箓仙简》（*Canonization Scroll of Li Zhong*）是与《孝康后仙简》同样为人所称道的重要法箓授度文物。该简为绢质横卷，横长 916.3 厘米，高 48.3 厘米。根据冉安仁博士的说明，盛放该简的木盒内有日文题记两纸，其中一纸提及清末民国时期笃信道教的江西籍学者李盛铎

（1859—1934），又提及该简被带至北平以躲避战乱云云 [1]。可见这份图卷曾为日本藏家所持有。1938 年，该简由弗莱彻基金会（Fletcher Fund）购买，并捐赠与大都会博物馆 [2]。当时大都会博物馆第二任远东艺术策展人普爱伦（Alan Priest）负责了这件文物的接收，并于次年发表了关于该简的第一份介绍性文章 [3]。与《孝康后仙简》一样，该简广为人知是通过斯蒂芬·利特尔所策展的"道教与中国艺术"展览以及其图录 [4]。陆於平也曾于有关《孝康后仙简》的研究中将二者进行了比较 [5]。目前为止，最为深入的宗教学及图像学专项研究来自冉安仁博士（Aaron K. Reich）的博士论文 [6]，王萌筱博士最新的研究则以地方志为基础，围绕受度弟子——保安神李忠展开，对其中纪年问题提出了新的看法 [7]。

[1] Reich, "Seeing the Sacred: Daoist Ritual, Painted Icons, and the Canoization of a Local God in Ming China," 368-369.

[2] Reich, 7-8.

[3] 普爱伦 Alan Priest, "Li Chung Receives a Mandate," *The Metropolitan Museum of Art Bulletin* 34, no.11 (November 1939).

[4] Little et al., *Taoism and the Arts of China*, 256-257.

[5] "a lavish, high-end example of a type of Daoist ritual document that once existed in far greater numbers." 陆於平 Yu-ping Luk, "Empresses, Religious Practice and the Imperial Image in Ming China: The Ordination Scroll of Empress Zhang (1493)" (University of Oxford, 2010).

[6] 冉安仁 Reich, "Seeing the Sacred: Daoist Ritual, Painted Icons, and the Canoization of a Local God in Ming China."

[7] 王萌筱 Mengxiao Wang, "Dual Canonization: A Study of the Identity and Cult of Li Zhong, the Protagonist of a Chinese Scroll Held by the Metropolitan Museum of Art," *Journal of Song-Yuan Studies* 50, no.1 (2021): 429-441.

按照陆於平、冉安仁等人的研究，《保安神仙简》与《孝康后仙简》是极为近似的两份文书，这尤其体现在其上下两道云龙纹花边，以及其图像部分的仙仗队列等处。该卷卷首绘有玉皇上帝宫室内景，以及天门的图像，这也正对应了《济度金书》所言的"用黄绢表褙，界画，大书。"由此，笔者也仍将此份文书视作一份"仙简"。在该简结尾处的题记中，有"里人士故有绘贤侯受箓图卷，以志盛美"字样，因此一些场合也有人将其称作《贤侯受箓图卷》，但是这里的语法释读存在问题：如果结合"绘"字理解，则当为"描绘贤侯受箓事件的'图卷'"。故此，笔者在此依据结尾的"右敕付保安神李忠准此"字样将其称作《明保安神受箓仙简》（以下简称《保安神仙简》）。

2021 年 7 月 29 日，一轴装有疑似《保安神仙简》残卷两页的手卷以《金箓会群仙》之名现身日本大阪"上氏八周年庆中国艺术品拍卖会·须磨弥吉郎旧藏"专场，最终以 299 万 5 千日元成交并回流中国大陆。笔者有幸承蒙藏家恩允，尝试以这两纸残卷（以下简称《仙简残卷》）为切入，对《保安神仙简》的一些悬而未决的问题，稍作发衍，以此拓展我们对"仙简"这类授度文凭的进一步了解。

1.《保安神仙简》的基本形态

大都会博物馆藏《保安神仙简》由八段拼缀而成（参见图 25-10），冉安仁博士的学位论文已经对其进行了极为详尽的观察、分析、辨识与讨论。根据其上下的龙纹花边每段四条龙可推论其每段的长度基本相等。以下将每段之图文简要分而述之。

（1）第一段为由四位侍女，雷尊与玄帝，张、葛二天师[1]，南辰、北斗，以及左右龙虎君簇拥的玉皇上帝，其中部分仙真延伸之第二段。

（2）第二段的主要视觉中心为一香几（冉安仁称其为"洞案"）。以香几为界，其后是单向列队的上圣高真，并延伸至第三段，其中第二段有六位。

（3）第三段共有列队高真十一位，与第二段者共计十七位。

（4）第四段右侧为另一视觉中心，即由雷门苟、毕二帅所翊卫的天门，也即是"三天门"。三天门外，由一位官差带领八位列队手持仪仗的差役，一同朝着帝居所在方向前行。

（5）第五段主要由白马、马夫，八抬大轿以及八位轿夫为主体，并尾随以岳府温李（吕）铁刘四大元帅（对应简文中所差拨之官将）。仔细观察，我们也许会发现第五段收尾之接缝相对生硬，且有一定程度的污迹。按冉博士根据大都会博物馆存该简黑白老照片表明：《保安神仙简》在购入时整体保存状况并不理想，且目前的第五段居于第三段之位置，属于明显之错序。当时该馆的远东艺术策展人周方（Fong Chow）先生负责监督，对这一横卷进行了修复，并将其从第三段的位置调至第五段。稍后我们将会看到，实际上，本段实际应位于保安神所在第六段之后，而非其前。四大元帅实际应是作为受度弟子

---

[1] 此为冉安仁博士之辨识，但仍具有一定的讨论空间，参见：Reich, "Seeing the Sacred: Daoist Ritual, Painted Icons, and the Canoization of a Local God in Ming China," 145-157.

3.《仙简残卷》的基本情况

《仙简残卷》为横卷装，横长 677 厘米，高 46.4 厘米，其中后 232 公分为留白。残卷共有两段，并附有近世藏家题跋一段。

第一段画芯（参见图 25-11）横长 84.9 厘米，高 43.9 厘米，上下龙纹花边有龙三只，描绘有列队人物八位。其中，前两位项生圆光，当为神明。两位神明中右侧前立者头戴金冠，粉面无须少年相，着深褐色袍服，手持朝笏；左侧后立者头戴方巾（戏曲所谓"员外巾"），粉面有须髯，老年相，着白袍，手持朝笏。其余六位作童子打扮，列队鼓吹，其手中所持乐器分别有：杖鼓、箫、笙、手鼓、笛、云锣。

图 25-11 《仙简残卷》第一段

第二段画芯（参见图 25-12）横长 76.1 厘米，高 43.6 厘米，上下花边有龙三只（最右侧两龙尾部被截）。该卷内容以文字为主，其右侧以大字书：

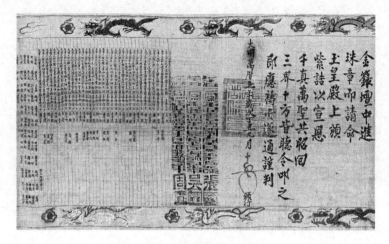

图 25-12 《仙简残卷》第二段

　　金箓坛中，进珠章而请命；玉皇殿上，颁紫诰以宣恩。千真万圣共昭回，三界十方皆听令，叩之即应，祷而遂通。谨判。

其后日期为：

　　大明万历五年岁次丁丑九月颁行。

其中，"大明"之"明"字周围明显有墨色污迹，似乎是刻意涂抹而成。年、月之上，钤有朱色"阳平治都功印"，并连朱书花押。年、月之后，为三师署职及签押，经辨识其文曰：

　　上清三洞经箓清微阐教真人五十代天师　张（签押并

用印）；

　　上清三洞经箓灵宝领教判诸司事　　吴（签押并用印）；

　　上清三洞经箓清微掌教上卿判诸司事　　周（签押并用印）。

其中署职部分为粗宋体字，姓为楷书大字，通过现场实物辨识，三师署职签押乃是木质印章所加盖。此外，三师签押之上又钤有朱印各一。这一组签署说明《仙简残卷》极有可能曾经到达过龙虎山，或甚至于山中所制作，这一点十分重要，我们稍后还会提及。最后，紧邻三师签押之后有朱线细栏42条，前36栏开列保安神所受各阶法箓及请法词，以及相应的"喜舍信士"名讳。其中有三阶法箓对应了简文中所提及的法箓授度内容（参见下表之一），并与日本天理大学图书馆所藏乾隆十九年（1755）诚亲王允秘所受法箓文书[1]标题对应（参见下表之二）。最后的6栏中，开列有全体"乡团众信"姓名64个。

《保安神仙简》与《仙简残卷》相应法箓对照表

《保安神仙简》	《仙简残卷》之二
《玉清三洞含直体道升仙经箓》	第1条：《上清三洞金真玉光灵济显应护神宝箓》

---

[1] 王见川，高万桑.近代张天师史料汇编[M].台北：博扬文化，2012：85-94.

《保安神仙简》	《仙简残卷》之二
《上清三洞金真玉光护神经箓》	第 13 条：《玉清三洞紫阳玉匮体道升仙宝箓》
《太清三洞通真合道保神经箓》	第 36 条：《太清三洞灵宝通真合道保神宝箓》

《保安神仙简》与《允秘受箓文书》相应法箓对照表

《仙简残卷》之二	《允秘受箓文书》
1.《上清三洞金真玉光灵济显应护神宝箓》	
2.《上清三洞上元天皇神符护道秘箓》	
3.《上清三洞中元地皇储福通灵秘箓》	《上清三洞中元地皇储福护命秘箓》
4.《上清三洞下元人皇辅正驱邪秘箓》	
5.《上清三洞九微八道虚皇宝箓法词》	
6.《上清三洞九天真书洞神合道宝箓》	《上清三洞九天真书洞神虚皇宝箓》
7.《上清三洞清微灵书洞真飞仙宝箓》	《上清三洞清微灵书洞真飞仙宝箓》
8.《上清三洞太微黄书洞玄通灵宝箓》	《上清三洞太微黄书洞玄通灵宝箓》

续　表

《仙简残卷》之二	《允秘受箓文书》
9.《上清三洞九微八道至宝真经法词》	《上清三洞九微八道至宝真经法词》
10.《上清三洞上元检天洞真飞仙真经》	《上清三洞上元检天洞真飞仙真经》
11.《上清三洞中元检仙洞玄玉素真经》	《上清三洞中元检仙洞玄玉素真经》
12.《上清三洞下元检地洞神妙道真经》	《上清三洞下元检地洞神妙道真经》
13.《玉清三洞紫阳玉匮体道升仙宝箓》	
14.《玉清三洞正一玄化紫虚妙道宝箓》	
15.《玉清三洞正一辅化玉虚悟真宝箓》	
16.《玉清三洞正一妙化洞虚保神宝箓》	
17.《玉清三洞九微八道通真宝箓法词》	
18.《玉清三洞九微八道神妙真经法词》	
19.《玉清三洞上元天皇飞步斩邪秘箓》	
20.《玉清三洞中元地皇伏魔演庆秘箓》	

续　表

《仙简残卷》之二	《允秘受箓文书》
21.《玉清三洞下元人皇度仙上圣秘箓》	
22.《玉清三洞太始混元虚灵神妙真经》	
23.《玉清三洞太极玄元至灵合妙真经》	
24.《玉清三洞太易应元洞灵玄妙真经》	
25.《太清三洞九天庆元洞神生仙宝箓》	
26.《太清三洞九天开元洞真飞仙宝箓》	《太清三洞九天开原洞真延年宝箓》
27.《太清三洞九天应元洞玄通灵宝箓》	
28.《太清三洞九微八道玄妙宝箓请法词》	《太清三洞九微八道延灵宝箓法词》
29.《太清三洞上元天皇集福安神秘箓》	
30.《太清三洞中元地皇度圣升真秘箓》	
31.《太清三洞下元人皇护道登真秘箓》	《太清三洞下元人皇度厄保命秘箓》
32.《太清三洞九微八道升度真经法词》	《太清三洞九微八道玄妙真经法词》

续　表

《仙简残卷》之二	《允秘受箓文书》
33.《太清三洞清微天宝悟道通神真经》	《太清三洞清微天宝悟道通神真经》
34.《太清三洞禹余灵宝护道生神真经》	《太清三洞禹余灵宝护道生神真经》
35.《太清三洞大赤神宝合道通玄真经》	《太清三洞太赤神宝合道通玄真经》
36.《太清三洞灵宝通真合道保神宝箓》	

第三段是两位近代收藏者的题跋，此处暂略，另撰文详明。

4.《仙简残卷》所见《保安侯仙简》的一些问题

（1）年代造假的问题

通过以上对于《保安侯仙简》以及《仙简残卷》观察与描述，笔者基本判定应原系一个整体，其在近代的转售过程中因为某些原因被拆解分售。通过使用《仙简残卷》中所得之信息，《保安侯仙简》的年代问题得以被最终解决。

首先，笔者认为，目前该简上的“大宋绍兴二十七年岁次丁丑九月”14字乃系古董商所伪造。《仙简残卷》中“大明万历五年岁次丁丑九月颁行”的“明”字部分有明显涂抹的痕迹，此应是经手人曾试图将其篡改时所留下的痕迹（后或因涂改失败而不得不将其裁下）。万历五年（1577）即是正一真人张国祥（？—1612，五十代）袭爵之第一年，这完美地对应了《保安侯仙简》中的"五十代天师"[1]。如此看，间隔 64 年的第二次重装（崇祯十四年，1641）也显得十分合理 [2]。

关于《保安神仙简》中的朱书符箓，其前有文字曰"所有云篆玉符依仪颁下"，则知简文中的朱书金光篆乃是与"仙简"紧密关联的有机组成部分。正如我们在此前书中所反复强调的，"符"的本质是信物，古代帝王在册封官员之时，也伴随着"虎符""鱼符"的颁给。如此，"符"的视觉功能在于"照应"，照应的前提在于镜像式的契合。对于"符"的任何修改都是危险的，因为其最终将造成君与臣，大道与受度弟子之间无法相契，盟约随即失效。由此，任何包含有"符"的道教文书（还包括《符》《诰》《牒》《札》等文书），都不存在于神符上题写年月的做法，更遑论前朝年代。另外，笔者通过仔细观察《保安侯仙简》的高清电子图像文件，发现其存在着墨书叠盖于朱书之上的现象。这一方面更加印证了笔者关于纪年系后添入的推论，同时也从另一个角度进一步证实了造假的可能。

---

[1] 此外，我们在《天师门下词文》中看到，其需要在署"大真人府法箓局掌理局事提举某"之职。在《仙简残卷》中，相应的位置署有"上清三洞经箓清微掌教上卿判诸司事周"。无独有偶，在《龙虎山志》中，明万历年间的法箓局提举也恰巧姓周，其曰："周济世，贵溪人，混成院道士。神宗时，为法箓局提举。"娄近垣 . 龙虎山志：卷七 [M] // 藏外道书：第 19 册，成都：巴蜀书社，490.

[2] 若以 1157 年来看，则间隔近 500 年，那么两段文书的保存状态和装帧都会大为不同——而不是现在看起来的相对统一。

盖因道教文书与所有中国古代公文一样，遵守着墨书为卑，朱书为尊；墨书在先，朱批在后的规约，也即是以朱书盖墨书。这一约定俗成的传统普遍存在于老师所批的学生习字，高功法师所批之《符》《诰》《牒》《札》，皇帝所批之臣工奏本等文本之中。由此，以墨书覆盖朱书的做法明显违背常理，故而证明了其造假的本质。

以此作为前提，我们便也就能够推测出，为什么该简文字内容缺少司额及卷首部分。按照以上所见的简文格式，"泰玄都省"大字之后，必然由化士李道清之叙述引出求箓众信弟子的具体信息，首当其冲的便是"乡贯"，而乡贯必然以"大明国［某］州［某］县"作为起始——但民国初年北平古董商所需要的是"大宋国"而非"大明国"。

（2）图像排序的问题

《仙简残卷》中图像一段的出现也为我们重新思考《保安侯仙简》中几段图像的次序带来了新线索。但这需要首先引入另一套法箓授度文书中的图像作为参考。2010 年前后，笔者于苏州书肆收得 1923 年梅玉宝受《太上童子护身宝箓》"附卷"文书一套（不全，以下简称《梅玉宝受箓附卷》）[1]，其中一份笔者自编为 26 号的长卷图像（现仅存两段）与《保安侯仙简》中的部分图像十分近似（参见图 25-13）。现将两份文书对比，我们可有以下两点观察。

---

[1] 在袁宁杰先生的协助下，笔者得以分别于苏州两家书肆（分别坐落于玄妙观与文庙附近）将这批文书收入。其时陪同者有韩晓东道长。

图 25-13 《保安神仙简》第一段（局部）与《梅玉宝受箓附卷》26 号文书第一段图像比较

　　首先，《梅玉宝受箓附卷》26 号文书第一段与《保安神仙简》第一段之构图完全一致。其中，玉皇上帝在两位执扇侍者的簇拥下，面向左手方向端坐于宝座之上，玉皇两侧四位人物的细节特征与《保安神仙简》中的雷尊、玄帝、张天师、葛天师几乎完全一致，这所表达的正是以玉皇为君主的天廷。两份图卷卷首部分"天廷"图像的相似性使得我们可以进一步比较其他的细节。26号文书中玄帝之左侧，一位玉皇的僚属正将其敕旨下颁于一位官员，这正对应了《保安神仙简》中的天使形象。

其次，《梅玉宝受箓附卷》26号文书第二段图像仪仗中的鼓吹差役，与《仙简残卷》中的鼓吹道童基本一致。在《梅玉宝受箓附卷》26号文书中，一排由八位差役组成的仪仗行进于一位官员之前，此即受度弟子本人。受度弟子身后有一侍从擎举伞盖，又有两位官将殿后翊卫。其四位鼓吹差役分别手持笙、手鼓、笛（或箫）、云锣等四样乐器，对应了《仙简残卷》中六种乐器的后四种；它们不但种类一致，连人物形象姿态以及构图也都基本一致。我们在下文关于《照身文凭》的讨论中将会看到，法箓"附卷"中此类带有图像的文书与"仙简"有着直接的关系。由此，笔者认定此段包含鼓吹的残卷应位于其他差役之后，正一真人与保安神之前（参见图25-14）。

综上所述，《梅玉宝受箓附卷》26号文书中展现了与《保安神仙简》逻辑一致的图像布排，其第一段以玉皇天廷作为图卷的起点，同时也是一组人物队伍行进的终点。第二段所反映出的鼓吹与受度弟子相邻的布排提示了我们现有《仙简残卷》第一段应被置于《保安神仙简》第6段（天师与保安神段落）之前，也即是取代目前的第5段（目前的第5段则因其画有四帅而应居于保安神之后作为扈从）。

5.《仙简残卷》所见龙虎山与地方的互动

再安仁博士在其论文中一再强调，通过《保安神仙简》中

图 25-14 《仙简残卷》第一段与《梅玉宝受箓附卷》26 号文书第二段
图像比较

"化士李道清"的参与，高万桑教授所提出的由龙虎山参与的
地方封神活动（道封）[1]并不一定完全符合历史实情，盖因其
完全可以在当地独立举行。但谢聪辉教授的最新研究已提示我

[1] 参见：高万桑 Vincent Goossaert, "BureaucraticCharisma: The Zhang Heavenly
Master Institution and Court Taoists in Late-Qing China," *Asia Major* 17 (n.d.):
121–159; 高万桑 Vincent Goossaert, "The Heavenly Master, Canonization, and
the Daoist Construction of Local Religion in Late Imperial Jiangnan," *Cahiers
d'Extrême-Asie* 20 (n.d.): 229–245.

们，"化士"之称谓正是因其与龙虎山宗坛之密切关联[1]。另外，《仙简残卷》第二段结尾处三师署职签押由木质印章加盖而成，并非手书，且加盖有印章。这也就意味着，如果该简不是在龙虎山所订制的话，那么其至少曾经到达过龙虎山签押、钤印（无论哪一种都应由李道清协助完成）。另外，根据第二段所开列的三十六道法箓文书来看，为保安神授度的乃是明清时期极品的《三洞箓》[2]，这可能也很难在地方层面完成。事实上，龙虎山一直到近代都仍然是法箓制作的中心，尤其是在针对民间需求的法箓方面。在传统社会中，地方民众对于专由龙虎山所制作的法箓有着特殊的信仰，甚至其防伪标志"箓草"（即一种用于捆扎法箓文书的水草）也广为人知。人们常依托化士从龙虎山请购其所制作的法箓，在地方层面依诀填写后再登坛付度，而这也正是李化清的职责所在。

（六）当代修水《照身文凭》与《金符箓祖》

在考察过以上诸多不同版本的"仙简"文凭之后，我们现在回到当代江西修水的法箓授度传统中来。在修水《都功箓》为数众多的"附卷"文书中，有三份文书之"硬卷"迥异于其他，其长度远超出其他"附卷"，其图像复杂，所含信息也极为丰富，其分别为：

---

[1] 谢聪辉.道教"化士"的意涵、来源及其在明清授箓中的职能研究——兼论佛教的相关问题[J].道教研究学报：宗教、历史与社会，2022（14）：37-82.
[2] 此处容另撰专文详细论述。

- 《昊天玉皇宥罪敕赦》（纵高 34.5 厘米，横长 210 厘米），以下简称《宥罪敕赦》。（参见图 25-15）
- 《上帝敕旨照身文凭》（纵高 34.5 厘米，横长 225 厘米），以下简称《照身文凭》（参见图 25-16、彩页图 5）。
- 《虚无自然金符箓祖》（纵高 34.5 厘米，横长约 400 厘米），以下简称《金符箓祖》（参见图 25-17）。

具体于图像而言，这三份硬卷文书均有一个共同特征，即包含了两个"中心"：其一位于卷首，乃是玉皇或三清所居之天界殿庭，所有其他神仙人物均表现为朝元之状自左向右行进；另一中心乃是受度弟子自身的形象，其位于行进队伍靠近末尾之位置。与此同时，与这几份"硬卷"配套的"软卷"文书皆以"泰玄都省"作为司额。结合以上的讨论，笔者尝试性地推论，这三份文书中的软、硬两卷当原系一轴，但在后来的具体应用之中因为某种原因（可能是印刷或装裱工艺方面）被一分为二（这一推想在最近一次对戴祥柳道长的采访中被证实，这三份文书原本并无单独的文字软卷，其文字皆呈现于硬卷图像之后尾）。比如，《宥罪敕赦》"软卷"中开列了玉皇赦免受度弟子的三十六条罪过事理，而"硬卷"中则描绘了该《赦文》自玉皇宫阙下颁施行，受度弟子乘轿前往领受《赦文》的场景。在这里，我们将主要关注其他两套"附卷"文书软、硬卷之间的关联。

1.《照身文凭》

《上帝敕赐照身文凭》，所谓"上帝敕赐"者，即云所奉玉皇上帝之敕旨而赐下。"照身"者,"照"有"收执照验"之意,而"身"则与"告身"之"身"意义相同,强调颁发对象的个体性[1],其"既有'任命书'之意,又包含'身份证明书'之意"[2]。"文凭"即指作为凭信的文书。故此,《照身文凭》但从文义上来说,与"仙简""仙诰"具有一定的关联,其或是后者的某种流变。

《照身文凭》"软卷"之文字以"泰玄都省,钦奉道旨,依教宣行"作为起始,这首先便表明了其与"仙简"一致的颁发机构以及办理流程。其后一段文字以"伏闻"开头,论述了道教悠久的传承,近似《孝康后仙简》开头的"盖闻"部分。其后话锋一转,转入以度师为第一人称的叙事,言明自己"代天宣化""经物利人"的盟誓,由此引出求度弟子的个人信息(乡贯、生辰、主照星君等),并以弟子为第一人称请求颁给文凭(等同于转述《投词》)。此后,第一人称转回度师,其曰:

> 是届[某]元节之辰,恭叩福地龙虎山天师门下拜受《上帝敕赐照身文凭》一道,付身佩奉……所有《上帝真符》告下……右,依《玉格》奏充[某]职[某事]为

---

[1] 马俊杰.唐代的告身和告身崇拜[J].文史知识,2020,474(12):41-49.

[2] 朱雷.跋敦煌所出《唐景云二年张君义勋告》——兼论"勋告"制度渊源[G]//朱雷.朱雷敦煌吐鲁番文书论丛.上海:上海古籍出版社,2012:249.

> 任，仍差雷部官将出入匡扶……

最后，叙事者转回泰玄都省，文字也变为大字，云：

> 右，给付信臣［某］佩受。

文书的最后乃是出给的年、月、日以及以横粗宋体大字署职并签押"三天大法天师正乙静应显佑真君张"，也即是泰玄都省之上相。这份文书的行文与我们上文所讨论过的几份"仙简"都基本一致，但区别也是明显的。该份文书未提及法箓的授度，也未体现道法的传度。这是因为在近世的法箓授度传统中，所有的"附卷"都作为独立于法箓之外的"附赠"而存在，因此每份文书之中也只表达其自身的授度事件。有关法箓、道法等主要授度内容的文字全部体现于其他文凭之中。换言之，作为附卷之一的《照身文凭》保存了一份"仙简"应该具备的行文格式，但其功能却大幅度退化了。这种与"仙简"的相似性也同样体现于《照身文凭》"硬卷"的图像甚至其装帧之中，下面分而述之。

（1）龙纹封边

《照身文凭》之"硬卷"卷首以宋体大字"上帝敕旨照身文凭"字起始，其右侧边口，贴有一条由木刻版印于彩色纸上的双龙戏珠条带（红、黄或绿不拘）。这一条带宽约 3 厘米，高与硬卷文书同，从中对折，夹贴于硬卷边口之正反两面。根据戴祥柳道长的介绍，这种龙纹封边谓之"龙凤边"，盖因过去曾存在有两种刻板：男人受箓用龙纹封条，女人受箓用凤纹封条。这一特别的处理方式也见于其他所有"附卷""旌封"之"硬卷"——也即是所有带有木刻版画的文书。在《梅玉宝受箓附卷》中，也见有此种条带（参见彩页图6）。由于《梅玉宝受箓附卷》应系龙虎山所印制[1]，所以这种以龙纹封边的做法也应是一种普遍的装帧形式，下文中将其称为"龙纹封边"。

首先，印刷、剪裁、黏贴"龙纹封边"增加了法箓文书的制作工序与成本。其次，"龙纹封边"并不具备任何实际功能，其既不是文书本体，也非封套。由此，其必然具有某种重要的象征意义。结合我们上文所讨论的《孝康后仙简》以及《保安神仙简》所共享的龙纹花边，这一"龙纹封边"应是对最初"仙简"装帧的一种延续，其本质上是对朝廷所颁给的"告身"文书的效仿。我们还会在清代由龙虎山所印发的职帖中看到这一元素的延续。

（2）玉皇天宫

回到《告身文凭》的图像之中，一如其他几份仙简，卷首所描绘的乃是玉皇上帝天宫的内景，其左右有四位侍者，其中

---

[1] 根据笔者在收购《梅玉宝受箓附卷》时与书肆主人的访谈，该套文书出自苏州金阊区一带（苏州旧城西北）。而按照苏州的传统，信家所受各种法箓，必须认定由龙虎山所印制者（以捆绑法箓文书的箓草作为"防伪标志"）。

两位执扇而立。此外, 又有两位武将 [1], 翊卫在玉皇两侧。

(3) 上圣高真

在玉皇宫室之左, 与玉皇相对, 乃是一组十位的人物形象, 也即作为玉皇臣属的上圣高真。

(4) 天门

在十位高真之上, 有一座象征天门的屋顶, 并由两位天将守卫, 其中右侧一位可判定为王天君 (三目, 持鞭), 另一位身份待定, 这与《保安神仙简》中之天门的构图几乎一致。

(5) 颁给敕旨

在此十位高真之后 (左), 乃有一官员 (内官?) 将玉皇敕旨授予一官员 (使者?), 与此完全一致的图像也见于我们上面所讨论的《梅玉宝受箓附卷》26 号文书中。与《保安神仙简》对比, 此处的图像表达更接近与宫廷仪典的风貌, 尤其是在 "三天门" 这一元素同时在场的着重强调之下。

(6) 仪仗鼓吹

在承敕官员左侧, 四位差役组成了受度新恩弟子的仪仗。其中的前两位持旗, 后两位分别手持唢呐与手鼓, 与《仙简残卷》的奏乐童子图像 (以及《梅玉宝受箓附卷》26 号文书) 相呼应。

---

[1] 左侧一位武士手持宝剑, 身向左侧前倾, 身后有一龙。这并不与右侧的武士对称, 其具体身份尚待进一步考察与讨论。其中的一种可能是, 其与位于更左侧上方的一个类似虎头 (或狮) 的图像, 组成了天宫的青龙与白虎二将军。

（7）马匹轿乘

在鼓吹之左，进入另一块印版之内容。先是两位差官骑行于马匹之上，其后尾随以一擎举伞盖差役，这象征着受度弟子本人的出场。伞盖之后为一八抬轿，轿中端坐受度弟子本人，另一位随从差官侍立于轿之一旁。这组由伞盖、轿乘、轿夫、随从组成的图像与《梅玉宝受箓附卷》25 号文书几乎一致（参见图 25-18），所不同者，该卷中为四抬之轿（或许与其为《童子箓》，箓阶法职较低有关；《保安神仙简》则作八抬轿）。

（8）殿后扈从

新恩弟子所承轿舆之左，绘有殿后扈从官将四员，可识别者有温天君（手持金环、狼牙棒）骑于一狮（或虎）上，及马天君（三目，手持三角金砖）。另有一位持矛骑马，或为岳帅，最后一位则极有可能为赵帅（由此共成马、赵、温、岳四帅）。这亦与《保安神仙简》中以四位元帅押后的构图相一致。

（9）舟船

《照身文凭》末尾绘有一船泊（或行）于水中，其上立有一差役手持小锣（或手鼓），船上桅杆悬有"令"字三角旗，船舱之中有一人端坐。就其特征所见，似是妇人（无受度弟子之官帽而有发髻）。这一组图像未见与其他仙简之中，其图像含义有待进一步考释。

由上所见，《照身文凭》之硬、软两卷文书，分别从图像叙事逻辑结构与风格、文书格式与行文方面基本对应了《保安神仙简》之图、文内容，并与《孝康后仙简》相呼应。此外，

图 25-18 《梅玉宝受箓附卷》25 号文书局部（上）与当代江西《照身文凭》局部（下）对比

从图像风格与装帧的角度而言，《梅玉宝受箓附卷》中的25、26号两份文书与其最为相近。

2.《金符箓祖》

《金符箓祖》可以被视作整部《都功箓》文书中最具视觉特征的一套文书，其"硬卷"横幅长达4米有余，其中开列自祖天师以降历代天师的图像、名讳及《题赞》，乃是一道极具"纪念碑性"的横卷。《金符箓祖》"软卷"的文字内容与《照身文凭》基本相同，其授度内容也仅仅包括其自身，即：《虚无自然金符箓祖》一道。我们在这里将主要关注《金符箓祖》"硬卷"，因为其自身也包含有文字内容，且比"软卷"更为重要。

（1）授度文字A

与所有其他硬卷文书不同，《金符箓祖》实际是一份图、文相互套嵌的文书。其文字内容分为首、尾两部分，内容近似于"软卷"。开头文字以"泰玄都省"为起始，部分的最后言曰："恭颁历代诗、符、姓、讳，具列其中。"这是"软卷"中所没有的内容。这实际表示了《金符箓祖》文书的实质乃是要传授历代天师名讳及《赞颂》等文字内容，而其中最为凸显的肖像内容反而是后来的衍生之物。在上海南汇地区陈雪赓法师所抄《天坛玉格》中，收录有一份为女性所受之《流芳箓祖》[1]，其内容仅有文字而无图像，此或可视作"箓祖"这一文书的"初始形态"。

---

[1] 朱建明，谈敬德. 上海南汇县正一派道坛与东岳庙科仪本汇编［M］. 台北：新文丰出版公司，2006：684-685.

（2）三清四御

《金符箓祖》卷首图像为正座之三清三境天尊，其两侧夹峙以四御四皇上帝。这有别于《照身文凭》以及《宥罪敕赦》中的玉皇天宫，但似乎更加强调了其"道"内的师承主题，而非以玉皇为中心的职官化"官告"主题。

（3）历代天师

三清四御的场景自成一组，以边框围合。自其左侧开列祖天师圣号"祖天师三天护教正一静应显佑大法天师真君张道陵"以及祖天师肖像及擎伞侍从，其左上方画有一七星宝剑，象征祖天师的道法传承。祖天师之左为"第二代天师张衡"及其像、《赞》，《赞》曰：

> 龙虎山中炼大丹，六天魔鬼骨毛寒。自从跨鹤归玄省，紫气深门白玉坛。[1]

其后的内容以第二代天师图文为例重复[2]，直至第六十三代张恩溥。

（4）受度弟子

六十三代肖像后一行文字曰："右给付［某］下佩受"，文字之后随之以一头戴九梁巾之年轻道士之肖像，是为受度新恩弟

---

[1] 按此段赞文应归属于祖天师，当系版式错置所致。

[2] 与第一代天师相比，第二代天师以及其后历代天师之像均只有其一半宽，因此形若被剪裁之后的相片。

子本身。

（5）殿后扈从

受度弟子身后，分别列有两位雷将之名号与图像，其分别为"忠勇报国岳元帅""地祇太保温元帅"。值得注意的是，这一由"天师、弟子、官将"所组成的图像序列与形式与以上所讨论的几份"仙简"以及《告身文凭》完全相同。

（6）授度文字 B

温元帅图像之后，有大字诗文一首，称颂授度功德，并以年月日结束。其诗文曰：

> 伏以：
>
> 玄元箓祖出天关，善信奏传不等闲。冀日姓名标紫府，斯时福祉并南山。

综上所述，《金符箓祖》"硬卷"实际已经构成了一份独自成立的文书，其最初的形式应仅是历代天师之名讳而不包含其他图文内容（《题赞》应是伴随肖像一同添入）。我们在《济度金书仙简》中业已看到：作为道法的有机组成部分，历代师真名讳需在"仙简"中逐一开列，颁给弟子。由此，弟子不但获得了道法行持所必需的信息，也使弟子本人融入、接续至法脉之中。龙虎山正一玄坛延续了这一做法，且更加强调历代教主正一真人的承袭作为"大宗"师派，而图像的添入更从视觉上将弟子本人纳入宏大的道教传承之中。

　　或许是在历史的某一时间点，历代天师名讳被从"仙简"中抽出，自成一体，并进而在后期增衍出历代天师肖像以及与其配套的"软卷"。最终，玉皇颁恩给简，受度弟子赴阙朝参的图像，以及泰玄都省所颁"简文"被分为硬、软两卷分别制作，"硬卷"还被粘贴以"龙纹封边"，此是其作为"仙简"之"基因"。

　　通过上溯宋代道书中的两种"仙简"写式，并仔细分辨两份传世"仙简"文物的现有问题（剪裁、拆装）以及特别之处（皆非为普通道士受法所用），我们得以逐渐明晰一份"仙简"所应具备的内容与其自身逻辑。以此为基点，我们得以厘清当代江西地区法箓文书中《照身文凭》以及《金符箓祖》乃是"仙简"这一授度文凭在明清时期不断分解、演变、再分解的产物。

　　既然"仙简"对等于"告身"，那么与《照身文凭》以及《金符箓祖》相配套的一系列"附卷""旌封"便也有了可以进行理解的角度。比如，《玄都宝诰》与《金函御诏》应对应了皇帝为委命官员所下颁之圣旨类文书，而《玉符仙秩》则对应了所获得的法职。"旌封"中的《飘风宝带》《降魔宝剑》《九玉云冠》《步云仙鞋》《鱼鬣仙衣》《珍珠凉伞》《黄金玉印》等文书则可被视作与官职一同授予的印信、冠服、仪仗等物，它们在职官制度中乃是与"告身"有机组合的一个整体，共同赋予了一名官员以神圣身份。由此，它们实际是道教授度制度对于古代职官制度中封赠符号的借用，乃是由"仙简"这一核心逻辑所衍发之物。在谢聪辉教授的研究中，他也结合了福建地区的实际传承，将"仙简"这一文书概念分为狭义与广义两种。前者即我们上文所讨论之作为单独文书的"仙简"，而其广义者即是"按照被传授的经箓法职，给予相应的所有文检凭证。须于封箓时，在'拜授仙简一道'的空白处添入文凭名称和送诣的相应天宫衙门，如'太上三天玄都总诰'（北极星汉宫）'先天无极金函御诏'（冥府宫中）等等"[1]。谢教授的田野考察所得实际也正印证了我们上文的推断，以及狭义与广义"仙简"之间的确切关系：广义"仙简"，乃从狭义"仙简"衍发而来。

值得注意的是，在当代台湾地区，另一种内容形式极为不同的授度文凭也被称作"仙简"[2]，但在其他地区，同样内容的文书则被称作"职帖""法帖""度帖"（或"箓牒"）。事实上，在更广的地理区域内，"职帖"乃是近代以来最为主流的法箓授度文凭形式，下面将稍作讨论。

---

[1] 谢聪辉.道教"化士"的意涵、来源及其在明清授箓中的职能研究——兼论佛教的相关问题[J].道教研究学报：宗教、历史与社会，2022（14）：58.

[2] 参见：李丰楙，编.道法万象：下册[M].台南：台南市政府文化局，2018：68-69.另见：施舟人.都功の職能の開する二、三の考察[C]//酒井忠夫，编.道教の総合的研究.东京：图书刊行会，1981：252-290.施舟人先生所转录者应是有别于龙虎山的闽台地方版本，其名曰《三天门下传度加阶进职仙简》，但文书末尾言曰"谨牒"。不过仍以"天机内相陆、天枢使相许、泰玄上相张、无极神相尹"等天廷诸宰相之署职押尾。

五、职帖

（一）宋代的"帖文"与"敕牒"

"职帖"或"补职帖""补帖"，是近代以来最为主流的法箓、法职的授度文凭。在当今各地的法箓、法职授度传统中，常有将"帖"与"牒"替换使用者，如当代的龙虎山天师府便将"职帖"称作"箓牒"。按"牒"与"帖"是中国古代不同种类的政府文书。下面想依靠已有的学术成果对两者之异同稍作梳理。

作为公文的"牒"出现很早，但其从秦汉至六朝皆用于官府中下级呈秉上级的"上行文书"，至唐代才出现了"平行"的施用方式 [1]。至中晚唐时期，出现了在官员任命时出给"敕牒"的做法，也即是"告身"与"敕牒"并行的制度。这乃是因为安史之乱后敕授官员范围的扩大（意味着朝廷对于地方官员任命的进一步直接管理与约束）。按《新五代史·刘岳传》云："吏部文武官'告身'，皆输朱胶纸轴钱然后给，其品高者则赐之，贫者不能输钱，往往但得'敕牒'而无告身，中书但录其制辞，编为敕甲。"[2] 事实上，也正是从这时开始，"敕牒"便开始具有取代"告身"的趋势。[3] 北宋（元丰改制之前）

---

[1] 田清. 古代官府文书牒文之功用及体式研究 [J]. 档案, 2020（08）: 15–17.

[2] 欧阳修. 新五代史卷五十五: 刘岳传 [M]. 北京: 中华书局, 1974: 632.

[3] 刘后滨. 唐宋间选官文书及其裁决机制的变化 [J]. 历史研究, 2008（03）: 125–127.

因唐制，"告身"与"敕牒"并行，但因"敕牒"的制作成本、颁给流程时间等原因对"告身"授官职能的分割越发明显。其背后的深层原因是："告身"所承载的与三省六部挂钩的"官位"逐渐成为一种级别标志，而非具体职司；而由宰相集体签押[1]的"敕牒"中包含有实际政务运作之"差遣"，是更具有实效的任命文书[2]（我们在后世的法职中也同样看到某"官"兼理某"事"）。

另外，我们也需要注意到，自中唐时期开始，朝廷为了管理僧尼、道士、女冠之籍，开始通过祠部为他们颁给"度牒"[3]。"度牒"亦称"告牒"，《僧尼令集解》卷8"准格律"条惟宗直本注曰：

> "告牒"者，僧尼得度之公验也。[4]

由此可见，"告牒"与"敕牒"都是与"告身"近似，但颁发

---

[1] 刘后滨认为："敕牒作为选官程序中配合其他制敕文书行用的一个环节，是随着中书门下体制的建立和完善，宰相参与裁决政务职能的强化而出现的。"与此相对的，是仙简之中以三天门下（对应中书门下）之抬头。刘后滨 . 唐宋间选官文书及其裁决机制的变化 [J] . 历史研究，2008（03）：126.

[2] 王杨梅 . 南宋中后期告身文书形式再析 [G] // 包伟民，刘后滨，主编 . 唐宋历史评论：第 2 辑 . 北京：社会科学文献出版社，2016：195.

[3] 关于唐代度牒的最新研究参见：周奇 . 唐代的度牒文书 [J] . 史林，2022（03）：24-34+219.

[4] 《令集解》卷 8，吉川弘文馆、1974：248，转引自周奇 . 唐代的度牒文书 [J] . 史林，2022（03）：25.

机构、程序有所不同的身份文凭，前者为道士、僧人，后者为官员。在宋代，甚至一些名山寺观的住持、地方祠神亦得给"敕牒"，南宋《朝野类要》曰：

> 凡知县以上并进士及第出身，并被指挥差充试官或奉使接送馆伴，及僧道被旨住持并庙额，并给敕牒。[1]

除了由朝廷颁发的"度牒"外，至迟在唐代已经见有高僧为居士与僧人授戒"戒牒"之实物。这些"戒牒"之行文与"度牒"相似，是受度弟子得戒后的"公验"文书[2]。在后世佛教的传统中，"度牒"与"戒牒"的文凭名称也被固定下来，并行存在，成为一名国家与教门层面僧伽身份的文凭。与此相对的是，至迟在五代以前，道门内部似乎都未出现以"牒"作为名称的授度文凭，"法箓"与"契券"仍然是弟子受度的主要凭信。

在唐宋的公文运作中，常有将下行之"牒文"与"帖文"相互连称、等同者，雷闻教授的最新著作对此进行了精辟的论述。这或许是后世道教的不同传统既将授度文凭称作"牒"又称作"帖"的缘故。

---

[1] 赵升. 朝野类要 [M]. 北京：中华书局，2007：85.

[2] 参见：荣新江. 盛唐长安与敦煌——从俄藏《开元廿九年（741）授戒牒》谈起 [J]. 浙江大学学报（人文社会科学版），2007（03）：15-25；武玉秀. 敦煌寺院戒牒文书所反映的净土信仰研究 [J]. 青海民族研究，2012，23（04）：106-118.

作为公文的"帖"至迟自唐代便已出现[1]，根据平田茂树的研究，宋代官府公文中的"札子"与"帖"主要是由上至下的公文，而"关"与"牒"则基本应用于平行的官府之间[2]。"帖文"的应用较为灵活，并可以以个人作为发文对象，因此多用于处理地方政务的环节之中，基层官府可以直接"执帖下乡村"传唤个人[3]，明代更因循此制[4]。也因为这种灵活且可针对个人的便宜形式，"帖"也被应用于官员的委任之中。金允中曰：

> 夫人世官爵受命于君，故出给"告身"。若大臣便宜，补人以官，亦不过给"帖"借补。非得君命，不给"告"也。矧传法之规，乃以科教，有此典式，依按而行。初非面睹上帝，显奉天旨，止于备录奏告，依仪传度，皆"补职帖"而可，虽宗坛亦止于给"帖"。幽阴之事，安可全用世俗格式？擅作"告命"，诚不可行。[5]

在这里，"帖"与"告"的区别在于是否以皇帝的名义办给，但未言及"敕牒"，这可能是因为并非出宰相集体签押之名，而是某一府院长官对其下属之委任。所以，金允中认为，普通

[1] 雷闻 . 唐代帖文的形态与运作 [J] . 中国史研究, 2010 (03): 27.

[2] 平田茂树, 著, 林松涛, 译 . 宋代政治结构研究 [M] . 上海古籍出版社, 2010: 356.

[3] 刘江 . 帖与宋代地方政务运作 [J] . 文史, 2019 (02): 165-181.

[4] 刘伟杰 . 明代帖文考释 [J] . 档案学通讯, 2021 (06): 68-76.

[5] 金允中 . 上清灵宝大法: 卷四三 [M] // 道藏: 第 31 册, 645-646.

道门内部的法官不应假托皇命来擅作矫诏（针对"仙简"），而只是以自身所属之府院司坛之名义来颁给文凭。由此，道教内部针对法职授度的"补职帖"文凭不以"泰玄都省"（上承道旨的天廷中枢）为额，而以"灵宝大法司"或是作为教团机构的"灵宝大法传度玄坛""万法宗坛"为额，同时其也反映出与唐宋"帖文"一致的基本结构，即：司额、正文、签押的三段式框架 [1]。故此，道门内部以坛、司为额出给的授职文凭，更应被称作"帖"而非"牒"，这尤其体现在其最末尾"故帖"二字的使用之中。

（二）《金本灵宝大法》之《补职帖》

按《道藏》所收的两部《上清灵宝大法》是宋元之际灵宝大法的集大成者，其作者金允中与王契真分别代表了"中原古法"与"天台新法"而因此各有不同。这些不同存在于他们对于经典、仪式中一些细节的不同理解之上，当然也包括了授度仪式以及相应的配套文书。与此同时，他们的著作也分别对后世的科仪乃至授度传统产生了深远的影响。由此，对这两套大法之中的《补职帖》进行比较研究，更有助于我们理解其中所包含的深层含义。笔者将《金本灵宝大法》之《补职帖》，重录于附录 4 中（参见图 25-19），《王本灵宝大法》之《补职帖》及《交兵给法仙帖》重录于附录 5 中（参见图 25-20，25-21），以资备考。

---

[1] 刘江. 帖与宋代地方政务运作 [J]. 文史，2019（02）：16.

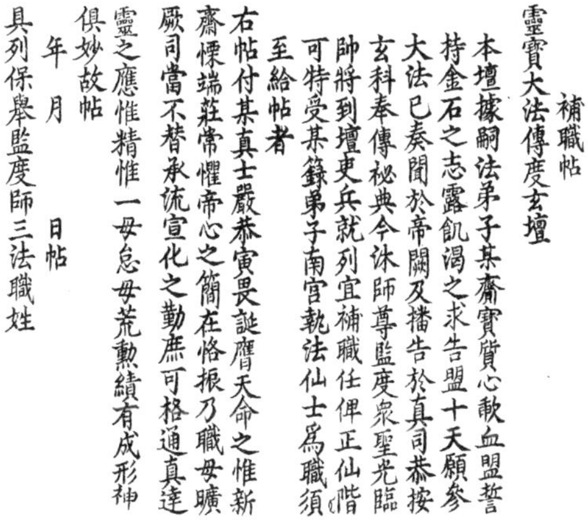

補職帖
靈寶大法傳度玄壇

本壇據嗣法弟子某齋寶質心歃血盟誓
持金石之志露飢渴之求告盟十天願參
大法已奏聞於帝闕及播告於真司恭按
玄科奉傳秘典今沐師尊監度衆聖光臨
帥將到壇吏兵就列宜補職仕俾正仙階
可特受某錄弟子南宮執法仙士爲職須
至給帖者
右帖付其真士嚴恭寅畏誕膺天命之惟新
齋懷端莊常懼帝心之簡在恪振乃職毋曠
厥司當不替承流宣化之勤庶可格通真達
靈之應惟精惟一毋怠母荒勳績有成形神
俱妙故帖
　年　月　　　日帖
具列保舉監度師三法職姓

图 25-20 《王本灵宝大法》之《补职帖》

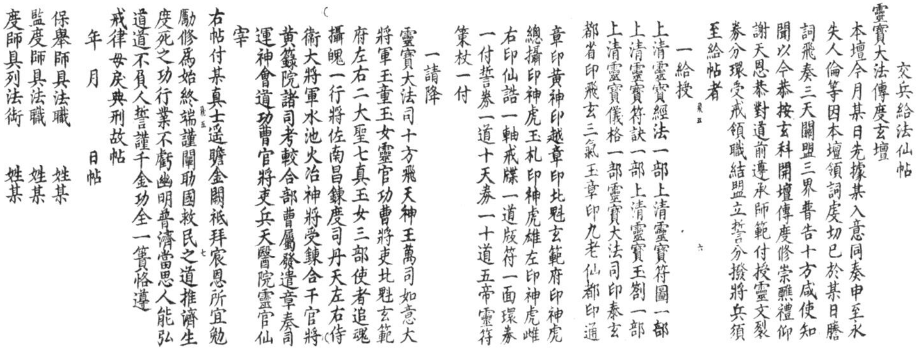

交兵給法仙帖
靈寶大法傳度玄壇

本壇今月某日先據其入意同奏申至水
失人倫等因本壇領詞度切已於某月膽
詞飛奏三天闕盟三界普吉十方咸使知
闻以今恭按玄科開壇傳度修崇醮禮印
謝天恩恭對道前遵水師範付校靈文裂
券分環受戒領職結盟立誓分撥將兵須
至給帖者

一給校
上清靈寶經法一部上清靈寶符圖一部
上清靈寶符訣一部上清靈寶玉劉一部
上清靈寶儀格一部靈寶大法司一部玄
都省印飛玄三籙玉章印九老仙都印通
章印黄神印越臺印比魁印九籤府印神虎
總攝印神虎玉札印神虎雄左印神虎雌
右印仙誥一軸戒牒一道版符一面環券
一付哲券一道十天奏一十道五帝靈符
集秋一付

一請降
靈寶大法司十方飛天神王萬司如意大
將軍王童玉女靈官功曹吏兵吏魁玄籙
府左右二大聖七真玉女三部使者追魂
攝魄一行將佐南昌錄度司丹天左右侍
衛大將軍水池火治神將受鍊合千官神
黄籙院諸司考較合部曹屬發遣章奏司
運神會道功曹軍將吏兵天醫院靈官仙
宰

右帖付其真士遙聘金闕祇拜宸恩所宜勉
勵修爲始終端謹闡助國救民之道推濟生
度死之功行業不虧幽冥普濟當思人能弘
道道不負人誓諾千金功全一簣格遵
戒律毋虧典刑故帖
　年　月　　　日帖
度師具列法術
監度師具法職
保舉師具法職　　　姓某　姓某　姓某

图 25-21 《王本灵宝大法》之《交兵给法仙帖》

在上文中，金允中批判了为弟子颁给"仙简"（"官告"）的做法，所以，在他的《上清灵宝大法》中，传法授度只使用《灵书真券式》《补职帖式》两份文书［分别对应了"载（盟）书"与"命书"］。《补职帖式》卷首以"灵宝大法司"为司额，正文先言"当司契勘"某弟子之《投词》（投词中包含了弟子本人的生辰），进而又继续言明其已于宗坛得授《中盟秘箓》，现在申请受传"上清灵宝大法"。这部分内容实际与我们先前所讨论的"仙简"中由泰玄都省"检会"某弟子（等同于由尚书省吏部磨勘）的逻辑相应，即是对于求度人选的大致描述。所不同的是，在"仙简"中需要在稍后转引大道所下颁之敕旨，而帖文中则只称：

> （本司）照得：本人誓辞坚笃，诚心不回，《格》许宣宏，理宜接引。

也就是说，在帖文的语境中，法职授予的权利已被"下放"至基层的"灵宝大法司"，而不必通过泰玄都省上呈"大道"请旨。相应地，帖文结尾明确以"三师"之名签押，而不附以"承诰奉行"，更不需以大字"具八相位"（对应宋代朝廷之三省宰相），盖因其公文颁发流程并不涉及一系列高层职官。弟子在《投词》中已明确地强调了其曾于宗坛得受《灵宝中盟箓》，我们或可假设，其手中已经得到了一份由宗坛所出给之《法箓词文》。由此，地方上的度师（已获得使用"灵宝大法司"司额之权限），便可以通过"对斋""试炼"等程序，利用自己向来之宗教素养，自主地判断请法弟子是否合《格》，并依《科》付度。此当为宋元之际《补职帖》与其他两类文凭（《词文》与《仙简》）之最大之区别。换言之，虽然《职帖》颁发机构的级别有所降低，但却意味着地方层面被赋予了一定的授度自主权利（虽然这种权利排除了"法箓"而仅限于以"法职"为中心的道法授度）。

我们再来看这份帖文中所开列的传授内容，其共有十一项。

第一项为"迁补"法职"南曹执法典者"。我们先前业已看到，在宋代朝廷设置中，"南曹"隶属于尚书省之吏部，专司职官选举之事。由此，宋代道教教团内部，依然对其协助太上"选索种民"，为大道"选贤举能"，以此促进道气流通的"天命"有着清楚的自我认知。

第二项为给付"灵宝大法"之法本，这也就对应了"授书"的传统主题。

第三至五项为给付法具，其包括法印、法剑与策杖。其中的策杖为灵宝经法所特有，在陆先生授度仪中原与《真文》、"二箓"一同传授。

第六项为法服，这也因袭了中古时期的三洞旧法（但增加了玉珪与玉佩）。

第七至十项分别依据法师所行的不同法事分别开列了四组"灵宝官属"。其法事包括："收治""拜章""摄召"与"斋醮传符"。最后的第十一条还专门对这些官将吏兵的召合请用仪格进行了明确规定。

在文书的最后，度师为弟子再次提出告诫：

> 所宜永坚一志，密练百神；检己修身，毋违科而犯戒；济人利物，当立德而建功。

作为盟约的有机组成部分，需要进取的"功""德"与需要遵守的"科""戒"在这被再次强调。

在《补职帖式》中，《灵书真券》这一文书未被列入授度的内容之一。这应是因为契券是盟誓的证物，而盟誓则是授度的前提。故此，契券显然与帖文平行存在，并不属于度师为弟子所"传授"之范畴[1]。我们上文也已经多次强调，"盟（载）书"与"命书"前后相应，互不隶属，且其内部行文逻辑各有不同。但是，随着时代的推移，契券与职帖这两份内在逻辑完全不同的文书最终还是合二为一了。

（三）《王本灵宝大法》之《补职帖》

《王本灵宝大法》之《补职帖》卷首以"灵宝大法传度玄坛"为额，以"本坛据"引出某弟子求度之情，并言明"已奏闻于帝阙"。以此为前提，传度玄坛"恭按玄科，奉传秘典"，

---

[1]《灵书真券式》其后有小字曰："此乃灵宝本法券文，对天分之。将《右券》度师收之；《左券》入袋，付度嗣法弟子。或度师不必留存，径将《右券》用状缴申上清天枢院照应，以为弟子修仙学道之证。落罪籍，上生名。"金允中. 上清灵宝大法: 卷四十二 [M] // 道藏: 第 31 册, 638.

授予该弟子"南宫执法仙士"[1]为职。在补职之后,帖文并未言及任何其他授度内容,而直接以"须至给帖者"转入结尾的劝诫之中,并随之以年月日及三师签押。

与《金本灵宝大法》相比,《王本灵宝大法》之《补职帖》首先在其起始处不言"契勘"而只言"据",在文字层面弱化了对于弟子的考核过程。其次,《王本灵宝大法》亦未言及弟子先于宗坛请受《灵宝中盟箓》之事,似乎(有意或无意地)淡化了这一前提的强制性。更为重要的是,《王本灵宝大法》围绕"宜补职任,俾正仙阶"为中心展开,仅以法职的授予作为文凭之目的,而其他的法本、法具、官将等内容,则另具一《交兵给法仙帖》详细开列并传授。

《交兵给法仙帖》将授度内容分为两条,第一条为"给授"之物品,包含法本、法具,以及文凭。第二条则为"请降"之诸位官将。这使我们想到,在《济度金书》的授度仪范中,其于《仙简》之外另具一份《交兵札》,这些细化的分别实际都是基于对于政府公文制度深入理解之上的一种"确权"。

另外需要提及的是,《交兵给法仙帖》中同时开列有多种授度文凭,其包括《仙诰》(即"仙简")一轴,《戒牒》一道,《版符》一面,《环券》一付,《誓券》一道,以及《十天券》十道。与《金本》相反,这里作为盟约信物的契券,也被纳入

---

[1] 此处之"南宫"当系讹误,因《王本灵宝大法》卷二十七收有"洞玄仙格门",其中列"南曹五阶"列有"南曹执法仙士"一职。王契真.上清灵宝大法:卷二十七[M]//道藏:第30册,900.

了传授范畴之中。两部灵宝大法中有关授度文凭的设置是如此
之不同，实际反映了宋元之际道门内对于如何将既有职官制度
与新出法职制度进行对应有着不同的理解。在这其中，法官对
于道法的掌握（神权）被与朝廷制度中的职权相对参，其他的
官将、文凭、印信、冠服无外乎是借用了职官制度中的符号来
对神权进行表现。

（四）《李鼎泰职帖》

2009 年前后，笔者曾于某网络平台收得一份光绪九年
（1883）江西上饶道士李鼎泰之木刻版印《职帖》（以下简称
《李鼎泰职帖》），后捐赠与句容市茅山道院。该帖横长 109.5 厘
米，高 63 厘米，四周饰有草龙纹花边，延续了"仙简"装帧
之遗意（参见图 25-22），现将该帖文字录于附录 4 中 [1]。该帖
以"万法宗坛"为抬头，考虑到其开版之巨大，以及受度者李
鼎泰亦系龙虎山所在广信府本地人士，我们有理由推测该帖乃
系龙虎山所印制 [2]（由此有别于上述两种地方层面度师所出给
之《补职帖》）。值得一提的是，在李丰楙教授所主编之《道法
万象》中，亦收有一份光绪二十五年（1894）道士姚仁孙所受
《万法宗坛仙简》（以下简称《姚仁孙职帖》），其开幅大小，文
字内容以及版式装帧都与《李鼎泰职帖》基本一致，且两位受

---

[1] 该职帖曾发表于王见川，高万桑所编《近代张天师史料汇编》，参见：
王见川，高万桑（Vincent Goossaert）. 近代张天师史料汇编 [M]. 台北：
博扬文化，2012：94-96.

[2] 参见：李丰楙，编. 道法万象：下册 [M]. 台南：台南市政府文化局，
2018：68-69.

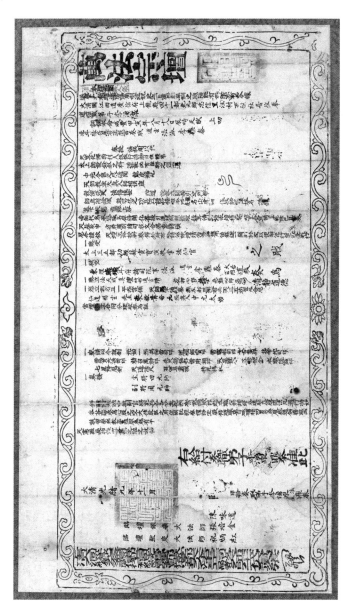

图 25-22　清光绪九年（1883）《李鼎泰职帖》

度者皆系上饶县人（李为上饶县四十一都人，姚为四十六都人）。由此，我们可将这两份《职帖》视作清末龙虎山的某种标准样板。事实上，今日由龙虎山所颁发的《职帖》（"箓牒"）也正是基于这一模板。

《李鼎泰职帖》以"本坛盖闻"起始，略述周官、汉官选举之古制，并以此引出道门法职的奏授制度。随后以"今据"带出弟子之"投词"，述其乡贯、生辰、主照星君。和以上几份文凭所不同的是，文书随后言及：

> 兹遇［某］元令节之辰，遥闻龙虎福地天师教主大真人，师相法座，教演先天，法传后世……是以谨抒情惟，恭叩［某］名山，虔诣保举师纪录姓名……

而不是此前我们所见到的：

> 是届［某］元节之辰，恭叩福地龙虎山天师门下。

在这里，"恭叩"与"名山"之间留有空格，并以手书添入"龙虎"二字，而且"天师"之前的动词也只是"遥闻"，"虔诣"者乃是保举师。由此，我们有理由相信，这份职帖模板由龙虎山印制，但实际适用于任何龙虎山以外的传度仪典，其所针对的受众，是那些无法亲至龙虎山，但仍然仰仗化士从龙虎山请购官方"职帖"的受度弟子。我们注意到，《姚仁孙职帖》上有一印，经初步识别，印文曰"□□印费□□□□纹银四两整修宗坛"[1]，这正对应了"化士"最初负责募化善款，用于宫观建设的职司[2]。换言之，到了清晚期，《职帖》也被龙虎山作为一种特权商品，以助修宗坛的名义而销售的。但我们已在上文看到，《补职帖》实际本不需要由宗坛出给，其应是宗坛授箓后由地方层面的度师所颁给。这两份《职帖》应是龙虎山万法宗坛在清朝末年所形成的职帖统一格式，多处均留有填写具体信息的空白处，并钤有官方印章。以本份文书为例："万法宗坛"大字之下钤"正一真人之印"；"本坛盖闻"之上钤"□□上清宫大真人张"印；"右，给付［奏］职弟子［李鼎泰］"名上钤"小阳平治都功印"；最后的年月之上钤"大阳平治都功印"。这些印章都说明了该份《职帖》的官方来源。

回到文书本身，相对于在本篇中已讨论过的所有授度文凭而言，《李鼎泰职帖》的"政务公文"属性最弱，这体现在其中的行文方式与内容之中。例如，"本坛"在得到弟子投词后，缺省了对弟子进行考察的表述，直接为其"具奏天廷，笺申省府，牒札诸司"并"按科奏传"。其后，文书内容直接转

---

[1] 李丰楙，编.道法万象：下册［M］.台南：台南市政府文化局，2018：68-69.

[2] 谢聪辉.道教"化士"的意涵、来源及其在明清授箓中的职能研究——兼论佛教的相关问题［J］.道教研究学报：宗教、历史与社会，2022（14）：51-53.

入"所有奏请法职，坛、靖、治、炁，并应用法器"的开列。
对比以上两部灵宝大法《职帖》，它们均在这一转折之前言明
"须至……给《帖》者"，这是自宋代开始公文及执照的固定
用语，有必须办给的含义[1]，与最后的"故帖"相互对应。而
在《李鼎泰职帖》中，这一短句被缺省，最初对于政务公文效
仿的成分日渐消退。清代的正一真人与法官们似乎不再像宋代
道法宗师们那样小心地参考官方文书来构建自己的道门文书体
系，或者说，这一意识逐渐减弱[2]。

《李鼎泰职帖》所列之授度内容有六条，其分别为：

1. 奏授：[某]箓[某]职；

2. 补充：兼理[某]职；

3. 奏立：[某]坛[某]靖、心印；

4. [某]治[某]炁、[某]先生、[某]岳真人；

5. 奏请：印、令、旗、剑；

6. 奏拨：主将、副将各一员。

与此前我们所考察的两份灵宝大法《职帖》相比，《李鼎
泰职帖》很明确地添入了带有正一色彩的坛靖、治炁等内容，
并通过增入"兼理"一项扩充了法职的范畴（即"差遣"之范
畴）。此外，某一道派法本的传授被缺省，但却通过开列传授
诸阶道法之法印实现了总括诸阶道法的目的。

---

[1] 清代翟灏云："'须至'：今公文中习为定式。问其义，则无能言之。"翟
灏. 通俗编[M]. 北京：商务印书馆，1958：128.

[2] 事实上，整张《职帖》也只在其结尾"故帖"中使用"帖"字一次。

其他可讨论之处仍有许多，但限于篇幅，笔者只想再指出较为特别的一点。在文书中，开列授度内容的区域被一处空白一分为二。空白区域之前言明：

当坛中立《合同》，分环破券为证。

这一空白处是为黏贴《合同符》（作为立盟之契券）所预留的符位，笔者购入该帖时，其中仍夹有半副《合同符》，但其在句容市重新装裱时被遗失，初始风貌可参见图 25-23。我们需要注意，随着作为信物的契券被压缩为《合同符》并贴附于职帖之中，盟约的重要意义也被大幅度淡化了。《李鼎泰职帖》中全篇未提及一处"盟""约"或"誓"字，甚至在文书结尾

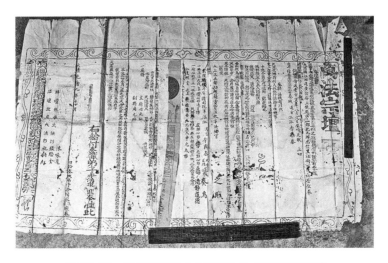

图 25-23　修复前带有《合同符》的《李鼎泰职帖》

的劝诫中，也只是强调不可"习学邪教巫蛊厌魅"，并未重申盟约。

《李鼎泰职帖》（及其他同类《职帖》文物）意义重大，如果将它们对比施舟人（鼎清）先生 1966 年从六十三代天师张恩溥所受之《职帖》[1]（图 25-24，下称《施鼎清职帖》），我们可发现两者文字几无差异，仅仅是装帧、尺寸以及部分印章有所差异（"道契崆峒"印取代了"上清宫大真人张"[2]，并于签押之处加盖了"嗣汉天师之印"）。《施鼎清职帖》是六十三代天师在台湾传法授职的标准文凭式样，今天龙虎山天师府亦采用这一帖文样式，并称之为《正一传度授箓法牒》，但其结尾处仍然沿袭了既有的内容，以"故帖"结尾。《李鼎泰职帖》是笔者目前所见同类中最早的物证，其中的一些填写方式，也为我们理解今天通行的《职帖》提供了有益的线索。[3]

综上所述"职帖"这一文凭形式乃与"仙简"的源流相同，其最初只应用于道法法职的授予之中，与授箓并无关联。宋代诸阶道法祖师以对朝廷公文的深入理解为基础，对构建出与道法自身义理相契合的文书以及授度文凭制度进行了多元化的尝试。如上所见，有的道法将"仙简"与"补职帖"一同授

---

[1] 转引自：Patrice Fava, *Aux Portes Du Ciel: La Statuaire Taoïste Du Hunan* (Paris: Les Belles Lettres, 2014), 200.

[2] 笔者感谢袁宁杰先生所提供的相关信息。

[3] 比如，无论是《施鼎清职帖》还是《天师府职帖》，其"虔叩"与"名山"之间都依照传统式样留为空白，但并不填写。但结合以上的考察，我们得以明晓这一留白乃针对地方名山而言随情添入。

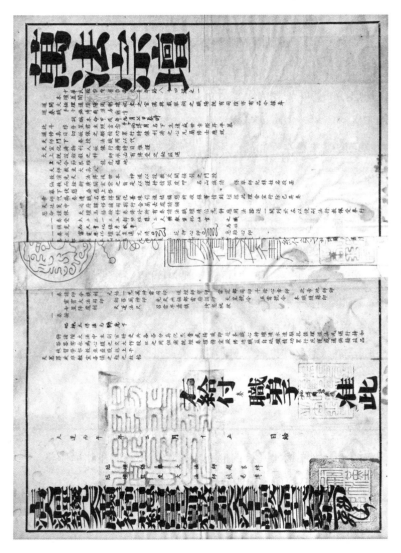

图 25-24　1966 年《施鼎清职帖》

度，有的则认为只用"补职帖"最合乎法度。有的将所拨兵将列于"仙简""职帖"之中，有的则单开一"交兵帖"或"交兵牒"[1]。最终，在《李鼎泰职帖》中，我们看到这一多线索、多元素的尝试最终走向了一种全面、单一的整合。首先，它由万法宗坛出给，意味着龙虎山官方对原本地方层面的传度进一步施加了影响，或者说扩展了商品种类。其次，它的巨大开幅以及龙纹花边意味着对于仙简的承袭，法箓与法职连缀，并与法具以及官将差拨一并平行开列。第三，更为重要的是，原本独立于"职帖"的"契券"也以《合同符》的形式附于职帖之中。由此，《李鼎泰职帖》实际成为一份道法授度仪典的"总括"。

值得一提的是，江西修水的《真凭实据》（相当于"职帖"）在这一总括的路上走得更远，其甚至还将《戒牒》囊括其中。由此，在修水本地的传统中，《天师门下词文》"仙简"（由诸多"附卷"代表）以及《职帖》三者均同时存在，而"合同环券"（谓之"勘合"）则被置于一纸囊中，贴附于《真凭实据》之中。限于篇幅，兹不详述。

六、总结

在经过一大圈稍显冗长的描述与讨论后，我们在此稍作总结，用以回答在开篇所提出的问题。

---

[1] 上清灵宝济度大成金书：卷三十六［M］// 藏外道书：第 17 册．成都：巴蜀书社，1994：486．

（一）历史的沉淀与叠加

首先，"词文"的出现意味着法箓本身仪式与文凭功能的减弱，并极有可能从侧面说明了"缴箓"仪式的出现："词文"被宗坛用以代替法箓本体而作为授度的文凭。这背后是北宋王安石宗教政策改革的部分结果，即将法箓的授度权力集中于三山宗坛，由此必然需要一种新的文凭形式用来对应这一特权。与此同时，在道教内部，固有的诸阶法箓无法与新出的诸阶道法体系相契合，新的体系需要被构建出来用以将其承载。于是，效仿朝廷职官制度的"仙简"与"职帖"得以出世，其中的诸多文本细节具有极强的"宋官"特征，而有别于盟威法箓之"汉官"。经过历史的沉淀、积累，这三种授度文凭同时存在于同一套法箓文书中，这也正是宗教义理、仪式及授度制度不断演进的见证。新出道法并不排斥或取代古法，而是以古法的主题作为进一步发展的磐石，并创制、叠加新的元素。

（二）对于程序公正的重视

其次，这三种文凭都有着完全一致的结构，即：司（坛）额、正文、签押的三段式，而这也是古代政府公文的统一范式。卷首以某一衙门的名义题具，与其对应的是文书结尾的署职与签押。这也就意味着，法箓、法职的授予必须以团体的名义进行，即由至少三至四位已受度之法师所组成的团体（一位保举，二至三位临坛）。这一团体存在的意义在于保证其程序的绝对公正。在我们所讨论的这些文凭中，其或多或少均提及或强调对于受度弟子资格的审查（检会、契勘、磨勘），这不仅存在于人间的层面，更包括了通过上章请降报应的方式获得认证。由此，文凭的内容实际反映了整个授度事件的前因、过程以及结果（至少在书面形式上），其有弟子之所请，有前辈之保举，有度师之勘查，有上章之请旨，有登坛之付度，这种对于整个流程的着力描写实际彰显了其对于程序规范性、公正性的特别重视。

（三）龙虎山与地方之互动

再者，以"仙简"为中心，形成了一整套的图像系统，葛思康（Lennert Gesterkamp）博士将其归为道教特有图像系统中的一类，称之为"授箓图"[1]。由于"仙简"与道法法职的共生关系，其产生不会早于五代至北宋早期，且极有可能源自龙虎山宗坛。通过比对散于世界各地的图像，我们可论定这是一个形式、语言高度统一的图像系统，其背后所反映的，正是以龙虎山为中心向外散射的法箓、法职授度体系。结合《陈涌泉职帖》及同类的其他传世文书，我们可以看到，彼时的龙虎山上清镇不但是一处道教的宗座（Sancta Sedes），同时也是一处充满旺盛生命力的出版中心。包括授箓凭证在内的各类法箓文书在这里印制，加盖印信，并销往全国各地。上清镇前的泸溪河是一条优良的水路，捆扎有箓草的法箓文书经过化士群体（或箓士、箓客）而得以抵达各地方，并于其中授度。各地法箓文书在目录、图像学甚至填箓格式层面的高度一致提醒我们：在一定的地理范围内（当然这一范围有待进一步明确），地方社会

---

[1] 葛思康（Lennert Gesterkamp）. 道教神谱与其艺术再现 [G] // 台北保安宫，编. 道教神祇国际学术研讨会论文集. 台北：台北保安宫，2010：87-113.

中的社群、家族通过为祠神举行的"道封",为年轻道士举行的"授箓",为儿童举行的"札箓"以及为亡人举行的"给箓",与龙虎山宗坛之间保持着频繁的互动,这不仅是宗教、社会、政治意义上的互动,其同时也是一种带有商业性质的文化出版。

(四)三者之区别

这三种文凭之间的不同也是极为明显的。"词文"最初仅仅作为法箓授度的文凭,而不包含法职(后被添入,成为"职帖"),其是固有的法箓授度机制在宋代特定政策下的产物,我们在其末尾的署职中看到了其明确的宗坛属性。"仙简"与朝廷颁给官员的"告身"相镜像,是道士领受天命的另一重表达。在中国古代社会,"告身"具有极强的象征性与神圣性,具有个人、家族、社会等多重意义,进而成为一种"崇拜"[1]。而"仙简"则将这种政治中的个人成就象征引申至道教所关心的生命超越。天命的授予,是回归大道之路的开始,即所谓"伫期勋行之圆,当陟班联之峻"。

此外,我们也了解到,在现存宋代官方出给的"敕授告身"文本中,敕封地方神的数量约占到一半之多[2]。这也就是说,在地方祠神的层面,"仙简"与"告身"往往并行且同时存

---

[1] 马俊杰.唐代的告身和告身崇拜[J].文史知识,2020,No.474(12):41-49.

[2] 王杨梅.南宋中后期告身文书形式再析[J].唐宋历史评论,2016(02):179.这当然也是因为其多见于金石之中。这一丰富的数量不仅从一方面印证了韩森(Valerie Hansen)教授关于宋代朝廷封神的精彩研究。韩森(Valerie Hansen),著,包伟民,译.变迁之神:南宋时期的民间信仰[M].浙江人民出版社,1999.

在的，即对应了"道封"与"国封"。也就是说，在宋代，朝廷大规模敕封祠神与道士奏授法职几乎是同步开始的（并以"昊天玉皇上帝"祀典的确立作为标志性事件）。由此，道士受度"仙简"与祠神受度"仙简"之间的相互关系也许是开放式的[1]。

"职帖"虽不具备"仙简"的象征性与艺术性，但却有"词文"所不具备的职官性（以授职作为最为基本之功能）。在后来的发展中，"职帖"因形式灵活，易于变通而被添入法职之外的诸多传授内容，并最终将"契券"也兼并其中；在其宗教内容日渐丰满的过程中，原始的公文特征也日益减弱，最终成为今天主流道教中唯一被认可的法箓授度文凭。

七、古今授度文凭举要

附　录

（一）《太上助国救民总真秘要》卷九

《新授法人补驱邪院官诰式》

敕三台门下：

据驱邪院［某］官［姓某］，乞保奏［某］人，禀性纯素，守善存心，每崇奉于

高真，常归依于

大道，颇有助国救民之志愿，欲传受

---

[1] 冉安仁 Reich, "Seeing the Sacred: Daoist Ritual, Painted Icons, and the Canoization of a Local God in Ming China," 46.

天心正法符箓，保护身命，佐

天行化，利济群生。［某］人年甲［若干］［某］月日时

生。上属

北斗［某］星君，躬俟

俯报者。

［空符位］

保举师［具位］臣［姓某］。

监度师［具位］臣［姓某］。

传度师［具位］臣［姓某］。

惟三天正法，万道同师。矧吾言之易行，岂汝心之难

勉。宜补："北极驱邪院右判官"同句院事，准

式以

闻。

右牒奉

上清玉帝

敕，《符》到奉行。

［某］年月日。

度师［具位］臣［姓某］　　　　诣行。

（二）《灵宝领教济度金书》卷三百一十八所收《仙简》
（用黄绢表褙，界画，大书）

三天门下泰玄都省，

检会：先据［具法师衔位姓名］奏为：［某］乡贯奉道

弟子姓［某］授称：本命［某］甲子［某］月日时生，行年［若干］岁，幸因宿庆，获际真乘，期上赞于生成，庸广施于济度；乞为奏授宁宗师派下玉清灵宝大法（诸阶法逐一开具至）不原。臣职惟领教，理难抑违，遂于［某］月［某］日具奏天廷，合与不合传度，乞赐敕旨处分；寻蒙玄报俞允。至［某］月［某］日奏申三界，咸使闻知，至［某］月［某］日恭就［某］处，肃建玄坛，进拜《祈恩谢过传法受道朱章》。是夜宿启升坛，翌朝时忏，入夜奉行《断除尸累金液炼形科法》，修设三界高真清醮一座六十分位，延奉真斿，恭对道前，合盟布戒，给印补职，分拨香火，交度将兵，俾绍宗风，永扬大教。本省恭奉

敕旨，已为感降圣真，证明交度。以今事竟，所合出给《仙简》照应者。

一、灵宝大法祖玄真三师：

　　祖师太极太虚真人徐来勒、

　　玄师太极左仙公冲应真人葛玄、

　　真师上清朱阳真人郑思远。

一、灵宝领教嗣师系代宗师：

　　祖师开光救苦先生灵宝领教嗣师宁全真、

　　宗师（自经师以上不拘几代，俱列于此，一人一行）、

　　经师、籍师、度师。

一、奏传大法：

　　玉清灵宝大法、九天大混秘法、

　　青玄黄箓九秘法、

　　玄灵璇玑大法、北魁玄范秘法、

　　九灵飞步章奏秘法、

　　玉清神霄大法、

　　上清童初五府秘法、

　　九天玄上度亡秘法（如有别法，并列于后）。

一、奏补法职：

　　冠以［某］箓弟子灵宝领教嗣师，充［某］职领
　　诸省府院司事。如遇章奏，则以"领九灵飞步章
　　奏事"系衔。

一、奏给职印：

　　灵宝大法司印、

　　领教嗣师系代宝印、

　　三炁飞玄玉章印、三天太上印、

　　灵宝玄坛印、玉清通章印、

　　摄召万神中章印、严摄北酆明检鬼营印、

　　严校水府河源印、总摄三洞印、

　　九天生神院印、青玄黄箓左府印、

　　飞玄玉章印、玄灵璇玑府印、

　　北魁玄范府印、九灵飞步章奏印、

　　上清童初府印、紫文琼玺、

　　　　玉清神霄真王府印、

　　　　九天普度院印（如有别法合用别印，并列于此）。

　一、奏请司额：

　　　　上清灵宝行司、上清灵宝玄坛、

　　　　青玄黄箓左府行司、

　　　　九灵飞步章奏司、

　　　　玄灵璇玑府行司、

　　　　玉清神霄玉府行司、

　　　　上清五元素府行司、泰玄都省、

　　　　九天普度院升玄坛（如有别额，并列于此写入）。

　一、奏请治靖（某靖四字为名）。

　一、奏请官将（员数头项，并设法书）。

　一、奏给法器（灵宝策杖、玄灵天符式）。

　一、奏授法服（开）。

右，简弟子〔某〕，祇受宸恩，晋升真职。庆云蒙蔼，悟灵宝之希夷；化雨罗敷，识玄元之微妙。奔驿马而神游碧落，策飞龙而炁惠洪垓。道在人弘，宜恪敦于素履；法因师授，无自叛于丹盟。伫期勋行之圆，当陟班联之峻。

虚无敕下，简阅奉行。

　　　太岁〔某〕甲年〔某〕月〔某〕日下。

摄传度师〔具法师全衔位姓某〕承诰奉行。

〔具八相位列于后，大书。〕

（三）《明孝康后受箓仙简》

泰玄都省

盖闻：

真经、宝箓，

玉轴、琅函；普秘

上天，不传下世。逮

圣师之启运，由

龙汉之开图，自此宣行，

真灵是赖，安镇

国祚，保

天长存，际遇斯文，获福无量。今该

上清三洞经箓灵宝领教玄一真人玉清

　　辅化仙卿都天大法主清微洞玄掌法

　　仙宰知诸司院府便宜事嗣教四十七

　　代天师臣张玄庆钦奉：

大明中宫皇后

《懿旨》："伏为自身

　　景命　　年　　月　　日　　时建生，

　　　上属

　　　北斗禄存星君主照。切念眇躬，仰荷

玄恩，母仪天下，皆赖

上天之眷佑，良由

圣主之尊崇。顾兹获履承平，尤谨修持。

向去欲安

宗社万年之宝祚，益隆

乾坤千岁之洪基，须仗

高玄，灵文锦覆。昨于

弘治六年正月十五日

上元令节

天官赐福之辰，于

福地龙虎山

万法宗坛

祖天师真君门下请授

《上清大洞经箓》

《上清三洞五雷经箓》

《正一盟威修真经箓》

《太上十宫大黄经箓》

《太上三五都功经箓》

《太上北斗七元秘箓》

《太上三官辅化秘箓》

《太上九真妙戒秘箓》

《太上升玄血湖保生秘箓》

《太上三天玉符总真仙简》《合同环券》《文

牒》各一阶，皈身佩受，崇奉

殿庭。假兹

经箓之善功，阴翊

皇国之巩固，

　　孚佑眇躬，安享遐龄。钦此。"臣钦承

　　　惟谨，除录

《懿旨》奏闻

高厚，启笺

师省，遍牒

真司，咸令

照应外，特为奏请箓阶

睿号为任，所冀

青篇纪善，

紫册标名，

增延福寿于命宫，

允协康宁于身位，四时八节常静常

清，永延

万寿之无穷，同享

齐天之洪福，常蒙

道荫，永洽

殊庥。今将请授

宝箓品目，奏请箓阶

睿号开具：

　　一、请授：

　　　《上清大洞经箓请法词》一部

　　　　《大洞合同环券》《法箓照帖》

《三洞真文板策》《大洞紫白交带》

《十八朝真谒简》《回车毕道灵符》

《上清三洞五雷经箓请法词》一部

　《合同环券》《法箓照帖》

《正一盟威经箓请法词》一部

　《黄白合同环券》《法箓照帖》

　《修真职简》

《太上十宫大黄经箓请法词》一部

　《阴阳合同文牒》《九真妙戒牒文》

　《上帝削死上生符》《长生救苦符简》

　《合同环券》《斋简龙童符》

　《都攒文牒》《法箓照帖》

《太上三五都功经箓请法词》一部

　《合同环券》《治炁职简》

　《十王文牒》《法箓照帖》

《太上北斗七元秘箓请法词》一部

　《合同文券》《法箓照帖》

　《白金契环》

《太上三官辅化秘箓请法词》一部

　《合同文券》《照箓牒文》

　《白金契环》

《太上九真妙戒秘箓请法词》一部

　《黄白合同环券》《十王文牒》

《元始救苦真符》《金箓长生灵符》

《九真妙戒文牒》《法箓照帖》

《太上升玄血湖保生秘箓请法词》一部

《黄白合同环券》《虚皇龙童符命》

《二十四狱文牒》《十宫文牒》

《法箓职帖》《随箓文牒》

《三天玉符总真仙简》

《修真合同宝券》

一、请授箓阶

睿号:

上清大洞经箓三天金关玉府上仙,承天
广运崇仁懿德睿智圣后,紫微妙道贞
一玄化宏慈溥惠体道玄君,掌太微玉
清宫诸天玉阙琼仙上真宝册便宜行
事、

上清三洞五雷经箓女真仙子,太微玉清
慈惠善应玄君,掌中天玉阙保真上相
琼篇宝事、

正一盟威修真经箓女真仙子,大微明晨
冲虚体道玄君,掌神霄玉府伏魔便宜
行事、

大上洞玄灵宝大黄经箓女真仙子,三天
金阙体天宏道圣后,冲和贞靖元德至

道贤化玄君，统御太宁宫掌玉册琼篇
　　事、

太上三五都功经箓女真仙子，广翊通惠
　　柔靖玄君，掌北斗玉阙女仙上真琼册
　　事、

太上北斗七元延生秘箓女真仙子，紫极
　　九真通玄辅化玄君，掌玄斗等宫本命
　　注禄仙籍事、

太上三元三官辅化秘箓紫微清虚洞灵
　　女真上仙，掌三元宫府太玄女青仙籍
　　事、

太上洞玄灵宝九真妙戒秘箓女真仙子，
　　洞真无极至道紫清玄君，掌诸天琼阙
　　修真玉册事、

太上升玄曲赦血湖保生经箓女真仙子，
　　上清洞明普静玄君，掌天玉阙内院
　　琼编仙籍事。

一、差拨：

　　九天斩邪护正玄女、

　　上元道化唐将军、

　　中元护正葛将军、

　　下元护正周将军、

　　扶天广运金轮如意赵元帅、

高上神霄定爵增品大明傅天丁、

高上神霄增禄定命上格胡天丁、

高上神霄储福衍庆大公李天丁、

六丁神女、

六甲将军，随

箓《总真仙简》护持。所有

《元降三天玉符》合行颁降，

［符位］

［符位］

［符位］

证盟经箓，谨具如前。伏希

睿览为照者。

右，谨请：

大明皇后三天金阙玉辅上仙

宏慈溥惠体道玄君　　受。

右

伏以，

灵图启秘，六龙捧

七宝之函；

紫诰颁恩，

双凤耀五花之锦。盖以

"道"因文显，

经假言宣；箓恢

三洞之玄

道，贯一乘之妙。奉之则

丹台纪善，佩之则

玉府登庸。今

中宫皇后

生逢

隆盛之时，获待

圣明之主，安居

紫禁，乐处

金闺；孜孜好善以存诚，翼翼

服勤而事

上。誓参

经箓，宜与宣传；冀

师宝之维持，

锡寿年之永固；千祥骈集，

五福咸臻，

宠誉日新，

恩光春布。谨简。

弘治六年岁次癸丑七月　日简

（四）当代江西《上帝敕赐照身文凭》

泰玄都省，钦奉：

道旨，依

教宣行。伏闻：

天纂灵符，乃仙阶之品级；

金书玉字，实苦海之舟航。

功高无上，妙合自然。

受之住世长年，佩则飞升太极。

　　　　今据：

中华人民共和国［某地］居住奉

道请纂信臣［某］名下本命［某］时生，上叩

北斗［某］星君主照，言念：受形宇内，成质寰中。常染

今凤之愆尤，敢植来生之福祉。俯倾愚悃，请给《文凭》。

是届

［某］元节之辰，恭叩

　　福地龙虎山

天师门下拜受：

《上帝敕赐照身文凭》一道付身佩奉。伏愿：

玉简题名，金阶侍晏。生生受福，碧桃花里乐长春；

世世承恩，翠符台前观明月。永应

帝命，克证仙班。丐与宣行事。

　　　　　右依

《玉格》奏充［某］之职

　　　　　　［某事］为任。仍差

雷部官君，出入匡扶，永保长生，

克应景贶。一如

帝令。

　　　　　右给付［某］佩受

　　　　　　伏以

　　敕旨文凭焕九重

　　仙风吹下五云东

　　能消夙世今生业

　　益着清都紫府功

天运［某］年［某］月［某］日出给

三天大法天师正乙静应显佑真君张

（五）金允中《上清灵宝大法》卷四十二《补职帖式》

灵宝大法司，

　　当司契勘：［乡贯］居嗣法箓弟子［某人］投词：伏为自身本命年月日时生，夙藉善因，获陶真化。叨行正法，滥缀灵班，敢坚素诚，荐据丹悃。先已具申宗坛，迁受《中盟秘箓》。今愿进传"上清灵宝大法"一宗，符、图、印、诀，皈身崇奉，期济幽显，戡毒除妖，辅道赞化。如敢参杂邪伪，混乱神文，或妄传非人，轻泄天宝，甘以身谢天地水府三官。照得：本人誓辞坚笃，诚心不回，《格》许宣宏，理宜接引。除已录奏三天帝阙，申牒三界合属真司，依式开坛，对天传度；合行补职受事，给付《上清灵宝本法秘文》，合用印、剑、策杖，须至逐一开具，给帖者。

一、其人已佩《中盟秘箓》，今来进传"灵宝大法"。依准

　《科格》，合行迁补："灵宝中盟弟子南曹执法典者"为职。

一、给付：

　《上清灵宝大法》一部。

一、给付：

　灵宝大法司印一颗，

　通章印一颗，越章印一颗，

　黄神印一颗，神虎印三颗。

一、给付：

　八景辉灵之剑（长三尺六寸）。

一、给付：

　五灵策杖，随身受持，一如科法。

一、准

　格洞玄弟子芙蓉冠、紫帔三十二条、黄裳、黄褐、明光玉珪、玉佩、赤舄。

一、灵宝大法，品属洞玄。总三洞之枢机，乃中乘之上法。尊贵崇重，不同常科。应有申告收治，

并合申：三界五常大魔王，依法牒所属飞天神王。每遇给符咒水，并关遣神王下使者吏兵，施行给降灵宝受事如意大将军，随行司领职。

一、进拜章书，入室修存，谒帝朝真，飞神启事，焚诵祷请，召役神灵，并合关召：三五功曹、左右官使者、侍香金童、传言散华玉女、五帝真符直日香官，依法奉行，随印受事。事毕复位，应召即临。

一、追取幽魂，摄召魂爽，并准科移牒：神虎何乔二大圣，三部追魂使者，七司玉女，赍持符札，照应施行。

一、修斋设醮，宣令传符，并随事请降：十方飞天神王、降真召灵符使、玄都金龙芝龙驿吏，禀符受事，宣传事毕，径复元班。

一、灵宝官属：玉童玉女、天将仙兵，隶属上玄，不同常职。准依经格，随事请降，辅佐行持。法师毋得吒吃指呼。其神不系凡世驻扎，须当澄心定息，诵咒焚符，临目存思，密行召用。行令已毕，各复元班。其余经格外，妄称将吏名目，擅置仙曹有司，并不许随俗混行，违经杂用，故爽誓盟，天不尔私。

帖。伏以皇人按笔，真毋戒经，观四译而成书，为三洞之要典；和天安地，福国宁家。千圣攸遵，岂独显幽之俱利；万方取则，实同今古以蒙休。嗣法弟子[某人]，职品洞玄，法迁灵宝，誓盟私著，传度已终，事体非轻，职位甚重，所宜：永坚一志，密练百神，检己修身，毋违科而犯戒，济人利物，当立德而建功。五帝大魔察其勤惰，三官都禁纠其愆非。谨秘专精，万炁全而三天锡召；轻泄漏慢，一身落而九祖罹弃。守而有常，戒之无忽。故帖。

太岁年月　日帖。

保　举　师　具　位　　[姓　名押]。
监　度　师　具　位　　[姓　名押]。
度　师　具　位　　　　[姓　名押]。
籍　师　具　位　　　　[姓　名押]（已羽化不押）。
经　师　具　位　　　　[姓　名押]。

（六）王契真《上清灵宝大法》卷二十九

《交兵给法仙帖》

灵宝大法传度玄坛，

本坛今月[某]日，先据：[某][入意同奏申，至永失人伦等因]。本坛领词虔切，已于[某]日誊词，飞奏三天，关盟三界，普告十方，咸使知闻。以今恭按玄科，开坛传度，修崇醮礼，仰谢天恩；恭对道前，遵承师范。付授灵文，裂券分环，受戒领职，结盟立誓，分拨将兵，须至给帖者。

一、给授：

《上清灵宝经法》一部、《上清灵宝符图》一部、《上清灵宝符诀》一部、《上清灵宝玉札》一部、《上清灵宝仪格》一部。灵宝大法司印、泰玄都省印、飞玄三气玉章印、九老仙都印、通章印、黄神印、越章印、北魁玄范府印、神虎总摄印、神虎玉札印、神虎雄左印、神虎雌右印。《仙诰》一轴，《戒牒》一道，《版符》一面，《环券》一付，《誓券》一道，《十天券》一十道。五帝灵符策杖一付。

一、请降：

灵宝大法司十方飞天神王、万司如意大将军、玉童玉女、灵官功曹将吏、北魁玄范府左右二大圣、七真玉女、三部使者、追魂摄魄一行将佐、南昌炼度司丹天左右侍卫大将军、水池火冶神将、受炼合干官将、黄箓院诸司考较合部曹属、发遣章奏司运神会道功曹官将吏兵、天医院灵官仙宰。

右帖付［某］真士，遥瞻金阙，祗拜宸恩。所宜勉励修为，始终端谨；阐助国救民之道，推济生度死之功；行业不亏，幽明普济。当思人能弘道，道不负人；誓谨千金，功全一篑；恪遵

戒律，毋戾典刑。故帖。

　　年　月　　日帖。

保举师［具法职］［姓某］。

监度师［具法职］［姓某］。

度师［具列法衔］［姓某］。

《补职帖》

灵宝大法传度玄坛，

    本坛据：嗣法弟子［某］，赍宝质心，歃血盟誓；持金

石之志，露饥渴之求；告盟十天，愿参大法。已奏闻

于帝阙，及播告于真司。恭按玄科，奉传秘典。今沐

师尊监度，众圣光临，帅将到坛，吏兵就列，宜补职

任，俾正仙阶。可特受［某］弟子南宫执法仙士为职，

须至给帖者。

右帖付［某］真士，严恭寅畏，诞膺天命之惟新；斋慄端

庄，常惧帝心之简在；恪振乃职，毋旷厥司。当不替承流

宣化之勤，庶可格通真达灵之应。惟精惟一，毋息毋荒，

勋绩有成，形神俱妙。故帖。

    年　月　　日帖。

［具列保举、监度、（度）师三法职、姓。］

（七）《李鼎泰职帖》（方括号内为手写填入内容）

万法宗坛，

    本坛盖闻：

道肇六极，理通阴阳，周制建祝史之官，汉兴载举祠之

职。阳既有司，阴亦有品。今据：

大清国［江西道广信府上饶县四十一都乾元乡忠信里汪村
西□社居住，奉］

道擢职［弟子李涌泉］，

词称："本命［咸丰甲寅年八月十八日辰时天赋，上叨］
北斗［禄存］星君主照，言：奏职言［道玄，法派李鼎泰］

奏授　法秩，用以代

天宣化，济物利人，皈依行持，时日惟谨。第

太上既设铨叙之科，道范必有升转之例。兹遇

［中］元令节之辰，遥闻龙虎福地

天师教主大真人，师相法座，［"心印"符篆］

教演先天，法传后世。　神道　设教，大开接引之门，启

师真而铨职，施导化之功。是以谨抒情惟，恭叩［龙

虎］名山，虔诣　保举师纪录姓名，谨录

幕下，伏恳垂慈。上启

帝师，代为奏迁职名，俾得开化善缘，引进植福，恳祈收

录"等情到坛。本坛得此启请，理合宣扬道范。除已具奏

天廷，笺申　省府，牒札诸司，移文合属去处，请颁

恩命，谨依《天坛玉格》，按科奏传外，所有奏请法职，

坛、靖、治、炁，并应用法器逐一开列于左，以便嗣法

行教，佩受奉行。

一、奏受：

［太上三五都功经箓灵宝演教掌法仙官　之职。］

一、补充：

［兼理璇玑斗府诸司院事。法派道玄李鼎泰（火居玄门）道教。奏为］

一、奏立：［法天成真］坛，［祈妙通玄］靖，花押心印［□］急难心印［□，清静道德。］

一、泰玄都省，正一平炁宫，系 天师，［阳平］治［左平］察炁，［左都］三炁君赤天三五步罡元命，应［仙道畅玄］先生，［东］岳［青］帝［九］炁真人，［中元太始］。

当坛串立合同，分环破券为证：

［合同符位］

一、奏请：印令旗剑，元始一炁万神雷司印、道经师宝印、雷霆都司印、斗母心章印、北帝地司印、

灵宝大法司印、敕召万神印、先天无极都雷府额印、天皇号令、五雷号令、本职随箓印、

七星降魔剑、天蓬法尺、召雷皂蠹旗、拷鬼桃杖。

一、奏拨：［主将田元帅，］

　　　　　［副将周元帅。］

并诸阶大法中主副官将吏兵，各各分真化炁，奋武扬威，即赴本职心神坛靖，永远驻扎，佐理道法。

凡遇行持，如

谷答响，永为心腹之交，大作股肱之用。但尔既经奏擢，务宜厥修乃职，益自砥砺，积功累行，庶屦感通。倘借兹品

秩，习学邪教巫蛊厌魅鬼魅，有干

天宪，罪戾非轻。宜各慎之勉之。故帖。

右给付［奏］职弟子［李涌泉（法派）鼎泰］，准此。

大清［光绪九］年［十一］月　　日给［奏职弟子

李涌泉（法派）鼎泰］。

　　　　　　　　　　　　　　　［陈　味　道］

临 坛 保 举 大 法 师［张 培 金］

临 坛 监 度 大 法 师［祝 炳 红］

上清大洞经箓九天金阙侍御上相总统雷霆酆狱掌都

天大法主正一嗣教天师六十一代大真人张（花押）

附录五、近代上海道教科仪资料中的
法箓授度

陶　金　陆志平

前　言

　　为道士群体以外的奉道信士授度法箓是过去上海地区经常举行的道教科仪[1]，其所包括了（但不限于）为儿童或已婚未育者札授《童子箓》《祈嗣箓》，为女性、老人或亡者传（给）授《血湖箓》及《十宫大黄箓》等法箓。这些法箓文书均以龙虎山大真人府法箓局的名义印制，由正一真人钤印，并以"防伪标志"箓草捆扎，经水运销往全国各地。近代以来，由于龙虎山经箓出版印刷业遭到破坏，上海地区为信家授度法箓的法事活动便也销声匿迹。

　　2011 年，笔者承蒙上海市道教协会会长吉宏忠道长之委命，在刘巧林道长的领导下策划并参与组织了"上海道教科仪

---

[1] 陈耀庭．上海道教斋醮和"进表"科仪概述 [G] // 百年道学精华集成，第八辑，礼仪法术卷二．上海：上海科学技术文献出版社，2018：177-178.

数位保存项目"[1]。在本组所收集的科仪资料中，包括了部分清末至民国时期上海地区正一道教法师为信士授度法箓的科仪资料。在本文中，笔者希望能够结合旁参其他地区的法箓授度传统，将这些科仪资料中的一些重要信息稍作摘要，并依据"授度科仪""法箓文书""万法宗坛"的分类方式进行汇集，以供方家参考、讨论。

一、上海道教及其仪式传统

（一）道脉传承

上海地处江南地区长江三角洲。明清时的"上海县"隶属于"松江府"。自元代以来，松江道教不仅受到其毗邻的苏州的影响，而且受到龙虎山之辐射。入清以来，对松江（及上海）地区道教产生深远影响的施道渊（金经）、娄近垣（科轸）、邱从高（科远）等高道均有学道龙虎山大上清宫的经历。其中，松江一支法派自邱从高一脉传下，邱师从于大上清宫三华院之周大经（金邦），故其又自称为"三华法派"。根据笔者的调查与研究，目前上海市区及川沙、南汇等地的道派师承，大抵系清末从松江经南汇、川沙，由潘柳卿（蕴仁）、曹志坚（蕴隆）与姜肇周（蕴一）三位先生分派传下，其中尤以后两位先生的传人人数最为众多。潘先生一派的近世传人有陈荣

---

[1] "上海道教科仪数位保存项目"顾问：吉宏忠，组长：刘巧林，副组长：陶金、陆志平，组员：朱海清、吕东、邹理敏、潘菊斌、宋小龙。

庆（陈莲生之父，1885—1967）；曹先生一派近世法嗣有朱永华（高隆，1870—？）、陈莲笙（鼎昌，1917—2008）、朱掌福（鼎馨，1918—2003）、曹岁辛（鼎璋，1923—2020）、秦方育（鼎炎）等，姜先生一派则有丁占魁（高粹，1907—1961）、陈雪赓（宏良，1931—1999）、薛明德（宏旻，1928—2022）等。换言之，目前上海市区及黄浦江以东地区的法派传承，均系由龙虎山大上清宫三华院经由松江府传承而来[1]，这一本地法派传承在上海开埠之后也被称作"本帮"[2]。

清末、民国时期，六十二、六十三代正一真人皆曾经长驻上海，这进一步加强了上海与龙虎山之间的联系，在上海请购龙虎山所印制的法箓也并非难事。

（二）科仪文本

上海正一派道教科仪种类繁多，据笔者不完全统一，目前尚能奉行的单项科仪种类约在60余种，这还不包括同一种科仪在不同地区的版本。1986年，上海市道教协会接收了一批

---

[1] 参见：陆志平，陶金.科仪志［M］//刘仲宇，主编.上海道教史（待刊稿）.

[2] 需要说明的是，随着近代上海的开埠，众多其他地区的道派也得以传至上海，较为突出者如来自苏州之"苏帮"、无锡之"锡帮"、常熟帮、南通帮、宁波帮、绍兴帮以及传自北京白云观及杭州玉皇山之全真派等。但无论是从道士、道房人数还是根基而言，仍以"本帮"为主，也即是我们下面所主要讨论的对象。参见：《上海宗教志》https://www.shtong.gov.cn/difangzhi-front/book/detailNew?oneId=1&bookId=75195&parentNodeId=75264&nodeId=91132&type=-1，2007年3月21日，2022年11月19日访问。

以科仪本以及经忏为主体的"文革抄家物资"，其中留存在上
海白云观的一部分在姚树良、史孝军道长的认真看护下，保存
完好。笔者曾于"数字化保存项目"中选取了较有价值的科仪
本42种进行了数字化保存与初步考察。在这42种科仪本中，
有5种具体应用于法箓的授度。此外，与授箓相关的资料还有
袁志鸿、刘仲宇教授整理发表的，由朱永华（高隆）先生所抄
《正乙天坛玉格》一部[1]，以及朱建明与谈敬德所编《上海南汇
县正一派道坛与东岳庙科仪本汇编》中收录的陈雪赓（宏良）
先生所抄《天坛玉格》。现谨将以上7种资料依其年代开列于
下表之中。

上海地区所见部分法箓授度相关科仪文本

名　称	年　代	抄写者	版　式
1.《灵宝拔亡给箓启师科仪》	同治十二年（1873）	李士芳 /朱永华	58 页，每页 5 行，每行 18 字。
2.《正乙天坛玉格》	光绪二十八年（1902）	朱永华	（不详）
3.《太上拔亡秘箓金科》	光绪三十一年（1905）	朱永华	122 页，每页 3 行，每行 9 字。
4.《灵宝札授秘箓金科》	（无）	朱永华	124 页，每页 3 行，每行 9 字。

---

[1] 袁志鸿，刘仲宇，整理 . 正乙天坛玉格 [G] // 刘仲宇，吉宏忠，主
编 . 正一道教研究，第二辑 . 北京：宗教文化出版社，2013：319-353.

名　称	年　代	抄写者	版　式
5.《灵宝元坛札箓金科》	民国甲子岁（1924）	朱衡镜	58 页，每页 3 行，每行 9 字。
6.《太上正一祭箓金科》	民国十八年（1929）	严少逸	17 页，每页 4 行，每行 12 字。
7.《天坛玉格》	辛未年仲夏月（1991）	陈宏良	（不详）

在这 7 种文本中：以 1 号《灵宝拔亡给箓启师科仪》（以下简称《给箓启师科》）年代最早，为同治十二年（1873）李士芳所抄，乃是为亡人给授《十宫大黄箓》所用。但从字迹方面来看，其后半部分内容显然出自另一人手录。鉴于其封面上钤有朱永华法师"咏梅"之私印，则后半部分很有可能系其所添入。值得注意的是，这些后来添入的内容与 3 号《太上拔亡秘箓金科》（以下简称《给箓科》）完全一致。由此，我们或可将 1 号《给箓启师科》视作一相对完整的版本（下文将详述）。此外，4 号《灵宝札授秘箓金科》（以下简称《札箓科》）与 5 号《灵宝元坛札箓金科》（以下简称《朱衡镜札箓科》）均为札授《童子箓》所用科仪（其中前者还可用于札授《祈嗣箓》）。第 6 号《太上正一祭箓金科》（以下简称《童子箓祭箓科》）则是札授《童子箓》法事中酌献官将节次之仪文。再者，第 2 号《正乙天坛玉格》乃是顺治十五年（1658）年苏州刻本《正一天坛玉格》之抄本，两者内容基本一致。第 7 号虽然名为《天

坛玉格》，但实际包含了大量关于《大黄箓》《童子箓》《血湖箓》的填写内容，因此也具有更为独特的价值 [1]。

以上五种法箓授度科仪本中有三种均与朱永华法师相关。朱永华，号鹤卿，法名高隆（亦作"崹"），度师曹志坚（法名韫隆）。根据《正乙天坛玉格》与《元降地司皈土大法金科》末尾的题记，应出生于同治九年（1870）。从其他科书的时间以及法书笔迹推测，朱永华先生约在前清光绪年间拜师学道，并在英租界北成都路开设道房。原上海白云观高功法师朱掌福（鼎馨）先生以及现白云观高功法师史孝军（大珺）、三泾庙高功法师夏玉东（大昶）先生均系朱永华先生法嗣。

在这五部科仪中，1 号《给箓启师科》（参见图 26-01）与 3 号《给箓科》（参见图 26-02）具有较强的一致性与互补性，且均出自一人之收藏。由此，我们便以这两部给授亡箓的科仪本作为对象，对其仪式结构稍加描述与分析，以期对彼时上海地区的法箓、授箓科仪有一管窥。

二、授度科仪

（一）版本差异

"给（jǐ）箓"即"给授"法箓之意，在苏州与上海两地，"给箓"专特指为亡人授度《大黄箓》的仪式。有关《大黄箓》

---

[1] 朱建明，谈敬德．上海南汇县正一派道坛与东岳庙科仪本汇编 [M]．台北：新文丰出版公司，2006：671-685.

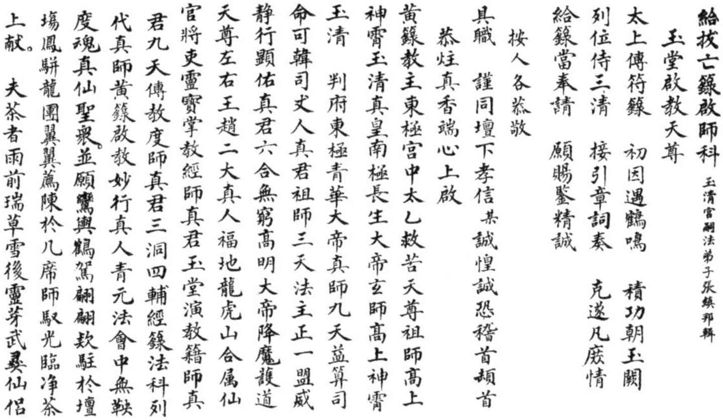

給拔亡籙啟師科　玉清官副法弟子灰梁邢輯

玉堂啟教天尊

太上傳符籙　初因遇鶴鳴　積功朝玉闕

列位侍三清　接引章詞奏　克遂凡庶情

給籙當秉請　顧賜鑒精誠

按人各恭敬

其職　謹同壇下孝信恭誠惶誠恐稽首頓首

恭炷真香端心上啟

黃籙教主東極宮中太乙救苦天尊祖師高上

神霄玉清真皇南極長生大帝玄師高上神霄

玉清　判府東極青華大帝真師九天益算司

命可韓司丈人真君祖師三天主正一盟威

靜行顯佑真君六合無窮高明大帝降魔護道

天尊左右王趙二大真人福地龍虎山合屬仙

官將吏靈寶掌教經師真君玉堂演教籙法科

君九天傳教度師真君三洞四輔經籙法科列

代真師黃籙啟教妙行真人青元法會中無缺

度魂真仙聖眾並願鸞興鶴駕翻翩欻欽

場鳳駢龍圞圞翼翼薦陳於几席師馭光臨淨茶

上獻　夫茶者雨前瑞草雪後靈芽武曩仙侶

图 26-01　同治十二年（1873）李士芳抄《灵宝拔亡给箓启师科仪》（1号）书影

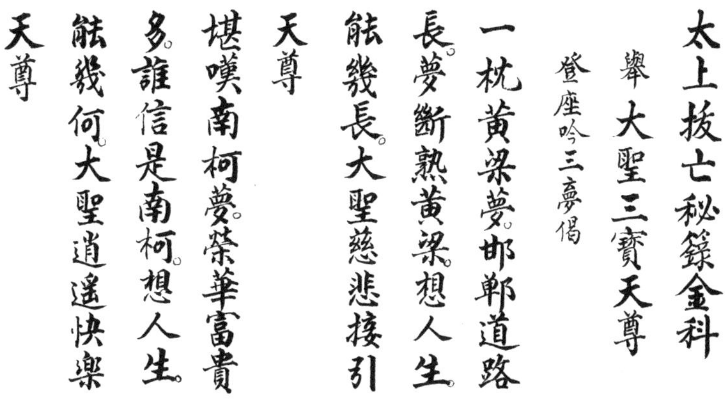

太上拔亡秘籙金科

舉　大聖三寶天尊

登座吟三夢偈

一枕黃粱夢邯鄲道路

長夢斷熟黃粱想人生

骷幾長。大聖慈悲接引

天尊

堪嘆南柯夢榮華富貴

多誰信是南柯想人生

骷幾何大聖逍遙快樂

天尊

图 26-02　光绪三十一年（1905）朱永华抄《太上拔亡秘箓金科》（3号）书影

法箓文书的研究，丁煌先生业已做得十分完备了[1]，此不赘述。就陶金从苏州吾世荣先生处所了解到的情况，1948年正一真人张恩溥（六十三代）莅苏，其父吾先生购得张恩溥所配售之《大黄箓》若干宗。其中最后一宗于1950年由吾世荣先生经手，以二百四十斤谷[2]的价格售出，而该信家还需要再花费两石白米来延请专门的法师进行填箓，再举行给箓法事。此外，法箓最终焚缴时，还需焚化锡箔六斤四两。以上苏州地区的口述史料可帮助我们理解《大黄箓》信金之昂贵，绝非普通人家所能请购。

与中古时期的传统相同，上海地区也将授度法箓的科仪置入斋醮的仪式框架之中来举行。根据陈莲笙大师回忆，1949年前上海地区常见的各类道教斋醮之中，便包括了延生类的"受（授）箓"[3]。从这一点来看，我们所见到的1号《给箓启师科》以及3号《给箓科》，实际都应与《发符》《进表》《三朝》以及相应的经、忏所配合一同奉行。

此外，1号《给箓启师科》与3号《给箓科》的内容构成互相重叠，但又各有不同。就《给箓启师科》所见，其内容可

[1] 丁煌.《正一大黄预修延寿经箓》初研 [G] // 詹石窗，主编.百年道学精华集成，第八辑，礼仪法术卷二.上海：上海科学技术文献出版社，2018：496-507.
[2] 折价18万旧币，1954年合18元人民币。
[3] 陈耀庭.上海道教斋醮和"进表"科仪概述 [G] // 詹石窗，主编.百年道学精华集成，第八辑，礼仪法术卷二.上海：上海科学技术文献出版社，2018：177-178.

分为四部分：

第一部分为"启师"，并附有"三献茶"仪文。这一部分在其开始部分标有"玉清宫嗣法弟子张镇邦辑"之小字。张镇邦乃是清道光年间（约1836—1848年前后）上海城隍庙东道院"玉清宫"之住持[1]，曾刊刻有《梵天忏法》一部。

第二部分为"给箓略述"，仪文转入"入科"部分（即"进入正科"之意）。这一部分将给授法箓的仪式流程进行了简要的铺陈，但具体的阐演仍需要参照另一部"正科"之科书，即3号《给箓科》之内容。

第三部分为"朝参"，法师引亡魂朝参三尊（太乙、东岳、酆都）以及十殿真君。这一部分的结尾写有"同治十二年（1873）一阳下浣，玄门弟子李士芳抄录"。此页之后手抄字体为之一变，引出了第四部分内容。

第四部分为"给箓正科"，与《给箓科》内容完全一致的仪文。这应是朱永华先生继承这一科本后，出于阐演方便的考虑而接续者。从比例上来说，第四部分约占整本科仪内容之一半。

综上所述，从内容的角度来说，1号《给箓启师科》包含了3号《给箓科》，前者的后半部分约等同于后者。

此外，在3号《给箓科》卷首夹有两份小摺，分别为《亡箓祭将》与《亡箓启师》。其中，后者应对应了1号《给箓启师科》的功能，但仅仅包含了其中"三献茶"之前的内容。

《亡箓祭将》的内容与 6 号《童子箓祭箓科》近似, 即是对于箓中官将的"三献酒"仪文, 惟两者所针对之法箓不同。我们仅将 1 号、3 号两部科书中的主要内容尝试对比于下表之中。由下表所见, 这两份科书似乎都不能称得上是最为完备的"给箓"科仪文本。其中, 1 号《给箓启师科》由于后期接续的原因, 其内容最为丰富, 但缺少了《亡箓祭将》的部分。下面的讨论将以 1 号《给箓启师科》为主, 旁参 3 号《给箓科》之《亡箓祭将》小摺。

《给箓启师科》与《给箓科》内容对比

1 号《给箓启师科》	3 号《给箓科》
	小摺:《亡箓祭将》
第一部分:《给箓启师科》 　　含:"三献茶"仪文	小摺:《亡箓启师》
第二部分:"入科部分"流程略述 　　　[对应下文"入科部分"]	
第三部分:"朝觐", 引亡灵朝参三尊、十殿	
第四部分:"给箓正科"全部	正文:《给箓科》全部

(二) 祭箓

《亡箓祭将》是《给箓科》卷首所夹小摺, 从其内容来看, 乃是一宗结构完备的独立科仪。其以吟诵《香冒》, 法师"洒净"等节次开始, 并随之以"启圣"。"启圣"中之圣班以轩辕黄帝、太上老君等仙师开始，并随之以"太上诸阶法箓中仙灵将吏合部雷将天兵"。圣班之后"入情"，即宣读法事之《意文》，其后以"伏请雷威垂临歆鉴"引出"三献酒"之仪文，此即所谓"酌祭"之意。三献之后，法师说文："法众运诚，持咒安奉"，其咒曰：

> 法箓官将，本佩灵文。护持出入，善果臻身。修因受
> 度，与道合真。功行圆满，同朝帝庭。

可见"三献酒"的对象是箓中官将。这一概念也可以通过6号《童子箓祭箓科》来证明，该科仪中的"三献酒"对象乃是龙虎玄坛赵元帅。仪文最后以小字标明"献供""向来"，并有一段"伏愿"之祝文。最后以小字"道众入天堂"结尾。

　　总体而言，《亡箓祭将》是一宗短小紧凑的小型科仪，其中不见"具职"，因此极有可能只是由班首来奉行（上海地区一些大型科仪中的"三献酒"节次亦是此例）。这里一个重要的问题是，酌献箓中官将这一仪式与正式的给箓科仪之间是什么关系？如果以上海地区的科仪惯例来看，"三献酒"往往是在法师变神，召合雷将到坛之后举行。但在此处，被依诀填写过的法箓文书，以及点朱开光过的神仙图像等本身便已经意味着官将吏兵的临坛。再结合"持咒安奉""道众入天堂"等语推测，其或应是在法箓授度之前另于别室举行（"天堂"确切含义不详，可能是主坛或师堂）。

（三）启师

"启师"是所有大型法事的必要前行环节，通过奏启历代祖师、官将请其临坛提携高功法师奉行法事。一般江南地区大型斋醮均专门设有"师堂"一所，供奉师真像轴，此即是宋代"师幕"之遗风。在 1 号《给箓启师科》中，其圣班首先突出了度亡的特性，以太乙、南极等高真作为起始，并随之以天师、王赵二真人、"福地龙虎山合属仙官将吏"等[1]。圣班念诵完毕后，法师念诵"三献茶"仪文，道众唱赞并举《散花》。在启师之后献茶是江南地区道教科仪之常式，一如召将后之献酒。

献茶后，高功法师具职，并说文，略述给箓度魂的仪式目的，并云"兹当告灵给箓，仰希俯赐主维"，即祈请师真于其后之法事中提携高功法师。最后，法师云：

> 具有各种《请法词文》，恭对师坛，逐一宣读。

其后另其一行小字云：

> 读《请〈经〉〈箓〉词》毕，念《太清诰》焚化。读《请〈生天宝箓〉词》毕，念《祖师诰》焚化。

---

[1]《给箓科》中的圣班与此略有不同，其分别开列有：老君、祖师（玄帝）、天师、雍夫人、嗣系女三师、王赵二真人、历代天师，以及"大真人府、上清宫、万法宗坛历代天师仙官圣众"。其中前者更突出了度亡的特性。

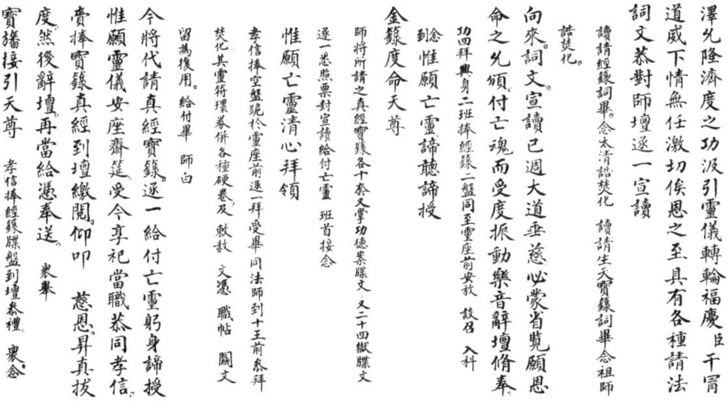

澤先隆濟度之功汲引靈儀轉輪福慶臣千冒
道戚下情無任激切俟恩之至具有各種請法
詞文恭對師壇逐一宣讀
讀請經籙詞畢念太清説焚化
讀請生天寶籙詞畢念祖師
䇿焚化。
向來詞文宣讀已週大道垂慈必蒙省覽顧恩
命之允頒付亡魂而受度振動樂音辭壇修奉
以四拜興至二班捧經籙一䇿同至靈壇前焚
焚化畢
瑜伽度命天尊
金籙度命天尊
師將所請之真經寶籙共十卷文畫功德景朦文 又二十四微朦文
逐一卷燕票封宣傳給付亡靈 班首接念
焚化畢寶將環卷併各種硬卷及 敕敕 文遠 職帖 圖文
惟願亡靈清心拜領
孝信捧空盤跪伏靈座前逐一拜受畢同法師到十五前恭拜
留為後用。給付畢 師白
今將代請真經籙逐一給付亡靈躬身諦授
惟願靈儀安座齋筵受今享祀當職恭同孝信
賫捧寶籙真經到壇繳閱仰叩 慈恩昇真拔
度焚後辭壇再當給惡奉送 衆舉
賫旛接引天尊
孝信捧經籙盤到壇參禮 衆念

图 26-03　1号《给箓启师科》中"读《请〈经〉〈箓〉词》"之仪文部分，以及后续的"设（摄）召""入科略述"仪文

随即法师说文曰：

> 向来《词文》宣读已周，大道垂慈，必蒙省览，愿恩命之允颁，付亡魂而受度。振动乐音，辞坛修奉。

由此，在师堂中所举行的仪式告一段落，法事将转入下一环节。

由上所见，这里所焚化的正是我们在《附录一》《附录四》中所讨论的《请法词》，隶属法箓文书"正卷"之范畴 [1]。换言之，此处的"启师"，实际还被附加了请度法箓前的弟子"投词"环节。道众将法箓文书中的《请法词》两道抽出，代

---

[1] 其《经》与《箓》各具一份《请法词》，参见《附录一》附录表格2号、5号。

表亡魂于此间宣读拜投（以焚化的方式）。

（四）设召

在以上高功说文之后，科书中有小字曰：

> 功四拜，二班捧《经》《箓》二盘同至灵座前安放，设召，入科。

这里表示道众离开师堂，前往供奉亡灵的灵台之前摄召亡魂莅临法筵，受度法箓，证果登真。"摄召"的方式有简有繁，大抵是高功手持灵幡，与道众在丝竹细乐的伴奏下吟诵偈赞，其偈赞阕数视时间与场面灵活掌握。按科所言，法箓正卷文书中的《经》与《箓》被分别安于两托盘中，安于亡台之上，这暗示了它们即将被给授与亡灵。最后的"入科"意味着下一段段落将进入"正科"，正式给箓。

（五）入科

"给箓正科"以"大圣三宝天尊"圣号起始，在 3 号《给箓科》中，圣号之后小字曰：

> 登座，吟《三梦偈》。

"登座"表明，"给箓"之科仪乃是一部"坐朝法事"，即以法师高登法座，讲经说法为主要形式之科仪，其源自中古时期斋醮中"讲诵"之仪，有别于"进表""斋天"等"立朝法事"。

在坐朝法事中，法师不再是大道之臣仆，而是大道之喉舌，用以代天宣化。

法师与道众于座上吟诵《三梦偈》（即黄粱、南柯、蝴蝶三梦，参见图26-01）后，法师说白，略述法事因缘，并与道众同吟《宿命赞》（"宿命有信然"云云）。需要指出的是，在苏州周氏万福尔臻楼所藏《清微预修授箓科仪》（以下简称《预修授箓科》）中，《宿命赞》前又有《敷坐赞》（"道场众等，执简当心，端坐如法"），此与科仪最末尾之《解坐赞》（"为诸来生，作善因缘"云云）相互对应。《敷坐》《解坐》二赞首位呼应，并在开讲之前吟诵《宿命赞》构成了完全符合古法的升座讲道仪式。上海的科仪本中虽然缺省了此二赞，但其《宿命赞》的吟诵可视作中古讲道仪式的一种遗存。法师与道众吟赞毕，分别敷演皈依道、经、师三宝大义，并分别吟偈三首。《三皈依》说毕，法师与道众又为亡灵诵经一过（未详是何经典，当系亡事道场常用"小经"之一种）并唱赞一阕。其后，法师又分别说文，并与道众唱赞，为亡灵献上"香花果浆食"五供养。《五供养》毕，法师下鸣尺，曰：

> 五供已歆，三魂澄正。所授拔亡生天箓文，听宣原旨。

由此，法事进入正式的授箓节次。在苏州《预修授箓科》中，法师在《三皈依》后又说《九戒》然后直接转入法箓授度，而缺省了《五供养》。但先说戒后授箓的结构基本相同。

在第四部分"给箓正科"全部的仪文中，其有小字曰：

> 师逐宫给予孝信，呈诣灵筵前，先"一宫"至"岳宫"，后《生天箓》……逐一给券，止留《敕赦》《文凭》《职帖》《关文》，两班宣读。

与此段相应的，在第二部分"入科略述"中亦有小字曰（参见图 26-03 中小字）：

> 师将所请之真经、宝箓各十套，又《掌功德案牒文》，又《二十四狱牒文》逐一悉照《票封》宣读，给付亡灵……孝信捧空盘跪于灵座前，逐一拜受毕，同法师到十王前参拜，焚化其"灵符"、《环券》并各种"硬卷"。及《敕赦》《文凭》《职帖》《关文》留为后用。

以上两则科书小字表明，所谓法箓的给授乃是通过亡者亲属的代领而初步达成的（并通过稍后的焚缴而正式完成）。在这里，孝信扮演了代替亡者到坛的角色。此外，关于"'一宫'至'岳宫'"的具体描述，证明了当年上海地区所使用的《十宫大黄箓》与许进林所受《正一大黄预修延寿经箓》基本一致[1]：箓

---

[1] 丁煌.《正一大黄预修延寿经箓》初研[G] // 詹石窗，主编.百年道学精华集成，第八辑，礼仪法术卷二.上海：上海科学技术文献出版社，2018：496-507.

中的主要文书均为十道一套（地府十宫十道及岳府一道）。同时，《敕赦》《文凭》《职帖》当即是我们在《附录四》中所讨论《宥罪敕赦》《照身文凭》以及《天师门下词文》，后两者同样具有"文凭"的功能。此外，按照《给箓启师科》所言，孝信要跟随法师同至十王前参拜，这正对应了该科仪中之第三"朝觐"部分。

在第四部分"给箓正科"的仪文中，在这一段落还有高功法师的一大段说文，称颂《大黄箓》中各道文书的种种功德，我们将在下文中进一步讨论。

（六）朝觐

按照《给箓启师科》之科文，法师将法箓文书给付孝信后说文曰：

> 当职恭同孝信，赍捧宝箓、真经，到坛缴阅。仰叩慈恩，升真拔度。然后辞坛，再当给凭奉送。

由此，法事进入了另一新的阶段，法师的角色从之前的"代神给授"变为了现在的"恭同孝信"。上海地区流行有朝觐十殿真君的《款王科仪》，即以传统的"朝仪"结构来分别参谒十殿十宫。我们也有理由推论，"坐朝"法事此时转变为"立朝"：法师下座，引孝信至十王台前朝参。另根据仪文中的"宝幡接引天尊"以及小字"孝信捧'经''箓''牒'盘到坛参礼"可知，其应是由孝信擎举代表亡者的灵幡，并手捧已代亡者所受之"经箓"及文凭，代表亡者尾随法师朝参。

根据科仪本所见，法众先吟诵《香偈》（"清静自然香"），之后高功说文，再吟《卷帘偈》（"瑶坛设像玉京山"）。此偈是上海地区"朝头"（即朝仪之起始部分）的固定内容，法众在丝竹细乐的伴奏下于坛内缓步"穿瑶坛"。"穿瑶坛"毕，法师具职、启圣、入意；法众举"总朝上帝天尊"后，法师先引孝信先朝礼"三尊"（太乙、东岳、酆都），然后说文曰：

> 臣等代亡奏请宝箓真经，依按元科，证盟修奉，法众虔诚，讽《诰》焚化。

这里的《宝诰》即为"冥府十王宫"《宝诰》，法箓中的主要《经》《箓》（各十一份）可能即于此时焚化，缴呈十一宫。此时，法众再诵《朝参偈》，分别朝参十殿真君。参照《款王科仪》，坛场中可分设十台，分悬十殿像轴，或两台分设两轴（每轴画有五殿）亦可，法师引孝信依照"一、三、五、七、九""二、四、六、八、十"之序列，分别于《十王轴》前朝参。

朝参毕，法师念白曰：

> 适来经箓，已具告呈。大道无私，必蒙照格。另有殿前掌功德案主者及地府二十四狱冥官各种牒文当坛焚化。

此处所言，当即是《大黄箓》中之《灵宝大法司牒冥府某宫掌

功案》与《灵宝二十四狱功德文牒》。[1] 其后，高功说文，

> ……转呈阎罗殿下，请施洪德之恩，祈荡好生之德。

道众举"斋福无量天尊"，高功说文

> 适来缴箓周圆，盟真事毕……

法众唱偈、散花、向来、伏愿，退班完科。

　　按照科文所示（以及上海地区亡事科仪的惯例），法箓授度之后还应有"谢师"与"送灵"两个环节，分别与此前的"启师"与"摄召"相对应。按照科文所示，《大黄箓》的全宗文书至此应该已经全部焚化完毕，但上文所言的《敕赦》《文凭》《职帖》尚未颁给，此或是留作整坛斋醮最终完毕"送灵"之时与冥财等物一并焚化，但科文中并未详明，在此存疑。

　　此外，通过上面的考察，我们可以看到，给箓科仪实际分为：祭箓、启师（含投词）、设召、登座说戒给箓、朝参十宫、送灵、谢师等七个大的节次。这七个节次所组成的仪式单元被套嵌至一坛斋醮的框架之中而呈现，与为生人授度法箓基本相

---

[1] 丁煌.《正一大黄预修延寿经箓》初研 [G] // 詹石窗，主编.百年道学精华集成，第八辑，礼仪法术卷二.上海：上海科学技术文献出版社，2018：496-507.

似。《大黄箓》中的各类文书均在科仪中的专属节次中得以应用，科仪与法箓文书间存在着极为紧密的"咬合"关系。[1]

三、法箓文书

一宗法箓实际包含了数量众多的文书，上海地区与法箓授度相关的科仪资料也为我们理解这些文书提供了另一重视角。

（一）《给箓启师科》

上海地区的法箓授度科仪文本与龙虎山所印制的法箓文书有着高度的对应关系。在为亡魂给授《大黄箓》的"正科"之中（1 号《给箓启师科》"第三部分"，3 号《给箓科》），有一大段高功法师赞扬《大黄箓》各道文书功德的说文，其中集中体现了科仪编订者对于法箓各项文书功能的深入理解，现谨将其转录于下（参见图 26-04）。

切以，真经黄箓，乃三途之宝筏；金符玉篆，为十地之慈航。可受道以生天，即炼形而证果。洪惟天恩溥博，慈惠旁霑，诞颁《敕赦》《金牌》，并释前生之业垢，特降《诏文》《仙秩》，云资身后之津梁。三天宣《总诰》以

---

[1] 此外，在仪式结构上，《大黄箓》中所特别突出的"十宫"特征在《给箓启师科》中得以通过朝觐的方式来体现。但《给箓科》的仪文中，则并未显示出这一部分的存在。正如其首页所题"玉清宫嗣法弟子张镇邦辑"，朝参十王的科仪节次极有可能是在固有的《给箓科》基础上所增辑的。

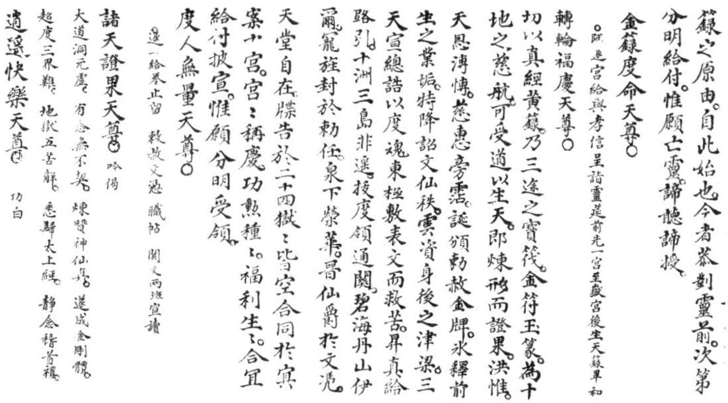
籙之原由。自此始也。今者恭對靈前。次第
分明給付。惟願亡靈。諦聽諦授。
金籙度命天尊。
○師 遂宮給與孝信呈詣靈筵前先一宮至嶽宮後生天籙畢和
轉輪福慶天尊。
切以真經黃籙。乃三塗之寶筏。金符玉篆。為十
地之慈航。可受道以生天。即煉形而證果。洪惟
天恩溥博。慈惠旁霑。誕頒敕赦金牌。冰釋前
生之業垢。特降詔文仙秩。雲資身後之津梁。三
天宣總誥以度魂。東極敷表文而救苦。昇真給
路引。十洲三島非遙。拔度領通關。碧海丹山伊
邇。寵旌封於敕任。泉下榮華。晉仙爵於文憑。
天堂自在。牒告於二十四獄。獄々皆空。合同於冥
案十宮。宮々稱慶。功勳種々。福利生々。合宜
給付披宣。惟願分明受領。
度人無量天尊。
逐一給券止留 敕赦文憑 職帖 關文兩班宣讀
諸天證果天尊。 吟偈
大道洞元虛。有念無不契。煉質神仙在。遂成金剛體。
超度三界難。地獄五苦解。悉歸太上經。靜念稽首禮。
逍遙快樂天尊。 功白

图 26-04　1 号《给箓启师科》中第四部分“给箓正科”中高功法师赞扬《大黄箓》各道文书功德之说文

度魂，东极敷《表文》而救苦。升真给《路引》，十洲三岛非遥；拔度领《通关》，碧海丹山伊尔。宠旌封于《敕任》，泉下荣华；晋仙爵于《文凭》，天堂自在。《牒》告于二十四狱，狱狱皆空；《合同》于冥案十宫，宫宫称庆。功勋种种，福利生生。合宜给付披宣，惟愿分明受领。

这段文字中所提及的诸多文书不仅与丁煌先生所录许氏《大黄箓》目录所见者对应[1]，也当代修水授箓传承中的诸多“附卷”

[1]《给箓科》中所云文书，分别对应了许氏《大黄箓》中的 166–167 号《上帝敕赐免罪金牌》、180–181 号《太上三天玉符仙秩》、179 号《太上三天玄都总诰》、186《昊天金阙请恩御表》、208 号《福地龙虎山青元路引》、《先天无极照会通关》（许氏箓中缺此）、176–177 号《天坛总制旌封敕任》、168–169 号《上帝敕赐阳府文凭》、87 号《灵宝二十四狱功德文牒》，110–120 号《灵宝大法司牒冥府 [某] 宫掌功案》。

名称相对应。无独有偶，笔者在苏州周氏藏《预修授箓科》中，也发现了一段与此基本一致，但略有不同的文字，现将上海、苏州、修水这三份资料相互对应，开列于下表之中。我们可以看到，上海与苏州两部科仪中所开列的文书种类之所以不同，乃是因为其一为生人预修授箓所用，以延生作为目的，而另外一种则以拔亡为目的。不过，这清、亡两类法箓文书在修水的授箓传统中均可见到记载。这种高度的一致性再次证明，无论是江西西北部还是长江下游，各地所使用的法箓文书均可上溯至龙虎山这一共同的源头。

在为亡者给授法箓的情形中，与《大黄箓》相配的众多"附卷"文书叠加到一起，构成了一个解罪、破狱、度魂、授爵、旌封、通关引度的救度流程。事实上，其核心主旨无外乎即是《度人经》所言：

> 请灭三恶，斩绝地根；飞度五户，名列太玄。[1]

此正如高万桑教授所言，职官制度被与宗教救度被紧密地结合到了一起。

（二）《天坛玉格》

在陈雪赓先生所抄《天坛玉格》中，除了部分填箓内秘外，其大部分内容实际是法箓文书封皮的写式，这从侧面说明

---

[1] 灵宝无量度人上品妙经 [M] // 道藏：第 1 册，4.

上海《给箓启师科》、苏州《预修授箓科》与当代修水法箓授度传统中有关各类法箓文书之比较

上海《给箓启师科》	苏州《预修授箓科》	当代修水法箓文书
切以，真经黄箓，乃三途之宝筏；金符玉篆，为十地之慈航。可受道以生天，即炼形而证果。	伏以，金真演教，传延生护命之真机；玉局呈祥，阐植福修果之奥旨。作群生之舟楫，为凡庶之津梁。	
洪惟天恩溥博，慈惠旁霶。诞颁敕赦《金牌》，并释前生之业垢；	仰惟上帝覃恩，颁《敕赦》《金牌》而宥罪；	《昊天玉皇宥罪敕赦》《上帝敕赐免罪金牌》
特降诏文《仙秩》，云资身后之津梁。	南极介祉，锡《金章》《仙秩》以延生。	《太上三天玉符仙秩》《正一道祖延寿金章》
三天宣《总诰》以度魂，		《太上三天玄都总诰》
东极敷《表文》而救苦。		
	三天录善于《缴联》，	《无上三天总箓缴联》
	道祖纪名于《文帖》。	《混元道祖天符文帖》
	《御表》《御诏》，请恩补职以荣身；	《昊天金阙请恩御表》《都天无极金函御诏》
	《库书》《寿书》，益算培因而植果；	《冥府十王功德库书》《南极长生延龄寿书》
	仰《六十一代天师之流芳箓祖》，切切皈依；	《金符 / 流芳箓祖》

上海《给箓启师科》	苏州《预修授箓科》	当代修水法箓文书
	奉《三百六十感应天尊》，勤勤信礼。	《三百六十感应天尊》
升真给《路引》，十洲三岛非遥；		《福地龙虎山冥途路引》
拔度领《通关》，碧海丹山伊尔。	照会有《通关》，	《先天无极照会通关》
	喜领《文凭》之据；	《上帝敕旨照身文凭》
	玄都宣《总诰》，	《太上三天玄都总诰》
宠旌封于《敕任》，泉下荣华；	欣膺《敕任》之荣。	《天坛总制旌封敕任》
晋仙爵于《文凭》，天堂自在。		《上帝敕旨照身文凭》（或为天地水阳四府《文凭》四道）
《牒》告于二十四狱，狱狱皆空；	《牒》告于二十四狱，狱狱皆空；	《二十四狱文牒、总牒》
《合同》于冥案十宫，宫宫称庆。	《都攒》于冥府十宫，宫宫称庆。	《无上三天证果都攒》《十宫阴牒、总牒》
功勋种种，福利生生。	此种种之功勋，实世世梯航。	
合宜给付披宣，惟愿分明受领。	功不可量，妙难思议。合行给付披宣，惟冀分明受持。	

了当时龙虎山并不为其所售各道法箓文书配给单独的封套。在《天坛玉格》开篇部分，载有以下几种文书之封皮内容，现谨开列于下：

《太上中天北斗七元秘箓、法词》（一宗二轴，总封一角）

《太上正乙延生保命秘箓、法词》（一宗二轴，总封一角）

《太上正乙童子一将军秘箓、法词》（一宗二轴，总封一角）

《太上正乙华盖秘箓、法词》（一宗二轴，总封一角）

《太上旋星宥罪保童敕赦》（一道）

《太上度厄百解宝章》（一道）

《正乙童子解关仙秩》（一道）

《太上童子解厄通关》（一道）

此外，该抄本中还收录了焚缴《血湖箓》一应文书的写式，现谨开列于下：

《太上升玄曲赦血湖保生秘箓、法词》（一宗）

《太上洞玄灵宝金箓度命九真妙戒真经、法词》（一宗）

《太上至尊昊天玉皇宥罪敕赦》（一道）

《太上血湖狱牒》（二十四道）

《太上敕旨照身文凭》（一道）

《太上洞玄灵宝济度血湖真经、法词》（一宗）

《太上三天玉符仙秩》（一道）

《太上血湖秘箓真经妙戒法词职帖》（一道）

《太上三天玄都总诰》（一道）

《太上血湖十宫文牒》（一宗）

《南极长生延龄寿书》（一道）（按：该标题重复出现两次，其中一条疑为错抄）

《上帝敕赐免罪金牌》（一道）

随后，该抄本中又收录了焚缴《大洞箓》一应文书的封式，其前有说明曰：

《上清大洞箓》，散封一《经》、一《箓》，分作八包，《经词》《箓词》共包一封。

由此，其将《大洞箓》之所有文书分为九份，现谨开列于下：

《上清大洞三十九章经》《元始普（谱）箓》（一包）

《上清大洞元始通经》《流金火（铃）箓》

《上清大洞黄老君道经》《投（摄）山精图箓》

《上清大洞彭空君道经》《飞多（灵飞）六甲箓》

《上清大洞〈经词〉〈箓词〉》（共包一封）

《上清大洞玉皇君道经》《上皇玉箓》

《上清大洞道中君道经》《飞行三界箓》

《上清大洞旡（司）禁道君经》《龟山天（大）箓》

《上清大洞司禁道君经》《曲案（素）诀词箓》

在仔细校对上文中讹误之字后，我们得以发现：以上内容中所开列之法箓皆可见于《正一修真略仪》所载之《上清箓二十四阶》[1]。

通过以上的罗列，我们可以发现，一方面，陈氏《天坛玉格》中的大部分内容是与法箓文书封套的缮写以及缴化文书的填写，而非法箓文书自身；其次，这些填写的指导与法箓文书严密对应。换言之，来自龙虎山的法箓文书与本地的填写手册实际是一个有机的整体，甚至包含了极为细致的"开箱"指南，精准对应法箓的包装形式。所有这些都说明近世以来以龙虎山为中心散射至地方的法箓授度网络是一个极为持续、稳定且统一的信仰与实践体系，各地道士对于各阶法箓的文书构成有着清楚的认知，并形成了各自的传承。这些地方化的传承在经历了各自独立发展后，依然极具横向可比性。

四、万法宗坛

"万法宗坛"不仅仅是一座建筑，更是一处机构，其作为

---

[1] 正一修真略仪 [M] // 道藏：第 32 册，180.

法箓授度的枢机，扮演着极为神圣的职能。由此，在众多与法箓授度相关的仪文资料中，我们也能够管窥到一些与万法宗坛相关的信息。其主要体现在其组织构架，以及人事任命等方面。这首先体现在几份科仪本的"启圣"仪文中。

（一）启圣仪文所见龙虎山宗坛

在授度法箓的科仪文本中，"启圣"的仪文中自然不能缺少历代师真的名号，这其中也还包括了那些效职于龙虎山宗坛的法官与法员们。下面，谨摘录朱永华法师所抄 3 号《给箓科·亡箓祭将摺》与 4 号《札箓科》中的相关部分列表对比于下（参见下表及图 26-05）。

《给箓科·亡箓祭将摺》与《札箓科》部分启圣内容对比

	《给箓科·亡箓祭将摺》	《札箓科》
1	历代袭职嗣教天师	嗣汉流今承恩袭职嗣教天师大真人
2	当代教主正一真人	当时第［某］代［某某］大真人
3	大真人府大上清宫万法宗坛历代天师法师真人仙官	福地龙虎山大上清宫万法宗坛历代仙官
4	历代掌教赞教真人仙官	法箓局中提点主事
5	福地龙虎山法箓局中提举提点主事知事官吏	掌书挂号承行效职神员仙吏
6	掌书挂号该房承行法员	掌籍赞教仙官

正一元壇護法真官十
號承行劾職神員仙吏
掌籍贊教仙官掌書掛
官法籙局中提點主事
清宮萬法宗壇歷代仙
真人福地龍虎山大上
正一嗣教天師　　大
師大真人當時第一代
流令承恩襲職嗣教天
籙度人師真仙衆嗣漢
後天歷代傳符傳法傳
君祖師清微靈寶先天

图26-05　朱永华《灵宝札授秘箓金科》"启圣"部分中有关万法宗坛法官、法员之仪文

如上表所见，两部科仪的前2项完全一致，即历代正一真人与当代真人。《亡箓祭将摺》的第3项与《札箓科》相仿，其主旨应在于表述"万法宗坛"的历代仙官，但多"大真人府"四字。按我们在《附录二》"万法宗坛"一节中已经言明，万法宗坛（正一玄坛）本在上清宫内，后于明代被移至天师府内，故此处的表述似有兼顾之意。此外，天师府内亦有道官僚属。两部科仪中的第4项与第5项相互颠倒，内容基本相当，分别涉及了"法箓局提举"（"点"字为讹误）、"掌籍（教）"与"赞教"。两部科仪的第6项相同，均为"掌书"与"挂号"法员。

这里所提及的法职几乎均可与娄近垣所编《龙虎山志》中的记载相对照。按《志》中所言，龙虎山中道官分为上清宫之"法职"与天师府之"府僚"。其中"掌教"应系"掌籍"或

"掌书"之讹误。"掌籍"与"赞教"均系上清宫之法职[1]，《龙虎山志》云：

> 是二员者，必以上清宫明习教典之法员为之，而受命于天子者也。[2]

"法箓局提举"隶属"府僚"，以上清宫出家法官充任[3]。按法箓局位于天师府二门内之西侧，原为印制法箓文书之所在。在《天师门下词文》中，法箓局提举位列正一真人、上清宫提点、提举之后，代表了法箓颁给的重要流程（具体制作）。

最后一项"掌书挂号该房承行法员"应属品级较低之法员，所以，此"掌书"绝非与"赞教"所并列者。从"挂号"这一职司来看，此两职应是主管簿籍注册与维护之法员。

由此所见，"启圣"科文中所列之职司多系大真人府内主管教务之法官、法员。他们负责协理正一真人与制作法箓，登录簿籍等与法箓、法职授度相关的一系列事务。

（二）陈本《天坛玉格》所见龙虎山宗坛

在朱建明与谈敬德所编订的《上海南汇县正一派道坛与东岳庙科仪本汇编》（以下简称《南汇科仪汇编》）中，收有陈

---

[1] 娄近垣.龙虎山志[M].南昌：江西人民出版社，1996：108.真人府内亦有赞教之职，其与掌书并列府内诸僚之首。

[2] 娄近垣.龙虎山志[M].南昌：江西人民出版社，1996：109.

[3] 娄近垣.龙虎山志[M].南昌：江西人民出版社，1996：109.

雪赓先生所抄科仪本多部并《天坛玉格》一部 [1]。实际上，这份《天坛玉格》从某种角度来说更接近于一份填箓手册，其中除了一般《天坛玉格》所包含的"法秩"及"坛靖治炁"内容外，绝大部分篇幅乃是应用于法箓填写的秘诀与写式。这份秘本被收入《汇编》之中或许事出偶然，因为在其所抄写的 1991 年（辛未年仲夏月），上海地区已无为信家授度法箓的活动，故而无箓可填。陈先生抄写的原因极有可能仅是作为资料保存而非实际敷用。甚至，其底本是否原系陈先生所有亦属疑问。但无论如何，该份《天坛玉格》中仍有一处无关秘诀的填箓信息值得我们注意。

在《天坛玉格》的第 11 页，也即是《南汇科仪汇编》的总第 681 页左下角，有一组题为"职帖皮"的文字内容。经仔细辨识，这一组文字内容实际可分为三部分：

第一部分即《职帖》封皮的正反面写式（彩页图 7 右侧红色虚线框内），此处暂且不表。

第二部分为"填提举"，列有三组九人姓名（蓝色虚线框内）。按照当代修水地区以及许氏《大黄箓》所见 [2]，法箓文书中的《职帖》（即《附录四》中所讨论之《天师门下词

[1] 朱建明，谈敬德．上海南汇县正一派道坛与东岳庙科仪本汇编 [M]．台北：新文丰出版公司，2006：671-685．

[2] 丁煌．《正一大黄预修延寿经箓》初研 [G] // 詹石窗，主编．百年道学精华集成，第八辑，礼仪法术卷二．上海：上海科学技术文献出版社，2018：496．

文》）须以当代"正一真人张"以及"大上清宫掌理宫事提点〔某〕""大上清宫协理宫事提举〔某〕""法箓局掌理局事提举〔某〕"等三人之署职并签押。由此，陈氏《天坛玉格》中所谓的《职帖》即是《天师门下词文》无疑，只是将"提点"与"提举"颠倒了。此外，人名中的"上年间""甲辰换（1884）""庚子年（1900）"忠实反映了作为龙虎山宗坛的人事变更，以及其道官变更对于地方道教的密切影响。在道光四年（1824）的《贵溪县志》卷三十中，我们看到了一份当时上清宫内"提点""提举""副理""赞教""知事"等法官的名单[1]。结合陈氏《天坛玉格》，我们得知，道光四年的赞教欧久榕（本县人）与舒运本（安仁县人）与在《天坛玉格》中均已于"上年间"担任上清宫提点与提举。此外，当时的知事程久懋（休宁县人），则于甲辰年（1884）担任上清宫提点一职。可见，散落于江南海隅的填箓抄本忠实地反映了龙虎山中各级法官的人事变动。宗坛法员经常性更换的情况也在江西修水等地填箓秘本中有所反应，其言明需要咨询"箓士"（即"化士"）以获取最新信息。在谢聪辉教授新近发表的论文中，他也着重提出，闽台地区有关填箓的道坛抄本含有龙虎山法官之资料，可资与史籍相比较，而其中十分重要的一部分即出自《职帖》之写式。可以推想，如果我们能够在尊重道门科律的前提下对各地散见的宗坛信息进行科学的汇集，则可逐渐地拼凑出一部

---

[1] 胡宗简 .（道光）贵溪县志：卷三十 [M]. 刻本 .1824（清道光四年）：7.

近世龙虎山之"教廷史"。

第三部分内容（绿色虚线框内）乃是前三代天师以及作为"经籍度三师"的近代正一真人名讳。根据我们在《附录四》中的讨论，这些应是出现于《请法词》之中的内容。由此，在这一部分之下的"庚子年"内容当系原底本之后来添入。也就是说，陈先生所抄之底本最初并无"庚子年"一项，其系后来曾入。如此，原底本中的主体内容应抄写于光绪甲辰年（1884）与光绪庚子年（1900）之间的16年。

（三）道秩之补授或捐纳

上海地区传承有相当一部分"清微科仪"，其仪式核心是对于某一位或一组天将的"召合"与"驱遣"，以此达成祈祷之目的。而在这一召一遣之中，法师所秉承的不仅仅是自己在授度之初所领受的法职，更还包括通过与度师一同饮丹、立盟而分享来的师派血脉。在宋元道法中，一位雷将的"归化"往往对应一位祖师，其与祖师之间所定立的盟约，通过血脉的传承也同样作用于嗣法弟子玄孙身上。[1] 故此，"启师"这一诵念历代祖师名号的仪法节次便成为血脉传承的重要表现。我们在《附录四》中已经看到，历代师真的名讳是道法形成的有机组成部分。铁竹真人施道渊曾论道："启师之法，先觉开后觉；不先启告，焉能役使诸将、威伏鬼神？故行持必先启请，

---

[1] 参见《太上元阳上帝无始天尊说火车王灵官真经》中之誓章。太上元阳上帝无始天尊说火车王灵官真经 [M] // 道藏：第34册，737-743.

口口相传，如绳贯珠，不可失序。师曰：不愁法不灵，只愁派不清。"[1]

　　除了记载有龙虎山万法宗坛的各类法官道秩外，上海地区"启师"仪文中的许多祖师名号大都尾随以正一真人所授予之"道秩"，这也是一点值得注意的信息。以朱永华所抄《先天修进杀伐家书科》（参见图 26-06）、《先天起狱谢将法科》、丁宏声《清微和冤翻解金科》，以及陈雪赓所抄《清微饯瘟逐疫大法金科》，陆象之所抄《先天芟治灭巫金科》，以及薛明德所抄《先天芟邪地司镇宅金科》等六种清微科仪为例 [2]，在其启师仪

真人府監紀古愚漢衍
鄒先生宗師真人府贊
敎雪巖漢鋪林先生丹
霞通元張先生正五通
璋蕭先生經師真人府
知事竹居通耀何先生
松源元清石先生亦良
元卿宋先生籍師真人
府贊敎硯耕元宗朱先
生雲峰韻階龔先生度
師真人府贊敎志堅韞
隆曹先生原命　真人

图 26-06　民国四年（1915）朱永华抄《先天修进杀伐家书科》"启圣"部分中所见之真人府道秩，其有"真人府监纪"邹汉衍、"真人府赞教"林汉鋪、"真人府知事厅"何通耀、"真人府赞教"朱元宗、"真人府赞教"曹韞隆

[1] 施道渊 . 穹窿山志 [M] // 故宫珍本丛刊第 267 册 . 海口：海南出版社，2001：131.

[2] 参见：陆志平，陶金 . 科仪志 [M] // 刘仲宇，主编 . 上海道教史（待刊稿）.

文中，自"紫篆金邦周先生"（上清宫三华院法官，娄近垣与邱从高之师）开始，其名讳之后多伴随以法官之道秩。

综述之，周紫篆先生为"真人府内提点"，邱从高先生为"真人府外提点"，邹古愚先生为"真人府监纪"，林雪岩、施松源、朱砚耕、曹志坚先生为"真人府赞教"，罗保泰 [1]、姜崀蒙先生为"上清宫提举"，何竹居、庄柏田、丁克继先生为"真人府知事厅"等等。尤其值得称道的是传抄有大量科书的朱永华法师，他在宣统元年（1909）所抄《盟真玉山斋天行道科》中自署为"札授'知事厅'鹤卿朱高隆习"，而在其所抄《正乙天坛玉格》末尾，则自署题跋曰："至民国十四年（1925）乙丑夏历四月初四日，六十三代天师奖升'赞教厅'。" [2] 如此，朱永华先生也获得了与乃师曹志坚相同之道秩。据老先生回忆，民国时期，上海仍有法师在法事期间于斋主宅门前悬挂"真人府知事厅"之灯笼。原苏州道教协会副会长周秋涛先生（罗珉，1920—1992），也曾礼六十三代正一真人为师，自署为"真人府集贤院知事厅"。

按《龙虎山志》所载，龙虎山中的法官人数本有定额 [3]，其亦有固定之职司。但从上面的信息来看，至迟自清中期开

---

[1] 罗保泰在不同科仪文本中亦写作罗宝泰、卢宝泰、卢保泰。

[2] 袁志鸿，刘仲宇，整理. 正乙天坛玉格 [G] // 刘仲宇，吉宏忠，主编. 正一道教研究，第二辑. 北京：宗教文化出版社，2013：319-353.

[3] "定制：提点司提点一员，提举司提举一员，副理二员，赞教四员，知事一十八员。"娄近垣. 龙虎山志 [M]. 南昌：江西人民出版社，1996：109.

始，这些职位也被正一真人作为"荣誉封号"，授予龙虎山以外具有影响力的法师，成为"虚衔"。对于这些"虚衔"的理解需要结合中国古代职官制度中的"捐纳制度"一同考虑。所谓"捐纳"，即通过输捐的方式换取官职或虚衔，与"科举制度"相互补充（后者谓之"正途"）。经过正规途径的"捐纳"是正式的朝廷制度，因此有别于私自的卖官鬻爵。又据《清稗类钞·爵秩类》记载：

> 张天师……设官分职，各处道士且亦有入赀得官者。於潜赵伯英广文逢年言其邑有道会司，设衔牌五副于厅事。一为道会司正堂，则朝廷所授之职也。二为大真人府知事厅，三为大真人府赞教厅，四为大真人府仁静观提举厅，五为大真人府消遥观提举厅，凡此四职，皆天师所授也。[1]

由上见，上海地区科仪本中的仪文，正反映了以正一真人为中心的道秩体系。这些龙虎山以外的道官应并不具有实际的职司，故而极有可能系通过"捐纳"而得来的，一如这些道士所受度的法箓、职帖，亦系从龙虎山"请购"而来。笔者这一推论应不是毫无依据，因为《龙虎山志》中已经言明"提点、提举及赞教以下札付"[2]。但朱永华先生于 1925 年升授"赞教"时，已无礼部可颁"札文"。这说明正一真人要么在清代便已

---

[1] 徐珂. 清稗类钞：第三册 [M]. 北京：中华书局，2010：1374.
[2] 娄近垣. 龙虎山志 [M]. 南昌：江西人民出版社，1996：109.

有札授"捐纳"道官的权利，要么就是张恩溥在清帝退位之后延续了札授道官这一制度，由此象征性地继续其作为正一教主的"教权"。

如果笔者关于"捐纳"的推论能够成立，则地方道士得以通过这一方式获得传统社会中特别重要的身份地位，而正一真人也得以通过授予虚衔来巩固其与地方社会、道教教团之关系。这一现象进一步证明了道教职官制度与朝廷职官制度的进一步趋同。当然，在做出定论之前，我们还需要更多的信息来进一步完善我们的认知。

（四）万法之由来

我们在《附录二》中已经提及，"万法宗坛"是龙虎山正一真人代表皇权对元明之际业已分子化的诸阶道派，地方法派以及法职授度进行"三位一体"管理的重要有机组成部分。在"万法宗坛"之前，宋代的龙虎山之宗坛只称为"正一玄坛"。"万法宗坛"于元代出现后，"正一玄坛"与"万法宗坛"并行于文献与法箓文书之中。至于"万法宗坛"之名的确切含义，文献之中并无确切记载。但上海地区清微科仪之"启师"仪文也为我们提供了有效的理解途径。

在上海"清微科仪"启师仪文中，往往在开列诸阶道法祖师名号之后对其进行总括。这一类"总括圣位"大都以"清微""灵宝"起始，以"历代师真圣众"作为结尾。其中所开列的诸阶道法有简有繁，多则20阶，少则以一句总括，现谨选取具有代表性的几种，分列于下。

陆象之《先天芟治灭巫金科》（参见图 26-07）

清微、灵宝、道德、正一、先天、后天、神霄、雷霆、洞玄、洞渊、地司、地祇、玄灵、火犀、火车、天医、紫庭、乌旸、冰池、神虎、祛治诸阶大法中历代师真仙众

朱永华《东岳翻解玄科》

清微、灵宝、神霄、雷霆、正一、先天、后天、地司、地祇、火犀、酆都诸阶大法中历代师真圣众

朱永华《三茅发替保患金科》

清微、灵宝、先天、后天列代师真圣众

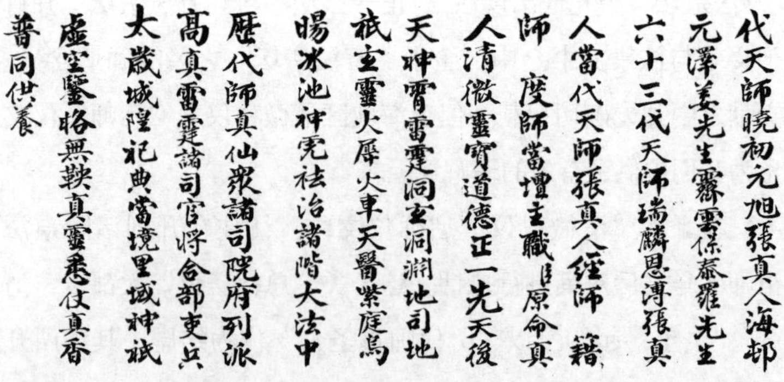

普同供养　虚空鉴格无斁真灵悉仗真香　太歲城隍记典当境里域神祇　高真雷霆蒿司官将合部吏兵　历代师真仙众諸司院府列派　祇主灵火犀火車天醫紫庭烏　晹冰池神虎祛治諸階大法中　天神霄雷霆洞玄洞淵地司地　師　度師當壇主職臣原命真　人清微靈寶道德正一先天後　人當代天師張真人經師　籍　六十三代天師瑞麟恩溥張真　元澤姜先生霖靈傒恭羅先生　代天師晓初元旭張真人海邨

图 26-07　1987 年陆象之抄《先天芟治灭巫金科》中诸阶道法祖师总括圣位（第 6—11 行）

朱永华《元降地司皈土金科》

万法宗坛诸阶道德师真仙众

综上所述，除最后一种《元降地司皈土金科》外，其他对于诸阶道法师真总括圣位都以"清微""灵宝"作为起始。"清微"作为宋元道法中的一阶，其功用原本仅限于祈雨、驱治之类，但随着武当清微与龙虎山正一在元明之际的合流，"清微"也包含了传统道派启建大型斋醮的功能。由此，"清微""灵宝"也可泛指或包含了日常所举行的一切清、亡斋醮法事。所以，在《三茅发替保患金科》中这一总括被以"清微""灵宝"所代表。《先天芟治灭巫金科》与《东岳翻解玄科》所开列的各种道法几乎涵盖了宋元时期新出道法的全部。按道法的传承乃是一法一派，那么上海地区的正一法师之所以能够一人关启如此众多法派师真，乃是因为其继承了经由龙虎山"万法宗坛"整合之后的"综合血脉"。也正是因为这一原因，《元降地司皈土金科》得以仅以一句"万法宗坛诸阶道德师真仙众"总括所有道法，"万法宗坛"在这里实际等同于"诸阶"道法之师承。

由上所见，龙虎山的正一真人、法官，不仅将传统的上清、灵宝纳入其治下，更兼收了大量的宋元时期新出道法。由此，龙虎山的法官得以身兼多派之师承，而其再传弟子，则可通过一次性的授度（包含了立盟饮丹）获得"万法"之血脉。上海法派源自大上清宫三华院之吴士行、周大经，经由邱从高先生传至松江，因此也便具有了在奉行道法之初关启诸阶大法历代祖师的合法性与正当性。所以，上海道教的科仪道法传承是地方的，但更是普世的，实际上正是当年龙虎山大上清宫"万法"之"正朔"。

五、小结

在上面所罗列的上海地区法箓授度资料中，我们看到了授度《大黄箓》的主要仪式框架，以及部分有关法箓文书（主要是"附卷"）仪式功能的解释。同时，我们也看到了陈雪赓法师所抄《天坛玉格》与法箓文书的紧密对应关系。由此，无论是《给箓科》也好还是《天坛玉格》（或单独的填箓手册）也好，其文本均指向共同的源头：龙虎山"万法宗坛"。

"万法宗坛"对于上海道教科仪的影响是多维度的，其组成机构、人事变动、法师道秩的札授以及其核心"万法"的由来，均可在上海地区各类科仪资料中得到管窥。换言之，虽然今日的上海地区已不再举行法箓授度活动，但通过文献的爬梳，我们得以通过上海的小传统反观以龙虎山为中心的大传统，这种关系是基因式的。由此，龙虎山在近代衰落之后，无论是从道法科仪还是法官道秩等角度来看，上海正一道教俨然成为"万法宗坛"的卓越承继者。

需要说明的是，上海也只是受龙虎山辐射的众多点之一。随着其他地区更多法箓授度相关资料的披露，我们也将得以重新构建起一个以龙虎山为中心的近世道教"制度史"。

附录六、甘肃省民勤县《坐靖参传》概要

陶 金

采访地点：民勤县东坝镇吴道殡仪综合服务部

采访时间：2018 年 9 月 22 日星期六

受采访者：吴英杰　奏名：经明

采访者：陶金、袁宁杰、杨德睿

记录人：陶金

说明：《坐靖参传》即传承于甘肃省民勤县正一道教内部的传度法事。正如当代中国其他地区的正一派授度仪式，《坐靖参传》的核心并非是法箓的授度，而只是道法以及法职之授度。但其整个仪式的核心过程却忠实地再现了六朝以来道教授度仪式所必须遵循的"对斋"仪范。仪式以弟子闭关"坐靖"为中心，前后呈对称式的仪式语法结构，共分 5 大部分（参见图 27-01）。

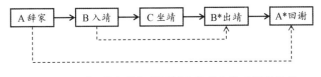

图 27-01 《入靖参传》所见授度仪式之仪式语法结构

（一）A 辞家

度师与弟子选择入靖吉日。弟子先期 7 天或 1 月斋戒（三净：净身、净口、净心）。

入靖当日，弟子先赴度师家中请师来宅。家堂正中设坛，悬挂三清圣像并香火供养如法。度师于堂上诵经毕（红事经），与弟子至弟子祖坟前祭祖、诵经（白事经）毕，回宅。

度师与弟子稍事休息后，由乐师奏乐，启程出门，赴靖房（多设于当地庙宇中）。度师法服冠带如法，持诀引领弟子，弟子着道服、九梁巾尾随度师、乐师至庙外。

（二）B 入靖

靖房通常设于庙内东厢房内。庙外乾或巽方先期树立幡杆。幡杆上悬挂筛子一个，内置镜子，其下悬挂长条青布幡（即黑布），幡上以白色书符篆于上。

度师先敕鸡，取血入酒，酒碗上书五雷号，弟子饮血酒毕，将碗摔碎，将青布幡从中扯开，度师一击弟子，弟子便由幡中缝下钻入，急速奔入靖房，背手将门栓插好。度师自外将靖房以封条封闭，封条黑色，以白色书"先天无极都雷府"用"灵宝玄坛"印加盖。

（三）C 坐靖

靖房内设三清像，香火供养如法，其旁设弟子床铺。每日于靖中修习《申文发奏》等科法，依度师翻动"动静牌"作息。弟子随学，度师随考（隔窗交流）。

坐靖时间，有 7 天至月余不等。依度师根据弟子进度拟定出靖时间。

（四）B* 出靖

度师拟定出靖日期，先期于家堂悬挂三清圣像，香火供养如法。中庭向外搭设拨将法台，规制一如《申文发奏》。由陈设桌坛，上陈香斗，安奉弟子将要授受的法器、坛靖名号等。

出靖日，先将传法所用坛桌正对靖房门外陈设。度师于坛前向门一拜，以五雷碗将房门砸开。弟子出靖房，长跪于桌坛前。（参见彩页图 8-1 至图 8-3）

度师于坛桌后依科说法，向弟子传授衣冠，弟子随传随穿，再受法器，说戒，分环破契，并颁发《度帖》。（参见彩页图 8-4 至图 8-5）

传度所用科仪名为《玉清灵宝传度说法科》，其于"步虚""启师""修斋""献茶"等环节后"驾坐"。度师说文曰：

> 太上玄元降鹤鸣，亲传至道古今传。灵文秘奥垂明教，化演宗风度后人。

度师为弟子说《十戒》后，"凭祖师证盟，雷神纠察"引弟子"盟天立誓"发"三愿"。盟誓之后，度师召将、三献酒、取鸡血并"破券"，宣《神虎牒》《三界牒》《拨将牒》，焚符饮丹之后为弟子依科拨将，并为弟子依次授予：法印、神尺、皂旗、令牌、科书、冠服、水盂、朱笔、符箓、《合同环券》。

弟子法服衣冠登台演法，即将《申文发奏》阐演一遍，经

受邀到场的本地诸师考核认可后，逐一画押于《度帖》之后，将《度帖》授予弟子。弟子再拜，乃退。（参见彩页图 8-6）

宾客入席吃宴。

延请道士一名于家堂正中举行《还愿》，诵经。

（五）A* 答谢

法事之后二、三日，弟子着道服逐一向邻里磕头致谢，邻里回敬红包。

参考书目

一、原始资料

说明:《道藏》文献用 DZ 标示,且以《道藏索引——五种版本道藏通检》所编号码为序排列。其他各类资料基本上按作者姓名的汉语拼音字母顺序排列。

(一)道藏文献

DZ1 灵宝无量度人上品妙经 [M] // 道藏:第 1 册

DZ10 高上玉皇本行集经 [M] // 道藏:第 1 册

DZ22 元始五老赤书玉篇真文天书经 [M] // 道藏:第 1 册

DZ23 太上诸天灵书度命妙经 [M] // 道藏:第 1 册

DZ33 上清黄气阳精三道顺行经 [M] // 道藏:第 1 册

DZ43 元始天尊说十一曜大消灾神咒经 [M] // 道藏:第 1 册

DZ60 元始天尊说玄微妙经 [M] // 道藏:第 2 册

DZ78 太上三洞神咒 [M] // 道藏:第 2 册

DZ97 太上灵宝诸天内音自然玉字 [M] // 道藏:第 2 册

DZ103 玉清无极总真文昌大洞仙经注 [M] // 道藏:第 2 册

DZ108 黄帝阴符经集注 [M] // 道藏:第 2 册

DZ132 太清真人络命诀 [M] // 道藏：第 2 册

DZ145 翁渊明注 . 悟真篇注释 [M] // 道藏：第 3 册

DZ165 灵宝自然九天生神三宝大有金书 [M] // 道藏：第 3 册

DZ168 元始高上玉检大箓 [M] // 道藏：第 3 册

DZ173 秦志安 . 金莲正宗记 [M] // 道藏：第 3 册

DZ178 张万福 . 三洞众戒文 [M] // 道藏：第 3 册

DZ184 太真玉帝四极明科经 [M] // 道藏：第 3 册

DZ186 太微仙君功过格 [M] // 道藏：第 3 册

DZ188 玄都律文 [M] // 道藏：第 3 册

DZ219 灵宝无量度人上经大法 [M] // 道藏：第 3 册

DZ254 大洞金华玉经 [M] // 道藏：第 4 册

DZ263 修真十书武夷集 [M] // 道藏：第 4 册

DZ292 汉武帝内传 [M] // 道藏：第 5 册

DZ295 沈汾 . 续仙传 [M] // 道藏：第 5 册

DZ302 周氏冥通记 [M] // 道藏：第 5 册

DZ303 紫阳真人内传 [M] // 道藏：第 5 册

DZ304 刘大彬 . 茅山志 [M] // 道藏：第 5 册

DZ314 三洞赞颂灵章 [M] // 道藏：第 5 册

DZ316 太上济度章赦 [M] // 道藏：第 5 册

DZ318 洞玄灵宝自然九天生神章经 [M] // 道藏：第 5 册

DZ325 太上洞玄灵宝智慧定志通微经 [M] // 道藏：第 5 册

DZ335 太上洞渊神咒经 [M] // 道藏：第 6 册

DZ336 太上洞玄灵宝业报因缘经 [M] // 道藏：第 6 册

DZ345 太上洞玄灵宝诚业本行上品妙经[M]//道藏：第6册

DZ352 太上洞玄灵宝赤书玉诀妙经[M]//道藏：第6册

DZ354 上清三元玉检三元布经[M]//道藏：第6册

DZ369 太上洞玄灵宝灭度五炼生尸妙经[M]//道藏：第6册

DZ384 太上虚皇保生神咒经[M]//道藏：第6册

DZ388 灵宝五符序[M]//道藏：第6册

DZ396 董思靖. 洞玄灵宝自然九天生神章经解义[M]//道藏：
    第6册

DZ397 王希巢. 洞玄灵宝自然九天生神玉章经解[M]//道藏：
    第6册

DZ410 太上洞玄灵宝众简文[M]//道藏：第6册

DZ417 太上大道三元品戒谢罪上法[M]//道藏：第6册

DZ421 登真隐诀[M]//道藏：第6册

DZ423 上清洞真解过诀[M]//道藏：第6册

DZ426 上清太上八素真经[M]//道藏：第6册

DZ430 上清八道秘言图[M]//道藏：第6册

DZ442 上清后圣道君列纪[M]//道藏：第6册

DZ454 太上洞玄灵宝上品戒经[M]//道藏：第6册

DZ456 太上洞玄灵宝三元品戒功德轻重经[M]//道藏：第6册

DZ461 上清骨髓灵文鬼律[M]//道藏：第6册

DZ462 太上洞玄灵宝法身制论[M]//道藏：第6册

DZ463 朱君绪. 要修科仪戒律钞[M]//道藏：第6册

DZ466 灵宝领教济度金书[M]//道藏：第7—8册

DZ498 张商英 . 金箓斋投简仪 [M] // 道藏：第 9 册

DZ507 太上黄箓斋仪 [M] // 道藏：第 9 册

DZ508 无上黄箓大斋立成仪 [M] // 道藏：第 9 册

DZ528 陆修静 . 太上洞玄灵宝授度仪 [M] // 道藏：第 9 册

DZ532 太极真人敷灵宝斋戒威仪诸经要诀 [M] // 道藏：第 9 册

DZ543 太上慈悲道场消灾九幽忏 [M] // 道藏：第 10 册

DZ544 太上慈悲九幽拔罪忏 [M] // 道藏：第 10 册

DZ547 灵宝玉鉴 [M] // 道藏：第 10 册

DZ607 玉音法事 [M] // 道藏：第 11 册

DZ612 上清侍帝晨桐柏真人真图赞 [M] // 道藏：第 11 册

DZ614 洞玄灵宝升玄步虚章序疏 [M] // 道藏：第 11 册

DZ615 赤松子章历 [M] // 道藏：第 11 册

DZ617 太上宣慈助化章 [M] // 道藏：第 11 册

DZ650 太上老君说长生益算妙经 [M] // 道藏：第 11 册

DZ671 太上无极大道自然真一五称符上经 [M] // 道藏：第 11 册

DZ681 宋徽宗道德真经解义 [M] // 道藏：第 11 册

DZ706 道德真经集注 [M] // 道藏：第 13 册

DZ745 郭象 . 南华真经注疏 [M] // 道藏：第 16 册

DZ770 谢守灏 . 混元圣纪 [M] // 道藏：第 17 册

DZ782 邓牧 . 大涤洞天记 [M] // 道藏：第 18 册

DZ784 太上老君戒经 [M] // 道藏：第 18 册

DZ785 老君音诵戒经 [M] // 道藏：第 18 册

DZ786 太上老君经律 [M] // 道藏：第 18 册

DZ787 太上经戒 [M] // 道藏：第 18 册

DZ788 三洞法服科戒文 [M] // 道藏：第 18 册

DZ789 正一法文天师教戒科经 [M] // 道藏：第 18 册

DZ790 女青鬼律 [M] // 道藏：第 18 册

DZ791 正一威仪经 [M] // 道藏：第 18 册

DZ792 玄门十事威仪 [M] // 道藏：第 18 册

DZ795 正一出官章仪 [M] // 道藏：第 18 册

DZ796 太上三五正一盟威阅箓醮仪 [M] // 道藏：第 18 册

DZ797 太上正一阅箓仪 [M] // 道藏：第 18 册

DZ798 正一指教斋仪 [M] // 道藏：第 18 册

DZ800 正一敕坛仪 [M] // 道藏：第 18 册

DZ806 太上金书玉牒宝章仪 [M] // 道藏：第 18 册

DZ808 太上三洞传授道德经紫虚箓拜表仪 [M] // 道藏：第 18 册

DZ862 显道经 [M] // 道藏：第 18 册

DZ885 黄帝九鼎神丹经诀 [M] // 道藏：第 18 册

DZ978 蒋融庵 . 道德真经颂 [M] // 道藏：第 19 册

DZ982 太上三洞表文 [M] // 道藏：第 19 册

DZ1015 李淳风 . 金锁流珠引 [M] // 道藏：第 20 册

DZ1018 王冰 . 黄帝内经素问补注释文 [M] // 道藏：第 21 册

DZ1020 史崧 . 黄帝素问灵枢集注 [M] // 道藏：第 21 册

DZ1032 张君房 . 云笈七签 [M] // 道藏：第 22 册

DZ1033 至言总 [M] // 道藏：第 22 册

DZ1037 周固朴 . 大道论 [M] // 道藏：第 22 册

DZ1101 太平经钞 [M] // 道藏：第 24 册

DZ1116 洞玄灵宝太上真人问疾经 [M] // 道藏：第 24 册

DZ1124 洞玄灵宝玄门大义 [M] // 道藏：第 24 册

DZ1125 洞玄灵宝三洞奉道科戒营始 [M] // 道藏：第 24 册

DZ1126 洞玄灵宝道学科仪 [M] // 道藏：第 24 册

DZ1127 陆先生道门科略 [M] // 道藏：第 24 册

DZ1128 道门经法相承次序 [M] // 道藏：第 24 册

DZ1129 孟安排 . 道教义枢 [M] // 道藏：第 24 册

DZ1130 道典论 [M] // 道藏：第 24 册

DZ1136 洞玄灵宝左玄论 [M] // 道藏：第 24 册

DZ1138 无上秘要 [M] // 道藏：第 25 册

DZ1139 王悬河 . 三洞珠囊 [M] // 道藏：第 25 册

DZ1168 太上老君中经 [M] // 道藏：第 27 册

DZ1175 鹖冠子 [M] // 道藏：第 27 册

DZ1193 太上正一咒鬼经 [M] // 道藏：第 28 册

DZ1205 三天内解经 [M] // 道藏：第 28 册

DZ1208 太上三五正一盟威箓 [M] // 道藏：第 28 册

DZ1209 太上正一盟威法箓 [M] // 道藏：第 28 册

DZ1211 正一法文传都功版仪 [M] // 道藏：第 28 册

DZ1212 张万福 . 醮三洞真文五法正一盟威箓立成仪 [M] // 道藏：第 28 册

DZ1214 高上大洞文昌司禄紫阳宝箓 [M] // 道藏：第 28 册

DZ1216 太上正一延生保命箓 [M] // 道藏：第 28 册

DZ1217 太上正一解五音咒诅秘箓 [M] // 道藏：第 28 册

DZ1218 正一法文经章官品 [M] // 道藏：第 28 册

DZ1220 道法会元 [M] // 道藏：第 30 册

DZ1221 王契真 . 上清灵宝大法 [M] // 道藏：第 30 册

DZ1223 金允中 . 上清灵宝大法 [M] // 道藏：第 31 册

DZ1224 道门定制 [M] // 道藏：第 31 册

DZ1225 道门科范大全集 [M] // 道藏：第 31 册

DZ1226 道门通教必用集 [M] // 道藏：第 32 册

DZ1228 正一论 [M] // 道藏：第 32 册

DZ1235 全真清规 [M] // 道藏：第 32 册

DZ1236 太上出家传度仪 [M] // 道藏：第 32 册

DZ1238 传授经戒仪注诀 [M] // 道藏：第 32 册

DZ1239 正一修真略仪 [M] // 道藏：第 32 册

DZ1241 传授三洞经戒法箓略说 [M] // 道藏：第 32 册

DZ1242 正一法文法箓部仪 [M] // 道藏：第 32 册

DZ1243 正一法文太上外箓仪 [M] // 道藏：第 32 册

DZ1244 授箓次第法信仪 [M] // 道藏：第 32 册

DZ1246 灵宝课中法 [M] // 道藏：第 32 册

DZ1248 三洞群仙录 [M] // 道藏：第 32 册

DZ1249 张继先 . 三十代天师虚靖真君语录 [M] // 道藏：第 32 册

DZ1273 三洞修道仪 [M] // 道藏：第 32 册

DZ1278 陆修静 . 洞玄灵宝五感文 [M] // 道藏：第 32 册

DZ1283 太上洞神行道授度仪 [M] // 道藏：第 32 册

DZ1284 太上洞神三皇传授仪 [M] // 道藏：第 32 册

DZ1288 元辰章醮立成仪 [M] // 道藏：第 32 册

DZ1294 上清黄书过度仪 [M] // 道藏：第 32 册

DZ1295 太上洞玄灵宝二部传授仪 [M] // 道藏：第 32 册

DZ1312 太上大道玉清经 [M] // 道藏：第 33 册

DZ1313 洞真高上玉帝大洞雌一玉检五老宝经 [M] // 道藏：第 33 册

DZ1324 洞真太上八素真经登坛符札妙诀 [M] // 道藏：第 33 册

DZ1328 洞真太上八道命籍经 [M] // 道藏：第 33 册

DZ1331 洞真上清神州七转七变舞天经 [M] // 道藏：第 33 册

DZ1336 洞真太上金篇虎符真文经 [M] // 道藏：第 33 册

DZ1351 洞真太上飞行羽经九真升玄上记 [M] // 道藏：第 33 册

DZ1352 洞真太上太霄琅书 [M] // 道藏：第 33 册

DZ1353 上清道宝经 [M] // 道藏：第 33 册

DZ1360 上清九天上帝祝百神内名经 [M] // 道藏：第 33 册

DZ1364 上清洞真智慧观身大戒文 [M] // 道藏：第 33 册

DZ1367 上清河图内玄经 [M] // 道藏：第 33 册

DZ1376 上清太上帝君九真中经 [M] // 道藏：第 34 册

DZ1382 上清九丹上化胎精中记经 [M] // 道藏：第 34 册

DZ1384 上清太一帝君太丹隐书解胞十二结节图诀 [M] // 道藏：第 34 册

DZ1385 上清洞真天宝大洞三景宝箓 [M] // 道藏：第 34 册

DZ1386 上清大洞三景玉清隐书诀箓 [M] // 道藏：第 34 册

DZ1388 上清金真玉皇上元九天真灵三百六十五部元箓 [M] //
道藏: 第 34 册

DZ1390 上清洞天三五金刚玄箓仪 [M] // 道藏: 第 34 册

DZ1407 洞玄灵宝二十四生图经 [M] // 道藏: 第 34 册

DZ1409 太上九真明科 [M] // 道藏: 第 34 册

DZ1410 洞玄灵宝千真科 [M] // 道藏: 第 34 册

DZ1411 洞玄灵宝长夜之府九幽玉匮明真科 [M] // 道藏: 第 34 册

DZ1439 洞玄灵宝玉京山步虚经 [M] // 道藏: 第 34 册

DZ1443 太上元阳上帝无始天尊说火车王灵官真经 [M] // 道藏:
第 34 册

DZ1462 皇明恩命世录 [M] // 道藏: 第 34 册

（二）藏外文献

A

安居香山，中村璋八. 纬书集成 [G]. 石家庄: 河北人民出版
社，1994

B

班固. 汉书 [M]. 北京: 中华书局，1962

白居易撰，谢思炜校注. 白居易诗集校注 [M]. 北京: 中华书
局，2006

包伟民，郑嘉励，编. 武义南宋徐谓礼文书 [M]. 北京: 中华书
局，2012

柏拉图. 理想国 [M] 郭斌和，张竹明，译. 北京: 商务印书

馆，1986

C

蔡邕. 独断 [M]. 上海：上海古籍出版社，1990

陈鼓应. 庄子今注今译 [M]. 北京：中华书局，1983

陈立. 白虎通疏证 [M]. 北京：中华书局，1994

陈寿撰，裴松之注. 三国志 [M]. 北京：中华书局，1982

陈垣. 道家金石略 [M]. 北京：文物出版社，1988

陈忠实. 白鹿原 [M]. 北京：人民文学出版社，1997

D

丁玲. 丁玲女性小说 [M]. 上海：上海文艺出版社，2018

杜佑. 通典 [M]. 北京：中华书局，1988

F

范晔. 后汉书 [M]. 北京：中华书局，1965

房玄龄等. 晋书 [M]. 北京：中华书局，1974

傅惜华，陈志农. 山东汉画像石汇编 [M]. 济南：山东画报出版
社，2012

G

干宝撰，李剑国辑校. 搜神记辑校 [M]. 北京：中华书局，2019

葛洪撰，王明校释. 抱朴子内篇校释 [M]. 北京：中华书局，1985

葛洪撰，胡守为校释. 神仙传校释 [M]. 北京：中华书局，2010

顾炎武. 日知录 [M]. 石家庄：花山文艺出版社，1990

H

何建章.战国策注释 [M].北京:中华书局,1990

何休解诂,徐彦疏.春秋公羊传注疏 [M].上海:上海古籍出版社,2014

洪迈.夷坚志 [M].北京:中华书局,2006

洪兴祖.楚辞补注 [M].北京:中华书局,1983

胡宗简.(道光)贵溪县志:卷三十 [M].刻本.1824(清道光四年)

桓宽撰集,王利器校注.盐铁论校注 [M].北京:中华书局,1992

黄怀信.逸周书校补注译 [M].西安:三秦出版社,2006

黄晖.论衡校释 [M].北京:中华书局,1990

皇甫谧.高士传 [M].北京:商务印书馆,1937

J

焦循.孟子正义 [M].北京:中华书局,1987

吉川忠夫,麦谷邦夫.真诰校注 [M].北京:中国社会科学出版社,2006

K

孔颖达,孔安国.尚书正义 [M].上海:上海古籍出版社,2007

L

黎翔凤.管子校注 [M].北京:中华书局,2004

雷锋. 雷锋日记 1959—1962 [M]. 北京：解放军文艺出版社，
　　1963

李道平. 周易集解纂疏 [M]. 北京：中华书局，1994

李昉. 太平广记 [M]. 北京：中华书局，1961

李昉. 太平御览 [M]. 上海：上海古籍出版社，2008

李林甫. 唐六典 [M]. 北京：中华书局，1992

李隆基，邢昺. 孝经注疏 [M]. 上海：上海古籍出版社，2009

李零. 孙子译注 [M]. 北京：中华书局，2009

李延寿. 南史 [M]. 北京：中华书局，1975

李养正. 新编北京白云观志 [M]. 北京：宗教文化出版社，2003

林富士. 汉代的巫者 [M]. 台北：稻香出版社，1988

刘安编，何宁. 淮南子集释 [M]. 北京：中华书局，1998

刘向撰，向宗鲁校证. 说苑校证 [M]. 北京：中华书局，1987

刘义庆. 世说新语 [M]. 上海：上海古籍出版社，2007

刘寅. 武经七书直解 [M]. 长沙：岳麓书社，1992

柳宗元. 柳宗元集 [M]. 北京：中华书局，1979

娄近垣. 龙虎山志 [M]. 南昌：江西人民出版社，1996

罗贯中. 三国演义（注评本）[M]. 上海：上海古籍出版社，2015

M

马克思，恩格斯，著. 马克思恩格斯全集：第三卷 [M]. 中共中
　　央马克思恩格斯列宁斯大林著作编译局，编译. 北京：人
　　民出版社，1998

马王堆汉帛书整理小组.经法 [M].北京：文物出版社，1976

毛亨传，郑玄笺.毛诗传笺 [M].北京，中华书局，2018

毛泽东.毛泽东读文史古籍批语集 [M].北京：中央文献出版
　　社，1993

O

蕅益智旭.藕益大师文集 [M].北京：九州出版社，2013

Q

启功，王靖宪.中国法帖全集 [M].武汉：湖北美术出版社，
　　2002

钦定秘殿珠林三编 [M] // 故宫博物院编.故宫珍本丛刊：第
　　435 册.海口：海南出版社，2000

R

饶宗颐.老子想尔注校证 [M].香港：中华书局，2015

S

司马光.资治通鉴 [M].北京：中华书局，1956

司马迁.史记 [M].北京：中华书局，1982

沈约.宋书 [M].北京：中华书局，1974

山东省博物馆.沂南北寨汉墓画像 [M].北京：文物出版社，
　　2015

施道渊.穹窿山志 [M] // 故宫博物院编.故宫珍本丛刊：第 267
　　册.海口：海南出版社，2001

宋衷注，秦嘉谟等辑 . 世本八种 [M]. 北京：中华书局，2008

孙诒让 . 周礼正义 [M]. 北京：中华书局，2013

孙希旦 . 礼记集解 [M]. 北京：中华书局，1989

孙星衍 . 汉官六种 [M]. 北京：中华书局，1990

苏舆 . 春秋繁露义证 [M]. 北京：中华书局，1992

T

陶弘景，吉川忠夫，麦谷邦夫 . 真诰校注 [M]. 北京：中国社会科学出版社，2006

陶弘景，间丘方远，王家葵 . 真灵位业图校理 [M]. 北京：中华书局，2013

托马斯·肯尼利 Thomas Keneally. 辛德勒的名单 [M]. 冯涛，译 . 上海：上海译文出版社，2011

W

王粲集校注 [M] // 吴云主编 . 建安七子集，北京：中华书局，2005

王弼 . 周易注 [M]. 北京：中华书局，2011

王充著，张宗祥校注 . 论衡校注 [M]. 上海：上海古籍出版社，2010

王符撰，汪继培笺，彭铎校正 . 潜夫论笺校正 [M]. 北京：中华书局，2014

王国良 . 神异经研究 [M]. 台北：文史哲出版社，1985

王家葵 . 登真隐诀辑校 [M]. 北京：中华书局，2011

王卡.老子道德经河上公章句 [M].北京：中华书局，1993

王明.太平经合校 [M].北京：中华书局，1960

王聘珍.大戴礼记解诂 [M].北京：中华书局，1983

王仁裕，蒲向明.玉堂闲话评注 [M].北京：中国社会出版社，
  2007

王泗原.楚辞校释 [M].北京：中华书局，2014

王叔岷.列仙传校笺 [M].北京：中华书局，2007

王先慎.韩非子集解 [M].北京：中华书局，1998

王先谦.荀子集解 [M].北京：中华书局，1988

卫宏.汉旧仪 [M].北京：中华书局，1985

魏收.魏书 [M].北京：中华书局，1974

魏启鹏，胡翔骅.马王堆汉墓医书校释（贰）[M].成都：成都
  出版社，1992

魏征，令狐德棻.隋书：经籍志 [M].北京：中华书局，1973

吴毓江.墨子校注 [M].北京：中华书局，2006

X

香港思高圣经学会.圣经 [M].北京：中国天主教教务委员会，
  1992

萧子显.南齐书 [M].北京：中华书局，1972

解缙，等.永乐大典 [M].北京：中华书局，2012

徐珂.清稗类钞：第三册 [M].北京：中华书局，2010

许慎.说文解字 [M].北京：中华书局，2020

许浩.两湖麈谈录[M]//丛书集成初编：第3962册.上海：商务印书馆，1936

许维通.吕氏春秋集释[M].北京：中华书局，2009

徐松.宋会要辑稿[M].北京：中华书局，1957

荀悦.汉纪[M].北京：中华书局，2002

Y

杨伯峻.春秋左传注[M].北京：中华书局，2018

杨世华，潘一德.茅山道教志[M].武汉：华中师范大学出版社，2007

姚思廉.梁书[M].北京：中华书局，1973

袁珂.山海经校注[M].北京：北京联合出版公司，2014

袁康撰，李步嘉校释.越绝书校释[M].北京：中华书局，2013

应劭撰，王利器校注.风俗通义校注[M].北京：中华书局，1981

应劭.汉官仪[M]//孙星衍.汉官六种.北京：中华书局，1990

俞策，施闰章.阁皂山志[M].南昌：江西人民出版社，1996

允禄.皇朝礼器图示[M].扬州：广陵书社，2005

玉音法事[M]//藏外道书：第16册.成都：巴蜀书社，1994

Z

曾枣庄，刘琳主编.全宋文[M].上海：上海辞书出版社；合肥：安徽教育出版社，2006

翟灏.通俗编[M].北京：商务印书馆，1958

张颔，陶正刚，张守中．侯马盟书 [M]．太原：三晋出版社，2016

张晋潘，主编．中国法制史 [M]．北京：中国政法大学出版社，2007

张君房．云笈七签 [M]．北京：中华书局，2003

张四维，辑．名公书判清明集 [M]．北京：中华书局，1987

张廷玉．明史 [M]．北京：中华书局，1974

张英，王士祯等．渊鉴类函 [M]．北京：中国书店，1985

张应京校集，张洪任编正．正一天坛玉格 [M]．刻本．苏州，1658（顺治十五年），北京大学图书馆藏．

张政烺，日知．秦律十八种：内史杂 [M]．长春：吉林文史出版社，1990

长孙无忌，等．故唐律疏议 [M]．上海：商务印书馆，1935

赵升．朝野类要 [M]．北京：中华书局，2007

赵翼．陔余丛考 [M]．石家庄：河北人民出版社，1990

赵在翰，钟肇鹏，萧文郁．七纬 [M]．北京：中华书局，2012

甄鸾．笑道论 [M] // 严可均，编．全上古三代秦汉三国六朝文．北京：中华书局，1958

增广贤文 [M]．郑州：河南科学技术出版社，2013

郑玄，贾公彦．周礼注疏 [M]．上海：上海古籍出版社，2010

郑玄，贾公彦．仪礼注疏 [M]．上海：上海古籍出版社，2008

郑玄，孔颖达．礼记正义 [M]．上海：上海古籍出版社，2008

朱骏声．说文通训定声 [M]．武汉：武汉古籍书店，1983

左丘明撰, 徐元诰集解. 国语集解 [M]. 北京: 中华书局, 2002

周作明, 点校. 无上秘要 [M]. 北京: 中华书局, 2016

二、中、日文论著及中文译著

说明: 按作者姓名的汉语拼音字母顺序排列。

A

阿诺德·范热内普 Arnold van Gennep. 过渡礼仪 [M]. 北京: 商务印书馆, 2016

艾兰 SarahAllan. 鬼之谜——商代神话、祭祀、艺术和宇宙观研究 (增订版) [M]. 北京: 商务印书馆, 2013

埃里希·诺依曼 Erich Neumann. 大母神: 原型分析 [M]. 北京: 东方出版社, 1998

B

包筠雅, 著. 杜正贞, 张林, 译. 功过格: 明清时期的社会变迁与道德秩序 [M]. 上海: 上海人民出版社, 2021

白彬. 南方地区吴晋墓葬出土木方研究 [J]. 华夏考古, 2010 (02)

白乐日 Étienne Balazs, 著. 佘振华, 译. 天朝的封建官僚机制: 古代中国经济和社会研究 [M]. 桂林: 广西师范大学出版社, 2021

白照杰. 扬州新出土晚唐龙虎山天师道大都功版初研 [J]. 宗教学研究, 2018 (4)

白照杰. 整合及制度化——唐前期道教研究 [M]. 上海: 格致出

版社，2018

柏夷 Stephen R. Bokenkamp. 天师道婚礼仪式"合气"在上清、灵宝学派的演变 [G] // 道家文化研究：第十六辑 . 北京：三联书店，1999

柏夷 . 道教神系 [M] // 柏夷，著，孙齐，等，译 . 道教研究论集 . 上海：中西书局，2015

柏夷 . 姚伯多造像碑：早期灵宝经中"道—佛主义"的证据 [M] // 柏夷，著，孙齐，等，译 . 道教研究论集 . 上海：中西书局，2015

柏夷 . 早期灵宝与道教寺院主义的起源 [M] // 柏夷，著，孙齐，等，译 . 道教研究论集 . 上海：中西书局，2015

柏夷 . 麻布与灰——涂炭斋中的自我与家族 [M] // 柏夷，著，孙齐，等，译 . 道教研究论集 . 上海：中西书局，2015

布鲁斯·林肯 Bruce Lincoln，著 . 晏可佳，译 . 死亡、战争与献祭 [M] . 上海：上海人民出版社，2018

C

曹峰 . 道家"帝师"类文献初探 [J] . 哲学论集，2018（49）

常玉芝 . 商代宗教祭祀 [M] . 商代史：卷八 . 北京：中国社会科学出版社，2010

晁天义 . 文明"早熟"与中国古代亲属称谓的泛化 [J] . 史学集刊，2021（02）

陈鼓应 . 管子四篇诠释——稷下道家代表作解析 [M] . 北京：商

务印书馆, 2006

陈汉平. 西周册命制度研究 [M]. 上海: 学林出版社, 1986

陈江风, 曹阳, 杨远. 九莲帐书——叩问苍穹的文化之旅 [M]. 郑州: 大象出版社, 2013

陈梦家. 商代的神话与巫术 [J]. 燕京学报, 1936 (20)

陈梦家. 东周盟誓与出土载书 [J]. 考古, 1966 (05)

陈梦家. 尚书通论 (增订本) [M]. 北京: 中华书局, 1985

陈平. 克罍、克盉铭文及其有关问题 [J]. 考古, 1991 (9)

陈松长. 香港中文大学文物馆藏简牍 [M]. 香港: 香港中文大学文物馆, 2001

陈文龙. 王契真《上清灵宝大法》研究 [M]. 济南: 齐鲁书社, 2015

陈耀庭. 上海道教斋醮和"进表"科仪概述 [G] // 百年道学精华集成, 第八辑, 礼仪法术卷二. 上海: 上海科学技术文献出版社, 2018

陈寅恪. 天师道与滨海地域之关系 [M] // 金明馆丛稿初编. 北京: 三联书店, 2001

陈撄宁. 道教与养生 [M]. 北京: 华文出版社, 1989

陈铮. 茅茨: 一种道教信仰符号的传播与适应 [J]. 民族艺术, 2013 (04)、2014 (06)

陈直. 关于江陵丞告地下丞 [J]. 文物, 1977 (12)

陈直. 汉书新证 [M]. 天津: 天津人民出版社, 1979

陈志刚. 中国古代坐卧具小史 [M]. 北京: 长安出版社, 2015

陈仲安，王素．汉唐职官制度研究（增订本）[M]．上海：中西书局，2018

陈遵妫．中国天文学史[M]．上海：上海人民出版社，2006

程乐松．王羲之书帖中所见的"五斗米道"——中古士人道教信仰形态之一探[J]．四川大学学报（哲学社会科学版），2016（01）

池田温．中国历代墓券略考[G]．东洋文化研究所纪要，86，1987

褚叶儿．郑玄的六天说与阴阳五行[J]．中国哲学史，2020（4）

川胜义雄，著．林晓光，译．魏晋南北朝[M]，北京：九州出版社，2022

崔瑞德 Denis Twitchett，鲁惟一 Michael Loewe 编．剑桥中国秦汉史：公元前 221—公元 220 年[M]．北京：中国社会科学出版社，1992

D

大渊忍尔．道教とその经典——道教史の研究其の二[M]．东京：创文社，1997

大形彻．从洞天福地看《列仙传》的仙人与山[C] // 吕舟，编．2019 第一届洞天福地研究与保护国际研讨会论文集．北京：科学出版社，2021

德克·布迪 Derk Bodde，克拉伦斯·莫里斯 Clarence Morris．中华帝国的法律[M]．朱勇，译．南京：江苏人民出版社，2008

杜正胜 . 编户齐民——传统政治社会结构之形成 [M] . 台北：联经出版事业股份有限公司，1990

段晓彦 . 中国古代法律宣传和普及的历史经验 [J] . 渤海大学学报（哲学社会科学版），2013，35（02）

丁煌 .《正一大黄预修延寿经箓》初研 [G] // 詹石窗，主编 . 百年道学精华集成，第八辑，礼仪法术卷二 . 上海：上海科学技术文献出版社，2018

F

弗朗斯·德瓦尔 Fransde Waal. 猿形毕露：从猩猩看人类的权力暴力爱与性 *Chimpanzee Politics: Power and Sex Among Apes* [M] . 陈信宏，译 . 北京：三联书店，2015

弗雷泽 Sir James G. Frazer.《旧约》中的民俗 [M] . 上海：复旦大学出版社，2011

富谷至 . 文书行政的汉帝国 [M] . 刘恒武，孔李波，译 . 南京：江苏人民出版社，2013

弗里德里希·恩格斯，著 . 中共中央马克思恩格斯列宁斯大林著作编译局，译 .《家庭、私有制和国家的起源》[M] . 北京：人民出版社，2018

G

高移东 . 鱼符、鱼袋研究 [M] . 文博学刊，2020（2）

高敏 . 汉初法律系全部继承秦律说 [G] // 秦汉史论丛：第六辑 . 南昌：江西教育出版社，1994

高万桑 Vincent Goossaert. 近代中国的天师授箓体系：对天坛玉格的初步研究 [C] // 黎志添. 十九世纪以来中国地方道教变迁. 香港：三联书店，2013

高振宏. 朝封、道封与民封：从三个例子谈敕封对神祇信仰的形塑与影响 [J]. 华人宗教研究，2017（09）

盖立涛. 董仲舒"太平"理想社会的理论建构. 烟台大学学报（哲学社会科学版），2019（1）

葛思康 Lennert Gesterkamp. 道教神谱与其艺术再现 [G] // 台北保安宫，编. 道教神祇国际学术研讨会论文集. 台北：台北保安宫，2010

葛思康 Lennert Gesterkamp.《山海经》与洞天福地的原型 [C] // 吕舟，崔光海，编. 2019 年第一届洞天福地研究与保护国际研讨会论文集. 北京：科学出版社，2021

葛全胜，等. 中国历朝气候变化 [M]. 北京：科学出版社，2011

葛兆光. 屈服史及其他：六朝隋唐道教的思想史研究 [M]. 北京：三联书店，2003

根本诚. 上代支那法制の研究 [M]. 东京：有斐阁，1941

顾颉刚. 五德终始说下的政治和历史 [J]. 清华大学学报（自然科学版），1930（1）

广濑直记. 发炉与治箓——正一发炉与灵宝发炉的比较 [J]. 人文中国学报，2017，（25）

郭声波. 四川历史农业地理概论 [J]. 中国历史地理论丛，1989（03）

郭声波．四川历史农业地理［M］．成都：四川人民出版社，1993

H

韩森 Valerie Hansen．传统中国日常生活中的协商：中古契约研究［M］．南京：江苏人民出版社，2008

韩森 Valerie Hansen．变迁之神——南宋时期的民间信仰．上海：中西书局，2016

贺昌群．论黄巾农民起义的口号［J］．历史研究，1959（6）

贺辉．新石器时代祭祀类遗迹研究［D］．南京：南京大学，2013

何庄，严婧．中国古代诏令文书用纸与用印的文化探源［J］．中国档案研究，2017（01）

黄建兴．师教：中国南方法师仪式传统比较研究［M］．北京：中华书局，2018

黄景春．"承负说"源流考——兼谈汉魏时期解除"重复"法术［J］．华东师范大学学报（哲学社会科学版），2009，41（6）

黄士斌．河南偃师县发现汉代买田约束石券［J］．文物，1982（12）

黄朴华，何佳，雷永利，何佳．湖南长沙五一广场东汉简牍发掘简报［J］．文物，2013（06）

黄宗智．认识中国：走向从实践出发的社会科学［J］．中国社会科学，2005（1）

湖南省博物馆，中国科学院考古研究所编．长沙马王堆一号汉墓［M］．北京：文物出版社，1973

胡平生.居延汉简中的"功"与"劳"[J].文物，1995（04）

胡司德 Roel Sterckx.早期中国的食物、祭祀和圣贤 [M].杭州：浙江大学出版社，2018

胡守为.米巫祭酒张普题字[J].中华文史论丛，2015，2（118）

J

吉川忠夫，撰.许洋主，译.静室考[G]//刘俊文，主编.日本学者研究中国史论选译：第七卷.北京：中华书局，1993

吉宏忠，陶金.《先天火犀芟治灭巫金科》中的道法逻辑及法师身份[G]//刘仲宇，吉宏忠，主编.正一道教研究（第三辑）.北京：宗教文化出版社，2014

吉宏忠，编.上海城隍庙志[M].北京：宗教文化出版社，2017

贾兰坡.山顶洞人[M].上海：龙门联合书局，1951

姜伯勤.《玄都律》年代及所见道官制度[G]//武汉大学历史系魏晋南北朝隋唐史研究室编.魏晋南北朝隋唐史资料：第11辑.武汉：武汉大学出版社，1991

江绍原.发须爪：关于它们的迷信[M].北京：中华书局，2007

姜守诚.出土文献与早期道教[M].北京：中国社会科学出版社，2016

姜守诚.香港所藏"松人"解除木牍与汉晋墓葬之禁忌风俗[J].成大历史学报，2006（31）

姜守诚.宋元道教科仪中的"直符"神[J].中国本土宗教研究，2022（00）.

姜守诚．汉代"直符"观念的神秘化 [J]．贵州社会科学，2022
（03）

姜生．原始道教之兴起与两汉社会秩序 [J]．中国社会科学，
2000（6）

姜生．汉帝国的遗产：汉鬼考 [M]．北京：科学出版社，2016

K

康豹 Paul R. Katz．汉人社会的神判仪式初探：从斩鸡头说起，
"中研院"民族学研究所集刊（88），1999

康豹 Paul R. Katz．精魂拘闭，谁之过乎？——道教与中国法律
文化的建构初探 [J]．温州大学学报（社会科学版），2010
（4）

康儒博 Robert F. Campany．修仙：中国古代的修行与社会记
忆 [M]．南京：江苏人民出版社，2019

孔祥毓．明孝康张皇后授箓考——以《张皇后之箓牒》为中
心 [J]．中国道教，2012（05）

L

蓝松炎，吕鹏志．江西省铜鼓县棋坪镇显应雷坛道教科仪 [M]．
台北：新文丰出版公司，2014

勒内·基拉尔（René Girard），著．周莽，译．祭牲与成神 [M]．
北京：三联书店，2022

雷闻．郊庙之外——隋唐国家祭祀与宗教 [M]．北京：三联书
店，2009

雷闻.唐代帖文的形态与运作[J].中国史研究，2010（03）

李丰楙.六朝道教的终末论——末世、阳九百六与劫运说[G]//
　　道家文化研究：第九辑.上海：上海古籍出版社，1996

李丰楙.神仙三品说的原始及其演变[M]//仙境与游历——神
　　仙世界的想象.北京：中华书局，2010

李丰楙.王母、王公与昆仑、东华：六朝上清经派的方位神
　　话[M]//仙境与游历：神仙世界的想象.北京：中华书局，
　　2010

李丰楙，编.道法万象[M].台南：台南市政府文化局，2018

李零.长沙子弹库战国楚帛书研究[M].北京：中华书局，1985

李零.中国方术续考[M].北京：中华书局，2006

李清泉."天门"寻踪[C]//巫鸿，朱青生，郑岩，编.古代墓
　　葬美术研究，第三辑.长沙：湖南美术出版社，2015

李滔祥.都功箓红黑贡氒初探（未刊稿）[C]//2015年香港中文
　　大学"比较视野中的道教仪式"国际学术研讨会论文集.

李滔祥，李绍华.赤符丹篆，永镇灵根——灵宝中盟箓的挖掘
　　与整理[G]//正一道教研究：第六辑.北京：宗教文化出
　　版社，2016

李学勤.放马滩简中的志怪故事[J].文物，1990，（4）

李泽厚.由巫到礼释礼归仁[M].北京：三联书店，2015

李志鸿.道教法术"家书式"考[J].中国道教，2009（05）

李志鸿.道教天心正法研究[M].北京：社会科学文献出版社，
　　2011

黎志添.天地水三官信仰与早期道教治病解罪仪式［J］.台湾宗
　　教研究，2002，2（1）

黎志添.《女青鬼律》与早期天师道地下世界的官僚化问
　　题［G］//黎志添.道教研究与中国宗教文化.香港：中华书
　　局出版社，2003

刘后滨.唐宋间选官文书及其裁决机制的变化［J］.历史研究，
　　2008（03）

刘江.帖与宋代地方政务运作［J］.文史，2019（02）

刘九生.黄巾口号之谜［J］.陕西师大学报（哲学社会科学版），
　　1985（2）

刘开生.中国古代的阅兵［J］.文史博览，2009（08）

刘守华.张天师传说汇考［G］.武汉：华中师范大学出版社，
　　2009.

刘序琦.谈"苍天已死，黄天当立"［J］.江西师范大学学报，
　　1985（03）

刘伟杰.明代帖文考释［J］.档案学通讯，2021（06）

刘云生.中国古代契约法［M］.重庆：西南师范大学出版社，
　　2000

刘昭瑞.考古发现与早期道教研究［M］.北京：文物出版社，
　　2007

刘仲宇.符箓平话［M］.北京：宗教文化出版社，2013.

刘仲宇.道教授箓制度研究［M］.北京：中国社会科学出版社，
　　2014

刘仲宇．三十年来箓及授箓研究述评［C］//盖建民，主编．回顾与展望：青城山道教学术研究前沿问题国际论坛文集．成都：巴蜀书社，2016

鲁道夫·奥托（Rudolf Otto）．论"神圣"［M］．成都：四川人民出版社，1995

陆志平，陶金．科仪志［M］//刘仲宇，主编．上海道教史（待刊稿）

罗伯特·塞尔茨（Robert M. Seltzer），著．赵立行等，译．犹太教的思想［M］．上海：上海三联书店，1994

罗浩（Harold Roth），著，邢文主编．原道——《内业》与道家神秘主义的基础［M］．北京：学苑出版社，2009

雒有仓，梁彦民．论商周时代盟誓习俗的发展与演变［J］．陕西师范大学学报（哲学社会科学版），2007，36（4）

吕静．中国古代盟誓功能性原理的考察——以盟誓祭仪仪式的讨论为中心［J］．史林，2006（1）

吕静．秦汉官僚体制下的基层文吏研究［J］．北京行政学院学报，2011（6）

吕思静，熊铁基．汉代的道教组织——以张姓高道为线索［J］．宗教学研究，2022（01）

吕思勉．吕思勉读史札记［M］．上海：上海古籍出版社，1982

吕鹏志．天师道授箓科仪——敦煌写本 S203 考论［J］．"中研院"历史语言研究所集刊，2006，77（1）．

吕鹏志．天师道黄赤券契考［C］//程恭让编．天问（丁亥卷）．南

京：江苏人民出版社，2008

吕鹏志．唐前道教仪式史纲 [M]．北京：中华书局，2008

吕鹏志．天师道登坛告盟仪——《正一法文法箓部仪》考论 [J]．宗教学研究，2011（2）

吕鹏志．法位与中古道教仪式的分类 [J]．宗教学研究，2012（2）

吕鹏志．赣西北发现的天师经箓 [J]．世界宗教研究，2015（03）

吕鹏志．道教抄本《先天勘合玄秘并填箓填引》初探 [J]．宗教学研究，2015（03）

吕鹏志．赣西北流传的正一箓 [J]．宗教学研究，2019（02）

吕志兴．宋格初探 [J]．现代法学，2004，26（4）

M

马长寿．苗瑶之起源神话 [J]．民族学研究集刊，1940

马俊杰．唐代的告身和告身崇拜 [J]．文史知识，2020，474（12）

马若瑟（Joseph Martos）．圣域门槛：感恩（圣体）圣事 [M]．上海：天主教上海教区光启社，2003

马塞尔·莫斯（Marcel Mauss），著．汲喆，译．礼物：古式社会中交换的形式与理由 [M]．上海：上海人民出版社，2005.

马怡．西汉末年"行西王母诏筹"事件考——兼论早期的西王母形象及其演变 [J]．形象史学，2016（上半年）.

马玉臣．论宋神宗时期宗教改革政策及其影响 [J]．宗教学研究，2009（03）

马增荣.汉代地方行政中的直符制度 [J].简帛，2018（01）

麦谷邦夫，吉川忠夫，编.刘雄峰，译.《周氏冥通记》研究 [M].济南：齐鲁书社，2010

梅莉.玉皇崇拜论 [J].湖北大学学报（哲学社会科学版），2011，38（05）

米尔恰·伊利亚德 Mircea Eliade. 神圣与世俗 [M].北京：华夏出版社，2002

米尔恰·伊利亚德 Mircea Eliade. 萨满教——古老的入迷术 [M].北京：社会科学文献出版社，2018

缪品枚.民间信仰卷 [M]//钟雷兴，编.闽东畲族文化全书.北京：民族出版社，2009

N

南京大学历史学院文物考古系，扬州市文物考古研究所.江苏扬州市秋实路五代至宋代墓葬的发掘 [J].考古，2017（04）

宁可.关于《汉侍廷里父老僤买田约束石券》[J].文物，1982（12）

宁可.述"社邑" [J].北京师院学报（社会科学版），1985（01）

宁可.五斗米道、张鲁政权和"社" [G]//汤一介，主编.中国文化与中国哲学 1987.北京：三联书店，1988

P

彭理福.道教科范新编 [M].北京：宗教文化出版社，2001

彭理福. 道教科范：全真教斋醮科仪纵览 [M]. 北京：宗教文化出版社，2011

平田茂树，著，林松涛，译. 宋代政治结构研究 [M]. 上海：上海古籍出版社，2010

蒲慕州. 追寻一己之福：中国古代的信仰世界 [M]. 上海：上海古籍出版社，2007

Q

祁履泰 Terry Kleeman. 没有食物的宴饮——道教厨会的演化 [G] // 正一道教研究，第六辑. 北京：宗教文化出版社，2016

乔尔·迪姆斯戴尔 Joel E. Dimsdale. 史先涛，译. 天生恶魔？纽伦堡审判与罗夏墨迹测验 [M]. 北京：三联书店，2019

R

饶宗颐. 畏兽画说 [M] // 澄心论萃. 上海：上海文艺出版社，1996

荣新江. 盛唐长安与敦煌——从俄藏《开元廿九年（741）授戒牒》谈起 [J]. 浙江大学学报（人文社会科学版），2007（03）

芮逸夫. 苗族洪水故事与伏羲女娲的传说 [J]. 人类学集刊，1938，1（1）

S

塞缪尔·亨廷顿 Samuel P. Huntington. 文明的冲突 [M]. 北京：

新华出版社，2013

山东省博物馆编．沂南北寨汉墓画像［M］．北京：文物出版社，2015

上野千鶴子，著．邹韵，薛梅，译．父权制度与资本主义［M］．杭州：浙江大学出版社，2020

沈睿文．何处是归乡——陶弘景墓所见葬式及其佛教影响［J］．华林国际佛学学刊，第四卷，第一期（2021）

施舟人 Kristofer M. Schipper．都功の職能の開する二、三の考察［C］// 酒井忠夫，编．道教の総合的研究．东京：图书刊行会，1981

施舟人 Kristofer M. Schipper．道教在近代中国的变迁［M］// 中国文化基因库．北京：北京大学出版社，2002

施舟人 Kristofer M. Schipper．仙人唐公房［M］// 中国文化基因库．北京：北京大学出版社，2002

施舟人 Kristofer M. Schipper．道教的清约［G］// 法国汉学，第八辑，北京：中华书局，2002

石朝江．苗族创世神话：洪水故事与兄妹结婚［J］．贵州大学学报（社会科学版），2011，29（06）

宋学立．金元全真教授箓史论略［J］．世界宗教研究，2021（01）

苏清六．天师与经箓初探［M］．台南：文国书局，2015

孙博．"畏兽"四题［J］．艺术收藏与鉴赏，2020（04）

孙常叙．释誓申唐说质誓——读《侯马盟书》"自质于君所"献

疑 [G] // 高智．侯马盟书研究论文集．太原：三晋出版社，
　　2017

孙齐．中古道教法服制度的成立 [J]．文史，2016（04）

孙作云．长沙马王堆一号汉墓出土画幡考释 [J]．考古，1973
　　（1）

索安 Anna Seidel．国之重宝与道教秘宝——谶纬所见道教的
　　渊源 [G] // 法国汉学，第四辑．北京：清华大学出版社，
　　1997

索安 Anna Seidel．从墓葬的葬仪文书看汉代宗教的轨迹 [G] //
　　法国汉学，第七辑．北京：中华书局，1999

T

唐金裕．汉初平四年王氏朱书陶瓶 [J]．文物，1980（01）

陶金．苏州、上海《诰斗科仪》中"启师"节次初探——道教
　　与密教，江南与北京 [J]．中国道教，2012（02）

陶金．大高玄殿的道士与道场——管窥明清北京宫廷的道教活
　　动 [J]．故宫学刊，2014（02）

陶金，喻晓．九州清晏：清世宗全国龙神祠庙系统的创立 [J]．
　　道教研究学报：宗教、历史与社会，2020/21（12/13）

陶金．"洞天福地"原型及其经典阐释 [C] // 吕舟，崔光海，
　　编．2019 第一届洞天福地研究与保护国际研讨会论文
　　集．北京：科学出版社，2021

陶金．钦安殿藏玉宋徽宗御题玉册单简初探 [M] // 王子林，

编.钦安殿原状.北京：故宫出版社，2021

陶金.江苏茅山《三茅宝忏》圣位小考：兼探《真诰》中的洞天选仙机制（未刊稿）

田禾.晋宋流民与正一教团——以敦煌文书 S.203 所见仙灵箓为线索 [J].宗教研究，2014（02）

田清.古代官府文书牒文之功用及体式研究 [J].档案，2020（08）

田义祥.中国阅兵史话 [J].军事历史，1999（04）

田兆元.盟誓史 [M].南宁：广西民族出版社，2000

W

丸山宏.道教礼仪の出官启事に关する诸问题 [G] // 中国思想における身体、自然、信仰——坂出祥伸先生退休记念论集.东京：东方书店，2004

丸山宏.受籙の章について——章本の研究（三）[G] // 道教儀禮文書の歷史的研究.東京：汲古書院，2005

王承文.汉晋道教仪式与古灵宝经研究 [M].北京：中国社会科学出版社，2017

王纯五.天师道二十四治考 [M].成都：四川大学出版社，1996

王岗.明代茅山上清宗师的谱系 [G] // 吕舟，主编.2019 年第一届洞天福地研究与保护国际研讨会论文集.北京：科学出版社，2021

王皓月.析经求真：陆修静与灵宝经关系新探 [M].北京：中华

书局，2017

王卡. 敦煌残抄本陶公传授仪校读记 [J]. 敦煌学辑刊，2002（1）

王家葵. 玉吅读碑：碑帖故事与考证 [M]. 成都：四川文艺出版
　　社，2016

王见川. 近代张天师府访道录 [M] // 王见川，侯冲等，编. 民
　　间私藏中国民间信仰民间文化资料汇编第一辑：第 26
　　册. 台北：博扬文化事业有限公司，2011

王见川，高万桑. 近代张天师史料汇编 [M]. 台北：博扬文化，
　　2012

王金花. 古代诏令文书"诰命（宣命）敕命（敕牒）" [J]. 文物
　　世界，2013，116（03）

王杨梅. 南宋中后期告身文书形式再析 [G] // 包伟民，刘后滨，
　　主编. 唐宋历史评论：第 2 辑. 北京：社会科学文献出版
　　社，2016

王月峰. 山东安丘、临朐等地的酒宴礼仪风俗 [J]. 民间法，
　　2013，12（00）

王明磊. 九莲山帐书探秘 [J]. 寻根，2013（06）

王沛. 刑书与道书——大变局下的早期中国法 [M]. 北京：法律
　　出版社，2018

王平，顾彬. 甲骨文与殷商人祭. 郑州：大象出版社，2007

王育成. 徐副地券中天师道史料考释 [J]. 考古，1993（6）

王宗昱. 道教的"六天"说 [G] // 道家文化研究：第十六辑. 北
　　京：三联书店，1999

王宗昱.《登真隐诀》所反映的天师道[M].李四龙，周学农，主编.哲学、宗教与人文.北京：商务印书馆，2004

维克多·特纳 Victor Turner. 仪式过程：结构与反结构[M].北京：中国人民大学出版社，2006

闻一多.伏羲考[M].上海：上海古籍出版社，2006

巫鸿.礼仪中的美术——马王堆再思[M]//礼仪中的美术——巫鸿古代美术史文编.北京：三联书店，2005

巫鸿."玉衣"或"玉人"？——满城汉墓与汉代墓葬艺术中的质料象征意义[M]//礼仪中的美术——巫鸿古代美术史文编.北京：三联书店，2005

吴受琚.唐代道教法箓传授[G]//任继愈，主编.中国道教史，上.北京：中国社会科学出版社，2001

吴青.灾异与汉代社会[J].西北大学学报（哲学社科版），1995（3）

武雅士 Arthur P. Wolf. 神、鬼和祖先[C]//武雅士 Arthur P. Wolf. 中国社会中的宗教与仪式.彭泽安，邵铁峰，译.南京：江苏人民出版社，2014

武玉秀.敦煌寺院戒牒文书所反映的净土信仰研究[J].青海民族研究，2012，23（04）

吴羽.唐宋道教与世俗礼仪互动研究[M].北京：中国社会科学出版社，2013

吴郁芳.《诅楚文》三神考[J].文博，1987（4）

吴真.从六朝故事看道教与佛教进入地方社会的不同策略[J].河南教育学院学报（哲学社会科学版），2007（3）

吴真. 为神性加注：唐宋叶法善崇拜的造成史 [M]. 北京：中国社会科学出版社，2012

X

夏德安 Donald Harper. 战国民间宗教中的复活问题 [G] // 简帛研究译丛，1. 长沙：湖南出版社，1996

夏德安 Donald Harper. 汉代共同宗教中现世与冥界的契约：公元 79 年序宁祷祠简 [C] // 当代西方汉学研究集萃，宗教史卷. 上海：上海古籍出版社，2016

夏含夷 Edward L. Shaughnessy. 孔子之前——中国经典诞生的研究 [M]. 黄圣松，杨济襄，周博群，译. 上海：中西书局，2019

小林正美. 六朝道教史研究 [M]. 成都：四川人民出版社，2001

小野泽精一，福永光司，山井涌，编. 气的思想——中国自然观与人的观念的发展 [C]. 李庆，译. 上海：上海人民出版社，2014

谢聪辉.《玉皇本行集经》出世的背景与因缘研究 [J]. 道教研究学报：宗教、历史与社会，2009（01）

谢聪辉. 正一经箓初探——以台湾与福建南安所见为主 [J]. 道教研究学报，2013（5）

谢聪辉. 泉州南安奏箓仪式初探：以洪濑唐家为主——以忠义宫、保安庙及福德庙府为核心的探讨 [C] // 谢世维，编. 经典道教与地方宗教. 台北：政大出版社，2014

谢聪辉. 评《道教授箓制度研究》[J]. 道教研究学报: 宗教、历史与社会, 2015 (14)

谢聪辉. 缴箓研究: 以南安市乐峰镇黄吉昌道长归真为例 [C] // 盖建民, 主编. 回顾与展望: 青城山道教学术研究前沿问题国际论坛文集. 成都: 巴蜀书社, 2016

谢聪辉. 道教"化士"的意涵、来源及其在明清授箓中的职能研究——兼论佛教的相关问题 [J]. 道教研究学报: 宗教、历史与社会, 2022 (14)

谢清果. 老子"玄同"思想体系与人类命运共同体的建构方略 [J]. 中原文化研究, 2018, 6 (01)

谢世维. 从天文到圣物——六朝道教仪式中策杖之考察 [J]. 汉学研究, 第 27 卷第 4 期 (2009 年 12 月)

谢世维. 首过与忏悔: 中古时期罪感文化之探讨 [J]. 清华学报 (台湾), 新四十卷第四期 (2010 年 12 月)

谢世维. 练形与炼度: 六朝道教经典当中的死后修练与亡者救度 [J]. "中研院"及史语言研究所集刊, 第八十三本第四分 (2012 年 12 月)

熊德基. 《太平经》的作者和思想及其与黄巾和天师道的关系 [J]. 历史研究, 1962 (4)

徐世虹主编. 中国法制通史第二卷战国秦汉 [M]. 北京: 法律出版社, 1998

徐旭生. 中国古史的传说时代 [M]. 北京: 科学出版社, 1960

许兆昌. 重、黎绝地天通考辨二则 [J]. 吉林大学社会科学学报,

2001（2）

咸阳市文物考古研究所 . 咸阳教育学院汉墓清理简报 [C] // 文
物考古论集——咸阳文物考古研究所成立十周年纪念 . 西
安：三秦出版社，2000

Y

阎步克 . 从爵本位到官本位——秦汉官僚品位结构研究 [M] . 北
京：三联书店，2017

阎步克 . 帝国开端时期的官僚政治制度——秦汉 [G] // 吴宗国，
编 . 中国古代官僚政治制度研究 . 北京：北京大学出版社，
2004

闫兴潘 . 论金代女真人的"超迁格"——民族关系影响下的职
官制度变革 [J] . 历史教学（下半月刊），2019（09）

杨德睿 .《道德经》与道教的革新 . 未刊稿 .

杨宽 . 楚帛书的四季神像及其创世神话 [J] . 文学遗产，1997（04）

杨立志 . 三山滴血派与武当清微派 [J] . 郧阳师范高等专科学校
学报，2000（05）

杨立志，李程 . 道教与长江文化 [M] . 武汉：湖北教育出版社，
2005

杨联陞 .《道教之自搏与佛教之自扑》补论 [G] // 杨联陞 . 中国
语文札记——杨联陞论文集 . 北京：中国人民大学出版社，
2006

杨世华 . 大师仙游 风范长存——忆恩师陈莲笙道长二三事 [J] .

中国道教，2009（01）

易宏．金龙驿传，上达九天——道教投龙简仪源流略考［G］//
　　王卡，汪桂平．中国本土宗教研究：第1辑．北京：社会
　　科学文献出版社，2018

余剑龙．唐诗中玉皇形象的多样性［G］．台湾宗教研究20年的
　　回顾与前瞻暨敬天法祖2019国际学术研讨会论文集，2019

余欣．神道人心：唐宋之际敦煌民生宗教社会史研究［M］．中华
　　书局，2006

余欣．符应图书的知识谱系——敦煌文献与日本写本的综合考
　　察［G］//荣新江，朱玉麒．丝绸之路新探索：考古、文献
　　与学术史．南京：凤凰出版社，2020

余英时，侯旭东等，译．"魂兮归来"！——论佛教传入以前
　　中国灵魂与来世观念的转变［M］//东汉生死观．上海：上
　　海古籍出版社，2005

于振波．汉简"得算""负算"考［G］//李学勤，主编．简帛研
　　究，第二辑．北京：法律出版社，1996

袁志鸿，刘仲宇，整理．正乙天坛玉格［G］//刘仲宇，吉宏忠，
　　主编．正一道教研究，第二辑．北京：宗教文化出版社，
　　2013

Z

增渊龙夫．中国古代的社会与国家［M］．上海：上海古籍出版
　　社，2017

詹鄞鑫.神灵与祭祀——中国传统宗教综论[M].南京：江苏古籍出版社，2000

张超然.系谱、教法及其整合：东晋南朝道教上清经派的基础研究[D].台北：政治大学，2007

张超然.正一盟威：天师道基本信仰及教条.道教科仪教材.未刊稿.

张超然.天师道祭酒亲自上天呈章？[G]//程恭让，主编.天问传统文化与现代社会，南京：江苏人民出版社，2010

张超然.入道与行道：赵昇一系天师教团的黄赤教法[J].台湾宗教研究，2004，3（1）

张超然.系谱、教法及其整合：东晋南朝道教上清经派的基础研究[D].台北：政治大学，2007.

张超然.试观与保举：东晋南朝道教试炼传统及其发展[J].中国文哲研究通讯，2013，03（23：1）

张超然.援法入道：南宋灵宝传度科仪研究[J].台湾宗教研究，2014，13（2）

张丹丹.天上取样人间织——传世道教法衣研究[D].香港：香港中文大学，2016

张光直.商文明[M].北京：三联书店，2019

张红志.道教烧香考源[J].宗教学研究，2021（04）

张敏，朱超龙，牛志远.江苏扬州市秋实路五代至宋代墓葬的发掘[J].考古，2017（04）

章启群.星空与帝国——秦汉思想史与占星学[M].北京：商务

印书馆，2013

张雪松．全真道派辈字谱发隐［G］//赵卫东，编．全真道研究：
第3辑．济南：齐鲁书社，2014

张雪松．佛教"法缘宗族"研究：中国宗教组织模式探析［M］．
北京：中国人民大学出版社，2015

张勋燎，白彬．中国道教考古［M］．北京：线装书局，2006

张泽洪．论道教斋醮焚香的象征意义［J］．中华文化论坛，2001
（01）

赵亮，张凤林，负信常．苏州道教史略［M］．北京：华文出版
社，1994

赵益．六朝南方神仙道教与文学［M］．上海：上海古籍出版社，
2006

赵建伟．析毛泽东对早期道教的原始社会主义的解读［J］．毛泽
东思想研究，2000（04）

郑吉雄．释"天"［J］．中国文哲研究集刊，2015（46）

郑吉雄．论天文历法与天命［G］．安平秋主编．中国典籍与文化
论丛：第20辑．南京：江苏凤凰出版社，2018

周奇．唐代的度牒文书［J］．史林，2022（03）

周兴．明墓所见冥途路引的考古发现与研究［J］．宗教学研究，
2022（01）

郑显文．唐代《道僧格》研究［J］．历史研究，2004（04）

郑雅坤．谈我国古代的符节（牌）制度及其演变［J］．西北大学
学报（哲学社会科学版），1985（1）

朱建明, 谈敬德. 上海南汇县正一派道坛与东岳庙科仪本汇编 [M]. 台北: 新文丰出版公司, 2006

朱雷. 跋敦煌所出《唐景云二年张君义勋告》——兼论"勋告"制度渊源 [G] // 朱雷. 朱雷敦煌吐鲁番文书论丛. 上海: 上海古籍出版社, 2012

朱雷. 获麟解: 孔子的革命时刻 [J]. 学衡, 2020 (第一辑)

庄蕙芷, 陶金. 虚实之间: 石室、洞天与汉晋墓室 [C] // 吕舟, 崔光海, 编. 2019 年第一届洞天福地研究与保护国际研讨会论文集. 北京: 科学出版社, 2021

滋贺秀三. 中国上古刑罚考——以盟誓为线索, 日本学者研究中国史论著选译 [G]. 北京: 中华书局, 1992

三、西文论著

说明: 按作者姓氏首字母顺序排列。

Appadurai, Arjun. *The Future as Cultural Fact: Essays on the Global Condition*. Verso Books, 2013.

Bell, Catherine M. *Ritual Theory, Ritual Practice*. New York: Oxford University Press, 1992.

Bell, Catherine M., and Reza. Aslan. *Ritual: Perspectives and Dimensions*. New York: Oxford Univ Pr, 2009.

Benn, Charles D. *The Cavern-Mystery Transmission: A Taoist Ordination Rite of A.D. 711*. Vol. no. 38. Asian Studies at Hawaii; Honolulu: University of Hawaii Press, 1991.

Bokenkamp, Stephen R. "Death and Ascent in Ling-Pao Taoism." *Taoist Resources* 1, no. 2(1989): 1–20.

——. "Sources of the Ling-Pao Scriptures." Edited by Michel Strickmann. *Tantric and Taoist Studies* 2(1983): 438–486.

——. "Time after Time: Taoist Apocalyptic History and the Founding of the Tang Dynasty." *Asia Major*, January 1, 1994, 59–88.

——. "Word as Relic in Medieval Daoism." In *Medieval and Early Modern Devotional Objects in Global Perspective: Translations of the Sacred*, edited by Elizabeth Ann Robertson and Jennifer Jahner, 21–35. New York: Palgrave Macmillan, 2010.

Bokenkamp, Stephen R., and Peter S. Nickerson. *Early Daoist Scriptures*. Berkeley: University of California Press, 1997.

——. *Early Daoist Scriptures*. Vol. 1. Taoist Classics; Berkeley: University of California Press, 1999. http://pi.lib.uchicago.edu/1001/cat/bib/11111376.

Botterweck, G. Johannes., Helmer Ringgren, and Heinz-Josef Fabry, eds. *Theological Dictionary of the Old Testament*. Rev. ed. Grand Rapids: Eerdmans, 1977.

Bujard, Marianne. *Le sacrifice au Ciel dans la Chine ancienne: théorie et pratique sous les Han occidentaux*. Vol. 187. Monographie/École franáise d'Extrême-orient. Paris: École française d'Extrême-Orient, 2000.

Chavannes, Édouard Émmannuel. *Le T'ai chan; essai de monographie d'un culte chinois. Appendice: Le dieu du sol dans la Chine antique.* Vol. t. 21. Annales du Musée Guimet. Bibliothèque d'études. Paris: E. Leroux, 1910.

Chittick, William C. *Science of the Cosmos, Science of the Soul: The Pertinence of Islamic Cosmology in the Modern World.* Oxford: Oneworld, 2007.

Creel, H. G. "The Beginnings of Bureaucracy in China: The Origin of the Hsien." *The Journal of Asian Studies* 23, no. 2(1964): 155–184. https://doi.org/10.2307/2050130.

Davis, Edward L. *Society and the Supernatural in Song China.* Honolulu: University of Hawai'i Press, 2001.

Encyclopedia Britannica. "Doctrine and Dogma | Religion." Accessed July 1, 2020. https://www.britannica.com/topic/doctrine.

Encyclopedia Britannica. "Pantheism." Accessed May 15, 2020. https://www.britannica.com/topic/pantheism.

Encyclopedia Britannica. "Theology." Accessed May 17, 2020. https://www.britannica.com/topic/theology.

Eliade, Mircea. *Rites and Symbols of Initiation: The Mysteries of Birth and Rebirth.* Dallas: Spring Publications, 1994.

——. *Rites and Symbols of Initiation: The Mysteries of Birth and Rebirth.* Dallas: Spring Publications, 1994.

——. *The Forge and the Crucible.* 2d ed. Chicago: University of Chicago Press, 1978.

——. *The Myth of the Eternal Return: Cosmos and History.* Translated by Willard R. Trask. 2nd ed. Princeton: Princeton University Press, 2005.

Erik, Zürcher. *The Buddhist Conquest of China.* 2 vols. Leiden: Brill, 1959.

Fava, Patrice. *Aux Portes Du Ciel: La Statuaire Taoïste Du Hunan.* Paris: Les Belles Lettres, 2014.

Fishbane, Michael A. *Sacred Attunement: A Jewish Theology.* Chicago: University of Chicago Press, 2008.

Folbre, Nancy. "Of Patriarchy Born: The Political Economy of Fertility Decisions." *Feminist Studies* 9, no. 2(1983): 261–284.

Foster, Benjamin R. *From Distant Days: Myths, Tales, and Poetry of Ancient Mesopotamia.* Bethesda, Md.: CDL Press, 1995.

Friedman, Richard Elliott. *The Bible with Sources Revealed: A New View into the Five Books of Moses.* 1st ed. New York: HarperCollins, 2005.

Giuffrida, Noelle. "Transcendence, Thunder and Exorcism: Images of the Daoist Patriarch Zhang Daoling in Books and Paintings." In *Telling Images of China: Essays on Narative Painting and Visual Culture,* edited by Shane McCausland and Yin Hwang, 307–336. Hong Kong: Hong Kong University

Press, 2013.

Goossaert, Vincent. "BureaucraticCharisma: The Zhang Heavenly Master Institution and Court Taoists in Late-Qing China." *Asia Major* 17(n.d.): 121−159.

———. *Bureaucratie et Salut: Devenir Un Dieu En Chine*. Geneva: Labor et Fides, 2017.

———. *Heavenly Masters: Two Thousand Years of the Daoist State*. Honolulu: University of Hawaii Press, 2021.

———. "Taoists, 1644−1850." In *The Cambridge History of China*, edited by Willard J. Peterson, 9: 412−457. Cambridge: Cambridge University Press, 2016.

———. "The Heavenly Master, Canonization, and the Daoist Construction of Local Religion in Late Imperial Jiangnan." *Cahiers d'Extrême-Asie* 20(n.d.): 229−245.

———. *The Taoists of Peking, 1800–1949: A Social History of Urban Clerics*. Cambridge, Mass: Harvard University Asia Center, 2007.

Graham, A.c. *Yin-Yang and the Nature of Correlative Thinking*. Singapore: Institute of East Asian Philosophies, 1986.

Granet, Marcel. *La Pensée Chinoise*. Paris: Albin Michel, 1950.

Green, Arthur. *Radical Judaism: Rethinking God and Tradition*. Yale University Press, 2010.

Halbertal, Moshe. *On Sacrifice*. Princeton: Princeton University

Press, 2012.

Harper, Donald John. *Early Chinese Medical Literature: The Mawangdui Medical Manuscripts*. The Sir Henry Wellcome Asian Series. London: Kegan Paul International, 1998.

Heschel, Abraham Joshua. *The Sabbath, Its Meaning for Modern Man*. Pbk. ed. FSG Classics. New York: Farrar, Straus and Giroux, 2005.

Keightley, David N. *Sources of Shang History: The Oracle-Bone Inscriptions of Bronze Age China*. Berkeley and Los Angeles: University of California Press, 1978.

——. "The Religious Commitment: Shang Theology and the Genesis of Chinese Political Culture." *History of Religions* 17, no. 3/4(1978): 211–225.

Kleeman, Terry. "Exorcising the Six Heavens: The Role of Traditional State Deities in the Demon Statutes of Lady Blue." *Reiter, Florian C., Ed. Exorcism in Daoism: A Berlin Symposium. Wiesbaden: Harrassowitz Verlag, 2011. vi, 300p. (Asien- Und Afrika-Studien Der Humboldt-Universität Zu Berlin, Bd. 36)*, January 1, 2011, 89–104.

——. *Celestial Masters: History and Ritual in Early Daoist Communities*. Cambridge, Massachusetts: Harvard University Asia Center, 2016.

——. "Licentious Cults and Bloody Victuals: Sacrifice, Reciprocity, and Violence in Traditional China." *Asia Major*, January 1, 1994, 185–211.

——. "Authority and Discipline in the Early Daoist Church / 早期道教教团内的权威与惩罚." 道教研究学报: 宗教、历史与社会 / Daoism: Religion, History and Society, 2010, 37.

Kohn, Livia. "Medieval Daoist Ordination: Origins, Structure, and Practice." *Acta Orientalia Academiae Scientiarum Hungaricae* 56, no. 2/4(2003): 379–398.

Lagerwey, John. "Lu Xiujing's Shoudu Yi: A Grammatical Reading." *Studies in Chinese Religions* 4, no. 1(March 1, 2018): 50–65.

——. "Zhengyi Registers." *Institute of Chinese Studies Visiting Professor Lecture Series (I) = Zhongguo Wen Hua Yan Jiu Suo Fang Wen Jiao Shou Jiang Zuo Xi Lie, 1. Hong Kong: Chinese University of Hong Kong, Institute of Chinese Studies, 2005. 171p.* (Journal of Chinese Studies Special Issue), January 1, 2005, 35–88.

Lewis, Mark Edward. *The Construction of Space in Early China.* Albany: State University of New York Press, 2006.

——. *Writing and Authority in Early China.* Albany: State University of New York Press, 1999.

Little, Stephen, Kristofer M. Schipper, Wu Hung, and Nancy Steinhardt. *Taoism and the Arts of China.* 1st edition. Chicago:

Berkeley: University of California Press, 2000.

Loewe, Michael. *Ways to Paradise: The Chinese Quest for Immortality*. London: George Allen & Unwin, 1979.

Lü, Pengzhi (吕鹏志). "The Early Lingbao Transmission Ritual: A Critical Study of Lu Xiujing's (406−477) Taishang Dongxuan Lingbao Shoudu Yi." *Studies in Chinese Religions* 4, no. 1 (March 2018): 1−49.

Luk, Yu-ping (陆於平). "Empresses, Religious Practice and the Imperial Image in Ming China: The Ordination Scroll of Empress Zhang (1493)." University of Oxford, 2010. https://www.semanticscholar.org/paper/Empresses%2C-religious-practice-and-the-imperial-in-%3A-Luk/2795919b8a9319946b372521415afdb909101a68.

———. "Picturing Celestial Certificates in Zhengyi Daoism: A Case Study of the Ordination Scroll of Empress Zhang (1493)." *Daoism: Religion, History and Society* 3(2011): 17−48.

———. *The Empress and the Heavenly Masters: A Study of the Ordination Scroll of Empress Zhang (1493)*. The Chinese University of Hong Kong Press, 2016.

Martos, Joseph. *Doors to the Sacred: A Historical Introduction to Sacraments in the Catholic Church*. 1st ed. Garden City, N.Y.: Doubleday, 1981.

Morgan, Carole. "Inscribed Stones: A Note on a Tang and Song

Dynasty Burial Rite." *T'oung Pao* 82, no. 4/5(1996): 317–348.

Mozina, David. "Daubling Lips with Blood and Drinking Elixirs with the Celestial Lord Yin Jiao — The Role of Thunder Deities in Daoist Ordination in Contemporary Hunan." In 经典道教与地方宗教, edited by 谢世维, 251–310. 台北: 政大出版社, 2014.

——. *Knotting the Banner: Ritual and Relationship in Daoist Practice*. Hong Kong: The Chinese University of Hong Kong Press, 2021.

Needham, Joseph. *Time and Eastern Man*. London: Royal Anthropological Institute of Great Britain & Ireland, 1965.

Noe, Rain. "A Medieval British Anti-Counterfeiting System: Split Tally Sticks - When Woodgrain Was Used as an Authentication Factor." Core77, July 17, 2017. https://www.core77.com/posts/67600/A-Medieval-British-Anti-Counterfeiting-System-Split-Tally-Sticks.

Priest, Alan. "Li Chung Receives a Mandate." *The Metropolitan Museum of Art Bulletin* 34, no. 11 (November 1939).

Puett, Michael J. *To Become a God: Cosmology, Sacrifice, and Self-Divinization in Early China*. Cambridge, Mass.: Harvard University Asia Center, 2002.

Reich, Aaron K. "Seeing the Sacred: Daoist Ritual, Painted Icons, and the Canoization of a Local God in Ming China."

University of Wisconsin-Madison, 2018.

Ricœur, Paul. *Figuring the Sacred: Religion, Narrative, and Imagination.* Edited by Mark I. Wallace. Translated by David Pellauer. Minneapolis: Fortress Press, 1995.

Robinet, Isabelle. "La Révélation du Shangqing dans l'histoire du taoïsme." *publications de l'école française d'extrême orient* 137(1984).

Robinson, Nalbro Frazier. *Monasticism in the Orthodox Churches.* Milwaukee: Cope and Fenwick, 1916.

Rolf, Stein A. *Grottes-matrices et lieux saints de la déesse en Asie orientale.* Paris: Ecole française d'Extrême-Orient, 1988.

———. *Le monde en petit: Jardins en miniature et habitations dans la pensée religieuse d'Extrême-Orient.* Collection Idées et recherches. Paris: Flammarion, 1987.

Schipper, Kristofer M. "A Study of Buxu: Taoist Liturgical Hymn and Dance." In *Studies of Taoist Rituals and Music of Today*, edited by Pen-yeh Tsao and Daniel P.L. Law, 110-120. Hong Kong: Chinese Music Archive. Hong Kong: Music Department, Chinese University of Hong Kong: Society of Ethnomusicological Research in Hong Kong, 1989.

———. "An Outline of Taoist Ritual." In *Essais sur le rituel III: colloque du centenaire de la Section des sciences religieuses de l'Ecole pratique des hautes études*, edited by Anne-Marie

Blondeau and Kristofer Marinus Schipper, 97–126. Louvain: Peeters, 1988.

——. *La religion de la Chine: la tradition vivante*. Paris: Fayard, 2008.

——. *Le Corps Taoïste: Corps Physique — Corps Social*. Paris: Librairie Arthème Fayard, 1982.

——. "Taoist Ordination Ranks in the Tunhuang Manuscripts." In *Religion Und Philosophie in Ostasien: Festschrift Für Hans Steininger Zum 65 Geburtstag*, 127–148. Würzburg, 1985.

——. *The Taoist Body*. Berkeley, Calif.: University of California Press, 1993.

——. "The True Form: Reflections on the Liturgical Basis of Taoist Art." *Sanjiao Wenxian: Matériaux Pour l'étude de La Religion Chinoise* 4(2005): 91–113.

Schipper, Kristofer M., and Franciscus. Verellen. *The Taoist Canon: A Historical Companion to the Daozang*. Chicago: University of Chicago Press, 2004.

Schlossberg, Tatiana. "Why Some Societies Practiced Ritual Human Sacrifice — The New York Times." *The New York Times*. April 4, 2016, sec. Science. https://www.nytimes.com/2016/04/05/science/ritual-human-sacrifice.html.

Schluchter, Wolfgang. *Rationalism, Religion, and Domination: A Weberian Perspective*. Berkeley: University of California

Press, 1989.

Seidel, Anna. "Imperial Treasures and Taoist Sacraments: Taoist Roots in the Apocrypha in Tantric and Taoist Studies in Honour of R. A. Stein, II." *Mélanges Chinois et Bouddhiques Bruxelles*, 1983, 291.

———. "Taoist Messianism." *Numen* 31, no. 2 (December 1984): 161–174.

Smith, W. Robertson. *Lectures on the Religion of the Semites: The Fundamental Institutions*. 3d ed./. ［Burnett Lectures, 1888–89.］. London: A & C Black, 1927.

Soloveitchik, Joseph B. *The Halakhic Mind: An Essay on Jewish Tradition and Modern Thought*. Ardmore, PA: Seth Press, 1986.

Stroumsa, Guy G. *The End of Sacrifice: Religious Transformations in Late Antiquity*. ［American ed.］. Chicago: University of Chicago Press, 2009.

Tsai, Julius N. "Opening up the Ritual Casket: Patterns of Concealment and Disclosure in Early and Medieval Chinese Religion." *Material Religion* 2, no. 1 (March 1, 2006): 38–66.

Vandermeersch, Léon. *Wangdao ou la Voie royale. 2, Structures politiques, les rites*. Paris: École française d'Extrême-Orient, 1980. https://gallica.bnf.fr/ark:/12148/bpt6k3336456r.

Verellen, Franciscus. *Imperiled Destinies: The Daoist Quest for*

Deliverance in Medieval China. Vol. 118. Harvard-Yenching Institute Monograph Series; Cambridge, Massachusetts: Published by the Harvard University Asia Center, 2019.

Wang, Mengxiao (王萌筱). "Dual Canonization: A Study of the Identity and Cult of Li Zhong, the Protagonist of a Chinese Scroll Held by the Metropolitan Museum of Art." *Journal of Song-Yuan Studies* 50, no. 1(2021): 429–441.

Wang, Richard G (王岗). *Lineages Embedded in Temple Networks: Daoism and Local Society in Ming China*. Cambridge, MA: Harvard University Press, 2022.

Watts, Joseph, Oliver Sheehan, Quentin D. Atkinson, Joseph Bulbulia, and Russell D. Gray. "Ritual Human Sacrifice Promoted and Sustained the Evolution of Stratified Societies." *Nature* 532, no. 7598 (April 2016): 228–231. https://doi.org/10.1038/nature17159.

Weinfeld, Moshe. "The Covenant of Grant in the Old Testament and in the Ancient near East." *Journal of the American Oriental Society* 90, no. 2(1970): 184–203. https://doi.org/10.2307/598135.

Wu, Pei-Yi (吴百益). "Self-Examination and Confession of Sins in Traditional China." *Harvard Journal of Asiatic Studies* 39, no. 1(1979): 5–38.

Yee, Nick, and Jeremy Bailenson. "The Proteus Effect: The Effect of Transformed Self-Representation on Behavior." *Human Communication Research* 33, no. 3(July 2007): 271–90.

Ursula-Angelika Cedzich. "The Organon of the Twelve Hundred Officials and Its Gods/《千二百官仪》及其神祇." 道教研究学报: 宗教、历史与社会 /Daoism: Religion, History and Society, 2009, 1.

后 记

通过从"盟约""法箓"的角度来审视道教，我的写作过程犹如误入了一处"洞天"，此间所读所见，似乎皆与我固有认知中的道教并无不同，但又十分不同。顺着这一熟悉又陌生的道路，我试着找回道教最初的宗教精神、伦理乃至情怀，希望这能为读者提供另一种了解道教的视角，并为当代道教义理的创新构建提供一种思路。

曾子曰："吾日三省吾身。"（《论语·学而》）反思是前进的阶梯。凭借还原初始的《清约》宗旨，我们得以获得一个标尺，由此直面时下道教的处境，进而反省传承自明清时期的义理、制度和习俗。既然每一位道民都要在晨昏时分"入静朝真"，反思自己的过失，并及时纠正自己的言行，那么作为整体的道教又何尝不应如此？既然"神不饮食"是对传统祭祀宗教"神嗜饮食"的革命，持续不断的"自我革命"由此也成为一种必需，以此顺应大道的周流自新。这在新冠疫情三年之后的今天显得尤为重要：重大的创伤往往意味着觉醒的开始。

由于本书最初的准备十分仓促，而每次修改又只能利用工作之余的碎片时间，故书中必然存在着各类文献资料参考征引不足、文本解读以及理论观点建立失误等问题。正如开篇所叙，本书是一份讨论提纲，更是一份问卷，书中所有的观点均以抛砖引玉的初衷写出，并希望能够听到读者朋友们的回馈与批评，以便能在日后的版本中进一步完善。

一、感谢

自 2014 年冬茅山法箓授度筹备工作开始之初，我们便得到了诸多师友的无私支持与帮助。首先感谢我的恩师周财源（法名武蘋）、度师吾世荣（法名武润）二位先生，他们的言传身教使我依凭道教科仪这一神圣的钥匙，得以上溯至汉末、六朝时代的天师旨教与三洞经法之中。吾先生传与我的《正乙传度宝券》正是本书的研究中心以及书名"盟约"的灵感来源。其次要感谢江西修水的戴祥柳先生，得蒙先生的接引，我曾数次瞻礼于修水普济道院箓坛，由此对法箓授度这一伟大且极具生命力的传统有了感性的认识。同时，戴先生还特别恩允我于书中使用了部分修水戴氏所传的法箓文书，在此稽首礼谢。在学术研究的领域，华东师范大学的刘仲宇教授是道教法箓制度研究的先驱，他不但持续给予了极大鼓励与框架性指导，还特别在病后康复期间审阅了书稿，并撰写序言。台湾政治大学的李丰楙教授曾专门造访茅山，他不仅从学术的角度对筹备工作进行了辅导，还无私地赐授了部分珍贵的资料。法国高等实验研究院的高万桑（Vincent Goossaert）教授与我曾多年在江南地区进行田野考察，这一经历本身便使我获益良多，他关于《天坛玉格》以及明清龙虎山正一真人及道教职官制度的见解为本书提供了重要的视角。美国佛罗里达州立大学的王岗教授在箓券文本的校读工作上提供了宝贵的帮助，并拨冗通读了书稿，提出了很多重要的修改意见。此外，福州的曾俊汉先生曾协助我们录入了大量的与法箓授度相关的文书。对于以上诸位师友的提携、勉励，在此谨申拜谢。

本书最初的写作计划是在 2020 年的前 3 个月内完成一本有关法箓授度的小册子，以此向原定 5 月在句容茅山举行的第五届国际道教论坛献礼。但一方面由于新冠疫情的袭来，会议被迫延期举行，另一方面我也发现许多问题需要依次解决，方能完成我理想中的著作框架。由此，我开始对书稿进行断断续续的打磨与增益工作，至今已与时疫一道持续了 3 年。

在本书的写作过程中，我有幸能与美国科罗拉多州立大学的祁泰履（Terry Kleeman）教授以及台湾辅仁大学的张超然教授进行了多次交流，两位老师均是早期道教义理与仪式方面的专家，我从交流中获得了重要的学术资料与启示。南京大学的杨德睿教授以及我长期的研究伙伴喻晓先生自本书写作初期便全程参与了结构框架与基本思路的讨论，提出了颇具洞见的建设性提议，并详细修改了部分章节内容。中国社会科学院的李志鸿教授不仅在民间宗教组织及信仰生活方面对本书的撰写有颇多妙语开示，并还认真地校阅了本书部分内容。美国芝加哥大学东亚系夏德安（Donald Harper）教授以及美国莱斯大学艺术史系的黄士珊教授分别从早期宗教文献与图像、物质文化的角度提供了重要的文献线索与有益的思路。芝加哥大学宗教学院的费施贝恩（Michael Fishbane）教授、斯塔克特（Jeffrey Stackert）教授与柯含（Aslan Cohen）先生向我提供了极具启发意义的犹太教比较研究支持，王菡先生与我在每周三"汉堡之夜"所谈论的近代基督教神学范式帮助我反思并理清了道教义理研究与叙事的思路。德国马克斯·普朗克研究所的沈阳博士、复旦大学的黄艺彬博士也拨冗为本书的部分章节提出了修改建议。布瑞斯曼·化明（Jacob Bressman）先生帮助审校了部分希伯来文内容。付晓东女士、王琛先生、陈花现先生、张翀博士、丁筱博士、杨大昊先生为本书专门创作了部分书法、篆刻与绘画作品作为插图，为本书增色颇多。法国汉学家范华（Patrice Fava）先生也为本书插图慷慨地提供他部分藏品的照片。对于以上诸方师友的护持、协助与开示，本人在此一并稽首称谢。书中所有讹误均由我独自承担。

我所工作的清华大学建筑设计研究院文化遗产保护中心的崔光海博士以及徐知兰博士为笔者撰写书稿提供了宽松的环境与极大的支持。我的同事曲爽先生在工作之余协助检索、整理了大量文献资料，没有他的助力我很难独自完成这一工作，在此一并称谢。值得说明的是，2014 年我与崔光海博士在工作中一同发现了龙虎山大上清宫的遗址（随后评为"全国十大考古发现"），此后更参与了该遗址的保护设施设计、展陈设计等工作。我与同事们还启动了"洞天福地"系列遗产的研究与申报工作。团队同人们对于道教文化遗产的认识、理解以及保护热情不仅彰显了文化遗产工作者的铁肩道义，更展现了清华团队的职业素养。

我于 2009 年 1 月初到茅山，开始接手崇禧万寿宫的建筑复建项目，茅山道院的杨世华道长自始至终对我给予了充分的尊重与信任，这一直持续至建筑完成后的 2016 年传度仪典制定，止于 2018 年的授箓筹备工作及本书的撰写。我自 2011 年始，蒙上海城隍庙吉宏忠道长的信任，策划并组织了上海地区道教科仪的数字化保存项目，其后吉道长还委命我负责城隍庙一系列重要仪典的策划与筹备及上海道教学院的建筑设计工作，并慷慨地支持了我的进修计划。对于两位道长的信任与支持，在此也一并顿首礼谢。茅山道院与上海城隍庙对于本书的联合出版赞助以及对于道门义理研究这一"冷门"的支持，不只是对天师正一盟威玄风的彰显，更是对于祭酒"代天宣化"天命的履行。书中所有观点仅代表笔者一家之言。

最后，我想感谢我的母亲张立红女士对我的一贯理解、支持与照顾，否则以上所提及的一切事件与工作都不可能从根本上发生并实现。假使我能从本书的撰写中获得些许"玄功"，则皆应归属于她。

二、纪念

2015 年与 2017 年秋，受北京大学王宗昱教授的邀请，法国高等实践研究院（EPHE）特级教授施舟人先生两度莅临燕园开授"道藏学"课程。受王老师的恩惠，我很荣幸地成为北大哲学门的旁听生，由此得以"目接温颜，耳聆玉音"。

记得在课程之初，施先生开始讲解《道藏》的内部结构，他并未按照大家所熟悉的从上至下的顺序首先讲解作为"上乘"的"洞真部"，而是逆向从最末的"正一部"开始。他将"正一部"解释为道教的"*New Testament*"（《新约》），是整部《道藏》乃至道教得以成立的"基础"，这恰与我此前通过有限阅读而得到的模糊感觉不谋而合。我当时内心十分激动，因为自己从未敢公开分享的心得，却在不经意间被泰斗级的学者、道门大师所印证（虽然我现在仍很好奇，他理解中的道教《旧约》是何经典）。自此，我也逐渐开始正视自己的一些"直觉"。

还记得有一次课间，施先生侧身坐在前排同学的位子上，手里托着一杯从哲学系教师休息室端过来的黑咖啡，慢悠悠地问我："你觉得我们道教能有神学吗？"之后又用英文着重了一下说："*theology*"。我很忐忑地做了肯定的回答后，他语气果断且急促地说："当然可以！为什么道教不能有 *theology*？"由此，"道教应有自己的神学"这一念头便开始在我的脑海中一直萦绕，我在芝加哥大学留学期间，便不断向来自其他宗教传统的老师与同学们反复询问：什么是神学？如何"做"神学？并反思"神学"对于道教意味着什么？虽然我在本书中并未使用"神学"一词（理由参见《前言》），但我对"义理"的讨论，实际上正来自施先生的启发。

施舟人先生对于道教以及《道藏》独到且系统的传授，对于道教仪式的精妙分析，以及他超凌于宗教科学范畴之外的研究视野都坚定了我要以盟威道为基础，以仪式为路径考察道教自身义理的决心。我本想在本书完成后专门将书稿面呈先生指正，但不期您已于去岁正月上会之辰受诏登真，复还治职。在本书的最后一节中，我特别描述并分析了为他在福建宁德霍童山第一洞天所启建的"召职登仙醮"，这便是希望能通过神学与仪式研究的方式来纪念这位宗师。

陶　金

2022 年 12 月 3 日

于杭州北山保俶塔下纯真年代书吧